2013
中国信息产业年鉴
YEARBOOK OF CHINA INFORMATION INDUSTRY

《中国信息产业年鉴》编委会 编

電子工業出版社
Publishing House of Electronics Industry
北京·BEIJING

内 容 简 介

本年鉴主要反映了2012年中国电子信息产业的发展情况和所取得的成就，较全面地展示了中国电子信息产业发展的技术现状和经济运行的有关数据等。

本年鉴原名《中国电子工业年鉴》，首次出版于1986年，2013年版为第28卷。从2009年版起更名为《中国信息产业年鉴》，主要提供给关注中国信息产业发展的各级领导，以及从事信息产业科研、生产、进出口贸易与市场营销的有关人员参考。

图书在版编目（CIP）数据

2013 中国信息产业年鉴/《中国信息产业年鉴》编委会编.—北京：电子工业出版社，2013.12
ISBN 978-7-121-22150-7

Ⅰ. ①2… Ⅱ. ①中… Ⅲ. ①电子信息产业-中国-2013-年鉴 Ⅳ. ①F49-54

中国版本图书馆 CIP 数据核字（2013）第 299564 号

责任编辑：沈艳波 徐 磊
特约编辑：伦朝丽 刘娴庆
印 刷：北京金特印刷有限责任公司
出版发行：电子工业出版社
北京市海淀区万寿路173信箱 邮编：100036
开 本：889×1 194 1/16 印张：45.5 字数：1 456 千字
印 次：2013年12月第1次印刷
定 价：398.00元

凡所购买电子工业出版社的图书有缺损问题，请向购买书店调换。若书店售缺，请与本社发行部联系，联系电话：（010）88254888。

质量投诉请发邮件至 zlts@phei.com.cn，盗版侵权举报请发邮件至 dbqq@phei.com.cn。

服务热线：（010）88258888。

2013
中国信息产业年鉴

主办　工业和信息化部

承办　工业和信息化部电子科学技术情报研究所

《中国信息产业年鉴》
编 委 会

委　　员　(按姓氏笔画排序)

卜江戎　湖北省经济和信息化委员会副主任
刁石京　工业和信息化部电子信息司副司长
马　军　吉林省工业和信息化厅副厅长
王　昌　河北省工业和信息化厅厅长
王　唯　青岛市经济和信息化委员会副主任
王　静　海南省工业和信息化厅副厅长
韦　俊　工业和信息化部规划司副司长
文　勇　工业和信息化部国际合作司副巡视员
文建国　宁夏回族自治区经济和信息化委员会信息化推进处处长
方　巍　宁波市经济和信息化委员会副主任
方安儒　黑龙江省工业和信息化委员会副主任
孔曙光　厦门市信息化局局长
邓国强　浙江省经济和信息化委员会副主任
卢增荣　福建省信息化局局长
史晓光　工业和信息化部人事教育司副司长
兰红星　广西壮族自治区工业和信息化委员会副主任
戎之勤　上海市经济和信息化委员会秘书长
朱维繁　甘肃省工业和信息化委员会副主任
刘九如　电子工业出版社副社长兼总编辑
马运侠　山西省经济和信息化委员会副巡视员
安筱鹏　工业和信息化部电子信息司副司长
许蒲生　陕西省工业和信息化厅副厅长
李　颖　工业和信息化部软件服务业司巡视员
李本海　大连市经济和信息化委员会副主任
李国斌　工业和信息化部政策法规司巡视员
李建疆　四川省经济和信息化委员会党组成员、
省信息化工作办公室专职副主任
李新社　工业和信息化部电子科学技术情报研究所副所长
李德芳　中国石油化工集团公司信息系统管理部主任
吴晓军　江西省工业和信息化委员会主任
邹方斌　天津市经济和信息化委员会总工程师

张光亮　重庆市经济和信息化委员会总经济师

张旭光　天津中环电子信息集团有限公司总经理

张忠军　山东省经济和信息化委员会副巡视员

张佰成　内蒙古自治区经济和信息化委员会副主任

张春楠　青海省经济委员会副主任

陈　英　工业和信息化部软件服务业司副司长

陈　萍　农业部市场与经济信息司副巡视员

陈松岭　湖南省经济和信息化委员会副主任

陈富刚　河南省工业和信息化厅副厅长

岳跃生　云南省工业和信息化委员会主任

周　健　工业和信息化部科技司副巡视员

周赤忠　长江计算机（集团）公司总裁

孟继民　辽宁省经济和信息化委员会副主任

赵　波　工业和信息化部电子工业标准化研究院院长

赵文智　工业和信息化部国际合作司副司长

赵晓晨　中国航天科技集团公司总经理助理兼办公厅主任

胡　燕　工业和信息化部电子信息司巡视员

柯志敏　厦门市经济发展局局长

哈丹·卡宾　新疆维吾尔自治区经济和信息化委员会副主任

姜子琨　工业和信息化部财务司副司长

姜贵平　北京市经济和信息化委员会副主任

贾兴东　深圳市经济贸易和信息化委员会副主任

高素梅　工业和信息化部运行监测协调局副局长

高燕婕　卫生部信息化工作领导小组办公室副主任

郭建兵　工业和信息化部软件服务业司副司长

陶少华　工业和信息化部办公厅副主任

曹晓武　安徽省经济和信息化委员会副主任

龚怀进　江苏省经济和信息化委员会副主任

彭　平　广东省经济和信息化委员会副主任

彭红兵　工业和信息化部电子信息司副司长

韩　俊　工业和信息化部科技司副司长

童晓民　新疆生产建设兵团工业和信息化委员会副主任

曾　宇　贵州省经济和信息化委员会副主任

《中国信息产业年鉴》编辑部

《中国信息产业年鉴》特约编辑

(按姓氏笔画排序)

编写说明

本年鉴原名《中国电子工业年鉴》，曾更名为《中国信息产业年鉴（电子卷）》，从2009年起更名为《中国信息产业年鉴》。《中国信息产业年鉴》由工业和信息化部主办，工业和信息化部电子科学技术情报研究所承办，《中国信息产业年鉴》编委会编。

《中国信息产业年鉴》创刊于1986年，2013年版为第28卷。

2013年版《中国信息产业年鉴》主要反映了2012年中国电子信息产业的发展情况和所取得的成就，较全面地展示了中国电子信息产业发展的技术现状和经济运行的有关数据等。2013年版《中国信息产业年鉴》的内容包括12个部分：

第1部分　总论；
第2部分　专论；
第3部分　电子信息产业概况；
第4部分　电子信息产业经济运行综合统计资料；
第5部分　信息化建设；
第6部分　科技进步；
第7部分　市场运行；
第8部分　国际合作与产品进出口贸易；
第9部分　地区电子信息产业概况；
第10部分　政策环境；
第11部分　大事记；
第12部分　附录。

2013年版《中国信息产业年鉴》的结构和体例与往年各卷基本相同。为本年鉴提供数据和报告的有工业和信息化部的有关单位、中国航天科技集团公司、海关总署、中国广播电视设备工业协会、中国电子元件行业协会、中国电子仪器行业协会、中国电子专用设备工业协会、中国真空电子行业协会、中国电子材料行业协会、中国光学光电子行业协会，以及各省、自治区、直辖市等。其中《电子信息产业经济运行综合统计资料》栏目的各项统计数据由工业和信息化部运行监测协调局提供并核准。其他系统的有关数据，均由各系统主管部门审核提供。

2013年版《中国信息产业年鉴》中的综合统计数据未包括西藏自治区、台湾地区、香港特别行政区、澳门特别行政区的数据。

2013年版《中国信息产业年鉴》在编辑加工和印装等方面尚有许多不足，敬请广大读者批评指正。

《中国信息产业年鉴》编辑部

2013年12月

目　　录

第1部分　总　论

第2部分　专　论

第 3 部分　电子信息产业概况

第 4 部分　电子信息产业经济运行综合统计资料

第二部分　软件产业综合统计数据

第 5 部分　信息化建设

第 6 部分　科技进步

第 7 部分　市场运行

第 8 部分　国际合作与产品进出口贸易

第 9 部分　地区电子信息产业概况

资料

第 10 部分　政策环境

第 11 部分　大 事 记

第 12 部分　附　录

附录 A

附录 B

第1部分 总 论

全面贯彻落实党的十八大精神，努力开创中国特色新型工业化信息化发展新局面（节选）①

工业和信息化部部长 苗 圩

2012年12月27日

一、2012年工业和信息化工作回顾

（一）工业通信业保持平稳增长

积极应对下行压力加大的局面，大力推进技术改造，狠抓重大项目实施，工业投资保持稳定增长。2012年1—11月，全国工业投资达13.9万亿元，其中制造业投资11.3万亿元，同比分别增长21.1%和22.8%。认真落实国务院出台的促消费、稳出口政策，积极组织银企对接、市场拓展和品牌推广活动，开展企业减负专项行动。1—11月，智能手机、乘用车、家电下乡产品销售量同比分别增长170.3%、7.3%和18.1%。汽车出口全年有望达到100万辆，电子商务交易额超过7万亿元。做好经济运行监测、信息引导和电力需求侧管理，各地加强调度协调，强化煤电油运保障，及时解决影响经济运行的突出问题，工业增长从9月份开始企稳回升。预计全年工业对经济增长的贡献率超过40%；实现利润与上年持平，上缴税金增长8.5%；实现出口交货值增长6.9%；工业就业人数达到9 017万人。电信业务总量和主营业务收入分别增长11.5%和8.5%。

（二）工业转型升级稳步推进

新一代信息技术、高端装备制造、新材料、节能与新能源汽车等规划发布实施，部省在战略性新兴产业重点方向、项目、产品上实现有效对接。《国务院关于促进企业技术改造的指导意见》发布实施，技术改造长效机制建设迈出重要一步。安排228亿元技术改造专项资金，支持了3 694个项目，带动投资2 970亿元。产业基地公共服务能力提升工程成效明显。组织对2011年各地淘汰落后产能工作进行了考核，落实了2012年度奖励资金31.2亿元，列入公告的2 761户企业的落后产能基本关停。节能减排降耗工作成效明显，1—11月，

注① 本文是苗圩部长在2013年全国工业和信息化工作会议上的报告。报告所用数据为快报数据。

单位工业增加值能耗下降 7.47%，大宗工业固废综合利用率提高 2 个百分点。在国际上率先实施了重型商用车油耗管理。质量品牌建设年活动有序开展，品牌培育试点、质量标杆活动、新版药品和婴幼儿奶粉生产企业相关质量规范稳步实施，食品工业企业诚信体系建设稳步推进。完善了兼并重组协调机制，建成开通公共信息服务平台，汽车、钢铁、水泥等重点行业兼并重组取得新进展。产业转移指导目录发布实施，产业转移有序推进。安全生产指导、稀土专项整治、烟草行业管理取得新成效。

（三）自主创新能力进一步提升

“核高基”、新一代移动通信网、高档数控机床、大型飞机、载人航天与探月工程等科技重大专项加快推进，一批关键核心技术取得突破。第一艘航母交接入列，TD-LTE-Advanced 成为第四代两大国际移动通信标准之一，大型快速高效数控全自动冲压生产线实现向发达国家批量出口。新能源汽车产业技术创新以及稀土及稀有金属、蛋白类生物药和疫苗、通用名化学药等重大产业创新发展工程启动实施。物联网技术创新与应用示范稳步推进。百项技术创新工程确定的 94 项产业关键领域共性技术研发进展顺利，301 个国家重大科技成果转化项目稳步推进，认定了第二批 76 家国家技术创新示范企业。突出重点领域标准制定，开展了电动汽车、半导体照明、物联网等综合标准化试点，全年制修订 1 532 项行业标准。组织了首届中国优秀工业设计奖评选及第六届中国工艺美术大师评审。武器装备重点科研生产任务圆满完成，军工核心能力建设成效显著，军民结合产业加快发展。部属高校科研水平明显提升，北京航空航天大学飞机钛合金大型复杂整体构件激光成型技术获得重大突破。

（四）小微企业扶持力度显著加大

国务院出台了《关于进一步支持小型微型企业健康发展的意见》，有关部门配套出台了 40 多项政策措施，发展环境明显改善。中央预算内扶持中小企业发展的 141.7 亿元专项资金已全部安排。对符合条件的小型微利企业和高新技术企业，分别减按 20%和 15%的税率征收企业所得税。取消了一大批行政事业性收费和行政审批。支持担保机构为 16 万户小型微型企业提供低收费担保，贷款额达到 6 038 亿元。公共服务平台网络建设工程、银河培训工程、信息化推进工程和知识产权战略推进工程取得新进展。会同有关部门出台了《关于大力支持小型微型企业创业兴业的实施意见》。

（五）两化融合和通信业转型发展深入推进

国务院出台了《关于大力推进信息化发展和切实保障信息安全的若干意见》，国家信息安全战略已制定完成。信息技术在重点行业、重点领域的集成应用和融合创新不断深化。两化融合深度行活动广受关注，工业企业两化融合评估规范基本形成，示范企业评定、18 个行业水平评估及区域水平评估有序开展，90 个两化融合重点项目顺利推进，两化融合成果展得到社会普遍肯定。网络基础设施建设力度加大，宽带普及提速工程和村村通工程实现预期目标。TD-LTE 规模技术试验取得较好成效，扩大规模试验启动，TD-LTE 产业链基本形成。三网融合第一阶段试点地区企业双向进入许可发放，试点范围扩大到 54 个地区（城市）。电信市场监管和互联网管理进一步加强。民间资本进入电信业取得积极进展。电信服务质量总体良好。电信资费综合价格水平持续下降，单位带宽价格下降尤为明显。重点领域信息系统和工业控制系统信息安全检查扎实开展。网络信息安全监管有效加强，技术手段建设成效显著，应急处置和应急通信保障能力明显提升，圆满完成了重大活动通信和网络信息安全保障任务。科学有效配置频谱资源，2 500MHz-2 690MHz 频段 TD-LTE 频率规划发布，无线电台站核查、航空铁路等无线电专用频率保护得到加强，卫星频率和轨道资源管理取得新成效。

二、五年工作回顾

（一）坚持走新型工业化道路，把工业化和信息化事业推进到新的发展阶段

我们遵循产业规律、把握技术趋势，不断完善落实促进工业通信业持续健康发展的政策措施，深入探索推进两化融合的实现途径。中国制造业规模已跃居全球第一，工业在实体经济中的主体地位进一步凸显，信息化对现代化的引领支撑作用进一步增强。两化同步发展有力推动了经济发展和社会进步，最大程度惠及了人民群众，工业和信息化发展已站在建设工业强国、培育核心竞争力的更高起点上。从党的十六大到十八大，中国特色新型工业化道路在实践中呈现出强大的生机与活力，今后必须一以贯之、始终坚持。

（二）坚持推进结构优化升级，转变发展方式步伐进一步加快

我们坚持内涵式发展，针对薄弱环节，抓住技术改造不放松，坚决打好淘汰落后产能、节能减排降耗、重点行业整治攻坚战，大力推进兼并重组、质量品牌、产业转移、集聚发展。传统产业改造升级步伐加快，战略性新兴产业开始起步，生产性服务业快速成长，产业结构得到优化，产业素质明显提升，发展后劲显著增强。优化产业结构，是转变经济发展方式的主攻方向和长期战略任务，必须持之以恒、深入推进。

（三）坚持加强创新能力建设，为增强产业核心竞争力提供强大支撑

我们始终把增强自主创新能力摆在优先位置，加大关键核心和共性技术攻关力度，积极推进以企业为主体的技术创新体系建设，加强科技成果转化和产业化，强化知识产权保护和运用，引导企业融入全球创新体系。产业创新能力和科技水平显著提高，部分领域技术已接近世界先进水平，极大地提振了产业信心。实现工业由大变强，必须把自主创新作为中心环节，推动工业走上创新驱动、内生增长的轨道。

（四）坚持把服务企业作为重要责任，增强企业尤其是小微企业的发展活力

我们深入推进改革，尊重市场规律，加强和改进行业管理，企业主体作用得到充分发挥。坚持把小微企业作为工作的重中之重，完善财税政策、纾解融资困难、改进公共服务，政策环境、市场环境、社会环境持续优化。具有国际竞争力的大企业脱颖而出，中小企业蓬勃发展，市场活力显著增强。善待企业、帮扶企业，调动企业的积极性，是促进工业发展的重心所在，是全系统的重大责任，必须高度重视、大力加强。

（五）坚持完善大部门体制机制，新型工业化、信息化发展得到有力保障

我们认真践行大部门制改革要求，加快转变政府职能，坚持依法行政，完善运行机制，创新管理方式，在战略、规划、政策、标准等方面进行了卓有成效的实践，在部门协调、部省联动以及部属高校、直属单位、行业协会支撑能力建设方面付出了极大努力，在重点领域改革和对外开放方面进行了有力推动，在党的建设、人才队伍建设、作风建设上取得了丰硕成果。各级主管部门执行力、公信力大幅提升，社会地位和影响力不断提高，为工业通信业持续较快发展提供了重要保障，也为深化行政体制改革积累了宝贵经验。实践证明，大部门体制顺应了市场经济和产业发展的要求，在推进新型工业化、信息化进程中，必须长期坚持、不断完善。

三、贯彻落实十八大精神

（一）深刻领会全面建成小康社会的目标任务，切实增强加快工业和信息化发展的使命感、责任感

十八大报告明确了全面建成小康社会的宏伟目标，提出要实现经济持续健康发展，完成两个翻一番，工业化基本实现，信息化水平大幅提升；强调要促进工业化、信息化、城镇化、农业现代化同步发展。这是党在新时期提出的新任务、新要求，体现了对中国发展阶段和路径的深刻把握，体现了对当今世界科技和产业发展趋势的科学判断。特别是关于工业化信息化的目标要求，内容丰富、立意高远，更加突出了工业和信息化的地位和作用。

工业化是现代化的前提和基础。经过60多年的不懈努力，中国已经实现了从农业大国向工业大国的历史性转变，但中国工业化总体上仍处于中期阶段。实现工业化目标，实现两个翻一番目标，需要工业在较长时期内继续保持一定增速，更要求增强工业发展的平衡性、协调性、可持续性，大幅提升劳动生产率和企业竞争力，推动三次产业协调发展，促进经济转型和社会进步。信息化是现代化的引领和支撑。尽管中国信息化建设取得了显著成就，但与发达国家先进水平相比，与工业化和信息化同步推进的要求相比，都还存在较大差距。实现工业化是一百多年来中国人的梦想与追求，大幅提高信息化水平是实现生产力跨越式发展、加快现代化进程的战略举措。这一使命历史地落在我们身上。我们必须进一步增强紧迫感、责任感，担当起时代赋予的光荣使命，不负党和人民的重托与厚望。

“四化同步”是十八大作出的重大战略部署。中国工业化的历史任务尚未完成，又处于信息化时代的大背景下，城镇化是扩内需最大的潜力所在，农业现代化也有着广阔的发展空间。推进“四化同步”，一方面，要继续推进工业化、信息化，重点是大力推进两化深度融合，运用信息技术改造传统产业，培育发展新一代信息技术产业，加快产业转型升级，提高产业竞争力，促进工业化质的提升。另一方面，要深刻把握“四化”的内在联系和客观规律，在发展理念、发展思路、发展举措上落实“四化同步”要求，牢牢把握城镇化这一扩大内需的最大潜力，坚持以工业化创造供给、信息化引领提升，支撑带动城镇化和农业现代化，使工业化、信息化发展更多依靠城乡区域发展协调互动，实现社会生产力的跨越式发展。

十八大报告还强调，坚持走中国特色军民融合式发展路子，加强军民融合式发展战略规划、体制机制建设、法规建设。我们要抓住关键环节，采取有力措施，促进国防领域和民用领域科技、人才、资金、信息等要素交流融合，实现国防科技工业与民用工业的互通、互动、互补，加快发展先进国防科技工业，为富国强军作出积极贡献。

（二）深刻认识工业和信息化发展面临的重大机遇和风险挑战

综观国际国内大势，中国工业发展具备不少有利条件和积极因素。一是经济全球化深入发展，生产要素加快流动重组的趋势仍将持续，世界经济重心加速向亚太地区转移，有利于我们更好地利用国际资本、技术和人才等高级生产要素，有利于中国产品和企业加快“走出去”，提高国际竞争力。二是应用对创新的导向作用明显增强，技术突破与商业模式创新加速融合。国内市场规模不断扩大、需求层次多元化发展、产业综合配套能力不断增强，中国完全可以抓住创新要素流动空前活跃的历史机遇，在一些关键环节、新兴领域取得重大突破。三是中国城镇化加速推进，每年都有相当数量农村富余劳动力及人口转移到城市，这将带来投资大幅增长和消费快速增加，也会给工业发展带来多层次的人力资源。城镇化将成为带动工业和信息化发展的巨大动力。

同时，我们也面临一系列新的重大风险和挑战。一是国际金融危机的深层次影响还在不断显现，世界经济面临的下行压力和潜在风险加大，经济低迷成为全球经济新常态，外需萎缩短期内难以根本好转。二是全球科技和产业竞争更趋激烈，发达国家纷纷加快“再工业化”和扩大出口，新兴经济体开始加大投入发展具有比较优势的产业，资源富集国家也在积极谋求产业链延伸，市场需求成为全球竞争最稀缺的资源。三是中国经济发展内部条件发生新的变化，土地、矿产等资源供给日趋紧张，廉价劳动力优势正快速削弱，生态环境约束更加强化，经济潜在增长率趋于下降。同时，工业发展方式粗放、结构不合理、核心技术缺失等深层次矛盾和问题尚未有效缓解，产能过剩问题进一步突出，能源消费刚性增长趋势与能源消费总量控制的矛盾加剧。当前，工业企稳回升的基础还不稳固，企业经营困难，提升发展质量和效益的任务紧迫而繁重。

值得关注的是，新一代信息技术的发展特别是广泛应用，必将对其他新兴技术、产业起到促进和催化作用，成为新一轮产业革命孕育发展的重要动力。对此，我们要密切跟踪研究，加强技术积累和前瞻部署，努力抢占未来科技和产业竞争制高点。

总之，支撑中国工业长期向好趋势的基本因素没有改变，优化提升产业结构的倒逼机制已经形成。中国工业进入从数量、规模扩张转向注重质量、效率的发展新阶段，既面临前所未有的机遇，也面对前所未有的挑战。我们要主动适应环境变化，切实转变观念，加强统筹谋划，加快形成新的经济发展方式，在中国特色新型工业化、信息化道路上迈出更加坚实的步伐。

（三）按照转变经济发展方式的要求，实现工业和信息化持续健康发展

以科学发展为主题，以加快转变经济发展方式为主线，是关系到中国发展全局的战略抉择。我们要按照“四个着力”、“五个更多”的要求，立足提高发展的质量和效益，在加快形成新的发展方式上取得重大进展。

要加快构建现代产业发展新体系。围绕改造提升制造业，把企业技术改造作为转型升级的战略任务，利用市场倒逼机制，加大淘汰落后产能、节能减排、兼并重组、质量品牌建设等工作力度，促进全产业链整体升级。瞄准重点领域和方向，以重大技术突破为支撑、重大发展需求为导向，推动战略性新兴产业、先进制造业健康发展，加快形成先导性、支柱性产业。推进服务业和制造业融合，拓展新型服务领域，培育新型服务业态，加快形成相互促进、相互支持的发展格局。

要加快推进创新能力建设。强化核心关键技术和共性技术攻关，力争在关系长远发展的重点领域取得突破。充分发挥国内市场优势，更加注重发挥企业的主体作用，加强产品创新、品牌创新、产业组织创新、商业模式创新，加快科技成果转化应用，以应用促创新、以创新促发展。加快建立以企业为主体、市场为导向、产学研相结合的创新体系，促进科技和经济紧密结合，充分发挥科技创新的战略支撑作用。

要加快推进工业绿色循环低碳发展。坚持实施工业可持续发展战略，以破解能源资源约束和缓解生态环境压力为出发点，树立设计开发生态化、生产过程清洁化、资源利用高效化、环境影响最小化的理念，强化技术和标准支撑，健全激励约束机制，探索绿色发展新机制新模式，加快构建资源节约型、环境友好型工业体系，促进工业文明和生态文明的协调发展。

要加快推进经济社会信息化。突破关键核心技术，加快宽带中国建设，构建下一代国家信息基础设施，建立现代信息技术产业体系。健全信息安全保障体系，强化互联网行业管理，大幅提升网络与信息安全保障能力。推进信息网络技术广泛应用，营造应用、研发、产业、安全协调发展的良好环境，不断提高经济社会各领域信息化水平。

要进一步深化改革开放。处理好政府和市场的关系，努力营造各类企业平等竞争的环境，积极推动促进工业发展的制度环境建设。深化大部门体制改革，完善运行机制，转变政府职能，加快推进政府从经济主导型向服务型转变。充分利用国际国内两个市场、两种资源，坚持多元平衡发展，培育开放型经济发展新优势。

四、2013年重点工作任务

2013年工作总体要求

深入贯彻落实党的十八大和中央经济工作会议精神，以邓小平理论、“三个代表”重要思想、科学发展观为指导，坚持走中国特色新型工业化、信息化道路，按照加快形成新的经济发展方式要求，以转型升级行动计划“6+1”专项行动为抓手，稳增长、抓创新、调结构、促融合、提效益，更加注重拓展内需市场，更加注重构建现代产业发展新体系，更加注重发挥科技的战略支撑作用，更加注重以小微企业为重点优化企业发展环境，更加注重推动两化深度融合、军民融合，更加注重转变职能、创新管理、改进作风，实现工业通信业持续健康发展。

2013年主要预期目标

规模以上工业增加值增长10%左右，单位工业增加值能耗和用水量分别降低5%和7%，工业品出口交货值和企业利润不低于2012年水平；电信业务总量和主营业务收入分别增长10%和8%左右，新增互联网宽带用户2 500万户，新增3G用户超过1亿户；软件和信息技术服务业收入增长25%左右。

2013年要重点做好八项工作。

（一）着力提升发展质量和效益，促进工业经济稳定增长

（1）大力加强企业技术改造。认真贯彻落实《国务院关于促进企业技术改造的指导意见》，争取出台更有效的财税、金融、土地、环保等配套政策，健全统计体系。组织实施好产业振兴和技术改造专项，重点支持技术创新成果转化应用、中西部地区特色优势产业和自主创新、两化融合、军民结合、安全生产等专项。加强对重点项目的跟踪协调、监督检查和投产验收，探索改进投资补助方式。（2）以质量工程技术应用和品牌培育为重点，实施工业质量品牌能力提升专项行动，推进轻工、纺织等行业品牌建设和食品企业诚信建设，提升食品药品质量安全保障能力。继续实施节能产品惠民工程，大力推广高效工业用能设备、节能和新能源汽车，推动实施鼓励节水产品、家庭自给式太阳能产品消费的政策。（3）大力培育信息消费。推动实施信息消费激励政策，健全网络信任体系，改善网络消费环境，积极发展移动互联网、IPTV、手机电视等新应用，引导智能手机、智能电视等终端消费，加快网络购物、网络支付、电子商务等信息服务发展，推进数字家庭产业基地建设。继续推动电信资费改革，规范服务价格行为，认真解决服务热点问题。（4）推动落实鼓励引导民间投资“新36条”政策细则，鼓励金融机构和民间资本进入军民结合产业领域，组织实施民间资本进入移动通信转售业务、接入网业务试点，力争推出一批民间投资示范项目。（5）加强经济运行监测预测预警和生产要素保障，协调解决企业生产经营中遇到的困难和问题，确保重点行业、重点企业正常运行。推进工业领域电力需求侧试点。指导企业开拓市场，做好产销对接，加强管理，降本增效。

（二）加快传统产业改造和新兴产业发展，着力调整优化产业结构

（1）着力化解产能过剩矛盾。按照“尊重规律、分业施策、多管齐下、标本兼治”的原则，加强对钢铁、船舶、水泥、平板玻璃、电解铝、风电装备等产能过剩行业发展趋势的预测，制定有针对性的工作方案和有效措施，消化一批产能、转移一批产能、整合一批产能、淘汰一批落后产能。加快推进产能过剩行业兼并重组，发布实施重点行业企业兼并重组指导意见，强化公共信息服务，健全协调机制，研究通过兼并重组压缩、整合过剩产能的政策措施。研究出台促进大企业做优做强的指导意见，指导企业加强和创新管理。严格执行环保、安全、能耗等市场准入标准，下决心淘汰一批落后产能，防止重复建设和落后产能盲目扩张，推动建立新建产能与淘汰产能等量减量置换机制，扩大关闭小企业中央财政补助资金使用范围。落实产业转移指导目录，开展产业政策符合性认定试点，研究引导过剩产能向境外转移的政策措施。加强重点行业市场准入管理。各地要坚持全国一盘棋，立足发挥比较优势，合理安排工业布局，不能自行其是、遍地开花。（2）开展工业强基专项行动。启动实施工业强基工程，针对重大工程、重点装备需求，发布工业基础发展指导目录。整合工业转型升级、科技成果转化等资金渠道，加大对基础产业技术研发的支持，加强市场培育，搭建技术信息共享交流平台。深入推进新型工业化示范基地创建发展。（3）加快发展战略性新兴产业。继续实施智能制造装备、新材料、平板显示、云计算、物联网、蛋白类生物药和疫苗等专项，启动航空装备、海洋工程装备、先进轨道交通装备及关键部件、高性能医学诊疗设备等产业创新发展工程。完善协调推进机制，加强与应用部门对接，打通重点产品应用环节，推动产业链上下游联动发展。制修订新能源汽车标准，完善新能源汽车准入规则。继续加强部省对接，强化投资引导。（4）推动工业绿色转型。开展节能与绿色发展专项行动。强化工业节能降耗工作，加强节能减排重大技术示范推广，实施电机、内燃机能效提升计划，落实工业节水约束性目标，深化“两型”企业建设，大力推进节能环保产业发展。围绕循环经济、资源综合利用、清洁生产、再制造产品推广等重点领域，抓好试点示范、重大工程建设、政策措施完善等工作。（5）加快发展信息技术服务业，培育研发设计、现代物流、电子商务、节能环保技术服务等生产性服务业。规范软件企业认定管理和软件产品登记备案制度，推进中国软件名城创建。以工业设计中心为扶持重点，促进工业设计产业加快发展。保持烟草行业健康发展。推动组建国家级稀土集团，强化民爆行业监管，抓好工业通信业安全生产指导，继续做好禁化武履约及烟控履约工作。做好“十二五”规划中期评估，提高规划实施的科学性指导性。

（三）大力加强创新能力建设，提升产业核心竞争力

（1）努力突破重点领域关键核心技术。抓好“核高基”、新一代宽带无线移动通信网、高档数控机床与基础制造装备、大型飞机等科技重大专项的组织实施，启动实施航空发动机和燃气轮机重大专项。围绕高端装备、信息网络、系统软件、移动智能终端与智能电视及其芯片等关键领域，开展产学研联合攻关，鼓励和支持企业牵头实施产业目标明确的国家重大科技项目。（2）组织实施好国家重大科技成果转化项目，支持和促进重大科技成果工程化、产业化。推进百项技术创新推进计划确定的关键共性技术开发，加快新技术、新产品、新工艺研发应用。支持有实力的互联网企业、面向制造的服务企业加强技术集成和商业模式创新。（3）扎实推进技术标准体系建设，制定完成石化化工、机械、轻纺等19个行业和工程建设、节能综合利用、安全生产3个综合性领域的技术标准体系。加快重要技术标准制修订，支持有实力的企业参与国际标准制定。加强知识产权保护，全面推进工业企业知识产权运用能力培育工程，指导试点企业建立知识产权管理制度。（4）推动实行普惠的企业研发费用税前加计扣除政策。加强技术创新示范企业、企业技术中心、重点行业技术创新平台、产学研技术创新示范基地建设，支持行业骨干企业与科研院校特别是部属高校、研究单位合作开展技术研发、人才培养。

（四）进一步优化政策环境，大力支持小微企业发展

（1）落实国务院《关于进一步支持小型微型企业健康发展的意见》。发挥国务院促进中小企业发展工作领导小组的作用，加强协调和督促，推动有关部门出台配套政策。协调落实年度专项资金预算规模和支持项目，推动尽快设立国家中小企业发展基金。探索建立企业减负长效机制，继续清理和规范涉企收费、摊派和罚款行为。开展扶助小微企业专项行动，狠抓政策落实，完善发展环境。（2）切实缓解中小企业融资难。配合落实小微企业金融服务差异化监管政策，落实与有关银行的中小企业金融服务战略合作。指导地方建立中小企业上市育成体系，推动完善创业投融资政策。继续推进中小企业信用担保体系建设。（3）贯彻落实《关于大力支持小型微型企业创业兴业的实施意见》，实施创办小企业计划，支持中小企业创业基地和创新服务平台建设，加大中小企业技术改造力度，重点支持创新型、创业型和劳动密集型小微企业，推进中小企业“专精特新”和产业集群发展。研究出台促进劳动密集型企业转型升级的指导意见。（4）深入实施中小企业公共服务平台网络建设工程，继续发展一批国家中小企业公共服务示范平台，鼓励和引导服务机构为中小企业提供优质服务，面向中小企业开展软件即服务（SaaS）、平台即服务（PaaS）等业务。继续实施国家中小企业银河培训工程、中小企业经营管理领军人才培训计划和中小企业管理提升计划。

（五）加快通信业转型发展，进一步提高监管能力和水平

（1）重点抓好宽带基础设施建设。推动尽快发布实施“宽带中国”战略，实施宽带中国2013专项行动，加快光纤宽带建设和改造，深化无线宽带网络覆盖，实施宽带接入规范，着力改善用户体验。加快网络和网站IPv6改造升级，推动下一代互联网与移动互联网、物联网融合发展。持续推进电信基础设施共建共享。深入推进通信村村通工程。（2）加强3G网络建设和业务应用，推动TD-SCDMA和TD-LTE协调发展，积极推进TD-LTE扩大规模试验，认真做好LTE频率分配和牌照发放准备工作。（3）启动三网融合第二阶段试点地区双向进入许可申报和审批工作，组织实施三网融合推广阶段工作方案，推动广电和电信企业加强技术、业务和合作模式创新，带动相关技术研发和配套产业发展，加强融合类业务安全评估和监管。（4）加强和改进电信市场监管。推动出台新版电信业务分类目录，建立健全新业务管理制度，适时扩大移动电话用户号码携带试验范围，调整网间结算政策。强化电信市场竞争秩序和服务质量监管，推进垃圾短信治理。深化通信建设领域突出问题专项治理。加强网络运行安全管理，完善战备应急通信保障体系，提高网络运行质量和应急保障水平。（5）强化互联网行业管理。修订域名、IP地址资源管理办法，提高网站备案管理工作水平。进一步加强对移动互联网、微媒介、即时通信、智能终端、应用商店等新技术、新业务的引导和管理。引导云计算数据中心合理布局，推进互联网互联互通，优化网络互联架构，支持大数据等新型服务业态发展。切实维护互联网市场竞争秩序，继续净化网络环境。

（六）大力推进信息化发展，切实保障网络信息安全

（1）抓好国务院《关于大力推进信息化和切实保障信息安全的若干意见》的贯彻落实，推动尽快发布信息化规划，进一步加强顶层设计和统筹规划。（2）围绕智能工业发展、传统产业改造提升、制造业和服务业融合，实施两化深度融合创新推进专项行动。深入开展重点行业、企业两化融合评估和认定，继续推进两化融合试验区工作。配合做好重大信息化工程建设。协调推进经济社会各领域信息化，发展电子政务应用，协调推动“智慧城市”、农业信息化和社会管理领域信息化建设。（3）实施电子信息基础产业跃升工程和整机产业价值链提升工程，增强集成电路、关键元器件、基础软件产业保障能力，加快发展工业控制系统、机床电子、金融电子等应用电子产品，支持信息安全产业发展壮大。（4）推动发布中国的信息安全战略，推进信息安全法律及标准研究制定，开展重点领域网络与信息安全检查和风险评估。大力发展高端网络通信设备，研究建立信息安全审查和重点产品信息安全检测制度。组织实施党政机关互联网安全接入工程，加快安全可靠软硬件应用推广，抓好电子认证行业监管。（5）严格落实基础电信企业网络信息安全责任。强化信息安全基础设施与技术手段体系化建设，完善重大活动保障和应急处置长效机制。深入推进网络信息安全评估、安全防护和应急管理等工作。全面做好电话用户实名登记准备和实施工作。规范和强化特殊通信配合，提升党政专用通信保障能力。（6）强化无线电集中统一管理，严格查处非法设台等扰乱电波秩序行为，制定卫星频率和轨道资源管理指导意见，加强预备役电磁频谱管理部队建设。

（七）加快发展先进国防科技工业，扎实推进军民融合式发展

（1）突出做好武器装备科研生产重大事项组织协调。督促抓好事关全局的重点型号科研生产任务。做好神舟十号与天宫一号载人交会对接有关工作，确保高分一号卫星发射、嫦娥三号月面软着陆等重大任务顺利实施。加强军工科研计划统筹协调，深入推进国防关键技术攻关，着力解决关键原材料、核心元器件自主保障及先进制造工艺等问题。（2）坚持需求牵引和技术推动并重，推进先进军工核心能力建设。围绕重点难点型号，加快研制保障条件和批生产能力建设，加强以型号

"两总"为重点的军工核心人才队伍建设。加强军工项目全过程管理，强化军工能力监管。提高武器装备质量、军工关键设备设施、核应急和军工核安全监管水平，进一步高度重视、认真做好安全保密工作。(3)发挥部际协调机制作用，完善军民结合、寓军于民的武器装备科研生产体系。合理规划军民结合产业布局，培育一批军民结合产业基地。完成军民结合公共服务平台项目建设，编制军转民、"民参军"目录，支持国防科技成果转化，加速军民用先进技术双向转移步伐。支持部属高校完善国防特色和两化融合学科体系，发挥工程技术优势，加强基础前沿研究。

（八）积极推进深化改革和对外开放，探索实践新时期的大部门体制

(1) 积极推进重点领域改革。做好结构性减税，"营改增"，环境税、资源税改革等政策研究储备，发挥产业政策的引导和约束作用，密切产业政策与财税、金融、信贷、土地、贸易等政策的协调配合。及时提出推动投资体制、财税金融体制、资源性产品价格改革的建议，增强改革的系统性、协同性。坚持两个"毫不动摇"，积极支持中小企业进入能源、金融、国防科技工业和电信等领域，公平参与市场竞争。(2) 统筹用好"两个市场、两种资源"，落实进出口税收政策，积极引进国内短缺的先进技术设备，扩大国内紧缺的原材料进口。支持具有自主品牌和技术的产品出口，推动加工贸易向产业链高端延伸。做好利用外资和境外投资项目行业审查。抓住当前有利时机，引导企业"走出去"，参与境外基础设施建设、并购先进技术企业。积极运用国际通行规则，更加灵活主动地处理经贸摩擦，维护企业合法权益。深化工业、信息通信、无线电、中小企业等领域的国际合作。(3) 推动深化大部门体制改革和机制创新。争取落实工业和信息化相关职能，强化综合管理、统筹协调、指导服务能力，完善内部决策、执行、监督机制。坚持依法行政，加快推动行业立法，推进政务公开，加强和创新社会管理，促进企业社会责任建设，提高公共服务水平。(4) 进一步加强部省联动。部机关要更加关心和支持省市经济社会发展，注重听取意见、理解诉求，支持地方全面履职、获取资源、推进工作。地方也要加强与部重点工作的衔接对接，形成工作合力。(5) 进一步加强支撑体系建设。根据形势发展变化，直属单位、部属高校要明确职责定位，提升核心能力，加强内部管理，强化支撑服务。继续发挥好行业协会的桥梁纽带和支撑作用。

要高度重视、全面加强作风建设，继续推进党的建设、领导班子和人才队伍建设、反腐倡廉建设。最近，中央政治局制定了关于改进工作作风、密切联系群众的八项规定，体现了党中央落实党要管党、从严治党的坚定决心，体现了坚持求真务实、狠抓作风转变的坚定决心。中央率先垂范，为我们带了好头，上行下要效。工业和信息化部已经制订了实施办法，我们要严格执行，从部领导做起、从每一个司局做起、从一点一滴做起，不折不扣抓好落实。结合中央八项规定及实施细则，针对我们工作中存在的突出问题，部党组决定2013年在全系统开展改进作风年活动，下决心改进文风会风，坚决克服形式主义、官僚主义，着力转变工作浮躁、遇事推诿、办事拖沓等不良作风，解决群众反映强烈的突出问题。要进一步加强党的执政能力建设、先进性和纯洁性建设，按照建设学习型、服务型、创新型马克思主义执政党的要求，深入开展以为民务实清廉为主要内容的党的群众路线教育实践活动，不断提高全系统党的建设和基层组织建设水平。要进一步抓好政治理论、业务知识的学习教育培训，坚持和落实民主集中制，继续深化干部人事制度改革和事业单位分类改革，加大人才队伍建设力度。要进一步严格落实党风廉政建设责任制，全面推进惩治和预防腐败体系建设，深入推进廉政风险防控，加强对权力的制约与监督，强化廉洁自律工作，扎实开展节约型机关建设，努力建设人民满意的政府部门。

第2部分　专　论

建设现代信息技术产业体系①

工业和信息化部部长　苗　圩

党的十八大提出，建设下一代信息基础设施，发展现代信息技术产业体系，健全信息安全保障体系，推进信息网络技术广泛运用。这是党中央准确把握全球新一轮技术和产业变革趋势，在中国进入全面建成小康社会决定性阶段提出的重要任务，反映了我们党对技术进步规律和经济发展规律更全面更深刻的认识，对于新时期加快转变经济发展方式，提升经济和社会综合竞争力具有重大战略意义。

一、信息技术持续影响经济和社会变革

信息技术领域创新极为活跃。自20世纪40年代电子计算机诞生以来，每隔五至十年信息技术领域就会出现颠覆性的重大技术变革，而每次的信息技术变革，都推动着经济的快速发展，如20世纪七八十年代的家用电器，八九十年代的计算机，本世纪初兴起的互联网等。在人类技术发展史上，从来没有一种技术能够像信息技术这样创新步伐如此迅速、发展活力如此持久、经济社会影响如此之大。时至今日，信息技术领域硬件、软件、内容、服务创新的步伐依然迅速，创新的系统性、集成性特征更趋突出，日益向泛在、融合、智能和绿色方向发展。

信息技术应用深刻改变了经济发展和社会管理方式。信息技术从计算、记录、显示等单一功能和简单应用，迅速拓展到经济、政治、文化、社会、军事等领域深入广泛应用，对人类社会生产和生活方式产生了巨大影响。信息技术与经济活动的结合，加速了经济结构调整和生产组织方式变革，提高了经济发展的质量和效益；信息技术与社会管理活动的结合，为加强和创新社会管理提供了新手段、新渠道，改善了社会管理和公共服务水平；信息技术与国防建设的融合，推动武器装备发展和国防现代化建设从机械化走向信息化，改变了战争模式，影响了新时期各国军事变革。

信息技术创新模式重塑了国家创新体系。由于信息技术和网络技术的深入应用，彻底改变了以往孤立、封闭式的研发创新活动。信息网络可以提供跨国界、跨地区、跨行业的情报资料，信息技术可以进行模仿、模拟、仿真和高速运算，有效提高了创新的范围、能力、节奏和效果。此外，信息技术还激发了商业模式、管理

注①　本文发表于《求是》2012年第23期。

模式、教育模式、医疗模式等众多领域的创新。通过总结信息技术创新发展模式，各国更加深刻地意识到我们正处于一个信息技术创新决定国家竞争优势的新时代，纷纷以信息技术创新引领国家创新体系建设，抢占世界科技和产业竞争的制高点。

二、新一代信息技术正在推动创新浪潮和产业革命

新一代信息技术产业是战略性新兴产业发展的重点。国际金融危机爆发后，各国大力发展新兴产业，发达国家重在强化核心芯片、操作系统、营销渠道等高附加值环节的垄断地位，新兴经济体侧重生产制造、服务外包等竞争优势培育和市场争夺。在下一代信息网络基础设施建设布局方面，已有 110 多个国家和地区发布并实施了宽带战略，到 2012 年底将有超过 150 个第 4 代移动通信网络推出商业服务。近年来，国内也积极培育发展新一代移动通信、下一代互联网、三网融合、物联网、云计算、集成电路、新型显示、高端软件、高端服务器和信息服务等新一代信息技术产业，确定发展思路，制定产业规划，加强政策支持，引导产业健康发展。

新一代信息技术引领全球新一轮技术创新。全球正在出现以信息网络、智能制造、新能源和新材料为代表的新一轮技术创新浪潮，人类处于技术群体性重大突破的前夜。新一代信息技术是这一轮技术创新的基础和动力，为知识的快速扩散、网络型研发组织发展以及商业模式创新等提供了载体和手段。新一代信息技术与制造技术的充分交互，使制造业自动化、数字化、网络化水平显著提高，加速走向智能制造。新一代信息技术与能源技术的深度融合，使智能电网、太阳能发电、分散式离网发电技术实现突破，未来还将形成能源互联网。信息技术与材料技术交叉融合，使纳米复合材料等领域取得了一批新的重大进展。新一代信息技术已经成为引领各技术领域创新不可或缺的重要动力和支撑，成为实施创新驱动发展战略、建设创新型国家的关键所在。

新一代信息技术催生第三次工业革命。虽然产业界和理论界对第三次工业革命的标志、主导产业、产业模式等尚缺乏统一认识，但都不约而同地认识到信息技术在其中的巨大作用。信息技术创新势头不减，促进了研发设计活动不断加快、资源配置不断优化、生产组织模式不断变革和市场体系不断完善，成为催生第三次工业革命的主体力量。新一代信息技术的发展和应用，有力推动着产业转型升级、战略性新兴产业和先进制造业健康发展以及农业现代化进程，加速了现代产业新体系的建立，引导产业向创新驱动、绿色低碳和可持续方向发展。我们应当敏锐捕捉和把握信息技术变革打开的历史机遇窗口，特别是利用好中国人口多、市场大的特点，以应用来引导，积极迎接第三次工业革命，推动经济社会发展迈上一个新的台阶。

三、建设现代信息技术产业体系有利于形成发展新优势

党的十八大报告指出，以科学发展为主题，以加快转变经济发展方式为主线，是关系中国发展全局的战略抉择。我们必须深刻领会，认真贯彻落实，通过建设现代信息技术产业体系，推进产业结构优化升级，推动经济发展方式转变，加强和创新社会管理，形成新时期经济社会发展新优势。

有利于加快传统产业转型升级。不论过去还是将来，传统产业都是中国经济发展的主体力量，推进传统产业转型升级是中国转变经济发展方式的重要内容，也是新一代信息技术产业的重要用武之地。新一代信息技术提供的网络平台及其强大的计算、存储、信息交换能力，能够对经济结构调整和发展方式转变起到有力的支撑作用。信息技术在农业生产和农村发展中应用，促进了涉农信息资源的开发、整合和综合利用，加快了农业现代化进程。信息技术在工业领域的集成应用，推动研发设计、生产制造、生产装备、营销服务信息化水平，加快制造模式向数字化、网络化、智能化、服务化方向发展。信息技术的应用改进了资源能源利用方式，有利于提高资源能源利用效率，减少环境污染，推动资源节约型、环境友好型产业发展。信息技术应用还打破了原有的产业边界，推动工业设计、电子商务、现代物流、信息服务等生产性服务业发展，促进制造业和服务业融合发展。

有利于培育新的经济增长点。加快转变经济发展方式，必须使经济发展更多依靠服务业和战略性新兴产业带动，培育新的经济增长点。信息技术的快速创新，既催生物联网、云计算、移动互联网等新兴产业不断涌现，也带动信息技术服务、数字内容产业等快速发展，

使其成长为先导性、支柱性的战略性新兴产业。如云计算改变了信息资源交付和使用模式，用户不必再把所有资料、数据存储在自己的硬盘内，而是能够通过网络随时随地获取所需服务，形成庞大的云服务市场，同时带动相关硬件设备、应用软件、开发工具、信息服务等新产品新业态发展，创造大量就业岗位。培育发展信息技术产业，是实现经济可持续、高质量、高效益发展的重要着力点。

有利于培育新的投资消费热点。如何更多依靠内需特别是消费需求拉动，是中国经济发展面临的紧迫任务。随着汽车、住房等消费热点的逐渐降温，消费刺激政策效应逐步减弱，寻找高质量、可持续的投资新亮点，形成结构层次高、带动性强的消费新热点，成为促进中国经济持续健康发展的一项重要任务。发展新一代信息技术产业，可以优化传统基础设施投资，拓展各类应用平台的投资建设，优化企业的投资结构。发展新一代信息技术产业，不断创新信息服务手段、服务形式和内容，有利于扩大信息产品和内容消费，促进消费结构升级。从这个意义上说，新一代信息技术产业是中国新时期扩大内需特别是消费需求的战略支点。

有利于加强和创新社会管理。信息化是提高社会管理科学化水平的重要途径。中国正处于重要的战略机遇期，又处于社会矛盾凸显期，社会管理任务繁重艰巨。在行政管理领域应用信息技术，可以有效整合信息资源，精简优化服务流程，提升行政监管效能，推动政民互动，促进政府职能转变。在城市管理中应用信息技术，可以加强流动人口动态监测、加强网络舆情分析，推进智能交通、智能水网、智能电网建设，提高城市建设和管理水平。在教育、医疗卫生、社会保障、减灾救灾等领域应用信息技术，可以提升公共服务水平，切实保障和改善民生。通过大力发展数字内容产业，可以为宣传社会主流思想、传播先进文化提供重要通道。

四、深入贯彻十八大精神，抓好战略布局和任务落实

经过多年的建设和发展，国内已形成了涵盖通信、计算机、软件、信息服务等领域较为完善的信息产业体系，特别是在技术研发、产业支持和人才储备等方面的基础和大国大市场的独特资源，为现代信息技术产业体系发展提供了有利条件。同时应该清醒地认识到，中国信息技术产业自主创新能力不强、关键技术受制于人、产品附加值低、国际竞争力和抗风险能力低等问题还十分突出，处于创新突破可期和掉队风险亦存的重要关口。我们必须深入贯彻落实党的十八大精神，顺应全球新一轮技术和产业变革大趋势，抓住机遇，着眼长远，发挥优势，选准突破口，努力构建现代信息技术产业体系，为实现到 2020 年全面建成小康社会奋斗目标做出积极贡献。

加强战略谋划，确立竞争新优势。着眼国际发展趋势和竞争格局，凝聚战略共识，从国家战略高度推动现代信息技术产业跨越发展。要围绕国家经济社会发展和国家安全保障需求，加强发展现代信息技术产业体系的顶层设计和战略部署，明确重点任务，完善组织管理和协调推进机制。立足应用引领，推动融合发展，确保自主可控，力争在全球产业格局的深刻调整中确立国家竞争新优势，并为迈向信息社会奠定坚实基础。加快建设以基础设施为支撑、以新一代信息技术为先导、以融合发展为特征、以广泛应用为目的、以安全可控为保障的现代信息技术产业体系。

实施创新驱动发展战略，加快核心关键技术突破和商业模式创新。创新是信息技术产业的精髓所在。国内产业处于国际分工的低端，最根本的原因还是创新能力不强。要抓住世界新一轮科技变革的战略机遇，实施创新驱动发展战略，完善以企业为主体、市场为导向、产学研用紧密结合的技术创新体系，加快创新型国家建设。实施国家重大科技专项，集中力量，全力突破操作系统、核心芯片、新型显示、新型电子元器件等核心基础产业关键技术，提升基础材料、基础零部件、基础工艺、基础制造装备的研发设计和制造支撑能力。加强示范应用，营造良好应用氛围，以服务创新带动产品创新和商业模式创新，提升产品质量和品牌，推动建立新的产业组织模式。

深化信息技术应用，促进经济社会发展转型。发挥信息技术渗透性强、带动作用大的特点，推动信息技术应用和全面覆盖，创造市场空间，带动现代信息技术产业发展。大力推进信息化和工业化深度融合，发挥以信息化带动工业化、以工业化促进信息化的融合优势，提高经济信息化水平，加快走中国特色新型工业化道路步伐，促进经济发展方式转变。积极应对互联网发展和应用对新时期社会管理带来的挑战，利用信息技术加强和

创新社会管理。提高公众信息化意识，健全信息技术推广应用机制，力争到2020年全社会信息化水平大幅提升。

培育信息投资与消费热点，推动经济发展更多依靠内需特别是消费需求带动。认真贯彻落实使经济发展更多依靠内需特别是消费需求拉动的要求，牢牢把握扩大内需这一战略基点，努力把信息投资与消费培育成为新的经济增长点。积极发展宽带接入、移动互联网、IPTV、手机电视等融合性服务，带动平板电脑、智能手机、智能电视等终端消费，带动网络支付、电子商务、云计算、物联网、网络文化、数字家庭等信息服务。加快实施“宽带中国”工程，推进下一代互联网规模商用和前沿性布局，推进三网融合，充分发挥下一代国家信息基础设施对经济社会发展的支撑作用。加快物联网、电子商务、移动互联网、社会管理信息化等应用平台建设，为信息消费和服务提供支持。鼓励社会资本投资信息产业，加快形成高质量、可持续的投资和结构层次高、带动性强的消费，努力形成继房地产、汽车之后新的投资消费热点。

健全信息安全保障体系，提高网络与信息安全保障水平。随着信息技术应用的日益普及，网络与信息系统在经济社会发展中的基础性、全局性作用日益增强，一旦发生安全问题，将严重影响社会正常生产生活，甚至造成灾难性后果，影响国家安全。要加强统筹协调，一手抓信息化发展，一手抓信息安全保障，以安全保发展，在发展中求安全。加强部门间分工负责和协调合作，健全横向覆盖信息基础设施建设、信息技术应用、信息安全保障、信息内容安全管理，纵向覆盖技术、产业、标准、法制等领域的管理体系，确保重要基础设施、重要信息系统和工业控制系统信息安全。加强信息安全保障能力建设，加强信息网络监测、管控能力建设，构建信息安全保密防护体系，提升网络空间预警和网络攻防水平。

加快转变政府职能，营造产业发展的良好环境。要按照深化行政体制改革要求，转变政府职能，创新管理方式，处理好政府与市场、安全与发展、产业与应用的关系。发挥企业主体作用，鼓励有条件的大中型企业加强产业链垂直整合，支持创新型、创业型和劳动密集型小微企业发展，提升信息技术产业链协同创新能力。发挥政府的推动作用，遵循产业规律、尊重市场规律，加强产业政策与财税、金融、投资、贸易、土地、环保等政策的协调配合，促进全社会创新资源高效配置和综合集成。发挥财政性资金的杠杆和乘数效应，调动企业积极性，有效引导社会资本更多地投向“宽带中国”、核心技术研发、安全保障能力建设等领域。

把握趋势　推进新一代信息技术产业标准化工作（节选）①

工业和信息化部副部长　杨学山

（2012年6月27日）

从现在起到未来若干年，信息技术将进入一个重要的发展时期，速度快、变化大，在某种意义上，这将是信息技术一次新的质变。信息技术的应用对经济社会的影响将越来越深刻、越来越广泛。

下面，我借此机会对新一代信息技术产业标准化工作谈三点体会。

第一，要在把握新一代信息技术发展趋势和本质的基础上推进标准化工作。

近年来，信息技术产业的发展十分迅速，不仅使业外人士感到难以适应，业内的人也常常感到措手不及，都在积极调整方向、谋划战略。但是，我们今天看到的

注① 本文是杨学山副部长在新一代信息技术产业标准化论坛上的讲话。标题为编者所加。

变化与未来若干年将要发生的变化相比仅仅是一个起点，未来的变化将更加深刻和广泛。

一是计算技术和产业将继续向前发展。在新工艺、新架构的推动下，硅芯片将沿着摩尔定律延续十几年的快速发展。在计算能力持续提升的带动下，信息产品将继续朝“高、小、便、省”的方向发展。高，即高性能，高性能计算机运算能力将逐年提升。小，即具备相同能力的处理器将变得越来越小。便，即便利、便捷，更加适用于经济社会各领域的各种处理器将大量出现。省，即节省能源和空间，如同目前的移动终端越来越小、越轻、越薄，但是功能越来越强。

二是传输技术向泛在、宽带、多媒体方向发展。最近正在测试的 TD-LTE 数据卡平均速度在 5-6 兆每秒，极限速度达 30 多兆每秒。但是这个速度还只是起步，在不久的将来，我们会享受到百兆的速度来传输大容量、多种媒体并存的信息，其中，视频信息将占绝大部分。此外，传感技术与网络相结合后，许多系统的信息增长将主要源于传感器，网络的功能和范围将不断延伸，从而真正变成无处不在。

三是信息技术发展将全面走向大数据和基于含义的处理。“大数据”将很快会替代原有的“海量数据”等名词。由于信息处理系统的发展，所有终端都将具有信息获取的功能，越来越多的终端变成数据产生器，越来越多的传感器在采集数据，因此，信息量将比原来上升得更快。2011 年底，我认为目前一个大型数据中心的数据量也许就是在若干 P、数十 P、数百 P 的数量级，但却发现美国已经在建 Z 级的数据中心，也就是 2^{70} 字节数据量的数据中心。数据量的增长速度远远超乎我们想象。虽然大数据处理的形式仍然是 0、1 组成的字符串，但有越来越多的事务将基于含义进行处理，0、1 只是含义的载体。

四是信息技术服务将全面走向云模式。云计算的核心是云服务，随着信息技术应用向综合、渗透的方向发展，经济社会各领域将全面走向数字化、网络化、智能化。应用将从原来以业务流程为依据，逐步向以要管理的事务本质为依据转化，这将是全面、深刻的转化。

第二，进一步明确推进新一代信息技术产业标准的目的。

推进新一代信息技术产业标准工作的目的，一是要服务于技术的创新和研发；二是要服务于产业发展；三是要服务于应用需求；四是要服务于参与国际合作和竞争，更多地增加国际标准的参与权、话语权，逐步由点到面，占领国际标准化的制高点。

我们一定不能为标准而标准，要明确制定标准的目的。无论是抽象的标准化体系，还是具体的标准项目，标准化工作活动都要围绕以上四个目的去展开。标准化的每项工作都要讲清楚与四个目的之间的关系，每一项标准，从立项开始就要和目的紧紧连接起来，再也不要为标准而标准。

第三，要严格遵循原则来制定标准。

没有规矩不成方圆，制定标准就是立规矩。因此，我们一定要明确原则，遵循原则，按原则办事。

一是要广泛参与、技术中立。标准要大家遵循，就一定要让与标准相关的各方能够广泛参与进来。对于技术上的矛盾，要采取技术中立的原则，以便最终形成共同意见。

二是要按照确定的程序和规则制定标准。我们有多个标准化工作委员会，这些委员会都有标准制定的程序和规则，其中最重要的有两条：第一是要保证广泛的参与，即该参与的人通过程序都能参与进来；第二是投票权，一人一票，根据规定的符合票数规则来确定标准是否通过。这两点要作为各项标准制定的根本性原则。

三是对标准的评价要以用为目的。在立项时就要明确这项标准是哪个领域用的、怎么用的，标准使用方的代表要能够参与标准的立项和制定。我们制定的标准一定是要为了用，为了我刚才讲的四个目的，即服务于研发和创新，服务于产业的发展，服务于应用的需要，服务于国际的合作和竞争。

信息产业发展中的规律性问题探讨（节选）①

工业和信息化部总经济师　周子学

2012年9月9日

一、摩尔定律的深刻含义

摩尔定律在业界无人不知。现为《纽约时报》专栏作家的托马斯·弗里德曼在其全球畅销书《世界是平的》中是这样评价摩尔定律的："冷战时期最明显的衡量标准是重量——特别是导弹的投掷数量，全球化时期最明显的衡量标准是速度——商业、旅行、通讯和革新的速度。冷战的公式是爱因斯坦的质能恒定性，即 $E=MC^2$，全球化的公式是摩尔定律，即计算机芯片的能力将在18–24个月内翻一番，而价格还不到原来的一半。"②把摩尔定律与爱因斯坦的相对论并列，这是托马斯·弗里德曼的观点。

摩尔定律从提出至今已有20多年。集成电路产业的发展史，特别是英特尔公司的成长史，反复证明摩尔这句话的正确性。实际上，摩尔定律是人们伴随市场经济的发展而总结出的顺应市场需求的一种趋势，是在一定条件下反映技术、社会需求和人们的心理行为等因素对市场发展施加影响从而对信息产业所做的一种经验性发展规律的预测，它归纳了信息技术进步的速度。从昔日的仙童公司到今天的英特尔、摩托罗拉、先进微设备公司等，半导体产业围绕摩尔定律的竞争像大浪淘沙一样激烈。

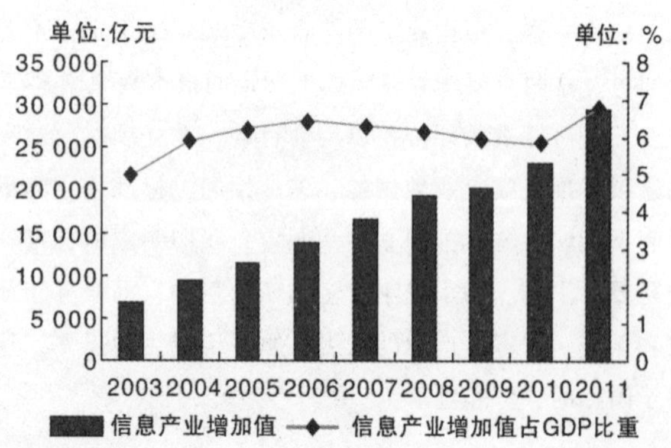

图1　中国信息产业增加值及其占GDP比重③

摩尔定律不仅是产业经济增长强大引擎的体现，而且是整个经济增长引擎的体现。在摩尔定律作用下，中国信息产业增加值每年以平均约20%的增长率迅速增长，占当年GDP的比重为6%左右，成为经济发展的重要引擎（如图1所示）。

二、摩尔定律的技术经济发展规律

摩尔定律告诉我们集成电路产业乃至整个高技术产业的发展趋势，其含义涵盖了技术的和经济的双重内容，并揭示出技术和经济相互统一的关系。摩尔定律是电子信息产业核心产品——集成电路的技术经济发展规律。研究产业经济规律离不开市场。若从市场角度来考察，摩尔定律所揭示的也就是集成电路行业的市场竞争规律。这种市场竞争规律可分解为技术规律和经济规律。

技术规律是指通过对集成电路的版图设计、材料、设备、工艺、测试、检验等多种复杂技术的创新运用，实现以最细的线宽实现单位芯片上的集成电路产出最多，进而实现电子产品的轻、薄、小、可移动……即实现功能最大化，满足无处不在的对信息资源的收集、开发、传输、储存、利用等需求，使人脑得到无限的扩展和延伸。

这里的经济规律又可分解为投资规律和分配规律。

投资规律是指为了适应上述技术规律牵引的需要，

注①　本文是周子学总经济师在第十四届中国科协年会上的讲话。文中所用数据为快报数据。

②　托马斯·弗里德曼：世界是平的，东方出版社，2006年9月版。

③　此处信息产业统计范围为电子信息制造业、信息传输业、软件业和计算机服务业。

要求集成电路行业的投资规模有高（投入）、快（投入）、连续（投入）、大（投入越来越大）等特性，以保证满足技术领先的需求。以中国科技研发投入为例，近年来呈现出逐年增长的态势（如图 2 所示）。

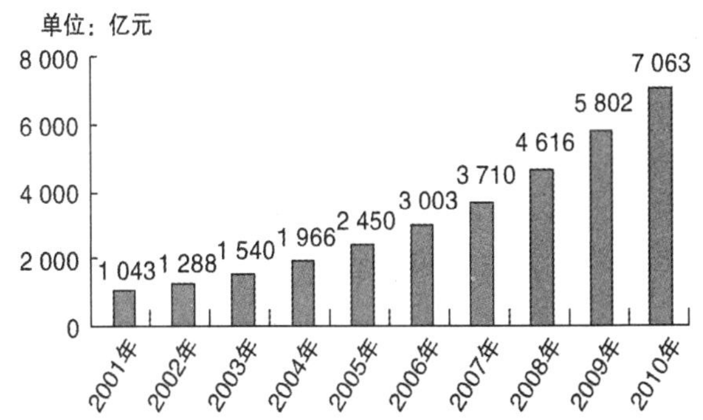

图 2　2001—2010 年中国科技研发投入额

分配规律同样是指为了适应新的生产方式以及技术规律牵引的需要，要求信息产业尤其是集成电路产业满足最优人才的最大集聚，其分配规律应以激发信息技术人才的最大创新能量为特性，这也是为了满足技术领先的需求。以信息传输、计算机服务和软件业年人均工资水平为例，该行业近 6 年人均工资水平均高于其他传统行业和服务业（如图 3 所示）。这也正是分配机制对于高科技行业信息技术人才作用的体现。

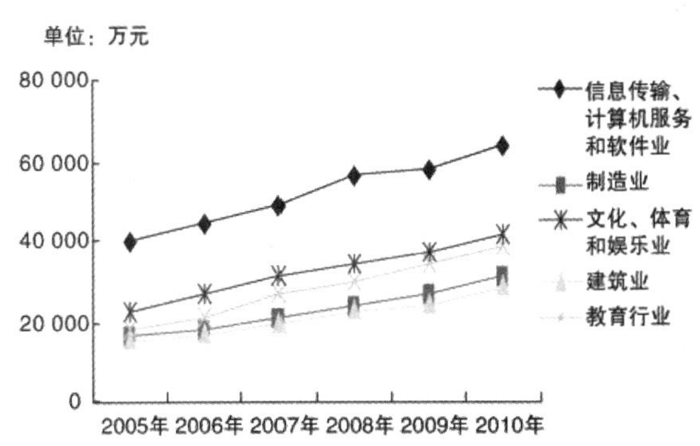

图 3　2005—2010 年中国部分行业年人均工资水平比较

技术的领先在市场上表现为技术垄断。要保持更长时间的技术垄断，就需要越来越大的持续投入和吸引越来越多的优势人才，这表现为经济上有很强的竞争。以经济上的竞争优势来支撑技术上的垄断优势，从而赚取更大的技术垄断利润，以投入下一轮更激烈的竞争……由此螺旋式循环发展。

因此，摩尔定律要求的是技术的垄断性与经济的竞争性的统一。统一得好的企业获胜，反之败北。

三、信息产业的独特市场竞争规律——降价规律

降价规律是信息产业独特的市场竞争规律。摩尔定律为高技术产业留下的思想会长期给我们以启迪，其技术垄断性和经济竞争性统一的市场竞争理念会在高技术行业反复出现。摩尔定律的理念不仅在集成电路产业起作用，在信息产业其他领域乃至其他高技术产业界，都有很强的指导性。

电子信息产业从第一代产业化的产品开始就表现为无穷无尽的降价趋势，并且已成为规律。不保值是信息产品的普遍现象，但其市场仍年年红火并以两位数增长。造成这种现象最本质的原因是整个信息产业技术还没有走向成熟，技术上可突破的领域还有很多。每当一项技术被突破，单位产品的成本（价值）就会大幅度下降，为市场竞争带来大幅降价空间。一个产品降价（特别是元器件）会带来整个产业链的连锁降价。从这个意义上说，这就是高技术产业对人类所做出的巨大贡献。

下面从对硬件与软件的分析中探求降价规律的本质所在。以技术突破为先导的信息产业，其市场竞争表现出自己特有的方式、方法，硬件制造业与软件业也各自以不同的核心技术内容出现，竞争方式、方法则相同。

一是硬件制造业。我们把硬件制造业的核心技术集中在新材料和新型元器件的开发上来论述，而把设计业（不管是集成电路设计还是整机设计）放在软件上一起来论述。

新材料的核心技术表现在配方和制造工艺上，而新型元器件的核心技术则表现在新材料的选用和新型元器件的设计和加工工艺上。不论是新材料还是新型元器件，其核心技术都以专利、知识产权的形式出现，从而在技术上构成垄断。当市场上其他公司在核心技术上取得突破，我就以更新的一代新材料（新工艺）、新型元器件推出新一代产品，继续构成技术上的垄断；同时把前一代产品大幅度降价，使该产品无利可图，直至淘汰。若与之竞争的公司无技术储备，则只有被淘汰出局。如果你一定要继续干，就只能购买我的专利和知识产权，这样你就只能赚点小利，无法对我构成威胁。

这就是电子信息产品不断降价的原因：一是降得

起，有新技术作准备；二是必须降，这是市场竞争中取胜的法宝。我们把这种现象叫做电子信息产业的市场竞争规律之一——价格竞争规律。

二是软件及服务业（含硬件的设计业）。软件的问题归结起来是数学问题——把一切要通过人工智能化去实现的事都用数学模型来描述。构建数学模型的算法成为最核心的软件技术。于是，软件产品竞争之道就与硬件有相似之处了。只不过硬件是靠推出新材料、新工艺、新型元器件，软件则是推出新算法构成的新版本。

软件产品的竞争方法与硬件相同，有所不同的是硬件竞争中，有时设备起很大作用。因为设备固化了许多核心技术，而软件则主要靠人才，人才又主要靠培训和教育。这有企业的任务，也有国家的任务。

信息产业降价规律所要求的是建立起以企业为主体的自主创新体系。二十多年来，中国电子信息企业似乎首先学会了利用降价规律。回顾打了二十多年的价格战，我们大都只在规模化生产和廉价劳动力构成的低成本上迂回反复，其结果是企业一直做不强。要真正认识到信息产业的降价规律是建立在核心技术的拥有之上，这才是企业做强的真谛。

四、后摩尔时代信息产业发展思考

从技术上看，集成电路产业什么时候走到极限呢？这是一个需要科学家、企业家以及业界同仁共同回答的问题。由于材料（芯片上元件的几何尺寸不可能无限制地缩小下去）、散热、漏电等原因，摩尔定律正面临两大挑战。

一是技术的挑战。随着硅片上线路密度的增加，其复杂性和差错率也将呈指数增长，这也使全面而彻底的芯片测试几乎成为不可能。当芯片上线条的宽度达到纳米（10^{-9}米）数量级时，材料的物理、化学性能将发生质的变化，致使采用现行工艺的半导体器件不能正常工作，摩尔定律也将走到尽头。

二是经济的挑战。摩尔定律提出五十年来，集成电路芯片的性能的确得到大幅度提高，但另一方面，芯片生产厂的成本也在相应提高。如果按照摩尔定律的发展每18个月就必须对生产工艺进行一次升级，这将耗费大量资金。随着半导体工艺向深亚微米发展，半导体设计与制造的成本都呈几何级数增长。

因此，影响摩尔定律能否延续的两个重要因素决定了信息产业今后的发展方向。一是要注重技术创新。主要包括积极进行纳米材料、相变材料等技术研发；大力普及云计算、物联网等新技术。二是要进行商业模式创新。新形势下，全球竞争正逐渐从速度竞争转向持久性竞争。在积极创新的同时，必须摒弃不顾成本、一味追求速度的做法，开发更具效益的技术，充分满足消费者的多样化需求。

资料

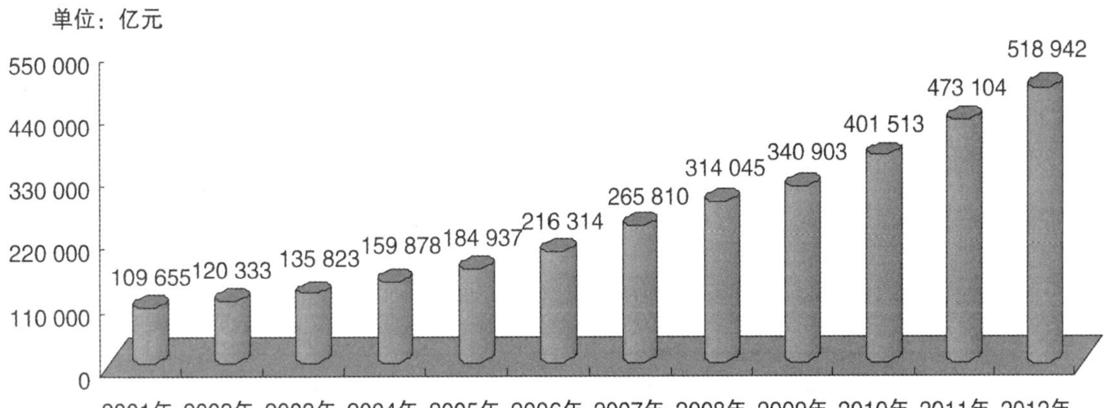

图1 2001—2012年中国国内生产总值情况

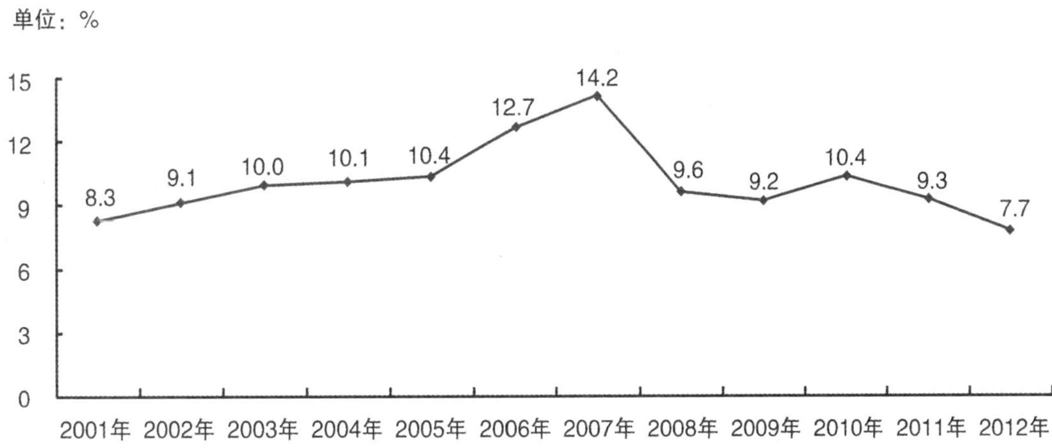

图2 2001—2012年中国国内生产总值增长情况

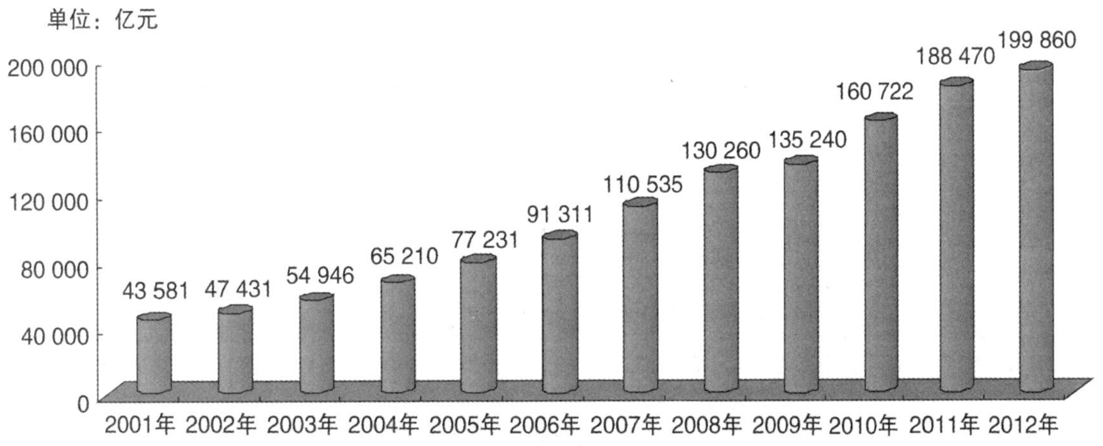

图3 2001—2012年中国全部工业增加值情况

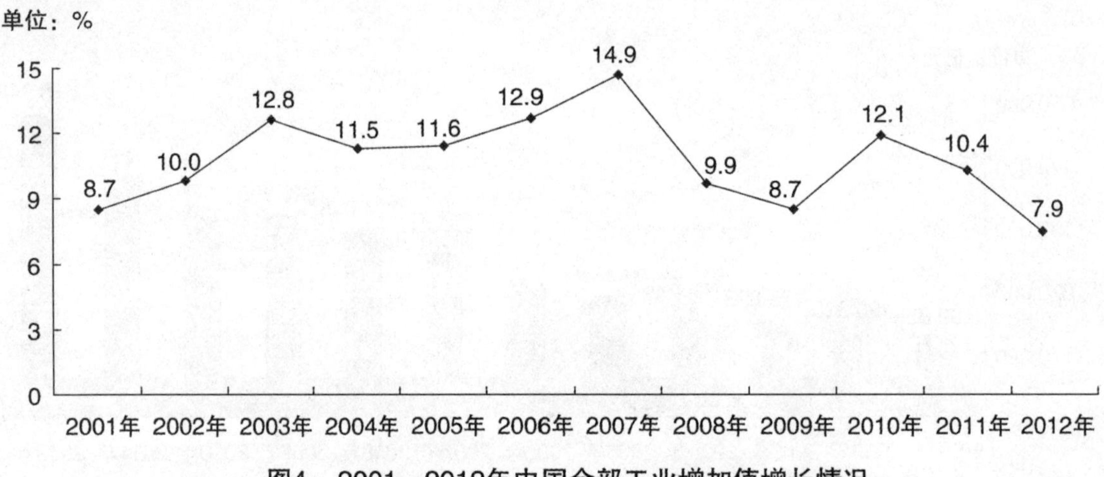

图4　2001—2012年中国全部工业增加值增长情况

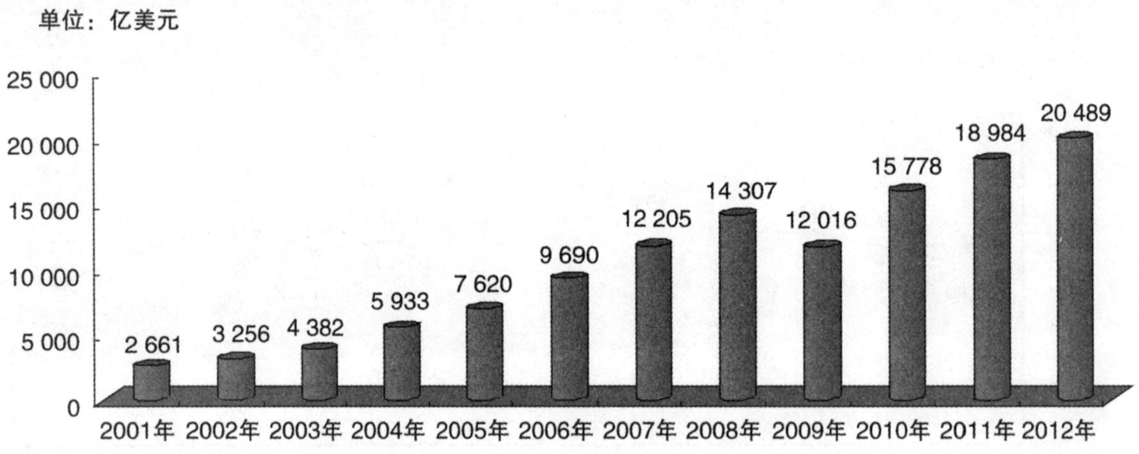

图5　2001—2012年全国货物出口总额情况

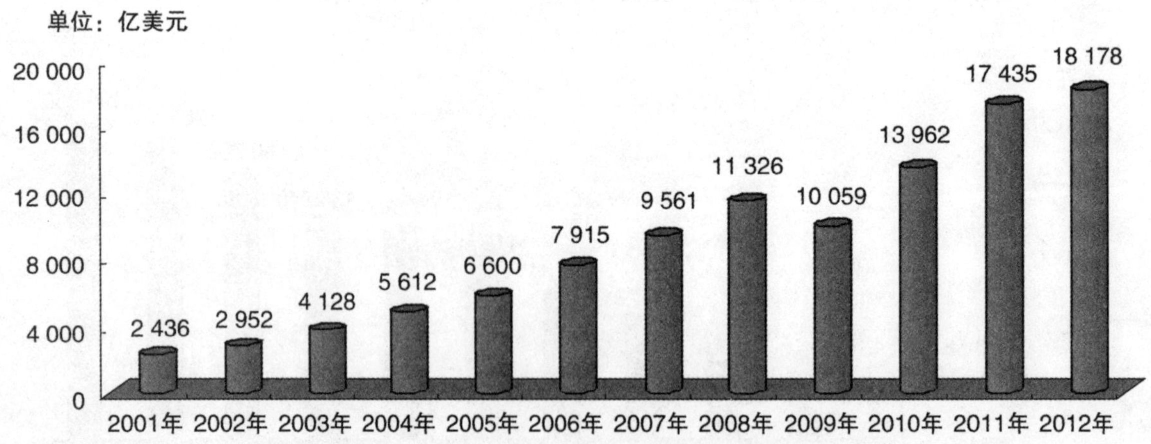

图6　2001—2012年全国货物进口总额情况

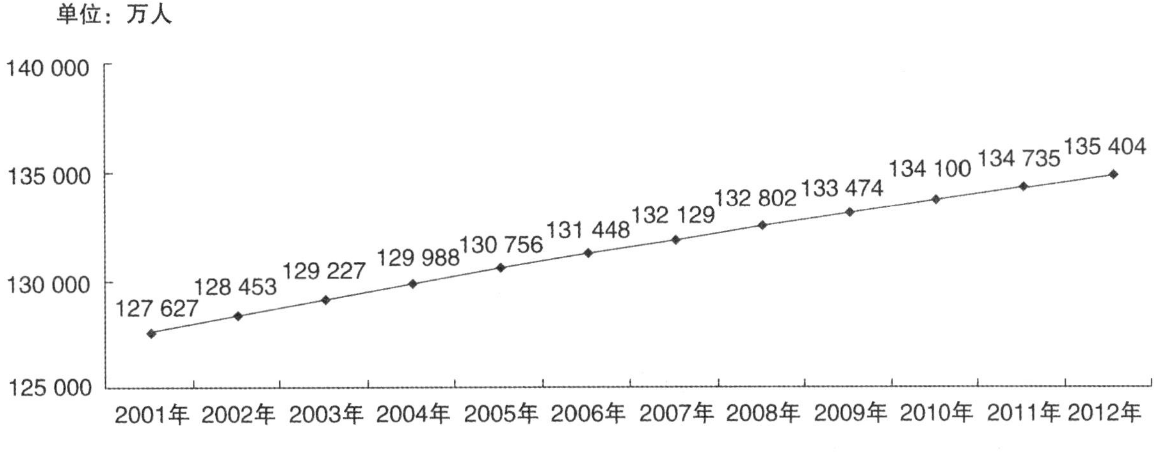

图7　2001—2012年全国人口情况

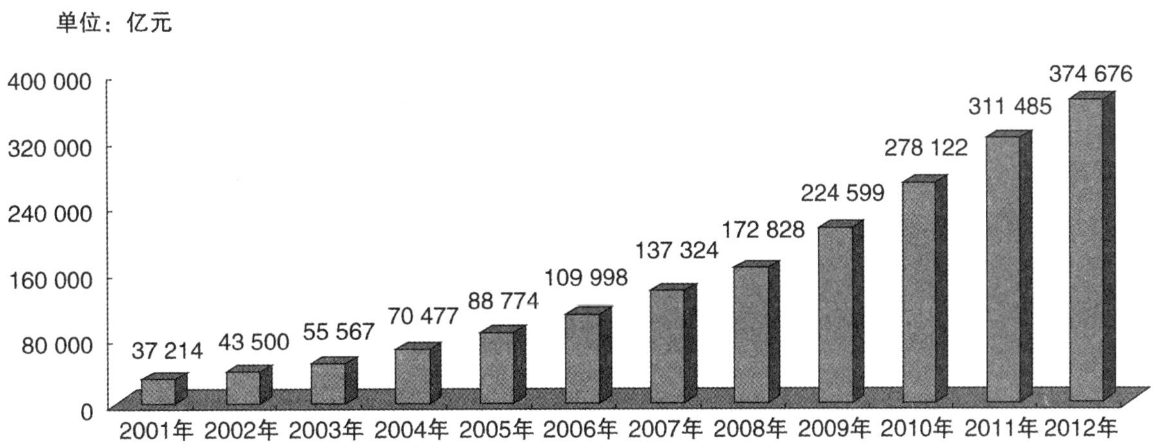

图8　2001—2012年全社会固定资产投资情况

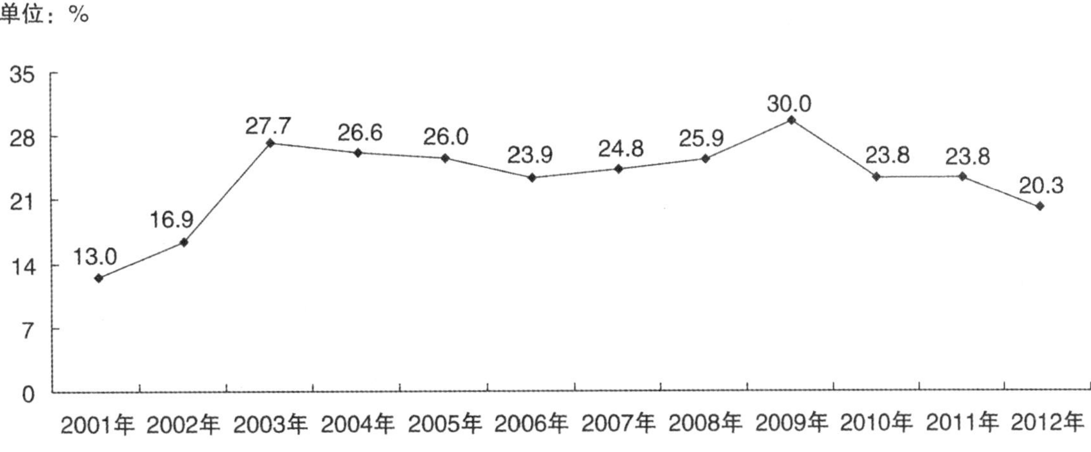

图9　2001—2012年全社会固定资产投资增长情况

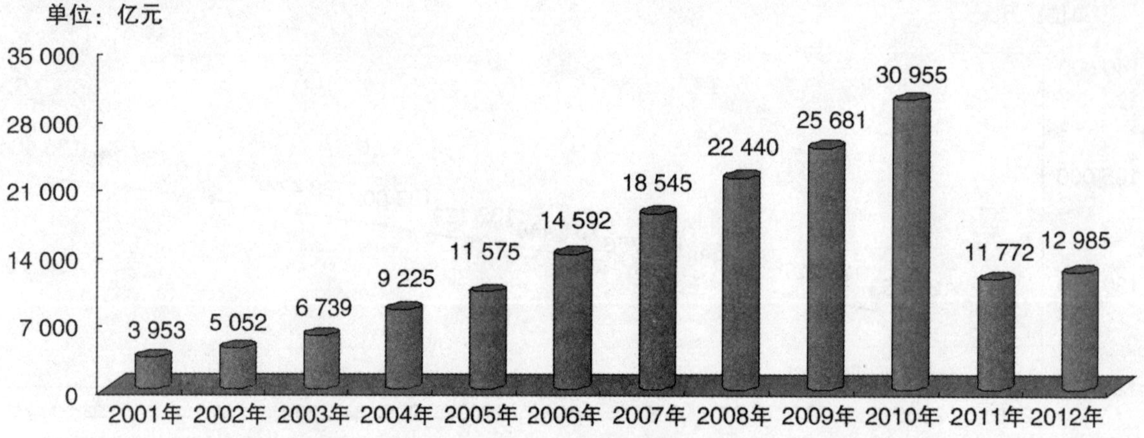

图10　2001—2012年全国电信业务总量完成情况

注：2001—2010年数据按2000年不变价格计算，2011—2012年数据按2010年不变价格计算。

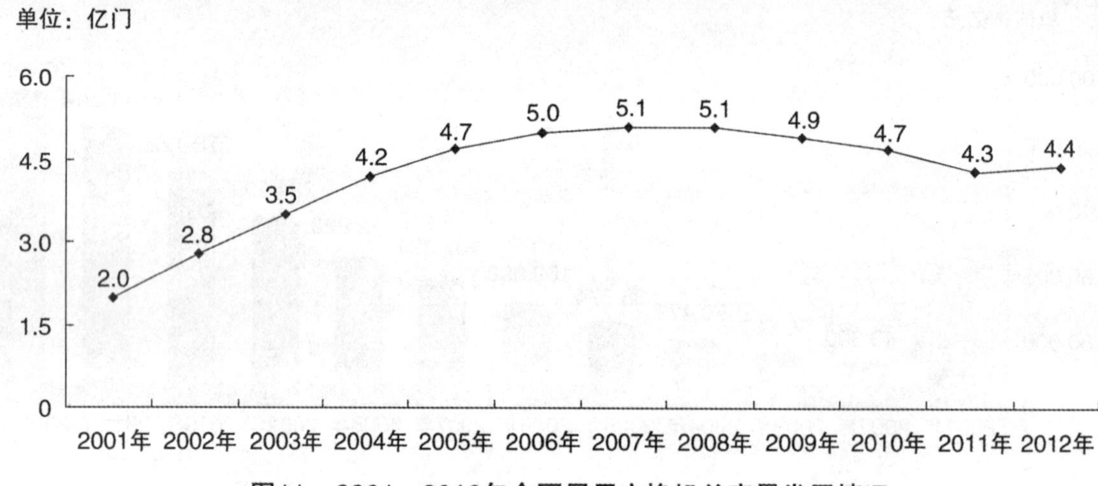

图11　2001—2012年全国局用交换机总容量发展情况

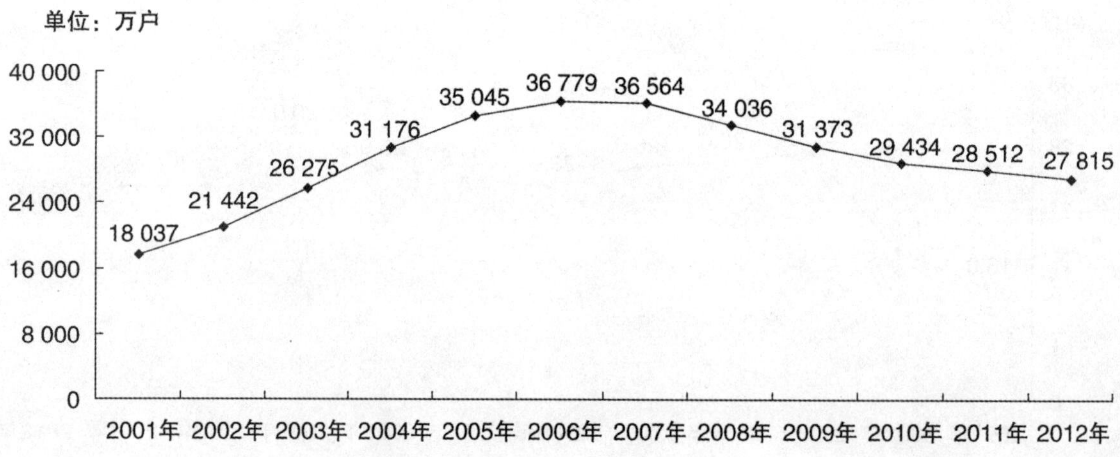

图12　2001—2012年全国年末固定电话用户数量发展情况

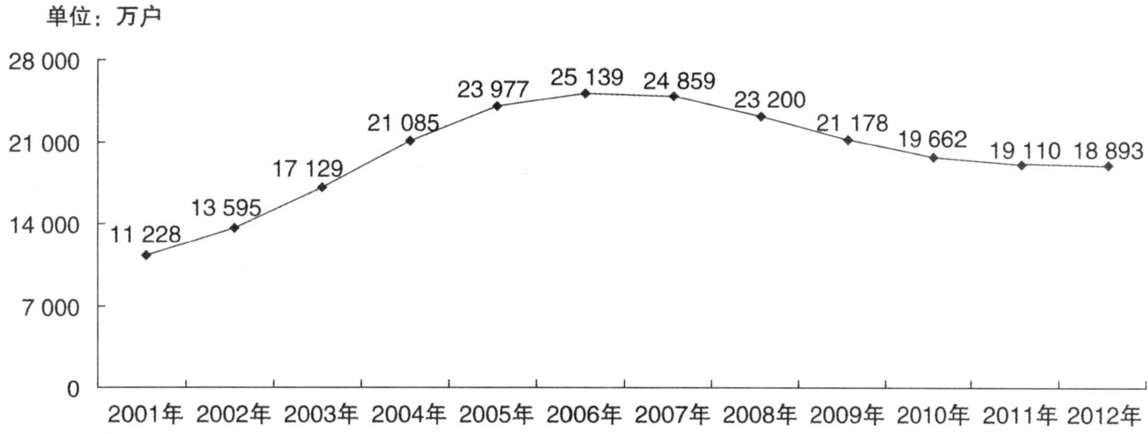

图13　2001—2012年全国城市年末固定电话用户数量发展情况

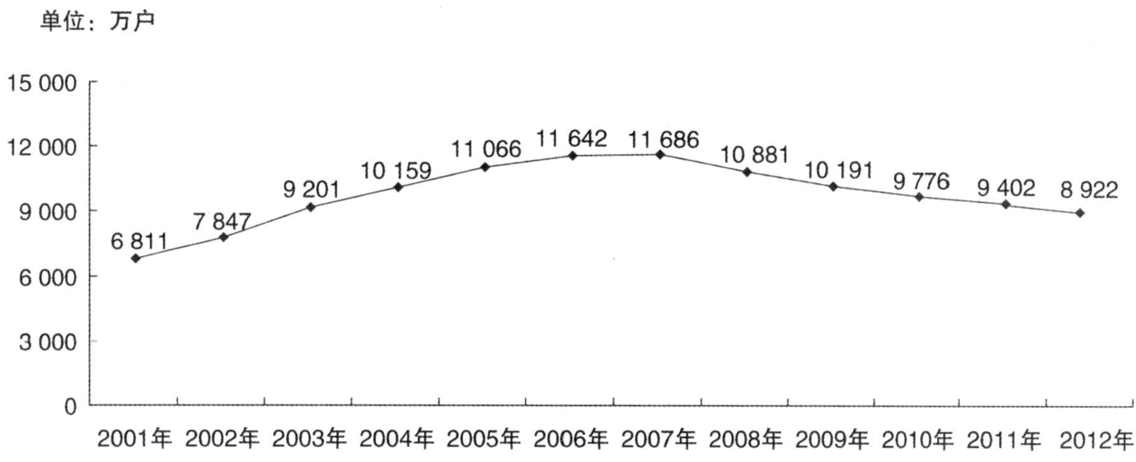

图14　2001—2012年全国农村年末固定电话用户数量发展情况

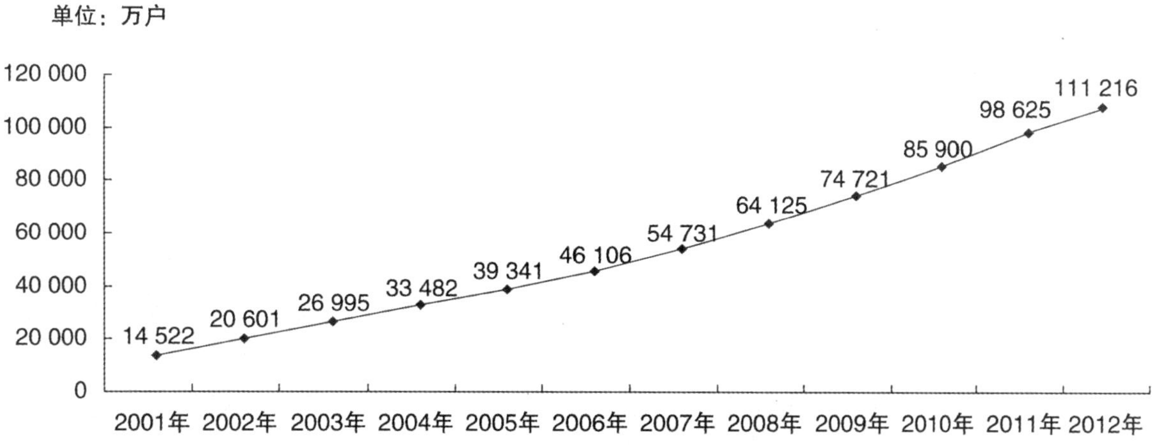

图15　2001—2012年全国年末移动电话用户数量发展情况

注：图 1—图 15 数据来源于国家统计局。

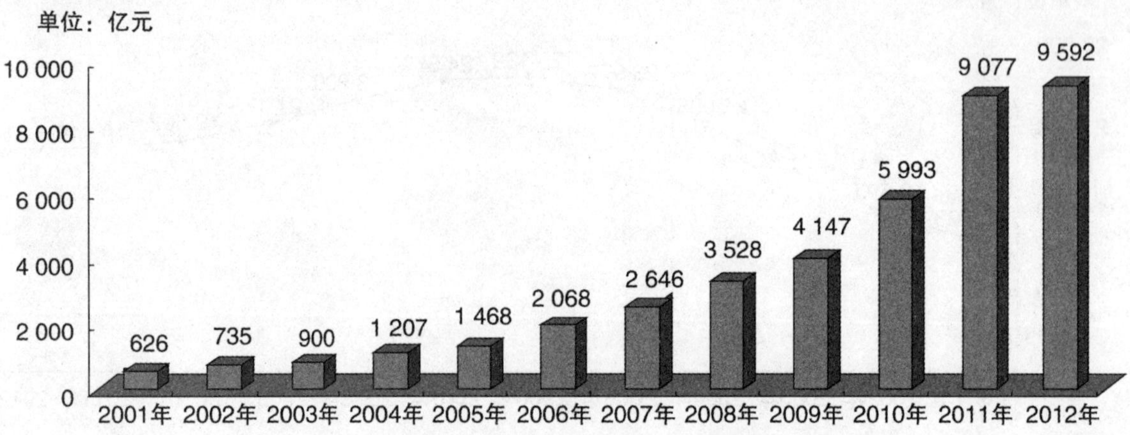

图16　2001—2012年电子信息产业固定资产投资情况

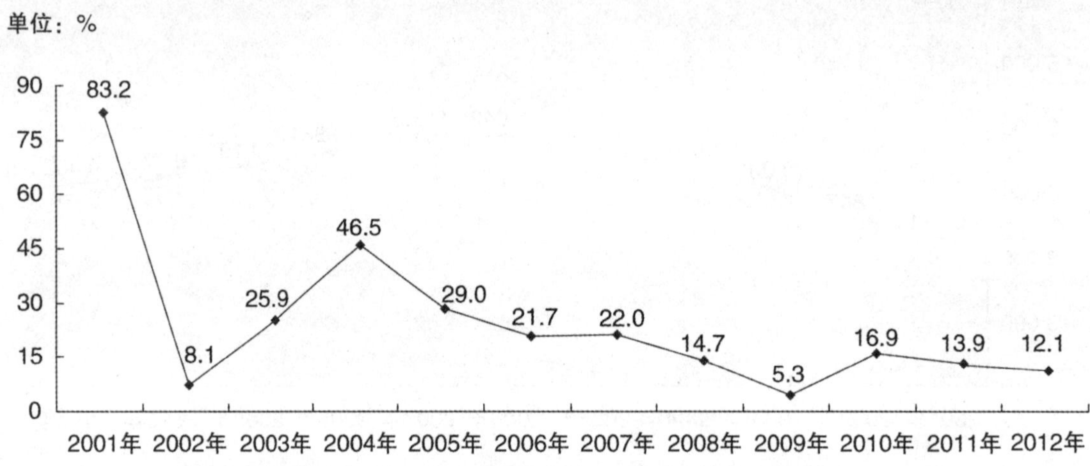

图17　2001—2012年电子信息产业制造业完成工业增加值增长情况

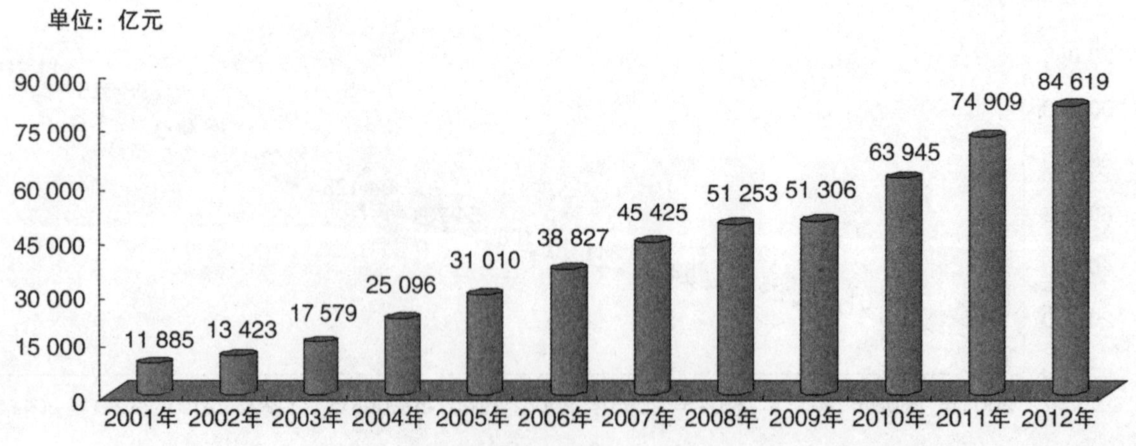

图18　2001—2012年电子信息产业制造业完成主营业务收入情况

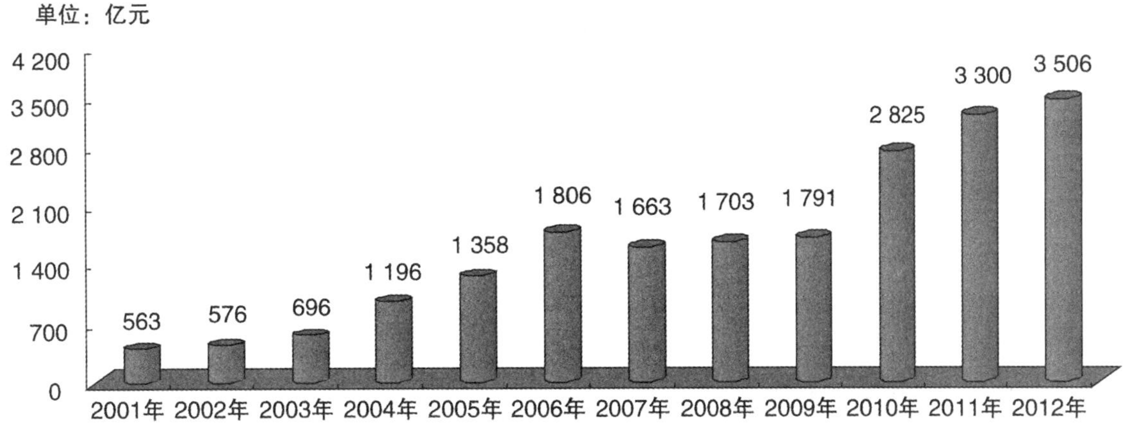

图19　2001—2012年电子信息产业制造业完成利润总额情况

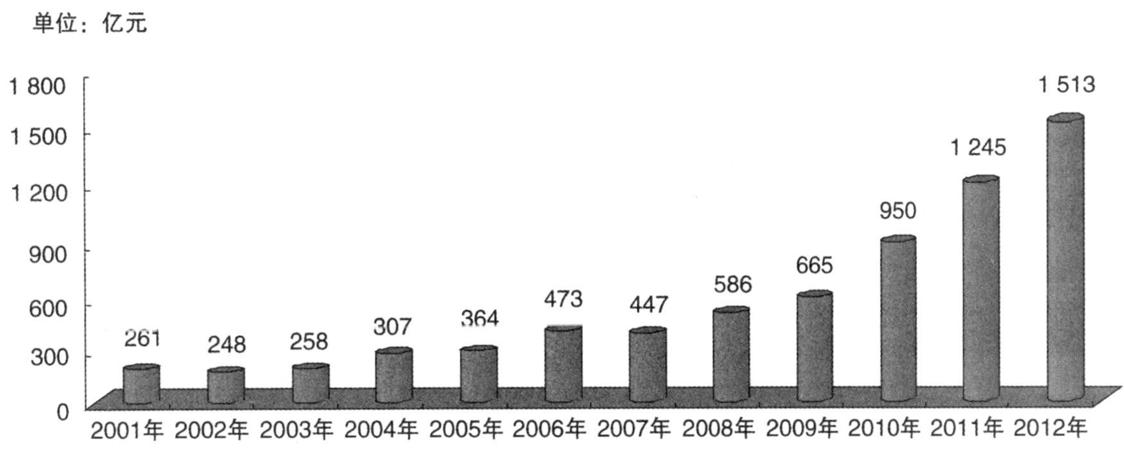

图20　2001—2012年电子信息产业制造业完成税金总额情况

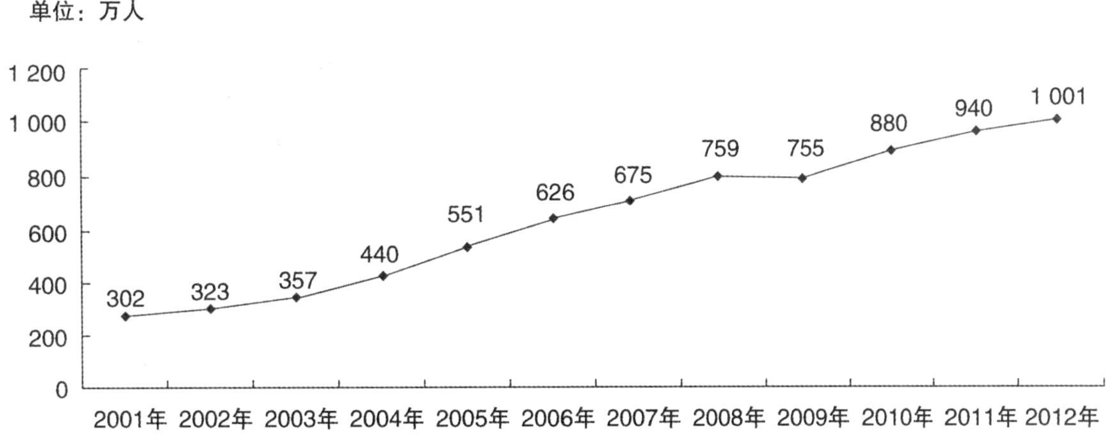

图21　2001—2012年电子信息产业制造业从业人员情况

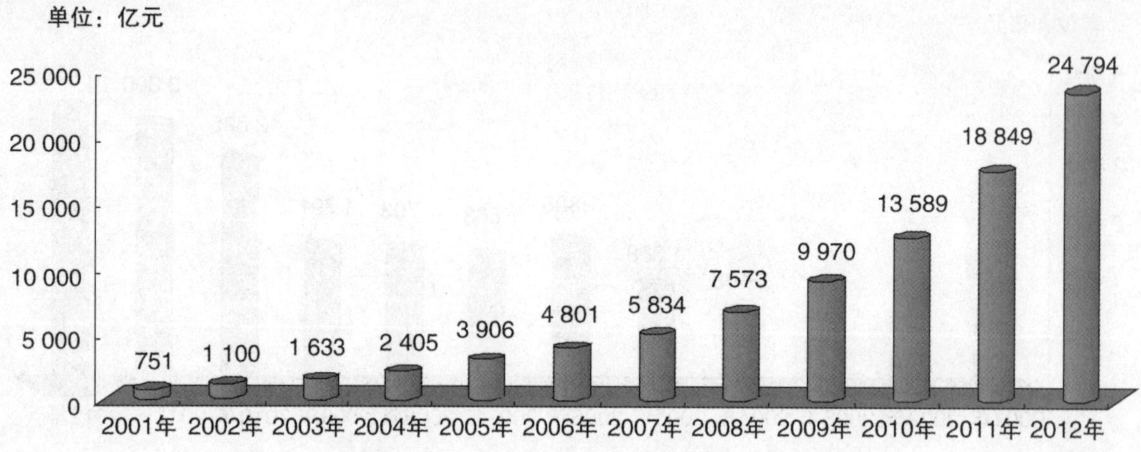

图22　2001—2012年软件业实现业务收入情况

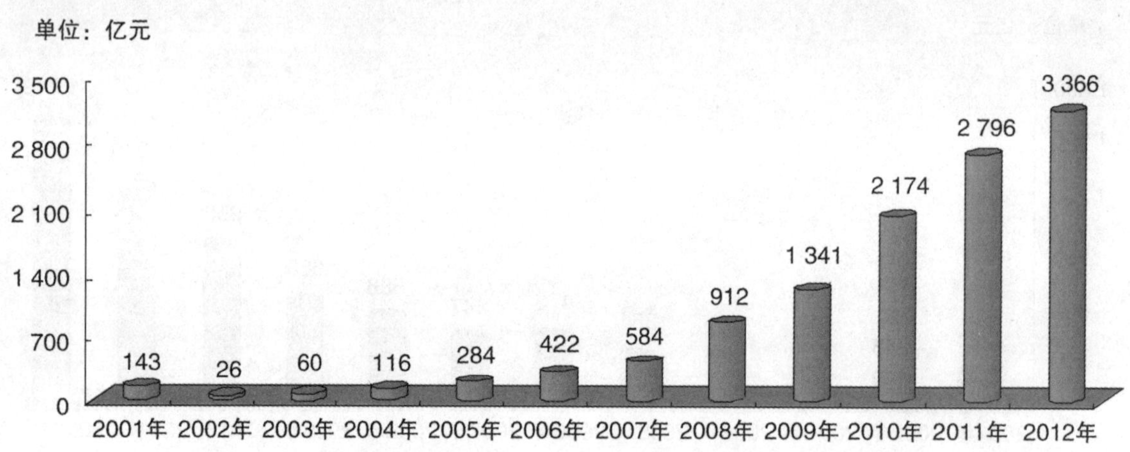

图23　2001—2012年软件业实现利润总额情况

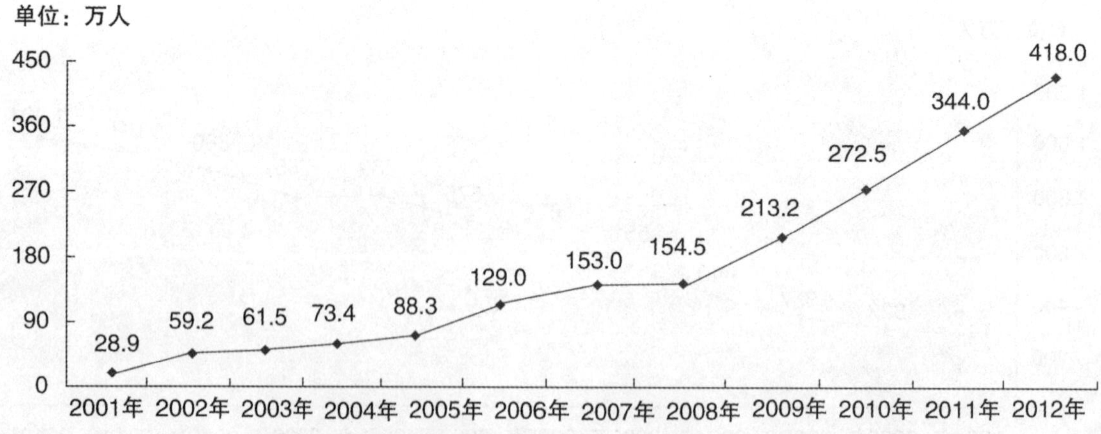

图24　2001—2012年软件业从业人员情况

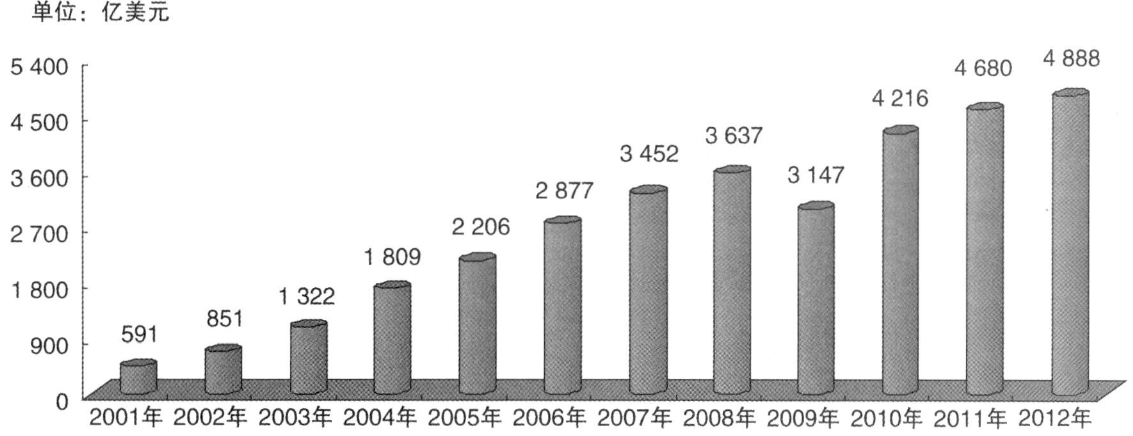

图25　2001—2012年电子信息产品进口情况

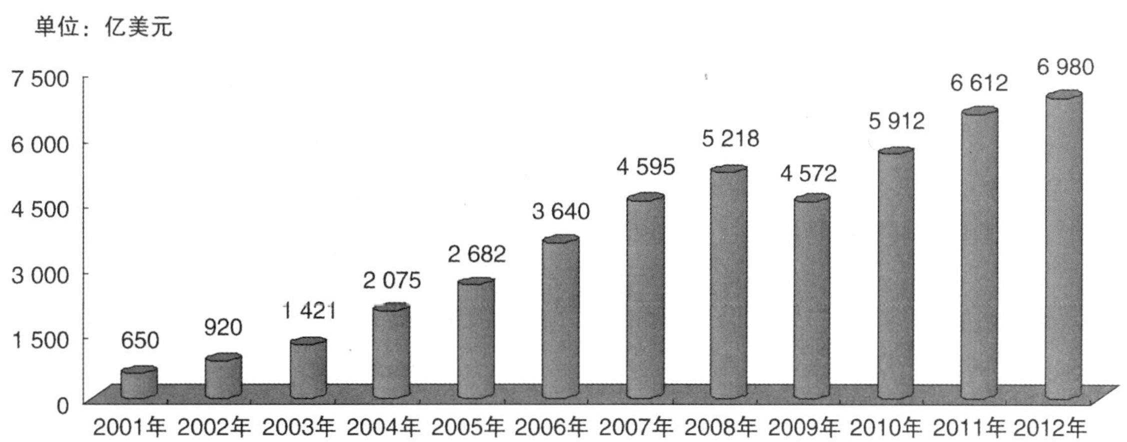

图26　2001—2012年电子信息产品出口情况

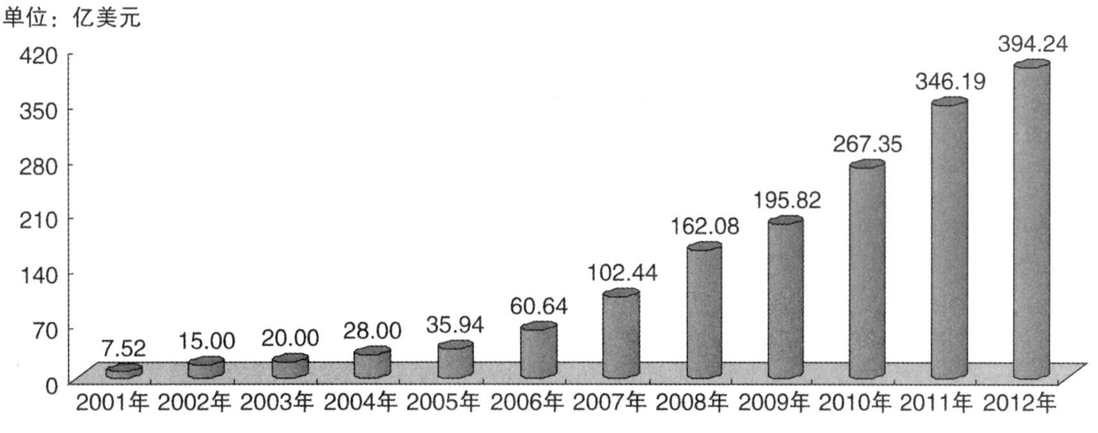

图27　2001—2012年软件产品出口情况

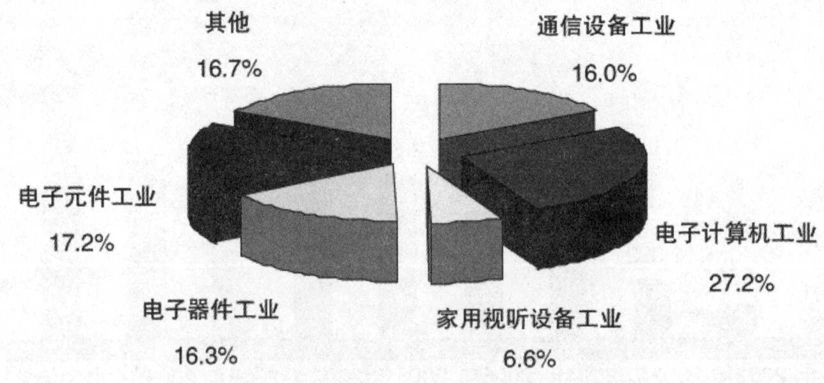

图28　2012年电子信息产业主要行业实现营业收入所占份额情况

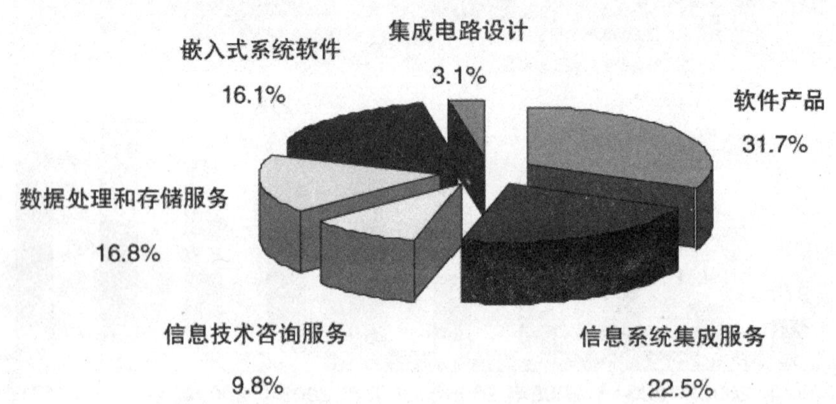

图29　2012年软件业主要行业实现业务收入所占份额情况

注：图 16—图 29 数据来源于工业和信息化部运行监测协调局。

第3部分　电子信息产业概况

通信设备工业

【综述】

2012年，中国通信设备制造业实现销售收入13 718亿元，增长16.0%，占电子信息制造业销售收入的16.1%；实现利税总额919.2亿元，增长10.0%，占电子信息制造业利税总额的18.3%；实现产品出口额1 492.7亿美元，比上年增长14.8%，占电子信息制造业出口总额的21.4%。全国电话用户数净增1.2亿户，总数达13.9亿户，其中，移动电话用户11.1亿户，占电话用户总数的比重为80.0%。全国互联网用户净增0.51亿人，达到5.64亿人；手机网民数净增0.64亿人，达到4.20亿人，占网民总数的74.5%。基础电信企业的互联网宽带接入用户净增2 518.1万户，达到1.75亿户。移动互联网用户净增1.3亿户，达到7.6亿户。

2012年，中国通信设备行业发展特点如下。

一是智能手机产业发展迅速，自主品牌快速崛起。2012年，中国生产智能手机5亿部，比2011年增长97%，占中国手机产量的42.4%，占全球智能手机产量的70%。同时，中国已成为全球最大的智能手机消费市场，全年国内市场品牌智能手机销量2.58亿部，比上年增长167%，占国内手机销量的55%，占全球智能手机销量的35%。以“中(兴)华（为）酷（派）联（想）”为代表的自主品牌手机企业不断发展壮大，初步完成向智能手机产品的转型。2012年四季度，华为、中兴、联想、宇龙产量均跻身全球前十，分别为第3、第4、第5和第10名。自主品牌智能手机国内市场占有率达到53%，华为、中兴、TCL的海外销量超过国内市场。

二是TD-LTE产业逐步走向成熟。2012年，TD-LTE产业发展取得阶段性成果，形成了较为完整的产业链。截至2012年底，中国移动通信集团公司已在包括宁波、成都、福州在内的15个城市开始建设2万个基站规模的TD-LTE网络，其中，杭州、深圳、广州的TD-LTE网络已基本具备商用能力。系统设备方面，国内企业已处于领先水平；芯片方面，国内40纳米多模芯片投入量产，28纳米芯片研发进入攻坚阶段。

2012年9月，工业和信息化部下发《工业和信息化部关于国际移动通信系统（IMT）频率规划事宜的通知》，明确2 500MHz-2 690MHz国际LTE主流频段全部规划为TDD使用频率，充分体现了“以支持TD产业发展为主导、兼顾FDD技术应用”的原则，有效推动了TD-LTE的产业化、商用化和国际化进程。

三是光通信市场活跃。受宽带提速工程等利好政策影响，中国光通信产业2012年进入快速发展时期。超高速传输、分组承载、光纤到户（FTTH）等领域均有良好的市场表现。截至2012年底，中国新增光纤到户覆盖家庭超过4 300万户，超额完成全年3 500万户的目标任务，GPON/EPON集采规模扩大，N×100G DWDM技术通过验证并逐步进入商用。华为技术有限公司、烽火通信科技股份有限公司等企业的N×100G光收发机样机在国内电信、广电及专网市场投入商用，并获得国外40余个商用合同。

四是北斗产业发展进入新阶段。2012年12月，中国自主发展、独立运行的北斗卫星导航系统正式提供亚太区域服务，接口控制文件正式发布，北斗产业发展进入新阶段。目前，北斗与3G/4G移动通信、移动互联网、物联传感网、云计算、宽带无线接入等新一代信息技术深度集成融合，技术创新日渐活跃，国内覆盖基础元器件、芯片、终端产品、导航地图、系统集成与运营服务等环节的北斗产业链初步形成；北斗产品形态、应用领域日趋丰富，在交通运输、海洋渔业、水文监测、气象测报、森林防火、通信、电力、抢险救灾和公共管理等民用领域的应用不断拓展；北斗国际化拓展提速，有望在泰国、巴基斯坦等国家和地区落地，进入国际民航、海事、3GPP等国际组织标准框架。

科技进步与应用

智能手机核心关键技术取得突破 工业和信息化部等部门通过“核高基”和“新一代宽带无线移动通信网”国家科技重大专项、技术改造专项、电子发展基金、战略性新兴产业专项等，持续支持智能手机基带/射频芯片、应用处理器、电源管理芯片、显示屏和操作系统的研发和产业化，推动国产核心芯片在智能手机中的应用。2012年，国产40纳米基带/射频芯片销量已突破4 000万套，TD多模基带/射频芯片在三星、摩托罗拉等品牌的高端机型中批量采用，多核应用处理器性能达到国际主流水平。阿里云等国产操作系统得到应用。智能手机显示屏自给率达到60%。

TD-LTE-Advanced入选4G国际标准 2012年1月，在日内瓦举行的国际电信联盟2012年无线电通信会议上，TD-LTE-Advanced技术规范通过审议，正式被确立为IMT-Advanced国际标准。TD-LTE-Advanced进入4G标准，是中国通信发展史上继自主创新的TD-SCDMA成为3G国际标准之后的又一重要里程碑，为TD-LTE产业的后续发展及国际化提供了重要基础。

自主分组传送网（PTN）标准成为国际标准 2012年11月，在迪拜召开的世界电信标准大会（WTSA-12）上，由电信研究院、上海贝尔股份有限公司、华为技术有限公司、中国移动通信集团公司联合起草的分组传送网（PTN）标准——G.8113.1正式成为国际标准。随着4G商用步伐加快，IP数据业务呈爆炸式增长，传统数据传送技术已难以满足日益增长的用户需求。中国移动通信集团公司等多家运营商和设备厂商率先在全球开展了新一代通信传输技术PTN的研发，在降低网络成本的同时极大提高了带宽利用率，并使PTN技术由企业标准变成国内外广泛应用的行业标准和国际标准。

国产集群通信设备研发取得突破 2012年，由东方通信股份有限公司承建的国内首张采用自主研发设备的TETRA数字集群无线政务专网在杭州开始运营；海能达通信股份有限公司采用自主PDT技术在哈尔滨建设的公安数字集群通信专网顺利开通；中国普天信息产业股份有限公司采用TD-LTE技术的北京政务物联数据专网建设取得积极进展。

[撰稿：侯建仁　商超　审稿：刁石京]

广播电视设备工业

【综述】

中国广播电视设备工业协会现有会员单位168家，其中各类产品的生产企业数如下：中波广播发射机企业7家，短波广播发射机企业3家，调频广播发射机企业21家；1kW以上米波（含1kW，下同）电视发射机企业9家，1kW以上分米波电视发射机企业13家，1kW以下米波电视发射、差转设备企业9家，1kW以下分米波电视发射、差转机企业8家；微波传输设备企业3家；有线电视及网络工程设备企业19家；应用电视设备企业3家；音视频节目制作、播控及灯光设备生产企业9家；卫星电视广播地面接收设备企业6家；广播电视配套设备企业24家。

2013年6月，国家新闻出版广电总局广播电视设备器材入网认定年检情况公告显示，近三年取得“入网认定证书”的企业数为：广播电视中心节目制作和播出设备企业3家；广播电视信号无线发射与传输设备企业77家；有线电视系统前端设备器材企业28家；有线电视系统用户分配网络设备企业285家；卫星广播设备器材企业33家；移动多媒体广播设备企业41家。

根据中国广播电视设备工业协会对其中62家主要企业的抽样统计，2012年末，固定资产净值平均余额253 122万元，同比增长9.7%；全部从业人员平均人数33 308人，同比增长4.3%。

生产与销售

据统计，2012年，会员企业全部产品现价工业总产值2 746 333万元，同比下降1.0%，其中本行业产品现价工业总产值1 499 987万元，同比增长24.5%；全部产品出口交货值546 360万元，同比增长29.2%，其中本行业产品出口交货值323 705万元，同比增长142.6%；全部产品销售收入2 782 116万元，同比增长24.3%，其中本行业产品销售收入1 452 594万元，同比增长10%；税金总额80 848万元，同比增长9.4%；利润总额151 998万元，同比下降11.2%；固定资产净值平均余额253 122万元，同比增长9.7%。

本行业产品中，广播（含短波、中波和调频）发射机生产量4 130部，同比下降17.3%；销售量4 518部，同比下降21.6%；销售收入17 440万元，同比下降33.2%。电视发射机生产量1 388部，同比下降43.0%；销售量1 470部，同比下降32.8%；销售收入21 045万元，同比下降47.3%。有线电视及网络工程销售收入769 810万元，同比增长36.4%。卫星电视广播地面接收设备销售收入130 351万元，同比下降53.1%。音视频节目制作、播控及灯光设备销售收入136 714万元，同比增长11.4%。广播电视配套设备销售收入36 135万元，同比下降18.9%。

科技进步与应用

2012年，共有18家单位21个项目申报广播电视科技创新奖。经专家评审，北京东方艾迪普科技发展有限公司开发的多屏视景智能播放系统MediaLive和华创科技（北京）有限公司研制的易盘卡3D编辑录像机HDDE-980-3D分别荣获2012广播电视科技创新奖特等奖；北京北广科技股份有限公司、北京中科大洋科技发展股份有限公司、北京捷成世纪科技发展有限公司、成都索贝数码科技股份有限公司、成都成广电视设备有限公司、四川九州电子科技股份有限公司等六家企业获科技创新优秀奖。

北京东方艾迪普科技发展有限公司开发的多屏视景智能播放系统MediaLive，可配合各种图文播出设备，实现对多个屏幕及周边设备的自动控制，并对演播室进行综合调度和管理，使节目控制流程化，为直播提供更加完备的保障。在中央电视台2013年春节联欢晚会的直播中，该系统用于新台址演播厅现场LED背景大屏幕、环形游动字幕屏、中央地台屏、背景灯柱屏等屏幕内容的发布与控制，取得良好效果。

华创科技（北京）有限公司研制的易盘卡3D编辑录像机HDDE-980-3D，采用先进的“易盘卡”作为存储介质，单机实现录播、编辑功能。该产品在2012年伦敦奥运会现场得到全面应用，取得良好效果。其所提供的易盘卡快速制播流程满足逐渐增多的3D制播需求，可在保障高品质3D节目制播的同时，有效控制综合投入成本，具有很好的推广价值。

国际合作与进出口贸易

在出口贸易方面，据统计，2012年全行业出口交货值为546 360万元，比上年增长29.2%；其中，本行业出口交货值为323 705万元，比上年增长142.6%。

政策与法规

《国家“十二五”时期文化改革发展规划纲要》发布 该规划专设文化数字化建设工程，提出了文化资源数字化、文化生产数字化、文化传播数字化、文化消费数字化等具体的数字化项目。

六部委发布《国家文化科技创新工程纲要》 2012年6月27日，科技部、中宣部、财政部、文化部、广电总局、新闻出版总署等六部委联合发布《国家文化科技创新工程纲要》（以下简称《纲要》）。《纲要》提出：推进文化科技创新，加强文化和科技融合，促进文化产业发展；并强调：重点研究下一代广播电视网关键支撑技术、地面数字电视与有线和直播卫星协同覆盖与综合管理技术、影视动漫生产与集成制作技术以及新媒体集成管理与分发传播技术，促进广播电视网升级换代及新技术推广。

三网融合双向准入政策实现突破 2012年10月25日，工业和信息化部通信发展司表明，已向12个试点城市的广电企业发放了业务许可证。10月，天威视讯、电广传媒、歌华有线相继发布相关公告。10月12日，国家广播电影电视总局正式发文批复同意中国电信集团公司关于从事互联网视听节目服务、IPTV传输服务和手机电视分发服务等3项业务的申请，同时向其颁发了《信息网络传播视听节目许可证》。

市场分析与预测

一是在有线电视数字化方面，随着三网融合的推进，有线电视在双向及数字化改造方面的投入不断加大，未来几年有线电视设备及工程市场前景看好。

二是在机顶盒方面，据专业机构预测，2013—2015年间，数字电视将为机顶盒创造约2.5亿台的市场需求。其中，有线电视机顶盒市场规模约1亿台；卫星电视机顶盒约1亿台；IPTV机顶盒约0.4亿台；OTT机顶盒也将形成千万级的市场。高清、交互、智能化和网络将是机顶盒的发展方向。

三是在地面无线广播电视方面，全国15 397座发射台和3万部发射机大多还在发射模拟信号，预计将在2020年全面停播地面模拟信号；在CMMB方面，重点要完善覆盖网建设，并完成国家和省级运营支撑系统建设，开发各种应用。从目前情况看，无线设备2013年的市场情况不容乐观。

四是在电视台节目制作方面，目前国内仅有28个高清频道和一个3D频道，要实现“十二五”期间100个高清频道和10个3D频道的目标，还需继续努力。在统一平台技术攻关中，已取得的技术成果包括AVS+编解码行业标准、数字内容版权保护规范、VOD点播系统技术规范和CDN全国系统的部署等，这将为视、音频节目制作和播控设备企业带来市场机遇。

【统计数据】

表1 2012年中国广播电视设备行业企业规模情况

类别	研究机构（家）	企业数量（家）	总人数（人）
广播电视设备研发生产	4	164	33 308

注：数据来源于中国广播电视设备工业协会。

表2 2010—2012年中国广播电视设备行业主要产品产量情况

产品名称	单位	2010年		2011年		2012年	
		产量	增长率（%）	产量	增长率（%）	产量	增长率（%）
中波广播发射机	部	351	9.0	248	-29.3	282	13.7
短波广播发射机	部	374	379.4	160	-57.2	67	-58.1
调频广播发射机	部	4 516	-10.8	4 585	1.5	3 781	-17.5
VHF1kW以上电视发射机	部	280	-7.9	161	-42.5	197	22.4
UHF1kW以上电视发射机	部	1 121	14.0	1 340	19.5	629	-53.1
VHF1kW以下电视发射机	部	202	-78.6	109	-46.0	228	109.2
UHF1kW以下电视发射机	部	494	-39.4	823	66.6	334	-59.4
微波传输设备	部	166	-30.8	284	71.1	263	-7.4
卫星广播电视地面接收设备（含高频头、天线等）	万台/件	4 636	243.7	1 191	-74.3	1 558	30.8
视、音频节目制作和播控设备	部	66 459	-21.9	68 887	3.7	56 511	-18.0
广播电视配套设备	部	38 897	-96.8	27 376	-29.6	17 379	-36.5

注：表中的电视发射机包括移动多媒体广播（CMMB）发射机和直放站。数据来源于中国广播电视设备工业协会。

表3 2010—2012年中国广播电视设备行业主要产品销量情况

产品名称	单位	2010年		2011年		2012年	
		销量	增长率（%）	销量	增长率（%）	销量	增长率（%）
中波广播发射机	部	308	8.1	271	-12.0	268	-1.1
短波广播发射机	部	374	379.5	120	-67.9	40	-66.7
调频广播发射机	部	4 605	-18.8	5 372	16.7	4 210	-21.6
VHF1kW以上电视发射机	部	329	1.9	191	-41.9	231	20.9
UHF1kW以上电视发射机	部	1 071	12.7	1 182	10.4	557	-52.9
VHF1kW以下电视发射机	部	226	-79.2	194	-14.2	363	87.1
UHF1kW以下电视发射机	部	329	-17.1	621	88.8	319	-48.6
微波传输设备	部	165	-26.7	273	65.5	262	-4.0
卫星广播电视地面接收设备（含高频头、天线等）	万台/件	4 640	260.2	1 223	-73.6	1 592	30.2
视、音频节目制作和播控设备	部	50 420	-2.6	56 657	12.4	60 024	5.9
广播电视配套设备	部	39 287	-96.7	26 808	-31.8	17 866	-33.4

注：表中的电视发射机包括移动多媒体广播（CMMB）发射机和直放站。数据来源于中国广播电视设备工业协会。

表 4　2010—2012 年中国广播电视设备行业主要产品销售额情况

产品名称	单位	2010 年		2011 年		2012 年	
		销售额	增长率（%）	销售额	增长率（%）	销售额	增长率（%）
中波广播发射机	万元	2 275	–50.8	1 932	–15.1	2 020	4.6
短波广播发射机	万元	13 583	108.9	12 242	–9.9	6 412	–47.6
调频广播发射机	万元	10 895	13.1	11 947	9.7	9 008	–24.6
VHF1kW 以上电视发射机	万元	5 447	–9.0	3 162	–41.9	2 978	–5.8
UHF1kW 以上电视发射机	万元	38 554	24.1	26 895	–30.2	15 286	–43.2
VHF1kW 以下电视发射机	万元	944	–28.5	455	–51.8	553	21.5
UHF1kW 以下电视发射机	万元	2 492	13.4	9 437	278.7	2 228	–76.4
微波传输设备	万元	2 369	32.0	6 062	155.9	9 188	51.6
有线电视及网络工程	万元	340 154	–9.4	564 243	65.9	769 810	36.4
应用电视设备	万元	12 285	19.9	8 446	–31.2	6 810	–19.4
卫星电视广播地面接收设备（含高频头、天线等）	万元	417 409	164.5	277 987	–33.4	130 351	–53.1
视、音频节目制作和播控设备	万元	115 544	11.1	122 774	6.3	136 714	11.4
广播电视配套设备	万元	21 994	–56.3	44 533	102.5	36 135	–18.9

注：表中的电视发射机包括移动多媒体广播（CMMB）发射机和直放站。数据来源于中国广播电视设备工业协会。

表 5　2010—2012 年中国广播电视设备行业主要经济指标完成情况

项目名称	单位	2010 年	2011 年	2012 年	2012 年同比增长率（%）
全行业工业总产值（现行价）	万元	2 133 201	2 773 224	2 746 333	–1.0
其中：本行业工业总产值（现行价）	万元	901 139	1 205 155	1 499 987	24.5
全行业销售收入	万元	1 962 801	2 237 760	2 782 116	24.3
其中：本行业销售收入	万元	1 142 053	1 320 754	1 452 594	10.0
全行业出口交货值	万元	464 610	423 041	546 360	29.2
其中：本行业出口交货值	万元	458 860	133 418	323 705	142.6
全行业完成税金总额	万元	75 775	73 891	80 848	9.4
全行业实现利润总额	万元	134 444	171 159	151 998	–11.2
固定资产净值平均余额	万元	239 411	230 653	253 122	9.7

注：表中的本行业是指广播电视设备行业。数据来源于中国广播电视设备工业协会。

［撰稿：赵宗儒　审稿：黄邦周］

视听电子工业

【综述】

据工业和信息化部统计，2012年，中国视听产品制造业销售产值为5 361亿元，同比增长8.8%；出口交货值为2 533亿元，同比增长1.8%；完成固定资产投资170亿元，同比增长28.3%。

生产与销售

彩色电视机 据工业和信息化部统计，2012年，中国生产彩电12 823万台，同比增长4.8%。其中，液晶电视生产规模持续扩大，产量11 418万台，同比增长10.9%，占比由上年的84.2%提升为89%；等离子电视产量214万台，同比下降30.7%，占比1.7%；CRT电视产量首次下滑至1 000万台以下，为846万台，同比下降44.5%。

据中怡康统计，2012年，中国国内市场彩电销售量4 344万台，同比下降2.3%；平板电视销售量占比99.1%，其中，液晶电视销售量4 087万台，同比增长0.9%；等离子电视销售量219万台，同比下降5.5%；CRT电视销售量39万台，同比下降76.5%。内外资品牌在国内市场占有率之比为7:3。

机顶盒 中国机顶盒产量稳定增长，继续保持全球机顶盒制造中心地位。据格兰研究统计，2012年，中国机顶盒总出货量达到16 580万台，比2011年的14 032万台增长18.2%，其中，有线机顶盒占27.3%，地面机顶盒占14.6%，卫星机顶盒占45.4%，IPTV机顶盒占12.2%，还有少量其他类型机顶盒。内销机顶盒以有线机顶盒为主，IPTV机顶盒出货量有所增加；出口机顶盒以地面机顶盒和卫星机顶盒为主，有线机顶盒出口量有所增加。

据格兰研究统计，截至2012年底，中国有线机顶盒社会保有量为16 754万台，主要来自于创维集团有限公司、广东九联科技股份有限公司、同洲电子股份有限公司、四川九洲电器集团有限责任公司、长虹电子集团有限公司、江苏银河电子股份有限公司、思科系统公司等企业，上述企业累计出货量占中国有线机顶盒总量70%以上。有线高清机顶盒数量为1 668.3万台。

音响类产品 据中国电子音响工业协会统计，2012年，中国主要音响产值为2 425.6亿元，同比增长2.0%。其中，音响整机产值1 267.4亿元，同比下降2.1%；关键配套件产值1 158.2亿元，同比增长6.9%。音响整机出口额136.5亿美元，同比下降6.6%；关键配套件出口额127.7亿美元，同比增长11.2%。

音响类产品基本是以订单定产量，产销量基本相当。从各主要产品产销情况看，2012年，组合音响和家庭影院（指家庭影院的放声系统）产销量均为4 720万台，比上年的5 194万台下降9.1%，其中内销1 252万台；专业音响产销量均为6 289万台，比上年的6 212万台增长1.2%，其中内销1 797万台；汽车多媒体（含汽车导航）产销量均为6 128万台，比上年6 079万台增长0.8%，其中内销1 656万台。

激光视盘机 2012年，中国共生产激光视盘机12 578万台，同比下降21.4%。其中，VCD机5万台，比上年的18万台下降72.2%；DVD机12 097万台，比上年的15 227万台下降20.6%；其他播放机476万台，比上年的763万台（含部分蓝光播放机）下降37.6%，其中，蓝光播放机约400万台。

2012年，激光视盘机出口10 497万台，同比下降20.8%。其中，DVD出口10 455万台，同比下降20.5%。

科技进步与应用

平板电视产业链建设取得成效 2012年，北京京东方科技集团股份有限公司的8.5代、深圳华星光电技术有限公司的8.5代液晶显示面板生产线分别于7月和10月实现满产，产品综合良品率均超过94%，产业配套体系逐渐完善。苏州三星电子液晶显示科技有限公司8.5代和广州LG Display 8.5代液晶面板生产线均于5月开工建设。中国液晶面板全球市场占有率超过10%，国内电视面板供应自给率突破20%，液晶面板依赖进口的局面得到一定缓解，国内面板骨干企业采购国产材料的金额比例超过25%。

视听行业技术创新和产品升级加快 具有良好节能效果的LED背光源液晶电视发展迅速，2012年市场占有率接近90%，比2011年末增长40%。3D电视快速普及，已成为中高端电视产品的标配，2012年国内市场占比40%。超高清电视（UHD-TV）兴起，北京京东方科技集团股份有限公司和深圳华星光电技术有限公司推出了110英寸的4K超高清显示屏，海信集团公司、TCL集团股份有限公司、长虹电子集团有限公司、创维集团有限公司、康佳集团股份有限公司、海尔集团公司等均推出了超高清液晶电视。平板电视用超薄音响、HiFi级音响、多媒体音响等科技创新水平不断提高，成为新的热点和增长点。

智能电视成为信息消费新热点 彩电正在加快向网络化、智能化方向发展，国内外彩电企业纷纷推出智能电视产品，智能电视市场占有率快速提升。2012年，海信集团公司、创维集团有限公司、长虹电子集团有限公司、TCL集团股份有限公司、康佳集团股份有限公司、海尔集团公司等6大本土彩电企业智能电视销量为1 600多万台，占国内彩电总销量的比例达到38%。智能电视快速发展不仅扩大了信息产品的直接消费，还带动了宽带网络、业务内容以及应用程序软件等信息服务消费的增长，推动了电子信息制造业和信息服务业协同发展。海信集团公司、康佳集团股份有限公司、TCL集团股份有限公司等企业与国内视频平台、运营商、内容提供商合作，提供视频内容、电子商务等多种应用服务。海信集团公司还投入1 000万元举办了“2012海信智能电视应用大赛”，鼓励应用开发者开发出更多适于智能电视的应用软件。

数字家庭产业基地建设和应用示范不断推进 2012年，中国数字家庭产业基地建设和业务应用示范取得进一步发展，以应用带动产业发展的良好局面正在形成。5月25日，国家数字家庭应用示范产业基地建设经验交流会在广州召开。11月6日，工业和信息化部与浙江省人民政府共同启动创建浙江国家数字家庭应用示范产业基地，这是继广东国家数字家庭应用示范产业基地之后中国第二个部省共建的数字家庭产业基地。湖北、四川、山东、福建等省市也正在积极筹备建设数字家庭基地，产业集聚效应明显。广东国家数字家庭应用示范产业基地发展迅速，2012年实现收入139.8亿元，同比增长42.9%；该基地聚集了近300家相关单位，通过信息文化服务平台可提供60多项互动增值服务。此外，第二届数字家庭方案大赛成功举办，通过在社区、运营商营业厅以及商业区等搭建实体数字家庭体验中心，将数字家庭真实地呈现给广大消费者。

国际合作与进出口贸易

产品出口 据海关统计，2012年，中国共出口彩电6 148万台，同比下降6%；出口额121.1亿美元，同比下降11.4%。彩电出口量占总产量的比重为47.9%，较上年下降5.5个百分点。其中，液晶电视出口5 504万台，同比小幅增长2%；等离子电视出口20万台，同比大幅下降59.9%；CRT电视出口622万台，同比下降43%。

海峡两岸合作 2012年，海信集团有限公司、创维集团有限公司、TCL集团股份有限公司、海尔集团公司、长虹电子集团有限公司、康佳集团股份有限公司和厦华电子公司等7家大陆骨干彩电企业向中国台湾企业奇美电子、友达光电采购电视面板共2 800万片，采购额约44亿美元，分别比2011年提高7%和10%。大陆彩电企业采购台湾电视面板的平均尺寸达到36.5英寸，大尺寸、窄边框、LED背光、3D等技术含量较高的产品比重快速增加。海峡两岸不仅在面板采供方面不断加强合作，在面板、芯片、存储等方面的技术交流与合作也在不断延伸和扩展。

政策与法规

家电下乡政策 家电下乡政策于2013年1月31日全部执行到期，其中，内蒙古、辽宁、大连、黑龙江、安徽、湖北、湖南、广西、重庆、陕西的家电下乡政策已于2012年11月30日到期结束。据商务部数据，截至政策结束之日，全国累计销售家电下乡产品3亿台，实现销售额7 341亿元，发放补贴861亿元，其中彩电销售量6 842万台，销售额1 976亿元。2012年，全国家电下乡产品销售7 991万台，销售额2 145亿元，其中，彩电销售量1 732万台，销售额561亿元。

家电下乡政策是为应对全球金融危机实施的扩大内需、改善民生的重要政策措施。全国非城镇户口居民购买彩电、冰箱、洗衣机、空调等补贴产品，可获得产品售价13%的补贴。家电下乡政策实施五年来，在应对金融危机、拉动国内消费、带动产业发展、提高农民生活质量等方面发挥了重要作用，实现了预期效果。

节能家电推广补贴政策 2012年5月，国务院常务会议通过了“促进节能家电等产品消费的政策措施”，安排财政补贴265亿元，推广符合节能标准的空调、平板电视、电冰箱、洗衣机和热水器等家电产品，推广期限暂定为一年。5月25日，财政部、国家发展和改革委员会、工业和信息化部联合发布《节能产品惠民工程高效节能平板电视推广实施细则》，通过财政补贴对节能平板电视进行推广，推广期限暂定为2012年6月1日至2013年5月31日。根据该政策，依据国家标准GB24850《平板电视能效限定值及能效等级》，能效为1级，且能效指数达到1.7及以上水平的液晶电视可获得100元至400元的补贴；能效为1级，且能效指数达到1.4及以上水平的等离子电视可获得250元至400元的补贴。节能平板电视推广补贴政策对促进节能减排、引导技术进步、扩大消费需求具有重要作用。

地面数字电视发展政策 2012年12月18日，国家广播电影电视总局发布了《地面数字电视广播覆盖网发展规划》。规划提出，到2020年，全国地面数字电视广播覆盖网基本建成，地面数字电视综合覆盖率基本达到现有模拟电视覆盖水平，地面数字电视接收机基本普及，地面模拟电视信号停止播出，地面电视实现由模拟到数字的战略转型。

2013年1月10日，工业和信息化部、发展改革委、财政部、工商总局、质检总局、广电总局六部门联合发布《关于普及地面数字电视接收机的实施意见》。实施意见要求，2014年1月1日起，境内市场销售的40英寸及40英寸以上电视机应具备地面数字电视接收功能；2015年1月1日起，境内市场销售的所有尺寸电视机应具备地面数字电视接收功能。根据地面数字电视覆盖情况，在3—5年内普及地面数字电视接收机，到2020年全面实现地面数字电视接收。

《数字电视与数字家庭产业“十二五”规划》 2012年初，工业和信息化部发布《数字电视与数字家庭产业“十二五”规划》。规划提出了“十二五”时期数字电视和数字家庭产业的发展方向，明确了产业管理部门的工作重点，对加快产业转型升级、引导行业科学发展具有重要意义。

规划指出，“十二五”时期，中国数字电视和数字家庭产业要以科学发展为主题，以加快转变发展方式为主线，坚持创新发展、应用促发展、协调发展、绿色发展，突破核心关键技术，打造完整产业链条，推进应用模式创新，发展绿色优质产品，实施知识产权战略，开拓国内国际市场。规划还提出了“十二五”时期的发展重点、重大工程以及相应的政策措施。

其他产业政策与重大事件 中国牵头制定智能电视和3D电视国际标准。2012年召开的国际电工委员会音频视频及多媒体系统与设备委员会（IEC/TC100）战略咨询组会议上，中国提出的《智能电视概念模型》技术标准提案建议得到各国代表的支持，获得IEC国际标准立项；中国提出的《3D电视图像质量测试》技术提案得到各国代表的认可。IEC/TC100指定工业和信息化部电子工业标准化研究院的专家担任智能电视国际标准项目负责人以及3D技术国际标准工作组的联合组长。这标志着中国在数字电视国际标准制定方面取得了新进展，为中国数字电视产业实现与发达国家在标准化领域同步发展奠定了基础。

AVS标准体系进一步完善。2012年12月31日，国家质检总局、国家标准委发布2012年第41号国家标准公告，批准发布AVS有关的3个新标准为国家标准，即《信息技术 先进音视频编码 第1部分：系统》、《信息技术 先进音视频编码 第4部分：符合性测试》、《信息技术 先进音视频编码 第5部分：参考软件》，标准于2013年6月1日正式实施。2013年1月，数字视频编解码技术国家标准AVS与产业化应用项目荣获国家科技进步二等奖。

工业和信息化部与广电总局联合推动AVS应用。2012年3月16日，工业和信息化部电子信息司与广电总局科技司联合下发《关于成立“AVS技术应用联合推进工作组”的通知》，共同成立“AVS技术应用联合推进工作组”，推动AVS自主创新技术在高清电视、3D电视中的产业化应用。AVS技术应用联合推进工作组组织“产学研用”各方面力量，按照中央电视台对高清电视视频编码的需求，优化完善了AVS技术方案，确定了面向高清广播电视业务的AVS优化标准（即AVS+标准）技术内容，完成了相关测试验证、知识产权处置等工作，制定完成了《广播电视先进音视频编解码 第1部分：视频》广电行业标准，并于2012年7月10日颁布实施。

【统计数据】

表1　2010—2012年中国视听行业主要产品产量情况

产品名称	单位	2010年		2011年		2012年	
		产量	增长率（%）	产量	增长率（%）	产量	增长率（%）
彩色电视机	万台	11 830	19.5	12 231	3.4	12 823	4.8
激光视盘机	万台	15 752	7.9	16 008	1.6	12 578	–21.4
收音机	万台	17 842	22.8	19 075	6.9	17 057	–10.6
录音机（含收录机）	万台	7 281	–2.9	6 575	–9.7	6 082	–7.5
组合音响及家庭影院	万台	5 434	16.0	5 194	–4.4	4 720	–9.1
CD唱机	万台	1 147	–23.0	1 092	–4.8	1 058	–3.1
电子乐器	万台	1 518	–11.6	1 308	–13.8	1 205	–7.9
汽车多媒体音响（含汽车导航）	万台	5 682	36.5	6 079	7.0	6 128	0.8
专业音响	万台	5 865	29.8	6 212	5.9	6 289	1.2
视盘机芯	万千克	3 347	13.2	3 015	–9.9	2 872	–4.7
光学头	万千克	3 483	14.0	3 128	–10.2	2 620	–16.2
音箱产品	万台	30 538	0.3	31 057	1.7	30 931	–0.4
耳机（含无线）	万个	199 928	0.2	200 547	0.3	209 782	4.6

表2　2010—2012年中国视听行业主要产品销量情况

产品名称	单位	2010年		2011年		2012年	
		销量	增长率（%）	销量	增长率（%）	销量	增长率（%）
彩色电视机	万台	10 631	12.9	10 723	0.9	10 492	–2.2
激光视盘机	万台	15 752	7.9	16 008	1.6	12 578	–21.4
收音机	万台	17 842	24.1	19 075	6.9	17 057	–10.6
录音机（含收录机）	万台	7 281	–2.9	6 575	–9.7	6 082	–7.5
组合音响及家庭影院	万台	5 434	16.2	5 194	–4.4	4 720	–9.1
CD唱机	万台	1 147	–23.0	1 092	–4.8	1 058	–3.1
电子乐器	万台	1 518	–11.6	1 308	–13.8	1 205	–7.9
汽车多媒体音响（含汽车导航）	万台	5 682	36.5	6 079	7.0	6 128	0.8
专业音响	万台	5 865	29.8	6 212	5.9	6 289	1.2
视盘机芯	万千克	3 347	13.2	3 015	–9.9	2 872	–4.7
光学头	万千克	3 483	14.0	3 128	–10.2	2 620	–16.2
音箱产品	万台	30 538	0.3	31 057	1.7	30 931	–0.4
耳机（含无线）	万个	199 928	0.2	200 547	0.3	209 782	4.6

表3　2010—2012年中国视听行业主要产品出口量情况

产品名称	单位	2010年		2011年		2012年	
		出口量	增长率（%）	出口量	增长率（%）	出口量	增长率（%）
彩色电视机	万台	6 628	21.4	6 537	−1.4	6 148	−6.0
激光视盘机	万台	13 165	6.7	13 247	0.6	10 497	−20.8
收音机	万台	16 542	22.0	18 182	9.9	15 701	−13.6
录音机（含收录机）	万台	5 708	−7.9	5 110	−10.5	5 176	1.3
组合音响及家庭影院	万台	4 198	7.6	3 902	−7.1	3 468	−11.1
CD唱机	万台	1 065	6.0	970	−8.9	909	−6.3
电子乐器	万台	997	4.8	834	−16.3	812	−2.6
汽车多媒体音响（含汽车导航）	万台	4 257	34.0	4 527	6.3	4 472	−1.2
专业音响	万台	3 818	17.6	3 968	3.9	4 492	13.2
视盘机芯	万千克	2 785	11.0	2 181	−21.7	1 628	−25.4
光学头	万千克	3 020	13.7	2 075	−31.3	1 339	−35.5
音箱产品	万台	27 849	0.3	27 806	−0.2	25 155	−9.5
耳机（含无线）	万个	190 867	0.2	196 375	2.9	200 184	1.9

表4　2010—2012年中国视听行业主要产品出口额情况

产品名称	单位	2010年出口额	2011年出口额	2012年	
				出口额	增长率（%）
彩色电视机	万美元	1 483 281	1 366 605	1 210 865	−11.4
激光视盘机	万美元	561 353	585 718	411 618	−29.7
收音机	万美元	82 026	99 300	92 922	−6.4
录音机（含收录机）	万美元	134 357	133 818	118 127	−11.7
组合音响及家庭影院	万美元	95 991	96 733	103 881	7.4
CD唱机	万美元	3 409	26 474	25 998	−1.8
电子乐器	万美元	51 981	53 130	56 204	5.8
汽车多媒体音响（含汽车导航）	万美元	289 993	318 273	375 381	17.9
专业音响	万美元	131 662	148 283	180 978	22.0
视盘机芯	万美元	159 102	130 680	103 754	−20.6
光学头	万美元	147 893	125 983	102 688	−18.5
音箱产品	万美元	229 417	270 877	302 149	11.5
耳机（含无线）	万美元	298 606	365 853	486 262	32.9

注：表1—表4数据来源于工业和信息化部、海关总署、中国电子音响工业协会、北京中怡康时代市场研究有限公司。

[撰稿：梁峰　王中　审稿：刁石京]

计算机工业行业

【综述】

2012年，中国计算机行业发展呈现以下特点：

一是产业增速放缓，稳中求进。2012年，中国计算机行业发展呈现稳中求进态势，生产增速小幅攀升，效益状况有所好转，产业结构调整步伐加快。全年完成销售产值22 733.47亿元，同比增长11.6%，占电子信息制造业销售产值的26.7%；实现利润总额789.14亿元，同比增长22.4%，高于全行业16.2个百分点，占电子信息制造业利润总额的22.5%。

二是出口增速仍处于低位运行。受国际市场影响，中国计算机产业出口放缓，增速稳中有降，全年出口额2 382亿美元，同比增长3.8%。俄罗斯、印度等新兴市场需求增长较快；欧美市场受全球宏观经济不景气的影响需求进一步减少，成为出口放缓的主因。

三是国内市场增长缓慢。随着家电下乡、以旧换新政策逐步到期结束，以及四季度推行的计算机节能惠民工程效果尚未充分体现，国内计算机市场增速有所下降，全年微型计算机销量5 420.1万台，同比增长5.2%，增速低于2011年的8.3%和2010年的34.3%，为近年最低值。

四是平板计算机等新型智能终端迅速增长。移动互联网应用的快速发展带动智能终端产业高速增长。2012年，生产平板计算机8 973.67万台，同比增长54.7%，占全球产量的73.0%。超级本产品比例增加。

五是联想公司逆势增长。2012年，全球计算机行业不景气，产品出货量同比下降3.2%。但联想公司表现出强劲的增长势头，出货量和市场份额均呈逆势增长，全年计算机出货量达5 240万台，同比增长19.2%，前三季度增速约为30%。当年联想公司全球市场份额为15.7%，列第二位，与排名第一位的惠普仅相差1个百分点，超过第三位的戴尔5.1个百分点。

六是通过兼并重组拓展业务领域，开拓国际市场。随着计算机市场竞争日益加剧，产品利润越来越低，企业发展需要不断拓展新的业务领域，开拓国际市场，企业间兼并重组加剧。2012年，联想集团与美国EMC成立合资公司，在服务器和存储业务方面展开合作。该合资企业将向中小企业和大企业的分支机构提供EMC的NAS存储系统，并将联想企业级服务器嵌入到该存储系统上，借此扩大联想在x86标准服务器细分市场的实力。此外，联想还耗资1.48亿美元收购了巴西个人电脑和消费电子行业的重要企业CCE公司，使联想在当地获得生产制造基地，这将显著提升其在巴西个人电脑市场的业务规模和市场份额。

七是实施节能家电补贴，进一步扩大内需市场。“节能产品惠民工程”是财政部通过财政补贴方式对能效等级1级或2级以上的十大类高效节能产品进行推广。2012年9月，财政部、国家发展改革委、工业和信息化部决定将高效节能台式计算机纳入财政补贴推广范围，并由工业和信息化部制定了具体推广实施细则。该项政策对于开发和推广高效节能计算机产品、促进节能减排、拉动计算机市场内需、实现计算机产业转型升级具有重要意义。

八是促进工业设计与产业深度结合。2012年6月，第四届昆山杯中国笔记本电脑设计评比大赛在昆山举行。通过此次大赛，搭建起国内外计算机工业设计领域经验交流与学习的平台，推广宣传优秀的设计品牌与设计机构，促进原创工业设计与计算机产业的深度开发，推介优秀设计机构与产业链相关企业的对接和协作。

生产与销售

生产情况 2012年，中国计算机行业累计生产微型计算机3.54亿台，同比增长10.5%。其中，笔记本计算机2.53亿台，同比增长5.8%；平板计算机8 973.67万台，同比增长54.7%，其中，国产品牌平板计算机产量超过2 000万台，占全球产量的17%。生产显示器1.27亿台，同比增长0.6%；打印机7 059.2万部，同比增长27.9%。数码相机等产品产量出现负增长，其中数码相机7 002.6万台，同比减少13.0%。

销售情况 2012年，国内市场销售微型计算机5 420.1万台，其中，笔记本计算机2 983.9万台，同比增长10.6%；平板计算机879.5万台，同比增长78.6%。销售路由器85.8万台，销售额133.5亿元；销售交换机4 070.4万线，销售额141.2亿元。

科技进步与应用

高端容错计算机研发及应用示范取得突破。2012年，由浪潮集团有限公司、华为技术有限公司研制的高端容错计算机在金融、电信领域上线运行，这标志着中国服务器产业迈入世界第一阵营，改变了中国在金融、电信等关系国计民生的重要领域严重依赖国外品牌的局面，对于打破国外品牌垄断、维护国家信息安全具有重要的战略意义。

企业自主研发能力不断提升，关键领域不断取得突破。基于国产CPU的服务器、台式计算机形成批量生产能力，基于国产CPU/操作系统的服务器已实现小规模应用。

此外，重庆山外山科技有限公司研制的血液透析机及其关键控制技术、西安西电捷通无线网络通信股份有限公司等单位开发的虎符TePA网络安全国际标准关键技术及其应用入选2012年第十二届信息产业重大技术发明。

对外贸易

出口情况 2012年，中国微型计算机出口额1 193.8亿美元，同比增长6.1%，其中，笔记本计算机出口额1 138亿美元，同比增长7.5%。台式机、打印机、显示器出口均明显下降。台式计算机出口额56.0亿美元，同比下降15.8%；打印机出口额42.5亿美元，同比下降6.6%；显示器出口额59亿美元，同比下降26.8%。

进口情况 2012年，计算机行业进口呈增长态势，增速高于行业平均水平，进口额为665亿美元，增长10.4%。从产品结构看，硬盘/光盘驱动器、计算机零配件、U盘存储器的进口额保持了较高的比重。其中，硬盘驱动器进口额222亿美元，同比增长23.0%，占计算机行业进口总额的33.4%，是进口额最大的商品；计算机零配件进口额172亿美元，U盘存储器进口额21.4亿美元。

［撰稿：侯建仁　吴国纲　审稿：刁石京］

软件产业

【综述】

2012年，在《国务院关于印发进一步鼓励软件产业和集成电路产业发展若干政策的通知》（国发［2011］4号，以下简称国发4号文）推动下，在全行业共同努力下，中国软件和信息技术服务业持续健康发展。产业规模持续扩大，新兴业务增势突出，集聚发展特点显著，在电子信息产业中的地位和作用大幅提升，全行业进入新一轮快速发展阶段。

产业规模持续扩大，地位明显提升 2012年，中国软件和信息技术服务业实现业务收入2.5万亿元，同比增长31.5%。产业规模是2008年的3.3倍，年均增长超过34%。在电子信息产业中的地位和作用大幅提升，比重由2000年的5.8%上升到2012年的22.8%。

信息技术服务类业务占比较高，产业结构进一步优化 2012年，信息技术服务类业务实现收入12 945亿元，占全行业比重为52.2%。其中，信息系统集成服务收入5 583亿元，同比增长36.7%，增幅高出全行业5.2个百分点；数据处理和运营服务实现收入4 156亿元，同比增长35.6%，增幅高出全行业4.1个百分点；信息技术咨询服务和IC设计分别实现收入2 435亿元和770亿元，同比增长35.1%和21.8%。嵌入式系统软件实现收入3 991亿元，同比增长29.8%。软件产品增长较为平稳，实现收入7 857亿元，同比增长26.9%。

软件出口低位增长 1—12 月，软件业出口实现收入 394 亿美元，同比增长 13.9%，增速低于上年 15.6 个百分点，低于全行业 17.6 个百分点。

东北和西部地区快速发展，中心城市保持领先优势 2012 年，东北和西部地区分别完成软件业务收入 2 505 亿元和 2 492 亿元，同比增长 41.3%和 33.6%，两者在全国的比重上升为 10%左右。全国 15 个中心城市（副省级城市）共实现软件业务收入 1.36 万亿元，占全国比重（55%）较上年提高近 1 个百分点，同比增长 32.2%，增速快于全国 0.7 个百分点。

政策和重大举措

全面贯彻落实一个文件和两个规划 一是加强与财政部、税务总局等部门沟通协调落实国发 4 号文，推动出台了《财政部　国家税务总局关于进一步鼓励软件产业和集成电路产业发展企业所得税政策的通知》（财税[2012] 27 号），制定了建议享受营业税优惠政策的信息技术服务重点业务目录。二是通过全国电子信息产业工作会议、中国国际软件博览会等平台，积极组织国内骨干企业、地方主管部门等加强对《软件和信息技术服务业“十二五”发展规划》、《信息安全产业“十二五”发展规划》的宣传贯彻工作。三是进一步加强“双软”认定工作，加快研究制定软件企业认定管理办法。会同国家发展和改革委员会等部门启动了 2011—2012 年度国家规划布局内重点软件企业认定工作，为完善行业管理提供有效保障。

着力创新驱动，支持核心技术研发和产业化 一是组织系统集成商牵头建立联合攻关团队，加快安全可靠关键软硬件技术研发及应用推广。二是成立专题工作组，加快发展国产智能终端操作系统，构建自主产业生态体系。三是推动建立“中国语音产业联盟”，着力突破语音产业发展中智能识别等核心技术，促进语音技术产业快速发展。四是推进工业软件产业加快发展。推动中小企业 CAD 公共服务平台建设，开展全国产工业软件试点示范。五是围绕云计算、物联网、大数据、移动互联、智慧城市等领域，通过“核高基”、电子发展基金等专项部署重点研究课题，推进技术攻关及产业化，加快培育新兴业态。

培育龙头骨干企业，增强协同发展能力 一是综合运用政策、规划、标准、资金、项目等措施，引导支持优势企业兼并重组、增强实力，引导产业链上企业优势互补，做大做强。二是积极开展特一级系统集成企业认定，发布《关于开展计算机信息系统集成特一级企业资质认定试点工作的通知》，引导、支持集成企业做大做强。三是召开中国软件业务收入前百家企业发布会暨龙头企业培育工作座谈会，为企业家交流经验、加强合作、协同发展搭建好平台。

推进中国软件名城、软件示范基地和公共服务平台建设，促进产业集聚发展 一是先后授予成都市、广州市、深圳市“中国软件名城”称号，与杭州市、无锡市和苏州市签署了创建工作合作备忘录，中国软件名城创建工作体系不断完善。二是加强软件和信息服务业示范基地认定工作。新增上海浦东软件园等 3 家示范基地，软件和信息服务业示范基地总数达到 11 家。发布了 2012 年度“国家新型工业化产业示范基地（软件和信息服务业）”创建工作文件，指导地方积极申报第二批软件和信息服务业示范基地创建认定。三是完善软件公共服务平台建设。联合地方主管部门和软件企业，成立了“中国软件园区发展联盟”、“三维数字社会管理系统标准应用联盟”等中介组织，推动园区产业生态体系建设，增强发展能力。

加强整体布局和顶层设计，推进软件和信息技术服务业标准化 一是推动成立 SOA、人机交互等领域多个技术标准分委会，推进 SOA、基础软件等重点标准制定及应用示范工作，积极参与国际标准的研究制定，提升国际标准话语权。二是加强 ITSS 工作体系建设，推动全国信息技术标准化技术委员会设立信息技术服务分技术委员会，完成《ITSS 体系框架（3.0 版）》，已经在全国信息技术标准化技术委员会主任办公会审议通过并报国家标准化管理委员会审批。推动完善云计算标准体系。三是研用结合，在北京、上海、广东等 9 省市开展 ITSS 标准验证应用及试点示范工作，促进了 ITSS 标准的推广应用。四是发挥车联网联盟等行业组织力量，加快车载信息服务标准体系建设。

完善产业发展环境 一是规范信息技术服务资质认定。印发了《计算机信息系统集成企业资质等级评定条件（2012 年修定版）》、《信息系统工程监理单位资质等级评定条件（2012 年修定版）》等文件，进一步加强资质认定管理工作。积极开展集成资质企业运行维护能力评定工作。二是进一步推动软件正版化工作。要求计算机厂商与操作系统软件提供商加强配合，做好正版软件预装工作，2012年WPS营业额增长50%以上。三是加强行业运行分析工作，定期编制分析报告，加强对热点问题研究，初步建立起产业预测预警平台。四是推动实施“专业技术人才知识更新工程”，加强软件人才培养工作。成功举办第一届“中国软件杯”大学生软件设计大赛，吸引了500多所大专院校、1 687支队伍、近5 000名在校大学生参加，200余名获奖学生在决赛现场签订了就业意向协议。研究起草了《软件人才教育培训指导意见》。五是成功举办“第十六届中国国际软件博览会”和“两化融合成果展工业软件展区”，展示了行业发展成就和企业风采。

行业发展预测

一是软件业务收入将保持平稳较快增长。2012年第四季度以来，国内经济呈现稳定增长态势，预计2013年经济增速将在连续两年下行的基础上呈现温和回升。同时，在云计算、移动互联网等新业态、新模式带动下，国内外信息化投资和需求增长仍然相对强劲，预计2013年中国软件和信息技术服务业将保持平稳较快增长，业务收入增长率保持在25%以上。

二是数据处理和运营服务增势突出，有望成为拉动产业增长的新动力。大数据已成为信息产业新的增长热点，在其直接或间接带动下，数据整合、商业智能（BI）等领域都将受益。在全球IT服务开支持续向大数据领域倾斜的背景下，预计2013年，中国数据处理和运营服务将延续强劲增长势头，并带动信息技术咨询服务和信息系统集成服务平稳增长，成为引领信息技术服务发展的重要力量。

三是平台化和构建产业生态链成为企业竞争力核心。当前，苹果、谷歌等跨国公司以软件为核心加强垂直整合，构建产业生态链。产业竞争的制高点由单项技术产品和单纯技术架构演化为产业生态体系。新的产业体系深度整合软件、终端、服务和内容，构成了从底层硬件、产品到前端应用、服务的完整产业链，软件、硬件、内容、服务等业态之间的边界日益模糊，软硬件协同发展态势突出。预计2013年，软件企业资源整合步伐将进一步加快，通过打造开放式平台，构建涵盖硬件、软件、服务、内容等多方面的产业生态链，以构建产业生态系统打造核心竞争力。

四是国内信息服务消费需求增长强劲。互联网技术的深入普及，尤其是移动互联网和智能终端的快速增长催生大量消费需求，推动了移动电子商务、社交网络（SNS）和位置服务（LBS）等信息消费市场高速增长。据阿里巴巴的报告显示，2012年用户通过智能手机、平板电脑的应用软件或移动浏览器在淘宝和天猫网站的访问量达到3亿次。随着技术与需求的创新，软件和信息技术服务领域不断孕育出智能家居、智能汽车和动漫游戏等新的消费需求，这有利于扩大信息产品和内容消费，促进中国信息消费结构升级。

[撰稿：孙文龙　王少朋　审稿：陈伟　陈英]

信息技术服务业

【综述】

2012年，全球经济依然低迷，国际竞争持续加剧，但在政府投入、税收优惠以及新兴领域应用需求不断释放等积极因素推动下，中国信息技术服务业保持快速增长，已成为市场需求热点和企业业务拓展的重要方向。

生产与销售

随着软件产业服务化趋势的持续发展，信息技术服务类收入比重不断提高，成为支撑产业增长的重要力量。2012年，中国信息技术服务类收入12 945亿元，同比增长35.1%，占软件和信息技术服务业的比重为

52.2%。其中，数据处理和存储服务表现最为突出，完成收入4 156亿元，同比增长35.6%；信息技术咨询服务实现收入2 435亿元，同比增长35.1%；信息系统集成服务收入5 583亿元，同比增长36.7%。

在产业规模快速发展同时，企业数量不断增加，竞争力不断提升。截至2012年底，中国共有系统集成一级资质企业243家，占企业总数的5.9%，实现业务收入1 702亿元，占总收入的32.5%；二级资质企业566家，实现业务收入1 242亿元，企业数量和业务收入分别占总数的13.9%和23.7%；三级资质企业2 300家，实现业务收入1 875亿元，分别占总数的56.3%和35.9%；四级资质企业977家，实现业务收入411亿元，分别占总数的23.9%和7.9%。

在产业布局上，系统集成行业地域差距较大，企业进一步向发达地区集聚。2012年，北京、广东、浙江、江苏、上海、山东6省市的集成业务收入占全国集成业务收入的比重为61.8%，北京、江苏、广东继续位居三甲。其中，北京系统集成业务规模最大，占16.7%；江苏次之，占13.4%；广东位居第三，占12.1%。

科技进步与应用

信息技术服务标准工作 工业和信息化部软件服务业司组织开展多项标准研究制定工作，并积极推进信息技术服务标准验证与应用试点工作。2012年，完成了《ITSS体系框架（3.0版）》，通过全国信息技术标准化技术委员会上报国家标准计划19项，在服务外包、咨询设计、运行维护、服务管控等方面完成2项标准报批稿、7项标准送审稿、6项标准征求意见稿。其中，根据GB/T 4754-2011中软件和信息技术服务分类，进一步细化完善《信息技术服务 分类与代码》标准报批稿。修改完善了《信息技术服务运行维护通用要求》、《信息技术服务运行维护交付规范》、《信息技术服务运行维护应急响应规范》等3项标准内容并报批国家标准，2012年11月，国家标准化管理委员会公告了这3项国家标准颁布实施，国标号为GB/T 28827.1/2/3。

2012年3月，召开标准验证与应用试点工作座谈会，听取了各试点单位2012年试点实施方案汇报，总结了9个试点省市围绕标准符合性评估和宣传贯彻培训等主要任务所做的大量工作，印发了《信息技术服务标准（ITSS）验证与应用试点工作座谈会会议纪要》，对今后的试点工作任务进一步提出了明确要求。

系统集成资质管理 为进一步加强资质认定管理工作，经过反复论证和征求意见，工业和信息化部软件服务业司完成了集成资质和监理资质评定条件的修订，印发了《计算机信息系统集成企业资质等级评定条件（2012年修定版）》、《信息系统工程监理单位资质等级评定条件（2012年修定版）》及相关实施细则。组织了四期“新评定条件评审员”培训，39个评审机构的评审员和17个地方主管部门相关负责人共183人参加了培训。

为进一步探索资质分类细化管理方法，工业和信息化部软件服务业司研究制定了《计算机信息系统集成企业资质运行维护能力评定条件（暂行）》，将通过《信息技术服务 运行维护 第1部分 通用要求》符合性评估作为重要条件之一，促进重点标准应用和市场管理手段的有机结合。印发《关于开展计算机信息系统集成企业资质运行维护能力评定工作的通知》（工信计资［2012］14号），启动了运行维护能力评定认定工作。

开展特一级系统集成企业认定。在征求部分省市主管部门、系统集成一级资质企业和部级评审机构的意见，不断修改完善的基础上，形成了《计算机信息系统集成企业特一级企业资质评定条件（试行）》，并印发《关于开展计算机信息系统集成特一级企业资质认定试点工作的通知》。

云计算服务 2011年，国家发展和改革委员会、财政部、工业和信息化部联合启动实施了云计算示范工程专项。2012年4月，工业和信息化部软件服务业司会同国家发展和改革委员会、财政部相关司局组织专家对云计算示范工程专项项目执行情况进行了监督检查。根据检查情况，三部门利用中央财政2012年战略性新兴产业专项资金对百度等9家单位继续予以支持，安排资金5.1亿元。配合国家发展和改革委员会高技术司编制《加快云计算发展的指导意见》。

重大工程与重点项目

电子信息产业发展基金 2012年，电子信息产业发展基金组织安排了面向社会管理和服务的数据中心虚拟资源调度与管理系统研发及应用示范、基于企业内部控制基本规范的IT治理管理系统研发、基于异构数字资源转换融合技术的三维地理信息共享服务系统研发及应用示范、支持ITSS的信息系统远程智能诊断处理系统研发及应用示范、安全可靠办公信息系统软硬件集成适配关键技术研发及应用等项目，重点支持和引导信息技术服务业发展。

软件公共服务平台 利用软件公共服务平台专项资金支持10个地方进行平台建设和升级改造，进一步建设产业公共服务体系，提升地方产业聚集区公共服务能力。

软件和信息服务业示范基地 2012年，组织第二批软件和信息服务业示范基地申报认定工作，指导地方积极申报创建软件和信息服务业示范基地，完成对申报对象的初审和部分申报对象的实地调研。新增上海浦东软件园、厦门软件园、武汉洪山区三个国家软件和信息服务业示范基地。

国际合作与进出口贸易

对外贸易 2012年，中国软件外包服务出口额达到98.9亿美元，同比增长27.1%。其中，28.6%的业务来自美国，26.4%来自日本，22.4%来自中国港澳台地区，6.9%来自欧洲，四个地区的业务量占中国国际业务接包总量的84.3%。与2011年相比，来自日本的业务比重下降5.3个百分点；来自中国港澳台地区的业务比重增加4.3个百分点；来自美国和欧洲的业务比重分别增加0.3个和0.4个百分点。

国际合作 积极参与国际标准化工作。向ISO/IEC JIC1 SC7提交了《IT服务质量标准化研究报告》，并牵头制定ISO/IEC 25011《IT服务质量模型》。

2012年9月，中国软件行业协会（CSIA）与日本国信息服务产业协会（JISA）联合举办第十六届中日信息服务产业恳谈会，围绕“合作共赢、构筑新的中日商务合作关系”主题进行交流研讨和商务合作洽谈。同时，中国软件行业协会与北京服务外包企业协会在日本举办了中日企业商务交流活动，为中日企业搭建一个面对面进行交流合作的商务平台。

政策与法规

6月28日，国务院发布《关于大力推进信息化发展和切实保障信息安全的若干意见》（国发［2012］23号），提出要推动工业化和信息化深度融合、加快社会领域信息化、推进农业农村信息化等意见，其中涉及信息技术服务业的有：支持面向具体行业的信息化公共服务平台发展，积极有序促进物联网、云计算的研发和应用，大力发展信息系统集成、互联网增值业务和信息安全服务。

7月9日，国务院发布《“十二五”国家战略性新兴产业发展规划》（国发［2012］28号），加快培育和发展节能环保、新一代信息技术、生物、高端装备制造、新能源、新材料、新能源汽车等战略性新兴产业。在新一代信息技术中，要发展新兴服务产业，推动大型信息资源库建设，积极培育云计算服务、电子商务服务等新兴服务业态，促进信息系统集成服务向产业链前后端延伸，推进网络信息服务体系变革转型和信息服务的普及，利用信息技术发展数字内容产业。

12月，国务院发布《服务业发展“十二五”规划》（国发［2012］62号），指出服务业发展重点分别是生产性服务业和生活性服务业。在信息技术服务业方面，要加快培育新兴网络信息技术服务，推进各类面向行业应用的信息技术咨询、系统集成、系统运行维护和信息安全服务；加强数字文化教育产品开发和公共信息资源深化利用，构建便捷、安全、低成本的数字内容服务体系。

市场分析与预测

信息技术加快向传统产业、现代制造业和现代服务业等领域渗透，将推动行业间的融合渗透，促进战略性新兴产业、面向生产的信息服务业发展。

随着信息化不断深入推进和两化融合加快发展，国内各行业信息化建设必然提速，为信息技术服务业带来大量市场机遇。电信、能源、工业等领域信息化程度较高，将对所需服务和产品提出更高要求，信息技术咨询服务、数据处理和运营服务等细分市场规模将稳步扩大。

智慧城市、云计算、大数据等新业态的发展将驱动信息技术服务市场持续增长。2012年以来，中国智慧城市建设步伐加快，大规模的城市信息化升级和改造陆续展开。预计“十二五”期间，各地将掀起智慧城市建设浪潮，约有600—800个城市提出建设智慧城市，这将拉动IT支出规模增长，也为云计算和大数据带来新的发展机遇。

存在问题

一是服务能力不强和信息系统日益复杂的矛盾制约市场份额的获取。与IBM、惠普、埃森哲等国际企业相比，中国信息技术服务企业业务层级处于中低端。同时，政府、电信、金融、能源等重点行业信息化建设的加速扩展和整合优化，对信息技术咨询和集成服务提出了更高的要求。中国信息技术服务企业应加强大型系统解决方案的研发和应用推广，尽快打造全业务流程的综合集成服务体系，提高市场竞争力。

二是云计算、移动互联网、物联网等新兴领域关键技术薄弱影响产业可持续发展。互联网时代特别是云计算模式下，信息安全问题已成为事关经济、社会、国防安全的“第一安全”。中国政府、军队、电力、金融、交通等行业的关键信息基础设施大部分依赖国外芯片、操作系统和数据库，存在重大安全隐患，这直接影响到信息安全保障和信息产业发展主导权。同时，EMC、IBM等跨国企业通过与国内企业合作、加大投资等方式加速占领国内市场。中国信息技术服务企业应加大新兴领域研发力度，突破关键核心技术，以保障产业健康可持续发展和国家关键行业领域安全。

三是服务外包“内忧外患”，优势逐渐弱化。中国软件服务外包业务大多处于产业链中下游环节，服务附加值相对较低，核心竞争力较弱，这导致从事软件服务外包的企业利润率低于全球平均水平。随着人力成本上升和人民币升值，许多外企开始将服务外包业务向人力成本更低的国家和地区转移，服务外包产业陷入两难困境。

[撰稿：任利华　审稿：陈伟　郭建兵]

电子工业专用设备行业

【综述】

2012年，中国电子专用设备行业受市场环境趋紧影响，经济运行下行压力加大，大部分企业生产经营困难加重。根据中国电子专用设备工业协会对68家主要生产单位的统计，电子专用设备与电子专用工模具全年销售收入92.3亿元，同比下降28.3%；行业从业人员28 697人，比上年减少5.6%，其中，工程技术人员8 927人，比上年增加9.1%；固定资产净值53.3亿元，比上年48.5亿元增加9.8%。

生产与销售

根据对68家主要生产单位的统计，2012年，电子专用设备工业行业完成总产值（现价）197.9亿元，销售收入188亿元，分别比上年减少20.4%和16.1%。

十强产销总规模下滑，下跌幅度小于全行业。2012年，行业前十名销售收入总额134.4亿元，比2011年下跌13.8%，占全行业销售收入的71.5%。入围行业十强的销售收入从2011年的6.05亿元下降到4.51亿元。

主营业务销售下跌幅度较大，但净化设备等保持增长。2012年，行业主营业务（电子专用设备和电子专用工模具）销售收入92.3亿元，比上年减少28.3%；但电子专用工模具，空气、水净化和气体纯化设备，电磁屏蔽设备，以及气候环境模拟与可靠性试验设备的增幅均超过20%，电子通用设备增长5.3%。

晶硅太阳能设备市场跌入低谷，但半导体器件设备保持较高增长。2012年，中国晶硅太阳能设备继续受到光伏市场需求不振的影响，大批设备订货合同推迟交货，太阳能电池设备市场跌入低谷。据对国内17家主要晶硅太阳能电池设备制造商的统计，全年太阳能设备销售量1 823台，销售收入25.3亿元，同比分别减少63.6%和60.7%。但半导体器件（含IC、LED、分立器件）设备市场需求上升，同比增长45.6%。

行业利税大幅下降，企业亏损额大幅增加。2012年，全行业实现利税9.72亿元，同比降幅72.1%。其中：利润 2.21 亿元，同比下降 91.5%；上交税金 7.51 亿元，同比下降 17%。行业完成利税前十名企业的利税总额为 15.16 亿元，实现利润 10.69 亿元。其中，中国电子科技集团公司第 2 研究所、江苏苏净集团有限公司、北京七星华创电子股份有限公司和浙江晶盛机电股份有限公司等 4 家单位实现持续增长。行业亏损企业亏损额 4.61 亿元，增长 2 583.6%。

两家公司成功上市。2012 年 5 月 11 日，浙江晶盛机电股份有限公司在创业板上市。12 月 31 日，北京星河康帝思科技开发有限公司在深圳证券交易所代办股份转让系统挂牌上市。

科研与新产品

“国家光伏装备工程技术研究中心”成立　2012 年初，经国家科技部批准，“国家光伏装备工程技术研究中心”依托中国电子科技集团公司第 48 研究所在长沙组建成立。2012 年，该中心在光伏装备、工艺和材料上“三管齐下”，通过装备技术突破，推动材料和工艺技术进步，使电池效率提升 0.5%，成本下降 10%，发电成本降至约 0.45 元/千瓦时。申报专利 46 项，其中发明专利 19 项。还研制出高效多晶硅铸锭炉、全自动视觉定位丝网印刷装备、全自动电池片测试分选装备、高产能全自动四管扩散炉装备和高产能全自动四管等离子体增强化学气相淀积 (PECVD) 装备，且均实现技术成果转化。

6 项半导体设备被评为中国半导体设备创新产品　2012 年，6 项半导体设备被中国电子专用设备工业协会、中国半导体行业协会、中国电子材料行业协会和中国电子报等四单位评为第七届（2012 年度）中国半导体设备创新产品。

完成 357 项电子专用设备、专用工模具新产品　据对 68 家主要生产单位的统计，2012 年，完成 357 项电子专用设备、专用工模具新产品，比 2011 年增加 37 项，具有自主知识产权、性价比高的新产品增强了国产电子专用设备的市场竞争力；此外，还完成本行业以外新产品 182 项。

一是区熔硅单晶炉研发成功。2012 年，具有自主知识产权的区熔硅单晶炉分别在北京京运通科技股份有限公司和浙江晶盛机电股份有限公司研制成功，并成功拉制出 6 英寸区熔单晶棒，这标志着中国自主研制的区熔硅单晶炉制造和区熔硅单晶拉制工艺技术已取得突破性进展。这为 IGBT 功率三极管和高光电转换效率光伏电池的单晶硅材料生产线关键设备国产化奠定了基础。

二是 ITO 透明导电薄膜溅射沉积设备上市。2012 年，北京北方微电子基地设备工艺研究中心有限责任公司研制的透明导电薄膜溅射沉积设备投放市场，并为 LED 芯片生产线提供高质量的 ITO 薄膜沉积工艺。与传统蒸镀工艺相比，该设备可提升 LED 芯片出光效率 (5%—10%)，同时，靶材利用率的提高可大幅减少生产中材料消耗，降低 LED 生产成本。

三是集成电路全自动引线键合机产业化取得重大突破。由中国电子科技集团公司第 45 研究所承担的集成电路全自动引线键合机产业化项目，经过在用户大生产线上与国外同类设备并线对比，通过考核验证。2012 年，中国具有完全自主知识产权的全自动引线键合机共获得国内集成电路企业 30 台的采购合同，打破了该类设备长期被国外公司垄断的局面。

四是在 LED 背光和照明光源组装设备中，上海元利盛精密机械有限公司推出控制精度可达±1%的自动精密点胶机和长度可达 2 米的 LED 灯板专用贴片机，成为表面贴装设备市场新的增长点。

重大科技项目

2012 年，国家科技重大专项“极大规模集成电路制造装备及成套工艺”（02 专项）电子专用设备项目取得重大进展。“65-45 纳米介质刻蚀机”、“先进封装投影光刻机”、“65-45 纳米 PVD 设备”和“关键封测设备、材料应用工程”等 4 个项目 32 台设备通过验收。

由中微半导体设备（上海）有限公司承担的“65-45 纳米介质刻蚀机研发与产业化”项目是集成电路三大高端工艺装备（曝光、刻蚀、PVD）之一，至 2012 年底，已销售 19 台设备，提高了国产 IC 高端装备在国际市场的影响力。项目共申请发明专利 201 项，其中海外专利 81 项。

由上海微电子装备有限公司研发的先进封装投影光刻机已向用户交付 8 台设备，共申请专利 160 项，其中海外专利 11 项。

由北京北方微电子基地设备工艺研究中心有限责任公司牵头，北京泰龙公司、清华大学、复旦大学和沈阳中科博微公司等参加的“65-45 纳米 PVD（物理沉积）设备研发”已进入大生产线进行了工艺验证。项目共申请专利204项，其中，国内发明专利171项、海外专利33项。

由北京中电科电子装备有限公司等16家单位承担的“关键封测设备、材料应用工程项目”中29项设备在2012年通过验收。这些设备大部分已实现销售并得到实际应用。项目共申请专利261项，其中发明专利119项。

国际合作和对外贸易

签订多项国际合作项目 2012年3月15日，由中国电子科技集团公司第2研究所承担的“山西省国际科技合作基地建设”、“微电子组装工艺设备技术”、“中白（俄罗斯）合作微纳制造关键工艺设备技术研究”和“中欧合作LTCC多层基板制造工艺装备技术研究”等4个国际科技合作项目通过验收并开始实施，推动了中国微组装设备和工艺的发展。

5月17日，浙江晶盛机电股份有限公司与世界领先的硅材料生产商REC Silicon公司签约战略合作，专门从事硅材料晶体生长相关工艺的应用研发，并进一步推动中国光伏和半导体产业发展。

6月28日，日东电子科技（深圳）有限公司与韩国SEC公司、PARMI公司和迪浦兰软件（上海）有限公司成功签约合作。这四家公司将优势互补，促进中国表面贴装设备发展。

举办中国国际半导体设备和材料展览会暨研讨会 2012年3月20—22日，在上海举办的SEMICON China是美国国际半导体设备和材料协会（SEMI）与中国电子专用设备工业协会等合作伙伴共同推出的、全球规模最大的半导体设备产业盛会，总展览面积6.9万平方米，参展国内外厂商1 116家，观众总数5.1万人次，为中国的“大半导体行业”提供了一个交流平台。

出口交货总值大幅减少 2012年，受外需萎缩影响，行业出口交货总值降至8.21亿元，同比减少44.6%，其中，电子专用设备和电子专用工模具的出口交货值为3.06亿元，同比减少49.5%。

市场分析与预测

一是随着《国务院关于促进光伏产业健康发展的若干意见》（国发［2013］24号）等政策措施出台以及国内市场进一步开拓，2013年，中国光伏市场将企稳回升；同时，随着光伏设备的升级和更换，中国光伏设备市场将走出低谷，呈现平稳增长态势。

二是受半导体器件市场增长的影响，已验收的02专项安排的集成电路设备在2013年将加快产业化进程，项目成果也将推广到LED和IGBT等新兴分立器件市场，从而成为中国半导体设备市场新的增长点。

三是在国家新能源和绿色环保政策扶助下，高储能锂离子充电动力电池生产设备、高性能永磁材料生产设备和超薄膜电力电容器生产设备市场将继续保持增长。

四是由于国产智能手机和平板电脑的快速发展，触摸屏生产设备、中小屏幕LCD生产设备将继续保持增长。

五是净化设备、试验设备和电子专用工模具以内需市场为主，2013年将保持稳步增长。

综上，预计2013年，中国电子专用设备行业经济运行将呈现先低后高态势，销售收入增速为5%—10%。

政策与法规

工业和信息化部发布《电子专用设备仪器“十二五”规划》 2012年2月27日，工业和信息化部发布《电子专用设备仪器“十二五”规划》，确定“十二五”期间中国电子专用设备产业经济发展目标为年均增长17%，发展重点是集成电路、太阳能电池、新型元器件三类生产设备。

科技部发布《太阳能发电科技发展“十二五”专项规划》 该规划指出，“十二五”期间，晶体硅太阳能电池整线成套装备国产化，具备整线集成“交钥匙”工程能力，单晶硅太阳能电池产业化效率突破20%。

财政部等四部门发布《关于调整重大技术装备进口税收政策有关目录的通知》 2012年3月7日，财政部、工业和信息化部、海关总署、国家税务总局四部门发布《关于调整重大技术装备进口税收政策有关目录的通知》（财关税［2012］14号），规定等离子加强型化学气相沉积设备（PECVD）等5项太阳能电池生产设备和金属有机化学气相沉积设备（MOCVD）等3项半导体发光二极管生产设备确有必要进口的关键零部件免征关税和进口环节增值税。

国家发展改革委等四部委发布《关于调整国内投资项目不予免税的进口商品目录》的公告 2012年12月24日，财政部、国家发展改革委、海关总署、国家税务总局发布《关于调整国内投资项目不予免税的进口商品目录》的公告（2012年83号），规定自2013年7月1日起，国内投资项目项下申报进口的离子注入机等10项半导体器件生产设备，多线锯切片机等5项晶硅太阳能电池生产设备，无铅回流焊机，振动、冲击测试设备不予免税（进口关税和进口环节增值税）。

存在问题

一是企业实力不强，关键设备市场占有率低。在国家重大专项支持下，一批集成电路关键设备进入大生产线并经过验收，但由于企业实力不强、用户对使用国产设备有顾虑，国产集成电路设备产业化进程缓慢。目前，中国8-12英寸集成电路生产线设备几乎全部依赖进口。在表面贴装设备市场，关键设备自动贴片机长期依赖进口，2012年共进口16亿美元。

二是受整机需求下降等影响，电子专用设备行业转型升级任务艰巨。全球经济萎靡不振，整机产业增速放缓，光伏、LED市场深度调整，导致相关专用设备订单需求大幅减少。电子专用设备领域多数企业规模偏小，利润微薄，产品大多集中在中低端领域，同质化竞争使企业盈利能力进一步降低，难以有资金积累投入到技术升级和产品转型之中。

【统计数据】

表1　2010—2012年中国电子专用设备工业行业主要经济指标完成情况

项目名称	单位	2010年	2011年	2012年	增长率（%）
全行业工业总产值（现价）	万元	1 715 314.4	2 486 468.8	1 979 300.0	-20.4
其中：本行业产品工业产值（现价）	万元	932 577.1	1 478 643.6	868 829.5	-41.2
全行业销售收入	万元	1 606 135.5	2 241 516.3	1 879 914.9	-16.1
其中：本行业产品销售收入	万元	847 933.1	1 288 047.2	922 891.2	-28.3
全行业实现利税总额	万元	255 540.6	348 832.1	97 194.0	-72.1
全行业实现利润总额	万元	197 095.0	258 284.3	22 058.0	-91.5

表2　2012年中国电子专用设备工业行业规模情况

类别	研究所数（个）	企业数（个）	总人数（人）	其中：技术人员（人）
国有及国有控股	5	12	11 357	3 974
民营		35	6 921	2 173
股份		15	10 109	2 562
三资		1	310	218
合计	5	63	28 697	8 927

表3　2010—2012年中国电子专用设备工业行业产品销量情况

产品名称	单位	2010年		2011年		2012年	
		销量	增长率（%）	销量	增长率（%）	销量	增长率（%）
半导体与集成电路设备	台	7 854	46.1	7 895	0.5	5 203	−34.1
电子元件设备	台	4 525	34.4	9 191	103.1	6 383	−30.6
电真空和光电器件设备	台	5 491	130.0	5 477	−0.3	2 698	−50.7
环境与可靠性试验设备	台	1 697	−0.2	1 868	10.1	2 312	23.8
净化设备	台	29 753	10.9	39 654	33.3	44 457	12.1
电子整机装联设备	台	4 153	67.4	3 158	−24.0	2 856	−9.6
电子通用设备	台	14 327	34.6	23 195	61.9	15 643	−32.6
电子专用工具	万件	43.4	751.0	17.0	−60.8	17.7	4.1
电子专用模具	付	1 516	36.3	1 446	−4.6	40 682	2 713.4

表4　2010—2012年中国电子专用设备工业行业产品销售收入情况

产品名称	单位	2010年		2011年		2012年	
		销售收入	增长率（%）	销售收入	增长率（%）	销售收入	增长率（%）
半导体与集成电路设备	万元	433 934.2	73.2	723 020.9	66.6	367 785.5	−49.1
电子元件设备	万元	64 999.0	17.9	143 210.8	120.3	125 312.0	−12.5
电真空和光电器件设备	万元	91 288.3	145.8	115 157.5	26.1	74 071.8	−35.7
环境与可靠性试验设备	万元	17 088.0	12.2	19 799.2	15.9	23 812.5	20.3
净化设备	万元	108 156.4	2.2	149 645.0	38.4	184 423.4	23.2
电子整机装联设备	万元	42 392.8	35.3	43 864.3	3.5	42 679.9	−2.7
电子通用设备	万元	70 010.5	58.6	66 957.6	−4.4	70 477.2	5.3
电子专用工具	万元	1 143.0	124.6	8 610.9	653.4	13 727.9	59.4
电子专用模具	万元	17 865.6	64.1	17 781.0	−0.5	20 601.0	15.9

表5　2010—2012年中国电子专用设备工业行业主要产品产量情况

产品名称	单位	2010年		2011年		2012年	
		产量	增长率（%）	产量	增长率（%）	产量	增长率（%）
电子专用设备	台、套	76 216	46.2	99 479	30.5	83 425	−16.1
电子专用工具	万件	46.8	1 014.3	17.0	−63.7	17.7	4.1
电子专用模具	付	1 516	38.6	1 546	2.0	40 692	2 532.1

表 6 2010—2012 年中国电子专用设备工业行业主要产品产值情况

产品名称	单位	2010 年		2011 年		2012 年	
		产值	增长率（%）	产值	增长率（%）	产值	增长率（%）
电子专用设备	万元	911 904.1	70.2	1 444 807.6	58.4	832 399.5	-42.4
电子专用工模具	万元	20 673.0	79.8	33 836.0	63.7	36 430.0	7.7

表 7 2010—2012 年中国电子专用设备工业行业产品出口额情况

单位：万元

产品类别	2010 年交货值	2011 年交货值	2012 年	
			交货值	增长率（%）
电子专用设备	45 917.0	52 542.9	26 044.2	-50.4
电子专用工模具	5 200.0	8 050.2	4 588.8	-43.0
其他产品	110 096.2	87 671.9	51 475.7	-41.3

表 8 2012 年中国电子专用设备行业销售收入排名前 10 家单位情况

排序		单位名称	2012 年		其中，电子专用设备、专用工模具	
2012 年	2011 年		总销售收入（万元）	同比增长（%）	销售收入（万元）	同比增长（%）
1	1	中国电子科技集团公司第 48 研究所	550 054.0	-7.7	67 275.0	-55.6
2	2	江苏苏净集团有限公司	234 756.4	15.8	175 542.6	25.4
3	5	西北机器有限公司	121 774.0	13.4	44 753.0	26.4
4	4	北京七星华创电子股份有限公司	99 836.0	-13.1	63 138.7	-22.4
5		格兰达技术（深圳）有限公司	66 670.0	14.4	15 472.2	25.2
6		中国电子科技集团公司第 2 研究所	61 272.5	5.0	59 004.3	5.0
7	8	四川丹甫制冷压缩机有限责任公司	57 522.0	-13.6	582.0	-14.8
8	3	北京京运通科技股份有限公司	56 853.3	-68.0	25 838.0	-79.8
9	7	浙江晶盛机电股份有限公司	50 254.0	-32.2	49 548.0	-31.2
10	6	深圳捷佳伟创新能源装备有限公司	45 097.2	-54.1	45 097.2	-53.6
		合计	1 344 089.4	-13.8	546 251.0	-31.6

表 9　2012 年度（第七届）中国半导体设备创新产品

序号	产品名称	制造厂商
1	Itops LED ITO 薄膜溅射设备	北京北方微电子基地设备工艺研究中心有限责任公司
2	GIS126 全自动三次光检机	格兰达技术（深圳）有限公司
3	DRF-B80 型蓝宝石生长炉	江苏华盛天龙光电设备股份有限公司
4	WB-6102 全自动引线键合机	中国电子科技集团公司第 45 研究所
5	用于大规模集成电路装备的气体质量流量控制器	北京七星华创电子股份有限公司
6	智能卡专用测试系统	北京自动测试技术研究所

注：表 1—表 9 数据来源于中国电子专用设备工业协会。

[撰稿：金存忠　审稿：彭红兵]

电子测量仪器工业行业

【综述】

据工业和信息化部运行监测协调局统计，2012 年，中国电子测量仪器工业行业规模以上企业 762 家，从业人员 20 万人，工业销售产值 1 674.3 亿元，出口交货值 318 亿元，资产总值 1 490 亿元；其中，电子测量仪器制造业规模以上企业 140 家，从业人员 2.7 万人，工业销售产值 221.8 亿元，出口交货值 37 亿元，资产总值 163 亿元。

生产与销售

2012 年，中国电子测量仪器工业行业生产、销售均比上年大幅增长，工业总产值为 1 712.1 亿元，同比增长 59.3%，工业销售产值 1 674.3 亿元，同比增长 60.3%；其中，电子测量仪器制造业生产、销售与上年相比增长较快，工业总产值为 223.8 亿元，同比增长 32.9%，工业销售产值 221.8 亿元，同比增长 33.5%。

科研与新产品

2012 年，中国电子测量仪器制造行业取得一批科研成果。

中国电子科技集团公司第 41 研究所　该所研发的“AV3656A 矢量网络分析仪”，主要用于通信部件的测试，频段范围 100kHz-3GHz，性能指标国内领先，可取代国外同类产品，具有良好的性价比和较强的市场竞争力。

“AV4947 TD-LTE 无线终端综合测试仪”，LTE 信号输出功率的稳定性超过国外同类产品，产品申请了 10 项发明专利，综合性能达到国际领先水平，具有良好的市场前景。

“AV6519 水分与密度分布测量仪”，采用微波谐振、智能检测等技术对棒料（如烟支）的水分与密度分布进行自动测量，综合性能指标国内领先，并达到国外同类产品的技术水平，功能上超过国外同类产品，市场前景良好。

“AV1441A/B 信号发生器”，频率范围 9kHz-3GHz/6GHz，性价比高，具有良好的市场前景。

“AV4942B 微波综合测试仪”，频率范围 9kHz-18GHz，采用便携式设计，体积小、重量轻，经济效益显著。

江苏绿扬电子仪器集团公司 该公司研发的“LDP60000 系列数字荧光示波器”，带宽达到 1GHz，广泛应用于通信、雷达、航空、电子设备的研制、生产和维修保障，可以对微波器件及系统时钟信号抖动变化分布、随机突发异常事件进行快速捕获分析。

“LDS42025 数字存储示波表”，该产品打破国外技术垄断和封锁，实现了国产示波器技术升级，为国内电子装备研发、试验、现场测试、维护等提供更快捷的现代化测试手段。

杭州爱华仪器有限公司 该公司研发的“AWA 5910 型个人声暴露计”，达到 IEC 61252:2002、GB/T 15952-2010 标准要求，填补国内声学仪器防爆型产品空白，具有良好的市场前景。

重大工程与重点项目

中国电子科技集团公司第 41 研究所 该所承担的“高性能微波频谱分析仪研制与应用开发”课题，研制高性能微波频谱分析仪，将攻克超宽频带微波部件设计制造等仪器核心技术，自主研发 67GHz 程控步进衰减器等关键部件，开展在通信、雷达和无线电监测等领域的应用开发及仪器可制造性与工程化方面的研究工作。该项目计划 2017 年完成。

“LTE 空中接口监测仪研发”课题，对 LTE 网络需求进行分析，研究 LTE 多频段、多小区、多天线、多用户、多场景的无线监测、实时触发捕捉、跟踪过滤协同分析等关键技术，支持 LTE 空口 L1、L2、L3 的协议栈监测和跨层关联分析，支持空口信息与核心网信息的关联分析，并提供业务优化决策方案。该项目计划 2014 年完成。

“TD-LTE-Advanced 终端综合测试仪表开发”课题，研制支持 400MHz-4GHz 的射频模块，分析带宽达到 100MHz，符合 3GPP 及行业标准要求的 TD-LTE-Advanced 终端综合测试仪。该项目计划 2014 年完成。

该所承担的“TD-SCDMA 增强技术终端综合测试仪”和“TD-LTE 无线综合测试仪表开发”项目已于 2012 年底完成；“TD-LTE 射频一致性测试系统”和“TD-LTE TTCN 扩展测试集仪表开发（无线资源管理部分）”项目将于 2013 年底完成。

江苏绿扬电子仪器集团公司 该公司承担的“超高速数字荧光串行信号分析仪开发与产业化”项目，联合中国科学院、南京大学、北京邮电大学、总参第 63 研究所、中国电子科技集团公司第 50 研究所等多家技术优势单位，在研究高速数字存储示波器技术、数字荧光成像技术、高速大容量数据与交换技术、高速串行信号分析等核心技术基础上，开发新型超高速数字荧光串行信号分析仪器。项目计划于 2016 年完成。该公司承担的“1 000MHz 宽带实时数字荧光波器”项目已于 2012 年底完成并顺利通过验收。

杭州爱华仪器有限公司 该公司承担的科技部科技型中小企业技术创新基金项目“数字化智能环境噪声自动监测系统”，已于 2012 年底通过验收，并获得良好的经济效益。

市场分析与预测

党的“十八大”明确指出：科技创新是提高社会生产力和综合国力的战略支撑，必须摆在国家发展全局的核心位置；强化基础研究、前沿技术研究，抢占科技发展战略制高点；推动战略性新兴产业、先进制造业健康发展，加快传统产业转型升级。这些战略规划与电子测量仪器行业密切相关。随着全球经济形势变化和中国经济转型，预计 2013 年，中国电子测量仪器行业总体将保持 15%以上的增长率。

政策与法规

为贯彻落实《“十二五”国家战略性新兴产业发展规划》和《工业转型升级规划（2011-2015 年）》，增强传感器及智能化仪器仪表产业的创新能力和国际竞争力，推动产业创新、持续、协调发展，2013 年 2 月，工业和信息化部、科技部、财政部、国家标准化管理委员会组织制定了《加快推进传感器及智能化仪器仪表产业发展行动计划》，这将对中国仪器设备产业的发展起到良好促进作用。

存在问题

一是中国电子测量仪器行业总体技术水平以及原材料、元器件、工艺水平等落后于欧洲、美国、日本等发达国家，导致电子测量仪器的技术指标和整机质量与世界先进水平存在一定差距。二是本土电子测量仪器产品主要集中在中低端，技术指标不高、品种不全、低水平竞争问题严重，难以满足市场及专业应用需求。三是随着信息技术协定（ITA）扩围、ECFA（海峡两岸经济合作框架协议）及中韩自贸区相关工作的推进，对电子仪器的关税保护政策将逐渐减弱，本土企业面临更加激烈的竞争。

【统计数据】

表1　2010—2012年规模以上电子测量仪器行业和电子测量仪器制造业主要经济指标情况

类别	经济指标	2010年		2011年		2012年	
		总额（万元）	增长率（%）	总额（万元）	增长率（%）	总额（万元）	增长率（%）
电子测量仪器行业	工业总产值	9 705 975	41.4	10 748 147	10.7	17 121 287	59.3
	工业销售产值	9 396 437	41.1	10 446 070	11.2	16 743 113	60.3
	税金总额	338 343	47.3	420 865	24.4	618 374	46.9
	利润总额	967 302	66.3	1 024 548	5.9	1 673 106	63.3
电子测量仪器制造业	工业总产值	1 757 399	29.7	1 683 405	–4.2	2 237 684	32.9
	工业销售产值	1 737 899	34.2	1 661 524	–4.4	2 218 461	33.5
	税金总额	51 620	30.0	63 688	23.4	85 453	34.2
	利润总额	202 360	56.3	199 088	–1.6	209 864	5.4

表2　2012年规模以上电子测量仪器行业主要经济指标完成情况（1）

单位：万元

项目名称	工业总产值	工业销售产值	利润总额	税金总额
总计	17 121 287	16 743 113	1 673 106	618 374
环境监测专用仪器仪表制造	1 432 789	1 412 064	118 066	70 962
运输设备及生产用计数仪表制造	4 768 122	4 651 243	423 856	159 260
导航、气象及海洋专用仪器制造	1 925 171	1 891 315	111 049	38 104
农林牧渔专用仪器制造	247 458	243 845	15 915	7 527
地质勘探和地震专用仪器制造	1 453 237	1 403 422	159 845	69 007
核子及核辐射测量仪器制造	102 655	98 567	8 990	3 417
电子测量仪器制造	2 237 684	2 218 461	209 864	85 453
医疗诊断、监护及治疗设备制造	4 954 172	4 824 198	625 520	184 644

表 3 2012 年规模以上电子测量仪器行业主要经济指标完成情况（2）

单位：万元

项目名称	主营业务收入	资产总计	出口交货值	负债合计
总计	16 925 088	14 899 505	3 182 471	6 914 556
环境监测专用仪器仪表制造	1 409 161	891 188	140 826	327 473
运输设备及生产用计数仪表制造	4 736 284	3 751 544	487 176	1 983 630
导航、气象及海洋专用仪器制造	1 911 820	2 453 845	688 479	1 616 210
农林牧渔专用仪器制造	234 473	59 316	5 932	27 564
地质勘探和地震专用仪器制造	1 387 641	1 457 741	108 027	587 381
核子及核辐射测量仪器制造	106 269	179 284	496	120 584
电子测量仪器制造	2 267 544	1 633 255	367 310	684 494
医疗诊断、监护及治疗设备制造	4 871 896	4 473 333	1 384 225	1 567 219

表 4 2012 年规模以上电子测量仪器行业主要经济指标完成情况（3）

单位：万元

项目名称	应交增值税	产成品存货	企业数（家）	从业人数（人）
总计	513 737	639 350	762	204 339
环境监测专用仪器仪表制造	60 384	28 568	72	13 972
运输设备及生产用计数仪表制造	131 826	217 916	195	57 924
导航、气象及海洋专用仪器制造	31 522	92 915	73	28 076
农林牧渔专用仪器制造	6 795	4 052	9	1 725
地质勘探和地震专用仪器制造	57 227	46 864	56	16 599
核子及核辐射测量仪器制造	2 946	13 532	12	2 353
电子测量仪器制造	71 733	57 747	140	26 635
医疗诊断、监护及治疗设备制造	151 304	177 756	205	57 055

注：表 1—表 4 数据来源于工业和信息化部。

[撰稿：方荣 审稿：彭红兵]

集成电路产业

【综述】

2012年，受欧债危机持续蔓延、全球经济形势低迷的影响，全球集成电路市场总体规模较2011年下降2.7%，为2 916亿美元。中国集成电路产业在内需市场和投资带动下，呈现平稳增长态势，全行业销售收入首次超过2 000亿元，达到2 158.5亿元，同比增长11.6%；集成电路产量823.1亿块，同比增长14.4%。从产业结构看，近年集成电路设计、芯片制造和封装测试三业的格局不断优化，集成电路设计业所占比重呈逐年上升趋势。2012年，设计业销售收入所占比重由2011年的27.2%提高至28.8%；芯片制造业所占比重为23.2%；封装测试业所占比重为48.0%。

生产与销售

集成电路设计业 随着国内信息消费水平的提升，在宽带提速、节能产品惠民工程等扩大内需政策带动下，2012年，中国集成电路设计业销售收入继续保持较高增速，同比增长18.1%，规模为621.7亿元，整体表现为发展质量继续改善、竞争能力有所提升、企业效益明显改观。从设计水平看，经过几年的发展，整体水平明显提升，设计产品种类日趋多样，特别是骨干设计企业已开始进入世界主流技术领域，最高设计能力已达28纳米水平。设计能力达到90纳米水平的企业数量迅速增加，占全部设计企业的11.8%。从盈利能力看，统计表明，2012年，盈利的设计企业数量达到364家，比上年309家增加55家。前十大设计企业的平均毛利率为40.5%，比上年提升约10个百分点，基本达到国际同行的平均水平。骨干企业表现活跃，展讯通信（上海）有限公司、锐迪科微电子（上海）有限公司、海思半导体有限公司、珠海全志科技股份有限公司等在移动智能终端系统级芯片（SoC）市场表现不俗；杭州中天微系统有限公司、苏州国芯科技有限公司等在国产嵌入式处理器的推广中进步明显，出货量累计超过1亿片；山东华芯半导体有限公司的国产动态随机存储器产品销售累计超过1 000万片。

芯片制造业 虽然受国内外集成电路市场增速双双大幅放缓的影响，2012年中国集成电路制造业仍保持稳定增长势头，销售收入为501.1亿元，同比增长16.1%。截至2012年底，中国集成电路芯片生产线总数为56条，其中12英寸生产线6条、8英寸生产线15条、6英寸生产线12条、5英寸生产线9条、4英寸生产线14条。中芯国际集成电路制造有限公司已量产45/40纳米工艺产品，启动了北京二期32/28纳米生产线建设项目。“909”工程升级改造项目——华力微电子有限公司12英寸生产线产能已达2万片/月。华虹NEC电子有限公司和上海宏力半导体制造有限公司整合为华虹宏力半导体有限公司后，发展步伐加快，特色工艺整体能力进一步提升，已成为全球第6大芯片代工企业。三星电子在西安投资的12英寸闪存芯片生产线已开工建设。

封装测试业 得益于集成电路设计业、芯片制造业的快速增长，2012年，中国集成电路封装测试业实现销售收入1 035.7亿元，同比增长6.1%。方形扁平无引脚封装（QFN）、球栅阵列封装（BGA）、圆片级封装（WLP）等先进封装继续上量，硅通孔封装（TSV）等高密度封装技术开发取得新进展。主要封装测试企业大多保持业绩增长势头，中国20大封装测试企业的进入门槛已达10亿元。江苏长电科技股份有限公司成功开发多圈阵列四边无引脚封装（MIS）技术并实现应用，产品性价比大幅提高，市场竞争力增强。南通富士通微电子股份有限公司的高可靠WLP（WLCSP）封装技术产品已进入高端电子产品市场。天水华天科技股份有限公司利用区位成本优势，加紧技术创新和高端产能布局，企业规模进一步扩大。

科技进步与应用

2012年，随着中国集成电路产业规模的不断扩大，集成电路产业链各环节依然表现出较强的创新活力，为产业后续发展奠定了基础。

集成电路新产品 炬力集成电路设计有限公司开发的Android平台平板电脑核心处理器及整机解决方案，采用55纳米制程、三核架构、Android 4.0平台、1 080p分辨率的全格式解码技术，可优化Flash和游戏性能，实现高清播放和网络功能的完美结合。

联芯科技有限公司开发的双核A9 TD智能终端基带芯片，采用40纳米低功耗SoC设计，主频达到1.2GHz，具备3D处理能力，最大可输出1 080p画质，在国内TD智能终端机芯片领域处于领先水平。

苏州瀚瑞微电子有限公司开发的Tango Core电容式触控芯片，内置32位MCU、3KB SRAM和64KB Flash存储空间，支持12C系统接口，提供48条扫描线，可支持真实5指触控应用，具有高报点率、高流畅性、低功耗特性。

杭州中天微系统有限公司开发的C-SKY系列国产嵌入式CPU，采用国产自主创新的嵌入式CPU指令系统、CPU体系结构设计、逻辑设计与验证、IP硬核实现技术等，已申请或获得发明专利45项。

杭州国芯科技股份有限公司开发的直播卫星“户户通”双模芯片方案，支持卫星信息服务、ABS-S与CTTB信道节目搜索及NDS高级安全加密节目播放、GPS定位系统、语音通话等扩展功能，以及直播卫星远程软件升级等。

集成电路制造技术 中芯国际集成电路制造（上海）有限公司开发了65纳米NOR型闪存产品成套工艺，包括两次浅沟槽新工艺的研究开发、自对准浮栅工艺的开发与研究及良率提升、氮化硅掩模层去除的工艺优化、新型的绝缘隔离层工艺的研究，并形成多项自主知识产权。

上海华虹NEC电子有限公司开发了0.18/0.13微米锗硅BiCMOS成套工艺技术，实现了多样性的射频工艺平台，包括0.18微米RF CMOS、0.13微米SiGe HBT、0.18微米SiGe BiCMOS以及0.13微米SiGe BiCMOS等，分别应用于无线通信、导航、光通信等不同领域。

无锡华润上华半导体有限公司开发了用于智能功率集成的SOI工艺技术，含深槽隔离技术、无栓锁能力工艺技术、深槽刻蚀技术、多晶回填及平坦化技术、后段金属互联使用CMP平坦化技术、集成低压CMOS工艺等，实现了芯片高电压大电流驱动能力。

集成电路封装与测试技术 江苏长电科技股份有限公司开发了应用于RF PA模块产品的MIS封装技术。MIS类新工艺框架带的开发成功实现了对原有LGA类基板的替代，可提高产品性能，降低封装成本，增强市场竞争力。

南通富士通微电子股份有限公司开发了高可靠WLP（WLCSP）封装技术及高可靠性产品，包括小间距再布线工艺、铜柱凸点技术、超窄节距技术、小球植球工艺、液态树脂印刷技术等。

天水华天科技股份有限公司开发的多圈V/UQFN封装技术，包括芯片减薄，多层薄片上芯与焊盘的铜线键合，多圈排列、超薄厚度封装等关键技术，具备无引脚、贴装占有面积小、安装高度低等特点。

重大工程与重点项目

2012年，中国集成电路行业多项重点工程进展顺利，产业资源整合持续开展。2月，展讯通信（上海）有限公司宣布收购在WiFi芯片技术和三网融合领域具有自主知识产权技术的成都穿越电子有限公司。3月，锐迪科微电子有限公司以4 600万美元收购互芯集成电路（深圳）有限公司及其附属公司的所有基带芯片知识产权；韩国三星宣布一期投资70亿美元的存储芯片项目正式落户西安高新区，该项目于9月正式开工建设。6月，中芯国际集成电路制造有限公司与北京相关机构签约，联合投资72亿美元在北京经济技术开发区建设两条月产能各为3.5万片、技术水平为40-28纳米的12英寸集成电路生产线；浪潮集成电路产业园正式奠基，规划投资50亿元，项目建成后预计将年产6亿片高端芯片。

国际合作与进出口贸易

进口方面，得益于国内持续增长的市场需求，2012年，中国集成电路进口在全球市场不景气的情况下实现逆势增长。根据海关进出口统计数据，中国集成电路产品全年进口量为2 418.2亿片，同比增长12.9%；进口金额1 920.6亿美元，同比增长12.8%。处理器及控制器、存储器仍是进口量排名前两位的产品，进口量分别为919.7亿片及256.1亿片，占全部进口量的38.0%和10.6%。

出口方面，2012年，中国集成电路产品出口量和出口额大幅增长，分别为1 182.1亿块和534.3亿美元，同比分别增长30.7%和64.0%。出口增速高于进口增速的原因主要有：中国集成电路产业整体竞争能力不断提升，中高端产品比重有所增加；几个主要外资企业在建项目产能不断扩大；产品进口转出口的模式也在一定程度上带来较大的出口规模。

主要企业发展情况

展讯通信（上海）有限公司 该公司2012年在移动智能终端SoC芯片市场表现抢眼，其参与承担的“TD-SCDMA关键工程技术研究及产业化应用项目”获得2012年国家科学技术进步一等奖。其全年芯片出货量约2.6亿套片，跻身全球前四大手机基带芯片供应商；销售收入43.8亿元，进入全球前二十大集成电路设计企业。

中芯国际集成电路制造有限公司 该公司40纳米工艺产品已实现量产，2012年实现销售收入106.8亿元并盈利，位列全球第五大芯片代工企业，已启动北京二期32/28纳米生产线建设项目。

江苏长电科技股份有限公司 该公司在先进封装技术方面持续突破，成功开发MIS封装技术并实现应用，产品性价比大幅提高，2012年销售收入66.5亿元，进入全球前十大封装测试企业。

政策与法规

2012年，《国务院关于印发进一步鼓励软件产业和集成电路产业发展若干政策的通知》（国发[2011] 4号）的多项实施细则陆续出台。4月，财政部、国家税务总局发布《关于进一步鼓励软件产业和集成电路产业发展企业所得税政策的通知》（财税[2012] 27号），明确了对符合条件的集成电路企业给予所得税优惠政策；8月，国家发展改革委联合工业和信息化部等部门发布《国家规划布局内重点软件企业和集成电路设计企业认定管理试行办法》（发改高技[2012] 2413号），并开展了首次国家规划布局内集成电路设计企业认定工作。中国集成电路产业发展的政策环境进一步完善。

市场分析与预测

受全球经济增长乏力、市场低迷等多种因素影响，2012年，中国集成电路市场增速进一步放缓，较2011年增长6.1%，市场规模为8 558.6亿元，增速高于全球集成电路市场。

从市场应用结构看，计算机、通信和消费电子仍然是中国集成电路市场最主要的应用领域，三者合计占整体市场87.2%的份额。从市场增速看，得益于智能手机和平板电脑等移动智能终端的快速发展，网络通信领域成为引领中国集成电路市场增长的首要细分市场。全球计算机产销量下滑直接导致中国计算机领域集成电路市场的增速放缓，2012年，计算机类集成电路市场份额下滑至42.7%，其市场增速仅为1.2%。在产品结构方面，处理器、存储器、标准集成电路（ASSPs）、模拟电路是前四大需求产品，市场份额分别为22.1%、20.2%、18.3%和16.0%。

展望未来，全球集成电路产业将进入“后摩尔时代”，技术创新层出不穷，通过3D制造、3D封装、高K介质等新结构、新工艺、新材料的创新与应用，集成电路技术将不断突破物理极限。通过与软件和系统的协同创新，集成电路产业生态也将发生一系列重大变化，中国集成电路产业面临转型和整合的挑战。随着全球经济形势的好转，中国电子整机产品需求有望大幅增加。在信息消费带动下，以智能手机、平板电脑为代表的移动智能终端将继续保持快速增长。传统计算机领域的市场规模将逐步缩减，汽车电子随着人均拥有汽车数量的增加，市场增速有望逐步上升。工业控制和网络通信仍将是未来潜力较大的市场增长点。此外，随着金融卡芯片化迁移工作的推进，各大银行金融IC卡发卡和替换工作将在2013年进入快速增长阶段，IC卡类集成电路市场前景广阔。在医疗电子、安防电子及各行业信息化建设的带动下，应用于这些行业的集成电路产品所占市场比重将会越来越大。

综上，预计2013年中国集成电路产业销售收入仍将保持两位数的增长，规模将超过2 400亿元。从中长期看，中国集成电路产业将保持持续快速增长的势头。

存在问题

一是产品自主供应不足，产业对外依存度高。中国集成电路产业规模与市场规模差距很大，面对规模为8 558.6亿元的国内市场，中国自主芯片只能满足国内市场5.3%的需求，绝大部分核心芯片仍需进口。产业对外依存度高，集成电路已连续多年成为中国第一大宗进口商品。核心技术、关键设备受制于人的局面短期内难以改变，国内企业的抗风险能力和核心竞争力亟待提升。

二是产业价值链整合能力不强，芯片与整机联动机制尚未形成。目前，国内企业生产的家电、电脑、手机等终端产品采用国产芯片的比重仍然较低，国内整机企业与芯片设计企业尚未形成良好的互动机制，这既影响中国电子信息产业持续健康发展，也不利于中国集成电路产业结构调整和核心竞争力提升。

三是技术更新换代速度加快，国内企业难以跟上产业发展步伐。全球集成电路技术正朝着晶圆尺寸进一步扩展、3D制造、3D封装、工艺线宽进一步缩小等方向发展，基本器件结构和制造工艺都将发生根本性改变，目前国际量产的先进工艺已达22纳米，集成电路技术更新换代速度加快，产业生态也将发生一系列重大变化。资金、技术、人才高度密集带来的挑战愈发严峻。

【统计数据】

表1 2007—2012年中国集成电路产业主要经济指标情况

项目	单位	2007年	2008年	2009年	2010年	2011年	2012年
集成电路产量	亿块	411.7	417.4	414.4	652.5	719.6	823.1
集成电路产业销售额	亿元	1 251.3	1 246.8	1 109.1	1 440.2	1 933.7	2 158.5
集成电路产业销售额增长率	%	24.3	−0.4	−11.0	29.8	34.3	11.6
其中：设计业销售额	亿元	225.7	235.2	269.9	363.9	526.4	621.7
设计业增长率	%	21.2	4.2	14.8	34.8	44.7	18.1
制造业销售额	亿元	397.9	392.7	341.1	447.1	431.6	501.1
制造业增长率	%	23.0	−1.3	−13.1	31.1	−3.5	16.1
封装测试业销售额	亿元	627.7	618.9	498.2	629.2	975.7	1 035.7
封装测试业增长率	%	26.4	−1.4	−19.5	26.3	55.1	6.1
产业占电子信息产品制造业比重	%	2.5	2.0	2.0	1.8	2.6	2.5
产业占世界集成电路市场比重	%	7.5	8.5	8.5	8.6	9.8	14.4

表2 2012年中国排名前10的集成电路设计企业销售额情况

排序	企业名称	销售额（亿元）	排序	企业名称	销售额（亿元）
1	深圳市海思半导体有限公司	74.2	6	格科微电子（上海）有限公司	11.8
2	展讯通信有限公司	43.8	7	联芯科技有限公司	11.7
3	锐迪科微电子（上海）有限公司	24.6*	8	深圳市国微科技有限公司	11.2
4	中国华大集成电路设计集团有限公司	16.1	9	北京中星微电子有限公司	11.0
5	杭州士兰微电子股份有限公司	12.6	10	北京中电华大电子设计有限责任公司	9.4

表 3　2012 年中国排名前 10 的集成电路及分立器件制造企业销售额情况

排序	企业名称	销售额（亿元）	排序	企业名称	销售额（亿元）
1	SK 海力士半导体（中国）有限公司	137.8	6	天津中环半导体股份有限公司	25.4
2	英特尔半导体（大连）有限公司	125.6*	7	上海华虹 NEC 电子有限公司	23.5
3	中芯国际集成电路制造有限公司	106.8	9	和舰科技（苏州）有限公司	13.5*
4	华润微电子有限公司	35.2	8	上海宏力半导体制造有限公司	12.5
5	台积电（中国）有限公司	34.2	10	吉林华微电子股份有限公司	10.6

表 4　2012 年中国排名前 10 的芯片封装测试企业销售额情况

排序	企业名称	销售额（亿元）	排序	企业名称	销售额（亿元）
1	英特尔产品（成都）有限公司	188.4*	6	海太半导体（无锡）有限公司	33.9
2	江苏新潮科技集团有限公司	66.5	7	上海松下半导体有限公司	33.7
3	飞思卡尔半导体（中国）有限公司	64.9	8	三星电子（苏州）半导体有限公司	23.7
4	威讯联合半导体（北京）有限公司	45	9	瑞萨半导体（北京）有限公司	23.2
5	南通华达微电子集团有限公司	41.3	10	英飞凌科技（无锡）有限公司	23

注：表 1—表 4 数据来源于中国半导体行业协会，带 * 者为协会预估数据。

表 5　2007—2012 年中国集成电路产品进出口额情况

项目名称	单位	2007 年	2008 年	2009 年	2010 年	2011 年	2012 年
进口额	亿美元	1 284.0	1 292.6	1 199.0	1 569.9	1 702.0	1 920.6
增长率	%	21.7	0.7	–7.2	30.9	8.4	12.8
出口额	亿美元	238.6	243.2	233.0	292.5	325.7	534.3
增长率	%	17.7	1.9	–4.2	25.5	11.4	64.0

注：数据来源于海关总署。

[撰稿：任爱光　审稿：彭红兵]

真空电子器件工业行业

【综述】

2012年，中国真空电子器件行业已完成彩管产业的产品结构调整与企业转型，新产品经济效益初步显现。传统真空电子器件如微波管、发射管、离子管、收讯放大管等保持较平稳发展。高性能微波器件持续研发，不仅在国防尖端领域占有重要地位，也在国民经济各个领域发挥了巨大作用。电子束管中的彩色显像管、计算机显示管及其配套件已经衰退，但光电倍增管、摄像管、光电图像显示管以及真空光电器件增长较快。真空开关管及其配套件的生产完成了“十二五”规划预期目标，但增速开始放缓。

2012年，真空电子器件行业企业结构总体变化较大，真空开关管和真空电子器件企业相对稳定。据中国真空电子行业协会统计，现有会员单位73家，其中研究所4家：中国电子科技集团公司第12研究所、中国电子科技集团公司第55研究所、中国科学院电子学研究所和安徽芜湖电真空研究所。现有从业人员54 700人，同比减少13.5%，其中，技术人员9 729人，同比减少12.4%；管理人员6 041人，同比减少12.6%；工人38 930人，同比减少13.8%。

全年全行业完成工业总产值611.5亿元，同比增长0.1%；实现销售收入598.4亿元，同比减少0.1%；利润总额19.3亿元，同比减少13.5%；税金总额8.2亿元，同比增长6.5%。

生产与销售

2012年，受电子管和真空光电器件产量大幅减少影响，真空电子器件产销量总体减幅较大，其中，产量3 572 009万只，同比减少56.8%；销量3 570 779万只，同比减少56.5%，产销率近100%。电光源总产量407 994万只，同比减少5.6%；销量389 160万只，同比减少8.2%，产销率95.4%。

真空电子管 2012年，真空电子管产量108 799万只，同比减少54.3%；销量106 016万只，同比减少50.7%，产销率97.4%。其中，收讯放大管产量10 181万只，同比增长657.5%；销量10 181万只，同比增长686.2%，其中出口9 574万只，占销量的94%，产销率100%。该产品主要用于高档音响系统，除满足国内市场需求外，还大量出口国际市场。用于广播电台、电视台以及高频介质加热的发射管产量42 661万只，同比减少70.9%；销量41 764万只，同比减少69.1%，产销率97.9%。超高频管产量14 485万只，同比减少62.9%；销量14 091万只，同比减少52.0%，产销率97.3%。稳定管产量10 745万只，同比减少50.8%；销量10 748万只，同比减少50.8%，产销率100%。离子管产量30 727万只，同比增长4.0%；销量29 232万只，同比增长6.1%，产销率95.1%。

电子束管 2012年，中国彩色显像管大幅度衰退，彩色显示管已基本停产，但光电倍增管、摄像管和光电图像显示管增长较快。彩色显像管（CPT）产量190万只，同比减少78.0%；销量170万只，同比减少81.2%，产销率89.5%。彩管玻壳产量1 035万套，同比增长32.4%，销量1 127万套，同比增长43.6%，产销率108.9%。彩管荫罩产量5 263万片，同比增长37.9%，销量5 262万片，同比增长38.5%，产销率近100%。

2012年，彩管及其配套企业已完成企业转型，在维持现有彩管市场供应的同时，一些新建项目已初见成效，部分企业转亏为盈。彩虹集团公司实现销售收入2.49亿元，其中，新产品收入1.21亿元，占其总收入的48%；生产销售彩管89.27万只，同比下降63%。在国内彩管市场急剧萎缩情况下，该公司连续生产11个月，在消化完彩管库存材料及配套件后，于2012年11月末关闭了全部彩管生产线。目前，国内还有深圳三星和东莞汤姆逊两家企业仍在凭借国外市场坚持彩管经营业务。河南安彩高科有限责任公司实现销售收入13.6亿元，其中，新产品收入占98.6%；彩管玻壳根据需求订单实行定量生产，年收入1 917万元，占总收入的1.4%。

南京网板公司和烟台正海网板公司在以新品为主业的同时，也按国内外市场需求订单定量生产销售彩管网板，全年产销量有所增长。

2012年，光电倍增管产量40 917万只，同比增长34.0%，销量40 921万只，同比增长34.9%，产销率100%。摄像管产量2 015万只，同比增长39.3%，销量2 010万只，同比增长39.0%，产销率99.8%。光电图像显示管产量73 479万只，同比增长67.8%，销量72 798万只，同比增长71.1%，产销率99.1%。随着彩色显像管的衰落，其他用途的电子束光电器件快速发展。2012年，电子束管总产量116 601万只，同比增长52.1%，销量115 899万只，同比增长54.1%，产销率99.4%。

真空开关管 2012年，真空开关管发展速度开始放缓，全年产量12 250万只，同比减少40.4%，销量11 754万只，同比减少35.5%，产销率96.0%。生产中、高压真空开关管的外资和中外合资企业包括德国西门子、美国诺顿、厦门阿尔法、ABB和东芝白云（锦州）真空开关管有限公司。规模较大的内资企业有陕西宝光电器股份有限公司，全年产量54.9万只，同比增长18.7%；销量52.8万只，同比增长13.8%；出口国际市场收入1 327万美元，同比增长68.6%。武汉飞特电子有限公司产量29万只，与上年持平；销量33.3万只，同比增长12.5%。成都旭光电子股份有限公司，产量29.6万只，同比增长4.6%；销量25.2万只，同比增长4.1%。中国振华集团宇光电器有限公司，产量25.5万只，同比减少5.9%；销量20.0万只，同比减少14.2%。在低压真空开关管生产企业中，昆山国力电子有限公司、温州星光电子有限公司和安徽宿州电光有限公司的生产规模较大，完全能够满足市场需求。

为真空开关管配套的瓷壳生产企业主要有广东大埔特种陶瓷有限公司、锦州金属陶瓷有限公司、湖南湘瓷瓷业有限公司和北京路星宏达电子科技有限公司等。为行业配套的触头材料生产企业主要是陕西斯瑞工业有限责任公司，其触头配套能力占国内市场70%，还有批量出口。此外，还包括西安洁天电气有限责任公司、辽宁金力源新材料有限公司和焦作杰瑞真空电气有限公司等企业。

目前，国家电网使用的真空开关管在40.5kV以下已得到广泛应用。2012年，真空开关管及其配套企业在中国真空电子行业协会无源真空器件分会主持下，积极推动126kV高压真空开关管的研发，推进环境友好型产品加快产业化。陕西宝光电器股份有限公司和中国振华宇光电器公司已研制出126kV开关管供给整机试用；北京京东方电器有限公司也研制出126kV和72.5kV的真空开关管供给整机试用，并有部分出口国际市场。

真空光电器件 2012年，真空光电器件产量3 334 358万只，同比减少58.0%；销量3 337 110万只，同比减少57.7%，产销率100.1%。其中，发光器件产量2 961 637万只，同比减少60.0%；销量2 962 282万只，同比减少60.1%，产销率100%。光敏器件产量89 025万只，同比减少81.6%；销量88 273万只，同比减少78.8%，产销率99.2%。光电藕合器件产量274 559万只，同比增长506.2%；销量277 521万只，同比增长510.3%，产销率101.1%。X-射线管产量9 137万只，同比增长2 376.2%；销量9 034万只，同比增长2 459.2%，产销率98.9%。该类产品在工业探伤和安全检测等领域发展较快。

电光源 2012年，电光源产量407 994万只，同比减少5.6%；销量389 160万只，同比减少8.2%，产销率95.4%。其中，白炽灯产量35 796万只，同比增长204.4%；销量35 215万只，同比增长227.5%，产销率98.4%。荧光灯产量282 486万只，同比增长35.5%；销量266 534万只，同比增长31.4%，产销率94.4%。卤钨灯产量85 211万只，同比增长15.0%；销量82 980万只，同比增长14.4%，产销率97.4%。气体放电灯产量2 939万只，同比减少97.8%；销量2 903万只，同比减少97.8%，产销率98.8%。汞蒸汽灯产量1 492万只，同比减少57.2%；销量1 458万只，同比减少57.7%，产销率97.7%。钠蒸汽灯产量70万只，同比减少86.3%；销量70万只，同比减少86.0%，产销率100%。随着城市建设与农村城镇化的发展，白炽灯和荧光灯的产销量大幅增长，其他特种用途的电光源则随着LED固体光源的发展有所下降。

科研与新产品

真空电子行业科研与新品开发主要集中在超高频管、真空开关管和电光源领域。2012年，通过省部级鉴定项目53项，与上年持平。为了研制高能加速器所需的大功率速调管，中国科学院高能物理所与湖北汉光科技股份有限公司合作在该公司建立院士工作站，在大功率速调管、加速器与高功率微波等领域进行深入合作与开发，积极参与国际竞争，2012 年鉴定的“418A（65MW）大功率速调管”项目获得湖北省科技进步三等奖。

真空开关管的新品研制与开发工作主要由西安交通大学、西安高压电器研究所与各相关企业承担。2012 年，通过省部级鉴定项目 45 项，其中，陕西宝光电器股份有限公司有 14 项。除开发高电压、大电流、节能环保的新产品外，还包括工艺创新。中国振华集团宇光电工有限公司通过省部级鉴定的“40.5kV 固封极柱用真空开关管的研发与应用”项目，就是通过工艺创新，改进陶瓷外壳生产技术，提高了产品生产效能，降低了成本，具有较高的性价比和市场竞争优势。中国电子科技集团公司第 55 研究所、芜湖电真空研究所、东南大学和华东电子集团公司等单位主要从事真空光电器件和光电显示器件的研究与新品开发，产品除满足市场需求外，还涉及国防建设急需的真空光电器件。电光源行业 2012 年通过省部级鉴定项目 8 项，其中 5 项达到国际先进、国内领先水平。

国际合作与对外贸易

2012 年，彩色显像管（CPT）进口量 118 万只，同比减少 53.8%；进口额 2 465.8 万美元，同比减少 66.4%；出口量 548.8 万只，同比减少 1.7%；出口额 19 315 万美元，同比增长 6.8%，在出口量减少的同时，出口创汇金额有所增长。

2012 年，彩色显示管（CDT）已在中国市场消失，全年进出口为零。其他真空电子产品出口量较大的包括：收讯放大管 9 574 万只，电子束光电器件 42 581 万只，真空发光器件 1 040 554 万只，真空光敏器件 3 392 万只，光电耦合器件 46 925 万只以及其他真空光电子器件 5 207 万只；此外还出口电光源 33 319 万只，其中荧光灯 30 751 万只。

【统计数据】

表 1　2012 年中国电子真空器件企业与人员构成情况

项目名称	企业数（家）	人员构成（人）			
		年末从业人员总数	技术人员	管理人员	工人
彩色显示器件及其配套	10	22 395	3 322	2 269	16 804
无源真空器件及其配套	37	12 444	1 688	1 624	9 132
真空光电器件及其配套	8	9 471	2 326	1 307	5 838
真空电子器件及其配套	18	10 390	2 393	841	7 156
合计	73	54 700	9 729	6 041	38 930

注：数据来源于中国真空电子行业协会。

表 2　2010—2012 年中国真空电子行业主要经济指标完成情况

单位：亿元

项目名称	2010 年	增长率（%）	2011 年	增长率（%）	2012 年	增长率（%）
工业总产值	518.7	32.6	611.0	17.8	611.5	0.1
销售收入	490.8	21.4	599.0	22.1	598.4	-0.1
利润总额	16.9		22.3	32.0	19.3	-13.5
税金总额	7.6	19.4	7.7	0.5	8.2	6.5

表 3　2010—2012 年中国真空电子器件产销量情况

单位：万只

产品名称	2010 年		2011 年				2012 年			
	产量	销量	产量	增长率 (%)	销量	增长率 (%)	产量	增长率 (%)	销量	增长率 (%)
电子管	733 093	687 449	238 200	-67.5	215 232	-68.7	108 799	-54.3	106 016	-50.7
其中：收讯放大管	503 568	469 853	1 344	-99.7	1 295	-99.7	10 181	657.5	10 181	686.2
发射管	9 852	8 950	146 478	1 386.8	135 173	1 410.3	42 661	-70.9	41 764	-69.1
超高频管	113 795	112 763	39 012	-65.7	29 364	-74.0	14 485	-62.9	14 091	-52.0
稳定管	42 565	38 371	21 828	-48.7	21 855	-43.0	10 745	-50.8	10 748	-50.8
离子管	63 313	57 512	29 538	-53.3	27 545	-52.1	30 727	4.0	29 232	6.1
电子束管	5 608 930	5 596 866	76 642	-98.6	75 232	-98.7	116 601	52.1	115 899	54.1
其中：彩色显像管	1 990	1 980	863	-56.6	906	-54.2	190	-78.0	170	-81.2
光电倍增管	412	412	30 537	7 311.9	30 345	7 265.3	40 917	34.0	40 921	34.9
摄像管	835	814	1 446	73.2	1 446	77.6	2 015	39.3	2 010	39.0
光电图像显示管	5 605 693	5 593 660	43 796	-99.2	42 535	-99.2	73 479	67.8	72 798	71.1
真空开关管	2 274	2 252	20 561	804.2	18 226	709.3	12 250	-40.4	11 754	-35.5
真空光电器件	268 696	246 084	7 938 295	2 854.4	7 891 141	3 106.7	3 334 358	-58.0	3 337 110	-57.7
其中：发光器件	218 159	196 215	7 408 976	3 296.1	7 428 172	3 685.7	2 961 637	-60.0	2 962 282	-60.1
光敏器件	26 973	26 284	483 661	1 693.1	417 146	1 487.1	89 025	-81.6	88 273	-78.8
光电耦合器件	23 561	23 582	45 289	92.2	45 470	92.8	274 559	506.2	277 521	510.3
X-射线管	3	3	369	12 200.0	353	11 666.7	9 137	2 376.2	9 034	2 459.2
电光源	1 532 851	1 521 246	432 054	-71.8	423 697	-72.1	407 994	-5.6	389 160	-8.2
其中：白炽灯	59 059	58 417	11 760	-80.1	10 753	-81.6	35 796	204.4	35 215	227.5
荧光灯	928 952	923 832	208 488	-77.6	202 788	-78.0	282 486	35.5	266 534	31.4
卤钨灯	37 601	37 549	74 088	97.0	72 510	93.1	85 211	15.0	82 980	14.4
气体放电灯	502 667	496 721	133 725	-73.4	133 702	-73.1	2 939	-97.8	2 903	-97.8
汞蒸汽灯	4 538	4 694	3 482	-23.3	3 444	-26.6	1 492	-57.2	1 458	-57.7
钠蒸汽灯	34	33	511	1 402.9	500	1 415.2	70	-86.3	70	-86.0

表 4　2010—2012 年中国真空电子行业产品进出口数量情况

单位：万只

产品名称	2010 年		2011 年				2012 年			
	进口量	出口量	进口量	增长率 (%)	出口量	增长率 (%)	进口量	增长率 (%)	出口量	增长率 (%)
彩色显像管	355.1	778.4	255.5	-28.0	558.5	-28.3	118	-53.8	548.8	-1.7
彩色显示管	0.7	401.5	1.4	100.0	107.0	-73.3				

表5 2010—2012年中国真空电子行业产品进出口额情况

单位：万美元

产品名称	2010年		2011年				2012年			
	进口额	出口额	进口额	增长率(%)	出口额	增长率(%)	进口额	增长率(%)	出口额	增长率(%)
彩色显像管	11 284	24 830	7 335.1	-35.0	18 093	-27.1	2 465.8	-66.4	19 315	6.8
彩色显示管	46	194	78.0	69.6	925.1	376.9				

注：表2—表5数据来源于《中国电子信息产业统计年鉴》。

[撰稿：尹泉 审稿：李庆和]

电子元件工业行业

【综述】

2012年，中国电子元件行业整体发展健康、有序，产业结构调整步伐加快。电子元件在国民经济各行业以及国防装备、宇航等高新技术领域的作用进一步增强。

生产与销售

2012年，中国电子元件制造业整体保持平稳增长态势。据中国电子元件行业协会对规模以上企业的统计，全年完成销售收入14 400亿元，同比增长7%；实现利润总额792亿元，同比增长9.7%；出口额694亿美元，同比增长9.2%。

根据2012年的企业经营数据，中国电子元件行业协会发布了第26届电子元件百强企业排名。本届百强企业主营业务收入合计1 781亿元，同比增长13.4%；实现利润合计143亿元，同比增长8.3%；出口额合计77.6亿美元，同比增长11.8%。

本届百强企业的核准方法在上年基础上进行了较大幅度调整，更加注重企业在电子元件领域的实际经营情况，提高了百强的含金量。位居本届百强前3名的企业是：亨通集团有限公司、中天科技集团有限公司和富通集团有限公司，其中，亨通集团有限公司连续五年位居榜首。

百强企业中，主营业务收入超10亿元的企业共43家，比上届增加1家；超50亿元的企业10家，比上届增加2家；超100亿元的企业4家，比上届增加2家，分别是：亨通集团有限公司、中天科技集团有限公司、富通集团有限公司、浙江富春江通信集团有限公司。

百强企业中，96家企业有出口业务，出口额约占主营业务收入总额的26%，其中出口额超1亿美元的企业19家。歌尔声学股份有限公司以8.92亿美元居首位。

百强企业中，2012年共有85家企业获得专利授权，比上届增加4家。获得授权的各类专利总数为2 067项，其中发明专利545项，分别比上届增加682项和329项。

科研与新产品

2012年，电子元件行业获工业和信息化部信息产业重大技术发明1项，由清华大学与深圳顺络电子股份有限公司共同完成的“低温共烧陶瓷（LTCC）关键材料、工艺技术及器件设计”获评入选。获中国电子学会电子信息科学技术奖7项。其中，长飞光纤光缆有限公司“PCVD+RIC制备宽带网络用新型单模光纤关键技术与应用”获一等奖，电子科技大学“小型化抗EMI磁芯及器件”、贵州航天电器股份有限公司“高速数据传输连接器”获二等奖，广东风华高新科技股份有限公司“新一代移动通信超小型厚膜片式电阻器研制和产业化”、宜宾金川电子有限责任公司“Y32H-5，Y33H-5永磁铁氧体材料”、江苏通鼎光电股份有限公司“分布式光纤传感定位系统”、西安中星测控有限公司“带定位功能的人体跌倒检测报警装置”获三等奖。

年内，横店集团联宜电机有限公司入选由国家科技部、国务院国有资产监督管理委员会、中华全国总工会发布的第四批创新型试点企业名单；中天科技集团公司、中山大洋电机股份有限公司入选第五批开展创新型企业试点工作的企业名单。

对外贸易与国际合作

进出口贸易 2012年，电子元件14大类产品进出口贸易总额为1 294.23亿美元，同比增长6.0%。其中，出口额694.15亿美元，同比增长9.2%，进口额600.08亿美元，同比增长2.6%。

在14大类产品中，出口额居前五位的分别是：印制电路板、电声器件、电接插元件、光电线缆和电池。5大类产品出口额合计499.38亿美元，占电子元件出口总额的71.9%。进口额居前五位的分别是：印制电路板、电接插元件、电容器、电池和光电线缆。5大类产品进口额合计424.94亿美元，占电子元件进口总额的70.8%。

全年电子元件进出口贸易实现顺差94.07亿美元。其中，贸易顺差居前三位的大类产品分别是：电声器件85.02亿美元，光电线缆46.59亿美元，电池27.08亿美元；贸易逆差居前三位的大类产品分别是：电容器47.69亿美元，电接插元件24.88亿美元，石英晶体器件16.17亿美元。

2012年，受国际市场需求放缓的影响，电子元件进出口贸易增速放缓，贸易总额、出口额和进口额增速分别比上年下降8.5个、9.3个和7.9个百分点。

电子元件14大类产品中，进出口贸易额同比负增长的有5类，分别是磁性材料与器件（-13.2%）、电池（-5.2%）、石英晶体器件（-1.3%）、电阻电位器（-1.3%）、电控制元件（-0.3%）。出口额同比负增长的有2类，分别是：磁性材料与器件（-17.6%）、电子变压器（-0.2%）。

国际合作 2012年，电子元件行业举办的大型展览会和研讨会包括：第二十一届中国国际电子电路展览会、第十七届中国（国际）小电机技术研讨会暨展览会、第九届中国铝电解电容器市场与发展国际研讨会等。

【统计数据】

表1 2010—2012年中国电子元件产品进出口情况

单位：万美元

产品名称	2010年		2011年		2012年			
	出口额	进口额	出口额	进口额	出口额	增长率(%)	进口额	增长率(%)
合计	5 349 831	5 267 900	6 356 085	5 848 157	6 941 532	9.2	6 000 812	2.6
电容器	310 540	804 647	348 955	860 995	385 394	10.4	862 292	0.2
电阻电位器	118 265	199 218	127 874	214 731	131 518	2.8	206 700	-3.7
磁性材料与器件	156 489	72 898	386 456	112 307	318 498	-17.6	114 372	1.8
电感器件	204 516	234 494	230 484	277 364	237 010	2.8	312 145	12.5
电子变压器	177 360	93 002	177 343	90 657	176 975	-0.2	91 842	1.3
蜂鸣器	3 519	7 369	3 660	6 465	4 647	27.0	11 599	79.4
石英晶体器件	111 201	250 137	110 213	271 288	107 450	-2.5	269 123	-0.8
控制继电器	82 985	77 380	103 876	88 721	105 964	2.0	86 129	-2.9

续表

产品名称	2010 年		2011 年		2012 年			
	出口额	进口额	出口额	进口额	出口额	增长率（%）	进口额	增长率（%）
电接插元件	671 955	1 016 621	797 951	1 122 492	905 415	13.5	1 154 221	2.8
电声器件	826 099	229 696	983 132	262 624	1 192 376	21.3	342 139	30.3
微特电机	382 050	267 901	433 567	303 485	474 926	9.5	316 559	4.3
光电线缆	555 588	279 655	703 898	320 491	815 422	15.8	349 536	9.1
印制电路板	1 121 217	1 208 051	1 258 657	1 401 710	1 374 560	9.2	1 448 191	3.3
电池	628 047	526 830	690 017	514 827	706 263	2.4	435 449	–15.4

表 2　2013 年（第 26 届）中国电子元件百强企业

综合排名	企业名称	2012 年主营业务收入（千元）	主营产品
1	亨通集团有限公司	16 033 750	光电线缆
2	中天科技集团有限公司	12 651 564	光电线缆
3	富通集团有限公司	12 030 120	光电线缆
4	浙江富春江通信集团有限公司	10 611 268	光电线缆
5	瑞声科技控股有限公司	6 282 946	电声器件
6	歌尔声学股份有限公司	7 053 834	电声器件
7	长飞光纤光缆有限公司	7 814 457	光电线缆
8	广东生益科技股份有限公司	6 005 389	覆铜板
9	永鼎集团有限公司	8 373 205	光电线缆
10	潮州三环（集团）股份有限公司	2 082 730	陶瓷插芯、基座、阻容元件、陶瓷材料
11	横店集团东磁有限公司	5 087 388	磁性材料
12	厦门宏发电声股份有限公司	2 931 626	继电器
13	中航光电科技股份有限公司	2 203 478	连接器
14	杭州富生电器股份有限公司	2 580 570	微特电机
15	江苏俊知技术有限公司	2 230 555	光电线缆
16	立讯精密工业股份有限公司	3 147 202	连接器
17	中山大洋电机股份有限公司	2 205 858	微特电机
18	宁波科宁达工业有限公司	1 704 479	磁性材料
19	南通江海电容器（集团）股份有限公司	1 687 500	铝电解电容器

续表

综合排名	企业名称	2012 年主营业务收入（千元）	主营产品
20	汕头超声印制板公司	1 789 491	印制电路板
21	宁波云环电子集团有限公司	2 341 635	电接插件
22	浙江长城电子科技集团有限公司	3 134 610	电磁线
23	新疆众和股份有限公司	2 249 797	电极箔
24	四川九洲线缆有限责任公司	2 306 013	光电线缆
25	江苏中联科技集团有限公司	1 610 190	电极箔
26	厦门法拉电子股份有限公司	1 209 168	薄膜电容器
27	深圳市得润电子股份有限公司	1 553 937	连接器
28	东莞美维电路有限公司	1 546 684	印制电路板
29	贵州航天电器股份有限公司	1 068 849	连接器、继电器
30	国光电器股份有限公司	1 759 688	电声器件
31	深圳市崇达电路技术股份有限公司	1 076 842	印制电路板
32	上海京瓷电子有限公司	1 652 814	MLCC、基座、光器件
33	深圳新宙邦科技股份有限公司	661 194	电解液
34	广东风华高新科技股份有限公司	2 059 920	阻容感元件、电子材料等
35	浙江天乐集团有限公司	1 926 160	电声配件
36	开平依利安达电子有限公司	1 667 734	印制电路板
37	北京七星华电科技集团有限责任公司	1 514 320	电声器件、阻容元件、晶体器件等
38	湖南艾华集团股份有限公司	1 294 788	铝电解电容器
39	江苏华威世纪电子集团有限公司	1 269 944	铝电解电容器
40	安徽铜峰电子集团有限公司	1 197 094	薄膜电容器及薄膜、石英晶体器件
41	广东江粉磁材股份有限公司	1 063 491	磁性材料
42	东莞生益电子有限公司	1 095 411	印制电路板
43	江苏上骐集团有限公司	975 405	微特电机
44	浙江英洛华磁业有限公司	1 081 470	磁性材料
45	合兴集团有限公司	903 401	连接器
46	深圳顺络电子股份有限公司	744 934	电感器、LTCC 射频器件
47	东莞市大忠电子有限公司	682 610	电子变压器
48	天通控股股份有限公司	1 089 483	磁性材料
49	成都宏明电子股份有限公司	743 677	陶瓷电容器、电阻器等

续表

综合排名	企业名称	2012 年主营业务收入（千元）	主营产品
50	中国振华（集团）新云电子元器件有限责任公司	739 788	钽电解电容器
51	东莞铭普光磁股份有限公司	746 496	电子变压器
52	丰宾电子（深圳）有限公司	745 573	铝电解电容器
53	浙江万马天屹通信线缆有限公司	655 090	光电线缆
54	苏州福田金属有限公司	758 600	电解铜箔
55	南通万宝实业有限公司	627 884	磁性材料
56	普天法尔胜光通信有限公司	627 733	光电线缆
57	绵阳开元磁性材料有限公司	640 106	磁性材料
58	深圳市金洋电子股份有限公司	652 300	连接器
59	东莞市三友联众电器有限公司	637 667	继电器
60	深圳市和宏实业股份有限公司	506 101	电接插件
61	深圳市京泉华科技股份有限公司	621 564	电子变压器
62	依利安达（广州）电子有限公司	662 608	印制电路板
63	珠海格力新元电子有限公司	508 530	铝电解电容器
64	杭州日月电器股份有限公司	498 663	电接插件
65	汇港控股集团有限公司	493 120	继电器
66	陕西华达科技股份有限公司（853 厂）	495 890	连接器
67	深圳可立克科技股份有限公司	690 696	电子变压器
68	和林电子（深圳）有限公司	537 685	连接器
69	宁波碧彩实业有限公司	502 850	薄膜电容器
70	四川华丰企业集团有限公司	482 751	连接器
71	新岱电子（深圳）有限公司	366 850	印制电路板
72	山东共达电声股份有限公司	421 549	电声器件
73	杭州微光电子股份有限公司	298 724	微特电机
74	深圳市宇阳科技发展有限公司	544 011	MLCC
75	浙江凯文磁钢有限公司	436 680	磁性材料
76	临安奥星电子有限公司	451 950	电容器铝壳
77	海宁联丰磁业股份有限公司	385 908	磁性材料
78	福建火炬电子科技股份有限公司	261 258	MLCC
79	金龙控股集团有限公司	390 644	微特电机

续表

综合排名	企业名称	2012 年主营业务收入（千元）	主营产品
80	北京元六鸿远电子技术有限公司	289 462	MLCC
81	广东惠伦晶体科技股份有限公司	341 723	石英晶体器件
82	宁波福特继电器有限公司	325 340	继电器
83	扬州升达集团	440 669	电极箔
84	湖北泰晶电子科技股份有限公司	200 371	石英晶体器件
85	浙江永贵电器股份有限公司	157 906	连接器
86	汕头高新区松田实业有限公司	258 250	陶瓷电容器等
87	江苏江佳电子股份有限公司	270 478	陶瓷频率器件
88	深圳市海光电子有限公司	446 856	电子变压器
89	肇庆华锋电子铝箔股份有限公司	243 319	电极箔
90	江西联创宏声电子有限公司	313 666	电声器件
91	常州祥明电机有限公司	243 017	微特电机
92	浙江凯恩特种材料股份有限公司	452 709	电解纸
93	浙江东晶电子股份有限公司	281 615	石英晶体器件
94	浙江五峰电子有限公司	251 953	薄膜电容器
95	上海埃斯凯变压器有限公司	239 444	电子变压器
96	嘉兴佳利电子股份有限公司	192 661	微波介质器件
97	四川永星电子有限公司	162 883	电阻器
98	深圳市麦捷微电子科技股份有限公司	126 730	电感器、LTCC 射频器件
99	浙江嘉康电子股份有限公司	146 967	陶瓷频率器件
100	陕西华星电子集团有限公司	361 969	陶瓷电容器、压敏电阻器等

注：表 1—表 2 数据来源于中国电子元件行业协会。

[撰稿：邓雷　审稿：古群]

电子专用材料工业行业

【综述】

2012 年，中国电子专用材料行业发展水平总体落后于 2011 年，销售收入仅增长 3.5%，增幅较前几年大幅减少。特别是受美欧对中国光伏产品“双反”调查及相关贸易措施影响，上游多晶硅行业销售收入同比下滑 60.5%，大部分企业亏损，部分中小企业倒闭，电子信息材料全行业产品出口额下降 22.4%，与光伏电池组件配套的相关材料如导电浆料、焊带、化学品材料等也受到较大影响，这是导致全行业销售收入和出口下滑的主要原因。2012 年，中国半导体及平板显示器件市场规模分别增长 11.7%和 23%，由于电子材料在电子产品制造中既是功能材料又是耗材，因此，得益于国内平板显示器件、半导体集成电路和半导体照明等产业的发展，对电子材料的需求不断增加。与此同时，电子材料行业部分企业也在持续开展技术创新和技术升级，不断提高平板显示等产业国产材料的配套能力。

生产与销售

半导体材料 中国多晶硅产品以太阳能级多晶硅为主。2012 年，国内多晶硅企业全线亏损、经营困难，产业进入调整期。据统计，当年国内多晶硅行业总产能约 17 万吨，总产量 6.04 万吨，较 2011 年产量 8.4 万吨下滑 28.1%；销售额 87 亿元，较 2011 年下滑 60.5%。

从企业来看，2012 年，全国有三家多晶硅企业（江苏中能硅业科技发展有限公司、洛阳中硅高科技有限公司、大全新能源有限公司）产能超过一万吨。其中，江苏中能硅业科技发展有限公司产能 6.5 万吨，产量 3.7 万吨，占国内总产量的 61.3%；洛阳中硅高科技有限公司、大全新能源有限公司、亚洲硅业（青海）有限公司产量均在 4 000 吨左右。这四家企业产能占全国总产能近 60%，产量占全国总产量的 82%。

从市场占有率来看，中国已是世界上产能、产量最大的多晶硅生产国，但企业竞争力明显不足。2012 年，国内市场多晶硅需求总量约 14.2 万吨，同比基本持平；多晶硅进口量 8.28 万吨，比上年的 6.46 万吨增长 28.2%。国内多晶硅市场超过 50%被国外企业占领，本土企业市场占有率降至近四年来最低。

从产品价格来看，国内企业多晶硅实际产量远小于市场需求量，随着多晶硅价格持续下跌，企业生产运营日趋艰难，但多晶硅进口量却屡创新高。据海关统计，2012 年，中国多晶硅进口额 21.0 亿美元，比上年 38.0 亿美元下降 44.7%；多晶硅进口单价逐月递减，全年平均进口价格 25.3 美元/千克，比上年 58.8 美元/千克下跌 57.0%。国内 80%以上多晶硅企业的生产成本超过 25 美元/千克，至 2012 年底，国内市场现货价格为 16—20 美元/千克，国内在产多晶硅企业不足 10 家，停产、半停产企业超过 80%。

国内单晶硅及硅片企业产品的主要应用方向以太阳能电池为主。据统计，2012 年，中国单晶硅产量约 10 万吨，同比基本持平，其中电子级及区熔单晶硅产量 1 000 吨左右，同比略有下降。至 2012 年下半年，国内太阳能硅片生产企业约 80%停产。

半导体用硅片制造方面，国内在小尺寸（6 英寸以内）领域仍以自主供应为主。4—6 英寸硅片和外延片年均产量约 2.2 亿平方英寸，销售额约 39 亿元。集成电路用大尺寸 300mm 和 200mm（8 英寸、12 英寸）硅片以进口为主。在国家“十一五”、“02”科技重大专项支持下，北京有研半导体材料股份有限公司和浙江金瑞泓科技股份有限公司等企业通过自主技术创新实现了 8 英寸硅片销售零的突破，产品主要用于分立器件制造所需的重掺杂衬底片（抛光片）和重掺杂衬底外延片，虽然生产规模较小（月销售量约 4 万片），但国内硅片企业抓住分立器件设计公司从 150mm 向 200mm 生产线转移的机会，已进入 200mm 分立器件硅片市场。目前，国内企业在 300mm 硅片领域已具有一定研发能力，但尚无企业量产。200mm 硅片产量不及全球需求 1%，不及国内需求 10%。与国际大型半导体硅片公司相比，国内企业在生产规模和市场占有率等方面仍有较大差距。

平板显示材料 平板显示面板用的材料主要有基板玻璃、ITO 导电玻璃、液晶材料、偏光片、靶材及电子化学品材料。2012 年，国内液晶显示面板产量保持了 4%—5%的增速，并带动相关配套电子材料领域发展。

其中，基板玻璃的本地化生产取得较大进展，如咸阳彩虹集团公司、成都中光电科技有限公司等的 TFT-LCD 基板玻璃已向 5 代线面板厂提供厚度 0.5mm 的产品。ITO 导电玻璃产能近 3 000 万平方米，销量 2 500 万平方米，主要生产企业有深圳莱宝高科技股份有限公司、中国南玻集团股份有限公司、芜湖长信科技股份有限公司等。液晶单体材料受出口萎缩的影响，向德国、日本的出口量减少约 20%，主要生产企业有西安瑞联近代电子材料有限责任公司、西安彩晶光电科技股份有限公司、烟台万润精细化工股份有限公司等。TN、STN 混合液晶基本由国内企业生产，产量约 400 吨，占全球 80%以上。TFT-LCD 混合液晶产品主要依赖进口，近 90%产品来自德国、日本等国家，国内仅石家庄诚志永华显示材料有限公司、江苏和成显示科技股份有限公司以及北京八亿时空液晶科技股份有限公司等少数企业生产，产量约 10 吨。

偏光片材料方面，国内企业有深圳盛波光电科技有限公司、深圳三利谱光电材料科技股份公司、温州侨业经济开发有限公司、佛山纬达光电材料有限公司等。目前，本土偏光片产品以 TN/STN 用中小尺寸偏光片为主，深圳盛波光电科技有限公司已能够生产宽幅（1 490mm）TFT-LCD 用偏光片，但由于所用原材料（防眩膜、反射膜、保护膜等）还需从日本进口，2012 年产品还在认证试用中，产量不高。随着国内面板厂逐步投产，大尺寸偏光片的本土化具有良好发展机遇，这将推动大尺寸偏光片生产规模和技术水平的进一步提升。

靶材方面，国内主要生产企业有常州苏晶电子材料有限公司、宁波江丰电子材料有限公司等。常州苏晶电子材料有限公司主要生产 Mo、Al 等靶材产品，已向中国台湾中华映管股份有限公司、友达光电股份有限公司、奇美电子股份有限公司等面板企业供货，2012 年已通过北京京东方显示技术有限公司认证并提供小批量供货。宁波江丰电子材料有限公司目前具有铝靶产品的供货能力。

覆铜板材料 据统计，2012 年，中国覆铜板产量 45 139 万平方米，同比增长 13.3%；销量 42 317 万平方米，同比增长 10.6%，销售收入 356.5 亿元。

在市场价格方面，除挠性覆铜板略有增长外，其他覆铜板产品及商品半固化片的市场价格均有不同程度的降低。在出货率方面，除金属基覆铜板略有增长外，其他产品均有不同程度的降低，导致销售总收入几乎没有增长。在经济效益方面，覆铜板行业维持了 2011 年以来的下行趋势，中低档产品产能过剩问题突出，高附加值产品生产能力不足，仍大量依赖进口。目前，覆铜板行业结构调整正在进行，部分有实力的企业努力迎合智能电子产品对高档覆铜板产品的需求，一些台资企业开始将 IC 封装载板用覆铜板转向大陆工厂生产，部分企业的研发成果正逐步进入市场，这些都有望推动中国大陆覆铜板产品在中、高端市场占比的提升。2012 年，中国覆铜板进口量同比大幅降低（21.7%），高于出口量降低幅度（1%），且进口产品单价趋高，显示出中国高品质覆铜板产品市场占有率已得到一定提升。

电子铜箔材料 近两年国内电子铜箔实际需求量一直保持在 27—28 万吨之间。2012 年，国内电子铜箔产能达到 263 550 吨，比上年增长 13.26%；产量 183 563 吨，比上年的 190 435 吨减少 3.6%；产能利用率由上年的 82.7%降至 69.7%；销售量微增 0.46%，销售额 146.4 亿元，同比降低 4.7%。

在进出口方面，2012 年，中国电子铜箔出口 34 424 吨，同比增长 12.5%，达历史最高水平；出口额 3.6 亿美元，同比增长 5.9%，亦为历史最高水平。这表明国际市场对电子铜箔的需求仍在增长，国内企业具有开拓国际市场的较大潜力。年内，电子铜箔进口 13.3 万吨，同比增长 5.8%，进口额 16.6 亿美元，比上年减少 1.8%。贸易逆差 13 亿美元，比上年略有减少。

2012 年，国内铜箔行业总体状况比上年稍有好转，但产能过剩问题仍然突出，部分企业已开始设法进入 VLP、FCF、RTF、高档锂电池铜箔等高端产品市场，并通过广泛引进高端人才，加大研发创新投入，推进铜箔新产品、新技术的研究和开发，对现有装备进行升级改造，提高高附加值产品（极薄铜箔和厚铜箔产品）市场占有率等提升自身竞争力。同时，产品价格低至成本线以下造成全行业大面积亏损，各企业在加强铜箔生产的现场管理、提高品质、降低成本方面，也结合自身实际进行了各种有益的探索、改进和提升。

压电晶体材料 2012 年，中国压电晶体产业呈现前低后稳的发展态势，出口增速温和回升，全行业进出口贸易总额 36.65 亿美元，比上年略有下降，其中压电晶体出口额 2.2 亿美元，同比减少 40.5%，进口额 5.4 亿美元，同比减少 40.0%。石英晶体材料进口量 412.77 吨，同比下降 36%。

锡焊料材料 2012 年，国内原生精锡产量约 12.99 万吨，再生和回收精锡产量约 3.90 万吨，按海关总署统计净进口量约 4.97 万吨，三者合计即精锡总供应量为 21.86 万吨，比上年增加 20.1%。全年锡焊料产量 92 315 吨，是近年产量最低的一年，产销量同比下降 10.2%，其中，受出口下滑影响，无铅焊料产销量同比下滑 13.5%。锡粉和锡膏的产销量均比上年有不同程度的增长，这与当年手机及笔记本电脑的产量和出口量增加有关。全年国内锡焊料产销总量 10.96 万吨，按成分折算精锡量为 81 016 吨。锡焊料分会成员单位生产锡焊料（丝、条、粉等）消耗精锡总量 81 016 吨，约占全国精锡总供应量的 37.1%。

陶瓷材料 电子陶瓷材料主要包括圆片电容器用粉料和 MLCC 瓷粉。目前，中国国产圆片电容器用瓷粉规模较大的企业约 10 家，研究实力较强的院校 4—5 家。2012 年，国内企业圆片电容器用瓷粉产品销量约 5 000 吨，比上年下降近 15%，其代表厂家有昆山长丰电子材料有限公司、西安恒通电子陶瓷有限公司、厦门松元电子有限公司、北京七星飞行电子有限公司、成都宏明电子股份有限公司等。MLCC 瓷粉销量约 8 000 吨，与上年基本持平，部分企业销量增幅较大，代表企业有山东国瓷功能材料股份有限公司、广东风华高新科技股份有限公司、山东沂南同皓电子元件有限公司等。其中，山东国瓷功能材料股份有限公司 MLCC 瓷粉销量约 3 500 吨，比上年增长近 50%；沂南同皓电子元件有限公司销量降幅较大。

磁性材料 磁性材料分为软磁铁氧体、永磁铁氧体和稀土永磁等，广泛应用于通信、计算机、汽车电子、彩色电视机、消费电子产品和节能环保产品中。近年来，中国磁性材料生产企业加强技术创新，提高高端产品质量，预计 2015 年，中国高端技术产品市场占有率将达 65%以上。

软磁铁氧体材料方面，2012 年，国内从事软磁铁氧体材料生产的企业约 310 家（含镍锌和镁锌约 70 家）。大多数企业生产规模偏小，年产 1 000 吨以上的企业约 80 家。从国产产品性能、质量来看，软磁铁氧体中低档产品占国内市场 70%以上。2012 年，国内软磁铁氧体产能 45 万吨，产量约 38 万吨，同比增长 7%。

永磁铁氧体材料方面，中国是全球生产大国和制造中心，但产品以中低档为主，整体水平与国外先进水平尚有差距。2012 年，中国永磁铁氧体材料产量约 63 万吨，2011 年约 60 万吨，其中黏结永磁铁氧体约 8 万吨。

钕铁硼磁性材料方面，2012 年，国内市场需求约 9 万吨。由于稀土价格波动制约了应用市场需求，欧美经济不景气使中国钕铁硼磁性材料出口受到较大影响，加上内需不足，中国钕铁硼稀土永磁行业发展出现较大波动。

市场分析与预测

未来，中国电子信息材料行业面临的挑战包括：电子信息材料市场需求指向高品质、低价格产品；国外大企业垄断技术市场，国内用户全球采购，使国内市场对外依存度较高；国际贸易保护主义抬头，贸易摩擦增多，中国 WTO 贸易承诺（逐步实行零关税）对产业发展带来影响等。

面临的机遇包括：中国是全球最大的电子信息产品生产和消费市场；电子信息材料行业作为战略性新兴产业，是国家未来支持重点，有关部门将统筹利用多种资源支持行业发展；企业创新意识不断加强，产业结构调整和转型升级步伐加快等。

综上，加强技术创新和产业转型升级，提高行业发展综合竞争力，是推动中国电子信息材料行业持续健康发展的关键。

【统计数据】

表 1 2008—2012 年中国电子信息材料行业销售收入情况

项目名称	单位	2008 年	2009 年	2010 年	2011 年	2012 年
销售额	亿元	1 260	1 326	1 900	2 093	2 166
增长率	%	7.9	5.2	43.3	10.2	3.5

表 2　2010—2012 年中国电子信息材料行业产品销售收入情况

单位：亿元

产品名称	2010 年	2011 年	2012 年	2012 年增长率（%）	备注
多晶硅	218	220	87	–60.5	主要是太阳能电池用多晶硅
单晶硅	15.4	25.1	26.4	5.2	包括硅棒、硅片等
半导体封装材料	176	192.6	205.5	6.7	包括塑封料、引线框架、键合丝等
电子精细化工材料	195	225	280	24.4	包括光刻胶、电子高纯试剂、电子特气、导电浆料、特种树脂等
PCB 用覆铜板	342.5	327.5	356.5	8.9	包括刚性覆铜板、挠性覆铜板、半固化片等
电子铜箔	137.8	153.7	146.4	–4.7	包括 PCB、覆铜板用电解铜箔、压延铜箔
电子锡焊料	325	330	350	6.1	包括精锡，电子领域用焊条、焊膏、焊粉、焊球、助焊剂等
磁性材料	172	255	312	22.4	不含磁性材料器件
压电晶体材料及器件	120	133	129	–3.0	含压电晶体器件
光纤材料	65	78	98	25.6	包括光纤预制棒，单模、多模光纤
平板显示主要材料	85	99	118	19.2	包括玻璃基板、液晶、偏光片、化学品等
其他电子信息材料	48	54	57	5.6	包括真空电子与专用金属材料、电子陶瓷材料等
总计	1 900	2 093	2 166	3.5	

表 3　2011—2012 年中国电子信息材料产品进出口额情况

单位：亿美元

产品名称	进口			出口		
	2011 年	2012 年	增长率（%）	2011 年	2012 年	增长率（%）
多晶硅	38.0	21.0	–44.7			
单晶硅（包括硅锭、硅片）	10.2	1.4	–86.3	6.4	1.4	–78.1
PCB 用覆铜板材料	13.6	12.2	–10.3	9.3	9.0	–3.2
电子锡焊料	10.2	11.7	14.7	1.7	1.8	5.9
磁性材料	6.2	11.7	88.7	28.0	22.7	–18.9
压电晶体材料	9.0	5.4	–40.0	3.7	2.2	–40.5
PCB 用电子铜箔	16.9	16.6	–1.8	3.4	3.6	5.9
光纤预制棒	3.4	3.8	11.8			
光导纤维	3.4	4.8	41.2	1.2	1.0	–16.7
总计	110.9	88.5	–20.2	53.7	41.6	–22.4

表4 2012年中国电子信息材料行业销售收入排名前10的企业情况

序号	企业名称	企业性质	销售收入（万元）		主导产品
			2011年	2012年	
1	晶龙实业集团有限公司	民营	2 610 000	1 950 000	单晶硅棒、硅片、石英坩埚
2	云南锡业股份有限公司	国有	1 284 161	1 626 843	精锡、焊锡、铅、铜、铟
3	广东生益科技股份有限公司	中外合资　中方控股	587 690	609 295	覆铜板
4	长飞光纤光缆有限公司	中外合资　中方控股	585 161	486 000	光纤光缆
5	横店集团东磁有限公司	民营	352 185	291 029	磁性材料、电容器、扬声器、电感器件、磁电机、太阳能电池片
6	山东金宝电子股份有限公司	中外合资　中方控股	217 724	248 900	电解铜箔、覆铜板
7	新疆众和股份有限公司	国有	200 258	224 980	电子铝箔、精铝锭
8	广东风华高新科技股份有限公司	股份制	208 189	208 457	电子元件、电子专用设备、电子专用材料
9	天通控股股份有限公司	中外合资　中方控股	135 823	113 032	软磁铁氧体（磁性材料）
10	浙江金瑞泓科技股份有限公司	股份制	76 398	49 463	4-8英寸半导体级硅抛光片和外延片

注：表1—表4数据来源于中国电子材料行业协会。

[撰稿：徐东华　审稿：袁桐]

光学光电子工业行业

【综述】

按所涉及领域，光电行业分为LED及其应用产业、激光材料及器件产业、红外及光学产业、液晶及光电显示产业四部分。2012年，光电行业细分领域产业发展进一步分化。LED行业受全球经济影响，国内企业营收未能实现与产能扩充相匹配的大幅增长；同时，随着各企业产能不断释放，LED产品价格竞争加剧，企业综合盈利水平有所下降，行业开始进入整合期。在平板显示领域，随着北京京东方的8.5代线、深圳华星光电的8.5代线以及南京中电熊猫的6代线先后满产，国内液晶显示面板完全依赖进口的被动局面彻底扭转，中国平板显示产业的规模和实力明显增强。

LED及其应用行业　2012年，中国LED产业整体规模达到1 954亿元，较上年1 547亿元增长26.3%，增速有所放缓，为近年最低发展速度。其中，上游外延芯片、中游封装、下游应用的规模分别为74亿元、320亿元和1 560亿元。

全年LED应用领域整体规模达到1 560亿元，增长30%，是产业链中增长最快的环节，但受产品价格较大幅度降低影响，产值增速为近年最低。其中，通用照明应用产品产值增长46.3%，以28.1%的市场份额继续成为最大的应用领域；背光应用增长38.1%，占整个应用领域产值的18.6%；最为成熟的景观应用增长18.1%，在全部应用产值中占比21.8%，较上年有所下降；LED显示屏增长率有所放缓，在应用产值中占比降至12.6%。

2012年，国内LED显示应用行业约有6万从业人员，其中，管理人员约占20%，科技人员近25%，生产工人约占55%。行业总体增长幅度与上年基本持平，有

44家企业销售额超过亿元，比上年增加4家。在这44家企业中，有26家企业销售额超过2亿元，其中销售额在5亿元左右的企业有7家。

激光材料及器件行业 据中国光学光电子行业协会对国内激光行业上市公司以及行业内部分大型企业的统计，2012年，国内包括激光晶体、各种激光器件以及激光加工等应用激光产品产值约118亿元，较上年增长约9%。其中，激光晶体产值约2亿元，与上年基本持平；激光应用产品中，激光全息防伪和大功率激光切割增长较快，增幅20%以上。

光学元件及材料、红外民用行业 2012年，中国光学行业上游和中游（光学材料及光学零件）销售额约60亿元，较上年增长约5%，但大部分企业利润率大幅下降，发展举步维艰。红外民用产品如红外热像仪、红外测温仪、红外安防等受市场需求拉动，市场规模约50亿元，增长30%以上。

平板显示行业 2012年，全球平板显示产业产值约1 200亿美元，其中，TFT-LCD面板产值为950亿美元，占全部平板显示产业80%以上。中国平板显示的全球市场占有率已提升至10.6%，超过日本跃居全球第三。在国内市场，中国液晶电视面板的自给率已大幅提升至22%，手机面板已能满足境内企业50%的需求。在技术创新方面，国内平板显示产业的专利申请数量逐年翻番，有机发光二极管（OLED）等新一代显示技术研发水平不断提升，多条主动式有机发光显示（AM-OLED）项目正在开工建设。截至2012年底，中国液晶显示面板生产线的投资已超过1 800亿元，在建、拟建面板生产线8条，产业整体进入良性发展阶段。

生产与销售

平板显示产业 2012年，中国平板显示产业整体规模约740亿元，同比增长29%。其中，国内液晶器件产值约510亿元，占比68.9%；上游材料产值约200亿元，占比27.0%；装备产值约30亿元，占比4.1%。

随着新增产能陆续达到满产状态，中国平板显示企业盈利能力普遍改善。京东方2012年出货量已跃居全球第5，全年实现营业收入258亿元，同比增长102%，实现税后净利润2.58亿元。华星光电得益于面板产业整体环境的好转以及企业自身生产和经营能力的快速提升，实现营业收入72.37亿元，净利润3.15亿元，运营首年即实现盈利。天马微电子凭借其强大的技术研发能力、丰富的客户资源、广泛的营销渠道以及先进的工艺制造和管理能力，实现营业收入43.34亿元，净利润0.54亿元。

随着国产面板产能的持续扩大尤其是国产电视面板自给率的不断提升，中国液晶面板的进出口贸易逆差进一步收窄。2012年，中国共进口液晶面板35.8亿片，进口金额503亿美元；出口液晶面板31.7亿片，出口金额362.5亿美元；进出口逆差140.5亿美元，比上年缩减20.6%。

LED及LED应用产业 LED上游产业：2012年，国内MOCVD新增260余台，总数达980余台，在区域分布上主要集中在江苏与安徽两省，占总数的48%。全年国内企业芯片收入74亿元。GaN芯片产能利用率约50%，产量1 150亿颗，增速63%，远高于产值增速。整体来看，芯片国产化率达72%。在照明应用方面也取得较大进展，特别是中小功率照明应用国产芯片的竞争力逐步显现。尽管照明用芯片市场占有率较低，约为25%，但与2011年的17%相比，仍有较大增长。

LED封装产业：2012年，中国LED封装企业有1 700余家。在企业数量区域分布上，珠三角地区依然占据领头羊位置，占比63%，长三角地区占19%，福建、江西占5%，北方地区占10%，其他南方地区占3%。在全国LED企业数量分布中，无论是封装企业还是应用企业，广东省的企业数量都在60%以上，占据绝对优势。随着2012年下半年LED市场回暖，封装企业投资加大，全年LED封装投资达100亿元以上，很多封装企业都在增加规模和产能。

2012年，中国LED封装产业规模为320亿元，较上年285亿元增长12.3%，产量则由上年1 820亿只增加到2 410亿只，增长32.4%。从产品结构来看，SMD LED封装增长最为明显，占全部LED器件产量的50%左右，已成为LED封装的主流产品。

重大工程与重点项目

西安中科梅曼激光科技有限公司在成功实现400W、600W工业级光纤激光器之后，于2012年1月又成功推出国内首台拥有自主知识产权的1 000W工业级光纤激光器，并结合所生产的激光器初步形成激光加工系统的集成能力。

在工业和信息化部的指导和组织下，中国半导体照明/LED 产业与应用联盟与 2012 年 1 月 6 日正式成立。该联盟由国内 150 多家 LED 企业、照明企业以及行业协会、标准化组织、检测机构等单位共同发起。

4 月 1 日，总投资 50 亿元的华胜展鸿 LED 光电产业园项目落户湖北宜城。该项目计划投资 23 亿元。

11 月 2 日，上海联和投资有限公司与上海金山工业区管理委员会联合主办了上海和辉光电新一代平板显示项目 4.5 代 OLED 生产线项目奠基典礼。

京东方在第十四届高交会上展出 65 英寸的超高清氧化物显示屏，其分辨率高达 3 840×2 160（4K×2K 级别）。

12 月，京东方与重庆市人民政府签署了《重庆第 8.5 代新型半导体显示器件及系统项目投资框架协议》。

12 月 29 日，厦门天马微电子有限公司第 5.5 代低温多晶硅（LTPS）TFT-LCD 及彩色滤光片（CF）生产线全线打通，首款产品点亮。

市场分析及预测

在平板显示行业，预计 2013 年，中国液晶面板的自给率将进一步提高。随着北京京东方和深圳华星光电 8.5 代线投片量的增加，国产液晶电视面板的自给率有望达到 40%。国内平板显示产业整体规模将突破 1 000 亿元。

在激光产业，激光应用领域将不断拓展延伸，在主要的大型制造业如汽车、电子、机械、航空、钢铁等行业中，逐步完成用激光加工工艺对传统工艺的更新换代。在需要高度精密加工的场合，激光应用也将进一步扩大。此外，传统激光器将向高功率发展，光纤激光器、半导体激光器、紫外激光器等新型激光器产品日趋成熟，高亮度大功率半导体泵浦固态激光器、紫外激光器、超短脉宽固体激光器将是发展重点。同时，国内激光企业将加快整合，形成若干家激光龙头企业。

在 LED 产业，LED 产品价格将持续下降，降幅加大，LED 行业整体利润也将随之下降，但仍高于电子行业平均水平。LED 显示应用产品的多元化发展将促进服务和系统工程的专业化，企业市场营销模式也将创新，形成研发和生产分工协作的 OEM/ODM 营销、专注于特定市场的专业营销以及 BT 或 BOT 营销等多种模式。

【统计数据】

表 1　2009—2012 年中国 LED 产值及增长率情况

项目名称	2009 年产值（亿元）	2010 年产值（亿元）	增长率（%）	2011 年产值（亿元）	增长率（%）	2012 年产值（亿元）	增长率（%）
产业链环节	827	1 200	45.1	1 547	28.9	1 954	26.3
其中：外延芯片	23	50	117.4	62	24.0	74	19.4
封装	204	250	22.5	285	14.0	320	12.3
应用	600	900	50.0	1 200	33.3	1 560	30.0
应用产业链环节	600	900	50.0	1 200	33.3	1 560	30.0
其中：通用照明	75	190	153.3	300	57.9	439	46.3
背光应用	93	160	72.0	210	31.3	290	38.1
景观照明	140	210	50.0	288	37.1	340	18.1
显示屏	120	150	25.0	168	12.0	197	17.3
信号及指示	60	65	8.3	72	10.8	82	13.9
汽车照明	12	15	25.0	18	20.0	20	11.1
其他	100	110	10.0	144	30.9	192	33.3

表 2　2008—2012 年中国液晶行业产值情况

单位：亿元

项目名称	2008 年	2009 年	2010 年	2011 年	2012 年
器件	219.4	208.7	330.0	381.6	510.0
材料	70.3	68.0	111.3	166.0	200.0
设备			20.0	25.0	30.0
合计	289.7	276.7	461.3	572.6	740.0

注：2012 年数据为预测值。

表 3　2012 年中国部分 LED 封装企业销售额情况

序号	企业名称	企业性质	2012 年销售额（万元）
1	佛山市国星光电股份有限公司	股份制	94 797
2	厦门华联电子有限公司	内资	65 500
3	广州市鸿利光电股份有限公司	股份制	53 005
4	深圳市瑞丰光电子股份有限公司	股份制	50 008
5	深圳市聚飞光电股份有限公司	股份制	49 518
6	深圳雷曼光电科技股份有限公司	股份制	31 634
7	江苏稳润光电有限公司	合资	30 242
8	浙江英特来光电科技有限公司	民营	25 000
9	宁波升谱光电半导体有限公司	合资	22 822
10	深圳三升高科技股份有限公司	股份制	22 000
11	浙江中宙光电股份有限公司	股份制	21 000
12	上海大晨光电科技有限公司	合资	7 000
13	厦门光莆电子股份有限公司	股份制	6 263
14	河北神通光电科技有限公司	股份制	3 896

注：表 1—表 3 数据来源于中国光学光电子行业协会。

[撰稿：刘育青　胡春明　程慧云　审稿：王琳]

汽车电子工业

【综述】

2012 年，全球汽车市场呈现多极化发展态势：美国走出经济危机后市场逐渐复苏；欧洲深陷主权债务危机，面临产能过剩问题；各主要新兴市场在分别经历爆发式增长的一到二年后成长趋于稳定。汽车行业正在经历全球范围内的产能重新布局，汽车厂商也在通过挖掘汽车本身与信息技术、半导体技术的匹配，以开发新的市场增长点。汽车电子产品在整车生产成本中所占比重日益提升，平均已占到整车成本的 20%—27%。目前，汽车产业 70%的创新来源于汽车电子技术及其产品的开发应用，汽车电子产业的发展水平已成为一个国家汽车工业市场竞争力的重要标志。

中国汽车工业正处于由汽车大国向世界汽车工业强国迈进的关键阶段：整车产能持续提升，产销量连续四年蝉联世界第一；合资以及内资车企积极寻求本地化供应，国内关键汽车零部件设计与制造本地化进程加快；中国电子信息行业发展迅速，跨国企业的技术扩散、新型消费电子的快速崛起为本土汽车电子供应商提供了充沛的人力资源。国内汽车电子企业通过引进先进技术和装备，并不断消化吸收再创新，正逐步缩小与国际先进水平的差距。随着近年来一系列振兴汽车工业产业政策的出台，以及新能源汽车、北斗导航、智能交通等的大力推动，中国汽车电子市场在未来几年仍将保持平稳快速的增长态势，汽车电子对居民信息消费的拉动潜力将得到进一步释放。

生产与销售

2012 年，中国汽车产销量分别为 1 927.2 万辆和 1 930.6 万辆，同比分别增长 4.6%和 4.3%，再次刷新全球记录，连续四年蝉联世界第一。快速发展的汽车产业为汽车电子产品提供了广阔的应用市场，带动中国汽车电子行业进入新一轮快速增长期。2012 年，中国汽车电子市场规模为 2 672 亿元，同比增长 11%，占全球汽车电子市场的 28%。汽车半导体器件销售额 256.2 亿元，同比增长 10.5%，其中，信息娱乐半导体占据汽车电子芯片市场最大份额，销售额约 85.4 亿元；其次是动力系统半导体，为 65.3 亿元；导航系统半导体销售额约 48.2 亿元。

中国汽车电子行业自 2007 年以来保持了 17%的年均增长率，预计到 2015 年，市场规模将突破 4 000 亿元。车载空调、车载电视、导航、胎压监测等将成为增速较高的细分行业。

科技进步与应用

北斗民用产业化 SoC 芯片发布　2012 年 5 月，北京华力创通科技股份有限公司发布 GNiStar-1 多模导航型基带芯片，这是国内首批量产型北斗/GPS 民用产业化 SoC 芯片。该芯片可同时接收“北斗二号”系统 B1 频点以及 GPS 系统 L1 频点，除支持北斗/GPS 双模切换等常规功能外，还可通过双系统星座任意组合定位算法使定位精度超过北斗或 GPS 任一单一系统。GNiStar-1 芯片面向北斗卫星导航民用产业化应用进行了全面优化，除传统的车载导航仪、个人导航仪（PND）、交通运输、安全监控等领域外，还可广泛应用于车联网、位置云终端等创新位置服务，并大幅降低北斗卫星导航定位产品在各类行业市场的技术门槛和应用成本。作为北斗/GPS 兼容终端的核心部件，其成功研制为完善北斗卫星导航民用产品线、提升北斗民用导航领域核心竞争力奠定了良好基础。

重大工程与重点项目

新能源汽车电子控制系统研发与产业化项目取得进展　由埃泰克汽车电子（芜湖）有限公司、上海电驱动有限公司、中国第一汽车集团公司、东风电动车辆股份有限公司、重庆长安汽车股份有限公司、安徽英科智控股份有限公司、江苏春兰清洁能源研究院有限公司 7 家企业联合承担的电子发展基金项目“新能源汽车电子控制系统研发与产业化”突破了动力总成控制系统、电机控制系统、电池管理系统的关键技术，研制出相应产品，并形成产业化能力，累计销售收入超过 4.3 亿元。由中国第一汽车集团公司研发的整车控制器（HCU）在一汽解放牌混合动力客车上累计装车 522 辆，在大连、长春、昆明、呼和浩特等城市公交线路示范运行；安徽英科智控股份有限公司开发的纯电动客车动力总成控制器和混合动力客车动力总成控制器，形成年产 2 万套的生产能力，2011—2012 年实现销售量 1 500 台，销售收入 3 000 万元，净利润 450 万元；上海电驱动有限公司研发出多规格电机控制器系列化产品，建成全自动电路板贴片生产线和高密度电机控制器装配生产线各 1 条，装配线产能达到 5 万台套，累计销售 2 万台套以上；埃泰克汽车电子（芜湖）有限公司开发的电池管理系统，小批量试装 233 套，实现了中国智能新能源汽车电池管理系统国产化。

基于动态交通信息的智能交通系统研发及示范应用成效显著 由青岛海信网络科技股份有限公司、高德软件有限公司、南京城际在线信息技术有限公司、北京北大千方科技有限公司、安徽科力信息产业有限公司、四川川大智胜软件股份有限公司承担的电子发展基金项目“基于动态交通信息的智能交通系统研发及示范应用”取得成效，累计实现销售收入超过 5.5 亿元，净利润 1.7 亿元。该项目研制出适用于国内城市、基于动态信息的智能交通系统，形成包括多源交通信息采集、处理与发布，交通信号优化控制，动态导航终端在内的多款软、硬件产品，实现了交通信息从数据采集到融合处理、再到发布与应用的全面升级，可强化对实时动态信息资源的有效整合与综合利用，满足公众对出行信息的服务需求。项目已完成产品研发、应用示范，基本进入项目验收和市场推广完善阶段，在青岛、北京、成都、重庆、南京、上海等地进行了试点示范。

国际合作与对外贸易

国际合作 2012 年 5 月，中欧智能交通研讨会在北京召开。会议由欧盟信息社会及媒体总司与中国工业和信息化部电子信息司主办，德国 BMW 公司、荷兰应用科学研究组织、欧洲标准化组织的驻华专家以及国内科技界、企业界的专家学者参加大会。会议讨论了中欧双方在智能交通、工业节能、标准化等方面的建议和各自发展经验，并就共同促进中国和欧盟在智能交通领域的技术交流与合作达成共识。

对外贸易 2012 年，中国出口的主要车载电子产品中，车载 GPS 出口额位列第 1，达 20.3 亿美元，同比增长 3.9%；其次是车载收录机，出口额 19.3 亿美元，同比增长 28.3%。从出口量和出口额增长情况看，增长最为显著的是车载空调，全年累计出口量、出口额同比分别增长 44.6%和 18.8%；降幅较大的是车载冰箱，出口量、出口额同比分别下降 17.9%和 1.5%。

政策与法规

电动汽车四项国家标准实施 有关电动汽车充电接口和通信协议的四项国家标准于 2012 年 3 月 1 日开始实施，结束了长期以来中国电动汽车充电接口行业的混乱局面。这四项标准分别是：《电动汽车传导充电用连接装置第 1 部分：通用要求》、《电动汽车传导充电用连接装置第 2 部分：交流充电接口》、《电动汽车传导充电用连接装置第 3 部分：直流充电接口》、《电动汽车非车载传导式充电机与电池管理系统之间的通信协议》。

科技部发布《电动汽车科技发展“十二五”专项规划》 3 月，科技部发布《电动汽车科技发展“十二五”专项规划》，明确“纯电驱动”汽车是中国新能源汽车技术的发展方向和重中之重，“十二五”期间，纯电驱动汽车销量达到同类车型总销量 1%左右的目标。在此期间，中国将重点突破电池、电机、电控等关键核心技术，以及电动汽车整车关键技术和商业化瓶颈。

国务院发布《节能与新能源汽车产业发展规划》 7 月 9 日，国务院正式发布《节能与新能源汽车产业发展规划（2012-2020）》指出：新能源汽车产业发展将以纯电驱动为新能源汽车发展和汽车工业转型的主要战略取向，当前重点推进纯电动汽车和插电式混合动力汽车产业化。此外，规划还对新能源汽车产业发展目标提出了具体要求。

存在问题

一是国内汽车电子企业技术积累不足，核心器件依赖进口。汽车电子有别于普通电子产品，对可靠性、稳定性及外部条件适应能力有很高要求，国内基础电子产品与国外相比还存在较大差距，汽车电子芯片、高灵敏度传感器、执行器、功率器件等产品依赖国外企业，国内市场60%以上的传感器为三资企业生产。跨国企业对汽车电子核心技术形成垄断，相关产品包括发动机（动力）控制系统、底盘（安全）控制系统、车身电子控制系统等核心技术完全由博世、大陆、电装、德尔福、伟世通等跨国企业占据主导地位。合资企业由于受引进产品技术许可的制约，外方不允许中方参与企业的产品开发，使中方失去产品开发自主权，难以消化吸收引进产品的核心技术，汽车电子核心技术存在“空心化”现象。

二是内资企业难以打入国际品牌整车企业供应链。国外整车制造厂与汽车电子产品零部件供应商、电子元器件供应商之间已形成相对稳定的配套合作关系，如：美国有通用—德尔福和福特—伟世通；日本有本田、丰田—电装；德国有奔驰、大众—博世等。进入中国的外资品牌车型主要部件在选择供应商时主要选择有外资背景的企业，美系车型零部件供应商都有外资背景（上海通用采用德尔福产品），德系车型零部件供应商有外资背景的占88.9%（一汽大众和上海大众采用博世和大陆），日系车型零部件供应商有外资背景的占89.5%（天津丰田和广汽丰田采用日本电装产品）。目前，国内超过70%的轿车产品是由合资企业生产，合资企业的外方牢牢控制了汽车电子产品配套的决策权，内资企业很难成为外资品牌车型的一级供应商。自主品牌车型选择的零部件供应商有外资背景的占52.8%。

三是汽车电子技术标准滞后，影响产业发展。中国汽车电子标准化工作相对于电子技术的应用程度和水平明显滞后，标准制定中管理层次多、效率低，产品开发缺少规范，不能适应汽车电子技术发展的要求。多数汽车电子企业只能按照国外标准进行研发和生产，影响产业的技术创新。

【发展趋势】

一是汽车电子的智能化，即信息处理。随着传感技术、计算机技术、网络技术在汽车上的广泛应用，现代汽车技术将朝着更加主动智能化方向发展，实现“人、车、环境”的智能协调。控制系统智能化的特点是系统能够主动协助驾驶员采取必要的动作，具有“实时感知”能力、“判断决策”能力和“操控执行”能力。目前正在开发的具有高度反应性的驾驶员辅助系统等（主动安全性系统）就具有相当高的智能化程度，包括车道偏离防止系统/车道保持系统、主动碰撞避免系统、自适应巡航控制系统、无人驾驶汽车等。

二是汽车电子的网络化，即总线信息共享。随着越来越多电子系统在汽车上的应用，车载电子设备间的数据通信共享和各系统间的功能协调变得日益重要。数据的快速交换、高可靠性及低成本是对汽车电子网络系统的要求。利用总线技术将汽车中各种电控单元、智能传感器、智能仪表等联接起来，从而构成汽车内部局域网，并通过协议进行相互通信，实现各系统间的信息等资源共享。在系统中，各子处理机独立运行，控制改善汽车某一方面性能，同时也为其他电子装置提供数据服务。全面采用网络控制技术已成为大型车企的追求，通过总线实现车内信息交互，成为提高汽车性能和减少线束数量的有效途径。

三是汽车电子的集成化，即跨系统一体化。单个电控系统已无法满足汽车技术发展的需要和市场的要求，系统和系统之间的一体化集成成为当前汽车电子技术发展的重要趋势。集成控制系统通过总线进行网络通信，通过传感器和系统之间的信息共享，控制器对各子系统进行协调和优化，使车辆的整体系统性能水平达到最佳，保证车辆行驶的安全性，改进汽车的操纵性，优化汽车的稳定性，提高舒适性、燃油经济性等。除改善系统性能外，一体化集成还可以达到降低系统总体成本或提高汽车价值的目的。

四是汽车电子与消费电子行业的融合。车载移动电话、车载电视、车载导航、车载WiFi、Web服务器等越来越多消费电子类产品将与汽车功能相融合，以满足人们行车中更为舒适和娱乐的需要。汽车电子与消费电子行业的融合也将使云计算、大数据、物联网、4G无线通信等新兴技术进入汽车行业，未来汽车将作为获取信息数据和应用服务的重要入口，带动信息消费水平稳步增长。

[撰稿：温晓君　审稿：杨旭东]

机床电子工业

【综述】

2012年，中国数控机床行业整体经营形势严峻，市场需求变化显著。一方面，受出口下滑、投资放缓、内需不振等因素影响，市场需求大幅下滑；另一方面，随着用户行业结构调整和产品升级，用户对于机床产品和服务提出了更高要求，其需求结构加速升级。受此影响，中国机床电子行业延续了2011年下半年以来的下行趋势，增速持续缓慢回落。企业主要经济指标普遍下滑，新增订单明显减少，产销规模逐月回落，资金占用大幅上升，产品结构和市场需求矛盾愈加突出。

与此同时，国家更加重视装备制造产业发展，相继出台政策支持，中国机床电子行业不断突破关键技术，产业转型升级步伐加快，带动国产数控机床及其数控系统和相关功能部件发展，部分企业数控机床产品打入国际高端市场。

生产与销售

2012年，中国数控机床产量21.9万台，同比下降14.8%，降幅高于普通机床近5个百分点。其中，数控金属切削机床20.6万台，同比下降16.2%；数控金属成形机床1.3万台，同比下降13.3%。

2012年，中国数控金属切削机床产量最高的前5个地区分别为辽宁省、浙江省、山东省、江苏省和北京市，全年产量分别为49 564台、44 272台、26 153台、24 369台和13 332台，合计占全国比重为76.5%。数控金属成形机床产量最高的前4个地区分别为江苏省、山东省、上海市和浙江省，全年产量分别为5 378台、2 672台、1 474台和1 435台，合计占全国比重为84.3%。

随着用户行业产品和服务需求结构的加速升级，中国数控机床企业产品结构与市场需求不相适应的矛盾更加突出，加快提升国产中高档数控机床产品的市场竞争力已成为当务之急。同时，严峻的市场形势也正在倒逼国内企业对其目标和策略及时做出调整，以寻求可持续发展。

科技进步与应用

南京彩云机械电子制造有限公司与高校合作研制成功“CYHM-10-500五轴四联动环面蜗杆旋风铣床”，首次将内旋风铣包络切削原理、五轴四联动半闭环控制技术、精密回转驱动技术、虚拟中心与自动对中技术等成功用于具有复杂型面的“二次包络环面蜗杆”的高效高速加工，使生产效率提高5—10倍，能效利用率也大幅提升。

青岛青锻锻压机械有限公司自行研制成功、具有完全自主知识产权的高新技术产品——EPC-8000型80MN电动螺旋压力机通过了国家检测中心及用户中航工业江西景航航空铸锻有限公司的产品检测和验收。该机具有结构紧凑、传动链短、故障率低、维修方便、打击力控制精确、自动化程度高等优点，是经产业政策扶持、可替代进口的节能环保智能型锻压设备，也是中国制造的首台最大压力为1.6万吨的电动螺旋压力机。

南京工大数控科技有限公司的专利——极坐标数控高效铣、滚齿复合机床（ZL200710019441.6）获得第十四届中国专利金奖。该专利采用主轴消隙均载、切削载荷补偿等技术，满足成形加工精度，抑制切削颤振，研制成功后还完成基于该机床的工艺参数优化及整机动态性能实验，基本解决了大型齿轮加工装备的关键技术问题，并实现产业化。专利产品累计销售100多台，已应用于南京高精传动设备制造集团有限公司、三一重工股份有限公司等企业，技术指标达到国际同类设备水平，实现了替代进口。该专利的实施新增销售额1.3亿元，新增利润3 872万元。

中国提交给IEC/TC44（国际电工委员会/机械电气安全技术委员会）的一项IEC　60204-3×《机床电气设备及控制系统安全》国际标准提案，已通过IEC新工作项目（NP）投票。中国提出的《加工中心用“S”试件》国际标准提案获得国际标准化管理委员会通过，为中国首次实质性进入国际机床标准领域、取得国际标准制定主导权、争取国际标准话语权做出了贡献。

重大工程与重点项目

武汉重型机床集团有限公司（以下简称武重集团）“机械工业高档重型机床工程研究中心”通过国家验收正式挂牌。该中心依托武重集团国家级工程研究中心，作为开发实体，联合了华中科技大学、湖南大学、东方汽轮机有限公司、中国第二重型机械集团公司、上海重型机床厂有限公司、青海华鼎重型机床集团有限公司等六家高等院校和行业单位。其任务是致力于开展重型机床制造基础理论与方法研究、共性和基础性技术研究、重要技术标准研究、重大工程及技术装备的设计和试验验证研究等，从而为中国机械工业重大技术装备和重点产业的发展提供技术储备，增强自主创新能力，提升国际竞争力。

国家数控专项办以 [2012] 036 号函转发工业和信息化部《关于“高档数控机床与基础制造装备”科技重大专项 2012 年度立项课题的批复》，以秦川机床集团有限公司为牵头单位组织的“高效高精度齿轮机床产品技术创新平台”项目获批。该项国家创新战略的实施，旨在通过“平台式”创新，形成示范基地、中试线、试验平台和基地、生产线等相关产业化及其各类指标，催生解决平台内部利益分配的科学体系，形成共建技术平台、共同凝练研究方向、共用平台资源、共享研究成果、共同打造科技成果转化产业链的合作研发和成果转化运行机制。

2012 年度中国工业科学技术奖揭晓。济南二机床集团有限公司完成的“大型快速高效数控全自动冲压生产线”获得 2012 年度“中国机械工业科技奖”一等奖，沈阳机床（集团）有限责任公司完成的“FBC200r 落地式铣镗加工中心”、北京工研精机股份有限公司完成的“JIG630 卧式坐标镗加工中心”等成果获得 2012 年度“中国机械工业科技奖”二等奖。

国际合作与对外贸易

数控机床进口 2012 年，中国数控机床进口 1.7 万台，同比减少 0.7 万台，进口金额 47.2 亿美元，同比下降 11.9%，与 2011 年 45.3%的增速形成鲜明对比。其中，数控卧式车床进口 4 053 台，进口金额 5.3 亿美元，金额同比下降 11.2%。随着中国数控机床行业自主技术快速发展，对国外中低端产品的替代能力不断增强，中国数控机床产品逐步向高端发展，进口单价快速上扬。2012 年，中国进口数控机床单价为 27.8 万美元/台，同比增长 26.4%。从进口来源看，日本、德国和中国台湾地区高居前三位，合计占比近 75%，其中日本占比增长至 31%，而德国和中国台湾地区占比略有下滑。

数控机床出口 2012 年，中国数控机床出口 1.8 万台，基本与 2011 年持平，出口金额 7.3 亿美元，同比增长 18.6%，增速同比下滑约 10 个百分点。其中，数控卧式车床出口 9 499 台，出口金额 2.9 亿美元，金额同比增长 22.0%。出口产品结构持续优化，数控机床出口平均单价同比增长 19.8%，增幅高于出口金额。数控电加工机床和数控卧式车床的出口金额增长速度均超过 20%，高于数控机床行业整体水平。齐重数控装备股份有限公司研发的高端产品 SMVTM1600×30/250L-NC 数控单柱移动立式车铣床和 HT250×280/180Y-NC 数控重型卧式车床相继在发达国家市场取得突破，福特汽车再度选购济南二机床集团有限公司生产的全自动高速冲压生产线。

国际合作 随着中国数控机床生产企业实力不断增强，加之欧洲金融危机导致部分颇具实力的数控机床企业遭遇危机，中欧企业之间合作不断扩大，合作方式也呈现多样化。如天水星火机床有限责任公司并购了意大利 GOLGAR（高嘉）公司，GOLGAR 公司的大型镗铣机床和大型板材折剪机床为国际知名品牌，在意大利机床行业排名前 3 位。武重集团与意大利英赛贝拉尔蒂有限公司也签署了战略合作框架协议，双方将发挥各自技术品牌、制造实力和销售网络等优势，联合开发中高档数控机床产品，进一步开拓国内及国际市场。

政策与法规

《高端装备制造业“十二五”发展规划》印发 2012 年 5 月，工业和信息化部发布的《高端装备制造业“十二五”发展规划》提出：“十二五”期间，中国高端装备制造业发展要坚持整体推进与重点跨越相结合的原则，选择最有基础和条件的重点方向作为突破口，集中力量重点推进，促进航空装备、卫星及应用、轨道交通装备、海洋工程装备和智能制造装备等重点领域率先发展；要突破五个关键领域，完成 22 项重点任务。

《“十二五”制造业信息化科技工程规划》发布

2012年5月，科学技术部发布的《“十二五”制造业信息化科技工程规划》指出，“十二五”时期，中国制造业信息化科技工程的总体目标是：着力突破一批具有引领性、创新性的制造业信息化关键技术；着力打造一批数字企业、服务型制造企业和产业服务平台；着力培育发展生产型服务业和制造业信息化软件产业及相关服务业，促进制造业核心竞争力显著提升，支持地方支柱与特色产业快速发展。此外，还布置了制造业信息化关键技术攻关、集团企业集成与协同技术开发与应用、中小企业服务平台开发与应用等6项重点任务。

三部委组织实施2012年智能制造装备发展专项 2012年5月，国家发展改革委、财政部、工业和信息化部联合发布通知，继续实施智能制造装备发展专项，2012年专项将重点支持：(1) 推进智能制造系统集成及示范应用。推进机械加工数字化车间、智能焊接车间、高效智能压铸岛、废金属破碎分选生产线、柔性自动化装配生产线、高品质钢特厚大型板坯连铸生产线等智能制造系统重点创新产品在重大工程中的应用，支持典型制造领域所需的重大智能制造成套装备的示范应用，提升制造过程的智能化水平。(2) 支持核心智能测控装置的研发与创新。重点支持大型控制系统、工业机器人、安全试验系统等核心智能测控装置在机械加工、汽车、流程制造及质量可靠性领域的示范应用和产业化。

存在问题

一是数控机床整体性能差距较大。目前市场上五轴联动数控机床多用于航天航空、核电等，单台价格达400万—500万元。五轴联动数控是欧洲控制的技术，是核心技术之核心，欧洲严禁外泄。五轴数控机床必须保证不能用于军事，才能引进。沈阳机床、大连机床、齐重数控三轴联动数控机床技术较为成熟，但五轴联动数控机床的精确度、稳定性、可靠性等与进口产品均有一定差距。如国外五轴联动数控机床产品的连续工作无故障时间可达1 500小时，国产产品仅为1 000小时。

二是数控系统受制于人。尽管中国数控机床制造水平不断提高，部分高端产品开始进入欧美市场，但数控机床制造的核心——数控系统，国内机床企业中高档机床基本是国外进口。德国西门子、利勃海尔和日本的马扎克、法拉克掌握着数控系统最高水平，利勃海尔数控系统16个软件包的价格接近母机价格，且与母机捆绑销售。

三是数控机床关键配套部件依赖进口。2012年，中国数控机床产值进一步提升，数量不断增加。相对于整机产品的快速进步，关键配套部件进展较为缓慢，对外依存度较高。除上述数控系统外，包括钢铁原料、标准件、螺钉、螺帽等配套部件均大部分需要进口。

【发展趋势】

预计2013年，在国家宏观调控，大力发展装备制造业以及航空航天、军工、能源、轨道交通等产业持续较快发展的带动下，中国数控机床行业将扭转2012年下滑趋势，实现约15%的增长。

[撰稿：余雪松　审稿：杨旭东]

中国航天科技集团公司

【综述】

2012年，中国航天科技集团公司整体经济规模平稳快速增长，经济运行质量稳步提升，并再次获得国资委业绩考核A级；资产总额2 580.2亿元，同比增长15.2%；实现营业收入1 233.4亿元，同比增长21.1%；利润总额100.7亿元，同比增长10.2%；资产负债率59.3%，成本费用率93.3%，圆满完成全年经济指标任务和国资委经营业绩考核指标。

改革发展

2012年，在改革调整方面，该集团公司组织完成乐凯集团的整体改制和中国卫通与中国四维的分立重组，以及上海航天工业总公司等六家全民所有制企业的改制工作。成功并购中国长江动力集团有限公司80%股权；完成中天火箭公司股份制改造和航天模塑公司、西安航材公司、长天电工的股权调整。积极推进事业单位分类改革，完成成本测算、影响分析和分类研究等基础工作；集团公司非时政类报刊出版单位改制方案获正式批复，航天报社完成清产核资，正开展工商注册。

在能力提升方面，积极推动航天产业基地建设，核心能力显著提升。在北京，建成南苑地区运载火箭总体科研基地，唐家岭地区空间飞行器总体科研基地，永丰地区航天电子科研生产基地，云岗地区航天空气动力研究与试验基地；在天津，建成新一代运载火箭产业化基地和超大型航天器研制生产基地；在上海，建成闵行地区运载火箭、空间飞行器的设计研制生产试验综合科研生产基地；在西安，建成固体火箭发动机、液体火箭发动机和空间飞行器有效载荷科研生产基地；在四川，建成成都和万源地区现役运载火箭批生产基地。功能齐备、布局合理、结构优化、资源集中、分工明确的航天科技工业新体系初步建成。

在人才队伍建设方面，该集团公司圆满完成十八届“两委”考察和全国人大、政协代表及委员推荐工作，完成单位领导班子调整30人次，重点型号“两总”配备调整183人次，选人用人工作满意度不断提高。《基于人才成长规律的航天科技人才队伍建设》获第19届全国企业管理现代化创新成果一等奖。赴麻省理工学院等名校召开高端人才招聘会，60多名海外高层次人才意向加盟，在国内高校引进博士500多名，硕士3 000多名。全年新增7个国家级技能大师工作室，新增8名海外专家入选国家“千人计划”，2人获中华技能大奖，47人获“全国技术能手”称号。对做出卓越贡献的人才实施激励，评选表彰了9名“航天功勋奖”、20名“航天创新奖”和12个金牌班组等先进集体和先进个人。截至2012年底，集团公司17万名员工中，博士3 000余名，硕士2.2万余名，各类高层次人才数量在中央企业名列前茅。

重大项目

2012年，该集团公司圆满完成19箭28星（船、器）的发射任务，发射数量连续两年超越美国居世界第二。载人航天与探月工程、第二代卫星导航系统、高分辨率对地观测系统、新一代运载火箭等国家科技重大专项和重大工程进展顺利。神舟九号与天宫一号首次载人交会对接任务圆满成功，载人航天工程取得重大阶段性成果；北斗二号区域导航系统完成4箭6星发射任务，已形成由14颗卫星组成的无源区域导航系统，并正式提供服务；嫦娥二号在完成既定月球探测任务后又完成了拉格朗日点探测、小行星图塔蒂斯交会探测两项拓展试验，为后续开展深空探测活动积累了经验；多颗海洋、资源、风云等系列民用卫星成功发射，丰富和完善了中国民用空间基础设施，增强了民用航天高分辨率立体测绘、气候预报、全天时全天候对环境与自然灾害的监测和预报能力。

2012年，该集团公司航天技术应用产业重大产业化项目在关键技术攻关、产业能力提升、市场开拓等方面取得突破，煤气化项目日处理煤2 000吨级粉煤气化炉示范工程在河南晋开和山东瑞星分别一次投煤试车成功，全年累计新签合同额近20亿元；酶Q10原料药年生产能力达到120吨，全球市场占有率30%；长输管线输油泵首条生产线完成建设，具备年产100台套大型输油泵的生产能力；液压支架项目电液控制系统进入神东煤矿市场；太阳光伏电池项目电池片的平均转化效率提高到17.35%，达到行业先进水平；电站系统已形成250MW/年的EPC能力；集成电路项目突破6英寸晶圆50微米超薄减薄工艺，制备出50μm超薄晶圆样片；烟气治理项目催化裂化除尘脱硫技术实现工程化应用，成功中标中国水电集团烟气脱硝工程。

2012年，该集团公司卫星运营、航天金融、航天软件等领域发展平台不断完善。亚太七号、中星十二号卫星发射成功并正式投入商业运营；卫星影院已扩展到11个省、41个核心市；卫星农家书屋与8省1市1.1万个行政村签订了服务合同。以航天财务、航天投资、航天产业基金、航天海外私募股权基金为核心的金融投资平台能力进一步夯实。航天AVIDM软件系统在航天型号协同研制中广泛应用，神通OSCAR数据库系统连续保持国产自主可控数据库市场占有率第一，神舟嵌入式基础软件初步实现了对国外同类产品的替代。

走向海外

2012年，该集团公司签署了西班牙探月器发射服务和尼加拉瓜、刚果（金）及亚太九号（142°E）通信卫星整星出口等11个宇航合同，以及阿尔及利亚Alcomsat-1卫星项目咨询服务合同。成功发射委内瑞拉遥感卫星，首次实现中国遥感卫星的整星出口；完成了土耳其GK-2卫星发射服务以及卢森堡小卫星搭载发射任务；土库曼斯坦通信卫星发射服务项目生效；老挝通信卫星项目正式启动研制。在斯里兰卡签约建设首个拥有自主使用权的境外电信港。印刷材料、图像信息材料、光伏组件及电站、电子地图、钢芯铝绞线、辅酶Q10、覆铜板等8类产品出口超过亿元；安全阀通过美国机械工程师学会（ASME）认证，成为国内首家通过ASME认证的安全阀生产企业。

重大创新

2012年，该集团公司获国家科学技术进步奖3项，其中特等奖1项，二等奖2项；获省部级科学技术奖100余项。专利申请量3 910件，6项专利获第十四届中国专利奖优秀奖。航天技术创新体系进一步完善，与国家海洋局联合成立“海洋遥测技术工程中心”，与意大利大学材料物理联合研究中心联合成立“中意激光遥感技术联合研究中心”。重点实验室实现了国家重大基础研究项目973立项，并获得2个国家杰出青年基金项目和17个国家自然科学基金项目的资助；小卫星及其应用国家工程研究中心被国家发展和改革委员会评为“国家工程研究中心杰出贡献奖”。推动职工经济技术创新活动，累计创效12亿元。

信息化建设

2012年，该集团公司以型号科研生产流程信息化建设为核心，着力提升航天研制、集团管控的信息化水平。建成10余个具有国内一流水平的信息化标杆项目，完善了常态信息化能力评价与绩效考核制度。全面启动基于IPT模式、数据中心模式的跨院横向协同研制；型号项目计划管理系统开始运行；质量问题快报和A1采集卡实现实时上报和反馈；某型号实现了“全三维数字化设计与制造”研制线的贯通，数字化研制手段又一次重大跃升。经营管理信息化建设进一步深化，统筹开展了人力资源、财务、物资等管理系统建设，实现了局部信息的共享，总部、各院和厂所三级信息流的初步打通；信息化基础环境建设不断完善。

履行社会责任

2012年，该集团公司积极履行社会责任，发布了年度社会责任报告。利用环境减灾卫星、增雨防雹火箭等航天技术，积极参与突发自然灾害的救灾工作；大力推广太空育种和卫星数字农家书屋等惠民工程。向洋县、太白县、崇礼县3个扶贫县投入扶贫专项经费390万元；持续开展对甘肃省甘南藏族自治州夏河县的捐资助学活动。策划开展了“梦想航天，情系中华”航天科技夏令营；在国内32所知名高校设立CASC奖学金，在哈尔滨工业大学等7所工业和信息化部所属重点高校设立CASC助学金，1 715名家庭经济困难的大学生获得资助。完善关爱职工机制，全面落实离退休人员政治待遇、生活待遇、医疗待遇，做好信访维稳工作，努力营造和谐稳定的发展氛围。投入约1.51亿元开展节能减排技术改造项目，万元增加值能耗下降5.51%，排放量下降3.74%。

【统计数据】

表1　2011—2012年中国航天科技集团公司主要经济指标

项目	单位	2011年	2012年	增长率
资产总额	亿元	2 240.7	2 580.2	15.2%
所有者权益	亿元	908.9	1 049.1	15.4%
营业收入	亿元	1 018.1	1 233.4	21.1%
利润总额	亿元	91.4	100.7	10.2%
净利润	亿元	78.2	90.1	15.2%
归属于母公司所有者的净利润	亿元	67.5	84.5	25.2%

续表

项目	单位	2011 年	2012 年	增长率
技术开发投入	亿元	327.1	404.8	23.8%
利税总额	亿元	110.1	118.5	7.6%
应交税金总额	亿元	33.5	30.2	-9.9%
全员劳动生产率	万元/(人·年)	18.8	20.2	7.4%
净资产收益率	%	9.91	10.57	0.66 个百分点
总资产报酬率	%	4.68	4.47	-0.21 个百分点
国有资产保值增值率	%	111.8	112.37	0.57 个百分点

表 2　2012 年长征系列运载火箭发射一览表

序号	空间飞行器	运载火箭	发射时间	发射地点
1	资源三号 01 星、卢森堡 Vesselsat—2 卫星	长征四号乙	1 月 9 日	太原卫星发射中心
2	风云二号 07 星	长征三号甲	1 月 13 日	西昌卫星发射中心
3	北斗卫星导航系统第十一颗卫星	长征三号丙	2 月 25 日	西昌卫星发射中心
4	亚太七号	长征三号乙	3 月 31 日	西昌卫星发射中心
5	北斗卫星导航系统第十二颗、第十三颗卫星	长征三号乙	4 月 30 日	西昌卫星发射中心
6	天绘一号 02 星	长征二号丁	5 月 6 日	酒泉卫星发射中心
7	遥感卫星 14 号、天拓一号 01 星	长征四号乙	5 月 10 日	太原卫星发射中心
8	中星 2A 通信卫星	长征三号乙	5 月 26 日	西昌卫星发射中心
9	遥感卫星 15 号	长征四号丙	5 月 29 日	太原卫星发射中心
10	神舟九号	长征二号 F	6 月 16 日	酒泉卫星发射中心
11	天链一号 03 星	长征三号丙	7 月 25 日	西昌卫星发射中心
12	北斗卫星导航系统第十四颗、第十五颗卫星	长征三号乙	9 月 19 日	西昌卫星发射中心
13	委内瑞拉遥感卫星	长征二号丁	9 月 29 日	酒泉卫星发射中心
14	实践九号 A 星、实践九号 B 星	长征二号丙	10 月 14 日	太原卫星发射中心
15	北斗卫星导航系统第十六颗卫星	长征三号丙	10 月 25 日	西昌卫星发射中心
16	环境一号 C 星、蜂鸟一号、新技术验证卫星一号	长征二号丙	11 月 19 日	太原卫星发射中心
17	遥感卫星十六号	长征四号丙	11 月 25 日	酒泉卫星发射中心
18	中星十二号	长征三号乙	11 月 27 日	西昌卫星发射中心
19	土耳其 GK—2 小卫星	长征二号丁	12 月 19 日	酒泉卫星发射中心

[撰稿：董磊　审稿：路明辉]

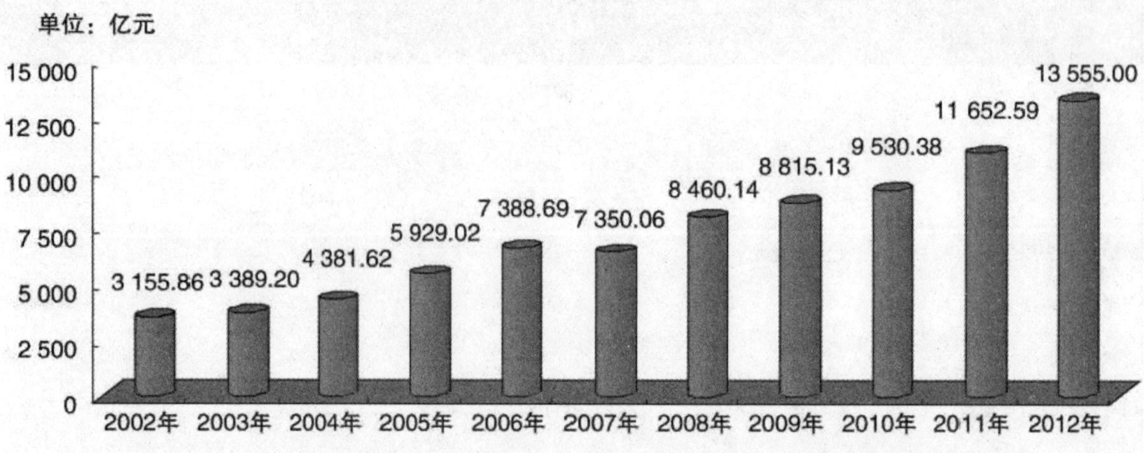

图1　2002—2012年通信设备行业实现主营业务收入情况

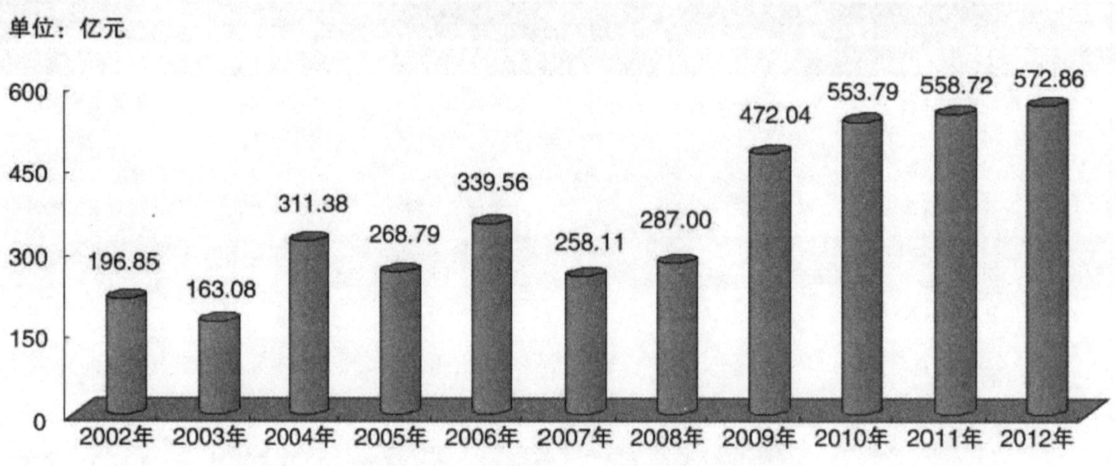

图2　2002—2012年通信设备行业实现利润总额情况

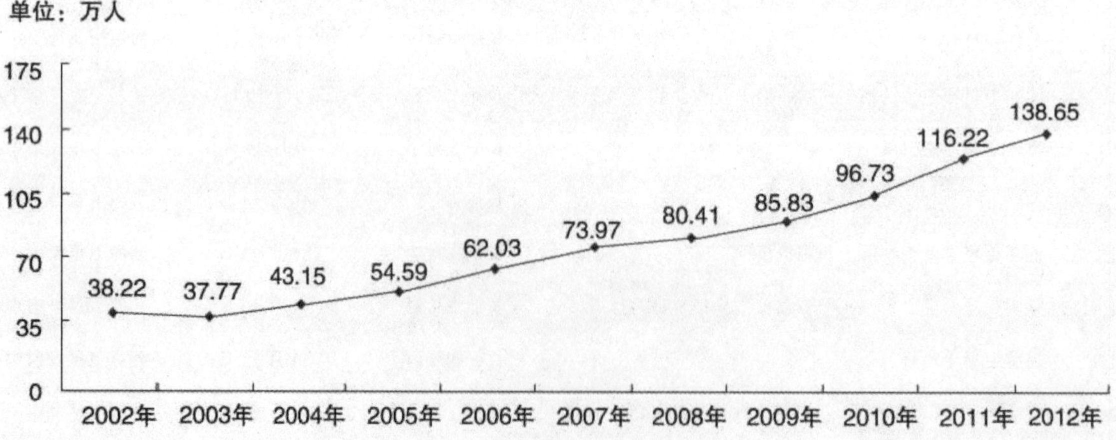

图3　2002—2012年通信设备行业从业人员平均人数情况

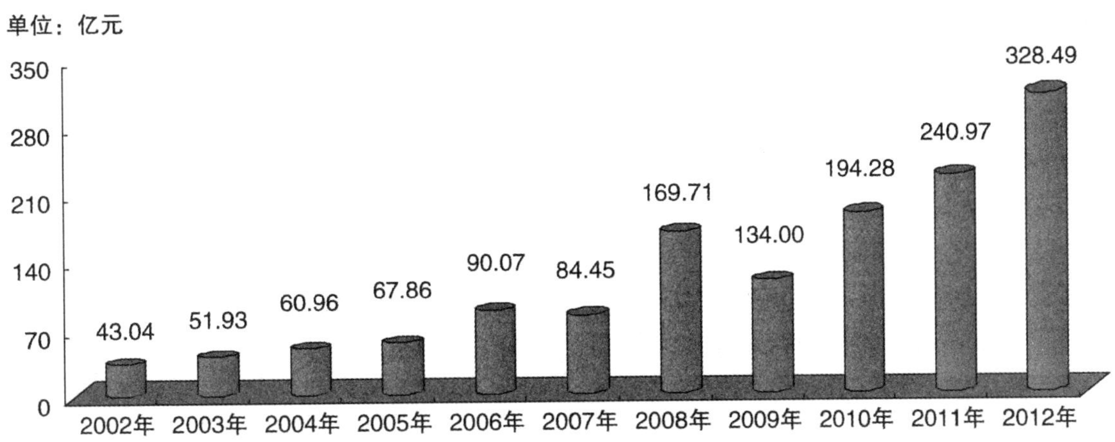

图4 2002—2012年雷达行业实现主营业务收入情况

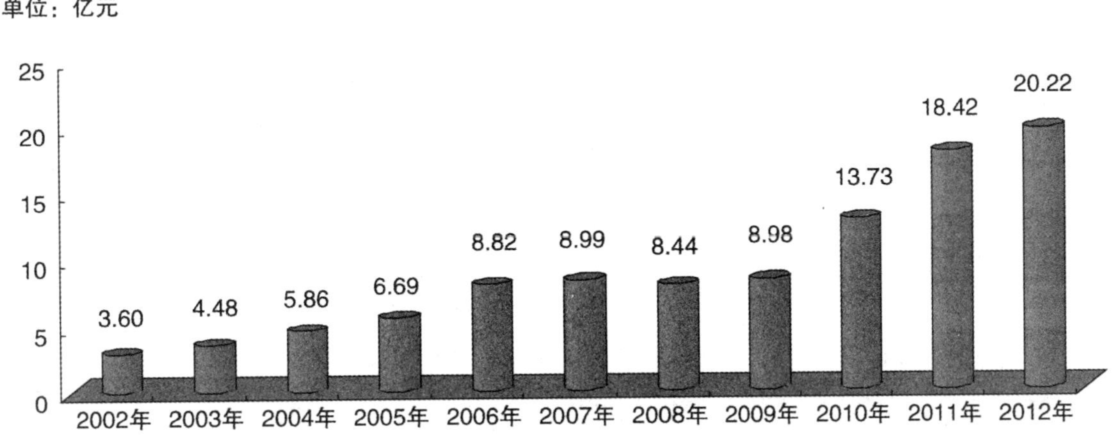

图5 2002—2012年雷达行业实现利润总额情况

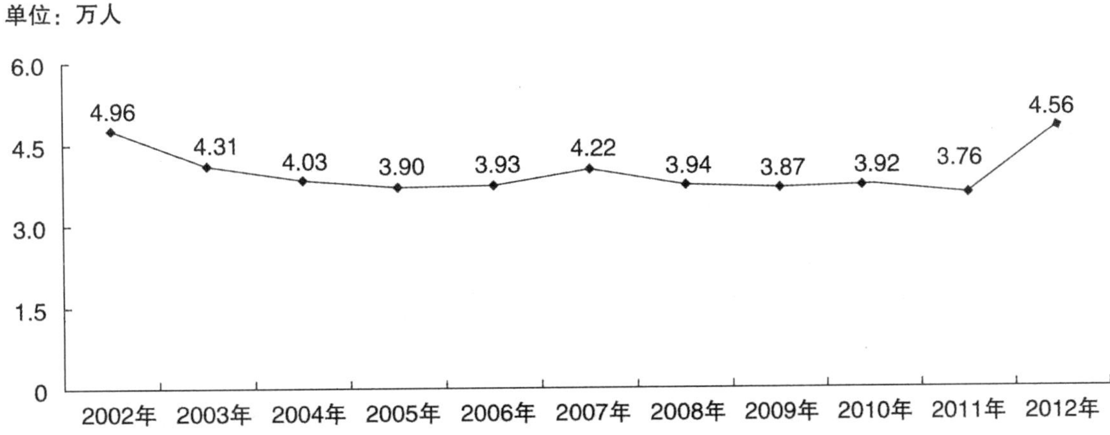

图6 2002—2012年雷达行业从业人员平均人数情况

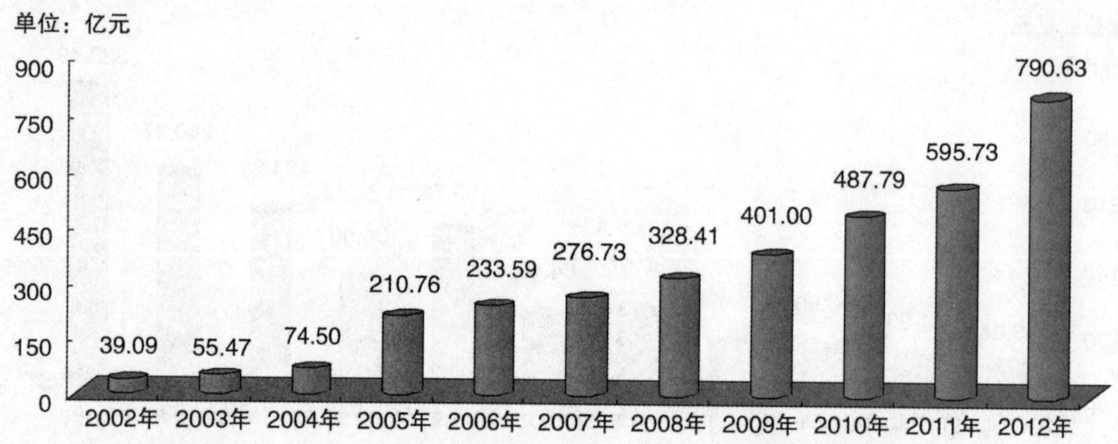

图7　2002—2012年广播电视设备行业实现主营业务收入情况

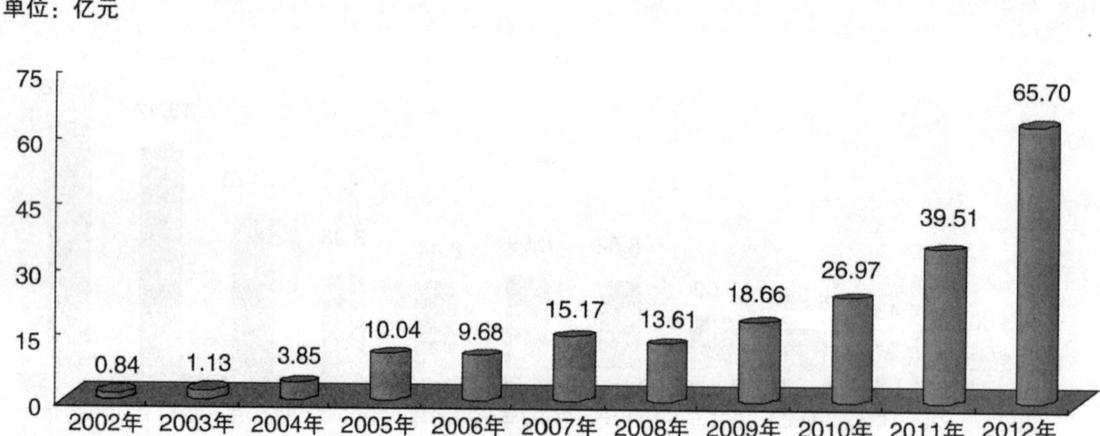

图8　2002—2012年广播电视设备行业实现利润总额情况

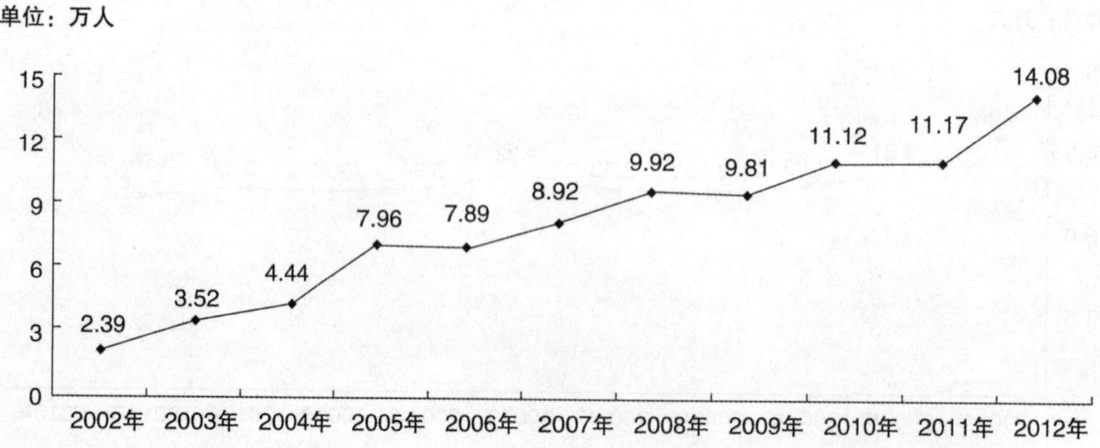

图9　2002—2012年广播电视设备行业从业人员平均人数情况

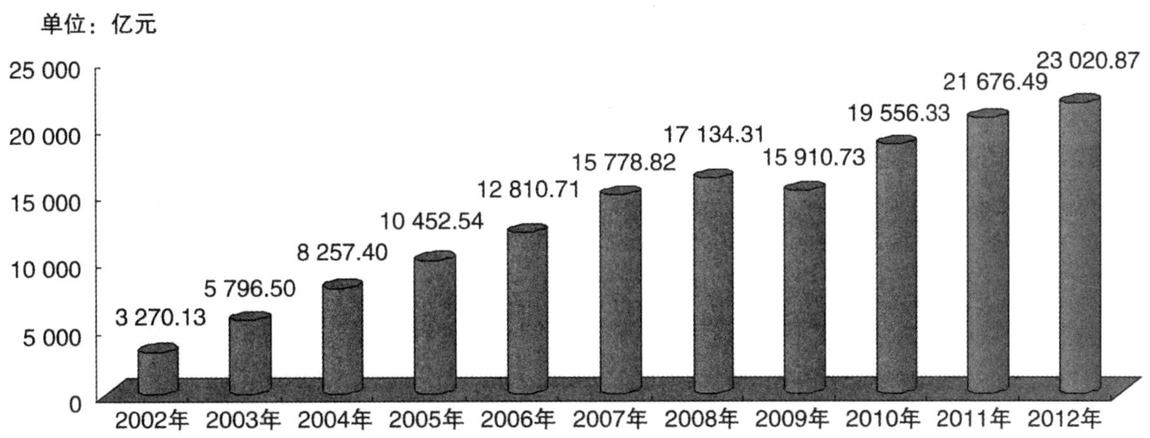

图10 2002—2012年电子计算机行业实现主营业务收入情况

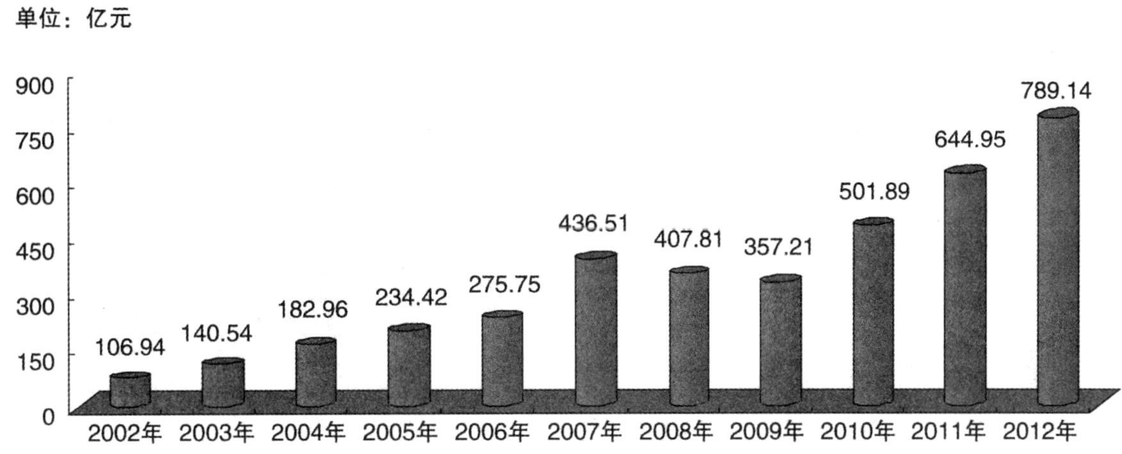

图11 2002—2012年电子计算机行业实现利润总额情况

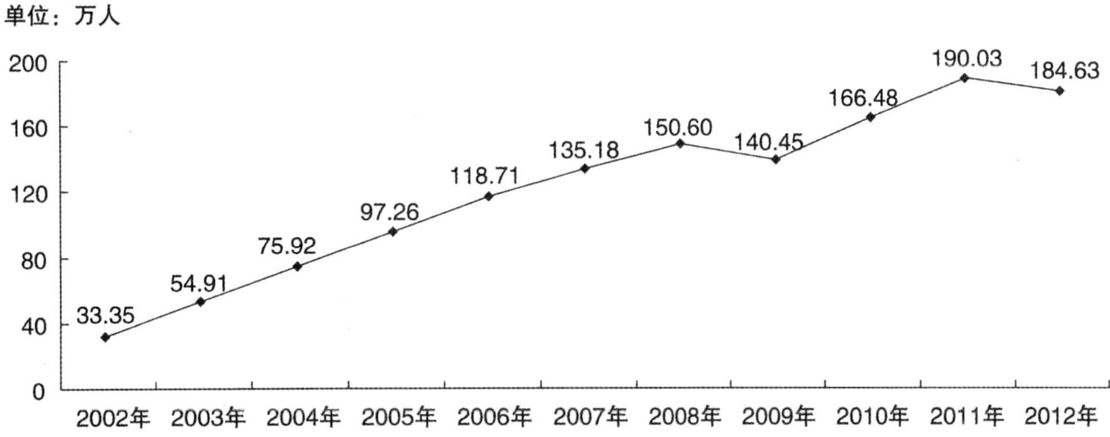

图12 2002—2012年电子计算机行业从业人员平均人数情况

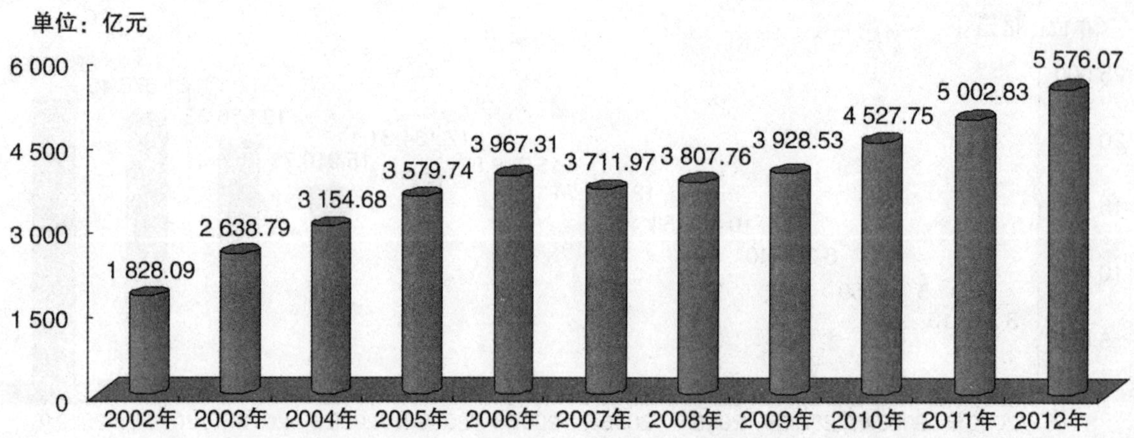

图13　2002—2012年家用视听设备行业实现主营业务收入情况

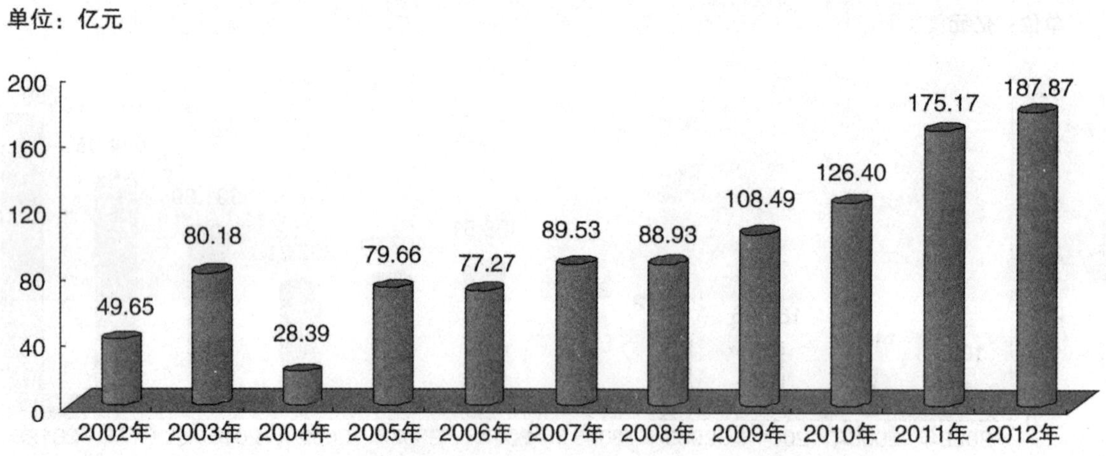

图14　2002—2012年家用视听设备行业实现利润总额情况

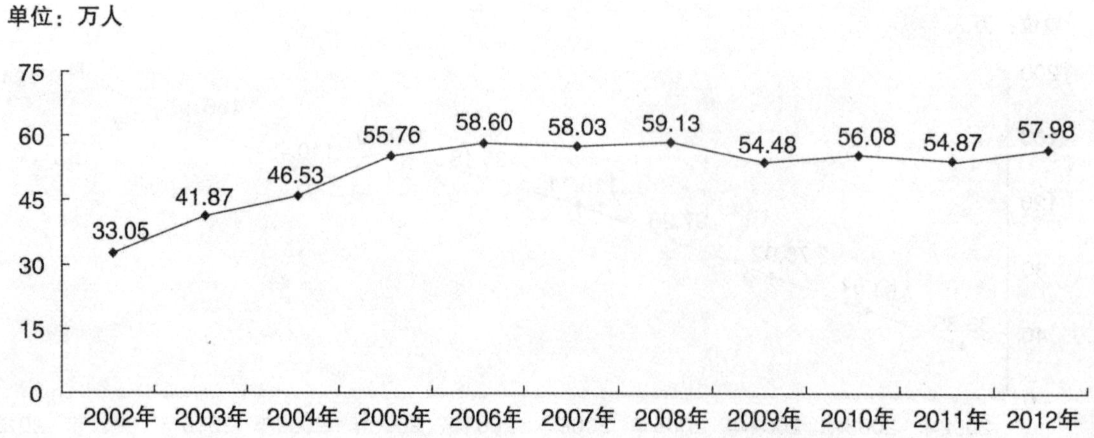

图15　2002—2012年家用视听设备行业从业人员平均人数情况

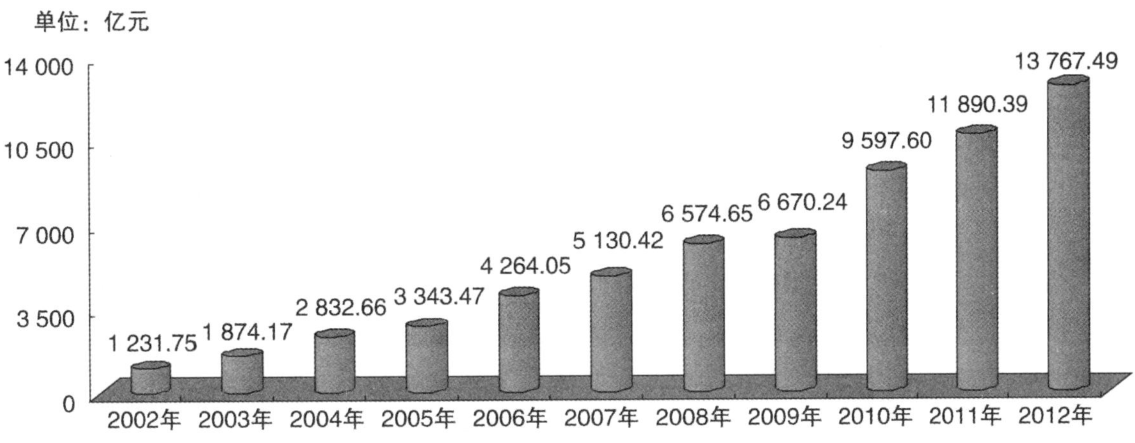

图16　2002—2012年电子器件行业实现主营业务收入情况

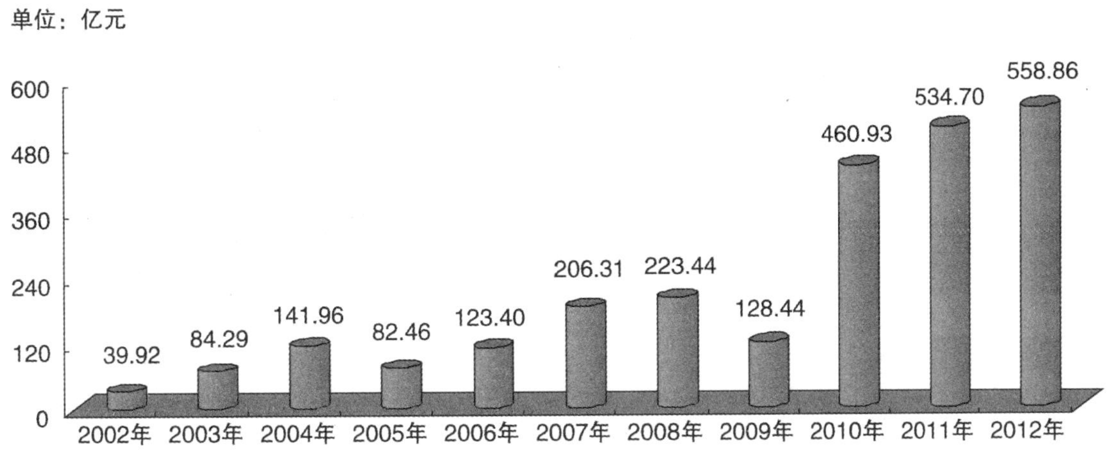

图17　2002—2012年电子器件行业实现利润总额情况

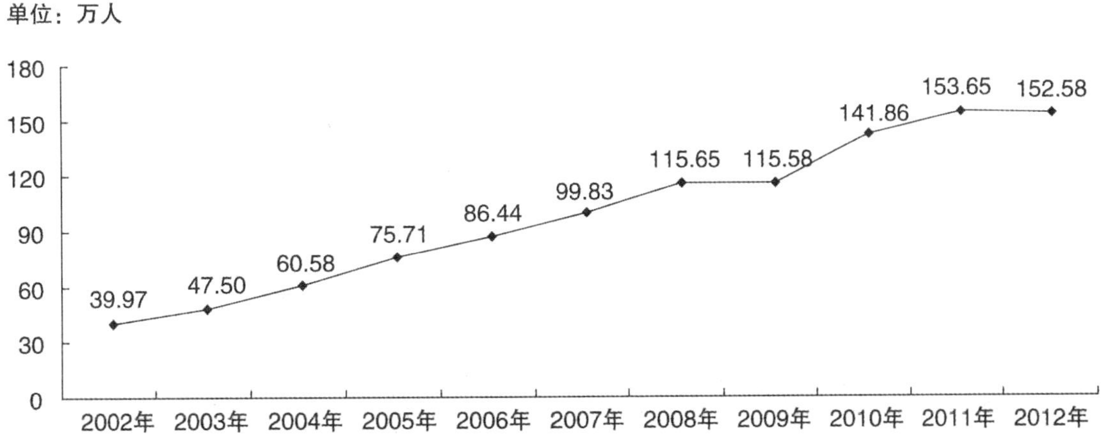

图18　2002—2012年电子器件行业从业人员平均人数情况

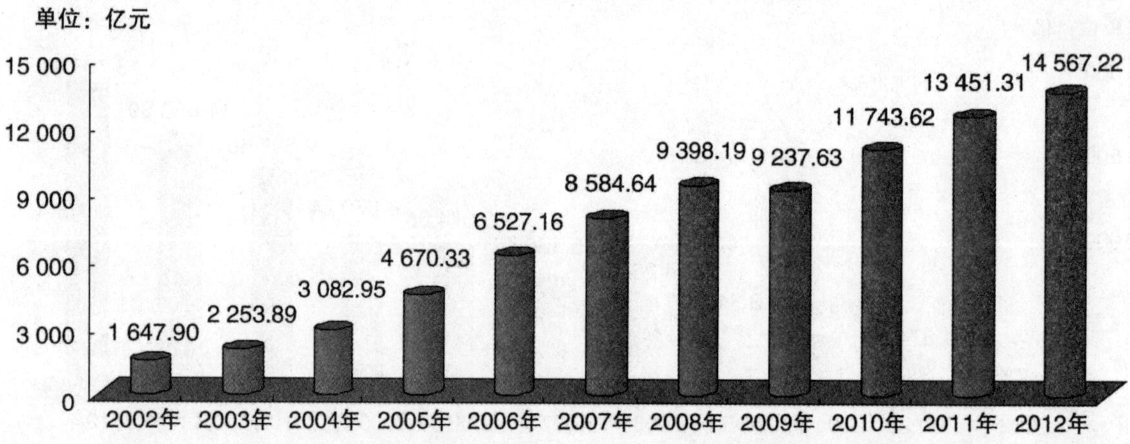

图19　2002—2012年电子元件行业实现主营业务收入情况

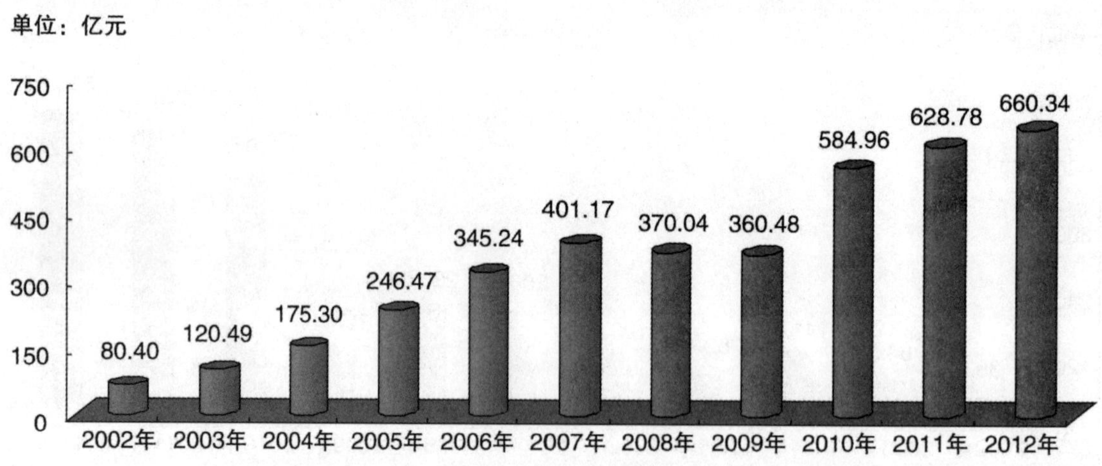

图20　2002—2012年电子元件行业实现利润总额情况

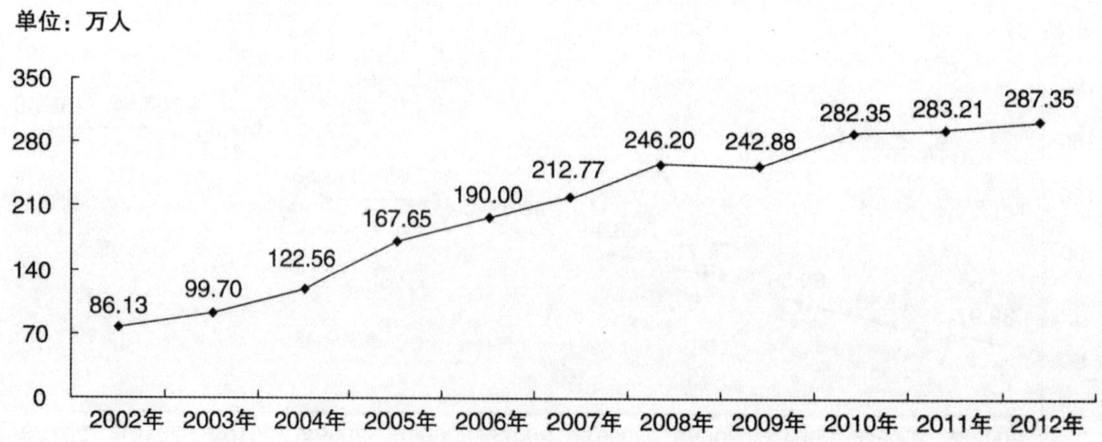

图21　2002—2012年电子元件行业从业人员平均人数情况

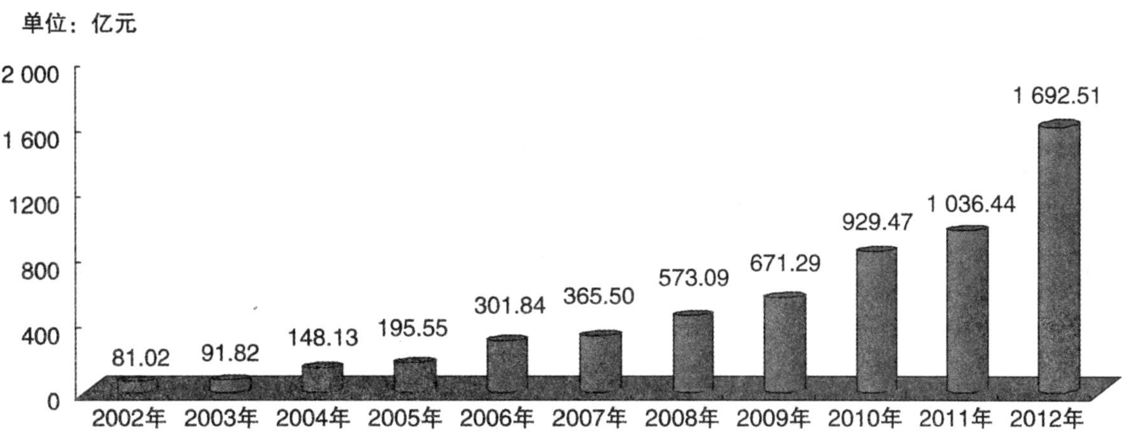

图22　2002—2012年电子测量仪器行业实现主营业务收入情况

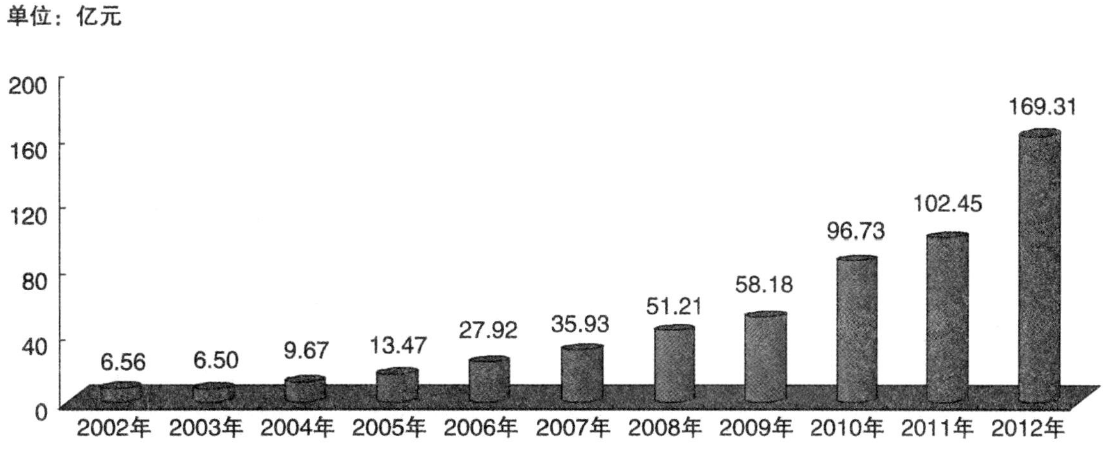

图23　2002—2012年电子测量仪器行业实现利润总额情况

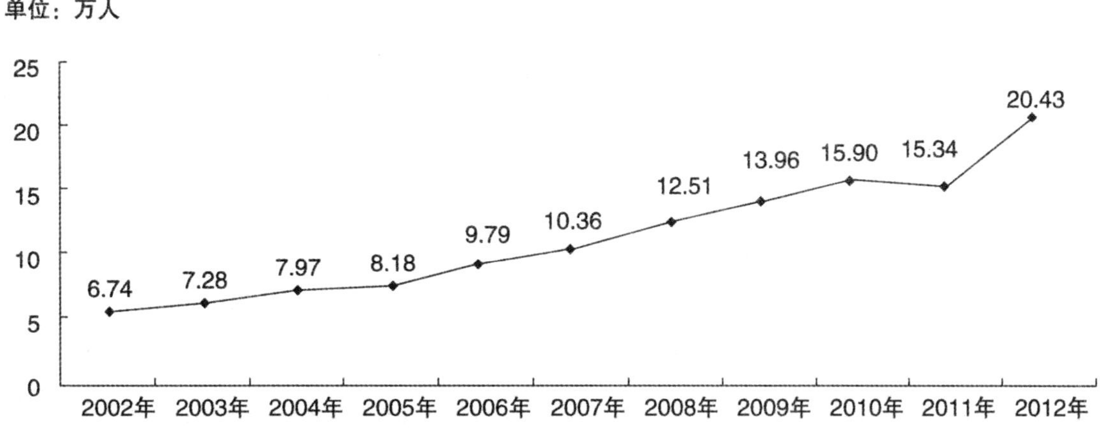

图24　2002—2012年电子测量仪器行业从业人员平均人数情况

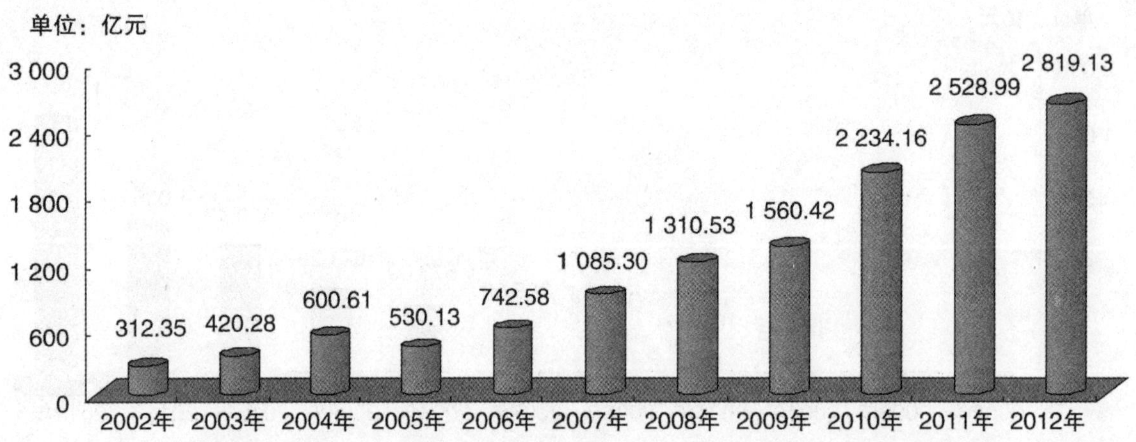

图25　2002—2012年电子专用设备行业实现主营业务收入情况

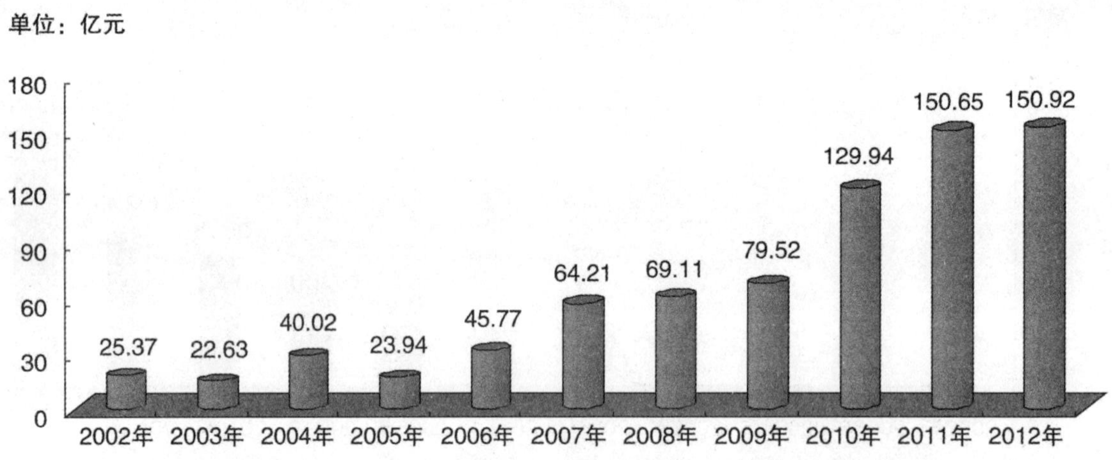

图26　2002—2012年电子专用设备行业实现利润总额情况

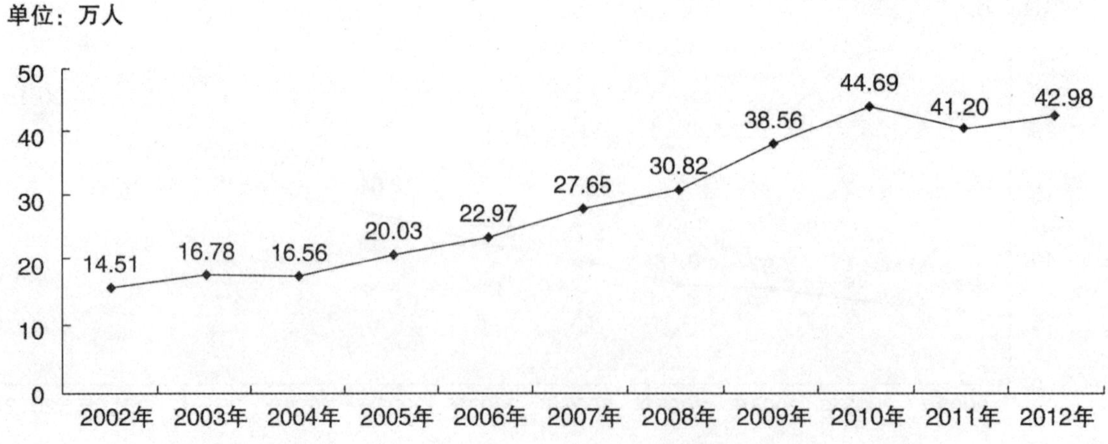

图27　2002—2012年电子专用设备行业从业人员平均人数情况

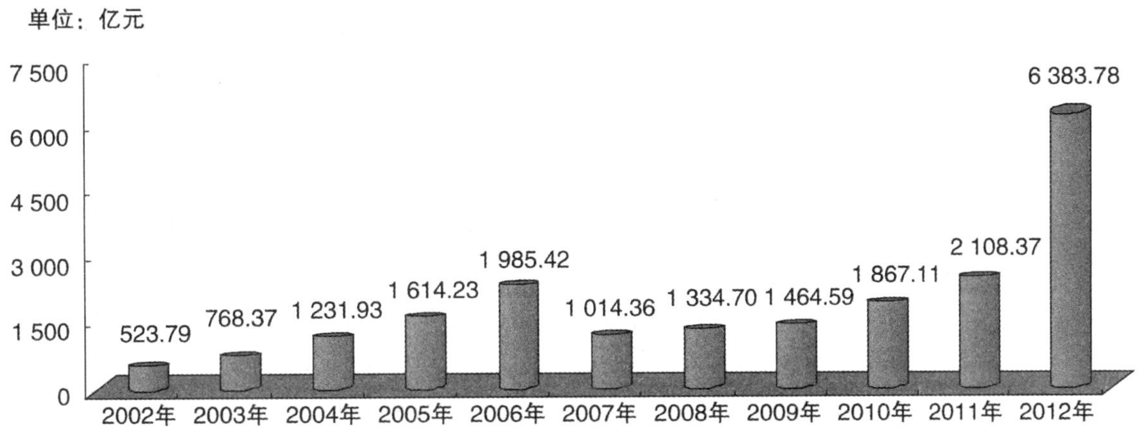

图28 2002—2012年电子信息机电行业实现主营业务收入情况

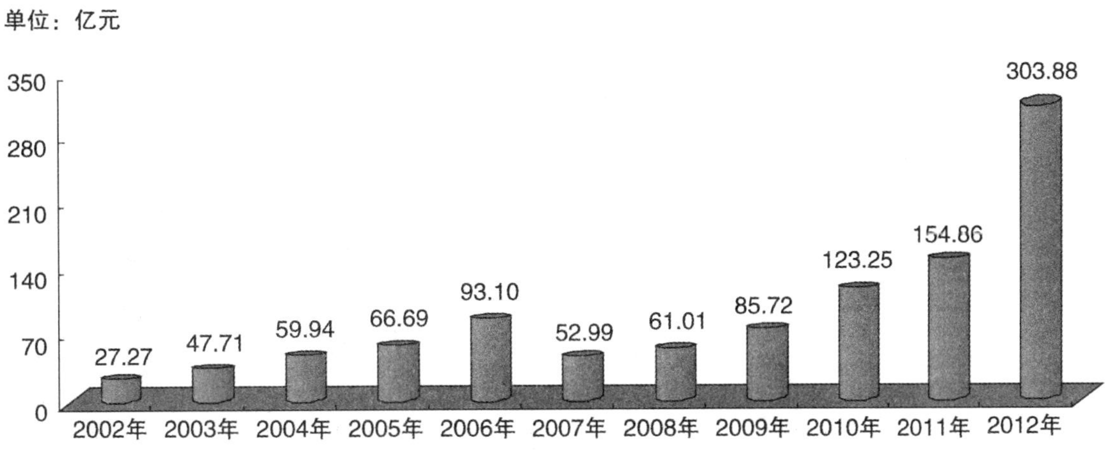

图29 2002—2012年电子信息机电行业实现利润总额情况

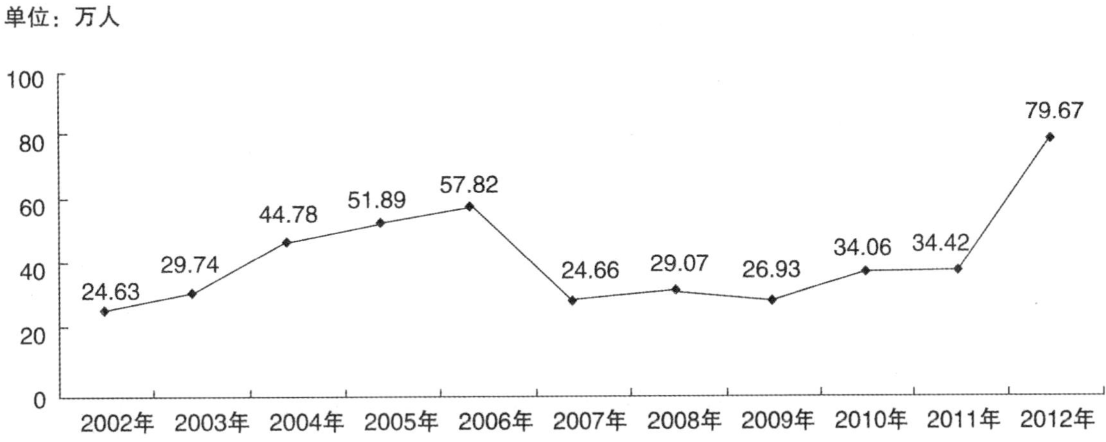

图30 2002—2012年电子信息机电行业从业人员平均人数情况

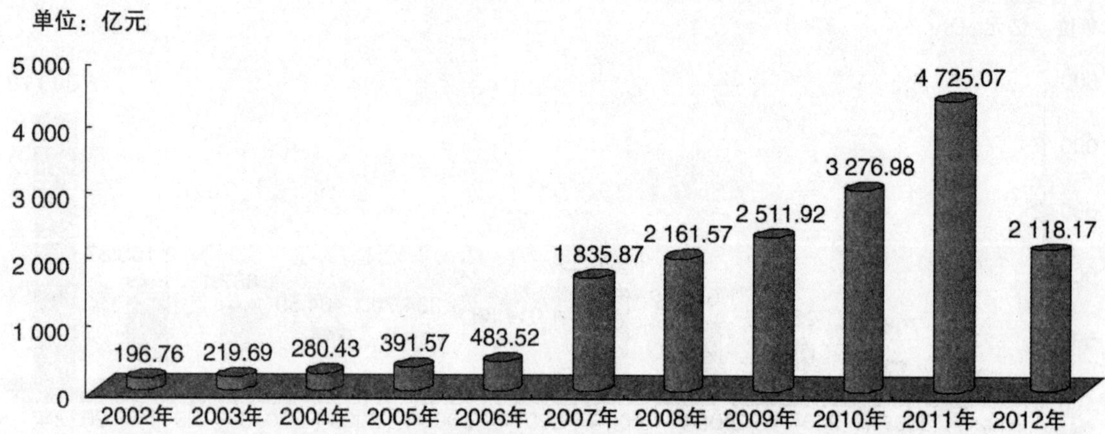

图31　2002—2012年其他电子信息行业实现主营业务收入情况

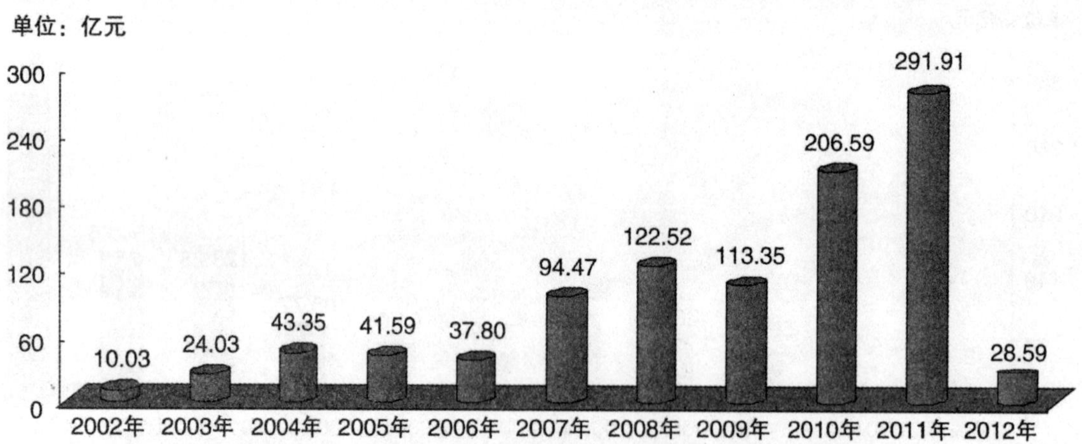

图32　2002—2012年其他电子信息行业实现利润总额情况

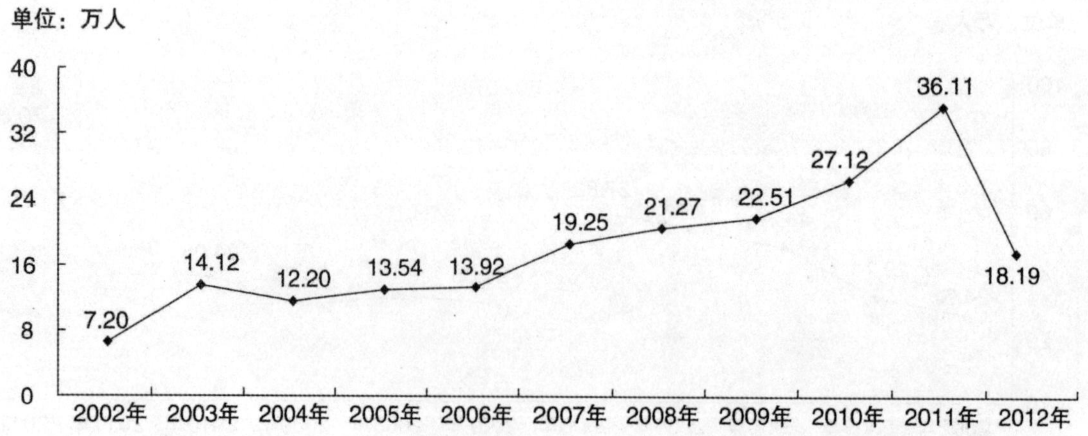

图33　2002—2012年其他电子信息行业从业人员平均人数情况

注：图 1—图 33 数据来源于《电子信息产业改革开放 30 年统计资料》（1978-2007）、工业和信息化部运行监测协调局。

第4部分　电子信息产业经济运行综合统计资料

综合统计资料说明

1. 统计范围包括：全部国有电子信息产业制造业企业和年主营业务收入在500万元以上的非国有电子信息产业制造业企业；软件产业的统计范围是年主营业务收入在100万元以上的软件企业，不包括流通、咨询、服务业的电子信息企业和个别省、市设在保税区内的电子信息产业制造业企业。

2. 此资料调查方式为普查式。历年本统计资料的报表制度均由工业和信息化部负责布置，由各省、自治区、直辖市工业和信息化主管部门收集本地区电子信息产业年度资料，报工业和信息化部运行监测协调局汇总整理。解释权在工业和信息化部运行监测协调局。

表 1　2012 年规模以上电子信息产业主要指标完成情况

项目名称	单位	2011 年	2012 年	增速%
工业增加值	%			12.1
主营业务收入合计	亿元	93 758	109 413	16.7
其中：制造业	亿元	74 909	84 619	13.0
软件业	亿元	18 849	24 794	31.5
利润总额合计	亿元	6 096	6 872	12.7
其中：制造业	亿元	3 300	3 506	6.2
软件业	亿元	2 796	3 366	20.4
税金总额合计	亿元	2 213	2 684	21.3
其中：制造业	亿元	1 245	1 513	21.6
软件业	亿元	968	1 171	21.0
从业人员合计	万人	1 284	1 419	10.5
其中：制造业	万人	940	1 001	6.5
软件业	万人	344	418	21.5
固定资产投资	亿元	9 077	9 592	5.7
电子信息产品进出口总额	亿美元	11 292	11 868	5.1
其中：出口额	亿美元	6 612	6 980	5.6
进口额	亿美元	4 680	4 888	4.4

第一部分　规模以上制造业统计数据

表 2　2012 年按企业登记注册类型分列的电子信息产业制造业主要经济指标完成情况（1）

单位：万元

项目名称	企业数（家）	工业总产值（现行价）	工业销售产值	出口交货值	主营业务收入	全部从业人员平均人数（人）
内资企业	9 620	256 355 292	249 279 875	47 733 760	248 996 615	3 235 431
国有企业	180	14 029 385	13 789 530	1 291 010	13 626 567	143 043
集体企业	86	1 311 840	1 294 763	333 273	1 224 206	53 492
股份合作企业	55	1 004 678	994 055	18 642	1 015 883	12 577
联营企业	14	682 126	676 953	95 912	531 007	14 099
国有联营企业	2	460 883	459 376	31 219	301 501	5 198
集体联营企业	4	35 668	40 050	31 778	40 968	1 975
国有与集体联营企业	4	84 489	68 739	2 144	74 489	3 487
其他联营企业	4	101 085	108 788	30 772	114 049	3 439
有限责任公司	2 458	93 579 939	90 869 216	20 756 483	93 823 241	1 056 876
国有独资公司	61	4 753 003	4 647 344	376 131	4 704 276	61 028
其他有限责任公司	2 397	88 826 937	86 221 872	20 380 352	89 118 965	995 848
股份有限公司	554	45 547 248	43 708 003	13 733 191	41 585 721	497 867
私营企业	6 085	96 397 505	94 214 990	10 476 578	93 623 290	1 393 781
其他内资企业	188	3 802 572	3 732 366	1 028 670	3 566 701	63 696
港、澳、台商投资企业	3 071	199 581 246	195 401 645	134 923 471	195 416 832	3 019 691
合资经营企业（港、澳、台资）	685	40 225 816	39 258 543	23 152 230	38 567 351	654 632
合作经营企业（港、澳、台资）	57	1 268 799	1 250 098	879 962	1 247 361	44 633
港、澳、台商独资经营企业	2 263	153 891 177	150 784 069	108 634 686	151 475 585	2 248 389
港、澳、台商投资股份有限公司	58	4 070 306	3 984 088	2 159 584	3 998 770	68 439
其他港、澳、台商投资企业	8	125 147	124 847	97 009	127 766	3 598
外商投资企业	3 896	388 322 046	405 758 176	285 149 749	401 780 038	3 755 837
中外合资经营企业	839	76 393 639	75 902 718	42 507 052	75 501 374	484 084
中外合作经营企业	50	1 286 146	1 242 351	676 404	1 344 455	26 210
外资企业	2 926	296 860 210	315 094 998	231 077 234	313 720 738	3 144 777
外商投资股份有限公司	66	13 467 248	13 239 234	10 667 117	10 932 804	89 056
其他外商投资企业	15	314 804	278 875	221 943	280 666	11 710

表 3　2012 年按经济类型分列的电子信息产业制造业主要经济指标完成情况（1）

单位：万元

项目名称	企业数（家）	工业总产值（现行价）	工业销售产值	出口交货值	主营业务收入	全部从业人员平均人数（人）
国有经济	243	19 243 270	18 896 251	1 698 360	18 632 344	209 269
集体经济	90	1 347 508	1 334 813	365 050	1 265 174	55 467
股份合作经济	55	1 004 678	994 055	18 642	1 015 883	12 577
股份制经济	2 951	134 374 185	129 929 874	34 113 543	130 704 685	1 493 715
外商及港、澳、台投资经济	6 967	587 903 292	601 159 821	420 073 220	597 196 870	6 775 528
其他经济	6 281	100 385 651	98 124 882	11 538 164	97 378 529	1 464 403

表 4　2012 年按企业规模分列的电子信息产业制造业主要经济指标完成情况（1）

单位：万元

项目名称	企业数（家）	工业总产值（现行价）	工业销售产值	出口交货值	主营业务收入	全部从业人员平均人数（人）
大型企业	1 306	567 358 328	579 996 906	388 154 213	578 775 036	5 672 406
中型企业	4 242	140 241 203	136 750 184	52 385 671	135 731 285	2 568 568
小型企业	11 039	136 659 053	133 692 605	27 267 096	131 687 164	1 769 985

表 5　2012 年通信设备工业行业主要经济指标完成情况（1）

单位：万元

项目名称	企业数（家）	工业总产值（现行价）	工业销售产值	出口交货值	主营业务收入	全部从业人员平均人数（人）
合计	1 261	139 529 220	137 179 750	71 152 623	135 550 048	1 386 478
通信系统设备制造	723	61 551 653	59 538 529	24 324 524	58 297 622	522 139
通信终端设备制造	538	77 977 567	77 641 221	46 828 099	77 252 426	864 339

表 6　2012 年广播电视设备工业行业主要经济指标完成情况（1）

单位：万元

项目名称	企业数（家）	工业总产值（现行价）	工业销售产值	出口交货值	主营业务收入	全部从业人员平均人数（人）
合计	410	8 311 400	7 935 530	2 835 846	7 906 283	140 843
广播电视节目制作及发射设备制造	58	656 317	635 309	63 664	689 797	9 747
广播电视接收设备及器材制造	246	5 048 431	4 817 355	2 115 785	4 770 245	95 212
应用电视设备及其他广播电视设备制造	106	2 606 652	2 482 866	656 397	2 446 241	35 884

表 7 2012 年电子计算机工业行业主要经济指标完成情况（1）

单位：万元

项目名称	企业数（家）	工业总产值（现行价）	工业销售产值	出口交货值	主营业务收入	全部从业人员平均人数（人）
合计	1 273	218 580 035	227 334 675	172 438 412	230 208 694	1 846 250
计算机整机制造	166	127 683 846	137 694 834	102 953 336	141 327 692	716 354
计算机零部件制造	439	32 071 385	31 592 964	23 692 772	31 730 922	396 080
计算机外围设备制造	370	45 424 383	45 005 425	38 997 734	44 051 368	574 923
其他计算机制造	194	8 540 742	8 460 243	4 050 775	8 409 446	111 251
幻灯及投影设备制造	19	465 681	436 081	176 442	439 257	3 834
计算器及货币专用设备制造	85	4 393 998	4 145 129	2 567 353	4 250 009	43 808

表 8 2012 年家用视听设备工业行业主要经济指标完成情况（1）

单位：万元

项目名称	企业数（家）	工业总产值（现行价）	工业销售产值	出口交货值	主营业务收入	全部从业人员平均人数（人）
合计	847	54 654 467	53 611 202	25 328 162	55 760 655	579 752
电视机制造	185	30 734 703	30 118 125	9 442 735	32 482 678	197 613
音响设备制造	458	10 836 094	10 673 617	6 645 917	10 396 514	237 685
影视录放设备制造	204	13 083 670	12 819 460	9 239 510	12 881 463	144 454

表 9 2012 年电子器件工业行业主要经济指标完成情况（1）

单位：万元

项目名称	企业数（家）	工业总产值（现行价）	工业销售产值	出口交货值	主营业务收入	全部从业人员平均人数（人）
合计	2 185	132 319 048	140 064 415	89 747 863	137 674 894	1 525 820
电子真空器件制造	119	6 114 691	5 958 057	4 281 568	5 983 891	57 705
半导体分立器件制造	323	7 565 865	7 398 368	3 626 359	7 413 811	123 990
集成电路制造	421	25 202 437	24 675 605	16 980 108	22 048 542	268 457
光电子器件及其他电子器件制造	1 322	93 436 055	102 032 385	64 859 828	102 228 650	1 075 668

表 10 2012 年电子元件工业行业主要经济指标完成情况（1）

单位：万元

项目名称	企业数（家）	工业总产值（现行价）	工业销售产值	出口交货值	主营业务收入	全部从业人员平均人数（人）
合计	6 000	150 799 464	147 959 628	71 534 908	145 672 179	2 873 458
电力电子元器件制造	1 024	15 445 418	15 204 903	4 601 129	14 858 961	256 789
电子元件及组件制造	4 175	103 150 210	101 246 983	48 105 634	99 643 184	2 021 302
印制电路板制造	801	32 203 836	31 507 742	18 828 145	31 170 034	595 367

表 11　2012 年电子测量仪器工业行业主要经济指标完成情况（1）

单位：万元

项目名称	企业数（家）	工业总产值（现行价）	工业销售产值	出口交货值	主营业务收入	全部从业人员平均人数（人）
合计	762	17 121 287	16 743 113	3 182 471	16 925 088	204 339
环境监测专用仪器仪表制造	72	1 432 789	1 412 064	140 826	1 409 161	13 972
运输设备及生产用计数仪表制造	195	4 768 122	4 651 243	487 176	4 736 284	57 924
导航、气象及海洋专用仪器制造	73	1 925 171	1 891 315	688 479	1 911 820	28 076
农林牧渔专用仪器仪表制造	9	247 458	243 845	5 932	234 473	1 725
地质勘探和地震专用仪器制造	56	1 453 237	1 403 422	108 027	1 387 641	16 599
核子及核辐射测量仪器制造	12	102 655	98 567	496	106 269	2 353
电子测量仪器制造	140	2 237 684	2 218 461	367 310	2 267 544	26 635
医疗诊断、监护及治疗设备制造	205	4 954 172	4 824 198	1 384 225	4 871 896	57 055

表 12　2012 年电子专用设备工业行业主要经济指标完成情况（1）

单位：万元

项目名称	企业数（家）	工业总产值（现行价）	工业销售产值	出口交货值	主营业务收入	全部从业人员平均人数（人）
合计	1 289	31 204 962	30 470 208	8 554 896	28 191 255	429 820
电子工业专用设备制造	462	9 181 149	8 921 298	1 761 969	8 493 603	122 213
其他电子设备制造	827	22 023 813	21 548 909	6 792 927	19 697 652	307 607

表 13　2012 年电子信息机电工业行业主要经济指标完成情况（1）

单位：万元

项目名称	企业数（家）	工业总产值（现行价）	工业销售产值	出口交货值	主营业务收入	全部从业人员平均人数（人）
合计	1 977	66 913 015	64 892 262	19 043 687	63 837 798	796 674
微电机及其他电机制造	873	18 473 744	18 135 232	4 974 252	17 733 000	314 731
光纤、光缆制造	158	8 179 584	8 020 083	816 244	7 774 309	55 959
光伏设备及元器件制造	413	25 192 198	24 121 147	8 190 376	23 847 961	181 369
锂离子电池制造	405	12 584 484	12 250 574	4 315 299	12 105 425	200 990
镍氢电池制造	128	2 483 005	2 365 226	747 516	2 377 103	43 625

表 14　2012 年其他电子信息行业主要经济指标完成情况（1）

单位：万元

项目名称	企业数（家）	工业总产值（现行价）	工业销售产值	出口交货值	主营业务收入	全部从业人员平均人数（人）
信息化学品制造	523	21 678 295	21 162 217	3 311 601	21 181 663	181 943

表 15 2012 年省、自治区、直辖市电子信息产业制造业主要经济指标完成情况（1）

单位：万元

项目名称	企业数（家）	工业总产值（现行价）	工业销售产值	出口交货值	主营业务收入	全部从业人员平均人数（人）
北京市	420	22 350 970	21 922 721	10 459 937	26 509 906	161 528
天津市	406	28 770 968	28 762 705	14 622 105	27 281 700	210 584
河北省	206	5 611 287	5 459 888	1 037 772	5 607 308	95 798
山西省	43	4 554 425	4 566 091	2 899 647	4 594 012	115 155
内蒙古自治区	32	1 586 296	1 584 319	117 805	1 620 149	9 219
辽宁省	333	13 455 480	13 139 114	4 773 114	12 818 097	127 750
吉林省	60	1 115 282	1 109 010	45 782	1 037 827	13 327
黑龙江省	35	439 932	425 928	22 831	440 878	10 379
上海市	728	63 308 377	62 119 742	46 063 363	64 180 523	511 162
江苏省	3 501	210 034 086	229 463 274	135 934 409	228 973 742	2 226 680
浙江省	1 824	35 054 286	33 577 873	12 235 596	33 563 578	540 770
安徽省	412	11 113 072	10 589 936	1 609 188	10 165 371	134 563
福建省	514	30 840 731	30 289 874	17 447 351	30 028 340	311 334
江西省	349	16 168 598	16 246 967	3 724 767	16 852 696	202 219
山东省	1 003	51 181 144	50 452 198	14 739 231	50 178 434	386 720
河南省	322	20 506 339	20 090 497	13 215 565	20 090 762	430 677
湖北省	326	15 329 757	14 694 089	5 530 384	12 262 948	171 490
湖南省	452	13 020 958	12 589 406	2 110 679	12 570 257	173 741
广东省	4 719	239 824 888	234 923 206	151 832 802	231 438 615	3 476 992
广西壮族自治区	126	6 955 217	6 774 598	1 646 742	6 095 969	82 363
海南省	7	656 872	640 311	227 462	636 773	6 797
重庆市	135	15 984 990	15 625 636	11 832 309	15 484 573	129 047
四川省	399	29 157 540	28 655 281	15 013 498	27 106 372	358 721
贵州省	24	665 659	614 620	17 303	602 408	12 224
云南省	18	279 437	257 917	10 218	294 636	5 936
陕西省	155	5 195 105	4 822 642	519 670	4 711 288	82 043
甘肃省	14	386 147	362 664	70 461	367 436	11 231
青海省	7	168 280	166 357		180 886	1 939
宁夏回族自治区	12	279 921	256 714	3 055	251 445	5 239
新疆维吾尔自治区	5	262 541	256 117	43 936	246 556	5 331

表 16　2012 年按企业登记注册类型分列的电子信息产业制造业主要经济指标完成情况（2）

单位：万元

项目名称	主营业务成本	营业费用	主营业务税金及附加	管理费用	财务费用	利息支出	应交增值税
内资企业	203 148 644	10 186 402	1 541 926	16 081 858	2 718 113	2 614 867	6 595 982
国有企业	11 377 923	632 547	59 435	831 735	69 783	102 161	362 185
集体企业	1 000 225	39 636	11 371	93 177	5 299	3 991	31 479
股份合作企业	690 074	35 593	8 920	52 936	5 302	4 325	30 544
联营企业	477 958	10 058	1 171	40 492	20 278	8 751	4 916
国有联营企业	285 456	2 920	155	20 897	16 801	299	1 095
集体联营企业	36 260		28	142	169	168	106
国有与集体联营企业	64 047	3 839	346	11 682	2 768	7 852	2 401
其他联营企业	92 195	3 299	642	7 771	540	433	1 315
有限责任公司	75 143 502	4 617 532	516 540	7 897 103	1 022 599	933 217	2 735 433
国有独资公司	3 995 278	113 838	16 064	410 364	78 197	88 550	44 447
其他有限责任公司	71 148 224	4 503 694	500 476	7 486 739	944 402	844 666	2 690 986
股份有限公司	32 429 853	2 713 977	443 051	2 733 030	573 160	684 272	770 093
私营企业	78 974 226	2 051 043	485 941	4 256 357	977 612	836 886	2 603 156
其他内资企业	3 054 883	86 017	15 497	177 028	44 080	41 265	58 176
港、澳、台商投资企业	178 996 579	3 074 695	354 985	6 088 941	417 107	897 645	2 686 937
合资经营企业（港、澳、台资）	34 867 869	781 105	69 206	1 361 129	212 571	246 925	472 383
合作经营企业（港、澳、台资）	1 094 703	11 707	4 465	87 482	7 054	5 720	17 251
港、澳、台商独资经营企业	139 620 597	2 178 022	267 398	4 401 002	186 439	624 719	2 109 209
港、澳、台商投资股份有限公司	3 296 542	101 908	13 425	232 550	11 290	20 127	86 613
其他港、澳、台商投资企业	116 868	1 953	491	6 778	–247	154	1 481
外商投资企业	346 958 453	5 320 772	665 956	10 817 991	811 934	1 175 546	3 280 686
中外合资经营企业	67 405 100	2 091 936	167 917	2 174 016	280 548	347 488	1 065 496
中外合作经营企业	1 139 040	31 861	4 240	84 029	10 802	7 980	26 050
外资企业	268 172 570	2 997 877	472 975	8 151 430	525 858	793 229	2 132 836
外商投资股份有限公司	9 997 527	196 944	19 468	393 713	–5 930	26 620	55 057
其他外商投资企业	244 216	2 154	1 356	14 803	656	229	1 247

表 17 2012 年按经济类型分列的电子信息产业制造业主要经济指标完成情况（2）

单位：万元

项目名称	主营业务成本	营业费用	主营业务税金及附加	管理费用	财务费用	利息支出	应交增值税
国有经济	15 658 657	749 305	75 654	1 262 995	164 780	191 010	407 727
集体经济	1 036 486	39 636	11 399	93 318	5 468	4 159	31 584
股份合作经济	690 074	35 593	8 920	52 936	5 302	4 325	30 544
股份制经济	103 578 078	7 217 670	943 527	10 219 769	1 517 563	1 528 938	3 461 079
外商及港、澳、台投资经济	525 955 032	8 395 466	1 020 941	16 906 932	1 229 041	2 073 191	5 967 623
其他经济	82 185 351	2 144 198	502 425	4 452 838	1 025 000	886 435	2 665 048

表 18 2012 年按企业规模分列的电子信息产业制造业主要经济指标完成情况（2）

单位：万元

项目名称	主营业务成本	营业费用	主营业务税金及附加	管理费用	财务费用	利息支出	应交增值税
大型企业	498 676 801	12 588 250	1 449 001	18 773 834	1 795 149	2 630 549	7 324 315
中型企业	117 280 671	2 933 578	496 981	7 742 002	1 073 243	1 093 710	2 433 918
小型企业	113 146 204	3 060 040	616 885	6 472 954	1 078 762	963 799	2 805 372

表 19 2012 年通信设备工业行业主要经济指标完成情况（2）

单位：万元

项目名称	主营业务成本	营业费用	主营业务税金及附加	管理费用	财务费用	利息支出	应交增值税
合计	114 095 869	6 592 106	718 220	7 840 549	584 956	707 711	2 745 282
通信系统设备制造	43 661 804	4 557 533	561 808	5 741 624	556 178	537 247	1 671 584
通信终端设备制造	70 434 065	2 034 573	156 412	2 098 925	28 778	170 464	1 073 699

表 20 2012 年广播电视设备工业行业主要经济指标完成情况（2）

单位：万元

项目名称	主营业务成本	营业费用	主营业务税金及附加	管理费用	财务费用	利息支出	应交增值税
合计	6 391 440	265 957	39 979	541 964	85 009	84 835	167 582
广播电视节目制作及发射设备制造	558 179	28 038	3 453	52 080	9 593	9 604	13 710
广播电视接收设备及器材制造	3 953 077	128 495	25 259	278 463	47 298	48 181	87 929
应用电视设备及其他广播电视设备制造	1 880 184	109 424	11 267	211 421	28 118	27 050	65 943

表 21　2012 年电子计算机工业行业主要经济指标完成情况（2）

单位：万元

项目名称	主营业务成本	营业费用	主营业务税金及附加	管理费用	财务费用	利息支出	应交增值税
合计	202 278 430	3 059 377	311 638	4 509 995	−54 568	461 388	2 038 099
计算机整机制造	121 817 761	1 790 346	91 454	1 890 710	−123 260	284 772	1 296 998
计算机零部件制造	28 741 393	332 894	60 633	760 562	53 324	46 071	234 409
计算机外围设备制造	41 035 852	479 912	97 295	1 151 103	−12 124	92 994	209 531
其他计算机制造	6 554 258	310 572	49 213	516 654	11 772	27 500	210 287
幻灯及投影设备制造	370 945	10 959	1 341	30 028	4 610	4 158	26 716
计算器及货币专用设备制造	3 758 221	134 693	11 702	160 939	11 111	5 893	60 158

表 22　2012 年家用视听设备工业行业主要经济指标完成情况（2）

单位：万元

项目名称	主营业务成本	营业费用	主营业务税金及附加	管理费用	财务费用	利息支出	应交增值税
合计	49 710 017	2 006 189	163 631	1 961 571	206 017	210 784	884 477
电视机制造	28 809 023	1 575 339	104 747	975 542	136 683	146 479	592 714
音响设备制造	9 234 452	195 916	35 382	524 936	36 785	32 750	149 064
影视录放设备制造	11 666 542	234 934	23 502	461 093	32 550	31 555	142 699

表 23　2012 年电子器件工业行业主要经济指标完成情况（2）

单位：万元

项目名称	主营业务成本	营业费用	主营业务税金及附加	管理费用	财务费用	利息支出	应交增值税
合计	113 719 027	1 466 789	271 307	5 030 552	661 345	810 032	1 211 451
电子真空器件制造	5 359 748	102 369	20 108	333 760	26 904	43 821	61 755
半导体分立器件制造	6 520 966	107 975	25 557	433 242	50 406	57 840	82 601
集成电路制造	19 314 795	221 881	53 621	1 433 876	151 486	173 580	226 934
光电子器件及其他电子器件制造	82 523 517	1 034 565	172 021	2 829 676	432 548	534 792	840 161

表 24　2012 年电子元件工业行业主要经济指标完成情况（2）

单位：万元

项目名称	主营业务成本	营业费用	主营业务税金及附加	管理费用	财务费用	利息支出	应交增值税
合计	128 068 029	2 344 364	532 696	6 387 648	760 489	815 408	2 328 276
电力电子元器件制造	12 538 102	343 531	65 361	810 104	166 428	146 130	343 012
电子元件及组件制造	87 311 039	1 592 102	384 306	4 330 857	452 674	490 819	1 611 154
印制电路板制造	28 218 889	408 731	83 029	1 246 688	141 387	178 458	374 110

表 25 2012 年电子测量仪器工业行业主要经济指标完成情况（2）

单位：万元

项目名称	主营业务成本	营业费用	主营业务税金及附加	管理费用	财务费用	利息支出	应交增值税
合计	13 126 903	670 016	104 637	1 271 195	125 366	123 206	513 737
环境监测专用仪器仪表制造	1 146 853	51 833	10 578	67 956	11 707	11 148	60 384
运输设备及生产用计数仪表制造	3 770 940	123 099	27 434	317 586	50 461	43 478	131 826
导航、气象及海洋专用仪器制造	1 573 740	39 009	6 582	140 389	29 403	23 934	31 522
农林牧渔专用仪器仪表制造	198 396	3 262	732	13 385	1 180	1 166	6 795
地质勘探和地震专用仪器制造	1 092 971	36 728	11 780	93 180	4 432	7 270	57 227
核子及核辐射测量仪器制造	79 790	5 540	471	14 287	1 512	1 485	2 946
电子测量仪器制造	1 752 616	105 929	13 719	160 903	12 455	13 824	71 733
医疗诊断、监护及治疗设备制造	3 511 598	304 616	33 341	463 509	14 215	20 901	151 304

表 26 2012 年电子专用设备工业行业主要经济指标完成情况（2）

单位：万元

项目名称	主营业务成本	营业费用	主营业务税金及附加	管理费用	财务费用	利息支出	应交增值税
合计	23 965 336	709 149	133 780	1 605 708	231 002	203 978	607 555
电子工业专用设备制造	7 085 176	220 260	54 060	507 448	100 190	88 506	238 864
其他电子设备制造	16 880 160	488 889	79 720	1 098 260	130 812	115 472	368 691

表 27 2012 年电子信息机电工业行业主要经济指标完成情况（2）

单位：万元

项目名称	主营业务成本	营业费用	主营业务税金及附加	管理费用	财务费用	利息支出	应交增值税
合计	55 900 872	1 127 721	207 727	2 645 877	846 568	783 643	1 598 041
微电机及其他电机制造	15 095 449	335 554	82 165	878 724	146 020	139 775	449 606
光纤、光缆制造	6 673 714	151 231	23 577	254 016	59 749	58 261	350 257
光伏设备及元器件制造	21 293 622	406 611	55 535	951 372	516 540	462 784	571 825
锂离子电池制造	10 820 064	186 574	34 018	463 239	98 351	102 851	158 727
镍氢电池制造	2 018 023	47 752	12 432	98 527	25 908	19 972	67 626

表 28 2012 年其他电子信息行业主要经济指标完成情况（2）

单位：万元

项目名称	主营业务成本	营业费用	主营业务税金及附加	管理费用	财务费用	利息支出	应交增值税
信息化学品制造	19 132 955	249 513	67 517	944 593	478 431	453 936	421 933

表 29　2012 年省、自治区、直辖市电子信息产业制造业主要经济指标完成情况（2）

单位：万元

项目名称	主营业务成本	营业费用	主营业务税金及附加	管理费用	财务费用	利息支出	应交增值税
北京市	23 614 970	1 176 864	58 509	1 323 289	68 081	150 211	313 604
天津市	24 198 415	1 035 077	87 871	667 914	43 773	66 130	573 417
河北省	4 919 903	92 616	24 600	287 153	61 901	63 038	107 616
山西省	4 099 541	23 136	10 982	185 833	22 157	26 028	58 097
内蒙古自治区	1 460 067	37 054	5 031	35 962	16 006	15 585	13 156
辽宁省	11 027 539	291 746	71 906	614 107	77 639	56 182	155 262
吉林省	853 722	18 935	3 911	63 727	10 365	9 720	19 749
黑龙江省	321 975	26 145	3 473	46 643	10 656	9 190	14 560
上海市	60 147 988	1 012 224	27 699	2 009 651	29 358	343 288	204 039
江苏省	185 724 213	2 295 761	410 908	6 359 762	1 065 378	1 247 376	3 028 100
浙江省	28 109 411	884 564	133 268	2 116 247	502 907	546 600	723 038
安徽省	8 701 820	205 857	30 453	516 605	93 587	128 640	228 950
福建省	26 636 548	819 646	65 375	1 182 878	61 482	110 963	297 332
江西省	14 812 129	172 205	64 981	421 167	122 343	101 064	364 239
山东省	43 435 627	1 092 379	177 492	1 422 572	282 258	238 587	1 023 510
河南省	18 548 623	219 783	62 166	599 829	39 785	74 839	143 290
湖北省	10 462 833	444 227	55 458	822 718	107 609	89 368	174 970
湖南省	10 347 525	224 323	89 320	396 190	75 672	59 209	330 196
广东省	201 926 511	7 376 907	977 581	11 818 985	925 647	1 019 622	3 284 815
广西壮族自治区	5 465 455	69 802	14 135	204 229	11 709	10 904	100 257
海南省	568 076	20 396	1 155	38 653	5 954	6 137	18 198
重庆市	14 837 047	113 163	33 400	327 091	20 235	35 218	99 203
四川省	23 130 949	738 696	124 090	992 778	160 268	160 581	1 148 866
贵州省	469 500	41 555	1 875	52 677	863	1 754	8 874
云南省	256 051	9 654	1 836	20 141	7 481	6 103	9 397
陕西省	4 090 907	113 317	19 777	364 061	66 777	66 585	94 337
甘肃省	285 664	12 746	4 393	41 185	9 982	9 132	16 409
青海省	195 729	3 446	543	11 874	10 848	6 082	3 383
宁夏回族自治区	254 345	2 757	505	35 273	24 547	16 352	6 742
新疆维吾尔自治区	200 596	6 890	174	9 599	11 887	13 572	

表 30　2012 年按企业登记注册类型分列的电子信息产业制造业主要经济指标完成情况（3）

单位：万元

项目名称	利润总额	税金总额	应收账款	产成品存货	资产总计	负债合计
总　计	35 056 882	15 126 472	142 495 685	24 813 977	578 394 371	336 753 397
内资企业	14 956 759	8 137 908	46 617 926	12 141 720	245 638 262	135 456 808
国有企业	709 520	421 620	2 510 158	985 895	16 216 756	9 414 186
集体企业	63 754	42 850	79 265	26 630	562 270	312 019
股份合作企业	56 196	39 464	150 235	26 856	713 766	245 489
联营企业	21 015	6 087	185 517	31 236	1 339 618	606 500
国有联营企业	−13 695	1 249	115 482	10 508	560 102	413 944
集体联营企业	1 287	134	7 538	1 622	15 296	9 919
国有与集体联营企业	20 376	2 747	36 496	16 705	686 266	145 047
其他联营企业	13 047	1 957	26 001	2 401	77 955	37 590
有限责任公司	4 756 746	3 251 973	18 869 108	5 102 268	96 032 663	58 431 840
国有独资公司	196 362	60 511	995 630	190 391	8 641 747	5 444 397
其他有限责任公司	4 560 384	3 191 462	17 873 478	4 911 878	87 390 917	52 987 444
股份有限公司	3 052 243	1 213 144	11 051 756	2 473 537	63 129 891	29 674 889
私营企业	6 141 877	3 089 097	13 258 059	3 369 556	64 542 985	34 752 354
其他内资企业	155 407	73 673	513 828	125 743	3 100 312	2 019 532
港、澳、台商投资企业	6 403 044	3 041 922	35 170 275	5 007 700	128 300 967	80 670 174
合资经营企业（港、澳、台资）	1 391 780	541 589	7 518 172	1 145 781	29 958 177	20 394 557
合作经营企业（港、澳、台资）	46 876	21 717	171 623	47 477	955 114	526 504
港、澳、台商独资经营企业	4 524 617	2 376 607	26 652 952	3 638 941	93 337 588	58 063 639
港、澳、台商投资股份有限公司	437 212	100 038	790 913	171 209	3 965 491	1 628 843
其他港、澳、台商投资企业	2 559	1 972	36 616	4 292	84 597	56 631
外商投资企业	13 697 079	3 946 642	60 707 484	7 664 556	204 455 142	120 626 415
中外合资经营企业	3 611 438	1 233 413	11 063 352	1 716 172	44 080 250	24 448 455
中外合作经营企业	79 808	30 290	293 400	54 495	1 362 768	673 452
外资企业	9 592 159	2 605 810	46 494 707	5 557 174	149 284 625	91 061 324
外商投资股份有限公司	394 747	74 525	2 808 149	330 006	9 532 891	4 348 390
其他外商投资企业	18 928	2 604	47 876	6 709	194 609	94 794

表 31 2012 年按经济类型分列的电子信息产业制造业主要经济指标完成情况（3）

单位：万元

项目名称	利润总额	税金总额	应收账款	产成品存货	资产总计	负债合计
国有经济	892 186	483 381	3 621 270	1 186 794	25 418 605	15 272 527
集体经济	65 041	42 984	86 803	28 253	577 566	321 938
股份合作经济	56 196	39 464	150 235	26 856	713 766	245 489
股份制经济	7 612 628	4 404 606	28 925 234	7 385 414	150 520 808	82 662 332
外商及港、澳、台投资经济	20 100 123	6 988 564	95 877 760	12 672 257	332 756 109	201 296 589
其他经济	6 330 708	3 167 473	13 834 383	3 514 404	68 407 517	36 954 522

表 32 2012 年按企业规模分列的电子信息产业制造业主要经济指标完成情况（3）

单位：万元

项目名称	利润总额	税金总额	应收账款	产成品存货	资产总计	负债合计
大型企业	22 090 181	8 773 316	93 799 169	13 829 579	347 638 376	215 518 720
中型企业	6 335 476	2 930 899	27 025 914	6 194 314	128 391 417	65 859 490
小型企业	6 631 225	3 422 257	21 670 603	4 790 084	102 364 578	55 375 187

表 33 2012 年通信设备工业行业主要经济指标完成情况（3）

单位：万元

项目名称	利润总额	税金总额	应收账款	产成品存货	资产总计	负债合计
合计	5 728 596	3 463 502	28 920 390	4 396 726	99 512 647	64 822 708
通信系统设备制造	3 020 507	2 233 391	16 230 838	2 984 063	57 794 017	36 791 061
通信终端设备制造	2 708 089	1 230 111	12 689 552	1 412 663	41 718 630	28 031 647

表 34 2012 年广播电视设备工业行业主要经济指标完成情况（3）

单位：万元

项目名称	利润总额	税金总额	应收账款	产成品存货	资产总计	负债合计
合计	657 015	207 562	2 067 600	358 683	7 784 682	4 156 100
广播电视节目制作及发射设备制造	36 135	17 163	150 876	36 465	717 375	355 814
广播电视接收设备及器材制造	388 079	113 189	1 295 362	198 143	4 433 156	2 353 505
应用电视设备及其他广播电视设备制造	232 801	77 210	621 362	124 075	2 634 151	1 446 781

表 35 2012 年电子计算机工业行业主要经济指标完成情况（3）

单位：万元

项目名称	利润总额	税金总额	应收账款	产成品存货	资产总计	负债合计
合计	7 891 387	2 349 737	31 033 675	3 805 409	93 952 609	63 617 068
计算机整机制造	3 739 443	1 388 452	14 984 511	1 642 853	44 273 078	34 789 995
计算机零部件制造	1 587 230	295 042	5 175 523	544 994	16 120 667	8 921 283
计算机外围设备制造	1 437 737	306 826	8 249 830	1 082 573	23 919 322	14 748 248
其他计算机制造	920 436	259 500	1 575 800	319 463	6 557 056	3 365 523
幻灯及投影设备制造	7 621	28 057	82 458	16 500	307 425	188 944
计算器及货币专用设备制造	198 921	71 860	965 552	199 025	2 775 062	1 603 074

表 36 2012 年家用视听设备工业行业主要经济指标完成情况（3）

单位：万元

项目名称	利润总额	税金总额	应收账款	产成品存货	资产总计	负债合计
合计	1 878 653	1 048 108	7 942 227	2 425 359	35 268 193	22 670 413
电视机制造	1 007 366	697 461	4 445 680	1 843 528	22 608 492	15 319 723
音响设备制造	381 508	184 446	1 617 353	326 616	5 901 996	3 476 385
影视录放设备制造	489 778	166 201	1 879 195	255 215	6 757 705	3 874 305

表 37 2012 年电子器件工业行业主要经济指标完成情况（3）

单位：万元

项目名称	利润总额	税金总额	应收账款	产成品存货	资产总计	负债合计
合计	5 588 646	1 482 758	21 907 984	3 709 568	108 598 871	55 470 327
电子真空器件制造	193 464	81 863	784 724	206 662	8 873 554	3 506 543
半导体分立器件制造	331 324	108 158	1 180 206	339 017	7 814 457	3 589 044
集成电路制造	1 120 913	280 554	4 108 091	563 846	25 661 598	10 742 509
光电子器件及其他电子器件制造	3 942 945	1 012 183	15 834 964	2 600 043	66 249 262	37 632 231

表 38 2012 年电子元件工业行业主要经济指标完成情况（3）

单位：万元

项目名称	利润总额	税金总额	应收账款	产成品存货	资产总计	负债合计
合计	6 603 398	2 860 972	25 236 368	4 571 056	102 830 175	52 185 039
电力电子元器件制造	875 319	408 374	3 123 208	554 523	11 614 756	5 954 950
电子元件及组件制造	4 597 975	1 995 460	15 936 047	3 138 181	65 940 113	33 430 709
印制电路板制造	1 130 104	457 139	6 177 114	878 352	25 275 306	12 799 380

表 39　2012 年电子测量仪器工业行业主要经济指标完成情况（3）

单位：万元

项目名称	利润总额	税金总额	应收账款	产成品存货	资产总计	负债合计
合计	1 673 106	618 374	3 168 173	639 350	14 899 505	6 914 556
环境监测专用仪器仪表制造	118 066	70 962	215 972	28 568	891 188	327 473
运输设备及生产用计数仪表制造	423 856	159 260	827 177	217 916	3 751 544	1 983 630
导航、气象及海洋专用仪器制造	111 049	38 104	652 418	92 915	2 453 845	1 616 210
农林牧渔专用仪器仪表制造	15 915	7 527	6 587	4 052	59 316	27 564
地质勘探和地震专用仪器制造	159 845	69 007	385 137	46 864	1 457 741	587 381
核子及核辐射测量仪器制造	8 990	3 417	21 981	13 532	179 284	120 584
电子测量仪器制造	209 864	85 453	333 301	57 747	1 633 255	684 494
医疗诊断、监护及治疗设备制造	625 520	184 644	725 601	177 756	4 473 333	1 567 219

表 40　2012 年电子专用设备工业行业主要经济指标完成情况（3）

单位：万元

项目名称	利润总额	税金总额	应收账款	产成品存货	资产总计	负债合计
合计	1 509 243	741 334	5 070 005	1 050 699	22 394 598	10 939 413
电子工业专用设备制造	486 259	292 924	1 543 335	363 735	8 856 878	4 311 910
其他电子设备制造	1 022 984	448 410	3 526 670	686 964	13 537 720	6 627 503

表 41　2012 年电子信息机电工业行业主要经济指标完成情况（3）

单位：万元

项目名称	利润总额	税金总额	应收账款	产成品存货	资产总计	负债合计
合计	3 038 752	1 805 767	13 198 637	2 811 447	57 787 931	34 729 256
微电机及其他电机制造	1 186 340	531 771	2 406 836	617 356	11 774 894	6 358 821
光纤、光缆制造	736 774	373 834	1 601 736	357 840	5 945 477	2 960 325
光伏设备及元器件制造	531 919	627 360	7 069 810	1 084 897	28 839 345	19 130 267
锂离子电池制造	474 100	192 744	1 828 240	618 141	9 605 233	5 258 519
镍氢电池制造	109 619	80 058	292 015	133 213	1 622 982	1 021 325

表 42　2012 年其他电子信息行业主要经济指标完成情况（3）

单位：万元

项目名称	利润总额	税金总额	应收账款	产成品存货	资产总计	负债合计
信息化学品制造	285 889	489 450	3 180 953	934 095	31 038 312	18 545 902

表 43　2012 年省、自治区、直辖市电子信息产业制造业主要经济指标完成情况（3）

单位：万元

项目名称	利润总额	税金总额	应收账款	产成品存货	资产总计	负债合计
北京市	723 413	372 114	4 533 728	710 042	27 426 280	13 823 298
天津市	1 369 365	661 288	3 020 910	589 291	12 656 433	6 792 852
河北省	241 580	132 216	1 114 302	162 130	6 834 570	3 199 433
山西省	242 353	69 079	1 865 001	145 421	4 660 357	3 312 886
内蒙古自治区	52 650	18 187	147 162	70 876	2 200 183	1 611 427
辽宁省	646 826	227 168	1 652 259	278 082	9 833 684	4 260 169
吉林省	114 569	23 661	101 641	42 449	1 020 974	482 466
黑龙江省	43 248	18 032	160 397	19 215	894 727	406 464
上海市	1 168 359	231 738	11 262 987	1 605 514	39 989 685	24 983 582
江苏省	9 615 971	3 439 008	32 501 376	4 824 082	127 401 978	71 310 391
浙江省	2 309 752	856 305	8 488 884	1 769 123	36 716 115	20 157 308
安徽省	794 586	259 404	1 923 736	418 090	11 592 861	6 122 765
福建省	1 375 123	362 707	5 004 394	774 595	17 281 949	10 180 008
江西省	923 222	429 219	978 757	442 877	11 100 353	6 269 552
山东省	2 842 364	1 201 003	4 645 605	1 034 874	23 066 957	12 216 650
河南省	585 613	205 456	4 191 183	224 640	14 821 120	10 432 537
湖北省	513 721	230 429	3 021 965	885 016	14 000 475	7 489 008
湖南省	686 018	419 516	775 053	252 310	5 388 722	2 469 981
广东省	8 679 149	4 262 393	47 754 675	8 243 537	165 476 948	102 265 255
广西壮族自治区	330 350	114 391	646 236	125 359	2 453 574	1 369 442
海南省	80 557	19 353	214 972	30 227	877 421	522 102
重庆市	218 666	132 604	1 869 522	178 720	6 028 591	4 524 614
四川省	1 467 385	1 272 956	4 808 473	1 410 128	23 474 002	15 091 281
贵州省	38 807	10 749	137 889	68 453	641 891	221 183
云南省	– 177	11 233	96 252	30 130	498 418	241 906
陕西省	28 875	114 114	1 288 107	398 196	8 653 619	4 936 177
甘肃省	29 169	20 802	112 714	29 744	998 575	531 466
青海省	–36 878	3 926	43 986	16 967	672 618	495 801
宁夏回族自治区	–49 353	7 247	101 256	14 571	942 475	682 874
新疆维吾尔自治区	21 599	174	32 265	19 323	788 817	350 521

表 44　2012 年电子信息产业主要

省、市、自治区名称	程控交换机(含移动)(线)	移动电话机(部)	电话单机(部)	传真机(台)	彩色电视机(台)	移动通信基站设备(信道)	激光视盘机(台)
合　计	28 262 926	1 181 542 690	126 400 425	2 497 583	128 233 221	117 777 062	204 937 264
北京市	8 396 245	199 493 340	13 349		543 533	6 285 358	
天津市	43 021	91 938 515	1 580 901	35 411	1 927 944	71 136	2 605 671
河北省	87 176						
山西省		15 170 000					
内蒙古自治区					1 413 144		
辽宁省	2 163 795	16 500 000	27 437		5 044 629		1 806 861
吉林省							
黑龙江省							
上海市	1 219 000	40 865 768	2 453 384	7 269	1 428 697	1 487 488	32 760
江苏省	46 389	25 257 772	1 722 349		13 303 530	1 825 456	442 042
浙江省	1 328 912	6 517 633			5 732 803	1 046	
安徽省		38 796			3 045 500	59 932	
福建省		29 680 095	5 329 627		9 531 101	101 423	617 887
江西省	15 037	44 400 054	710 960		1 328 652		1 493 470
山东省	1 372 095	41 115 031	2 664 525		15 046 085	14 752 036	
河南省		68 535 568	7 810		46 848		
湖北省	457 142	4 189 644					
湖南省		713 860			388 921	110	
广东省	13 134 114	575 992 674	111 756 837	2 454 903	56 636 000	92 986 869	197 370 154
广西壮族自治区					1 158 532		
重庆市		10 957 617	52 102		1 258 155	206 208	568 419
四川省		9 707 756	81 144		9 493 074		
贵州省		468 567			906 073		
云南省							
陕西省							
甘肃省							

产品产量分省市完成情况

微型计算机（台）	其中：笔记本电脑（台）	打印机（部）	显示器（台）	彩色显像管（只）	半导体分立器件（万只）	半导体集成电路（万块）	数码照相机（台）
354 109 695	252 893 551	70 592 117	127 009 100	4 950 015	42 562 888	8 231 025	70 026 211
10 745 377	893 277	1 196 844	7 968 742		159 165	319 373	182 342
2 389		195 114	6 262 908		1 579 612	84 891	8 127 907
						2 543	
2 219		607 184			653 148	505	
					327 053		
35 620						19 974	
98 048 313	72 993 787	4 195 918	1 078 898		2 028 043	1 602 978	
88 620 657	74 874 657	2 652 932	32 460 395	5	15 285 006	2 925 866	27 130 185
1 617 645	1 611 396	6 482	41 535		2 148 526	444 208	310 096
3 393 618	3 387 169		6 687		583 788		
9 290 390	5 430 778	1 090 118	29 992 039			5 582	3 798 480
207 746	207 746				12 080		
203 685		5 984 059	1 113 091		1 172 561	36 647	
		1 387			45 799		
2 133 266			13 805 671		1 242 770	53	
609 796	143 361	56 912	77 734		384	555	
53 745 223	9 200 749	45 502 576	19 768 230	3 861 361	11 759 366	1 720 671	30 477 201
			6 356 874		196 925		
41 608 803	40 305 683	9 013 510	8 076 296			4 351	
43 844 948	43 844 948				5 261 417	340 255	
					37 958	1 559	
		89 081					
				1 088 649	25	4	
					69 263	721 012	

表 45　2012 年光通信设备生产量、销售量和出口量汇总表

产品名称	计量单位	企业数（家）	本年生产量	本年销售量	本年出口量
光端机	部	20	188 752	187 280	21 865
光缆中继设备	部	15	4 102 892	4 092 334	117 292
光纤放大器	部	9	151 168	149 350	
波分复用器	部	6	241 627	238 022	43 390
光交叉联接设备	端	2	147 933	149 711	
光分插复用设备（ADM）	部	1	125	125	
多业务传送设备（MSTP）	部	14	41 209	40 611	
电光转换器	部	10	3 707 761	3 682 116	168 727
无源光分路器	部	5	5 917 266	5 932 081	293 962

表 46　2012 年卫星通信设备生产量、销售量和出口量汇总表

产品名称	计量单位	企业数（家）	本年生产量	本年销售量	本年出口量
卫星通信设备合计	部	60	40 707 058	40 403 903	14 406 623
卫星地面接收机	部	13	25 047 950	24 746 242	8 367 821
卫星接收天线	部	14	4 501 202	4 518 978	2 478 793
GPS 接收机	部	22	10 016 620	10 040 948	3 560 009
GPS 天线	部	5	184 775	141 244	
卫星通信地面站终端机	部	5	949 661	949 601	
甚小口径天线地球站（VSAT）	部	1	6 850	6 890	

表 47　2012 年微波通信设备生产量、销售量和出口量汇总表

产品名称	计量单位	企业数（家）	本年生产量	本年销售量	本年出口量
微波收发通信机	部	14	20 833	21 098	601
微波终端机	部	8	765 533	762 572	
微波天线、馈线	套	9	13 678 515	13 808 113	9 070 608

表 48　2012 年散射通信设备生产量、销售量和出口量汇总表

产品名称	计量单位	企业数（家）	本年生产量	本年销售量	本年出口量
散射通信终端机	部	12	52 807	51 094	
散射通信天线	部	1	30 000	30 000	

表 49　2012 年载波通信设备生产量、销售量和出口量汇总表

产品名称	计量单位	企业数（家）	本年生产量	本年销售量	本年出口量
载波通信设备合计	部	6	467 947	460 124	
载波终端机	部	2	734	729	
电力线载波机	部	4	467 213	459 395	

表 50　2012 年通信导航定向设备生产量、销售量和出口量汇总表

产品名称	计量单位	企业数（家）	本年生产量	本年销售量	本年出口量
通信导航定向设备合计	部	25	421 023	411 020	
飞机通信导航定向设备	部	4	2 637	2 815	
航用通信导航定向设备	部	7	18 999	18 385	
地面通信导航定向设备	部	14	399 387	389 820	

表 51　2012 年数字程控交换机设备生产量、销售量和出口量汇总表

产品名称	计量单位	企业数（家）	本年生产量	本年销售量	本年出口量
数字程控交换机合计	线	21	25 470 411	25 324 139	8 158 614
用户交换机	线	10	10 495 182	10 411 883	
其他数字程控交换机	线	11	14 975 229	14 912 256	8 158 614

表 52　2012 年固网软交换相关设备生产量、销售量和出口量汇总表

产品名称	计量单位	企业数（家）	本年生产量	本年销售量	本年出口量
固网软交换相关设备合计	台、线	7	875 911	883 500	
软交换控制设备	台	4	802 207	802 068	
综合接入设备（IAD）	线	2	8 279	8 280	
中继媒体网关（TG）	线	1	65 425	73 152	

表 53　2012 年基站及基站控制器设备生产量、销售量和出口量汇总表

产品名称	计量单位	企业数（家）	本年生产量	本年销售量	本年出口量
基站及基站控制器	万信道	16	11 790	11 750	655

表 54 2012 年基站天线生产量、销售量和出口量汇总表

产品名称	计量单位	企业数（家）	本年生产量	本年销售量	本年出口量
基站天线合计	套	7	76 324 524	74 873 700	6 132 389
智能天线	套	3	19 999 559	20 003 646	134 389
非智能天线	套	4	56 324 965	54 870 054	5 998 000

表 55 2012 年直放站生产量、销售量和出口量汇总表

产品名称	计量单位	企业数（家）	本年生产量	本年销售量	本年出口量
直放站	部	10	530 910	693 565	

表 56 2012 年集群通信系统设备生产量、销售量和出口量汇总表

产品名称	计量单位	企业数（家）	本年生产量	本年销售量	本年出口量
集群基站设备	信道	1	97 568	97 984	
集群基站天线	套	3	364 938	365 135	

表 57 2012 年无中心选址通信系统设备生产量、销售量和出口量汇总表

产品名称	计量单位	企业数（家）	本年生产量	本年销售量	本年出口量
无中心选址通信系统设备	部	1	702	1 202	

表 58 2012 年无源光网络（PON）生产量、销售量和出口量汇总表

产品名称	计量单位	企业数（家）	本年生产量	本年销售量	本年出口量
光线路终端（OLT）	线	6	9 578 347	9 571 017	336 578
光网络单元（ONU）	部	4	879 579	815 909	137 060

表 59 2012 年有源光网络（AON）生产量、销售量和出口量汇总表

产品名称	计量单位	企业数（家）	本年生产量	本年销售量	本年出口量
局端设备（CE）	台	4	122 891	125 878	28 026
远端设备（RE）	台	2	15 163	14 566	

表 60 2012 年铜缆接入设备生产量、销售量和出口量汇总表

产品名称	计量单位	企业数（家）	本年生产量	本年销售量	本年出口量
非对称数字用户线（ADSL）					
ADSL 调制解调器（ADSL MODEM）	部	7	1 029 846 887	1 030 036 065	114 891
语音分离器（POTS 分离器）	只	1	608 000	608 000	
高速率数字用户线路调制解调器（HDSL MODEM）	对	2	156 280	151 780	150 000
甚高速率数字用户线（VDSL）					
VDSL 交换机	线	2	10 948	12 083	
VDSL 调制解调器（VDSL MODEM）	部	1	14 730 000	14 725 800	7 702 565

表 61 2012 年电力线宽带接入设备（BPL）生产量、销售量和出口量汇总表

产品名称	计量单位	企业数（家）	本年生产量	本年销售量	本年出口量
电力网桥	线	2	155 658	155 733	191
电力线调制解调器（电力猫）	部	4	1 925 568	1 911 344	1 168 693

表 62 2012 年固定无线接入设备生产量、销售量和出口量汇总表

产品名称	计量单位	企业数（家）	本年生产量	本年销售量	本年出口量
WiMAX 用户端设备（WiMAX CPE）	部	1	1 796	1 794	

表 63 2012 年其他无线固定接入设备生产量、销售量和出口量汇总表

产品名称	计量单位	企业数（家）	本年生产量	本年销售量	本年出口量
基站	万信道	1			
用户端设备	部	8	15 500 488	52 386 416	52 374 777

表 64 2012 年网络控制设备生产量、销售量和出口量汇总表

产品名称	计量单位	企业数（家）	本年生产量	本年销售量	本年出口量
网络控制设备合计	台	10	16 625 154	16 332 283	
通信控制处理机	台	6	151 972	138 011	
集中器	台	1	52 831	52 401	
终端控制器	台	3	16 420 351	16 141 871	

表 65 2012 年网络接口和适配器生产量、销售量和出口量汇总表

产品名称	计量单位	企业数（家）	本年生产量	本年销售量	本年出口量
网络接口和适配器合计	台	4	596 474	595 234	355 660
网络收发器	台	2	396 254	395 044	355 480
网络分配器	台	2	200 220	200 190	180

表 66 2012 年网络连接设备生产量、销售量和出口量汇总表

产品名称	计量单位	企业数（家）	本年生产量	本年销售量	本年出口量
网络连接设备合计	台	25	86 412 750	85 964 116	10 612 046
集线器	台	1			
路由器	台	13	78 742 136	78 423 437	5 686 542
数字交叉连接设备	台	3	1 768 712	1 764 122	1 369 946
二层交换机	台	5	2 113 142	2 009 004	1 748 651
无线局域网接入点（AP）	台	3	3 788 760	3 767 553	1 806 907

表 67　2012 年网络优化设备生产量、销售量和出口量汇总表

产品名称	计量单位	企业数（家）	本年生产量	本年销售量	本年出口量
网络优化设备合计	台	2	2 859	2 859	
负载均衡器	台	1	1 663	1 663	
流量控制器	台	1	1 196	1 196	

表 68　2012 年网络检测设备生产量、销售量和出口量汇总表

产品名称	计量单位	企业数（家）	本年生产量	本年销售量	本年出口量
网络检测设备合计	台	5	1 665	1 855	
协议分析器	台	1	263	263	
协议测试设备	台	2	102	302	
差错检测设备	台	2	1 300	1 290	

表 69　2012 年固定通信终端设备制造生产量、销售量和出口量汇总表

产品名称	计量单位	企业数（家）	本年生产量	本年销售量	本年出口量
收发合一中小型电台合计	部	12	30 137	29 380	
短波电台	部	4	12 887	12 732	
超短波电台	部	4	6 787	6 686	
短波跳频电台	部	2	9 214	9 080	
超短波跳频电台	部	2	1 249	882	
电话单机合计	部	44	126 400 425	126 921 392	60 616 992
固定电话机	部	37	124 596 438	125 117 892	58 880 915
特种电话机	部	7	1 803 987	1 803 500	1 736 077
数据终端设备合计	部	6	2 521 543	2 521 072	1 855
传真机	部	4	2 497 583	2 498 652	1 855
数传机（含机械、电子打字机）	部	2	23 960	22 420	

表 70　2012 年移动通信终端设备制造生产量、销售量和出口量汇总表

产品名称	计量单位	企业数（家）	本年生产量	本年销售量	本年出口量
手机	部	110	1 181 542 690	1 179 347 109	496 235 087
其中：3G 手机	部	22	263 063 378	264 030 014	146 455 376
其他移动通信终端合计	部	17	3 247 827	3 232 556	
集群通信终端	部	9	57 076	53 586	
对讲机	部	8	3 190 751	3 178 970	

表 71 2012 年通信配套产品和其他通信设备制造生产量、销售量和出口量汇总表

产品名称	计量单位	企业数（家）	本年生产量	本年销售量	本年出口量
通信电源合计	台	18	2 411 678	2 498 813	1 045 200
一次电源	台	7	1 822 760	1 910 050	1 045 200
二次电源	台	11	588 918	588 763	
配线分线设备	部	11	5 690 681	5 690 423	51 829
其他配套设备	部	89	627 063 148	627 677 207	195 082 705
其中：通信用油机	部	1	323	323	

表 72 2012 年广播电视节目制作及播控设备制造生产量、销售量和出口量汇总表

产品名称	计量单位	企业数（家）	本年生产量	本年销售量	本年出口量
音频节目制作和播控设备合计	部	11	7 165 240	7 208 302	4 443 610
广播专用录音、放音设备	部	9	338 240	338 302	145 810
调音台	部	1	10 000	10 000	
音质加工与信号处理设备	部	1	6 817 000	6 860 000	4 297 800
视听节目制作及播控设备合计	部、个	8	166 658	158 923	568
广播电视专业录、摄像机	部	2	13 733	13 736	568
视频切换台	个	1	8 000	6 000	
视频矩阵	部	2	23 178	23 084	
虚拟演播室设备	部	1	13 798	13 462	
信号源设备	部	2	107 949	102 641	
电视转播车及现场新闻采集车	部	1	62	62	

表 73 2012 年广播电视发射及传输设备制造生产量、销售量和出口量汇总表

产品名称	计量单位	企业数（家）	本年生产量	本年销售量	本年出口量
广播发射设备合计	部	6	97 784	90 872	4
调频同步广播设备	部	3	37 650	32 232	
调幅同步广播设备	部	3	60 134	58 640	4
电视发射设备合计	部	11	3 696	3 233	81
模拟电视发射机	部	7	3 312	2 909	81
数字电视发射机	部	4	384	324	
卫星电视设备合计	部	5	5 653 233	5 812 437	71 500

续表

产品名称	计量单位	企业数（家）	本年生产量	本年销售量	本年出口量
卫星电视接收转发设备	部	4	5 363 233	5 498 437	45 000
卫星电视配套设备	部	1	290 000	314 000	26 500
有线电视网络设备合计	部	50	11 629 880	11 444 147	5 236 815
有线电视网络前端设备小计	部	9	507 368	449 191	31 144
数字电视编码器、解码器	部	2	20 158	20 061	
调制、解调器	部	4	425 377	385 277	
网络管理/控制设备	部	2	61 815	43 836	31 144
数字电视复用器	部	1	18	17	
有线电视光缆传输系统设备小计	部	32	7 188 855	7 134 187	3 096 466
工作站	部	5	190 519	180 638	75 528
发射机	部	8	31 893	30 306	2 648
接收机	部	11	6 603 492	6 566 982	2 932 441
放大器	部	6	333 578	327 172	85 849
无源器件	部	2	29 373	29 089	
有线电视电缆分配系统及终端设备小计	部	9	3 933 657	3 860 769	2 109 205
放大器	部	3	1 026 980	926 934	900 000
分配器	部	2	2 454 609	2 499 385	1 208 062
电缆调制解调器	部	4	452 068	434 450	1 143

表74　2012年通用应用电视监控系统设备生产量、销售量和出口量汇总表

产品名称	计量单位	企业数（家）	本年生产量	本年销售量	本年出口量
黑白、彩色监控用摄像机	部	9	1 684 725	1 687 918	132 450
黑白、彩色视频监视器	部	8	1 926 291	1 925 803	980 056
信号控制设备（控制主机）	套	2	55 795	54 695	
视频信号传输设备	套	3	549 220	501 019	320 420

表75　2012年特殊环境应用电视监视设备生产量、销售量和出口量汇总表

产品名称	计量单位	企业数（家）	本年生产量	本年销售量	本年出口量
特殊环境应用电视监视设备	部	1	5	5	

表 76　2012 年特殊成像及功能的应用电视设备生产量、销售量和出口量汇总表

产品名称	计量单位	企业数（家）	本年生产量	本年销售量	本年出口量
特殊成像及功能的应用电视设备	部	2	23 835	21 846	85

表 77　2012 年其他用途的应用电视设备生产量、销售量和出口量汇总表

产品名称	计量单位	企业数（家）	本年生产量	本年销售量	本年出口量
其他用途的应用电视设备	部	12	7 267 876	7 271 797	4 760 000

表 78　2012 年广播电视设备专用配件制造生产量、销售量和出口量汇总表

产品名称	计量单位	企业数（家）	本年生产量	本年销售量	本年出口量
双工器	个	2	6 976	5 862	
发射天线	套	3	6 820 616	6 811 953	1 324 270

表 79　2012 年电子计算机整机制造生产量、销售量和出口量汇总表

产品名称	计量单位	企业数（家）	本年生产量	本年销售量	本年出口量
计算机工作站合计	台	8	816 635	816 635	
高性能计算机	台	5	656 698	656 698	
工作站	台	3	159 937	159 937	
微型计算机设备合计	台	127	354 109 695	353 255 289	277 099 329
台式微型计算机	台	48	62 263 139	62 052 631	34 116 091
便携式微型计算机小计	台	74	290 623 539	290 031 065	242 007 879
笔记本计算机	台	57	252 893 551	252 579 298	209 517 871
平板计算机	台	17	37 729 988	37 451 768	32 490 008
电子阅读器	台	5	1 223 018	1 171 392	975 359
服务器	台	14	1 317 774	1 319 751	221 545
电子计算机数字式处理部件合计	台	24	5 287 339	5 123 568	503
高性能计算机数字式处理部件	台	3	298	295	
微型计算机数字式处理部件	台	7	76 054	76 654	500
工业控制计算机	台	14	5 210 987	5 046 619	3

表80　2012年电子计算机零部件制造生产量、销售量和出口量汇总表

产品名称	计量单位	企业数（家）	本年生产量	本年销售量	本年出口量
微机板卡合计	块	26	413 595 497	326 606 753	76 979 498
微机主机板	块	12	301 967 114	214 824 925	4 346 579
内存条	块	2	28 846 473	29 189 751	29 111 299
显卡	块	2	1 126 319	1 126 319	
网卡小计	块	10	81 655 591	81 465 758	43 521 620
有线局域网网卡	块	2	18 309 434	18 296 621	
无线局域网网卡	块	4	61 808 357	61 810 768	43 521 620
移动通信上网卡	块	4	1 537 800	1 358 369	
电源合计	部	37	125 353 316	120 392 205	63 440 708
开关电源	部	26	121 976 449	117 009 047	62 180 324
UPS电源小计	部	11	3 376 867	3 383 158	1 260 384
在线式UPS电源	台	7	162 763	160 515	77 403
后备式UPS电源	台	4	3 214 104	3 222 643	1 182 981
其他配套产品及耗材					
机箱	万个	21	53 972	54 629	3 285
鼠标器	万只	4	16 815	16 607	24
键盘	万只	21	41 906	41 693	5 384
打印头	万只	5	9 199	9 211	5 170
墨盒	万片	5	11 394	11 389	2 916
硒鼓	万只	6	25 979	25 097	21 404

表81　2012年电子计算机显示器制造生产量、销售量和出口量汇总表

产品名称	计量单位	企业数（家）	本年生产量	本年销售量	本年出口量
终端显示设备合计	台	77	156 588 783	156 730 607	71 003 386
字符汉字终端	台	6	15 272	26 622	
图形图像终端	台	18	29 564 411	29 685 218	18 623 000
显示器小计	台	53	127 009 100	127 018 767	52 380 386
单色显示器（CRT）	台	1	12 623	12 623	
彩色显示器（CRT）	台	19	15 418 516	15 413 468	9 637 995
平板显示器	台	33	111 577 961	111 592 676	42 742 392

表 82　2012 年计算机外部设备制造生产量、销售量和出口量汇总表

产品名称	计量单位	企业数（家）	本年生产量	本年销售量	本年出口量
输入设备合计	台	61	201 421 805	200 762 748	67 588 233
绘图仪	台	2	39 511	37 766	18 170
扫描仪	台	3	282 051	267 587	
IC 卡读写机具	台	2	18 738	18 239	
数字照相机	台	9	70 026 211	69 835 571	45 421 473
磁卡读写器	台	3	3 525 342	3 160 008	1 500 000
摄像头	台	13	82 733 667	82 589 800	12 300 120
图形板	台	3	19 682	18 160	1 005
触感屏	台	13	44 267 604	44 338 932	8 345 574
射频卡机（RFID 读写器）	台	8	28 711	27 638	
生物特征识别设备	台	5	480 288	469 047	1 891
输出设备合计	台	60	76 190 749	76 681 778	48 052 214
打印设备小计	台	45	70 592 117	71 021 072	46 128 582
针式打印机	台	9	1 738 512	1 755 529	930 457
激光打印机	台	13	25 568 289	25 741 322	18 168 889
喷墨打印机	台	7	25 865 402	25 864 771	12 270 055
多功能打印机	台	13	17 419 257	17 658 793	14 759 180
喷绘机	台	3	657	657	
图形图像输出设备	台	5	1 450 092	1 450 092	
投影仪	台	10	4 148 540	4 210 614	1 923 632
外存储设备合计	台	42	1 057 187 630	1 039 419 100	789 916 367
硬盘类存储设备小计	台	19	528 794 396	517 311 541	446 858 091
硬盘驱动器	台	13	334 326 620	328 487 260	286 302 568
移动硬盘	台	5	186 931 918	181 288 423	160 555 523
微硬盘驱动器	台	1	7 535 858	7 535 858	
半导体储存器小计	台	17	375 574 318	369 288 697	253 768 276
半导体存储盘	台	13	138 207 487	135 947 095	24 878 276
半导体存储卡	台	4	237 366 831	233 341 602	228 890 000
网络存储设备	台	2	3 616	3 562	
磁性存储设备	台	4	152 815 300	152 815 300	89 290 000
阅读机、数据转录及处理机械合计	台	4	24 777	24 923	
数据处理机械	台	4	24 777	24 923	

表 83 2012 年电子计算机应用产品制造生产量、销售量和出口量汇总表

产品名称	计量单位	企业数（家）	本年生产量	本年销售量	本年出口量
电子出版系统	部	2	82	93	
计算机辅助教学系统	部	5	27 068	25 266	
计算器	部	13	146 916 645	146 013 823	41 097 374
金融、商业、税务电子应用产品合计	部	36	5 753 831	5 750 590	
点钞机	部	4	345 285	341 662	2 277 608
自动柜员机（ATM）	部	5	30 891	30 567	96 017
银行自助服务终端	部	7	1 088 130	1 084 743	
POS 机	部	7	3 585 593	3 537 794	167 830
税控机	部	10	514 008	571 636	2 013 759
鉴别仪	部	3	189 924	184 188	
汽车电子合计	套	60	28 379 470	27 718 114	2
动力总成控制系统	套	13	7 706 212	7 637 007	4 409 282
新能源汽车电池管理系统	套	5	146 167	147 409	980 586
电机控制系统	套	25	7 925 824	7 861 127	
ABS	套	3	24 226	26 286	19 089
EBD	套	2	3 737 286	3 201 701	
车载导航	套	12	8 839 755	8 844 584	712 981
其他应用产品合计	部	5	7 772 429	8 042 450	2 696 626
汽车电脑报站器	部	1	7 770 000	8 040 000	
会议视频系统	部	4	2 429	2 450	

表 84 2012 年信息系统安全产品制造生产量、销售量和出口量汇总表

产品名称	计量单位	企业数（家）	本年生产量	本年销售量	本年出口量
边界防护类设备和系统合计	台、套	9	162 471	162 283	
防火墙、防水墙	台	4	16 028	15 943	
虚拟专用网设备（VPN）	台	4	1 213	1 110	
抗拒绝服务（Dos）攻击系统	套	1	145 230	145 230	
数据保护类设备和系统合计	套	1	6 703	6 399	
数据备份系统	套	1	6 703	6 399	
安全检测类设备和系统合计	台、套	4	84 042	82 277	
入侵防御系统	套	1	50 024	50 024	

续表

产品名称	计量单位	企业数（家）	本年生产量	本年销售量	本年出口量
安全扫描器	台	3	34 018	32 253	
安全智能卡类设备和系统	套	9	523 204 656	523 204 863	
密钥管理类设备和系统	套	10	3 789 368	3 748 001	

表 85　2012 年电视机制造生产量、销售量和出口量汇总表

产品名称	计量单位	企业数（家）	本年生产量	本年销售量	本年出口量
彩色电视机合计	台	132	125 608 621	125 423 575	48 635 334
显像管彩色电视机	台	23	8 457 396	8 638 726	2 662 415
平板电视机小计	台	106	116 322 354	115 967 941	45 964 919
液晶（LCD）电视机小计	台	92	114 183 367	113 763 104	45 859 292
屏幕尺寸<38cm	台	28	27 978 109	27 673 770	9 266 161
38cm≤屏幕尺寸<102cm	台	51	68 137 398	68 548 235	31 806 654
屏幕尺寸≥102cm	台	13	18 067 859	17 541 098	4 786 477
等离子（PDP）电视机小计	台	14	2 138 987	2 204 837	105 627
屏幕尺寸<102cm	台	3	390 452	391 006	
屏幕尺寸≥102cm	台	11	1 748 535	1 813 831	105 627
投影电视机	台	3	828 871	816 908	8 000
黑白电视机	台	1	59 679	50 927	
电视接收机顶盒合计	部	60	119 905 268	120 072 617	44 786 790
有线电视机顶盒	部	53	107 199 956	107 256 396	38 203 673
地面广播机顶盒	部	3	3 616 654	3 933 716	2 770 415
卫星广播机顶盒	部	4	9 088 658	8 882 505	3 812 702

表 86　2012 年摄、录像、激光视盘机制造生产量、销售量和出口量汇总表

产品名称	计量单位	企业数（家）	本年生产量	本年销售量	本年出口量
摄、录像、激光视盘机制造合计	台	43	204 359 029	204 553 475	174 755 795
录像机小计	台	6	5 835 128	5 795 046	5 134 176
家用摄录一体机	台	4	5 158 421	5 136 886	4 507 016
数码摄像机	台	2	676 707	658 160	627 160
数字激光音、视盘机	台	37	204 937 264	205 179 368	175 101 287

表 87 2012 年家用音响电子设备制造生产量、销售量和出口量汇总表

产品名称	计量单位	企业数（家）	本年生产量	本年销售量	本年出口量
家用音响合计	台	102	195 993 986	195 963 814	51 618 040
组合音响	台	65	114 598 180	114 803 245	37 909 920
MP3、MP4 播放器	台	19	69 359 322	69 074 374	13 435 074
功率放大器	台	9	11 301 564	11 290 127	109 166
数字录音机（笔）	台	1	235 710	237 510	21 180
数字化多媒体组合机	台	8	499 210	558 558	142 700
汽车电子音响设备	台	29	97 498 718	97 234 710	35 443 175

表 88 2012 年家用电子电器主要配套件制造生产量、销售量和出口量汇总表

产品名称	计量单位	企业数（家）	本年生产量	本年销售量	本年出口量
音像盘片	万片	19	239 432	238 974	68 490
录音录像磁鼓	万只	2	26 327	25 816	
充电器	万只	15	18 959	18 762	7 485
遥控器	万只	14	23 437	23 376	6 222
光机引擎	套	3	380 605	379 621	
各种接口合计	万只	26	64 577	62 687	9 518
通用串行总线接口（USB）	万只	5	9 975	9 395	6 775
高清多媒体接口（HDMI）	万只	2	8 050	8 050	
亮/色（Y/C）分离接口	万只	1	2 700	2 700	1 000
数字视频接口（DVI）	万只	2	2 653	2 420	152
其他接口	万只	16	41 199	40 122	1 591

表 89 2012 年电子测量仪器制造生产量、销售量和出口量汇总表

产品名称	计量单位	企业数（家）	本年生产量	本年销售量	本年出口量
频率测量仪器合计	台	37	35 266 885	35 223 517	19 434 607
数字脉冲频率测量仪	台	12	436 370	436 438	600
模拟式频率测量仪	台	6	378 694	378 621	
计数器	台	5	14 247 938	14 243 252	2 766 982
计数器扩频装置	台	1	11 314	15 288	
时间测量仪器	台	8	20 155 675	20 115 211	16 667 025
特种计数器	台	1	12 792	12 911	

续表

产品名称	计量单位	企业数（家）	本年生产量	本年销售量	本年出口量
频率标准	台	3	21 770	19 627	
校频比相仪	台	1	2 332	2 169	
电压测量仪器合计	台	22	9 989 723	9 907 380	182 331
直流数字电压表	台	4	23 499	23 513	
交流数字电压表	台	2	537	532	
数字多用表	台	9	9 365 117	9 360 219	
电压电源标准装置	台	7	600 570	523 116	182 331
示波器	台	2	102 846	107 116	9 360
器件参数测量仪器合计	台	27	3 494 551	3 534 683	309 880
数字 IC 测试仪	台	1	12 000	12 000	
光电器件测试仪	台	7	202 924	196 193	1 082
电力电子器件测试仪	台	18	3 278 517	3 325 380	308 798
半导体器件图示仪	台	1	1 110	1 110	
元件参数测量仪器	台	6	681 956	685 202	
脉冲测量仪器	台	1	1 102	1 048	
扫描、频谱波形分析仪器合计	台	7	107 873	107 848	36 506
扫频仪	台	1	93 000	93 000	33 000
频谱分析仪	台	5	14 861	14 836	3 506
频偏调制度测量仪	台	1	12	12	
微波测量仪器合计	台	6	7 855	7 714	
网络特性测试仪及网络分析	台	1	50	50	
雷达综合测试仪	台	3	2 799	2 658	
微波测量仪器部件	台	2	5 006	5 006	
通信测量仪器	台	1	2 000	2 000	
超低频测量仪器	台	3	114 407	110 382	61 800
声学测量仪器合计	台	9	1 131 006	1 131 016	5
声级计	台	2	6 671	6 616	
电声发生器	台	3	1 105 000	1 105 001	
振动脉击测量仪器	台	2	740	719	5
声振校准装置	台	1	400	316	
声震仪整件	台	1	18 195	18 364	

续表

产品名称	计量单位	企业数（家）	本年生产量	本年销售量	本年出口量
稳压电源	台	8	4 212 740	4 335 973	196 661
记录显示仪合计	台	14	1 326 348	1 316 621	48 515
记录仪	台	7	32 523	31 488	
显示仪	台	7	1 293 825	1 285 133	48 515
信号源合计	台	3	1 256 307	1 249 666	815 445
信号发生器	台	2	1 256 194	1 249 553	815 445
功率放大器	台	1	113	113	
其他测量仪器合计	台	14	25 355 136	25 345 333	12 019
晶体振荡器	台	1	24 000 000	24 000 000	
标准电感电容电阻器	台	6	1 116 271	1 094 790	
激光测距	台	4	198 858	215 036	12 019
水声设备	台	2	3 007	2 707	
气象仪器	台	1	37 000	32 800	
电子测量仪器零附件	台	16	6 229 956	6 118 337	1 608 940

表90　2012年医疗电子设备及器械制造生产量、销售量和出口量汇总表

产品名称	计量单位	企业数（家）	本年生产量	本年销售量	本年出口量
医用电子仪器设备合计	台	33	34 252 490	34 226 767	33 431 542
心电、生理示波及记录仪器	台	1	300	300	
监护仪器	台	12	413 423	412 524	334 985
心电遥测仪器	台	1	1 938	1 938	
治疗急救装置	台	4	60 711	50 744	
血液测定仪器	台	7	19 648 108	19 647 596	19 640 121
气体分析测量仪器	台	3	6 400	6 597	
电子体温、压力测量装置	台	5	14 121 610	14 107 068	13 456 436
医用超声仪器	台	14	205 378	206 465	62 547
医用激光仪器及设备	台	6	18 109	14 483	8 049
医用生化分析仪器合计	台	12	13 500	13 321	1 322
分离制备仪器	台	3	520	530	
生化分析仪器	台	9	12 980	12 791	1 322
医用高频微波射线核素仪器合计	台	21	99 617	99 159	

续表

产品名称	计量单位	企业数（家）	本年生产量	本年销售量	本年出口量
医用高频设备	台	4	1 266	1 219	
医用微波诊断、治疗仪器	台	8	28 489	28 082	
医用射线诊断、治疗仪器	台	7	23 395	23 391	
医用核素诊断、治疗仪器	台	2	46 467	46 467	
中医用仪器合计	台	11	41 825	41 943	
诊断仪器	台	8	6 822	6 732	
各种电疗磁疗光疗针麻仪器	台	3	35 003	35 211	
其他医疗电子仪器合计	台	13	60 752	60 071	176
医用光学仪器	台	11	59 572	58 921	176
体外循环仪器	台	2	1 180	1 150	

表 91　2012 年应用电子仪器制造生产量、销售量和出口量汇总表

产品名称	计量单位	企业数（家）	本年生产量	本年销售量	本年出口量
农业电子应用仪器合计	台	12	40 319	39 445	
土壤测定分析仪器	台	4	9 910	8 766	
经济作物测试仪器	台	2	6 375	6 978	
牧副渔业仪器	台	6	24 034	23 701	
工交电子应用仪器	台	21	2 398 562	2 326 211	
文教电子应用仪器	台	9	719 299	634 697	
其他仪器	台	142	10 118 647	10 242 554	440 040
电子电表合计	万只	8	893	883	
直流电流电压表	万只	3	174	176	
交流电流电压表	万只	2	569	563	
热电式高频电流表	万只	1	1	1	
功率表	万只	2	150	143	
电子专用电表合计	万只	37	394 192	330 068	404
特殊用途电表	万只	9	28 486	28 450	
IC 卡智能表及远程智能表系列	万只	28	365 706	301 617	404
安规仪器合计	台	5	222 188	233 184	
耐压测试仪	台	1	850	850	
泄漏电流测试仪	台	1	210 000	221 000	

续表

产品名称	计量单位	企业数（家）	本年生产量	本年销售量	本年出口量
接地电阻测试仪	台	2	7 820	7 816	
脉冲电压发生器	台	1	3 518	3 518	
电学测试仪器合计	台	4	3 506	3 475	
电化学测试系统	台	3	2 676	2 675	
酸度计	台	1	830	800	

表 92　2012 年电子工业专用设备制造生产量、销售量和出口量汇总表

产品名称	计量单位	企业数（家）	本年生产量	本年销售量	本年出口量
半导体材料生产、加工设备合计	台	61	1 850 431	1 789 413	
太阳能级半导体材料生产、加工设备小计	台	40	1 630 810	1 592 200	
多晶硅铸锭炉	台	8	3 428	3 346	
单晶炉	台	10	1 527 942	1 495 499	
磨方倒角机	台	1	3 500	5 000	
线切割机	台	13	85 998	80 872	
清洗设备	台	8	9 942	7 483	
集成电路、分立器件半导体材料生产、加工设备小计	台	21	219 621	197 213	
单晶炉	台	3	250	235	
滚圆切断机	台	1	890	890	
倒角机	台	1	4 156	4 194	
线切割机	台	6	14 209	15 315	
抛光机	台	4	2 014	1 829	
清洗设备	台	6	198 102	174 750	
半导体器件和集成电路制造设备合计	台	58	546 577	528 476	18 714
晶硅太阳能芯片制造设备小计	台	14	155 553	164 454	
制绒清洗设备	台	2	18	18	
扩散炉	台	2	112	112	
磷硅玻璃清洗设备	台	1	4	4	
等离子体增强化学气相淀积设备 PECVD	台	1	235	197	
全自动丝网印刷机	台	1	64	64	
网带快速烧结炉	台	1	151 991	157 698	
自动测试分选设备台	台	6	3 129	6 361	

续表

产品名称	计量单位	企业数（家）	本年生产量	本年销售量	本年出口量
薄膜太阳能片制造设备小计	台	3	21 573	21 004	17 539
激光刻蚀机	台	3	21 573	21 004	17 539
集成电路、分立器件芯片制造设备小计	台	41	369 451	343 018	1 175
外延设备	台	4	35 568	35 568	
扩散设备	台	2	4 039	4 048	
快速热处理设备	台	9	77 359	74 713	
匀胶、显影设备	台	2	2 208	2 205	1
光刻机	台	4	3 581	3 538	
化学气相淀积设备	台	2	4 523	4 523	
化学机械抛光设备（CMP）	台	1	1 243	1 739	
清洗设备	台	1	89	89	
自动探针测试台	台	1	19	19	
划片机	台	1	76	76	
粘片机	台	2	47	50	
键合机	台	1	11 528	11 528	
自动封装设备	台	6	125 312	125 552	
老化设备	台	1	118	109	
自动测试分选设备	台	4	103 741	79 261	1 174
电真空器件专用设备合计	台	28	17 243 560	15 745 887	222 199
真空开关管生产设备	台	2	149	151	
微波真空管生产设备	台	3	491 045	455 621	
电光源生产设备	台	8	2 088 642	2 079 901	
平板显示器件（FPD）生产设备小计	台	15	14 663 724	13 210 214	222 199
液晶显示器件（LCD）生产设备	台	8	4 792 904	4 654 024	106 013
OLED 生产设备	台	4	8 069 800	6 762 370	116 185
其他平板显示器件生产设备	台	3	1 801 020	1 793 820	1
电子元件专用设备合计	台	81	3 019 229	2 843 375	11 515
电阻、电位器生产设备	台	4	82 115	81 164	286
电容器生产设备	台	12	69 221	59 431	30
陶瓷元件生产设备	台	1	11 100		
磁性材料及元件生产设备	台	11	7 534	7 372	242

续表

产品名称	计量单位	企业数（家）	本年生产量	本年销售量	本年出口量
印制电路板生产设备	台	5	2 310 505	2 160 508	
线缆生产设备	台	5	12 714	12 647	
敏感元器件及传感器生产设备	台	8	373 718	371 694	
频率元器件生产设备	台	1	651	657	
绿色电池生产设备	台	3	403	400	30
电感器件、特种变压器生产设备	台	24	141 081	140 446	10 927
薄膜电路生产设备	台	1	1 040	1 008	
压电晶体生产设备	台	1	223	223	
表面波滤波器生产设备	台	1	5 000	4 000	
开关接插件生产设备	台	4	3 924	3 825	
气候环境模拟和可靠性试验设备合计	台	10	2 800	2 690	32
气候环境模拟试验设备	台	2	682	682	
力学环境试验设备	台	1	760	590	
综合试验设备	台	3	467	470	
可靠性试验设备	台	4	891	948	32
水、气净化设备合计	台	27	122 833	119 713	6 285
空气净化设备小计	台	19	117 388	114 687	6 285
净化空气	台	13	100 597	99 064	6 285
净化工作台	台	2	208	208	
高效过滤器	台	4	16 583	15 415	
水纯化设备	台	3	2 149	2 158	
废水处理设备	台	5	3 296	2 868	
电子整机装联设备合计	台	26	2 989 796	2 989 011	10 210
自动插片机	台	1	1 172	1 166	764
自动贴片机	台	2	5 336	5 319	
装配生产线	台	9	4 528	4 497	12
波峰焊接、再流焊接设备	台	3	16 279	16 860	9 075
自动检测仪器（机）	台	8	2 911 056	2 909 794	
自动清洗设备	台	3	51 425	51 375	359
电子通用设备合计	台	30	199 396	199 609	
真空获得设备	台	8	503	503	

续表

产品名称	计量单位	企业数（家）	本年生产量	本年销售量	本年出口量
超声波设备	台	6	5 070	5 093	
精密焊接设备	台	5	170 521	170 883	
干燥设备	台	4	7 185	7 081	
精密电子丝网印刷设备	台	4	12 095	12 029	
防静电系列产品	台	3	4 022	4 020	

表 93　2012 年电子工业模具及齿轮制造生产量、销售量和出口量汇总表

产品名称	计量单位	企业数（家）	本年生产量	本年销售量	本年出口量
模具	付	104	13 168 491	12 688 758	1 357 638
模架	套	15	56 420 414	57 146 924	56 949 826
模具标准件	件	14	4 612 736	4 334 556	3 652 595
气动工具	件	11	403 281	396 741	
电动工具	件	24	41 529 311	42 823 016	1 054 182
焊接工具	件	9	4 819 567	4 830 793	8 000

表 94　2012 年其他电子设备制造生产量、销售量和出口量汇总表

产品名称	计量单位	企业数（家）	本年生产量	本年销售量	本年出口量
其他电子设备制造合计	台	51	992 778	991 918	36 564
邮政专用设备及器材制造小计	台	3	12 479	12 477	7
邮政营业设备	台	1	3 084	3 084	
邮政内部处理设备	台	1	417	423	
邮政投递设备	台	1	8 978	8 970	7
激光设备制造	台	40	966 151	966 130	36 557
电子垃圾处理设备制造	台	8	14 148	13 311	

表 95　2012 年电子元件及组件制造生产量、销售量和出口量汇总表

产品名称	计量单位	企业数（家）	本年生产量	本年销售量	本年出口量
电容器合计	万只	262	61 230 459	61 732 799	40 810 143
纸介电容器	万只	16	48 698	47 047	11 747
塑料介质电容器小计	万只	91	3 661 817	3 656 785	1 304 228

续表

产品名称	计量单位	企业数（家）	本年生产量	本年销售量	本年出口量
聚酯膜电容器	万只	35	1 567 007	1 558 127	149 882
聚丙烯膜电容器	万只	29	1 927 045	1 932 226	1 153 724
聚苯乙烯电容器	万只	3	3 465	3 457	614
聚碳酸酯电容器	万只	19	86 431	85 921	
片式有机介质电容器（SMC）	万只	5	77 869	77 054	8
瓷介电容器小计	万只	41	52 129 771	52 661 879	39 020 790
圆片瓷介电容器	万只	24	1 016 664	997 317	272 957
多层瓷介电容器	万只	17	51 113 106	51 664 563	38 747 833
其中：片式贴装瓷介电容器	万只	4	50 533 033	51 037 062	38 550 007
超大容量电容器	万只	7	18 588	18 363	5
云母电容器	万只	6	6 675	6 669	
玻璃釉电容器	万只	1	1 232	1 232	
电解电容器小计	万只	82	5 348 851	5 326 225	472 264
铝电解电容器	万只	71	5 222 126	5 197 712	440 575
其中：片式铝电解电容器	万只	2	5 057	4 735	2 461
钽电解电容器	万只	11	126 724	128 513	31 689
其中：片式钽电解电容器	万只	2	14 444	14 666	
可变电容器	万只	11	8 860	8 650	880
真空电容器小计	万只	7	5 968	5 950	229
固定真空电容器	万只	6	4 768	4 750	229
可变真空电容器	万只	1	1 200	1 200	
电阻、电位器合计	万只	110	23 787 310	23 523 338	11 622 025
固定电阻器小计	万只	79	22 183 087	21 937 196	11 217 229
碳膜电阻器	万只	11	2 820 486	2 794 501	406 272
金属膜电阻器	万只	18	257 622	253 379	23 822
氧化膜电阻器	万只	5	98 609	98 866	1 504
玻璃釉电阻器	万只	4	13 929	13 746	254
线绕电阻器	万只	14	229 717	224 347	2 805
合成膜电阻器	万只	1	16 768	11 833	
实芯电阻器	万只	2	522	442	
片式电阻器	万只	20	18 743 719	18 538 428	10 782 568

续表

产品名称	计量单位	企业数（家）	本年生产量	本年销售量	本年出口量
熔断电阻器	万只	4	1 716	1 653	4
电位器小计	万只	31	1 604 223	1 586 141	404 797
线绕电位器	万只	9	62 552	62 537	12 578
碳膜电位器	万只	12	1 360 231	1 356 825	363 267
实芯电位器	万只	2	1 917	1 917	
玻璃釉电位器	万只	1	2 270	2 261	974
导电塑料电位器	万只	3	77 995	69 258	15 044
片式电位器	万只	4	99 259	93 344	12 934
电连接器					
低频连接器小计	万只	141	3 531 717	3 543 580	1 251 010
圆形连接器	万只	31	214 991	221 231	49 135
矩形连接器	万只	20	293 611	304 664	167 873
条形连接器	万只	22	681 351	670 638	261 988
印制电路连接器	万只	12	34 129	34 203	15 502
带状电缆连接器	万只	17	74 522	73 293	5 352
端子	万只	36	2 167 428	2 174 569	693 760
表面贴装型低频连接器	万只	3	65 685	64 981	57 401
射频连接器	万只	20	42 713	42 452	2 069
光连接器	万只	14	77 173	76 513	959
特种连接器	万只	23	473 480	467 425	404 037
各类开关	万只	66	2 364 854	2 363 702	225 847
各类插座	万只	22	250 063	253 794	23 208
各类插塞、插孔	万只	13	156 894	156 381	58 325
控制元件合计	万只	30	97 909	92 925	14 942
电子继电器小计	万只	30	97 909	92 925	14 942
电磁继电器	万只	20	89 281	84 180	14 918
固态继电器	万只	10	8 627	8 745	24
磁性材料元件及感性器件					
软磁材料元件小计	万公斤	43	47 310	47 057	2 767
金属软磁小计	万公斤	14	25 413	25 530	4
硅钢片	万公斤	9	22 988	23 112	4

续表

产品名称	计量单位	企业数（家）	本年生产量	本年销售量	本年出口量
金属磁粉心	万公斤	3	413	404	
铁镍合金	万公斤	2	2 012	2 014	
铁氧体软磁小计	万公斤	29	21 897	21 527	2 763
锰锌铁氧体	万公斤	21	21 403	20 992	2 675
镍锌铁氧体	万公斤	7	225	235	33
镁锌铁氧体	万公斤	1	269	300	55
硬磁材料元件小计	万公斤	40	42 719	41 221	13 067
铁氧体永磁	万公斤	19	40 270	39 147	12 896
钕铁硼永磁	万公斤	20	2 448	2 073	172
铝镍钴永磁	万公斤	1	1	1	
其他磁性材料元件	万公斤	4	5 132	5 243	2
感性器件小计	万只	207	3 389 782	3 425 964	866 592
变压器小计	万只	125	1 059 904	1 055 074	255 222
电源变压器	万只	64	183 453	183 919	77 072
开关电源变压器	万只	18	715 555	715 305	134 259
音频变压器	万只	4	6 479	6 663	663
脉冲变压器	万只	4	22 530	19 583	12 721
其他功能变压器	万只	35	131 887	129 604	30 507
电感器小计	万只	82	2 329 878	2 370 890	611 370
小型电感器	万只	50	1 680 601	1 678 418	257 603
电感滤波器	万只	13	230 474	234 432	27 652
扼流圈	万只	4	318 631	357 409	285 176
发射或接收线圈	万只	3	12 168	13 855	
空心线圈	万只	12	88 004	86 775	40 939
电声器件合计	万只	148	3 812 837	3 798 222	2 154 371
通信传声器件小计	万只	40	775 183	770 745	197 478
送话器	万只	4	32 410	32 813	
受话器	万只	13	309 643	306 004	109 894
组合件	万只	23	433 130	431 929	87 584
传声器小计	万只	16	295 794	294 578	17 601
电容式传声器	万只	6	11 357	11 380	2 289

续表

产品名称	计量单位	企业数（家）	本年生产量	本年销售量	本年出口量
驻极体传声器	万只	8	277 655	276 423	15 312
硅传声器	万只	1	6 767	6 760	
无线传声器	万只	1	15	15	
扬声器小计	万只	43	2 553 643	2 546 943	1 869 783
号筒扬声器	万只	13	87 742	87 411	18 834
直接辐射式扬声器	万只	20	2 460 719	2 454 462	1 850 034
球顶形扬声器	万只	1	500	480	470
汽车扬声器	万只	9	4 682	4 590	445
音箱、音柱小计	万只	13	37 747	38 548	35 401
专业用音箱（厅堂馆所）	万只	6	544	552	522
家庭用音箱	万只	7	37 203	37 996	34 879
耳机	万只	26	86 756	85 416	29 427
蜂鸣器	万只	6	31 334	31 061	4 681
蜂鸣片	万只	4	32 380	30 931	
频率控制元件合计	万只	92	3 182 565	3 175 314	559 989
压电陶瓷及频率元件小计	万只	25	1 137 250	1 135 600	156 345
压电陶瓷滤波器	万只	11	978 314	976 176	129 792
压电陶磁谐振器	万只	2	99 605	99 603	12 266
压电陶瓷检频器	万只	1	503	597	174
片式压电陶瓷器件	万只	5	45 957	45 776	9 896
声表面波滤波器	万只	2	8 718	9 235	3 530
声表面波振荡器	万只	1	1 000	1 000	
片式声表面波器件	万只	3	3 154	3 213	688
压电石英晶体元器件小计					
压电石英晶体谐振器	万只	33	729 664	725 889	237 057
压电石英晶体滤波器	万只	2	41	46	
压电石英晶体振荡器	万只	10	1 185 368	1 185 938	118 662
片式压电晶体器件	万只	4	50 403	46 291	33 870
石英晶片	万片	18	79 839	81 551	14 055
其他元件及零部件合计	万公斤	33	1 499 202	1 498 832	482 235
电子陶瓷零件小计	万公斤	16	7 318	7 039	64

续表

产品名称	计量单位	企业数（家）	本年生产量	本年销售量	本年出口量
氧化铝瓷件	万公斤	13	6 859	6 608	59
氧化铍瓷件	万公斤	1			
氮化铝瓷片	万公斤	2	459	431	5
石英晶体管壳、管座	万公斤	2	211	211	
电声器件零部件	万公斤	11	1 486 429	1 486 420	482 080
电容器用铝壳	万公斤	4	5 244	5 162	91

表96 2012年电子印刷电路板制造生产量、销售量和出口量汇总表

产品名称	计量单位	企业数（家）	本年生产量	本年销售量	本年出口量
电子印制电路板合计	平方米	285	491 294 203	489 533 508	67 901 159
刚性印制电路板小计	平方米	174	290 875 890	286 399 103	29 121 638
刚性单面板	平方米	56	78 026 957	75 245 054	5 459 119
刚性双面板	平方米	51	19 759 108	19 735 300	4 004 375
刚性多层板	平方米	67	193 089 825	191 418 749	19 658 144
挠性印制电路板	平方米	60	61 096 291	61 713 344	17 657 870
刚–挠性印制电路板	平方米	51	139 322 022	141 421 061	21 121 651

表97 2012年电力电子元件制造生产量、销售量和出口量汇总表

产品名称	计量单位	企业数（家）	本年生产量	本年销售量	本年出口量
继电器合计	万只	22	227 301	232 485	120 257
电磁继电器	万只	14	223 049	228 232	120 256
热电继电器	万只	6	4 094	4 093	1
静电继电器	万只	1	143	145	
光电继电器	万只	1	15	15	
继电器保护装置	万只	3	1 787	1 768	
配电或电器控制设备专用零件	万只	41	169 391	169 364	2 151

表 98　2012 年敏感元件及传感器制造生产量、销售量和出口量汇总表

产品名称	计量单位	企业数（家）	本年生产量	本年销售量	本年出口量
敏感元件及传感器合计	万只	153	1 346 561	1 297 154	88 571
敏感元件小计	万只	83	1 245 207	1 195 766	53 106
力敏元件	万只	13	290 644	290 597	943
压敏电阻器	万只	20	709 186	662 049	16 933
光敏电阻器	万只	12	8 420	7 635	
热敏电阻器	万只	25	205 470	205 352	23 614
磁敏感元件	万只	9	27 258	25 919	11 616
湿敏元器件	万只	1	36	35	
气敏元器件	万只	3	4 193	4 179	
传感器	万只	70	101 354	101 388	35 465

表 99　2012 年真空电子器件制造生产量、销售量和出口量汇总表

产品名称	计量单位	企业数（家）	本年生产量	本年销售量	本年出口量
电子管合计	万只	50	108 800	106 016	10 179
收讯放大管	万只	4	10 181	10 181	9 574
发射管小计	万只	12	42 661	41 764	356
中小功率发射管	万只	9	42 661	41 764	356
大功率玻璃发射管	万只	2			
调制管	万只	1			
超高频管小计	万只	17	14 485	14 091	
磁控管	万只	3	276	276	
微波气体放电管	万只	5	13 102	12 685	
速调管	万只	4	594	602	
行波管	万只	3	113	128	
天线开关管	万只	2	400	400	
稳定管小计	万只	11	10 745	10 748	
稳压管	万只	9	10 665	10 668	
稳流管	万只	2	80	80	
离子管小计	万只	6	30 727	29 232	249
闸流管	万只	1	15 000	14 890	190
放电管	万只	5	15 727	14 342	59

续表

产品名称	计量单位	企业数（家）	本年生产量	本年销售量	本年出口量
电子束管合计	万只	6	293	277	69
彩色电视显像管（CPT）小计	万只	3	190	170	69
74cm 及以上	万只	1	109	87	69
54cm	万只	1	28	28	
37cm	万只	1	53	55	
彩色显示管（CDT）	万只	1	50	50	
其他电子束管小计	万只	2	53	57	
监视管	万只	1			
示波管	万只	1	53	57	
真空开关管合计	万只	22	12 250	11 754	18
高、中压真空开关管（3kV 以上）	万只	18	12 034	11 540	18
低压真空开关管（3kV 以下）	万只	4	216	214	
其他电真空器件合计	万只	4	17 534	17 534	
真空规管	万只	4	17 534	17 534	
真空电子器件零件					
显像管配件小计	万只	5	28 913	29 187	18 290
彩色显像管电子枪零件	万只	2	22 615	22 798	17 680
彩色显像管玻壳小计	万只	1	1 035	1 127	610
54cm	万只	1	1 035	1 127	610
彩色显像管用荫罩小计	万只	2	5 263	5 262	
74cm 及以上	万只	1	5 230	5 230	
其他规格	万只	1	33	32	
电子管零件	万件	10	294 359	256 945	5 630

表 100　2012 年半导体分立器件制造生产量、销售量和出口量汇总表

产品名称	计量单位	企业数（家）	本年生产量	本年销售量	本年出口量
半导体二极管合计	万只	99	14 293 746	14 121 778	4 971 517
小信号二极管	万只	27	7 481 191	7 404 909	3 720 257
稳压、整流、开关二极管	万只	59	6 305 689	6 212 364	1 070 360
过电流保护二极管	万只	7	83 186	83 627	
高频（微波）二极管	万只	6	423 680	420 879	180 900

续表

产品名称	计量单位	企业数（家）	本年生产量	本年销售量	本年出口量
小信号晶体管合计	万只	42	12 499 847	12 533 911	4 730 612
双极晶体管	万只	24	11 015 474	11 014 088	4 626 339
场效应晶体管	万只	11	833 769	875 096	69 180
高频（射频与微波）晶体管	万只	7	650 604	644 728	35 093
功率晶体管合计	万只	33	1 114 766	1 104 404	554 283
高频（微波）功率晶体管	万只	10	42 039	42 114	5 632
高频（微波）功率晶体管模块	万只	1	64	72	3
通用双极功率晶体管	万只	15	417 828	422 772	73 503
通用双极功率晶体管模块	万只	1	1 805	1 659	364
通用场效应功率晶体管	万只	6	653 030	637 787	474 781
整流管合计	万只	11	9 356	8 777	1
3.0–35.0 A（含）整流管	万只	6	4 150	4 012	1
大于 35.0 A 整流管	万只	5	5 206	4 765	
半导体敏感器件合计	万只	32	978 635	980 177	15 722
压力敏感器件	万只	9	747 427	747 034	7 256
磁敏器件	万只	3	17 053	17 076	864
离子敏感器件	万只	1	6 236	6 500	
射线敏感器件	万只	1	1 500	1 500	
光敏感器件	万只	6	188 203	188 887	
热敏感器件	万只	10	12 852	13 770	7 602
速度和加速度敏感器件	万只	2	5 364	5 410	

表 101　2012 年集成电路制造生产量、销售量和出口量汇总表

产品名称	计量单位	企业数（家）	本年生产量	本年销售量	本年出口量
集成电路制造合计	万片	53	963 502	942 788	173 066
12 英寸集成电路硅片小计	万片	8	819 232	801 582	146 508
线宽 90 纳米及以下	万片	6	818 646	801 024	146 163
线宽 90 纳米以上	万片	2	586	558	345
8 英寸集成电路硅片小计	万片	14	110 587	108 776	26 430
线宽 0.18 微米及以下	万片	3	70 916	69 225	21 013
线宽 0.18 微米至 0.35 微米	万片	6	10 139	10 005	2 729

续表

产品名称	计量单位	企业数（家）	本年生产量	本年销售量	本年出口量
线宽 0.35 微米以上	万片	5	29 532	29 545	2 688
6 英寸集成电路硅片小计	万片	10	2 130	2 079	73
线宽 0.8 微米及以下	万片	6	877	828	33
线宽 0.8 微米以上	万片	4	1 253	1 251	40
5 英寸集成电路硅片小计	万片	7	1 215	839	44
线宽 0.8 微米及以下	万片	4	1 151	787	10
线宽 0.8 微米以上	万片	3	64	52	34
4 英寸集成电路硅片	万片	9	21 514	20 764	5
4 英寸以下集成电路硅片	万片	5	8 823	8 749	6
集成电路封装测试合计	万只	89	12 850 156	12 779 761	5 435 710
TO 系列	万只	19	957 762	946 252	236 813
SOT（SOD）系列	万只	10	4 079 342	4 034 482	3 249 641
DIP/SIP/ZIP 系列	万只	18	1 371 935	1 365 392	236 326
SOP/SOJ 系列	万只	14	1 370 564	1 336 394	544 943
QFP 系列	万只	14	441 602	434 758	242 126
BGA/PGA 系列	万只	7	442 056	441 516	402 358
Flip Chip 系列	万只	4	3 900 114	3 899 878	210 814
CSP 系列	万只	2	163 795	163 774	163 774
MCP 系列	万只	1	122 987	157 315	148 915
集成电路产品合计	万只	132	1 234 952	1 238 783	213 445
MOS 微器件小计	万只	4	4 983	4 974	3 264
MOS MPU	万只	2	3 274	3 274	3 264
MOS MCU	万只	1	1 659	1 656	
MOS DSP	万只	1	50	45	
逻辑电路小计	万只	10	9 456	9 884	304
数字双极电路	万只	3	8 687	9 104	
MOS 逻辑电路	万只	3	384	395	
门阵列逻辑电路	万只	1	30	30	
现场可编程逻辑电路（FPLD，含 FPGA）	万只	1	46	46	
标准单元逻辑电路	万只	2	309	309	304
MOS 存储器小计	万只	6	168 067	167 906	43 662

续表

产品名称	计量单位	企业数（家）	本年生产量	本年销售量	本年出口量
DRAM	万只	2	113 437	113 413	38
可擦写只读存储器（EPROM、E2PROM）	万只	1	17 627	18 250	7 426
其他存储器	万只	3	37 003	36 243	36 198
模拟电路小计	万只	33	158 191	155 972	22
放大器电路	万只	9	14 226	14 743	3
接口电路	万只	4	1 604	1 603	
电源电路（模拟开关、线性滤波器等）	万只	8	2 391	2 385	
数模/模数转换电路	万只	1	30	30	
电压比较器	万只	3	888	890	
DC-DC 变换器	万只	3	10 322	10 520	
其他模拟电路	万只	5	128 730	125 801	18
专用电路小计	万只	32	269 555	274 009	82 166
消费电子类电路	万只	7	188 615	193 536	49 047
计算机及外部设备电路	万只	3	13 198	13 424	
通信与网络电路	万只	5	20 893	20 309	2 756
机动车专用电路	万只	5	4 414	4 340	373
电源管理电路	万只	4	8 503	8 985	3 854
其他专用电路	万只	8	33 932	33 415	26 136
智能卡芯片及电子标签芯片小计	万只	18	345 929	345 466	46 281
接触式智能卡芯片	万只	8	303 535	303 222	46 231
非接触式智能卡芯片	万只	7	20 111	19 963	50
其中：RFID 电子标签芯片	万只	1	139	136	
读写器电路	万只	3	22 282	22 282	
传感器电路	万只	3	714	694	
混合集成电路	万只	26	278 057	279 879	37 746

表 102 2012 年显示器件制造生产量、销售量和出口量汇总表

产品名称	计量单位	企业数（家）	本年生产量	本年销售量	本年出口量
液晶显示屏合计	万片	61	233 495	230 880	66 361
32 英寸及以上	万片	13	63 714	61 524	10 911
19 英寸≤尺寸<32 英寸	万片	22	68 090	68 108	6 952
尺寸<19 英寸	万片	26	101 692	101 248	48 497
等离子显示器件 PDP	万片	3	446	443	379
液晶显示模组及主要配套材料	万套	112	432 883	427 930	158 560
等离子显示模组	万套	3	1 860	1 861	1 791
有机发光显示器件 OLED	万只	30	221 152	222 504	34 144
其他显示器件	万只	59	877 468	866 625	37 111

表 103 2012 年电力电子器件制造生产量、销售量和出口量汇总表

产品名称	计量单位	企业数（家）	本年生产量	本年销售量	本年出口量
晶闸管	万只	11	31 957	31 249	1 297
绝缘栅极晶体管及模块（IGBT、IGCT）	万只	6	91 780	95 295	7 737
快恢复二极管（FRD）	万只	8	2 910 649	2 903 451	
肖特基二极管	万只	3	99 170	99 900	20 913
金属氧化物半导体场效应管（MOSFET）器件及模块	万只	2	938	1 104	

表 104 2012 年微电子组件制造生产量、销售量和出口量汇总表

产品名称	计量单位	企业数（家）	本年生产量	本年销售量	本年出口量
集成电路模块	万只	32	409 025	399 266	167 606
多芯片封装组件（MCM）	万只	9	98 945	89 129	25 692
其他微电子组件	万只	38	297 008	296 768	34 269

表 105 2012 年光电子器件及其他电子器件制造生产量、销售量和出口量汇总表

产品名称	计量单位	企业数（家）	本年生产量	本年销售量	本年出口量
电子束光电器件合计	万只	20	116 435	115 752	42 581
光电倍增管	万只	5	40 917	40 921	24
X 射线图像增强管	万只	1	23	23	
摄像管	万只	3	2 015	2 010	

续表

产品名称	计量单位	企业数（家）	本年生产量	本年销售量	本年出口量
光电图像器件	万只	11	73 479	72 798	42 557
电真空光电子器件合计	万只	132	3 380 320	3 383 081	1 096 079
发光器件	万只	74	2 961 637	2 962 282	1 040 554
光敏器件	万只	18	89 025	88 273	3 392
光电耦合器件	万只	16	274 559	277 521	46 925
红外器件	万只	1	5 248	4 500	
X-射线（光）管小计	万只	4	9 137	9 034	1
医用 X 射线（光）管	万只	1	2	2	1
工业用 X 射线（光）管	万只	3	9 135	9 032	
其他真空光电子器件	万只	19	40 714	41 472	5 207
电光源合计	万只	132	407 995	389 160	33 319
白炽灯	万只	17	35 796	35 215	777
荧光灯	万只	80	282 486	266 534	30 751
卤钨灯	万只	18	85 211	82 980	570
气体放电灯	万只	11	2 939	2 903	1 035
汞蒸汽灯（含汽车灯）	万只	5	1 492	1 458	186
钠蒸汽灯	万只	1	70	70	
半导体光电器件合计	万只	139	14 427 201	13 947 581	426 476
光电探测器件	万只	3	660	673	29
发光二极管	万只	136	14 426 540	13 946 908	426 447
激光器件合计	万只	16	3 787	3 879	1 428
半导体激光器件	万只	11	2 889	2 971	585
固体激光器件	万只	3	835	849	843
气体激光器件	万只	2	63	60	

表 106　2012 年电子微电机制造生产量、销售量和出口量汇总表

产品名称	计量单位	企业数（家）	本年生产量	本年销售量	本年出口量
驱动微电机合计	万只	175	199 751	200 323	60 916
异步电动机	万只	49	20 114	19 695	403
同步电动机	万只	20	17 771	17 468	3 055
直流电动机	万只	41	97 558	98 939	23 268
直线电动机	万只	21	2 620	2 649	1 458
冷却用小型风机	万只	12	2 798	2 825	
平面无刷电动机	万只	3	8 025	7 817	7 757
其他驱动微电机	万只	29	50 864	50 930	24 975
控制微电机合计	万只	72	38 395	38 550	6 960
自整角机	万只	1			
旋转变压器	万只	6	1 156	1 156	
感应移相器及同步器	万只	1	250	250	
伺服电动机	万只	14	2 419	2 431	
测速发电机	万只	4	203	203	
步进电机	万只	14	15 344	15 447	4 705
力矩电机	万只	7	940	940	300
微特电机机组及组合装置	万只	23	17 832	17 863	1 955
伺服测速机组	万只	2	250	260	
专用微特电机合计	万只	25	113 903	114 203	19 265
计算机外设用电机	万只	1	30	29	
复印机用电机	万只	9	351	450	
音视盘机用电机	万只	1	4 032	4 000	
手机、BP 机用微型振动电动机	万只	14	109 490	109 724	19 265
电源电机合计	万只	12	421	403	226
手摇发电机组	万只	1	1	1	
变频、变流电机	万只	7	276	275	209
发电机组	万只	4	144	127	18
其他电机合计	万只	28	15 123	14 310	3 592
洗衣机电机	万只	3	361	331	
风扇电机	万只	8	5 685	5 741	2 828
压缩机电机	万只	17	9 076	8 239	763

表 107 2012 年电子电线电缆制造生产量、销售量和出口量汇总表

产品名称	计量单位	企业数（家）	本年生产量	本年销售量	本年出口量
安装线缆					
安装线	公里	67	6 348 915	6 778 563	12 049
安装电缆	公里	151	8 323 427	8 207 147	80 618
带状电缆	公里	17	1 088 287	1 137 730	
电话机、计算机用弹簧绳	万根	8	128 712	128 726	
电源插头线	万根	28	363 213	356 170	261 318
射频电缆合计	公里	56	7 267 429	7 092 404	1 174 080
柔软同轴电缆	公里	25	3 127 136	3 018 897	746 759
其中：CATV 电缆	公里	5	122 872	121 749	6 210
半硬（半软）同轴电缆	公里	12	1 837 957	1 765 170	2 221
其中：波纹管电缆（RF 电缆）	公里	3	29 091	26 326	986
硬同轴电缆	公里	8	686 300	694 298	425 100
特种同轴电缆小计	公里	11	1 616 035	1 614 040	
漏泄电缆	公里	4	755 498	758 688	
稳相电缆	公里	7	860 537	855 352	
综合电缆	公里	103	4 582 380	4 539 053	1 321 944
通信及电子网络用电缆合计	公里	93	19 923 934	19 874 336	802 060
军用通信电缆	公里	2	27 509	34 638	
电话电缆	公里	36	8 581 098	8 585 884	69 667
井下及隧道用监控、通信电缆	公里	14	3 657 331	3 631 552	1 055
计算机网络用电缆	公里	41	7 657 996	7 622 263	731 338
电子线材合计	吨	189	92 167 267	88 149 997	19 246
电子元器件引线	吨	21	90 183 222	86 174 109	971
裸铜线	吨	60	883 783	880 335	1 003
铜包钢线	吨	18	168 364	167 993	917
铜包铝线	吨	23	233 899	230 525	10 334
微细漆包线（小于 0.6mm）	吨	12	83 594	81 911	8
一般漆包线（大于 0.6mm）	吨	47	569 639	570 365	3 099
纱包线及绕包线	吨	8	44 766	44 760	2 914

表108　2012年光纤、光缆制造生产量、销售量和出口量汇总表

产品名称	计量单位	企业数（家）	本年生产量	本年销售量	本年出口量
光纤接入设备合计	公里	24	85 403 067	83 180 158	158 191
单模光纤	公里	13	84 690 076	82 414 735	152 478
多模光纤	公里	3	245 785	232 915	
塑料光纤	公里	8	467 206	532 508	5 713
光缆合计	芯公里	87	149 560 705	152 151 537	4 308 163
通信用室（野）外光缆	芯公里	44	72 111 668	67 997 751	2 095 995
通信用移动式光缆	芯公里	7	41 365 818	43 573 224	580 895
通信用室（局）内光缆	芯公里	10	9 955 154	14 378 424	278 500
通信用设备内光缆	芯公里	2	29 728	29 749	
接入网用光纤带光缆	芯公里	8	13 842 777	13 792 120	653 000
通信用特殊光缆	芯公里	6	7 429 031	7 416 690	699 773
非通信用光缆	芯公里	10	4 826 528	4 963 579	

表109　2012年电池制造生产量、销售量和出口量汇总表

产品名称	计量单位	企业数（家）	本年生产量	本年销售量	本年出口量
碱性蓄电池合计	千伏安时	25	47 709 230	47 848 597	164 094
锌银蓄电池	千伏安时	4	1 811 076	1 801 013	
铁镍蓄电池	千伏安时	2	220	222	
圆柱形密封镉镍蓄电池	千伏安时	6	94 669	101 287	30 869
镍氢蓄电池	千伏安时	13	45 803 265	45 946 075	133 225
酸性蓄电池合计	万kVH	64	47 828	48 086	422
密封铅酸蓄电池	万kVH	61	47 387	47 596	422
非密封铅酸蓄电池	万kVH	3	442	491	
锂蓄电池合计	万只	107	284 157	280 556	122 012
液体锂离子蓄电池	万只	22	34 797	34 496	10 431
聚合物锂离子蓄电池	万只	40	143 799	141 259	62 963
其他锂蓄电池	万只	45	105 561	104 802	48 619
原电池合计	万只	23	770 286	753 922	335 904
普通锌锰干电池	万只	11	142 607	139 661	
碱性锌锰电池	万只	7	423 208	422 938	215 714
锌空气电池	万只	1			

续表

产品名称	计量单位	企业数（家）	本年生产量	本年销售量	本年出口量
锌银扣式电池	万只	1	4	4	
锌锰扣式电池	万只	3	204 466	191 318	120 190
贮备电池	万只	1	43 985	44 095	
热电池	万只	1	43 985	44 095	
物理-化学电源能电源系统	套	1	7 935	7 869	
蓄电池充电器	万只	2	886	880	
电池专用配件					
泡沫镍、纤维镍带	平方米	3	3 508 000	3 060 000	1 460 000
锂蓄电池专用配件	万只	12	76 688	77 529	11 221

表 110　2012 年太阳能电池制造生产量、销售量和出口量汇总表

产品名称	计量单位	企业数（家）	本年生产量	本年销售量	本年出口量
太阳能电池合计	千伏安	152	27 339 967	26 582 455	3 771 364
多晶硅太阳能电池	千伏安	82	20 484 516	20 157 731	2 973 730
单晶硅太阳能电池	千伏安	46	4 960 317	4 570 797	594 310
硅基薄膜太阳能电池	千伏安	5	508 048	463 006	29 597
其他太阳能电池	千伏安	19	1 387 086	1 390 922	173 728

表 111　2012 年电子元件材料制造生产量、销售量和出口量汇总表

产品名称	计量单位	企业数（家）	本年生产量	本年销售量	本年出口量
电子元件材料合计	公斤	101	441 906 100	424 495 924	125 866 084
纸绝缘板	公斤	11	50 570 418	50 953 924	158 230
纸基敷铜板	公斤	13	61 163 032	60 243 315	29 079 146
玻璃布基敷铜板	公斤	8	94 551 408	87 953 451	50 204 101
电子光学玻璃	公斤	13	69 808 299	65 049 794	18 450 005
电解二氧化锰粉	公斤	1	23 887 000	21 435 000	3 454 000
电容器用材料小计	公斤	33	120 439 980	118 083 402	20 442 568
铝箔	公斤	20	59 575 430	62 130 740	19 722 077
聚酯膜	公斤	4	9 406 978	9 375 642	
聚丙烯膜	公斤	9	51 457 572	46 577 020	720 491
压电材料小计	公斤	6	495 500	425 219	

续表

产品名称	计量单位	企业数（家）	本年生产量	本年销售量	本年出口量
铌酸锂单晶	公斤	2	4 356	1 204	
人造水晶	公斤	4	491 144	424 015	
光纤预制棒	公斤	5	1 487 706	1 482 198	500 000
电解铜箔	公斤	11	19 502 757	18 869 622	3 578 034

表 112　2012 年真空电子器件材料制造生产量、销售量和出口量汇总表

产品名称	计量单位	企业数（家）	本年生产量	本年销售量	本年出口量
真空电子器件材料合计	公斤	55	58 445 108	54 589 763	3 823 936
钨制品	公斤	3	155 130	156 229	
钼制品	公斤	7	3 953 484	3 934 226	6 007
镍基合金	公斤	1	7 972	6 516	
复合金属电子材料	公斤	17	40 585 648	38 690 488	3 227 235
触头材料	公斤	4	873 658	807 599	61 439
电真空器件用玻璃	公斤	1	1 054 931	977 610	
液晶材料	公斤	11	8 649 522	6 835 284	5 523
合金材料	公斤	11	3 164 763	3 181 811	523 732

表 113　2012 年半导体材料制造生产量、销售量和出口量汇总表

产品名称	计量单位	企业数（家）	本年生产量	本年销售量	本年出口量
半导体材料合计	公斤	194	169 253 323	164 140 110	23 985 645
半导体单晶小计	公斤	73	107 047 134	105 574 261	17 523 406
锗单晶	公斤	1	949		
硅单晶	公斤	45	19 979 482	19 504 629	143 379
化合物单晶	公斤	5	1 748 012	1 739 409	17 323
多晶硅	公斤	22	85 318 691	84 330 222	17 362 704
半导体片材小计	万片	47	250 079	253 288	2 033
硅抛光片	万片	7	34 283	34 027	36
硅外延片	万片	8	24 904	25 076	23
其他半导体片材	万片	32	190 892	194 184	1 973
半导体封装材料					
键合用金丝	公斤	3	16 249	16 220	350

续表

产品名称	计量单位	企业数（家）	本年生产量	本年销售量	本年出口量
键合用硅铝丝	公斤	3	2 156 965	2 277 941	
封装用金属管壳	万只	4	323	321	
封装用陶瓷外壳	万只	8	17 378	17 371	1
分立器件塑封引线框架及金属带材	万只	10	4 914 390	4 970 207	53 816
集成电路塑封引线框架及金属带材	万只	10	7 522 396	7 206 989	1 314 120
封装用模塑料粉及辅料	吨	12	127 608	125 098	13 426
光刻掩膜版	公斤	1	9 800	9 800	
石英制品	公斤	16	8 871 081	8 711 980	3 831 621
导电膜玻璃	公斤	7	38 319 921	34 976 635	1 246 872

表114　2012年信息化学品材料制造生产量、销售量和出口量汇总表

产品名称	计量单位	企业数（家）	本年生产量	本年销售量	本年出口量
荧光粉	公斤	32	3 360 260	2 808 096	
光刻胶	公斤	5	85 140 000	84 437 000	5 419 400

表115　2012年电子信息产业主要产品生产能力汇总表

产品名称	计量单位	年初生产能力	年末生产能力
手机	万部	183 163	228 505
移动通信基站设备	万信道	57 241	33 998
程控交换机	万线	2 997	2 972
台式微机	万台	10 108	13 847
服务器	万台	374	448
笔记本电脑	万台	23 023	29 772
彩色电视机	万台	14 374	16 854
激光视盘机	万台	3 855	21 058
显示器	万台	26 243	21 808
彩色显像管	万只	710	720
彩色显像管玻壳	万只	2 200	2 200
集成电路	万块	8 042 866	10 490 319

第二部分　软件产业综合统计数据

表116　2012年软件产业主要经济指标汇总表（1）

单位：万元

项目名称	企业数（个）	软件业务收入	其中					
			软件产品收入	信息系统集成服务收入	信息技术咨询服务收入	数据处理和运营服务收入	嵌入式系统软件收入	集成电路设计收入
软件企业合计	29 205	247 937 524	78 572 419	55 832 576	24 353 981	41 560 129	39 916 146	7 702 274
一、按企业登记注册类型分列								
内资企业	26 043	180 908 843	59 592 657	44 433 228	18 824 982	30 025 730	24 674 970	3 357 275
国有企业	687	15 324 813	3 580 746	5 899 678	1 743 645	1 375 497	2 409 663	315 585
集体企业	63	4 692 712	457 838	820 391	647 889	786 466	1 859 996	120 133
股份合作企业	168	1 376 059	429 962	266 954	101 881	129 015	424 306	23 940
联营企业	47	394 648	169 677	84 324	105 981	15 179	8 622	10 865
国有联营企业	14	40 644	25 604	2 460	4 171	400	8 009	
集体联营企业	8	81 490	51 146	22 279	6 954	1 111		
国有与集体联营企业	7	96 446	4 149	29 067	51 807	9 430		1 993
其他联营企业	18	176 067	88 777	30 518	43 049	4 238	613	8 872
有限责任公司	11 742	81 912 124	26 236 979	20 770 538	9 241 127	14 359 018	9 790 399	1 514 063
国有独资公司	151	2 363 674	773 281	724 928	320 607	145 233	313 271	86 354
其他有限责任公司	11 591	79 548 451	25 463 698	20 045 610	8 920 520	14 213 785	9 477 128	1 427 709
股份有限公司	2 067	37 295 132	13 847 951	8 712 996	3 527 787	4 408 864	6 060 724	736 809
私营企业	11 066	38 233 847	14 615 307	7 624 546	3 405 090	8 182 313	3 783 508	623 083
其他内资企业	203	1 679 507	254 197	253 799	51 581	769 379	337 753	12 798
港、澳、台商投资企业	910	22 887 464	5 810 206	4 952 876	1 265 771	7 110 933	2 754 625	993 052
合资经营企业（港、澳、台资）	231	3 256 182	1 593 062	641 511	238 221	240 428	440 439	102 520
合作经营企业（港、澳、台资）	19	214 696	32 356	78 881	3 009	68 125	400	31 925
港、澳、台商独资经营企业	637	18 868 782	4 006 379	4 008 146	1 024 541	6 709 552	2 268 851	851 312
港、澳、台商投资股份有限公司	23	547 804	178 409	224 338		92 828	44 935	7 295
外商投资企业	2 252	44 141 217	13 169 556	6 446 472	4 263 228	4 423 465	12 486 550	3 351 946
中外合资经营企业	521	9 779 814	3 256 603	2 353 261	306 716	554 324	3 127 934	180 975
中外合作经营企业	31	344 454	112 694	17 499	34 308	80 234	73 942	25 777
外资企业	1 658	32 990 241	9 689 726	4 020 286	3 566 166	3 762 533	8 865 782	3 085 747
外商投资股份有限公司	42	1 026 708	110 533	55 426	356 037	26 374	418 891	59 447

续表

项目名称	企业数（个）	软件业务收入	其中					
			软件产品收入	信息系统集成服务收入	信息技术咨询服务收入	数据处理和运营服务收入	嵌入式系统软件收入	集成电路设计收入
二、按经济类型分列								
国有经济	852	17 729 132	4 379 631	6 627 066	2 068 423	1 521 130	2 730 943	401 938
集体经济	71	4 774 203	508 984	842 670	654 843	787 577	1 859 996	120 133
股份合作经济	168	1 376 059	429 962	266 954	101 881	129 015	424 306	23 940
股份制经济	13 658	116 843 583	39 311 649	28 758 607	12 448 308	18 622 650	15 537 852	2 164 518
外商及港、澳、台投资经济	3 162	67 028 681	18 979 762	11 399 348	5 528 999	11 534 398	15 241 175	4 344 999
其他经济	11 294	40 185 866	14 962 430	7 937 930	3 551 527	8 965 360	4 121 873	646 746
三、按控股经济分列								
公有控股经济	3 462	67 280 499	20 800 403	18 815 599	7 208 232	7 042 840	12 232 906	1 180 519
国有控股	2 198	52 675 879	16 715 688	14 729 381	5 274 148	4 726 456	10 231 132	999 074
国有绝对控股	1 640	34 632 070	9 688 215	11 764 580	3 579 082	4 017 202	4 969 368	613 622
国有相对控股	558	18 043 808	7 027 473	2 964 801	1 695 066	709 254	5 261 764	385 451
集体控股	1 264	14 604 620	4 084 715	4 086 218	1 934 084	2 316 384	2 001 774	181 446
集体绝对控股	675	11 370 881	3 268 000	3 194 855	1 187 820	1 946 801	1 611 339	162 066
集体相对控股	589	3 233 739	816 715	891 363	746 264	369 583	390 435	19 380
非公有控股经济	25 743	180 657 025	57 772 016	37 016 977	17 145 749	34 517 289	27 683 240	6 521 755
私人控股	22 609	114 562 031	40 202 848	26 288 592	11 965 806	21 431 637	12 781 413	1 891 734
私人绝对控股	18 135	90 235 975	32 042 445	20 651 080	9 128 577	16 208 338	10 907 856	1 297 679
私人相对控股	4 474	24 326 055	8 160 403	5 637 512	2 837 229	5 223 299	1 873 557	594 055
港、澳、台商控股	1 004	20 701 212	4 913 420	4 795 085	1 229 755	5 300 951	3 017 652	1 444 349
港、澳、台商绝对控股	877	19 162 406	4 438 336	4 453 492	1 149 471	5 153 864	2 605 227	1 362 015
港、澳、台商相对控股	127	1 538 807	475 084	341 593	80 285	147 087	412 424	82 334
外商控股	2 130	45 393 782	12 655 747	5 933 300	3 950 188	7 784 700	11 884 175	3 185 672
外商绝对控股	1 854	41 658 654	11 879 729	5 374 846	3 652 240	6 993 339	10 724 449	3 034 052
外商相对控股	276	3 735 128	776 018	558 455	297 948	791 362	1 159 726	151 620
四、按软件出口基地分列								
北京软件出口基地	169	3 514 609	1 113 256	1 865 464	191 033	292 305	1 714	50 837
天津软件出口基地	52	225 487	97 839	88 851	33 832	2 059	2 906	
大连软件出口基地	1 475	10 261 029	4 004 371	1 239 606	1 972 972	2 160 479	853 471	30 129
上海软件出口基地	354	2 990 175	1 191 207	357 312	444 588	458 645		538 423

续表

项目名称	企业数（个）	软件业务收入	其中					
			软件产品收入	信息系统集成服务收入	信息技术咨询服务收入	数据处理和运营服务收入	嵌入式系统软件收入	集成电路设计收入
深圳软件出口基地	651	21 044 555	4 831 232	3 980 134	387 276	2 985 358	8 761 401	99 155
西安软件出口基地	722	4 907 958	1 377 925	1 540 750	1 159 541	160 759	452 025	216 958
五、按软件园区分列								
北京中关村软件园	288	8 387 786	1 582 257	2 920 891	1 088 049	2 600 336	15 876	180 377
大连软件园	1 474	10 260 892	4 004 234	1 239 606	1 972 972	2 160 479	853 471	30 129
上海浦东软件园	354	3 046 592	1 189 752	357 735	445 922	458 645		594 538
南京软件园	248	4 970 905	1 836 273	1 219 233	484 715	1 120 056	259 326	51 302
杭州软件园	744	9 914 925	3 363 209	2 146 619	317 984	3 766 185	222 066	98 862
山东齐鲁软件园	557	4 712 073	2 398 069	659 394	1 012 011	299 812	306 927	35 859
长沙软件园	341	766 572	556 725	93 152	65 971	47 640	3 001	82
广州天河软件园	1 338	8 016 296	2 531 482	1 289 284	1 573 622	2 326 612	134 237	161 059
珠海南方软件园	102	805 813	82 377	11 163	224 869	250 952	121 881	114 572
成都软件园	607	6 136 386	2 745 800	1 507 496	905 931	556 221	65 444	355 493
西安软件园	722	4 907 958	1 377 925	1 540 750	1 159 541	160 759	452 025	216 958
六、按行业分列								
软件产品行业	15 746	83 270 551	64 429 930	9 947 142	4 803 835	3 183 995	672 179	233 469
信息系统集成服务行业	4 683	48 900 051	6 219 974	38 125 352	2 578 226	1 349 426	324 601	302 473
信息技术咨询服务行业	2 776	17 041 224	1 000 758	1 122 118	13 535 092	1 204 624	131 809	46 823
数据处理和存储服务行业	2 764	36 491 162	993 539	359 539	553 461	34 444 014	108 660	31 949
嵌入式系统软件行业	2 690	54 592 022	5 846 857	6 102 031	2 341 846	1 180 143	38 655 764	465 381
集成电路设计行业	546	7 642 513	81 361	176 394	541 522	197 926	23 132	6 622 178

表 117　2012 年软件产业主要经济指标汇总表（2）

单位：万美元

项目名称	软件业务出口收入	软件外包服务出口收入	嵌入式系统软件出口收入
软件企业合计	3 942 380	988 712	1 729 109
一、按企业登记注册类型分列			
内资企业	2 149 714	280 645	1 098 613
国有企业	51 833	13 074	27 306
集体企业	69 306	6 662	59 384
股份合作企业	35 591	786	29 936

续表

项目名称	软件业务出口收入	软件外包服务出口收入	嵌入式系统软件出口收入
联营企业	156	156	
国有联营企业	50	50	
集体联营企业	51	51	
国有与集体联营企业	54	54	
其他联营企业	1	1	
有限责任公司	1 283 284	102 878	595 848
国有独资公司	23 929	18 219	527
其他有限责任公司	1 259 355	84 660	595 320
股份有限公司	579 759	102 180	363 012
私营企业	118 927	53 986	16 541
其他内资企业	10 858	923	6 587
港、澳、台商投资企业	270 450	42 159	89 882
合资经营企业（港、澳、台资）	17 671	7 535	4 336
合作经营企业（港、澳、台资）	2 087	175	
港、澳、台商独资经营企业	248 197	32 725	84 786
港、澳、台商投资股份有限公司	2 495	1 725	760
外商投资企业	1 522 216	665 908	540 614
中外合资经营企业	139 918	62 359	59 772
中外合作经营企业	1 167	596	
外资企业	1 356 775	597 240	464 155
外商投资股份有限公司	24 356	5 713	16 686
二、按经济类型分列			
国有经济	75 812	31 343	27 833
集体经济	69 357	6 713	59 384
股份合作经济	35 591	786	29 936
股份制经济	1 839 114	186 840	958 332
外商及港、澳、台投资经济	1 792 666	708 067	630 495
其他经济	129 840	54 963	23 129
三、按控股类型分列			
公有控股经济	650 056	121 639	451 234
国有控股	570 604	95 730	407 058

续表

项目名称	软件业务出口收入	软件外包服务出口收入	嵌入式系统软件出口收入
国有绝对控股	167 292	59 460	83 019
国有相对控股	403 313	36 270	324 039
集体控股	79 452	25 909	44 176
集体绝对控股	73 047	22 419	41 661
集体相对控股	6 405	3 490	2 514
非公有控股经济	3 292 324	867 073	1 277 875
私人控股	1 441 415	181 745	619 473
私人绝对控股	1 327 392	136 859	586 530
私人相对控股	114 022	44 886	32 943
港、澳、台商控股	288 757	38 516	87 636
港、澳、台商绝对控股	247 168	36 537	65 194
港、澳、台商相对控股	41 589	1 979	22 442
外商控股	1 562 153	646 812	570 766
外商绝对控股	1 490 222	625 717	533 649
外商相对控股	71 930	21 095	37 117
四、按软件出口基地分列			
北京软件出口基地	111 774	111 774	
天津软件出口基地	2 606	2 135	31
大连软件出口基地	340 185	295 377	4 451
上海软件出口基地	116 640	43 768	
深圳软件出口基地	1 463 829	26 312	861 458
西安软件出口基地	38 071	32 768	5 303
五、按软件园区分列			
北京中关村软件园	58 668	49 002	105
大连软件园	340 185	295 377	4 451
上海浦东软件园	115 249	43 768	
南京软件园	10 830	10 309	359
杭州软件园	86 159	24 274	175
山东齐鲁软件园	22 397	17 951	3 285
长沙软件园	2 886	1 498	1
广州天河软件园	26 534	24 533	101

续表

项目名称	软件业务出口收入	软件外包服务出口收入	嵌入式系统软件出口收入
珠海南方软件园	22 779	296	6 297
成都软件园	97 713	15 122	2 955
西安软件园	38 071	32 768	5 303
六、按行业分列			
软件产品行业	812 992	543 419	12 028
信息系统集成服务行业	133 190	92 425	12 814
信息技术咨询服务行业	249 521	243 633	
数据处理和运营服务行业	131 008	53 740	3 075
嵌入式系统软件行业	2 306 954	23 356	1 701 191
集成电路设计行业	308 715	32 139	

表 118　2012 年软件产业主要经济指标汇总表（3）

单位：万元

项目名称	利润总额	流动资产平均余额	资产合计	负债合计	固定资产投资额
软件企业合计	33 657 511	244 811 098	397 174 514	171 280 463	12 078 537
一、按企业登记注册类型分列					
内资企业	23 018 457	200 729 271	321 631 470	137 424 766	10 946 572
国有企业	1 974 919	11 119 430	23 642 617	12 503 763	766 841
集体企业	316 039	736 628	4 348 409	3 389 018	4 218
股份合作企业	134 661	1 178 997	1 987 372	897 642	75 818
联营企业	66 836	365 371	781 918	861 434	2 511
国有联营企业	7 551	18 581	62 206	36 129	505
集体联营企业	15 380	33 570	174 676	571 025	17
国有与集体联营企业	13 518	59 724	117 030	62 174	680
其他联营企业	30 388	253 497	428 006	192 105	1 309
有限责任公司	9 960 178	114 055 401	157 656 121	61 099 481	7 235 687
国有独资公司	216 685	1 446 337	2 937 283	1 404 583	32 780
其他有限责任公司	9 743 493	112 609 064	154 718 838	59 694 898	7 202 907
股份有限公司	5 281 312	42 612 266	73 004 763	31 161 471	2 047 621
私营企业	5 197 890	30 231 642	52 429 785	22 433 777	771 529
其他内资企业	86 622	429 537	7 780 485	5 078 180	42 347
港、澳、台商投资企业	6 530 008	21 419 777	32 476 441	131 206 141	404 206

续表

项目名称	利润总额	流动资产平均余额	资产合计	负债合计	固定资产投资额
合资经营企业（港、澳、台资）	418 929	3 600 439	4 992 096	2 675 648	57 537
合作经营企业（港、澳、台资）	14 036	290 948	457 157	266 150	999
港、澳、台商独资经营企业	5 943 440	16 750 762	25 772 661	9 650 390	333 127
港、澳、台商投资股份有限公司	153 603	777 628	1 254 528	528 427	12 543
外商投资企业	4 109 045	22 662 049	43 066 602	20 735 082	727 759
中外合资经营企业	787 380	4 436 825	9 474 356	5 317 123	195 398
中外合作经营企业	2 494	124 044	250 396	159 959	10 623
外资企业	3 206 688	17 452 763	31 661 338	14 743 086	505 776
外商投资股份有限公司	112 484	648 417	1 680 512	514 915	15 962
二、按经济类型分列					
国有经济	2 199 155	12 584 348	26 642 106	13 944 475	800 126
集体经济	331 418	770 198	4 523 086	3 960 043	4 235
股份合作经济	134 661	1 178 997	1 987 372	897 642	75 818
股份制经济	15 024 805	155 221 330	227 723 601	90 856 369	9 250 527
外商及港、澳、台投资经济	10 639 054	44 081 826	75 543 043	33 855 697	1 131 966
其他经济	5 328 418	30 974 399	60 755 306	27 766 237	815 865
三、按控股分列					
公有控股经济	8 266 112	110 307 584	170 419 977	67 786 207	2 856 785
国有控股	6 704 519	97 637 345	142 033 159	53 015 308	2 516 509
国有绝对控股	4 238 948	82 464 499	113 629 390	37 994 776	1 805 616
国有相对控股	2 465 571	15 172 846	28 403 769	15 020 531	710 894
集体控股	1 561 593	12 670 239	28 386 818	14 770 899	340 276
集体绝对控股	1 184 192	4 932 481	19 290 765	12 645 803	254 048
集体相对控股	377 401	7 737 758	9 096 053	2 125 096	86 228
非公有控股经济	25 391 399	134 503 513	226 754 537	103 494 256	9 221 752
私人控股	15 385 946	93 398 283	155 761 118	71 919 970	8 144 208
私人绝对控股	12 088 409	70 827 271	114 049 184	54 394 608	1 925 764
私人相对控股	3 297 537	22 571 012	41 711 935	17 525 362	6 218 444
港、澳、台商控股	5 389 482	19 076 082	29 550 021	11 984 811	333 168
港、澳、台商绝对控股	5 043 016	16 450 444	25 712 466	9 983 991	287 138
港、澳、台商相对控股	346 465	2 625 638	3 837 556	2 000 820	46 030

续表

项目名称	利润总额	流动资产平均余额	资产合计	负债合计	固定资产投资额
外商控股	4 615 971	22 029 148	41 443 397	19 589 475	744 375
外商绝对控股	4 281 529	20 340 369	35 739 890	16 581 679	626 570
外商相对控股	334 442	1 688 779	5 703 507	3 007 796	117 806
四、按软件出口基地分列					
北京软件出口基地	178 279	2 554 339	3 519 810	1 996 008	19 589
天津软件出口基地	33 958	74 625	365 407	114 540	9 462
大连软件出口基地	835 476	3 016 861	11 354 863	6 464 077	182 629
上海软件出口基地	656 129	3 339 688	5 629 382	2 613 073	156 772
深圳软件出口基地	2 701 993	20 932 889	27 170 272	15 552 005	411 630
西安软件出口基地	275 741	5 059 089	7 204 768	3 620 063	300 778
五、按软件园区分列					
北京中关村软件园	1 556 348	6 815 816	9 936 324	4 339 388	168 741
大连软件园	835 563	3 016 861	11 353 285	6 463 777	182 629
上海浦东软件园	659 853	3 328 763	5 651 699	2 612 258	161 073
南京软件园	533 872	4 183 432	6 257 034	3 826 709	156 590
杭州软件园	3 092 493	8 312 801	15 151 229	5 801 753	208 087
山东齐鲁软件园	800 547	2 597 951	5 526 736	3 808 543	39 801
长沙软件园	155 242	1 206 613	1 824 137	663 004	49 584
广州天河软件园	1 099 697	8 811 827	13 890 104	5 179 238	126 066
珠海南方软件园	83 116	460 662	845 145	311 569	5 942
成都软件园	675 367	7 838 836	11 116 443	2 787 306	344 539
西安软件园	275 741	5 059 089	7 204 768	3 620 063	300 778
六、按行业分列					
软件产品行业	13 984 199	134 325 615	190 276 118	65 138 175	7 661 965
信息系统集成服务行业	6 265 541	33 678 513	65 483 129	34 623 150	1 401 241
信息技术咨询服务行业	2 038 022	10 118 191	18 953 631	8 984 974	308 257
数据处理和运营服务行业	7 785 190	33 303 435	58 408 604	28 954 893	1 396 256
嵌入式系统软件行业	2 799 662	27 592 508	47 577 053	27 590 440	988 866
集成电路设计行业	784 897	5 792 836	16 475 979	5 988 831	321 953

表119 2012年软件产业主要经济指标汇总表（4）

单位：万元

项目名称	产品业务税金及附加	年末所有者权益	年初所有者权益	应交增值税
软件企业合计	5 431 674	225 894 051	272 598 521	6 275 836
一、按企业登记注册类型分列				
内资企业	4 161 789	184 206 704	241 938 750	4 813 828
国有企业	315 937	11 138 855	8 462 681	336 561
集体企业	41 754	959 391	928 383	132 779
股份合作企业	38 252	1 089 730	848 890	31 783
联营企业	5 274	–79 516	1 112 116	18 930
国有联营企业	1 032	26 076	12 514	882
集体联营企业	836	–396 349	829 054	3 090
国有与集体联营企业	1 307	54 856	44 233	1 529
其他联营企业	2 098	235 900	226 315	13 429
有限责任公司	1 703 861	96 556 640	167 454 873	2 208 318
国有独资公司	57 965	1 532 700	1 205 450	44 973
其他有限责任公司	1 645 896	95 023 940	166 249 423	2 163 345
股份有限公司	876 392	41 843 291	32 780 530	1 059 460
私营企业	1 138 562	29 996 008	27 785 381	1 003 634
其他内资企业	41 757	2 702 305	2 565 897	22 362
港、澳、台商投资企业	619 627	19 355 827	14 197 202	655 017
合资经营企业（港、澳、台资）	58 758	2 316 448	1 918 328	136 337
合作经营企业（港、澳、台资）	2 357	191 007	174 455	2 934
港、澳、台商独资经营企业	473 561	16 122 271	11 470 198	473 414
港、澳、台商投资股份有限公司	84 951	726 101	634 220	42 332
外商投资企业	650 258	22 331 520	16 462 569	806 991
中外合资经营企业	119 355	4 157 233	2 988 663	301 239
中外合作经营企业	6 902	90 438	109 763	7 480
外资企业	515 675	16 918 252	12 487 137	482 891
外商投资股份有限公司	8 327	1 165 597	877 006	15 381
二、按经济类型分列				
国有经济	374 934	12 697 631	9 680 645	382 416
集体经济	42 590	563 043	1 757 437	135 869
股份合作经济	38 252	1 089 730	848 890	31 783

续表

项目名称	产品业务税金及附加	年末所有者权益	年初所有者权益	应交增值税
股份制经济	2 522 288	136 867 231	199 029 953	3 222 805
外商及港、澳、台投资经济	1 269 886	41 687 347	30 659 771	1 462 008
其他经济	1 183 724	32 989 069	30 621 826	1 040 955
三、按控股分列				
公有控股经济	1 325 834	102 633 770	94 639 840	1 524 549
国有控股	988 646	89 017 852	81 192 986	1 076 339
国有绝对控股	666 714	75 634 614	69 569 182	854 445
国有相对控股	321 932	13 383 238	11 623 804	221 894
集体控股	337 188	13 615 919	13 446 854	448 210
集体绝对控股	204 187	6 644 962	6 995 272	334 547
集体相对控股	133 000	6 970 957	6 451 582	113 663
非公有控股经济	4 105 841	123 260 281	177 958 681	4 751 286
私人控股	2 964 105	83 841 149	148 679 826	3 339 100
私人绝对控股	2 266 670	59 654 576	48 237 633	2 715 487
私人相对控股	697 435	24 186 572	100 442 193	623 613
港、澳、台商控股	497 415	17 565 210	13 428 453	662 430
港、澳、台商绝对控股	391 383	15 728 474	11 788 454	518 885
港、澳、台商相对控股	106 031	1 836 736	1 639 999	143 545
外商控股	644 321	21 853 922	15 850 401	749 756
外商绝对控股	569 086	19 158 211	14 146 291	678 684
外商相对控股	75 235	2 695 710	1 704 111	71 072
四、按软件出口基地分列				
北京软件出口基地	55 610	1 523 802	1 370 304	99 296
天津软件出口基地	1 646	250 867	99 030	2 580
大连软件出口基地	341 998	4 890 786	3 838 365	199 084
上海软件出口基地	32 440	3 016 309	2 392 719	179 682
深圳软件出口基地	309 171	11 618 267	9 823 862	600 656
西安软件出口基地	279 196	3 584 705	2 559 343	64 154
五、按软件园区分列				
北京中关村软件园	139 364	5 596 936	4 311 230	242 632
大连软件园	341 997	4 889 508	3 836 948	199 084

续表

项目名称	产品业务税金及附加	年末所有者权益	年初所有者权益	应交增值税
上海浦东软件园	32 431	3 039 440	2 416 007	179 667
南京软件园	116 096	2 430 325	2 076 463	240 305
杭州软件园	310 565	9 349 476	6 718 665	303 749
山东齐鲁软件园	104 724	1 718 193	1 411 608	57 228
长沙软件园	16 501	1 161 133	2 861 165	40 619
广州天河软件园	275 213	8 710 866	5 173 413	134 854
珠海南方软件园	6 763	533 575	358 962	12 427
成都软件园	70 399	8 329 136	7 395 539	89 483
西安软件园	279 196	3 584 705	2 559 343	64 154
六、按行业分列				
软件产品行业	1 809 525	125 137 943	113 433 152	3 213 419
信息系统集成服务行业	1 193 828	30 859 978	25 679 080	1 012 176
信息技术咨询服务行业	553 572	9 968 658	7 588 004	367 271
数据处理和运营服务行业	1 353 328	29 453 711	20 878 083	594 106
嵌入式系统软件行业	430 300	19 986 613	96 754 863	1 016 198
集成电路设计行业	91 121	10 487 149	8 265 339	72 666

表 120　2012 年软件产业主要经济指标汇总表（5）

单位：万元

项目名称	应交所得税	出口已退税额	研发经费	应收账款	应付账款
软件企业合计	8 662 617	798 877	21 737 824	107 404 027	45 700 452
一、按企业登记注册类型分列					
内资企业	7 376 724	470 817	16 492 858	91 968 135	36 014 583
国有企业	354 701	108 994	1 503 759	3 251 539	3 303 931
集体企业	45 683	61	240 087	501 469	919 311
股份合作企业	38 123	20 694	111 358	554 421	323 446
联营企业	5 217	2 833	23 852	297 010	280 047
国有联营企业	584		3 285	4 968	3 213
集体联营企业	1 226		3 128	227 720	228 142
国有与集体联营企业	1 199		6 882	1 677	3 345
其他联营企业	2 208	2 833	10 557	62 645	45 347

续表

项目名称	应交所得税	出口已退税额	研发经费	应收账款	应付账款
有限责任公司	1 090 388	137 602	7 188 137	66 300 996	17 654 558
国有独资公司	32 842	656	187 931	662 349	498 485
其他有限责任公司	1 057 546	136 946	7 000 206	65 638 647	17 156 073
股份有限公司	5 227 153	135 460	3 569 259	11 958 881	8 190 313
私营企业	601 496	60 498	3 775 343	8 825 463	4 877 445
其他内资企业	13 963	4 674	81 063	278 357	465 531
港、澳、台商投资企业	678 135	91 341	2 131 289	5 204 169	3 264 788
合资经营企业（港、澳、台资）	62 091	8 586	334 138	1 871 329	731 529
合作经营企业（港、澳、台资）	2 238	11	22 490	67 017	50 635
港、澳、台商独资经营企业	597 706	72 051	1 690 655	2 884 866	2 391 960
港、澳、台商投资股份有限公司	16 100	10 693	84 006	380 958	90 665
外商投资企业	607 758	236 719	3 113 677	10 231 722	6 421 081
中外合资经营企业	90 197	167 154	471 893	2 098 927	1 524 964
中外合作经营企业	4 799	1	10 224	47 930	22 505
外资企业	493 571	68 377	2 587 646	7 783 743	4 726 070
外商投资股份有限公司	19 190	1 187	43 913	301 122	147 543
二、按经济类型分列					
国有经济	388 127	109 650	1 694 975	3 918 856	3 805 629
集体经济	46 909	61	243 216	729 189	1 147 453
股份合作经济	38 123	20 694	111 358	554 421	323 446
股份制经济	6 284 699	272 406	10 569 465	77 597 527	25 346 386
外商及港、澳、台投资经济	1 285 893	328 060	5 244 966	15 435 892	9 685 869
其他经济	618 866	68 005	3 873 844	9 168 142	5 391 668
三、按控股分列					
公有控股经济	1 148 167	220 599	6 073 799	27 019 421	19 492 452
国有控股	967 123	213 516	4 714 699	22 695 015	16 349 667
国有绝对控股	637 061	146 878	2 765 559	17 255 870	11 822 115
国有相对控股	330 062	66 638	1 949 140	5 439 145	4 527 552
集体控股	181 044	7 083	1 359 100	4 324 406	3 142 785
集体绝对控股	150 285	6 600	1 114 566	3 259 210	2 574 211
集体相对控股	30 759	483	244 533	1 065 196	568 574

续表

项目名称	应交所得税	出口已退税额	研发经费	应收账款	应付账款
非公有控股经济	7 514 450	578 279	15 664 026	80 384 606	26 208 000
私人控股	6 207 144	252 704	10 774 566	27 001 944	17 111 755
私人绝对控股	1 263 411	195 214	8 300 653	20 693 397	11 654 736
私人相对控股	4 943 733	57 489	2 473 913	6 308 547	5 457 019
港、澳、台商控股	696 174	106 510	1 806 261	43 814 532	3 122 724
港、澳、台商绝对控股	615 863	67 587	1 626 999	42 699 568	2 566 113
港、澳、台商相对控股	80 310	38 923	179 263	1 114 964	556 611
外商控股	611 132	219 065	3 083 199	9 568 131	5 973 520
外商绝对控股	567 554	209 753	2 858 761	8 796 269	5 460 209
外商相对控股	43 578	9 312	224 438	771 862	513 311
四、按软件出口基地分列					
北京软件出口基地	31 406		406 428	989 635	763 631
天津软件出口基地	5 227	484	11 966	29 384	20 524
大连软件出口基地	187 469	10 183	474 766	1 753 028	1 088 773
上海软件出口基地	138 738	23 531	371 181	787 974	844 803
深圳软件出口基地	322 755	120 371	2 768 156	6 219 714	3 604 086
西安软件出口基地	53 941		369 528		
五、按软件园区分列					
北京中关村软件园	222 984	11 922	657 512	2 181 597	1 212 188
大连软件园	187 469	10 183	474 716	1 752 894	1 088 773
上海浦东软件园	139 440	23 378	372 971	778 516	839 563
南京软件园	4 628 289	122 264	411 270	1 888 697	1 012 642
杭州软件园	259 852	28 513	1 014 320	1 940 087	1 194 561
山东齐鲁软件园	57 572	1 154	289 141	418 760	138 289
长沙软件园	20 463	948	95 910	2 005 862	1 014 050
广州天河软件园	133 242	3 684	1 105 394	1 498 297	2 141 773
珠海南方软件园	4 843	10 348	71 390	122 369	42 417
成都软件园	47 255	24 207	328 177	1 465 911	1 109 960
西安软件园	53 941		369 528		
六、按行业分列					
软件产品行业	6 326 580	443 007	11 272 898	74 685 961	17 556 846

续表

项目名称	应交所得税	出口已退税额	研发经费	应收账款	应付账款
信息系统集成服务行业	742 586	29 716	2 778 945	13 139 838	9 825 285
信息技术咨询服务行业	213 205	19 389	1 221 150	2 937 459	2 723 263
数据处理和运营服务行业	801 187	18 044	2 484 190	4 800 383	6 775 344
嵌入式系统软件行业	492 180	229 124	2 948 800	10 201 715	7 776 750
集成电路设计行业	86 879	59 598	1 031 842	1 638 671	1 042 963

表 121　2012 年软件产业主要经济指标汇总表（6）

单位：万元

项目名称	固定资产折旧	生产税净额	营业盈余	本年应付职工薪酬
软件企业合计	15 233 125	9 141 047	20 979 432	37 492 846
一、按企业登记注册类型分列				
内资企业	10 587 014	6 953 135	15 169 349	25 735 696
国有企业	745 399	547 138	1 594 711	2 164 053
集体企业	85 539	203 193	631 061	134 791
股份合作企业	54 733	55 026	91 571	195 548
联营企业	9 934	23 809	107 857	128 460
国有联营企业	1 571	1 577	2 007	5 624
集体联营企业	2 057	2 066	6 476	95 653
国有与集体联营企业	2 035	3 865	13 257	4 036
其他联营企业	4 271	16 301	86 116	23 147
有限责任公司	6 005 552	2 811 816	6 955 811	10 721 565
国有独资公司	165 958	82 679	59 929	370 488
其他有限责任公司	5 839 594	2 729 136	6 895 882	10 351 077
股份有限公司	1 896 452	1 376 968	2 859 561	5 787 712
私营企业	1 754 172	1 913 197	2 765 529	6 463 509
其他内资企业	35 232	21 987	163 249	140 059
港、澳、台商投资企业	1 155 815	950 688	5 003 521	3 765 683
合资经营企业（港、澳、台资）	273 004	166 631	222 183	675 160
合作经营企业（港、澳、台资）	4 479	5 184	−8 312	57 443
港、澳、台商独资经营企业	835 095	743 414	4 734 629	2 890 974
港、澳、台商投资股份有限公司	43 237	35 460	55 021	142 106

续表

项目名称	固定资产折旧	生产税净额	营业盈余	本年应付职工薪酬
外商投资企业	3 490 296	1 237 224	806 562	7 991 467
中外合资经营企业	469 105	304 399	745 013	1 367 125
中外合作经营企业	21 510	9 143	–26 698	83 654
外资企业	2 869 350	906 281	50 995	6 411 135
外商投资股份有限公司	130 331	17 401	37 252	129 553
二、按经济类型分列				
国有经济	912 929	631 395	1 656 647	2 540 165
集体经济	87 596	205 259	637 537	230 443
股份合作经济	54 733	55 026	91 571	195 548
股份制经济	7 736 046	4 106 105	9 755 443	16 138 789
外商及港、澳、台投资经济	4 646 111	2 187 913	5 810 083	11 757 150
其他经济	1 795 710	1 955 350	3 028 150	6 630 751
三、按控股经济分列				
公有控股经济	5 823 406	2 441 939	5 455 673	10 008 693
国有控股	5 202 957	1 852 090	4 288 083	8 227 975
国有绝对控股	4 289 934	1 051 925	2 270 295	5 064 111
国有相对控股	913 023	800 165	2 017 788	3 163 864
集体控股	620 449	589 849	1 167 590	1 780 718
集体绝对控股	490 212	483 661	844 443	1 381 368
集体相对控股	130 237	106 188	323 147	399 350
非公有控股经济	9 409 719	6 699 109	15 523 759	27 484 153
私人控股	4 972 095	4 389 585	9 331 815	16 064 499
私人绝对控股	3 981 711	3 352 113	6 688 292	12 608 979
私人相对控股	990 385	1 037 472	2 643 523	3 455 520
港、澳、台商控股	1 011 921	826 703	3 903 349	3 663 766
港、澳、台商绝对控股	877 929	691 249	3 782 576	3 173 468
港、澳、台商相对控股	133 993	135 454	120 773	490 298
外商控股	3 425 702	1 482 821	2 288 594	7 755 889
外商绝对控股	3 238 196	1 365 404	2 005 887	7 108 000
外商相对控股	187 506	117 417	282 708	647 889

续表

项目名称	固定资产折旧	生产税净额	营业盈余	本年应付职工薪酬
四、按软件出口基地分列				
北京软件出口基地	70 703	141 856	−843 017	1 236 237
天津软件出口基地	10 382	2 703	7 843	34 360
大连软件出口基地	452 682	172 562	564 584	1 319 557
上海软件出口基地	249 567	210 361	607 970	917 677
深圳软件出口基地	293 046	280 747	1 887 443	2 162 455
西安软件出口基地	128 407	231 169	267 752	589 663
五、按软件园区分列、				
北京中关村软件园	122 562	327 472	382 544	1 327 769
大连软件园	452 682	172 562	564 584	1 319 543
上海浦东软件园	252 423	210 389	611 801	943 242
南京软件园	109 025	73 569	259 810	452 259
杭州软件园	371 234	465 673	2 872 753	1 338 595
山东齐鲁软件园	128 752	121 537	717 245	331 052
长沙软件园	137 731	55 439	−11 989	144 162
广州天河软件园	347 247	448 137	1 030 022	1 324 423
珠海南方软件园	33 859	17 546	225 329	138 534
成都软件园	258 609	149 207	1 113 739	886 642
西安软件园	128 407	231 169	267 752	589 663
六、按行业分列				
软件产品行业	7 034 966	4 166 027	6 964 757	17 861 393
信息系统集成服务行业	1 873 691	1 814 233	3 308 426	6 416 679
信息技术咨询服务行业	744 124	646 780	1 344 039	3 011 494
数据处理和存储服务行业	2 438 573	1 533 959	6 634 575	5 376 484
嵌入式系统软件行业	1 884 167	828 010	2 163 611	3 497 682
集成电路设计行业	1 257 605	152 038	564 024	1 329 115

表122　2012年软件产业主要经济指标汇总表（7）

单位：人

项目名称	从业人员年末人数	软件研发人员	管理人员	硕士以上人员	大学本科人员	大专以下人员
软件企业合计	4 184 030	1 755 754	494 123	419 763	2 361 991	1 402 142
一、按企业登记注册类型分列						
内资企业	3 195 157	1 366 050	396 828	305 540	1 860 918	1 028 599
国有企业	232 935	74 709	26 313	26 705	116 674	89 559
集体企业	22 320	5 315	2 097	2 911	9 891	9 518
股份合作企业	32 270	12 565	3 586	2 724	15 722	13 821
联营企业	33 723	3 395	1 387	4 916	10 089	18 719
国有联营企业	973	319	110	101	681	192
集体联营企业	22 910	473	508	4 588	5 563	12 759
国有与集体联营企业	1 655	387	161	83	1 114	458
其他联营企业	8 185	2 216	608	144	2 731	5 310
有限责任公司	1 347 462	609 941	177 888	140 915	799 867	406 625
国有独资公司	41 531	15 244	3 764	4 662	23 920	12 948
其他有限责任公司	1 305 931	594 697	174 124	136 253	775 947	393 677
股份有限公司	656 809	257 177	73 908	64 274	369 417	223 100
私营企业	849 894	395 132	109 640	61 419	526 692	261 754
其他内资企业	19 744	7 816	2 009	1 676	12 566	5 503
港、澳、台商投资企业	340 765	107 501	37 480	35 098	149 101	156 555
合资经营企业（港、澳、台资）	92 061	19 049	6 829	9 007	26 019	57 028
合作经营企业（港、澳、台资）	5 149	3 688	1 100	554	3 564	1 031
港、澳、台商独资经营企业	236 273	80 673	28 968	24 362	115 329	96 580
港、澳、台商投资股份有限公司	7 282	4 091	583	1 175	4 189	1 916
外商投资企业	648 108	282 203	59 815	79 125	351 972	216 988
中外合资经营企业	125 923	50 084	11 294	13 971	72 177	39 766
中外合作经营企业	8 215	3 455	1 395	417	4 055	3 742
外资企业	496 503	220 500	46 075	63 586	265 747	167 157
外商投资股份有限公司	17 467	8 164	1 051	1 151	9 993	6 323
二、按经济类型分列						
国有经济	275 439	90 272	30 187	31 468	141 275	102 699
集体经济	45 230	5 788	2 605	7 499	15 454	22 277

续表

项目名称	从业人员年末人数	软件研发人员	管理人员	硕士以上人员	大学本科人员	大专以下人员
股份合作经济	32 270	12 565	3 586	2 724	15 722	13 821
股份制经济	1 962 740	851 874	248 032	200 527	1 145 364	616 777
外商及港、澳、台投资经济	988 873	389 704	97 295	114 223	501 073	373 543
其他经济	879 478	405 551	112 418	63 322	543 103	273 025
三、按控股分列						
公有控股经济	996 898	378 901	110 156	130 350	542 524	324 016
国有控股	770 069	291 534	89 304	99 696	417 144	253 224
国有绝对控股	517 586	177 515	56 273	61 149	281 704	174 732
国有相对控股	252 483	114 019	33 031	38 547	135 440	78 492
集体控股	226 829	87 367	20 852	30 654	125 380	70 792
集体绝对控股	157 498	56 688	13 675	25 740	81 300	50 453
集体相对控股	69 331	30 679	7 177	4 914	44 080	20 339
非公有控股经济	3 187 132	1 376 853	383 967	289 413	1 819 467	1 078 126
私人控股	2 250 769	1 001 291	285 155	182 925	1 340 213	727 539
私人绝对控股	1 709 909	740 156	209 649	148 769	1 013 795	547 260
私人相对控股	540 860	261 135	75 506	34 156	326 418	180 279
港、澳、台商控股	318 793	111 006	40 247	30 794	153 481	134 507
港、澳、台商绝对控股	268 206	102 730	36 336	27 707	138 277	102 218
港、澳、台商相对控股	50 587	8 276	3 911	3 087	15 204	32 289
外商控股	617 570	264 556	58 565	75 694	325 773	216 080
外商绝对控股	550 252	235 420	50 518	70 685	289 743	189 807
外商相对控股	67 318	29 136	8 047	5 009	36 030	26 273
四、按软件出口基地分列						
北京软件出口基地	76 486	35 507	5 917	10 948	41 044	24 494
天津软件出口基地	5 195	2 257	677	312	2 872	2 011
大连软件出口基地	159 840	123 407	17 069	17 285	125 398	17 152
上海软件出口基地	49 454	24 971	4 608	7 311	31 467	10 676
深圳软件出口基地	205 457	125 868	20 858	40 620	118 448	46 384
西安软件出口基地	87 632	46 000	12 908	12 331	45 150	30 136
五、按软件园区分列						
北京中关村软件园	89 671	49 777	10 020	12 709	53 137	23 824

续表

项目名称	从业人员年末人数	软件研发人员	管理人员	硕士以上人员	大学本科人员	大专以下人员
大连软件园	159 830	123 402	17 064	17 283	125 393	17 149
上海浦东软件园	50 686	26 045	4 805	8 427	31 555	10 704
南京软件园	51 880	24 357	6 069	8 680	29 248	13 951
杭州软件园	146 416	55 892	17 520	13 334	88 864	44 218
山东齐鲁软件园	85 741	25 944	13 937	9 055	60 003	16 682
长沙软件园	26 795	12 524	3 699	2 118	17 116	7 558
广州天河软件园	167 114	110 917	24 819	9 684	104 681	52 748
珠海南方软件园	13 522	7 471	851	2 074	7 870	3 579
成都软件园	92 001	22 819	8 466	10 437	50 502	31 062
西安软件园	87 632	46 000	12 908	12 331	45 150	30 136
六、按行业分列						
软件产品行业	1 877 508	914 458	227 441	202 316	1 119 739	555 447
信息系统集成服务行业	796 383	293 947	90 419	71 564	471 548	253 271
信息技术咨询服务行业	332 450	157 743	39 474	28 414	210 652	93 384
数据处理和运营服务行业	537 848	192 328	59 142	48 404	295 664	193 780
嵌入式系统软件行业	485 562	145 325	57 484	50 819	199 081	235 534
集成电路设计行业	154 279	51 953	20 163	18 246	65 307	70 726

表 123　2012 年软件产品收入额及出口额

项目名称	企业数（家）	收入额（万元）	出口额（万美元）
软件产品合计	21 262	78 572 419	988 899
基础软件	4 546	13 260 864	109 584
操作系统	1 004	3 238 036	9 916
数据库系统	779	1 965 613	8 558
中间件	734	3 087 322	24 831
基础中间件	251	1 037 084	1 611
业务中间件	339	1 086 686	13 823
领域中间件	144	963 552	9 397
办公软件	551	626 876	3 719
网络基础软件	260	395 749	2 122

续表

项目名称	企业数（家）	收入额（万元）	出口额（万美元）
其他	1 218	3 947 268	60 439
支撑软件	880	2 212 446	8 682
开发工具和平台软件	403	1 020 131	6 509
测试工具软件	148	208 136	1 158
网络支持软件	183	327 845	822
基本支撑软件	146	656 334	192
应用软件	12 920	45 620 111	345 690
管理软件	3 135	5 977 880	37 498
办公自动化软件	783	1 620 191	6 315
地理信息系统软件	301	737 839	3 696
网络应用软件	472	1 249 336	2 023
多媒体软件	322	516 430	10 877
动漫游戏软件	393	2 827 439	16 661
科学和工程计算软件	75	327 448	453
智能分析软件	226	529 885	357
工业软件	1 197	4 705 083	27 061
产品研发类软件	334	966 298	10 422
生产控制类软件	863	3 738 785	16 639
行业应用软件	6 016	27 128 580	240 751
通信软件	1 039	10 741 094	105 066
金融财税软件	490	2 837 357	18 676
能源软件	419	2 332 871	4 174
商务（贸）软件	106	220 945	3 221
交通应用软件	516	1 813 042	9 612
医疗软件	393	675 204	11 772
统计软件	40	42 146	5
其他行业应用软件	3 013	8 465 921	88 225
嵌入式应用软件	1 091	10 204 828	323 021
信息安全产品	793	3 138 203	17 075
基础类安全产品	104	491 067	615

续表

项目名称	企业数（家）	收入额（万元）	出口额（万美元）
终端与数字内容安全产品	54	291 597	16
网络与边界安全产品	172	993 702	2 693
专用安全产品	126	584 721	6 664
安全测试评估与服务产品	43	153 845	2 080
安全管理产品	154	300 397	256
其他信息安全产品及相关服务	140	322 876	4 752
软件定制服务	1 032	4 135 966	184 847
信息系统集成服务合计	9 312	55 832 576	482 714
信息系统设计服务	2 584	15 657 913	365 865
集成实施服务	4 477	32 931 427	79 963
运行维护服务	2 251	7 243 236	36 886
信息技术咨询服务合计	7 035	24 353 981	262 628
信息化规划	803	4 811 362	49 535
信息技术管理咨询	4 217	14 074 208	176 874
信息系统工程监理	634	2 169 631	5 741
测试评估	327	1 140 233	2 662
信息技术培训	1 054	2 158 547	27 816
数处理和存储服务合计	4 968	41 560 129	201 044
数据处理服务	1 152	8 679 563	84 203
运营服务	2 593	24 937 262	52 873
软件运营服务	719	2 589 637	12 137
平台运营服务	1 642	20 430 643	36 291
物流管理服务平台	171	1 204 763	2 915
电子商务管理	504	7 536 015	12 876
在线娱乐平台	337	6 751 283	17 292
在线教育平台	179	681 047	443
其他在线服务平台	451	4 257 534	2 764
基础设施运营服务	232	1 916 982	4 446
存储服务	188	822 394	13 558

续表

项目名称	企业数（家）	收入额（万元）	出口额（万美元）
数字内容处理服务	869	6 469 076	48 417
客户交互服务	166	651 834	1 993
嵌入式系统软件合计	3 231	39 916 146	1 729 109
通信设备	955	19 017 670	1 313 126
通信传输设备	405	3 673 863	174 886
光通信设备	145	2 066 125	102 995
卫星通信设备	63	349 750	28 793
无线通信设备	197	1 257 988	43 098
通信交换设备	103	1 760 786	142 041
数字程控交换机	62	1 627 865	141 737
软交换机	24	32 957	108
光交换机	17	99 964	196
移动通信设备	71	6 156 200	518 391
基站	46	6 039 717	518 346
直放站	25	116 483	45
网络设备	376	7 426 822	477 807
网络控制设备	156	2 157 330	107 969
网络接口和适配器	59	3 020 907	293 051
网络连接设备	137	1 940 574	69 247
网络优化设备	24	308 011	7 540
广播电视设备	147	1 428 225	11 375
广播电视节目制作及播控设备	108	1 188 050	11 319
非线性编辑设备	13	43 055	1 056
虚拟演播室设备	17	35 906	96
音视频信号处理设备	78	1 109 089	10 167
广播电视发射设备	39	240 176	56
数字电视发射机	21	147 075	56
电视转播发射机	18	93 100	
数字家用视听产品	55	1 197 729	40 960

续表

项目名称	企业数（家）	收入额（万元）	出口额（万美元）
电视接收机顶盒	55	1 197 729	40 960
计算机应用产品	655	7 487 378	215 759
金融、商业、说务电子应用产品	75	435 024	3 704
银行自助服务终端	33	73 771	
POS 机	24	62 730	376
税控机	18	298 523	3 328
汽车电子	230	3 771 553	12 186
传动系控制系统	53	510 597	468
行驶系控制系统	40	296 556	985
车身控制系统	81	2 044 065	5 404
安全控制系统	56	920 336	5 330
智能交通	53	257 547	326
交通信号控制机	53	257 547	326
医疗电子设备	124	311 669	15 661
医用电子仪器设备	104	255 234	11 262
医学影像设备	20	56 435	4 399
智能识别装置	164	2 687 534	183 794
自动检售票设备	9	24 051	89
信息系统安全产品	83	393 432	21 873
边界防护类设备和系统	32	127 140	1 083
密钥管理类设备和系统	51	266 292	20 790
电子测量仪器	212	588 435	10 748
器件参数测量仪器	69	159 453	2 054
扫描、频谱波形分析仪器	30	227 819	6 472
通信测量仪器	32	90 218	1 305
特殊测量仪器	81	110 945	917
装备自动控制产品	1 124	9 803 275	115 267
集散控制系统	384	4 954 921	42 973
电气传动及控制系统	339	2 382 027	48 055
装备制造工控系统	401	2 466 327	24 239

续表

项目名称	企业数（家）	收入额（万元）	出口额（万美元）
集成电路设计合计	898	7 702 274	277 986
MOS 微器件	54	276 689	6 246
逻辑电路	77	299 250	1 014
MOS 存储器	19	378 849	36 788
模拟电路	86	979 996	14 064
专用电路	187	2 229 197	110 582
智能卡芯片及电子标签芯片	133	941 865	20 858
传感器电路	83	492 617	15 578
微波集成电路	19	74 686	866
混合集成电路	240	2 029 125	71 991

表 124　2012 年各省、市、自治区软件产业主要指标汇总表（1）

单位：万元

地区	企业数（家）	软件业务收入	其中					
			软件产品收入	信息系统集成服务收入	信息技术咨询服务收入	数据处理和运营服务收入	嵌入式系统软件收入	集成电路设计收入
一、按省市分列								
北京市	2 659	36 765 627	13 962 546	9 319 878	2 533 348	10 377 216	72 675	499 963
天津市	595	5 542 195	1 361 204	616 531	681 372	776 163	1 231 381	875 545
河北省	254	1 272 831	340 693	833 221	51 684	10 214	36 184	833
山西省	126	299 441	168 882	89 538	8 450	12 966	19 343	261
内蒙古自治区	65	253 582	102 732	119 866	21 790	6 940	2 254	
辽宁省	3 352	21 356 992	7 302 751	5 550 951	3 411 957	2 799 133	2 040 297	251 902
吉林省	870	2 619 433	618 028	703 021	491 427	370 045	436 644	267
黑龙江省	437	1 069 933	396 033	248 866	162 035	118 973	143 134	893
上海市	2 208	20 862 404	6 527 647	5 100 351	2 339 418	3 829 422	1 430 003	1 635 563
江苏省	4 012	41 670 224	11 368 341	7 460 960	2 469 923	3 338 383	14 898 741	2 133 875
浙江省	1 506	13 553 435	4 493 285	2 467 016	518 004	4 323 550	1 501 201	250 379
安徽省	170	752 332	382 069	278 674	24 616	39 644	26 545	784
福建省	1 028	10 057 925	3 331 050	2 964 650	1 256 944	749 297	1 398 331	357 653
江西省	129	546 687	146 835	252 586	69 780	28 612	19 094	29 779
山东省	1 832	17 339 359	5 653 409	3 443 890	2 916 792	1 586 705	3 553 443	185 120

续表

地区	企业数（家）	软件销售收入	其中					
			软件产品收入	信息系统集成服务收入	信息技术咨询服务收入	数据处理和运营服务收入	嵌入式系统软件收入	集成电路设计收入
河南省	278	1 571 970	579 052	616 239	196 700	59 060	91 831	29 088
湖北省	1 303	3 680 895	1 727 400	987 897	243 345	524 931	185 361	11 961
湖南省	564	2 363 509	1 048 725	665 810	74 175	80 456	493 777	566
广东省	4 771	41 528 727	11 715 910	6 771 121	3 840 346	7 377 373	11 062 780	761 197
广西壮族自治区	223	592 224	306 152	165 806	44 920	58 942	9 342	7 062
海南省	37	161 838	47 043	106 221	7 603	972		
重庆市	471	4 224 058	751 950	1 282 520	342 976	1 154 710	680 603	11 300
四川省	1 037	13 164 807	4 396 873	3 102 059	1 423 078	3 688 509	113 275	441 014
贵州省	181	608 302	256 616	329 906	12 457	2 353	6 681	289
云南省	103	546 873	70 318	413 467	9 968	49 916	3 201	4
陕西省	722	4 907 958	1 377 925	1 540 750	1 159 541	160 759	452 025	216 958
甘肃省	90	204 434	65 823	107 688	11 469	19 433	3	19
青海省	4	2 681	200	502	107		1 872	
宁夏回族自治区	68	64 245	22 660	31 278	2 812	2 644	4 851	
新疆维吾尔自治区	110	352 604	50 269	261 313	26 943	12 806	1 272	
二、按副省级城市分列								
大连市	1 474	10 260 892	4 004 234	1 239 606	1 972 972	2 160 479	853 471	30 129
宁波市	504	1 787 687	394 623	272 903	70 471	305 742	618 866	125 081
厦门市	497	4 400 453	1 185 484	927 021	1 012 683	544 894	563 688	166 683
青岛市	263	5 301 658	607 241	1 051 272	653 520	691 794	2 174 381	123 449
深圳市	2 173	24 981 863	7 013 427	4 480 448	543 616	3 375 797	9 388 059	180 517
沈阳市	1 613	10 409 374	3 013 332	3 992 529	1 408 636	623 542	1 149 613	221 722
长春市	502	1 845 420	482 820	451 248	357 713	176 391	376 981	267
哈尔滨市	367	745 630	292 879	172 869	118 615	33 652	126 722	893
南京市	1 239	19 435 513	6 535 314	5 819 864	1 650 987	1 992 106	3 244 972	192 270
杭州市	755	11 361 539	3 934 556	2 146 619	436 175	3 916 136	829 191	98 862
济南市	1 245	10 421 316	4 674 093	1 917 229	2 174 238	843 260	755 737	56 759
武汉市	1 244	3 620 306	1 701 181	971 458	239 433	523 432	174 893	9 909
广州市	1 929	13 559 090	3 788 104	2 145 820	3 034 196	3 681 661	532 870	376 439
成都市	1 020	12 733 853	4 262 942	2 860 476	1 380 308	3 688 414	101 000	440 714
西安市	722	4 907 958	1 377 925	1 540 750	1 159 541	160 759	452 025	216 958

表 125　2012 年各省、市、自治区软件产业主要指标汇总表（2）

单位：万美元

地区	软件业务出口收入	软件外包服务出口收入	嵌入式系统软件出口收入
一、按省市分列			
北京市	237 651	227 505	585
天津市	24 805	3 724	2
河北省	5 105	226	
山西省	120	120	
内蒙古自治区	128	128	
辽宁省	477 696	373 681	24 605
吉林省	1 660	823	450
黑龙江省	3 337	2 213	739
上海市	269 932	132 502	16 631
江苏省	861 983	58 559	625 134
浙江省	115 231	25 352	10 743
安徽省	5 055	3 134	1 007
福建省	7 310	2 368	324
江西省	4 249	93	28
山东省	126 795	29 701	87 786
河南省	284	205	79
湖北省	12 679	7 528	801
湖南省	4 268	2 077	22
广东省	1 632 295	62 445	949 156
广西壮族自治区	206	5	15
海南省	599	79	
重庆市	11 016	8 060	2 650
四川省	101 587	15 122	3 047
贵州省	24		
云南省	249	249	
陕西省	38 071	32 768	5 303
甘肃省	21	21	
宁夏回族自治区	24	24	
二、按副省级城市分列			

续表

地区	软件业务出口收入	软件外包服务出口收入	嵌入式系统软件出口收入
大连市	340 185	295 377	4 451
宁波市	18 318	671	10 050
青岛市	72 488	6 869	61 131
深圳市	1 499 558	31 510	878 219
沈阳市	136 445	78 271	19 915
长春市	1 577	814	420
哈尔滨市	2 353	1 260	739
南京市	93 633	29 761	55 617
杭州市	94 942	24 274	175
济南市	28 122	21 173	5 682
武汉市	12 460	7 528	582
广州市	33 151	28 532	504
成都市	99 803	15 122	2 955
西安市	38 071	32 768	5 303

表 126　2012 年各省、市、自治区软件产业主要指标汇总表（3）

单位：万元

地区	利润总额	流动资产平均余额	资产合计	负债合计	固定资产投资额
一、按省市分列					
北京市	4 627 177	33 688 244	51 910 796	24 077 134	714 492
天津市	580 709	2 709 749	11 195 399	1 387 929	48 300
河北省	390 723	1 423 691	1 832 071	968 278	24 547
山西省	49 113	309 391	473 482	186 753	14 117
内蒙古自治区	23 978	221 571	160 226	66 855	833
辽宁省	1 890 013	5 534 472	16 822 120	8 472 944	521 323
吉林省	224 474	731 865	1 418 824	487 362	68 190
黑龙江省	204 709	798 732	1 154 419	314 566	46 017
上海市	3 280 615	21 136 696	34 006 735	16 558 334	716 511
江苏省	4 612 284	80 389 717	105 223 850	35 072 871	1 675 911
浙江省	3 682 673	11 845 473	21 187 473	8 206 981	312 110
安徽省	150 203	1 072 462	1 579 046	663 686	53 360

续表

地区	利润总额	流动资产平均余额	资产合计	负债合计	固定资产投资额
福建省	989 495	2 536 721	4 753 733	1 978 498	132 706
江西省	78 787	479 307	748 027	316 156	10 688
山东省	2 557 955	7 389 738	27 177 155	17 524 874	289 682
河南省	208 357	1 065 850	1 661 190	636 190	5 078 444
湖北省	391 297	4 364 050	7 686 558	3 888 342	350 336
湖南省	495 757	2 948 032	6 817 807	3 073 165	130 558
广东省	6 047 181	47 393 352	70 019 610	34 796 699	1 066 575
广西壮族自治区	117 272	256 774	526 890	221 681	8 755
海南省	18 618	135 318	276 561	146 903	1 822
重庆市	526 475	2 432 628	6 099 793	2 563 199	73 552
四川省	2 107 092	9 675 247	15 154 442	5 135 260	395 364
贵州省	35 426	230 519	471 034	150 089	9 522
云南省	28 864	538 459	757 905	391 451	14 869
陕西省	275 741	5 059 089	7 204 768	3 620 063	300 778
甘肃省	23 227	208 526	313 049	120 183	8 925
青海省	198	3 295	8 548	3 512	4
宁夏回族自治区	6 564	40 473	94 934	44 059	3 062
新疆维吾尔自治区	32 533	191 658	438 069	206 445	7 183
二、按副省级城市分列					
大连市	835 563	3 016 861	11 353 285	6 463 777	182 629
宁波市	172 391	1 022 494	2 635 982	1 320 917	55 497
厦门市	425 337	132 428	307 153	153 934	9 838
青岛市	444 760	1 513 742	12 404 678	8 343 023	20 546
深圳市	3 664 284	27 878 546	37 992 325	21 339 004	634 287
沈阳市	947 443	1 720 408	4 080 973	1 442 512	248 798
长春市	158 846	584 947	1 247 892	423 441	38 706
哈尔滨市	158 829	724 899	1 008 156	288 360	40 962
南京市	2 313 199	66 310 272	78 729 952	22 311 601	1 219 148
杭州市	3 460 534	10 327 372	17 773 702	6 514 231	231 702
济南市	1 581 309	4 995 789	12 271 857	8 422 066	173 105
武汉市	380 450	4 302 091	7 539 783	3 834 201	348 534

续表

地区	利润总额	流动资产平均余额	资产合计	负债合计	固定资产投资额
广州市	1 906 918	16 484 746	27 018 507	11 287 269	328 833
成都市	1 626 885	9 083 196	14 089 831	4 429 233	364 261
西安市	275 741	5 059 089	7 204 768	3 620 063	300 778

表 127　2012 年各省、市、自治区软件产业主要指标汇总表（4）

单位：万元

地区	主营业务税金及附加	年末所有者权益	年初所有者权益	应交增值税
一、按省市分列				
北京市	682 159	27 833 662	23 496 830	1 091 942
天津市	183 288	9 807 470	1 765 837	77 808
河北省	51 819	863 793	767 594	34 638
山西省	7 037	286 729	214 931	11 009
内蒙古自治区	4 048	93 371	59 961	3 571
辽宁省	835 110	8 349 176	6 833 746	308 868
吉林省	73 359	931 462	754 350	86 021
黑龙江省	21 651	839 852	601 212	40 627
上海市	366 129	17 448 401	15 223 819	694 223
江苏省	495 059	70 150 979	67 181 923	901 368
浙江省	389 757	12 980 492	9 170 625	452 372
安徽省	12 976	915 360	695 538	31 209
福建省	171 573	2 775 236	2 298 956	96 842
江西省	10 487	431 871	359 683	12 182
山东省	332 550	9 652 282	8 763 504	326 476
河南省	35 663	1 025 000	984 923	70 194
湖北省	76 925	3 798 216	2 598 997	115 118
湖南省	36 537	3 744 642	86 863 698	138 989
广东省	994 927	35 222 911	29 369 990	1 233 117
广西壮族自治区	32 788	305 209	764 013	4 700
海南省	5 440	129 658	106 659	2 960
重庆市	153 407	3 536 594	1 248 816	312 979

续表

地区	主营业务税金及附加	年末所有者权益	年初所有者权益	应交增值税
四川省	139 664	10 019 182	8 658 231	131 617
贵州省	12 818	320 945	255 288	11 643
云南省	11 673	366 454	345 109	6 961
陕西省	279 196	3 584 705	2 559 343	64 154
甘肃省	5 004	192 866	449 842	4 541
青海省	24	5 036	4 700	716
宁夏回族自治区	1 260	50 874	34 552	1 760
新疆维吾尔自治区	9 348	231 624	165 854	7 231
（二）按副省级城市分列				
大连市	341 997	4 889 508	3 836 948	199 084
宁波市	21 619	1 315 064	939 874	87 104
厦门市	30 650	153 220	94 922	6 808
青岛市	62 801	4 061 655	3 894 684	151 095
深圳市	407 854	16 653 321	13 642 590	844 459
沈阳市	477 080	2 638 461	2 289 939	74 268
长春市	48 836	824 452	690 007	53 496
哈尔滨市	17 388	719 796	518 416	36 082
南京市	306 087	56 418 351	54 881 284	618 740
杭州市	359 788	11 259 471	7 868 140	349 819
济南市	240 339	3 849 792	3 359 014	126 752
武汉市	74 798	3 705 582	2 534 629	112 663
广州市	539 295	15 731 237	12 607 831	260 079
成都市	138 436	9 660 598	8 359 406	128 058
西安市	279 196	3 584 705	2 559 343	64 154

表128　2012年各省、市、自治区软件产业主要指标汇总表（5）

单位：万元

地区	应交所得税	出口已退税额	研发经费	应收账款	应付账款
一、按省市分列					
北京市	691 927	11 922	2 975 981	9 660 258	6 077 995
天津市	29 184	3 609	196 442	417 784	208 395
河北省	24 862	2 052	55 689	377 608	328 446
山西省	15 946	283	27 880	143 557	72 035
内蒙古自治区	2 304		6 777	45 720	19 338
辽宁省	259 878	67 751	945 800	3 738 087	1 812 406
吉林省	36 664	4 211	57 645	226 609	152 411
黑龙江省	24 240	3 994	100 474	208 775	124 211
上海市	511 529	53 800	2 066 265	6 079 932	5 327 918
江苏省	5 221 887	294 332	4 051 314	18 082 938	9 092 619
浙江省	332 712	48 274	1 343 297	2 881 730	1 784 801
安徽省	19 125	590	79 130	402 915	231 266
福建省	67 444	38 178	572 284	963 294	427 679
江西省	10 361	2 866	35 640	182 203	99 388
山东省	274 539	3 413	823 628	2 975 933	2 397 912
河南省	48 012	328	219 393	369 356	−2 088
湖北省	82 122	32 815	563 737	1 403 288	903 290
湖南省	62 335	2 504	223 765	41 891 383	1 823 858
广东省	749 138	198 552	5 968 934	13 458 151	11 645 463
广西壮族自治区	4 498	837	18 534	151 184	45 434
海南省	2 758		11 762	50 104	42 200
重庆市	30 873	522	267 098	719 670	739 934
四川省	86 526	26 955	682 964	2 400 598	1 999 156
贵州省	6 542	63	14 586	87 254	38 039
云南省	4 603	1 024	33 461	225 325	160 607
陕西省	53 941		369 528		
甘肃省	3 181		12 513	80 705	40 264
青海省	5		94	1 496	1 151
宁夏回族自治区	817		5 118	23 803	14 937
新疆维吾尔自治区	4 664		8 094	154 366	91 385

续表

地区	应交所得税	出口已退税额	研发经费	应收账款	应付账款
二、按副省级城市分列					
大连市	187 469	10 183	474 716	1 752 894	1 088 773
宁波市	28 916	14 518	114 692	423 237	273 188
厦门市	3 842	10 091	338 580	45 143	43 221
青岛市	49 116	1 137	299 576	860 051	1 374 418
深圳市	438 044	147 955	3 554 920	9 637 227	5 136 401
沈阳市	59 805	24 961	432 582	1 601 951	583 485
长春市	32 858	1 789	48 646	192 124	134 149
哈尔滨市	21 141	3 927	83 953	198 584	113 663
南京市	5 009 682	240 011	1 866 129	13 402 584	6 296 184
杭州市	297 756	32 895	1 174 618	2 296 994	1 372 054
济南市	133 414	1 379	447 396	1 615 388	855 968
武汉市	81 159	32 815	556 694	1 365 544	878 558
广州市	259 271	6 631	2 061 664	2 810 539	5 855 372
成都市	79 421	26 925	633 649	2 280 517	1 838 593
西安市	53 941		369 528		

表 129 2012 年各省、市、自治区软件产业主要指标汇总表（6）

单位：万元

地区	固定资产折旧	生产税净额	营业盈余	本年应付职工薪酬
一、按省市分列				
北京市	775 803	1 528 402	–2 486 843	7 954 045
天津市	341 356	53 240	594 164	560 553
河北省	70 547	17 728	50 465	222 977
山西省	19 453	14 016	27 549	35 893
内蒙古自治区	9 001	4 552	17 417	16 199
辽宁省	1 103 915	479 329	1 082 513	3 275 885
吉林省	138 065	42 585	200 642	142 527
黑龙江省	73 731	31 845	33 239	82 600
上海市	1 148 081	1 026 335	2 836 829	4 404 085
江苏省	6 053 812	1 207 669	1 788 074	6 474 868

续表

地区	固定资产折旧	生产税净额	营业盈余	本年应付职工薪酬
浙江省	596 795	689 650	3 239 450	1 871 805
安徽省	63 124	31 563	86 967	127 413
福建省	1 103 933	338 428	580 622	1 362 795
江西省	25 206	15 252	40 538	64 040
山东省	868 891	738 077	2 395 384	1 169 370
河南省	68 492	54 078	145 568	131 220
湖北省	232 443	232 082	274 212	550 094
湖南省	240 787	232 386	81 418	321 618
广东省	1 392 659	1 471 576	5 290 520	6 017 956
广西壮族自治区	23 734	7 485	29 001	86 241
海南省	9 285	2 944	3 659	36 540
重庆市	218 822	76 007	449 122	449 156
四川省	447 058	559 382	3 862 667	1 308 842
贵州省	10 598	15 228	29 582	61 694
云南省	27 688	19 776	19 809	96 233
陕西省	128 407	231 169	267 752	589 663
甘肃省	11 460	11 569	19 837	19 238
青海省	816	14	–153	378
宁夏回族自治区	4 315	729	3 109	9 961
新疆维吾尔自治区	24 850	7 954	16 320	48 960
二、按副省级城市分列				
大连市	452 682	172 562	564 584	1 319 543
宁波市	144 410	71 091	124 669	254 115
厦门市	195 459	83 714	97 541	660 129
青岛市	111 383	212 323	492 780	263 292
深圳市	532 637	539 388	2 569 971	3 136 583
沈阳市	584 881	276 215	445 785	1 894 639
长春市	103 432	27 808	135 869	88 972
哈尔滨市	47 811	24 421	28 891	64 315
南京市	2 990 681	324 124	645 678	3 335 202
杭州市	422 515	600 115	3 083 277	1 551 364

续表

地区	固定资产折旧	生产税净额	营业盈余	本年应付职工薪酬
济南市	588 221	395 391	1 451 868	756 627
武汉市	225 692	231 095	269 369	541 649
广州市	555 589	793 254	2 125 825	2 284 461
成都市	392 307	513 365	3 808 360	1 235 428
西安市	128 407	231 169	267 752	589 663

表 130　2012 年各省、市、自治区软件产业主要指标汇总表（7）

单位：人

地区	从业人员年末人数	软件研发人员	管理人员	硕士以上人员	大学本科人员	大专以下人员
一、按省市分列						
北京市	525 633	224 901	56 629	74 176	282 991	168 455
天津市	69 712	24 553	4 688	4 152	43 483	22 082
河北省	29 649	8 218	2 973	2 152	17 837	9 660
山西省	9 095	3 777	1 043	613	5 711	2 772
内蒙古自治区	3 977	1 363	527	194	2 666	1 116
辽宁省	435 755	312 956	43 482	42 046	335 070	58 628
吉林省	44 724	13 312	4 555	3 443	32 057	9 227
黑龙江省	22 446	14 707	3 380	3 456	15 497	3 499
上海市	319 627	137 664	36 022	44 521	184 076	91 028
江苏省	691 178	197 031	87 525	62 197	306 584	322 314
浙江省	221 916	73 828	28 347	16 900	117 024	87 992
安徽省	23 290	8 151	2 830	2 221	13 710	7 361
福建省	194 963	42 092	19 521	10 447	93 657	90 857
江西省	14 991	4 211	1 582	944	9 078	4 967
山东省	255 692	73 261	33 986	28 803	160 023	66 861
河南省	28 446	13 080	3 928	2 001	19 226	7 218
湖北省	97 861	49 244	16 125	12 434	58 482	26 940
湖南省	55 373	22 642	8 085	5 192	30 708	19 470
广东省	747 619	416 820	99 611	69 232	409 923	268 457
广西壮族自治区	17 355	3 315	1 433	530	10 354	6 473
海南省	3 909	1 620	466	98	2 617	1 194

续表

地区	从业人员年末人数	软件研发人员	管理人员	硕士以上人员	大学本科人员	大专以下人员
重庆市	83 045	17 524	6 038	5 085	47 262	30 695
四川省	159 226	30 710	12 613	15 140	95 170	48 915
贵州省	11 588	4 053	1 767	301	6 587	4 700
云南省	10 823	5 304	1 351	509	6 520	3 794
陕西省	87 632	46 000	12 908	12 331	45 150	30 136
甘肃省	5 901	2 396	1 091	319	3 952	1 630
青海省	241	67	35		83	158
宁夏回族自治区	2 721	1 015	545	100	1 849	771
新疆维吾尔自治区	9 642	1 939	1 037	226	4 644	4 772
二、按副省级城市分列						
大连市	159 830	123 402	17 064	17 283	125 393	17 149
宁波市	49 264	8 054	6 320	1 197	15 475	32 587
厦门市	74 756	6 326	12 817	5 704	27 776	41 277
青岛市	35 004	10 164	3 482	4 994	18 076	11 933
深圳市	336 913	191 615	36 084	48 925	181 572	106 407
沈阳市	257 757	183 669	24 209	23 746	202 591	31 416
长春市	26 888	9 975	3 154	2 131	20 136	4 624
哈尔滨市	17 297	11 838	2 726	2 710	11 694	2 897
南京市	280 387	103 408	36 645	38 353	144 318	97 692
杭州市	159 439	60 990	20 309	15 194	96 339	47 906
济南市	184 449	53 452	26 787	21 896	122 674	39 876
武汉市	95 507	48 422	15 851	12 247	57 155	26 102
广州市	305 629	198 178	55 588	15 814	187 873	101 942
成都市	153 844	29 391	11 769	14 725	93 326	45 792
西安市	87 632	46 000	12 908	12 331	45 150	30 136

表 131　2012 年软件产品出口国家和地区汇总表（1）

单位：万美元

出口国家和地区	信息系统集成服务	信息技术咨询服务	数据处理服务	运营服务	嵌入式系统软件	集成电路设计
中国香港	6 159	4 547	1 875	4 727	47 050	50 837
中国台湾	1 160	1 391	4 800	8 069	265 364	12 153
韩国	6 546	931	1 637	3 669	81 604	3 226
美国	29 131	45 186	6 397	9 112	225 153	124 275
日本	37 543	67 919	6 880	15 740	45 539	10 247
德国	2 722	1 010	71		3 030	4 292
法国	1 690	501		42	9 962	5
英国	1 835	260	212	743	654	1 747
印度	2 706	12 399		54	139 981	45
墨西哥	56			63	5 227	
巴西		2		13	15 310	
俄罗斯	9 191	25			1 177	
南美洲其他国家	3 447	3		1 472	2 335	24
大洋洲	165	5	16		636	
亚洲其他国家	16 845	38 174	233	5 086	29 211	35 297
西欧其他国家	2 308	163	28	154	19 229	445
东欧其他国家		111			10 072	
非洲	3 115	2 502	1 202	1 848	218 172	1 110

表 132　2012 年软件产品出口

出口国家和地区	软件产品合计	操作系统	数据库系统	管理软件	游戏软件
中国香港	49 735	108	843	2 100	1 873
中国台湾	43 416	12		25	370
韩国	18 675	112	47	643	586
美国	183 223	4 017	3 253	5 300	3 372
日本	235 971	1 312	931	27 403	2 249
德国	5 757	15	59	112	
法国	48 518	230			2 271
英国	7 008	817		158	145
印度	24 571		125	81	
墨西哥	453			10	
巴西	3 287			57	81
俄罗斯	2 495				170
南美洲其他国家	722	75	72	4	
大洋洲	599				
亚洲其他国家	38 468	2 483	85	753	2 829
西欧其他国家	39 266	41	56	84	15
东欧其他国家	1 041	93	374		
非洲	30 348	518	36	43	

国家和地区汇总表（2）

单位：万美元

通信软件	金融财税软件	工业控制软件	交通应用软件	嵌入式应用软件	信息安全产品	软件定制服务
2 794	2 737	2 110	36	5 334	2 295	8 173
1 476	196	467		27 016		10 710
6 743		101	233	3 642		3 746
40 210	1 465	5 171	8 457	12 786	773	50 556
13 705	9 137	724	612	39 665	4 255	69 984
2 246	1	814		484		
110		3 541		40 248	6	303
334	2 370			579		410
9 157		290		147	3 260	8 884
	80					300
		27		75	112	1 852
			71	663	47	
	123			198		28
		10				
3 663	756	7 271	100	3 006	786	2 719
96	164	3 933		137	53	25
		13		264		
13 417		1		151		15 060

表 133　2012 年各省、市、自治区

项目名称	软件产品小计	位次	其中							
			基础软件	位次	支撑软件	位次	应用软件	位次	信息安全软件	位次
合计	78 572 419		13 260 864		2 212 446		45 620 111		3 138 203	
北京市	13 962 546	1	1 475 909	4	20 937	12	9 620 987	1	1 549 365	1
天津市	1 361 204	12	84 281	17	3 275	22	816 263	12	33 910	12
河北省	340 693	19	133 634	12	9 607	17	110 586	21	911	23
山西省	168 882	22	18 475	21	3 505	21	79 630	24	6 798	17
内蒙古自治区	102 732	24	8 218	26	51	27	88 772	23	734	24
辽宁省	7 302 751	4	1 461 158	5	172 387	7	3 292 936	5	135 459	7
吉林省	618 028	15	93 324	14	2 649	23	464 695	14	27 024	13
黑龙江	396 033	17	243 515	10	26 468	11	119 569	20		
上海市	6 527 647	5	907 622	8	295 782	2	4 120 236	4	233 549	2
江苏省	11 368 341	3	1 662 785	2	182 567	4	7 169 410	2	187 704	6
浙江省	4 493 285	7	1 417 352	6	173 032	6	1 942 314	8	38 673	10
安徽省	382 069	18	84 727	16	16 774	13	186 797	18	1 839	21
福建省	3 331 050	9	520 589	9	159 681	8	2 211 641	7	105 660	8
江西省	146 835	23	21 991	20	4 826	20	109 675	22	5 997	18
山东省	5 653 409	6	1 601 933	3	238 414	3	3 161 527	6	212 236	5
河南省	579 052	16	41 340	19	16 143	14	490 344	13	13 110	15
湖北省	1 727 400	10	91 360	15	53 400	9	1 014 808	11	70 467	9
湖南省	1 048 725	13	52 532	18	12 850	15	415 224	15	8 656	16
广东省	11 715 910	2	1 746 034	1	577 963	1	6 579 264	3	217 025	4
广西壮族自治区	306 152	20	119 422	13	11 376	16	153 382	19	2 502	20
海南省	47 043	28	1 225	29			45 818	27		
重庆市	751 950	14	182 002	11	41 587	10	412 339	16	35 911	11
四川省	4 396 873	8	1 240 226	7	176 961	5	1 383 032	9	229 411	3
贵州省	256 616	21	2 548	28			250 502	17	3 566	19
云南省	70 318	25	14 724	22	334	25	54 665	25	259	26
陕西省	1 377 925	11	10 295	24	4 910	19	1 221 477	10	15 500	14
甘肃省	65 823	26	10 457	23	5 773	18	47 426	26	1 350	22
青海省	200	30			60	26	140	30		
宁夏回族自治区	22 660	29	4 383	27	8	28	16 777	29	126	27
新疆维吾尔自治区	50 269	27	8 804	25	1 127	24	39 877	28	461	25

软件产品收入汇总表

单位：万元

信息系统集成服务小计	位次	信息技术咨询服务小计	位次	数据处理和运营服务小计	位次	嵌入式系统软件小计	位次	集成电路设计小计	位次
55 832 576		24 353 981		41 560 129		39 916 146		7 702 274	
9 319 878	1	2 533 348	4	10 377 216	1	72 675	17	499 963	5
616 531	16	681 372	10	776 163	10	1 231 381	8	875 545	3
833 221	13	51 684	19	10 214	25	36 184	18	833	18
89 538	28	8 450	27	12 966	23	19 343	20	261	23
119 866	25	21 790	23	6 940	26	2 254	26		
5 550 951	4	3 411 957	2	2 799 133	7	2 040 297	4	251 902	8
703 021	14	491 427	12	370 045	13	436 644	12	267	22
248 866	23	162 035	16	118 973	15	143 134	14	893	17
5 100 351	5	2 339 418	6	3 829 422	4	1 430 003	6	1 635 563	2
7 460 960	2	2 469 923	5	3 338 383	6	14 898 741	1	2 133 875	1
2 467 016	9	518 004	11	4 323 550	3	1 501 201	5	250 379	9
278 674	20	24 616	22	39 644	20	26 545	19	784	19
2 964 650	8	1 256 944	8	749 297	11	1 398 331	7	357 653	7
252 586	22	69 780	18	28 612	21	19 094	21	29 779	12
3 443 890	6	2 916 792	3	1 586 705	8	3 553 443	3	185 120	11
616 239	17	196 700	15	59 060	17	91 831	16	29 088	13
987 897	12	243 345	14	524 931	12	185 361	13	11 961	14
665 810	15	74 175	17	80 456	16	493 777	10	566	20
6 771 121	3	3 840 346	1	7 377 373	2	11 062 780	2	761 197	4
165 806	24	44 920	20	58 942	18	9 342	22	7 062	16
106 221	27	7 603	28	972	29				
1 282 520	11	342 976	13	1 154 710	9	680 603	9	11 300	15
3 102 059	7	1 423 078	7	3 688 509	5	113 275	15	441 014	6
329 906	19	12 457	24	2 353	28	6 681	23	289	21
413 467	18	9 968	26	49 916	19	3 201	25	4	25
1 540 750	10	1 159 541	9	160 759	14	452 025	11	216 958	10
107 688	26	11 469	25	19 433	22	3	29	19	24
502	30	107	30			1 872	27		
31 278	29	2 812	29	2 644	27	4 851	24		
261 313	21	26 943	21	12 806	24	1 272	28		

第5部分　信息化建设

2012年中国信息化建设与信息技术应用综述

【综述】

信息化基础设施建设

2012年，全国光缆线路长度净增268.6万公里至1 480.6万公里。局用交换机容量（含接入网设备容量）净增478.1万门至43 906.4万门。移动电话交换机容量净增11 233.8万户至182 869.8万户。基础电信企业互联网宽带接入端口净增3 596.0万个至26 835.5万个。全国互联网国际出口带宽达到1 899 792.0Mbps，同比增长36.7%。

互联网用户数量稳步上升　2012年，全国网民数净增0.51亿人至5.64亿人。手机网民数净增0.64亿人至4.20亿人，占网民总数的74.5%。农村网民数净增0.2亿人至1.56亿人，占网民总数的27.7%。互联网普及率达到42.1%，比上年末提高3.8个百分点。

中小企业互联网应用不断普及　据中国互联网络信息中心2013年的调查显示，截至2012年底，受访中小企业中，使用计算机办公的比例为91.3%，使用互联网的比例为78.5%，固定宽带普及率为71.0%，开展在线销售、在线采购的比例分别为25.3%和26.5%，利用互联网开展营销推广活动的比例为23.0%。中小企业中沟通类、信息类应用的普及率大幅提高，其中电子邮件应用普及率达到84.7%。

信息化政策环境建设

2012年3月7日，工业和信息化部办公厅印发《关于第二批国家级信息化和工业化融合试验区2012年重点工作的指导意见》（工信厅信［2012］43号）。

5月10日，工业和信息化部印发《关于印发<2012年信息化和工业化深度融合专项资金项目指南>的通知》（工信厅信［2012］100号）。根据《信息化和工业化深度融合专项资金工作管理办法（部内试行）》的要求，经过评审，确定支持90个两化深度融合项目，并于7月下发了《关于下达2012年信息化和工业化深度融合专项资金使用计划的函》。

工业和信息化部研究起草了《国务院关于大力推进信息化发展和切实保障信息安全的若干意见》。6月28日，国务院印发《国务院关于大力推进信息化发展和切实保障信息安全的若干意见》（国发［2012］23号），指出：大力推进信息化发展和切实保障信息安全，对调整经济结构、转变发展方式、保障和改善民生、维护国家安全具有重大意义，同时提出了明确的指导思想和主要目标，其中对推动信息化和工业化深度融合，提高经济发展信息化水平方面也做了具体阐述。

10 月 19 日，工业和信息化部印发《关于组织开展国家级信息化和工业化深度融合示范企业评定工作的通知》，确定了 218 个国家级两化深度融合示范企业。

按照中央治理工程建设领域突出问题工作领导小组办公室的部署，工业和信息化部参与研究起草《2012 年工程建设领域项目信息公开和诚信体系建设工作具体措施》，明确了“建成一个综合检索平台、部署一批深化应用试点、推动制定一批制度、总结一批做法经验、形成一份发展报告”的任务安排。

工业和信息化部联合科技部、监察部、农业部、商务部和文化部等部委相关司局研究起草了《农业农村信息化发展指南（2013–2015 年）》（征求意见稿）。

工业和信息化部通过广泛征集部门意见，分析共性问题和区域特点，研究总结试点地区工作成效和典型经验，以及对上海、广东、江苏、湖北、北京等 20 个重点省市的政策调查研究，起草完成了《关于加强和创新社会管理服务信息化的若干意见》（征求意见稿）。

信息技术应用

.CN 域名大幅增长 截至 2012 年底，中国.CN 域名规模为 751 万个，同比增长 112.8%，占中国域名总数比例为 56.0%；.COM 域名数量为 483 万个，占比为 36.0%。

微博用户逐渐移动化 截至 2012 年底，中国微博用户净增 0.59 亿户，总规模 3.09 亿户；网民中的微博用户比例较上年底提升 6 个百分点，达到 54.7%。手机微博用户规模 2.02 亿户，即高达 65.6%的微博用户使用手机终端访问微博。

电子商务保持快速增长 2012 年，中国电子商务交易额达 8.1 万亿元，比上年增长 37.8%。其中，网络零售额超过 1.3 万亿元，同比增长 67.5%。支撑电子商务快速发展的电子商务服务业正在成为一个新兴产业，全年行业营收突破 2 000 亿元。

网络购物和团购保持较高增长率 截至 2012 年 12 月，中国网络购物用户规模达到 2.42 亿人，网络购物使用率提升至 42.9%。与 2011 年相比，网购用户增长 4 807 万人，增长率为 24.8%。在网民增长速度逐步放缓的背景下，网络购物应用依然呈现迅猛的增长势头，2012 年用户绝对增长量超过 2011 年，增长率高出 4 个百分点。2012 年，中国团购用户数为 8 327 万人，使用率提升至 14.8%，较 2011 年底上升 2.2 个百分点。团购用户全年增长 28.8%，保持相对较高的用户增长率。

手机端电子商务类应用使用率整体大幅上涨 与 2011 年相比，2012 年手机网民使用手机进行网络购物的比例增长 6.6 个百分点，用户量是上年底的 2.36 倍。手机团购用户在手机网民中占比较上年底提升 1.7 个百分点，手机在线支付用户占比提升 4.6 个百分点，手机网上银行用户占比提升 4.7 个百分点，这三类移动应用的用户规模增速均超过 80%。

两化融合评估工作全面开展 行业两化融合评估方面，《工业企业“信息化和工业化融合”评估规范》完成了国家标准委国家标准立项的公示。钢铁等 4 个行业正进一步完善行业评估标准，并推动行业标准立项。开展了民爆、钢铁（集团企业）、石油石化、合成树脂、有色金属加工及制品、玻璃、通用机械、工程机械、轨道交通、仪器仪表、汽车零部件、皮革、纺织（中小企业）、饮料、包装、化学制药、电子、通信等 18 个行业的评估工作。区域两化融合评估方面，初步研究形成了“区域两化融合发展水平评估基本指标体系”，选取了上海市、江苏省等 6 个地方为试点省市。

电子政务应用深入推进 地方和部门电子政务建设普遍开展，国家电子政务网络初步满足党委、人大、政府、政协、法院、检察院各系统推进业务应用的需要，技术支撑能力明显提升。电子政务信息安全保障系统普遍建立，管理制度规范逐步健全，网络与信息安全保障能力明显提升。金关、金税、金盾、金审等一批国家电子政务重要业务信息系统取得显著的经济和社会效益，在保持经济平稳较快发展方面发挥了重要作用，改善和增强了政府为社会公众提供服务的能力，提升了社会管理水平。县级以上政务部门普遍建立了政府网站，积极开展政府信息公开、网上办事和政民互动等服务。

农业农村和社会事业信息化快速普及 “三农”信息服务体系进一步完善，98%的行政村建立了农村信息服务站，农村信息服务体系基本形成，信息技术大幅增强了农业综合生产能力。高等学校联网率接近 100%，教育信息化基础设施、国际重点教育资源库初具规模。全国疾控体系和医疗救治体系信息网络初步建成，医院信息系统在大中型医院基本普及，98%的县级以上医疗机构、87%的乡镇卫生院实现了疫情和突发公共卫生事件网络直报，新型农村合作医疗在部分省市实现了联网管理、跨地域及时结报。社会保障信息化覆盖面逐步扩大，31 个省市实现了养老保险监测数据的网上管理。人口和计划生育、劳动就业、社会救助、优抚安置、社会福利、社区服务和无障碍助残事业等领域信息化建设稳步推进。交通基础设施运行保障能力有效提升，20 个省（区、市）实现了高速公路联网监控。

智慧城市呈现规模发展态势 截至 2012 年 10 月底，全国提出智慧城市建设的城市总数达 220 个，遍及中东西部各地区，涵盖不同经济发展水平的城市。其中，在规划、文件中正式提出建设智慧城市的地级以上城市有 41 个；在地方政府相关产业规划中涉及智慧城市内容，或与当地运营商签订智慧城市战略合作协议的城市有 190 个；北京、上海、南京等 20 余个城市发布了智慧城市专项规划、行动计划或实施方案。

存在问题

一是对信息化发展的客观规律认识不足，信息化发展的体制机制有待完善；二是网络、技术、产业与应用发展缺乏统筹协调，信息技术引领产业转型升级的潜力没有充分发挥；三是宽带信息基础设施难以满足加快转变发展方式的新要求，核心关键技术受制于人的局面尚未根本改变，信息产业国际竞争力亟待加强；四是电子政务与行政管理创新结合不够紧密，信息资源开发利用和共享水平不高，一些领域低水平重复建设依然存在；五是国民信息素质教育亟待加强，数字鸿沟有所扩大；六是世界主要国家围绕重要战略性信息资源的竞争更趋激烈，一些国家竭力巩固其长期形成的技术和信息优势，中国信息安全形势更趋复杂和严峻。

【发展趋势】

一是信息技术研发和应用正在催生新的经济增长点，以互联网为代表的信息技术急剧扩散，将在全球范围内对政治、经济、社会和文化产生更为深刻的影响。

二是信息化在各领域的应用和发展将进一步加快，宽带、移动互联网、物联网、云计算、大数据和智慧城市等，从不同维度塑造着信息化的新模型，经济生产、社会生活的各种需求将与信息化紧密结合。

三是信息化推进将从以 IT 技术为手段，网络、计算机等为重点，转向以信息资源开发利用为重点、为核心，逼近信息化的本体核心，发挥信息的作用和知识的作用。

[撰稿：马冬妍　审稿：方新平]

2012 年中国农业信息化发展综述

【综述】

2012 年，农业部紧紧围绕“两个千方百计，两个努力确保，两个持续提高”目标，依托金农工程、三电合一项目以及其他农业信息化重大工程和项目，着力提高农业生产经营信息化水平，深入推进农业电子政务和信息惠农服务，促进信息化与农业现代化相融合、与农民生产生活相融合，全面支撑现代农业和城乡一体化发展。农业信息化建设取得显著成效，农业信息化基础设施不断夯实，信息技术在农业生产经营、管理和服务各个环节中的应用不断深入。

信息化基础设施建设

行政村通宽带加速推进 在全国已实现乡镇通宽带的基础上，2012 年，各地继续加快推进行政村通宽带工作，全年新增 1.9 万个行政村通宽带，通宽带行政村比例从 84%提高到 87.9%。宽带进一步普及推动 2012 年农村网民新增1 960万人，总规模达到1.56亿人，占整体网民的27.6%。截至2012年底，农村计算机每百户拥有量达到21.36台。

农村通信水平显著提高 继行政村实现村村通电话之后，为解决边远贫困地区分散人群的通电话问题，2012年，自然村通电话工作持续开展，全年开通电话的偏远自然村新增1.1万个，全国20户以上自然村通电话比例从94.7%提高到95.2%。农村固定电话拥有量呈下降趋势，由2011年的每百户43.11部下降为2012年的42.24部；移动电话保持快速增长趋势，由2011年的每百户179.74部上升为2012年的197.80部，增长10.0%。

广播电视由“村村通”向“户户通”延伸 截至2012年底，全国农村广播、电视节目综合人口覆盖率分别由2011年的96.1%、97.1%上升到96.6%、97.6%。针对有线网络未通达的广大农村地区，2011年4月，中宣部、国家广电总局正式启动直播卫星“户户通”工程，着力推进农村地区广播电视由“村村通”向“户户通”延伸，用户通过直播卫星专用接收设施即可免费收听收看直播卫星25套电视节目和17套广播节目。截至2012年11月15日，全国共开通直播卫星“户户通”用户394万户。

信息化政策环境建设

党中央、国务院高度重视农业农村信息化建设 2012年6月28日，国务院发布《国务院关于大力推进信息化发展和切实保障信息安全的若干意见》，明确指出要推进农业农村信息化，实现信息强农惠农。9月15日，习近平在中国农业大学指出，“要让物联网更好地促进生产、走进生活、造福百姓”。党的十八大提出“促进工业化、信息化、城镇化、农业现代化同步发展”的战略部署，充分体现了党和国家对以信息化支撑工业化、城镇化和农业现代化发展的高瞻远瞩。“四化同步”的发展战略，为全国上下加快推进农业农村信息化指明了方向，明确了目标和任务。

各级农业部门积极落实信息化和有关规划 各级农业部门按照《全国农业农村信息化发展“十二五”规划》提出的“五大任务、四大区域、三项工程和四项措施”，以全面推进农业生产经营信息化为主攻方向，以农业农村信息化重大示范工程建设为抓手，不断提高信息化服务“三农”水平。农业部各系统高度重视信息化，制定的行业发展五年规划中，信息化占据重要地位，各级农业部门按照规划要求有序推进基础业务与信息化的融合发展。

信息技术应用

农业生产经营信息化 首批国家物联网应用示范工程智能农业项目取得进展。2012年，农业部在北京、黑龙江、江苏3省市组织实施的国家物联网应用示范工程智能农业项目进展顺利，北京市设施农业物联网、黑龙江农垦大田种植物联网和江苏省宜兴市水产养殖物联网的建设均取得阶段性进展。以江苏省宜兴市为例，该市实施的河蟹养殖物联网项目覆盖全市20%的农户，示范面积达20 000亩，通过对养殖水质的智能控制，有效提高了河蟹养殖的成活率和产量，年增产约10%—15%，每亩平均增收约1 000元，每亩电费节省80元，2012年增收约2 000万元，农户劳动强度明显降低，真正实现了“省心、节本、增效”。

实施农业物联网区域试验工程。该工程支持天津市、上海市和安徽省根据各自经济、社会及农业发展水平和产业特点，分别以设施农业与水产养殖、农产品质量安全全程监控和农业电子商务推进、大田粮食作物生产监测为重点领域开展试验示范，力图探索形成农业物联网可看、可用、可持续的推广应用模式，逐步构建农业物联网理论体系、技术体系、应用体系、标准体系、组织体系、制度体系和政策体系，并在全国范围内分区分阶段推广应用。

农业电子商务增长强劲。近年来，各类电子商务企业、传统农业生产经营主体纷纷试水电子商务，农业电子商务异军突起，已经成为促进农产品销售、活跃农村市场、增加农民收入的强劲引擎，搭建起城乡交流的便捷通道，推进了农业信息化和现代农业发展。2012年，阿里巴巴平台农产品交易额达到200亿元，其中80%以上是耐储易运的干货和加工产品；生鲜农产品网上交易呈现井喷式发展，涌现出上海菜管家、武汉家事易、大连菜易家等一批区域性知名品牌。

农业管理信息化 金农工程取得成效。通过金农工程一期项目建设，已建成国家和省两级农业数据中心、国家农业科技数据分中心、国家粮食局粮食购销调存数据中心，构建起了部省统一的农业电子政务应用支撑平台、国家农业综合门户网站和31个农业行业电子政务应用子系统，升级改造了农业部应急指挥系统，建立了统一的信息安全管理体系、技术体系和运维体系，实现了部省数据共享，支撑了业务管理系统间的协同应用，为农业农村经济发展提供了保障。

农业网站向实用化方向发展。截至2012年底，全国涉农网站总数已超过4万个，其增长远远高于全国互联网站平均增长速度。其中，涉农企业和组织主办的网站占90%以上，农业企业成为网站建设的主力军。行业类农业网站的活力不断增强，充分发挥了市场引导作用；农业电子商务网站迅速发展，出现了网上商城和网上交易两大特色鲜明的农业电子商务网站类型，特别是农业龙头企业的大量涌入，推动形成了许多具有特色的农业网站商业模式，增强了农业网站的商用性。

涉农数据库建设初具规模。据调查，全国31个省（区、市）省级农业部门共建有305个涉农数据库。68.6%的县建有涉农数据库，共计8 147个；在这些县中，50.0%的县建设了5个以下数据库，13.3%的县建设了5—10个数据库，20.0%的县建设了10—20个数据库，16.7%的县建设了20个以上数据库。

农业服务信息化 农业信息服务体系基本建成。全国31个省（区、市）均设有农业农村信息化主管部门及信息化专职行政管理机构，其中25个省（区、市）成立了农业农村信息化工作领导小组，统筹推进农业农村信息化工作。除安徽省外，各省农业厅均设有信息中心，共有正式编制人员528人。97%的地市级农业部门、80%以上的县级农业部门设有信息化管理和服务机构，全国39%的乡镇建有信息服务站，22%的行政村设有信息服务点，农村信息员队伍已达18万人。

农业信息服务手段更加多元。各地农业部门以面向“三农”服务为目的，统筹规划电话、手机短（彩）信、广播电视、互联网络等现代传播手段，利用社会力量，创新工作方法，逐步建立起集12316“三农”热线电话、农业信息网站、农业电视节目、手机短（彩）信服务等于一体，多渠道、多形式、多媒体相结合的服务格局。

农业信息服务领域不断拓展。在技术信息咨询与服务基础上，各地充分挖掘信息服务新方法，拓展服务新领域，及时发布与农民生产、经营、生活息息相关的政策信息和市场信息，为农民提供科技、市场、政策、价格、假劣农资投诉举报等全方位的即时信息服务，服务范围已延伸到法律咨询、民事调解、电子商务、文化节目点播等方方面面，缩小了城乡“数字鸿沟”，推动了农民生产生活方式的改变。

12316信息惠农家活动成效显著。2012年3月16日，为贯彻落实中央1号文件精神，进一步扩大12316“三农”服务热线服务范围，提升服务质量和水平，在全国范围内启动了12316信息惠农家活动，力求用三年时间，实现12316“三农”信息服务在全国范围内无盲区覆盖，全面拓展服务领域，推动农业信息服务向精、准、个性化方向发展，切实提高信息服务的及时性、实用性、专业性，把12316打造成全国“三农”信息服务知名品牌。

存在问题

一是城乡数字鸿沟仍然很大。农业农村信息化基础设施薄弱，尤其是基层农业信息基础条件严重不足，农村电脑普及率不高，信息传输在乡、村、户环节出现“梗阻”，“最后一公里”没有得到根本解决；农业信息服务体系不健全，尤其是乡、村信息服务站数量不足，仅22%的行政村设立了信息服务站（点），信息服务功能尚未充分发挥；各类市场主体为农民提供针对性强的信息服务严重不足，广大农民对信息的需求不能及时得到满足，农民信息边缘化问题突出。

二是信息资源开发利用不足。当前，国内涉农信息资源多以综合性、宏观性、政策性为主，符合区域产业发展特点、针对性强、及时有效的信息资源未能得到充分开发和利用，能够满足农民生产生活、农业经营、“三农”管理需要的信息严重不足，尤其是农民看得懂、听得见、用得上的信息十分匮乏，信息服务“最初一公里”问题已经成为农业农村信息化面临的重要制约因素。

三是信息孤岛现象严重。农业农村信息化是一项涉及多部门、多领域复杂的系统工程。目前，农业、商务、科技、工业和信息化等部门多头并进参与农业农村信息化工作，建立起了属于部门独立的信息服务系统；农业部门内部各行业也建立了一批独立的信息系统，仅为本行业提供信息服务；各级地方农业部门按照各自需要和经济发展水平，建立了自己的信息系统和平台，但由于缺乏有效的统筹机制和统一的标准规范，难以实现部门之间、行业之间、中央与地方之间的互联互通和信息共享，导致“信息孤岛”现象普遍存在。

四是信息技术创新滞后。由于从事农业农村信息化研发的人才匮乏，有利于技术创新的体制机制不顺、投入不足，现有信息系统、技术和产品难以满足现代农业快速发展的需要，真正面向生产实际，多功能、低成本、易推广、见实效的信息技术和设备严重不足，阻碍了农业农村信息化的发展。

五是龙头企业带动能力弱。农业产业化龙头企业应是带动农业生产经营信息化的排头兵。但目前，国内农业产业化龙头企业总体规模小、实力弱、基础条件差、信息化意识不强，既缺乏采用先进信息技术实现企业内部经营管理和生产信息化的积极性和主动性，也没有发挥带动其他新型主体实现农业生产经营信息化的示范作用。

【下一步工作计划】

未来一个时期，农业部将紧紧围绕“农业生产智能化、农业经营网络化、农业管理高效透明、农业服务灵活便捷”，重点开展以下十个方面的工作，力争用五年时间，使农业信息化基础设施进一步夯实，信息技术与现代农业融合、与农民生产生活融合更加深入，农业部门行政效能明显提升，“三农”综合信息服务体系更加健全，农民获取信息能力显著增强。

一是大力推进农业生产经营信息化。针对当前农业资源利用率低、农业生产经营效率不高等问题，重点推进物联网、云计算、移动互联、3S等现代信息技术和农业智能装备在农业生产经营领域应用，引导规模生产经营主体在设施园艺、畜禽水产养殖、农产品产销衔接、农机作业服务等方面，探索信息技术应用模式及推进路径，加快推动农业产业升级。

二是着力强化市场信息服务能力。针对农产品滞销卖难、市场价格异常波动频繁等问题，完善农产品监测预警平台体系，优化市场信息采集手段，推动信息发布机制创新，提升市场价格监测预警、价格调控及公共服务的能力和效率；建设完善农产品进出口贸易、国际市场价格及产业损害等监测预警系统，实现农产品进出口决策科学化，提高中国农产品国际贸易竞争力。

三是不断提高农业科技创新与推广信息化水平。加强农业适用信息技术研发和产品创新，不断提高自主创新能力。强化科研成果转化和推广应用，重点在农业生产环境和动植物生理感知、农业生产过程智能控制、农业智能装备及良种繁育信息化等领域取得明显突破。推进农业科研手段信息化，提高农业科研创新效率。推进信息技术和智能装备在农技推广服务中的应用，加快农技推广信息服务平台建设，提高农技推广服务的效率和水平。

四是加快完善农产品质量安全监管手段。完善农产品质量安全追溯制度，推进国家农产品质量安全追溯管理信息平台建设，开发全国农产品质量安全追溯管理信息系统。探索依托信息化手段建立农产品产地准出、包装标识、索证索票等监管机制。加快建设全国农产品质量安全监测、监管、预警信息系统，实行分区监控、上下联动。积极推进农资监管信息化，规范农资市场秩序，尽快建立农作物种子监管追溯系统，加快推进农机安全监理信息化建设，提高农资监管能力和水平。

五是持续提升重大动植物疫病防控能力。针对国内动物疫病病种多、病原复杂、防治形势严峻，农作物生物灾害发生频繁、危害严重、损失巨大等问题，建设国家动植物疫病信息数据库体系、全国突发重大动植物疫病防控指挥调度平台和动物卫生监管平台，提升国内动植物疫病监测、预警、预防控制、应急管理、信息传输和灾情发布等方面信息化水平，完善动植物疫病防控网络和应急处理机制，促进动植物防疫体系建设，增强重大动植物疫病防控能力。

六是显著提高农村经营管理水平。针对农村集体资金、资产、资源管理和土地承包管理中存在的主要问题，重点建设农村集体“三资”管理服务、土地确权登记管理服务、耕地流转管理服务、土地纠纷仲裁服务、农民负担监管等平台或信息系统，切实加强农村集体“三资”管理，强化对农村耕地、草地等各类土地承包经营权的物权保护，规范经营权流转程序，提升纠纷仲裁效率，切实保障农民财产权利，有效防范和及时化解矛盾纠纷，推进农业产业化经营，激发农业农村发展活力。

七是积极探索农业电子商务。积极开展电子商务试点，探索农产品电子商务运行模式和相关支持政策，逐步建立健全农产品电子商务标准规范体系，培育一批农业电子商务平台。鼓励和引导大型电子商务企业开展农产品电子商务业务，支持涉农企业、农民专业合作社发展在线交易，积极协调有关部门完善农村物流、金融、仓储体系，充分利用信息技术逐步创建最快速度、最短距离、最少环节的新型农产品流通方式。

八是切实提升农业生产指挥调度能力。建设上下协同、运转高效、调度灵敏的国家农业综合指挥调度平台，进一步推动种植业、畜牧兽医、渔业、农机、农垦、乡企、农产品及投入品质量监管等领域生产调度、行政执法及应急指挥等信息系统开发和建设，全面提升各级农业部门行业监管能力。完善农业行政审批服务平台，推进行政审批和公共服务事项在线办理，建立和完善农药、肥料、兽药、种子、饲料等农业投入品行政审批管理数据库，逐步实现农业部内各环节、各级农业部门间行政审批的业务协同，提高为涉农企业、农民群众服务的水平。进一步加强办公自动化建设，推进视频会议系统延伸至县级农业部门，加快推进电子文件管理信息化。

九是进一步强化农业信息资源开发利用。建设国家农业云计算中心，构建基于空间地理信息的国家耕地、草原和可养水面数量、质量、权属等农业自然资源和生态环境基础信息数据库体系；强化农业行业发展和监管信息资源的采集、整理及开发利用；重视物联网等新型信息技术应用产生的农业生产环境及动植物本体感知数据的采集、积累及挖掘；注重开发利用信息服务过程中的农民需求数据，及时发现农业农村经济发展动向和苗头性问题；鼓励和引导社会力量积极开展区域性、专业性涉农信息资源建设，不断健全农业信息资源建设体系，丰富信息资源内容。

十是全面推进国家现代农业示范区信息化建设。充分利用国家现代农业示范区的优势资源，统筹各类项目和资金，集成组装现代信息技术，开展应用示范，全面推进农业生产经营管理服务信息化建设，探索信息化与农业现代化融合的路径、模式与经验，推动国家现代农业示范区率先实现信息化。

[撰稿：杨娜　审稿：陈萍]

2012年中国卫生行业信息化发展综述

【综述】

2012年，国家发展和改革委员会发布了推进国家重要信息系统建设的《“十二五”国家政务信息化工程建设规划》（以下简称《规划》）。《规划》指出：“在继续加快推进金盾、金关、金财、金税、金审、金农等重要信息系统建设的基础上，重点建设保障和改善民生、维护经济社会安全、提升治国理政能力等方面的重要信息系统。”《规划》将全民健康保障信息化工程排在首位。

重点加强利用信息系统对全社会食品安全监督

全国人大常委会执法检查组指出，要鼓励社会各方面积极参与对食品安全问题的监督，理顺社会监督渠道。要保护和实现好群众对于食品安全的知情、参与、表达和监督权，为群众监督食品安全和举报投诉违法行为提供便利、通畅、有效的渠道。

卫生部有关部门为了加强对食品安全的监督，设立了统一的举报投诉电话，同时筹备设立专门的食品安全监督网站和举报投诉邮箱，以鼓励群众参与食品安全监督。对利用信息系统进行监督举报的措施已在筹备中，届时通过信息系统对汇报、调研、检查等现状的分析，可更好地了解食品安全法的实施情况，加强对落实情况的监督，确保食品安全监督的顺利进行。同时，结合新闻媒体的监督，联合媒体举办中国食品安全高层论坛，及时揭露食品安全事件，以发挥信息系统的监测优势，为食品行业管理提供参考，并通过网络监督、行业自律、网民监督等方式和手段，增强企业社会责任感，提高全民食品安全意识，促进中国食品工业持续、健康、稳步发展。

为了打击在食品及食品添加剂生产中违法添加非食用物质的行为，保障消费者身体健康，卫生部颁布《食品中可能违法添加的非食用物质和易滥用的食品添加剂名单》，并通过信息系统进行公布，这既增强了信息曝光力度，使企业更加重视对添加剂的管理，同时也提高了信息透明化程度，增强了全民食品安全意识。

举办中国国际物联网博览会卫生领域物联网分论坛

在由国家金卡工程协调领导小组办公室、中国信息产业商会、中国贸促会电子信息行业分会联合主办的“2012 中国国际物联网博览会”上，卫生部主办了卫生领域物联网分论坛。卫生部信息办有关领导在开幕式所做报告中指出：物联网是建立在信息技术与网络技术广泛应用的基础上，为改善民生、惠及百姓、构建和谐社会服务的，中国物联网发展的重点与切入点是感应与应用；要全力支持并加快制定各相关标准，重点放在核心技术产品的研发及产业化、引导和开拓各类应用上，重视公共服务平台建设和信息服务业发展；坚持“以人为本”，使物联网服务于改善民生、加强社会综合服务与管理、致力于提高百姓健康质量和幸福感，同时促进经济发展和推动社会信息化进程。

为了向各级政府部门及社会各界汇报卫生领域物联网应用的最新成果和工作进展，展会期间专门安排了卫生领域物联网应用成果汇报专场，并邀请各级政府部门、广大用户及社会各界光临指导和参会观展。

目前，卫生领域物联网 RFID 应用广泛，已涉及医疗安全、医疗设备管理、婴儿防盗、老人护理监测、医疗器械及食品药品安全等多个方面。

云计算在卫生领域应用开始起步

目前，已制定了卫生领域云计算应用规划。计划利用云计算提供统一的卫生信息基础设施，整合不同医疗机构的信息系统，形成统一标准的医疗卫生信息基础设施，提供整合的业务服务，提升医疗行业整体服务水平。云计算在卫生领域的应用将涵盖的功能包括：提供健康记录服务，建立新型医疗平台及服务模式，集中管理健康档案、电子病历和汇集医疗行业专家看诊记录。此外，云计算还可以应用于快速提供医疗资源方面，通过整合资源形成一个大服务网，实现远程医疗并将医疗服务资源快速提供给用户。

在医学影像的应用方面，卫生部已制定《中国医学影像传输存储标准 C-PACS》，这将推动中国医学影像应用与研究向着数字化、信息化和标准化的方向发展，提高全行业应用水平，同时降低医疗成本，充分利用现有医疗资源，提升大型医疗设备共享率。目前，由于医学影像数据量较大，对于影像数据的处理需要消耗大量资源，而利用云计算平台可大大减轻负荷，保证医学影像传输存储的速度和质量。

电子病历的应用较快发展

目前，医疗中采用机打病历、手工签名，不仅存在签名难问题，在修改与补打方面带来诸多纠纷，而且数据难以保存、共享和挖掘利用。而电子病历的应用使数据的整合保存、临床系统的共享得以更好地实现。通过将医嘱、电子病历和临床路径进行集成，结合各临床系统之间的共享，可实现电子病历的协同、联动及互操作。2012 年，随着医疗改革的需要和发展，电子病历的应用逐步扩大，但电子病历应用的标准化和规范化环境有待进一步完善。

[供稿：卫生部信息化工作领导小组办公室]

2012年中国石化信息化建设综述

【综述】

2012年，中国石油化工集团公司（以下简称“中国石化”）继续保持在中央企业的信息化水平前列地位，信息化为公司的生产营运、资源优化、安全环保和管理创新提供了有效支撑。在工业和信息化部举办的两化融合成果展览上，中国石化的信息化成果得到国家领导人和工业和信息化部、国务院国有资产监督管理委员会等部委的充分肯定；在工业和信息化部组织的“2012年度两化深度融合企业”评选中，中国石化和扬子石化、燕山石化、胜利油田、天津石化、青岛炼化、上海石化、镇海炼化等7家下属企业被评为国家级两化深度融合示范企业。

经营管理平台建设

ERP系统 ERP系统建设有序推进。ERP大集中系统在销售板块的天津石油、上海石油、海南石油3家企业试点取得成功，重新对295个单元业务流程进行规范，统一了1 030个业务数据标准，强化了不相容岗位权限的在线管理，销售开票、发票冲销、损溢盘点等68个关键业务环节实现了线上审批控制，简化了用户操作，提高了业务运行效率。完成了分散部署ERP企业的逻辑集中管控试点，系统配置、业务流程和应用标准的集中管控得到加强。根据国家新会计标准、安全生产费用规定以及中国石化物资储备等管理要求，对90多家企业ERP系统功能进行了调整；完成了润滑油、化工销售、炼油销售等9家单位的ERP系统整合，有力支撑了中国石化的专业化重组和一体化管理工作。

ERP集成应用、创新应用取得新成效。油田企业应用ERP系统加强了预决算管控。胜利油田实现了分公司、二级单位和基层部门3个层级的预算管控；江苏油田集成应用ERP和数据中心数据，实现所有井下项目预结算、设计与实施差异的对比分析；中原油田深入挖掘ERP经营数据，实现成本动态分析管理，成本精细化管理延伸到三级单位、班组及设备。炼化企业应用ERP系统加强了精细化管理。镇海炼化集成应用ERP、合同管理、电子结算等系统，实现了大修、隐患治理、更新等重要项目的全流程集中管控和跟踪；金陵石化、茂名石化等企业建立装置KPI考核管理体系，强化成本核算管理，为指导车间班组优化生产操作、降低生产成本，提供了可靠的数据支撑及分析手段；燕山石化将ERP、MES、TBM等系统高度集成，实现了各生产厂每日投入产出和利润完成情况监控。销售企业应用ERP系统提高了效率和效益。江苏石油重视ERP量价控制功能应用，全年累计增效2 100万元；广东石油集成应用ERP与加油卡、零售管理系统，人均劳动效率提高18%；山东石油通过开发ERP应急管理系统，实现了ERP应急在线管理，提高了系统平稳运行保障能力。总部ERP应用取得新成效。基于ERP建立了油田经营管理分析、炼油化工产品销售分析、成品油经营管理分析、销售价格监控平台、全面预算管理、报表合并管理等系统，通过系统应用，提升了生产经营管理、投资计划、财务管理、审计监察等日常业务的管理水平；各事业部和有关部门应用数据仓库系统，开展经营过程监控、产品价格分析、产品结构调整、劳动定员匹配、成本模拟还原分析、经济活动分析等管理工作，充分发挥数据的及时性、准确性和完整性，有效利用大数据量分析应用，促进了经营决策更加科学高效。

人力资源管理、合同管理、远程教育等系统推广 人力资源管理（HR）系统在中国石化所有境内单位上线运行，9.8万个组织机构和各类人员全部纳入系统管理，实现了日常人事业务的在线处理和用工总量、薪酬总额等主要指标的在线监控分析。

合同管理系统完成境内123家直属企业实施，在线运行合同44万份，合同金额超过1万亿元，强化了总部及企业的合同监管力度，为有效防范法律风险奠定了基础。

远程教育系统全面推广，该系统成为集团统一的全员网络学习平台，注册学员31万人，全年完成各类远程培训项目371个，在线学时近238万小时，全年节省培训差旅等费用1.68亿元。

制度与内控管理系统完成60家企业制度编制模块的实施，在线管理制度2.7万件；总部移动应用中的日常办公、部门快报、生产经营信息等功能进一步提升，开发应用了公文管理系统的iPad和iPhone版，着手制定移动应用设计开发、设备管理和移动安全等标准规范。

资金集中管理、会计报表合并等系统深化应用 资金集中管理系统实现了境内与邮政储蓄银行，境外与花旗、汇丰、工商等银行的银企直连，促进集团资金统筹聚合能力和资金运营效率进一步提高，资金集中度上升到92.6%，支出集中度超过97%，每年减少对外融资需求300多亿元，节约财务费用20亿元以上。

股份公司会计报表合并（BW&BCS）系统完成了二级以下单位核算级次扩展，实现了月度出具现金流量表和股份公司全级次报表上报，开创了国内大型企业集团直接利用ERP系统出具会计报表的“以账出表”、“以账汇表”新模式，会计信息质量和报表编制效率得到有效提升。

重点业务公开系统新增自动问题筛查、违规预警和智能监控功能，全年发出预警信息5 200多条，累计公开重点业务信息1 657万余条，涉及合同金额人民币6.75万亿元、美元4 203亿元，在降低管理成本、防范经营风险方面发挥了重要作用。

审计信息集成管理系统完成智能预警功能开发部署，实现了审计业务全流程在线管理，支撑了各级审计组织机构的日常沟通协作，提高了审计工作效率，审计业务统一管理平台作用明显，节省审计差旅费用1 000多万元/年。

物资采购电子商务系统覆盖了所有企业及2万多家供应商，网上交易物资品种56大类179万多种，2012年中国石化通过系统网上采购2 502亿元，网上采购率提高到97%，节约采购资金成效显著。

生产营运平台建设

总部重点系统建设与应用 生产营运指挥系统（二期）成功上线运行，覆盖了集团上中下游90余家企业，与企业的系统集成度大幅提高，生产数据自动获取率达85%以上，建立起总部级集中统一的生产指挥平台，实现了全产业链生产运行的动态跟踪和实时监控，提升了板块间产销衔接和异常处置能力。

供应链管理系统完成了17家炼油企业、115套装置的PIMS模型适应性改造，实现模型改造与工程建设、油品质量升级同步，规范了227套化工装置的投入产出模型，实现了多方案效益对比分析。34家炼油企业利用PIMS模型全年测算案例957个，实施优化方案450个，综合降本增效8.15亿元；18家化工企业利用化工PPIMS模型优化减亏5.8亿元。

HSE系统在16家企业上线运行，并实现与3家企业应急指挥中心集成，规范了HSE管理工作流程，增强了HSE管理的决策力和执行力。

企业重点系统建设与应用 一是油田企业数据资源等系统的推广应用。完成了源头数据采集系统推广。系统已覆盖13家油田企业，实现了勘探开发12大类业务数据的规范采集和8万多口井的成果数据规范管理，实时反映6万多口油气水井生产动态，为88个系统的专业应用提供了数据支撑；完成河南、江汉两家油田企业数据中心建设，为8套勘探开发专业软件提供了数据服务。

自主知识产权软件的推广应用，提升了专业应用水平和决策效率。隐蔽油藏表征系统已在勘探南方分公司、国际石油勘探开发公司等单位的8个研究项目中得到应用；开发管理、动态分析、油藏工程综合分析、测井资料处理解释等系统在油田企业全面推广，已安装部署软件500余套。油气集输与注水优化系统得到深化应用，江苏油田、中原油田的油气生产运行能耗降低4%以上。

二是炼化企业MES、APC等系统的推广应用。生产执行（MES）系统在炼化企业推广完成，共有1 500余套装置、1.9万个储罐、2.8万个能源节点纳入系统管理，形成了统一的企业级生产营运平台，实现了生产数据“数出一门，量出一家”和生产调度协同指挥，为企业生产调度指挥、统计月结提速、班组考核等提供了支撑，企业统计月结时间平均缩短近20小时，精细管理、降本增效作用明显。

先进过程控制（APC）系统在23套装置上建成，累计投用达到 142 套，遍及 20 多家炼化企业的常减压、乙烯、芳烃等生产装置，促进了节能减排，提高了产品收率，每年可增加效益 2.35 亿元。

“三剂”管理系统实现炼化企业全覆盖应用，有效降低了催化剂、助剂、添加剂等化工原料消耗及采购成本；完善了 7 家企业实验室信息管理（LIMS）系统功能，开展了系统应用监控评价工作，提升了企业产品质量管理水平。

三是销售企业新加油卡、客户关系管理（CRM）等系统的推广应用。新加油卡系统在 9 家区外省市公司全面推广，联网站 1 619 座，累计发卡 58.5 万张。区内加油卡系统平稳运行，发卡近 2 000 万张，累计突破 8 000 万张。中国石化加油卡系统已覆盖 30 个省市的 2.6 万座加油站，覆盖率达到 82%。

完成化工销售、润滑油和区外加油卡 CRM 系统建设，初步形成以营销服务为核心的专业化经营服务平台。完成了零售管理系统改造任务，在中国石化总部及全国 31 家销售企业全面推广，加油站经营数据上报及时率达到 99%，实现了加油站日常管理、零售基础管理、业务经营管理及分析等功能。

实验室信息管理系统在 10 家销售企业建成投用，实现了 38 种分析业务流程的标准化，提升了油品质量管控能力；成品油二次物流系统得到完善提升，加强了与 ERP、零售管理系统集成，实现了计划制定、执行、完成、结算的全环节系统化管理，系统覆盖了 31 家省市、4 家大区公司的 400 余座油库和 3 万余座加油站，通过优化库站配送路径和车辆选择，年节约费用 5 600 多万元。

四是科研和工程建设单位的系统建设与应用。初步建成海外重点项目数据管理平台，将中国石化境外 Addax 等公司的日度开发生产数据纳入管理，为海外项目协同研究提供及时的数据服务；地球物理数据管理平台实现了数据管理与共享应用的一体化集成服务；炼油技术分析及远程诊断系统在加氢、重整等 5 类、152 套生产装置上投用，有 301 名技术专家通过系统动态监控炼化生产企业装置运行状况，远程解决装置运行问题，提高了炼油技术服务能力和生产装置运行管理水平；石油工程决策支持系统完成全部模块的研发工作，为元坝、彭水等重点井的钻井决策提供了远程支持。

炼化工程企业的三维工程设计等系统集成应用水平进一步提高，已达到国内领先、国际同行先进水平，二维设计应用普及率达到 100%，三维设计已在 90% 的工程项目和 100% 的大型工程项目中应用，工程管理和服务能力得到提升。

知识管理、科研门径管理等系统建设有序推进。知识管理系统完成了上游科研单位建设规划和初步设计；科研门径管理系统完成 5 家试点研究院的实施准备工作。

信息基础设施与运维平台建设

信息基础设施与安全建设 信息基础设施进一步完善，安全防护和基础应用能力持续提高。建成西北、河南等国内 5 个区域网络中心和中东、南美 2 个海外汇聚中心，提升了香港分中心网络接入能力，增强了海外企业和分支机构与总部的信息互联；完成南京灾备中心机房建设，搭建了新加油卡同城和异地备份系统，提高了数据安全性；在 61 家企业部署了计算机网络准入控制系统，完成 120 余家企业数字证书系统部署；建成总部信息安全日志审计系统和电子文档安全管理系统；全面落实国家信息安全等级保护要求，完成了 1 123 个信息系统的定级审查。通过了公安部、中国信息安全测评中心对总部 43 个系统的等级保护测评，对江苏油田等 6 家单位的基础设施及 107 个信息系统进行了风险评估和安全整改，提高了信息安全防护水平。

基础应用与运维支持体系建设 高清视频会议系统覆盖了所有企事业单位及部分海外机构，全年召开各类会议 408 次，节约会议、差旅费用 3 000 多万元；全集团推广了统一通讯系统，建成投用了总部无纸化会议系统；强化了统一邮件系统的垃圾邮件防范策略，系统稳定性和安全性进一步增强；加强了桌面管理系统的终端管理力度，进行了 600 多万次补丁修复。

充实了总部统一运维力量，依托石化盈科公司加强对 ERP、MES、会计报表合并、资金集中管理等重要系统的集中运维，为下一步 IT 共享服务建设奠定了基础。加强了信息标准化运维服务，完善了信息标准化代码体系，拓展了 3 大类 36 项标准化代码，扩充各类代码 29.8 万条，提升了信息标准化管理平台，实现了信息标准代码“一站式”运维支持服务。

信息化管理

信息化组织管理 根据中国石化战略实施和信息化发展的需要，成立了以集团公司董事长为组长的信息化领导小组，完善细化了“中国石化‘十二五’信息化发展建设规划”，制定了 2012—2014 年三年滚动计划。按照“六统一”原则，加强了信息化“规划、计划、预算”和“标准、安全、运维”的统筹管理。统一组织了云计算、物联网、新一代移动通信等新技术应用工作，完成了勘探开发云建设规划和总体设计，开展了勘探开发云服务计算中心的技术攻关和应用测试；完成了原油物流优化（物联网试点）、智能工厂的规划和总体设计，启动了炼化智能工厂试点建设。

信息化培训与队伍建设 2012 年，开展了信息化人才库建设，纳入管理的信息化专业人员 4 890 人，其中专职管理人员 2 135 人，专职建设运维人员 2 755 人。石化盈科公司作为中国石化的信息化建设、运维专业队伍，已拥有 1 000 余名技术人员，工作能力和水平有新的提升。在全集团组织开展了 ERP、MES 等重点系统应用和新技术培训，全年共培训各类人员 2 万多人次，其中党组管理干部 87 名。组织 91 家企业开展了 ERP 技能竞赛，共选拔出应用能手 166 名，37 家企业分获团体金、银、铜奖。

“两化深度融合”推进工作 加大企业信息化水平评价力度，在原有企业信息化综合评价基础上，2012 年对 ERP 系统、源头数据采集、MES 系统、APC 系统、基础设施与信息安全等系统应用开展了专项评价工作，进一步促进信息化与企业生产经营的深度融合，提高信息化的投资回报效果。

全面实施 ERP 登高计划，开展了新一轮应用达标活动，企业 ERP 规范应用水平进一步提高，监控问题数由年初的 380 个下降到 189 个，规范应用良好企业由年初的 69 家增加到 76 家，有 14 家企业被评为 ERP 登高示范单位；制定了 41 项 MES 系统监控指标，开展了 MES 应用达标活动，实现了 80%炼化企业应用达标。

【2013 年工作重点】

一是经营管理平台集中集成。按业务板块、专业公司开展 ERP 大集中系统建设，同步加大其他管理系统的功能完善，进一步提高人力资源、资金集中、全面预算、合同管理、电子商务等系统与 ERP 的集成度，建成以 ERP 为核心、集中集成的经营管理平台。2013 年重点做好 ERP 大集中的规划设计、模板制定和试点工作，力争到“十二五”末完成 ERP 大集中系统建设。

二是 IT 共享服务中心。利用云计算等新技术，建设集中统一、具有云服务能力的共享服务技术平台，借鉴国际一流的共享服务模式，为各单位提供 IT 资源配置、系统运维、安全防护和信息资源利用等的共享服务；为财务、人事、物资供应等业务共享服务提供技术平台支撑。2013 年重点在 IT 软硬件资源配置服务、IT 运维服务、IT 对财务共享服务支撑等方面开展工作，初步建立起 IT 共享服务运行机制。

三是移动应用。建立中国石化统一的移动应用框架和标准规范，利用大数据、无线网络等新技术，在生产、管理等各层面广泛实现移动应用，提升生产运营效率，提高安全生产、风险防控和辅助决策水平。2013 年初步建成总部移动应用平台，发布移动应用标准规范，在部分企业建成移动应用示范点，并逐步扩大推广。

四是智能石化。在油田、炼油、化工、销售企业逐步开展智能化建设，将先进的生产技术、管理制度与物联网、新一代移动通信、云平台等 IT 技术深度融合，实现生产过程的自动感知、自动分析、自动处理，实现生产运营的智能化。2013 年完成智能油田、智能工厂、智能销售企业的规划设计，在 4 家炼化企业开展智能工厂试点建设，并在计划调度、安全环保、生产操作智能化等方面取得突破和成效。“十二五”期间将建设 6—8 个智能油田、智能工厂和智能销售企业示范工程。

[撰稿：王景涛　审稿：姜晓阳]

2012 年中国信息技术应用综述

【综述】

2012 年，信息产业集成化、融合化、多样化趋势日趋明显，产业发展呈现出创新引领、融合发展、应用驱动的特征。技术创新和产业融合步伐加快，新技术、新产品、新理念、新业态不断涌现。平行化的产业链分工体系已被垂直化的产业链整合模式所取代。垂直化的产业链整合模式是将传统的终端设备制造、软件开发、数字内容提供等产业环节进行重新组织，构建纵向一体化的产业链体系。

在此背景下，信息技术的智能化、集成化水平日益提高，移动智能终端、智能电视、微处理器与基础软件、移动互联网、新型平板显示等产业领域取得长足发展。信息技术的智能化发展促进了信息产业资源整合，推动信息产业进入一个领域更为宽广、增长更为迅速，但竞争程度也更为激烈的发展阶段。

2012 年，中国信息技术企业与传统工业企业的合作不断深入，安全可控技术和产品在金融、装备、化工、冶金等行业的应用范围持续扩大，为信息产业发展提供强大推动力，也推动两化融合深度发展。

信息技术应用成效

以共性技术为突破点，打造行业公共技术服务平台 2012 年，工业和信息化部启动离散型行业信息技术应用共性技术公共服务平台建设。通过建设离散行业应用知识资源库、共性信息技术工具资源库等基本信息资源库，形成行业信息技术应用评估平台、行业典型应用示范推广平台。将公共技术服务平台作为促进产业集聚升级发展的有效抓手，依托平台完善研究机构、信息技术产品开发单位及离散行业企业形成联动协同工作机制，共同实现技术攻关、产品创新及技术成果推广应用；同时，促进人才培养、技术交流、能力资源互补，实现产用合作发展的良性循环。

“核高基”专项实施成果显著 工业和信息化部组织完成了 2013 年“核高基”重大专项实施计划编制及上报，以及 2012 年专项监督评估工作，并积极推进课题验收。通过支持集成电路产品设计、制造与封装工艺的研发和产业化、以及集成电路产业链上下游互动及资源整合，推动整机与芯片企业的联合攻关和产业化协作。专项支持的多项核心关键技术取得突破，采用自主技术的处理器和软件的神威蓝光达到每秒千万亿次计算速度，自主开发的 8GbDDRII 存储器芯片出货量超过 430 万片。支持基于自主可控技术的 CPU 和操作系统的计算机网络设备研发及产业化，自主研发服务器和桌面终端已形成批量供货能力，智能手机浏览器用户超过 3 亿。

“倍增计划”推动行业应用试点示范建设 2012 年，根据“产用合作、以用兴业、促进两化融合”的总体思想，电子信息产业发展基金信息技术应用“倍增计划”重点支持了 9 个产用合作团队在 6 个信息技术应用方向的示范与产业化推广。6 个方向分别是：“民爆行业移动生产装备动态信息监控系统推广应用”、“离散型行业信息技术应用共性技术支持和公共服务平台”、“高频、场控 IGBT 器件及装置在电机节能领域应用示范”、“高精度、高灵敏智能传感器在煤矿安全生产领域应用示范”、“三维数字化集成系统在社区管理领域应用示范”、“高效率 OLED 照明产品在大型活动场所中的应用示范”。信息技术应用“倍增计划”通过试点示范方式，支持了安全可靠技术与产品的市场推广和行业应用。

关键应用电子技术和产品取得突破 国产胶囊内窥镜产品已具备一定市场竞争力，重庆金山公司的新一代胶囊内窥镜产品在成像质量和智能化方面大幅提高，国内市场份额超过 50%。采用国产 CPU 研发面向电力行业的工业控制计算机、通信管理机、自动化监控系统等控制设备和系统应用得到进一步推广，提高了电力行业的安全可控能力。国内汽车电子企业与整车企业合作开发的车载智能信息终端具备车辆故障信息采集和诊断、远程通信、实时路况信息导航等功能，已在新能源汽车、出租车、营运车辆中得到应用。

物联网公共服务能力逐步完善，核心技术攻关取得重要进展 物联网技术和推广应用公共服务能力不断提升。中国软件评测中心建立物联网系统可靠性评测指标体系，开发专用测评工具，已完成北京市智慧城管、北京市民防局物联网示范工程等11个物联网系统的评测。工业和信息化部软件与集成电路促进中心（CSIP）开展物联网优秀解决方案推广活动，从征集到的115项物联网解决方案中评选出25项优秀解决方案，通过宣传推介、搭建演示体验环境等多种方式推广物联网优秀解决方案。

移动支付国家标准制定及应用推广进一步加快。接口和协议、终端设备、应用管理和安全、测试方法等5项移动支付国家标准草案已完成起草和报批。核心芯片、移动支付终端、读写机具的研发，以及在通信运营商、银行等领域开展的移动支付应用示范，得到电子信息产业发展基金的支持。

RFID标准化工作取得重要进展。以现有800/900MHz、2.4GHz RFID空口协议军标为基础，军标转国标工作顺利开展。2.4GHz空口协议、测试方案标准的起草和报批工作已完成；互操作实验室建设完毕，已有部分企业完成2.4GHz有源RFID标签和读写设备的研发并投放市场；2.4GHz有源RFID空口协议国际标准的立项申报工作正式启动。

自主卫星导航产业链进一步完善 使用国产芯片的北斗终端产品研发和产业化得到电子发展基金支持，北京华力创通科技股份有限公司GNiStar北斗/GPS SoC芯片在车载北斗导航信息终端中得到应用，广州海格通信集团股份有限公司的车载终端在广州公务车上应用上万台；安徽四创电子股份有限公司应用于交通、电力、气象和矿区等领域的北斗终端近万套。

全国信息技术应用

开展信息技术产用对接系列活动 2012年，会同机械工业信息中心，开展自主信息技术和产品行业应用情况调研，提出产用对接重点领域和实施方案，并召开“产用对接”座谈会，引导电子信息企业与传统产业企业加强合作，探索行业应用的思路和重点工作，取得良好效果。

金融IC卡芯片国产化正式启动 2012年，上海银联、宁波资金结算中心等单位开展了金融IC卡一卡多用的试点；支持了高性能密码芯片、安全IC卡、金融密码模块等一系列关键产品的产业化；支持了农业银行在海南省开展国产IC卡的应用试点；支持中国银联和信息安全技术研究中心分别建设了国家金融IC卡安全检测中心和国家IC卡芯片安全检测中心。2013年开始组织金融领域安全IC卡和密码应用的专项，该专项支持包括高性能的双界面金融IC卡的芯片、金融数据的密码机、签名验签的服务器、安全POS机和ATM机、高性能密码芯片、安全浏览器在内的六大类自主技术的IC卡产品。同方国芯电子股份有限公司等国内厂商IC卡芯片已通过银联认证。自主可控的芯片技术打破市场垄断，带动了传统行业信息化和城市信息化建设。

存在问题

一是国内企业核心技术水平相对薄弱制约产品的大规模应用。发达国家在集成电路、高端芯片、基础软件、高端制造加工等核心领域有着长期深厚的积累，国外企业凭借在技术标准、技术专利方面的先发优势设置难以突破的技术壁垒，并且高频率推出新的应用技术和产品。由于大规模生产的边际成本很低，新产品极易迅速推广并占领市场。国外企业在技术、规模、市场方面的先发优势增加了中国企业创新突破、赶超发展的难度。

二是中国新兴产业的应用创新和市场培育较为滞后。新一代信息技术产业在全球处于起步和成长阶段，应用范围和领域亟待扩大，企业成长壮大面临诸多困难。同时，国际跨国企业如亚马逊、Google等在新兴领域发展迅速，在电子商务、移动互联网应用等领域的商业模式逐渐成型，培育了规模庞大的用户群，占据明显的市场优势。在这种形势下，国内企业有待积极挖掘特色市场应用并尽快拓展市场空间，从而把握信息技术应用产业发展带来的机遇。

【发展趋势】

一是信息技术应用在两化深度融合进程中的重要性更加凸显。“核高基”科技重大专项、电子发展基金、技术改造资金等将继续推动电子信息技术成果的产业化，软硬件融合、制造与服务融合发展将拓展信息技术应用领域，安全芯片、可信计算、数据安全等技术的成熟将带动电子政务、金融电子、医疗电子、工业控制的发展。随着信息技术产用合作平台、信息技术产用合作联盟的加快建设，信息技术产用对接渠道进一步拓宽，这将加快高档数控机床、工业机器人、智能管控系统的普及，推动制造业转型升级。信息技术在教育、金融、保险、物流、交通运输等领域的应用水平也将进一步提升。

二是信息技术在节能环保和安全生产领域的应用将提速。随着中国工业化进程加速，资源环境压力逐渐增大，安全生产事故也有抬头趋势，节能减排和安全生产已成为工业领域的重要主题。通过信息技术提高工业生产的节能环保和安全生产水平，是企业自身转型升级的需要，发展空间巨大。

[撰稿：于明　审稿：杨旭东]

2012 年国家金卡工程发展综述

【综述】

金卡工程开启金融电子化新纪元

1993 年，国家金卡工程的实施开启了中国银行卡联网通用发展的局面。前十年，金卡发卡机构从最初的四大商业银行扩大到 2002 年底的 88 家，累计发卡 4.96 亿张，电子货币理念深入人心。

银行卡产业腾飞　2002 年 3 月 26 日，中国银行卡联合组织——中国银联成立，标志着中国银行卡产业步入“规则联合制定、业务联合推广、市场联合拓展、秩序联合规范”，进入集约化、规模化、快速发展的新阶段。银行卡在全国范围内的联网通用，实现了标准统一，提升了服务质量。跨行转接清算系统的建设，实现了全国银行卡处理大集中，推动了银行卡产业快速发展。

截至 2013 年一季度，全国累计发行银行卡 37.1 亿张（其中信用卡 3.47 亿张）；受理环境不断改善，境内受理商户、装配的 POS 终端和 ATM 机分别达到 516.8 万户、763 万台和 47.1 万台；2013 年上半年，银行卡跨行交易笔数和清算金额分别为 70.2 亿笔和 14.4 万亿元；交易结构上，信用卡交易占比持续上升，已超过借记卡，成为持卡人日常消费使用的最主要支付工具。银联卡境外受理市场拓展快速推进。截至 2012 年底，境外共有 141 个国家和地区开通了银联卡受理业务；联网商户累计达 237.9 万户，同比新增 31.7%；联网 POS 终端 281.1 万台，联网 ATM 终端 104.1 万台，同比新增 30.4%。

跨行交易规模不断扩大。2012 年，中国银行卡业务 346.2 万亿元；银行卡刷卡消费额占社会消费品零售总额比重达 43.5%。银联卡跨行交易笔数 124.9 亿笔，同比增长 20.3%；跨行交易金额 21.8 万亿元，同比增长 36.6%。境内自助柜员机 ATM 清算笔数 26.7 亿笔，同比增长 18.6%；POS 交易金额 18 万亿元，同比增长 39.2%。银联标准卡跨行交易金额占比 75.8%。境外新增发卡量 472.5 万张，国际业务交易金额同比增长 30.3%。

银行卡芯片化稳步推进　国家金卡办 20 年来始终坚持推进金融 IC 卡应用。根据 2011 年发布的《中国人民银行关于推进金融 IC 卡应用工作的意见》，在全国范围内正式启动了银行卡芯片化迁移工作，确定了“十二

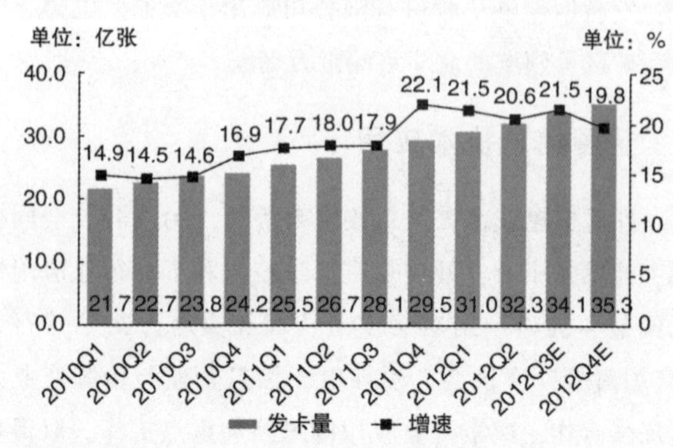

图 1　2010—2012 年国内银行卡累计发卡量及增速

五”期间推进金融 IC 卡应用的总体目标，就金融 IC 卡受理环境改造、商业银行发行金融 IC 卡提出了时间表；要求从 2011 年 6 月开始推行金融 IC 卡，至 2015 年 1 月 1 日起，各商业银行发行的银行卡均为金融 IC 卡。

2012 年，全国 658 万台 POS 终端已基本完成 IC 卡改造；ATM 机完成改造 40 多万台。至 2012 年底，银行 IC 卡发卡量达到 1.1 亿张。IC 卡的发展使商业银行完成了清算转结、受理收张的过程。金卡工程支持的宁波试点在快速消费领域，通过非接实现消费，近两年得到快速普及。目前非接的受理终端已部署 100 多万台。2013 年，银行将在重要的商圈、行业和应用聚集地加大部署，实现移动支付和金融 IC 卡的全面整合和有效互动，开展移动支付标准和应用的试点，以此来验证标准的可行性，金融基础设施的清算转接、CA 体系和密管体系，以及可信服务平台。此外，中国已开始建立金融 IC 芯片的检测认证体系，同时涉及国密算法体系和 TSM 体系。

信息技术应用与信息化建设成为银行核心竞争力　一是金卡工程建设推动了电子货币——银行卡应用的大发展，国内已基本建成跻身国际先进行列的电子支付体系，电子银行逐步成为银行服务的重要模式。截至 2012 年底，国内大型和股份制商业银行网上跨行清算和支付体系日均处理支付业务 550 万笔，日处理金额 8 万亿元，已成为中国资金流的“高速公路”，为加快社会资金周转，支撑金融市场，满足企业与用户多元化需求，提供了重要保障和便捷服务。

二是各类电子支付手段使银行业信息基础设施建设日趋完善，传统的支付系统早已延伸至覆盖全社会和千家万户的零售支付网络。截至 2012 年底，中国银行业监督管理委员会重点监测的“以客户为中心”的服务理念和方式正全面开展。

三是强化安全监管使中国银行业信息安全管理能力稳步提升。在信息化的有力支撑下，银行业业务规模不断扩大，经营管理水平逐步提高，综合实力显著增强。

四是金融电子化为企业和个人征信系统的建立提供了必要的网络环境和技术支撑。截至 2012 年底，企业征信系统已为 1 858 万户企业和其他组织建立了信用档案，个人征信系统为 8 亿多自然人建立了信用档案，在防范信用风险方面发挥了重要作用。

五是大大减少了现金流通量，规范了市场秩序，增强了国家对经济的宏观调控，使市场经济运行更加规范和透明，有效遏制了经济犯罪与腐败。

智能 IC 卡应用创新发展

目前，共计有 23 个部门、行业，40 多个试点城市参与国家金卡工程建设，智能 IC 卡已在各行各业及社会生活各领域得到广泛应用，发卡总量已达 90 亿张。IC 卡应用在电子政务、电子商务、百姓生活及社会活动中不断取得新成果，各类 IC 卡的功能拓展与相互融合加快了多功能卡应用的推进步伐。

智能 IC 卡产业快速发展　根据国家金卡办 IC 卡应用组和中国信息产业商会智能卡专委会对规模以上会员单位的统计，2012 年，IC 卡产业实现销售收入约 102 亿元，增长 13.3%；读写机具销售约 48 亿元，其他产品收入约 56 亿元。智能卡产业市场总量为 206 亿元。

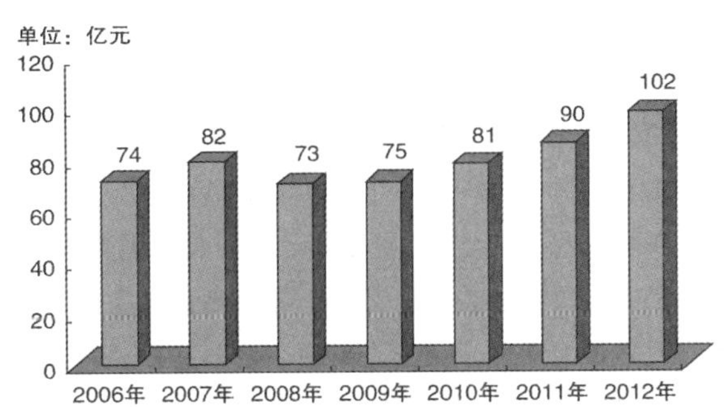

图 2　中国 IC 卡销售金额变化情况

2012 年，IC 卡发行总数达 26.8 亿张，行业大卡仍是主要市场，约占国内 80%的市场份额。其中，骨干企业承担着重要角色，仅握奇数据全年 IC 卡销售量已超过 5 亿张；在非接触式 IC 卡方面，中山达华销量超过 2 亿张；天喻信息蝉联金融 IC 卡销量第一。

行业大卡应用引领市场　在金卡工程 7 个行业大卡

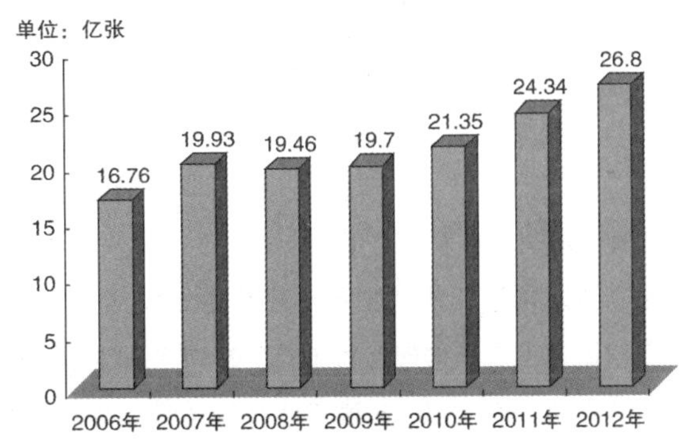

图 3　中国 IC 卡销售量变化情况

中，智能电信卡发行约 45 亿张，居于首位；银行卡 37 亿张，正在向芯片化过渡；第二代居民身份证（非接触 IC 卡）发行 13 亿张；社会保障卡发行 3.78 亿张；城市交通与各种公用事业缴费卡发行 3.2 亿张，此外还有卫生部、旅游局和试点省市发行的各种卡。行业大卡的功能日趋完善，并向融合集成方向发展。

智能电信卡 这是国家金卡工程发行量最大的行业大卡，20 年总计发行约 45 亿张。2012 年，三大电信运营商发行智能电信卡 8 亿多张。下面以中国电信为例介绍。

中国电信智能卡最早可追溯到 1996 年的公用电话 IC 卡、2005 年的小灵通 PIM 卡、2008 年的 CDMA 手机 UIM 卡、2010 年发行的带近场支付功能的 RFID UIM 卡。金卡工程实施 20 年以来，中国电信共发行各类智能卡 15.5 亿张（其中 IC 电话卡 9.7 亿张、小灵通卡 0.8 亿张、UIM 卡 5 亿张），已从单一通信功能卡逐步发展到功能更强、容量更大、安全级别更高的多功能、多应用智能卡。

在物联网领域，中国电信已发展物联网用户 700 万户，应用领域涵盖智能交通、智能物流、智能电力、智能安防等物联网十大重点行业；已与 28 个省（自治区、直辖市）政府、179 个地（市）政府签署了智慧城市战略合作协议，为 20 多个行业构建了 400 多个全国性的信息通信应用网络，使用智慧应用的移动用户超过 2 000 万户。

在移动支付领域，中国电信推动 RFID UIM 多功能智能卡的发展，广泛应用于银行、石油、公交、校园、企业等多个行业，发卡量达到 1 400 万张。在金融领域与多家银行进行了合作；在公交领域发展了 17 省 153 个本地网 300 万用户；在企业和校园领域发展了 31 个省（自治区、直辖市）1 万余家企业与学校的 800 万用户；可在全国 3 391 家加油站，2 万家商场超市、便利店、面包店、咖啡店刷卡消费。已完成 NFC-SWP 卡和终端的测试，即将启动现网试点，推动与金融行业的合作，实现 NFC-SWP 卡的商用。

国家法定电子证件 在金卡工程建设中，公安部承担着中国法定电子证件的发行工作。1997 年启动了国际上首次采用非接触式 IC 卡技术的身份证件，即全球规模最大的国家级法定电子证件“第二代居民身份证”系统的研发工作。

● **第二代居民身份证**

1997 年 6 月，邹家华副总理听取了国家金卡办和公安部一起做的“关于采用 IC 卡制作居民身份证的汇报”，并做了重要指示。2001 年 6 月，国务院发出《国务院关于第二代居民身份证有关问题的批复》（国函 [2001] 62 号），同意采用非接触式 IC 卡技术制作第二代居民身份证。

2004 年，二代证换发证试点工作展开；到 2005 年底，全国 39 个制证中心（所）完成建设并通过验收，形成年产 3 亿张二代证的制证能力；截至 2012 年底，全国已完成全部二代证换发工作，发证总量超过 13 亿张。此外还完成了 43 项二代证相关标准，申请了 37 项中国专利，自主攻克了 6 项关键技术，取得丰硕成果。

2011 年 10 月 24 日，全国人大常委会审议《中华人民共和国身份证法修正案（草案）》，进一步要求：公民申请领取、换领、补领居民身份证，应当登记指纹信息。公安部制定了 10 余项指纹采集和指纹设备标准，研发指纹采集和登记多款系统，开展指纹登记试点工作，保障了指纹登记工作的顺利进行。自 2013 年 1 月 1 日起，居民身份证指纹登记已正式启用，公民申请领取、换领、补领居民身份证时都将采集指纹信息。

● **电子护照 RFID 系统**

2004 年 12 月，国家金卡办主持召开第七次全国 IC 卡应用工作会议，明确提出，RFID 无线射频识别作为 21 世纪最具核心变革力的新技术将有广阔前景，电子标签应用试点列入金卡工程重点工作，并在六个有条件的行业先期启动了试点工作。

2005 年，公安部开展了电子护照启用筹备工作，包括电子机读旅行证件研发。电子护照采用高端、安全的 RFID 芯片，证件签名算法采用 4 096 位 RSA，并采用自主研发的 COS 系统、安全系统和应用系统。电子护照已于 2012 年 5 月 15 日在全国统一启用，促进了公安出入境管理工作。

● **警用装备智能管理物联网**

2008 年 1 月，国家金卡工程协调领导小组颁布了第四个五年规划（2008—2013 年），全面推进物联网 RFID 应用试点与工程示范工作。

2011 年，公安部启动“全国警用装备智能管理物联网”，应用物联网技术和现代管理理念，结合国内警用装备管理的现状和业务需求，建设全国警用装备智能管理物联网，以实现对警用装备的采购、仓储、调拨、分发、使用、回收等各个环节的全过程动态可视化管理和信息共享，并逐步推进装备管理物联网在公安工作中的深度应用。

2012 年底，中央有关部门领导参观了秦城中央装备库警用装备管理物联网示范基地，并对警务物联网给予了肯定。

该项目已申请 5 项专利、2 项计算机软件著作权，发表 8 篇论文。2013 年将在公安部直属的 4 个大区库（全国共 6 个）进行项目推广，并计划在未来三年内，推广到全国公安部 22 个直属库，再逐步推广到 30 多个省级库和 300 多个地市（县）库。

社会保障卡 持卡规模快速扩张。截至 2013 年 4 月底，全国 30 个省份（含新疆生产建设兵团）、321 个地级以上城市发行了社会保障卡，占全部地市的 82.5%；持卡人员达到 3.78 亿人。持卡人群已从城镇职工扩展到城乡居民。

用卡环境日臻完善。初步建立了覆盖全国的人力资源社会保障信息网络，已覆盖 92.5%的社会保险经办机构和就业服务机构，并延伸到街道、社区、乡镇和定点医疗服务机构，构建了跨地区信息交换平台。全国社保卡受理终端已近 50 万个。

应用领域稳步扩展。社会保障卡已广泛应用于医疗保险费用结算中，成为支持即时结算的重要工具。从 2011 年开始，社会保障卡加载了金融功能，具有了持卡缴费和持卡领取待遇的功能。社会保障卡应用到财政、民政、卫生、公积金等其他公共服务领域，极大方便了持卡人员。

管理体系更加健全。实施了统一的标准规范体系、注册管理制度、密钥管理体系和产品监管制度，保证了社会保障卡的全国通用，正朝着“一卡多用、全国通用”的目标迈进。

城市公共事业 IC 卡 在国家金卡工程支持下，住房城乡建设领域 IC 卡相关应用取得很大成绩。截至 2013 年一季度，全国 440 多个城市建立了 IC 卡应用系统，其中申请使用统一密钥安全体系的城市有 160 多个，已涵盖所有直辖市、90%以上省会城市和 80%以上地级市。全国累计发卡量超过 3.2 亿张，广泛应用于城市综合交通（公交、地铁、轮渡、轻轨）、公用事业缴费、风景园林、数字社区（物业管理、建筑及居住区门禁系统）、停车场管理等 40 多个领域。基于同城内应用的城市一卡通在技术方案、平台搭建、安全体系建设以及运营模式、应用领域等方面已日趋成熟，并逐渐呈现出系统建设标准化、技术产品科技化、应用模式多元化的发展格局，成为很多城市政府为市民办实事的“民心工程”。

2012 年 12 月，国务院发布《关于城市优先发展公共交通的指导意见》（国发 [2012] 第 64 号文件）指出，“十二五”期间，要进一步完善城市公共交通移动支付体系建设，全面推广普及城市公共交通“一卡通”，加快其在城市不同交通方式中的应用；加快完善标准体系，逐步实现跨市域公共交通“一卡通”的互联互通。截止目前，已有 17 个城市实现了互联互通，2013 年，十余个重点城市也正在进行互联互通系统的升级工作。

组织机构代码卡 这是国家金卡工程推行的行业大卡之一。1997 年国务院下发通知，要求全国组织机构代码使用 IC 卡，确立了 IC 卡在组织机构代码管理中的作用。1998 年，全国组织机构代码管理中心颁发了《中华人民共和国组织机构代码证集成电路 IC 卡》，成为金卡工程首家行业发卡单位和应用单位；在金卡办大力支持下，得到国家 IC 卡注册中心的批准，并于 1998 年 12 月 14 日获颁《集成电路卡注册证书》，这是国内第一张全国性的行业大卡。

2001 年，《中华人民共和国组织机构代码证集成电路（IC）卡技术规范》（GB/T 18392-2001）标准颁布，成为国内第一个非金融领域 IC 卡的技术标准。这确立了中国第一代具有自主知识产权的国产 CPU、国内自行设计 COS 操作系统 IC 卡的地位。2003 年，国家发展和改革委员会、财政部批准组织机构代码证 IC 卡进行全国统一收费。

目前，全国已有 30 多个省、市、自治区获准发卡，累计发卡量 3 500 多万张，有效卡达 560 余万张。2013 年，组织机构代码 IC 卡已在全国广泛应用于银行、车辆管理、社会保障、税务登记、统计等部门，在国民经济建设中发挥了重要作用。

多功能卡应用取得突破 一是试点省市推行的城市“一卡通”结合了相关行业大卡功能，体现了地方特色，业务与应用不断拓展。二是银行卡加快芯片化改造，加强了与各行业智能 IC 卡和城市一卡通应用的结合。

试点城市“一卡通”工程惠及百姓 40 多个试点城

市的市民“一卡通”方便了百姓，为城市信息化与智能化建设提供了支撑与共享服务的平台。仅以杭州市民卡为例，截至2013年5月底，已累计发卡近750万张，遍及杭州市主城区及所辖各区县（市）城乡，户籍居民持卡率在90%以上。服务体系已颇具规模，包括1 500多个人工服务窗口、700多个自助服务网点、一条电话服务热线和互联网网上营业厅等组成的市民卡基础服务体系，为市民提供便捷、高效、安全的24小时服务。目前，杭州市民卡应用领域已渗透到市民生活的方方面面，替代或兼容了20多种卡证功能，方便了杭州市民的生活。

移动支付创新取得进展　金卡工程积极支持银行卡应用不断创新支付业务。近年来，手机支付、互联网支付、电话支付和数字机顶盒支付等电子支付工具进一步普及，不仅方便了持卡人，也使中国初步建成电子支付体系，逐渐变成非现金国家。2012—2013年，主要完成工作包括：产业联盟构建支付标准体系，引领银行卡支付产业全面创新；以市场为中心，以客户为导向，产用联动，由技术革新引导业务市场变革。

目前，移动支付产业呈现出线上、线下融合发展的特点，整合趋势加速。国内移动支付业务在经历一段时间的探索后，已形成完备的产品体系，涵盖了近场支付和远程支付，并且通过建设TSM服务系统，实现了产业联网通用模式的创新。

金卡工程多功能卡应用联盟的成立促进了跨行业的合作。目前，银联已在十多个城市开展了第三代智能卡手机支付试点工作，三大移动运营商也与银行开展深层次合作，涉足了移动支付领域。随着三网融合的推进，基于数字电视机和固定电话网络的家付通、便民支付终端等新兴支付模式不断涌现，满足了持卡人多样化的支付需求。

2012年6月，中国银联和中国移动在上海就移动支付业务签署合作框架协议，双方计划在全国不少于50个城市建设移动支付业务示范商圈，推出基于手机近场通信技术的移动支付产品。

2012年，各主要商业银行、中国银联、移动通信运营商等40多家相关方成立了移动支付标准编写组。移动支付国家标准的推出，将明确中国移动支付金融标准体系框架，推进中国移动电子商务的跨越式发展。

城市一卡通实现跨地域互联互通　以粤港澳公交一卡通为例，在推行岭南通的实践中，仅用一年多时间就实现了广东17个地市和香港地区的互联互通，实现了“一卡在手、粤港澳通行”，为居民提供了优质的出行生活服务。截至2012年11月，岭南通累计发行量已超过3 100万张，消费终端近7万台，充值点超过5 000个，合作运营商家已超过1 200家，消费交易量139.6亿笔，消费232.3亿元，跨区域日刷卡量超过50万人次，已成为中国规模最大的区域交通一卡通系统。

物联网RFID产业与应用发展

2004年，国家金卡办把物联网RFID应用纳入重点工作。2007年，组织了“RFID万里行”活动，在6个中心城市宣讲和普及RFID，宣传智慧城市与数字化社区新理念。2013年又启动了“国家金卡工程万里行活动”，宣传推广金卡工程20年优秀应用成果。

各级政府支持物联网发展　2012年，物联网发展得到更多政策扶持与资金支持。国务院颁布《“十二五”国家战略性新兴产业发展规划》（国发［2012］28号），支持包括物联网、云计算在内的新一代信息技术加快发展；财政部、工业和信息化部继续资助物联网发展专项，正式发布《物联网“十二五”发展规划》，有关行业和地方也出台了相应的物联网规划和指导意见；2013年2月5日，国务院颁布《国务院关于推进物联网有序健康发展的指导意见》（国发［2013］7号），明确了中国推进物联网发展的指导思想、基本原则和发展目标，以及九项重要任务和六项保障措施；各相关部委及地方政府也陆续发布一系列促进物联网发展的政策措施、产业规划、基金项目、示范工程等，为物联网产业与应用发展营造了良好的发展环境。

其他相关政府部门也对物联网发展给予了指导与支持。2012年，财政部、工业和信息化部联合发布了《物联网发展专项资金管理暂行办法》；商务部发布《“十二五”时期促进零售业发展的指导意见》，加大物联网在零售业的应用；卫生部发布《食品经营过程卫生规范》，要求食品企业建立产品追溯召回制度；国家发展和改革委员会发布《关于组织实施2012年物联网技术研发及产业化专项的通知》，启动物联网技术研发及产业化专项；科技部发布《智能电网重大科技产业化工程“十二五”专项规划》；住房和城乡建设部出台《国家智慧城市试点暂行管理办法》等。此外，还有19个省、直辖市出台了物联网专项规划、行动方案和发展意见，成立物联网产业联盟，兴建物联网产业园区。

国家金卡工程物联网应用联盟成立 该联盟是国家金卡工程多功能应用联盟在8年工作的基础上，调整组织，拓展新业务，明确新任务，于2011年更名成立。2012年，该联盟在标准制定、核心技术研发、产业化发展、应用示范以及公共平台建设和信息安全保障等方面务实推动物联网发展。在总结中国信息化建设20年探索与实践的基础上，编写、出版了《物联网在中国》系列丛书首批22册。该丛书涉及理论基础、标准体系、核心技术、产业支撑、安全保障、应用探索和成功案例，同时指出了现存不足和亟待解决的问题，预测了未来发展趋势和愿景。

物联网标准化工作取得进展 2012年，国家物联网标准联合工作组依靠各成员部门，充分发挥各标准工作组的积极性，务实推进物联网各相关标准的制修订。在工业和信息化部与发展和改革委员会支持下，电子标签标准工作取得新进展。截至2012年10月，中国RFID国家标准立项31项，电子行业标准立项16项，涵盖了术语、空中接口协议、数据内容、测试方法、应用规范等方面，基本形成了中国RFID的标准基础体系，加快了中国自主创新RFID产业的发展。此外，涉及传感器、移动支付、物联网基础标准和相关应用标准的制定也获得政府资助，取得实质进展。

RFID产业规模高速增长 根据中国RFID产业联盟统计，2012年，中国RFID产业的市场规模达到236.6亿元，比上年增长31.7%。RFID产业链各环节，如标签芯片、标签封装制造与生产设备、天线与读写机具、软件及中间件、系统集成与服务都呈现高速增长势头，这在很大程度上得益于金卡工程相关部门行业应用试点与工程示范的推动，以及社会广泛应用的市场需求。RFID主要细分市场中，系统集成与服务市场占比最高，达到34.4%。

RFID高频产业链成熟 2012年，在重点行业应用项目推动下，高频RFID的市场需求加大，这不仅使产业链各相关企业受益，还推动产品性能不断提升，产品种类更加丰富，产业配套能力不断加强。年内高频产业链发展最快，在整个RFID产业中仍占主导地位。国内高频RFID芯片设计水平与产品性能已与国外同类产品相当，但在芯片工艺水平方面尚有差距。根据市场需求，国内高频产业链主要企业均加大产品研发和创新力度，使高频RFID产品的安全防护、产品可靠性、数据处理能力等得到较大提升。

超高频芯片设计研发能力提升 2012年，“核高基”攻关项目等国家相关部委重大专项资金的扶持，促进了超高频RFID产业链的发展。一批具有自主知识产权的专业RFID芯片设计与制造企业正在形成。在高频市场领域，国产RFID芯片已能满足国内市场需求；在超高频市场领域，国内企业的设计研发能力和产业化水平尚需努力才能占据市场优势。

2012年，超高频RFID在食品追溯、酒类防伪、智能交通、资产管理等领域的应用逐步增多，但依然存在着标准不统一、缺乏大规模应用的支持等问题。超高频标签由于具有更优越的性价比，将成为RFID最具发展前途的领域，该频段也是国内RFID产业发展的重点。

RFID微波产业链开始起航 RFID在智能交通、煤矿安全管理及军事等领域的应用促进了RFID微波产业链的发展。中国交通运输部提出的《集装箱-RFID货运标签系统》被国际标准化组织接纳为国际标准（标准号：ISO18186），射频识别军用标准2.4G的发布，以及产业界研制的《信息技术 射频识别 2.45GHz空中接口协议》、《信息技术 射频识别 2.45GHz空中接口符合性测试方法》两项国家标准的发布施行，对国内微波RFID产业链的发展起到重要推动作用。2012年，RFID微波产业链加快起航，取得良好发展，在RFID产业中将占据越来越重要的地位。但目前微波频段的产品市场仍由国外厂商占据垄断地位，国内厂商开发的2.4G有源芯片有望在移动支付和交通领域得到实际应用。

【2013年工作重点】

一是全面贯彻落实党的“十八大”精神和中央经济工作会议精神，坚持以人为本、科学发展，继续为改善民生、服务社会而扎实工作，努力开创各项工作新局面。

二是紧紧围绕2012年出台的一系列“十二五”专项规划，坚持创新驱动，加快转变经济发展方式，加强跨部门、跨地区的合作，推动条块结合、融合发展。

三是在银行卡芯片化、移动支付应用，以及行业大卡与区域性城市一卡通融合发展中要有新突破。

四是智能卡与RFID应用要始终坚持“利国惠民”

大方向，积极拓展行业性应用与智慧城市建设的综合应用，促进一卡多用的规模化发展；重视和加强网络与信息系统安全保障体系建设。

五是加快培育和发展战略性新兴产业，高度重视金卡工程建设对中国电子信息产业、软件业、通信运营业及信息服务业的巨大需求拉动，重视关键核心技术产品的研发及产业化，信息产业界要认真做好为金卡工程配套与技术支撑工作，使中国信息化建设真正植根于国内产业发展的坚实基础上。

六是国家金卡工程物联网应用联盟及城市卡运营联盟要结合金卡工程 20 年系列活动狠抓工作落实；在工作模式和发展方式等方面要转换观念，有所突破。

七是认真做好金卡工程 RFID 应用与中国物联网发展规划的相互衔接，进一步抓好典型应用示范与公共服务平台建设，推动物联网相关服务业发展。

八是加强资源共建共享、健全社会服务体系、促进现代服务业发展是金卡工程重要工作之一。

九是加强国际技术交流与合作，推动中日韩、中欧、中美、中国—东盟等，以及两岸三地各项国际与区域性合作项目的落实。依靠创新、合作、共赢的开放战略，提高工作起点。

[供稿：国家金卡工程协调领导小组办公室]

第6部分　科技进步

2012年信息产业信息科技工作综述

【2012年主要工作】

推动产业技术创新，加快以企业为主体技术创新体系建设

组织实施"百项技术创新推进计划"。按照工业和信息化部转型升级专项行动部署，紧紧围绕《"十二五"产业技术创新规划》，落实《产业关键共性技术发展指南》，结合重大专项实施，重点聚焦当前制约战略性新兴产业发展的技术瓶颈，推动新一代信息技术、高端装备制造、新材料、新能源汽车等94项关键共性技术项目的实施，突破了一批关键共性技术。

推动企业技术创新能力建设。联合财政部开展"国家技术创新示范企业"认定，全年共认定76家"国家技术创新示范企业"，发挥其在推动区域和产业技术创新方面的引领带动作用，社会影响显著。大力支持国家重大科技成果产业化，促进科技与经济社会发展紧密结合。重点解决国家技术发明奖、国家科技进步奖，以及其在工业重点领域的技术成果转化。

推进产、学、研合作。支持省部联动开展产、学、研合作，探索产、学、研结合的新机制和新模式。与广东省人民政府继续推进《全面推进产、学、研合作协议》，支持山东、安徽、湖北等地产、学、研合作展洽活动，通过现场交流、网上对接等多种形式推动产、学、研合作的深入开展。

支持高校科研能力建设。组织引导工业和信息化部部属高校和直属单位承担863计划、973计划、国家科技支撑计划和重大科学仪器设备等国家科技项目，推动高校科研能力和创新能力建设。加强与科技部、教育部的合作，积极组织所属高校申报国家重点实验室、教育部重点实验室等科研基地平台。

抓好重大专项实施，加快TD-LTE研发和产业化

切实做好重大专项组织协调工作。组织开展"新一代宽带无线移动通信网"重大专项课题立项，加强以企业为主体，产、学、研、用相结合的创新体系建设，产业化目标明确的课题由企业牵头实施。进一步完善专项组织管理机制，加强与地方协调推进，注重专项与地方产业布局和经济社会发展相结合。

依托重大专项支持TD-LTE研发和产业化。目前TD-LTE已形成涵盖系统设备、终端基带和射频芯片、终端产品和关键测试仪表的比较完整的产业链体系。国内外主流移动通信设备企业均积极投入TD-LTE技术和产品的研究开发。多模芯片较好实现了TD-LTE/TD-SCDMA多模功能，网络规划与优化、终端一致性测试等关键工具和仪表已逐步实现与LTE FDD同步发展。

组织开展TD-LTE技术试验。TD-LTE已完成研发技术试验和6城市的规模技术试验工作。经总结评估，规模技术试验已实现预定目标，从整体测试情况看，TD-LTE技术、产品、组网性能和产业链支撑能力等方面已逐步成熟。主要系统设备功能完善、性能和稳定性良好，增强型智能天线性能得到验证，并初步支持祖冲之加密算法，总体接近LTE FDD同期商用水平。规模技术试验还比较全面地验证了TD-LTE同频组网性能和可运维能力。

启动扩大规模试验。在规模技术试验的基础上，2012年7月，工业和信息化部批复同意中国移动开展TD-LTE扩大规模试验，在现有北京、上海、杭州、南京、广州、深圳、厦门7个规模试验城市基础上，增加天津、青岛、沈阳、成都、宁波、福州、温州、无锡等城市。目前各城市正按照扩大规模试验总体方案的计划安排，加快推进网络建设。

积极推动TD-LTE国际化发展。充分利用国际合作机制和国际会议积极宣传TD-LTE，争取各国在频率分配、产业合作等方面的支持，同时鼓励通过产业联盟等多种方式推动TD-LTE国际化发展。目前由中国移动牵头成立的“全球TD-LTE发展组织（GTI）”已吸引全球50多家运营商加入。

促进物联网健康有序发展

加强统筹规划。组织制定并发布《物联网“十二五”发展规划》，指导地方物联网产业发展。与国家发展和改革委员会牵头成立了物联网发展部际联席会议制度和物联网专家咨询委员会，共同研究起草了《关于推进我国物联网发展的指导意见》，获国务院批复后正式发布。聚焦物联网发展重点和难点，启动物联网发展专项行动计划编制工作。

组织实施2012年物联网发展专项资金。重点支持一批技术水平高、创新能力强的物联网关键技术研发项目和应用需求明确、示范效应突出的重点领域系统研制项目，提升中国物联网自主创新能力，推动示范应用。

推进无锡国家传感网示范区建设。组织召开无锡国家传感网创新示范区部际建设协调领导小组第二次会议，全面总结了近两年来支持示范区发展的情况，并对下一步工作进行了部署，工业和信息化部部长苗圩和江苏省省长李学勇出席会议并做重要讲话。经国务院批准，发布实施《无锡国家传感网创新示范区发展规划纲要（2012-2020年）》。

扎实推进标准化工作

加快重要技术标准制定。全年共安排2 515项行业标准制修订计划，批准发布行业标准1 532项。在电动汽车、数控机床、客车安全、节能环保、互联网数据中心、锂离子电池等重点领域，共部署产业发展急需、具有创新技术和国际先进水平的重要标准259项。

完善技术标准体系建设。编制并印发了《工业和信息化部办公厅关于印发技术标准体系提升工程实施方案的通知》和《工业和信息化部办公厅关于编制工业和通信业“十二五”技术标准体系建设方案的通知》，全面启动了“十二五”技术标准体系编制工作。深入推进电动汽车、半导体照明、物联网等一批产业发展重点领域的综合标准化试点工作，指导按领域、成套成体系制定和实施标准。

改革创新标准化工作模式。加大行业标准协调力度，研究提出标准立项协调原则。积极推动标准化工作部、省联动，完善落实地方行业主管部门申报标准计划项目的模式，推动标准化工作与地方产业发展的结合。以电子行业为试点开展国际标准化管理，开展了《国际标准化管理实施细则》的编制工作。加强信息系统建设，开展标准化管理信息系统的试运行。

加强知识产权能力管理、运用和保护

全面部署，统筹规划。制定印发《2012年工业和信息化部知识产权推进计划》，对知识产权工作进行了全面部署。主要包括实施产业知识产权风险评估与预警工程、实施工业企业知识产权创造运用能力培育工程、推进工业行业知识产权基础能力建设、加强重要政策与共性问题研究等内容。

实施工业企业知识产权运用能力培育工程。为做好工业转型升级的支撑和推动工作，在工业转型升级专项资金支持下，全面启动了“工业企业知识产权运用能力培育工程”，按照培育工程与工业转型升级相结合、政府推动与企业主体相结合、全面培育与典型示范相结合的基本原则，依托地方工业和信息化主管部门根据本地区实际情况，开展培育工作。

实施产业知识产权风险评估与预警工程。针对平板显示、宽带无线移动通信、光通信网络、移动智能终端、高端装备、光伏发电、射频识别、新材料等重点产业和关键技术领域开展专利分析和风险评估。组织年度专利态势发布活动，建设工业和信息化领域知识产权预警数据平台。针对工业转型升级中涉及与知识产权制度相关的重要政策和共性问题，组织开展分析研究，为行业管理、产业政策制定提供参考和依据。

积极开展“工业质量品牌建设年”活动

加快工业品牌培育活动。制定《品牌培育管理体系实施指南》和《评价指南》，为企业品牌培育提供专业指导。确定了141家品牌培育试点企业，试点开展品牌培育管理工作。

开展“千家企业学标杆，提升质量促转型”活动。评审确定了50家全国“质量标杆”企业，组织开展经验学习交流会和现场对标等活动，学习标杆企业的优秀经验，提升质量管理水平。深入提炼10家标杆企业实施先进质量管理的典型经验，编写《中国企业质量管理创新实践——六西格玛专辑》和《中国企业质量管理创新实践——汽车行业专辑》。

【2013年工作重点】

推进企业技术创新体系建设

一是加强重大战略问题研究。围绕建设工业技术创新体系，加强行业共性技术开发等方面的战略研究，完善顶层设计。二是推动企业创新能力建设。联合财政部组织好2013年国家技术创新示范企业认定工作。推动各地开展省级技术创新示范企业认定工作，初步建立示范企业管理体系。三是加大产业关键共性技术研发投入力度。根据产业技术发展趋势，组织修订《产业关键共性技术发展指南》。继续推进“百项技术创新推进计划”确定的项目，突破一批制约产业发展的关键共性技术。四是进一步深化产、学、研合作。加强对各地产、学、研结合工作的引导和推动。

加强质量品牌建设

一是加强工业企业品牌培育。深化企业品牌培育试点，完善品牌培育管理体系方法，增强品牌培育专业力量，建立起企业品牌培育能力评价和改进的长效机制。二是提升工业企业质量管理能力。以质量工程技术应用为重点，树立30个推广先进质量管理方法的质量标杆。总结提炼和宣传推广标杆企业的典型经验，开展质量标杆学习实践和专场交流活动。三是加强质量基础保障能力建设。指导地区和行业开展关键共性问题质量攻关，实施重点产品质量提升行动，推进重点工业产品对标管理和达标备案，提升企业产品竞争力。

扎实做好标准化各项工作

一是扎实推进技术标准体系建设。组织编制完成19个行业和3个综合性领域的标准体系及建设方案的编制工作，发挥标准支撑产业发展的重要作用。二是加强重要标准的制修订。聚焦战略性新兴产业和传统产业重点领域，开展重要技术标准制定，提升重要技术标准的制修订项目数量占计划总量的比例，满足产业发展急需。三是积极支持中国企业参与国际标准化工作。以国际标准提案为核心，支持国内企业积极参与国际标准制定，提升国际标准话语权，争取有关国际标准制定的主导权。

加强知识产权保护

一是全面推进“工业企业知识产权运用能力培育工程”。编制发布《工业企业知识产权管理指南》，加强与地方互动，指导培育试点企业建立知识产权管理制度，提升知识产权运用能力。二是深入开展“产业知识产权风险评估与预警工程”。开展智能终端等重点领域知识产权风险预警研究。三是继续开展“打击侵犯知识产权与制售假冒伪劣商品”活动。做好2013年新出厂计算机预装正版操作系统监督管理等各项工作。

加快物联网发展

一是加强统筹协调。编制发布物联网发展专项行动计划。发挥物联网发展部际联席会议和专家咨询委员会作用，探索形成部际联合推动物联网技术在交通管理、食品安全溯源、危险化学品运输等重点领域应用的机制。二是加强与地方的联动交流。指导地方因地制宜，积极落实《国务院关于推进物联网有序健康发展的指导意见》和《物联网“十二五”发展规划》各项任务。三是加快无锡国家传感网示范区建设。全面实施《无锡国家传感网示范区发展规划纲要》。四是组织实施2013年物联网发展专项资金。推动中国物联网关键技术研发和应用示范。

依托重大专项推进TD-LTE研发和产业化

做好“新一代宽带无线移动通信网”重大专项的组织实施，加强顶层设计和战略研究，提升精细化管理水平。聚焦重点任务：一是推进TD-LTE扩大规模试验工作，加大专项对多制式手机终端集成芯片、仪表等薄弱环节的支持力度；二是推动TD-LTE等技术在行业专网等方面的应用；三是做好TD-LTE国际化推广工作，推动TD-LTE国际部署和全球产业发展；四是面向LTE后续发展，开展 LTE-Hi 等 LTE 增强技术标准研究和产业开发，部署 5G 相关技术研究工作；五是加强移动互联网、宽带接入等方面的顶层设计。

[供稿：工业和信息化部科技司]

2012 年度批准发布的信息产业各类标准情况

2012 年度标准工作重点

加强标准研究，完善技术标准体系，夯实标准化工作基础 加强重点领域标准研究。深入开展对各行业重点领域的产业和技术发展研究、技术标准体系研究以及重大、关键技术标准的预先研究，准确把握产业发展对技术标准的需求，做好标准的总体规划和顶层设计，夯实标准制定的基础，确保标准制定工作有序、高效开展。

加强技术标准体系建设。组织实施“技术标准体系提升工程”，完善适应产业发展的技术标准体系，提升标准整体水平。针对涉及提升国内产业水平、促进对外贸易、保护健康安全、推进节能环保等重要领域，开展国际标准对标和转化研究，明确转化策略，加快转化一批适合国情的国际标准，提升行业标准总体水平，保障国内产业安全，并与国际接轨。加快行业标准复审修订，及时修订老旧标准、淘汰落后标准。成套成体系组织开展标准立项，提高标准项目的科学性、配套性和适用性。

加强重要技术标准制定，支撑工业转型升级 强化传统产业改造提升标准制定。按照调整优化结构、改善品种质量、增强产业配套能力、淘汰落后产能的要求，继续开展标龄满 5 年的行业标准复审等工作，成套成体系制定改造提升传统产业的重要技术标准，推动原材料工业调整优化，加快装备工业优化提升，促进消费品工业改造提升。

强化战略性新兴产业标准制定。组织实施“战略性新兴产业标准推进计划”，加快建立有利于战略性新兴产业发展的行业标准和重要产品标准体系，组织编制重大技术标准项目计划，加快节能环保、新一代信息技术、生物制药、高端装备制造、新材料、新能源汽车等战略性新兴产业技术标准制定，积极参与相关国际标准制定，强化对战略性新兴产业培育发展的支撑。

加强产业急需、具有创新成果和国际水平的重要技术标准制定。在经费、计划安排和审批发布等方面对产业急需、具有创新成果和国际水平的重要技术标准制定给予优先和倾斜支持。积极探索综合标准化工作模式，深化综合标准化试点，继续推进电动汽车、物联网、三网融合、半导体照明、锂离子电池等领域综合标准化，加强顶层设计，建立和完善标准体系，下达综合标准化项目计划，加快相关标准制定，发挥标准的整体作用，进一步加强标准与产业发展的贴合度。

持续推进国际标准化工作，提高产业国际竞争力 推进自主技术标准国际化。会同有关部门建立联合工作机制，加大国际标准化推进力度，以国际标准提案为核心，以战略性新兴产业为突破口，充分发挥企业主体作用，加强国际标准动态研究，积极参与重要国际标准制定，促进新一代信息技术等领域的自主技术成为国际标准，不断提升国际标准制定话语权。

加强与国际贸易相关的技术标准跟踪和预警。联合有关部门推动国外标准预警信息服务平台建设，探索建立公益性和市场化相结合的国外标准信息服务机制，及时收集和发布国际标准、国外先进标准信息。针对中国企业受技术性贸易壁垒限制较多的重点国家、地区，以及机电、纺织和健康、安全、环保等领域，加强对国外标准类技术贸易壁垒的预警、评议和应对，帮助企业及时适应国际贸易要求的调整变化。

推进标准贯彻实施，提升工业产品质量 加大标准宣贯力度。鼓励和支持地方行业主管部门、行业协会、标准化组织和专业机构结合重点项目建设和重大技术应用推广，积极开展标准化培训与重大标准宣贯。探索建立重点领域标准贯彻实施效果反馈机制，动态跟踪和掌握标准贯彻实施情况，为标准制修订提供依据。

推动企业对标贯标。提高企业贯标意识，增强企业贯标能力。强化企业对标贯标工作，引导企业建立以技术标准为核心、产品标准为主体、管理标准为支撑的标准体系，围绕研发、生产制造等环节加强对标贯标，促进标准化和企业管理的有机融合。

推进工业产品达标。指导地方行业主管部门，按照《产品质量达标备案管理试行办法》和《关于推进重点工业产品质量达标的实施意见》的要求，加强对企业的指导和培训，加大对达标企业的激励和支持力度，促进工业产品质量提升，推动工业产品达标工作。

完善工作体系和机制，营造条件环境 完善标准制修订机制。深化综合标准化试点，探索建立综合标准化工作机制。抓好标准制定过程中技术创新、知识产权处置、试验验证、产业化和应用推广的统筹协调。加强对标准化工作的指导与管理，分行业完善行业标准制定管理实施细则，进一步规范标准制修订工作程序与要求，确保标准制定公开、公平、公正。

加强部门合作。加强与有关部门的沟通协调，进一步理顺关系、明确分工、加强合作，促进国家标准和行业标准分工合理、互动发展。联合有关部门完善ISO/IEC国际标准化工作程序，加强国际标准化工作的统筹管理。

深化部省联动。探索建立完善部省标准化工作流程。继续支持地方行业主管部门组织申报标准项目、承担标准制定任务，促进标准化工作与地方产业发展相衔接。会同地方行业主管部门研究建立有利于标准贯彻实施的试点示范机制，部省合作推动标准贯彻实施。支持地方行业主管部门加强对本地区标准化工作的组织领导，研究制定标准化工作激励和扶持政策，设立标准化专项资金，推进本地区标准化工作的开展。

强化与行业管理的有机结合。加强标准化工作与产业政策和规划制定、企业技术改造、行业准入条件设立、产业技术研发、科技成果转化、质量品牌建设等行业管理工作的有机衔接，充分发挥标准在行业管理中的引导和规范作用。

加强标准化机构和人才队伍建设。加强对行业标准化机构的分类指导，规范运行、提升能力、强化管理，打造适应产业发展需要的标准化技术机构。支持地方行业主管部门、行业协会和标准化技术组织结合地方和行业特点，加大标准化培训工作力度，提升企业标准化人员素质。积极参与国际标准化活动，依托行业协会、标准化技术组织加强与国际标准化组织合作，引导企业加大资金投入，着力培养一批国际标准化高端人才。

批准发布的信息产业各类标准情况

2012年批准发布的电子行业标准12项，国家标准65项，详见表1、表2。

【统计数据】

表1 2012年批准发布的电子行业标准

序号	标准号	标准名称	实施日期
1	SJ/T 11432-2012	直流稳定电源通用规范	2012-6-1
2	SJ/T 11434-2012	功率计通用规范	2012-6-1
3	SJ/T 11433-2012	矢量网络分析仪通用规范	2012-6-1
4	SJ/T 10380-2012	工业用酸洗石英砂	2013-1-1
5	SJ/T 11140-2012	铝电解电容器用电极箔	2013-1-1
6	SJ/T 11440-2012	卫星导航差分格式	2013-1-1
7	SJ/T 11441-2012	喷墨打印纸媒体通用规范	2013-1-1
8	SJ/T 11141-2012	LED显示屏通用规范	2012-6-1
9	SJ/T 11442-2012	电子信息行业安全生产标准化评价方法	2013-1-1
10	SJ/T 11444-2012	电子信息行业危险源辨识、风险评价和风险控制要求	2013-1-1
11	SJ/T 11443-2012	电子信息行业外场及其他临时场所危险作业分类	2013-1-1
12	SJ/T 11445.2-2012	信息技术服务 外包 第2部分：数据（信息）保护规范	2013-1-1

表2　2012年批准发布的电子行业国家标准

序号	标准号	标准名称	实施日期
1	GB/T 4937.4-2012	半导体器件机械和气候试验方法　第4部分：强加速稳态湿热试验（HAST）	2013-2-15
2	GB/T 4937.3-2012	半导体器件机械和气候试验方法　第3部分：外部目检	2013-2-15
3	GB/T 28866-2012	独立光伏（PV）系统的特性参数	2013-2-15
4	GB/T 9532-2012	压电单晶材料型号命名方法	2013-2-15
5	GB/T 12859.2-2012	电子元器件质量评定体系规范　压电陶瓷谐振器　第2部分：分规范-鉴定批准	2013-2-15
6	GB/T 12859.1-2012	电子元器件质量评定体系规范　压电陶瓷谐振器 第1部分：总规范-鉴定批准	2013-2-15
7	GB/T 3352-2012	人造石英晶体—规范与使用指南	2013-2-15
8	GB/T 12859.201-2012	电子元器件质量评定体系规范　压电陶瓷谐振器　第2-1部分：空白详细规范—评定水平E	2013-2-15
9	GB/T 12796.1-2012	永磁铁氧体磁体总规范	2013-2-15
10	GB/T 28870-2012	抗电磁干扰软磁铁氧体材料的测量方法	2013-2-15
11	GB/Z 28865-2012	抗电磁干扰软磁铁氧体材料规范	2013-2-15
12	GB/T 28864.2-2012	软磁铁氧体磁芯术语定义　第2部分：尺寸标注	2013-2-15
13	GB/T 12798-2012	磁性氧化物或铁粉制成的轴向引线磁芯	2013-2-15
14	GB/T 15290-2012	电子设备用电源变压器和滤波扼流圈总技术条件	2013-2-15
15	GB/T 18910.11-2012	液晶显示器件　第1-1部分：术语和符号	2013-2-15
16	GB/T 28867-2012	含碱性或其他非酸性电解质的蓄电池和蓄电池组—方形密封镉镍单体蓄电池	2013-2-15
17	GB/T 16608.50-2012	有或无机电继电器　第50部分：分规范　电信用有质量评定的有或无机电继电器	2013-2-15
18	GB/T 16608.53-2012	有或无机电继电器　第53部分：空白详细规范　电信用有质量评定的有或无机电继电器　两组转换触点14mm*9mm底座	2013-2-15
19	GB/T 16608.54-2012	有或无机电继电器　第54部分：空白详细规范　电信用有质量评定的有或无机电继电器　两组转换触点15mm*7.5mm底座	2013-2-15
20	GB/T 16608.51-2012	有或无机电继电器　第51部分：空白详细规范　电信用有质量评定的有或无机电继电器　非标准类型和结构	2013-2-15
21	GB/T 16608.55-2012	有或无机电继电器　第55部分：空白详细规范　电信用有质量评定的有或无机电继电器　两组转换触点11mm*7.5mm（最大）底座	2013-2-15
22	GB/T 16608.52-2012	有或无机电继电器　第52部分：空白详细规范　电信用有质量评定的有或无机电继电器　两组转换触点20mm*10mm底座	2013-2-15
23	GB/T 28868-2012	未经涂覆的磁性氧化物环形磁芯的尺寸	2013-2-15
24	GB/T 28864.1-2012	软磁铁氧体制成的磁芯术语和定义 第1部分：物理缺陷术语	2013-2-15
25	GB/T 10186-2012	电子设备用固定电容器　第7部分：空白详细规范　金属箔式聚苯乙烯膜介质直流固定电容器　评定水平E	2013-2-15
26	GB/T 10185-2012	电子设备用固定电容器　第7部分：分规范　金属箔式聚苯乙烯膜介质直流固定电容器	2013-2-15
27	GB/T 7333-2012	电子设备用固定电容器　第2部分：空白详细规范　金属化聚乙烯对苯二甲酸酯膜介质直流固定电容器　评定水平E和EZ	2013-2-15

续表

序号	标准号	标准名称	实施日期
28	GB/T 5969-2012	电子设备用固定电容器 第9-1部分：空白详细规范 2类瓷介固定电容器 评定水平EZ	2013-2-15
29	GB/T 10190-2012	电子设备用固定电容器 第16部分：分规范 金属化聚丙烯膜介质直流固定电容器	2013-2-15
30	GB/T 17207-2012	电子设备用固定电容器 第18-1部分：空白详细规范 固体（MnO2）电解质片式铝固定电容器 评定水平EZ	2013-2-15
31	GB/T 15861-2012	离子束蚀刻蚀机通用技术件	2013-2-15
32	GB/T 15862-2012	离子注入机通用技术条件	2013-2-15
33	GB/T 5080.1-2012	可靠性试验 第1部分：试验条件和统计检验原理	2013-2-15
34	GB/T 28444-2012	导航电子海图应用存储格式	2012-10-1
35	GB/T 28442-2012	导航电子地图分类与编码	2012-10-1
36	GB/T 28443-2012	导航电子地图图形符号	2012-10-1
37	GB/T 7826-2012	系统可靠性分析技术-失效模式和影响分析（FMEA）程序	2013-2-15
38	GB/T 5080.2-2012	可靠性试验 第2部分：试验周期设计	2013-2-15
39	GB/T 12078-2012	X射线管总规范	2013-2-15
40	GB/T 12079-2012	X射线管光电性能测试方法	2013-2-15
41	GB/T 9435-2012	彩色显像管有效屏面尺寸	2013-2-15
42	GB/T 28441-2012	车载导航电子地图数据质量规范	2012-10-1
43	GB/T 28445-2012	个人位置导航电子地图数据质量规范	2012-10-1
44	GB/T 12274.1-2012	有质量评定的石英晶体振荡器 第1部分：总规范	2013-2-15
45	GB/T 12273.501-2012	石英晶体元件 电子元器件质量评定体系规范 第4-1部分：空白详细规范 鉴定批准	2013-2-15
46	GB/T 4597-2012	电子管词汇	2013-2-15
47	GB/T 28869.1-2012	软磁材料制成的磁芯 测量方法 第1部分：通用规范	2013-2-15
48	GB/T 9630-2012	磁性氧化物制成的罐形磁芯及其附件的尺寸	2013-2-15
49	GB/T 15490-2012	固体激光器总规范	2013-2-15
50	GB/T 18910.61-2012	液晶显示器件 第6-1部分：液晶显示器件测试方法 光电参数	2013-2-15
51	GB/T 6996-2012	透射式电视测试图	2013-2-15
52	GB/T 12083-2012	气体激光器电源系列	2013-2-15
53	GB/T 28439-2012	热转印色带通用规范	2012-10-1
54	GB/T 28826.1-2012	信息技术 公用生物特征识别交换格式框架 第1部分：数据元素规范	2013-2-1
55	GB/T 18220-2012	信息技术 手持式信息处理设备通用规范	2013-2-1
56	GB/T 5271.36-2012	信息技术 词汇 第36部分：学习、教育和培训	2012-10-1
57	GB/T 28822-2012	电子名片交换格式通用规范	2013-2-1

续表

序号	标准号	标准名称	实施日期
58	GB/T 28823-2012	信息技术　学习、教育和培训　平台与媒体分类代码 XML 绑定规范	2013-2-1
59	GB/T 28824-2012	信息技术　学习、教育和培训　数字权利描述语言	2013-2-1
60	GB/T 28825-2012	信息技术　学习、教育和培训　学习对象分类代码	2013-2-1
61	GB/T 28827.1-2012	信息技术服务　运行维护　第 1 部分：通用要求	2013-2-1
62	GB/T 28827.3-2012	信息技术服务　运行维护　第 3 部分　应急响应规范	2013-2-1
63	GB/T 28827.2-2012	信息技术服务　运行维护　第 2 部分：交付规范	2013-2-1
64	GB/T 28926-2012	信息技术　射频识别　2.45GHz 空中接口符合性测试方法	2013-2-9
65	GB/T 28925-2012	信息技术　射频识别　2.45GHz 空中接口协议	2013-2-9

[供稿：工业和信息化部电子标准化研究院　李艳]

2012 年电子信息技术国内授权专利情况

【综述】

2012 年，中国国家知识产权局专利局授权中国申请人所持有的电子信息技术类发明专利 28 831 件，比 2011 年的 37 358 件减少 8 527 件，增长率为-22.8%，这是近年来中国电子信息领域的授权发明专利数量首次出现下跌。由于发明专利授权的平均时间约在申请之后 3-4 年，而金融危机曾对中国电子信息产业造成较大冲击，因此使近两年该领域授权专利数出现下降。

在 2012 年授权的电子信息类发明专利中，共计有测量测试类 7 656 件，基本电气元件类3 679 件，计算机软硬件类 6 584 件，电通信类 6 830 件，其他类型 5 725 件。其中，计算机软硬件类授权专利增加 2 528 件，增长 62.4%；测量测试类增加 983 件，增长 14.0%；其他领域授权专利均出现下降。其中，电通信类授权专利下降幅度最大，减少 5 382 件，跌幅达 43.9%；其他类跌幅为 38.9%，减少 3 641 件；基本电气元件类跌幅为 28.0%，减少 1 434 件。

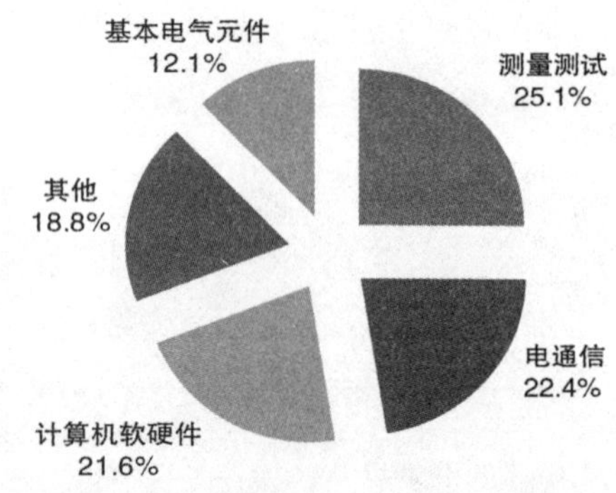

图 1　2012 年国内授权的电子信息类发明专利专业分布情况

图 1 是 2012 年电子信息类授权发明专利中 5 个专业领域的占比情况①。该图表明，2012 年授权的电子信息类发明专利中，测量测试类占比在各专业领域排名第一，所占比例为 25.1%，与 2011 年相比，占比增加 7.2 个百分点。电通信类占比排名第二，所占比例为22.4%，比 2011 年占比减少 10.1 个百分点，是全

① 一件专利可能同时分属于两个以上技术领域，计算各类技术领域授权专利占比时采用的是各领域授权专利简单累加的总数，共 30 474 件，前述电子信息技术类授权专利总数为各技术领域去重后的总数，为 28 831 件，因此两者数量不一致。

部专业领域中占比减少最多的领域。占比排名第三位的是计算机软硬件类，所占比例为21.6%，比2011年上升10.8个百分点。其他两个专业领域发明专利授权量相比2011年均有所下降，其他类下降6.2个百分点，所占比例为18.8%；基本电气元件类小幅下降1.6个百分点，所占比例为12.1%。

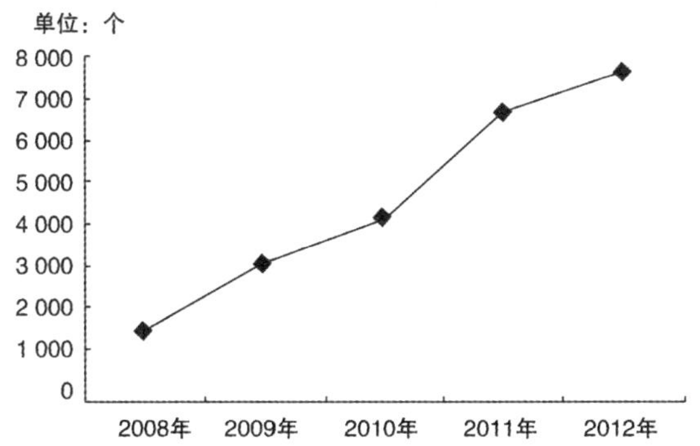

图2 2008—2012年国内测量测试类发明专利授权情况

图2表明，2012年，测量测试类发明专利授权数量保持增长态势，增幅为14.0%，在各专业类别中位列第二。2008—2012年，该类发明专利授权量年均增长46.6%，但比2007—2011年间55.3%的年均增长率下跌8.7个百分点。

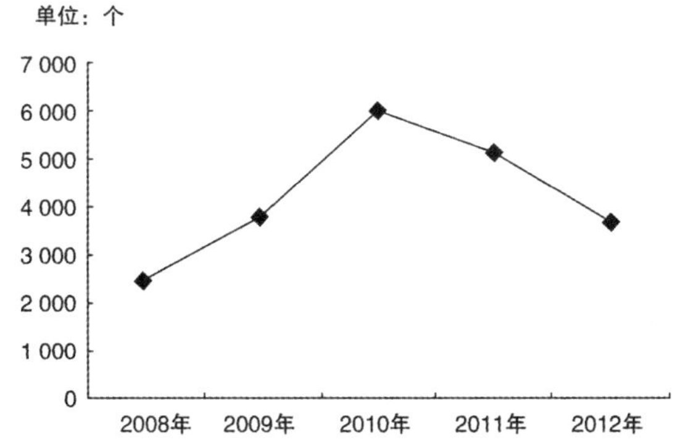

图3 2008—2012年国内基本电气元件类发明专利授权情况

从图3可以看出，基本电气元件类发明专利授权数量2012年出现较大幅度下降，降幅为28.0%，为2011年以来连续两年持续下跌。2008—2012年，该类发明专利授权量年均增长10.4%，位列各专业领域第四，但比2007—2011年期间42.7%的年均增长率下跌32.3个百分点。

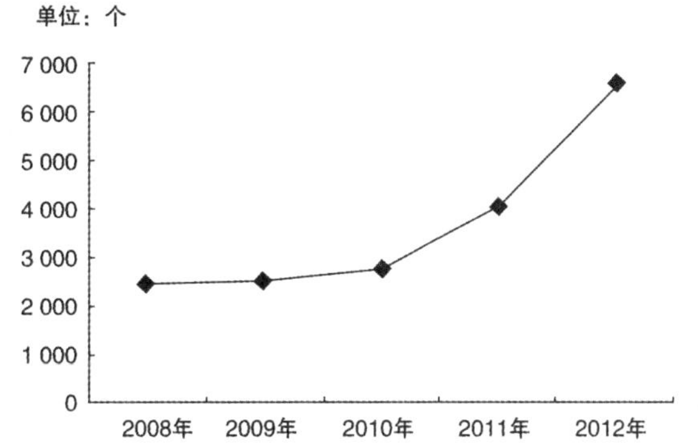

图4 2008—2012年国内计算机软硬件类发明专利授权情况

图4表明，计算机软硬件类发明专利授权量2012年增长62.4%，增幅在各专业类别中位列第一。2008—2012年，该类发明专利授权量年均增长28.4%，比2007—2011年期间33.3%的年均增长率下降4.8个百分点，保持较平稳的年均增长速度。

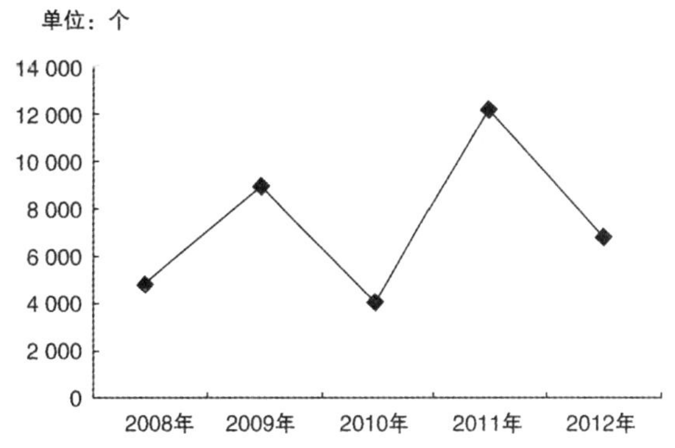

图5 2008—2012年国内电通信类发明专利授权情况

从图5可以看出，电通信类发明专利授权量在2012年出现43.9%的下跌，是各专业类别中下跌幅度最大的。2008—2012年，该类发明专利授权量年均增长9.5%，比2007—2011年期间的年均增长率55.3%，下降45.9个百分点。近年电通信领域的技术研发和专利布局异常活跃，但随着该领域主要企业在专利战略方面的转型，从注重专利申请数量转向更关注专利质量，该领域发明专利授权量将维持相对平稳的发展态势。

图6表明，其他类发明专利授权量2012年比上年下降38.9%。2008—2012年，该类发明专利授权量年均

增长 11.7%，比 2007—2011 年期间 50.7%的年均增长率下降了 39.0 个百分点。

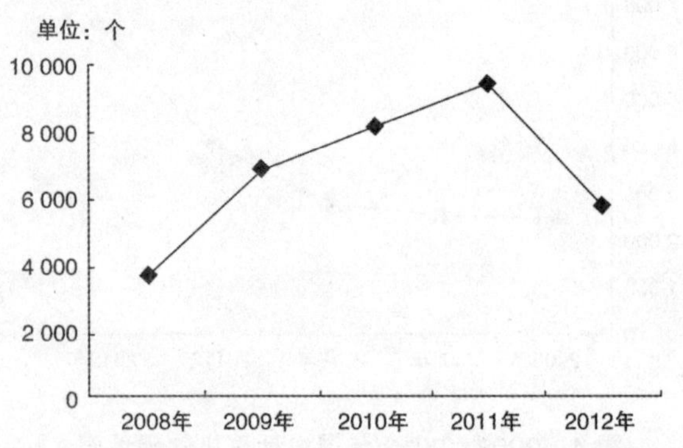

图 6　2008—2012 年国内其他类发明专利授权情况

综上，2012 年电子信息类发明专利年增长率基本呈现下降趋势。在 5 个专业类别中，基本电气元件、电通信和其他类的年度发明专利授权量呈现负增长，且下降幅度明显。虽然计算机软硬件类相比 2011 年增长 62.3%，但由于上述三类授权量的下降，2012 年电子信息类发明专利的 5 年总体授权年均增长率仅为 19.4%，下降了 29.4 个百分点。

2012 年电子信息产业知识产权诉讼案例

1. CDMA/GSM 双模式移动通信方法专利侵权案

2012 年 3 月，浙江省高级人民法院就浙江华立通信集团有限公司与深圳三星科健移动通信技术有限公司关于 CDMA/GSM 双模式移动通信方法专利侵权纠纷做出终审判决，撤销原审判决，驳回华立公司的诉讼请求。本案是国际知名手机生产商被诉侵犯中国同行专利权第一案，诉讼请求和一审判赔数额均高达 5 000 万元。浙江华立通信集团有限公司系名称为“一种 GSM/CDMA 双模式移动通信的方法”发明专利独占许可的被许可人，在一审中请求法院判令三星公司停止侵权、赔偿华立公司经济损失 5 000 万元，另一当事人戴钢停止销售侵权手机。一审法院全部支持了华立公司的诉讼请求，三星公司不服，上诉至浙江省高级人民法院。二审法院认为华立公司享有的涉案发明专利权应受法律保护，但根据技术鉴定结论，三星公司生产的 SCH-W579 手机并未采用涉案专利权利要求 1 所记载的专利方法，未落入涉案专利权的保护范围，不构成专利侵权。

2. GPH 诉苹果、三星、RIM、HTC、索尼和 LG 专利侵权案

2012 年 3 月，美国专利控股公司 Graphics Properties Holdings Inc（GPH）在特拉华州美国地区法院对苹果、三星、RIM、HTC、索尼和 LG 等 6 家公司提出起诉，指控这些厂商在其智能手机和其他消费电子产品中侵犯了一项与图形有关的专利。该案涉及的专利与渲染图形的浮点运算有关，是在美国专利和商标局注册的编号为 8144158 的专利。据法院的文件显示，GPH 指控苹果的 iPhone、RIM 的 Torch、HTC 的 EVO 4G、LG 的 Thrill、三星的 Galaxy S 和 Galaxy S II 以及索尼的 Xperia Play 等产品侵犯了专利。

3. HumanEyes 诉 Sony 3D 显示技术专利侵权案

2012 年 3 月 29 日，总部设置于以色列耶路撒冷的 HumanEyes Technologies, Ltd.在美国特拉华州地方法院指控 Sony 旗下的 Sony Electronics Inc.等 5 家公司所生产的具全景功能的照相机及移动设备侵害其专利权，并请求判决被告 Sony 对于侵权行为进行损害赔偿。本案中被指控侵犯的专利有两件，编号为：US6665003 和 US7477284，分别在 1999 年和 2001 年提出申请并都获得了授权，主要用于产生及显示全景影像及影片、撷取及检视立体全景影像。HumanEyes 称，被告 Sony 所生产产品中，凡应用 3D 扫描全景模式（3D Sweep Panorama mode）或扫描多角度模式（Sweep Multi-Angle mode）技术的照相机和移动设备均属侵权产品，涉案产品型号达十种。

4. 任天堂侵犯 3D 显示专利技术案

2012 年 3 月，纽约一家联邦法院裁定任天堂的 3DS 游戏设备侵犯了前索尼员工 Seijiro Tomita 开发的一项专利。陪审团裁决，任天堂应向其赔偿 3 020 万美元。该专利于 2003 年申请，并于 2008 年 8 月获得批准，是一个“视频立体成像加速和显示系统”，为“观众的眼睛而设计”。

5. Oracle 诉谷歌专利权和版权侵权案

2012 年 4 月 16 日，Oracle 诉谷歌侵犯其 JAVA 专利权和版权的诉讼正式开庭审理，Oracle 的赔偿要求达到 10 亿美元。根据旧金山地方法院的裁决，Android 平台并未侵犯 Oracle 的 Java 相关专利，谷歌胜诉，但陪审团在版权侵权问题上并未作出判决。在单独审理专利侵权诉讼部分时，另一陪审团裁定 Oracle 无法提供决定性证据证明谷歌是否对专利 RE38、104 和 6061520

造成侵权，也无法提供明确可信的证据证明谷歌是否故意侵犯专利。目前该案的两部分都已上诉至联邦法院。但在此之前，美国专利局也驳回了Oracle对Java专利的申请。

6. 诺基亚诉HTC和RIM专利侵权案

2012年5月2日，诺基亚对HTC、RIM和优派三家公司提起专利诉讼。诺基亚称，HTC、RIM和优派三家公司共侵犯了其45项专利，这些专利包括在手机上提供双功能天线、电源管理和多模射频等相关硬件技术，以及与推出应用商店、实现手机多任务操作、导航、会话式信息显示、动态菜单、数据加密和电子邮件附件检索等相关的软件技术。诺基亚已向美国国际贸易委员会提出申诉，并在特拉华州联邦地区法院、德国杜塞尔多夫、曼海姆和慕尼黑的地区法院提起诉讼。

7. 苹果三星专利大战

2012年7月，苹果、三星专利大战尘埃落定，美国、韩国当地法院均做出判决，双方均有胜负。美国当地时间7月24日，由9人组成的陪审团在位于美国圣荷赛的加利福尼亚北部联邦地方法院协商后认定，三星电子侵犯了苹果公司的设计专利。相关专利包括“跳回画面”、多点触控和Zoom功能等专利，尤其侵犯了iPhone的设计相关专利。陪审团裁决，三星需赔偿因侵权导致苹果公司蒙受的10.518 5亿美元损失，但同时认定，三星Galaxy Tab10.1并未侵犯苹果iPad的设计专利，加州法院拒绝了苹果禁售三星设备的请求。与美国法院判决相比，韩国当地法院判决仅具有象征意义，韩国首尔中央地方法院认定，苹果公司侵犯了三星两项专利，同时认定三星也侵犯了苹果一项专利，双方各向对方赔偿额仅有几万美元。

8. Mformation Technologies诉RIM专利侵权案

2012年7月，美国加利福尼亚州北部地方法院的陪审团裁定，黑莓手机生产商RIM的黑莓企业服务器（允许企业远程管理员工设备的软件）侵犯了Mformation专利，涉及到1 840万部黑莓手机。每台设备应赔偿8美元，总计赔偿金额为1.472亿美元。随后RIM提出上诉。8月，加利福尼亚地区法院裁定，RIM没有侵犯Mformation的专利，同时，陪审团有关RIM应向Mformation赔偿1.472亿美元的裁决也被撤销。

9. Facebook与雅虎和解专利战

2012年7月，Facebook与雅虎达成一项战略性协议，双方同意在互联网广告和专利授权领域建立广泛的合作伙伴关系，并结束正在进行的专利诉讼。此前，双方就专利侵权问题发起了诉讼，2012年3月13日，雅虎在加利福尼亚州圣何塞市的美国联邦法院提起对Facebook的专利诉讼，指控Facebook侵犯十项技术专利，其中包括四项广告显示专利、两项隐私保护专利、两项页面个性化显示专利、一项社交网络专利和一项短信通讯专利。4月4日，Facebook针对雅虎专利纠纷问题向美国旧金山地方法院提起反诉，指控雅虎涉嫌侵犯其有关广告、网页显示及用户隐私等多项专利。

10. Vringo诉谷歌等5家企业专利侵权案

2012年11月，美国弗吉尼亚法庭做出裁决，谷歌等5家企业侵犯了Vringo公司的专利权，判决赔偿3 000多万美元，其中谷歌支付1 580万美元，AOL支付790万美元，IAC（InterActiveCorp）公司拥有的IAC搜索和媒体支付660万美元，Gannett公司支付430万美元。该判罚金额远低于Vringo寻求的赔偿金额，该公司欲向谷歌、AOL、IAC旗下的IAC Search & Media等索赔至少6.96亿美元。

11. VirnetX诉苹果公司专利侵权案

2012年11月，美国得克萨斯州东区法院裁定，苹果FaceTime视频聊天技术侵犯了VirnetX的专利，判决苹果向VirnetX支付超过3.68亿美元的赔偿。本案中存在争议的专利在美国的专利号为6502135、7418504、7921211、7490151，它涉及建立一套安全通信连接的方法。随后VirnetX基于相同的专利，又对苹果提起另一项诉讼，要求法院暂时性和永久性禁售苹果iPhone 5、iPad 4和iPad mini，以及所有和苹果iOS操作系统相关的苹果电脑/硬件。苹果已经向美国专利局提交相关4个专利的复审，并对之前3.68亿美元专利判决提出上诉。

12. 苹果与HTC和解专利侵权诉讼

2012年11月11日，苹果与HTC宣布达成和解协议，双方将撤销所有专利诉讼，同时签订为期10年的专利交叉授权协议，这是苹果首次对其主动提起的诉讼达成和解。苹果于2010年4月起诉HTC侵犯其专利技术，HTC在5月提起反诉。这是苹果针对采用谷歌Android操作系统的制造商所发起的首批重大诉讼，诉讼范围涉及20项专利，包括手机UI、底层架构和硬件设计方面。

13. 苹果 iCloud 专利侵权案

2012 年 1 月，德国曼海姆地区法院对摩托罗拉移动起诉苹果专利侵权一案做出裁决，对苹果 iCloud 和任何能够访问 iCloud 的设备下达了永久禁令。

11 月 16 日，美国加利福尼亚州的 IA 公司（Innovative Automation LLC）向苹果公司在东得州地方法院提起诉讼，起诉苹果公司的 iCloud 云端服务及相关产品侵害其两项专利权。这两项专利分别是 US7174362 专利和 US7392283，其最初专利权人为 JC RESEARCH, INC.公司，2011 年 3 月 3 日这两项专利才转让至 IA 公司。IA 公司还在 2012 年 11 月 16 日就本案两项专利同时起诉了亚马逊公司、Audible 以及 On-Demand Publishing, LLC 等。

14. 3D Systems 公司诉 Formlabs 专利侵权案

2012 年 11 月 20 日，3D Systems 公司于美国南卡罗莱纳州地方法院 Rock Hill 分所起诉 Formlabs 及经销商 Kickstarter 的 3D Printer 产品侵害其专利权。本案涉及的专利是 US5597520，专利名称是“立体光刻技术中多层次同步凝固”（Simultaneous Multiple Layer Curing In Stereolithography）。该专利技术采用立体光刻技术生成 3D 成品，将 3D 模型的信息输出到模具或生产工作台产生立体实物，而不再需要利用工具修整模型。3D Systems 公司起诉 Formlabs 利用其专利技术，制造出名为“High Resolution Desktop 3D Printer”的产品，并通过网站发起募资活动，进而制造、使用、贩卖、邀约贩卖涉案产品而构成侵权。

15. 卡耐基梅隆大学诉 Marvell 专利侵权案

2012 年 12 月，美国宾夕法尼亚州西部地区法院的陪审团裁定，美国芯片厂商 Marvell 侵犯了卡耐基梅隆大学的两项专利，应向后者赔偿 11.7 亿美元。涉嫌侵权的两项专利主要用于提高硬盘驱动电路从高速磁盘中读取数据的精确度，这些与信息存储系统及方法有关的专利是由卡耐基梅隆大学教授何塞·穆拉及其博士生亚历山大·卡夫西奇提出的。陪审团在判决中表示，Marvell 销售了数十亿片采用该技术的芯片，但并未获得专利授权，Marvell 的专利侵权行为是蓄意为之。根据这一认定，美国联邦法官可能将赔偿数额增加至 3 倍。

【统计数据】

表 1　2008—2012 年国内授权的电子信息类发明专利总体分布情况

产品分类	2008 年	2009 年	2010 年	2011 年	2012 年	合计
测量测试	1 656	3 206	4 290	6 718	7 656	23 526
基本电气元件	2 477	3 787	5 999	5 113	3 679	21 055
计算机软硬件	2 420	2 512	2 732	4 055	6 584	18 303
电通信	4 759	8 938	3 987	12 182	6 830	36 696
其他	3 675	6 827	8 115	9 366	5 725	33 708
合计	14 987	25 270	25 123	37 434	30 474	133 288

[供稿：工业和信息化部电子知识产权中心]

2012 年信息产业质量工作综述

2012 年工作综述

2012 年，开展了“工业质量品牌建设年”活动，该活动是落实《工业转型升级规划（2011-2015 年）》的行动部署，是工业转型升级行动计划的组成部分，也是工业质量品牌建设的重要内容。

推广科学的品牌培育方法 组织专业机构借鉴国际通用管理模型研究制定了《品牌培育管理体系实施指南》和《评价指南》，为企业提供了“看得清”、“抓得住”的品牌培育手段。141 家全国性和 1 000 多家地方行业性试点企业按照两个指南建立了覆盖品牌培育战略、目标、资源和过程的管理体系，增强了品牌培育能力，验证了品牌培育方法的有效性。

通过“质量标杆”活动开展先进质量管理方法经验学习和对比交流 结合 50 家全国“质量标杆”的经验，编制了《2012 年度工业企业质量标杆经验成果汇编》。在合肥、杭州、济南等 7 个城市举办了“质量标杆”经验学习交流会。25 个地区、7 个行业协会以及质量专业机构组织了 2 000 多家企业5 000 多名代表参加的不同层次标杆经验学习和现场对标活动，提高了企业质量管理能力和水平。

2013 年工作重点

一是继续狠抓落实，总结经验，巩固成果，扩大“工业质量品牌建设年”活动的影响，表扬一批先进的地区、行业和企业。

二是深化推进工业品牌培育和质量标杆活动，进一步总结完善，并通过制度把有效的方法固化下来，持续深入地发挥作用。进一步加大企业技术创新和品牌培育的扶持力度，向企业深入培训“品牌培育”、“风险管理”、“验证知识”、“质量管理”和“质量成本控制”等先进管理方法，帮助企业提高产品附加值，降低质量损失，消化成本上升的压力。

三是以提高企业能力为重点的创新工作。研究建立品牌培育专业人员培训和考试制度，支持企业培养和选拔品牌人才。将质量管理方法和质量工程技术相结合，提高企业质量管理的实用性和专业性。支持重要产业聚集区和中小企业质量进步。

[供稿：工业和信息化部科技司]

第7部分 市场运行

2012年中国电子信息产业经济运行情况

2012年，国际政治、经济形势复杂多变，国内经济发展困难增多，中国电子信息产业发展速度有所放缓，产业发展呈现缓中趋稳态势，生产增速小幅攀升，效益状况不断好转，产业结构调整步伐加快，继续为推动信息化发展和促进两化深度融合发挥积极作用，电子信息产业在国民经济中的重要性进一步提高。

总体情况

产业规模不断壮大 2012年，中国电子信息产业销售收入达到11.0万亿元，增幅超过15%；其中，规模以上制造业实现收入84 619亿元，同比增长13.0%；软件业实现收入24 793亿元，同比增长27.3%。

行业增速保持领先 2012年，中国规模以上电子信息制造业增加值增长12.1%，高于同期工业平均水平2.1个百分点；收入、利润及税金增速分别高于工业平均水平2.0、0.9和9.9个百分点，在工业经济中的领先和支柱地位进一步凸显。

制造大国地位日益稳固 2012年，中国规模以上电子信息制造业实现销售产值85 044亿元，同比增长12.6%。手机、计算机、彩电、集成电路等主要产品产量分别达到11.8亿部、3.5亿台、1.3亿台和823.1亿块，同比增长4.3%、10.5%、4.8%和14.4%；手机、计算机和彩电产量占全球出货量的比重均超过50%，占据世界第一的位置。

投资情况

投资增速明显放缓 2012年，中国电子信息产业500万元以上项目完成固定资产投资额9 592亿元，同比增长5.7%，增速比上年回落45.8个百分点，低于同期工业投资14.3个百分点。全年新开工项目7 571个，同比增长8.8%，增速比上年回落44.3个百分点。

投资结构变化加快 分行业看，广播电视设备行业新开工项目数量及投资额增幅均超过100%，远高于全行业平均水平；分地区看，中西部地区完成投资额4 128亿元，同比增长20.6%，增速高于全国水平14.9个百分点，占比（43.0%）比上年提高5.3个百分点；从投资主体看，内资企业完成投资7 556亿元，同比增长10.9%，增速高于平均水平5.2个百分点，占比（78.8%）比上年提高3.7个百分点。

进出口贸易

外贸总额小幅增长 2012年，中国电子信息产品进出口呈小幅增长态势，进出口总额11 868亿美元，增长5.1%，增速比上年回落6.4个百分点，低于中国商品外贸总额增速1.1个百分点，占中国外贸总额的30.7%。其中，出口6 980亿美元，增长5.6%，增速比上年回落6.3个百分点，低于中国外贸出口增速2.3个百分点，占中国外贸出口额的34.1%。进口4 888亿美元，增长4.5%，增速比上年回落6.5个百分点，高于中国外贸进口增速0.2个百分点，占中国外贸进口额的26.9%。

贸易结构趋于优化 2012年，中国电子信息产品出口中，一般贸易出口稳步增长，出口额1 229亿美元，增长2.8%，增速高于加工贸易3.4个百分点；内资企业出口比重提升，出口额1 550亿美元，占比22.2%，比上年提高3.5个百分点；新兴市场快速开拓，如对泰国、印度尼西亚和越南，出口增速分别达到21.7%、11.7%和32.3%；部分中西部省市出口增势突出，如四川、河南、重庆和山西等地增速分别达到50.8%、184.8%、155.7%和236.7%。

经济效益

整体效益逐步好转 2012年，中国规模以上电子信息制造业实现销售收入84 619亿元，同比增长13.0%，利润总额3 506亿元，同比增长6.2%；销售利润率达到4.1%，比上年回落0.3个百分点。从全年走势看，产业整体效益呈逐步向好态势，一季度、上半年、前三季度及全年的利润总额逐步扭转下降态势（–22.3%、–14.0%、–6.5%和6.2%），利润率不断提高（2.5%、3.1%、3.2%和4.1%），亏损面持续缩小（31.0%、25.6%、23.0%和19.0%）。

效益结构有所改善 内资企业效益贡献加大，收入和利润比重分别达到29.4%和42.7%，比上年提高1.1和1.8个百分点，利润率6.0%，高于平均水平1.9个百分点；小型企业发展活力增强，收入和利润增速分别达到23.3%和16.6%，高于平均水平13.8和17.5个百分点；在政策和市场的双重驱动下，部分行业效益增势突出，通信终端设备、广播电视接收设备、光电子器件、导航仪器、光纤和光缆制造等行业的收入增速均超过15%。

结构调整

产业软硬件比例日趋合理 2012年，中国软件产业实现软件业务收入24 793亿元，同比增长27.3%，增速高于电子信息制造业14.3个百分点；占电子信息产业收入比重达到22.5%，比上年提高2.4个百分点，比“十一五”末年提高4.3个百分点。

制造业转型发展与产业转移步伐加快 基础领域不断壮大。规模以上电子信息制造业中，电子元件、电子器件、电子测量仪器及电子专用设备等基础行业销售产值比重达到39.4%，比上年提高0.7个百分点。

内销市场稳步增长。全年规模以上电子信息制造业实现内销产值38 263亿元，增长15.5%，高于平均水平2.9个百分点，内销比重比上年提高1.2个百分点。

内资企业实力增强。规模以上电子信息制造业中，内资企业销售产值（24 928亿元）与出口交货值（4 773亿元）分别增长18.4%和13.4%，高于平均水平5.8和3.1个百分点，所占比重比上年提高1.4和0.3个百分点。

产业转移步伐加快。规模以上电子信息制造业中，中部地区销售产值和出口交货值分别增长40.9%和85.4%，高于平均水平28.3和75.1个百分点；西部地区销售产值和出口交货值分别增长39.4%和83.2%，高于平均水平26.8和72.9个百分点；中西部地区销售产值比重合计达到16.2%，比上年提高3.2个百分点。

软件业服务化、网络化和融合化发展加速 2012年，中国软件产业中，数据处理和运营服务类业务完成收入4 285亿元，同比增长35.9%，增速高于平均水平7.4个百分点，占比17.1%，比上年提高0.9个百分点；软件业与制造业融合化程度加深，在电子制造业企稳向好带动下，嵌入式系统软件增速加快，实现收入3 973亿元，同比增长31.2%，高于平均水平2.7个百分点。

科研创新

核心技术不断突破 2012年，中国电子信息产业多项核心关键技术取得突破，采用国产处理器和软件的神威蓝光每秒千万亿次计算机技术水平处于国际先进行列，自主开发的8GbDDRII存储器芯片出货量超过430万片，自主研发的智能手机浏览器用户超过3亿，国产智能终端芯片销售超过4千万颗。

新增长点加快孕育 数字视听领域，产业链各环节实现协调发展和良性互动，广州、杭州等数字家庭应用示范工程用户达到50万户；新型显示领域，生产线、相关材料及设备的研发和产业化步伐加快，液晶面板全球市场占有率超过10%，国内电视面板供应自给率突破20%，国内面板骨干企业采购国产材料的金额比例超过25%；在产业“十二五”规划“基础电子产业跃升工程”

相关政策措施支持下，多晶硅、锂离子电池关键材料及传感器等领域的技术研发和产业化步伐明显加快。

社会贡献

经济贡献不断增强 2012年，中国规模以上电子信息制造业从业人员规模突破千万人大关，达到1 001万人，比上年增长6.5%，占全国城镇就业人员比重2.8%；上缴税金1 513亿元，同比增长21.6%，占全国工业行业税金总额比重5%；电子信息产品进出口总额11 868亿美元，占全国外贸进出口总额的30.7%。电子信息产业在国民经济中的重要性不断提高。

积极支撑信息化建设 2012年，中国光缆线路长度净增268.6万公里，达到1 480.6万公里。局用交换机容量净增478.1万门，达到43 906.4万门。移动电话交换机容量净增11 233.8万户，达到182 869.8万户。截至2012年末，中国移动电话普及率达到82.6部/百人，比2011年提高9.0部/百人；3G网络用户净增10 438万户，年净增量首次突破1亿户。互联网普及率达到42.1%，比上年提高3.8个百分点；其中手机上网用户占到网民总数的74.5%，比上年提高5.1个百分点。城镇居民的彩电、计算机拥有率超过136台/百户和80台/百户，均比上年有所提高。信息技术的渗透带动作用进一步增强，为改造提升传统产业、推动社会信息化建设和丰富人民群众物质文化生活做出了积极贡献。

2013年，中国电子信息产业发展仍具备较好的基本面，具有较大发展空间和潜力，但所面临的国内外经济形势仍较为复杂，不确定、不稳定因素不断增加，外需持续萎缩与内需增势放缓相互叠加，长期问题与短期困难相互交织，形势不容乐观。预计，全年规模以上电子信息制造业增加值将增长12%左右，软件业增速将在25%左右。

【统计数据】

表1 2012年中国电子信息产业主要指标完成情况

	单位	绝对量	增速%
一、规模以上电子信息制造业			
主营业务收入	亿元	84 619	13.0
利润总额	亿元	3 506	6.2
税金总额	亿元	1 513	21.6
从业人员	万人	1 001	6.5
固定资产投资	亿元	9 592	5.7
电子信息产品进出口总额	亿美元	11 868	5.1
其中：出口额	亿美元	6 980	5.6
进口额	亿美元	4 888	4.5
二、软件业			
软件业收入	亿元	24 793	27.3
三、主要产品产量			
手机	万部	118 154	4.3
微型计算机	万台	35 411	10.5
彩色 电视机	万台	12 823	4.8
集成电路	亿块	823	14.4

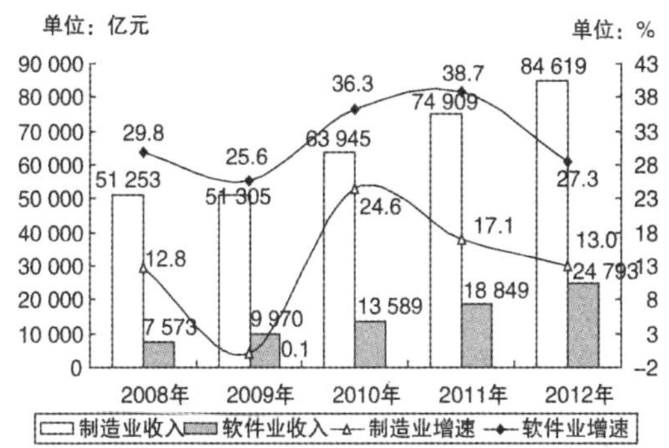

图 1 2008—2012 年中国电子信息产业收入规模

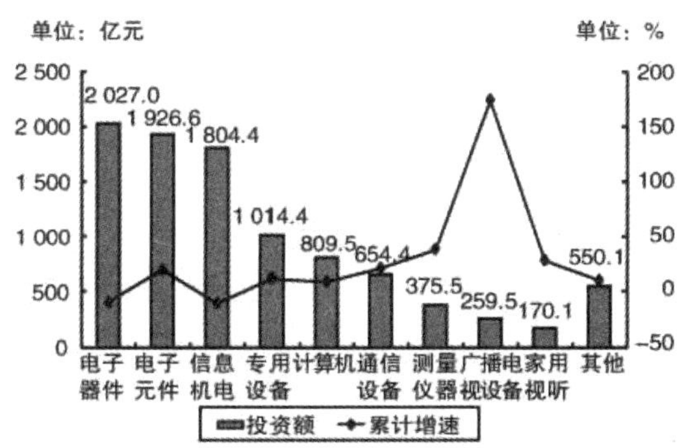

图 2 2012 年中国电子信息制造业与全国工业增加值累计增速对比

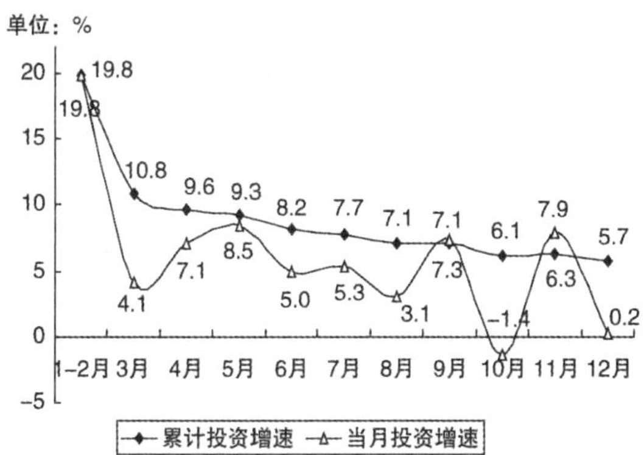

图 3 2012 年中国电子信息产业固定资产投资增速

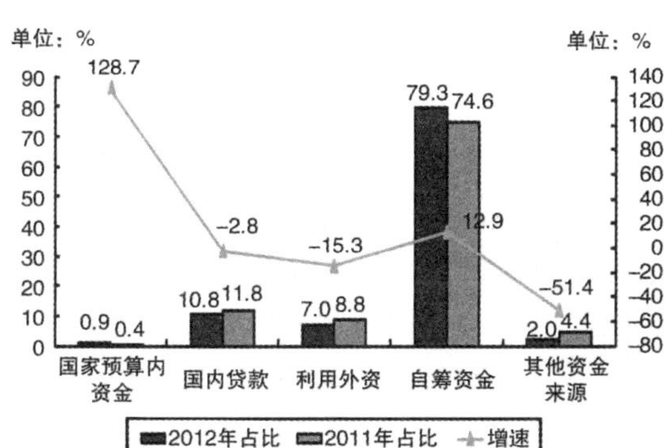

图 4 2012 年中国电子信息产品累计出口额及增速

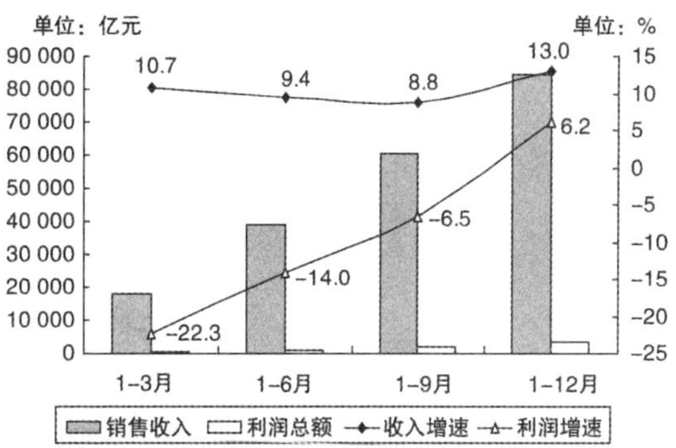

图 5 2012 年中国规模以上电子信息制造业收入及利润情况

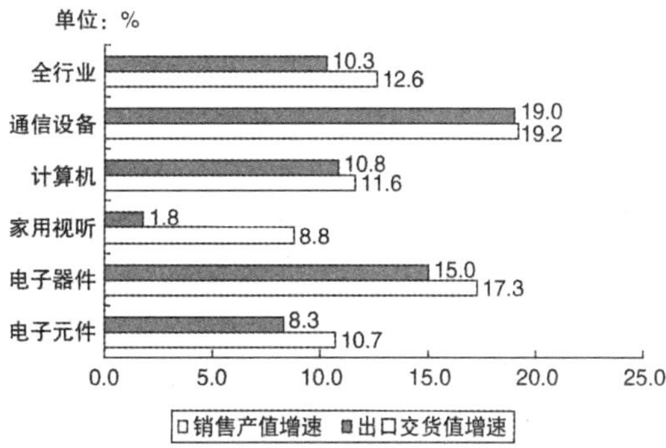

图 6 2012 年中国电子信息制造业主要行业发展态势对比

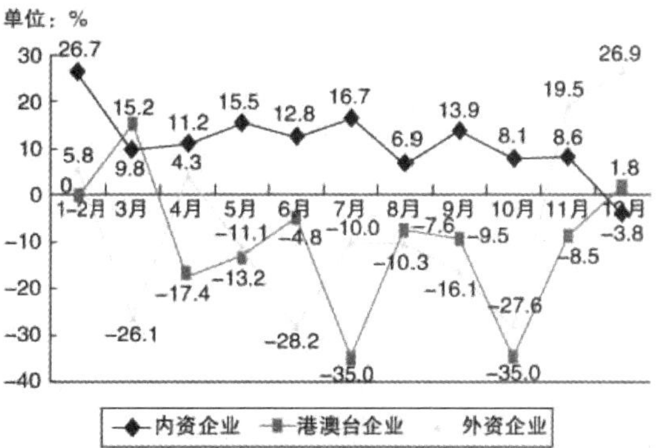

图 7 2012 年中国电子信息制造业内外销产值累计增速对比

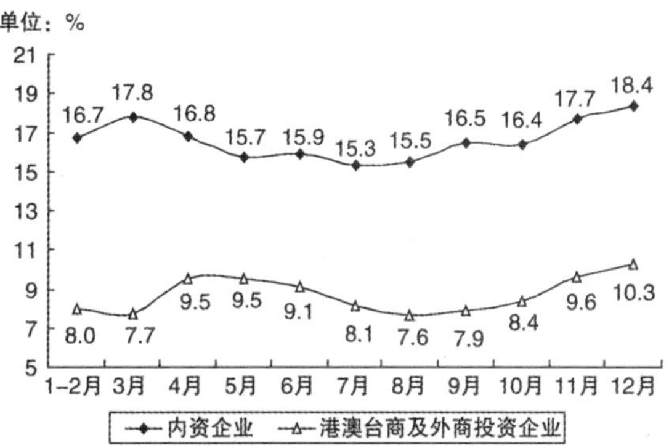

图 8 2012 年中国电子信息制造业不同性质企业销售产值累计增速对比

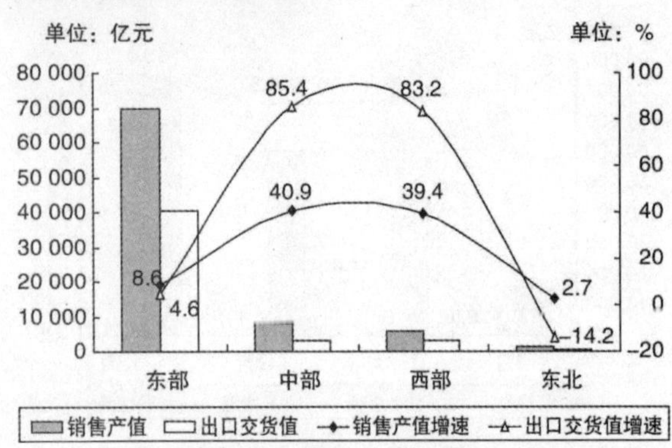

图 9　2012 年中国东、中、西、东北部电子信息制造业发展态势对比

[供稿：工业和信息化部运行监测协调局]

第 27 届电子信息百强企业发展评述

根据国家统计局批准的 2012 年全国电子信息产业统计年报数据，经地方主管部门核对，第 27 届电子信息百强企业名单正式揭晓。华为技术有限公司已连续 5 届蝉联榜首，联想控股有限公司、中国电子信息产业集团有限公司分列第二、第三名。本届百强企业的发布，仍以企业规模、效益、研发投入等多项指标进行综合评价。

2012 年是中国全面落实“十二五”规划承上启下的关键一年，也是电子信息产业加快转型升级、深化与传统行业融合的重要一年。在国际国内政治经济形势复杂多变、电子信息产业整体增速放缓的背景下，百强企业积极发挥龙头与骨干作用，以科学发展观为指导，以增强核心竞争力为目标，加快落实创新驱动、集约高效、环境友好、惠及民生和内生动力的发展要求，继续在行业发展中保持领先地位，为增强中国电子信息产业整体实力、创建电子和信息强国作出了积极贡献。

规模实力再上新台阶

本届百强企业主营业务收入 19 565 亿元，比上届增长 11.1%，占行业总量接近 1/4；资产总额比上届增长 15%，平均资产规模增长是行业平均水平的 56 倍，收入规模是行业平均水平的 38 倍。其中，收入规模超过 100 亿元的企业有 36 家，超过 200 亿元的企业有 16 家，超过 1 000 亿元的企业有 4 家，分别比上届增加 2 家、1 家和 1 家。

经营效益创出新水平

本届百强企业共实现利润总额 812 亿元，占行业总量比重达到 23.2%，销售利润率为 4.2%，高于行业平均水平 0.2 个百分点。其中，销售利润率超过 5%的企业有 48 家，超过 10%的有 12 家，分别占百强企业利润总额 65%和 30%。其中杭州海康威视数字技术股份有限公司的利润率超过 30%，名列百强之首。百强企业的运营周转能力、资金保障能力以及成本费用管控能力进一步增强，资产和库存的周转次数、资产负债率和利息保障倍数均好于行业平均水平。

国际发展迈上新层次

本届百强国际市场开拓能力进一步增强，市场地位日益巩固。联想集团已超越惠普成为全球第一大 PC 供应商，华为、中兴的手机市场占有率已跻身全球前十强；企业由“产品”走出去向“工厂”和“服务”走出去转变态势明显，利用国际并购实现“资本”走出去步伐加快，本届百强有 1/10 以上的企业，通过收购或并购海外企业，提升本企业的国际影响力。

百强企业共完成出口交货值比上届增长 12.3%，增速高于行业平均水平 2 个百分点，占全行业比重超过 10%，是带动中国电子信息产品出口增长的重要力量。

从出口规模看，华为、中国电子和中兴通讯的出口交货值居前三位；从主要产品看，计算机、彩电、手机、集成电路仍是出口的主要力量，同比分别增长 39.0%、16.9%、2.3%和 5.5%；占全行业出口比重均超过 50%以上。

研发创新取得新成果

本届百强企业研发投入比上届增长 14.5%，研发投入比重达到 5.1%，比上届提高 0.2 个百分点，高于全国工业平均水平 3 个百分点以上。其中，研发投入强度超过 5%的企业有 31 家，超过 10%的有 7 家，本届百强研发投入最高水平接近 30%。研发人员比上届增加 1.3 万人，占比达到 20.8%，比上届提高 1.2 个百分点。

截止到 2012 年末，本届百强企业共拥有专利总量 13.3 万件，比上届增加 3.3 万件。其中，发明专利占比超过 50%。中兴通讯以 3 906 项专利申请在世界知识产权组织（WIPO）公布的 2012 年全球 PCT 申请排行中再次位居榜首；多家百强企业参与的多项关键技术及产业化应用等研究项目荣获国家科学技术进步奖。

转型升级凸显新趋势

百强企业作为带动产业发展的排头兵，始终坚持创新引领、应用驱动和融合发展的指导思想，不断深化技术和产品应用，积极拓展国内需求，引导产业向价值链高端延伸，为提升产业核心竞争力作出了突出贡献。在产品和业务结构方面，积极推进集成化、平台化、融合化和多元化，“产品+应用+服务”一体化解决方案的运营模式迅速发展，行业领域的渗透性不断增强，服务平台的支撑作用日益突出；在市场结构方面，既加大巩固外需市场力度，又努力开拓内需市场。此外，还不断推出绿色产品、高附加值产品和贴近民生的电子信息产品。

在产业链延伸方面，通过产业链垂直整合和延伸，有效提升了企业的业务协同效益及整体竞争实力。中国电子以整机为龙头，垂直整合玻璃基板、驱动 IC 及面板等上下游环节；京东方积极与国内外上下游企业共同开展配套攻关；大唐电信业务向 4G 网络终端芯片领域拓展；华虹集团业务向集成电路芯片设计和系统应用领域延伸；晶龙集团打造从晶体生长到太阳能发电系统安装建设的完整链条等。

践行责任作出新贡献

本届百强企业全年上缴国家税金 978 亿元，同比增长 5.9%，占行业比重 60%以上；拉动就业 152 万人，比上届增加 11 万人，增速超过行业平均水平，占行业比重 15%以上，成为带动行业就业增长的核心力量。在积极承担经济责任、丰富人民物质生活的同时，积极参与环境保护、循环经济、消费者权益保护等公益事业，还利用多方资源和各种途径为社会的和谐发展做出贡献，获得公众广泛认可。如许多企业设立了科学技术发展基金、健康发展基金、文化艺术发展基金等公益基金会，建立政企公众共同支持公益事业的长效机制。联想和中兴还在 2013 年中国本土企业社会责任 50 强中分列第二和第八名。

【统计数据】

2013 年（第 27 届）电子信息百强企业名单

序号	企业名称	序号	企业名称
1	华为技术有限公司	6	海信集团有限公司
2	联想控股有限公司	7	四川长虹电子集团有限公司
3	中国电子信息产业集团有限公司	8	TCL 集团股份有限公司
4	海尔集团	9	北大方正集团有限公司
5	中兴通讯股份有限公司	10	比亚迪股份有限公司

续表

序号	企业名称	序号	企业名称
11	浪潮集团有限公司	42	惠州市华阳集团有限公司
12	京东方科技集团股份有限公司	43	陕西电子信息集团公司
13	创维集团有限公司	44	株洲南车时代电气股份有限公司
14	亨通集团有限公司	45	福建省电子信息（集团）有限责任公司
15	同方股份有限公司	46	福州福大自动化科技有限公司
16	南京南瑞集团公司	47	中芯国际集成电路制造（上海）有限公司
17	康佳集团股份有限公司	48	东软集团股份有限公司
18	宝胜集团有限公司	49	歌尔声学股份有限公司
19	上海贝尔股份有限公司	50	天康集团
20	武汉邮电科学研究院	51	益阳科力远电池有限责任公司
21	永鼎集团有限公司	52	大连辽无二电器有限公司
22	晶龙实业有限公司	53	大连环宇阳光集团
23	航天信息股份有限公司	54	沈阳先锋计算机工程有限公司
24	通鼎集团有限公司	55	浙江大华技术股份有限公司
25	许继集团有限公司	56	中冶赛迪集团有限公司
26	四川九洲电器集团有限责任公司	57	铜陵精达铜材（集团）有限责任公司
27	中天科技集团有限公司	58	紫光股份有限公司
28	江苏宏图高科技股份有限公司	59	普天东方通信集团
29	宇龙计算机通信科技（深圳）有限公司	60	中国四联仪器仪表集团有限公司
30	骆驼集团股份有限公司	61	震雄铜业集团有限公司
31	河南森源集团有限公司	62	中国华录集团有限公司
32	富通集团有限公司	63	北京华胜天成科技股份有限公司
33	中利科技集团股份有限公司	64	上海华虹（集团）有限公司
34	深圳华强集团有限公司	65	深圳市兆驰股份有限公司
35	天津中环电子信息集团有限公司	66	广东生益科技股份有限公司
36	深圳市普联技术有限公司	67	长飞光纤光缆有限公司
37	杭州海康威视数字技术股份有限公司	68	江苏新潮科技集团有限公司
38	共青城赛龙通信技术有限责任公司	69	深圳市神舟电脑股份有限公司
39	浙江富春江通信集团有限公司	70	横店集团东磁有限公司
40	广东无线电集团有限公司	71	扬州曙光电缆股份有限公司
41	惠州市德赛集团有限公司	72	哈尔滨光宇集团股份有限公司

续表

序号	企业名称	序号	企业名称
73	宜昌劲森光电科技股份有限公司	87	深圳市航盛电子股份有限公司
74	大唐电信科技股份有限公司	88	深圳市康冠技术有限公司
75	侨兴集团有限公司	89	浙大网新科技股份有限公司
76	深圳市共进电子股份有限公司	90	大恒新纪元科技股份有限公司
77	河南环宇集团有限公司	91	中航光电科技股份有限公司
78	双登集团股份有限公司	92	南通华达微电子集团有限公司
79	宁波韵升股份有限公司	93	浙江晶科能源有限公司
80	威海北洋电气集团股份有限公司	94	华润微电子有限公司
81	国电南京自动化股份有限公司	95	天津力神电池股份有限公司
82	风帆股份有限公司	96	天马微电子股份有限公司
83	浙江天乐集团有限公司	97	浙江南都电源动力股份有限公司
84	深圳欧菲光科技股份有限公司	98	河南科隆集团有限公司
85	山东鲁鑫贵金属有限公司	99	海太半导体（无锡）有限公司
86	广东汕头超声电子股份有限公司	100	江西省电子集团有限公司

[供稿：工业和信息化部运行监测协调局]

2013年（第12届）中国软件业务收入前百家企业

根据国家统计局批准的中国软件产业统计年报显示，华为技术有限公司以软件业务年收入1 018亿元的业绩连续十二届蝉联前百家之冠，海尔集团和浪潮集团有限公司分列第二、第三名。

企业实力持续增强

规模迈上新台阶 本届百家企业入围门槛从上一届的6.03亿元升至7.79亿元，增长29%；实现软件业务收入合计达3 667亿元，比上一届增长7.8%；排名第一的华为软件业务收入首超千亿元，增长19.7%，增速比上年提高16.9个百分点；前10家企业实现软件业务收入1 974亿元，增长20.5%。

效益水平明显提升 本届百家企业利润总额达654亿元，同比增长22.5%，扭转了上一届百家利润下滑的局面；主营销售利润率上升至9.7%，比上届提升1.5个百分点，其中利润率超过20%的企业有19家，比上一届增加1家。

市场竞争力进一步增强 本届百家企业把握市场机遇，加快创新和应用，在各自领域内的市场地位得以提升。如在安防领域，海康威视、大华等企业不但在国内稳居前列，在国际市场排名也不断上升；用友软件在高端市场的产品和服务已实现可替代SAP、Oracle等国际厂商；在导航领域，高德地图一举超越谷歌地图，占据中国手机地图市场首位。

科技创新能力不断提高

研发投入持续增加 本届百家企业投入软件研发人员 24 万人，比上一届增加 4 万人，增长 20%；投入软件研发经费 628 亿元，比上一届增长 17.8%，高出百家企业收入增长 10 个百分点；研发经费占主营业务收入比重达到 9.5%，比上一届高出 1.3 个百分点。

核心技术和重点产品实现突破 本届百家企业立足自有优势领域，加快技术创新，取得可喜成果。特别是多家企业承担国家核高基等重大科研项目取得突破，如浪潮集团成功研制天梭 K1 系统，打破了信息化网络核心装备受制于人的局面，使中国成为继美、日之后第三个掌握新一代主机技术的国家。南瑞集团联合业内多个知名软件企业，成功研制出国内首个拥有完全自主知识产权的通用实时数据库，打破了国外垄断，带动了工业自动化软件发展。

转型升级初见成效

产业链整合能力得到提升 近年来，软件业产业链垂直整合趋势明显，“软+硬+服务”的一体化综合能力成为竞争的核心。本届百家企业通过加强与国内外高校、科研机构、上下游企业的产、学、研合作，加快产业链的整合和构建。如北洋集团联合清华物联网中心等单位开展物联网研究协作，将各方技术和产业优势集中起来，成功运营了“智慧威海”项目。用友软件进入基础软件领域，从单一“应用软件”发展到目前的“应用软件与服务+应用平台+基础软件”的产业结构。

新兴领域应用取得新进展 云计算、物联网和移动互联网的迅猛增长，带来软件企业快速成长的机遇。随着 2012 年首批国家智慧城市试点名单公布和 32 条城市轨道交通投资规划的批准，本届百家企业加快了在新兴领域的应用步伐。如浪潮集团全面向云计算转型，2012 年完成了贵州等六个省市的云计算战略合作协议签署，同时与哈尔滨等八个省市签署了云计算落地协议。用友于 2011 年底正式发布了用友云平台 V1.0，目前已部署启动了下一代企业计算的研发；海尔 U-home 系统对以往智能家居和智能社区产品进行全新升级；新入围的企业小米移动软件、联动优势科技等公司的快速发展，都得益于其在移动互联网领域的业务增长。

产业服务化转型明显 本届百家企业的软件业务收入中，信息技术服务类收入达到 1 773 亿元，比上一届增长 16.5%，占行业比重达到 48.4%，比上一届提高 3.4 个百分点。本届百家企业中有 45 家企业为信息技术服务类企业，比上届增加 2 家。其中新入围的 21 家企业中，软件产品领域有 8 家，系统集成和数据处理服务领域分别有 8 家和 3 家，IC 设计 1 家，新增信息技术服务类企业明显增多，占比近六成。

产业集聚度不断提高

龙头企业带动作用突出 百家企业以其在各自领域内的优势地位为基础，发挥龙头企业带动作用，建立产业联盟，形成产业园区和产业集群，促进了软件产业的聚集发展。如南瑞集团牵头组建江苏、南京两级智能电网产业联盟，推动建立南京智能电网产业集群，其建设的国内首个智能电网科研产业基地，将于 2013 年上半年竣工投运；新入围的晨讯科技在沈阳建立科技产业园，形成了手机从设计、研发至测试等一体化服务的手机设计产业基地。

地区聚集度进一步提高 本届百家企业有 81 家集中在东部沿海地区，比上一届增加 3 家，其中北京、广东、浙江、江苏分别有 28 家、16 家、10 家和 9 家，占百家企业的 63%；东部 81 家百家企业完成软件业务收入合计 3 269 亿元，占全部百家企业收入的 89%。本届百家企业有 80 家集中在北京、上海及 15 个中心城市，其软件业务收入占百家企业的91%。

国际化进程打开新局面

2012 年，百家企业克服不利国际形势、贸易壁垒和人民币汇率升值等带来的影响，实现软件出口 134 亿美元，出口额与上年水平相当，占软件产业全部出口的 34%。其中嵌入式软件出口增长 13%，软件外包服务出口下滑 9%。

坚持推进国际化战略 百家企业通过推动产品国际对标和国际认证，培育具有国际竞争优势的系列高端产品；通过产业合作、设置分支机构或并购国外企业等方式，抢占海外市场份额，取得可喜进展。如南瑞集团产品已出口到欧美、亚非等 60 多个国家和地区。浪潮集团业务拓展至 44 个国家，集团新设立拉美大区，并在苏丹建成第一个海外云计算中心，目前正在积极跟进俄罗斯等多个国家重大项目，为下一步国际市场开拓打下基础。

社会贡献日益突出

百家企业以占全行业企业总数 0.4%的企业个数，创造出全行业 15%的软件业务收入和 19%的利润；贡献出全行业 29%的税金；吸纳了 65 万软件从业人员，占软件产业全部从业人员的 16%，为促进软件产业发展和推动结构调整发挥了举足轻重的作用。

【统计数据】

表 1　2013 年（第 12 届）中国软件业务收入前百家企业名单

单位：万元

序号	企业名称	软件业务收入	序号	企业名称	软件业务收入
1	华为技术有限公司	10 177 282	26	沈阳先锋计算机工程有限公司	308 115
2	海尔集团公司	3 785 032	27	中冶赛迪工程技术股份有限公司	293 064
3	浪潮集团有限公司	953 682	28	浙江大华技术股份有限公司	291 596
4	北大方正集团有限公司	947 393	29	北京全路通信信号研究设计院有限公司	283 273
5	南京南瑞集团公司	742 043	30	中国软件与技术服务股份有限公司	265 671
6	南京联创科技集团股份有限公司	717 800	31	中国民航信息网络股份有限公司	252 828
7	东软集团股份有限公司	688 389	32	四川省通信产业服务有限公司	248 623
8	中国银联股份有限公司	598 637	33	中科软科技股份有限公司	217 130
9	航天信息股份有限公司	566 275	34	上海贝尔软件有限公司	215 911
10	神州数码系统集成服务有限公司	563 878	35	江苏省通信服务有限公司	210 005
11	海信集团有限公司	553 782	36	软通动力信息技术（集团）有限公司	194 176
12	同方股份有限公司	540 000	37	太极计算机股份有限公司	191 162
13	熊猫电子集团有限公司	527 117	38	山东中创软件工程股份有限公司	190 530
14	北京华胜天成科技股份有限公司	522 859	39	深圳市金证科技股份有限公司	186 507
15	杭州海康威视数字技术股份有限公司	504 624	40	大连环宇阳光集团	185 209
16	福州福大自动化科技有限公司	476 594	41	石化盈科信息技术有限责任公司	185 014
17	株洲南车时代电气股份有限公司	465 764	42	联动优势科技有限公司	181 651
18	武汉邮电科学研究院	443 237	43	福建星网锐捷通讯股份有限公司	178 519
19	用友软件股份有限公司	423 521	44	北京小米移动软件有限公司	173 473
20	杭州恒生电子集团有限公司	380 048	45	深圳市大族激光科技股份有限公司	172 783
21	浙大网新科技股份有限公司	359 375	46	中控科技集团有限公司	171 751
22	东华软件股份公司	347 143	47	四川九洲电器集团有限责任公司	170 638
23	国电南京自动化股份有限公司	343 100	48	江苏集群信息产业股份有限公司	169 715
24	大唐电信科技股份有限公司	319 503	49	博雅软件股份有限公司	161 735
25	上海宝信软件股份有限公司	314 342	50	信雅达系统工程股份有限公司	160 070

续表

序号	企业名称	软件业务收入	序号	企业名称	软件业务收入
51	深圳创维数字技术股份有限公司	156 994	76	东信和平科技股份有限公司	94 861
52	东方电子集团有限公司	156 800	77	北明软件有限公司	94 665
53	大连华信计算机技术股份有限公司	147 353	78	三维通信股份有限公司	93 351
54	广州广电运通金融电子股份有限公司	143 786	79	晨讯科技（沈阳）有限公司	93 330
55	启明信息技术股份有限公司	143 302	80	深圳市紫金支点技术股份有限公司	93 117
56	珠海金山软件有限公司	141 116	81	上海汇付数据服务有限公司	92 593
57	金蝶软件 (中国) 有限公司	134 478	82	成都国腾实业集团有限公司	91 537
58	北京神州泰岳软件股份有限公司	130 685	83	长城信息产业股份有限公司	90 514
59	云南南天电子信息产业股份有限公司	129 340	84	杭州士兰微电子股份有限公司	90 317
60	深圳市怡化电脑有限公司	126 396	85	上海华讯网络系统有限公司	88 957
61	银江股份有限公司	124 135	86	北京宇信易诚科技有限公司	86 376
62	文思海辉技术有限公司	118 875	87	江苏金智科技股份有限公司	83 697
63	一丁集团股份有限公司	116 675	88	亿阳信通股份有限公司	83 647
64	北京握奇数据系统有限公司	112 211	89	博彦科技股份有限公司	81 444
65	江苏南大苏富特科技股份有限公司	107 355	90	广州海格通信集团股份有限公司	81 146
66	福建新大陆电脑股份有限公司	105 990	91	上海电科智能系统股份有限公司	81 119
67	辽宁天久信息科技产业有限公司	105 230	92	北京神舟航天软件技术有限公司	81 006
68	杭州和利时自动化有限公司	104 775	93	天津天地伟业数码科技有限公司	80 521
69	高德软件有限公司	102 850	94	北京启明星辰信息技术股份有限公司	80 437
70	江苏国光信息产业股份有限公司	101 987	95	广州理想电子信息技术有限公司	80 160
71	云南省通信产业服务有限公司	101 864	96	威海北洋电气集团股份有限公司	80 012
72	广联达软件股份有限公司	101 366	97	广州杰赛科技股份有限公司	79 171
73	沈阳易讯科技股份有限公司	99 225	98	先锋软件股份有限公司	79 132
74	北京四方继保自动化股份有限公司	97 862	99	福建富士通信息软件有限公司	78 638
75	珠海全志科技股份有限公司	96 594	100	远光软件股份有限公司	77 978

[供稿：工业和信息化部运行监测协调局]

2013年中国互联网业务收入前百家企业评述

通过对互联网企业2012年营业收入、在线业务（以网站为主）访问量和访问速度等多项指标的统计数据进行标准化和加权求和计算企业得分，取综合得分前100家企业为中国互联网百强。百强企业的主要特点如下：

企业规模大，影响力强

2012年，中国互联网百强营收总规模超过2 000亿元，其中腾讯、阿里巴巴、百度营收过百亿元；网易、搜狐、当当营收超50亿元；营收过10亿元的企业有30余家。腾讯公司创收能力最强，全年营收超过400亿元，占百强企业收入总和近五分之一。

盈利能力卓越，发展潜力强劲

百强中上市公司54家，其中在境内上市18家，在中国香港上市4家，在美国上市32家。上市公司实现净利润逾400亿元，腾讯、百度净利润超百亿元，网易、盛大网络、搜狐、巨人网络净利润超十亿元；上市公司平均净利润率超过25%。

业务覆盖全面，信息获取、商务交易占据主导

百强全面覆盖互联网主要业务。其中，以信息获取、商务交易为主营业务的企业分别有37家和24家，占比超过60%；以网络娱乐为主营业务的企业33家，以交流沟通为主营业务的企业4家。从收入贡献看，以信息获取为主营业务的企业收入规模最大，总收入超过1 000亿元，占百强企业总收入规模一半以上。

地区分布集中，京、沪、粤互联网行业发达

百强的地区分布情况为：北京51家、上海24家、广东14家、浙江4家、江苏3家，基本上全部位于经济发达省份。其中京沪粤三地占比近90%，这在一定程度上反映了互联网行业发展状况与地方经济发展情况的高度关联性。

在线业务访问流量与企业营收相互关联

百强中，所属在线业务访问量最大的前十家网站分别是腾讯、百度、淘宝、搜狐、360安全导航、新浪、网易、新浪微博、凤凰网、hao123。访问流量“二八”现象明显，即不到20%的大型互联网企业拥有超过80%的网络流量，与百强的收入集中度保持一致。

在线业务速度体验良好，反哺企业价值提升

70%以上的百强企业所属网站的平均首屏时间小于2.4秒，优于测速结果前百家网站平均2.491秒的首屏时间。这说明大部分百强企业重视包括速度在内的用户体验，注重硬件基础设施、服务带宽、软件优化等方面的投入，以优质用户体验反哺企业价值提升。

【统计数据】

表1 2013年中国互联网百强企业名单

序号	企业名称	序号	企业名称
1	腾讯（深圳市腾讯计算机系统有限公司）	4	网易（网易公司）
2	阿里巴巴（阿里巴巴集团）	5	搜狐（搜狐集团）
3	百度（百度公司）	6	新浪网（新浪公司）

续表

序号	企业名称	序号	企业名称
7	奇虎 360（北京奇虎科技有限公司）	38	搜房网（北京搜房科技发展有限公司）
8	盛大网络（上海盛大网络发展有限公司）	39	联动优势（联动优势科技有限公司）
9	巨人（上海巨人网络科技有限公司）	40	PPlive（上海聚力传媒技术有限公司）
10	完美世界（完美世界（北京）网络技术有限公司）	41	电驴（上海心动企业发展有限公司）
11	京东（北京京东叁佰陆拾度电子商务有限公司）	42	世纪天成（上海邮通科技有限公司）
12	人人网（人人公司）	43	前程无忧（前锦网络信息技术（上海）有限公司）
13	携程（上海携程商务有限公司）	44	网龙（91）（福建网龙计算机网络信息技术有限公司）
14	凤凰网（北京天盈九州网络技术有限公司）	45	56（广州市千钧网络科技有限公司）
15	优酷网（合一信息技术（北京）有限公司）	46	世纪互联（北京世纪互联宽带数据中心有限公司）
16	4399 小游戏（四三九九网络股份有限公司）	47	汽车之家（北京车之家信息技术有限公司）
17	苏宁易购（苏宁云商集团股份有限公司）	48	中国天气网（北京维艾思气象信息科技有限公司）
18	太平洋电脑网（广东太平洋互联网信息服务有限公司）	49	凡客（凡客诚品（北京）科技有限公司）
19	号码百事通（号百信息服务有限公司）	50	开心网（北京开心人信息技术有限公司）
20	乐视网（乐视网信息技术（北京）股份有限公司）	51	第九城市（上海第九城市信息技术有限公司）
21	世纪佳缘（上海花千树信息科技有限公司）	52	昆仑游戏（北京昆仑万维科技股份有限公司）
22	艺龙（北京艺龙信息技术有限公司）	53	美丽说（北京美丽时空网络科技有限公司）
23	当当网（北京当当科文电子商务有限公司）	54	联众世界（北京联众互动网络股份有限公司）
24	易车网（北京易车信息科技有限公司）	55	金山（金山软件有限公司）
25	新华网（新华网股份有限公司）	56	第一视频、178 游戏网（北京智珠网络技术有限公司）
26	人民网（人民网股份有限公司）	57	豆瓣网（北京豆网科技有限公司）
27	PPS 网络电视（上海众源网络有限公司）	58	2345 网址导航（上海瑞创网络科技股份有限公司）
28	唯品会（广州唯品会信息科技有限公司）	59	58 同城（北京五八信息技术有限公司）
29	亚马逊中国（北京世纪卓越信息技术有限公司）	60	酷我音乐（北京酷我科技有限公司）
30	中关村在线、爱卡汽车（北京智德典康电子商务有限公司）	61	空中网（北京空中信使信息技术有限公司）
31	MSN（上海美斯恩网络通讯技术有限公司）	62	金融界（财富软件（北京）有限公司）
32	美团网（北京三快科技有限公司）	63	麦考林（麦考林公司）
33	智联招聘（北京智联三珂人才服务有限公司）	64	天极网（重庆天极网络有限公司）
34	央视网（央视国际网络有限公司）	65	聚美优品（北京创锐文化传媒有限公司）
35	酷狗音乐（广州酷狗计算机科技有限公司）	66	光宇游戏（北京光宇在线科技有限责任公司）
36	起凡游戏（上海起凡数字技术有限公司）	67	东方财富网（东方财富信息股份有限公司）
37	迅雷（深圳市迅雷网络技术有限公司）	68	51.com（上海我要网络发展有限公司）

续表

序号	企业名称	序号	企业名称
69	六间房（北京六间房科技有限公司）	85	虎扑体育（虎扑（上海）文化传播有限公司）
70	瑞星（北京瑞星信息技术有限公司）	86	5173（金华比奇网络技术有限公司）
71	银泰电子商务（浙江银泰电子商务有限公司）	87	39 健康网（广州启生信息技术有限公司）
72	17k 小说网（北京中文在线文化传媒有限公司）	88	中华网（北京华网汇通技术服务有限公司）
73	天涯（海南天涯社区网络科技股份有限公司）	89	暴风影音（北京暴风科技股份有限公司）
74	同程网（同程网络科技股份有限公司）	90	焦点科技（焦点科技股份有限公司）
75	百合（北京百合在线科技有限公司）	91	小米网（北京小米科技有限责任公司）
76	大智慧（上海大智慧股份有限公司）	92	拓维信息（拓维信息系统股份有限公司）
77	快钱（快钱支付清算信息有限公司）	93	菲音（广州菲音信息科技有限公司）
78	蘑菇街（杭州卷瓜网络有限公司）	94	多益网络（广州多益网络科技有限公司）
79	和讯网（北京和讯在线信息咨询服务有限公司）	95	绿岸网络（上海绿岸网络科技股份有限公司）
80	东方网（上海东方网股份有限公司）	96	珍爱网（深圳市珍爱网信息技术有限公司）
81	网秦（北京网秦天下科技有限公司）	97	263 在线（二六三网络通信股份有限公司）
82	趣游（趣游（北京）科技集团有限公司）	98	维动网络（广州维动网络科技有限公司）
83	37 玩（上海三七玩网络科技有限公司）	99	大众点评网（上海汉涛信息咨询有限公司）
84	慧聪网（北京慧聪国际资讯有限公司）	100	武神（北京武神世纪网络技术股份有限公司）

[供稿：工业和信息化部运行监测协调局]

2012 年中国电子信息产业固定资产投资情况分析

2012 年以来，中国电子信息产业固定资产投资增速持续大幅回落，结构调整明显，电子元器件等基础领域投资明显放缓、新开工项目持续下降，而广播电视、家用视听、通信设备等领域投资增长突出；东部地区和外资企业在电子信息领域的投资下滑态势突出，但中部地区和民间投资增长加快，为下一步电子信息产业结构调整奠定了基础。

运行特点

投资增速大幅下滑，创近年来最低水平 2012 年，电子信息产业 500 万元以上项目完成固定资产投资额 9 591.5 亿元，同比增长 5.7 %，增速低于上年 45.8 个百分点，低于同期工业投资 14.3 个百分点，创近十年来增长最低水平。分季度看，投资增长呈显著下滑态势，

1—4季度增速分别为10.8%、6.8%、5.3%和2.1%。2012年，电子信息产业形成新增固定资产6 664亿元，同比增长13.1%，低于上年66.5个百分点。

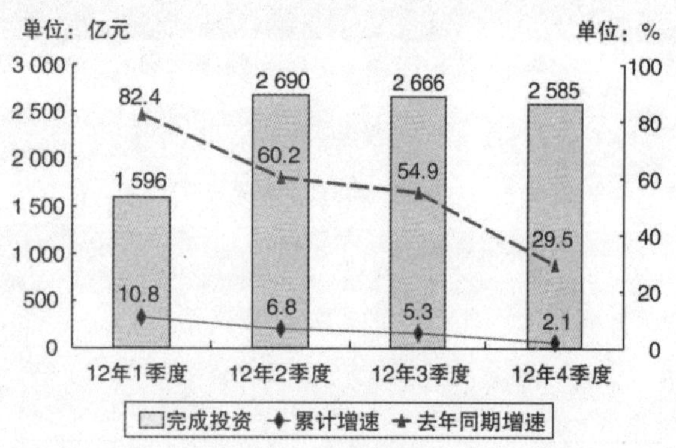

图1　2012年各季度中国电子信息产业固定资产投资增长情况

电子器件和信息机电行业投资走低，广播电视设备行业增势明显　2012年二季度开始，电子器件和信息机电行业投资先后出现下降，全年降幅分别为9.9%和10.8%；其中，半导体分立器件投资下降10.2%，光电器件下降3.3%，光伏及电池领域下降近9%，光纤光缆下降18%。计算机、电子专用设备和电子元件行业投资增长处于低位，分别增长8.5%、12.1%和19.4%。广播电视行业投资全年始终保持100%以上的高速增长，增速高于上年110.5个百分点，完成投资额260亿元。家用视听设备和通信设备投资增长较快，增速分别为28.3%和21%，高出全行业投资22.6和15.3个百分点。

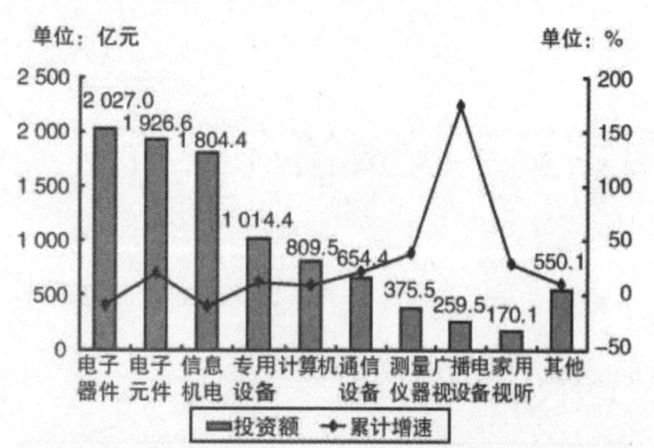

图2　2012年分行业固定资产投资情况

新开工项目增长趋缓，电子器件和信息机电行业项目减少　2012年，电子信息产业新开工项目7 571个，同比增长8.8%，增速比上年下降44.3个百分点。其中电子器件和信息机电行业新开工项目数量出现下降，电子元件、专用设备及通信设备领域新开工项目与上年相比增长不大，广播电视设备、计算机和电子测量仪器行业新开工项目数增长超过100%。

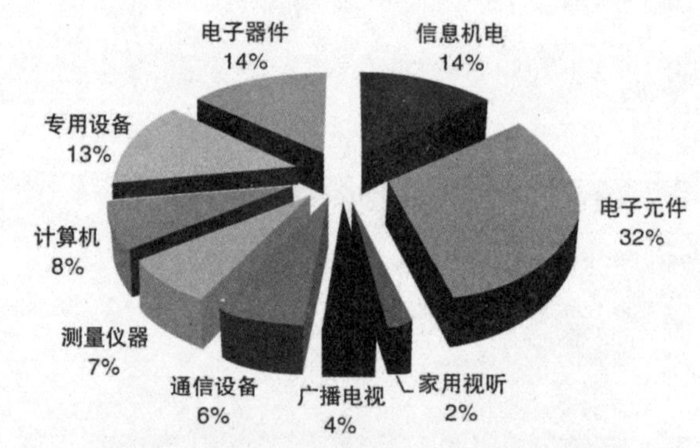

图3　2012年投资新开工项目分布情况

资金到位速度回落，国内贷款和利用外资下滑　2012年，电子信息产业投资的到位资金10 334亿元，同比增长6.3%，增速比上年下降48个百分点，比全国水平低12.3个百分点。其中国内贷款和利用外资分别下滑2.8和15.3个百分点，占全部到位资金比例下降1和1.8个百分点；自筹资金增长12.9%，占比79.3%，比上年上升4.7个百分点。

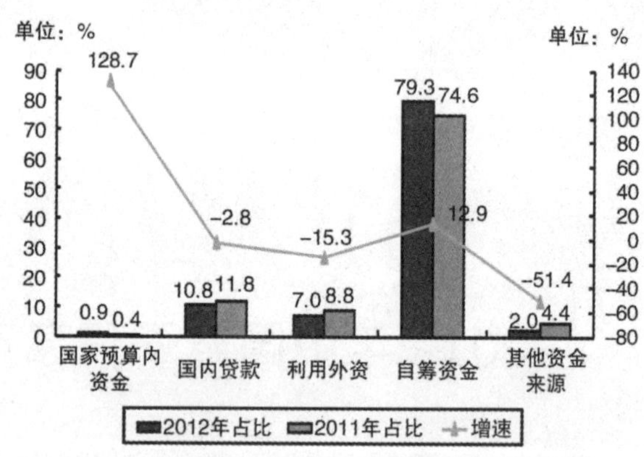

图4　2011—2012年电子信息产业投资资金来源情况

东部地区投资持续下降，中部地区投资增长较快　2012下半年以来，东部地区投资持续下滑，全年完成投资5 031亿元，同比下降5.1%，其中北京下降超过60%，天津、上海、浙江和广东投资均不同程度下降。中部地区投资增长突出，全年完成投资2 851亿元，同比增长29.1%，其中湖南增长超过100%，湖北增长超过

50%。西部地区完成投资 1 277 亿元，同比增长 5.1%。东北三省完成投资 432 亿元，同比增长 22.3%，扭转了上年的下滑局面。

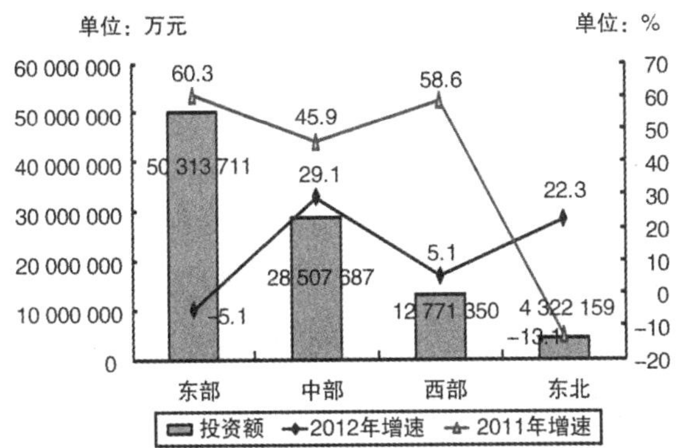

图 5　2012 年分区域电子信息产业投资情况

外资企业投资缓中趋稳，民间投资保持活跃　2012 年，中国香港、澳门、台湾地区和外商企业分别完成投资 882 和 1 153 亿元，同比下降 12.2%和 8.4%，但 11、12 两个月增速明显回升，12 月分别增长 1.8%和 26.9%。内资企业完成投资 7 556 亿元，同比增长 10.9%，其中股份有限公司和私营企业投资增速超过 30%，在内资企业全部投资中占比上升 8.3 个百分点。

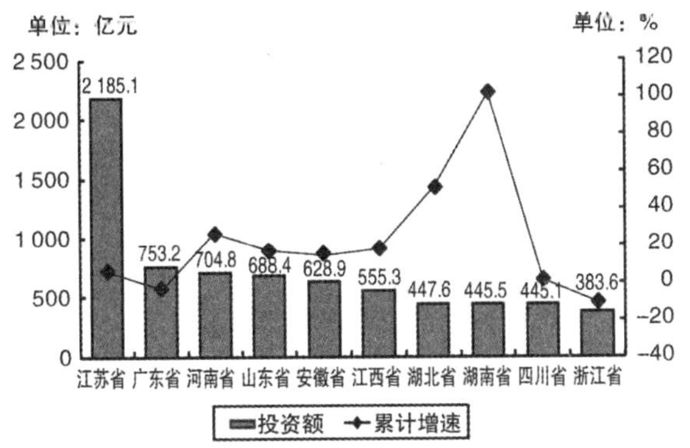

图 6　2012 年前十位省市固定资产投资情况

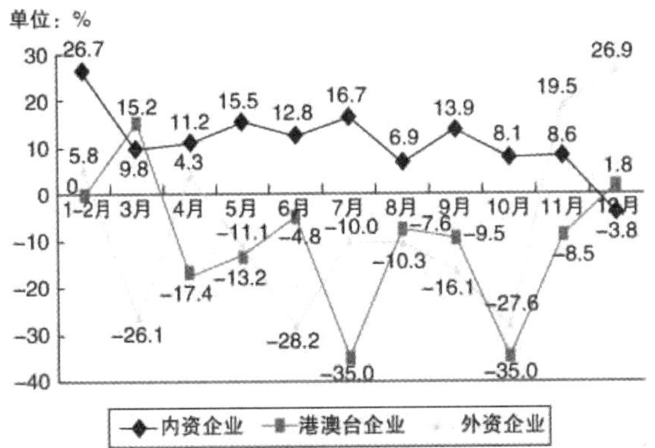

图 7　2012 年各类型企业投资增长情况

值得关注的问题

缺乏培育产业增长点的长效投资机制　中国电子信息产业的薄弱环节在于产业自主创新能力较弱，高端产品和基础产品缺乏。提升产业自主创新能力，需要建立适应新形势和新情况的产业技术进步机制，相应要加大针对电子信息产业重大关键技术的长期持续投资，并提高研发与产业化应用的结合度，达到培育产业新增长点的目的。但目前，中国电子信息产业投资中短视化现象严重，大量资金都在短期内集中到所谓“热点领域”，常出现一拥而上、低水平重复建设的问题，又在市场出现过剩后迅速撤出。

下游需求低迷、原材料价格上涨，极大影响了基础行业的投资　近年来，中国电子信息整机产品消费市场不旺，据北京中关村电子市场指数的监测显示，电子市场整体持续低迷，与上年同期相比，暑期未能迎来销售高峰，三、四季度持续低迷走势，IT 产品整体市场的价格及景气指数持续下滑。下游市场需求低迷，部分电子信息基础元器件需要的贵金属持续涨价，加之上一年度大幅度的产能扩张，导致 2012 年以来基础电子元器件行业投资放缓明显，预计这种情况短期内难以改善。

2013 年形势展望

支撑投资稳定增长的有利因素

一是宏观经济形势向好，产业发展环境不断改善。国内公布的一系列宏观经济数据都表露出经济企稳回升的势头，一些主要的先行指标出现好转，国内通货膨胀压力减缓，宏观经济形势好转的趋势基本确立。党的十八大胜利召开，确定了加快推进工业化、城镇化、信息化和农业现代化的发展道路，要求加快转变经济发展方式，将为电子信息产业发展带来广阔的市场空间。

二是落实战略性新兴产业发展战略将培育产业新增长点。2010 年 10 月，国务院发布《关于加快培育和发展战略性新兴产业的决定》，目前正是这一决定从层层落实到逐步落地的关键时期。十八大报告中又适时提出“推动战略性新兴产业、先进制造业健康发展”的决策，将进一步促进新一代信息技术产业的投资持续增长。

三是深化税制改革有利于引导资金投向高科技企业。近年来，中国税制改革持续深化，将加大结构性减税力度，并简化税制，减少重复征税。从2013年起取消固定资产投资调节税（即投资税），有利于鼓励投资，减少投资者的顾虑。同时，国家加强创新型高科技企业的税收优惠政策，将有利于提高对电子信息产业投资的积极性。

四是电子信息产业企稳回升将对投资产生正面影响。根据工业和信息化部对电子信息产业全年主要指标监测结果显示，电子信息产业主营业务收入增速连续回升，进出口总额增速呈上升态势，效益状况持续好转，预警指数已连续多月趋稳，等待时机逐步回升，这对于企业恢复投资意愿有较大的正面影响。

不利于投资增长的因素

一是国际市场难有起色，投资信心受到影响。电子信息产业与国际市场形势高度相关，短期内国际经济形势难有起色，将直接影响到电子信息产业的投资信心。2012年10月底，国际货币基金组织（IMF）、经济合作与发展组织（OECD）、世界银行、世界贸易组织（WTO）、国际劳工组织等五大国际组织负责人在柏林举行会谈，会后发表联合声明表示，当前全球经济增长前景令人担忧。其根源在于：美国经济在飓风影响后有进一步衰退的危险，欧洲经济未见起色，日本经济形势依然严峻，新兴经济体面临通胀压力加大的风险。

二是货币流动性仍偏紧，融资成本较高。尽管国内通胀压力有所减缓，货币供应总体保持稳定，但是宏观调控在货币方面将继续保持偏紧的政策倾向，广义货币M2和信贷增量宽松度不足。同时，由于预期实际利率转正，将使外部融资的真实成本上升，企业投资的意愿将受到抑制。

三是电子信息产业贸易摩擦加剧，出口能力受到影响。据有关部门分析，中国遭受的贸易摩擦中近一半是机电产品，且摩擦形势走向复杂。一方面摩擦涉及的领域拓宽，国外对中国贸易摩擦涉案产品已逐渐从传统低端产品延伸到高端；另一方面，产生贸易摩擦的国家和地区有增多趋势，除欧盟、美国等国家和地区外，新兴经济体对华贸易诉讼开始增多。同时，摩擦国采取的措施开始由单一走向系统和综合，一些本土性政策已成为国外质疑中国补贴政策的关注点，这都增加了企业出口的风险和难度。

四是电子信息产业利润率持续低位，投资能力受到限制。2012年，电子信息产业实现利润总额3 506亿元，同比增长6.2%，扭转了前三季度持续负增长的态势，但销售利润率4.1%比上年回落0.3个百分点。电子信息企业以中小型企业为主，融资渠道单一，融资能力有限，投资的资金来源多以自筹资金为主，在微利情况下投资能力受到极大限制。

综上所述，预计2013年，电子信息产业固定资产投资增长高于2012年，但增长率仍将低于20%。

[供稿：工业和信息化部运行监测协调局]

2012年中国手机行业发展分析

2012年，面对市场整体低迷和结构变化加快，中国手机企业加快产品结构调整和技术升级，产业整体运行平稳，生产规模小幅提升，外贸出口增势突出，收入增长较快，为中国信息产业的发展起到一定的支撑作用。

基本情况

生产规模稳步提高 2012年，中国手机产量达到11.8亿部，同比增长4.3%。据市场研究机构统计，2012年全球手机出货量为17.5亿部，中国手机产量占全球出货量比重约为67.4%，比2011年所占比重下降4个百分点。从月度生产走势看，上半年增势相对平稳，下半年增速波动较大。

出口增速保持领先 2012年，中国手机出口呈现较快增长态势。据海关统计，全年手机出口10.1亿部，同

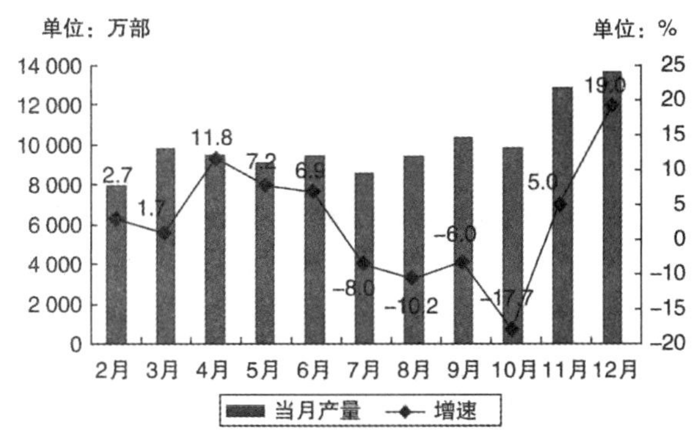

图1　2012年中国手机月度产量情况

比增长15.9%；出口金额810亿美元，同比增长29.1%，比电子产品整体出口增幅高23.5个百分点。累计出口额增速始终高于同期全行业平均出口增速，是拉动电子信息产品出口增长的主要力量。

经济效益稳中有升　2012年，在市场需求快速增长带动下，中国移动通信及终端设备制造业经济效益整体状况良好，共实现主营业务收入7 725亿元，同比增长25.8%；实现利润总额270.8亿元，同比增长7.1%，增速高于电子制造业平均水平8个百分点。行业利润率达到3.5%，比上年下降0.2个百分点，但低于电子制造业平均水平0.6个百分点。

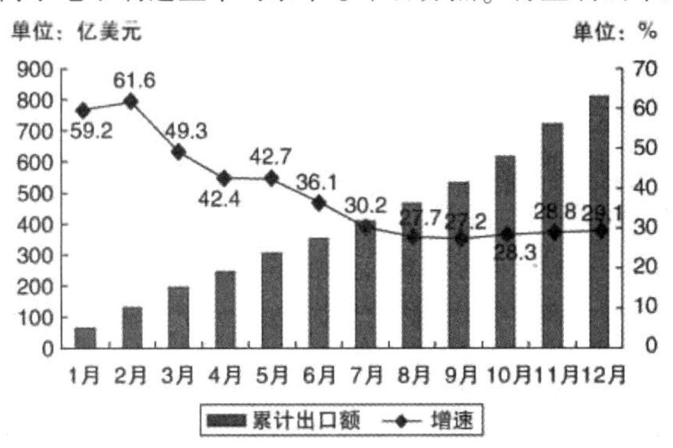

图2　2012年中国手机累计出口额情况

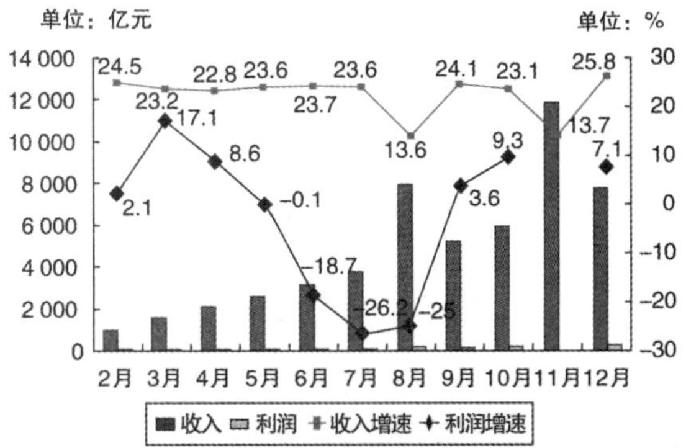

图3　2012年中国移动通信及终端设备制造业效益情况

投资增速波动明显　2012年，中国移动通信及终端设备制造业累计完成固定资产投资312.5亿元，同比增长4%，增速低于电子信息行业平均水平1个百分点。从走势来看，行业投资增速从3月开始持续走低。从投资领域来看，企业的投资重点从生产领域向上下游转移，主要包括上游的芯片、设计、软件以及下游的运营和增值服务等。

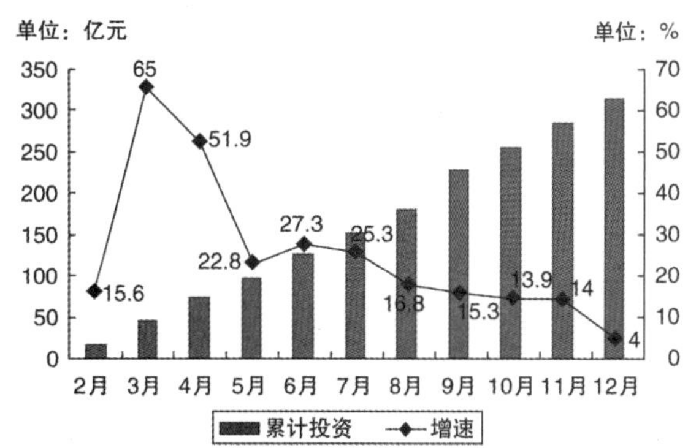

图4　2012年中国移动通信及终端设备制造业投资完成情况

运行特点

3G用户快速增长，手机普及率超全球平均水平　2012年，中国移动电话用户净增12 590.2万户，达到111 215.5万户。其中，3G用户净增10 438.0万户，达到23 280.3万户，用户渗透率由上年末的13%提升至20%。移动电话普及率达到82.6部/百人，比上年末提高9.0部/百人，超过全球平均水平。

中国跃居全球最大智能手机市场，智能手机成为主流产品　随着用户对智能手机认知普遍提升和智能手机价格不断下降，智能手机在中国迅速普及，市场销量不断攀升。据赛迪顾问数据显示，2012年第一季度，中国智能手机市场销量达到3 183.9万部，首次超过美国，跃居全球第一大智能手机市场。

据中国电信研究院公布的2012年1—8月中国手机行业运行状况显示，中国智能手机出货量达到13 824.5万部，占同期手机市场出货量的50%以上。智能手机首次超过功能机，成为市场的主流产品。

互联网企业纷纷涉足智能手机领域　随着智能手机

市场进入门槛的降低以及智能手机的广泛应用，互联网厂商开始涉足智能手机领域。从阿里巴巴推出“云手机”全面布局云计算，到小米公司推出“小米手机”在市场中的热销，再到奇虎360特供机的不断造势，互联网企业推出智能手机已成为智能手机领域的热点。

全球手机市场竞争加剧 市场研究公司IDC发布的数据显示，2012年，诺基亚智能手机出货量由2011年的7 700万部下滑至3 500万部；HTC出货量由4 400万部下滑至3 300万部；黑莓智能手机出货量由5 100万部滑落至3 300万部。反之，国产手机企业在智能手机市场取得了突破性进展。2012年第四季度，华为以4.9%的市场份额成为全球第三大智能手机制造商，中兴则以4.3%的份额位列第五。在第四季度全球五大智能手机厂商中，中国手机厂商占据两个席位，表明国产手机正在走向世界。

值得关注的问题

技术研发实力薄弱 近年来，国产手机快速发展，市场占有率不断提高，已从“贴牌”生产进入核心技术研发层面，在技术开发上与世界先进水平的距离正在缩短。但由于国内手机生产企业发展时间短，技术积累不足，与众多外资手机企业相比，总体技术水平仍远落后于外资企业，核心技术几乎全部掌握在外资手机厂商中。国产手机企业尚未完全掌握制造移动电话的基带芯片、射频芯片、软件等核心技术，更多是扮演组装厂的角色，这种模式缺乏长期持续发展的能力。

竞争秩序亟待规范 2012年上半年，中国出口手机产品的本土企业从不到480家增加到560多家，大部分企业还处于拼装、贴牌阶段。国内手机行业竞争不断加剧，除行业内原有企业外，其他行业如计算机、音响甚至煤炭等企业都纷纷投资进入。随着手机产业成熟度越来越高，竞争模式与前一阶段相比已发生很大改变，资金已不是竞争中的关键因素，创新、技术、服务以及对产业发展趋势的把握等的重要性日益凸显。

产品质量有待提高 技术方面的不成熟与竞争秩序的混乱给国产手机直接带来质量问题，这也成为制约国产手机进一步发展的重要瓶颈。国内手机厂家为了满足市场对新款手机样式的需求，极力缩短手机从研发制造到上市的时间，导致部分产品质量不稳定，返修率较高，用户对于手机质量的投诉不断增加。目前手机投诉的绝对数量已列居各电子类产品之首。

未来展望

据Gartner发布的报告显示，2012年全球手机出货量达到17.5亿部，增速比2011年回落1.7个百分点，但智能手机仍取得较快发展，第四季度全球智能手机出货量达到2.08亿部，同比增长38.3%，成为带动手机市场增长的主要力量。从未来市场发展态势看，智能手机对全球手机市场仍将发挥积极的支撑作用，发达地区对高端机型有较强需求，新兴经济体对低成本机型需求旺盛。2013年，全球手机市场需求支撑因素依然较强，预计全年出货量为19亿部，其中智能手机出货量接近10亿部，比重将达到52.6%。

在全球手机小幅下滑的背景下，2012年中国手机终端销量呈现小幅增长，主要受益于用户对千元智能机的强烈需求以及手机终端厂商和互联网厂商对中低端智能机销售的大力推动。随着智能手机厂商对市场份额的争夺日益激烈，低端智能手机的价格战将持续，国内厂商生产的享受运营商补贴的智能手机将进一步支持手机用户向智能手机的迁移，从而带动智能机出货量的增长。同时，随着市场对4G牌照发放预期的增加，2013年支持4G网络的手机将有一定比例的增长。

综合上述因素，预计2013年中国手机行业将继续保持小幅增长。

[供稿：工业和信息化部运行监测协调局]

2012 年中国彩电行业发展分析

受全球经济不景气、中国经济下行、居民消费信心不足等多种因素的影响，2012 年上半年，中国彩电市场持续低迷；下半年，随着家电节能产品惠民工程的持续推进和传统“十一黄金周”销售旺季的到来，彩电市场持续回暖，全年实现稳步增长。

基本情况

产业规模进一步扩大，生产增速逐季向好 2012 年，中国家用视听行业实现销售产值 5 361 亿元，同比增长 8.8%。月度生产增速震荡上扬，与全行业平均增速水平差距逐步收窄，从年初的相差 10.7 个百分点缩小至年底的 3.8 个百分点。从各季度增速看，前四个季度销售产值增速分别为 2.0%、8.2%、10.5%和 14.7%，呈现一路走高态势。

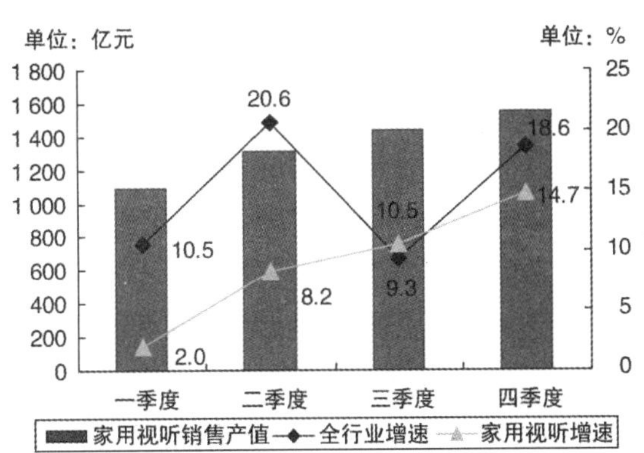

图 1 2012 年中国家用视听行业销售产值各季度增长情况

彩电出口量价齐跌，液晶电视出口单价下滑较快 据海关统计，2012 年中国彩色电视机出口 6 148 万台，同比下降 6.0%；出口额 121.1 亿美元，同比下降 11.4%。其中：液晶电视出口 5 503 万台，占彩电出口量的 89.5%；出口额 116.4 亿美元，占彩电出口额的 96.1%。彩电出口单价从 209 美元/台降至 197 美元/台，下降 5.8%，其中，液晶电视出口单价从 234.8 美元/台降至 211.6 美元/台，下降 9.9%。液晶电视出口单价的大幅下滑是造成彩电出口额下滑的主要原因。

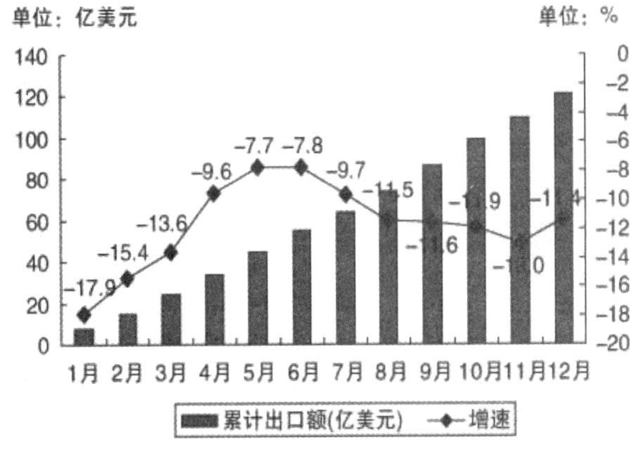

图 2 2012 年中国彩色电视机累计出口额及增长情况

经济效益保持较快增长，利润率低于行业平均水平 2012 年，中国家用视听行业实现主营业务收入 5 576 亿元，同比增长 7.2%；实现利润 188 亿元，同比增长 14.9%，增速高于电子制造业平均水平 15.8 个百分点。行业利润率 3.4%，与 2011 年基本持平，但低于电子制造业平均水平 0.7 个百分点。2012 年，家用视听行业共有亏损企业 187 个，亏损面达 22.1%，高出行业平均水平 3.2 个百分点；亏损企业亏损额同比下降 3.2%。

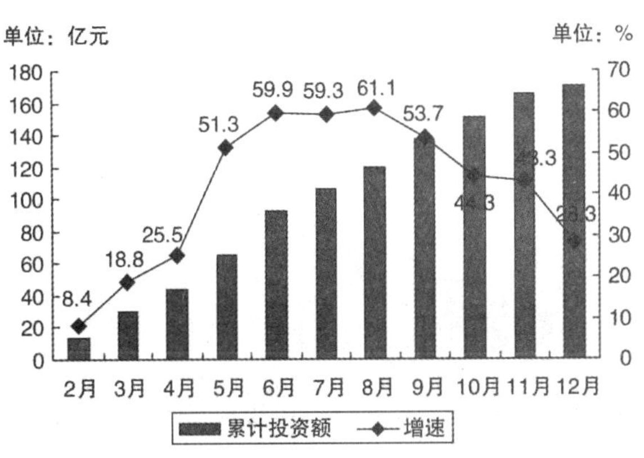

图 3 2012 年中国家用视听行业投资完成情况

投资保持高位增长，全年投资增速呈现倒V型态 2012年，中国家用视听行业累计完成投资170亿元，比上年增加37亿元，同比增长28.3%，高出行业平均水平20个百分点以上。家用视听行业投资额占全行业比重达1.8%，比上年提高0.4个百分点。从走势来看，投资增速呈现两头低中间高态势，从5月至9月，投资增速连续5个月超过50%，8月份投资增速达61.1%，成为年度最高值。

运行特点

内销市场先抑后扬，外销市场持续低迷 2012年上半年开局不利，国内外市场增长均未达到预期，企业经营压力加大。下半年，内销市场明显回暖，连续6个月保持两位数增长；进入第四季度，内销增速基本趋稳。2012年家用视听行业实现内销产值2 828亿元，同比增长16.0%；内销占销售产值比重达52.8%，比重进一步提升。由于中国出口产品中高端产品缺失，无法以产品升级来对抗均价的自然下跌，2012年实现出口交货值2 533亿元，同比增长1.8%。

产品不断升级推动行业结构调整 2012年，中国彩电市场产品结构进一步调整。一方面，智能电视迅速增长，3D电视加速普及。随着有线电视、网络电视等渠道3D节目的增加，3D电视的渗透率已经攀升至30%左右，远高于国际市场平均水平。以海尔、长虹、康佳、TCL、创维、海信为代表的国产品牌由于提前布局，抢占了市场先机；另一方面，大尺寸、超高清平板电视成为消费主流。下半年，UHD超高清电视（俗称4K电视）开始进入市场，创维、康佳、TCL、LG等彩电企业纷纷发布4K超高清电视。

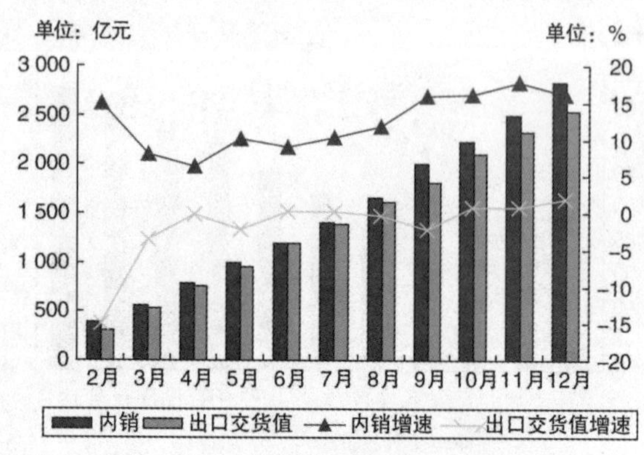

图4 2012年中国彩电行业内外销情况

显像管电视进一步萎缩，平板电视成为中国彩电市场的主体 在平板电视阵营，等离子电视市场进一步萎缩，尽管3D技术的兴起使等离子电视略有起色，但由于松下战略调整，全面退出等离子市场，使等离子电视市场份额加速下滑。截至2012年底，等离子电视市场份额不足2%，而液晶电视占比稳步提升。全年生产液晶电视11 418.3万台，同比增长10.9%，占彩电比重89.0%，比上年提高4.8个百分点。

传统销售渠道空间受挤压，多元化销售渐成趋势 自2011年以来，国美、苏宁等家电连锁巨头纷纷发力电子商务市场，以抢占市场先机，目前中国家电类网上商城超过1 000家，价格优势成为吸引消费者的主要因素。同时，由于国内几家家电网上商城可独立完成家电“节能补贴”的整套流程，使得传统销售渠道在价格、政策上都不再具有优势。国庆节期间，电商的销售份额从上年不足2%上升至5%—6%；“双十一”（11月11日），天猫电器商城单日成交额达28亿元。B2C电商平台帮助商家快速成长，但海尔、TCL以及创维等品牌开始尝试的C2B整合营销模式受到消费者青睐。新兴渠道将与传统渠道优势互补、相互促进，最终使销售渠道朝多元化、立体化方向发展。

值得关注的问题

产业进入低速增长期，规模增长乏力 2012年，家用视听行业销售产值始终为个位数增长，低于全行业平均水平5—8个百分点，实现销售产值占全行业比重不足7%，比上年下降0.2个百分点。彩电市场整体保持低速增长，彩电家庭保有量已基本饱和，新增需求主要来自新购房和更新换代，整体市场容量预计不会有大的增长。

产品价格战日趋激烈 2012年，国内大尺寸彩电价格战更加激烈。以32英寸液晶电视为例，价格已从五年前的4 000元左右降至2012年的1 500—1 700元。同时，年内发生的电商大战在加速销售渠道变化的同时，也增加了产品价格的透明度，为消费者提供了一个比价的平台，从而使得价格战更加白热化。

企业生产成本压力加大 原材料价格、劳动力成本不断上涨，年内人力成本上涨幅度约为20%。上游资源、关键元器件的国外垄断所造成的供应形式、供应量和价格的不确定性加大。连锁渠道地位强势，厂家议价能力完全处于劣势。自6月开始的能效补贴预拨款到位不及时，企业需要提前垫付资金，直接占用企业流动资金。

趋势预测

市场发展趋势 在国际市场，宏观经济总体向好。2013年，尽管全球经济仍处于危机后的调整期，国际市场充满复杂性和不确定性，但全球经济运行中也出现了一些积极变化，发达国家加快推进重整制造业战略，新兴经济体成为全球经济增长的主要动力，世界经济继续向复苏态势发展。据国际货币基金组织预测，2013年全球经济增幅为3.6%，比2012年加快0.3个百分点。

在国内市场，城镇化为扩大内需提供了广阔的增长空间。据统计，2010年中国农村居民消费水平为4 455元，城镇居民为15 907元，城镇居民消费水平是农村居民的3.6倍，按此计算，一个农村居民转为城镇居民，消费需求将会增加1万多元。城镇化进程将带动传统显像管电视机更新换代的需求，新的节能惠民补贴政策将助力彩电的平稳增长。国内楼市的小幅回暖也将直接带动家用视听行业的稳步增长。

产品技术发展趋势 一是苹果公司将引领行业标准。苹果公司拟在2013年推出高清电视产品，这将成为将网络视频内容显示在电视屏幕上的全新标准。

二是“电视+平板+手机”成为未来突破口。2013年，随着移动视频应用成熟以及消费者越来越习惯于使用无线信号传输数字媒体内容的方式，智能手机、平板、电视之间的界限日趋模糊。以索尼和松下为代表的日系品牌率先提出了可与平板电脑联动的智能电视功能，同时支持边看节目边语音聊天功能。韩国彩电企业则采取推进高性能CPU内置到智能电视的方式来提升电视机的综合性能。

三是多核处理器将大行其道。2013年，安卓4.0已经普及，部分电视开始采用安卓4.2平台，系统的升级更新速度将不逊于手机、平板电脑。在“多核芯”时代，智能电视将配备性能强大且量身定做的硬件平台，可以运行复杂的大型APP甚至3D游戏。

四是多屏互动功能将受追捧。电视机屏幕与手机屏幕、平板屏幕相比具有面积大、清晰度高等特点。在智能手机、平板电脑等移动智能终端快速普及的背景下，电视机屏幕和其他屏幕的互动成为重要的发展趋势。通过DLNA、Airpaly、MHL等协议就能在电视机屏幕上欣赏手机、平板电脑上存储的个人多媒体资料，使电视机成为客厅真正的娱乐显示终端。

[供稿：工业和信息化部运行监测协调局]

2012年中国计算机行业发展分析

2012年，在全球经济形势日趋复杂、国内经济下行压力较大的背景下，中国计算机行业总体保持低速平稳增长。

基本情况

产量规模进一步扩大 2012年，中国微型计算机产量达到35 411万台，同比增长10.5%，低于上年19.8个百分点。据研究机构统计，2012年全球PC出货量3.67亿台，中国微机产量占全球出货量的比重为96.5%，比

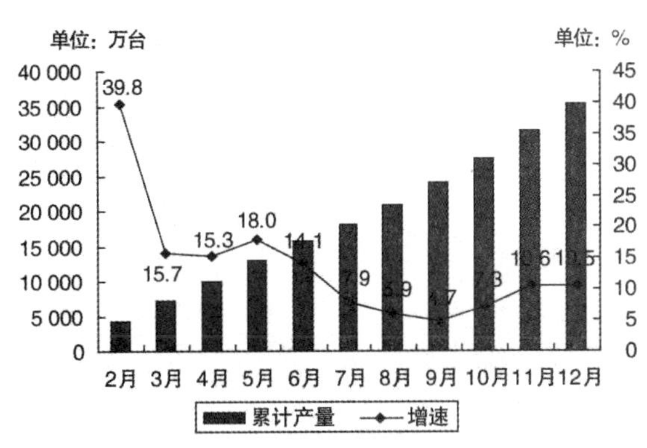

图1 2012年中国计算机累计产量情况

上年提高 5.9 个百分点。从月度生产增速看，呈现前高后稳态势。特别是进入 6 月，产量增速下滑较快，到 9 月达到最低值，四季度呈现小幅回升。

外贸出口震荡下滑 2012 年，发达国家需求减少以及由此造成的外部融资环境恶化，使得发展中国家特别是新兴市场经济下滑，中国计算机行业外贸出口逐月下滑。据海关数据显示，全年出口台式微机 903.8 万台，同比下降 7.2%；出口额 55.9 亿美元，同比下降 15.8%；出口便携式笔记本电脑 28 812.4 万台，同比增长 23.1%；出口额 1 137.8 亿美元，同比增长 7.5%。从累计出口额增速看，上半年增长相对较快，下半年下滑较快并逐步趋于稳定。

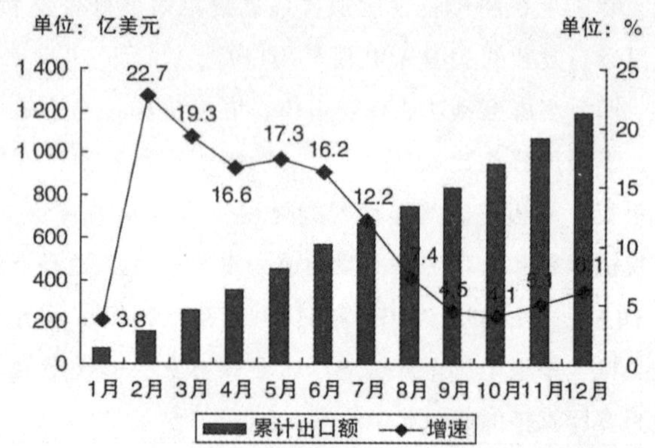

图 2　2012 年中国计算机行业累计出口额情况

经济效益保持平稳增长 2012 年，中国计算机行业实现主营业务收入 23 021 亿元，同比增长 9.1%；实现利润 789 亿元，同比增长 4.8%，高出电子制造全行业平均水平 5.7 个百分点。行业利润率为 3.4%，高出上年 0.4 个百分点，但仍低于电子制造业平均水平 0.7 个百分点。

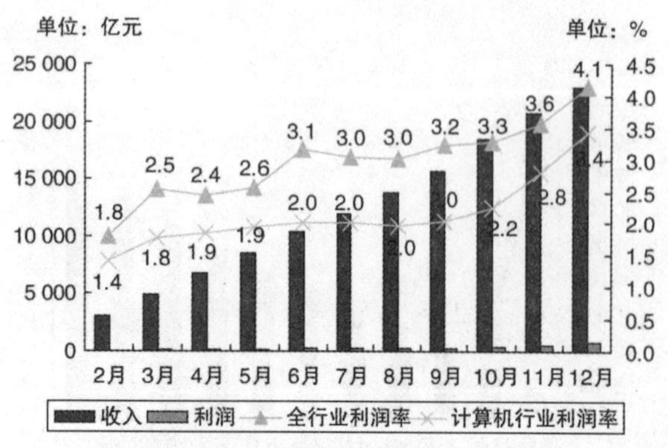

图 3　2012 年中国计算机行业与电子制造全行业利润率对比

投资增速下半年趋于平稳 2012 年，中国计算机行业累计完成固定资产投资 809.5 亿元，同比增长 8.5%，低于电子制造业平均水平 2.8 个百分点。从月度走势看，上半年投资增速波动较大，从年初下降 40.7%反弹至年中的增长 15%；下半年增速在震荡中逐步趋稳。从投资领域看，计算机整机和外围设备投资增速下滑较快；幻灯及投影设备投资增幅超过 100%。

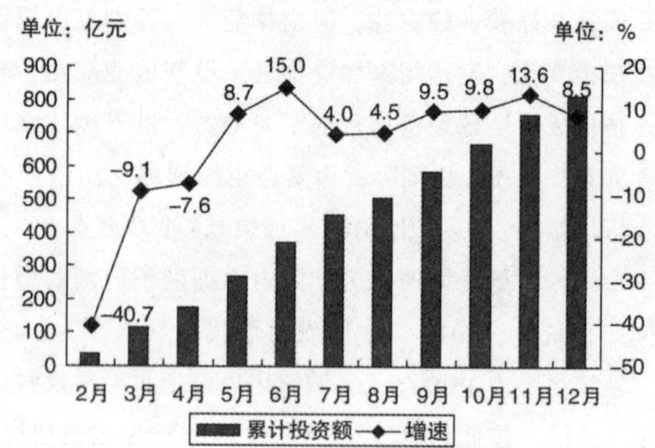

图 4　2012 年中国计算机行业累计投资情况

运行特点

各类产品发展冷热不均 2012 年，中国生产笔记本电脑 25 289.4 万台，同比增长 5.8%；台式机保持低速增长；平板电脑在一定程度上受到大屏幕智能手机的冲击，增速比上年有所放缓，但仍超过 90%；生产服务器 128 万台，同比下降 85.5%；超级本由于价格偏高未能成为市场消费主流，产量远低于市场预期。

销售渠道多元化拓展 中国计算机市场销售渠道明显出现多元化特点，主要表现在三个方面：一是以 3C 卖场为主的非传统渠道份额在提升；二是基于网络销售的电商迅猛发展，由于网购日趋常态化以及网购具有价格透明、支付方便等优势，越来越多消费者开始进行在线购物；三是以 4—6 级城市为主的低级别市场需求受到重视。家电下乡等惠民工程已经为各大厂商在农村等低级别市场建立了较为完善的销售和服务体系，为市场增长打下了基础。

区域结构发生变化 2012 年，中国计算机行业实现销售产值 22 733 亿元，同比增长 11.6%。从区域看，华东、华南位居前两位，二者实现销售产值占比达84.6%，但比上年分别下降 2.1 和 2.4 个百分点；西南、华北、华中销售产值占比分别为 10.6%、2.6%和 1.8%，比上年分别提高 4.1、0.1 和 0.4 个百分点，产业向中、西部地区转移趋势明显。

存在问题

产品价格挤压企业利润空间 笔记本电脑、台式机受平板电脑、大屏幕智能手机等产品冲击增速有所放缓，产品同质化问题直接导致价格战成为市场竞争的主要手段。据海关数据显示，笔记本电脑单价从年初429.3美元/台下降至394.9美元/台，下降8.7%；同时，随着技术不断进步，芯片、硬盘等零部件成本不断降低，使计算机整体价格结构不断下移。

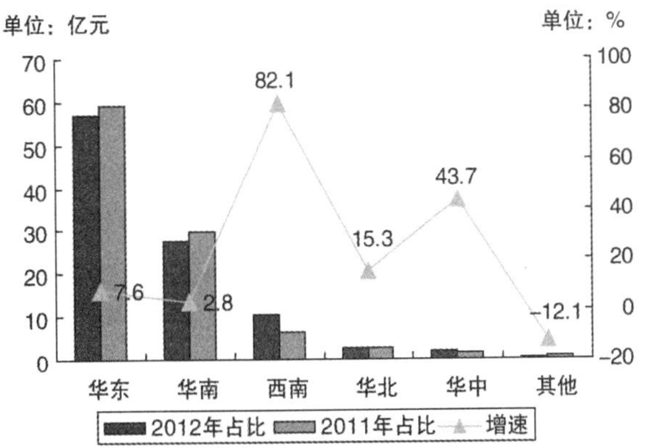

图5 2011—2012年中国计算机市场区域结构变化

整体经济环境低迷影响行业发展 2012年，在全球经济低迷的大环境下，中国经济增速明显下滑，虽然国家陆续出台一系列调控政策，但预计短期内难以见到成效。同时，消费者对于计算机产品购买需求降低，产品技术没有太大突破等因素均制约了计算机市场的复苏。

趋势预测

市场发展趋势 在国际市场，2013年，全球经济仍处于调整期，结构调整不到位和需求增长乏力等问题难以根本改观，金融危机的影响呈现长期化趋势。据国际组织预测，2013年全球需求依然低迷，经济增长将维持在较低水平。据IDC预测，由于计算机领域缺乏创新，2013年计算机市场的增长将持续放缓。与此同时，随着发达国家实施再工业化战略，以互联网、新能源为代表的工业革命正在兴起，全球产业结构调整将出现新动向。据Gartner预测，2013年全球IT开支将增加到3.7万亿美元，增幅在4%左右。

在国内市场，2013年将是中国变革与转型的一年，当前的全球经济环境要求中国必须转变以出口带动经济高速增长的模式。2013年将出台的各项改革举措将对各地区和各行业的发展产生深远影响。一是据IDC预测，2013年中国互联网用户数将达到6.11亿，移动互联网用户数将达到4.61亿，网络用户的不断提升将使计算机的应用更为广泛；二是物联网和第三方平台技术的深入将使中国进入智慧城市3.0时代。云计算服务市场将进一步发展，并与大数据、移动等概念不断融合，个人云将在中国市场高速成长，这都将对国内计算机市场提供有力支撑。

平板电脑将成为市场主流 据研究机构预测，2013年平板电脑全球供货量将达到2.4亿台，而笔记本电脑为2.07亿台，平板电脑将超过笔记本电脑。同时，平板电脑的全球市场占有率将首次超过50%。其次，2012年平板电脑的主流产品是9.7英寸的iPad，2013年7英寸到8英寸的平板电脑所占市场份额将达到40%左右。第三，苹果一枝独秀的格局将被打破，三足鼎立格局基本形成。目前，苹果iOS系统占据全球平板电脑市场份额的60%，谷歌Android系统将日趋成熟，Windows 8系统也具备强大用户基础的优势。

[供稿：工业和信息化部运行监测协调局]

2012 年中国集成电路行业发展分析

2012 年，中国集成电路行业整体保持平稳低速运行，销售额增幅不大，效益明显下滑，但下半年开始呈现向好趋势，产量加速提升，出口大幅增加，库存逐步下降，投资由负转正。

基本情况

产业处于发展周期谷底，整体增幅较低 2012 年，中国集成电路行业完成销售产值 2 468 亿元，同比增长 5%，增幅低于上年 4.9 个百分点，低于电子信息制造业 7.6 个百分点，占全行业的比重为 2.9%，比上年下降 0.1 个百分点。近 5 年间，除受金融危机影响的 2009 年为负增长外，2012 年集成电路产业增幅达到最低点。

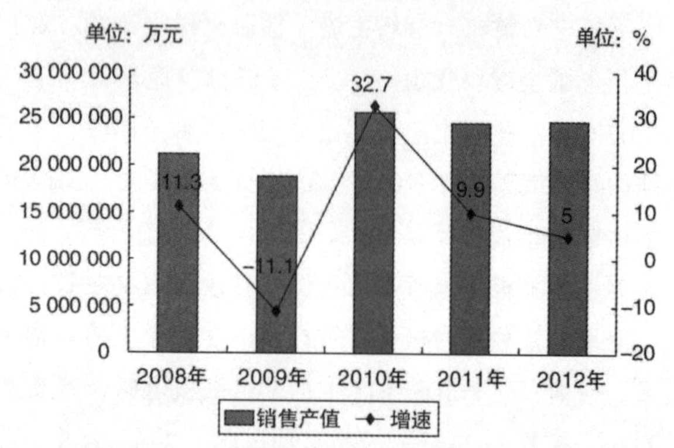

图 1 2008—2012 年中国集成电路行业销售产值增长情况

产量增长前低后高，下半年呈向好态势 2012 年，中国共生产集成电路 823 亿块，同比增长 14.4%，增幅高于上年 4.1 个百分点。分季度来看，全年呈现先低后高发展态势，二季度产量达到最高，三、四季度受调整存货的影响，产量虽有所下降，但同比增速提高较快。

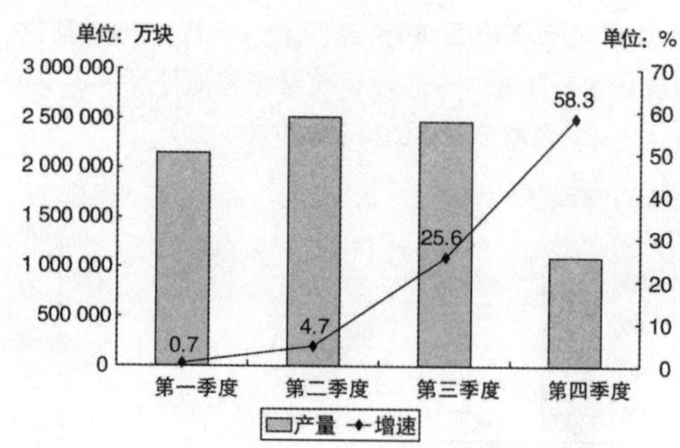

图 2 2012 年中国集成电路产量分季度增长情况

出口大幅增长，逆差继续存在 据海关统计，2012 年中国共出口集成电路 1 182 亿块，出口额534 亿美元，同比增长 64.1%，增速比上年提高 52.7 个百分点；从全年发展态势看，集成电路出口逐季大幅提升，四季度出口额达到最高峰，增长 108.7%。全年进口集成电路 2 418 亿块，进口额 1 921 亿美元，同比增长 12.9%。进出口逆差 1 387 亿美元，与上年基本持平。

效益明显下滑，产品库存逐步下降 2012 年，中国集成电路行业完成产品销售收入 2 205 亿元，同比增长 3.4%，比上年下降 6.3 个百分点；实现利润总额 112 亿元，同比下降 14.6%，低于上年 38.7 个百分点；销售利润率 5%，比上年下降 0.6 个百分点。产品存货年初水平较高，2 月同比增长 12.2%，随着调整和消化，到 12 月底产成品存货同比下降了 12%。

投资扭转负增长局面，但新开工项目增长不多 2012 年，中国集成电路行业完成固定资产投资 344 亿元，同

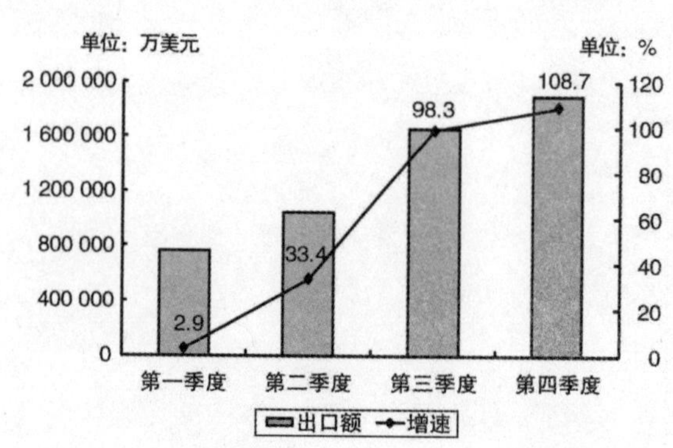

图 3 2012 年中国集成电路出口分季度增长情况

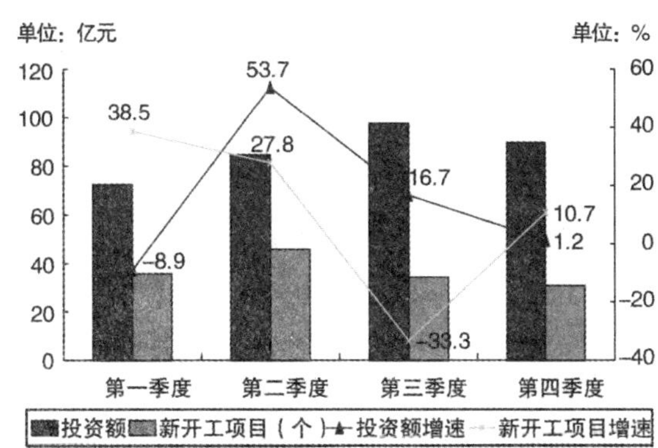

图4 2012年中国集成电路行业投资和新开工项目季度增长情况

比增长12.2%，虽扭转了上年负增长局面，但增速仍处较低水平；本年交付的新增固定资产237亿元，下降22.5%；新开工项目145个，同比增长2.8%。

企业技术实力不断增强，市场竞争力提升 经过多年努力，中国集成电路企业在设计水平、生产能力、制造工艺等领域已开始追赶国际主流厂商，并凭借出色的性价比在全球市场获得一席之地，特别是在设计领域的成就引人注目。联芯科技在2012年推出的双核智能手机芯片解决方案受到好评，其TD-SCDMA Modem芯片解决方案进入手机厂商采购行列。展讯推出性价比较高的芯片解决方案，并在TD-SCDMA领域推出了40纳米工艺，2012年市场热销的三星和HTC多款机型都采用了展讯的芯片。瑞芯微、Allwinner（全志科技）等小型芯片商凭借高性价比的集成芯片产品，进入国内白牌移动终端和平板电脑市场。

值得关注的问题

国内企业与国际水平尚有很大差距 一是产业链构成方面，国内尚没有形成如英特尔、三星这样既具备生产和设计芯片能力又拥有晶圆厂的全产业链企业，近年崛起的国内集成电路企业主要集中于Fabless（SIC无生产线设计公司）阵营，而在芯片加工方面，只有中芯国际的规模可与国际接壤。二是规模和市场份额仍然较小，所有国内芯片企业的出货量之和，还不如全球芯片前十位企业中一家的销售量。三是技术能力和设计工艺差距仍较大。在生产工艺上，中芯国际与台积电相比，至少相差1代至1.5代，国内企业刚开始量产40纳米产品，而国际主流芯片厂商已经在推广28纳米/22纳米的芯片产品；在设计能力上，国内企业起步时间普遍较晚，因此在芯片的IP资源上没有积累优势，只能拿到相对低端或滞后的IP资源；在封装技术上，2013年国际厂商3D封装技术将正式商用量产，使封装行业技术门槛大幅提高，将对中国现有集成电路行业形成一定冲击。

移动终端市场争夺激烈，国内企业赶超面临困难 虽然中国集成电路企业在3G移动通信竞争中已积累了较多经验，也具备了较强的研发能力，但与国外厂商相比，很多方面仍有差距。一是移动通信和互联网都起源于欧美，因此国际主流厂商在芯片的研发和生产上都具有先发优势，特别是在3G时代，一些产业标准都由欧美厂商主导，其牢牢掌握着设计研发的核心技术，并占据产业中的高附加值环节。二是相较于国际主流厂商，国内企业规模小，需要在芯片研发的巨额资金投入与芯片生命周期不断缩短的压力中与国际厂商抢占市场，还面临与国际主流厂商在多模通信技术积累、关键IP库建设、先进制造工艺掌握、供货保障、操作系统技术把握、多媒体应用技术创新等多方面的差距。三是国内企业在TD-SCDMA领域虽具有一定竞争力，但是在3G TD-SCDMA向4G TD-LTE演进中，国际厂商开始纷纷进入，未来竞争格局将更加激烈。因此，国内集成电路企业要打破国际企业的资金和技术积累优势，抓住移动领域市场扩张的有利时机，实现赶超，还面临诸多困难。

国内集成电路领域知识产权现状不容乐观 虽然中国集成电路研发在少数领域有所突破，但专利技术水平同领先国家相比还处于劣势，差距甚至有增大趋势。根据对国家知识产权局专利信息中心的专利检索显示，截至2013年2月，在中国申请的半导体器件（H01L）类别下的专利共有146 733件，其中，国内企业申请量仅占33%，国外企业占67%，而日本企业占25.5%，美国企业占9.7%。从申请专利的企业看，三星和松下等企业申请量居前列，国内集成电路企业中只有中芯国际近年来专利申请量增加到3 446件，其他企业与国外企业差距较大，这表明中国集成电路领域发明专利的授权主要还掌握在国外技术领先企业手中。

趋势预测

2013年，受多种因素影响，全球集成电路市场形势不容乐观，但平板电脑和智能手机的快速发展、国内市场机会的增长、国家鼓励政策的逐步落实等，都将为集成电路产业的发展带来机会。

从国际上看，受全球个人电脑、手机消费需求持续疲软影响，DRAM和内存价格不断下滑，库存压力上升。据Gartner预测，2013年全球半导体市场总收入与2012年相比仅增长4.5%。IDC预测，2013年全球半导体市场将增长4.9%，半导体库存有望在二季度实现供需平衡，并在下半年恢复增长。分领域看，全球半导体市场仍有许多亮点，将带动半导体产业逐步回升。在计算机市场，由于新兴市场信息化进程加快，低端电子产品需求依然存在；平板电脑出货量将大幅增长，预计2013年将超过笔记本电脑。在手机市场，预计2013年全球智能手机出货量增长将超过30%。机顶盒等产品将快速增长，但DVD播放设备的销量将继续下滑，消费电子市场总体将保持平稳增长。此外，汽车电子产品强劲成长，医疗电子是未来电子信息产业重要的成长领域。总之，这些产品和领域将成为未来几年全球半导体市场增长的主要驱动力量。

从国内来看，党的十八大报告将工业化、信息化和城镇化提到相当的高度，为国内集成电路产业的发展创造了良好的宏观环境。［国发（2011）4号］文件细则的陆续出台和逐步落实，其他一系列鼓励产业发展的投融资政策、人才政策的研究制定，以及部分地方政府及所属园区为打造半导体产业聚集地而提供的补贴与财政支持，进一步完善了集成电路产业的发展环境。同时，本土市场需求尚有巨大潜力可挖。中国本土企业设计的集成电路产品覆盖移动终端、网络通信、数字电视、计算机及外设、汽车电子、工业控制、安防监控、医疗电子、智能识别等众多领域。其中，通信、消费、工业是国产芯片的主要消费市场，尤其是在手机等消费类产品上，国产芯片具有较强竞争力。据IDC预测，2013年中国智能手机出货量将达3亿部，增长超过40%，智能终端的芯片需求将持续增长。国内企业在本土市场的定制化路线上也有一定优势，随着政府对民生领域的日益关注，身份证、医疗、公共交通等领域定制化芯片的需求将大幅增长。在家电方面，随着白色家电和小家电智能化水平的提升以及产品结构的升级，国内白色家电和小家电产品对主控制芯片的需求将持续增长，其增长速度也将明显高于全球水平。

综上，预计2013年中国集成电路产业发展形势将好于2012年，销售产值增速将超过两位数，但在全球半导体产业形势和库存调整、价格下滑等直接影响下，形势仍不容乐观。

[供稿：工业和信息化部运行监测协调局]

第8部分　国际合作与产品进出口贸易

2012年中国电子信息产业国际合作与产品进出口贸易情况综述

【综述】

2012年，中国电子信息产品进出口总额11 868亿美元，同比增长5.1%，增速比上年回落6.4个百分点，低于全国商品外贸总额增速1.1个百分点，占全国外贸总额的30.7%。其中，出口6 980亿美元，同比增长5.6%，增速比上年回落6.3个百分点，低于全国外贸出口增速2.3个百分点，占全国外贸出口额的34.1%；进口4 888亿美元，同比增长4.5%，增速比上年回落6.5个百分点，高于全国外贸进口增速0.2个百分点，占全国外贸进口额的26.9%。

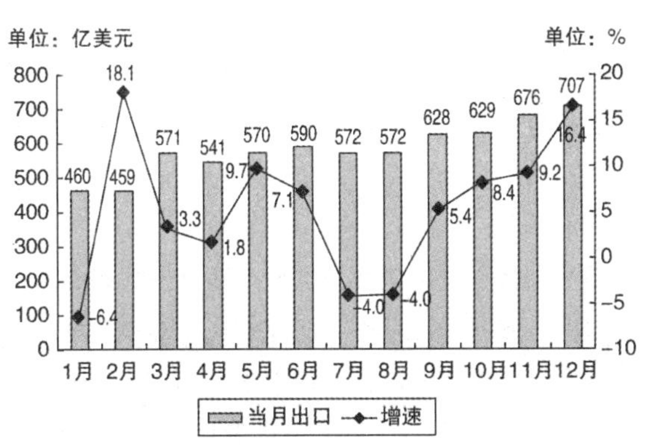

图1　2012年中国电子信息产品月度出口情况

2012年，中国电子信息产品进出口贸易呈现以下特点：

一是各行业进出口增速差别较大。出口方面，通信设备、广播电视设备及电子器件出口增势突出，出口额分别为1 493亿美元、119亿美元和891亿美元，同比增长14.8%、15.9%和17.7%，增速明显高于平均水平；计算机、电子元件和电子仪器设备出口增势平缓，出口额分别为2 382亿美元、906亿美元和279亿美元，同比增长3.8%、2.8%和4.7%；家电与电子材料出口呈下降态势，家电出口857亿美元，同比下降9.5%，电子材料出口53亿美元，同比下降17.1%。出口额前五位的产品分别是：笔记本电脑1 138亿美元，增长7.5%；手机810亿美元，增长29.1%；集成电路534亿美元，增长64.1%；液晶显示板363亿美元，增长22.9%；手持式无线电话用零件287亿美元，增长2.8%。

进口方面，通信设备、广播电视设备、计算机和电子器件进口呈增长态势，且增速高于平均水平，进口额分别为403亿美元、109亿美元、665亿美元和2 190亿美元，同比增长26.3%、30.2%、10.4%和12.0%；家电、

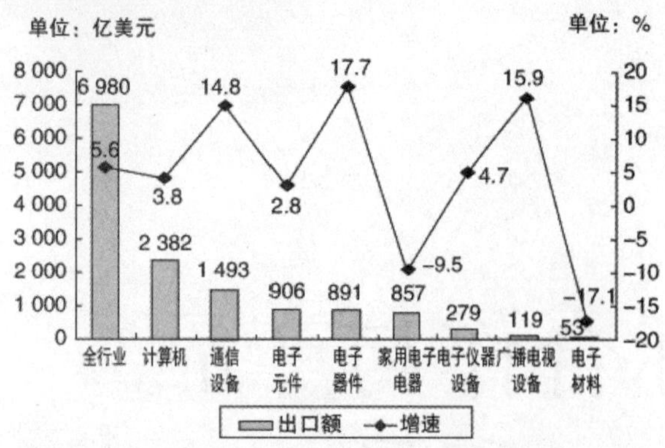

图2 2012年中国电子信息产业各行业出口情况对比

电子元件、电子材料和电子仪器设备进口同比下滑，进口额分别为105亿美元、941亿美元、91亿美元和384亿美元，降幅为27.6%、2.0%、18.7%和23.6%。

二是一般贸易出口低速增长，加工贸易出口同比下降。出口方面，电子信息产品一般贸易出口1 229亿美元，同比增长2.8%，增速低于平均水平2.8个百分点；加工贸易出口4 965亿美元，同比下降0.6%，其中，进料加工贸易出口4 565亿美元，同比增长1.6%；来料加工贸易出口400亿美元，同比下降20.0%。保税区仓储转口货物，国家间、国际组织无偿援助和赠送的物资以及其他捐赠物资出口增长较快，增速分别为121.4%、63.0%和157.4%。

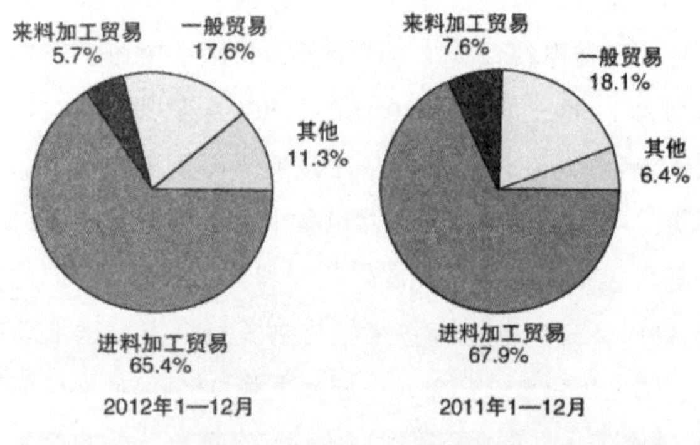

图3 2012年与2011年中国电子信息产品出口贸易方式结构对比

进口方面，电子信息产品一般贸易进口1 034亿美元，同比下降7.2%，增速低于平均水平11.7个百分点；进料加工贸易进口2 224亿美元，同比增长3.5%；来料加工贸易进口356亿美元，同比下降20.1%。保税区仓储转口货物、租赁贸易及免税外汇商品等贸易方式进口增长较快，增速分别为47.6%、156.5%和143.2%。

三是内资企业出口增长较快，三资企业出口相对缓慢。出口方面，内资企业出口1 550亿美元，同比增长25.2%，增速高于平均水平19.6个百分点。其中，民营企业出口增势突出，出口额1 025亿美元，同比增长47.8%，高于平均水平42.2个百分点。三资企业整体出口5 430亿美元，同比增长1.0%，增速低于平均水平4.6个百分点；其中，外商独资企业出口4 162亿美元，同比下降3.0%；中外合资企业出口1 209亿美元，同比增长18.2%；中外合作企业出口59亿美元，同比下降4.5%。

进口方面，外商独资企业进口占比最高，进口额2 824亿美元，同比下降3.8%，占进口总额的57.8%；中外合资企业进口878亿美元，同比增长18.4%；民营企业进口增速居于首位，进口额810亿美元，同比增长42.3%，增速高于平均水平37.8个百分点。

四是对主要贸易伙伴出口形势不一，对新兴市场出口增长较快。出口方面，对主要贸易伙伴出口增速差别较大，其中，对中国香港特别行政区出口1 909亿美元，同比增长19.5%；对美国出口1 307亿美元，同比增长3.8%；对日本出口468亿美元，同比增长2.8%；对韩国出口345亿美元，同比增长16.8%；对荷兰出口343亿美元，同比下降1.5%。对中国香港特别行政区和韩国出口增速明显高于平均水平，对美国、日本和荷兰出口增长相对缓慢甚至下滑。对新兴市场出口保持较快增长，如泰国、印度尼西亚和越南，增速分别为21.7%、11.7%和32.3%。对欧洲市场出口较为疲软，如对德国、法国和意大利，出口均呈下降态势，降幅分别为15.5%、21.7%和37.9%。

进口方面，国货复进口居首位，进口额1 146亿美元，增长18.5%；其后5个国家和地区分别为韩国、中国台湾地区、日本、马来西亚和美国，进口额分别为883亿美元、863亿美元、563亿美元、374亿美元和181亿美元，增长率为7.5%、13.0%、–11.1%、–3.3%和–7.2%。

五是主要省市出口增势缓慢，部分中西部省市增长较快。出口方面，广东省、江苏省、上海市、浙江省和天津市出口额居前五位，分别为2 913亿美元、1 417亿美元、959亿美元、242亿美元和211亿美元，增长率为6.8%、–0.1%、–4.6%、–2.3%和4.6%，除广东省外，其余四省市出口增速均低于平均水平。四川省、河南省、重庆市和山西省出口增长较快，增速分别为 50.8%、184.8%、155.7%和 236.7%。

进口方面，广东省、江苏省、上海市、天津市和北京市进口额居前五位，分别为 2 003 亿美元、904 亿美元、760 亿美元、187 亿美元和 169 亿美元，增长率为 8.7%、-4.1%、-0.1%、10.2%和-21.5%。

软件产品进出口情况

2012 年，中国软件业出口增长低迷，月度波动反复特征明显。全年实现出口 368 亿美元，同比增长 18%，增速分别低于 2011 年和 2010 年 0.5 个和 6.8 个百分点，低于全行业 10.5 个百分点。其中，嵌入式软件出口增长 13%，增速继续处于低位；外包服务出口增长 54%，对软件出口增长贡献率达到 60%。

国际电子信息产业继续向中国转移

2012 年，国际知名电子信息企业继续加快在中国的技术创新合作并设立服务机构。9 月，三星电子投入 70 亿美元，在西安建设 10 纳米级闪存芯片生产工厂，在西安高新区设立规模为 4 227 平方米的研发中心。至此，三星电子在中国大陆运营的研发中心已有 8 家。11 月，由北京市、英特尔公司及中国科学院联合筹备的“中国英特尔物联技术研究院”在中关村正式挂牌成立，计划 5 年内联合投资 2 亿元，结合英特尔研究院与中国科学院自动化所的优势，以及北京市在示范应用、产业化推进上的支持，重点研究分布式物联网云计算系统架构、物联网海量数据管理与分析软件架构、物联网数据分析技术与数据服务创新、物联网信息安全架构及标准化等四大方向。爱立信全球服务中心在中国新设西安分部，该分部包括在东亚新建的首个全球网络运营中心（GNOC）和全球标准化服务中心（SSDC），所具备的网络运营设施与能力将满足当前市场对电信管理服务的需求，并向全球客户提供标准化服务。

开展国际合作与交流

2012 年，工业和信息化部以深化和拓展工业、通信业领域对外合作为目标，努力提升工业和信息化部在国家对外工作中的地位，积极推进双边、多边、区域次区域国际合作，不断深化对港澳交流，务实推动两岸交往，工作取得新的成效。

中国–美国 举行中美商贸联委会产业竞争力对话，签署中美中小企业合作备忘录。举行第五次中美通信与信息政策磋商会议，就宽带发展、云计算等方面政策进行深入交流。举行中美“国际电信世界大会”议题磋商会议，就修改《国际电信规则》等议题进行对话。

中国–俄罗斯 举行中俄通信与信息技术分委会第十一次会议，推动中俄在电信、无线电频率协调和网络安全等方面合作。与俄罗斯工业和贸易部签署《关于加强工业合作的谅解备忘录》。

中国–欧盟 举行中欧工业对话磋商机制第二次全体会议，确定 21 项中欧合作项目。举行中法合作机制第一次联委会会议。与瑞典能源和交通部签署中小企业合作行动计划，建立两国中小企业合作机制。与德国联邦经济技术部签署《关于电动汽车领域合作谅解备忘录》。

中国–日本 举行首次中日副部级磋商，推动双方在钢铁、汽车、电子信息技术、石化和稀土等领域的交流。

中国–东盟 出席第七次中国–东盟电信与信息技术部长会议，通过了行动计划，明确了未来合作方向。举办有关宽带通信技术与应用、中小企业信息化、云计算技术与应用等 5 个中国–东盟信息通信合作项目。

多边领域 出席国际电信联盟世界无线电大会，积极参与国际规则制订，推动 TD-LTE 国际标准的国际化。出席第九次 APEC 电信部长会。积极参与国际电信世界大会筹备工作。

2013 年发展前景展望

2013 年，工业和信息化部将积极、有效深化双边、多边、区域次区域的合作与交流，着力构建政府、企业、协会、研究单位共同参与的工作体系，妥善应对国际贸易摩擦，积极参与国际规则制修订，重视和推进高级国际复合型人才的培养和选派工作，努力提升电子信息产业对外合作水平。

[撰稿：甄芳洁 审稿：赵文智]

2012 年中国电子信息产品进出口情况

【综述】

2012 年，中国电子信息产品进出口总体呈小幅增长态势，增速较上年有所下降。电子信息产品进出口总额 11 868.1 亿美元，同比增长 5.1%，增速比上年下降 6.4 个百分点；进出口总额占全国外贸总额的 30.7%，比上年下降 0.3 个百分点。其中，电子信息产品出口 6 979.7 亿美元，同比增长 5.6%，占全国外贸出口额的 34.1%；进口 4 888.4 亿美元，同比增长 4.5%，占全国外贸进口额的 26.9%（见图 1）。

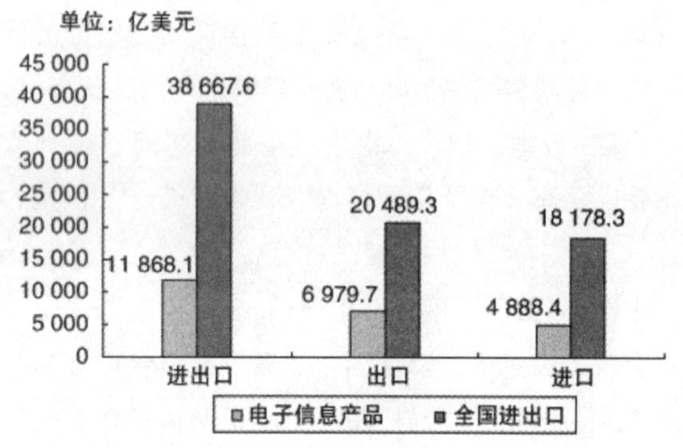

图 1　2012 年电子信息产品与全国进出口情况对比图

从月度走势看，受上年基数逐步走高及假日因素影响，电子信息产品进出口总体呈现前低后高态势，特别是 8 月份以后，出口实现四连增。

单月进出口额方面，全年各月进出口额变化不大，但月增速逐步加大。1 月，进出口总额 750 亿美元，为年内最低。进出口额最高出现在 12 月，为 1 183 亿美元，总体呈现前低后高态势。在月增速方面，2 月份增速最高，进出口额同比增长 23.7%，1 月份增速最低，同比下降 14.3%（见图 2）。

分季度看，一至四季度进出口分别增长 1.5%、2.2%、3.6%和 12.3%。出口增速、进口增速最高的月份均出现在 2 月，最低的月份均是 1 月（见图 3）。

综合来看，2012 年电子信息产品进出口额继续增长，对稳定全国外贸出口增长起到重要作用，但出口增

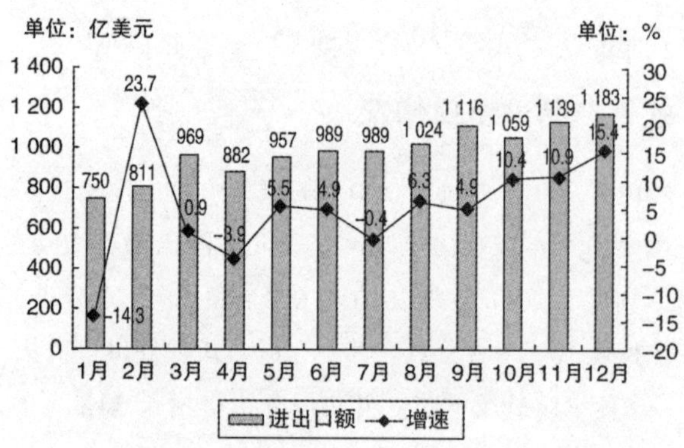

图 2　2012 年电子信息产品单月进出口额及增速

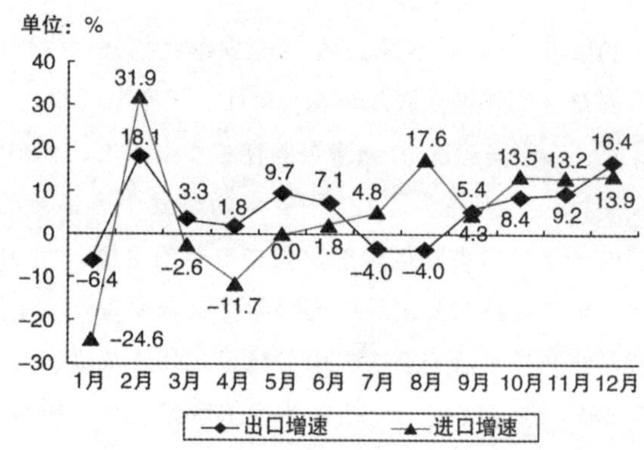

图 3　2012 年电子信息产品进出口月增幅情况

速较上年放缓，前低后高态势明显，进出口运行中依然存在诸多不确定因素。

电子信息产品进出口结构与特点

主要产品　2012 年，各类电子信息主要产品进出口以增长为主，广播电视设备和电子器件出口增长明显。

出口方面，通信设备类产品出口 1 493 亿美元，同比增长 14.8%；广播电视设备类产品出口 119 亿美元，同比增长 15.9%；计算机类产品出口 2 382 亿美元，同比增长3.8%；家用电子电器类产品出口 857 亿美元，同比下降9.5%；电子元件类产品出口 906 亿美元，同比增长 2.8%；电子器件类产品出口 891 亿美元，同比增长 17.7%；电子材料类产品出口 53 亿美元，同比下降

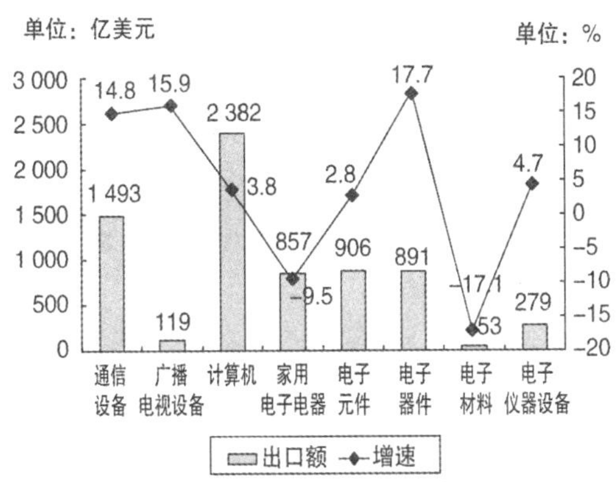

图4 2012年电子信息主要产品出口及增速情况

17.1%；电子仪器设备类产品出口279亿美元，同比增长4.7%（见图4）。

出口额排在前10位的电子信息产品分别为便携式电脑，出口额1 137.8亿美元，同比增长7.5%；手持（车载）无线电话，出口额810.2亿美元，同比增长29.1%；集成电路，出口额534.3亿美元，同比增长64.1%；液晶显示板，出口额362.5亿美元，同比增长22.9%；手持式无线电话用零件，出口额287.3亿美元，同比增长2.8%；硬盘驱动器，出口额163.4亿美元，同比增长28.2%；静止变流器，出口额149.5亿美元，同比增长5.7%；印刷电路，出口额137.4亿美元，同比增长9.2%；彩电电视机，出口额121.1亿美元，同比下降11.4%；电声器件，出口额67.8亿美元，同比增长13.0%。

进口方面，电子器件、电子元件、计算机三大类产品的进口额达到3 796亿美元，占电子信息产品总进口额的77.7%。其中，电子器件进口2 190亿美元，同比增长12.0%；电子元件进口941亿美元，同比下降2.0%；计算机类产品进口665亿美元，同比增长10.4%（见图5）。

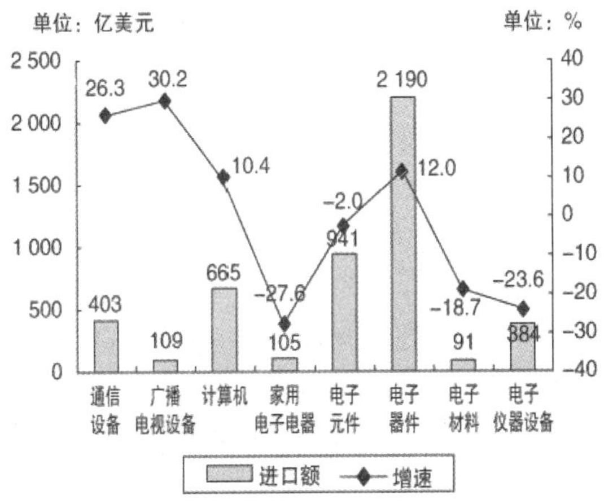

图5 2012年电子信息主要产品进口及增速情况

进口额排在前10位的电子信息产品分别为集成电路，进口额1 920.6亿美元，同比增长12.8%；液晶显示板，进口额503.0亿美元，同比增长6.6%；手持式无线电话用零件，进口额266.1亿美元，同比增长40.2%；硬盘驱动器，进口额222.3亿美元，同比增长23.1%；印刷电路，进口额144.8亿美元，同比增长3.3%；晶体管，进口额93.5亿美元，同比增长7.4%；电容器，进口额82.3亿美元，同比下降1.3%；静止变流器，进口额60.1亿美元，同比下降19.7%；其他数字照相机，进口额29.2亿美元，同比增长14.8%；闪速存储器，进口额22.6亿美元，同比下降20.3%。

国家与地区 2012年，电子信息产品进出口按国家和地区看，结构变化不大，出口市场依然集中于中国香港特别行政区、日本及欧美发达国家，进口则主要来自亚洲地区。

中国电子信息产品出口主要国家和地区市场同比以增长为主。2012年，出口中国香港特别行政区排在第一位，出口额1 909.2亿美元，同比增长19.5%，占电子信息产品出口总额的27.4%。美国排第二，出口额1 307.2亿美元，同比增长3.8%，占出口总额的18.7%。日本排第三，出口额468.4亿美元，同比增长2.8%，占出口总额的6.7%。其余依次是韩国、荷兰、德国、中国台湾地区、新加坡、墨西哥、英国。出口前十名国家和地区中，出口德国、荷兰、英国3个国家同比下降，其余出口国家和地区同比出现不同程度增长（见图6）。

从主要进口来源地看，国货复进口1 146.0亿美元，同比增长18.5%；自韩国进口883.1亿美元，同比增长7.5%；自中国台湾地区进口862.9亿美元，同比增长13.0%。进口排在第四位到第十位的国家和地区分别是日本、马来西亚、美国、泰国、菲律宾、德国、新加坡。进口排在前十位的国家和地区总额达到4 539.1亿美元，

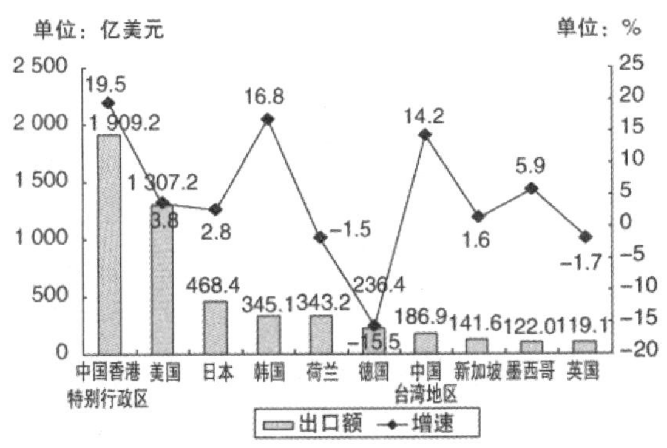

图6 2012年电子信息产品出口前十名国家和地区

占电子信息产品进口额的 92.9%（见图 7）。

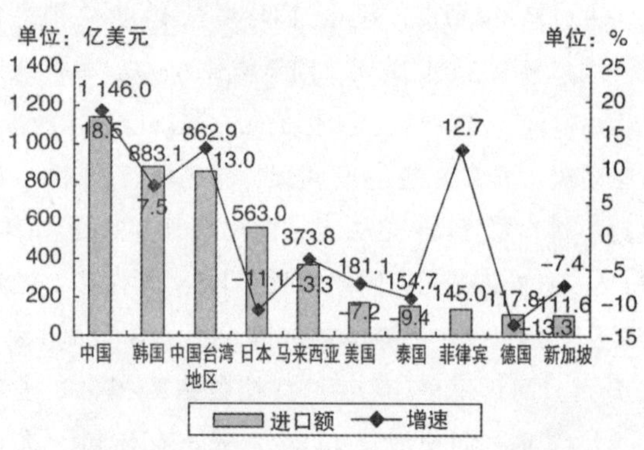

图 7　2012 年电子信息产品进口前十名国家和地区

贸易方式　加工贸易仍是主要贸易方式，但出口比重下降，一般贸易出口继续增长。

2012 年，电子信息产品出口贸易方式结构继续优化。电子信息产品出口中，进料加工贸易出口 4 564.6 亿美元，同比增长 1.6%，占出口额的 65.4%；一般贸易出口 1 228.6 亿美元，同比增长 2.8%，占出口额的 17.6%；保税区仓储转口货物出口 692.5 亿美元，同比增长 121.4%，占出口额的 9.9%；来料加工装配贸易出口 400.4 亿美元，同比下降 20.2%，占出口额的 5.7%。进料加工贸易、来料加工装配贸易占出口总额的 71.1%，比上年下降 4.4 个百分点。（见图 8)。

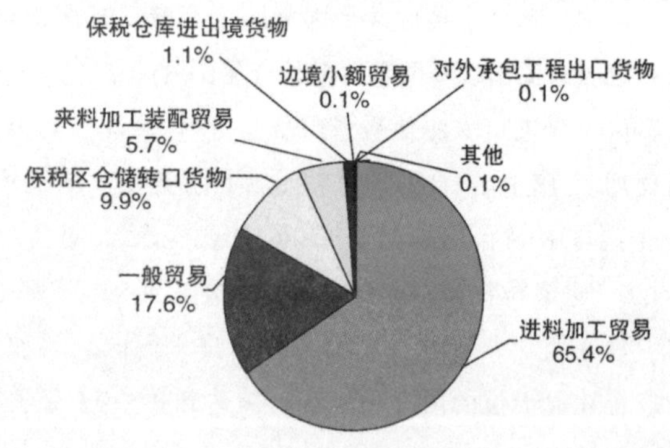

图 8　2012 年电子信息产品出口主要贸易方式占比情况

进口方面，进料加工贸易进口 2 224.1 亿美元，同比增长 3.5%，占比 45.5%；一般贸易进口 1 033.9 亿美元，同比下降 7.2%，占比 21.2%；来料加工装配贸易进口 355.9 亿美元，同比下降 20.1%，占比 7.3%。以上三种贸易方式合计占比 74.0%，其他主要贸易方式分别为保税区仓储转口货物、保税仓库进出境货物、出口加工区进口设备、外商投资企业作为投资进口的设备、物品等（见图 9）。

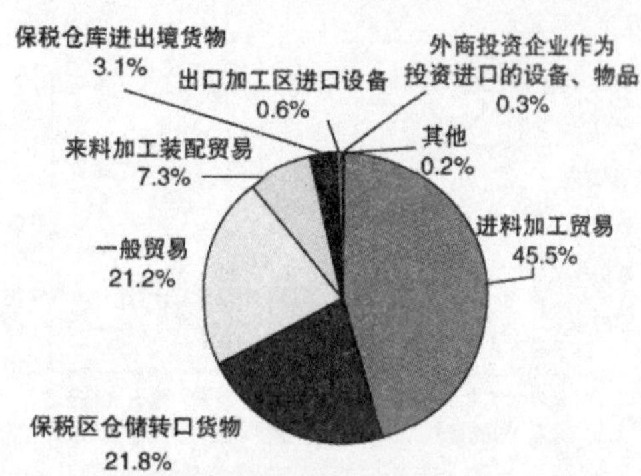

图 9　2012 年电子信息产品进口主要贸易方式占比情况

企业性质　外商独资企业出口增速下降，私人企业出口继续快速增长。

2012 年，外商独资企业出口 4 162.1 亿美元，同比下降 3.0%，占电子信息产品出口总额的 59.6%；中外合资企业出口 1 208.7 亿美元，同比增长 18.2%，占出口总额的 17.3%；私营企业出口 1 024.7 亿美元，同比增长 47.8%，占出口总额的 14.7%；国有企业出口 391.0 亿美元，同比增长 1.2%，占出口总额的 5.6%；集体企业出口 133.7 亿美元，同比下降 15.1%，占出口总额的 1.9%；中外合作企业出口 58.8 亿美元，同比下降 4.5%，占出口总额的 0.8%（见图 10）。

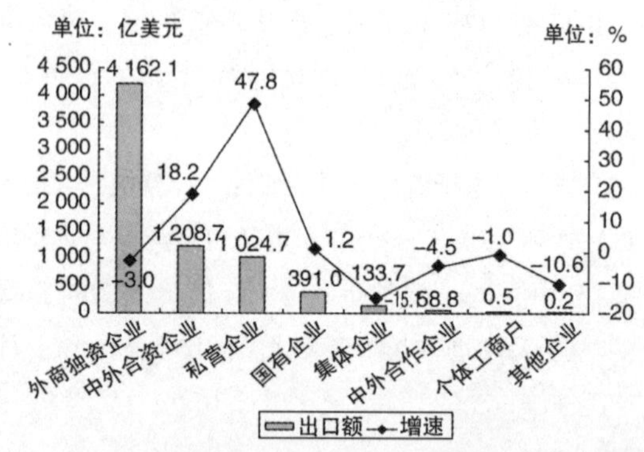

图 10　2012 年电子信息产品主要企业类型出口及增速

进口方面，外商独资企业进口额 2 823.8 亿美元，同比下降 3.8%。中外合资企业进口额 878.0 亿美元，同比增长 18.4%。私营企业进口额 810.1 亿美元，同比增长 42.3%。外商独资、中外合资和中外合作企业进口额合计占电子信息产品进口总额的 75.9%（见图 11）。

按省市统计　全国各省市电子信息产品进出口以增长为主，东部地区出口增速差别较大，部分中西部省市增长较快。

2012 年，电子信息产品出口额前五位的省市分别

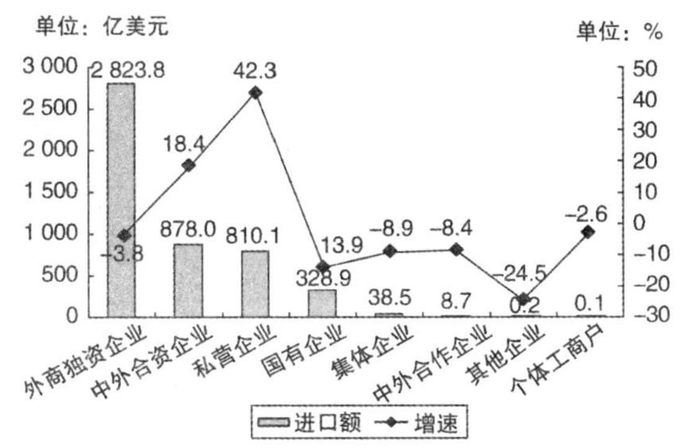

图11 2012年电子信息产品主要企业类型进口及增速

为：广东省2 913亿美元，同比增长6.8%；江苏省1 417亿美元，同比小幅下降0.1%；上海市959亿美元，同比下降4.6%；浙江省242亿美元，同比下降2.3%；天津市211亿美元，同比增长4.6%。广东省出口增速相对较高，其余四省市出口增速低于全国平均水平。中西部一些省市电子信息产品出口增势突出，河南省、重庆市、四川省同比分别增长184.8%、155.7%和50.8%（见图12）。

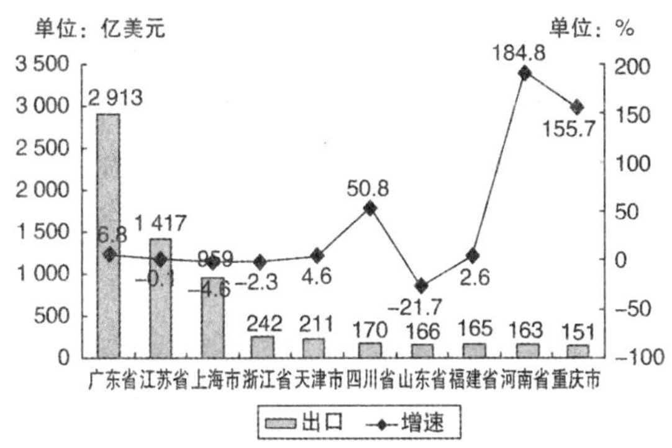

图12 2012年电子信息产品出口前十名省市

进口方面，主要省市进口额较上年变化明显。广东省进口2 003亿美元，同比增长8.7%；江苏省进口904亿美元，同比下降4.1%；上海市进口760亿美元，同比下降0.1%；天津市进口187亿美元，同比增长10.2%；北京市进口169亿美元，同比下降21.5%（见图13）。

存在问题

进出口贸易不平衡 2012年，电子信息产品进出口实现贸易顺差2 091.3亿美元，顺差额较上年增加159.6亿美元，但增加的绝对值有所下降。中国电子信息产业在贸易结构方面依然存在一些深层次问题，产业处于转型升级的关键阶段。一是中国电子信息行业出口依存度较高，产业受外围市场影响明显。二是构成中国电子信息制造业产品出口的主要成分是三资企业，仅外商独资企业的出口占全部出口比重已达到59.6%，外商独资企业、中外合资企业和中外合作企业出口占全部出口的比重达到77.8%。三是贸易方式仍以加工贸易为主。加工贸易占据超过七成的出口份额，一般贸易仅占17.6%。

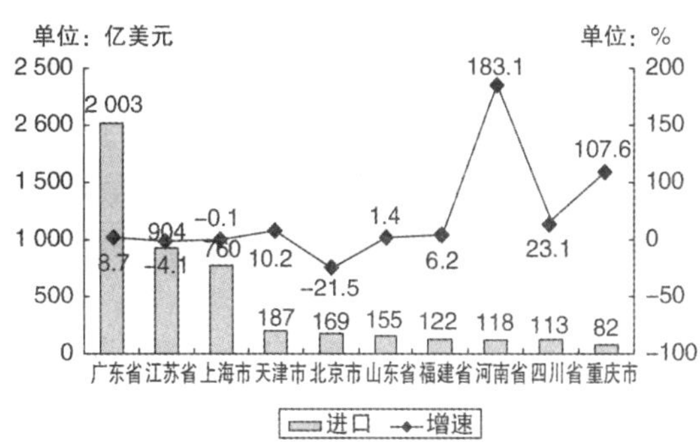

图13 2012年电子信息产品进口前十名省市

行业进出口面临的困难和矛盾突出 国际金融危机影响仍在，世界经济复苏乏力，主要发达经济体债务问题严重、失业率持续高位，一些新兴市场国家也难以独善其身，导致国际市场消费信心低迷。欧美主要经济体贸易保护主义盛行，贸易壁垒层出不穷，并蔓延至新兴市场国家。同时，随着中国经济发展“转方式、调结构”力度加大，经济下行压力较大，国内需求减缓。随着原材料、劳动力等要素价格整体上涨，资金供给趋紧，出口企业综合经营成本居高不下，出口价格竞争力受到削弱，国际市场份额受到挤压。外部需求疲软与要素成本上升的叠加，进一步挤压了企业利润空间，企业面临的困难和挑战加大。

出口产品层次和技术含量偏低 由于核心技术相对缺乏，中国具有自主知识产权和自主品牌的电子信息产品出口额占出口总额的比重较低，而且产品大多走低价出口路线;大部分电子信息产品出口企业从事加工贸易，以贴牌方式出口，主要在加工制造环节参与国际分工，产品附加值普遍偏低。此外，中国电子信息产品由于缺乏自主知识产权，出口还面临着高额的专利费用压力。

企业出口竞争秩序、行业发展秩序仍需规范 中国出口的电子信息产品品牌核心价值低、同质性替代性强，企业在国际市场主要采用价格竞争手段，导致出口产品价格不断下降。同时，由于电子产品更新换代快，企业为适应市场需要，更多注重新品开发的节奏，却相对忽视质量和服务的问题，使之成为消费市场的投诉热点。企业在产品质量和售后服务水平方面需进一步提高。

【统计数据】

表 1　2012 年通信设备产品进口情况

产品名称	单位	进口量	进口额（万美元）	增长率（%）
电话机合计	万部	115.0	9 647.4	144.5
其中：无绳电话	万部	60.8	1 315.1	28.6
多功能一体机	万台	210.2	13 560.5	–12.5
各种程控交换机	万线	15 647.3	145 073.2	–10.1
其中：移动通信交换机	万线		726.6	–60.4
以太网交换机	万线	114.5	92 477.0	–7.0
IP 电话信号转换设备	万台	245.5	21 853.0	33.8
手持（车载）无线电话	万部	958.9	151 601.2	36.7
手持式无线电话用零件	万千克	3 742.6	2 660 955.5	40.2
移动通信基地站	万台	0.7	2 250.4	–16.8
光通信设备	万台	66.3	8 600.4	20.7
其中：光端机及脉冲编码调制设备	万台	3.3	1 745.3	15.6
波分复用光传输设备	万台	63.0	6 855.1	22.0

表 2　2012 年通信设备产品出口情况

产品名称	单位	出口量	出口额（万美元）	增长率（%）
电话机合计	万部	9 530.2	153 374.1	–4.8
其中：无绳电话	万部	5 070.6	95 957.2	–7.7
多功能一体机	万台	3 001.8	418 882.9	–12.3
各种程控交换机	万线	17 327.4	444 913.3	13.3
其中：移动通信交换机	万线	0.5	43 212.8	46.8
以太网交换机	万线	3 054.7	341 626.0	7.1
IP 电话信号转换设备	万台	2 289.4	99 980.7	–11.8
手持（车载）无线电话	万部	101 447.2	8 102 451.3	29.1
手持式无线电话用零件	万千克	6 458.2	2 873 388.7	2.8
移动通信基地站	万台	39.1	364 588.8	–19.2
光通信设备	万台	513.7	172 955.6	–5.6
其中：光端机及脉冲编码调制设备	万台	246.4	30 571.0	5.9
波分复用光传输设备	万台	267.2	142 384.5	–7.7

表 3　2012 年广播电视设备产品进口情况

产品名称	单位	进口量	进口额（万美元）	增长率（%）
广播电视用无线电广播、电视发射设备	万台		443.2	42.6
电视卫星地面站设备	万台		581.0	-20.2
电视摄像机	万台	1.2	2 361.6	27.0
非特种用途的取像模块	万千克	63.6	137 347.9	-2.6
其他电视摄像机等及数字照相机的零件	万千克	452.2	187 314.8	-2.9
等离子显像组件及其零件	万千克	3 106.6	58 657.6	-34.2

表 4　2012 年广播电视设备产品出口情况

产品名称	单位	出口量	出口额（万美元）	增长率（%）
广播电视用无线电广播、电视发射设备	万台	2.6	1 937.7	-42.1
电视卫星地面站设备	万台	4.2	1 088.2	182.5
电视摄像机	万台	0.6	533.9	69.4
非特种用途的取像模块	万千克	35.4	113 150.4	18.9
其他电视摄像机等及数字照相机的零件	万千克	1 170.7	147 537.4	-5.3
等离子显像组件及其零件	万千克	3 676.2	65 016.1	-1.4

表 5　2012 年电子计算机产品进口情况

产品名称	单位	进口量	进口额（万美元）	增长率（%）
微型计算机	万台	31.6	26 033.8	5.8
便携式电脑	万台	234.2	70 086.1	42.6
计算器	万台	267.0	1 433.1	66.0
打印机	万台	684.1	105 352.2	-7.4
其中：针式打印机	万台	124.9	21 198.2	-15.0
激光打印机	万台	383.3	61 196.5	-9.5
喷墨打印机	万台	139.9	10 323.2	4.1
热敏打印机	万台	29.3	9 130.8	19.3
扫描仪	万台	67.9	16 870.8	1.7
数字化仪	万台	0.1	278.3	-10.0
硬盘驱动器	万台	32 208.1	2 222 664.5	23.1
软盘驱动器	万台	0.6	75.2	-30.5
光盘驱动器	万台	12 054.4	221 574.3	-30.8

续表

产品名称	单位	进口量	进口额（万美元）	增长率（%）
显示器	万台	137.7	21 115.4	–41.2
其中：液晶显示器	万台	137.7	20 945.9	–41.3
阴极射线管显示器	万台		79.8	–37.6
自动柜员机	万台	6.3	72 078.3	73.3
不间断供电电源	万台	38.3	11 404.9	–11.6
集线器	万台	36.6	1 298.1	–14.0
路由器	万台	189.3	34 692.2	–3.9
调制解调器	万台	107.2	3 298.7	–58.4
其他数字照相机	万台	901.9	291 785.3	14.8

表6　2012年电子计算机产品出口情况

产品名称	单位	出口量	出口额（万美元）	增长率（%）
微型计算机	万台	903.9	559 876.9	–15.8
便携式电脑	万台	28 812.4	11 378 381.9	7.5
计算器	万台	34 825.2	65 198.7	–2.0
打印机	万台	2 653.0	424 571.4	–6.8
其中：针式打印机	万台	136.7	17 536.1	9.5
激光打印机	万台	1 367.5	303 542.5	–7.6
喷墨打印机	万台	461.2	45 389.9	–22.1
热敏打印机	万台	386.9	37 981.5	14.6
扫描仪	万台	554.3	42 721.4	8.2
数字化仪	万台	4.2	280.2	–5.1
硬盘驱动器	万台	30 255.4	1 634 335.8	28.2
软盘驱动器	万台	48.6	194.7	–40.6
光盘驱动器	万台	11 786.2	175 305.9	–28.0
显示器	万台	5 916.3	590 532.8	–26.8
其中：液晶显示器	万台	5 910.6	589 259.0	–26.7
阴极射线管显示器	万台	2.5	261.0	–89.0
自动柜员机	万台	14.2	101 816.4	46.2
不间断供电电源	万台	2 049.1	124 947.3	2.1
集线器	万台	1 104.5	3 671.0	–15.8

续表

产品名称	单位	出口量	出口额（万美元）	增长率（%）
路由器	万台	10 494.2	363 673.8	5.4
调制解调器	万台	7 422.5	245 538.7	-0.6
其他数字照相机	万台	8 365.3	576 486.5	-10.5

表 7 2012 年家用电子电器产品进口情况

产品名称	单位	进口量	进口额（万美元）	增长率（%）
彩色电视机	万台	3.5	1 414.2	40.9
其中：显像管彩电	万台		3.8	-72.3
液晶彩电	万台	3.4	1 277.9	47.9
等离子彩电	万台		125.4	60.6
家用型视频摄录一体机	万台	49.1	11 908.6	-25.2
激光视盘放像机	万台	54.9	3 352.7	-51.4
其中：VCD 机	万台		0.4	-90.7
DVD 机	万台	36.5	1 834.6	-60.0
激光唱机	万台	9.2	1 927.0	-38.4
收录放音组合机	万台	84.0	5 345.1	-20.7
汽车用收音及收录放组合机	万台	63.7	15 906.9	-1.8
彩色投影机	万台	23.4	4 939.7	37.2
微波炉	万台	1.3	450.1	-28.2
激光视盘机的机芯	万个	655.7	41 334.0	-26.2

表 8 2012 年家用电子电器产品出口情况

产品名称	单位	出口量	出口额（万美元）	增长率（%）
彩色电视机	万台	6 148.1	1 210 864.5	-11.4
其中：显像管彩电	万台	622.0	39 170.6	-46.4
液晶彩电	万台	5 503.0	1 164 398.7	-8.1
等离子彩电	万台	19.5	6 820.0	-74.3
家用型视频摄录一体机	万台	1 238.3	109 249.8	-4.0
激光视盘放像机	万台	10 497.2	411 618.5	-29.7
其中：VCD 机	万台	3.1	46.0	-62.1
DVD 机	万台	10 454.9	409 429.7	-29.5

续表

产品名称	单位	出口量	出口额（万美元）	增长率（%）
激光唱机	万台	676.2	18 329.8	-7.8
收录放音组合机	万台	11 501.0	221 325.7	-2.5
汽车用收音及收录放组合机	万台	2 455.7	199 327.5	28.8
彩色投影机	万台	558.9	227 692.7	-7.8
微波炉	万台	5 382.9	259 249.1	1.7
激光视盘机的机芯	万个	1 628.2	103 754.1	-20.6

表9　2012年电子元器件产品进口情况

产品名称	单位	进口量	进口额（万美元）	增长率（%）
电容器	万千克/千只	7 370.5	822 587.8	-1.3
电阻器	万千克/千只	1 733.4	191 450.8	-2.5
印刷电路	万千克/千只	4 129 105.3	1 447 883.9	3.3
智能卡	万个	197 116.8	50 985.2	45.4
集成电路	万块	24 182 226.0	19 206 467.7	12.8
其中：处理器及控制器	万块	9 197 160.7	10 833 464.8	10.4
存储器	万块	2 560 604.1	3 797 728.1	8.1
放大器	万块	2 229 694.3	917 377.7	62.0
其他集成电路	万块	10 194 767.0	3 657 897.1	16.8
彩色显像管	万只	118.0	2 465.8	-66.4
晶体管	万个	24 808 424.4	935 407.9	7.4
彩色电视机零件	万千克	1 180.4	41 683.8	1.0
黑白电视机零件	万千克	54.5	708.0	139.6
光缆	万千克	315.2	12 656.3	18.4
电声器件	万个	292 929.6	194 690.1	11.1
液晶显示板	万个	358 086.5	5 030 117.6	6.6
固态非易失性存储器件（闪速存储器）	万个	49 877.7	225 625.7	-20.3
静止变流器	万个	190 158.0	600 884.6	-19.7
其中：稳压电源	万个	3 596.2	74 561.6	-2.8

表 10　2012 年电子元器件产品出口情况

产品名称	单位	出口量	出口额（万美元）	增长率（%）
电容器	万千克/千只	7 915.0	386 584.1	8.6
电阻器	万千克/千只	3 357.6	127 131.7	4.0
印刷电路	万千克/千只	2 924 495.5	1 374 101.7	9.2
智能卡	万个	408 195.3	90 305.8	10.1
集成电路	万块	11 821 247.9	5 343 483.8	64.1
其中：处理器及控制器	万块	4 929 631.7	2 705 673.3	59.5
存储器	万块	1 298 824.5	1 437 459.9	41.3
放大器	万块	698 908.8	449 556.8	481.7
其他集成电路	万块	4 893 882.9	750 793.8	61.3
彩色显像管	万只	548.8	19 315.0	6.8
晶体管	万个	25 079 219.6	600 316.0	23.1
彩色电视机零件	万千克	23 728.8	257 269.1	−9.2
黑白电视机零件	万千克	4 528.3	16 608.7	−18.4
光缆	万千克	7 925.6	82 018.2	37.4
电声器件	万个	437 621.6	678 436.2	13.0
液晶显示板	万个	316 650.0	3 625 405.8	22.9
固态非易失性存储器件（闪速存储器）	万个	115 754.5	435 586.0	3.0
静止变流器	万个	403 200.1	1 495 130.0	5.7
其中：稳压电源	万个	28 140.2	301 241.6	0.2

表 11　2012 年电子专用设备产品进口情况

产品名称	单位	进口量	进口额（万美元）	增长率（%）
自动插件机	万台		5 489.6	−43.5
自动贴片机	万台	0.9	163 110.4	−13.5
离子注入机	万台		10 089.7	−27.8

表 12　2012 年电子专用设备产品出口情况

产品名称	单位	出口量	出口额（万美元）	增长率（%）
自动插件机	万台		81.6	−58.0
自动贴片机	万台	0.1	14 974.1	74.5
离子注入机	万台		151.1	−86.2

表 13　2012 年按贸易方式划分的

贸易方式	进口总计	增长率（%）	通信设备	广播电视设备
进料加工贸易	22 240 653.9	3.5	2 378 652.6	743 242.1
保税区仓储转口货物	10 660 353.6	47.6	428 160.0	164 402.2
一般贸易	10 339 061.1	−7.2	1 024 621.7	127 717.0
来料加工装配贸易	3 558 741.3	−20.1	62 708.7	33 212.9
保税仓库进出境货物	1 528 279.9	−15.4	115 130.7	25 080.4
出口加工区进口设备	292 495.3	18.2	9 164.2	257.9
外商投资企业作为投资进口的设备、物品	169 680.9	−51.5	971.9	87.7
其他	54 886.4	24.5	6 103.0	555.6
加工贸易进口设备	37 700.1	9.5	20.1	1.4
国家间、国际组织无偿援助和赠送的物资	675.7	45.5	23.3	
租赁贸易	602.1	156.5	0.7	
其他捐赠物资	555.9	−53.4	24.8	
出料加工贸易	287.3	−17.1		
免税外汇商品	52.7	143.2		
边境小额贸易	36.5	58.1		
合计	48 884 062.7	4.5	4 025 581.5	1 094 557.1

表 14 2012 年按贸易方式划分的

贸易方式	出口总计	增长率（%）	通信设备	广播电视设备
进料加工贸易	45 645 955.3	1.6	10 731 843.5	724 444.7
一般贸易	12 286 219.3	2.8	3 477 271.2	219 196.1
保税区仓储转口货物	6 925 418.1	121.4	374 553.8	160 302.5
来料加工装配贸易	4 003 746.9	−20.0	276 710.8	62 601.0
保税仓库进出境货物	739 462.9	−20.7	50 223.9	24 291.5
边境小额贸易	85 065.9	−2.0	11 593.0	975.1
对外承包工程出口货物	65 172.3	1.9	3 683.6	973.2
其他	38 470.9	34.1	909.0	1 037.9
国家间、国际组织无偿援助和赠送的物资	6 636.0	63.0	357.1	70.3
出料加工贸易	406.9	−49.6		

电子信息产品进口情况

单位：万美元

计算机	家用电子电器	电子元件	电子器件	电子材料	电子仪器设备
2 416 710.2	433 543.9	5 083 265.1	10 254 566.2	376 257.2	554 416.6
2 269 256.4	84 674.4	1 313 893.5	6 024 087.1	114 865.2	261 014.8
1 453 901.8	325 669.0	1 364 816.2	3 387 144.1	239 311.2	2 415 880.2
269 492.2	180 650.8	1 272 781.0	1 554 162.6	145 011.0	40 722.3
212 706.7	17 578.1	368 527.7	672 674.3	30 869.5	85 712.6
9 664.4	642.7	4 651.6	853.4	578.6	266 682.6
4 846.0	1 621.2	483.1	171.0	17.6	161 482.4
10 428.7	2 020.5	5 128.6	6 891.1	5 843.1	17 915.9
1 199.4	15.2	7.4	6.1		36 450.6
421.3	35.7		9.5		185.8
2.3	38.7	1.5			558.8
471.9	11.8				47.4
			51.8	235.6	
	51.7				1.0
	1.4	0.4	0.3	0.6	34.0
6 649 101.4	1 046 555.0	9 413 556.2	21 900 617.3	912 989.4	3 841 104.9

电子信息产品出口情况

单位：万美元

计算机	家用电子电器	电子元件	电子器件	电子材料	电子仪器设备
19 673 882.4	5 390 248.9	4 745 650.1	2 846 179.1	147 550.1	1 386 156.6
990 797.2	2 406 561.2	2 140 409.3	1 848 112.7	252 014.9	951 856.7
1 572 870.1	185 648.6	969 042.4	3 454 100.1	58 193.0	150 707.5
1 277 740.2	428 609.6	1 036 528.4	642 654.8	67 892.2	211 009.9
275 347.1	96 487.5	115 834.0	103 732.0	4 235.2	69 311.7
12 394.9	34 918.4	9 600.2	11 013.9	52.2	4 518.2
6 469.9	5 149.3	37 669.0	580.9	3.3	10 643.1
7 150.2	17 273.9	3 362.1	3 860.3	94.0	4 783.5
3 978.2	809.9	503.2	162.8		754.5
			65.8	341.1	

续表

贸易方式	出口总计	增长率（%）	通信设备	广播电视设备
其他捐赠物资	128.9	157.4	1.5	45.6
租赁贸易	40.3	–73.4		
寄售代销贸易	34.6	3.9		
合计	69 796 758.1	5.6	14 927 147.4	1 193 937.9

表 15　2012 年按企业不同经济类型划分的

经济类型	进口总计	增长率（%）	通信设备	广播电视设备
外商独资企业	28 238 360.5	–3.8	1 890 586.1	586 276.6
中外合资企业	8 780 315.8	18.4	1 141 956.1	310 703.6
私营企业	8 100 547.3	42.3	647 879.9	156 290.8
国有企业	3 289 337.2	–13.9	282 783.6	31 491.5
集体企业	385 242.5	–8.9	57 770.3	6 640.4
中外合作企业	86 848.3	–8.4	3 925.6	3 145.8
其他企业	2 420.3	–24.5	679.4	7.2
个体工商户	990.8	–2.6	0.5	1.1
合计	48 884 062.7	4.5	4 025 581.5	1 094 557.1

表 16　2012 年按企业不同经济类型划分的

经济类型	出口总计	增长率（%）	通信设备	广播电视设备
外商独资企业	41 621 275.6	–3.0	6 790 240.3	591 784.7
中外合资企业	12 086 890.9	18.2	5 211 115.3	251 139.4
私营企业	10 247 106.6	47.8	1 432 490.2	283 687.6
国有企业	3 910 308.1	1.2	706 548.5	53 245.2
集体企业	1 336 629.7	–15.1	764 243.9	11 093.0
中外合作企业	588 327.8	–4.5	21 711.9	2 876.1
个体工商户	4 517.3	–1.0	31.8	105.8
其他企业	1 702.2	–10.6	765.6	6.1
合计	69 796 758.1	5.6	14 927 147.4	1 193 937.9

单位：万美元

计算机	家用电子电器	电子元件	电子器件	电子材料	电子仪器设备
81.8					
0.2	0.1				40.0
			34.6		
23 820 712.2	8 565 707.4	9 058 598.6	8 910 497.0	530 375.9	2 789 781.8

电子信息产品进口情况

单位：万美元

计算机	家用电子电器	电子元件	电子器件	电子材料	电子仪器设备
4 208 908.7	590 378.9	6 028 107.3	12 679 406.4	594 087.9	1 660 608.7
623 301.0	218 584.8	1 600 376.0	3 818 407.1	107 290.4	959 696.9
1 106 353.1	114 711.8	1 257 986.3	4 054 266.8	146 516.5	616 542.2
684 455.0	113 812.0	403 703.6	1 147 426.3	61 639.6	564 025.6
22 775.2	6 891.0	102 159.4	157 440.7	2 573.8	28 991.7
2 585.7	2 074.3	21 027.2	43 383.3	872.0	9 834.5
573.0	92.3	171.9	130.5	7.6	758.4
149.8	10.0	24.5	156.3	1.7	646.9
6 649 101.4	1 046 555.0	9 413 556.2	21 900 617.3	912 989.4	3 841 104.9

电子信息产品出口情况

单位：万美元

计算机	家用电子电器	电子元件	电子器件	电子材料	电子仪器设备
19 715 791.2	3 347 516.7	5 305 081.7	3 961 937.0	265 075.9	1 643 848.3
1 727 268.4	2 233 388.4	1 300 204.1	1 146 238.0	41 602.7	175 934.8
1 182 300.4	1 853 610.7	1 642 992.5	3 083 786.6	169 302.4	598 936.2
734 274.9	852 029.9	647 604.6	634 022.8	49 161.5	233 420.8
136 639.7	224 596.7	94 015.5	45 906.1	4 072.9	56 061.8
324 006.5	53 143.9	66 495.3	38 177.8	1 026.9	80 889.3
191.7	1 336.3	2 048.6	296.1	133.6	373.4
239.5	84.9	156.3	132.6		317.3
23 820 712.2	8 565 707.4	9 058 598.6	8 910 497.0	530 375.9	2 789 781.8

表 17　2012 年省、自治区、直辖市

省、市、自治区名称	进口总计	增长率（%）	通信设备	广播电视设备
广东省	20 033 847.8	8.7	2 021 291.6	340 802.9
江苏省	9 044 785.5	–4.1	387 259.0	214 897.3
上海市	7 595 611.1	–0.1	274 214.5	115 615.6
天津市	1 867 028.3	10.2	407 404.7	66 638.9
北京市	1 686 536.5	–21.5	336 026.4	86 570.9
山东省	1 547 737.8	1.4	184 775.1	34 521.5
福建省	1 215 969.8	6.2	70 974.8	9 252.8
河南省	1 179 736.7	183.1	152 183.1	133 759.1
四川省	1 128 721.0	23.1	19 903.1	42 863.6
重庆市	817 595.6	107.6	7 344.9	4 753.4
浙江省	761 107.6	–13.8	24 714.5	4 515.3
辽宁省	419 900.2	–12.4	15 189.5	2 169.5
湖北省	298 160.7	–10.4	15 368.8	606.3
吉林省	281 431.7	0.4	39 216.5	7 308.6
陕西省	278 394.9	–3.6	3 247.7	671.8
江西省	138 726.6	–19.8	1 891.5	1 787.6
广西壮族自治区	116 525.3	72.4	7 789.9	961.0
河北省	106 424.2	–47.3	12 152.4	669.4
湖南省	96 889.2	12.6	10 729.2	172.7
山西省	96 069.4	40.7	30 250.1	25 563.3
安徽省	92 537.9	–32.1	959.8	91.7
黑龙江省	12 304.6	–22.3	635.9	96.9
海南省	11 556.1	–51.9	76.3	2.6
内蒙古自治区	11 547.8	–9.4	288.8	4.6
甘肃省	10 300.0	8.4	190.4	0.3
云南省	9 688.6	–31.7	1 152.0	25.0
贵州省	8 060.9	25.7	145.9	5.5
新疆维吾尔族自治区	7 968.5	–33.1	105.7	21.8
青海省	5 509.2	66.2	34.9	49.2
宁夏回族自治区	3 235.5	–32.0	64.6	158.1
西藏自治区	153.8	20.9		
合计	48 884 062.7	4.5	4 025 581.5	1 094 557.1

电子信息产品进口情况

单位：万美元

计算机	家用电子电器	电子元件	电子器件	电子材料	电子仪器设备
3 067 426.5	386 751.1	4 328 810.2	8 650 608.8	175 249.9	1 062 906.8
1 003 035.4	229 332.3	2 057 089.7	4 287 994.0	315 609.7	549 568.0
1 449 010.0	169 784.8	749 983.8	3 984 583.2	147 323.8	705 095.5
35 647.8	40 110.3	341 711.3	846 065.0	24 671.4	104 779.0
289 986.5	80 403.2	90 571.7	442 882.8	29 794.3	330 300.8
167 895.2	27 022.2	451 095.1	570 916.2	17 574.7	93 937.8
192 967.3	18 807.0	516 873.4	297 506.7	19 129.5	90 458.5
2 638.0	1 126.1	82 307.9	677 250.6	701.3	129 770.7
49 919.1	3 233.0	155 899.2	759 005.2	6 399.4	91 498.3
267 094.7	3 591.5	37 582.3	418 326.6	648.0	78 254.2
27 724.1	10 084.5	335 870.0	218 246.0	77 605.7	62 347.5
32 866.1	39 562.5	104 669.1	103 014.2	13 984.1	108 445.2
17 077.1	1 981.9	38 745.9	154 362.6	7 741.1	62 276.9
561.1	22 529.0	24 727.4	18 734.2	995.9	167 359.1
1 518.1	1 242.6	10 278.5	213 686.6	16 203.2	31 546.5
1 789.2	1 683.0	10 550.1	102 738.2	7 279.5	11 007.4
17 565.7	663.7	25 556.6	51 103.5	1 362.4	11 522.5
1 280.9	962.2	13 435.0	28 273.0	33 778.5	15 873.0
12 781.2	1 020.7	14 476.6	29 478.1	1 262.2	26 968.7
731.1	422.9	6 128.6	6 659.1	10.0	26 304.2
3 311.0	5 224.4	12 709.4	31 482.1	8 675.0	30 084.4
526.6	472.7	440.1	1 071.1	182.8	8 878.5
1 756.6	119.8	1 394.5	614.6	3 984.5	3 607.3
1 543.5	184.2	578.5	26.9	687.1	8 234.2
80.6	16.1	12.0	5 558.4	21.1	4 421.1
1 693.8	57.7	835.3	178.2	2.2	5 744.5
10.9	29.9	222.0	42.7	559.7	7 044.2
275.8	101.2	269.1	138.3	705.3	6 351.4
164.5	16.0	8.4	3.3		5 232.9
200.9	18.5	723.5	67.3	847.3	1 155.3
22.2		1.1			130.6
6 649 101.4	1 046 555.0	9 413 556.2	21 900 617.3	912 989.4	3 841 104.9

表 18　2012 年省、自治区、直辖市

省、市、自治区名称	出口总计	增长率（%）	通信设备	广播电视设备
广东省	29 128 608.4	6.8	8 027 973.0	590 530.8
江苏省	14 168 950.2	-0.1	1 094 708.2	259 207.9
上海市	9 594 555.3	-4.6	1 338 126.9	73 581.5
浙江省	2 423 684.4	-2.3	155 978.9	46 091.2
天津市	2 111 337.3	4.6	1 023 353.3	80 969.9
四川省	1 701 524.5	50.8	43 228.4	1 285.0
山东省	1 659 057.3	-21.7	249 288.1	52 467.8
福建省	1 651 698.1	2.6	125 190.5	23 544.8
河南省	1 633 266.1	184.8	1 581 850.9	163.0
重庆市	1 513 481.3	155.7	24 921.8	3 214.7
北京市	1 258 989.9	-1.3	812 567.3	6 362.7
辽宁省	624 290.3	-7.7	34 249.8	3 662.7
湖北省	466 489.4	-5.5	32 311.3	291.0
江西省	369 468.7	-13.0	33 373.0	29 555.7
河北省	269 634.8	-21.4	63 887.0	290.2
安徽省	260 242.8	27.6	2 567.5	1 612.0
陕西省	242 950.4	44.8	7 698.1	756.4
山西省	196 541.3	236.7	166 937.1	13 264.4
广西壮族自治区	185 709.0	15.8	48 337.3	4 282.1
湖南省	167 875.2	50.9	48 532.5	873.4
海南省	33 835.5	5.4	1 823.8	99.0
新疆维吾尔族自治区	28 162.8	-9.0	205.4	194.6
黑龙江省	25 175.9	-7.4	1 400.5	593.7
云南省	18 927.0	-25.7	5 416.8	129.7
吉林省	15 746.7	-8.7	366.1	80.0
甘肃省	12 108.9	6.3	570.1	138.8
贵州省	11 739.1	37.2	1 606.0	298.0
内蒙古自治区	8 642.2	-23.0	508.9	9.3
西藏自治区	6 761.9	125.0	145.7	321.3
青海省	3 830.0	84.5	14.6	31.2
宁夏回族自治区	3 473.7	-1.9	8.7	35.5
合计	69 796 758.1	5.6	14 927 147.4	1 193 937.9

电子信息产品出口情况

单位：万美元

计算机	家用电子电器	电子元件	电子器件	电子材料	电子仪器设备
7 871 564.7	4 464 316.4	4 160 211.1	2 410 104.3	39 816.5	1 564 091.8
5 763 571.4	1 186 411.0	2 126 496.7	3 135 134.4	174 366.9	429 053.8
5 167 220.3	729 778.2	524 137.8	1 481 907.7	52 042.2	227 760.9
179 831.8	605 068.2	864 430.2	395 494.5	34 818.9	141 970.7
191 113.7	243 567.3	228 616.5	303 437.0	3 269.8	37 009.9
1 306 199.9	17 508.3	46 645.2	250 667.7	15 284.1	20 705.9
654 770.1	301 814.6	203 821.5	91 481.5	14 101.5	91 312.4
502 334.1	343 224.1	421 532.6	123 881.1	36 454.5	75 536.4
4 078.9	6 395.3	16 106.4	16 189.8	6 604.8	1 877.1
1 403 899.1	47 929.8	8195.5	14 876.7	4 075.4	6 368.5
48 066.8	26 396.5	122 656.9	183 525.4	19 542.5	39 871.8
97 045.2	316 334.7	80 253.5	35 704.0	11 924.2	45 116.2
308 266.5	31 576.7	44 756.2	40 098.4	2 923.7	6 265.7
116 246.1	36 864.0	33 402.5	77 000.0	32 910.7	10 116.7
8 183.0	17 226.0	31 831.0	135 080.8	4 490.2	8 646.6
9 919.2	129 027.8	59 278.9	26 258.1	781.0	30 798.2
65 001.0	10 257.3	6 058.9	126 337.4	15 649.5	11 191.8
5 050.6	795.7	7 102.9	1 312.3	545.8	1 532.6
67 227.0	15 042.2	31 883.6	693.5	2 482.7	15 760.8
38 825.4	13 460.0	22 651.8	5 867.7	24 772.5	12 891.9
14.1	3.8	5 413.3	25 510.4	73.6	897.5
3 889.5	11 380.4	1 896.1	7 072.5	2 642.3	882.0
2 983.0	4 528.9	1 482.6	780.1	10 615.1	2 792.0
1 443.3	705.3	799.5	1 581.5	8 567.7	283.2
1 257.8	1 578.6	2 800.2	7 438.0	621.6	1 604.5
493.5	464.3	420.4	9 365.5	231.4	424.7
355.2	1 177.7	1 934.8	383.4	3 513.6	2 470.4
442.4	1 537.8	2 803.7	42.6	2 558.9	738.6
1 363.8	1 183.9	727.5	366.0	919.8	1 733.9
42.8	93.1	26.4	2 374.9	1 223.9	23.1
12.2	59.7	224.5	530.0	2 550.6	52.4
23 820 712.2	8 565 707.4	9 058 598.6	8 910 497.0	530 375.9	2 789 781.8

表19 2012年按国家或地区统计的

国家或地区名称	进口总计	增长率（%）	通信设备	广播电视设备
中国	11 459 965.7	18.5	2 055 237.9	374 841.3
韩国	8 830 504.8	7.5	868 313.7	277 472.9
中国台湾地区	8 628 674.6	13.0	243 265.6	28 835.2
日本	5 630 220.2	−11.1	181 068.4	118 392.8
马来西亚	3 738 441.7	−3.3	94 161.4	22 112.1
美国	1 811 381.0	−7.2	99 327.5	8 943.4
泰国	1 547 147.0	−9.4	50 604.8	10 461.0
菲律宾	1 450 297.1	12.7	68 118.3	18 319.8
德国	1 178 261.5	−13.3	41 168.4	11 004.7
新加坡	1 116 048.5	−7.4	25 220.9	9 845.1
越南	672 513.0	121.8	21 463.7	185 266.4
哥斯达黎加	516 068.7	38.2	163.4	96.9
墨西哥	219 191.6	−3.3	29 320.1	241.9
中国香港特别行政区	219 160.8	−33.3	65 423.6	6 073.3
印度尼西亚	176 467.1	−8.5	1 150.8	6 355.1
法国	168 612.9	−19.8	16 086.1	332.2
爱尔兰	160 478.7	−18.5	255.5	223.8
意大利	133 709.4	−31.7	4 317.1	792.8
加拿大	124 146.9	−18.9	8 406.9	1 966.3
英国	122 404.4	−9.5	12 880.3	1 721.6
瑞士	96 167.2	−56.9	3 509.8	3 676.7
以色列	89 982.0	16.1	12 781.1	363.0
马耳他	85 280.5	4.7	157.9	
奥地利	81 365.7	−10.5	2 649.9	295.2
比利时	64 289.1	24.7	38 295.7	220.0
荷兰	62 680.4	−62.2	801.2	147.1
捷克	56 872.3	4.1	9 052.9	1 754.1
匈牙利	52 317.6	−0.2	1 786.9	775.0
瑞典	51 821.0	−16.8	18 781.7	330.2
印度	44 804.6	−14.5	7 047.9	19.0
挪威	31 033.2	−51.7	9 033.6	592.6
芬兰	29 944.9	−29.2	7 805.1	40.7

电子信息产品进口情况

单位：万美元

计算机	家用电子电器	电子元件	电子器件	电子材料	电子仪器设备
2 642 761.4	267 273.5	2 479 507.8	3 066 366.1	36 590.8	537 387.0
399 284.6	97 110.5	2 434 136.0	4 312 529.5	181 013.9	260 643.7
297 566.4	157 880.5	2 063 134.8	5 442 226.3	233 829.5	161 936.2
614 749.4	126 918.8	1 407 083.1	1 905 556.4	197 840.7	1 078 610.8
401 258.9	14 300.5	160 814.3	2 932 541.3	1 439.7	111 813.6
162 058.1	56 771.3	110 412.9	797 232.3	116 685.5	459 950.2
1 032 829.8	27 358.3	80 080.0	316 191.2	131.2	29 490.8
586 370.8	7 302.2	110 924.7	631 617.5	37.9	27 605.8
31 755.4	65 572.3	113 576.2	264 236.7	100 154.3	550 793.6
171 072.1	122 034.3	74 603.0	595 284.8	3 202.9	114 785.4
73 575.3	2 853.4	58 693.3	316 955.3	5.5	13 700.0
305.9	4.9	3 657.2	511 714.4	3.8	122.4
29 635.9	5 320.2	37 765.4	106 426.7	23.7	10 457.7
9 652.5	6 883.7	20 905.7	84 986.4	328.7	24 907.0
68 959.1	8 910.1	51 719.4	24 379.1	298.9	14 694.8
8 154.9	5 235.3	17 832.5	65 722.2	2 350.5	52 899.1
51 785.4	711.9	1 074.1	100 759.1	95.6	5 573.2
5 418.8	7 261.8	12 379.0	67 050.2	1 616.3	34 873.3
4 212.3	3 745.5	3 366.5	85 535.0	160.8	16 753.6
4 837.4	5 234.8	14 694.6	32 023.4	1 910.3	49 102.0
1 294.2	3 744.2	17 760.6	11 457.0	208.6	54 516.2
6 344.8	1 116.3	6 760.2	39 102.3	5 543.3	17 971.2
84.2	45.4	1 192.4	83 385.7	1.1	413.8
1 342.1	2 729.5	17 661.1	29 820.2	1 600.4	25 267.4
1 242.5	2 861.3	1 480.1	11 362.4	305.4	8 521.7
1 774.9	4 435.4	2 215.2	4 799.5	40.5	48 466.6
2 021.8	9 053.9	27 063.2	1 917.5	35.4	5 973.7
18 308.0	2 457.2	6 458.8	3 842.7	19.0	18 670.0
2 166.3	3 781.9	8 085.1	1 194.1	420.6	17 061.2
1 038.1	2 483.6	14 115.6	7 676.1	6 226.1	6 198.3
1 342.1	2 334.5	939.0	1 530.4	7 190.2	8 070.8
1 792.4	399.7	3 195.3	348.0	808.4	15 555.2

续表

国家或地区名称	进口总计	增长率（%）	通信设备	广播电视设备
丹麦	26 779.5	2.1	4 610.3	350.0
斯洛伐克	24 807.6	29.0	75.0	11.0
西班牙	19 934.1	–2.6	3 262.3	96.5
葡萄牙	19 616.2	36.1	299.4	209.5
摩洛哥	18 635.8	–12.1	2.1	402.3
澳大利亚	17 879.0	–17.3	5 043.4	180.2
波兰	15 113.4	12.3	3 783.8	277.4
波多黎各	14 593.4	–52.5	599.3	
罗马尼亚	11 464.1	10.8	2 964.0	3.4
巴西	11 236.3	19.7	1 758.1	33.1

注：表 19 仅取排名前 42 名的国家或地区。

表 20　2012 年按国家或地区统计的

国家或地区名称	出口总计	增长率（%）	通信设备	广播电视设备
中国香港特别行政区	19 091 662.7	19.5	4 547 703.9	378 492.4
美国	13 072 266.0	3.8	2 483 483.9	163 094.6
日本	4 683 500.2	2.8	906 061.1	120 798.7
韩国	3 451 486.8	16.8	1 649 185.7	64 765.8
荷兰	3 431 790.5	–1.5	480 855.3	34 240.2
德国	2 363 622.5	–15.5	221 962.6	22 427.3
中国台湾地区	1 869 092.1	14.2	235 155.1	49 916.5
新加坡	1 416 221.2	1.6	142 606.7	26 420.2
墨西哥	1 220 257.7	5.9	298 985.7	10 489.6
英国	1 191 087.3	–1.7	198 921.2	20 351.0
印度	1 184 469.1	–4.5	282 287.6	18 389.4
马来西亚	1 022 081.0	8.9	110 089.3	21 860.9
巴西	966 805.2	–4.7	119 761.2	27 018.2
泰国	947 937.4	21.7	125 571.3	34 497.7
澳大利亚	898 562.6	–5.3	145 922.9	6 931.5
俄罗斯联邦	860 005.0	8.9	158 441.4	10 479.2
法国	755 907.1	–21.7	172 301.4	6 172.3
阿拉伯联合酋长国	750 974.9	6.2	132 558.9	6 417.3

单位：万美元

计算机	家用电子电器	电子元件	电子器件	电子材料	电子仪器设备
1 859.4	1 584.6	4 535.8	996.5	818.4	12 024.5
382.6	2 429.7	4 643.3	1 153.1		16 112.9
1 989.9	2 695.0	7 125.8	1 298.3	67.3	3 399.0
14.8	828.5	4 607.0	12 813.8		843.3
12.3	1.7	137.6	17 979.5		100.3
831.9	1 959.0	1 375.0	1 654.4	20.3	6 815.0
1 042.0	885.1	4 458.1	1 233.0	132.0	3 302.1
5 429.4	22.5	44.2	151.5	8 084.8	261.7
689.6	1 818.4	3 541.5	46.6		2 400.7
604.7	3 754.5	2 917.1	1 726.6	35.2	407.1

电子信息产品出口情况

单位：万美元

计算机	家用电子电器	电子元件	电子器件	电子材料	电子仪器设备
5 092 392.9	858 648.3	3 349 150.5	4 088 024.4	87 481.5	689 768.8
6 680 147.9	1 976 126.4	810 375.9	467 157.2	24 906.9	466 973.2
1 462 995.9	947 779.8	598 793.6	374 693.0	66 671.1	205 706.9
456 389.4	129 429.7	496 737.4	469 613.4	67 556.6	117 808.8
2 031 351.2	282 985.7	77 366.9	459 801.1	7 057.7	58 132.4
1 186 989.8	249 949.0	269 633.7	286 981.3	13 421.2	112 257.6
260 905.6	115 909.4	310 500.1	676 592.6	138 604.3	81 508.6
539 809.5	70 295.3	123 324.6	433 289.4	2 810.7	77 664.8
325 519.1	139 239.4	352 770.9	35 557.4	4 608.6	53 086.9
555 372.5	236 985.1	74 657.6	52 713.7	6 688.7	45 397.5
361 906.5	198 653.9	150 952.2	92 290.8	10 670.2	69 318.5
189 807.7	77 890.6	284 826.1	243 793.7	24 053.6	69 759.1
217 692.1	232 175.8	225 490.1	99 978.2	1 108.0	43 581.7
297 268.4	140 839.5	240 205.2	63 202.1	9 639.2	36 713.9
399 894.3	170 492.3	65 104.5	86 212.4	4 807.8	19 197.0
316 361.0	225 461.0	86 537.6	22 609.1	5 502.9	34 612.9
308 882.0	113 748.8	47 337.6	64 868.3	548.9	42 047.8
366 738.5	141 485.6	50 743.7	27 610.4	4 398.4	21 022.1

续表

国家或地区名称	出口总计	增长率（%）	通信设备	广播电视设备
加拿大	634 558.5	12.1	144 637.3	13 810.7
印度尼西亚	614 213.9	11.7	131 299.0	7 796.6
意大利	583 540.0	–37.9	88 155.3	5 195.5
越南	578 538.3	32.3	171 074.5	43 321.5
捷克	452 528.9	–23.6	65 245.4	7 419.9
波兰	448 593.5	10.3	48 594.5	3 960.0
匈牙利	441 438.9	–20.2	232 542.1	7 221.9
土耳其	419 620.9	6.2	54 083.3	5 004.2
芬兰	334 076.5	13.3	84 864.2	3 171.4
西班牙	309 111.1	–19.1	87 333.1	3 648.5
菲律宾	289 412.1	9.6	39 810.1	2 684.5
沙特阿拉伯	272 315.9	13.8	82 502.0	2 133.3
比利时	264 840.8	–24.5	12 604.8	3 209.1
阿根廷	249 344.5	–8.8	69 601.9	3 155.7
南非	246 793.3	–6.5	38 013.0	6 525.7
智利	205 153.5	–0.6	54 161.3	2 159.5
卢森堡	181 603.3	19.9	104 770.4	26.8
委内瑞拉	179 786.6	–1.5	52 053.3	3 265.3
瑞典	169 404.4	–5.9	61 245.7	1 370.1
斯洛伐克	156 087.2	–9.9	7 611.8	4 253.4
巴基斯坦	150 854.1	24.6	70 320.3	685.1
乌克兰	141 974.0	8.1	16 514.0	1 470.9
伊朗	141 714.7	–25.5	30 877.4	2 009.7
哥伦比亚	132 777.2	6.9	29 549.0	1 508.1
尼日利亚	121 519.9	–22.4	27 178.2	1 143.9
以色列	120 780.7	–6.9	21 529.1	1 572.9

注：表 20 仅取排名前 44 名的国家或地区，表 1–表 20 数据均根据海关总署数据整理。

单位：万美元

计算机	家用电子电器	电子元件	电子器件	电子材料	电子仪器设备
259 885.3	128 787.0	36 424.2	24 989.4	4 241.5	21 783.1
164 766.6	92 346.8	125 436.5	50 015.0	3 308.5	39 244.9
203 612.3	99 698.3	59 368.5	91 337.8	1 529.1	34 643.3
72 317.4	50 681.9	134 312.9	76 036.4	1 166.5	29 627.3
287 167.0	39 097.3	28 031.5	8 226.1	288.4	17 053.3
139 868.7	86 701.6	124 459.2	18 291.2	1 424.2	25 294.0
36 834.2	31 335.2	100 237.2	5 367.3	89.3	27 811.6
130 336.6	79 036.3	110 016.7	19 042.0	1 410.9	20 691.0
177 592.2	27 254.8	17 404.2	7 150.6	485.5	16 153.4
68 869.0	72 530.4	30 059.1	28 324.9	3 154.6	15 191.5
77 208.7	44 998.6	52 193.9	45 050.4	9 696.3	17 769.7
50 996.8	100 437.8	19 624.1	9 086.5	216.0	7 319.5
64 383.5	35 717.6	22 629.3	114 826.4	2 880.8	8 589.3
44 909.4	73 024.9	29 712.3	20 705.6	1 081.7	7 153.1
76 806.2	81 387.0	17 539.5	14 789.6	442.6	11 289.8
63 336.4	60 219.7	10 864.7	7 764.0	120.1	6 528.0
70 556.7	345.8	4 731.3	543.9	1.9	626.6
38 078.1	60 529.7	9 731.9	10 366.3	99.6	5 662.3
53 723.7	23 665.6	14 254.6	4 638.7	141.1	10 365.0
54 189.9	12 285.5	62 838.5	1 377.2	1 030.2	12 500.9
15 268.5	22 632.9	15 065.0	15 683.5	181.7	11 017.1
24 091.4	46 448.0	8 643.9	38 617.2	744.2	5 444.4
10 962.5	61 867.6	11 989.1	12 498.9	2 222.2	9 287.4
49 899.1	31 076.4	8 498.7	5 564.6	178.1	6 503.2
8 553.6	45 604.6	14 997.8	9 485.4	154.3	14 402.2
31 853.8	36 807.0	9 335.0	10 555.1	838.2	8 289.6

[撰稿：苏永强　审稿：黄颖]

2012 年中外合资、合作工作大事记

1 月 9 日 工业和信息化部副部长杨学山会见了美国微软公司首席研究与战略官克瑞格·蒙迪，双方就信息技术产业与市场发展趋势、信息安全及微软公司与中国企业的项目合作等交换了意见。

1 月 16 日 工业和信息化部副部长杨学山会见了韩国三星公司大中华区总裁张元基，双方就三星公司全球及在华业务发展情况进行了交流。

1 月 18 日 赴马耳他访问的工业和信息化部副部长刘利华会见了马耳他基础设施交通通信部部长奥斯汀·盖特，双方就进一步加强在电子政务和通信领域的合作交换了意见，并实地考察了马耳他智慧城市项目。

1 月 23-24 日 工业和信息化部副部长刘利华在瑞士日内瓦出席 2012 年世界无线电通信大会期间，会见了国际电联秘书长哈玛德·图埃、无线电通信局主任弗朗索瓦·朗西，美国代表团 Decker Anstrom 大使，以及俄罗斯、越南、加拿大等国代表团团长，并分别就中国参与国际电联工作情况及此次参加 2012 年世界无线电通信大会的有关事项进行了交流。

2 月 7 日 工业和信息化部副部长尚冰会见了尼日尔通信和信息新技术部部长萨利夫·拉博·布谢，双方就进一步加强两国在信息通信领域的交流与合作交换了意见。

2 月 16 日 工业和信息化部部长苗圩会见了乌拉圭工业、能源和矿业部部长罗伯特·克雷伊梅尔曼，双方就中乌工业、通信业发展情况与政策，加强两国产业间交流与合作等交换了意见。

2 月 22 日 工业和信息化部副部长杨学山会见了台北世界贸易中心董事长王志刚，双方就进一步加强两岸工业和信息化领域交流与合作交换了意见。

2 月 28 日 第七次中日信息技术与产业政策交流会在日本福岛举行，工业和信息化部国际合作司司长陈因与日本经济产业省情报通信局副局长富田健介共同主持了会议。会议就两国信息政策的现状与今后的发展趋势、环境对策、信息安全政策、软件和信息服务业、电子信息产品以及人力资源建设等 6 个议题进行了交流。

3 月 26 日 工业和信息化部副部长尚冰会见了美国苹果公司首席执行官蒂姆·库克，双方就移动通信和智能终端产业发展趋势、苹果公司在华发展等交换了意见。

3 月 27 日 工业和信息化部副部长尚冰与美国国务院国际信息通信政策协调官菲利浦·韦维尔在北京共同主持了第五次中美通信与信息政策磋商会议，双方就两国在宽带发展、云计算、标准制定、IPv6 等方面的发展状况与政策及有关多边议题进行了交流。

4 月 11 日 工业和信息化部总工程师王秀军会见了互联网域名地址分配机构（ICANN）总裁罗德，双方就互联网管理、新通用顶级域计划等交换了意见。

5 月 14 日 工业和信息化部副部长杨学山会见了欧盟委员会副主席马洛世·谢夫科维奇，双方就加强电子政务、绿色智慧城市和网络安全等方面的合作交换了意见。

5 月 15 日 “CEPA 信息通信领域政策解读及机遇经验分享会”在香港特别行政区国际会议展览中心召开，工业和信息化部副部长刘利华出席会议并致辞。

5 月 18 日 工业和信息化部副部长刘利华会见了白俄罗斯国家科技委员会主席沃伊托夫，双方就进一步加强两国工业和信息通信领域的合作交换了意见。

5 月 29 日 工业和信息化部副部长杨学山会见了香港特别行政区政府商务及经济发展局常任秘书长（通信

及科技）谢曼怡女士，双方就进一步加强两地工业和信息化领域的合作交换了意见。

5 月 30 日 工业和信息化部部长苗圩会见了波兰副总理兼经济部部长瓦尔德玛尔·帕夫拉克，双方就加强部际交流、推动中波工业和信息通信领域合作交换了意见。

5 月 31 日 工业和信息化部副部长苏波与日本经济产业省经济产业审议官冈田秀一在北京共同主持首次中日工业副部级磋商，双方交流了两国工业发展总体情况及钢铁、汽车、石化、电子等行业的发展情况和政策，并就稀土等议题交换了意见。

6 月 11 日 工业和信息化部副部长杨学山会见了诺基亚西门子公司全球副总裁周德翰，双方就全球通信业发展趋势和 TD-LTE 技术发展现状等交换了意见。

6 月 15 日 工业和信息化部总工程师王秀军会见了马来西亚内政部部长希沙慕丁，双方就网络安全方面的有关问题交换了意见。

6 月 19 日 工业和信息化部副部长杨学山率团出席在台北举办的海峡两岸高新产业合作研讨会并致辞。研讨会期间举办了半导体照明、云计算、物联网、汽车电子、平板显示 5 个分论坛。

6 月 20 日 工业和信息化部副部长刘利华出席在上海举行的 GSMA 亚洲移动通信博览会开幕式和全球 TD-LTE 倡议亚洲大会并致辞。

6 月 25 日 工业和信息化部副部长尚冰会见了伊朗信息通信技术部副部长卡兰普尔，双方就信息通信领域的合作等议题交换了意见。

7 月 5 日 工业和信息化部部长苗圩会见了巴西科技与创新部部长马可·安东尼奥·劳普，双方就加强工业和信息通信等领域的交流与合作交换了意见。

7 月 13 日 工业和信息化部总工程师朱宏任会见了匈牙利经济发展部国务秘书诺伯特·齐兹马迪亚，双方就中国产业发展情况及中匈工业和信息化领域合作等交换了意见。

7 月 17 日 工业和信息化部副部长杨学山率团出席了在香港举办的内地与香港信息科技及通信产业创新创业高峰论坛并致辞。

7 月 26 日 中俄总理定期会晤委员会通信与信息技术分委会第十一次会议在哈尔滨召开。会议由分委会中方主席、工业和信息化部副部长尚冰与俄罗斯通信与大众传媒部副部长杰尼斯·斯维尔德洛夫共同主持。会议总结了一年来双方在通信、信息技术、邮政以及中俄边境地区无线电频率协调等方面的合作情况，并对下一步工作进行了安排和部署。

7 月 26 日 工业和信息化部副部长杨学山会见了美国摩托罗拉移动公司全球资深副总裁理查德·惠特，双方就信息通信技术发展趋势等交换了意见。

7 月 30 日 工业和信息化部副部长杨学山会见了台湾联发科技股份有限公司董事长蔡明介，双方就两岸集成电路产业发展与合作问题交换了意见。

8 月 2 日 工业和信息化部副部长刘利华会见了美国摩托罗拉系统公司全球执行副总裁吉恩·戴莱尼，双方就有关通信技术标准、无线电频谱规划和管理等交换了意见。

8 月 7-8 日 工业和信息化部副部长杨学山率团赴俄罗斯圣彼得堡出席亚太经合组织（APEC）电信工作组第九次电信部长会议期间，分别与俄罗斯通信和大众传媒部部长尼古拉·尼奇弗洛夫、日本总务省副大臣松崎公昭和美国国务院国际信息通信政策协调官菲利普·维韦尔大使等举行了双边会谈，并就进一步加强双方在信息通信领域的合作交换了意见。

8 月 28 日 工业和信息化部部长苗圩与埃及通信和信息技术部部长哈尼·阿卜杜勒马吉德在北京人民大会堂签署了《中华人民共和国工业和信息化部与阿拉伯埃及共和国通信与信息技术部信息通信领域合作谅解备

忘录》。

8 月 30–31 日　工业和信息化部与国际电信联盟联合举办的“云计算和宽带发展”国际研讨会在湖北武汉召开。工业和信息化部副部长刘利华、国际电信联盟电信发展局主任布哈伊马·萨努出席研讨会开幕式并致辞。

9 月 10 日　工业和信息化部部长苗圩会见了哥伦比亚信息通信部部长莫拉诺，双方就两国信息通信发展政策及今后合作等议题进行了交流。

9 月 10 日　工业和信息化部副部长杨学山会见了爱立信集团总裁兼首席执行官卫翰思，双方就移动通信产业发展、知识产权保护等议题交换了意见。

9 月 13 日　国务委员兼国务院秘书长马凯在中南海紫光阁会见了应工业和信息化部邀请来华访问的国际电联秘书长哈玛德·图埃一行。工业和信息化部部长苗圩、国务院副秘书长肖亚庆参加了会见。

9 月 18 日　工业和信息化部副部长刘利华会见了西班牙工业、能源和旅游大臣索里亚，双方就落实中西工业、通信业和信息化领域合作协议以及中小企业领域合作谅解备忘录等交换了意见。

10 月 14 日　工业和信息化部副部长刘利华出席了在阿拉伯联合酋长国迪拜举行的国际电信联盟 2012 年世界电信展开幕式和 TD-LTE 技术与频谱研讨会。

10 月 17 日　工业和信息化部副部长杨学山会见了美国微软公司首席研究与战略官克瑞格·蒙迪，双方就微软公司在中国的发展与合作等交换了意见。

10 月 25 日　工业和信息化部副部长尚冰会见了美国参加国际电信世界大会的代表团团长特里·克莱默大使一行，双方就有关国际电信世界大会共同关注的问题交换了意见。

11 月 16 日　工业和信息化部副部长杨学山在菲律宾宿务出席了第七次中国—东盟电信和信息技术部长会议。会议通过了《关于深化中国—东盟面向共同发展的信息通信领域伙伴关系的行动计划（2012—2016）》，该行动计划确定双方将在信息技术推进经济转型和社会服务、信息通信基础设施发展、信息通信创新、网络与信息安全、普遍服务、人力资源建设等领域开展合作。

11 月 19 日　工业和信息化部部长苗圩会见了保加利亚经济、能源和旅游部部长戴立扬·多布莱夫，双方就加强两国工业和信息化领域投资合作及工业园区建设等交换了意见。

11 月 19 日　工业和信息化部副部长尚冰会见了哥斯达黎加科技电信部长阿莱杭德罗·克鲁斯，双方就加强两国通信和信息化领域交流与合作交换了意见。

11 月 22 日　工业和信息化部副部长尚冰会见了全球移动通信协会（GSMA）会长安妮·布威罗特女士，双方就中国信息通信产业发展情况以及工业和信息化部与 GSMA 合作等问题交换了意见。

11 月 26 日　工业和信息化部副部长苏波会见了法国生产振兴部竞争力、工业和服务业总署署长吕克·卢梭，双方就深化开展中法工业和信息化领域合作交换了意见。

12 月 4 日　工业和信息化部副部长尚冰率团出席了在阿拉伯联合酋长国迪拜举行的国际电信联盟国际电信世界大会开幕式。会议期间，尚冰分别会见了国际电信联盟秘书长哈马德·图埃和大会主席、阿拉伯联合酋长国电信监管总局局长穆哈默德·纳赛尔·哈尼姆，就修订《国际电信规则》等事宜交换了意见，还分别会见了巴西通信部部长保罗·贝尔纳多、波兰基础设施部副部长奥尔泽沃斯卡·马尔格扎塔和互联网域名地址分配机构（ICANN）首席执行官法蒂·谢哈德，就进一步加强双方在信息通信领域的合作交换了意见。

12 月 5 日　工业和信息化部副部长杨学山会见了香港特别行政区商务及经济发展局新任常任秘书长何淑儿女士，双方就加强两地在电子政务、云计算、港珠澳大桥通信设施建设、无线电频率协调等领域交流与合作问题交换了意见。

12 月 5 日 工业和信息化部副部长苏波赴莫斯科出席由中国国务院副总理王岐山和俄罗斯副总理戈罗津共同主持的中俄总理定期会晤委员会第十六次会议，并就中俄通信与信息技术领域合作做了发言。

12 月 7 日 工业和信息化部副部长刘利华会见了智利交通及电信部部长佩德罗·巴布罗·埃拉苏莉兹，就加强双方在信息通信领域的交流与合作交换了意见。

12 月 26 日 工业和信息化部副部长杨学山会见了台湾华聚产业共同标准推动基金会董事长陈瑞隆，双方就进一步加强两岸在 4G/TD-LTE 共通标准制定和在台湾建立 4G/TD-LTE 实验室等领域合作问题交换了意见。

第 9 部分　地区电子信息产业概况

北　京　市

【综述】

电子信息制造业

截至 2012 年底，工业和信息化部监测的北京市电子信息制造业规模以上企业 135 家，主要产品包括移动通信手持机、台式电脑、笔记本电脑、显示器、打印机、电子元件、半导体分立器件、集成电路、单晶硅、数码照相机、液晶显示屏等。

2012 年，全行业实现主营业务收入 2 482.23 亿元，同比下降 2.1%；44%的企业主营业务收入与上年同比下降，年主营业务收入超过 100 亿元的企业有 4 家。利润总额 82.50 亿元，同比下降 18.9%；全年利润超过 10 亿元的企业有 3 家。出口交货值 895.4 亿元，同比下降 6.8%；63 个出口企业中，有 60%的企业的出口交货值为负增长，出口交货值超过 100 亿元的企业有 2 家。固定资产投资额为 69.68 亿元，同比下降 67.1%。从业人员 125 004 人，同比增长 4.8%，其中，77 家企业人数同比增加，54 家人数减少，4 家人数持平。

北京市生产、统计的电子信息产品共计 18 种。2012 年，全行业主要产品产量与上年相比，总体基本持平。18 种主要产品中有 7 种产量上升，11 种产量下降，同比增长最快的是液晶显示模组和半导体发光二极管，下降幅度最大的是数码相机。

截至 2012 年底，北京市电子信息制造业 135 家在统企业按国有、集体、三资、私营类别统计，国有、集体企业完成主营业务收入占全行业的 26.27%，三资企业占 66.85%，私营企业占 6.88%；国有、集体企业完成利润占全行业的 32.31%，三资企业占 38.02%，私营企业占 29.67%；国有、集体企业完成出口交货值占全行业的 5.69%，三资企业占 94.01%，私营企业占 0.30%。

2012 年，北京市移动通信手机产量 19 971.5 万部，同比下降 23.1%。全行业手机企业出口交货值 681.75 亿元，同比下降 5.6%。手机出口 15 834.6 万部，占总产量的 79.3%。集成电路制造业产量为 31.3 亿块，同比增长 12.7%；出口交货值 104.8 亿元，同比增长 9.5%。

2012 年，全行业累计生产液晶显示模组 3 431 万套，同比增长 45.6%。京东方显示技术有限公司 8.5 代线开始生产，产量稳步增长。

电子百强企业　北京市入选第 26 届电子信息百强企业 9 家，分别是联想控股有限公司、北大方正集团有限公司、京东方科技集团股份有限公司、同方股份有限公司、航天信息股份有限公司、紫光股份有限公司、大唐电信科技股份有限公司、北京华胜天成科技股份有限公司、大恒新纪元科技股份有限公司。

北京市电子信息百强企业主营业务收入共计 3 049.81 亿元，利润 107.84 亿元，出口交货值 284.77 亿元，上缴税金 79.81 亿元，专利数量 6 554 项，其中发明专利 2 373 项；从业人员 127 915 人，其中研发人员 23 330 人。产品主要有计算机、液晶显示屏、集成电路、信息系统集成服务、光机电一体化产品、半导体元器件等。

京东方科技集团股份有限公司：该企业是电子信息百强之一，2012 年在技术创新方面有重大成果。在 Oxide 技术研发方面，10.1 英寸 300 PPI Oxide-LCD 和 65 英寸 UD Oxide-LCD 样品在中国国际高新技术成果交易会成功展示，在业界引起广泛关注和反响；在大尺寸 AM-OLED 核心技术研发方面，Oxide 背板技术加 inkjet EL 技术的 17 英寸项目于 2012 年 9 月成功推出，这是全球首款融合了氧化物 TFT 背板技术和喷墨打印技术的大尺寸 AM-OLED 显示屏；同时，Oxide 背板技术加真空蒸镀技术的 WOLED+COA 开发项目实现了 17 英寸样品的点亮。在 2012 年中国国际高新技术成果交易会亮相的 110 英寸 4K×2K UHD a-Si TFT-LCD TV 和 55 英寸 4K×2K UHD a-Si TFT-LCD TV，以及 65 英寸 4K×2K UHD Oxide-LCD TV 样机引起强烈反响。该企业在专利方面也取得跨越式发展，专利数量再创新高，重要专利产出机制进一步强化，年度新增专利申请数量突破 2 500 件，同比增长 98.6%；累计自主专利申请量突破 5 000 件，累计可使用专利数量超过 9 000 件。

联想控股有限公司：该企业是电子信息百强之一，在科技创新方面也取得重大成果。推出的多个创新产品获得 2012 年度美国 CES 颁发的 23 项大奖，包括超级本联想 ideaPad Yoga、台式一体机 ideaCentre A720、联想 ThinkPad X1、联想 LT1421 等。该企业在 PC 领域坚持挖掘创新潜力，技术、设计和产品均走在行业前列。在发展战略调整方面，该企业将全球业务从原来的成熟市场、新兴市场两部分，调整后划分为四个大区，即中国区、北美区、EMEA 区（欧洲—中东—非洲）和亚太—拉美区。2012 年 9 月，该企业宣布收购美国 Stoneware 公司，以加强和扩展其产品组合的重要组成部分——云计算解决方案；启动在美国北卡罗来纳州维特赛特市（Whitsett）建设生产线，从而对美国企业客户的灵活供应和产品定制需求做出更好响应；与 EMC 公司签署战略合作协议，双方将在服务器和存储业务方面展开合作；此外还收购了巴西 CCE 公司。

三资企业　北京市电子信息制造业三资企业共有 44 家，其中，中外合资企业 21 家，外商独资企业 23 家。2012 年，三资企业实现工业总产值 1 566.15 亿元，占全行业 78.5%；出口交货值 878.11 亿元，占全行业 98.7%；主营业务收入 1 843.59 亿元，占全行业 74.3%；税金总额 2.94 亿元，占全行业 48.3%；利润总额 30.53 亿元，占全行业 37.0%；从业人员年末人数 72 963 人。

经济运行特点　一是 2012 年北京市电子信息制造业与 2011 年相比，四项主要经济指标即主营业务收入、利润、固定资产投资额、出口交货值均为负增长，经济运行基本达到预期目标。全年规模以上工业增加值比上年增长 7%，计算机、通信和其他电子设备制造业增长 9.9%。

二是模式创新带来产业新增长点。在电子制造业硬件趋同、应用趋同的背景下，一些企业利用创新模式获得市场认可，取得可喜经济效益。如小米科技有限公司依靠商业模式创新和管理创新，全年累计销售手机 719.3 万部，实现销售收入 78.31 亿元。该企业利用强大的互联网销售渠道和营销新模式，使主流产品顺利转型至高端产品，产值回升迅速。企业创新模式在为北京市传统电子信息制造业注入新活力的同时，也带来新的增长点和发展空间。

三是大项目逐步投产开始贡献效益。随着京东方 8 代线项目逐步投产，全市数字电视产业进入全面收获期。京东方科技集团股份有限公司不仅实现对大、中、小尺寸主要显示产品的全面覆盖，其辐射效应还拉动全市数字电视产业链上下游企业整体产值的增长。在集成电路产业方面，中芯国际集成电路制造有限公司采取务实的经营策略，盈利能力不断提升，并实现逆势增长。其成功实施的中芯北京二期合资项目，将帮助自身扩大产能规模，提升工艺技术水平。

四是国家重大专项成为企业技术升级、产值增长的强大引擎。在国家重大科技专项（02 专项）推动下，北京市集成电路产业链整体技术水平大幅提高。中芯国际 65 纳米技术已实现量产，45 纳米技术已小批量生产，芯片制造水平迈入国际主流。七星华创12英寸氧化炉、北京中科信离子注入机等一批集成电路高端装备已进入生产大线考核验证，进展顺利，主要性能指标基本达到国际主流水平。北京兆易创新科技股份有限公司等一批设计企业开发出的特色产品不断得到市场认可和应用。通过不断的技术改造和升级，北京市集成电路产业已基本逆转全行业需求不振、困顿萧条的局面，走势逐步回稳向好。

五是存量企业优化结构、产值缓中趋稳。近年部分存量企业加快调整转型步伐，主动进行产品转型，结构优化富有成效，存量产值呈现缓中趋稳的走势。其中，索尼爱立信公司已完成由功能手机向智能手机转型的过渡阶段，产值呈现恢复性增长。联想控股有限公司、同方股份有限公司2家重点计算机制造企业产值与2011年相比基本持平，表现平稳。

软件和信息服务业

2012年，北京市软件和信息服务业稳中求进，通过“创名城、稳增长、促出口、推新兴、健体系”，产业平稳健康发展，战略性新兴领域增长强劲，骨干企业努力实现与国际同步转型，发展质量有新的提高，基本实现产业发展预期目标。

以创名城统领全局　2012年，全市经济信息化工作会议确定将中国软件名城创建工作作为全年推动北京软件和信息服务业发展的重要抓手，统领全市软件和信息服务业各项工作，并结合北京市实际，做出特色，在打造更多名企、名牌、名人、名园方面取得显著成效。

产业持续健康发展，收入规模突破4 000亿元。据统计，2012年实现营业收入4 261亿元，同比增长20.4%。其中，软件产业实现营业收入3 676亿元，同比增长22.2%；信息传输业实现营业收入585亿元，同比增长10%。全行业实现增加值1 610.8亿元，同比增长6.2%。

技术创新形成自主体系，研发产品大幅增加。一批关键技术的突破有力支撑了产业发展。智能手机软件平台的研发和产业化项目为北京智能手机发展提供了技术源，促进了以小米手机为代表的北京智能手机产业生态圈的形成（产业链合作伙伴超过500家）。自主中间件技术日益成熟，已进入银行和电信主流市场应用，取得基础软件产业化的重大突破。北京神舟航天软件技术有限公司、北京神州泰岳软件股份有限公司等基于国产基础软件形成的电信运维、工业自动化等解决方案，大幅提高了北京市系统集成行业的自主水平和产业能级。

骨干企业兼并重组力度加大，做大做强步伐加快。2012年，北京市软件和信息服务企业披露的兼并收购案例35起，涉及金额约103亿元。二六三网络通信股份有限公司、博彦科技（北京）有限公司等通过海外并购获得新的发展，全年海外并购交易额1.8亿美元。优酷公司与上海土豆公司合并为中国最大的视频公司，文思公司与大连海辉公司合并为2.6万人的中国最大、进入世界前20位的软件外包企业。通过持续并购和自主发展并举，北京骨干企业规模进一步扩大。17家企业入选“中国服务外包企业五十强”名单；27家企业入选第11届中国软件业务收入前百家企业；35家企业入选2012年互联网信息服务收入前百家企业，入选企业数量均占全国1/3左右。系统集成资质一、二级企业分别达到88家和138家。

以稳增长为工作核心　加强运行监控，突出帮扶央企，资质申请政策落实上改进服务，重点突出税收政策落实，推进营业税改征增值税、重点软件企业所得税和软件产品增值税返还。

多方争取资源，加大资金投入力度，形成了“以重大工程带动、核心应用渗透、以点带面、逐步推进”的国产软件发展路线。2012年，北京市软件和信息服务业企业获得国家支持项目累计31个，总投资48.7亿元，中央财政支持3.76亿元。

通过统筹资金和现代服务业专项、中小企业资金、提升计划等市级财政累计支持46个项目，支持资金5.6亿元。

促出口为新的突破口　组织调研北京市软件和信息服务业企业产品出口情况，召开了首届全市软件产品出口工作座谈会，就软件产品出口的重点领域、目标市场选择、市场开发策略等问题统一思想；加强与国家开发银行、进出口银行和中国出口信用保险公司等金融机构的合作与联系，初步确定数字电视系统、通信系统、导航地图系统、数字内容等四大出口重点方向以及东南亚国家重点市场。

亚信联创集团股份有限公司先后在泰国、尼泊尔开拓核心电信软件业务，出口7 000万美元，创造了中国软件产品出口新记录。信威通信技术有限公司在美国、俄罗斯、巴西等近30个国家成功获得McWiLL商用。趣游（北京）科技有限公司成功将3D页游输出至港澳台、日韩、新马、北美、欧洲、南美等六大海外地区，建立国内首个基于Openstack全球化云计算服务平台——趣云平台，带动一批自主游戏产品进入国际市场。

推新兴力促产业升级 深入实施祥云工程，加快示范工程应用落地。“祥云工程”品牌成为中国云计算产业发展的代表，参与的中外企业150多家，初步形成完整产业链，推出云计算新产品90多项，自主研发的大数据管理平台、虚拟化桌面系统、云计算平台软件、云安全软件等在国家重大系统中得到应用。通过集成创新，掌握了新一代数据中心的成套技术能力，大型数据中心的PUE值在国内首次降到全年均值1.4以下。国家云计算服务创新示范城市建设效果显著，百度的云服务开放平台已能够支持1.4万个云计算服务应用，日登陆用户38万；北京华胜天成科技股份有限公司的中小型企业供应链金融云服务平台为超过2 000家中小企业提供服务，成为国内领先的云应用。以“基金+基地”模式，加快云计算产业基地建设。2012年8月，中关村软件园云基地揭幕，面积11 000平方米，初步完成“祥云工程”确定的建设南北两大云基地目标，即以亦庄云产业园、中关村云基地为核心形成南部云后台、北部云服务的云计算产业格局。举办了海峡两岸第5次高端交流——云计算合作论坛，首次在硅谷举行第3届北京云计算国际高层论坛，发布“云计算硅谷共识”，启动了云时代“双城”计划——硅谷和北京合作发展。

北斗导航和位置服务产业发展势头迅猛。发布了《北京市推进北斗导航与位置服务产业发展实施方案》；启动了北斗导航产业公共服务平台建设，加强共性技术和平台的研发，推进产业链上下游企业合作；明确了在城市运行保障、智能交通、现代物流、重要系统授时、环境资源管理、精准农业等六大领域开展10项北斗示范应用，推广终端2万多个，60纳米北斗SOC芯片、高精度北斗模块等20多项新产品实现产业化。推进国家北斗产业园、国家地理信息科技产业园等产业基地建设，应用技术体系和产业链初步形成。

以云计算为代表的战略性新兴领域成为全行业面向新技术潮流转型的发动机。体现软件、服务和文化创意融合发展的互联网信息服务业，保持月同比增长30%以上，成为增长最快的子领域，行业占比28.8%，比2011年同期提高2.6个百分点，结构优化趋势日益显现。移动互联网入口和终端的竞争更加激烈，互联网企业积极布局，新创企业不断涌现。2012年，福布斯中国发布的中国移动互联网公司30强中，空中网、飞拓无限、中国手游娱乐集团有限公司等16家北京企业上榜。

以健体系强化服务能力 在中关村核心区内建设软件和信息服务业公共服务平台，整合行业机构资源，重点打造“两个大厅、六项服务”为核心的公共服务体系，并组织开展公共服务平台“进园区，送服务”活动。2012年，公共服务平台办事大厅接待企业3 740家，办理服务事项14 381项，企业办事效率提高50%。软件和信息服务交易所在促进市场繁荣和规范方面发挥积极作用，开通了网上交易平台，建立了销售渠道联盟和IT服务外包联盟两个线下交易平台，全年交易额7亿元。

在中小企业资金面普遍偏紧的不利条件下，投融资市场仍然保持较活跃的趋势。围绕产业链投资成为重要趋势，移动互联网、北斗导航、云计算的产业集群获得青睐，投融资机制不断创新，企业内孵化、天使投资基金、创新工场的模式不断完善，软证贷（软件产品知识产权贷款）为代表的软件金融顺利起步。全年北京市软件和信息服务业10家企业登陆资本市场，上市融资累计44.8亿元。截至2012年底，北京市软件和信息服务业上市企业累计113家。全行业筹资能力和对资本市场的吸引力进一步提高，通过政银合作以软证贷、集信通（系统集成资质贷款）为主的金融服务平台，全年为企业融资6.2亿元。国家开发银行以专利权质押、应收账款质押、抵押等组合模式，对智能水电表企业——北京双得利科工贸有限责任公司提供1.3亿元的贷款融资支持，助力企业核心技术攻关取得突破，培育物联网新兴龙头企业。

工作体系完善增强了为企业服务的能力，提高了服务效率。北京信息化协会顺利通过国家认证，成为北京市计算机信息系统集成企业资质和信息系统工程监理单位资质评审机构，实现集成和监理工作从评审、培训到认证的全程一体化运作。办理企业资质申请680项，项目管理人员资质申请5 046项，其中，上报新增特一级资质企业7家，新增一、二级集成企业35家，新增运维资质试点企业17家；办理软件企业认定事项4 554项，认定873家，软件产品登记事项7 516项，登记6 543件，软件测试7 395份。

【统计数据】

表1　2012年北京市电子信息制造业人员构成情况

企业类别	企业数（家）	年末从业人员总数（人）	其中：研发人员（人）
国有企业	21	8 926	1 406
集体企业	3	279	
联营企业	1	194	30
有限责任公司	42	22 550	5 018
股份有限公司	21	19 570	8 137
私营企业	3	522	50
港、澳、台商投资企业	11	13 719	1 536
三资企业	33	59 244	3 584

表2　2010—2012年北京市电子信息制造业基本情况

项目名称	单位	2010年	2011年	2012年
工业总产值（现价）	万元	34 047 538	19 469 321	19 951 722
工业销售产值	万元	32 976 836	19 731 989	19 629 126
出口交货值	万元	11 588 896	9 603 117	8 953 997
流动资产平均余额	万元	14 450 320	14 553 885	17 576 303
固定资产净值平均余额	万元	3 198 593	2 852 253	3 925 126
资产总计	万元	22 792 208	24 757 035	30 843 908
负债合计	万元	13 321 161	14 784 100	18 382 719
主营业务收入	万元	26 820 933	25 352 165	24 822 286
税金总额	万元	260 182	187 997	113 038
利润总额	万元	645 110	1 016 709	824 973
应交所得税	万元	134 793	181 854	148 836
从业人员年末人数	人	117 816	119 291	125 004
从业人员年工资总额	万元	679 807	969 454	1 005 101

注：表1—表2数据来源于工业和信息化部。

表3　2010—2012年北京市电子信息制造业三资企业基本情况

项目名称	单位	2010年	2011年	2012年
工业总产值（现价）	万元	19 759 805	16 215 062	15 661 474
工业销售产值	万元	18 269 915	16 213 194	15 408 844

续表

项目名称	单位	2010 年	2011 年	2012 年
出口交货值	万元	11 187 348	9 421 807	8 781 101
流动资产平均余额	万元	6 532 252	7 145 810	7 014 725
固定资产净值平均余额	万元	2 024 104	1 937 822	1 085 535
资产总计	万元	8 988 827	9 788 276	10 100 519
负债合计	万元	6 279 892	6 721 028	6 867 188
主营业务收入	万元	20 947 357	19 128 653	18 435 948
税金总额	万元	181 070	63 104	37 059
利润总额	万元	307 912	491 540	305 349
应缴所得税	万元	97 961	119 116	85 394
从业人员年末人数	人	62 202	73 612	72 963
从业人员年工资总额	万元	355 527	554 094	608 940

注：数据来源于北京电子商会。

表 4　2010—2012 年北京市电子信息制造业主要经济效益指标完成情况

项目名称	单位	2010 年	2011 年	2012 年
全员劳动生产率	元/人	170 300	221 853	186 483
流动资产周转率	次	1.86	1.74	1.51
产品销售率	%	96.9	101.4	98.1
总资产贡献率	%	4.6	5.7	3.5
资产保值增值率	%	117.4	105.7	106.9
资产负债率	%	58.5	59.7	59.6

注：数据来源于工业和信息化部。

表 5　2010—2012 年北京市电子信息制造业三资企业主要经济效益指标完成情况

项目名称	单位	2010 年	2011 年	2012 年
全员劳动生产率	元/人	198 610	211 741	159 932
流动资产周转率	次	3.21	2.68	2.63
产品销售率	%	92.5	100.0	98.4
总资产贡献率	%	5.8	6.1	3.8
资产保值增值率	%	95.3	108.8	104.8
资产负债率	%	69.9	68.7	68.0

表 6　2010—2012 年北京市主要电子信息产品产销量情况

产品名称	单位	产量			销量		
		2010 年	2011 年	2012 年	2010 年	2011 年	2012 年
移动手持机	万部	27 385.7	25 964.8	19 971.5	26 182.0	26 377.2	20 030.8
台式电脑	万台	1 116.2	1 295.1	1 125.8	1 115.0	1 274.7	1 121.8
液晶显示模组	万套	1 340	2 356	3 431	1 230	2 249	3 418

表 7　2010—2012 年北京市三资企业主要电子信息产品产销量情况

产品名称	单位	产量			销量		
		2010 年	2011 年	2012 年	2010 年	2011 年	2012 年
移动手持机	万部	27 385.7	25 964.8	19 252.2	26 182.0	26 377.2	19 312.8
台式电脑	万台	742.8	908.0	870.2	741.8	909.8	867.9

注：表 5—表 7 数据来源于北京电子商会。

[供稿：北京市经济和信息化委员会]

天　津　市

【综述】

2012 年，天津市电子信息行业抓住国家加快培育战略性新兴产业的历史机遇，加快推进产业结构优化升级，重点发展云感知、云计算、云存储、云方案、云安全、云灾备“六云”产业，形成了以 3G 移动通信、高性能服务器、大容量存储器、宽带光纤传输、LED 新型光源、3D 显示等高端产品为代表的新一代信息技术产业体系。

电子信息制造业

截至2012 年底，天津市电子信息制造业规模以上企业 406 家，从业人员 21.1 万人。2012 年产值规模达到2 877.1 亿元，主营业务收入 2 728.2 亿元，实现利税 203.1 亿元，实现利润 136.9 亿元。

一是重点产品继续保持优势。手机、电子元件、数码照相机等重点产品产量在全国处于领先地位，手机产量居全国前列，电子元件产量约占全国的四分之一，滨海高新区曙光计算机产业基地成为亚洲最大的高性能计算机生产基地，“天河一号”超级计算机运算速度位居世界前列。2012 年，手机产量 1.1 亿部，居全国第 3 位；平板显示器 630 万台，居全国第 6 位。

二是产业结构不断优化。围绕加快结构调整、转变发展方式，产业结构不断优化，物联网、云计算、新型显示器件等战略性新兴产业加快发展。手机精密部件制造掌握了一批核心技术，通信设备制造业产品结构日益升级；电子元器件行业逐渐向精密集成方向发展，产业结构不断优化；三星 OLED 项目为新型显示模组封装技术带来飞跃，推动平板显示产业向产业链高端延伸；集成电路领域聚集了一批 IC 设计、制造企业；半导体基础材料制造及高性能计算领域处于国际领先水平。

三是项目拉动成效显著。2008 年以来，天津市实施 3 000 万元以上重点项目 209 项，总投资 970 亿元。其中，重大项目 25 项，总投资 581 亿元。曙光高性能服务器、中兴通讯北方基地等 147 个项目已经竣工，完成投资 396 亿元。所实施项目不仅成为产业新的增长点，还有效填补了产业链高端环节的空白，带动一批企业加速聚集，产业带动和辐射效应显著。

四是产业聚集效应明显。建设了一批专业化产业园区和示范工业园区，围绕龙头企业加快产业聚集，全市电子信息制造业基本形成以开发区、西青开发区、滨海高新区和空港经济区为核心的产业聚集区，为产业发展起到较强的示范带动作用。开发区电子信息产业示范基地成为国家级新型工业化产业示范基地，2012 年产值规模占全市电子信息产业总产值的 50%左右。

软件产业

2012 年，天津市软件产业继续保持快速发展势头，产业规模持续增长，产业结构不断优化，企业实力逐渐增强，聚集效应日益明显，基本形成以园区为载体、以企业为主体、以创新产品为特色的发展格局。

一是产业规模持续扩大。2012 年，天津市实现软件业务收入 554 亿元，同比增长 50%。软件产品、系统集成、信息技术咨询、数据处理和运营服务、嵌入式软件和 IC 设计收入分别占软件业务收入的 25%、11%、12%、14%、22%和 16%。其中，软件产品所占比重比上年增加 3 个百分点，嵌入式软件下降 10 个百分点。

二是企业竞争力不断增强。2012 年，新认定软件企业 41 家，累计达到 508 家。腾讯数码（天津）有限公司、软通动力信息技术有限公司、天津天地伟业数码科技有限公司等 25 家企业软件收入超过 5 亿元，实现业务收入占全市的 52%。通过 CMM/CMMI 认证的企业达到 12 家，天津凯发电气股份有限公司、天津天大求实电力新技术股份有限公司、天津天地伟业数码科技有限公司、天津中环天仪股份有限公司等企业正在积极筹措上市。天地伟业数码科技有限公司入选第 12 届全国软件百强企业，实现了天津软件百强企业零的突破。

三是产业创新能力进一步增强。2012 年，登记软件产品 350 件，累计达到 1 957 件；受理著作权登记 953 件，累计达到 4 780 件。在数据库、安防、行业应用、超级计算等领域形成一批优势特色产品，天津神舟通用数据技术有限公司“神通大型通用数据库管理系统与套件研发及产业化”列入国家“核高基”专项，并已在政府、电信、电力、公安、民航、国防、军工等领域开展市场推广。

四是园区建设步伐加快，聚集效应显现。天津市按照“突出特色、聚集资源、协调发展”的思路，立足各区域的产业基础和发展空间，加快软件园区建设，已形成以滨海新区为龙头的软件产业核心区，以周边区县软件园为主体的软件产业辐射区和以中心城区商务楼宇为主体的软件产业特色区，逐步实现定位明确、分工协作、互补配套的集约发展模式。截至 2012 年底，天津软件园总占地面积超过 800 万平方米，建筑面积达到 600 万平方米，聚集了全市 90%以上的软件企业，实现软件业务收入占全市的比重超过 95%。

信息基础设施建设

2012 年，按照国家加快建设“宽带、融合、安全、泛在的下一代国家信息基础设施”的要求，“宽带天津”建设加速推进。

一是出口带宽快速增长，用户数量持续增加。城市互联网出口带宽 855Gbps，互联网宽带接入端口 465.5 万个。全市宽带用户 205 万户，住宅带宽的提供能力达到 100Mbps，光纤入户能力达到 220 万户，城区住宅用户覆盖率达到 60%，实际接入 70 万户，其中 IPTV 业务试点体验已发展 26 万户。全市固定电话用户数 353.7 万户，固定电话普及率 26.2 部/百人；移动电话用户数 1 325.2 万户，其中 3G 用户 296 万户，移动电话普及率 98.1 部/百人。

二是基本形成光纤与无线、有线双覆盖的信息通信网络。无线基站建设数量累计达到 21 880 座，其中 3G 基站 10 921 座，2G 网络覆盖全市，3G 网络覆盖核心区域，网络传输质量及稳定性大幅提升。建成覆盖全市、国内领先的光纤宽带城域网，全市光缆线路长度 10.9 万公里，160 万户具备光纤接入能力，实际接入 47 万户，3.5G 无线城市工程正在加快实施，第四代无线宽带 LTE 政务网试运行。

三是双向数字化广播电视网络覆盖全市。广播电视网络在整合为全市一张网的基础上，完成数字化整体转换，实现广播电视网络对全市所有社区、村镇、街道的覆盖。全市有线电视用户 300 万户，其中，数字电视用户 265 万户，已实现双向化升级改造 210 万户，城市双向覆盖率达 95%以上。基于改造后的双向化广播电视网络开通了高清互动业务，发展用户 30 万户，可提供电视回看、视频点播、时移电视等新业务，以及政务信息、社区信息、文化娱乐、电视商务等服务。

信息技术应用

两化融合 2012 年，天津市两化融合发展指数为 67，居全国第 8 位。重点企业 ERP 普及率 63%，装备数控化率 51%，MES 普及率 38%，PLM 普及率 25%，新一代运载火箭产业化基地协同制造等示范工程项目成效逐步显现。中石化股份天津分公司、中石油大港油田公司、天津天狮集团有限公司、天津众品食业有限公司获评国家级两化融合示范企业。

电子商务 天津市作为国家电子商务示范城市，重点企业采购和销售环节电子商务应用率分别为 5%和 6%，银行卡消费额占社会消费品零售总额的比重已超过 50%。武清区、宝坻区、滨海高新区形成了电子商务产业聚集区。渤海商品交易所等 4 个项目被列入国家电子商务示范项目，荣程网络科技有限公司等 4 家企业获第三方支付许可。天津港物流信息服务平台已覆盖 23 个城市。

物联网应用 天士力集团有限公司等 3 家单位获得“国家产品信息可追溯体系应用和技术创新奖”。中新生态城“智能电网”示范项目通过国家验收。自来水和燃气管网、盘山景区等实现了安全监控；荣程联合钢铁集团有限公司、中石油大港石化公司实现了节能减排监控。

农业农村信息化 全市有农业区县宽带网络覆盖率达 95%以上，行政村拥有网站 568 个，互联网上网用户 15 万户；20 项民心工程之一的“农村信息服务提升工程”建成涉农信息资源服务平台、1 100 个信息服务站和 1 700 个信息服务点，农技通、农信通、农校通等一批信息服务系统开通；物联网技术在设施农业和蔬菜、猪肉等农产品质量溯源领域应用不断深化。

电子政务 一是推进电子政务顶层建设。全面建成全市电子政务专网，覆盖了全市副局级以上单位。政务云建设取得初步成果。截至 2012 年底，已形成政务云区、行业云区、公共云区、灾备区、VIP 托管区等 5 个功能区，运行环境、各类服务基本到位，具备了依托全市政务外网和公共网络为三云应用提供服务支撑的基本条件。

二是政务信息资源开发利用取得新成效。基于市电子政务外网，实现天津市 12 个食品安全监管部门的互联互通以及各部门食品安全业务信息的采集上报、汇总整合、信息共享、统计分析和应用扩展；应急指挥平台发挥重要作用，实现了统一的应急指挥、城市管理、便民服务三位一体、平战结合的工作目标。建立了市、区、街三级统一的人口计生业务平台，集成了全员人口信息管理、流动人口信息管理等 11 个业务子系统，主要业务信息化覆盖率达到 70%，实现了人口计生信息互通、交流、自动比对、网上转卡等功能。

三是一批重要的电子政务业务系统发挥新作用。远程电子申报纳税网络平台通过互联网征收的税款占地税全部收入的 70%以上。建成数字化城市管理系统，搭建了市、区（县）两级平台；天津电子口岸发展有限公司在全国海关中实现了报关、报检数据的一次录入、分别申报等七个率先；安全生产监督管理局对移动危险源进行实时监控；国土房管“一张图”全面支撑国土资源的“批、供、用、补、查”和房屋管理的“买、抵、住、管、拆”；规划管理“一网通”实现了统一作业、统一监管和统一服务。建设工程远程视频监控管理系统实现施工现场 24 小时不间断动态监管；天津市水务局水文自动测报系统覆盖了 65 个雨量、95 个水位自动采集点，实现了信息的自动采集、传输、处理等功能以及与相关部门、省市水情数据的实时交换共享。

信息安全 2012 年，天津市继续加强信息安全保障体系建设，重点保障基础信息网络和重要信息系统安全，切实加强电子政务安全管理，不断提高信息安全保障能力，促进信息安全产业发展，取得了良好成效。

一是信息系统和工控系统安全防护能力显著提高。在全市范围部署了重点领域网络和信息系统安全检查工作，在各单位自查基础上对选取的 40 余个单位的信息系统和政府网站进行现场抽查和远程检测，提高了信息安全防护能力。在 16 个区县、22 个政务部门、44 个大型企业（集团）开展了重要工业控制系统基本情况调查工作，初步建立了工业控制系统信息安全责任制和信息发布机制。

二是互联网接入安全管理工作初见成效。对全市政务部门互联网接入情况进行全面调查，准确掌握互联网接入口数量、接入方式、接入带宽、接入终端数量等情况，并在全市部署了缩减互联网接入口、加强互联网接入技术安全防护等工作。

三是信息安全政策和法规环境进一步完善。营造信息安全政策、法规环境，加强信息安全课题研究，组织编制了《关于建立信息安全评估指标体系的对策研究》和《天津市机关人员计算机安全操作指引》，并将信息安全政策文件整理汇编成册，为信息安全工作的有序开展提供了政策依据。

四是信息安全产业进一步发展。与天津市国家密码管理局和天津市国家保密局联合举办了“信息安全与现代通讯技术（天津）研讨会”，促进全市信息安全产业快速发展。作为中国首个国家级信息安全产业基地，滨海新区信息安全产业园一期已开建，截至 2012 年底，已有 10 余家信息安全企业落户。

【统计数据】

表 1　2012 年天津市电子信息制造业人员构成情况

企业类别	企业数（家）	年末从业人员总数（人）	其中：研发人员（人）
国有经济	10	2 009	277
集体经济	3	177	10
股份制经济	38	8 894	1 535
其他经济	26	4 909	26
外商及港、澳、台投资经济	128	76 218	1 260

注：数据来源于天津市经济和信息化委员会。

表 2　2010—2012 年天津市电子信息制造业基本情况

项目名称	单位	2010 年	2011 年	2012 年
工业总产值（现行价）	万元	18 590 697	22 983 171	28 770 968
工业销售产值	万元	18 246 711	22 600 503	28 762 705
出口交货值	万元	10 278 054	12 206 734	14 622 105
主营业务收入	万元	18 550 918	22 736 186	27 281 700
税金总额	万元	116 549	337 570	661 288
利润总额	万元	607 261	1 044 945	1 369 365
从业人员年末人数	人	162 646	177 805	210 584

表 3　2010—2012 年天津市电子信息制造业三资企业基本情况

项目名称	单位	2010 年	2011 年	2012 年
工业总产值（现行价）	万元	17 596 848	20 857 456	22 157 898
工业销售产值	万元	16 341 343	20 723 564	22 239 983
出口交货值	万元	10 151 466	8 504 267	9 697 869
资产总计	万元	8 096 264	8 969 810	9 186 504
负债合计	万元	4 125 068	5 333 756	5 143 948
主营业务收入	万元	18 108 956	20 635 059	22 322 660

续表

项目名称	单位	2010 年	2011 年	2012 年
税金总额	万元	12 282	14 129	17 001
利润总额	万元	575 081	836 440	1 073 287
从业人员年末人数	人	119 580	16 997	148 569
从业人员工资总额	万元	546 483	762 659	847 072

注：表 2—表 3 中，2010—2011 年数据来源于《中国电子信息产业统计年鉴》（综合篇），2012 年数据来源于天津市经济和信息化委员会。

表 4　2010—2012 年天津市主要电子信息产品产量情况

产品名称	单位	2010 年	2011 年	2012 年
手机	万部	9 107.9	9 061.7	9 193.9
台式微机	台	10 178	5 696	2 389
显示器	万台	588.6	677.7	626.3
平板显示器	万台	587.5	677.7	626.3
打印设备	万台	13.3	22.8	19.5
彩色电视机	万台	212.7	186.6	192.8
液晶电视机	万台	171.6	153.6	192.8
数字激光音、视盘机	万台	257.9	256.6	260.6
集成电路	万片		88 640	84 891

注：2010—2011 年数据来源于《中国电子信息产业统计年鉴》（综合篇）。

表 5　2010—2012 年天津市软件产业基本情况

项目名称	单位	2010 年	2011 年	2012 年
软件业务收入	万元	2 712 894	3 703 160	5 542 195
软件业务出口收入	万美元	76 977	80 206	24 805
软件产品销售收入	万元	634 914	11 069 868	1 361 204
利润总额	万元	371 614	561 985	580 709
应缴所得税	万元	166 342	53 231	29 184
从业人员年末人数	人	35 394	39 016	69 712

注：数据来源于《中国电子信息产业统计年鉴》。

[供稿：天津市经济和信息化委员会]

天津中环电子信息集团有限公司

【综述】

2012 年，天津中环电子信息集团有限公司共有企业 168 家，固定资产合计 151 亿元，从业人员 66 037 人。全年实现主营业务收入 1 448 亿元，比上年增长 31.3%；利润总额 76.8 亿元，增长 31.3%。该集团在 2012 年公布的中国企业 500 强中位列第 98 名，中国制造业企业 500 强中位列第 36 名。经济运行呈现以下特点：

一是结构调整优化升级继续有序推进。加快产业结构调整，进一步推动“5+3”产业结构向高端化、高质化、高新化方向转型。在加快专用通信等 5 个重点产业改造提升的同时，加快光伏新能源产业新技术和新材料产业化步伐，进一步推进产业链延伸，与美国 SunPower 公司、呼和浩特市政府及内蒙古电力集团合作，布局光伏电站领域，抢占光伏发电制高点；同时围绕光伏电站项目，集团组织相关企业研究确定了为光伏电站配套的实施方案。LED 新光源产业拟定整合方案，成立了“天津中环电子照明科技有限公司”；完成 LED 芯片中试线建设。加大企业结构调整力度，加快推动企业上市工作，进一步解决中环天仪股份有限公司的同业竞争问题，完成 IPO 申报材料的准备；积极推动七一二通信广播有限公司内部结构调整，优化主业资产，为股份制改造创造条件。加速产品结构调整，通广集团有限公司的集群通讯进入试产阶段；光电集团有限公司的加密打印机和传真机、短波气象传真接收机交付列装；中环天仪股份有限公司推出了一系列高技术含量的智能仪器仪表新产品；中环华祥电子有限公司开发生产了汽车线束系列产品。

二是重大项目建设继续取得进展。集团策划启动的“中环产业园”建设项目，计划占地面积 1 655 亩，分二期进行，“十二五”期间完成一期建设。2012 年，完成产业园选址工作，并委托中国电子第十一设计院编制了产业园整体概念性规划和修建性详细规划，制定了一期以中环半导体股份有限公司、中环电子基础产品有限公司等企业为主体的投资项目建设方案。列入天津市的 2 个重点工业项目中，中环天仪股份有限公司的新型智能仪器仪表及控制系统产业化项目基本完成，进入分项验收；普林电路股份有限公司的高密度互连积层板项目完成厂房建设。IGBT 及光电子器件用区熔单晶硅材料的研发和产业化等 5 个项目竣工验收。汽车电子生产线技术改造、全向信标与测距设备产业化等 6 个项目开工建设。

三是科技创新继续取得成效。以企业为主体、市场为导向、产学研结合的自主创新体系逐步完善。七一二通信广播有限公司被认定为国家级技术中心，中环领先材料技术有限公司被认定为天津市级技术中心。截至 2012 年底，集团拥有国家级技术中心 3 家、天津市级技术中心 18 家、1 个院士工作站、1 个博士后工作站、7 个企业分站；以广播器材有限公司为依托单位的天津市北斗卫星导航工程技术中心获批组建。2012 年，中环天仪股份有限公司等四家企业承担的技术中心创新能力建设项目通过国家验收，光电集团有限公司投资 8 000 万元建设的光电科技园投入使用。集团形成了国家级、市级、企业级多层次并存的研发平台。立足于产业发展及产业结构调整的技术需求，大力开展产学研合作，与清华大学、国防科技大学、天津大学及中国科学院等 20 余家国内知名高等院校和科研院所建立了产学研合作关系，组织实施合作项目 30 多项，在北斗卫星导航、物联网技术、信息安全、新型半导体材料和 LED 照明等方面取得显著成果。依靠科技创新促进集团产业结构进一步优化，以重大科技项目为载体，通过自主研发和引进、消化、吸收、再创新，取得了一批科技含量高、竞争优势明显的产品和技术。中环半导体股份有限公司在引进、消化单晶制备技术的基础上，完成国家重大科技项目区熔硅单晶片产业化技术与国产设备研制，打破跨国公司技术垄断，处于国内领先水平；通广集团有限公司和广播器材有限公司突破北斗导航技术，为企业开辟了新的市场发展空间；中环天仪股份有限公司研发的电动执行器项目获得天津市科技进步一等奖。科技进步取得可喜成绩，全年申报专利580项，授权378项。截至2012年底，集团拥有有效专利1 122件，位居天津市直属企业集团第二位；获得天津市专利金奖1项，优秀奖4项。2012年，获得天津市科技进步奖15项，申报科技成果119项，评选集团级科技进步奖48项。集团整体科技进步综合评价和科技产出指数连续多年位居天津市直属企业集团前三位。

四是人才队伍建设继续得到加强。加大人才引进力度，全年引进博士6人，高层次紧缺人才21人，其中，中环天仪股份有限公司引进的外籍专家和中环系统工程有限公司引进的留学回国人员成功入选天津市“千人计划”；聘请外国专家、顾问11人；招收高校毕业生472人，其中硕士以上占30%；完成了享受国务院特贴专家推荐工作和集团授衔专家考评工作。集团博士后科研工作站建设取得可喜成绩。集团教育基地人才培养模式实现新突破，天津理工大学中环信息学院顺利通过天津市学位委员会办公室评审，取得了学士学位授予权。天津电子信息职业技术学院经天津市教育委员会批准，“通信工程专业”获得了与本科院校联合培养4年制高端技能人才的试点资格。

五是集团管控建设继续得到完善。进一步完善法人治理结构，调整充实外派专职监事会主席人选，优化人员结构，集团监管单位由10家扩大到18家；对9家企业董事会、12家企业监事会组成人员进行了调整。加强财务监督管理，积极开展新会计准则实施前的各项准备工作；完成各单位财务预决算、集团合并报表编制及审计工作；完成国有资本收益的收缴工作；加快财务中心建设。加强集团品牌建设，强化品牌基础管理，完成7家企业品牌复评工作；制定“中环”品牌对外宣传管理办法。加强审计监督监察，落实年终财务决算统一委托外审工作。进一步完善集团各项规章制度，积极推动企业总法律顾问制度建设，企业法律风险防范意识逐步增强。

[撰稿：胡宗京　审稿：张旭光]

河　北　省

【综述】

2012年，河北省电子信息产业完成主营业务收入934.72亿元，其中，电子信息制造业756.07亿元，软件与信息服务业178.65亿元；实现利税78.87亿元，其中，电子信息制造业30.33亿元，软件与信息服务业48.54亿元；完成出口20.45亿美元，其中，电子信息制造业19.94亿美元，软件与信息服务业5 104.7万美元；完成固定资产投资79.8亿元。

全省电子信息产业入统企业566家，从业人员约19.64万人，主营业务收入超50亿元企业3家，超亿元企业114家，进入全国电子信息百强企业3家，国内外上市公司8家。67项电子信息项目列入2012年重点技改项目计划，总投资145.78亿元，预计达产后可新增销售收入2 979.94亿元；60多个项目分别获得国家、省技改资金、电子发展基金支持，资金总额约1.15亿元。

电子信息制造业

2012年，受欧洲债务危机持续发酵、国际贸易摩擦不断加剧、欧盟等市场需求持续低迷、国内产能大量释放、行业无序竞争等因素影响，全省电子信息制造业呈现局部不均衡式发展。全年完成主营业务收入756.07亿元，实现利税30.33亿元，完成出口19.94亿美元。

在光伏产业方面，各项经济指标持续下滑，中小企业全面停产，大型企业出现亏损。全年全省太阳能电池产量3 321.4MW，同比增长26.7%；主营业务收入累计200.11亿元，同比下降33.5%；利税总额-27.23亿元，增产不增收，亏损额逐月加大，部分以光伏产业为电子信息领域发展重点的地市亏损较为严重。光伏产品仍为出口主要产品，占全行业出口总额的 50.5%。

在半导体照明产业方面，形成了衬底材料、外延片及芯片研发制造、发光功率器件封装及产品应用等较完整的产业链条。LED 产业主营业务收入 18.64 亿元，同比增长 9.5%；利税 3.97 亿元。河北立德电子有限公司承建的人民大会堂万人礼堂 LED 灯光改造工程顺利通过验收，成为打造“石家庄·中国半导体光谷”的名片。中国电子科技集团公司第 13 研究所申请建设的河北省半导体照明工程技术研究中心正式纳入河北省科技平台建设计划。

在液晶材料、基板玻璃、光学器件、显示模块方面，随着全国平板显示产业规模持续扩大，全球市场份额不断提高，整体发展态势向好。全年主营业务收入 63.22 亿元，利税 4.04 亿元，出口创汇 1.97 亿美元，同比增长 19.3%。石家庄旭新光电科技有限公司首条玻璃基板生产线正式进入生产阶段。

软件业

2012 年，全省软件业累计完成主营业务收入 178.65 亿元，同比增长 4.5%；实现利税 48.54 亿元。全省累计认定软件企业 440 家，登记软件产品 3 436 个，78 家企业获得计算机信息系统集成资质，8 家企业获得计算机信息系统工程监理资质，12 家企业通过 CMMI 认证，2 家软件企业在创业板成功上市。全省主营业务收入超 10 亿元的软件企业有 2 家，超亿元的有 24 家，超 5 000 万元的有 40 家，产业规模不断扩大。

科技进步与应用

秦皇岛数据产业基地与 IBM 中国研究院合作的包含 15 项国际专利技术的“三维互联网技术应用孵化平台”正式上线开通。河北广联信息技术有限公司依托二维码一码多识等多项自主核心技术，在食品安全监管、人口信息管理、智能交通、产品防伪、企业营销、媒体出版等多个领域成功应用，在基于二维码的物联网城市平台应用中居于国内领先地位。唐山启奥科技有限公司已发展成为全国输血行业最大的软件开发商，用户遍及全国 28 个省、市、自治区（包括澳门），市场占有率达 75%以上。

电子产品进出口贸易

2012 年，秦皇岛市康泰医学系统有限公司自主研发的产品已出口到 150 多个国家和地区，技术达到国际领先水平，领先于 Intel、AMD、GE、Philips 等国际企业。

信息产业基地建设

保定新能源及能源装备、邢台太阳能光伏光热、廊坊电子信息成为国家新型工业化产业示范基地。继华为技术有限公司、中兴通讯股份有限公司、富士康科技集团、京东方科技集团股份有限公司之后，广东美的电器股份有限公司、珠海格力电器股份有限公司等一批企业相继落户。中兴（燕郊）北方产业基地一期、廊坊润泽国际信息港一期、信和服务外包基地、秦皇岛数据产业基地“数谷”大厦、石家庄软件园汉康软件孵化大厦和振新软件大厦等 6 个项目先后建设完成并投入使用。

信息技术应用

两化融合 实施了一批两化融合重点工程和项目，3 家企业获国家首批两化融合资金支持，位列 31 个省市区第 5 位。开展了 118 场两化融合深度行活动，培育了 112 家两化融合重点企业、100 家电子商务典型企业、15 家两化融合示范企业、10 个两化融合公共服务示范平台、9 家制造业信息化科技工程试点企业。目前，大中型企业数字化设计工具普及率和关键工序数控率分别达到 75%和 72%，全省电子商务交易额突破5 000 亿元。

其他领域信息化建设 石家庄、承德、保定、衡水等市已实现全市奶站 7×24 小时不间断视频监控；渔船动态管理系统覆盖率达 76%，可免费提供渔业资讯和灾害信息；山洪灾害监测预警系统实现全省 38 个山洪灾害易发县的水雨情采集和灾害预警。完成了依托电子政务平台加强县级政府政务公开和政务服务国家试点，试点平台覆盖 100%乡镇和 50%的村。开展了云电子政务建设试点，廊坊公务云计算中心承载了 21 个部门的应用和 1 895 台套设备与 160 套软件的统一运维。开展了智能城市建设试点，石家庄、承德、廊坊等市智能城市建设初见成效。石家庄三网融合试点进展顺利，IPTV 集成播控平台搭建完成，开通测试用户近 500 个，广电全业务测试用户 300 多个，国家颁发经营许可证书后即可实现商用。

热点

通过物联网技术在农业领域的应用，开发滹沱河沿岸河滩地，打造国家级智慧农业示范基地。前景光电“电梯远程智能监控”、富通尼特“智能化社区管理服务”、光彩集团“基于物联网的居家养老服务”等项目技术水平和服务理念已处于全国前列。

【统计数据】

表 1　2012 年河北省电子信息制造业人员构成情况

企业类别	企业数（家）	年末从业人员总数（人）	人员构成		
			工程技术人员（人）	在总人数中所占比例（%）	研发人员（人）
内资企业	250	99 776	1 627	1.6	8 225
国有企业	9	8 929	982	11.0	1 573
集体企业	2	144	2	1.4	37
股份合作企业	2	791			27
有限责任公司	137	45 091	326	0.7	3 826
股份有限公司	23	15 099	212	1.4	1 684
私营企业	71	22 533	105	0.5	1 058
其他内资企业	6	7 189			20
港、澳、台商投资企业	10	2 099	82	3.9	174
三资企业	45	42 953	110	0.3	380

表 2　2010—2012 年河北省电子信息制造业基本情况

项目名称	单位	2010 年	2011 年	2012 年
工业总产值（现行价）	万元	8 172 846	17 176 150	11 794 433
工业销售产值	万元	7 221 159	7 785 304	7 194 470
出口交货值	万元	2 250 163	2 364 991	1 276 353
资产总计	万元	9 695 035	17 941 191	13 142 755
负债合计	万元	5 303 341	9 923 610	7 241 089
主营业务收入	万元	7 092 466	8 312 675	7 560 723
税金总额	万元	115 112	151 944	303 302
利润总额	万元	904 737	550 350	125 766
应交所得税	万元	94 802	93 255	54 682
从业人员年末人数	人	142 671	147 175	142 719
从业人员工资总额	万元	354 214	513 674	534 647

表3 2010—2012年河北省电子信息制造业三资企业基本情况

项目名称	单位	2010年	2011年	2012年
工业总产值（现行价）	万元	3 309 824	3 349 892	2 908 024
工业销售产值	万元	2 993 857	3 236 923	1 624 677
出口交货值	万元	1 777 026	1 698 550	567 862
资产总计	万元	5 105 196	5 205 114	2 009 193
负债合计	万元	3 218 471	3 100 700	1 095 233
主营业务收入	万元	2 990 138	3 526 433	1 637 884
税金总额	万元	–9 561	30 297	54 859
利润总额	万元	421 425	191 366	–10 596
应交所得税	万元	38 480	452 387	13 571
从业人员年末人数	人	66 601	60 618	42 953
从业人员工资总额	万元	137 353	462 986	179 820

表4 2010—2012年河北省电子信息制造业主要经济效益指标完成情况

项目名称	单位	2010年	2011年	2012年
产品销售率	%	88.4	50.2	61.0

表5 2010—2012年河北省电子信息制造业三资企业主要经济效益指标完成情况

项目名称	单位	2010年	2011年	2012年
产品销售率	%	90.5	96.6	55.9

表6 2012年河北省软件产业人员构成情况

企业类别	企业数（家）	年末从业人员总数（人）	人员构成			
			管理人员（人）	在总人数中所占比例（%）	软件开发研究人员（人）	在总人数中所占比例（%）
内资企业	261	28 501	2 932	10.3	8 327	29.2
国有企业	6	1 060	124	11.7	531	50.1
集体企业	2	358	9	2.5	25	7.0
有限责任公司	162	18 754	1 595	8.5	4 240	22.6
股份有限公司	19	2 301	300	13.0	900	39.1

续表

企业类别	企业数（家）	年末从业人员总数（人）	人员构成			
			管理人员（人）	在总人数中所占比例（%）	软件开发研究人员（人）	在总人数中所占比例（%）
私营企业	71	5 360	849	15.8	2 018	37.6
其他内资企业	1	668	55	8.2	613	91.8
港、澳、台商投资企业	1	170	18	10.6	54	31.8
三资企业	7	2 583	258	10.0	408	15.8

表 7　2010—2012 年河北省软件产业基本情况

项目名称	单位	2010 年	2011 年	2012 年
软件业务收入	万元	1 242 158	1 177 927	1 273 289
软件业务出口收入	万美元	3 256	5 251	5 105
软件产品销售收入	万元	249 014	311 125	341 063
流动资产平均余额	万元	1 049 773	7 669 377	1 485 581
固定资产投资额	万元	25 567	34 818	25 109
资产总计	万元	1 557 246	1 800 572	1 920 536
负债合计	万元	818 760	943 389	1 010 103
税金总额	万元	86 867	79 874	89 026
利润总额	万元	532 352	547 686	396 410
应交所得税	万元	17 803	70 864	25 416
从业人员年末人数	人	22 843	26 189	31 084
从业人员工资总额	万元	186 248	345 585	228 078

表 8　2012 年河北省软件产业三资企业基本情况

项目名称	单位	2012 年	项目名称	单位	2012 年
软件业务收入	万元	71 904	负债合计	万元	113 670
软件业务出口收入	万美元	747	税金总额	万元	17 248
软件产品销售收入	万元	68 555	利润总额	万元	78 348
流动资产平均余额	万元	314 888	应交所得税	万元	12 205
固定资产投资额	万元	1 993	从业人员年末人数	人	2 583
资产总计	万元	366 084	从业人员工资总额	万元	16 936

注：表 1—表 8 数据来源于河北省工业和信息化厅。

[供稿：河北省工业和信息化厅]

山 西 省

【综述】

2012年，山西省坚持“以煤为基、多元发展”思路，积极培育壮大新兴产业，大力推动电子信息制造和软件信息服务业发展，扎实做好两化融合、三网融合、网络信息安全等重点工作，全省信息化建设步伐明显加快，工业转型升级成效显著。全省规模以上电子信息制造业实现销售产值456.6亿元，增长127.8%，增幅居全国第1位，完成出口交货值290.0亿元，比上年增长294.8%；软件主营业务收入达60亿元，增长35%。

电子信息制造业

山西省电子信息制造业主要集中在太阳能光伏、LED、基础电子制造领域，主要分布在太原、长治、晋城、临汾等地。截至2012年底，全省规模以上电子信息制造企业达111家，其中，太阳能光伏企业21家，电子信息机电产品制造企业20家，LED制造企业19家，电子元器件制造企业14家，电子材料企业5家。

太阳能光伏产业 山西省有21家光伏企业，分布于除忻州外的其他地市。主要龙头企业山西潞安太阳能科技有限责任公司建设的1GW/年太阳能光伏垂直一体化项目，总投资约108亿元，是山西省“十二五”期间重点推进的56个重大工业项目之一。项目一期工程已于2010年9月全面建成投产，产品性能和质量均达到国际先进水平。山西中电科新能源技术有限公司自主研发的多晶硅铸锭炉等核心装备获得科学技术部“863”计划项目和山西省科技创新计划项目支持，该公司还自主研发制造出国内首条太阳能电池电极金属化生产线，研发成功太阳能电池清洗机、装片机等相关设备并实现批量化生产销售，同时获得多项国家专利。

LED产业 山西省有19家LED企业，重点企业包括长治高科产业投资（集团）有限公司、山西光宇半导体照明股份有限公司、山西乐百利特科技有限公司等。长治高科产业投资有限公司引进国际最前沿的生产专利技术，以垂直整合方式构筑LED全产业链。山西光宇电源有限公司是中国矿用照明龙头企业，行业排名第1位。山西乐百利特科技有限公司生产的LED照明产品保持着发光效率第一、省电指数第一、显色指数第一、热阻最小、光衰最低5项世界记录，在全国拥有1 020家加盟专营店。

电子信息专用材料制造业 山西省有5家电子信息专用材料企业，主要集中在液晶显示、半导体材料领域，分布在运城、晋中等地。重点企业山西宇皓新型光学材料有限公司生产的液晶电视和LED照明产品用特殊材料，缩短了中国与国外在液晶显示光学材料技术上的差距。

电子元器件产业 山西省有电子元器件企业14家，分布在太原、运城、吕梁等地，产品主要集中在磁性元器件、关键光电子器件领域。山西中圣恒磁材料有限公司国内首创N45钕铁硼生产线，在国内同行处于领先地位。山西春明激光科技有限公司与中国科学院半导体研究所合作，引进全固态高功率激光技术应用项目，构建“产、学、研、用”一体的高科技可持续发展产业。

电子信息机电产品制造业 山西省电子信息机电产品制造领域有20家企业，主要集中在线缆、电池等领域，除忻州、朔州外，其他地市均有布局。

典型企业 山西潞安太阳能科技有限责任公司：位于山西省长治市漳泽新型工业园区，是集研发、制造、销售、光伏发电、技术服务、贸易为一体的高科技光伏企业。该公司建设的1GW/年太阳能光伏垂直一体化项目覆盖了除高纯多晶硅以外的全部光伏产业链，生产的产品有晶体硅棒和硅锭、硅片、电池片、光伏组件及光伏发电系统等。

山西乐百利特科技有限责任公司：是专门从事大功率半导体光电技术研究、开发、转让，半导体光源及相关产品生产和销售的高新技术企业。该公司承担的包括国家“863 计划”、“嫦娥二号”卫星光源研发与生产、以及山西省科技创新计划在内的多项科研项目，被列入国家发展和改革委员会和财政部重点支持产业项目。

长治高科产业投资有限公司：该公司引进国际最前沿的生产专利技术，以垂直整合方式构筑 LED 全产业链。截至 2012 年底，共建成涵盖 LED 上游蓝宝石晶体生长至 LED 下游应用灯具、显示屏在内的九大项目，占地 700 余亩。其中 LED 蓝宝石晶体生长、蓝宝石切磨抛、外延及芯片、LED 封装、电视白板、华光照明、华杰显示屏 7 个项目已全部投产，华光封装及华瑞照明项目已进入设备安装调试阶段，将在 2013 年 5—6 月陆续投产。

山西中天信科技股份有限公司：该公司的成立使“星光中国芯工程”项目在山西落地。该项目投资 12.9 亿元，主要开发、生产和销售基于 SVAC 标准的安全监控产品以及相关的视频传感与智能应用，形成从技术、产品、设备、平台、系统到项目应用的完整产业链，预计项目达产后可实现产值 40 亿元。该公司正在建设的中天信安防科技产业园区是中国首家全产业链安防科技园区，包括产品生产制造研发中心、安防监控国家工程技术研究中心等具有国内领先水平的产业中心实体。

山西科泰微技术有限公司：该公司生产的加速度传感器、压力传感器、带式压力传感器、温度传感器、角速度传感器等全国知名，其高性能 MEMS 压力传感器生产项目产品硅微机械加速度传感器已成功应用于航空、航天、兵器、机车监控、地震监测、石油勘探等领域的多项重点工程及产品配套。

软件和信息服务业

2012 年，山西省软件和信息服务企业有 146 家，主要致力于整体解决方案研发与应用，为行业信息化提供支撑。一是围绕煤炭、冶金、化工、电力、装备制造行业，重点在生产过程自动化、企业管理信息化方面打造典型解决方案；二是通过信息化整体解决方案，推进电子政务、智慧医疗、智慧教育、文化旅游等领域信息化水平提升，进而实现企业服务支撑能力的提升。典型企业包括：太原罗克佳华工业有限公司、山西精英科技股份有限公司、山西四和交通工程有限责任公司、山西同昌信息技术实业有限公司等。

典型企业 太原罗克佳华工业有限公司：该公司是国家规划布局内重点软件企业，拥有计算机信息系统集成一级等百余项行业资质，通过国际软件 CMMI、国际 CE、国家 CCC、中国环保产品 CCEP 等 40 余项行业认证，取得相关专利 138 项，承担国家火炬计划、国家科技支撑计划、国家科技进步和产业升级专项、国家“十二五”智能装备发展专项等课题共计 39 项，并参与国家煤炭物联网技术标准和国家环保物联网技术标准的编制。该公司现拥有研发、生产基地 2 万平方米，基地人员 800 余名，园区内设有院士工作站、博士后工作站，是物联网与云计算技术研发生产及高科技人才高地。

山西精英科技股份有限公司：该公司在煤炭行业信息化建设领域拥有国内领先的技术和研究成果，主要服务于以安全监管为核心的政府行业管理和以管控一体化为核心的企业信息化应用两个领域，产品包括政府煤炭行业监管、集团企业可视化协同调度指挥、数字化矿山管控一体化三大系列，已拥有 20 余个软件产品的知识产权，其中《精英煤矿安全监管执法与决策系统 V2.0》荣获第 16 届中国国际软件博览会金奖，其相关技术标准成为山西省地方标准。

山西四和交通工程有限责任公司：该公司致力于高速公路行业的软件开发业务，拥有 C/S 平台、B/S 平台、视频编解码及存储、移动视频、隧道监控等专业开发团队，近年承担山西省交通厅科研课题 6 项，获得省科技进步奖 3 个、国家詹天佑奖 1 个。

山西同昌信息技术实业有限公司：该公司致力于行业信息化的研究与开发，为电子政务、交通政务、电力、冶金、煤炭等行业信息化职能体系提供信息技术咨询、IT 规划设计以及信息化项目实施与托管、运维等服务，还承担着国家火炬计划项目、国家电子信息产业振兴和技术改造项目、省级技术创新项目等，是山西省海外高层次人才引进基地、山西省信息技术研究生教育创新中心、国家火炬计划软件产业基地骨干企业。

电子产品进出口贸易

2012 年，山西省出口机电产品 34.4 亿美元，同比增长 1.2 倍；进口机电产品 26.4 亿美元，同比增长 11.5%。全年规模以上电子信息制造业出口交货值 290.0 亿元，同比增长 294.8%。

山西省出口商品以往是以煤、焦、镁、不锈钢等产品为主。2012 年，机电产品和高新技术产品出口大幅增长，其中，机电产品出口占山西省出口总值的 49%。手机产品全年出口758万部，同比增长223倍，成为全省外贸的最大亮点和新增长点。

科技进步与应用

2012年，山西省积极推进信息化领域科技进步与应用，支持重点骨干企业提升信息化发展水平，全年登记软件产品352件，登记数量同比增长223%。在第16届中国国际软件博览会上，太原市精英科技股份有限公司的“精英煤矿安全监管执法与决策系统”、太原罗克佳华工业有限公司的“罗克佳华环境质量与污染源自动监控管理系统”等2件产品获得金奖，山西和信基业科技有限公司的“和信煤矿班组安全建设系统”、山西阳光三极科技有限公司的“阳光煤矿安全监测监控地理信息系统”、太原新汇科计算机有限公司的“新汇科食品安全信息共享平台”等3件产品获得创新奖。

太原市精英科技股份有限公司凭借对煤炭行业的深入研究与丰富的实践积累，参与制定了全省首个正式发布的信息化建设公共标准DB14/T671.1–2012《煤矿安全监管执法与决策支持系统第1部分：煤矿安全监控、井下作业人员管理、煤炭产量监测系统联网数据规范》，为全省煤炭安全生产提供了智力支撑；山西太钢不锈钢股份有限公司产销质一体化信息系统项目，通过优化作业流程，消除作业瓶颈，以信息系统支撑作业自动化，实现业务流程合理化及作业标准化，提升了作业效率；阳泉煤业（集团）有限责任公司安全生产信息化三级管控系统项目，适应建设集团公司、管理公司、基层单位三级管理分层管控需求，可接入、完善和整合井下人员定位跟踪系统、产量监控系统、大动力设备监测监控系统、井下通讯系统等，实现安全生产的整体控制和指挥协调，推进数字矿山建设。

信息基础设施建设

2012年，山西省电信业务总量完成308.98亿元，居全国第12位，同比增长10.8%；电信业务收入完成255.07亿元，居全国第18位，同比增长8.4%；固定资产投资完成94.23亿元，居全国第16位，同比增长15.5%。

全省电话用户3 449.78万户，比2011年净增320.65万户。其中，固定电话用户685.22万户，居全国第17位；移动电话用户2 764.56万户，居全国第18位。3G用户547.6万户，比上年增长255.2万户，3G渗透率达19.8%，居全国第14位。固定电话、移动电话普及率分别为19.99部/百人和80.66部/百人，分别居全国第16位和第19位。互联网宽带接入用户504.78万户，居全国第15位。

全省光纤到户（FTTH）覆盖家庭用户294.85万户；固定宽带接入用户476.08万户，其中，4M以上用户255.08万户，占固定宽带接入用户数的53.6%；无线局域网（WLAN）公共运营接入点（AP）32.42万个。全年完成1 578个建制村通宽带任务，全省28 172个建制村全部通宽带。

全省广播电视综合覆盖率达97%，有线电视网络光网总里程约3万皮长公里，其中，省到市、县干线网光缆全长约8 400多皮长公里，上与国家广播电视干线网相连，下与全省市、县网络相通；市、县分配网光缆全长约2.1万皮长公里，基本形成“干线网—城域网—接入网”三级传输网络。

三网融合 2012年，山西省下一代广播电视网（NGB）总前端一期工程已建成，可播出数字电视节目150余套，省干线光缆线路整改工作全部完成，接入网双向改造工作全面展开。全省有线电视用户约580万户，其中，数字电视用户300万户；双向网现覆盖用户113.8万户，开通约11.1万户。

信息产业基地建设

2012年，山西省筹备规划实施“三大产业基地”建设工程，即“晋东南光电新能源产业基地”、“晋南新型电子材料产业基地”和以太原市为中心，覆盖阳泉市、吕梁市、晋中市，包括音视频、北斗、云计算等产业在内的“新一代信息技术产业基地”。

阳泉百度云计算产业园 该项目将依托百度云计算（阳泉）中心，全面支撑百度互联网业务，实现计算、存储的动态分配，进一步提升百度数据处理的稳定性和可靠性，同时还将面向社会提供百度云存储、云操作系统、百度应用引擎（BAE）、基于数据分析的运营、云测试等一系列服务。项目占地近10万平方米，建成后可形成10万台服务器的装机规模，日处理能力达到10P级。

山西“绿云”云计算产业园区 2012年4月16日，由山西问天科技股份有限公司、北京蓝汛通信技术有限责任公司、中国联通山西省分公司共同投资的“绿云”云计算产业园区开工建设。该项目分三期，建成后可提供10万台机架、百万台服务器。园区将整合云计算上下游产业，包含系统集成、软件研发、分发处理、融合通信、呼叫中心、互联网应用研发等，满足不同客户需求，并为大型客户提供个性化定制服务。

北斗产业园区 山西北斗位汛电子技术有限公司在建的北斗产业园区占地约200亩，公司的目标是成为山西省乃至中国中部北斗导航定位核心技术及相关高端信息电子技术产品的开发和产业化应用推进中心。

太原物联网产业园（山西国际物联网产业园） 该园区主要依托山西省优势行业资源和太原罗克佳华工业有限公司在物联网应用领域的先进技术经验，集研发、生产、工程、服务于一体，对山西省煤炭、节能环保、物流、数字城市等领域形成支撑。

富士康（太原）科技工业园 该园区位于太原市国家级经济技术开发区，占地面积1.62平方公里，现有员工6万余人。入驻公司包括富士康精密电子（太原）有限公司、太原鸿富晋精密工业有限公司等，主要致力于苹果品牌产品、3C镁铝合金机构件、精密模具、散热模组、电子产品（手机）整机组装、LED节能照明产品及镁合金汽车零组件等的研发与生产。

信息技术应用

两化融合 2012年，遴选了山西省环境保护厅、山西省煤炭厅、太原钢铁集团公司、山西焦煤集团、中条山有色金属公司、经纬纺织公司等6家单位的环保物联网应用示范项目、煤炭安全监管执法与决策支持系统、信息化太钢、霍州煤电调度指挥综合信息系统、十八河尾矿库在线监测系统、基于纺织机械制造的综合集成信息系统参加工业和信息化部“信息化与工业化融合成果展览会”。重点支持了晋煤集团的“集团安全生产管控平台”、太重集团的“全自动高速车轮数字化生产线建设”、能源交通投资有限公司的“物流与电子商务示范信息平台”等17个项目，促进了工业企业信息化水平的提高。

太原钢铁集团有限公司加速推进企业信息化和国际化进程，走出了一条从无到有、从有到优的信息化之路，信息化触角已延伸到生产生活的每个角落。该公司按照整体规划、分步实施的思路，先后完成了ERP、数据仓库（BW）等项目，构建了由设备控制系统、过程控制系统、制造执行系统（MES）、企业资源计划系统（ERP）、管理系统和决策支持系统组成的五级架构。其信息化平台提升了企业管理功效，实现了“销产一体，管控衔接，三流同步”。

其他

2012年，山西省制定出台一系列相关政策法规，全面推进两化融合、三网融合、网络与信息安全、智慧城市建设、宽带普及提速工程等工作。

一是6月15日，山西省通信管理局、山西省经济和信息化委员会、山西省发展和改革委员会、山西省科学技术厅、山西省财政厅、山西省住房和城乡建设厅、山西省国家税务局、山西省地方税务局、山西省扶贫开发办公室联合下发了《关于山西省实施宽带普及提速工程的意见》；二是2012年底，山西省政府与中国联通、中国电信分别签署建设“智慧城市”战略合作协议，从政务、民生、产业等方面全面开展信息化应用合作；三是编制印发了《2012年山西省信息化及网络与信息安全重点项目指导计划》；四是山西省经济和信息化委员会与山西省通信管理局、山西省科学技术协会联合下发《关于开展“信息家园·宽带生活”示范村建设的实施意见》；五是启动了《山西省信息化条例》的立法工作，并将其列入山西省人大下一年的立法计划。

主要问题

一是对核心技术掌握不足。山西省信息产业发展仍面临关键核心技术受制于人、核心技术和产品对外依存度较高、企业自主创新不足、自主掌控能力较弱、核心专利数量少、科技成果转化率低等问题。

二是企业竞争力有待提升。山西省电子信息制造业和软件服务业企业规模偏小、创新能力不足、品牌影响力有限，缺乏辐射带动作用强的大企业，存在战略选择同质化问题，与外省企业竞争的优势不明显。

三是高水平研发人才缺乏。带动山西省信息产业发展的高层次、创新型人才和科技领军人才不足，产业发展急需的应用型人才缺乏，人才资源开发利用不足，高水平人才的培养亟待加强。

四是资金支持帮扶力度有待提高。与其他省份相比，支持山西省信息产业发展的总体投入规模较小，导致研发经费不足、人才队伍培养滞后，制约了信息产业的快速发展。

【统计数据】

表1 2012年山西省电子信息制造业人员构成情况

企业类别	企业数（家）	年末从业人员总数（人）	人员构成					
			工程技术人员（人）	在总人数中所占比例（%）	管理人员（人）	在总人数中所占比例（%）	研发人员（人）	技术工人（人）
有限责任公司	111	33 300	3 663	11.0	2 997	9.0	3 330	23 310

表2 2010—2012年山西省电子信息制造业基本情况

项目名称	单位	2010年	2011年	2012年
工业销售产值	万元	1 234 249	2 049 125	4 566 091
出口交货值	万元	486 426	725 753	2 899 647
负债合计	万元	1 606 523	1 923 566	2 654 381
主营业务收入	万元	1 447 947	2 361 400	4 594 012
税金总额	万元	30 983	37 441	69 079
利润总额	万元	21 701	91 193	242 353
应交所得税	万元	4 522	5 464	6 532
从业人员年末人数	人	84 726	90 329	115 155
从业人员工资总额	万元	264 394	292 356	372 707

表3 2010—2012年山西省电子信息制造业主要经济效益指标完成情况

项目名称	单位	2010年	2011年	2012年
全员劳动生产率	元/人	36 703	37 819	38 136
流动资产周转率	次	1.1	1.2	1.3
产品销售率	%	92.2	90.5	93.6
总资产贡献率	%	3.2	3.2	3.4
资产保值增值率	%	116.6	124.3	131.2
资产负债率	%	67.4	67.5	68.3

表4 2010—2012年山西省主要电子信息产品产销量情况

产品名称	单位	产量			销量		
		2010年	2011年	2012年	2010年	2011年	2012年
液晶显示器生产设备	部	790	598	695	749	598	695

表 5　2012 年山西省软件产业人员构成情况

企业类别	企业数（家）	年末从业人员总数（人）	人员构成			
			管理人员（人）	在总人数中所占比例（%）	软件开发研究人员（人）	在总人数中所占比例（%）
私营企业	146	28 195	3 919	13.9	9 430	33.4

表 6　2010—2012 年山西省软件产业基本情况

项目名称	单位	2010 年	2011 年	2012 年
软件业务收入	万元	99 435	214 083	299 442
软件业务出口收入	万美元		97	120
软件产品销售收入	万元		424 458	601 627
流动资产平均余额	万元		283 478	322 507
固定资产投资额	万元		9 479	662
资产合计	万元		396 805	151 102
负债合计	万元		169 064	74 037
税金总额	万元		473	1 994
利润总额	万元		38 608	50 402
应交所得税	万元		7 624	11 950
从业人员年末人数	人		6 750	28 195
从业人员工资总额	万元		24 647	8 722

注：表 1—表 6 数据来源于山西省经济和信息化委员会。

[供稿：山西省经济和信息化委员会]

内蒙古自治区

【综述】

2012 年，内蒙古自治区（以下简称内蒙古）信息产业系统克服国内经济增长放缓的影响，全力抓好各项保增长措施的落实，提高生产要素配置效率，推动结构调整和发展方式转变，全区信息产业实现平稳较快发展，信息化建设水平不断提高。

电子产品制造业结构进一步调整，平板电视对 CRT 电视的替代加快，液晶电视占彩电比重达 80%以上。受国外“双反”初裁影响，内蒙古部分多晶硅、单晶硅、太阳能电池生产企业处于停产、半停产状态。多晶硅生产企业出现亏损，面临较大的资金压力。

软件产业进入健康、稳定发展时期，企业的规模实力和综合竞争能力提升。随着信息技术广泛应用和市场需求不断扩大，对软件企业的拉动作用日益显现。

电子信息产品制造业

2012年，内蒙古规模以上电子信息产品制造业实现销售产值79.1亿元，同比增长5.6%。

软件产业

2012年，内蒙古软件产业实现销售收入25.4亿元，与2011年基本持平。其中，软件产品收入10.3亿元，同比增长65.5%；信息系统集成服务收入12亿元，同比下降28%；信息技术咨询服务收入2.2亿元，同比增长24.1%；数据处理和运营服务收入0.7亿元，同比增长8.5%；嵌入式软件收入0.2亿元。

科技进步与应用

2012年，内蒙古培育出一批拥有自主知识产权、核心技术和持续创新能力的企业及产品。

内蒙古华腾科技发展有限公司自主研发的“电子政务手机客户端应用系统项目”，主要由物联网接入中间件系统、手机客户端配置系统、手机客户端SDKey安全系统、手机客户端展示系统、手机视频监控子系统、手机温湿度监控子系统、手机调度子系统、手机采集子系统组成。该项目已在呼和浩特市、包头市、呼伦贝尔盟、通辽市、巴彦淖尔盟、鄂尔多斯等地上线运行。

内蒙古华腾科技发展有限公司自主研发的“千里眼现代物流配送溯源系统”项目，由物流公共服务平台、电子商务门户、手机视频监控系统和RFID标签、耳签溯源系统组成。该项目已在呼和浩特市盛乐园区的凯迪物流、内蒙古安捷物流园区、通辽市农畜产品物流园区上线使用。

内蒙古华腾科技发展有限公司自主研发的“基于物联网技术的全流程智能物流公共服务平台项目”，建设内容包括统一呼叫中心、集中仓管中心、货物配送管理、安全追溯系统、客户关系管理、资金结算管理、合同管理等。成功案例包括通辽中小企业智能物流网络交易服务平台、赤峰餐饮业智能物流网络交易服务平台、化德羊绒服装智能物流网络交易服务平台等。

内蒙古银安科技开发有限责任公司自主研发的“内蒙古自治区农村信用社联合社身份联网核查系统”，是用于协助内蒙古财政厅实现财政补贴农牧民资金管理和支付方式改革，建立惠农惠牧“一卡通”系统，构建自治区、盟市、旗县、苏木乡镇四级全面联网的财政惠农惠牧补贴信息化管理平台。内蒙古农村信用社联合社根据财政部门对补贴对象的核查开卡需求，建设了《财政补贴对象身份识别自动化处理系统》，此系统包括与中国人民银行以接口方式连接的联网核查前置系统和身份联网核查终端系统。

内蒙古自立电脑有限责任公司自主研发的“永安机房动力环境监测管理系统”，成功运用到呼和浩特市党委宣传部舆情信息系统专用机房建设中。此外，“电子政务外网一二阶段建设项目”包括自治区级电子政务外网核心网络设计建设、互联网安全接入设计建设、纵向骨干网升级改造建设、自治区级横向城域网升级改造建设、外网运维平台建设、门户网站系统建设、基础数据交换平台部署以及RA认证系统建设等。该项目形成了相应外网建设的标准规范体系，包括自治区电子政务外网标准体系框架、全区IP地址分配标准规范、MPLS-VPN规划等标准规范，实现了自治区电子政务外网连接12个盟市、2个计划单列市、99个旗县的三级贯通，具备安全承载国家纵向业务的能力。目前，已成功应用到呼和浩特市、包头市、巴彦淖尔市、乌兰察布市等地政务外网建设项目中。

内蒙古网讯信息工程有限公司自主研发的“移动管理综合服务平台研发与应用项目”，在支撑平台上构建全区移动信息门户，通过对应用系统的支持与接入，构建综合应用系统、有线和无线结合的综合信息化应用。项目的主要用户有：内蒙古地方税务局、中国电信内蒙古分公司、中国联通内蒙古分公司、伊利集团公司、中国电信上海理想信息产业（集团）有限公司、赛尔网络有限公司、内蒙古金名科技有限公司、京能电力后勤服务公司等。

内蒙古科电数据服务有限公司自主研发的“生产GIS开发应用项目”，包括电网GIS图形服务、电网建模与分析、电网三维应用、WebGIS应用、在线监测系统。该项目填补了这一领域在内蒙古地区应用的空白。

内蒙古国讯富通科技有限公司自主研发的“呼和浩

特市环境监测中心站监测数据管理系统项目”，主要用于实现污染源日常管理的电子化办公、提升污染源信息管理水平、为环境影响评价工作的开展搭建技术服务平台和模拟分析环境等。该项目已成功应用到呼和浩特市环境监测中心站环境监测项目中。自主研发的“民用航空区域管制系统项目”，用于实现管制区域内旗、乡、县一级以上地点、地名以及经纬度的快速准确查询定位、对通航飞行作业的管理、防雹炮射点的快速查询定位、空军演习活动航路航线的显示等。该项目已成功应用到中国民用航空华北地区空中交通管理局内蒙古分局。

信息基础设施建设

电信业 2012年，内蒙古电信业务总量258.4亿元，比上年增长12.1%；电信业务收入215.8亿元，比上年增长12.7%；电信固定资产投资95.6亿元，比上年增长9.8%。光缆线路长度31.27万皮长千米，互联网宽带接入端口514.9万个，局用交换机容量863.5万门，移动电话交换机容量5 148.3万户。固定电话用户368.3万户，比上年减少11.2万户，固定电话普及率14.8部/百人；移动电话用户2 550.1万户，比上年增加234万户，移动电话普及率108.9部/百人；互联网宽带用户274.8万户，比上年增加43.8万户。

广播影视业 2012年，内蒙古广播电视微波干线长达6 059.2公里，是全国省级最长的微波干线；全区有线广播电视传输干线网长达4.4万公里，居全国各省市区之首。全区有中短波广播发射台57座，调频发射台556座，电视发射台1 126座，有线电视用户300万户。

2012年，内蒙古广播影视利用卫星、无线、有线等多种手段，以广播电视村村通、户户通、无线覆盖和农村电影放映等广播影视传输覆盖工程为载体，加快构建完善广播影视公共服务体系，切实维护广大人民群众享受广播影视公共服务的权益。农村牧区电影放映工程基本实现一村一月放映一场数字电影目标。截至2012年底，全区广播、电视综合人口覆盖率分别为97.92%和96.84%。

2012年，全区广播影视总收入24.69亿元，同比增长1.6%；广播电视增加值17.87亿元，同比增长14.4%；广播影视资产总额54.34亿元，同比增长20.6%；广播影视固定资产投资总额7.91亿元，其中，行政事业单位5.54亿元，企业单位2.37亿元。

云计算与物联网产业 2012年，内蒙古积极协调电信运营商和IT企业在内蒙古建设互联网数据中心，初步形成云计算产业布局。以呼和浩特、包头、鄂尔多斯为重点的盟市云计算产业园区正在建立，一批云计算产业项目已开工建设。呼和浩特市在鸿盛开发区和盛乐开发区规划部署云计算产业园区，中国联合网络通信集团有限公司、中国移动通信集团公司、中国电信集团公司分别投资120亿元以上主要建设云计算IDC，宽带天地资本管理公司投资80亿元与呼和浩特市共建云计算创业园，中国电信云计算数据中心基础建设已经封顶。包头市引进北京曙光公司在青山区投资4亿元建设IDC。鄂尔多斯市规划出9.8平方公里建设云计算产业园区，世纪互联数据中心有限公司、中兴能源有限公司分别投资100亿元和200亿元主要建设云计算IDC。赤峰市在红山物流园区引进IBM软件项目和香港中华煤气有关项目建设蒙东云计算产业园区。锡林郭勒盟已与北京市经济和信息化委员会签署协议，合作共建集成电路、云计算、新能源、高端装备制造等战略性新兴产业体系。通辽市云计算数据中心项目也在筹建。

2011年，国家首次设立物联网专项资金，内蒙古北方重工业集团、内蒙古华腾科技发展有限公司等5家公司的项目获得国家物联网专项资金700万元支持。2012年，内蒙古企业自主研发的“制造业信息化技术云制造资源共享服务平台研发与应用”、“基于物联网的奶制品及肉类产品溯源监测管理系统”等物联网项目开始实施。

信息产业重点项目建设

2012年1月，内蒙古大族新能源科技有限公司年产1 200MW太阳能电池组件项目在鄂尔多斯市开工建设。项目投资规模为120.2亿元，建设年产1 200MW太阳能电池组件生产线，配套2×75t/h循环流化床锅炉、1×10MW背压式发电机组。

2012年2月，突泉县圣邦电能科技有限公司年产1 500万套极板和800万只蓄电池建设项目在兴安盟开工建设。项目投资规模为34 142.5万元，购置安装极板、铅酸、蓄电池工艺设备838台（套、列），磷酸铁锂电池工艺设备64（套、列）及其配套设施，建设铅粉车间、合膏车间、涂板车间、铸板车间、固化车间、化成车间等 13 座，原辅材料库和成品库 4 座，以及综合办公楼和附属设施。年产极板 1 500 万套，电池 800 万只，其中，铅酸蓄电池 500 万只，磷酸铁锂电池 300 万只。

2012 年 3 月，兴和县木子碳素有限责任公司年产 5 000 吨等静压石墨产品技改项目在乌兰察布市开工建设。项目投资规模为 23 974 万元，建设年产 5 000 吨等静压石墨产品。

2012 年4 月，内蒙古锋威硅业有限公司年产2 500MW 太阳能电池组件项目在阿拉善盟开工建设。项目投资规模为 205.1 亿元，建设年产 2 500MW 太阳能电池组件生产线，配套 4×410t/h 次高温高压燃煤循环流化床锅炉、3×25MW 背压式发电机组。

2012 年 5 月，内蒙古蓄电池有限公司年产 80 万千伏安时新型大容量密封铅蓄电池建设项目在赤峰市开工建设。项目投资规模为 21 616 万元，建设年产 80 万千伏安时新型大容量密封铅蓄电池生产线及其他辅助设施。

2012 年 5 月，内蒙古通尼科技有限公司 200MW 砷化镓电池聚光跟踪发电系统零配件生产基地项目在阿拉善盟开工建设。项目投资规模为 316 680 万元，外购砷化镓电池片等原材料，建设年产 200MW 砷化镓电池组件、聚光器、对日跟踪器、散热器等生产装置。

2012 年 5 月，内蒙古神泰新能源股份有限公司年产 500MW 太阳能光伏产业建设项目在阿拉善盟开工建设。项目投资规模为 48.8 亿元，外购多晶硅，建设年产 3 600 吨单晶拉棒、切片及 500MW 电池及组件生产装置。

2012 年 6 月，内蒙古新阳光能源科技有限公司 1 000MW/年太阳能电池用直拉单晶硅片示范项目在锡林郭勒盟开工建设。项目投资规模为 113 亿元，建设 3.5 万吨工业硅、2.5 万吨高纯硅、2 万吨冶金法太阳能级硅、1 000MW 单晶硅片生产装置及配套公用工程和辅助生产设施，形成年产单晶硅切片 8 000 吨、太阳能级硅 12 000 吨的生产能力。

2012 年 9 月，磴口县佳润工贸发展有限公司年产 500MW 太阳能光伏产业建设项目在巴彦淖尔市开工。项目投资规模为 38.7 亿元，外购多晶硅，采用直拉硅单晶生产工艺，建设年产 3 600 吨单晶硅、500MW 太阳能光伏组件生产线。

信息化建设

两化融合 2008 年，内蒙古呼包鄂地区被批准为全国首个两化融合创新试验区。2012 年 7 月，内蒙古两化融合试点工作正式通过国家验收。几年来，内蒙古重点通过抓两化融合，服务于经济结构调整和产业升级，利用信息技术及先进管理手段提升产业层次。

一是以企业为主体，以典型示范项目为抓手，以资金作引导，支持了一批重点项目。2012 年，鄂尔多斯市将煤炭工业信息化建设确定为重点工程，划拨专项资金 5 000 万元，筹建鄂尔多斯市煤炭信息中心，建设数字煤炭综合平台。呼和浩特市、乌海市、包头市也分别出资支持两化融合工作。截至 2012 年底，试验区保障体系全面形成，对推动试验区乃至全区两化融合工作顺利开展提供了强有力的保障，为总结推动自治区能源、冶金、建材、农畜产品加工、装备制造等主导产业的两化深度融合提供了宝贵经验。

二是加快城市物流及电子商务发展，改变传统的原料采、产、供、销模式，减少中间环节，提高利润率。随着两化融合工作不断深入，试验区电子商务和物流等新兴服务业已进入快速发展阶段。包头市成为全国 17 个区域性物流节点城市之一，通过规划建设物流管理云，有望成为面向西部、联通中部、服务全国的区域性物流节点城市和全国流通领域现代物流示范城市。

三是建设以服务“三农”为目标的涉农信息服务平台。积极推动新增百亿斤粮食生产能力建设，百万肉牛、百万奶牛和千万肉羊高产创建等工程建设，促进全区优质农畜产品的电子商务发展。2012 年，内蒙古电子商务试点（蒙商网）注册企业上万家，收录 18 000 种产品，日访问量 2 万次，实现交易额 2 亿元。在国家推进两化融合政策和企业内在需求的共同影响下，电子商务在试验区制造、流通、交通运输、金融、旅游等主要行业基本普及，大部分示范企业已实现网络采购与营销，包头钢铁（集团）有限责任公司等大型示范企业已实现供应链协同商务，开展电子商务的中小企业日益增多，通过互联网寻找供应商和从事营销推广的中小企业数量明显增加。

电子政务 2010 年，在国家电子政务外网建设工作框架指导下，内蒙古初步建成统一的自治区电子政务网络平台和公用传输信道。2012年，电子政务工作有较大飞跃。

一是自治区、盟市、旗县实现纵向三级畅通和各级重要部门横向贯通。自治区所属12个盟市、2个计划单列市及99个旗县区全部接入统一的电子政务网，并实现三级网络统一运维管理；拥有双互联网出口，带宽合计500M。自治区本级所属各委办厅局已从2008年的80家实现2012年的全部接入，各盟市委办局电子政务网络接入率达到70%。

二是以应用为出发点大力推进基础信息数据库建设，推动跨部门的信息共享和业务协同。国家重点“金”字系列政务信息系统工程应用在内蒙古得到进一步深化，自治区级政务部门政务信息化应用覆盖率从2008年的45%提升至2012年的90%。内蒙古电子政务外网还承载了21个部委纵向到旗县的四级业务系统。人口、空间地理、企业法人、宏观经济、文化信息等五大数据库正在建设中。

三是各级政府加强政府门户网站建设，围绕政务公开、网上办事、电子监察等开展工作。旗（县）级以上政务部门全部建立政府网站，积极开展政府信息公开、网上办事和政民互动等服务。基于全区电子政务外网的“内蒙古自治区工程建设领域项目信息公开和诚信体系建设平台”于2012年3月正式上线运行。包括自治区本级29个部门、12个盟市、101个旗县市区及其所属部门已全部开通“工程建设领域项目信息和信用信息公开共享专栏”，并开始上传信息。截至2012年10月15日，共开通专栏3 764个(含各级政府所属部门专栏，其中3 235个专栏已上传数据)，发布信息51 754条，其中，信用信息9 710条，不良行为信息71条。

四是完善电子政务外网应用。推广数据大集中、服务外包模式，推进数字认证和电子签名。

信息安全　一是组织自上而下的网络和信息安全例行检查。通过各部门自检与内蒙古经济和信息化委员会委托技术保障队伍统一组织抽查相结合的方式，基本摸清了内蒙古重点领域网络和信息安全（包括政府信息系统和工业控制系统）的基本情况，提高各级政府和部门对网络和信息安全工作的重视程度，强化并落实信息安全制度。2012年8月，自治区软件与信息安全测评中心正式挂牌成立，标志着内蒙古信息安全测评技术保障措施走向专业化。

二是稳步推进自治区政府信息系统灾备及信息安全应急管理工作。采取“政府主导、市场运作、服务外包”的方式，确定内蒙古证联信息技术有限责任公司和中国联通内蒙古分公司合作，初步建成自治区电子政务灾备中心。目前已对自治区财政、地税、民政、工商等部门业务信息系统进行了灾备，经过演练和论证，符合灾备要求。

三是信息安全体系建设逐步完善。呼和浩特、包头、乌海等地建立了信息网络安全行业协会，组建了自治区信息安全专家组，全区计算机信息网络安全人才队伍初具规模。

农村牧区信息化　一是不断扩大农牧区信息化试点范围，提升试点水平，加快农牧业产业化和现代化步伐。在全区已有21个试点旗县基础上，2012年试点扩大到40个。

二是利用物联网技术开展设施农业信息化应用系统全天候监测设施工程，确保政府主管部门实现农情监测、统计产量、检测质量。2012年，自治区经济和信息化委员会从农牧业信息化专项资金列支引导资金，选择在设施农业基础较好的宁城县、奈曼旗、土左旗等地开展试点工作，受到广大种植户的欢迎和好评。鄂尔多斯市政府、达拉特旗政府、内蒙古万通路桥集团公司出资建设鄂尔多斯市现代农牧业科技示范园，推动了物联网在设施农业中的应用，已完成投资2.5亿元。

三是加快标准化建设步伐，从基层信息站点硬件配置、人员配置、人员培训、信息资源开发等方面入手，建立有效的农牧业信息化建设模式。通辽市奈曼旗、锡林郭勒盟镶黄旗等试点旗县利用3年时间，在所有行政村建立了标准信息服务站点。2012年，工业和信息化部分别向赤峰市、鄂尔多斯市、呼伦贝尔市奖励价值百万元的4个培训教室。

城市和社会领域信息化　一是大力推进社区服务信息化。加强民生信息系统建设，重点是社会保障、劳动就业、民政低保与救助、经济适用房和廉租房的监管。通过总结全区试点经验，在呼和浩特市形成社区信息化建设标准，并在赤峰市红山区、通辽市霍林郭勒市、鄂尔多斯市东胜区、乌海市海勃湾区等地开展推广工作。

二是“数字城市”工程建设全面启动。2012年，全区在呼和浩特、乌海等8个重点城市相继启动“数字城市”工程建设。鄂尔多斯市东胜区“数字化城市管理信息系统”已通过国家验收。赤峰市正在建设全区首家数字化示范城市。同时，内蒙古依托边境口岸优势，正在建设或扩建通过二连浩特和满洲里等口岸城市通往欧洲的互联网国际出口通道。

三是人口管理、社会治安、交通指挥、劳动就业、医疗卫生等信息系统应用成效显著。进出口领域企业基础信息交换体系建设进展明显，2012 年，全区已有 1 312 家进出口企业实现网上数据交换。

【统计数据】

表 1　2012 年内蒙古自治区电子信息制造业人员构成情况

企业类别	企业数（家）	年末从业人员总数（人）	其中：研发人员（人）
内资企业	17	4 866	405
国有企业	1	89	317
有限责任公司	8	3 676	2
股份有限公司	2	81	86
私营企业	5	699	
其他内资企业	1	321	5
港、澳、台商投资企业	2	186	

表 2　2012 年内蒙古自治区电子信息制造业基本情况

项目名称	单位	2012 年	项目名称	单位	2012 年
工业总产值（现行价）	万元	895 337	主营业务收入	万元	800 064
工业销售产值	万元	790 685	税金总额	万元	31 294
出口交货值	万元	51 275	利润总额	万元	53 524
流动资产合计	万元	729 398	应交所得税	万元	1 835
固定资产合计	万元	229 985	从业人员年末人数	人	5 650
资产总计	万元	245 250	从业人员工资总额	万元	20 611
负债合计	万元	866 556			

表 3　2012 年内蒙古自治区电子信息制造业主要经济效益指标完成情况

项目名称	单位	2012 年	项目名称	单位	2012 年
流动资产周转率	次	1.1	资产保值增值率	%	113.4
产品销售率	%	88.3	资产负债率	%	69.5
总资产贡献率	%	5.5			

表 4 2012 年内蒙古自治区软件产业人员构成情况

企业类别	企业数（家）	年末从业人员总数（人）	人员构成			
			管理人员（人）	在总人数中所占比例（%）	软件开发研究人员（人）	在总人数中所占比例（%）
内资企业	64	4 013	543	13.5	1 367	34.1
有限责任公司	39	2 557	287	11.2	795	31.1
股份有限公司	3	224	54	24.1	106	47.3
私营企业	22	1 232	202	16.4	466	37.8
港、澳、台商投资企业	1	60	3	5.0	25	41.7

表 5 2012 年内蒙古自治区软件产业基本情况

项目名称	单位	2012 年	项目名称	单位	2012 年
软件业务收入	万元	253 582	负债合计	万元	67 319
软件业务出口收入	万美元	128	税金总额	万元	11 130
软件产品销售收入	万元	102 732	利润总额	万元	24 490
流动资产平均余额	万元	221 571	应交所得税	万元	2 322
固定资产投资额	万元	833	从业人员年末人数	人	4 073
资产合计	万元	162 969	从业人员工资总额	万元	16 847

表 6 2012 年内蒙古自治区软件产业主要经济效益指标完成情况

项目名称	单位	2012 年	项目名称	单位	2012 年
流动资产周转率	次	1.3	资产保值增值率	%	155
产品销售率	%	40.5	资产负债率	%	41.3
总资产贡献率	%	17.1			

注：表 1—表 6 数据来源于内蒙古自治区经济和信息化委员会。

[撰稿：梁玉龙　审稿：霍航雄]

辽　宁　省

【综述】

2012 年，辽宁省电子信息产业围绕全省“工业五项工程”建设，以促进园区发展为载体，以落实项目建设为重点，鼓励企业提高自主创新能力，促进产业结构调整，完善产业链，实现平稳快速增长。

主要经济指标　全省电子信息产业实现主营业务收入 3 786 亿元，同比增长 25.5%；实现利润 268 亿元，同比增长 31.9%；税金总额 158 亿元，同比增长 34.4%；出口创汇 131.2 亿美元，同比下降 0.9%。

主要产品产量　彩色电视机 498 万台，同比下降 3.1%，其中，液晶电视机 340 万台，同比下降 2.3%；打印机 65 万台，同比下降 12.5%；激光视盘机 168 万部，同比下降 53.8%；手机 1 680.7 万部，同比增长 169.7%；汽车音响 945 万部，同比增长 27.3%。

电子信息制造业

2012 年，全省电子信息制造业受内需不足、出口乏力等因素影响，产业处在低位运行。全年实现主营业务收入 1 650 亿元，同比增长 5.8%；实现利润 79 亿元，同比下降 5.7%；完成出口交货值 534 亿元，同比下降 14.5%。产业增长主要依靠内资企业拉动，全年内资企业实现主营业务收入 1 118 亿元，比上年增长 8.8%；外资企业实现主营业务收入 532 亿元，与上年持平。

全省有 5 家企业入围第 27 届全国电子信息百强企业，分别是：东软集团股份有限公司（第 48 名）、大连辽无二电器有限公司（第 52 名）、大连环宇阳光集团（第 53 名）、沈阳先锋计算机工程有限公司（第 54 名）、中国华录集团有限公司（第 62 名）。

软件和信息服务业

2012 年，全省软件产业继续保持高速发展态势，实现主营业务收入 2 136 亿元，比上年增长 46.7%，位居全国第 4；软件业务出口收入 47.8 亿美元，比上年增长 37.4%，位居全国第 3；实现利润 189 亿元，比上年增长 58.3%；税金总额 140 亿元，比上年增长 37.3%。2012 年，全省软件外包服务收入稳步增长，达到 38.6 亿美元，自 2006 年起，连续 7 年排在全国第 1 位。东软集团股份有限公司、大连华信计算机技术股份有限公司、大连文思海辉技术有限公司软件出口收入位居全国前 3。

全省有 6 家企业入围第 12 届全国软件百强，分别是：东软集团股份有限公司（第 7 名）、沈阳先锋计算机工程有限公司（第 26 名）、大连环宇阳光集团（第 40 名）、大连华信计算机技术股份有限公司（第 53 名）、沈阳易讯科技股份有限公司（第 73 名）、晨讯科技（沈阳）有限公司（第 79 名）。

信息基础设施建设

全年新增电话用户 387.8 万户，用户总量 5 576.4 万户，普及率 131.1 部/百人。其中，新增移动电话用户 454.8 万户，用户总量 4 291.3 万户，普及率 100.9 部/百人；固定电话用户减少 67 万户，用户总数 1 285.1 万户，普及率 30.2 部/百人。全年新增 3G 移动电话用户 345.5 万户，用户总数 893.1 万户，其中 TD 用户 333.3 万户。新增（固定）互联网宽带接入用户 52.9 万户，用户总数 707.9 万户，普及率 16.6%。

三网融合　积极支持沈阳市开展三网融合试点工作。经国务院批准，沈阳市被确定为三网融合第二阶段试点城市。推动沈阳市相关产业部门、广电企业和电信运营商在技术研发、产业化、网络建设和推广应用等方面开展三网融合试点工作。推动大连市三网融合试点城市建设。打造“大连模式”，在大连生态科技创新城实施三网融合“一根线”入户工程试点，电信运营商已完成宽带接入及测试，即将投入试运行。同时，积极推进大连天途有线的三网融合高清电视试点小区建设项目进入实质运作。

信息产业基地建设

大连软件园 该软件园成立于1998年，采用“官助民办”的园区开发体制，以企业化运作方式，累计投资200多亿元，累计开发管理面积300多万平方米，50多万平方米正在建设中，已形成一个集产业、教育、居住、休闲配套于一体的国际化科技新城。

2012年，该软件园实现产值506亿元，出口18亿美元。截至2012年底，入园企业648家，外资企业占42%，其中包括IBM、HP、Genpact、Accenture等44家世界500强企业，园区从业人员7.9万人。园区企业业务涵盖应用软件开发、共享服务中心、嵌入式软件开发、系统集成、产品研发、人力资源管理、财务金融管理、客户关系管理等领域。松下、索尼、欧姆龙、CSK、NCR、OKI等设立了软件和产品研发中心，IBM、ORACLE、阿迪达斯、Accenture、HP、AVAYA、SAP、辉瑞制药等设立了离岸全球技术支持或服务共享中心，Genpact、Fidelity等设立了全球或亚太地区的后台业务处理中心，东软集团股份有限公司、中国软件与技术服务股份有限公司等国内软件企业设立了面向日韩等地区的软件出口基地。该软件园在对日软件和服务外包方面一直领先全国。

信息技术应用

电子政务 推动辽宁省电子政务外网综合网络平台二期建设。启动省电子政务外网综合网络平台（二期）建设，升级改造后，该平台技术先进、功能完善、扩展性强、安全可控，可充分满足全省电子政务外网的相关应用需求。推进工程建设领域项目信息公开与诚信体系建设。全省已开通工程建设领域项目信息和信用信息公开共享省本级专栏、12个省级部门专栏、14个地市级专栏（开通率100%）和73个县区专栏（开通率73%），完成省级信息综合检索平台与国家平台的对接，实现网络通、系统通和信息通。

两化融合 推进沈阳市国家级两化融合试验区建设。沈阳市逐步完善两化融合工作体系和机制，设立两化融合专项资金，成立企业联盟，推进公共服务平台建设，并确立了三一重型装备有限公司、沈阳鼓风机集团股份有限公司等36家两化融合示范企业。参加全国信息化与工业化融合成果展览会，全面展示辽宁省两化融合所取得的成绩。工业和信息化部于2012年6月28—30日在北京市举办“信息化与工业化融合成果展览会”，全省组织鞍钢集团、沈阳鼓风机集团股份有限公司、沈阳机床股份有限公司、中国华录集团有限公司等13家企业参加展会。组织相关活动，进一步促进全省两化深度融合。8月17日，辽宁省信息化与工业化融合研讨会在沈阳市召开，探讨围绕“稳中求进，稳中求快”的总基调，进一步深入推动辽宁省信息化与工业化深度融合，加快实现产业优化升级和经济结构调整，促进全省经济实现平稳健康发展。

农业信息化 注重部门合作，协同推进农业农村信息化。充分发挥行业部门优势，推进各类农业信息资源整合共享，促进省、市、县三级信息的互动互通，不断深化百万农民上网工程。注重项目牵动，多元拓展农业农村信息化。提升全省农业门户网站——辽宁金农网的推广应用，辽宁金农网荣获“辽宁省十佳文明标兵网站”，每日IP访问量近万次，已成为全省农业互联网站的龙头和枢纽。全省金农热线开通以来，累计解答农民各类疑难问题200多万例，被誉为农村、农情、农事百事通。注重物联网等信息技术应用，全面渗透农业农村信息化。沈阳、大连等地先后建立起以设施农业监控自动化控制平台为主的生产管理系统，提高了温室生产效率。2012年，百万农民上网工程远程农业可视化项目二期工程结束，实现了远程会议、远程会商和远程诊断。

信息安全 完善全省信息安全保障体系建设。一是加强全省网络与信息安全组织体系建设，充分发挥省信息安全联席会议处置重大信息安全事件等方面的作用；二是加强全省网络与信息安全支撑体系建设，通过省信息安全门户网站展示平台，面向全省提供信息安全解决方案40多个；三是加大本地信息安全企业和产品推介力度，开展重要工业控制系统信息安全自查工作，辽宁省经济和信息化委员会组织各市相关部门历时近两个月，共自查相关网络系统485个，检查内容涉及系统类型与构成、工控系统网络连接、信息安全防护及系统运行维护等方面。

组织开展信息安全技术培训。一是召开全省政府部门信息安全检查技术保障工作会议，对省直有关部门、各市政府门户网站负责人和技术骨干进行培训；二是召开全省重点领域与信息系统安全检查会议，对重要工控系统相关负责人进行培训。

完成其他重点业务工作。一是组织开展鞍山市网络与信息安全应急演练，取得了预期效果；二是制定《信息系统安全检查规范》省级工作标准，并经省质量技术监督局审定原则性通过；三是纵深推进全省地方银行系统信息安全保障工作，由总行推进到各分行等分支机构，为确保全省地方银行系统信息安全奠定了基础。

【统计数据】

表 1　2012 年辽宁省电子信息制造业人员构成情况

企业类别	企业数（家）	年末从业人员总数（人）	人员构成				
			工程技术人员（人）	在总人数中所占比例（%）	管理人员（人）	在总人数中所占比例（%）	研发人员（人）
合计	492	206 246	15 056	7.3	11 549	5.6	18 132
内资企业	325	103 542	9 276	9.0	7 589	7.3	16 181
国有企业	34	37 304	3 831	10.1	2 846	7.6	4 847
集体企业	4	1 573	139	8.8	112	7.1	74
股份合作企业	5	1 327	126	9.5	108	8.1	180
有限责任公司	93	21 214	1 901	9.0	1 356	6.4	5 297
股份有限公司	34	12 435	854	6.9	723	5.8	2 669
私营企业	151	28 143	2 301	8.2	2 388	8.5	3 050
其他内资企业	4	1 546	124	8.0	56	3.6	64
港、澳、台商投资企业	40	14 455	838	5.8	607	4.2	591
三资企业	127	88 249	4 942	5.6	3 353	3.8	1 360

表 2　2010—2012 年辽宁省电子信息制造业基本情况

项目名称	单位	2010 年	2011 年	2012 年
工业总产值（现行价）	万元	13 575 452	15 931 718	18 380 474
工业销售产值	万元	13 254 069	15 577 538	16 885 960
出口交货值	万元	5 214 163	6 253 812	5 340 705
流动资产平均余额	万元	7 267 652	7 485 117	7 983 569
固定资产净值平均余额	万元	3 105 449	3 217 085	3 388 832
资产总计	万元	12 205 545	12 874 275	15 252 571
负债合计	万元	5 871 904	5 428 805	6 960 269
主营业务收入	万元	13 190 579	15 595 546	16 500 751
税金总额	万元	157 589	166 969	183 855

续表

项目名称	单位	2010 年	2011 年	2012 年
利润总额	万元	807 015	838 152	789 510
应交所得税	万元	125 173	117 293	122 318
从业人员年末人数	人	192 873	197 380	206 246
从业人员工资总额	万元	549 861	722 411	843 969

表 3　2010—2012 年辽宁省电子信息制造业三资企业基本情况

项目名称	单位	2010 年	2011 年	2012 年
工业总产值（现行价）	万元	5 431 996	5 417 867	5 492 902
工业销售产值	万元	5 416 697	5 398 614	5 317 998
出口交货值	万元	3 435 025	3 229 182	3 072 647
流动资产平均余额	万元	1 896 124	1 900 233	1 943 638
固定资产净值平均余额	万元	1 065 424	1 081 065	1 076 458
资产总计	万元	3 401 073	3 096 276	3 434 161
负债合计	万元	1 396 958	1 306 975	1 511 140
主营业务收入	万元	5 355 068	5 319 067	5 316 436
税金总额	万元	51 438	56 228	68 515
利润总额	万元	280 756	174 800	68 994
应交所得税	万元	41 576	34 940	41 836
从业人员年末人数	人	97 820	87 694	88 249
从业人员工资总额	万元	333 307	346 895	378 901

表 4　2010—2012 年辽宁省电子信息制造业主要经济效益指标完成情况

项目名称	单位	2010 年	2011 年	2012 年
全员劳动生产率	元/人	153 780	172 510	189 579
流动资产周转率	次	1.81	2.08	2.07
产品销售率	%	97.6	97.8	91.9
总资产贡献率	%	8.5	8.4	7.9
资产保值增值率	%	111.2	101.3	105.0
资产负债率	%	48.1	42.2	45.6

表5 2010—2012年辽宁省电子信息制造业三资企业主要经济效益指标完成情况

项目名称	单位	2010年	2011年	2012年
全员劳动生产率	元/人	165 247	189 424	201 342
流动资产周转率	次	2.8	2.8	2.7
产品销售率	%	99.7	99.6	96.8
总资产贡献率	%	10.0	7.7	4.6
资产保值增值率	%	114.7	106.3	93.7
资产负债率	%	41.1	42.2	44.0

表6 2010—2012年辽宁省主要电子信息产品产销量情况

产品名称	单位	产量			销量		
		2010年	2011年	2012年	2010年	2011年	2012年
彩色电视机	万台	564	514.2	498	571	514.8	495
激光视盘机	万台	298	364	168	290	366	171
汽车音响	万台	615	742.4	945	615	735.7	939.9
手机	万部	127	623.2	1 680.7	128	623.2	1 680.7
打印机	万台	85	74.3	65	83	73.6	66

表7 2010—2012年辽宁省三资企业主要电子信息产品产销量情况

产品名称	单位	产量			销量		
		2010年	2011年	2012年	2010年	2011年	2012年
电视机	万台	481	377.2	331	485	381.8	327
激光视盘机	万台	298	364	168	290	366	171
汽车音响	万台	615	742.4	945	615	735.7	939.9
打印机	万台	85	74.3	65	83	73.6	66

表8 2012年辽宁省软件产业人员构成情况

企业类别	企业数（家）	年末从业人员总数（人）	人员构成			
			管理人员（人）	在总人数中所占比例（%）	软件开发研究人员（人）	在总人数中所占比例（%）
合计	3 352	435 755	43 482	10.0	312 956	71.8
内资企业	2 956	344 704	36 668	10.6	241 495	70.1
国有企业	47	10 531	1 391	13.2	6 501	61.7

续表

企业类别	企业数（家）	年末从业人员总数（人）	人员构成			
			管理人员（人）	在总人数中所占比例（%）	软件开发研究人员（人）	在总人数中所占比例（%）
集体企业	20	759	127	16.7	548	72.2
股份合作企业	19	1 944	223	11.5	768	39.5
联营企业	2	202	24	11.9	44	21.8
有限责任公司	757	97 727	10 861	11.1	60 585	62.0
股份有限公司	164	57 143	4 903	8.6	40 453	70.8
私营企业	1 901	172 860	18 582	10.7	130 535	75.5
其他内资企业	46	3 538	557	15.7	2 061	58.3
港、澳、台商投资企业	39	10 458	784	7.5	7 679	73.4
三资企业	357	80 593	6 030	7.5	63 782	79.1

表 9　2010—2012 年辽宁省软件产业基本情况

项目名称	单位	2010 年	2011 年	2012 年
软件业务收入	万元	9 209 768	14 556 027	21 356 992
软件业务出口收入	万美元	216 692	347 586	477 696
软件产品销售收入	万元	3 079 761	4 134 122	7 302 751
增加值	万元	4 144 396	6 550 212	8 542 797
流动资产平均余额	万元	3 805 439	4 433 993	5 534 472
固定资产投资额	万元	1 112 238	226 696	521 323
资产合计	万元	5 241 182	8 283 683	16 822 120
负债合计	万元	2 399 675	3 642 653	8 472 944
税金总额	万元	648 348	1 018 921	1 403 854
利润总额	万元	745 991	1 193 594	1 890 013
应交所得税	万元	121 569	192 140	281 912
从业人员年末人数	人	230 784	262 441	435 755
从业人员工资总额	万元	1 015 309	1 521 291	3 275 885

表 10　2010—2012 年辽宁省软件产业三资企业基本情况

项目名称	单位	2010 年	2011 年	2012 年
软件业务收入	万元	3 410 704	5 284 945	5 811 999
软件业务出口收入	万美元	161 243	240 493	288 711
软件产品销售收入	万元	1 128 428	1 208 979	1 695 977
增加值	万元	1 534 817	2 378 225	2 324 800
流动资产平均余额	万元	1 338 207	938 453	777 296
固定资产投资额	万元	852 553	22 919	37 615
资产合计	万元	2 806 284	3 191 916	3 753 799
负债合计	万元	1 605 117	1 813 069	2 228 660
税金总额	万元	238 749	369 946	406 840
利润总额	万元	272 856	422 796	464 960
应交所得税	万元	45 021	69 761	76 718
从业人员年末人数	人	46 040	63 560	91 051
从业人员工资总额	万元	379 760	500 067	672 111

表 11　2010—2012 年辽宁省软件产业主要经济效益指标完成情况

项目名称	单位	2010 年	2011 年	2012 年
全员劳动生产率	元/人	179 579	249 587	196 045
流动资产周转率	次	2.42	3.28	3.85
产品销售率	%	100	100	100
总资产贡献率	%	22.3	27.9	18.3
资产保值增值率	%	148.1	143.4	122.1
资产负债率	%	45.8	44.0	50.4

表 12　2010—2012 年辽宁省软件产业三资企业主要经济效益指标完成情况

项目名称	单位	2010 年	2011 年	2012 年
全员劳动生产率	元/人	333 365	374 170	255 329
流动资产周转率	次	2.55	5.63	7.48
产品销售率	%	100	100	100
总资产贡献率	%	18.5	25.1	20.6
资产保值增值率	%	166.9	143.4	137.6
资产负债率	%	57.2	56.8	59.4

注：表 1—表 12 数据来源于辽宁省经济和信息化委员会。

[撰稿：张友　审稿：孟继民]

吉　林　省

【综述】

2012年，吉林省电子信息行业呈现出平稳增长的发展态势，产业规模继续壮大，产业结构调整不断深入，企业自主创新能力日益增强，企业经济效益逐渐改善。

电子信息制造业

2012年，全省纳入统计口径的电子信息制造业规模以上企业201家，累计完成产值390.17亿元，同比增长9.2%；完成销售产值382.17亿元，同比增长10.1%；主营业务收入376.69亿元，同比增长6.9%；实现利税39.68亿元，同比增长17.3%；利润总额29.9亿元，同比增长27.5%；从业人员年末人数超过3.5万人。

全年共生产半导体分立器件327 000万只，同比增长65.7%；低压开关板15.7万面，同比增长17.1%；通信及电子网络用电缆46 947.9芯公里，同比增长72.6%；锂离子电池761.6万块，同比增长7.3%；灯具及照明装置81.3万套，同比增长65.2%；电子元件888万只，同比增长15.9%；光电子器件16.9亿只，同比下降4.7%；分析仪器及装置947台套，同比下降1.9%；环境监测专用仪器仪表10 542台，同比增长170.3%；汽车仪器仪表118万台，同比增长3.9%；光学仪器13.8万台，同比增长64.1%。

细分行业运行特点：

光电子行业　吉林省光电子行业以光电器件及仪器设备为主，企业基本都具有较强的自主创新或集成创新能力，在各细分行业拥有一定的优势地位。2012年，激光医疗美容设备销售收入同比增幅近100%；LED显示屏产销增速超过50%；高倍速可刻录光盘市场出现好转，产量较上年提高40%；光伏行业由于外需减少、产能过剩，产品价格持续走低，电池片单片售价下降50%。

汽车电子行业　外商独资或合资汽车电子企业由于技术先进、产品附加值高等原因，整体形势较好，销售收入保持两位数的增长速度，部分企业收入增幅超过30%。内资汽车电子企业则分为两类：第一类是自主创新能力强，产品进入合资品牌乘用车前装配套体系的企业，其产品产销及价格相对平稳，企业整体发展较好；第二类是产品技术含量低、为自主品牌车型配套或产品在后装或汽车维修体系销售的企业，由于国内同类产品较多，同质化竞争较为明显，企业盈利能力有限。

新型元器件行业　年初以来，国内电子元器件行业形势整体疲弱，省内元器件企业通过积极开拓市场、丰富产品门类、提高高附加值产品比重等举措，全年整体发展态势较为平稳，但受欧债危机等外部因素持续影响，半导体市场需求恢复较慢，产品价格比上年有所下降，产能利用率不足导致毛利率降低，整体利润下滑。

电力电子行业　受国内部分领域固定资产投资放缓影响，输配电行业市场整体萎缩，省内重点企业原针对铁路、电厂等项目的销售订单，因项目缓建或停建，销售收入下滑20%以上。在电能计量仪表领域，受国家电网将各省采购权上缴、投标门槛提高等因素影响，中小型电能计量仪表生产企业生存困难，但省内企业加大技术改造力度，并有新产品投放市场，2012年电能计量仪表销售收入增速超过60%。

其他行业　在电子白板行业，由于国家加大对教育基础设施建设的投入，2012年省内2家电子白板生产企业的产销增速均超过70%。食品安全分析检测仪器、环境监测专用仪器仪表等行业发展迅速，全年产品产销增速超过50%。

发展优势及特点　经过多年发展，吉林省电子信息制造业已形成较为扎实的产业基础，并具备一定的比较优势。

一是人才资源丰富。吉林省境内分布有吉林大学、东北师范大学、长春理工大学、东北电力大学等国内知名的专业人才培养机构，全省开设电子信息学科专业的学校有30余所，从专业技师到高端科研人才都有专门的培养机构，每年可培养出3—5万名各层次电子信息专业技术人才。

二是科技底蕴深厚。中国科学院长春光学精密机械与物理研究所、吉林大学、中国科学院长春应用化学研究所等科研院所在光显示、光谱技术、大功率半导体激光技术、光通讯、微电子专用设备、基础材料及器件等领域拥有大批优秀的科研成果，其中大部分的技术水平达到或超过国内领先水平。尤其在激光技术领域，科研成果涵盖了包括材料、器件、电源及光学系统在内的激光器全部组成部分，技术及研发体系较为完善。

三是产业特色分明。吉林省已成立国家产业基地和省级产业园区。长春国家光电子产业基地、吉林省（长春启明）汽车电子产业园形成了特色产业集群。

四是区位优势独特。延边地区在地理位置、民族语言方面的优势得天独厚，在承接韩、日等国家电子信息制造业梯度转移方面具有优越条件。目前正在建设的珲春国际合作示范区，已将电子信息产业作为优先发展的重点行业之一，未来有望形成区域性的电子信息产业集中区。

重点企业 吉林华微电子股份有限公司转变经营管理模式，加强对市场的调研分析，深化“三个结构”调整，积极参与市场竞争，全力推进IGBT、MOSFET产品系列化工作。2012年，该公司实现营业收入105 506.73万元，同比下降3.9%；实现净利润4 291.67万元，同比下降57.8%。

软件和信息服务业

2012年，吉林省软件业务收入270亿元，比2011年增长21.9%；行业从业人员超过4万人。从软件产业构成来看，软件业务收入主体是软件产品、软件服务和系统集成，嵌入式软件份额增加。其中，信息技术咨询服务及数据处理和运营服务收入合计86.3亿元，占总业务收入的32.0%；软件产品销售额59.4亿元，占22.0%；系统集成销售额65.7亿元，占24.3%；嵌入式软件收入58.6亿元，占21.7%。

2012年，全省从事软件及信息服务的企业超过千家。其中，收入过亿元的企业超过40家，超过10亿元的企业1家，软件出口外包企业超过50家。软件企业认定家数和登记产品项数均呈稳中有升的趋势。截至2012年底，全省累计认定软件企业564家，登记备案软件产品1 849个。其中，2012年新认定软件企业69家，新登记软件产品278个。全省获得计算机信息系统集成资质的企业55家。其中，获得一级资质认证3家，二级5家，三级36家。

吉林省软件企业在加大研究开发投入、建立和完善核心技术创新体系、提高自主创新能力、扩大产业规模以及丰富产品结构等方面均有较大突破。拥有自主知识产权、具有核心技术优势和特色的软件产品市场占有率不断提高，品牌效应不断提升。

发展优势及特点 一是区位优势。吉林省80%以上的软件企业集中在长春市、吉林市和延边朝鲜族自治州，聚集效应显著。长春市地处东北亚区域几何中心，交通便利，基础设施建设相对完善，是物流、人流和信息流的重要枢纽，为大力发展软件和信息服务业奠定了物质基础。延边朝鲜族自治州一直以来与日、韩等国家关系较为密切，特别是近年长吉图开发开放先导区的建立，大大促进了吉林省软件和信息服务业外包市场规模的发展壮大。

二是科教人才优势。从人才培养的硬件设施投入看，目前，吉林省设立软件及相关专业的全日制大学有40余所，其中吉林大学计算机专业是中国计算机学会常务理事单位之一。现有国家级软件学院2所、省级15所，国家级软件技术学院2所，计算机技能培训机构50多家。

三是产业优势。长春市是全国重要的工业生产基地，尤其是在汽车、轨道客车和装备制造业方面，具备较高水平的研发、设计、加工、生产等综合能力，拥有中国第一汽车集团等著名整车生产企业及十几家专用车、改装车企业，拥有全国最大的轨道客车生产基地，该基地将形成年产800列高速动车组的生产能力。同时，随着战略性新兴产业规划的实施，新能源、新材料等领域对软件及信息服务业的依存度和需求量不断增加，将为吉林省软件和信息服务业加快发展提供广阔的应用领域和市场空间。

四是产业基地优势。在软件园建设上，吉林省政府明确提出，将着力把信息服务业打造成重要的特色产业，着力建设长春软件园、吉林软件园和延边中韩软件园，以形成优势互补、共同发展的新格局。其中，长春软件园主要发展企业管理软件、人口信息管理软件、汽车软件、教育软件、信息安全软件；吉林软件园主要发展嵌入式软件和电力行业、石化行业大型应用软件；延边中韩软件园着重承接韩国、日本的软件外包和信息服务。

五是其他优势。在产业结构上，吉林省软件产业规模逐年扩大，企业性质以民营、中外合资、股份制等为主。在产品种类上，应用软件占有绝对优势，其中，汽车、信息安全、教育、政府、农业等行业应用软件在市场占有率、技术水平及知名度等方面处于国内领先水平。

重点企业 启明信息技术股份有限公司成立于2000年10月25日，2008年5月9日在深圳证券交易所挂牌上市。现拥有15家分、子公司，员工2 167人。该公司以具有自主知识产权的汽车业管理软件和汽车电子产品为业务核心，全面发展管理软件、汽车电子和集成服务业务，在汽车业管理软件和车载信息系统两个领域的市场份额居国内第一位。该公司已承担国家级产品研发及产业化项目共30余项，获得31项软件著作权和26项专利权，获得国家级奖励8项、省部级奖励9项、市级奖励7项；连续多年入选国家规划布局内重点软件企业、国家火炬计划重点高新技术企业、国家火炬计划软件产业基地优秀软件企业、全国信息产业系统先进集体；2003—2012年连续入选中国十大创新软件企业和软件百强企业，是“中国全球卫星定位技术应用协会”理事单位、“车载信息服务产业联盟”理事长单位。

科技进步与应用

绝对式光栅尺项目 该项目成功突破绝对码道编码理论以及绝对码道信号提取技术，已研制出绝对式光栅尺样机，主要指标达到国际先进水平。该项目填补了国内空白，提高了中国高端数控机床领域的核心竞争力。

全飞行光路光纤激光平面切割设备 该设备是目前国内同类产品中唯一拥有全部自主知识产权的设备。光纤激光系统由于具有高品质的光束质量、高标准的制作规范以及低廉的维护成本和使用成本，正在逐步被市场认可，可完全取代3mm以下薄金属板材激光切割设备。

长脉冲翠绿宝石激光治疗机 该设备采用世界最先进的长脉冲翠绿宝石激光技术和短脉冲带有能量及能量密度双重显示和可调节技术，实现了应用创新、技术创新及结构创新。

信息产业基地和园区建设

启明软件园 该园位于吉林省长春净月国家高新技术产业开发区，占地面积近50万平方米，建筑面积近48万平方米，项目计划总投资10.5亿元。园区设有汽车电子研发中心、新能源汽车研发中心、软件研发中心、吉林省数据灾备中心、汽车行业信息技术服务支持中心、国际软件外包中心；汽车电子产品试制、组装工厂等，以及科研、生产所需的能源基础设施及配套服务设施区。已建成并交付使用的设施有汽车电子工厂1.3万平方米、汽车电子研发中心及软件研发中心两栋大楼2.5万平方米、污水处理站0.12万平方米、吉林省数据灾备中心2.08万平方米。

该园以管理软件和汽车电子研发及产业化为核心，拥有核心企业10余家，业务涵盖产品设计、生产过程控制、资源计划管理、物流综合服务等全过程。围绕数字化企业和数字化汽车两个主导方向，“以汽车电子高新技术产业化为核心，积极打造汽车电子产业集群为目标”，通过搭建公共技术服务平台，全力打造自主配套的汽车电子供应链体系，推动产业联盟建立，加快汽车电子产品系统制造与设计本地化的进程；以一汽为依托、以基地为纽带，合理开发及有效利用资源，整合国内外汽车电子产业各类资源，形成吉林省汽车电子产业集群。

长春国家汽车电子高新技术产业化基地 2011年底，长春市高新区与吉林省启明软件园企业孵化有限公司达成合作共识，共同建设长春国家汽车电子高新技术产业化基地。该基地占地面积12.3万平方米，建筑面积6.2万平方米，标准电子厂房4栋，配套设施与服务齐全。2012年9月26日，该基地正式宣布开园并举行仪式，由孵化公司全资子公司——吉林省国家汽车电子高新技术产业化基地有限公司负责日常运营。截至2012年底，基地共计入驻企业11家，代表企业有一汽技术中心、一汽大众启明新能源实验室、一汽延锋伟世通电子有限公司、长春启明电子科技有限公司等。当年投产企业4家，其余企业均处装修阶段，基地当年产值1.1亿元。

信息技术应用

省数字灾备产业基地建设 编制完成《吉林省数字与灾备产业基地发展规划》，推动吉林省数据灾备中心建设并投入运营；在省内外大范围推介吉林省数据灾备产业，已与 37 个省内部门和企业签订了灾备业务合作协议。此外，国家信息中心也把电子政务外网东北灾备中心建在吉林省。

电子政务建设 全省统一的电子政务外网平台建设完成，省到市、县的政务外网全面开通运行，25 个省直部门纳入政府提供的网络支持服务。积极推行政府政务公开，按照工业和信息化部要求，完成公主岭市、宁江区、敦化市基层电子政务公开试点工作，全省县以上政府全部建立政务公开系统。推进工程项目信息公开和诚信体系建设，完成省级工程项目信息公开检索平台建设，组织市、县政府网站建立工程项目与信用信息公开专栏 179 个，覆盖项目立项、招投标、征地拆迁、施工管理等信息公开。指导建设了社会保障管理、食品药品监管、房屋管理、司法管理、行政监察、安全生产等一批重要政府信息系统建设。

无线城市建设 推动建立省级无线城市门户平台。作为吉林省民生服务第一门户，无线城市叠加各项惠民服务功能，涵盖政务、交通、教育、医疗、餐饮、娱乐等民生应用 713 项，无线城市注册用户达到 191 万户，访问次数 5 113 万次，在全国无线城市建设工作中名列前茅。在辽源和延边地区无线城市试点基础上，正在全面实施 9 市州无线城市建设项目。

主要问题

电子信息制造业：一是产业关联度低，多以元件、器件及零组件为主，产业链上游和下游环节欠缺，集聚效应不强；二是受人力成本上升、原材料价格波动等不利因素影响，企业经济效益下滑；三是产业整体规模较小，核心技术缺乏，自主创新能力薄弱，企业规模小，缺少具有国际竞争力的龙头企业；四是科技成果转化率较低，优质科技资源的作用未充分发挥。

软件和信息服务业：一是产业发展环境亟待优化，核心技术缺乏，缺少具有国际竞争力的龙头企业；二是软件人才结构性矛盾突出，高层次的技术人才、复合型人才缺乏；三是产业公共技术开发、风险投资及投融资、海外市场开拓等支撑体系尚未健全。

【统计数据】

表 1 2010—2012 年吉林省电子信息制造业基本情况

项目名称	单位	2010 年	2011 年	2012 年
工业总产值（现行价）	万元	2 483 735	3 573 210	3 901 664
工业销售产值	万元	2 411 371	3 469 996	3 821 650
资产合计	万元	1 807 625	2 553 402	2 388 553
负债合计	万元	748 824	1 129 418	1 064 147
产品销售收入	万元	2 362 628	3 388 575	3 766 857
税金总额	万元	69 058	103 699	97 765
利润总额	万元	153 360	234 498	299 056
从业人员年末人数	人	28 878	38 013	35 040

表 2　2010—2012 年吉林省电子信息制造业主要经济效益指标完成情况

项目名称	单位	2010 年	2011 年	2012 年
全员劳动生产率	元/人	210 848	250 017	356 329
流动资金周转率	次	1.8	3.0	1.1
产品销售率	%	97.9	97.0	98.0
总资产贡献率	%	15.1	16.6	17.6
资产负债率	%	51.0	44.2	44.6

表 3　2010—2012 年吉林省主要电子信息产品产销量情况

产品名称	单位	产量			销量		
		2010 年	2011 年	2012 年	2010 年	2011 年	2012 年
功率半导体分立器件	万只	228 088	197 398	243 295	224 663	200 300	224 188

注：表 1—表 3 数据来源于吉林省统计局。

表 4　2010—2012 年吉林省软件产业基本情况

项目名称	单位	2010 年	2011 年	2012 年
软件业务收入	万元	1 746 685	2 214 860	2 699 958
软件业务出口收入	万美元	1 595	1 983	1 660
软件产品销售收入	万元	502 325	607 821	618 219
增加值	万元	418 476	569 816	345 245
流动资产平均余额	万元	309 435	707 102	751 449
固定资产投资额	万元	46 630	99 252	72 821
资产总计	万元	681 783	1 011 301	1 590 223
负债合计	万元	197 125	321 350	548 200
税金总额	万元	2 408	3 055	7 356
利润总额	万元	176 116	220 531	288 258
应交所得税	万元	31 294	35 301	37 521
从业人员年末人数	人	31 761	48 541	47 543
从业人员工资总额	万元	147 418	114 176	152 171

表 5　2010—2012 年吉林省软件产业主要经济效益指标完成情况

项目名称	单位	2010 年	2011 年	2012 年
全员劳动生产率	元/人	137 180	117 388	72 617
产品销售率	%	36	37	23
总资产贡献率	%	27	23	16
资产保值增值率	%	128	145	123
资产负债率	%	29	32	34

注：表 4—表 5 数据来源于吉林省工业和信息化厅。

[撰稿：杨铁男　张彬　杨锁　吴浩江　审稿：王增华]

黑龙江省

【综述】

电子信息制造业

2012 年，黑龙江省电子信息制造业经济运行压力加大，企业效益下滑。全省列入统计的电子信息制造业企业 45 家，完成工业销售产值 121.14 亿元，同比增长 16%；主营业务收入 120.63 亿元，同比增长 16.8%；利润总额 12.25 亿元，同比增长 26.5%；主营业务税金及附加 8 699 万元，同比增长 2.3%；应交增值税 2.67 亿元，同比下降 57.2%。

2012 年，黑龙江省基础材料产业取得突破性进展。哈尔滨奥瑞德光电技术股份有限公司蓝宝石半导体衬底片项目按计划完成投资，单晶炉数量达到 392 台，可年产蓝宝石晶体材料 400 吨，产业规模位居世界第一。以砷化镓、锗、磷化铟等半导体材料生产、销售为主营业务的大庆佳昌晶能科技有限公司，2012 年已安装完成砷化镓单晶炉 280 台，具备了年产近百万片砷化镓单晶片的生产能力，进入全国前列。

年内，100MW 太阳能项目进行试生产。黑龙江汉能硅基薄膜太阳能电池制造基地正式启动薄膜太阳能电池项目建设。该项目采用汉能自主知识产权的三叠层非晶硅锗薄膜太阳能电池技术，年产能 100 万千瓦，项目分三期进行。达产后，将成为东北地区规模最大的薄膜太阳能电池产品研发与生产基地，其产品将覆盖中国东北、东北亚及俄罗斯远东地区。该项目是黑龙江省“十二五”重点项目，于 2012 年底前进行试生产，产品指标达到预期设计目标。

此外，哈尔滨光宇集团股份有限公司再次入围国家电子信息百强。根据国家统计局、工业和信息化部联合发布的第 27 届电子信息百强信息名单，该公司名列第 72 位，连续 11 年成为国家电子信息百强企业。

2012 年开展的相关工作包括：

一是谋划形成新兴产业发展方案。结合省情实际，初步谋划了电子材料产业发展实施方案、集成电路产业发展方案、物联网产业实施方案、智能电网产业实施方案。

二是行业经济运行监测协调工作有序开展。组织统计人员培训，在开展数据统计的同时，做好经济运行监测分析以及行业沟通协调和指导工作，如协调哈尔滨海格科技发展有限责任公司与黑龙江省农垦信息中心、哈尔滨海格科技发展有限责任公司与黑龙江天有为电子有限责任公司进行合作，促进省内企业配套发展。

三是完成电子信息制造业项目的年度技术审查工作。根据权力运行规范制度和2012年新型工业化专项资金导向计划的要求，对所负责的电子信息制造业项目进行专业审查和实地考察，对符合产业发展方向、符合产业政策的项目提出了扶持意见。

软件和信息服务业

2012年，黑龙江省软件产业规模扩大，创新能力增强。截至2012年底，全省软件产业累计实现软件业务收入1 069 933万元，同比增长16.5%，增速比2011年降低1.5个百分点。

全年实现软件产品收入396 033万元，同比增长18.8%；集成电路设计收入893万元，与2011年持平；信息系统集成服务、嵌入式系统软件、信息技术咨询服务、数据处理和存储服务分别完成收入248 866万元、143 133万元、162 035万元和118 973万元，同比分别增长10.9%、19%、18.7%和15.6%。实现利润总额204 709万元，同比增长48.2%；上缴税金总额62 278万元，同比增长17.8%。

开展的相关工作包括：

一是落实有关政策，促进软件产业健康发展。为落实软件产品登记免税政策，黑龙江省工业和信息化委员会与黑龙江省国家税务局每季度召开一次联席会议，对符合条件的软件产品，由两个厅局联合下发文件。通过工作创新，方便了软件企业办理增值税免税事宜，调动了软件企业双软认定的积极性。

二是加大培训力度，夯实产业发展基础。根据黑龙江省软件产业实际情况，2012年，先后举办系统集成新评定条件培训班、软件企业人力资源负责人劳动法常识培训讲座、软件企业财务总监与银行的银企对接会等，以解决软件企业发展中的实际问题。

三是加快园区建设，扩大产业规模。哈南工业新城完成开发建设第一阶段战略目标。中国移动通信集团公司已与“中国云谷”签约，中国移动（哈尔滨）数据中心正式落户哈尔滨市平房区“中国云谷”哈南国际数据城，该项目预计提供4万个机架的服务能力，带动相关企业快速发展。以“中国云谷”为代表的战略性新兴产业已聚集中国移动、曙光超算、宝德数据、浪潮集团等龙头项目。

四是认真谋划项目，争取专项资金支持。针对软件企业申报的项目，组织有关人员严格审核，提出修改意见，确保项目质量。积极争取国家和省有关专项资金支持，吸引民间资金和外资的积极参与，促进软件产业持续稳定发展。

动漫产业 2012年，黑龙江省动漫产业（平房）发展基地被科学技术部、中宣部、文化部、广播电影电视总局、新闻出版总署等部门认定为“国家级文化和科技融合示范基地”，成为全国首批获得该称号的16家基地之一。年内，动漫基地研发制作原创动漫作品20部，其中，7部已完成，1部获得国家动漫精品工程奖，1部入选全国少儿节目及动画节目精品，《雪娃》被文化部认定为国家重点动漫产品。哈尔滨品格文化传播有限公司研发制作的动画片《云奇飞行日记》在韩国播出，该公司还取得韩国RG动画公司“倒霉熊”形象的使用权，项目进入剧本审核和前期设计阶段。此外，研发网络游戏4款、网页游戏2款、手机游戏6款。

“走出去”：一是国家文化部推荐的13个项目中，《雪娃》、《云奇飞行日记》、《倒霉熊》代表龙江动漫参加常州动漫产业项目推介会路演，取得良好效果；二是哈尔滨七剑数字动漫科技有限公司的《狮子和羚羊》电影剧本被美国电影协会授予“推动中国电影发展国际影响力突出贡献奖”；三是哈尔滨品格文化传播有限公司研发制作的动画片《云奇飞行日记》获得法国戛纳电视节最佳动画片奖。

“请进来”：成功牵手风靡全球的益智类游戏“愤怒的小鸟”制作公司——Rovio，与其共同打造冰雪小鸟主题游乐公园。Rovio公司将免费设计并捐献愤怒小鸟主题公园的部分娱乐、健身设施。

上市公司 亿阳信通股份有限公司：2012年，该公司按照“四轮驱动”发展战略，积极拓展新产品、新业务、新市场，探索创新盈利模式，并主要完成了OSS、MSS、高端服务、智能交通、信息安全、移动支付、移动互联网、物联网平台新业务、电子商务和无线城市等10个领域的调整。全年在研项目26个，完成研发项目51项。

哈尔滨博实自动化股份有限公司：该公司2012年9月在深圳证券交易所中小企业板上市，是中国石化重大装备国产化研制单位，产品涵盖从单机产品、单元系统产品到成套设备的整个层次。其系列产品已成功并广泛应用于中国石油化工集团公司、中国石油天然气股份有限公司、中国中化集团公司等大型企业集团，覆盖国内除西藏及港、澳、台之外所有省区，并成功出口到俄罗斯、哈萨克斯坦、泰国等国家。

典型企业 哈尔滨信诺数码科技有限公司是黑龙江省重点扶持的高新技术企业。该公司组织过国家司法、国家广电、大庆石油管理局等20多个大型项目的论证、决策与实施；信诺企业安全系统项目通过国家保密局认证，并荣获国家发展和改革委员会信息安全专项资金支持；自主研发的通信领域新产品获得5项国家专利。

科技进步与应用

哈尔滨索菲电气技术有限公司研发的索菲SFYB抽油机功率随动数控系统与装置柔性控制嵌入软件和索菲SFYB/R抽油机索式柔性数控系统装置控制嵌入软件用于“游梁式抽油机数字柔性控制系统”。该产品已获发明专利4项、实用新型专利20项，第三代产品正在研发，第四代产品也在论证中。主要应用于石油开采领域，在大庆油田、吉林油田、长庆油田和山西煤气层开采等大面积推广应用中获得良好效果，已被中国石油天然气总公司列为2013年全力推广项目。

哈尔滨精达测量仪器有限公司的精达数控及数据采集误差评值定位嵌入式软件产品广泛应用于汽车、摩托车、工程机械、矿山机械等行业。该产品已从单纯的嵌入式设备销售向集成解决方案转型，其对误差的测定、评值、定位均达到国际标准，远销东南亚和中东地区。可适用于齿轮和精加工行业，为传统的机械加工流程提供了不需更换设备而实现生产能力升级的基础平台。

信息基础设施建设

2012年，黑龙江省通信业固定资产投资额为90.6亿元，其中，3G投资20.2亿元，占总投资的22.3%。新建移动电话基站7 000余个，其中3G基站5 500余个，新建传输线路5万公里。新建WLAN公共运管AP接入点8 000余个，全省主要铁路客运站、机场、校园、大型商业服务网点均敷设无线网络。城区（含县城）宽带覆盖率98%以上，其中光纤覆盖楼宇5万余栋，覆盖率70%以上；全省商用楼宇宽带覆盖率达100%，速率2M以上的互联网宽带接入用户占94.4%，其中，8M以上用户占17.5%，4M以上用户占71%，居全国第4位，较2011年提升9个百分点。新增通宽带行政村900个，新增覆盖农林场（区）700个，全省城乡信息服务能力得到提升。

信息产业基地与园区建设

哈尔滨园区 2012年，哈南工业新城动漫基地已入驻企业300家，其中新增入驻企业20家。完成招商引资2.2亿元，完成固定资产投资25.25亿元，引进亿元以上项目1个。年生产能力达到3万分钟，生产制作厂房面积22万平方米。现拥有57项具有自主知识产权的技术，其中，涉及硬件、动漫、游戏、网络存储系统等四个类别的专利技术32项，知识产权25项，3项被列为国家火炬计划项目。裸视立体技术、高清三维影视技术、水幕电影及第三代电影技术引领全国。哈南工业新城成立了亿元政府担保基金，同时引进资本投资，帮助哈尔滨品格文化传播有限公司融资千万元打造《008倒霉熊》电影。哈尔滨品格文化传播有限公司出资20万元人民币，设立了“龙江动漫后备人才奖学金”，鼓励更多龙江学子投身动漫产业。

大庆园区 2012年，大庆服务外包产业园新增企业70家，同比增长15.7%，园区企业总数515家。全年软件服务外包收入45亿元，同比增长20%。利税总额6亿元，同比增长21%。园区获工业和信息化部最具发展潜力园区奖。大庆软件与服务外包信息服务平台获批“国家中小企业公共服务示范平台”。已引进大宇宙集团、黑龙江城市之窗文化传播有限公司、宁波市鄞州园林市政建设有限公司等11家外地服务外包企业落户大庆。京北方信息技术有限公司的“流程银行业务支撑平台解决方案”、华拓数码科技有限公司的“数据库营销业务外包项目解决方案”获得“ChinaSourcing 2012年度金融行业优秀IT服务解决方案”奖。该园区还在“联高校、用政策、引机构、建平台”基础上，采取多种渠道帮助 园区内企业解决人力资源问题。

信息技术应用

两化融合 以装备、石化、食品、药品等重点行业为突破口推进两化深度融合。积极推进建龙集团和西林钢铁集团等企业两化融合促进节能减排工作；启动黑龙江省两化融合深度行活动；联合三大运营商和有关企业推进中小企业信息化，构建面向企业基于云计算技术的中小企业信息化应用服务平台。组织黑龙江省企业参加全国两化融合成果展，全面展示了黑龙江省在装备、石化、煤矿安全、森林管护、农业等方面两化融合的发展成果。

物联网应用 物联网技术已在食品安全追溯系统、煤矿安全监测系统、节能减排、油田数字化测控、危险品车辆运输、森林防火与监控等领域得到有效应用，取得较好效果。加强共性技术推广应用，开展了产品追溯类项目和两化融合促进节能减排项目的征集与筛选，为下一步推广应用奠定了基础。

社会信息化 初步建立了比较完整、覆盖城乡、惠及全省的基本公共服务信息化体系。社保信息化体系基本建成，服务覆盖面不断扩大。截至 2012 年底，纳入“金保工程”省级大集中数据库系统管理的人员信息达到 2 300 万条。教育信息化建设与应用促进教育均衡化发展，初步构建了集资源、应用、管理和服务于一体的黑龙江省教育公共服务平台（龙学网）。医疗卫生迈入全流程信息化阶段，重点医院实现了门诊、住院全流程服务的数字化和网络化，基于电子健康档案的区域医疗信息平台试点取得初步成效。文化领域数字化、网络化建设取得重要进展，“省、市、县、乡、村、城市社区”六级公共文化设施和服务网络初步建成，文化信息资源共享工程建设取得显著成果。

无线城市 全省 13 个地市全面启动无线城市建设，已上线无线城市应用 2 600 余项，涵盖无线政务、教育就业、交通出行等领域，全面服务于市民生活。

【统计数据】

表 1　2012 年黑龙江省电子信息制造业人员构成情况

企业类别	企业数（家）	年末从业人员总数（人）	其中：研发人员（人）
内资企业	41	11 926	1 110
国有企业	2	606	48
股份合作企业	1	101	30
有限责任公司	20	3 110	376
股份有限公司	10	3 283	478
私营企业	7	4 780	178
其他内资企业	1	46	
三资企业	4	4 212	600

表 2　2010—2012 年黑龙江省电子信息制造业基本情况

项目名称	单位	2010 年	2011 年	2012 年
工业总产值（现行价）	万元	969 620	1 131 979	1 297 252
工业销售产值	万元	706 541	1 044 598	1 211 358
出口交货值	万元	82 670	84 674	75 523
流动资产平均余额	万元	964 953	953 598	1 296 479
固定资产净值平均余额	万元	260 064	259 068	321 125
资产总计	万元	1 454 895	1 537 459	1 961 194

续表

项目名称	单位	2010 年	2011 年	2012 年
负债合计	万元	697 361	7 441 230	888 497
主营业务收入	万元	957 064	1 032 443	1 206 324
税金总额	万元	5 831	8 502	27 673
利润总额	万元	96 476	96 798	122 549
应交所得税	万元	12 372	9 899	8 532
从业人员年末人数	人	18 700	21 260	16 678
从业人员工资总额	万元	51 851	41 981	39 740

表 3　2010—2012 年黑龙江省电子信息制造业三资企业基本情况

项目名称	单位	2010 年	2011 年	2012 年
工业总产值（现行价）	万元	488 663	4 723	575 040
工业销售产值	万元	246 933	4 240	574 946
出口交货值	万元	55 043	1 787	54 192
流动资产平均余额	万元	386 004	13 968	458 829
固定资产净值平均余额	万元	79 799	6 378	102 074
资产总计	万元	590 668	24 232	758 678
负债合计	万元	309 772	10 160	414 381
主营业务收入	万元	487 071	4 805	530 835
税金总额	万元	3 651	48	49
利润总额	万元	33 598	–2 005	36
应交所得税	万元	5 256	15	2 720
从业人员年末人数	人	4 716	263	4 122
从业人员工资总额	万元	14 215	1 699	3 553

表 4　2010—2012 年黑龙江省电子信息制造业主要经济效益指标完成情况

项目名称	单位	2010 年	2011 年	2012 年
全员劳动生产率	元/人	105 469	77 186	78 667
流动资产周转率	%	99	108.2	93
产品销售率	%	72.9	92.2	93.3
总资产贡献率	%	9.0	8.4	7.6
资产负债率	%	47.9	48.4	45.3

表 5　2010—2012 年黑龙江省电子信息制造业三资企业主要经济效益指标完成情况

项目名称	单位	2010 年	2011 年	2012 年
流动资产周转率	%	125	34.4	119
产品销售率	%	50.5	89.8	100
总资产贡献率	%	6.6	–6.9	5.8
资产负债率	%	52.4	41.9	54.1

表 6　2010—2012 年黑龙江省主要电子信息产品产销量情况

产品名称	单位	产量			销量		
		2010 年	2011 年	2012 年	2010 年	2011 年	2012 年
台式计算机	万台	3.01	3.45	3.56	3.0	3.45	3.57
半导体分立器件	万只	25 000	32 000	29 077	27 500	32 000	29 084

表 7　2012 年黑龙江省三资企业主要电子信息产品产销量情况

产品名称	单位	产量	销量
智能表	万只	78.3	86.4

表 8　2012 年黑龙江省软件产业人员构成情况

企业类别	企业数（家）	年末从业人员总数（人）	人员构成				
			工程技术人员（人）	在总人数中所占比例（%）	管理人员（人）	在总人数中所占比例（%）	软件开发研究人员（人）
合计	437	22 396	4 359	19.5	3 380	15.1	14 657
国有企业	10	1 314	611	46.5	178	13.5	525
集体企业	1	11	3	27.3	2	18.2	6
股份合作企业	11	237	29	12.2	47	19.8	161
联营企业	1	264	200	75.8	4	1.5	60
有限责任公司	228	12 637	2 410	19.1	1 788	14.1	8 439
股份有限公司	46	2 855	283	9.9	552	19.3	2 020
私营企业	126	4 601	804	17.5	738	16.0	3 059
其他内资企业	2	27	3	11.1	8	29.6	16
三资企业	12	450	16	3.6	63	14.0	371

表9 2010—2012年黑龙江省软件产业基本情况

项目名称	单位	2010年	2011年	2012年
软件出口	万元	25 617	7 320	21 023
流动资产平均余额	万元	647 035	696 224	798 732
资产总计	万元	1 047 082	1 063 617	1 154 419
负债合计	万元	316 868	314 455	314 566
产品销售收入	万元	900 561	1 037 400	1 204 928
其中：软件产品销售收入	万元	783 066	918 120	1 069 933
税金总额	万元	39 746	52 872	62 278
利润总额	万元	126 082	138 158	204 709
应交所得税	万元	11 211	18 881	24 240
从业人员年末人数	万元	29 770	32 628	22 446
从业人员工资总额	万元	91 122	149 553	82 600

表10 2010—2012年黑龙江省软件产业三资企业基本情况

项目名称	单位	2010年	2011年	2012年
软件出口	万元	2 105	619	310
流动资产平均余额	万元	24 964	6 381	26 260
资产总计	万元	44 650	40 254	45 962
负债合计	万元	5 514	4 791	5 754
产品销售收入	万元	23 668	24 428	26 554
其中：软件产品销售收入	万元	19 494	19 330	21 198
税金总额	万元	387	2 152	3 509
利润总额	万元	3 793	35 770	3 641
应交所得税	万元	155	155	168
从业人员年末人数	人	885	893	450
从业人员工资总额	万元	2 279	3 962	1 289

注：表1—表10数据来源于黑龙江省工业和信息化委员会。

[供稿：黑龙江省工业和信息化委员会]

上 海 市

【综述】

2012 年，上海市电子信息产业坚持“聚焦政策、聚焦项目、聚焦服务”，积极对接国家战略，协调推进重大项目，注重加强产业对接，努力促进企业提升创新能力，加快电子信息制造业转型发展，为经济发展和社会稳定营造了安全的信息化发展环境，为上海市“创新驱动，转型发展”和加快“四个中心”建设提供了可靠的信息化保障。

2012 年，上海市电子信息制造业完成工业总产值 6 791 亿元。主要特点如下：

一是重点领域优势明显，继续领跑全行业。集成电路产业持续增长，集成电路制造业完成工业总产值 358 亿元，比上年增长 3.2%；集成电路设计业完成销售收入 171 亿元，增长 14.5%；“909”升级改造项目华力微电子 55nm 工艺通过客户验证开始量产投片；中颖电子股份有限公司在深圳创业版上市；集成电路工艺技术达到 40nm，设计能力进入 28nm，保持国内领先。

二是转型发展实现新突破。电子信息制造业积极调结构、促转型，电子计算机制造业企业在向内地省市梯度转移的同时主动转型，加大高端产品生产，全行业在销售收入同比下降 2%的同时，利润增长 10%。

三是公共服务平台推进产业发展。国家数字电视工程中心、集成电路研发中心、硅知识产权交易中心、电信研究院华东分院、物联网中心等一批公共服务平台积极发挥支撑作用，营造公共服务环境，推进产业发展。

上海市信息服务业抓住全球信息化大发展的历史机遇，推动产业链完善和发展模式创新，顺利实现从新技术领域到支柱产业的跨越式发展，尤其是软件产业、互联网信息服务业、电信传输服务业等重点领域，成为上海市发展速度最快、技术创新最密集、效益较好的产业之一。2012 年，信息服务业增加值达到 1 234 亿元，占全市服务业增加值的 10.2%，约占全市生产总值的 6.1%；信息服务业企业经营收入 3 628.79 亿元，比上年增长 18%。网络游戏、网络视听、贸易信息服务、金融信息服务等新业态、新模式、新应用频繁涌现并迅速成长，为上海市信息服务业创造了新的发展空间，成为信息服务业快速发展的重要动力。

电子信息制造业

2012 年，上海市成功申请国家科技重大专项、物联网专项、电子发展基金支持项目 40 多个，组织战略性新兴产业项目、软件和集成电路资金项目和课题立项 60 个，集成电路升级改造、AM-OLED 中试、TD-LTE 规模技术试验、物联网应用等重大项目取得进展；编制完成 4 个、配合编制完成 1 个专项工程实施方案。战略性新兴产业“新一代信息技术”产业领域电子信息制造业实现产值超过 1 943 亿元。年内，上海市电子信息制造业各领域均取得显著进展。

集成电路 政策方面：《关于本市进一步鼓励软件和集成电路产业发展的若干政策》出台，29 家企业 1 394 人申报设计人员奖励，12 家企业申报国家及上海规划布局内重点集成电路设计企业。产业方面：设计业增速超过制造业约 10 个百分点；集成电路工艺技术达到 40nm，设计能力进入 28nm；移动通信、数字电视、智能卡芯片等保持优势地位，应用处理器、汽车电子、IGBT 领域技术取得进展。项目方面：“909”升级改造项目持续推进，上海华力微电子有限公司 55nm 工艺通过客户验证并量产投片，台积电上海有限公司扩产项目实现 8 万片产能，日月光集团金桥生产线项目完成一期厂房建设。此外，集成电路研发中心“高端互连工艺”、上海硅知识产权交易中心“面向特定领域关键 IP 核库”等内容建设继续推进。

新型显示 研发方面：上海天马 4.5 代 AM-OLED 中试项目推出 3 款产品，形成 5.5 代 AM-OLED 量产项目方案；内嵌式触摸屏技术国内领先，具备量产能力；上海显恒光电科技股份有限公司高能电子束激发的激光光源研究取得新进展。项目方面；上海和辉光电有限公司 4.5 代 AM-OLED 项目投资 60 亿元，是年度投资最大的新开工项目；映瑞光电科技（上海）有限公司 LED 芯片平均光效超过 130 流明/瓦，月产能超过 400KK；上海博恩世通光电股份有限公司高亮度 LED 芯片项目建成 5 条生产线；康佳集团 LED 背光源、瑞丰电子有限公司 LED 封装项目落地。

下一代网络 TD-LTE 技术方面：TD-LTE 规模技术试验完成，建成 110 个基站；上海贝尔股份有限公司、展讯通信有限公司、联芯科技有限公司等企业完成 TD-LTE 技术测试。产业方面：涵盖设备、芯片、终端、测试仪器等的 TD-LTE 产业链形成；三星集团旗舰智能机采用展讯通信公司 TD-SCDMA 基带+射频芯片套片，获得中国移动通信集团公司 50%以上的集采份额。项目方面：NGB 网络郊区整转方案完成，全市 NGB 网络覆盖达到 380 万户，有线电视数字化整体转换 290 万户；东方有线网络公司申请了国家下一代互联网专项。此外，工业和信息化部电信研究院华东分院完成一期建设，4 月起提供公共检测服务。

物联网 产业方面：RFID 产业链初步形成，M2M 模块、CMOS 图像传感芯片出货量全国领先；华虹计通智能系统股份有限公司在深圳创业版上市。应用方面：虹桥交通枢纽楼宇节能、长宁社区流动人口管理 2 个市级物联网重点应用示范工程建设完成；精准农业、医废监管等物联网应用示范工程方案已形成并在推进。此外，MEMS 传感器芯片等 3 个公共平台建设完成。

汽车电子 上海联盛智能系统公司 EPS 项目初步实现产业化，上海底盘控制领域取得重大突破；上海遥薇（集团）有限公司“长途客运汽车监控”等车联网项目在山东地区成功应用。

软件和信息服务业

2012 年，上海市信息服务业以国家、上海相关产业促进政策发布为契机，围绕“软件名城创建”工作，坚持“促进软件产业向高端发展，促进信息服务业能级提升”的发展主线，推动结构调整和产业创新发展。全年实现经营收入 3 628.79 亿元，比上年增长 18%。实现增加值 1 233.79 亿元，增长 17.5%，占第三产业比重 10.2%，占全市国内生产总值比重 6.1%。截至 2012 年底，有规模以上信息服务企业近 4 600 家，从业人员 40.8 万人，其中，2012 年经营收入超亿元企业 326 家（不包括信息传输服务企业）。共有 45 家信息服务企业在海内外上市。

上海市软件产业运营呈平稳增长态势，实现经营收入 2 085.76 亿元，比上年增长 18.1%。实现利润总额 298.26 亿元，比上年增长 8.3%，平均营业利润率为 14.3%。全年新增认定软件企业 490 家，登记软件产品 3 822 个；累计认定软件企业 3 715 家，登记软件产品 20 625 个。截至 2012 年底，软件产业从业人员 30.9 万人，比上年增加 3 万人。其中，经营收入超亿元软件企业 248 家，经营收入超 10 亿元软件企业 24 家，超千人软件企业 35 家，超万人软件企业 1 家。222 家企业获得计算机信息系统集成资质认证，其中，一级 12 家，二级 40 家，三级 97 家，四级 73 家。获得计算机信息系统工程监理资质的企业累计 19 家。计算机信息系统集成项目经理累计 2 186 人。

上海市互联网服务业实现经营收入 642.85 亿元，比上年增长 30.1%。其中，网络游戏收入 188.1 亿元，比上年增长 19.8%，增速放缓；网络视听产业收入超过 40 亿元，增速超过 100%。部分视听企业开始盈利。第三方支付收入超过 120 亿元，比上年增长近 40%。随着央行第五批第三方支付企业名单公布，上海共有 51 家企业获得 51 张第三方支付牌照，全国排名第一。

信息基础设施建设

2012 年，上海市信息基础设施建设水平持续提升，信息通信环境不断优化。可概括为“五个率先”和“五个第一”，即在国内率先开展大规模光纤到户建设和改造、率先按统一服务要求推进公共场所无线局域网（WLAN）覆盖、率先开展信息基础设施的集约化建设、率先开展信息基础设施专业规划编制、率先开展各类网络资源综合利用（即三网融合）试点；目前光纤到户覆盖能力和用户规模国内城市第一、WLAN 覆盖密度和规模国内城市第一、城域网出口带宽国内第一、高清电视和高清 IPTV 用户总量全国第一、三网融合试点业务用户规模全国第一。

宽带城市建设 截至 2012 年底，全市光纤到户覆盖总量超过 680 万户，基本覆盖全市城镇化地区。实际使用光纤上网的家庭用户超过 250 万户。光纤上网家庭平均互联网接入带宽超过 16M，全市家庭宽带用户平均互联网接入带宽接近 8M。光纤网络覆盖能力和用户规模提前一年完成智慧城市三年行动计划目标，继续走在全国前列。第三方专业维护工作初见成效，已开展三林大型居住社区等约 1 300 万平方米新建住宅通信配套设施的第三方专业维护。下一代广播电视网（NGB）覆盖 410 万家庭，基本实现中心城市和郊区主要城镇的覆盖，成为国内最大的 NGB 网络。

无线城市建设 第三代移动通信（3G）网络基本实现全市域覆盖；全市手机用户数超过 3 300 万，其中 3G 用户数接近 750 万。无线局域网（WLAN）累计接入 18 000 处，AP 超过 14 万个，接入场所数和 AP 规模在国内城市中名列前茅；在全市 300 个主要公共场所开通了 i-Shanghai 公益上网服务。

通信枢纽及功能设施建设 国际互联网出口带宽超过 550G，本市城域网出口带宽达到 3 000G。本市集约化基础信息管线长度超过 7 000 沟公里，接入楼宇超过 4 800 栋。全市 IDC 机架数超过 18 500 个。推进运营商集团级运营平台（基地）建设。协调支持中国电信视讯中心、中国移动视频基地、中国联通软件商店等不断扩大业务规模。开展上海超算中心四期建设预研，明确主机规模、选址和建设方案，并根据要求完成立项。

三网融合试点 IPTV 用户超过 178 万，手机电视本地月使用用户超过 50 万，有线电视互联网接入用户超过 30 万，这三类业务用户规模继续保持国内城市最多。高清电视和高清 IPTV 用户总量超过 100 万户，开通高清电视频道 22 个，高清 IPTV 直播频道 11 路，点播片源超过 3 万小时，成为国内“高清第一城”。

信息产业基地建设

上海国家微电子产业基地 根据上海市集成电路行业协会（SICA）统计网对上海国家级微电子产业基地的跟踪统计，2012 年，上海市集成电路产业实现销售收入 668 亿元（其中包括出口 48.73 亿美元），比上年增长 6.0%。产业整体实现利润总额 42.8 亿元，与上年持平。2012 年上海市集成电路产业销售规模占全球 4.0%，比上年增加 0.4 个百分点，占中国大陆集成电路产业的比重由上年的 29.3%变为 28.3%，减少 1.0 个百分点。浦东新区是上海国家级微电子产业基地中集成电路产业最集中的地区，张江高科技园区已建设成为国内集成电路企业最集中、集成电路产业规模最大、产业链最完整、综合技术水平最高的园区。

截至 2012 年底，上海国家级微电子产业基地中从事集成电路研究开发、制造生产、方案应用和专业教育等的企事业单位共 420 家，比上年净增 2 家。从业人员 112 908 人，比上年净增 2 145 人，其中，专业技术人员 50 771 人，比上年净增 1 582 人，占从业人员总数的 45.0%。

2012 年，上海国家级微电子产业基地中 IC 设计业开发成功集成电路产品近 120 款，产品领域遍及移动智能终端 SoC、数字音视频及多媒体芯片、计算机及周边电路芯片、北斗卫星导航芯片、高端多核 CPU、移动处理器、网络芯片、智能 IC 卡、移动支付芯片、智能电表芯片、电源管理电路、接口电路、功率器件芯片及 MEMS（微机电系统）等，其中，受国内外移动智能终端发展高潮的推动，移动通信基带芯片、多媒体芯片以及与移动网络相关的集成电路芯片是设计业的主要增长点。目前，上海大部分芯片采用 0.11μm 和 0.18μm 技术，技术先进芯片进入 90nm 和 65nm 领域，少数技术领先的设计企业如展讯通信有限公司、灿芯半导体（上海）有限公司和联芯科技有限公司等已采用 40nm 技术设计产品，并正在研发 28nm 技术芯片。在国家科技重大专项 02 专项推动下，中芯国际集成电路制造有限公司和上海华力微电子有限公司的 65/55nm 制程已经成熟，并进入代工生产；45/40nm 制程开发成功，进入量产，32/28nm 制程技术已经突破。上海华虹 NEC 电子有限公司和上海宏力半导体制造有限公司已开发成功 0.13-0.11μm 嵌入式闪存、0.25-0.18μm BCD，0.18-0.13μm SiGe BiCMOS 等特色工艺，上海先进半导体制造股份有限公司建立了汽车电子芯片工艺平台等。

在封装测试方面，国际先进封装形式如 BGA、PGA、CSP 和 WLP 等正在逐步成为封装的主流形式，SiP（系统级封装）正在积极开发。上海半导体设备材料的研发成果不断涌现，中微半导体设备有限公司的介质刻蚀机和盛美半导体设备有限公司的兆声波清洗机等达到国际先进水平。上海微电子装备有限公司推出先进封装光刻机，上海睿励信息技术有限公司推出全自动集成电路光学检测系统，安集微电子有限公司的 CMP 抛光液、上海新阳半导体材料股份有限公司的高纯铜互连电镀液和新傲科技股份有限公司的 8 英寸 SOI 晶片也已上市。

其他信息产业基地和园区 上海市信息服务业已形成以国家级产业基地为引领，市级产业基地为骨干，特色基地协调发展的格局。目前有 1 个国家级软件产业基地和软件出口基地、11 个市级信息服务产业基地。

浦东软件园主要集聚了行业应用软件、嵌入式软件、支撑软件以及服务外包等特色领域，实际入园企业中的软件、信息服务业企业占入园企业的 91.4%。园区 2009 年荣获国家“最佳园区组织奖”。“工业和信息化部软件与集成电路促进中心上海分中心”、“国家软件与集成电路公共服务平台上海分中心”相继入驻园区，为企业提供共性技术支撑服务。

陆家嘴软件园占地面积约 43 公顷，规划建筑面积 55 万平方米。园区入驻企业超过 64 家，从业人员 1.5 万人，形成了电信增值、信息科技、金融信息技术的产业特色。随着服务外包和现代服务业的发展，园区在外包服务业方面已形成产业集聚效应。

漕河泾开发区是国务院批准的首批国家级经济技术开发区、高新技术产业开发区和出口加工区之一。目前拥有中外高科技企业及研发等各类机构 1 200 多家，累计引进外资项目 630 个，包括 80 多家世界 500 强投资企业。园区重点发展电子信息、新材料、航天航空、生物医药、汽车研发配套和环保新能源产业，形成了现代服务支撑产业融合发展的格局。

天地软件园以软件和信息服务业、数字内容产业为主。园区占地面积近 100 亩，由 26 栋花园式标准厂房组成，整体建筑面积为 11 万平方米，是上海中心城区最大的信息产业集聚地。2004 年 11 月成立以来，先后被认定为“上海市创意产业集聚区”、“市级软件产业基地”、“留学人员创业园”、“信息化应用示范产业园区”、“市文化产业园区”、“科普教育基地”、“服务外包专业园区”。

创智天地是张江高科技园区杨浦基地核心区、上海软件出口（创新）园区、上海市高新技术产业化（软件和信息服务业）产业基地。EMC、甲骨文、百度和易保网络等公司纷纷入驻，是大型软件和信息服务企业的集聚地。

市北高新技术服务产业园致力于推动生产性服务业产业集聚，已入驻 1 540 家企业中，生产性服务企业比重接近 80%，其中又以软件和信息服务产业为主导，已成为上海生产性服务业尤其是软件和信息服务企业的重要集聚区。

智慧岛数据产业园产业定位为数据整合、加工和生产，数据产品传播、流通和交易及其相关服务，涵盖数字出版与文化业、多媒体产业、数字内容业、数据服务业和信息咨询业、软件业等。园区将打造成集知识创造中心、设计研发中心、加工运营中心、系统集成中心和咨询服务中心为一体的现代化产业园区和高档生态人文社区。

易园·徐汇、博济·智汇园、金桥由度创新园、宏慧·盟智园是上海市信息服务产业基地（移动互联网特色基地），分别重点发展移动互联网产业孵化、移动商务、移动视频、移动物联、研发设计、测试认证、应用展示等。

信息技术应用

两化融合 2012 年，上海市加快以两化融合促进全市“创新驱动、转型发展”的探索实践，聚焦典型示范、平台服务、创新应用和综合环境，推进重点企业、关键产业、优势区域的两化深度融合工作，全市两化融合发展水平指数达到 75.53。

典型示范效应不断显现。围绕骨干企业，推进“电梯制造和服务全过程的信息化集成”、“船用大功率柴油机数字化协同设计”、“大型海工装备协同研发与制造”等一批业务协同和集成性信息化项目，推动“多维产销一体化平台”、“人力资源管理信息化平台”、“时尚产业综合信息化服务平台”等一批平台服务类项目。推荐“新一代智能配电与监控系统开发与产业化”等 5 个项目获得工业和信息化部两化融合专项支持，上海电气集团股份有限公司、上海汽车集团股份有限公司等 13 家企业被工业和信息化部认定为国家级两化深度融合示范企业。

园区信息化有序推进。协调修订完善了《“智慧园区”建设与管理通用规范》，并获得上海市质量技术监督局地方标准立项，该标准围绕园区信息化规划、建设、运维管理、服务和保障，提出智慧园区建设通用要求。深化园区信息化标准体系试点，在临港产业园区提出智慧园区标准体系框架和标准列表，实现园区管理标准、工作标准和技术标准的全覆盖。推进园区信息化重点项目建设，支持临港松江园区开展数字园区云服务平台建设，推进产业园区企业信息化公共服务平台建设。

宣传培训工作取得进展。组织开展两化深度融合“进区县、进园区、进企业”系列宣传培训活动，在浦东、松江、宝山、闸北等6个区县，通过开展小型展览、专题讲座、政策宣讲、企业诊断、参观交流、信息化体验等形式，总结推广上海市两化融合成功经验和做法，完成培训宣传1万人。支持浦东新区举办以“促进产业智能高端发展”为主题的2012中国（上海）制造业信息化论坛，发布上海市两化融合发展水平评估报告。推进外高桥造船等8家企业参与全国两化融合成果展，配合《中国电子报》开展两化深度融合“上海模式”系列宣传报道。

协同推进机制得到完善。积极争取工业和信息化部支持，深化国家级两化融合试验区建设，承担并推进工业和信息化部《“两化融合”综合推进体系研究》课题研究，完成工业和信息化部区域两化融合发展水平评估试点。联合上海市促进中小企业发展协调办公室推进中小企业信息化，开展了包括信息化培训、信息化平台服务等内容的小微企业扶持“翔计划”，深化中小企业服务站建设。浦东等5个两化融合实践区继续在智慧城市、智慧园区、新兴技术应用推进等方面开展有益探索。复旦大学等4个两化融合研究中心和中国商用飞机有限责任公司等10个重点实验室产学研协作机制进一步完善，推动了一批项目建设。

电子商务 2012年，上海市电子商务年交易额达到7 815亿元，同比增长41.9%。年内，上海市在战略性新兴产业发展专项中设立“电子商务与新型贸易现代化专项”，加大对电子商务领域新技术研发应用、服务模式创新、公共服务平台建设等的支持力度，并发布《上海市电子商务发展“十二五”规划》。

上海市自2010年起连续实施电子商务“双推”工程，聚焦研发设计、文化创意、品牌营销、信息技术、供应链管理等领域电子商务发展的新业态、新热点、新模式，扶持本市中小企业依托创新型电子商务服务平台（以下简称“双推”平台）开展电子商务应用，2012年全市2 255家中小企业通过“双推”工程与“双推”平台企业成功对接，三年来全市已累计超过1.1万家中小企业获得“双推”专项资金资助，众多中小企业通过“双推”平台触网，并在市场拓展、产业链对接和管理效率提升等方面取得突破。“双推”平台企业也通过与中小企业的有效对接，不断深化服务内容、延伸服务触角，提升了服务水平。通过“双推”工程，“双推”平台企业发展速度明显加快，并成功吸引到社会风投资本的关注与进入。上海市鼓励电子商务企业与中小企业融合创新发展的环境氛围得到进一步优化。

金融信息化 2012年，上海市深化国家关于建设上海国际金融中心要求，着力发挥信息化在银行、证券、保险等金融行业监管部门监管和服务能力提升方面的支持作用。银行卡支付环境建设成效明显，截至12月底，全市银行卡发卡量累计达到1.48亿张，联网商户、联网POS机具和联网ATM机具累计分别突破15万家、55万台、1.8万台，全年实现银行卡交易金额16 608.12亿元，同比增长19.6%，其中，持卡消费金额8 843.11亿元，同比增长37.6%。第三方电子支付发展迅速，2012年上海主要第三方支付企业完成互联网支付交易规模逾1万亿元，占全国的近1/3；有53家企业获批央行非金融机构从事支付业务许可证；应用创新活跃，企业市场的汇付航空票务支付、快钱保险领域支付等，以及个人市场的付费通、银商全民付、天翼手机支付等都已积累相当规模用户。

农业农村信息化 2012年，上海市农业农村信息化工作围绕都市现代农业建设，进展顺利，成效明显。扎实推进涉农补贴资金监管平台建设，监管平台公开项目（政策）从14项增加到42项；加快推进农村集体“三资”监管平台建设，1 711个村、22 595个生产队的农村集体“三资”数据录入平台；发布《关于进一步加强为农综合信息服务平台建设的通知》；在浦东、奉贤、宝山、金山、嘉定、崇明6个区县建立“12316”“三农”服务热线区县分中心，推进“12316”“三农”服务热线在全市联网，实现全市统一服务标识、服务用语、服务程序、考评标准和服务规范等；制定《上海农业物联网发展实施方案》，启动实施粮食作物“产加销”、能繁母猪保险、水产养殖等农业物联网示范工程；加快建设上海西郊国际农产品电子商务平台，着力推进以企业为主体的电子商务平台；按“会操作、会收集、会传递、会分析”四会要求，开展农村基层信息员培训，共培训3 000人次。

社会事业领域信息化 2012年，上海市社会事业与公共服务领域信息化坚持“以人为本，便民利民”的方针，依托各行业主管部门积极推进信息化应用，为市民带来便利和实惠。

医疗卫生领域：基于市民电子健康档案的卫生信息化工程先期试点项目已基本完成，实现了 6 个试点区、全部三级医院、1 万余个医生工作站的互联互通；市级平台已建立并维护本市就医人群中 3 000 多万份居民电子健康档案，实现了档案的自动建档、自动更新，形成的健康档案数据库是目前国内最大的区域个人健康信息数据库，在试点范围内实现了“两个任何”（任何居民和医务人员，在任何地点、在满足业务规范和安全隐私的情况下可以调阅相关健康档案）；在 6 个试点区内，实现了区内社区卫生服务标准统一、功能完善的综合信息系统，并开展了依托信息化系统和网络的业务协同服务，促进区域内所有公立医疗卫生机构的联动。

帮助残疾人工作：网站无障碍改造工作继续推进，静安区政府无障碍门户网站开通运行；听力残疾人新闻栏目无障碍建设项目基本完成。

公共服务领域：“12345”市民服务热线开通试运行，实行“一号对外、集中受理、分类处置、统一协调、各方联动、限时办理”的工作机制，市民遇到涉及政府公共管理、公共服务方面的咨询、求助、投诉和建议，拨打一个号码就能解决；上海市电子账单公共服务平台正式开通运行，为市民提供电子账单申请、推送、查询、支付和管理的“一站式”服务，截至 2012 年底，已有水、电、燃气和通信行业的 16 家公用事业单位接入平台，全年推广电子账单 166 万份；“付费通”平台年内交易 1.1 亿笔，交易金额超过 70 亿元；市民信箱全年发送公益信息 6 190 万条。

城市网格化管理信息系统　2012 年，城市网格化管理1 个市级平台和 17 个区县级平台稳定运行。截至 2012 年底，网格化管理覆盖城市化核心区域面积为1 200 余平方公里，涉及街镇 214 个，共划分万米网格39 445 个，责任网格 1 809 个。网格化系统中全年共立案 133 万余件，结案 130 万余件，结案率约 98%。网格化管理范围拓展工作持续进行，此工作涉及闵行、宝山、奉贤、青浦、崇明、金山 6 个郊区县 200 平方公里管理范围，包括 44 个街镇。此外，撰写完成 2012—2013 年网格化管理的拓展实施方案，涉及 120 平方公里。

为进一步推进网格化管理与其他社会管理的联动工作，在奉贤区、崇明县开展联动示范试点，在原有网格化管理系统基础上拓展管理内容和功能，达到与其他社会管理联动的效果。据此，建设完成崇明 18 个街镇分平台、奉贤区 14 个街道分平台、奉贤区城建服务热线、奉贤区应急联动平台，并按计划在 2012 年 4 月 1 日全区上线试运行。2012 年 12 月，在奉贤区试点与“12345”市民热线技术平台的数据双向互传，为 2013 年全市其他区县网格化系统与“12345”系统的顺利对接积累了经验。

按照上海市城市网格化管理信息系统规划、实施、运行、维护和管理的实际需求，为促进数字化城市管理建设，提高城市管理和公共服务水平，上海市数字化城市管理中心认真总结实践经验，参考相关行业和国家标准，并在广泛征求意见基础上，制定了《上海市工程建设规范　城市网格化管理信息系统技术规范》。

口岸信息化　2012 年，上海电子口岸继续深化口岸应用建设并不断扩大服务覆盖范围，电子口岸平台信息化应用达到 83 个（含 13 个中国电子口岸应用），完成报文交换总数 1.79 亿个，同比增长 4.9%。具体推进情况如下：

海关通关作业无纸化。根据海关总署、上海海关的通关作业无纸化改革要求，在分类通关和风险分析的基础上，加快推进通关申报作业中的随附单据电子化，逐步实现单证审核依据由纸质单证为主向电子数据为主的转变。试点阶段重点实现合同、发票、装箱清单、提（运）单、代理报关委托书/委托报关协议等随附单据的电子化。截至 2012 年 10 月底，已有 470 家普通申报企业和 4 家快件企业签署协议开通运行，包含快件在内每天处理约 3 万份随附单证。同时，上海海关在上海港各集装箱码头全面推行的无纸化放行运行情况良好，为港区节约了人力物力，提升了作业效率。

检验检疫无纸化电子验放。检验检疫无纸化电子验放系统自推广运行以来已取得良好效果，实现了空港、海港口岸入境货物全申报，加快了货物检验检疫的放行速度，提升了通关效率。2012 年 4 月，上海检验检疫局全面实施空港口岸入境普通货物运单以及外高桥港区入境集装箱货物提货单的无纸化电子验放工作。10 月，上海检验检疫局进一步扩大无纸化电子验放的业务范围，对空港口岸入境快件货物运单全面实施无纸化电子放行，自此，空港口岸入境货物已全面实现无纸化电子验放。

全国海关税费电子支付系统全面推广。2012年3月，海关总署关税司在昆明举办内陆及中西部25个地区的税费电子支付系统业务培训，在之后三个月内，系统已实现在上述15个地区的推广开通。同时，根据海关总署129号文件要求，长三角地区包含上海、南京、杭州、宁波关区范围内，以及全国在该地区有通关业务的企业，已在2012年9月30日之前完成了切换。长三角地区用户切换率达到92%，业务切换率达到97%，为海关总署进一步实施长三角地区老系统关停提供了良好的业务基础。截至2012年底，全国海关税费电子支付系统累计用户数29 876家，累计支付笔数795万笔，累计支付金额7 000亿元，全国41个直属海关均开通了东方支付平台的整合海关税费电子支付系统，其中，40个海关有交易数据。

其他

高端软件 制定《上海推进高端软件专项实施方案(2013—2015)》，提出做大做强上海软件产业的指导思路和工作主线。与微软公司就Office 365和Windows Azure落地事宜进行多轮谈判，两个项目的中国运营中心正式落户上海。推动国产基础软件在信息化领域广泛应用，指导举办8场国产基础软件交流活动，向各区县推广国产基础软件的应用。

发布实施《上海市软件和信息技术服务出口重点企业认定管理办法》，组织审定22家2012年上海市软件和信息技术服务出口重点企业。支持软件企业拓展国际市场，梳理确定近30家目标企业，编制完成鼓励软件企业走出去专项工作方案。

召开上海正版软件工作协调小组扩大会议。开展通用软件电子集市采购试点，制定数据库和防病毒软件产品采购标准。完成微软、国产软件产品和服务采购合同签订以及资金拨付工作，组织开展技术培训和交流。开展政府机关、区县正版软件检查工作。

云计算 发布《上海市推进云计算专项实施方案(2013—2015)》(云海计划2.0)，提出新阶段上海云计算产业发展目标。推动"盛大云"等国家云计算工程项目实施，完成首期项目验收工作，拨付国家专项资金。推动东方有线、华东电脑等企业面向电子政务、企业服务、个人服务等领域，建设一体化云服务平台。

推动智慧岛数据产业园建设，组建园区开发公司，完成园区规划。梳理洋山云海数据中心建设瓶颈问题，协调云海数据中心电力配套事宜，推动联通数据中心落地。打造云海创业大厦，集聚云计算创新企业。建设上海云计算展示体验中心，开展云计算知识普及和应用展示等服务。

依托云海联盟成立云计算创新标准联盟，开展云计算技术标准、服务体系、安全认证等研究工作。建设"产学研用"合作的云计算联合实验室，研究云计算测试、平台迁移等关键技术。推动上海交通大学、复旦大学等高校培养云计算专业硕士，累计招生近300人。组织30余家上海云计算企业参加第4届中国云计算大会，对外宣传展示上海云计算形象。

移动互联网 发布实施《上海推进移动互联网产业发展2012—2015年行动计划》，明确芯片、终端、传输、软件、平台、应用等移动互联网发展重点。举办移动互联网产业高峰论坛，对首批4家市级移动互联网产业基地授牌。举办移动互联网中小企业政策宣讲会，向20余家中小移动互联网企业宣讲行动计划和软件产业政策。依托区县、园区等开展移动互联网专项调研，收集梳理产业链各环节的重点企业和优秀项目。指导举办电子书产业沙龙活动，重点促进传统出版商与平台企业对接合作；推动电子书服务平台标准正式成为国家标准，支持举办电子书服务平台标准专题组第四次工作全会，对平台标准进行专题研讨。完成信息技术支持上海国际金融中心建设有关情况的报告；指导组建国内首家网络信贷服务业企业联盟，发布联盟宗旨、章程和公约，明确下阶段工作重点；指导举办2012年上海市金融信息服务业年度峰会，交流讨论网络信贷发展新路径。正式发布国内首个网络游戏行业地方标准《网络游戏行业服务规范》，指导举办为期3天的标准培训班，30余家企业参加培训。

【统计数据】

表 1　2010—2012 年上海市电子信息产业基本情况

项目名称	单位	2010 年	2011 年	2012 年
工业总产值（现行价）	万元	70 612 575	70 619 571	67 911 405
工业销售产值	万元	69 656 764	69 607 872	66 729 015
出口交货值	万元	50 455 958	49 494 628	46 535 282
其中：软件出口	亿美元	11.1	15.8	19.6
产品销售收入	万元	71 595 328	71 395 268	68 910 829
其中：软件产品销售收入	万元	14 595 000	17 661 000	20 857 600
税金总额	万元	357 844	291 410	335 409
利润总额	万元	2 002 133	1 754 328	1 623 747

表 2　2010—2012 年上海市主要电子信息产品产销量情况

产品名称	单位	产量			销量		
		2010 年	2011 年	2012 年	2010 年	2011 年	2012 年
笔记本电脑	万台	8 382.8	8 954.2	7 299.4	8 356.5	8 928.8	7 238.2
集成电路	万块	1 134 628.8	1 663 142.6	1 602 978.3	1 115 789.0	1 653 686.6	1 593 004.2
液晶电视机	万台	170.6	128.9	123.1	169.3	130.0	122.9
等离子电视机	万台	83.8	95.7	19.8	83.9	96.5	19.9
电子元件	万只	10 975 451	10 808 971	12 533 251	10 834 137	10 793 398	12 317 796

注：表 1—表 2 数据来源于上海市统计局、上海市经济和信息化委员会。

[撰稿：刘芸　审稿：陆栋生]

长江计算机（集团）公司

【综述】

2012年，长江计算机(集团) 公司围绕“凝聚价值，实现突破”的经营主题，按照“做精、做细、做实”的工作思路，实现主营业务收入 52 123 万元，利润 1 151 万元。全年经营工作有三个特点：

一是注重市场拓展与广泛合作，扩大业务广度与深度。该集团围绕企业发展的核心主业，深入行业，拓展服务，数字能源、智能交通、智能楼宇三大重点核心业务得到巩固和发展。

在数字能源业务方面，基于区域战略的加油卡业务保持稳定增长。六省两市运维服务业务稳定发展，与中石化云南石油分公司签订三年期运维服务合同，中标湖北石油公司非油品便利店系统，设备运维服务项目涉及湖北石油公司非油品前台便利店系统各运维节点；与加油机制造商上海中意石油机械制造有限公司签订了委托代理上海石油加油机维修业务售后服务协议，该业务涵盖上海150座加油站，成为集团新的经济增长点。

在智能交通业务方面，ETC（不停车收费系统）产品、轨道交通业务稳步提升。OBU（车载电子标签）产品全年销量8.7万只，广泛应用于上海、江苏、浙江、北京等地；承接的昆明地铁AFC（自动售检票）和ACC系统（清分中心）已于年中顺利上线；与交运集团合作的“面向物流运输全生命周期可视化的车辆信息服务支撑平台”项目取得进展，其中，车辆油耗实时监控平台以浦运公司25车队“8-25-42”车辆为试验平台开始安装运行。

在智能楼宇业务方面，承接重大工程有突破。中标1 000万元以上规模的工程项目9项。大连智能楼宇市场开拓取得重大进展，在2011年中标3个设计标的基础上，2012年中标“大连体育中心体育场施工工程”等3个重大工程项目；“上海市防汛会商（指挥）中心（信息系统）改造工程”、“中华艺术宫信息系统化集成”、“普陀区中心医院PACS系统项目”等的实施和应用，提升了该集团品牌效应。

二是注重技术研发与整体方案，提升综合竞争优势。

长江智能交通整体业务逐步完善。完成国家“核高基”项目——电子控制器在线状态监控支撑软件项目的验收；推进交运集团“面向物流企业的用油管理平台”整体方案与原型系统研制；整合东海二产事业部、亚太公司，拓展5.8G应用技术，初步形成“基于RFID列车定位系统的自动记点方案”；“基于ETC自由流标识技术的高速公路信息平台”技术弥补国内产品在该领域应用空白；研发的旁道干扰光幕模式ETC收费系统已成功实施。

中石化加油卡提升项目研发取得进展。如期完成中石化加油卡提升项目六大子系统即应用网关子系统、卡促销子系统、卡片物流子系统、充值类型及清算调整配合子系统、自助终端子系统以及增值税发票子系统的研制开发，实施范围覆盖中国石化销售公司所属的21个省市公司。

提升智能楼宇业务技术含量。申报“物联网技术在智能化安防体系中的深层次应用”、“整合通信、存储和计算资源的云计算数据中心运维服务体系”2项课题；推进基于云计算的移动办公系统和信息安全整体技术架构设计和前期预研环境建立，云计算移动办公系统研发有序推进。

自主研发取得成果。该集团及下属企业共有37项技术和产品申请自主知识产权，其中，发明专利6项，实用新颖专利6项，软件著作权25项。承接的国家文化部“全国文化市场综合执法系统”项目顺利通过验收，其核心软件产品“文化市场行政执法信息监管系统”已在北京、上海等地推广实施；《基于状态检测及油耗监控的车辆服务支撑管理系统》、《基于云计算的北美幼儿托管信息服务平台》2个项目获得市级科研项目立项。

三是注重结构优化与内部资源整合，推动业务持续发展。

构建研发中心平台。围绕集团发展战略，将事业部转型为集团研发中心，明确研发中心定位：以新技术和新产品研发及提供系统整体解决方案的能力为中心，以培养技术团队为重点，逐步成为集团核心业务发展的基石和战略业务的孵化基地。初步完成事业部向研发中心转型过程中组织机构及职能的优化与再造工作。

注重资源整合、优势互补。由集团牵头，通过内部联动，发挥整体功能，优势互补，联手承接大项目，通过“上海市防汛会商（指挥）中心（信息系统）改造工程”、“上海自然博物馆整体规划方案的深化设计”、“上海艺术宫信息系统”等项目实施，初步形成集团在重大项目方面的协作机制。

初步建立评估机制。根据智能楼宇板块的业务特点，积极探索建立市场、项目、客户的价值评估机制和方法，提升业务和项目的针对性和有效性。

2013年重点工作

一是启动实施集团重组方案，着力调整优化产业布局。根据专业化分工要求，推进集团“产业发展”平台相关建设工作，按照“发展有亮点，优势要集中”的要求，有序实施重点聚焦板块和重点研发板块相关业务逐步整合至“产业发展”平台，并根据发展状况，将重点培育板块的相关业务逐步注入上述平台。

二是大力开展技术创新和市场拓展，增强核心竞争能力。注重集团研发中心建设，逐步使研发中心成为该集团国家重大工程项目的申报、管理、实施平台，面向智慧城市、智能交通、能源保障、医疗卫生等领域的云计算、物联网示范应用平台，以及现有板块业务架构、应用架构、技术架构和信息架构的规划、设计与开发能力支撑平台；聚焦智能交通、数字能源、智能楼宇三大主业板块，加大核心技术研发投入，创新业务模式，进一步提高市场占有率：提升 ETC 产品 OBU 的精度与工艺，深化全面解决方案；以轨道交通清分系统、“三中心”系统等为切入点，利用在上海、昆明地铁的市场成功案例，研制数字地铁整体解决方案；扩大数字能源现有业务内涵，延伸石化产业链信息化应用，提供高端增值信息服务；强化智能楼宇顶层设计，研发专业子系统配套自有产品，探索“专业分包+软件服务”相结合的业务模式，提升核心业务附加值。

[供稿：长江计算机（集团）公司]

江　苏　省

【综述】

2012 年，江苏省电子信息产业实现销售收入29 840.6 亿元，增长 14.9%。电子信息产品制造业规模以上企业 4 798 家，从业人员 256.9 万人，比上年增加 12.9 万人。各行业呈现不同的运行态势，重点监测的 8 种电子信息产品中，集成电路、光缆、半导体分立器件和显示器等产品产量增速较快，而笔记本电脑、彩色电视机、数码相机和手机等产品产量为负增长。

电子信息产品制造业

2012 年，全省 4 798 家规模以上电子信息产品制造业企业实现主营业务收入 25 535 亿元，增长 11.3%，占全省工业的 19.4%；实现利税 1 656 亿元，其中利润 1 161 亿元，利润及利税增速分别为–3.2%和 1.3%；完成出口交货值 12 604.7 亿元，增长 5.9%。其中，13 家企业产值超过 200 亿元，37 家企业产值超过 100 亿元，分别比上年增加 2 家和 1 家。主要经济指标居全国第 2 位。

全省电子信息产品制造业发展基本情况如下：

一是产业规模稳步扩大，对国民经济贡献日趋突出。2012 年，全省电子信息产品制造业总体呈现前低后高、小幅波动的运行态势，实现主营业务收入 25 535 亿元，增长 11.3%，占全省工业的 19.4%；年末全行业资产合计 15 869 亿元，增长 6.2%，占全省工业的 19.4%；上缴税金 495.6 亿元，增长 13.5%，占全省工业的 11.5%。

二是经济效益持续好转，亏损面不断缩小。全省电子信息产品制造业企业积极应对市场需求减弱、要素制约加剧和产品价格下跌等不利因素影响，不断优化产品结构，稳步推行降本增效，经营效益逐步好转。全年实现利税 1 656 亿元，其中利润 1 161 亿元，利润及利税累计增速分别从 2 月份的–32.5%、–20.7%上升到 12 月份的–3.2%和 1.3%；销售利润率从年初的 2.2%上升到年末的 4.5%；亏损企业 919 家，比年初减少 574 家，亏损面从年初的 31.5%下降到年末的 19.1%。

三是地区差异逐步缩小。苏北、苏中较快增长，苏南增速低位回升。2012 年，苏南地区实现主营业务收入 19 419 亿元，发展增速前低后高，由年初的 3.3%上升到年底的 7.8%。苏中、苏北地区凭借区域共同发展战略、自身投资环境和基础设施的改善以及区域间产业转移带来的项目和投资，实现了较快发展。苏北地区产业实现主营业务收入 2 102 亿元，占全省产业比重由 2011 年的 6.5%提高到 8.2%，发展增速运行于 36%—41%区间。苏中地区实现主营业务收入 4 014 亿元，全年保持 15%以上增幅，占全省产业比重由 2011 年的 15%提高到

15.7%。

四是计算机制造业收入全年保持11%左右平稳增长，但效益下滑明显。全年实现主营业务收入5 095亿元，增长10.5%。实现利税232亿元，下降9.7%，其中，利润219亿元，下降10.3%。全行业共生产个人电脑8 862万台，其中，笔记本电脑7 487万台，下降3.3%；显示器3 246万台，增长18.1%。

五是通信设备制造业仍处调整期，主营业务收入增速运行于-4%到-10%区间，效益前低后高。全年实现主营业务收入852亿元，下降6.2%。上半年，由于需求相对低迷，行业经营效益出现大幅波动，三季度后，受下游电信基础设施建设进度加快、运营商集中采购拉动，全年效益呈现低位回升态势，利税增速从一季度末的-4.4%上升到4%，利润增速从一季度末的-58.8%上升到0.5%。全年实现利税、利润分别为64亿元和44亿元。全行业共生产手机2 526万部，下降10.6%；生产程控交换机385万线，下降12.2%。

六是视听设备制造业收入稳步回升，效益出现波动。在行业补贴政策出台、市场回暖以及成本压力减弱的带动下，全年实现主营业务收入1 247亿元，增长9.6%；实现利税56亿元，增长4.7%，其中，利润38亿元，增长2.0%。全年全行业共生产彩色电视机1 432万台，下降17.9%；生产激光视盘机44万台，增长3.1%。

七是电子元器件行业收入增长平稳，效益低位回升。受下游电子整机产品消费复苏的带动，电子元件行业主营业务收入增速全年保持在10%左右，效益呈现前低后高的走势。全年共实现主营业务收入4 057亿元，增长10.3%，实现利税242亿元，增长8.4%，其中利润167亿元，增长5.3%。受集成电路、半导体分立器件销售增长的带动，电子器件行业在各分行业中保持领跑地位，全年共实现主营业务收入4 203亿元，增长13.6%；实现利税175亿元，增长23.5%，其中，利润121亿元，增长26.6%。全行业共生产集成电路293亿块，增长14.5%；生产半导体分立器件1 498亿只，增长32.7%。

电子百强 江苏省共有16家企业入选第27届电子信息百强企业，数量居全国第2位。其中，亨通集团有限公司完成主营业务收入258.7亿元，同比增长24.3%，居全国第14位；南京南瑞集团公司完成主营业务收入186.9亿元，同比增长56.2%，居全国第16位；宝胜集团有限公司完成主营业务收入209.4亿元，同比增长23.2%，居全国第18位；永鼎集团有限公司完成主营业务收入154.8亿元，同比增长1.4%，居全国第21位；通鼎集团有限公司完成主营业务收入136.6亿元，同比增长39.4%，居全国第24位；中天科技集团有限公司完成主营业务收入126.5亿元，同比增长23.3%，居全国第27位；江苏宏图高科技股份有限公司完成主营业务收入139.2亿元，同比增长6.0%，居全国第28位；中利科技集团股份有限公司完成主营业务收入70.4亿元，同比增长53.7%，居全国第33位；震雄铜业集团有限公司完成主营业务收入74.3亿元，同比增长10.4%，居全国第61位；江苏新潮科技集团有限公司完成主营业务收入53亿元，同比增长19.9%，居全国第68位；扬州曙光电缆股份有限公司完成主营业务收入28.2亿元，同比增长5.0%，居全国第71位；双登集团股份有限公司完成主营业务收入46.6亿元，同比增长13.3%，居全国第78位；国电南京自动化股份有限公司完成主营业务收入40.9亿元，同比增长28.7%，居全国第81位；南通华达微电子集团有限公司完成主营业务收入41.2亿元，同比增长3.1%，居全国第92位；华润微电子有限公司完成主营业务收入35.2亿元，同比增长1.0%，居全国第94位；海太半导体（无锡）有限公司完成主营业务收入33.3亿元，同比增长41.8%，居全国第99位。

江苏省共有亨通集团有限公司、中天科技集团有限公司等14家企业入围全国电子元件百强企业，比上年增加2家；这14家企业共实现主营业务收入478亿元，占全部电子元件百强企业的26.8%。

软件和信息服务业

2012年，江苏省软件与信息服务业保持较快增长，累计完成业务收入4 305.6亿元，增长34.6%，业务总量实现新的突破，跃居全国第一，占全国17.2%。全行业实现利润410.7亿元，税金176.3亿元，分别增长11.5%和12.4%。统计口径软件企业为4 012家，增长19.2%。从业人员69万人，增长15%。全行业经济效益良好，发展势头强劲。

全省软件和信息服务业发展基本情况如下：

一是产业结构进一步优化。2012年，软件产品收入稳定增长，软件产业服务化趋势日益突出，软件和信息服务业对“两化融合”的推动作用显著增强。实现软件产品收入1 136.8亿元，占总业务收入的26.4%，增长

39%，比全省平均增速高4.4个百分点；实现服务收入1 547亿元，占总业务收入的35.9%，特别是数据处理和运营服务发展迅速，实现收入539亿元，增长34.2%；与工业相关的业务收入1 636亿元，占总业务收入的38.0%，其中，嵌入式系统软件完成收入1 372亿元，增长43.4%。

二是重点企业平稳发展。江苏省9家企业入选第12届中国软件收入百强企业，其中，南京南瑞集团、南京联创科技集团股份有限公司进入前十强，分别位居第5位和第6位；南京南瑞集团还位居“2012中国自主品牌软件产品收入前十强企业”第2位。9家软件百强企业实现软件收入超300亿元，其中南京联创科技集团股份有限公司、南京南瑞集团2家企业软件业务收入均超70亿元。通信软件、电力自动化、智能交通等三大优势软件产品集群保持良好发展势头，增幅均超30%。

三是产业发展基础更加巩固。2012年，江苏省新增认定软件企业699家，累计认定软件企业超过3 500家；登记软件产品4 979个，累计登记软件产品1.8万个。全省累计计算机信息系统集成资质企业198家，信息系统工程监理单位18家。新认定软件企业技术中心18个，累计认定52个。年内，江苏润和软件股份有限公司、江苏东华测试技术股份有限公司、光一科技股份有限公司3家软件企业成功上市。新认定3家省级示范性软件园和4家优秀软件园。全省新增软件产业发展载体面积200万平方米以上，产业发展基础更加巩固。

四是产业发展高度集中。2012年，苏南5市完成软件业务收入占全省软件业务收入的九成以上。其中，南京市完成软件业务收入2 076亿元，增长36.6%；苏州市完成1 050亿元，增长29.2%；无锡市完成900亿元，增长32.3%；这3市分别位居全省前3位。江苏区域发展仍然不平衡，但苏中、苏北地区的后发优势值得关注和期待。

科技进步与应用

电子信息产品制造业深入实施科技创新战略，创新要素加快积聚，创新动力不断增强，自主创新能力进一步提高。新技术新产品研发、推广应用力度不断加大，2012年，新产品增速始终快于全行业平均增速，共实现新产品产值5 113.5亿元，增长21.2%，高于行业平均增速近10个百分点，占全行业比重为19.4%，比2011年高出1.6个百分点。半导体领域涌现出一批创新产品和技术。在第7届（2012年度）中国半导体创新产品和技术评选中，江苏省共有江苏长电科技股份有限公司、苏州晶方半导体科技股份有限公司、江苏南大光电材料股份有限公司等10家企业分别在集成电路产品和技术、制造技术、封装测试技术、半导体设备和仪器以及半导体专用材料等领域的10个项目获选，数量占全国的35%。

国家科技重大专项进展顺利。东南大学的“脉冲体制超宽带高速无线通信芯片研发与应用示范”、中国电子科技集团公司第14研究所参与的“高性能多核CPU研发与应用”、无锡江南计算技术研究所的“申威SW-3众核处理器研究”等6个国家科技重大专项通过验收，TD-LTE基站天线、移动信息终端芯片、新型显示等领域关键技术取得突破，此外还研制出一批4G无线移动通讯、物联网手持终端等新产品。

信息基础设施建设

截至2012年底，江苏省光缆线路长度1 565 303公里，互联网宽带接入端口2 173.9万个，局用交换机容量4 853.8万门；固定电话用户2 387.2万户，居全国第2位；移动电话用户7 471.4万户，居全国第3位；固定电话普及率30.22部/百人，移动电话普及率94.59部/百人。

三网融合工作成效显著。全面完成全省三网融合试点阶段工作，苏州等7市被国务院列为国家第二批试点城市，形成了苏南、苏中地区整体试点工作格局，成为全国最大的试点区域之一。2012年5月，江苏省广播电视总台和中国电信江苏公司在全国率先签署IPTV全面合作协议，启动国内首个省级IPTV平台全面放装用户工作。截至2012年底，新增用户突破110万，用户总数达到410万，用户规模居全国第1位。中国电信江苏公司、中国移动江苏公司、中国联通江苏分公司与江苏省广播电视总台合作开展手机电视业务，用户总数280万，用户规模稳居全国第1位。

重点任务加快推进。全年共完成信息基础设施建设投资374.5亿元，采购江苏IT企业设备和软件产品金额493.8亿元。“智慧江苏”门户平台建设与对接工作有序开展，完成“智慧江苏”门户平台的方案论证和一期工程建设，率先建成全国首个省级智慧城市群综合接入平台，扬州市智慧城市门户分平台已率先建成并上线运行。在全国率先开展三网融合、信息基础设施建设试点示范认定工作，共评选出 13 个示范、93 个试点项目。根据国家统计局《信息化发展指数统计监测年度报告2012》，江苏省信息基础设施分类指数为 0.596，居国内第 4 位，与 2010 年相比上升 2 位。

宽带普及提速工程顺利开展。江苏省各有关部门和单位积极实施宽带普及提速工程，推进光纤到户（FTTH）建设，加快推进 3G 移动网络建设，努力打造高速质优的信息通信基础网络。截至 2012 年底，江苏省各市“城市光网”均已建成开通，商务楼宇和城市住宅小区基本实现光纤接入，无线宽带覆盖城市所有热点地区，3G 移动通信网覆盖全省，全省宽带用户 1 350.72 万户，宽带渗透率 17.7%，家庭渗透率 57.16%，平均带宽 5.63M；移动互联网用户 5 329.09 万户，WLAN 接入点 28 万个。

广电网络双向化改造加快。有线电视户户通工程深入推进，有线网络数字化双向化改造步伐加快。截至 2012 年底，全省广电网络已覆盖 13 个省辖市及 66 个县（市、区），有线电视用户 2 068 万户；数字电视用户 1 387 万户，其中，互动电视用户 206 万户，高清互动电视用户 96 万户；广电网络双向化率达 70%，居全国前列。高清互动、手机电视、CMMB、电视购物、物联网融合业务等新媒体新业态进一步发展，自主研发的云媒体电视正式上线，CMMB 订购用户超过 215 万。

信息产业基地建设

电子信息产业基地建设稳步推进，产业集聚、辐射和带动作用进一步增强。南京新港经济技术开发区以新型显示为主导产业，突出发展液晶显示、OLED 照明和显示、激光显示等重点行业，全力打造占地 22 平方公里的“中国南京液晶谷”，2012 年实现了京晶光电蓝宝石衬底、中电熊猫 6 代线 CF 彩色滤光片、南京光电技术研究院、中国科学院上海光学精密机械研究所等一批重点项目的开工建设，实现产值 1 446 亿元，增长 29.2%；南京江宁经济技术开发区以未来网络谷（无线谷）为载体，加快中国（南京）未来网络产业创新中心、南京通信国家技术实验室和中国科学院南京宽带无线移动通信研发中心等 3 个核心创新平台建设，实现了 IBM 云计算中心、曙光云计算中心等一批重点项目的落户，全年共实现产值 538 亿元，下降 7.6%；昆山经济技术开发区紧紧围绕“稳中快进、又好又快”发展总要求，创新思路，加大工作推进力度，全区电子信息产业保持平稳发展态势，规模以上电子企业完成工业总产值 4 862 亿元，增长 11%，比全市增幅高 4.4 个百分点，拉动全市工业增长 6.3 个百分点，占全市工业经济的比重达 63%。

2012 年，为引导软件发展载体的特色发展，江苏省开展了省级软件与信息服务产业园的争先创优评比，中国（南京）软件谷、徐庄软件产业基地和昆山软件园被评为示范园区，南京新城科技园、扬州信息服务产业基地、江阴高新技术开发区服务外包产业园和淮安软件园为优秀园区。连同新认定的盐城大丰国际软件园，全省累计已有 5 个国家级和 25 个省级软件和信息服务产业园，这些园区覆盖全省各市，优化了软件和信息服务业空间布局，成为江苏软件产业发展的重要载体。年内，全省国家与省级软件和信息服务产业园新增载体面积约 200 万平方米，实现软件业务收入 3 251 亿元，占全省的 78%。

信息技术应用

两化融合 推动两化融合试点示范。一是完成 2012 年度信息化和工业化融合示范区（试验区）创建工作，认定省级两化融合示范区 13 家、省级两化融合试验区 16 家，超额完成年度目标。二是加强两化融合服务产业园建设，工业和信息化部在江苏省常州市召开现场会，总结推广江苏省两化融合服务产业园建设经验。三是完成省两化融合示范（试点）企业和典型应用领域示范企业认定工作，认定第一批省两化融合示范企业 27 家，试点企业 353 家；第二批省两化融合试点企业 73 家；两化融合研发设计企业 21 家，两化融合供应链管理示范企业 18 家。截至 2012 年底，累计认定省级两化融合示范企业 142 家，省级两化融合试点企业 1 088 家。工业和信息化部于 2012 年首次在钢铁、有色金属等 27 个行业（领域）组织开展了国家级两化深度融合示范企业评定工作。省内南京钢铁联合有限公司等 23 家企业入选国家级信息化和工业化深度融合示范企业。年内，中国电子科技集团公司第 14 研究所、镇江大全集团、盐城丰东热技术有限公司的 3 个项目获得工业和信息化部两化深度融合专项资金 260 万元资助。

开展两化融合发展水平评估。组织开展国家首批区域两化融合水平评估试点，结合江苏省实际制定完善区域两化融合评估指标体系，经过工业和信息化部试点评估，江苏省两化融合发展水平总指数达 82.35，位居全国第 1 位。

电子政务　加强行政权力网上公开。统一全省政务公开和政务服务建设规范，编制发布《江苏省依托行政权力网上公开透明运行系统加强县级政务公开和政务服务建设实施指南》，指导各地按规范要求深入开展基层电子政务建设。完成工业和信息化部电子政务发展水平评估深化试点，组织各地和评估机构完成测评分析，编制完成评估发展报告。

重点行业信息化　金融信息化：稳步推进江苏省级金融数据中心建设，完成虚拟化平台扩容和升级，开展数据深度利用。规范金融城域网接入和运行管理，完成集中管控系统改造。加快消费者权益、账户审批、跨境收付、商户管理、风险监督等 10 多个系统开发和完善。积极推进金融 IC 卡普及应用，加快 ATM 和 POS 机具改造，规范银行卡管理和非金融支付机构管理，南京 IC 卡便民支付、苏州“银医”、连云港和淮安健康卡等应用取得明显进展。

财政信息化：分步整合、改造、升级财政业务系统，为部门预算工作提供全方位、强有力的信息化支持。省级预算系统支撑 2.8 万多家单位集中支付 7 000 多亿元，支撑 123 个省级部门、1 194 个预算单位，编列 2013 年预算 1 500 多亿元。完善涉农补贴信息系统，覆盖 1 200 个乡镇（街道）1 500 万户农民，发放补贴资金 130 亿元，推动“三农”工作进一步向精细化转变。整合省级罚没收入系统与非税系统，支撑非税收入收缴 1 000 多亿元。完善资产信息管理平台，统一管理全省行政事业资产总额近 9 000 亿元。启动财政转移支付监控系统建设，在 3 个市和 5 个县开展试点运行。

社会信用体系建设：实施信用管理“万企贯标、百企示范”工程，全省信用管理贯标企业达到 2 500 家。组织印发《江苏省企业信用管理规范》、《江苏省企业信用管理工作指南》等文件。实施政府部门应用信用信息和信用产品示范工程，组织 10 个省级部门制定实施方案。基本完成企业信用基础数据库和服务平台二期项目，完成省级个人信用基础数据库和服务平台建设项目可行性研究。深入推进工程建设领域项目信息公开和诚信体系建设，全省实现了由点到面、自上而下的全覆盖。认定南京市六合区等 4 个县级社会信用体系建设试点地区。成功举办第三届信用长三角高层研讨会，牵头发布了 2011 年“三省一市”135 家备案互认信用服务机构名单。

公安信息化：以公安“大平台”系统深化建设和深度应用为重点，提升公安科技含量和工作水平。“大平台”完成升级改造，警务管理、指挥调度、互联网公共服务等平台建设全面启动，应用广度和深度进一步提高。全面完成省市两级警用地理平台（PGIS）和“3.20”工程建设任务，实现了与警务基础平台、情报平台的对接应用，新建智能监控点 7 600 余个，采集识别数据 200 多亿条。积极开展新一轮公安信息化顶层设计，扎实推进社会管理信息平台规划建设，推进省市县三级公安数据中心建设，推动公安应用一体化协调发展。深入推进数据资源汇聚整合，省市县三级公安机关初步建成综合数据库，省级“大平台”汇集数据总量达 125 亿条。成立警用空间信息技术重点实验室，开展实战试点应用，侦控信息共享、人像识别等新技术新应用取得突破。

教育信息化：加快将省教育和科研计算机网升级改造成为全省教育专网，稳步推进全省教育信息化公共服务体系建设，完成教育公共服务平台省县对接，26 个试点项目被教育部批准立项。积极融入国家教育云服务体系，启动省教育云架构数据中心建设，开通江苏“e 学习”平台，着力提升教育信息化应用水平和内涵发展。

社会保障信息化：重点推进全省社会保障“一卡通”建设，加快推进发卡进度，加快升级完善省级数据中心和社会保险应用系统，目前业务专网覆盖率 93.3%，数据集中度 85.3%，持卡人数 1 987 万，城乡居保和就业监测数据已覆盖 1 500 万居民。在全国率先完成省级大集中劳动关系信息系统建设，建立了联动举报投诉平台“12333”省集中模式，实现了省市县三级联动。2012 年，电话呼入总量 294 万个，咨询服务网访问量 458 万次，服务人次 856 万。

医疗卫生信息化：大力推进居民电子健康档案、医院电子病历系统建设，全省 60%以上的二、三级医院已应用电子病历系统，9 个市、近 30 个县（市）基本建成区域卫生信息平台。加快推进居民健康卡、预约诊疗、远程会诊、12320 等系统建设应用，120 急救网络实现向县级延伸。新农合、卫生监督、卫生应急、药品集中采购信息系统进一步深化应用，新农合省级平台被确定为国家级平台接入试点。

交通信息化：启动江苏智慧交通“232 畅通网”工程，加快交通信息化提档升级。高速公路 ETC 联网范围新增浙江全省，“苏通卡”畅行苏沪皖赣闽浙华东五省一市，客户总数突破 53 万。船联网工程取得重要进展，内河船舶便捷过闸系统在泰州口岸船闸试点应用成功。建成开通铁水联运信息服务网站，重点服务范围扩大到连云港、南京两个港口。统一“96520”作为全省出租汽车“一号招车”专用短号码，手机自助招车试点成功。完成交通运输部示范工程——南京交通主枢纽客运南站综合管理与信息服务系统建设和全国高速公路信息通信系统联网工程（江苏段）可行性研究。交通运输行业能耗数据统计调查分析系统建成并投入运行。

农业信息化：以实施农业信息服务全覆盖工程、“三新”工程及现代农业园区建设等为契机，加快物联网技术在农业中的集成示范应用，大力发展智能农业。江苏省 16 个县（市、区）已建成远程视频监控系统，实时掌握农业生产情况，及时发布生产指导、预警信息。无锡、常州、扬州 3 市建成基于物联网技术的农产品质量安全追溯系统。无锡市在全国率先建设“农业物联网”，初步建成农业与装备物联网总控平台，有效提高了农业生产水平，强化了食品安全监管。加强“12316”惠农短信服务，2012 年共发送惠农短信 2 310 项、700 多万条次，用户数已超过 18 万人。

信息安全 2012 年，江苏省信息安全保障基础设施建设扎实推进。一是江苏省政务网站及重要信息系统安全监测预警平台建成并通过验收。平台各项功能性能指标达到建设方案要求，上线运行平稳，及时发现并有效处置了 300 多起网站安全事件。二是涉密计算机违规外联安全管理平台完成建设，并实现与国家保密局平台对接，全年发现违规外联事件 137 起，其中，省级机关 16 起，市（县）机关单位 121 起。三是江苏省电子商务数字证书认证系统算法升级改造工作顺利完成，省电子政务数字证书认证系统升级改造工作有序推进。四是扬州市信息安全监测平台建成投入使用并与江苏省级平台开展对接试点。

政府网站、新闻网站监管能力不断提高。通过江苏省政务网站及重要信息系统安全监测预警平台、攻防实验室及互联网应急中心管理系统，对省市两级政府门户网站、全省新闻网站和省级机关网站实施了周期性监测，保障了江苏重要门户网站日常安全运转和重要敏感时期的安全、平稳运行。

信息安全产业发展指导和管理不断强化。一是编撰了《2012 江苏省信息安全产业发展报告》，为有关部门决策提供依据，为企业发展提供参考。二是举办“江苏信息安全产业发展现状及发展趋势”专题报告会、“2012 江苏省信息安全研讨会”，为宣传江苏省信息安全骨干企业与品牌产品搭建平台。三是加强涉密信息系统集成资质单位保密工作检查，及时发现问题，督导整改，不断提高江苏省涉密系统集成资质单位的保密管理能力。四是研究编制了《江苏省信息安全风险评估服务能力建设要求》，明确了信息安全风险评估服务机构提升服务水平的指导标准。五是指导企业开展电子商务平台可靠电子签名应用，并成功申报为工业和信息化部试点（全国仅两家）；指导企业开展信息安全关键技术攻关研究，1 个项目成功获得中办试点，7 个项目获得省级专项 2 028 万元资金支持。六是组织省内信息安全企业申报了下一代互联网信息安全、密码应用等 4 批近 20 个国家信息安全专项，其中 6 个项目总投资 13 437 万元，获国家补助 3 750 万元。

其他

2012 年，江苏省电子信息产品制造业转型升级取得积极进展。战略性新兴产业快速发展。全年全省物联网产业实现主营业务收入 1 519 亿元，增长 37.3%。通过技术、产品、管理升级推动价值链提升和产业链拓展，OLED/LED 显示、LED 照明、激光显示、3D 打印、北斗产业等新一代信息技术产业发展态势良好，在技术研发、产品设计和市场应用等方面取得积极进展，带动了全省电子信息产业结构调整和优化升级。中电熊猫 6 代线 CF 彩色滤光片项目于 2012 年 8 月开工建设。江苏和成显示科技股份有限公司加大对 TFT 中大尺寸液晶材料、3D 显示液晶材料的研发与生产，为中游的面板企业提供配套。南京第壹有机光电有限公司成功制备 OLED 白光照明产品，各项技术指标处于世界领先水平。乐金显示（南京）有限公司通过调整产品结构，提高为苹果配套的高端液晶模组的出货比例，在同类产品单价下降的情况下，全年保持 6.2%的产值增速。

内销贡献持续提高。国家“扩内需”政策效果继续显现，电子信息产品制造业内销增速始终高于出口，成为行业增长的支撑力量。全年共实现内销产值 13 186 亿元，增长 15%，对全行业增长贡献率达 70.9%。电子信息产品制造业实现出口交货值 12 605 亿元，增长 5.9%；出口依存度为 48.9%，比 2011 年降低 2 个百分点。电子信息产品出口占全省工业出口的比重达 57%。

内资企业发展好于三资企业。全行业 2 676 家规模以上内资企业（不包括外资企业）共实现产值 8 502 亿元，增长 20.1%，占全行业比重为 32.3%，比 2011 年提高 2.4 个百分点，企业亏损面为 9.9%；实现利税 826.5 亿元，增长 14.7%，占全行业比重为 50%；实现利润 543.87 亿元，增长 12.9%，占全行业比重为 46.9%。全省 2 122 家规模以上三资企业实现产值 17 822 亿元，增长 7.5%，企业亏损面为 30.8%；实现利税 829.6 亿元，下降 9.3%，占全行业比重为 50%；实现利润 616.6 亿元，下降 14%，占全行业比重为 53.1%。

全行业集中度进一步提高。全省排名前 100 名的电子信息产品制造业企业共实现产值 12 386 亿元，同比增长 16.3%，高出全行业平均增速 5 个百分点，占全行业比重为 47.1%，比 2011 年提高 2 个百分点。其中，前 10 名企业共实现产值 4 500 亿元，增长 19.8%，占全行业比重为 17.1%，比 2011 年提高 1.2 个百分点。

主要问题

一是自主研发能力较弱，基础软件、集成电路、关键元器件、高端材料和专用设备等核心环节受制于人，亟待突破；二是在国际产业分工中总体上处于价值链中低端，高端产品不多，产品附加值较低；三是企业规模偏小，具有全球影响力和综合竞争力的知名企业和知名品牌不多；四是人才队伍不能适应产业快速发展的需要，高层次创新创业人才和团队缺乏。

【统计数据】

表 1　2012 年江苏省电子信息制造业人员构成情况

企业类别	企业数（家）	年末从业人员总数（万人）	企业类别	企业数（家）	年末从业人员总数（万人）
国有企业	19	1.08	股份制企业	2 267	61.30
集体企业	49	0.87	其他内资企业	327	5.11
股份合作企业	14	0.45	三资企业	2 122	188.02

表 2　2010—2012 年江苏省电子信息制造业基本情况

项目名称	单位	2010 年	2011 年	2012 年
工业总产值（现行价）	万元	191 079 853	235 620 630	263 246 232
工业销售产值	万元	188 832 807	231 252 183	257 907 957
出口交货值	万元	104 968 709	122 317 630	126 046 732
流动资产平均余额	万元	71 177 067	86 826 787	96 923 000
资产总计	万元	114 029 805	140 064 816	158 690 200
负债总计	万元	63 242 169	79 867 028	88 993 800
产品销售收入	万元	185 350 000	228 550 000	255 350 000
税金总额	万元	3 034 531	4 147 930	4 956 200
利润总额	万元	10 107 889	11 686 045	11 605 100
从业人员年末人数	人	2 340 000	2 438 300	2 568 600

表 3 2010—2012 年江苏省电子信息制造业三资企业基本情况

项目名称	单位	2010 年	2011 年	2012 年
工业总产值（现行价）	万元	141 753 942	170 788 846	178 221 941
工业销售产值	万元	140 344 316	167 844 696	174 483 541
流动资产平均余额	万元	51 305 049	59 315 871	60 687 000
资产总计	万元	82 961 503	96 584 860	100 837 700
负债总计	万元	45 759 474	54 612 511	55 791 200
产品销售收入	万元	140 189 658	166 091 055	173 112 200
税金总额	万元	1 527 798	2 107 286	2 129 500
利润总额	万元	7 356 173	7 665 750	6 166 400
从业人员年末人数	人	1 820 000	1 877 000	1 880 200

表 4 2010—2012 年江苏省电子信息制造业主要经济效益指标完成情况

项目名称	单位	2010 年	2011 年	2012 年
流动资产周转率	次	2.6	2.6	2.6
产品销售率	%	98.8	98.1	98.0
总资产贡献率	%	12.2	12.0	11.6
资产负债率	%	55.5	57.0	56.1

表 5 2010—2012 年江苏省电子信息制造业三资企业主要经济效益指标完成情况

项目名称	单位	2010 年	2011 年	2012 年
流动资产周转率	次	2.7	2.8	2.9
产品销售率	%	99.0	98.3	97.9
总资产贡献率	%	11.2	10.6	9.1
资产负债率	%	55.2	56.5	55.3

表 6　2010—2012 年江苏省主要电子信息产品产量情况

产品名称	单位	2010 年	2011 年	2012 年
个人电脑	万台	9 365	9 916	8 862
其中：笔记本电脑	万台	8 426	8 907	7 487
彩色电视机	万台	1 767	1 477	1 432
集成电路	亿块	223	225	293
光缆	万芯公里	3 383	4 712	6 271
半导体分立器件	亿只	724	693	1 498

表 7　2012 年江苏省软件产业人员构成情况

企业类别	企业数（家）	年末从业人员总数（人）	人员构成			
			管理人员（人）	在总人数中所占比例（%）	软件开发研究人员（人）	在总人数中所占比例（%）
内资企业	3 420	442 284	56 041	12.7	142 792	32.3
国有企业	162	56 474	6 919	12.3	12 706	22.5
集体企业	8	479	64	13.4	156	32.6
股份合作企业	33	7 888	1 295	16.4	2 423	30.7
联营企业	7	22 030	446	2.0	133	0.6
有限责任公司	1 183	133 924	18 666	13.9	59 003	44.1
股份有限公司	323	101 742	10 523	10.3	27 807	27.3
私营企业	1 667	113 607	17 554	15.5	38 298	33.7
其他内资企业	28	3 510	370	10.5	1 482	42.2
港、澳、台商投资企业	152	70 840	16 289	23.0	10 193	14.4
三资企业	440	178 540	15 195	8.5	44 046	24.7

表 8　2012 年江苏省软件产业基本情况

项目名称	单位	2012 年	项目名称	单位	2012 年
软件业务收入	万元	43 055 943	负债合计	万元	35 072 870
软件业务出口收入	万美元	861 983	税金总额	万元	1 762 988
软件产品销售收入	万元	11 368 340	利润总额	万元	4 106 864
流动资产平均余额	万元	80 389 716	应交所得税	万元	5 221 886
固定资产投资额	万元	1 695 711	从业人员年末人数	人	691 178
资产合计	万元	105 223 850	从业人员工资总额	万元	6 474 867

表9　2012年江苏省软件产业三资企业基本情况

项目名称	单位	2012年	项目名称	单位	2012年
软件业务收入	万元	12 270 213	负债合计	万元	5 293 658
软件业务出口收入	万美元	634 886	税金总额	万元	266 715
软件产品销售收入	万元	1 742 366	利润总额	万元	879 326
流动资产平均余额	万元	5 689 572	应交所得税	万元	158 125
固定资产投资额	万元	191 246	从业人员年末人数	人	178 054
资产合计	万元	11 044 790	从业人员工资总额	万元	1 234 505

注：表1—表9数据来源于江苏省统计局。

[撰稿：马小平　审稿：龚怀进]

浙　江　省

【综述】

2012年，浙江省电子信息产业发展实现新跨越，首次突破万亿元规模，成为浙江省的先导产业、基础产业和支柱产业。全省电子信息产业拥有规模以上企业4 835家，从业人员超过102.7万人，资产总额7 908.1亿元。全行业实现主营业务收入10 388亿元，同比增长13.4%；实现利税总额1 007亿元，增长13.1%，其中，利润总额745亿元，增长13.4%；完成出口交货值2 313亿元。信息技术在各行业的应用不断深入，效果日益明显，重点行业信息技术应用水平大幅提升，两化深度融合和“智慧浙江”建设取得突破。国家统计局研究所发布的2011年全国信息化发展指数显示，浙江省信息化发展指数为0.828，继续居全国第4位、各省区第1位。

电子信息制造业

2012年，浙江省电子信息制造业呈现“低开稳走向上”运行态势，生产出口继续加快，内销效益持续提升，创新投资带动突出，综合竞争力不断提升，产业发展跃上新台阶。

一是生产增速加快，产业规模实现新跨越。2012年，全省规模以上电子信息制造业工业增加值同比增长6.4%，占全省规模以上工业增加值比重为9.2%。从行业分类来看，计算机及通信行业同比增长7.3%，明显高于其它行业。从企业类型来看，股份制企业、私营企业同比增长8.8%和9.2%，增速高出全行业2.4个和2.8个百分点，港澳台企业和外商企业仅同比增长1.2%和5%。大型、中型和小型企业同比分别增长5.1%、4.3%和7.6%。

二是内销增速加快，行业贡献突出。2012年，浙江省电子信息制造业内需驱动突出，内销规模增速明显加快，对行业贡献突出。全年规模以上电子信息制造业完成内销产值3 905.2亿元，同比增长6.8%，内销增速高出同期出口交货值增幅12.4个百分点。内销产值比重持续上升至70%，比上年提高2.6个百分点。

三是效益稳步增长，盈利水平好于全国。2012年，浙江省电子信息全行业销售利润率达5.9%，比全国同行业高1.8个百分点，比全省规模以上工业高0.8个百分点。主要行业继续引领增长，利润继续向投资类行业、新兴行业集中，其中通信、计算机、广播电视和数字视听行业分别增长21.2%、17.4%、96.3%和61.5%。

四是有效投资明显加快。2012年，浙江省电子信息制造业重视新兴产业的有效投资，全省电子信息产业500万元以上项目完成固定资产投资383.6亿元，计算机、通信等主要行业投资均呈较快增长，高于全省规模以上工业投资增速。杭州、嘉兴、湖州、金华等地市增长加快。

软件和信息技术服务业

2012年，浙江省软件产业继续呈现“稳中求好”的增长态势，规模超千亿元，结构、效益和出口实现协同发展，新兴信息技术服务增势突出，龙头骨干企业带动性凸显，集聚效应显著，综合竞争力提升。

一是软件规模超千亿元，增速高于全国平均水平。2012年，浙江省软件产业实现软件业务收入1 355.3亿元，同比增长45.8%，高出全国软件行业平均水平16.5个百分点。实现利税452.5亿元，同比增长29.2%；其中，利润总额368.3亿元，同比增长40.7%。软件业务出口11.5亿美元，同比增长12%；外包服务出口20 525万美元，同比增长18.1%。

二是信息技术服务引领增长，跃居浙江省软件产业首位。2012年，全省实现软件服务收入484.1亿元，同比增长51.6%，占软件收入的比重达到35.7%，对软件业务收入的贡献率达到38.7%，拉动全省软件增长17.8个百分点，成为软件产业增长的重要支撑。

三是软件企业综合实力不断提升。2012年，全省累计认定软件企业1 931家、登记软件产品13 509件；通过计算机信息系统集成资质认证企业246家，其中一、二级资质认证43家，居全国第3位；入选第11届全国软件百强企业11家，占全国总量的11%；入选国家规划布局内重点软件企业21家，占全国总量的8.8%；海内外上市软件企业39家；通过CMM/CMMI3以上认证的企业172家。

四是软件与信息技术服务业已成为浙江省电子信息产业结构调整、促进经济转型升级、推进两化深度融合的重要支撑。一批优秀软件企业在国内具有较高知名度，一批特色优势软件产品市场占有率在国内居领先地位，特别是在金融、通信、交通、电力、财税、工业控制、医疗卫生、纺织印染、安防监控等应用领域，形成了浙江的特色和优势，享有较高的市场占有率和品牌知名度。同时，以移动互联网业务、电子商务为主的网络与数字增值业务发展迅速。软件产业基地、软件行业（企业）技术（研发）中心建设稳步推进，企业自主创新能力不断提高。

电子产品进出口贸易

2012年，受世界经济缓慢复苏和外需疲软乏力等因素影响，浙江省电子行业出口增长缓慢，三季度随着国务院、海关总署出台一系列促进外贸稳定增长的政策，出口跌幅收窄，出口形势转好。全年规模以上电子信息制造业完成出口交货值1 670.7亿元，同比下降1.5%。主要行业出口增长较快，通信设备、广播电视、电子元件、信息家电和电子专用设备行业出口分别增长18.7%、10.6%、4.2%、7.8%和10%，而电子器件、电子机电和电子材料行业分别下降15.2%、11.6%和32.2%。

重视电子信息产业对外合作交流。一是成功搭建2012年杭州中国电子信息博览会和第2届中国（宁波）智慧城市技术和产品应用博览会等交流合作平台。2012年杭州中国电子信息博览会以“智慧、融合、创新”为主题，全面展示了电子信息制造、软件和信息服务、物联网、云计算、移动互联网、信息安全以及智能安防等产业的最新产品和成果，设有五大展区，展位1 000个。二是积极组织参加国内外交流活动。组织参加2012年中国太阳能光伏产业年会暨联盟成员大会、第26届电子信息百强论坛和产业峰会、第25届中国电子元件百强论坛暨2012年中国电子元件产业峰会等活动，承办第2届全国数字家庭技术创新与产业应用年会，促进浙江省企业与国家有关部委、行业协会及业内企业的交流与合作。三是继续强化与国内外IT大公司的全面合作，密切与诺基亚西门子网络公司、IBM公司、华为技术有限公司、中兴通讯股份有限公司等跨国公司的联系，积极拓展国际市场。

科技进步与应用

2012年，浙江省电子信息行业继续推动产业结构调整升级优化，不断加大新品研发力度，技术创新对行业增长的贡献持续加大。一是研发力度增强。全年规模以上电子信息制造业完成科技活动经费支出137.1亿元，增长11.4%，占全省规模以上工业科技经费支出的20%。二是企业加大新品研发力度，新产品产值增长迅猛，新品产值率再创新高。全省规模以上电子信息制造业完成新产品产值2 161.7亿元，占全省规模以上工业新品产值的16.1%。新产品产值率达37.3%，比全省规模以上工业新产品产值率高14.3个百分点。新产品对总产值增长的贡献率为65.4%，拉动工业总产值增长1.8个百分点。三是加快实施创新驱动发展战略，信息技术领域专利申请年均增长20%以上。据第13届信息技术领域专利态势分析报告，浙江省电子信息技术领域专利申请总数达62 062件，其中发明专利22 013件，均居全国第5位。一批有实力的企业主动参与制定国际标准、国家标准和行业标准，一批项目获国家、省级科技进步奖。浙江大华技术股份有限公司、天能电池集团有限公司被新认定为国家企业技术中心，中控科技集团有限公司、横店集团联宜电机有限公司2家企业被认定为第二批国家技术创新示范企业。

信息产业基地建设

2012年，浙江省电子信息产业集聚发展趋势明显。形成了以通信、软件、集成电路、计算机及网络产品、元器件等为代表的环杭州湾信息产业基地，以智能家电、机电一体化等为代表的温台沿海特色产业集群，以汽车电子、磁性材料、半导体材料等为代表的金衢丽特色块状产业区。全省14个国家级电子信息产业基地（园区）和22个省级信息产业特色基地（园区）的基础设施、公共服务平台建设得到进一步强化。列入全省块状经济向现代产业集群转型升级示范区的嘉善电子信息产业群、东阳磁性电子材料产业群、平湖光机电产业群发展良好。年内创建了浙江国家数字家庭应用示范产业基地，这是继广东省之后第二个部省共建的数字家庭产业基地，将打造成为“立足杭州、带动全省、辐射全国、影响海外”，国内领先、具有国际知名度和影响力的数字家庭产业集聚区。同时，积极指导推动舟山申报国家海洋电子信息产业基地建设。全省形成了通信和计算机网络、软件与信息服务业、电子信息机电和电子元器件及材料等超千亿元产业集群4个，分别实现主营业务收入1 586亿元、2 327亿元、2 033亿元和1 916亿元；超百亿元园区（基地）8家，各基地（园区）发展态势良好，产业链日趋完善，促进了全省电子信息产业发展。

龙头企业培育　2012年，积极培育行业龙头企业，实施“五型企业”行动计划，支持企业做大做强。全省电子信息产业规模以上企业数量持续增加，一批优势企业在技术创新、机制转变、市场开拓、品牌建设等方面取得可喜成绩，行业超百亿企业数量实现新飞跃。2012年，全省电子信息产业收入超百亿元企业6家，超10亿元企业76家，超亿元企业324家，利润总额超亿元企业63家。全省入围第27届全国电子信息百强企业11家（入围家数居全国第3位），第12届全国软件百强企业10家（入围家数居全国第3位），第26届全国电子元件百强企业27家（入围家数居全国第2位）。涌现出一批行业“小巨人”，如网络通信领域的杭州华三通信技术有限公司，光纤光缆行业的富通集团有限公司，电子商务行业的阿里巴巴（中国）网络技术有限公司，视频监控行业的杭州海康威视数字技术股份有限公司和浙江大华技术股份有限公司，磁性材料行业的横店集团东磁有限公司，工业控制系统领域的中控科技集团有限公司，芯片设计行业的杭州士兰微电子股份有限公司等。

信息基础设施建设

2012年，浙江省信息网络建设取得新发展，信息基础设施水平进一步优化提升，宽带网络建设走在全国前列。一是积极推进杭州、宁波两市的三网融合试点，三网融合业务创新发展。协调促成浙江省广播电视集团和中国电信浙江公司签订战略合作协议，完成省广电集成播控平台与省电信IPTV传输系统的技术对接。全省电信IPTV用户超过250万户，有线电视宽带用户数超过130万，手机电视用户数超过400万，全省数字电视“整体转换”和“双向改造”率均突破90%，成为继广东省、江苏省之后用户数突破千万的省份之一。二是加快实施宽带普及提升工程。制定了《关于开展宽带普及提速工程，全面支撑“智慧浙江”建设的实施意见》和《宽带浙江发展规划》，支持中国电信浙江公司、中国联通浙江分公司继续推进光网城市建设，支持浙江华数广电网络股份有限公司启动浙江省超高速骨干网建设。推进TD-LTE扩大规模试验工作。杭州4G网络TD-LTE已基本覆盖杭州全域，宁波市、温州市成为国家第二批TD-LTE试点，浙江省成为全国TD-LTE技术规模试验试点城市最多的省份。三是电信业务收入、固定电话数、移动电话数和互联网普及率均居全国前列。截至2012年底，固定电话用户数为1 882.5万户，移动电话数用户数为6 442.6万户，互联网宽带接入用户数为1 152.6万户；移动电话普及率118部/百人，固定电话普及率34.5部/百人。

信息技术应用

两化融合 2012年，浙江省稳步推进两化深度融合，通过广泛运用信息技术改造提升落后的技术工艺、设备生产线和营销管理方式，加快传统制造方式向现代制造模式的转型升级。一是加强两化深度融合工作的研究和部署。积极贯彻实施《关于加快推进信息化和工业化深度融合的意见》，加强全省两化深度融合工作的指导部署。成立省两化融合促进服务中心，建设省两化融合公共服务平台。面向全省11市和20个工业强县，组织开展了区域两化融合发展水平评估，浙江省两化融合总指数为70.73，居全国第7位。重点行业典型企业ERP普及率55.56%，MES普及率23.7%，PLM普及率31.11%，SCM普及率72.59%。二是深化创建产业集群两化融合试验区。围绕促进工业强县建设，确定长兴蓄电池产业集群、平湖光机电产业集群、诸暨大唐袜业产业集群、永嘉泵阀产业集群、兰溪棉纺织产业集群为省级两化深度融合试验区，全省产业集群两化深度融合试验区达到18个。围绕深化试验区建设，促进30多家大型两化融合服务商与企业进行技术对接，参加企业超过2 000家，带动12个地方政府出台了促进两化深度融合的意见。三是继续推进实施传统产业两化深度融合专项行动。继续推进印染、造纸、化工等行业实施两化深度融合专项行动，组织实施了一批重点示范应用项目，扎实抓好工业设计信息化、产品智能化、生产自动化、营销体系网络化、管理现代化等企业“五化”工作。四是实施企业两化深度融合示范试点工程。重点推进龙头骨干企业和总部型企业加快信息化建设，积极创建“五型”企业。浙江吉利控股集团有限公司、杭州娃哈哈集团有限公司等13家企业被列为国家两化融合示范企业，浙江吉利控股集团有限公司、杭州开源电脑技术有限公司、贝发集团股份有限公司3家企业两化融合项目列为国家两化融合重点示范项目。农夫山泉股份有限公司、巨化集团公司等18家企业被列为省级信息化示范企业，宁波方太厨具有限公司、横店集团东磁股份有限公司、美欣达集团有限公司等54家企业被列为省级信息化试点企业。

“智慧浙江”建设 2012年，浙江智慧城市建设示范试点全面推开，成效开始显现。一是分批启动智慧城市建设示范试点项目。全省分三批启动20个示范试点项目建设，覆盖了城市公共服务和社会管理主要应用示范领域。二是建立健全示范试点组织保障体系。贯彻落实《浙江省人民政府关于务实推进智慧城市建设示范试点工作的指导意见》，加快建立健全示范试点工作组织保障体系。三是协调落实“3+X”指导推进模式。建立了智慧城市建设示范试点部省联席会议，签署了6个项目的“3+X”合作协议。智慧环保、智慧水务、智慧健康、智慧旅游、智慧电网、电动汽车智能充换电网络等6个试点项目已按照要求落实了“3+X”指导推进模式，智慧交通、智慧高速、智慧消防、智慧民生等项目“3+X”模式正在加快落实。四是积极促进智慧产业的引进与发展。智慧城市建设示范试点工作吸引了中国电子科技集团、中国航天科工集团公司、国家电网公司、IBM公司、华为技术有限公司、中兴通讯股份有限公司等国内外知名企业在浙江省参与智慧城市建设和智慧产业发展，吸引意向投资额500亿元人民币。五是组织实施智慧城市大型专用软件产业技术创新综合试点。浙江海康集团有限公司、中控科技集团有限公司、快威科技集团有限公司、浙江鸿程计算机系统有限公司、阿里云计算有限公司、宁波中兴智慧城市研究院有限公司、华为智慧健康研究院、东蓝数码股份有限公司等9家企业建立智慧城市大型软件研究院。第一阶段已形成总计超过1 000人的高层次软件研发队伍，吸引海内外和科研院所高端技术人才超过20人。六是标准化建设工作取得新进展。浙江省智慧城市领域已有17项国家标准、34项行业标准、6项地方标准和15项企业标准列入项目工作计划，并积极争取国家标准化管理委员会支持。

社会信息化建设 2012年，浙江省加快推进社会领域信息化发展，提升社会公共服务信息化水平。一是深化浙江电子政务应用，提升资源共享与应用服务能力。建成全省统一的电子政务网络，省、市、县三级政府网站开通率达100%；企业基础信息库应用取得新成绩，企业信用信息查询量达635万次，全年共接受全省各类金融机构查询近40万次，是2011年的4

倍，工作日日均查询近4万次；启动实施全省人口基础信息资源共建共享工程，完成了实有人口基础信息资源库和共享交换平台项目可行性研究；围绕加强食品安全监管，建立“浙江省食品质量安全风险监测和百姓查询信息系统”，形成浙江省食品生产企业名录库、产品信息库、食品添加剂资源库等五大基础数据库；加强企业安全生产信息化管理，全省非煤矿山行政许可管理系统、安全生产事故信息报送统计系统投入运行，全面实现事故信息实时报送、历年事故对比统计、安全管理决策辅助；金盾、金审、金税、金质等重点工程不断深化应用。二是提升社会公共服务信息化水平。教育部门启动实施了浙江省教育信息化建设工程，90所学校被列为省数字校园示范，构建以学校和师生为对象的省级教育基础数据库，加快教育管理公共服务平台建设；文化部门深化全省文化共享工程，加快数字图书馆推广；卫生部门继续推进医疗信息化，积极推进智慧健康建设，全省二级以上医院电子病历应用率达到50.3%，杭州市、温州市、宁波市、嘉兴市、绍兴市、舟山市等6市初步实现区域内卫生信息共建共享、互联互通；人力社保“一卡通”系统全面整合提升，实现了省级社会保障医保“一卡通”网络的联网集中监控；交通部门积极推进智慧交通、智慧高速建设，全省智慧高速建设覆盖里程超过2 300公里。

信息安全 2012年，浙江省加快信息安全组织责任体系、信息安全“136”保障工程和省、市、县三级网络与信息安全工作联络体系建设。一是加强全省网络与信息安全工作的指导协调，制定实施《浙江省网络与信息安全工作责任考评办法》和《浙江省智慧城市建设示范试点项目信息安全保障工作指南》，加强等级保护、风险评估、应急处置、网络信任体系建设等基础工作，研究制定中小企业电子商务信息安全建设指南，完成省委组织部等19个单位76个重要信息系统的评审定级。二是开展全省网络与信息安全检查工作。组织对多家单位实地检查，对全省68家政府门户网站进行技术检测，发现存在中危风险以上漏洞的网站38个，占网站总数的56%，较2011年的65.8%有所降低。三是加强信息安全保障工作。强化监测和执法力度，完成高考等重大活动的信息安全保障工作。推进人才素质体系建设，开展信息安全管理和技术专题培训，全年累计培训人员200多人。四是加强无线电管理工作。强化监测和执法力度，在频率资源管理、台站管理、维护空中电波秩序等方面取得阶段性成果。

热点

电子商务 2012年，浙江省大力发展电子商务服务业，推进电子商务在经济社会各领域的应用，电子商务和网络经济发展迅速。杭州、嘉兴、金华、宁波和绍兴等地市构成中国电子商务经济创新之源，电子商务网站数量、中小企业上网率、企业间电子商务（B2B）和个人间电子商务（C2C）平台交易额均居全国前列。2012年，全省电子商务总交易规模超万亿元，同比增长25%以上；全省拥有各类电子商务网站近4 000家，其中行业电子商务网站约2 000家，占全国总数的20%，全省60%以上的工商企业涉足电子商务领域；全省网站总数32.5万个，占全国总数的10.1%，居全国第3位。电子商务支撑服务已形成规模，阿里巴巴、中国化工网、天猫商城、淘宝网、银泰网、网盛生意宝等构成了浙江电子商务集群，阿里巴巴以48.6%市场占有率稳居B2B服务商市场首位，淘宝网以90.7%市场占有率稳居C2C市场首位。同时，浙江省进一步发挥电子商务发展优势，鼓励发展面向行业和区域的电子商务平台，推进商务数据挖掘与商务智能应用，在服务模式、商业模式、电子支付、网络信用、交易安全和物流配送以及传统市场电子商务等方面积极创新。年内，杭州市实现电子商务服务业收入335亿元，同比增长76.9%，已成为“中国电子商务之都”和全国电子商务中心。宁波市深化智慧物流建设示范试点，继续推进“三位一体”港航物流信息服务体系建设。义乌围绕国际贸易综合改革试点要求，启动实施义乌智慧商城建设示范试点，推进实体市场与电子商务对接。

其他

2012年，浙江省加大规划引导和政策落实力度。一是积极参与《浙江省工业强省建设“十二五”规划》的编制工作，发布实施《浙江省电子信息产业发展“十二五”规划》（浙发改规划[2012] 82号），明确了“十二五”期间浙江省电子信息产业发展的指导思想、发展目标、主要任务、发展重点和保障措施。二是着手开展集成电路、通信与网络、数字家庭、LED和太阳能光伏等产业链的培育工作，编制重点产业链（2012-2015）培育方案和相关产业发展指导意见。三是加强对《国务院关于印发进一步鼓励软件产业和集成电路产业发展若干政策的通知》（国发[2011] 4号）等文件的宣传贯彻工作，做好全省国家规划布局内重点集成电路设计企业认定工作，开展产业政策评价和实施状况调查工作。四是加强政府资金引导，做好各类专项的组织申报工作。全年共申报国家“核高基”、新一代宽带无线移动通信网、国家电子发展基金、国家电子信息产业振兴等专项53个，项目计划总投资30.5亿元；制定《2012年浙江省工业转型升级（信息产业）专项资金项目指南》和浙江省电子信息产业重点项目计划，确定集成电路、平板显示、3G、数字电视、下一代互联网、信息技术应用和平台建设方面重点投资项目152个，总投资36.05亿元。五是加强行业管理和服务。加强电子信息行业统计和经济运行监测分析，定期发布产业动态运行分析报告，完善产业预测预警机制。

主要问题

一是出口增长未出现根本性好转。电子行业出口增长乏力，出口增幅低于全省工业平均水平，出口交货值占销售产值的比重下降到29.9%。二是产业创新能力欠强。核心领域和关键技术开发有待突破，产品和应用技术水平总体不高，以企业为主体的技术创新体系不够完善，产学研用的技术合作和服务水平有待增强。三是行业缺少重大投资项目，产业发展后劲不足。2012年，浙江省电子信息产业500万元以上项目投资规模和增速在全国排位继续后移。四是制约行业发展的因素在新形势下更加凸显，表现为生产经营成本高企，原材料价格急剧上扬，用工成本大幅上升，企业盈利增长空间不断受到挤压等。

【统计数据】

表1 2012年浙江省电子信息制造业重点企业人员构成情况

企业类别	企业数（家）	年末从业人员总数（人）	其中：研发人员（人）
内资企业	398	232 287	25 066
国有企业	6	3 486	1 236
国有独资公司	2	1 182	137
股份合作企业	7	770	86
有限责任公司	205	119 640	11 084
股份有限公司	74	82 144	10 339
私营企业	102	23 985	2 103
其他内资企业	2	1 080	81
港、澳、台商投资企业	49	24 026	4 712
三资企业	62	66 476	3 204
合计	509	322 789	32 982

注：数据来源于浙江省经济和信息化委员会。

表 2　2010—2012 年浙江省电子信息制造业规模以上企业基本情况

项目名称	单位	2010 年	2011 年	2012 年
工业总产值（现行价）	万元	50 487 481	54 202 263	57 879 468
工业销售产值	万元	49 171 627	52 632 035	55 759 101
其中：出口交货值	万元	16 971 912	16 960 987	16 707 250
流动资产平均余额	万元	26 284 536	30 542 532	36 235 508
资产总计	万元	45 619 919	50 135 021	57 893 982
负债合计	万元	25 524 070	29 152 794	33 051 229
主营业务收入	万元	49 783 239	52 710 820	56 611 352
税金总额	万元	1 160 568	1 216 922	1 431 817
利润总额	万元	3 376 221	3 351 870	3 350 064
从业人员年末人数	人	922 844	809 828	821 096
从业人员工资总额	万元	2 726 519	2 916 139	3 511 918

表 3　2010—2012 年浙江省电子信息制造业规模以上三资企业基本情况

项目名称	单位	2010 年	2011 年	2012 年
工业总产值（现行价）	万元	19 956 003	21 720 447	23 307 439
工业销售产值	万元	19 586 693	21 201 535	22 294 222
其中：出口交货值	万元	10 560 318	10 297 136	10 188 676
流动资产平均余额	万元	9 768 116	11 452 128	14 436 936
资产总计	万元	16 804 255	18 830 666	21 536 511
负债合计	万元	9 100 251	10 849 807	11 633 782
主营业务收入	万元	19 938 798	21 150 657	22 539 622
税金总额	万元	287 874	379 950	481 206
利润总额	万元	1 335 052	1 212 138	1 618 156
从业人员年末人数	人	323 939	309 278	313 912
从业人员工资总额	万元	1 062 504	1 198 660	1 471 350

表 4 2010—2012 年浙江省电子信息制造业规模以上企业主要经济效益指标完成情况

项目名称	单位	2010 年	2011 年	2012 年
全员劳动生产率	元/人	108 990	125 261	119 132
流动资产周转率	%	189.4	172.6	156.2
产品销售率	%	98.1	97.6	96.3
总资产贡献率	%	12.4	11.6	10.3
资产保值增值率	%	138.5	116.8	109.8
资产负债率	%	55.9	58.1	57.1

表 5 2010—2012 年浙江省电子信息制造业规模以上三资企业主要经济效益指标完成情况

项目名称	单位	2010 年	2011 年	2012 年
全员劳动生产率	元/人	125 183	131 435	125 622
流动资产周转率	%	204.1	184.7	156.1
产品销售率	%	98.2	97.6	95.7
总资产贡献率	%	11.6	10.4	11.3
资产保值增值率	%	127.1	114.6	110.1
资产负债率	%	54.2	57.6	54.1

注：表 2—表 5 数据来源于浙江省统计局（2011 年为年主营业务收入 2 000 万元以上的企业）。

表 6 2010—2012 年浙江省主要电子信息产品产销量情况

产品名称	单位	产量			销量		
		2010 年	2011 年	2012 年	2010 年	2011 年	2012 年
移动通信手机	万部	2 933	2 835	1 735	2 898	2 816	1 714
程控交换机	万线	183	190	178	179	193	171
彩色电视机	万台	224	343	362	205	347	360
其中：液晶电视机	万台	213	338	360	193	339	257
液晶显示模组	万套	5 067	5 947	6 026	5 076	5 869	6 091
集成电路	亿块	11.4	17.9	20.9	11.5	18.3	21.2
半导体分立器件	亿块	270.7	312.1	438.8	252.1	286.8	425.3
电子元件类	亿块	671.6	557.3	502.1	665.1	570.3	496.8
笔记本电脑	万台	157	155	161	157	154	162

表 7　2010—2012 年浙江省三资企业主要电子信息产品产销量情况

产品名称	单位	产量			销量		
		2010 年	2011 年	2012 年	2010 年	2011 年	2012 年
移动通信手机	万部	1 416	1 030	253	1 439	1 019	241
笔记本电脑	万台	157	155	161	157	154	162
集成电路	亿块	4.0	6.3	8.4	4.0	6.4	8.5
半导体分立器件	亿块	94.8	124.8	175.5	88.2	114.7	170.1
电子元件类	亿块	235.1	222.9	200.8	232.8	228.1	198.7
液晶显示模组	万套	5 067	5 947	6 026	5 076	5 869	6 091

表 8　2012 年浙江省软件产业人员构成情况

企业类别	企业数（家）	年末从业人员总数（人）	人员构成			
			管理人员（人）	在总人数中所占比例（%）	软件开发研究人员（人）	在总人数中所占比例（%）
内资企业	1 381	169 892	23 052	13.6	54 881	32.3
国有企业	28	11 939	1 375	11.5	2 065	17.3
国有独资公司	14	2 957	251	8.5	645	21.8
集体企业	2	245	15	6.1	141	57.6
股份合作企业	7	3 309	536	16.2	2 624	79.3
联营企业	1	89	5	5.6		
有限责任公司	845	81 337	10 358	12.7	26 167	32.2
股份有限公司	89	40 835	6 593	16.1	13 183	32.3
私营企业	390	28 997	3 898	13.4	9 969	34.4
其他内资企业	5	184	21	11.4	87	47.3
港、澳、台商投资企业	54	28 178	2 602	9.2	9 788	34.7
三资企业	71	23 846	2 693	11.3	9 159	38.4
合计	1 506	221 916	28 347	12.8	73 828	33.3

表 9 2010—2012 年浙江省软件产业基本情况

项目名称	单位	2010 年	2011 年	2012 年
软件业务收入	万元	7 014 052	9 294 018	13 553 435
软件业务出口	万美元	92 935	102 884	115 231
增加值	万元	2 939 707	4 435 482	6 397 699
流动资产平均余额	万元	8 901 622	8 288 279	11 845 473
固定资产投资额	万元	440 063	296 292	312 109
资产总计	万元	13 382 009	15 874 073	21 187 473
负债合计	万元	6 907 286	6 698 859	8 206 981
税金总额	万元	459 032	886 259	842 129
利润总额	万元	1 663 354	2 616 411	3 682 673
应交所得税	万元	166 381	266 098	332 712
从业人员年末人数	人	159 623	192 229	221 916
从业人员工资总额	万元	776 670	1 060 177	1 648 905

表 10 2010—2012 年浙江省软件产业三资企业基本情况

项目名称	单位	2010 年	2011 年	2012 年
软件业务收入	万元	2 113 268	2 073 932	4 864 936
软件业务出口	万美元	45 140	56 188	65 846
增加值	万元	1 258 658	1 393 626	3 222 284
流动资产平均余额	万元	2 246 301	2 688 356	4 704 758
固定资产投资额	万元	109 889	48 920	96 529
资产总计	万元	3 733 035	3 684 692	6 649 907
负债合计	万元	1 951 468	1 555 038	2 589 789
税金总额	万元	138 097	261 916	307 200
利润总额	万元	819 515	905 673	2 304 066
应交所得税	万元	68 134	123 834	170 252
从业人员年末人数	人	32 601	39 261	52 024
从业人员工资总额	万元	327 900	354 696	613 925

表 11　2010—2012 年浙江省软件产业主要经济效益指标完成情况

项目名称	单位	2010 年	2011 年	2012 年
全员劳动生产率	元/人	193 386	239 016	289 651
流动资产周转率	%	78.7	112.1	114.4
销售利润率	%	23.7	28.2	27.2
总资产贡献率	%	16.1	22.3	21.7
资产保值增值率	%	138.0	141.7	141.5
资产负债率	%	51.6	42.2	38.7

表 12　2010—2012 年浙江省软件产业三资企业主要经济效益指标完成情况

项目名称	单位	2010 年	2011 年	2012 年
全员劳动生产率	元/人	386 079	354 964	619 384
流动资产周转率	%	94.1	77.1	103.4
销售利润率	%	38.8	43.7	47.4
总资产贡献率	%	25.7	31.3	39.2
资产保值增值率	%	121.2	119.5	190.6
资产负债率	%	52.3	42.2	38.9

注：表 6—表 12 数据来源于浙江省经济和信息化委员会。

[撰稿：郑闽红　审稿：姚建中]

安　徽　省

【综述】

2012 年，安徽省电子信息产业围绕培育壮大主导产业、战略性新兴产业发展战略，按照“稳增长、调结构、促转型、强服务”的工作思路，持续加大有效投入，着力推进结构调整，不断转变发展方式，全行业呈现稳步快速发展的良好态势。全省电子信息产业完成工业总产值 1 539 亿元，同比增长 39.1%；实现主营业务收入 1 470 亿元，同比增长 42.9%；利润总额 148 亿元，同比增长95.4%。

主要产品产量　2012 年，生产彩色电视机 610.5 万台，同比增长 10.9%；光缆 105 万芯公里，同比增长 38%；电子元件 19.9 亿只，同比增长 44.0%；半导体器件 32.3 亿只，同比增长 53.0%。液晶显示屏、计算机等产品生产量快速增长，全年生产液晶显示屏 3 250 万片，同比增长 163.3%；微型计算机 339 万台，同比增长 173.7%。

电子信息产品制造业

2012 年，安徽省规模以上电子信息制造业实现工业总产值 1 415 亿元，同比增长 41.2%；主营业务收入 1 349 亿元，同比增长 45.6%；出口交货值 162.4 亿元，同比增长 46%。一批重点产品生产量在全国排名比上年提升，其中，彩色电视机由第 7 位升至第 6 位，微型计算机由第 11 位升至第 8 位，半导体分立器件由第 14 位升至第 10 位，电子元件由第 12 位升至第 11 位，光缆由第 14 位升至第 13 位，通信及网络电缆由第 6 位升至第 4 位。

骨干企业队伍扩大　2012 年，安徽省规模以上电子信息制造业年产值超亿元企业数突破 170 家，其中，10 亿元以上企业 18 家，5 亿元以上企业 30 家。天康集团、铜陵精达铜材（集团）有限责任公司 2 家企业入列第 27 届中国电子信息百强企业名单，综合评分排名分居第 50 位和第 57 位。安徽铜峰电子集团有限公司入围第 26 届中国电子元件百强企业，综合排名居第 40 位，比上届前进 4 位。合肥京东方光电科技有限公司、合肥宝龙达信息技术有限公司、芜湖德豪润达光电科技有限公司、蚌埠晟光科技股份有限公司等一批新兴骨干企业迅速成长，成为支撑和拉动增长的主力。

重点项目推进顺利　2012 年，安徽省电子信息制造业共安排亿元以上电子信息制造投资导向计划项目 127 项，总投资 1 227 亿元，同比增长 37.9%。全年完成固定资产投资 629 亿元，同比增长 13.9%，高于全国平均增速 8.2 个百分点，完成投资额居全国同行业第 4 位。TFT-LCD 6 代线等一批重点项目实现增产增效，合肥京东方光电科技有限公司逐步满产满销，全年实现工业总产值 81 亿元、主营业务收入 79 亿元、利润 1.3 亿元，成为全国首条盈利 TFT-LCD 6 代生产线。重点在建项目推进顺利，总投资 285 亿元的合肥鑫晟 TFT-LCD 8.5 代生产线项目成功获批建设，全年完成投资 70 亿元；总投资 85 亿元的芜湖东旭高世代平板显示玻璃基板项目一期于年底实现首台窑炉点火；投资 10 亿美元、年产 2 000 万台笔记本电脑和台式一体机的联想（合肥）产业基地先期形成月产 50 万台笔记本电脑产能。

产业结构逐步优化　新型显示、计算机制造等领域成长迅速，全年显示器件产值突破 170 亿元，计算机整机产值达到 60 亿元，分别增长 46.9%、121.1%；彩电工业成功转型，全年生产彩色电视机 611 万台，同比增长 10.9%，高于全国增速 5 个百分点，其中，液晶电视 606 万台，同比增长 19.3%，占彩色电视机总产量的 99.3%，比上年提高 4.2 个百分点，带动电视机制造产值同比增长 42.3%；平板电脑、机顶盒等新型消费电子实现量产，LED、太阳能光伏在高端产品和应用集成方面取得良好发展，合肥华恒电子科技有限责任公司自主研发出全球第一款投影平板电脑产品，阳光电源股份有限公司光伏逆变器产品居国内市场占有率和国际市场中国品牌第 1 名。

软件服务业

2012 年，安徽省规模以上软件企业实现主营业务收入超过 120 亿元，同比增长 19%，比 2000 年增长 40 倍；实现利润总额 16.5 亿元，同比增长 19.8%；上交税金总额 4.8 亿元，同比增长 13.1%，比 2000 年增长近 20 倍；研发投入 8.1 亿元，同比增长 8%，研发经费投入占行业总收入比重 6.5%；从业人员 2.4 万人，从业人员薪酬比上年提高 22.1%。

产业队伍扩大　2012 年，安徽省新认定软件企业 97 家，登记软件产品 638 件，6 家软件企业通过 CMM/CMMI 认证。截至 2012 年底，全省累计认定软件企业 457 家，累计登记软件产品 2 655 件，CMM/CMMI 有效认证企业累计 14 家，其中，科大国创软件股份有限公司通过 CMMI5 级认证；70 家企业获得计算机信息系统集成资质，其中，一级 6 家，二级 6 家，三级 46 家，四级 12 家；5 家单位获得信息系统工程监理资质，其中 1 家单位获得部乙级监理资质。

企业实力增强　2012 年，安徽省有 33 家软件企业主营业务收入超过亿元，比上年新增 10 家，超亿元软件企业主营业务收入占全行业收入比重持续上升，由 2010 年的 64%、2011 年的 66%上升到 2012 年的 69%，其中，安徽四创电子股份有限公司、安徽科大讯飞信息科技股份有限公司、安徽美亚光电技术股份有限公司 3 家软件企业主营业务收入均超过 5 亿元。安徽南瑞继远软件有限公司、安徽科大讯飞信息科技股份有限公司被认定为 2011—2012 年度国家规划布局内重点软件企业。安徽美亚光电技术股份有限公司成功上市，成为继安徽科大讯飞信息科技股份有限公司、安徽皖通科技股份有限公司、安徽四创电子股份有限公司、科大智能科技股份有限公司之后安徽省第 5 家上市软件企业。安徽科大讯飞信息科技股份有限公司继安徽四创电子股份有限公司 2011 年首批进入“国家技术创新示范企业”后，2012 年获批为“国家技术创新示范企业”。

业务结构拓展 2012 年，安徽省规模以上软件企业实现软件业务收入 75.2 亿元，同比增长 23.7%。其中，软件开发收入 38.2 亿元，同比增长 22.6%；信息系统集成服务收入 27.9 亿元，同比增长 15.8%；数据处理和运营服务收入 4 亿元，同比增长 354.5%；嵌入式系统软件收入 2.6 亿元，同比增长 730.9%；信息技术咨询服务收入 2.5 亿元，同比下降 40.5%。全年完成软件外包服务收入 5.9 亿元，同比增长 180.9%，合肥凯捷技术有限公司、马鞍山华彤网络科技有限公司、联发科技（合肥）有限公司的软件服务外包收入突破亿元。8 家企业通过文化部、财政部、国家税务总局 2012 年动漫企业认定，全省累计通过认定动漫企业数达到 24 家，安徽樱艺缘文化传播有限公司动漫作品《黑脸大包公》通过国家 2012 年重点动漫产品认定。

产品进出口贸易

2012 年，安徽省电子信息产业实现出口交货值 165.6 亿元，同比增长 45.7%，主要出口产品包括笔记本计算机、液晶显示屏、彩色电视机、汽车电子仪表、电容器用聚丙烯膜及电容器、导电膜玻璃、集成电路封装模具、覆铜箔积层板、永磁铁氧体、电阻器、稳压电源及电源变压器、遥控器、数据电缆及光纤等，其中，笔记本计算机 388.4 万台，集成电路封装模具 224 付，稳压电源 18.9 万台。全年实现软件业务出口 5 054.8 万美元，合肥美亚光电技术有限公司、合肥泰禾光电科技股份有限公司的智能分选系统已出口美国、加拿大等 20 多个国家。

科技进步与应用

科技专项实施顺利 2012 年，由中国电子科技集团第 38 研究所承担的“高性能通用数字信号处理器研究”、奇瑞汽车股份有限公司承担的“汽车电子控制器嵌入式软件平台及产业化”两项 2009 年国家“核高基”重大科技专项牵头课题通过验收，课题成果对雷达装备核心器件自主研发和汽车电子软件公共平台建设做出重大贡献。依托“高性能多核 CPU 研发与应用”“核高基”重大科技专项成果，中国科学技术大学联合深圳大学研制成功中国首台采用自主设计的“龙芯 3B”8 核处理器的万亿次高性能计算机“KD-90”。在 2012 年“核高基”重大科技专项新列课题中，牵头和参与联合承担课题各 1 项，分别是中国电子科技集团公司第 38 研究所牵头、联合中国科学技术大学等承担的“面向先进雷达的高性能数字信号处理器研发及应用”课题，埃泰克汽车电子（芜湖）有限公司参与承担的“国产化汽车电子芯片关键技术研究”课题。

科技创新成果突出 2012 年，安徽省推荐的中国电子科技集团公司第 41 研究所“宽带微波毫米波频谱分析仪”项目获得国家科学技术进步奖二等奖。全省电子信息领域共 28 项成果获得省级科技进步奖，其中，一等奖 2 项，二等奖 4 项，三等奖 22 项。中国电子科技集团第 38 研究所“极化干涉合成孔径雷达”、芜湖国睿兆伏电子股份有限公司“5MW 小型化全固态高压脉冲调制器”分别获得 2012 年度中国电子学会电子信息科学技术奖一等奖和三等奖。

智能语音等技术保持领先 安徽科大讯飞信息科技股份有限公司第 7 次蝉联国际英文合成大赛桂冠，囊括相似度、自然度、可懂度和段落表达等关键评测指标第 1 名，继续保持智能语音技术全球领先地位，被工业和信息化部、财政部认定为 2012 年国家技术创新示范企业；量子通信技术及应用取得新突破，中国科学技术大学首次成功实现百公里量级自由空间量子隐形传态和纠缠分布，奠定基于卫星的量子通信网络建设基础，全球首个量子通信规模应用示范网络——合肥城域量子通信试验示范网全网开通，利用量子通信技术保障金融信息传输安全的首次技术验证和应用网络——金融信息量子通信验证网实现应用。

信息基础设施建设

截至2012 年底，安徽省光缆线路长度 61.2 万公里，同比增加 10.9 万公里；互联网宽带接入端口 863.8 万个，同比增加 131 万个；局用交换机容量 1 269.1 万门，同比减少 174.5 万门；移动电话交换机容量 7 220.9 万户，同比增加 308.9 万户；固定电话交换机总容量1 203.8 万门，同比减少 239.8 万门。2012 年，安徽省固定电话用户 1 091.4 万户，同比减少 152.5 万户；移动电话用户 3 609.8 万户，比上年增加 350.4 万户；互联网宽带接入用户 507 万户，比上年增加 49.6 万户。每百人拥有电话

(含移动) 78.5部，比上年增加3部，其中，固定电话普及率18.3部/百人，移动电话普及率60.5部/百人。全年完成电信业务总量372亿元，同比增长12.2%；实现电信业务收入333.3亿元，同比增长13.5%。广播和电视综合人口覆盖率分别为97.9%和98.1%，比上年增长0.23个和0.18个百分点，有线电视用户数518.8万户。

信息产业基地建设

合肥新型显示产业基地 2012年3月23日，合肥新站综合开发区被工业和信息化部认定为电子信息（新型平板显示）国家新型工业化产业示范基地，成为全国首家以新型平板显示为主题的新型工业化产业示范基地。基地内从事新型平板显示及其关联产业的企业已超过30家，建成投产TFT-LCD 6代生产线1条，在建TFT-LCD 8.5代线1条。其中，合肥京东方TFT-LCD 6代线实现满产满销，成功量产15个尺寸50余款产品，涵盖移动终端、平板及笔记本电脑、台式电脑显示器、电视等多个领域，18.5英寸台式电脑显示屏全球市场占有率居第1位，为惠普、戴尔、联想、三星、LG等120余家国内外知名客户提供配套。全年实现主营业务收入79亿元，同比增长64.9%；出口39.3亿元，同比增长638%；完成利润1.3亿元，成为国内首条盈利TFT-LCD 6代生产线。总投资285亿元的合肥鑫晟TFT-LCD 8.5代生产线全年完成投资70亿元，实现主体厂房封顶并开始内部洁净室装修。光学薄膜、电子化学品、大宗气体、表面贴装、金属件、背光源模块、浆料专业物流配送等近20家上游企业已经开展本地化配套，形成较为完整的平板显示产业链。

省级电子信息产业基地园区 2012年，全省新增马鞍山经济技术开发区、芜湖鸠江经济开发区和天长经济开发区3个省级电子信息产业基地（园）。3个基地（园）拥有各类电子信息企业近百家，省级以上技术研发机构20多个，电子元器件、汽车电子、LED光电等领域部分产品技术居国内领先。其中，马鞍山经济技术开发区重点发展电子通讯设备、LED光电子、电子元器件和汽车电子、智能小家电以及电子信息产业交易服务；芜湖鸠江经济开发区重点发展铜基信息材料、汽车电子、电光源及光电子器件、智能家电和新一代电子信息产品；天长经济开发区重点发展高端仪表、智能执行仪、先进电子元器件及磁性材料等特色产业。

信息技术应用

两化融合 《安徽省"十二五"信息化发展规划》（皖政[2012] 30号）颁布，提出实施"359"计划，即：完善信息化基础设施、综合应用和支撑保障3大体系，加强两化融合、电子政务、电子商务、农业农村信息化和智慧城市建设5大应用，实施传统产业信息化改造、农业农村信息共享、信息惠民、公共事件应急管理、信息高速公路、基础数据库、信息产业创新发展、物联网和云计算、区域信息化合作9大工程。铜陵有色金属集团控股有限公司、安徽海螺集团有限责任公司、安徽叉车集团有限责任公司、安徽江淮汽车股份有限公司、奇瑞汽车股份有限公司、安徽华茂集团有限公司、淮北矿业（集团）有限责任公司7家企业被工业和信息化部认定为首批国家级信息化和工业化深度融合示范企业。合肥京东方光电科技有限公司等85家企业认定为省级两化融合示范企业，合肥市蜀山经济开发区等11家开发区认定为省级两化融合示范区。至此，省级两化融合示范企业达到205家、示范区达到19家。合肥市列入国家三网融合第二阶段试点城市。

物联网 2012年，全省物联网企业数已近200家，应用领域涉及智能交通、家电、金融、电网、物流、水利、环保、能源、食品、安防等。安徽富煌建设有限责任公司"基于物联网的大型建筑结构健康监测与安全监控平台研发与产业化"等6个项目列入工业和信息化部2012年物联网产业发展专项，至此全省已有14个项目列入该专项，累计获得国家补助资金2 700万元，项目涉及通信、交通、公共安全、农业物联网等多个领域，其中，合肥极光科技股份有限公司"基于物联网的智能安全箱柜及管控系统产业化"等一批项目已实现产业化应用。

软件应用推广 2012年，安徽省软件产品开发以应用软件为主，占全省软件产品开发收入的50.4%，主要包括行业应用软件、工业生产控制软件和管理软件等，其中，行业软件主要应用于交通、通信、能源、金融、医院等领域。语音技术在网站、手机、学习机等领域应用进一步普及，煤矿安全监控技术国内领先并牵头制定矿井安全生产系列国家标准，智能交通产品已覆盖全国，电力自动化系统在国家电网信息化建设中发挥重要作用，70多家信息系统集成资质企业为全省信息化建设提供多方位解决方案和服务，云计算等新型业态起步发展。

热点

确立全省电子信息主导产业发展地位 2012年9月10日，安徽省人民政府发布《关于加快做大做强主导产业的若干意见》，电子信息和家用电器被列为全省重点培育壮大的八大主导产业之一，将通过财税、金融、土地、人才等支持政策，进一步统筹生产力布局、加强资源整合，加快做强大企业、做长产业链和做大产业群，计划到2016年全省电子信息和家用电器产业产值突破1万亿元。

部省签订语音产业发展备忘录 2012年8月1日，工业和信息化部与安徽省人民政府在北京市签订《关于共同推进安徽省语音产业发展合作备忘录》，以部省合作方式，共同推进语音技术研发和广泛应用，打造以安徽科大讯飞信息科技股份有限公司为龙头的中国合肥国际智能语音产业园，力争到2017年安徽语音产业销售收入达到1 000亿元规模。

联宝计算机产业基地建成一期工程 2012年12月27日，联想集团和台湾仁宝集团联合在合肥出口加工区投资10亿美元建设的2 000万台笔记本和台式一体机生产基地历时14个月实现一期工程投产，笔记本电脑单月制造产能达到50万台，2014年基地工程全部建成后，合肥市将成为联想集团在全球最大的个人电脑生产基地。

TFT-LCD 8.5代生产线开工建设 2012年8月14日，京东方科技集团股份有限公司与合肥市人民政府、巢湖城市建设投资有限公司签署《合肥鑫晟光电科技有限公司薄膜晶体管显示器件（TFT-LCD）8.5代生产线项目投资框架协议》，计划总投资285亿元在合肥市建设TFT-LCD 8.5代生产线，主要生产55英寸及以下TFT-LCD显示屏和模组产品。项目建设周期22个月，建成达产后将形成月加工9万片2 200mm×2 500mm玻璃基板生产能力，成为全球首条应用金属氧化物液晶显示技术的高端显示面板生产线。

其他

新兴领域获专项政策支持 安徽省委、省政府高度重视战略性新兴产业发展，把培育发展战略性新兴产业作为推进产业结构升级、加快经济发展方式转变、实现可持续发展的重大举措。2012年，安徽省八大战略性新兴产业产值突破5 000亿元，其中，电子信息产业产值超过千亿元，规模居八大产业第2位。合肥鑫晟TFT-LCD 8.5代生产线、中国建材蚌埠玻璃工业设计研究院超薄显示玻璃等一批带动性强的产业链关键环节重大项目建设获得安徽省战略性新兴产业专项资金支持。

搭建平台促进产品销售 为挖掘市场潜力、促进消费需求，2012年组织开展一系列省产电子信息产品省内外和境外促销活动。6月29日，组织召开了全省电子元器件产品产需对接会，促进电子元器件厂商与家电等传统产业加强供求信息对接和签订供需合同，省内知名家电企业、电子信息产品制造企业、中国电子科技集团在皖研究所等约60家单位参会；9月6日，组织参加了工业和信息化部、中国国际贸易促进委员会和安徽省人民政府共同主办的第6届中国（合肥）国际家用电器博览会；10月30日—11月1日，组团参加了第80届中国电子展，全省共29家企业参展，在销售订单、招商引资、配套合作和招揽人才等方面取得良好成绩；11月29日，与马鞍山市政府等共同主办了海峡两岸（马鞍山）电子信息博览会，吸引内地及台湾地区300多家电子信息类企业参展；在合肥市等地组织开展了电子信息海外展会推介活动，组织企业参加美国拉斯维加斯消费电子展、香港电子产品展等海外电子信息专业展会，帮助企业开拓国际市场。

主要问题

一是产业规模总体偏小。2012年，安徽省规模以上电子信息产业增加值占全省工业比重不到6%，产业规模仍然偏小、企业数量偏少。

二是高端领域发展不足。自主创新虽有突出“亮点”，但产业化、市场化能力不强，企业成长不快，尚未形成集群优势；在新一代信息技术产业重点发展领域，仅新型平板显示取得较大突破，智能手机、平板电脑等新型消费电子领域发展不足。

三是集聚发展效应不突出。围绕新型显示、计算机制造产业的配套体系不够完善，企业关联性较差，重大项目储备不足，计算机制造、通信终端等产业尚未形成集聚效应。

【统计数据】

表1　2012年安徽省电子信息制造业人员构成情况

企业类别	企业数（家）	年末从业人员总数（人）	人员构成					
			工程技术人员（人）	在总人数中所占比例（%）	管理人员（人）	在总人数中所占比例（%）	研发人员（人）	技术工人（人）
内资企业	386	142 916	11 991	8.4	7 213	5.0	9 014	31 041
国有企业	13	8 183	916	11.2	398	4.9	496	1 991
集体企业	1	213	5	2.3	7	3.3		13
股份合作企业	2	230	7	3.0	8	3.5		17
联营企业	26	15 452	1 871	12.1	574	3.7	1 257	4 072
有限责任公司	119	39 109	3 572	9.1	2 016	5.2	2 917	9 356
股份有限公司	34	17 185	3 265	19.0	1 680	9.8	2 548	8 242
私营企业	185	31 359	2 012	6.4	1 845	5.9	1 796	6 218
其他内资企业	6	31 185	343	1.1	685	2.2		1 132
港、澳、台商投资企业	22	16 258	1 556	9.6	582	3.6	1 185	3 655
三资企业	29	14 439	823	5.7	408	2.8	240	1 618

表2　2010—2012年安徽省电子信息制造业基本情况

项目名称	单位	2010年	2011年	2012年
工业总产值（现行价）	万元	7 238 339	10 019 129	14 147 568
工业销售产值	万元	6 760 662	9 719 918	13 699 428
出口交货值	万元	417 865	1 111 955	1 623 900
资产总计	万元	5 140 752	9 300 397	15 664 800
负债合计	万元	2 739 723	5 113 481	8 102 700
主营业务收入	万元	6 633 220	9 242 494	13 458 141
税金总额	万元	320 146	421 046	537 458
利润总额	万元	657 063	621 299	1 318 196
应交所得税	万元	74 808	47 386	127 519
从业人员年末人数	人	108 719	116 449	173 613

表 3　2010—2012 年安徽省电子信息制造业主要经济效益指标完成情况

项目名称	单位	2010 年	2011 年	2012 年
产品销售率	%	93.4	97.0	96.8
总资产贡献率	%	26.8	22.2	17.1
资产负债率	%	53.3	55.0	51.7

表 4　2010—2012 年安徽省主要电子信息产品产销量情况

产品名称	单位	产量			销量		
		2010 年	2011 年	2012 年	2010 年	2011 年	2012 年
彩色电视机	万台	395.3	550.5	610.5	395.3	550.5	610.5
微型计算机	台	18 118	1 239 713	3 393 618	18 118	1 239 713	3 393 618
液晶显示屏	万片	65	1 234	3 250	65	1 234	3 250
电子元件	万只	109 440	138 529	199 481	108 360	140 396	204 416
半导体器件	万只	71 669	211 350	323 365	75 650	203 701	316 347

注：表 1—表 4 数据来源于安徽省统计局。

表 5　2012 年安徽省软件产业人员构成情况

企业类别	企业数（家）	年末从业人员总数（人）	人员构成			
			管理人员（人）	在总人数中所占比例（%）	软件开发研究人员（人）	在总人数中所占比例（%）
内资企业	163	22 136	2 740	12.4	7 481	33.8
国有企业	5	944	145	15.4	443	46.9
集体企业	1	26	5	19.2	3	11.5
有限责任公司	65	6 973	1 020	14.6	2 443	35.0
股份有限公司	28	9 924	850	8.6	2 874	29.0
私营企业	62	4 243	704	16.6	1 708	40.3
其他内资企业	2	26	16	61.5	10	38.5
港、澳、台商投资企业	2	692	47	6.8	590	85.3
三资企业	5	1 088	71	6.5	236	21.7

表 6 2010—2012 年安徽省软件产业基本情况

项目名称	单位	2010 年	2011 年	2012 年
软件业务收入	万元	519 157	608 169	752 332
软件业务出口收入	万美元	997	3 768	5 055
软件开发收入	万元	261 595	311 765	382 069
增加值	万元	241 510	256 156	322 650
流动资产平均余额	万元	629 898	789 020	1 146 212
固定资产投资额	万元	44 487	36 449	66 624
资产合计	万元	1 031 238	1 406 101	1 707 307
负债合计	万元	435 070	616 753	690 161
税金总额	万元	31 918	42 023	47 522
利润总额	万元	118 800	137 992	165 357
应交所得税	万元	12 093	14 409	20 896
从业人员年末人数	人	19 158	21 765	23 916
从业人员工资总额	万元	76 393	107 779	131 627

表 7 2010—2012 年安徽省软件产业主要经济效益指标完成情况

项目名称	单位	2010 年	2011 年	2012 年
全员劳动生产率	元/人	131 879	124 868	139 289
资产保值增值率	%	127.5	140.0	139.8
资产负债率	%	42.2	43.9	40.4

注：表 5—表 7 数据来源于安徽省经济和信息化委员会。

[供稿：安徽省经济和信息化委员会]

福 建 省

【综述】

2012年，福建省围绕“十二五”信息产业发展规划确定的“万千百”发展目标（万亿产业规模、6个千亿产业集群、25个百亿龙头企业），突出“七个提升工程”，推动全省信息产业实现平稳增长。全年信息产业销售收入完成6 000亿元，同比增长18%。其中，电子信息制造业完成销售收入3 816亿元，增长13.7%，居全国第6位；软件及系统集成实现销售收入1 056亿元，增长30.9%，居全国第9位；信息产品及信息技术服务出口超过300亿美元，占全省出口三分之一。信息化建设各项指标均居全国先进行列。

福建省“十二五”信息产业规划确定的6个千亿产业集群已有3个实现千亿目标，其中，新型显示产业集群1 350亿元，计算机及网络产品产业集群和软件及信息技术服务产业集群均超过1 000亿元。其他3个产业集群实现平稳增长，其中，新一代移动通信产业集群450亿元，LED和太阳能产业集群400亿元，物联网产业集群400亿元。

电子信息制造业

总体规模保持较快增长 电子信息制造业全年累计完成工业总产值3 902亿元，同比增长13.7%，产业规模居全国第6位；产销率98.2%，比上年提升0.4个百分点；累计完成工业销售产值3 816亿元，增长13.7%。全省各地市产值均实现增长。其中，福州市完成产值850.2亿元，增长8.1%，厦门市完成产值1 914.6亿元，增长14.3%，各地市增速超过全省平均增速的有宁德市、三明市、龙岩市、泉州市、莆田市和厦门市，分别增长65.6%、35.5%、21.7%、19.7%、16.9%和14.3%。

企业呈现高成长势头 电子信息制造业领域750家规模以上企业中，产值同比增长50%以上的企业有150家，其中58家实现成倍以上增长；百亿制造业企业7家，分别为厦门宸鸿科技有限公司、厦门戴尔服务（中国）、友达光电股份有限公司、福建捷联电子有限公司、福建华映光电股份有限公司、联想移动通信科技有限公司、冠捷显示科技（厦门）有限公司，比2011年新增2家。其中，联想移动通信科技有限公司实现产值169亿元，同比增长150%，是当年该省增长速度最快的重点企业，其智能手机国内市场份额跃居全国第2位；冠捷显示科技（厦门）有限公司产值首次突破百亿元，同比增长56%；生产触控组件产品的达运精密工业（厦门）有限公司完成产值85亿元，增长123%；省电子信息集团旗下的福建星海通信科技有限公司增长57.4%，福建福光数码科技有限公司增长46.4%，福建福日电子股份有限公司增长24.0%；福建华映光电股份有限公司触控面板一条龙项目投产，其中，中小尺寸液晶模组产量大幅增长，带动公司实现产值77亿元，增长32.6%；捷星显示科技（福建）有限公司有4条超薄液晶显示器生产线量产，实现产值55亿元，增长38.8%；厦门戴尔服务（中国）增长16.4%，福建飞毛腿电子有限公司增长8.6%。南平顺昌欧普登光学公司是世界最大玻璃面板生产商美国康宁公司的合作伙伴，产值超过10亿元；宁德新能源科技有限公司打造全球最大锂离子电池生产线，产品配套苹果手机、宝马汽车等世界著名品牌，实现产值20亿元。

在建项目增强发展后劲 总投资30亿元的福建兆元光电有限公司的LED外延片和芯片生产线项目预计2013年实现投产，首期可实现年产值约9亿元，全部达产后年产值可达30亿元；厦门天马微电子有限公司投资70亿元建设的国内首条（全球第2条）5.5代低温多晶硅面板生产线项目全线投产，预计2013年可实现产值20亿元，全部达产后年销售收入可达55亿元；福建福昕电子科技有限公司投资2.2亿元生产液晶显示模块、LED户外灯具和室内照明产品、以及计算机周边产品，预计2013年可实现产值超过16亿元；泉州文创低碳光电产业园项目总投资3亿元，预计2013

年建成并投入使用，投产后每年可新增产值 8 亿元；总投资 30 亿元的福顺微电子 8 英寸集成电路芯片生产项目一期用地填方已完成，正在加紧动工建设；投资超过 6 亿元的星网锐捷海西科技园总征地面积 131.23 亩，已完成中试生产楼、配电房等验收工作；总投资 25 亿元的福建晶安光电有限公司 LED 衬底材料项目计划 2013 年初投产；开发晶照明（厦门）有限公司现已建成 LED 外延片芯片生产线 8 条和封装生产线 7 条，预计 2013 年实现产值 2.8 亿元；投资 1.7 亿美元的科立视触控材料器件项目，厂房及办公楼建设已完工，正在进行厂房内部装修及大型设备安装，预计 2013 年下半年正式投产。

软件和信息服务业

软件产业规模扩大 2012 年福建省实现软件业务收入 1 056 亿元，居全国第 9 位，同比增长 30.9%，高于全国平均水平。福州福大自动化科技有限公司、福建星网锐捷通讯股份有限公司、新大陆科技集团公司、国脉科技股份有限公司、福建富士通信息软件有限公司 5 家企业入选第 11 届中国软件业务收入前百家企业。福建邮科通信技术有限公司、福建富士通信息软件有限公司、福建榕基软件股份有限公司、瑞芯微电子有限公司、天晴数码娱乐公司、厦门三五互联科技股份有限公司、美亚柏科信息股份有限公司、厦门市吉比特网络技术有限公司、四三九九网络股份有限公司、精图信息技术股份有限公司等 10 家企业被认定为 2011—2012 年度国家规划布局内重点软件企业和集成电路设计企业。全省新增通过认定的软件企业 155 家，累计 1 044 家；新增通过登记的软件产品 1 423 个，累计 6 652 个。

动漫游戏产业蓬勃发展 2012 年，福建省动漫游戏产业实现业务收入 102.3 亿元，同比增长 78.6%。获播出许可动画片 44 部 23 464 分钟，居全国第 4 位。从事动漫游戏相关业务的企业超过 250 家，其中，2 家企业年收入超过 10 亿元，13 家企业年收入超过亿元，20 多家企业年收入超过千万元；从业人员超过 2 万人。培育形成厦门国家影视动画基地（年产值超过 30 亿元）、福州国家动画实验园、海西（长乐）动漫创意之都、龙岩志高动漫产业园等一批具有良好聚集带动效益的动漫产业园区，福州动漫二期、厦门动漫三期、中国移动手机动漫基地、中国电信动漫运营中心等一批高聚集产业园区正在抓紧建设中。全省 100 多部动画作品在央视、卡通卫视及省级以上电视台播出并通过优酷、土豆、百度奇艺、迅雷、百视通、华数等几十家新媒体上线推广。厦门青鸟动画有限公司等数十家企业的动画作品相继登陆台港澳、北美、南美、东南亚和中东等 30 多个国家和地区电视台。福建网龙计算机网络信息技术有限公司、福州天盟数码有限公司、厦门游家网络有限公司、趣游科技集团有限公司的游戏作品大部分在海外运营，其中福建网龙计算机网络信息技术有限公司的游戏作品已成功推广至全球 6 大语言区域。涌现出 91 助手、美图秀秀、囧囧、土豆侠、手机小子、星星狐、绿豆蛙、酷巴熊、毛毛王等一批具有较高知名度和影响力的动漫品牌。

电子产品进出口贸易

2012 年，福建省信息产品出口额 310 亿美元，同比增长 7.6%，占全省外贸出口总额的 31.7%，高于全省外经贸出口增幅 2.2 个百分点。全年出口呈现前低后高态势。前三季度全省信息产品出口增速趋缓低于 5%，第四季度出口 93 亿美元，同比增长 17.7%，12 月单月出口 36 亿美元，增长 44%。

2012 年，全省除福州市、厦门市、龙岩市、宁德市外，其他地市信息产品出口出现不同程度下滑。福州市信息产品出口 92.1 亿美元，同比增长 9.1%；厦门市信息产品出口 196.8 亿美元，增长 11.3%；宁德市信息产品出口 2.9 亿美元，增长 1 404%。

三大类主要产品出口情况：电子元器件产品出口 172 亿美元，增长 16.7%；计算机类产品（包括整机和外部设备）出口 65 亿美元，下降 14.1%；家用视听产品出口 24.8 亿美元，下降 36.7%。

重点出口企业发展平稳。2012 年全省信息产品出口超亿美元的重点企业共 23 家，比上年增加 3 家，包括厦门宸鸿科技有限公司、友达光电股份有限公司、福建捷联电子有限公司等 9 家出口超 10 亿美元企业，共计出口 203 亿美元，占全省信息产品出口总额的 65%。

科技进步与应用

2012 年，全省有 50 多家信息产业软硬件企业产品技术在专业细分领域居全国之首乃至全球领先水平。

在电子信息制造业领域，捷星显示科技（福建）有限公司生产的刀锋系列超薄LED液晶显示器是目前全球最薄的显示器；瀚天泰成电子科技（厦门）有限公司成功研发出国内首批3英寸和4英寸碳化硅半导体外延晶片，填补国内该领域空白；中国科学院福建物质结构研究所和福建省万邦光电科技有限公司首创MCOB（多杯结构、集成封装）技术，LED应用产品光效达到国际领先；福建鑫晶精密刚玉科技有限公司研发成功国际最大的80公斤级蓝宝石晶体；飞毛腿集团有限公司与福建考克电子科技有限公司合作研发的移动电源类产品及iPhone配件产品，获得苹果公司MFi认证，该企业成为国内仅有几家获得此项认证的企业之一。

在软件和信息技术服务领域，福州福大自动化科技有限公司的工业自动化通用技术平台打破了国外工业控制技术垄断；福昕软件开发有限公司的电子书软件开发平台技术全球领先，成为国家电子书标准工作组全权成员单位；瑞芯微电子有限公司研发的新一代平板双核SoC系统RK3066处理器，获得“中国IC设计年度最佳处理器产品奖”，移动互联网终端设备主控芯片获得“2012中国芯最佳市场表现奖”；网龙91手机助手软件成为国内移动互联网领域首个用户数过亿的第三方应用平台；福建联拓科技有限公司研制的中国第一枚数字对讲机芯片已经实现商用产业化；新大陆科技集团公司与台湾企业合作发布第二代二维码“中国芯”，并开启了二维码在烟、酒、化妆品、书籍等消费品的应用。

信息基础设施建设

通信基础设施居国内前列，福州市、厦门市被列为三网融合试点城市。2012年全省电话用户普及率达134.7%，居全国第6位；互联网用户3 274万户，互联网用户普及率达88.1%，居全国第5位。城市地区20M带宽覆盖率达90.3%；全省4M及以上用户所占比例达76.3%，居全国第1位。3G和无线局域网络建设力度持续加大，3G基站数突破4万个，100%的地级市、县级市和发达乡镇实现3G信息的连续覆盖和深度覆盖。厦门市是全国6个TD-LTE规模试验网试点城市之一，在全国率先制定“光纤入户”建设规范，保障用户对“光纤到户最后一公里”的选择权。

全省各类无线电台站达13.73万个（不含手机和小灵通终端），比上年增长3.3%，移动电话用户（含小灵通用户）4 086.22万户。

信息产业基地建设

2012年，福建省信息产业集聚效应明显。福州软件园和厦门软件园先后被工业和信息化部评定为“国家新型工业化产业示范基地(软件和信息服务)”。

福州软件园 2012年，福州软件园软件和信息服务产业总收入达到341亿元，同比增长21.4%；信息技术服务收入达165亿元，同比增长11.5%，出口额2.3亿美元。园区入驻企业670家，产值10亿元以上企业3家，5亿元以上4家，超亿元企业38家，超千万元企业65家。园区企业共开发1 054项技术含量高、市场占有率高、拥有自主知识产权的软件产品。软件园四期工程已建成，开发面积约2平方公里，建筑面积近100万平方米。福州软件园五期（海峡软件新城）项目于2009年开工建设，其中动漫游戏产业基地二期18幢多层建筑于2012年竣工验收。

厦门软件园 2012年，厦门软件园实现销售收入263.77亿元，同比增长30.8%，上缴税收8.33亿元，增长24.9%。软件园二期入驻企业550多家，软件园三期建设和招商工作顺利推进，起步区6栋研发楼至年底全面封顶，全年共核准入园企业84家，吸引4家央企、5家台资企业入园。软件园动漫网游企业表现突出，实现销售收入29.6亿元，比上年增长近一倍，占厦门动漫网游业销售总收入的88.6%。中国移动手机动漫基地、中国电信动漫运营中心分别实现销售收入超过3亿元和7 000万元，分别为2011年全年收入的6倍和3倍；中国动漫集团厦门基地（中娱文化股份有限公司）开业。2部动画片获评2012年度优秀国产动画片；4家企业通过国家动漫企业认定；4家被授予福建省动漫游戏杰出贡献企业称号。

厦门火炬高技术产业开发区 2012年，厦门火炬高新区规模以上工业总产值累计完成1 775.08亿元，同比增长27.3%，高于厦门市增速14.2个百分点，占厦门全市规模以上工业产值的比重首次超四成，出口创汇累计完成170.65亿美元，增长12.4%。高新区计算机及移动通信设备产业累计完成规模以上工业总产值648.26亿元，增长19.5%，占高新区工业总产值的36.5%；光电显示产业累计完成规模以上工业总产值950.03亿元，增长16.1%，占高新区工业总产值的53.5%。全年累计完成固定资产投资97.35亿元，增长25.4%，完成年度计划的139.1%，占厦门全市工业固定资产投资的36.7%。厦门天马微电子第5.5代低温多晶硅晶体管液晶显示器生产线在2012年底建成并全线投产，这是国内第一条、全球第二条第5.5代低温多晶硅晶体管液晶显示器生产线。

福清融侨开发区 2012年，融侨开发区中心区共实现规模以上工业总产值477亿元，同比增长6.7%；完成固定资产投资52.75亿元，增长35.1%；合同利用外资4 000万美元，增长4.7%；实际利用外资3 500万美元；内资实际到资10.34亿元，增长79.5%；实现税收收入18.09亿元，增长25.3%。昶胜光电等7个项目年内已动工建设。

泉州江南高新区 2012年，泉州江南高新区完成工业总产值212亿元、税收13.2亿元。园区入驻94家电子信息企业，实现工业总产值87.1亿元、工商总税5.5亿元，分别占比41%和42%，成为鲤城高新区经济贡献率最高的产业集群。福建铂阳精工设备有限公司、福建钧石能源有限公司、文创太阳能（福建）科技有限公司等14家光伏企业实现工业总产值70.1亿元、工商总税4.7亿元，分别占比33%和36%，在电子信息产业集群中居于绝对主导地位。18家微波通信企业实现工业总产值8.5亿元、工商总税4 690万元。

信息技术应用

物联网129工程顺利实施 2012年，福建省物联网产业集群年产值超过400亿元，增长33%以上。全省具有一定规模的物联网企业超过150家。能源、安防、物流、环保、城市管理、旅游等行业领域应用进一步深入，全省3 000多家单位实施物联网应用，物联网终端数近50万个。一是一批企业及产品全国领先。如福大自动化工业控制、厦门雅迅GPS车载终端、科拓智能停车引导系统、冠林智能家居系统、思迈特车载智能型移动数字终端、四创防灾减灾自动测报系统、慧翰微电子车联网产品无线蓝牙传输模块等产品市场占有率保持全国第一；新大陆科技集团公司、上润精密仪器有限公司、福建联迪商用设备有限公司、厦门信达物联科技有限公司、厦门英诺尔电子科技股份有限公司等企业，在食品溯源、传感仪器仪表、手机支付、销售管理、安全监控等领域的研发和应用全国领先。二是深化示范应用。鼓楼、武夷山两个物联网示范区建设成效明显，顺利推动国家新一代超高速无线局域网技术在福建智能交通领域的应用及产业化，推进马来西亚进口燕窝溯源平台建设，在龙岩连城县规划建设白鸭质量追溯体系，发展特色农产品品牌化。三是推进平台建设。在2012年海峡智慧城市与物联网产业博览会上，吸引省内外上百家企业和北京、杭州、深圳等省外团体协会参展，促成逾5 000万元项目签约，涉及物联网技术在智能安防、智能医疗、智能交通（船联网、车联网）、防震减灾等领域的应用。福建省物联网检测及技术公共服务平台建设已完成场地规划。

两化融合稳步推进 一是推进企业信息化。2012年，全省累计建设“智慧企业”4.3万家，中小企业人才管理信息化提升工程惠及1万多家企业。二是推动“世纪之村”平台服务农村信息化。平台涵盖便民服务、电子商务、电子政务、电子农务4项职能和36大功能模块，可提供600多项使用功能。“世纪之村”已在泉州2 463个行政村推广使用，在福建省1万余个行政村以及湖北、江西等地3.5万多个行政村推广使用。三是推动“企业家园”企业信息化云服务平台建设。依托省企业与企业家联合会建设“企业家园”企业信息化云服务平台，构筑企业与政府、企业与社会的桥梁。“企业家园”云服务平台开设科技成果转化、人力资源、对外经贸合作、法律、政策、金融、企业信息化等8个子平台，面向全省4万家行业协会和企业提供服务。

数字家庭推广应用基础良好 一是设备制造环节，有冠捷显示科技（厦门）有限公司、万利达集团有限公司、新大陆科技集团公司、厦华电子公司、福建星网锐捷通讯股份有限公司等一批智能终端和网络互联设备骨干企业；二是芯片与软件等基础软硬件产品环节，有瑞芯微电子有限公司、新大陆科技集团公司、福建升腾资讯有限公司等具有较强研发能力的骨干企业；三是集成应用环节，一批企业与电信运营商、广电部门有良好合作关系，福建星网锐捷通讯股份有限公司提供基于终端的数字娱乐、家居生活等六大类应用，拥有对接六类应用子系统的成熟解决方案，具备提供各种集成服务的能力；福建省冠林科技有限公司、福建海媚数码科技有限公司等企业在安防、智能家居、数字视听娱乐等方面也有成熟的应用和商业模式；中国电信福建公司可提供视频互动、云存储以及家庭安防、智慧社区信息推送呈现、家电远程控制等增值服务。

其他

福建省政府出台《加快福建省信息产业发展若干意见》。从坚持项目带动、骨干企业扶持、成长性企业培育、新产品市场拓展、人才引进和培训、金融支持创新、组织保障和服务等七个方面，提出推动信息产业转型升级的具体举措。

福建省政府办公厅批转下发《关于贯彻国务院进一步鼓励软件产业和集成电路产业发展若干政策的实施意见》。在转发国务院相关文件精神的基础上，结合本省实际，提出了在资金奖励、市场开拓、金融扶持、实施重大专项等多个方面的具体贯彻意见，重点突出鼓励软件产业和集成电路产业做大做强做优。

省政府规章《福建省信息系统工程建设市场监督管理办法》（以下简称《办法》）于 2012 年 9 月 4 日发布。《办法》共 6 章 33 条，自 2012 年 12 月 1 日起施行。这是福建省信息化建设领域的首次立法，也是国内率先全面规范信息系统工程建设市场秩序的省政府规章。

主要问题

一是企业利润空间压缩。受原材料价格保持高位、劳动力成本上升以及部分领域税负较重等因素影响，电子信息制造企业利润空间被压缩，利润率普遍只有几个百分点甚至为零。福建省全年电子信息制造业实现利润总额 172.7 亿元，比上年下降 8.1%。亏损面 12%，比上年增加 1.9 个百分点；亏损企业亏损总额 13.3 亿元，比上年下降 5.1%。

二是出口市场依然低迷。受海外市场需求不振、贸易保护主义抬头的影响，产品出口明显受阻，可接订单减少。福建省电子信息制造业出口依存度高，面临出货减少、库存增加、资金周转期变长等困难，全年完成出口交货值 1 846.5 亿元，占行业比重 51.6%，产值比上年增长 9.8%，增速低于行业产值增速 3.9 个百分点。

三是高端及适用人才相对缺少。不仅高层次专业技术人才、领军人物、行业带头人缺乏现象未有效改善，技能型人才也显不足。受新生代劳动者对职业预期不断提高、“人口红利”逐渐消失、以及新建园区相关配套建设与年轻人要求有一定差距等因素影响，IT 企业员工队伍稳定性下降、离职率攀高现象明显。

【统计数据】

表 1 2012 年福建省电子信息制造业人员构成情况

企业类别	企业数（家）	年末从业人员总数（人）	人员构成					
			工程技术人员（人）	在总人数中所占比例（%）	管理人员（人）	在总人数中所占比例（%）	软件开发研究人员（人）	技术工人（人）
内资企业	108	48 572	6 763	13.9	6 860	14.1	7 260	10 309
国有企业	2	818	165	20.2	150	18.3	60	176
股份合作企业	2	210	10	4.8	16	7.6	10	59
有限责任公司	24	9 695	1 328	13.7	1 385	14.3	857	2 158
股份有限公司	16	17 715	2 675	15.1	2 763	15.6	4 126	3 092
私营企业	63	19 061	2 459	12.9	2 401	12.6	1 975	4 563
其他内资企业	1	1 073	126	11.7	145	13.5	232	261
港、澳、台商投资企业	45	71 555	9 445	13.2	8 873	12.4	6 183	18 551
三资企业	103	206 763	23 778	11.5	26 879	13.0	16 000	64 810

表 2 2010—2012 年福建省电子信息制造业基本情况

项目名称	单位	2010 年	2011 年	2012 年
工业总产值（现行价）	万元	28 650 000	34 320 000	39 021 300
工业销售产值	万元	28 000 000	33 550 000	38 160 000
软件产品销售收入	万元	5 760 000	8 070 000	10 560 000
出口交货值	万元	15 930 000	18 414 000	21 293 000
流动资产平均余额	万元	10 890 000	11 210 000	13 591 000
固定资产净值平均余额	万元	2 140 500	2 230 300	2 604 000
资产总计	万元	14 900 000	13 596 000	15 271 500
负债合计	万元	8 582 000	8 109 000	9 449 500
主营业务收入	万元	28 000 000	33 550 000	38 160 000
税金总额	万元	248 500	329 600	353 610
利润总额	万元	1 266 500	1 622 000	1 571 900
应交所得税	万元	206 700	266 500	253 600
从业人员年末人数	人	333 300	323 000	373 100
从业人员工资总额	万元	680 000	712 000	853 400

表 3 2010—2012 年福建省电子信息制造业三资企业基本情况

项目名称	单位	2010 年	2011 年	2012 年
工业总产值（现行价）	万元	19 504 000	23 350 000	26 376 000
工业销售产值	万元	19 110 000	22 900 000	25 986 000
出口交货值	万元	13 350 000	15 400 000	17 705 000
流动资产平均余额	万元	5 345 000	5 450 000	6 758 000
固定资产净值平均余额	万元	1 514 500	1 523 500	1 860 000
资产总计	万元	9 144 000	8 343 700	10 309 500
负债合计	万元	5 920 900	5 620 000	6 481 000
主营业务收入	万元	19 110 000	22 900 000	25 986 000
税金总额	万元	136 500	181 200	210 600
利润总额	万元	843 400	1 125 000	1 281 000
应交所得税	万元	114 500	153 000	178 200
从业人员年末人数	人	173 432	172 321	201 790
从业人员工资总额	万元	512 000	531 000	631 900

表 4　2010—2012 年福建省电子信息制造业主要经济效益指标完成情况

项目名称	单位	2010 年	2011 年	2012 年
全员劳动生产率	元/人	121 000	131 000	130 860
流动资产周转率	次	2.48	2.51	2.6
产品销售率	%	97.7	97.8	98.2
总资产贡献率	%	8.5	8.6	8.5
资产保值增值率	%	105.6	105.5	105.8
资产负债率	%	57.6	59.6	61.9

表 5　2010—2012 年福建省电子信息制造业三资企业主要经济效益指标完成情况

项目名称	单位	2010 年	2011 年	2012 年
全员劳动生产率	元/人	112 350	121 200	123 900
流动资产周转率	次	2.63	2.58	2.62
产品销售率	%	97.7	97.8	98.4
总资产贡献率	%	8.3	8.5	8.4
资产保值增值率	%	105.7	105.6	106.1
资产负债率	%	62.0	67.0	63.0

表 6　2010—2012 年福建省主要电子信息产品产销量情况

产品名称	单位	产量			销量		
		2010 年	2011 年	2012 年	2010 年	2011 年	2012 年
电话机	万部	845	565	532	826	552	523
显示器	万台	2 761	3 119	2 999	2 697	3 050	2 951
彩色电视机	万台	903	1 115	953	882	1 090	938
微型计算机	万台	790	898	929	772	878	914

表 7　2010—2012 年福建省三资企业主要电子信息产品产销量情况

产品名称	单位	产量			销量		
		2010 年	2011 年	2012 年	2010 年	2011 年	2012 年
电话机	万部	836	563	532	817	550	523
显示器	万台	2 761	3 119	2 999	2 697	3 050	2 951
彩色电视机	万台	903	1 115	953	882	1 090	938
微型计算机	万台	790	898	929	772	878	914

表 8 2010—2012 年福建省软件产业基本情况

项目名称	单位	2010 年	2011 年	2012 年
软件业务收入	万元	5 760 360	8 070 930	10 563 190
软件业务出口收入	万美元	15 400	19 730	23 518
软件产品销售收入	万元	1 757 860	2 488 300	3 220 512
利润总额	万元	151 700	184 900	218 737
应交所得税	万元	194 800	227 100	261 619
从业人员年末人数	人	100 160	111 500	125 880
从业人员工资总额	万元	311 600	360 700	421 298

注：表 1—表 8 数据来源于福建省信息化局。

[撰稿：郭音　审稿：林立]

江　西　省

【综述】

2012 年，江西省电子信息产业突出抓好半导体照明、手机、数字视听、光伏新能源和行业应用软件等优势特色产业发展，产业规模不断扩大，整机产品比重提升，产业集中度提高，全行业实现持续健康较快发展。全年完成产品销售收入 1 279.57 亿元，同比增长 27.1%；实现利税总额 115.79 亿元，同比增长 22.9%；完成出口交货值 319.92 亿元，同比增长 5.2%。同时，从组织机制、资金投入、政策保障等方面多措并举，大力推进全省信息通信基础设施建设，信息化应用水平跃上台阶。

电子信息制造业

2012 年，江西省电子信息产品制造业规模继续扩大，特色产业竞争力逐步增强，产业运行质量和效益不断提高。全省规模以上电子信息制造企业完成主营业务收入 1 224.88 亿元，同比增长 28.1%；利税总额 107.5 亿元，同比增长 21.9%，其中，利润总额 79.41 亿元，同比增长 20.4%。

半导体照明产业　拥有生产企业 100 多家，其中主营业务收入亿元以上企业 17 家，分布在芯片制造、器件封装、应用产品生产及配套等各环节，形成较为完整的产业链条。2012 年，通过发挥原创技术的引领作用，不断延伸产业链，大力推动应用产品发展，在产品价格不断下降、国内产能迅速扩大甚至过剩情况下，取得较好成绩。全年完成主营业务收入 116.8 亿元，同比增长 49.4%；实现利税 9.7 亿元，同比增长 24.8%。

手机产业　2012 年，江西省手机产量 4 439.36 万部，同比增长 37.1%；产量位居全国同行业第 5 位、中部地区第 2 位。全年实现主营业务收入 230 亿元，同比增长 27.8%；利税总额 13.74 亿元，同比增长 5.1%。初步形成共青城、南昌和吉安三大手机产业集群雏形，发展壮大了共青城赛龙通信技术有限责任公司、南昌兴飞科技有限公司、江西井冈山盛泰通讯技术有限责任公司等骨干企业。

数字视听产业　通过承接沿海发达地区产业转移，

高飞数码科技有限公司、航盛电子股份有限公司等企业扎根江西并不断发展壮大。2012年，数字视听产业完成主营业务收入130亿元，同比增长30%。生产液晶电视132.86万台，同比增长29.6%，其中，出口117.2万台，占总量的88.2%；车载视听产品61.73万台，同比增长11.1%；小尺寸液晶显示屏同比增长46.6%；激光视盘机37.24万台，同比增长115.8%。

光伏产业 全省光伏产业规模以上企业64家，江西赛维LDK太阳能高科技有限公司、江西晶科光伏材料有限公司、江西旭阳雷迪高科技股份有限公司和江西瑞晶太阳能科技有限公司等龙头企业在国内外都具有重要影响力和竞争力。2012年，在全球光伏市场低迷的形势下，江西省光伏产业逆势坚守，完成主营业务收入743.8亿元，同比下降10.9%；实现利润38.6亿元，同比下降43.2%；实现利税55.7亿元，同比下降34.6%。

软件和信息服务业

2012年，江西省政府出台《关于进一步鼓励软件产业和集成电路产业发展的实施意见》，在财税、投融资、研发、出口、人才、知识产权、市场开拓等方面给予软件企业政策扶持，为江西省软件产业加快发展创造了条件。目前，全省拥有规模以上软件企业116家，主营业务收入超亿元企业16家，52家软件企业获得国家计算机信息系统集成资质，思创数码科技股份有限公司被认定为国家规划布局内重点软件企业，先锋软件股份有限公司跻身全国软件百强。2012年，全省软件产业实现主营业务收入83.7亿元，同比增长11.2%；实现利润8.3亿元，增长37.8%。其中，软件业务收入54.7亿元，增长8.5%；软件业务出口4 249万美元，增长71.4%。服务外包接包合同金额87 214.37万美元，接包执行金额75 857.51万美元。动漫产业主营业务收入7 676万元。

科技进步与应用

2012年，推进亿元以上电子信息产业项目201项，总投资720亿元，预计全部达产后年新增主营收入1 656亿元，利税155亿元。其中，全年新开工92项，续建112项，当年累计完成投资234亿元。全年共有59个项目竣工投产。

南昌黄绿照明有限公司依托南昌大学、国家硅基LED工程技术研究中心，其LED关键设备MOCVD研发已成功突破喷头、加热器等关键技术，加工制造工艺基本成熟，为产业化奠定良好技术基础。

截至2012年底，全省累计登记软件产品797项，部分软件产品国内领先，思创数码“电子政务综合应用平台与集成环境”、泰豪软件“安全可控智能电网一体化监控系统”、腾王科技“移动互联网产业园”等一批重大项目分别获得国家“核高基”科技专项、电子发展基金以及江西省战略性新兴产业发展引导资金支持。龙头企业发挥创新示范效应，先锋软件股份有限公司、思创数码科技股份有限公司分别与国家软件和集成电路促进中心（CSIP）合作建立企业技术创新中心。

电子产品进出口贸易

受全球经济低迷、贸易环境日益恶化影响，2012年，江西省电子信息产品出口增速明显放缓，完成出口交货值285.9亿元，同比增长2.7%。其中，光伏产品出口7.62亿美元，同比下降62.6%；发光二极管出口5.5亿美元，同比下降65.9%；液晶电视、数字激光视盘机和手机等数字整机产品出口继续保持较快增长势头，全年共出口液晶电视117.2万台、数字激光视盘机37.36万台、手机2 240万部。

信息产业基地与园区建设

南昌高新区电子信息制造业蓬勃发展，集聚了83家企业，其中有5家主营业务收入超10亿元，形成了以通信、半导体照明为主要特色的电子信息产业集群，打造了LED和手机两条较为完整的产业链。2012年，实现主营业务收入145.6亿元，实现利税3.7亿元。

吉泰走廊是江西省电子信息制造业重要生产基地，2012年，实现主营业务收入260亿元，同比增长26.5%；实现利税22.5亿元，同比增长30%。该基地电子产品涉及国家现行电子信息行业分类中的通信设备、电子计算机、家电制造、电子元件、电子器件和电子信息机电产品等六大行业，其中部分行业拥有较强竞争力和良好市场信誉的骨干企业与著名品牌，部分产品如吉安市华文光电科技有限公司的蓝光光碟及其母盘产品具有技术优势。

信丰省级电子信息产业基地通过承接转移，已有50多家电子企业入驻，产业集聚效应初步显现。2012年，实现主营业务收入30亿元，同比增长30.6%。

龙南稀土发光材料和绿色照明产业配套基地紧紧围绕LED用发光材料推动产业升级，做大做强江西依路玛稀土发光材料有限公司、龙南县顺德明辉荧光材料有限责任公司等稀土发光材料生产企业，着力打造LED用荧光粉配套基地。2012年，实现主营业务收入20.3亿元，同比增长15.3%。

信息基础设施建设

2012年，江西省三大电信运营商及省广电网络公司对全省信息通信基础设施的各项投资稳步增长，通信基础网络取得明显进展，宽带接入水平有效提升，网络覆盖能力持续增强，惠民普及规模不断扩大，信息通信基础设施集约化建设有序推进。

一是信息接入水平提升。2012年，江西省通信行业积极实施宽带普及提速工程和鄱阳湖生态经济区智慧工程，通信基础设施建设深入推进。全省电信业务总量累计完成278.8亿元，同比增长10.9%；电信业务收入227.7亿元，同比增长12.4%。全年新增电话用户221.6万户，总数3 217.6万户。其中，固定电话用户减少29.8万户，达到644.2万户；移动电话用户新增251.4万户至2 573.4万户，其中，3G用户新增257.6万户至507.0万户。固定互联网宽带用户新增59.0万户至372.0万户，其中接入速率大于2M的用户290万户，占所有用户的78%。

二是网络覆盖能力增强。全年固定资产投资67.6亿元，全省光缆总长度45.7万公里，覆盖91.3万个家庭，其中9.8万个家庭已实现光纤上网。互联网宽带接入端口627.5万个，局用交换机容量1 022.6万门，移动电话交换机容量3 922.9万户，固定电话普及率14.4部/百人，移动电话普及率57.4部/百人。

三是电信基础设施共建共享继续推进。2012年，全省重点场所电信基础设施共建共享继续推进，共建基站398个、杆路494线路千米、管道138千米、铁塔277座，共享杆路1 318线路千米，节省建设投资约2.69亿元。

四是广播电视网络覆盖能力提高。2012年，全省广播综合人口覆盖率97.23%，电视综合人口覆盖率98.4%。全省电视发射台和转播台904座，发射功率为1 081.7千瓦，有线广播电视传输干线总长9.19万千米。全省有线电视用户539.84万户，入户率44.62%。其中，城市有线广播电视用户144.51万户，农村有线广播电视用户395.33万户。

五是广播电视村村通工程进展顺利。2012年，全省采用直播卫星接收方式完成14 176个村（场）的村村通工程建设，项目总投资4 235.3万元，共计采购84 676套直播卫星接收设备，基本完成工程竣工检查验收工作。

六是有线电视数字化整体转换加快。2012年，全省11个设区市基本完成有线电视数字化整体转换，99%的县城网基本实现有线电视数字化整体转播。数字电视用户数322.97万户，增加103.93万户，增幅47.5%，有线电视数字化整转率62.98%。全省有线电视数字化升级改造工作仍以用户数字化整转为主，并着手双向业务规划，启动配置双向化改造模式。全年双向覆盖用户44万户，其中，CMTS覆盖用户37万户，LAN覆盖用户77万户。

七是数字影院建设全面铺开。全省市县数字影院建设步伐明显加快，城市影院总数达到87家，银幕总数340块（3D厅167个），比2011年新增影院27家、银幕135块、3D厅89个，全省11个设区市城区实现多厅影院全覆盖。

热点

2012年7月27日，江西省（共青城市）第二届手机产业论坛召开，共签约手机生产和配套项目11个，签约总金额60亿元。

2012年8月28日，江西省半导体照明（LED）产业合作推进会在南昌市举行，共签约项目8个，签约总金额43亿元。同日，江西省半导体照明（LED）产业联盟成立大会在南昌市召开，有关领导、专家及申请参加产业联盟的代表共计70余人参加成立大会。

年内，晶能光电（江西）有限公司的“硅衬底氮化镓基LED材料及大功率芯片技术”项目被选为国家第十二届信息产业重大技术发明，这是江西省电子企业首次获此殊荣。

年内，南昌市积极推进基础信息服务设施建设，三网融合试点工作全面启动。南昌市广播电影电视局对南昌光缆骨干网、IP城域网进行了割接改造和升级，覆盖用户3万户，在赣江以北实现了视频、点播、宽带并行的全业务模式；中国电信南昌分公司加大南昌光网城市FTTH建设力度和3G网络优化覆盖，目前已实现100% 3G覆盖，城域网出口达到320G。

【统计数据】

表1　2012年江西省电子信息制造业人员构成情况

企业类别	企业数（家）	年末从业人员总数（人）	人员构成		
			工程技术人员（人）	在总人数中所占比例（%）	研发人员（人）
内资企业	81	67 968	4 858	7.1	509
国有企业	3	7 049	617	8.8	18
集体企业	1	99	15	15.2	1
有限责任公司	31	28 554	2 121	7.4	236
股份有限公司	6	12 906	1 411	10.9	113
私营企业	40	19 360	694	3.6	142
港、澳、台商投资企业	26	33 408	1 015	3.0	54
三资企业	11	27 224	757	2.8	336

表2　2010—2012年江西省电子信息制造业基本情况

项目名称	单位	2010年	2011年	2012年
工业总产值（现行价）	万元	8 619 683	9 650 856	12 233 223
工业销售产值	万元	8 275 874	9 153 349	11 942 295
出口交货值	万元	2 538 610	2 784 521	2 858 853
流动资产平均余额	万元	3 586 736	3 718 950	3 862 413
固定资产净值平均余额	万元	2 715 788	3 006 959	3 419 266
资产总计	万元	7 644 209	7 409 753	8 111 963
负债总计	万元	4 844 877	4 701 156	4 767 973
主营业务收入	万元	8 543 583	9 560 989	12 248 809
税金总额	万元	165 344	222 419	280 892
利润总额	万元	773 683	659 782	794 103
利息支出	万元	38 052	68 352	93 484
应交所得税	万元	29 579	66 405	58 431
从业人员年末人数	人	114 507	103 885	128 600
从业人员工资总额	万元	473 629	387 171	420 354

表 3 2010—2012 年江西省电子信息制造业三资企业基本情况

项目名称	单位	2010 年	2011 年	2012 年
工业总产值（现行价）	万元	2 827 305	3 010 299	2 752 751
工业销售产值	万元	2 768 768	2 915 884	2 661 860
出口交货值	万元	1 087 218	809 573	722 208
流动资产平均余额	万元	1 533 759	1 775 115	1 775 206
固定资产净值平均余额	万元	2 009 954	1 888 652	1 754 570
资产总计	万元	3 651 358	3 681 728	3 549 452
负债总计	万元	2 737 879	2 738 725	2 517 845
主营业务收入	万元	2 891 473	3 004 266	2 748 214
税金总额	万元	27 611	53 936	47 837
利润总额	万元	324 863	145 591	130 487
利息支出	万元	16 875	28 088	37 956
应交所得税	万元	10 138	2 098	10 130
从业人员年末人数	人	23 745	23 633	27 224
从业人员工资总额	万元	64 610	105 644	84 501

表 4 2010—2012 年江西省电子信息制造业主要经济效益指标完成情况

项目名称	单位	2010 年	2011 年	2012 年
全员劳动生产率	元/人	158 081	195 089	199 765
流动资金周转率	%	238.2	257.1	317.1
产品销售率	%	96.0	94.8	97.6
总资产贡献率	%	12.8	12.8	14.4
资本保值增值率	%	133.6	121.6	108.8
资产负债率	%	63.4	63.5	58.8

表 5 2010—2012 年江西省电子信息制造业三资企业主要经济效益指标完成情况

项目名称	单位	2010 年	2011 年	2012 年
全员劳动生产率	元/人	250 046	267 492	212 341
流动资金周转率	%	188.5	169.2	154.8
产品销售率	%	97.9	96.9	96.7
总资产贡献率	%	10.1	6.2	6.1
资本保值增值率	%	122.8	115.9	103.2
资产负债率	%	75.0	74.4	70.9

表 6 2010—2012 年江西省电子信息产品产销量情况

产品名称	单位	产量			销量		
		2010 年	2011 年	2012 年	2010 年	2011 年	2012 年
手机	万部	1 533	3 237	4 439	1 532	3 236	4 437
笔记本计算机	台	90 559	177 761	207 746	90 559	177 761	207 746
彩色电视机	台	676 770	1 035 200	1 328 600	677 970	1 023 300	1 324 700
DVD 视盘机	台	459 800	172 600	372 400	453 200	172 600	373 600
汽车音响	台	332 422	1 600 000	4 424 000	328 384	1 600 000	4 424 000
电容器	万只	52 140	260 960	405 842	52 024	261 341	405 842
印制电路板	平方米	950 476	5 002 209	10 688 274	913 112	5 012 793	10 446 260
电声器件	万只	12 467	15 532	22 855	12 464	15 047	23 141
光电器件	万只	537 900	461 253	590 083	552 000	414 199	590 083
电线电缆	千米	592 829	696 165	932 709	592 829	700 600	919 643
光缆	皮长千米	125 739	75 309	37 592	102 293	65 400	43 639
LED 芯片	亿粒	128	224	260	127	182	250
电解铜箔	吨	14 047	11 443	19 001	13 883	11 576	18 801

表 7 2012 年江西省软件产业人员构成情况

企业类别	企业数（家）	年末从业人员总数（人）	人员构成			
			管理人员（人）	在总人数中所占比例（%）	软件开发研究人员（人）	在总人数中所占比例（%）
内资企业	129	14 676	1 668	11.4	4 302	29.3
国有企业	5	1 268	64	5.0	311	24.5
有限责任公司	77	6 333	788	12.4	1 757	27.7
股份有限公司	15	5 158	593	11.5	1 436	27.8
私营企业	31	1 910	220	11.5	794	41.6
其他内资企业	1	7	3	42.9	4	57.1
港、澳、台商投资企业	2	315	23	7.3	65	20.6
三资企业	3	147	30	20.4	49	33.3

表 8　2010—2012 年江西省软件产业基本情况

项目名称	单位	2010 年	2011 年	2012 年
软件业务收入	万元	432 529	504 186	546 905
软件业务出口收入	万美元	788	2 479	4 249
软件产品销售收入	万元	122 361	132 159	147 054
流动资产平均余额	万元	494 460	299 348	513 665
固定资产投资额	万元	96 157	23 093	12 044
资产总计	万元	186 423	679 790	821 396
负债总计	万元	62 468	298 553	362 390
利润总额	万元	300 080	60 071	82 862
应交所得税	万元	9 262	8 222	10 877
从业人员年末人数	人	1 969	11 184	15 358
从业人员工资总额	万元	9 157	46 462	67 723

表 9　2010—2012 年江西省软件产业三资企业基本情况

项目名称	单位	2010 年	2011 年	2012 年
软件业务收入	万元	15 250	22 932	36 147
软件业务出口收入	万美元	775	2 479	4 221
软件产品销售收入	万元	2 438	2 512	1 562
流动资产平均余额	万元	41 350	40 036	41 996
固定资产投资额	万元	13 049	954	21
资产总计	万元	20 461	62 378	59 710
负债总计	万元	9 327	28 482	29 016
利润总额	万元	3 478	2 806	6 119
应交所得税	万元	41	244	787
从业人员年末人数	人		904	893
从业人员工资总额	万元		6 452	5 363

表 10　2010—2012 年江西省软件产业主要经济效益指标完成情况

项目名称	单位	2010 年	2011 年	2012 年
流动资产周转率	次	0.88	1.68	1.06
总资产贡献率	%	30	60	82
资产保值增值率	%	116	146	121
资产负债率	%	33	44	44

表 11 2010—2012 年江西省软件产业三资企业主要经济效益指标完成情况

项目名称	单位	2010 年	2011 年	2012 年
流动资产周转率	次	37	57	86
总资产贡献率	%	34	28	61
资产保值增值率	%	106	122	110
资产负债率	%	46	46	48

注：表 1—表 11 数据来源于江西省工业和信息化委员会。

[撰稿：黄美昌 审稿：吴晓军]

山 东 省

【综述】

信息技术制造业

根据山东省统计局数据，2012 年，山东省信息技术制造业规模以上企业为 1 262 家，实现主营业务收入 7 047.35 亿元，同比增长 14.4%，比全省规模以上工业增速低 1.58 个百分点；实现利润 408.47 亿元，同比增长 19.2%，比规模以上工业利润增速高 8.24 个百分点；实现利税 582.02 亿元，同比增长 18.7%，比规模以上工业利税增速高 6.6 个百分点。

2012 年，山东省信息技术制造业主营业务收入增速一直保持在 15%左右，利润、利税保持较高增长速度，产业规模居全国第 4 位，与以外向型经济和民营经济为特征的省市相比，山东省运行态势相对较好。按照工业和信息化部公布的数据，截至 2012 年 12 月，山东信息技术制造业销售产值增速（16.3%）高于全国（12.6%）3.7 个百分点，与广东（9.7%）、江苏（10%）、上海（-4.9%）、浙江（0.4%）、福建（13.3%）等信息技术产业较为发达的省市相比，增速分别高出 6.6、6.3、21.2、15.9 和 3 个百分点，在全国产业规模前 6 位的省份中，增速排名第一。

主要产品 2012 年，重点监测的电子产品中，产量实现同比增长的分别为：移动通信基站 1 475.2 万信道，同比增长 39.9%；液晶电视机 1 419.3 万台，同比增长 21.8%；光电子器件 187.6 亿只，同比增长 15.1%；服务器 14.7 万台，同比增长 13.1%；电子元件 115.4 亿只，同比增长 3.1%。产量同比下降的分别为：手机 4 111.5 万部，同比下降 5.5%；半导体分立器件 117.3 亿只，同比下降 8%；笔记本电脑 233.6 万台，同比下降 21.3%；打印机 598.4 万台，同比下降 35.0%。

集成电路产业 2012 年，山东省共有集成电路设计生产企业约 40 家，实现业务收入约 70 亿元，其中，集成电路材料约 30 亿元，集成电路封装约 20 亿元，集成电路设计约 20 亿元。产业发展势头良好，集成电路设计产业实现突破，封装测试业初步形成规模，集成电路制造部分配套材料研发和生产具有一定优势，初步形成了涵盖集成电路材料以及集成电路设计、封装测试、制造的产业链条。其中，济南市、青岛市设计能力较强，淄博市、威海市、东营市以封装为主，烟台市、淄博市、济南市等地分布着集成电路配套材料企业。截至 2012 年底，全省有 7 家集成电路企业通过国家集成电路设计企业认定，10 家企业通过省级集成电路设计中心认定。

龙头企业 山东省有 6 家企业入选第 27 届全国电子信息百强企业，分别是海尔集团、海信集团有限公司、浪潮集团有限公司、歌尔声学股份有限公司、威海北洋电气集团股份有限公司和山东鲁鑫贵金属有限公司，排名分列第 4 位、第 6 位、第 11 位、第 49 位、第 80 位和第 85 位。电子信息百强企业业务收入、利税分别占全省信息技术产业的 29.3%和 42.6%。2012 年，海尔、海信电视机销量分别增长 22%和 26%，浪潮服务器销量增长 8%，歌尔声学主营业务收入增长 76%。此外，歌尔声学股份有限公司和山东共达电声股份有限公司入选第 26 届全国电子元件百强企业，分列第 6 位和第72 位。

软件和信息服务业

2012 年，山东省统计规模以上软件企业共 1 873 家，同比增长 17.4%；累计完成软件业务收入 1 737.9 亿元，同比增长 32.8%；实现利润总额 77.5 亿元，同比增长 16.6%；利税合计 152.9 亿元，同比增长 18.2%。实现软件业出口 8.2 亿美元，同比增长 38.1%。海尔集团公司、浪潮集团有限公司、海信集团有限公司、山东中创软件工程股份有限公司、东方电子集团有限公司、威海北洋电气集团股份有限公司 6 家企业入围第 12 届中国软件业务收入前百家企业，浪潮集团有限公司、山东中创软件工程股份有限公司再次进入中国自主品牌软件产品前 10 家企业名单。浪潮集团通用软件有限公司、山东中创软件工程股份有限公司、山东新北洋信息技术股份有限公司、山东万博科技股份有限公司等 7 家企业入围 2011—2012 年度国家规划布局内重点软件企业。全年新登记软件著作权 766 个，累计登记 4 352 个；登记软件产品 1 121 个，累计登记 5 934 个；认定软件企业 214 个，累计认定1 359 个。计算机信息系统集成资质企业达 222 家，居全国第 4 位。

2012 年，济南、青岛两市共完成软件业务收入 1 541.9 亿元，占全省软件业务收入的 88.7%。济南市“中国软件名城”建设进一步提速，完成软件业务收入 1 010.9 亿元，同比增长 24%，“济南创新谷”建设项目启动；青岛市实施“东园、西谷、北城”战略，共完成软件业务收入 531 亿元，同比增长 51.2%，拉动山东省软件业务收入增长 13.8 个百分点。11 个城市软件业务收入过亿元，其中 6 个过 10 亿元，比 2011 年增加两个。临沂市、菏泽市、淄博市、德州市、莱芜市、青岛市、日照市、潍坊市、泰安市和烟台市软件业务收入同比分别增长 131.3%、100.2%、85.8%、72.1%、54.6%、51.2%、38.5%、36%、34.7%和 32.9%。

2012 年，山东浪潮齐鲁软件产业股份有限公司联合山东省监察厅等单位共同承担的“基于安全可靠软硬件的复杂办公系统应用研究与示范工程”入围 2013 年“核高基”国家科技重大专项；“基于 SOA 的民生服务运营支撑平台研发及应用”等 5 个项目入围 2012 年工业和信息化部电子发展基金计划，获得 2 300 万元资金支持。“面向软件和信息服务业的公共服务云平台”获 2012 年国家软件公共服务平台专项 200 万元支持。山东省信息产业发展专项资金投入 3 000 余万元支持省内企事业单位软件研发和平台建设，“安全、稳定、高性能全国产化基础软硬件电力调控一体平台”等项目进展顺利。投入 1 291 万元对浪潮集团有限公司、山东中创软件工程股份有限公司 2 个“核高基”项目提供地方配套资金，累计按国家要求落实足额配套资金 3 043 万元。2012 年 6 月，山东中创软件工程股份有限公司“集成化中间件套件产品研发及产业化”顺利通过“核高基”重大专项办公室验收。

翰高国产数据库顺利实现商用，其中山东省卫生厅、公安厅已进入实际应用阶段；华天三维 CAD 打破国外垄断，在北汽福田汽车、奇瑞汽车、雷沃重工、小松（中国）、LYC 洛阳轴承、东风模具等行业内领军企业得到全面应用；星科公司钢铁生产虚拟仿真培训系统在宝钢股份有限公司、马钢股份有限公司、山东钢铁集团有限公司、济钢集团有限公司、莱钢集团有限公司推广使用；20%的上市公司使用浪潮 ERP；占全国总里程 15%以上的高速公路使用中创软件产品。积成电子电力控制系统、鲁能智能电力巡检机器人、康威通信电力隧道多状态集中监控系统先后中标国家重大项目。“基于云计算的跨区域资源共享服务平台”获省科技进步二等奖。基于山东省云计算平台，“山东省建设领域项目信息和信用信息公开共享平台”、“山东省中小企业公共服务平台”、“山东省电子政务综合服务平台”取得阶段性成效。“区域医疗信息服务平台”在蒙阴、莒县应用；“居民健康物联平台”

在济南十亩园社区应用；“煤炭安全质量标准化管理平台”在山西、河北等省多个大型煤炭集团实施。

电子产品进出口贸易

2012 年，山东省信息技术制造业实现出口交货值 1 621.5 亿元，同比下降 0.12%，占全省规模以上工业出口交货值的 20.7%。由于国际市场一直难以回暖，自 2012 年 5 月开始，山东省信息技术制造业出口交货值增速一直处在低位缓慢波动。电子产品出口受影响最大的是计算机及零部件出口，同比下降30%。

信息基础设施建设

三网融合　一是打造完备基础设施。山东省 IPTV 基础支撑平台已建设完成，实现了央视、省、试点城市三级平台的互连互通和安全播出。IPTV 正式商业运营，保障了节目内容的稳定传送。宽带普及提速工程快速推进，全省各市、县驻地及部分乡镇基本具备推广 IPTV 应用的网络基础条件。试点城市高清交互电视基础网络改造工程进展顺利，覆盖用户超过 40 万户，其他各市有线网络升级改造工程同步展开。

二是营造良好发展环境。为科学指导三网融合推进工作，山东省先后出台加快推进山东省三网融合的意见、推进三网融合试点工作的意见和加快推进山东省光纤到户建设的意见等文件，编制发布了住宅小区光纤到户通信配套设施设计规范和验收规范两项地方标准。全省广电行业资产整合进展顺利，山东广电网络公司及 17 市分公司正式成立，广电系统参与三网融合的市场竞争主体基本建立。

三是完成试点主要任务。青岛、济南两个试点城市 IPTV 业务已开通电视节目的直播、点播、时移回看、高清电视、增值业务等服务功能；有线高清交互电视基本实现电视上网、CNTV 网络电视、可视电话、节目回看、电视读报、电子支付等多项双向业务功能。两市三网融合用户已超过 15 000 户。此外，青岛市广电、电信双向进入许可资质获得国家正式批复，三网融合业务全面进入商业化推广阶段。

四是促进产业同步发展。按照国家和山东省三网融合试点的总体部署，省内有实力的 IT 企业抢抓有利时机，积极参与三网融合，浪潮集团的媒体云、海尔集团的智慧家庭、海信集团的高清交互电视综合解决方案等走在国内该领域前列。山东泰信电子股份有限公司联合海尔集团、海信集团有限公司、富士通公司成立了三网融合联合实验室，重点加强适应三网融合需求的高端芯片、高清数字一体机及整体解决方案的研发。为打造三网融合产业聚集高地，山东省还组建成立了山东三网融合产业联盟。

信息产业园区建设

2012 年，山东省加大对园区建设的投入，先后批准和安排组织了一批园区、中心认定。经企业申报、市地主管部门推荐、专家评审等各个环节，山东省已有电子信息产业园区 12 个，软件园区 13 个，其中，国家级软件园区 2 个，省级软件园区 11 个，从业人员近 10 万人，共汇集软件研发、动漫游戏、服务外包企业超过 1 800 家。

软件园区规模和产业聚集优势逐步显现，1 000 余家企业通过国家双软认定，年产值超千万元的有 200 余家，超亿元的有 30 余家，有 11 家企业先后上市。软件园区政策环境和服务体系得到完善，入园企业除享受国家、省发展软件产业的各项政策之外，济南、东营、潍坊等市都出台了相关支持发展政策，在工商税务、人才交流、物业管理、通信网络、技术服务平台、产品测试登记、投融资、知识产权保护等方面完善服务保障体系。软件园区创新能力和产品层次不断提高，已形成“基础研究—应用开发—产业化”发展的良好格局。

截至 2012 年底，全省共登记软件产品 2 912 个，拥有发明专利 147 个，中间件等基础软件、GIS 软件、ERP 软件、CAD/CAM 软件、信息安全软件、动漫游戏产品以及政府、矿山、电力、石油、交通等行业应用软件产品处于国内领先水平。

信息技术应用

“智慧山东”建设　2012 年，济南市、青岛市等 12 个“无线城市”试点圆满完成，累计完成无线宽带网络投资 500 亿元，无线宽带网络建设规模居全国首位。青岛市成为国家第二批 4G（TD-LTE）试点城市。累计培育济南市、济宁市等省级物联网产业基地 7 个，实施智能工业、智慧矿山、智能交通等物联网应用示范工程 12 项，实现物联网及相关产业营业收入近

1 200 亿元。青岛、济南两市相继成为国家“三网融合”试点城市，省 IPTV 集成播控分平台基本建成。截至 2012 年底，山东省光纤到户已覆盖家庭 436.8 万户，IPTV 试验用户突破 1.3 万户，IPTV 节目已达 117 路直播信号，点播节目超过 2 万小时时长。全省电子政务网络框架基本形成，省、市、县三级政府门户网站全部上线，35%以上的行政许可事项实现网上办理。电子政务应用水平明显提高，工商、税务、应急等重点行业积极利用信息化优化业务流程，规模和应用水平都处于全国前列。国防动员信息化体系逐步健全。信息资源开发利用与业务协同取得显著成效，人口、法人等基础数据库陆续建成应用，工程建设领域项目信息公开和诚信体系建设、企业基础信息共享等跨部门信息交换陆续展开。

两化融合 2012 年，培育实施企业两化融合重点储备项目 448 项，完成投资 96.8 亿元。推荐争取国家倍增计划项目 5 个、国家两化融合专项项目 14 个。新培育深度融合示范工程 12 个、“四个一百”示范工程 108 个，新推广先进适用两化融合信息技术和装备 55 项，顺利完成青岛市国家级两化融合试验区试点任务。

年内，出台了《关于加快推进信息化与工业化深度融合，促进转方式调结构的意见》、《关于推进信息化与工业化融合试验区建设的意见》等政策文件。加大政策、资金扶持，开展了企业试点（6 大类试点）、行业示范（“四个一百”工程）和区域试验（10 个试验区），成立了山东省信息化与工业化融合促进中心和评测中心，制定并发布了全国首个《信息化与工业化融合发展水平评价指标体系》地方标准，组织开展了信息化与工业化融合基础研究、助企服务和人才培训等工作，促进了山东省产业转型升级。工业和信息化部发布的《中国区域两化融合发展水平评估报告》显示，山东省两化融合发展水平排名 2010 年居全国第 4 位、2011 年居全国第 3 位。

全省主要行业大中型企业数字化设计工具普及率超过 85%，关键工序数控化率达到 70%，ERP 普及率达到 80%，部分重点骨干企业信息技术集成应用达到国际先进水平。2012 年，在山东省经济和信息化委员会指导下，山东省电子产品监督检验所（省两化融合评测中心）在评估试点的基础上首次开展了山东省区域两化融合发展水平评估，形成了《山东省工业企业信息化和工业化融合发展水平评估报告（2012)》。报告显示，处于单项应用阶段的企业比例最高(46.69%)，19.46%的企业开始综合集成应用，仅有 4.67%的企业较好开展了协同与创新应用，山东省两化融合总体水平正处于从单项应用向综合集成发展的阶段。山东省政府公布的 350 家重点发展的工业企业中，得分最高的是山东滨州渤海活塞股份有限公司，其次是九阳股份有限公司、山东国瓷功能材料股份有限公司。不同地区得分差别较大，烟台市、东营市、济宁市两化融合发展水平处于山东省领先地位，聊城市、滨州市、济南市紧随其后，泰安市、菏泽市等的两化融合发展水平较低，其余各市处于中间水平。不同行业得分差别不大，能源、医药、纺织、有色金属、装备制造的平均得分均高于平均分 45.94。

电子商务 2012 年，全省电子商务贸易规模以上工业企业和商贸流通企业全部具备在线交易的条件和能力，在电子商务支撑体系建设、应用普及、相关产业培育和环境营造等方面取得了长足进步。据对全省 63 家电子商务企业统计，全年交易额已达 2 998 亿元。主要特点如下：

一是电子商务市场规模逐年增长，电子商务企业和电子商务网民迅速增加。全省规模以上企业中，95%以上建立了企业网站，70%以上开展了电子商务。一批重点企业形成了网上订货、网络营销、物流配送为一体的电子商务运营模式，部分大型商品集散中心和批发交易市场建立了网上信息发布系统，大多数中小企业对电子商务进行了多种形式的探索。2012 年，全省网民规模达 3 625 万，比 2011 年增长 8.8%；网上交易人数迅速增加，已超过 2 000 万人；网络售物和旅行预订初具规模，与网络购物密切关联的网络支付发展迅速，使用的网民达到 1 015 万人，较 2010 年增加 185 万人，增幅超过全国平均水平。

二是企业信息化水平普遍提升，电子商务应用基础进一步夯实。中小企业信息化意识增强，信息化投入力度逐步加大，办公自动化、财务管理等基础管理软件在各类企业广泛应用，80%以上的中小企业从电子商务中获益；大中型工业企业信息化程度在全国继续保持领先，计算机辅助设计（CAD)、企业资源计划(ERP)、供应链管理（SCM)、客户关系管理（CRM）等应用系统在大中型企业普遍推广，覆盖了企业产品设计、生产、销售各环节，计算机监控技术在95%以上的化工、建材、造纸、冶金等连续性生产企业得到应用，计算机集成制造系统已应用于近30%的制造型企业；近60%的规模以上企业成功或部分实施了ERP。信息技术应用使企业产品设计周期缩短75%，开发成本降低37%，生产自动控制率达到95%，电子商务营销率达到35%。

三是龙头企业电子商务的主导作用日益显现，大批电子商务网站开展了经常性应用。农产品、石化、钢铁、机电、医药等行业B2B电子商务平台的建设带动大批企业的信息化建设与电子商务应用。以山东银座信息科技有限公司、利群集团青岛电子商务有限公司为代表的传统零售企业将电子商务作为未来几年的重点发展方向；银座网提出电子商务本地化，网上、网下相结合的运营路线，开通仅8个月，网上交易额超过1亿元。禹王集团2008年成功搭建了覆盖集团30多个销售分公司、200多家经销商的电子商务平台，实现了集团网上交易、网上服务和分销业务流程的电子化、数字化，减少了中间流通环节，加快了信息反馈速度，采购提前期缩短50%，企业销售成本降低80%，年增收益1 600多万元、利润800万元。隆腾精准营销网拥有30万家化工企业用户，注册企业用户可实现免费企业商铺，自动生成供应链商圈，自动锁定来访客户，实现线上线下即时沟通。临沂商城电子商务有限公司是国内领先的全程电子商务运营服务商和物流信息系统解决方案提供商，建有综合交易专业市场集群“临商网”、网上超市“临沂超市”、在线支付平台“商付通”以及商贸物流整合平台“商运通”等四个自营网站。其中，临商网包括信息平台、交易平台、支付平台、物流平台、融资平台、国际平台等6大平台，已成为鲁南苏北地区最大的电子商务平台。山东栖霞苹果电子交易市场、天地红辣椒电子交易市场、山东滨海盐化交易平台已成为在全国有影响力的专业化电子商务交易中心，以及带动和繁荣地方经济的新亮点。

四是支付、物流、信用等取得明显进展，电子商务应用发展环境明显改善。全社会对电子支付的接受度不断提高，银行卡跨行交易网络逐步完善，银行卡自动取款机（ATM）、银行卡受理终端（POS）的跨行交易全面实现，网上银行服务功能进一步拓展，持卡消费比例处于全国领先水平。山东省电子商务支付平台初具规模，成为省内唯一经中国人民银行备案的网络支付机构，为政府、企业和个人提供专业的第三方电子支付服务。现代物流业规模和效益不断提高，物流支撑体系日渐完善，青岛港、烟台港、日照港等一批综合交通基础设施建设取得重大突破；电子口岸等物流信息化建设不断深化，口岸通关效率和物流信息服务水平明显提高；重点物流园区建设取得阶段性成果，园区信息网络服务平台陆续建成，支撑支柱产业和连锁商业的现代物流配送体系逐渐形成。以市场化、专业化为导向的个人与企业信用联合征信系统相继建立，初步营造了全社会知信用、守信用、用信用的良好环境。电子商务行业协会等中介组织的建立，促进了电子商务的行业监督、行业自律、服务规范和诚信建设，初步建立了电子商务投诉服务、争议解决机制。

电子政务 2012年，山东省认真贯彻落实《国家电子政务“十二五”发展规划》和《山东省电子政务“十二五”发展规划》，继续完善电子政务基础设施建设，按照《国家电子政务总体框架》要求，在现有基础上，外网实现横向联通党委、人大、政府、政协、法院、检察院六大系统，纵向延伸至乡镇和社区，建设完善了全省各级信息交换与共享平台和政务信息数据中心，提高骨干传输网的带宽及传输速率。重点完成了17个市、80个省级政务部门的政务外网联网工作，为全省信息化服务推广奠定了网络基础。在电子政务支撑平台建设方面，依托山东省云计算中心进行电子政务云建设，目前已拥有近3PB的海量存储能力和超过百万亿次的计算能力，高档服务器数量达150余台，还配备了虚拟化及监控软件、分布式存储系统、云存储系统、虚机管理及自服务系统、指挥运营中心、数据灾备服务中心等基础业务支撑平台，具有操作系统、开发平台及软件、数据库及各类应用软件30余种；此外，正在逐步建立青岛、济宁、临沂、威海等分中心，覆盖省内10个地市，形成一个管理中心、多个数据中心覆盖全省的资源分布格局。

2012年，山东省继续建立和完善各级各部门门户网站，建设全省统一的电子政务公共服务平台。继续强化重点基础信息资源库的建设和应用；着力推进重点领域政务信息资源数据库建设与应用；围绕政府部门主要业务，建设高质量的信息资源库或数据中心，以及政府部门业务信息数据库，并逐步在政府机构内部实现政务信息的共享交换和业务应用，对政府业务工作和重大决策提供支持；启动建设行业市场监管系统，以改善管理职能和服务为目标，形成有 48 个设市城市为支撑的完整的信用和项目形态数据管理系统。

科技防腐工程以及工程建设领域项目信息公开和诚信体系工程是山东省在创新社会管理方面推动电子政务深入发展的典型应用。科技防腐工程按照构建“6+1”惩防体系的要求，一是大力推进六大平台建设，省级行政审批电子监察系统已正式运行，网上政务大厅、政府信息公开、行政效能投诉系统、行政处罚电子监察系统、政府法制监督及行政权力事项动态管理系统已开发完成并投入试运行；二是加快推进省直部门单位二期视频监察系统安装联网，省电子监察中心已与 29 个省直部门单位 33 个服务大厅（窗口）、14 个市的视频监察系统联网；三是加快省级行政权力系统建设，督导数据交换，确认有关系统建设改造方案。

依托山东省云计算中心建设的省级电子政务综合服务平台和基于该平台的人口基础数据共享项目全面展开。该项目既是全省信息资源共享和业务协同的重要基础平台，又是省纪委安排省经济和信息化委员会承担的科技防腐工程中的关键项目，目前各项工作进展顺利，预计 2013 年 3 月底前进入试运行。

信息安全建设　一是圆满完成国家统一部署的全省重点领域网络与信息安全检查工作。根据《国务院办公厅关于开展重点领域网络与信息安全检查行动的通知》（国办函 [2012] 102 号），以省政府办公厅名义下发了《山东省人民政府办公厅关于开展重点领域网络与信息安全检查行动的通知》（鲁政办发电 [2012] 14 号），开展了自查和抽查工作，并最终形成山东省重点领域网络与信息安全检查报告，按时上报国家网络与信息安全协调小组办公室。

二是应急安全保障体系建设实现新跨越。建设完成山东省网络与信息安全突发事件监测平台，实现了对全省 1 000 余个政府网站（包括省直部门和 17 个地市）的实时监测。同时，通过组织应急支援人员的业务学习和技能培训，确定了值班制度等，提高了信息安全应急支援能力。截至 2012 年底，为公众提供信息安全咨询服务 2 000 人次以上。

三是部门信息安全保障能力得到提升。开展了信息安全检查并下发多个文件，促进各个单位按照“谁主管谁负责、谁运行谁负责、谁使用谁负责”和属地化管理原则，认真履行信息安全职责，提升信息安全保障能力；利用信息化专项资金的引导作用为省直部门加强信息安全保障提供支持。2012 年，对 7 家单位给予资金支持，总额为 480 万元。

四是大力推进工业控制系统安全管理工作。印发了《关于开展重要工业控制系统基本情况调查的通知》，并联合省国有资产监督管理委员会、水利厅、住房和城乡建设厅等部门共同对全省重要工业控制系统开展基本情况调查，完成了山东省工业控制系统基本情况调查报告并上报工业和信息化部；还印发了《山东省关于加强工业控制系统信息安全管理的意见》。

五是信息安全数据灾备体系建设取得进展。以省科学院云计算中心为依托，规划建设具有国际先进水平的省级灾难备份恢复中心，为全省党政机关、事业单位、大中型国有企业、电子商务提供数据在线/离线备份和数据恢复服务，提升全省的信息安全保障能力。截至 2012 年底，该中心已完成初步建设，并为 8 家单位提供数据备份服务工作。

热点

RFID产业　山东省 RFID 产业发展迅速，已有相关企业近百家，分布于产业链各环节，基本形成了以 RFID 芯片设计、电子标签封装和印刷、RFID 读写机具开发、软件开发、系统集成、应用服务为一体的产业发展格局。

一是初步建成以济南市、淄博市、滨州市、威海市、莱芜市为主的 RFID 标签、读写器、打印机产业链硬件制造端，以济南市、青岛市、淄博市、滨州市、烟台市、威海市为主的软件集成端的产业基地，并建立起以企业为主体，“政、研、企、用”相结合的发展模式；二是具有国内领先技术，在有关标准制定、国际先进的 RFID 标签打印机和通道天线技术、高频读写机具新技术、RFID 中间件技术、超高频 RFID 产品的研制、物流 RFID 防伪标签、RFID 标签封装生产线等方面居国内领先地位；三是在 RFID 芯片设计、防伪标识制作、高频/超高频芯片封装（制卡）、读写机具及天线制造、管理及应用软件开发、系统集成等方面都有一定基础，初步形成了 RFID 产业链；四是

RFID 已广泛应用于各个领域。

电子基金项目 2012 年，山东省信息技术制造业积极申报国家电子发展基金项目，其中 4 个项目获得一般项目资助，共计 1 700 万元；4 个项目获得招标项目资助，共计 2 100 万元。在“核高基”项目申报中，3 个项目获得国家资助，资金合计 1.123 亿元。在电子发展基金支持下，截至 2012 年底，山东省各大项目进展顺利。

【统计数据】

表 1 2012 年山东省电子信息制造业人员构成情况

企业类别	企业数（家）	年末从业人员总数（人）	企业类别	企业数（家）	年末从业人员总数（人）
国有企业	8	19 305	私营企业	295	48 191
集体企业	9	44 486	其他内资企业	10	1 592
股份合作企业	8	4 969	港、澳、台商投资企业	55	38 130
有限责任公司	153	52 950	三资企业	241	149 976
股份有限公司	73	44 971			

表 2 2012 年山东省电子信息制造业基本情况

项目名称	单位	2012 年	项目名称	单位	2012 年
工业总产值（现行价）	万元	59 307 813	税金总额	万元	730 226
工业销售产值	万元	58 149 401	利润总额	万元	4 109 008
出口交货值	万元	15 500 844	应交所得税	万元	201 907
资产总计	万元	31 501 319	从业人员年末人数	人	404 642
负债合计	万元	18 367 042	从业人员工资总额	万元	2 155 822
主营业务收入	万元	60 760 356			

表 3 2012 年山东省电子信息制造业三资企业基本情况

项目名称	单位	2012 年	项目名称	单位	2012 年
工业总产值（现行价）	万元	21 077 022	税金总额	万元	179 551
工业销售产值	万元	20 842 153	利润总额	万元	1 274 045
出口交货值	万元	9 456 315	应交所得税	万元	47 218
资产总计	万元	6 084 084	从业人员年末人数	人	149 976
负债合计	万元	3 337 860	从业人员工资总额	万元	702 689
主营业务收入	万元	19 761 088			

表 4　2012 年山东省电子信息制造业主要经济效益指标完成情况

项目名称	单位	2012 年	项目名称	单位	2012 年
流动资产周转率	%	280.0	资产保值增值率	%	102.4
产品销售率	%	98.5	资产负债率	%	58.3
总资产贡献率	%	16.0			

表 5　2012 年山东省电子信息制造业三资企业主要经济效益指标完成情况

项目名称	单位	2012 年	项目名称	单位	2012 年
流动资产周转率	%	55.1	资产保值增值率	%	92.2
产品销售率	%	98.9	资产负债率	%	54.9
总资产贡献率	%	24.6			

注：表 1—表 5 数据来源于山东省经济和信息化委员会。

表 6　2012 年山东省主要电子信息产品产量情况

产品名称	单位	2012 年	产品名称	单位	2012 年
液晶电视机	万台	1 419.3	手机	万部	4 111.5
电子元件	亿只	115.4	笔记本电脑	万台	233.6
打印机	万台	598.4			

注：数据来源于山东省统计局。

表 7　2012 年山东省电子信息制造业三资企业主要电子信息产品产量情况

产品名称	单位	2012 年	产品名称	单位	2012 年
手机	万部	2 678.4	打印机	万台	589.4
电子元件	亿只	48.3	笔记本电脑	万台	233.6

注：数据来源于山东省经济和信息化委员会。

表 8　2012 年山东省软件产业人员构成情况

企业类别	企业数（家）	年末从业人员总数（人）	人员构成			
			管理人员（人）	在总人数中所占比例（%）	软件开发研究人员（人）	在总人数中所占比例（%）
内资企业	1 799	264 903	34 839	13.2	68 997	26.0
国有企业	35	23 710	2 221	9.4	1 776	7.5
集体企业	5	13 145	1 448	11.0	2 731	20.8
股份制合作企业	7	1 476	189	12.8	183	12.4
联营企业	1	551	99	18.0	212	38.5
有限责任公司	956	134 868	20 302	15.1	39 252	29.1
股份有限公司	121	27 730	2 949	10.6	8 098	29.2
私营企业	663	60 537	7 458	12.3	16 306	26.9
其他内资企业	11	2 886	173	6.0	439	15.2
港、澳、台商投资企业	16	962	300	31.2	745	77.4
三资企业	58	10 734	1 169	10.9	3 649	34.0

表 9　2010—2012 年山东省软件产业基本情况

项目名称	单位	2010 年	2011 年	2012 年
软件业务收入	万元	9 050 869	13 291 139	17 378 583
软件业务出口收入	万美元	44 504	61 388	82 120
软件产品销售收入	万元	2 646 804	3 827 113	4 806 764
流动资产平均余额	万元	9 656 789	10 365 069	10 052 427
固定资产投资额	万元	791 285	833 475	554 651
资产合计	万元	18 968 073	20 066 083	32 645 938
负债合计	万元	6 912 347	7 898 854	21 207 400
税金总额	万元	511 075	611 318	753 615
利润总额	万元	633 736	760 743	775 479
应交所得税	万元	218 695	257 775	342 229
从业人员年末人数	人	210 717	230 205	276 599
从业人员工资总额	万元	536 792	575 512	746 817

表 10　2010—2012 年山东省软件产业三资企业基本情况

项目名称	单位	2010 年	2011 年	2012 年
软件业务收入	万元	367 179	428 775	710 873
软件业务出口收入	万美元	21 561	25 201	29 841
软件产品销售收入	万元	38 296	43 031	90 925
流动资产平均余额	万元	91 578	120 529	187 620
固定资产投资额	万元	15 818	17 990	76 658
资产合计	万元	175 679	201 216	941 879
负债合计	万元	62 301	84 316	614 300
税金总额	万元	2 177	2 319	15 846
利润总额	万元	19 267	23 073	102 384
应交所得税	万元	1 257	1 991	5 534
从业人员年末人数	人	4 171	5 605	10 734
从业人员工资总额	万元	26 197	30 288	74 857

表 11　2010—2012 年山东省软件产业主要经济效益指标完成情况

项目名称	单位	2010 年	2011 年	2012 年
流动资产周转率	次	0.94	1.28	1.73
总资产贡献率	%	6	7	5
资产保值增值率	%	196	223	111
资产负债率	%	36	39	65

表 12　2010—2012 年山东省软件产业三资企业主要经济效益指标完成情况

项目名称	单位	2010 年	2011 年	2012 年
流动资产周转率	次	4.01	3.55	3.78
总资产贡献率	%	23	21	63
资产保值增值率	%	134	139	111
资产负债率	%	36	42	65

注：表 8—表 12 数据来源于《2010—2012 年山东软件业年报》。

[供稿：山东省经济和信息化委员会]

河 南 省

【综述】

2012 年，河南省电子信息制造业实现销售产值 2 009.05 亿元，同比增长 115.2%；利润总额 58.56 亿元，税金总额 20.55 亿元；从业人员 43 万余人。软件和信息服务业总收入 326 亿元，软件业务收入 157 亿元，同比增长 20%。

电子信息制造业

2012 年，河南省电子信息制造业发展呈现持续跨越增长态势，销售产值突破 2 000 亿元，位居中部六省首位，增速居全国第 2 位。其中，富士康项目实现产值 1 109 亿元，智能手机产量 6 800 万部，拉动作用明显。产品结构调整及技术创新呈现稳步加快态势，初步形成以郑州新兴产业为主力，以新乡、许昌、南阳等传统特色产业为基础，以信阳、漯河、鹤壁等集群引进为新锐的电子信息制造业发展布局。其主要特点：

一是产业基础不断夯实。按照工业和信息化部运行监测协调局统计口径，河南省规模以上电子信息制造业企业 600 家，其中，超百亿企业 3 家，上市企业 10 余家。手机产业具备了一定基础。郑州市以新郑综合保税区为依托，已成为智能手机重要的生产基地，其他主要分布在信阳、漯河、南阳、鹤壁等地，主要企业有河南东森移动通信技术有限公司、星天空数码（信阳）有限公司、河南鹏翔科技有限公司等。新型电池、电力电子等领域在国内具有一定领先优势。拥有新乡国家级化学与物理电源基地，骨干企业有河南环宇集团有限公司、河南科隆集团有限公司等，其中河南环宇集团有限公司为国家电子百强企业；许昌市拥有国家级电力电子产业基地，骨干企业许继集团有限公司、河南森源集团有限公司均为国家电子百强企业。LED 照明、新型显示和信息安全软件等领域具有局部竞争优势。LED 照明企业多集中在封装、应用产品等产业链中下游，骨干企业有河南生茂光电科技股份有限公司等；新型显示方面，南阳市的河南中光学集团有限公司在合成棱镜、光学引擎等投影核心部件领域居全球市场占有率第 1 位，在国内率先实现了具有完全知识产权的投影整机批量化生产；郑州市拥有国家级信息安全产业基地。电子材料及元器件领域近两年呈现快速恢复性增长，骨干企业有郑州旭飞光电科技有限公司、濮阳惠成电子材料股份有限公司、河南仕佳光子科技有限公司、河南中航光电科技股份有限公司等。

二是固定资产投资进一步加大。2012 年，河南省电子信息制造业固定资产投资累计完成 704.8 亿元，同比增长 26.0%，新增固定资产 452.5 亿元，同比增长 44.6%。投资 20 亿元以上的在建项目 10 个。主要投资项目包括：郑州富士康航空港区项目、中国联通中原数据基地、富士康实训基地（周口）二期项目、海尔（郑州）市场创新产业园项目、中航锂电（洛阳）有限公司大容量锂离子动力电池项目、河南激蓝科技有限公司 4.5 代 MOTFT-OLED (金属氧化物薄膜晶体管主动驱动有机发光显示器件) 生产项目等。

三是电子发展基金发挥良好杠杆作用。2012 年，河南省向工业和信息化部推荐电子发展基金项目 14 个，共有 4 个项目获得国家 1 200 万元资金支持，同时引导和带动了金融机构和企业资金的投入。年内，河南省总计投入资金 10 876 万元用于电子发展基金项目研发和产业化，在扶植骨干企业、培育核心产业、攻克技术难关、补充急需资金、倡导创业投资等方面发挥了积极作用。

软件产业

2012 年，河南省软件产业实现软件业务收入 157 亿元。全年通过认证的软件企业 82 家、通过登记的软件产品 569 个。截至 2012 年底，全省通过“双认”的软件企业 553 家、软件产品 2 313 个。

全年共有 1 家系统集成企业通过二级资质认证，12 家通过三级认证。全省共有系统集成企业 121 家，监理企业10家。

河南省软件产业发展重点是：打造以金水科教新城、高新区为核心的高端软件和信息服务业“两大园区”，做大网络信息服务、系统集成和应用软件，做强信息安全和手机动漫游戏产业，大力培育物联网、云计算、北斗卫星应用等新兴领域。

一方面，以郑州新益华医学科技有限公司、河南威科姆科技有限公司为代表的软件骨干企业长足发展。郑州新益华医学科技有限公司的农村基本医疗卫生综合信息服务平台已覆盖河南省、贵州省、黑龙江省以及湖南省、湖北省的部分县区，并获得国家电子信息产业发展基金支持。河南威科姆科技有限公司的“教育信息化系统集成及运营服务”在党员远程教育领域市场占有率为64%，居全国第1位；在中小学教育领域，“VCOM互动教学系统”成为中央电教馆“班班通”项目建设第一批推荐方案。

另一方面，以智能交通和信息安全产业为代表的特色产业快速成长。在智能交通领域，郑州天迈科技有限公司完成了包括车载终端、LED调度屏程序、行车记录仪、新能源监控平台、手机公交查询等一批先进产品研发和应用平台建设，向全国200多家用户销售智能防盗投币机20 000余台，GPS公交智能调度系统3 000余套；在信息安全领域，郑州金惠计算机系统工程有限公司在图像视频内容分析领域深入研究，在“面向复杂场景的图像视频智能分析技术”方面处于国内领先水平，已与国家电网、中国铁路总公司签订了长期战略合约，其产品在全国多个领域的智能交通、智慧景区中得到应用。

电子产品进出口贸易

受富士康项目拉动，河南省电子信息产业对外贸易发展迅猛，全年实现出口交货值1 321.56亿元，同比增长244.4%。据海关统计，富士康郑州企业2012年实现外贸进出口293.93亿美元，其中进口136.14亿美元，出口157.79亿美元，进出口额占郑州市进出口额的83%，占河南省进出口额的56.8%；富士康进出口贸易对河南省外贸的贡献率为104.2%。

信息基础设施建设

截至2012年底，河南省通信光缆线路长度为73.3万公里；移动电话基站9.5万个，其中，3G基站4万个；互联网宽带接入端口1 360.8万个；电话用户7 076.2万户，其中，移动电话用户5 787.6万户；3G网络实现乡镇以上全覆盖，3G用户1 136.4万户；互联网用户5 090.5万户。全省完成电信业务总量611.7亿元，实现电信业务收入479.2亿元，同比分别增长14.8%和12.4%；电信业务总量、电信业务收入分别居全国第6位和第8位，移动电话用户数量、互联网用户数量均居全国第5位。

重点项目 2009年12月，中国移动河南公司启动无线城市建设，重点围绕“政务、公共事业、交通、医疗、教育、就业、金融、旅游、生活服务、消费购物”十大类应用。截至2012年底，全省18个地市“无线城市”门户全部上线，WLAN AP数量超过16万个，无线城市独立访问用户突破100万，日均访问量超过2万。2012年1月，中国移动（洛阳）呼叫中心在洛阳经济技术开发区破土奠基，项目占地1 067亩，建筑规模50万平方米，总投资40亿元，规划2万呼叫座席，预计将带来6万个就业岗位，成为中国移动集客服、管理、交流、公共服务等为一体的综合性基地。6月，河南联通中原数据基地在郑州高新技术开发区开工建设，项目占地317亩，建筑规模26.7万平方米，总投资46亿元，将可安装服务器机架2.15万架，提供26.93万TB的数据存储能力，满足中原地区2025年之前的信息化建设需要。

信息技术应用

两化融合 实施了两化融合示范工程，郑州市以国家级两化融合试验区建设为契机，引导企业投入15.6亿元，新增经济效益超过75.2亿元。25个省级两化融合试验区综合信息服务体系进一步完善。培育了食品、汽车、有色等14个重点行业的100家省级两化融合示范企业，拉动规模以上80%的企业建立了门户网站，30%的企业建立了OA办公系统并开展电子商务，50%的企业实施了ERP、CRM、PDM或SCM。河南双汇实业集团等6家企业入选2012年国家级两化深度融合示范企业。

中小企业综合信息服务 中国中小企业河南网建成市、县分站167家，为全省近40万家中小企业提供一站式服务。组织开展了中小企业“数字企业”建设活动，累计建成“数字企业”近5 000家，培训人员30 000多人次。

物联网 在技术研发方面，河南省企业在传感器芯片和中间件、通信模块、高清视频智能监控、数据处理、传感器协同组网等物联网关键技术和产品研发方面初步形成领先优势。在产业化方面，河南省物联网企业超过300家，在RFID、通信模块、传感器等核心优势领域初步具备了国际竞争力；在传感器、短距离通信技术、通信和网络设备、系统集成、运营服务等产业链关键环节集聚了一批国内领先企业。在应用示范方面，在智能安防、卫生医疗、数字城市等公共管理领域，已建成一批广覆盖、高效率、智能化的应用系统，为公共事业发展提供了强有力的信息化支撑。

电子商务 电子商务集聚发展水平不断提高，郑州市先后被认定为国家电子商务示范城市和国家跨境贸易电子商务服务试点，郑东新区被认定为国家级电子商务示范基地。该基地占地2.5平方公里，周边有中央商务区（CBD）、龙子湖高校园区、科技物流区、商贸物流区等支撑配套区域，已吸引中华粮网、河南省数字证书认证中心等一批电子商务骨干企业入驻。

网商发展后发优势明显，2012年，河南省网商发展指数居全国第9位，网商数量超过50万个，居中西部地区第1位，4家网商入选全球百家网商。

网络电子支付发展迅速，2012年，河南省网络电子支付交易量达到4.7亿笔，同比增长37.4%；交易金额17.8万亿元，同比增长24.5%。

电子政务 河南省电子政务建设及应用不断深化，一批重要信息系统建设与应用取得明显成效。

金水工程建设应用稳步推进。完成了河南省水利计算机网络系统和异地防汛会商视频会议系统建设，覆盖河南省18个省辖市的78个县，并延伸到145个乡镇和34个水文站；建设了覆盖13个省辖市78个山洪灾害重点县的山洪灾害防御系统；完成了水资源管理系统省中心网络支撑平台建设、取用水户实时在线监测软件的部署；新建1 363个、累计建设3 100多个水雨情自动监测站，实现了全省水雨情信息自动监测。

金农工程一期建设基本完成。建成2个省级数据中心、6个应用子系统和1个应急平台。即：省级农业数据中心和省级粮食购销调存数据中心，农产品监测预警、农产品与生产资料监管、农村市场供求、农产品批发市场价格、农业科技信息、农业信息采集6个信息系统和为农业和粮食生产服务的省级农业生产调度应急指挥平台。

社会保障“一卡通”取得成效。河南省共发放社会保障卡630万张，社会保险关系转移系统应用已实现省内17个省辖市和150个县（市、区）经办机构养老保险转移业务接入全国转移业务网，全省养老、医疗通过转移系统共办理转移业务1 462笔，省、市广域网覆盖率达到100%，县级城域网覆盖率达到91%，省、市两级分布式数据中心建设基本完成，18个省辖市已全部完成数据中心建设。

金土工程建设应用不断深入。国土资源遥感监测“一张图”核心数据库基本建成，叠加了各类土地、地质矿产、地质环境类基础数据、业务数据和管理数据。截至2012年底，共入库6大类33项数据，可提供三维展示、叠加分析、综合统计、数据管理、数据查询和多屏对比等功能；政务管理系统主要涵盖建设用地预审、建设用地审批、土地供应管理、矿产资源审查、探矿权审批、采矿权审批、执法监察等系统，实现了省、市、县三级网上申报审批。

金盾工程建设应用逐步完善。建成省市一体化警务信息综合应用平台（警综平台），实现了河南省警综平台版本和标准统一的目标，以及网上执法办案等各项主要公安业务功能，实现了省市数据一体化和跨区域数据流转。

工商信息系统建设与应用不断深化。移动工商首期目标基本实现，截至2012年底，河南省工商系统第一批共计为18 950人开通VPN通道，接入省局移动执法与办公平台；在全省范围建立了农资市场监管信息平台，已完成农资市场经营主体数据录入55 549户。

工程建设领域项目信息公开平台进展顺利。建设完成省级检索平台，实现与国家级平台对接。截至2012年底，全省实际开通信息公开共享专栏数量1 583个，信息发布总量173 452条，其中项目信息72 636条，信用信息100 816条。

数字化城市管理系统阶段性成效明显。全省18个省辖市启动数字化城市管理建设项目，因地制宜地推进数字化城市管理工作，部分省辖市建设了功能齐备的数字化城市管理平台，提升了数字化城市管理系统运行水平。

食品药品安全监管系统应用成效显著。开发建设了涵盖省、市、县三级的药品、医疗器械、餐饮食品、保健食品、化妆品的全程监管系统，在原有药械监管系统基础上，推广应用了行政审批子系统和企业诚信管理子系统，截至 2012 年底，已完成对基本药物全品种的电子监管，提升了药品电子监管工作的整体水平。

行政效能电子监察、环境自动监测、人口管理、应急指挥等已建系统应用不断深化。18 个省辖市的行政审批业务系统和电子监察系统全部正式运行，并实现与省级平台联网对接。组织开发了污染物总量预算管理系统，在省、市、县三级环保系统部署使用，通过该系统严把建设项目环评准入关，切实控制主要污染源排放新增量，实现了总量指标控制与精细化管理。截至 2012 年底，共有 7 848 个建设项目在网上申请污染物排放量，6 591 个项目通过网上核定，环境容量的利用效率和投资效益进一步提高。在河南人口网设置了场景化服务入口和导航功能，将生育证、婚育证明、独生子女证等共计 13 项计生部门的公共服务纳入便民平台，并实现服务过程的效能监察和跟踪。依托流动人口平台，开展了跨省流动人口个案信息核查，为信息核查工作提供了技术保障，为全面、及时掌握河南省流动人口动态提供了信息支撑。

农业农村信息化 一是完善农村信息服务体系。18 个省辖市均设立了农业信息中心，158 个县（市、区）农业部门设立了专门的农业信息服务机构。农村综合信息服务站基本实现河南省行政村全覆盖，文化资源共享站建设逐步普及。累计培训农村信息员 3 万人次，农村信息员队伍初具规模。以“河南省农业信息网”为核心的农业农村信息化服务网络体系初具规模，带动 8 万多个龙头企业、合作组织、经营大户和经纪人上网。二是普及涉农信息系统应用。农村党员现代远程教育系统累计发展“机顶盒”用户 30 多万户，12316“三农”服务热线覆盖了全省 18 个省辖市、158 个县，接听农民群众咨询 20 余万个。信阳、驻马店、开封、新乡、郑州、许昌、济源、鹤壁、三门峡等市的一批特色农业农村信息化项目应用进一步深化，产生了良好社会效益和经济效益，受到农民好评。

网络与信息安全 以各地区、各部门及有关重点行业的重要业务系统和互联网门户网站为重点，在河南省范围部署开展了重点领域网络与信息安全专项检查。通过专项检查，提高了各信息系统安全重点单位的信息安全保障意识，提升了信息安全防护水平和应急能力。

成立了各级网络与信息安全协调小组，形成了上下一体的组织管理工作体系。省信息安全测评中心、密钥管理中心、省政务信息数据容灾备份中心、数字证书认证中心等一批技术支撑机构逐步建立，网络与信息安全保障水平明显提高。网络与信息安全检查、信息安全等级保护制度得到有效落实，风险评估和测评工作不断加强。

【统计数据】

表 1 2012 年河南省电子信息制造业基本情况

项目名称	单位	2012 年	项目名称	单位	2012 年
工业总产值（现行价）	万元	20 506 339	产品销售收入	万元	20 090 762
工业销售产值	万元	20 090 500	税金总额	万元	205 500
出口交货值	万元	13 215 600	利润总额	万元	585 600
固定资产投资	万元	7 048 000			

注：数据来源于河南省统计局。

[撰稿：路景明 潘建伟 张海健 白平 李洋 李菲 审稿：李涛 郭瑞山]

湖 北 省

【综述】

2012 年，湖北省电子信息产业呈现“高开低走，平稳较快”的良好发展态势，实现主营业务收入 2 231 亿元，同比增长 18.8%。据工业和信息化部公布的数据显示，湖北省电子信息产业规模居全国第 13 位、中部第 2 位。其中，电子信息制造业实现主营业务收入 1 863 亿元，同比增长 10.8%；软件业务收入 368.1 亿元，同比增长 86.9%。全年主营业务收入超过亿元的企业有 374 家，比 2011 年增加 80 家。全省有三资企业 97 家，比 2010 年增加 18 家，共实现产值 237.7 亿元，同比增长 9.5%。

主要产品产量 2012 年，湖北省生产光纤 2 927 万公里，同比增长 26.1%；光缆 2 280 万芯公里，同比增长 31.7%；台式计算机 220.7 万台，同比增长 1.6%；笔记本计算机 8 035 台，同比减少 96.1%；电话单机 21.9 万部，同比减少 48.1%；平板显示器 1 085.5 万只，同比减少 40.6%；集成电路 1 085.7 万片，同比下降 5.3%；多晶硅 161.5 万公斤，同比减少 37.4%；手机 419.0 万部，同比增长 15.9%。

电子信息产品制造业

据工业和信息化部公布的数据显示，2012 年，湖北省 882 家规模以上电子信息产品制造业企业实现主营业务收入 1 863 亿元，同比增长 10.8%，占全国规模以上电子信息产品制造业主营业务收入的 2.2%，与上年持平，占湖北省规模以上工业销售产值的 6%，比上年下降 0.6 个百分点；实现利税 201.3 亿元，增长 31.9%，其中，实现利润总额 139.1 亿元，增长 23.9%。全行业工业总产值过 100 亿元企业 2 家，比上年减少 1 家；过 10 亿元企业 32 家，比上年增加 4 家；过亿元企业 374 家，比上年增加 122 家。2012 年末全行业从业人员 34.5 万人，增长 19.3%；全行业亏损企业 255 家，同比增加 15 家，亏损企业亏损额 22.3 亿元。

2012 年，湖北省电子信息产品制造业区域发展更趋协调。10 个市（州）电子信息产品制造业主营业务收入同比增速均超过 20%。武汉市电子信息产品制造业实现主营业务收入 1 108 亿元，占全省电子信息产品制造业主营业务收入的 59.5%，同比下降 15.8 个百分点。襄阳、荆门、仙桃、咸宁等市州电子信息产品制造业主营业务收入同比增长均超过 40%，呈现出高速发展态势，其中，仙桃电子信息产品制造业主营业务收入增幅达到 94.6%。

电子百强企业 湖北省有 4 家企业入选第 27 届中国电子信息百强企业，比上届增加 1 家。其中，武汉邮电科学研究院、骆驼集团股份有限公司、长飞光纤光缆有限公司、宜昌劲森光电科技股份有限公司分列第 20 位、第 30 位、第 67 位、第 73 位。上述 4 家企业共实现营业收入 323.9 亿元，占全省电子信息制造业营业收入的 17.4%，比上年提高 5 个百分点。其中，武汉邮电科学研究院完成营业收入 162.6 亿元，同比增长 15.4%；骆驼集团股份有限公司完成营业收入 91.9 亿元，同比增长 60.9%；长飞光纤光缆有限公司完成营业收入 48.3 亿元，同比增长 13.1%；宜昌劲森光电科技股份有限公司完成营业收入 21.2 亿元，同比增长 44.2%。

上市公司 2012 年，湖北省电子信息制造业有上市公司 17 家，比上年净增 1 家，实现主营业务收入共计 337.5 亿元，占全行业主营业务收入的 18.1%。各公司完成主营业务收入情况：华工科技产业股份有限公司 42.7 亿元，同比增长 101.4%；湖北凯乐集团 31.3 亿元，同比增长 27.8%；武汉长江通信产业集团股份有限公司 9.6 亿元，同比增长 15.7%；烽火通信科技股份有限公司 97.6 亿元，同比增长 9.3%；武汉光迅科技股份有限责任公司 21.1 亿元，同比增长 95.4%；湖北新华光信息材料股份有限公司 32.6 亿元，同比增长 11.3%；武汉凡谷电子技术股份有限公司 10.3 亿元，同比增长 6.2%；荆门市格林美新材料有限公司 11.9 亿元，同比增长 45.1%；武汉高德红外股份有限公司 2.1 亿元，同比减少 30%；

湖北台基半导体股份有限公司 2.7 亿元，同比减少 15.6%；湖北鼎龙化学股份有限公司 3.1 亿元，同比增长 29.2%。武汉中元华电科技股份有限公司 1.3 亿元，与上年持平；湖北骆驼蓄电池股份有限公司 59.3 亿元，同比增长 51.7%；武汉华中数控股份有限公司 2.5 亿元，同比减少 32.4%；武汉力源信息技术股份有限公司 4.6 亿元，同比增长 187.5%；武汉金运激光股份有限公司 1.5 亿元，同比增长 7.1%；华灿光电股份有限公司 3.3 亿元，同比减少 31.3%。

典型企业 2012 年被纳入全省电子信息制造业重点监测的 20 家企业实现主营业务收入共计 763.6 亿元，占全行业主营业务收入的 41.0%。各公司完成主营业务收入情况：鸿富锦精密工业（武汉）有限公司 279.9 亿元，同比减少 8.4%；武汉新芯集成电路制造有限公司 10.2 亿元，同比增长 50%；冠捷显示科技（武汉）有限公司 58.7 亿元，同比减少 8.7%；武汉邮电科学研究院 162.6 亿元，同比增长 15.4%；长飞光纤光缆有限公司 48.3 亿元，同比增长 13.1%；武汉凡谷电子技术股份有限公司 10.3 亿元，同比增长 6.2%；名幸电子（武汉）有限公司 16 亿元，同比减少 4.7%；武汉恒生誉天实业有限公司（原武汉恒生光电产业有限公司）6.4 亿元，与上年持平；武汉中原电子集团有限公司 18.5 亿元，同比增长 12.8%；武汉非凡电源有限公司 5.1 亿元，同比减少 47.4%；武汉恒发科技有限公司 10.2 亿元，同比增长 22.7%；武汉天马微电子有限公司 40 亿元，同比增长 122.2%；珈伟太阳能（武汉）有限公司 0.7 亿元，同比减少 81.1%；武汉蓝星电脑集团有限公司 1.6 亿元，同比减少 5.9%；武汉日新科技股份有限公司 2.2 亿元，同比增长 10%；武汉日电光通信工业有限公司 1.1 亿元，同比减少 26.7%；宜昌南玻硅材料有限公司 3.4 亿元，同比减少 57.5%；宜都东阳光化成箔有限公司 26.3 亿元，同比增长 4.8%；宜昌劲森照明电子有限公司 21.2 亿元，同比增长 44.2%；湖北凯乐集团 31.3 亿元，同比增长 27.8%；随州波导电子有限公司 9.6 亿元，同比增长 95.9%。

软件业

2012 年，湖北省软件业实现主营业务收入 562.1 亿元，同比增长 50.2%，占全省电子信息产业总产值的 25.2%；软件业务收入 368.1 亿元，同比增长 86.9%，占全省电子信息产业主营业务收入的 16.5%。软件业务收入在 1 000 万元以上的企业 486 家，比上年度增加 212 家。其中，5 000 万元以上的企业 156 家，增加 70 家；1 亿元以上的企业 73 家，增加 31 家。

2012 年新认定软件企业 172 家，注销 59 家，累计有效认定软件企业 751 家；新登记软件产品 737 件，注销 89 件，累计有效登记软件产品 2 899 件。全省获得计算机信息系统集成资质单位 138 家，其中，一级 3 家，二级 24 家，三级 99 家，四级 12 家。软件行业从业人员超过 11 万人。

上市公司 湖北省软件业有上市公司 4 家。各公司完成主营业务收入情况：精伦电子股份有限公司 1.9 亿元，同比减少 26.9%；武汉天喻信息产业股份有限公司 6.9 亿元，同比增长 6.2%；武汉光谷信息技术股份有限公司 0.7 亿元，同比增长 70.7%；武汉时代地智科技股份有限公司 854 万元，同比减少 8.4%。

典型企业 湖北省武汉邮电科学研究院入选第 12 届中国软件业务收入前百家企业，位居第 18 位，排名比上届前进 1 位。武汉中地数码科技有限公司、武汉天喻信息产业股份有限公司成为“2011—2012 年度国家规划布局内重点软件企业”。规模领先的主要软件企业有：烽火通信科技股份有限公司 30.9 亿元，同比增长 50.5%；武汉虹信通信技术有限责任公司 11.4 亿元，同比增长 47.3%；武汉天喻信息产业股份有限公司 7.5 亿元，同比增长 17.8%。发展形势较好、收入成倍增长的软件企业有：领航动力信息系统有限公司 8.8 亿元，同比增长 313.7%；湖北众友科技实业股份有限公司 4.4 亿元，同比增长 182.8%。

科技进步与应用

湖北省电子信息产业拥有国家认定的企业技术中心 5 个，省认定的企业技术中心 58 个；国家级重点实验室和工程中心 18 个；省级工程实验室和工程技术研究中心 14 个。2012 年，武汉邮电科学研究院“物理层与网络层侧设备间传输数据的数据传输装置和方法”获得第 14 届中国专利金奖，承担的“高速分布反馈半导体激光器及其与电吸收调制器单片集成光源”项目获得国家技术发明二等奖，主导制定的 ITU-T Y.2770 标准获得世界电信标准大会批准，成为全球首个互联网业务感知和内容识别国际标准；同时，该院承担的国家 973 项目“超高速超大容量超长距离光传输基础研究”完成单通道1.031Tb/s普通标准单模光纤12 160公里的传输系统实验，取得T比特级超长距离光传输当期国际最高记录。长飞光纤光缆有限公司荣获国际权威机构B.I.D公司“国际质量管理金奖”，这是中国光通信行业首次获此殊荣；在2012年中国光通信发展与竞争力论坛暨“光通信最具竞争力企业十强”评选活动中，长飞光纤光缆有限公司荣获“2012年全球光纤光缆最具竞争力企业10强”第2名、“2012年中国光纤光缆最具竞争力企业10强”第1名。华工科技产业股份有限公司高度重视人才工作，依托院士专家工作站、博士后科研工作站等平台，重点引进海外高层次人才，其中7人入选国家“千人计划”；该公司“高功率连续单模光纤激光器关键技术及其产业化”项目荣获湖北省科技进步奖一等奖，“数控等离子钻切复合加工中心设备”项目荣获湖北省科技进步奖三等奖。武汉新芯集成电路制造有限公司和美国飞索公司（Spansion）联合研发的国际首批45nm电荷捕捉型闪存开始投片试生产，其高端代码型闪存技术继续保持国际第一。

电子产品进出口贸易

2012年，湖北省电子信息产业对外贸易供销两旺，有5家电子信息企业名列湖北省进口企业前20名，全年累计进口20.5亿美元，占全省外贸进口总值的16.3%。产品出口持续增长，全行业出口创汇额从2002年的1.85亿美元增长到2012年的49亿美元，增长25倍，占湖北省外贸出口总值的25.3%。其中，软件业务出口1.27亿美元，与上年基本持平。出口过千万美元的电子信息企业31家，有6家企业名列湖北省出口前20名，其中，鸿富锦精密工业（武汉）有限公司、冠捷显示科技（武汉）有限公司、名幸电子（武汉）有限公司全年累计出口金额分别名列湖北省出口企业的第1位、第3位、第11位。武汉烽火国际技术有限责任公司、随州波导电子有限公司的出口同比增幅均呈现快速增长。从对外贸易情况看，自2012年二季度以来无论进口还是出口，电子信息行业每月均有5家以上企业位于湖北省前20名。

信息基础设施建设

2012年，湖北省固定电话用户1 003.6万户，普及率为17.4部/百人，同比下降0.4部/百人；移动电话用户4 554.1万户，普及率为79.1部/百人，同比增长10部/百人；全省互联网出口总带宽由试点前的1 020G提升至2 000G，增长96%；城区带宽可达8兆到20兆，农村行政村实现宽带全覆盖，带宽可达2兆；全省互联网用户总数2 739.5万户，居全国第7位，其中固定宽带用户592.3万户，普及率10.35线/百人。无线局域网络（WLAN）和无线宽带（WIFI）热点由2011年底的1.59万个增加到5.1万个，同比增长221%，城区无线接入带宽达到2兆，重点场所达到20兆。

信息产业基地建设

2012年，国家（宜昌）电子材料产业园完成固定资产投资0.7亿元，研发投入1.2亿元，实现工业总产值55.8亿元，占全行业总产值的2.5%；完成出口交货值20.7亿元，同比增长16.9%。国家（武汉）光电子产业基地拥有企业386家，全年完成固定资产投资83.4亿元，研发投入46.9亿元，实现工业总产值914.9亿元，占全行业总产值的37.8%；完成出口交货值245.8亿元，同比增长40.1%。

信息技术应用

两化融合　根据工业和信息化部两化深度融合发展水平评估报告显示，2012年，湖北省两化融合发展总指数为67.01，比上年提高8.12，比全国平均水平高7.94，位居全国第9位、中部第1位。基础环境方面，湖北省信息化基础环境指数为63.10，上升5.88，比全国平均水平高4.74，发展较平稳。

信息技术应用步伐加快。2012年，湖北省两化融合工业应用指数达到71.24，与上年相比，上升超过10个点。重点行业典型企业ERP普及率指数68.51，MES普及率指数70.34，PLM普及率指数56.88，SCM普及率指数67.05，分别比上年提高11.58、17.44、1.11和10.17。大型企业电子商务应用表现突出，典型企业采购环节电子商务应用普及率指数98.71，比上年增加13.24。

两化融合成效显现。2012年，新增98家示范企业，全省两化融合应用效益指数达到62.47，提高6.28。信息技术在工业企业的推广应用，重点推进生产装备数字化和智能化，优化生产工艺流程，提高资源综合利用效率，推动了工业发展向低碳绿色转型。

电子政务 2012年，依托省政府门户网站设立信息公开专栏覆盖率达到100%，全省工程建设领域项目信息和信用信息公开共享平台发布信息共计533 516条，其中，项目信息129 274条，信用信息404 242条（含不良信用信息1 724条）。在中国政府网站绩效评估中，湖北省工程建设领域专项治理工作网站综合排名位列全国第5名（仅次于广东省、北京市、江苏省、福建省）。

开展依托电子政务平台加强县级政府政务公开和政务服务试点工作。出台了《关于进一步做好依托电子政务平台加强县级政府政务公开和政务服务试点工作的通知》（鄂源治办［2012］1号）、《湖北省依托电子政务平台加强县级政府政务公开和政务服务实施细则（试行）》（鄂经信电子政务［2012］290号）等文件；分别在武昌区、宜都市、汉川市和建始县开展国家级县（市、区）试点工作。将电子政务网络延伸到乡镇（街道）、社区（村），为基层政务公开和政务服务提供网络保障。

参与省纪委监察厅统一组织的"一库四平台"设计方案编制和拟定招标文件工作，并组织完成了省级行政权力公开透明运行"一库四平台"建设方案的审核工作。

截至2012年底，已完成全省电子政务第二批应用系统22个项目的验收工作，累计完成省电子政务两批应用系统近70个项目的验收工作，并实现在省电子政务网络平台和省政府门户网站的部署运行。同时，对17个市州电子政务工作部门领导及工作人员进行了培训。

热点

重大项目建设 2012年，湖北省电子信息产业新增固定资产投资219.4亿元，同比增长13.5%。其中，投资19.9亿元的武汉雅图中国光影城项目已完成总建筑面积3.8万平方米的2栋厂房和1栋研发楼建设。华灿光电股份有限公司投资13.2亿元的第三期LED外延芯片建设项目如期完工。总投资50亿元的武汉联想移动互联产业基地项目，主要研发、生产手机及平板电脑，年产能2 000万台套，新建办公楼、厂房、仓库等建筑面积共约11万平方米，购置生产设备共20套。投资10亿元的中国电信集团湖北（国家）宽带研发中心项目，新建研发中心、信息中心等通信大楼及配套办公和生产设施用房建筑面积共12万平方米，购置数据、传输、光通信等设备1万余套。武汉天马微电子有限公司第4.5代TFT-LCD生产线二期扩产项目CF段生产设备搬入、Array段生产设备改造、Cell及Module部分生产线改造以及Array段新型触摸屏项目，新增投资10亿元，全年完成主营业务收入40亿元。富士康产业园全年完成投资13亿元，累计实现工业总产值305.5亿元。花山软件新城项目累计完成投资22.41亿元。荆州市伟特科技有限公司项目总投资15亿元，主要产品有手机、游戏机、平板电脑，一期已完成投资2亿元，安装了16条生产线。总投资5亿美元的仙桃（台湾）健鼎科技有限公司PCB项目第一期投资1.5亿美元，建筑面积34.2万平方米的19栋单体建筑已全部封顶进入房屋装修阶段，即将投产发挥效益。

数字家庭产业 2012年2月20日，省广电网络顶层设计总册评议会通过专家论证；6月21日，武汉三网融合及数字家庭协会举办"2012武汉三网融合及数字家庭（首届）高峰论坛"；自7月起，湖北省数字家庭产业促进会组织编制《湖北国家数字家庭应用示范产业基地总体建设方案》；8月14日，湖北省数字家庭产业促进会、武汉三网融合及数字家庭协会秘书处合并；9月18日，湖北省数字家庭产业促进会组织相关企业研制组合式机顶盒；9月27日，武汉光谷高清科技发展有限公司获得中国第二届数字家庭体验中心方案大赛"最具推广价值奖"；10月14日，湖北省数字家庭产业促进会主办"光谷数字家庭产业发展研讨会"；11月3日，湖北省数字家庭产业促进会、武汉三网融合及数字家庭协会组织策划光博会数字家庭专展及高峰论坛；12月11日，湖北广播电视网络信息股份有限公司在深圳证券交易所成功上市。

三网融合试点 "光进铜退"工作取得进展，武汉市电信企业和广电企业光纤到户覆盖规模合计245万户，是试点前的3.2倍。第二阶段试点城市2012年光纤到户合计33万户，是试点前的2.1倍。有线电视网络建设加快，省级广播电视光缆主干线传输网8 000余公里，省主干线传输网连通了全省所有地市（州）、县（市、区）以及大部分乡镇，联网有线电视用户900多万户。互联网交互电视（IPTV）业务升级，湖北省广播电视台建成湖北省IPTV集成播控平台，并与央视平台和百视通平台进行了对接，具备5万小时点播节目的存储能力和70万用户的承载能力。全省IPTV用户数合计65万户，其中，武汉城市圈合计42.8万户，占全省用户的65.8%。手机视频分发业务增多，中国移动湖北公司试点前为15.8万户，目前为122.7万户，是试点前的7.8倍。其中，手机电视用户数49.3万户，全国排名居第3位；手机视频用户数73.4万户，全国排名居第12位。中国联通湖北分公司通过试点工作，手机视频分发业务实现零的突破，在全省发展手机电视用户26.4万户。

无线电管理 湖北省登记在册的除公众移动用户3 900多万个外，还有各类无线电台站123 678个，其中，通信基站65 629座，广播电视及差转台772个，微波接力站809个，无线接入中心站1 057个，卫星地球站78个，公众移动通信基站以及个人业余电台的数量每年大幅增加。每年利用频率资源创造产值200多亿元。国际电信联盟划分的42种无线电业务在湖北得到科学合理利用，无线电频率资源在广播电视、公众通信、卫星业务、航空导航、铁路运输、水上交通、公共安全等领域发挥了重要作用。

家电下乡 2012年，湖北金威新能源科技有限公司、武汉奥普阳光科技有限公司、武汉蓝星电脑集团有限公司、湖北圣宝龙电动车有限公司、武汉黄鹤牌电动自行车有限公司、湖北华扬太阳能有限公司、宜昌三峡新能源设备有限公司、黄石东贝机电集团太阳能有限公司、湖北吉祥泉太阳能有限公司、小天鹅（荆州）电器有限公司、小天鹅（荆州）三金电器有限公司、随州波导电子有限公司等12家家电下乡中标企业全年累计销售家电下乡产品425.2万台，销售金额24.2亿元。其中，销售计算机375台，销售额106.8万元；销售手机10万部，销售额5 025万元；销售电冰箱202.4万台、冰柜42.9万台，销售额15.9亿元；销售洗衣机166.7万台，销售额3.1亿元；销售太阳能热水器13.2万台，销售额4.7亿元。

依据《湖北省电子电器产品维修服务条例》和相关法律法规，规范行业依法行政工作。2012年，全省家电维修行业管理系统共受理行政许可申请630件，审核办理502件，不合格退回128件，有效规范了维修服务市场秩序。

加强特有工种职业技能培训鉴定。2012年，省鉴定站共完成特有工种中级、高级培训鉴定3 598人次；通用工种4 932人次，其中，中级、高级技工4 412人次，技师、高级技师520人次，满足了行业建设发展需求。

湖北省家电下乡售后维修服务综合信息平台建设完成并投入运营，成为全国首家专业平台。同时，重点选择32个市县进行运行试点，使平台应用成为为百姓办实事的一个重要途径。

其他

2012年5月9日，编制出台《湖北省战略性新兴产业发展“十二五”规划》（鄂政发[2012]40号）等。8月21日，制定下发《湖北省人民政府关于进一步优化发展环境促进实体经济发展的若干意见》（鄂政发[2012]66号）。10月21日，制定下发《湖北省人民政府关于加快推进“两计划一工程”的实施意见》（鄂政发[2012]88号）。

【统计数据】

表1 2012年湖北省电子信息制造业人员构成情况

企业类别	企业数（家）	年末从业人员总数（人）	其中：研发人员（人）
内资企业	790	231 180	25 379
国有企业	38	50 780	6 953
集体企业	6	1 077	83
股份合作企业	5	848	172
联营企业	5	7 353	286
有限责任公司	252	49 479	6 751

续表

企业类别	企业数（家）	年末从业人员总数（人）	其中：研发人员（人）
股份有限公司	143	66 410	6 447
私营企业	233	38 161	3 041
其他内资企业	108	17 072	1 646
港、澳、台商投资企业	29	14 126	1 801
三资企业	63	29 393	4 504

表 2　2010—2012 年湖北省电子信息制造业基本情况

项目名称	单位	2010 年	2011 年	2012 年
工业总产值（现行价）	万元	15 565 127	18 097 526	21 616 368
工业销售产值	万元	15 002 774	17 783 003	20 981 625
出口交货值	万元	3 970 942	4 144 818	5 370 898
流动资产合计	万元	8 896 774	10 069 574	7 854 188
固定资产合计	万元	3 656 461	4 708 053	4 446 844
资产总计	万元	14 856 195	17 430 785	20 430 389
负债合计	万元	8 248 149	9 414 119	11 705 604
主营业务收入	万元	14 145 135	17 841 696	20 108 726
税金总额	万元	332 832	345 126	455 445
利润总额	万元	921 572	989 903	1 128 783
应交所得税	万元	75 568	110 914	105 997
从业人员年末人数	人	233 060	248 842	274 699
本年应付工资总额	万元	417 175	873 255	1 126 085

表 3　2010—2012 年湖北省电子信息制造业三资企业基本情况

项目名称	单位	2010 年	2011 年	2012 年
工业总产值（现行价）	万元	2 171 055	2 012 940	2 571 791
工业销售产值	万元	2 103 676	1 929 353	2 423 788
出口交货值	万元	329 554	290 635	253 830
流动资产合计	万元	1 415 783	1 352 932	1 379 185
固定资产合计	万元	594 488	829 111	611 821
资产总计	万元	2 222 955	2 432 038	2 468 143

续表

项目名称	单位	2010 年	2011 年	2012 年
负债合计	万元	1 130 820	1 241 501	1 218 794
主营业务收入	万元	2 131 318	2 263 024	2 498 082
税金总额	万元	40 989	32 936	48 954
利润总额	万元	136 002	221 097	200 408
应交所得税	万元	17 912	25 649	21 977
从业人员年末人数	人	29 660	26 573	29 393
本年应付工资总额	万元	57 878	102 371	128 611

表 4　2010—2012 年湖北省主要电子信息产品产销量情况

产品名称	单位	产量			销量		
		2010 年	2011 年	2012 年	2010 年	2011 年	2012 年
电话单机	部	266 198	421 109	218 534	272 219	410 799	213 169
手机	部	5 158 819	3 616 085	4 189 644	5 139 848	3 596 085	3 654 200
台式计算机	台	504 900	2 173 250	2 207 485	504 900	2 168 579	2 207 485
笔记本计算机	台	274 500	206 500	8 035	226 450	196 450	7 974
显示器	台	14 275 339	18 290 084	10 855 000	14 275 339	18 247 489	10 898 830
其中：平板显示器	台	14 275 339	18 280 084	10 855 000	14 275 339	18 237 489	10 898 830
集成电路	万片	95	1 146.9	1 085.7	91	545.7	716.7
光缆	芯公里	36 002 648	17 306 407	22 800 640	40 492 500	25 309 715	36 002 640

表 5　2012 年湖北省软件产业人员构成情况

企业类别	企业数（家）	年末从业人员总数（人）	人员构成			
			管理人员（人）	在总人数中所占比例（%）	软件开发研究人员（人）	在总人数中所占比例（%）
内资企业	1 251	105 312	17 428	16.5	49 577	47.1
国有企业	89	13 161	1 720	13.1	7 690	58.4
集体企业	5	547	122	22.3	160	29.3
股份合作企业	3	183	25	13.7	101	55.2
联营企业	1	223	30	13.5	193	86.5

续表

企业类别	企业数（家）	年末从业人员总数（人）	人员构成			
			管理人员（人）	在总人数中所占比例（%）	软件开发研究人员（人）	在总人数中所占比例（%）
有限责任公司	546	43 251	7 699	17.8	20 959	48.5
股份有限公司	78	22 412	3 276	14.6	6 465	28.8
私营企业	525	24 999	4 515	18.1	13 598	54.4
其他内资企业	4	536	41	7.6	411	76.7
港、澳、台商投资企业	9	951	142	14.9	371	39.0
外商投资企业	43	5 407	691	12.8	3 419	63.2

表 6　2010—2012 年湖北省软件产业基本情况

项目名称	单位	2010 年	2011 年	2012 年
软件业务收入	万元	1 685 206	1 969 259	3 680 895
软件业务出口	万美元	5 242	13 912	12 679
增加值	万元	737 382	1 055 523	1 562 827
流动资产平均余额	万元	2 995 286	3 693 013	5 372 260
固定资产投资额	万元	181 519	316 626	401 197
资产合计	万元	4 601 241	5 887 487	9 256 982
负债合计	万元	2 148 491	2 772 758	4 558 815
税金总额	万元	112 495	121 164	215 055
利润总额	万元	363 931	366 927	472 366
应交所得税	万元	44 723	46 657	89 958
从业人员年末人数	人	60 340	74 999	111 670

表 7　2010—2012 年湖北省软件产业三资企业基本情况

项目名称	单位	2010 年	2011 年	2012 年
软件业务收入	万元	91 213	80 508	154 812
软件业务出口	万美元	692	3 617	2 885
增加值	万元	92 597	49 704	75 939
流动资产平均余额	万元	273 531	139 410	189 852
固定资产投资额	万元	3 667	1 737	3 197

续表

项目名称	单位	2010 年	2011 年	2012 年
资产合计	万元	352 408	184 516	291 970
负债合计	万元	225 361	68 301	112 321
税金总额	万元	10 840	4 286	7 156
利润总额	万元	33 009	13 293	23 814
应交所得税	万元	1 383	2 564	2 422
从业人员年末人数	人	2 673	4 518	5 407

注：表 1—表 7 数据来源于湖北省经济和信息化委员会。

[撰稿：郑汪洋　审稿：王成祥]

湖　南　省

【综述】

2012 年，湖南省电子信息产业继续保持快速增长态势，成为全省工业领域增长最快、最稳健的产业。按工业和信息化部统计口径，全年实现主营业务收入 1 493 亿元，同比增长 47.8%。其中，电子信息制造业 1 257 亿元，同比增长 59.2%；软件业务收入 236 亿元，同比增长 10.7%。

电子信息制造业

产业持续快速发展　2012 年，全省电子信息制造业实现主营业务收入 1 257 亿元，总量规模在全国和中部地区排位均上升两位；同比增长 59.2%，增速居全国第 5 位，比全国行业平均高 33.6 个百分点。

发展质量进一步提升　龙头企业迅速成长，2012 年，蓝思科技股份有限公司销售收入 249 亿元，创造了四年过百亿、五年过两百亿的跨越发展奇迹。衡阳胜添精密电子有限公司销售收入 178 亿元，步入百亿企业行列。百强企业实现突破，株洲南车时代电气股份有限公司、益阳科力远电池有限责任公司入围第 27 届全国电子企业百强。集聚发展态势强劲，长沙高新区、浏阳经济开发区、衡阳白沙工业园跨入电子信息百亿园区行列。行业效益质量趋好，全年行业利润增速达 51.1%，销售利税率居中部 6 省第 1 位。蓝思科技股份有限公司董事长周群飞、长城信息产业股份有限公司总经理戴湘桃等 10 位企业家获得全国电子信息行业杰出企业家、优秀青年企业家和创新企业家荣誉称号。

发展后劲增强　2012 年，全省 500 万元以上项目完成投资 445.5 亿元，比上年净增 215.7 亿元，投资额居全国第 8 位；增长 106.5%，投资增速居全国第 2 位。全省新建、续建项目 130 个。长沙中电软件园正式开园，入园企业 178 家。富士康（衡阳）工业园、蓝思科技九华基地和榔梨基地、南车时代电气 8 英寸 IGBT 芯片、创芯集成电路 6 英寸晶圆等重点项目扎实推进。国防科技大学先后取得“天河一号”千万亿次高性能计算机、高性能 CPU、北斗卫星导航关键设备等一批标志性成果。中国电子科技集团公司第 48 研究所获准组建“国家光伏装备工程技术研究中心”。威胜集团“院士专家工作站”正式挂牌运作。南车时代电气轨道交通用 3 300 伏等级 IGBT 芯片研制取得突破，填补国内空白，达到国际先进水平。

对接合作成效显著 积极引进战略投资，富士通、西门子等世界500强企业先后落户湖南。深化与三大电信运营商、中国电子信息产业集团有限公司、中国电子科技集团公司、大唐电信科技股份有限公司等央企合作。积极承接产业转移，服务华为技术有限公司、中兴通讯股份有限公司等知名企业在湖南加快发展。深入推进对台经贸合作，富士康衡阳工业园、介面光电（湖南）有限公司、台达电子（郴州）有限公司、全创科技有限公司等一批台资企业发展势头良好。2012年，全省电子信息产品出口增长75.8%，增速居全国第7位。蓝思科技股份有限公司、衡阳胜添精密电子有限公司、欧姆龙精密电子（衡阳）有限公司、台达电子（郴州）有限公司进出口额分列全省重点加工贸易企业第1位、第3位、第6位和第7位。

软件和信息服务业

企业素质逐步提升，综合实力增强 截至2012年底，全省累计认定软件企业827家，其中有8家上市企业；收入上亿元的企业35家，10亿元以上企业5家，比上年增加1家；有22家企业通过CMM/CMMI3级以上认证；125家企业获得工业和信息化部计算机信息系统资质；2家软件企业入围第12届中国软件业务收入百强，其中，株洲南车时代电气股份有限公司位列百强排名第17位，已连续6年进入百强。拓维信息系统股份有限公司入围全国互联网服务企业百强、中国移动互联网公司30强。

软件产品登记增加，层次逐步提高 全省登记备案的软件产品数量从2001年的240项到2012年的2 512项，增长9.47倍。涌现了一批拥有自主知识产权的特色软件产品。各类嵌入式软件和交通、邮政、电力、医疗卫生等行业应用软件产品形成比较优势，正逐步集聚为有竞争优势的企业群和产业链。在基础软件领域，湖南麒麟信息工程技术有限公司形成包括操作系统、数据库、中间件、办公软件在内的国产软件整体解决方案；在信息安全领域，湖南蚁坊软件有限公司推出的“网络安全态势分析系统”、“舆情监测系统”在国内具有一定影响；在轨道交通领域，以株洲南车时代电气股份有限公司为龙头拥有较强的技术资源和人才资源，打造了中国轨道交通的“中国脑”、“中国芯”；在工业软件和行业解决方案领域，湖南三一智能控制设备有限公司、湖南中联重科智能技术有限公司自主研发的远程监控系统，实现了对遍布全球的机械设备的全面技术支持；在医疗卫生领域，长城信息产业股份有限公司可提供医疗行业软硬一体化解决方案，推出的“银医一卡通自助服务模式”，可实现自助终端与医院信息系统、银行业务系统的对接，日助病人20万人次；在文化创意领域，“蓝猫”、“虹猫”、“山猫”和“金鹰卡通频道”使湖南省的动漫产业声誉鹊起；围绕数字内容处理，湖南青苹果数据中心有限公司数字化制作技术达到行业国际先进水平，青苹果数字出版物已成为中国主流数字化产品。

发展环境不断优化，产业集中化态势明显 产业发展环境逐步改善，区域集中度进一步提高，促进了产业集聚发展和创新提升。加强软件公共服务支撑体系建设，湖南省创业云服务平台中电软件园服务站成立，实现中小企业信息化公共服务平台“服务落地”功能。截至2012年底，“湖南软件网”已注册近1 000家企业，完成近600家软件企业的年报和月报工作，数据报送、产业统计、双软认定等核心功能运转正常。

科技进步与应用

2012年，国防科技大学卫星导航研发中心突破多项核心关键技术，攻克系统“高精度指标”、“抗干扰能力”两大关键技术难题。该研发中心研制的北斗一号全数字快捕与信号接收系统已累计稳定运行10年以上，近年还完成了中心站测量系统、注入站、用户接收芯片等急难险重任务。

6月16日，神舟九号顺利升空，先后与天宫一号成功实现自动对接和手动对接。湖南省湘潭华菱线缆公司生产的超高温和特软控制线缆，为神舟九号发射提供了点火线，控制、信号和数据传输线。长沙湘计海盾科技有限公司研制的仪表显示器、航天员键盘及个人计算机首创多路视频融合、开窗叠加等技术，实现了在单一显示屏幕上观看多路摄像头视频和多条文字信息。中国电子科技集团公司第48研究所为神舟九号飞船配套传感器。国防科技大学自主设计和研制的“天拓一号”微小卫星，为飞船的应急搜救提供了有效信息服务和技术支持。

11月22日，在广州市番禺区举行的中国集成电路产业促进大会暨第7届“中国芯”颁奖典礼上，湖南国科微电子有限公司GK6105S芯片获得第7届“中国芯”

最具潜质奖。直播卫星信道信源芯片 GK6105S 是该公司自主研发的中国第一颗支持 NDS 高级加密的解码芯片，拥有完全自主知识产权，打破了发达国家长期的技术壁垒。该产品已大规模投入使用，广泛服务于国家广播电视“村村通”和“户户通”工程。

2012 年 12 月 21 日，株洲南车时代电气股份有限公司“轨道交通用 3 300 伏等级绝缘栅双极型晶体管（IGBT）芯片研制及应用”项目通过专家组鉴定。鉴定认为，项目成果代表了轨道交通用该电压等级 IGBT 器件技术最高水平，技术创新性强，填补了国内空白，达到国际先进水平。

信息基础设施建设

电信业务 截至 2012 年底，全省共完成电信业务总量 442.6 亿元。电话用户总数 5 215.9 万户，其中，固定电话用户 953.9 万户，移动电话用户 4 262 万户。全省电话普及率为每百人 79.4 部，其中，固定电话普及率为每百人 14.5 部，移动电话普及率为每百人 64.9 部。互联网宽带接入用户 604.4 万户。全年新增固定宽带接入用户 121 万户，新增 Wi-Fi 热点数 3.3 万个，新增通宽带行政村 2 000 个，已实现 89%的行政村通宽带，100%行政村通电话，新增 1 000 个未通电话的自然村通电话。

广播电视业务 截至 2012 年底，全省广播综合覆盖人口 6 130.29 万，综合覆盖率 93.0%；电视综合覆盖人口 6 408.7 万，综合覆盖率 97.2%。全省有线电视光缆干线总长 11.1 万公里，有线电视用户 745.8 万户，数字电视用户 594.3 万户。年内圆满完成 5 022 个 20 户以上新通电自然“盲村”和 29 215 个 20 户以下已通电自然“盲村”共计 500 323 户的“广播电视村村通”建设任务。“直播卫星户户通”工程推进加快，已有 19 561 个有线电视未通达的行政村划入直播卫星服务片区，覆盖农村居民用户约 200 多万户，已建成“直播卫星户户通”工作专营服务网点 1 022 个。

三网融合试点 2012 年，电信和广电双向业务准入取得实质性进展，全省光网城市建设和农村“光进铜退”进程加速。截至 2012 年底，宽带网络 4M 端口速率达标率 99%，接入网端口已基本升级至 8M 的能力，城区光纤到户覆盖近 300 万户，宽带用户 20M 及以上带宽覆盖率近 85%。农村已实现 100%乡镇通宽带，行政村宽带通达率 89%。全面启动 IP 网络优化部署工作，全省 14 个地市城域骨干网均完成网络优化与改造工作，已实现对目标客户群提供“标清/高清视频+4M/8M 宽带上网”的能力。年内 IPTV 平台用户发展稳定，每月新增用户 3 万户左右，截至 2012 年底，全省 IPTV 平台总用户数超过 60 万。

信息技术应用

两化融合 2012 年，湖南省共向工业和信息化部推荐 27 个国家级两化融合示范企业，上报 139 个湖南省两化融合重点推进项目。湖南省株洲变流技术国家工程研究中心有限公司获得国家电子信息产业发展基金信息技术应用“倍增计划”项目 300 万元专项资金支持，三一集团有限公司获得国家两化融合专项资金 150 万元。

加快推进长株潭城市群两化融合试验区建设。自 2011 年 4 月长株潭城市群被列为国家级两化融合试验区以来，湖南省立足自身工业和信息化发展的现实特征和实际需求，积极探索城市群两化融合的有效途径，形成了适合湖南省实际的两化融合工作推进模式。2012 年，长株潭地区规模工业增加值占全省规模工业增加值的 41%，同比增长 15.5%，高于全省平均水平 0.9 个百分点。长株潭三市规模工业万元增加值能耗分别比上年下降 16.8%、17.8%、23%，下降幅度均高于全省平均水平（全省规模工业万元增加值能耗下降 16.6%）。

依托信息化龙头企业实施两化融合推进活动。2012 年，全面实施全省企业信息化“登高计划”暨“数字企业”创建活动，年内创建“数字企业”4 300 家，为 2013 年全面实现万家“数字企业”创建目标打下了基础。同时，还启动“送信息服务下基层”活动，组织技术人员深入机关、企业、社区、校园和市场开展信息服务推广活动共计 1 032 场。

区域和行业信息化 2012 年，全方位开展“数字湖南”建设。湘潭市、株洲市、怀化市、郴州市、娄底市、湘西土家族苗族自治州、韶山市、长沙市梅溪湖国际服务区等重点区域先后完成信息化发展规划的编制工作，并启动规划实施。农业、林业、粮食、民航、质监、商务等重点行业也完成信息化发展规划的编制工作，并开始实施。

电子政务建设 电子政务内网已全部覆盖省、市、县，电子政务外网也基本实现全覆盖。建成湖南省数字认证服务中心。覆盖全省的网上政务服务和电子监察系统初步建成，全省地理空间框架建设取得阶段性成果，人口数据库实现全省覆盖，法人单位信息数据库、企业信用信息数据库基本建成。“金”字工程完成阶段性建设任务，社会信用信息系统基本建成，应急指挥省级平台一期工程建设完成。政府网站体系基本形成，省、市、县三级政府门户网站拥有率达到 100%，在线服务能力不断提升。由湖南省治理工程建设领域突出问题工作领导小组办公室组织协调、湖南省经济和信息化委员会牵头承建的湖南省工程建设领域项目信息和信用信息公开共享系统正式上线运行，其信息公开总量占全国的 20%，迈入全国工程建设领域项目信息公开和诚信体系建设工作前列。

信息安全工作　根据工业和信息化部《关于加强工业控制系统信息安全管理的通知》（工信部协 [2011] 451 号）等文件的要求，湖南省经济和信息化委员会在全省范围内组织开展了重要工业控制系统基本情况调查与重点领域网络与信息安全检查行动，涵盖 42 家省直机关和 14 个市州的重要信息系统，以及重要工业控制系统运营单位 39 家，重要工业控制系统 114 套，提高了各级各部门对信息安全工作的认识和重点领域信息系统安全水平。

【统计数据】

表 1　2012 年湖南省电子信息制造业人员构成情况

企业类别	企业数（家）	年末从业人员总数（人）	其中：研发人员（人）
内资企业	276	112 966	8 728
国有企业	3	3 974	9
股份合作企业	3	446	31
联营企业	2	1 730	185
有限责任公司	106	23 988	1 541
股份有限公司	30	55 028	5 744
私营企业	130	27 239	1 194
其他内资企业	2	561	24
港、澳、台商投资企业	22	14 673	790
三资企业	12	14 113	106

表 2　2010—2012 年湖南省电子信息制造业基本情况

项目名称	单位	2010 年	2011 年	2012 年
工业总产值（现行价）	万元	5 789 034	10 610 057	12 953 022
工业销售产值	万元	5 785 262	9 073 378	10 979 006
出口交货值	万元	739 767	541 984	2 723 449
流动资产平均余额	万元	2 631 631	4 434 172	3 934 481
固定资产净值平均余额	万元	1 277 253	1 080 023	2 105 380
资产总计	万元	4 383 296	7 134 228	7 659 831
负债合计	万元	2 488 751	3 730 048	3 650 944

续表

项目名称	单位	2010年	2011年	2012年
主营业务收入	万元	3 993 400	8 744 727	10 698 945
税金总额	万元	139 018	221 948	300 873
利润总额	万元	403 672	884 542	832 820
应交所得税	万元	30 470	58 277	67 546
从业人员年末人数	人	102 658	171 248	141 752
从业人员工资总额	万元	301 436	472 011	704 481

表3　2010—2012年湖南省电子信息制造业三资企业基本情况

项目名称	单位	2010年	2011年	2012年
工业总产值（现行价）	万元	1 081 664	1 458 724	3 267 227
工业销售产值	万元	1 057 723	1 359 528	3 163 632
出口交货值	万元	130 247	949 144	1 774 462
流动资产平均余额	万元	639 118	555 937	1 383 235
固定资产净值平均余额	万元	273 230	127 090	681 154
资产总计	万元	1 006 541	901 151	2 632 069
负债合计	万元	595 439	454 219	1 406 521
主营业务收入	万元	936 184	1 319 069	3 124 634
税金总额	万元	20 331	6 976	44 488
利润总额	万元	115 432	65 561	151 501
应交所得税	万元	22 215	2 189	4 310
从业人员年末人数	人	37 799	20 305	28 786
从业人员工资总额	万元	38 706	52 462	98 217

表4　2010—2012年湖南省电子信息制造业主要经济效益指标完成情况

项目名称	单位	2010年	2011年	2012年
全员劳动生产率	元/人	154 947.8	171 522.2	233 233.6
流动资产周转率	次	2.0	2.0	2.7
产品销售率	%	99.9	85.5	84.8
总资产贡献率	%	13.1	12.5	14.8
资产保值增值率	%	124.2	127.8	139.4
资产负债率	%	56.8	52.3	47.7

表 5 2010—2012 年湖南省电子信息制造业三资企业主要经济效益指标完成情况

项目名称	单位	2010 年	2011 年	2012 年
全员劳动生产率	元/人	89 840.6	137 626.8	120 153.2
流动资产周转率	次	1.5	2.4	2.3
产品销售率	%	97.8	93.1	96.8
总资产贡献率	%	14.1	8.3	5.9
资产保值增值率	%	120.0	143.0	138.0
资产负债率	%	59.2	50.4	53.4

表 6 2010—2012 年湖南省主要电子信息产品产销量情况

产品名称	单位	产量			销量		
		2010 年	2011 年	2012 年	2010 年	2011 年	2012 年
机顶盒	万台	529.4	171.9	274.2	529.4	192.8	277.1
打印机	部	53 342	43 456	56 912	52 542	42 726	55 241
电子元件	亿只	15 311.0	408.6	364.9	15 327.8	398.9	361.1
手机摄像头	万只	1 470.0	665.0	150	1 446.0	653.4	150.0
卫星接收天线	万部	1 600.0	18.9	12.3	1 550.0	19.2	12.4
集成电路	万块	485.0	1 004.4	118 157.9	485.0	1 001.0	117 507.3
笔记本电脑	台	35 112	148 800	609 726	35 261	147 013	603 918

表 7 2010—2012 年湖南省电子信息制造业三资企业主要电子信息产品产销量情况

产品名称	单位	产量			销量		
		2010 年	2011 年	2012 年	2010 年	2011 年	2012 年
电子元件	亿只	201.8	231.7	136.4	196.4	229.3	133.4
笔记本电脑	台		148 800	609 726		147 013	603 918

表 8 2012 年湖南省软件产业人员构成情况

企业类别	企业数（家）	年末从业人员总数（人）	人员构成			
			管理人员（人）	在总人数中所占比例（%）	软件开发研究人员（人）	在总人数中所占比例（%）
内资企业	535	50 187	7 655	15.3	20 524	40.9
国有企业	4	1 791	740	41.3	684	38.2
集体企业	3	138	23	16.7	31	22.5

续表

企业类别	企业数（家）	年末从业人员总数（人）	人员构成			
			管理人员（人）	在总人数中所占比例（%）	软件开发研究人员（人）	在总人数中所占比例（%）
股份合作企业	3	357	70	19.6	185	51.8
联营企业	1	10				
有限责任公司	286	19 262	3 350	17.4	8 608	44.7
股份有限公司	45	19 255	2 153	11.2	7 588	39.4
私营企业	192	9 360	1 319	14.1	3 428	36.6
其他内资企业	1	14				
港、澳、台商投资企业	20	4 177	322	7.7	1 404	33.6
三资企业	9	1 009	108	10.7	714	70.8

表 9　2010—2012 年湖南省软件产业基本情况

项目名称	单位	2010 年	2011 年	2012 年
软件业务收入	万元	1 646 268	2 131 391*	2 363 509
软件业务出口收入	万美元	3 860	2 957	4 268
软件产品销售收入	万元	1 317 218	1 152 133	1 048 725
增加值	万元	559 731	763 593	876 210
流动资产平均余额	万元	2 636 524	2 596 548	2 948 032
固定资产投资额	万元	23 938	120 888	130 558
资产合计	万元	4 500 650	5 781 113	6 817 807
负债合计	万元	1 971 017	2 580 732	3 073 165
税金总额	万元	165 341	156 371	175 526
利润总额	万元	451 419	588 316	495 757
应交所得税	万元	72 586	42 678	62 335
从业人员年末人数	人	50 906	68 797	55 373
从业人员工资总额	万元	256 064	257 908	321 618

表 10　2010—2012 年湖南省软件产业三资企业基本情况

项目名称	单位	2010 年	2011 年	2012 年
软件业务收入	万元	111 960	168 404	220 467
软件业务出口收入	万美元	1 532	1 241	1 677

续表

项目名称	单位	2010年	2011年	2012年
软件产品销售收入	万元	104 868	141 326	191 682
增加值	万元	41 480	60 249	57 363
流动资产平均余额	万元	314 773	356 985	389 039
固定资产投资额	万元			3 744
资产合计	万元	476 097	527 620	534 952
负债合计	万元	243 179	255 890	235 292
税金总额	万元	3 843	8 790	10 264
利润总额	万元	20 922	27 807	35 193
应交所得税	万元	8 702	4 915	5 050
从业人员年末人数	人	4 275	4 716	5 186
从业人员工资总额	万元	21 285	20 278	32 192

表11　2010—2012年湖南省软件产业主要经济效益指标完成情况

项目名称	单位	2010年	2011年	2012年
全员劳动生产率	万元/人	11.0	11.1	15.8
流动资产周转率	次	62.4	82.1	80.2
产品销售率	%	100	100	100
总资产贡献率	%	13.7	12.9	10.2
资产保值增值率	%	95.8	180.6	78.4
资产负债率	%	43.8	44.6	45.1

表12　2010—2012年湖南省软件产业三资企业主要经济效益指标完成情况

项目名称	单位	2010年	2011年	2012年
全员劳动生产率	万元/人	9.7	12.8	11.1
流动资产周转率	次	35.6	47.2	56.7
产品销售率	%	100	100	100
总资产贡献率	%	5.2	6.9	9.6
资产保值增值率	%	110.7	116.4	109.9
资产负债率	%	51.1	48.5	44.0

注：表1—表12数据来源于湖南省经济和信息化委员会。标*数据为调整数据。

[撰稿：易永彤　审稿：毛六平]

广 东 省

【综述】

电子信息制造业

据工业和信息化部统计，2012年，广东省规模以上电子信息产品制造业实现销售产值2.35万亿元，同比增长9.7%，占全国比重27.6%；实现出口交货值1.52万亿元，同比增长6.8%，占全国比重32.5%；新增固定资产745亿元，同比增长18.8%，占全国比重11.2%；出口额2 913亿美元，同比增长6.8%，占全国比重41.7%；进口额2 003亿美元，同比增长8.7%，占全国比重41%。全行业规模以上企业4 719家，从业人员348万人；实现利润总额867.9亿元，同比增长11.9%，占全国比重24.8%；税金总额426.2亿元，同比增长20.3%，占全国比重28.2%；主要经济指标稳步增长，连续第22年位居全国首位。

转型升级步伐加快 据广东省统计局统计，2012年，全省光电子器件产量1 043.2亿只，同比增长31.3%；LCD电视产量4 284.6万台，同比增长12.4%；电子计算机整机产量6 886.1万台，同比增长12.7%；移动通信手持机产量5.8亿部，占全国总产量的49%；高端新型电子产品增长强劲。显像管彩色（CRT）电视机542.9万台，同比下降41.9%；数字激光音视盘机19 737万台，同比下降21.7%；组合音响11 265万台，同比下降13.8%；传统产品调整加快，产业结构进一步优化。同时，产业转移和引进呈良性发展，劳动密集型、传统型、低附加值电子信息产品制造业持续向外转出（包括由珠三角向省内产业转移园转出或向省外转出），高附加值的电子信息制造项目和研发项目加快转入，产业空间布局和产品结构日趋合理。

龙头企业带动作用明显 2012年，广东省共有22家企业入围第27届全国电子信息百强。其中，排名第1位的华为技术有限公司和第5位的中兴通讯股份有限公司还名列2012年度全球五大电信设备制造商，华为技术有限公司首次全球排名居第1位；分别排名第8位、第13位、第17位的TCL集团股份有限公司、创维集团有限公司、康佳集团股份有限公司还名列全国平板电视六大品牌商，TCL集团股份有限公司首次跻身全球彩电销量第3名。在国产品牌手机中，广东省的华为、中兴、TCL、魅族、欧珀、小米、康佳、金立、步步高等品牌机均入列全国第一方阵。

重点领域创新发展 一是平板显示专项取得突破。在省平板专项的支持下，深圳华星光电8.5代液晶面板项目进展顺利，2012年9月达到月产10万片玻璃基板的设计产能，综合良品率达到96%，提前三个月实现满产；成功研发全球最大、被称为“中华之星”的110英寸4倍全高清3D液晶屏，实现本地大屏自主配套；推动TCL集团股份有限公司在2012年累计销售液晶电视1 578万台，其中LED背光源液晶电视销售1 192万台，销量居全球第3位，彩电产业竞争力进一步跃升。

二是数字家庭示范建设经验全国推广。截至2012年底，广州国家数字家庭应用示范产业基地已有230多家企业进驻，主导或参与国际、国家标准14项，专利池汇集专利5 000多项，参与了国家科技支撑计划项目“数字家庭和数字电视技术应用与示范”和“数字电视嵌入式软件平台研发及产业化”核高基专项，建立了“数字家庭互动应用国家地方联合实验室”和“数字家庭互动应用标准工作委员会”，研发出数字家庭智能终端等新产品100余种。已基本形成以芯片设计、软件开发为基础，配合系统集成、内容服务并推动整机研发的较完善的数字家庭产业链，初步形成产业集聚发展态势。2012年5月25日，工业和信息化部与广东省政府在广州市举办“国家数字家庭应用示范产业基地建设经验交流会”，总结经验并在全国推广。

三是中国手机大赛助推产业发展。2012年，在工业和信息化部指导下，由广东省经济和信息化委员会、惠州市人民政府、中国电子信息产业发展研究院共同主办，中国电信集团公司、中国移动通信集团公司、中国联合网络通信集团有限公司三大电信运营商协办的首届

“中国手机产业创新设计大赛”成功举办。大赛历时 5 个月，收到参赛作品 500 多件，吸引手机产业骨干企业悉数参加，评出“中国自主品牌手机金奖”等 10 项大奖。年内，广东省手机骨干企业中兴通讯股份有限公司、华为技术有限公司、TCL 集团股份有限公司名列全球十大制造商，华为技术有限公司、中兴通讯股份有限公司于第 4 季度首次跻身全球五大智能手机制造商行列，在全球的份额和影响力进一步得到提升。

软件和信息服务业

2012 年，全省软件业务收入累计达到 4 224.2 亿元，同比增长 23.8%；实现利润 604.7 亿元，同比增长 4.1%。软件业务出口 163.2 亿美元，同比增长 8.9%。其中，软件外包服务出口收入 6.2 亿美元，同比增长 5.7%；嵌入式系统软件出口收入 95 亿美元，同比增长 43.6%。全年新认定软件企业 685 家，累计认定 6 407 家；新登记软件产品 5 679 个，累计登记 31 030 个；获计算机信息系统集成企业资质单位 691 家，其中，一级 36 家，二级 102 家，三级 396 家，四级 157 家；软件业从业人员 74 万人，同比增长 13.9%。

优势领域创新发展 一是在嵌入式软件领域形成产业集群。深圳市逐步形成以通信设备、医疗设备、工业控制、消费电子、数字电视等为代表的嵌入式系统软件集群。

二是在行业应用软件领域突破了一批关键技术。广州中望龙腾软件股份有限公司成为全国最大的二维和三维设计软件供应商，全球用户超过 18 万；金蝶软件成为中小企业企业资源计划系统（ERP）市场的领军品牌，中小企业应用软件市场占有率连续 7 年占据榜首。

三是在移动互联网领域培育了一批龙头企业。形成了包括腾讯、迅雷、UC 手机浏览器、久邦数码等著名品牌，在全国率先形成包括手机浏览器、手机网站和移动互联网的完整产业链，带动数百亿元消费市场。

四是在云计算领域提升了一批服务企业。华为云解决方案已被国家云计算示范工程普遍采用，中兴通讯股份有限公司、金蝶国际软件集团有限公司、广州市品高软件开发有限公司、金山软件股份有限公司和蓝盾信息安全技术股份有限公司等企业在云计算解决方案、操作系统、平台以及云安全等领域取得重大突破。

五是数字内容和创意产业快速集聚发展，一批网游动漫产品及品牌脱颖而出，卫星导航产业企业数量约占全国 1/5，集成电路设计企业产值占全国 1/3 以上。

集聚效应初步显现 广东省软件和现代信息服务业产业布局一体化进程加快，珠三角地区规模占全省 99.2%，其中，广州、深圳两市占全省 92.8%，产业集聚度高。广州市、深圳市获工业和信息化部授予“中国软件名城”称号；广州天河软件园和深圳软件出口基地被工业和信息化部认定为“国家新型工业化产业示范基地”。截至 2012 年底，以广州市、深圳市、珠海国家级软件产业（出口）基地为中心，辐射带动全省相关软件及信息服务业园区（基地）的产业布局逐渐形成，促进了大型信息服务企业和高端人才的集聚，为产业集群化、规模化发展奠定了基础。

信息基础设施建设

2012 年，广东省电信业务收入 1 462.6 亿元，同比增长 7.7%，其中，数据及互联网业务收入累计完成 470.4 亿元，同比增长 15.0%。电信固定资产投资完成 424.3 亿元，同比增长 4.2%。全省固定电话用户 3 135.8 万户，比上年减少 11.3 万户；移动电话用户 12 468.0 万户，比上年新增 1 675.2 万户；互联网宽带接入用户 1 903.6 万户，比上年新增 259.7 万户。其中，3G 移动电话用户 3 536.1 万户，用户数占全国总数的 15%以上，居全国首位。全省累计建成 3G 基站 82 791 座，WLAN 热点 135 901 个，长期稳定用户 1 239.2 万户。全省、珠三角地区无线宽带网络覆盖率分别达到 66.4%、73.0%。

三网融合 深圳市着力打造集高速互联网、光纤网络、无线网络、融合网络于一体，高速接入、全面覆盖的智慧城市信息基础设施，截至 2012 年底，电信网基本实现 20M 速率全覆盖，并普遍具备 100M 速率的放号能力。广州市大力打造“全光纤楼盘和光网社区”，已实现商务楼宇 100%光纤到达，1 800 个楼盘和小区光纤覆盖，覆盖用户超过 270 万户；在农村区域采用 FTTB（光纤到楼）、FTTN（光纤到节点）方式进行资源建设，已实现 1 142 个行政村全部通达光缆。佛山市电信宽带下行接入能力、入户能力分别达到 1Gbps、100Mbps，基本实现城区 20M 全覆盖、农村 8M 全覆盖；广播电视网在城镇区域双向改造基本完成，实现全市中心城区 100%、全网 90%的网络双向覆盖率。云浮市积极推进市通县骨干传输和县级网络改造，并以县城“全光网”

和乡镇“光纤+EOC”（以太数据通过同轴电缆传输）方式加快网络双向改造进程，基本形成市、县、镇三级网络双向化改造模式和运营模式。

相关产业快速发展。截至2012年底，深圳市相关产业规模达3 000亿元，宽带用户突破300万户，IPTV用户突破21万户；城市联合网络电视台（CUTV）成员台扩展至49家，覆盖全国26个省市区，约8亿受众；天威视讯数字电视用户终端达226万户，手机电视CMMB用户达28万户，深圳联通数字家庭终端约5 000户。佛山市大胆探索，建立了三网融合创新应用集成和产业促进中心，开发融合性云联终端产品——云联棒，实现电视、手机、电脑的三屏互动，以及普通用户家庭与各大运营商、政府、社区之间的互动。

信息产业基地建设

高端新型电子信息产业基地建设 自2011年以来，为贯彻落实省委省政府关于培育和发展战略性新兴产业的战略部署，以省市共建的方式联手推动战略性新兴产业集约集聚发展，在高端新型电子信息、新材料、新能源、节能环保、高端装备制造等领域，培育建设一批战略性新兴产业基地。截至2012年底，全省共公布20个省市共建战略性新兴产业基地，其中包括广州移动互联网产业、惠州智能移动终端制造产业、东莞云计算应用产业、潮州新型电子材料产业、河源新一代移动通信终端制造产业、广州（荔湾、黄埔）电子商务产业、深圳（龙岗）集成电路产业、东莞智能手机产业等8个高端新型电子信息产业基地，占总量的40%。

软件名城建设 2012年11月17日，工业和信息化部在深圳市举行广州市、深圳市“中国软件名城”授牌仪式，正式授予两市“中国软件名城”称号。广州市在移动互联网、信息服务业等传统优势领域保持全国领先地位；深圳市以嵌入式软件为着力点，形成了大型行业应用软件、系统集成、IC设计多业态、多元发展的产业格局，软件和信息技术服务业产业规模和企业实力居全国前列。2012年，广州、深圳两市软件产业规模占全省92.8%。

信息技术应用

物联网产业 2012年，广东省物联网产业规模超过1 380亿元，占全国的37.8%，省内以物联网为主导的企业超过1 600家，规模以上企业超过1 000家，机器对机器（M2M）应用终端数量超过1 200万台。全省RFID产值超过90亿元，卫星导航产值约为600亿元。智能电力抄表数量超过1 180万台，同比增长超过18%，占全国14.9%。粤港合作推进RFID应用，供港活猪RFID耳标应用突破26万个，岭南通·八达通二合一卡正式发行。南方现代物流公共信息平台基础建设正式启动并成功开展部分国际互联互通应用示范。拥有自主知识产权的物联网专利量超过1 190件，继续引领全国。全省企业创新能力、区域创新能力综合排名分别居全国第1位和第2位。2月16日，广东顺德物联网体验馆开馆，成为内地首个物联网新技术体验中心。8月，广东省物联网产业联盟成立。

两化融合 2012年，广东省实施两化融合6860工程，推动广州市、佛山市、顺德区、东莞市、中山市、惠州市等6个地区的两化融合，建设面向装备、汽车、家电、服装、灯饰、陶瓷、玩具、石材等行业的8个网络协同制造技术服务平台，在装备制造、安全生产、绿色制造（节能减排+清洁制造）、牵手工程、制造业数字化、制造业服务化转型6个类别各认定10家两化深度融合示范企业，支持60个两化深度融合示范企业项目。实施两化融合牵手工程，全年在顺德区、清远市、汕头市、珠海市、阳江市、惠州市等地组织6场对接活动。在全国率先建立“广东省区域两化融合水平评估体系”，将评估范围延伸到地市。开展信息化园区试点建设，认定佛山广东金融高新技术区等11个园区为首批广东省信息化园区无线园区。认定天河软件园（高唐园区）等24家园区为金、银、铜牌信息化园区。新认定188家企业为广东省两化融合“4个100”示范企业。

电子政务 推进政务信息资源整合和信息共享，开发完成并在省直各部门部署社会管理和公共服务共享信息梳理系统，省信息资源共享平台已有35个政务部门开展信息资源共享工作，共享195类信息。广州市、佛山市等17个地市已建成并实现与省平台的互联互通。出台《广东省政府网站管理办法》，指导规范政府网站建设。推进各级政府的政务网上服务建设，开展广州市越秀区、深圳市罗湖区、肇庆市德庆县、韶关市始兴县等13个基层社会建设信息化试点，提高基层政府便民服务水平。开展年度政府网站评估，2012年，省直部门网站行政许可事项网上办理率达80.0%，地市门户网站行政许可事项网上办理率达87.2%。开展省、市、县党政领导班子成员网络信息技术培训，提高领导班子成员熟练运用网络信息技术的能力，取得良好成效。

农村信息化 农村综合信息服务体系加快完善，推动实现对省、市、县、镇、村多级信息服务站点的网络化管理。信息技术应用向农村生活生产各领域加速渗透，截至2012年底，已在20个地市完成150多个通用应用平台、近400个特色应用系统的建设与部署，提供涉农信息咨询服务970多万次、涉农视频课件800多集，“农村手机报”、“农信通”等涉农短信息服务覆盖人数超过700万，辐射带动100多家龙头企业、50多家产品批发市场，依托“农村中青年信息能力培训”工程、“百万农民学电脑”培训服务活动等，共开办6 000多期信息化技能培训班、1 400多场“信息兴农”宣传培训活动，有效提升农民信息素质。实施“信息兴农”工程，2011—2012年共扶持146个项目，深化推进信息技术在农村生产经营与农村社会管理及公共服务各领域的应用。建设省农村产品信息化溯源平台，构建农村产品质量安全大数据库，完善农村信息化综合服务体系。制定《广东省农村信息化发展量化评价指标体系》、《农村信息化建设项目绩效评估指标体系》，开展2012年全省农村信息化优秀成果及信息化建设试点项目评选活动，共评选出优秀成果16个、信息化建设试点项目26个。

信息安全 成立省网络与信息安全协调小组，统筹指导全省网络与信息安全工作。开展省经济和信息化委员会、省公安厅等五部门联合信息安全检查、以及重点领域网络与信息安全检查，提升政府信息安全防护能力。加快网络信任体系建设，截至2012年底，省内4家电子认证服务机构发放的数字证书有效持有量达4 773万张，占全国的54.7%，位居全国首位；数字证书广泛应用于电子政务和电子商务，特别在可信交易、认证鉴权等方面快速成长，占证书应用的90%以上；粤港电子签名证书互认试点顺利推进，出台全国首份跨境证书互认文件《粤港两地电子签名证书互认办法》，将粤港互认纳入常规化管理，截至2012年底，通过互认应用实现跨境货物总额116亿港元；粤澳电子签名证书互认试点工作顺利启动，成立了由工业和信息化部有关司局、广东省经济和信息化委员会、澳门邮政局、澳门电信管理局组成的“粤澳电子签名证书互认试点工作组”。加强工业控制系统信息安全管理，出台《关于加强我省工业控制系统信息安全管理的意见》，开展重要工业控制系统信息安全检查，调查全省央企、省国资委监管的国有企业和其他规模以上企业共计700多家、5 000多套工业控制系统，调查的深度和广度均居全国前列。

热点

电子商务 电子商务交易额保持高增长态势。据测算，2012年，广东省电子商务交易额达到1.5万亿元，占全国交易额近1/5。全省网络购物普及率超过41.2%，高于全国约3.4个百分点。在2012年的“广货网上行”联合促销活动中，参与活动的电商平台、网上商城和网店实现网上成交额3 457.6亿元，增长26.8%，其中，广货成交额1 978.0亿元，增长24.2%。电子商务企业快速成长。据艾瑞统计，2012年，广东省共有腾讯电商（第4位）、唯品会（第8位）2家平台进入中国B2C网络零售商前10强，环球市场进入中国中小企业B2B电子商务运营商总营收市场份额第7位。唯品会开创了“网上奥特莱斯”商业模式，腾讯拍拍网市场份额长期位居“C2C”领域全国第2位。腾邦国际、芒果网分列中国旅行预订市场第三方在线代理商营收份额的第5位、第6位。环球市场、唯品会等一批龙头企业陆续在国内外上市融资。国内外大型电子商务企业如阿里巴巴、京东商城、亚马逊，也在广东省设立了区域总部。

云计算应用 2012年，广东省统筹云计算基础设施布局，建成国家深圳超级计算中心和广州超算中心、华南最大规模的互联网数据中心“亚太信息引擎”、中国移动南方基地、世纪互联、富士通数据中心等云计算数据中心。实施“云计算应用示范工程计划”。广东省经济和信息化委员会推动广州市民网页民生云服务，深圳中山“健康云”，佛山、东莞中小企业云平台等试点示范工程建设。结合国家“核高基”重大专项中“关于推进电子政务关键技术设备国产化试点”在广东省的实施，推进广东省云计算设备生产的本地化。加强云计算发展和标准规范建设，2012年7月17日，广东省经济和信息化委员会联合香港特别行政区政府资讯科技总监办公室成立粤港云计算服务与标准专家委员会。支持广东省云计算产业联盟与香港业界紧密合作，组织“粤港青年创业大赛”、“2012年第一届粤港云计算大会”等活动，推动粤港在云计算技术和标准领域深入交流和合作。

【统计数据】

表 1　2010—2012 年广东省电子信息制造业基本情况

项目名称	单位	2010 年	2011 年	2012 年
主营业务收入	亿元	20 210	22 758	23 492
工业销售产值	亿元	20 389	23 210	23 492
出口交货值	亿元	13 865	14 994	15 183
利润总额	亿元	807	775	868
税金总额	亿元	325	354	426

注：数据来源于工业和信息化部。

表 2　2010—2012 年广东省主要电子信息产品产量情况

项目名称	单位	2010 年	2011 年	2012 年
集成电路	亿块	161.0	186.3	172.3
程控交换机（含移动通信交换机）	万线	1 602.6	2 223.8	1 313.4
移动通信基站设备	万信道	5 732.4	5 972.6	9 298.7
移动通信手持机	万部	48 626.6	59 284.1	57 599.3
微型计算机	万台	3 581.1	4 420.7	5 382.5
彩色电视机	万台	4 494.8	4 862.4	5 810.1
其中：LCD 电视	万台			4 284.6
电子元件	万只	13 497.4	14 532.6	14 460.0
发光二极管（LED）	亿只		395.2	553.5

注：2010 年数据来源于工业和信息化部，2011—2012 年数据来源于广东省统计局。

表 3　2010—2012 年广东省软件产业基本情况

项目名称	单位	2010 年	2011 年	2012 年
软件业务收入	亿元	2 445	3 123	4 224
增加值	亿元	1 165	1 467	1 417
利润总额	亿元	473	585	605

注：数据来源于广东省经济和信息化委员会。

[供稿：广东省经济和信息化委员会]

广西壮族自治区

【综述】

广西壮族自治区（以下简称广西）电子信息产业是广西“十二五”期间重点发展的 14 个千亿元产业之一，2012 年继续保持了快速发展态势，经济运行情况良好，电子信息制造业、软件和信息服务业增速均在两位数以上。初步形成了以北海至桂林高速公路为主轴，以北海、南宁、桂林 3 市为区域中心的电子信息产业聚集区；贺州、梧州、钦州等市电子信息产业逐步壮大，部分产品生产已达到一定规模。2012 年，实现工业总产值 731.79 亿元，同比增长 85.8%；完成主营业务收入 705.33 亿元，同比增长 77.5%。

电子信息制造业

2012 年，广西电子信息制造业列入统计范围的企业有 120 家，其中，国有企业 9 家，集体企业 1 家，有限责任公司 28 家，股份有限公司 10 家，私营企业 44 家，其他内资企业 1 家，港澳台商投资企业 27 家。产值超过 50 亿元的企业 2 家，30—50 亿元的 6 家，20—30 亿元的 5 家，10—20 亿元的 8 家。年末职工总数 70 687 人，其中，工程技术人员 17 932 人，管理人员 10 445 人，研发人员 6 074 人，技术工人 36 236 人。

全年完成工业总产值（现行价）731.79 亿元，同比增长 85.8%；完成工业销售产值 677.45 亿元，同比增长 80.7%，其中，完成出口交货值 107.31 亿元，同比增长 99.6%；完成主营业务收入 625.21 亿元，同比增长 58.5%；实现利润 16.06 亿元，同比下降 6.3%；完成税金 4.28 亿元，同比下降 31.3%。完成固定资产投资 6.35 亿元，同比下降 34.2%。全行业固定资产 36.21 亿元，流动资产 113.95 亿元。

重点企业　重点企业包括建兴光电科技（北海）有限公司、南宁富桂精密工业有限公司、桂林吉阳新能源有限公司、丰达电机（南宁）有限公司、桂林国际电线电缆集团有限责任公司、永昶科技电子（北海）有限公司、德昌电机（北海）有限公司、北海惠盛电子有限公司、广西新未来信息产业股份有限公司、广西科普仕能源有限公司、广西长城计算机有限公司、北海六禾科技有限公司、广西阳工电线电缆有限责任公司、桂林电力电容器有限责任公司、北海银河产业投资股份有限公司、兴安吉阳光伏应用有限公司、北海惠科电子有限公司、冠德科技（北海）有限公司、冠捷显示科技（北海）有限公司、桂林大为通信技术公司、广西桂东电子科技有限责任公司、桂林优利特医疗电子集团公司、国营长海机器厂、钦州宇欣电子科技有限公司、钦州盛和电子科技有限公司等。

主要产品　主要产品包括以平板电脑、液晶显示器、计算机零部件等为代表的电子计算机产品，以移动终端、光通信、微波通信设备等为代表的通信设备产品，以数显量具、医疗分析仪、医疗超声仪器等为代表的医疗电子产品，以彩色电视机、显示器等为代表的家用电子产品，以激光头、电容器、电位器等为代表的电子元器件产品，以太阳能电池、太阳能灯具等为代表的光伏产品，以及 LED 产品、电机产品、汽车电子产品等。

典型企业　建兴光电科技（北海）有限公司是台湾光宝集团于 2008 年 6 月在北海市投资兴建的企业，主要产品有大容量光盘驱动器、数码相框、数字录放机、汽车电子装置、节能灯、LED 灯、电子元器件及其部件等产品。2012 年完成工业总产值超过 65 亿元。

软件和信息服务业

2012 年，广西软件和信息服务业列入统计范围的企业有 223 家，其中，国有企业 10 家，有限责任公司 105 家，股份有限公司 19 家，私营企业 84 家，其他企业 5 家。主营业务收入 1 000—2 000 万元的企业有 87 家，2 000—5 000 万元的 64 家，5 000—10 000 万元的 24 家，超过 10 000 万元以上的 6 家。年末从业人员 17 355 人，其中，管理人员 1 433 人，软件研发人员 3 315 人。

全年完成主营业务收入 80.12 亿元，同比增长

17.7%。完成软件业务收入 59.22 亿元，同比增长 37.3%。其中，软件开发收入 30.62 亿元，同比下降 17.7%；信息系统集成服务收入 16.58 亿元，同比增长 8.7%；信息技术咨询服务收入 4.49 亿元，同比增长 72.0%；数据处理和存储服务收入 5.89 亿元，同比增长 105.9%；软件业务出口 205.72 万美元，同比下降 49.4%。

全年新认定软件企业 33 家，登记软件产品 148 个。截至 2012 年底，已累计认定软件企业 244 家，登记软件产品 739 个。计算机信息系统集成资质认证有效期内的企业 126 家，其中，国家正式资质认证的企业 31 家，地方临时资质认证的企业 95 家。

2012 年，广西软件业享受政策优惠增值税退税额为 2 950.21 万元。截至 2012 年底，累计享受政策优惠增值税退免税总额已达 23 458.21 万元。这些资金有力支持了企业新产品研发投入，推动了软件产业发展。

重点企业 重点企业包括北海石基信息技术有限公司、广西博联信息通信技术有限责任公司、广西德意数码股份有限公司、广西三原高新科技有限公司、广西领华数码科技有限公司、柳州腾龙煤电科技有限公司、南宁超创信息工程有限公司、桂林力港网络科技有限公司、广西桂能软件有限公司、广西宏智科技有限公司、广西盛源行电子信息有限公司、广西瀚特信息产业有限公司、广西数字证书认证中心有限公司等。

主要产品 广西软件产品涉及金融、保险、交通、电力、旅游、酒店、教育、医疗、城市综合管理等领域，主要产品有酒店信息管理系统软件、超级办公室软件、网络游戏软件、超创项目综合管理系统软件、嘉友协同管理软件、社区管理（网络化）信息平台软件、车辆管理系统软件、糖厂无线调度指挥系统软件、桂软党政工团管理系统软件、电子签章系统软件等。

典型企业 北海石基信息技术有限公司被认定为 2011—2012 年度国家规划布局内重点软件企业，是广西首家。公司通过自主研发，为国内高档酒店提供信息管理系统集成、安装、调试、服务等业务，在国内五星级酒店市场占有率较高。

电子产品进出口贸易

2012 年，广西电子信息制造业完成出口交货值 107.31 亿元，同比增长 99.6%。主要出口企业有建兴光电科技（北海）有限公司、丰达电机（南宁）有限公司、冠德科技（北海）有限公司、北海景光电子有限公司、桂林思奇通信设备有限公司、桂林广陆数字测控股份有限公司、桂林 NEC 无线通信有限公司、桂林市光隆光电科技有限公司、广西桂东电子科技有限责任公司等。出口产品主要是电子计算机（含显示器、硬盘驱动器等）、微波通信设备、通信测试分析仪、卫星电视接收转发设备、电子印刷设备、医疗电子设备、电子铝箔、数显量具、电机产品等。

软件业务出口 205.7 万美元，同比下降 49.2%。主要出口企业有桂林力港网络科技有限公司、广西三原高新科技有限公司、南宁奇网计算机有限公司、柳州蓝海科技有限公司、柳州市达迪通信设备有限公司、南宁海蓝数据有限公司等，出口的国家和地区主要是美国、德国、马来西亚、中国香港特别行政区等；软件外包服务企业主要有广西瀚特信息产业有限公司、南宁平方软件新技术有限责任公司等，软件外包服务国家主要是日本。

桂林力港网络科技有限公司是广西首家获得国家《网络文化经营许可证》，具备网络游戏研发及运营资质的高新技术型软件企业。公司产品的一大亮点是“地方特色”，注重游戏与各地旅游文化、地方民俗风情相结合，为宣传地方文化开辟新渠道，目前已有 1 600 多万用户，产品主要出口东南亚、欧美等国际市场。

科技进步与应用

2012 年，广西财政安排科技技术改造项目专项资金 960 万元，扶持项目 15 项，支持广西电子信息产业企业科技进步与应用。主要项目包括：广西申能达智能技术有限公司的“智能控制加热柜热泵系统项目”、广西宏智科技有限公司的“糖厂蔗渣发电自动控制系统项目”、广西电子产品监督检验所的“工业控制系统测试平台开发项目”、柳州市达迪通信设备有限公司的“基于北斗-GPS 卫星双模高精度定时系统项目”、柳州市华航电器有限公司的“汽车车身电子集成控制系统产业化项目”、桂林优利特医疗电子有限公司的“新型生化分析仪的研制项目”、桂林海威科技有限公司的“高光效大功率 LED 灯系列产品项目”、桂林市思奇通信设备有限公司的“移动自组广域网通讯技术的研发项目”、冠捷显示科技（北海）有限公司的“发丝纹直插式节能液晶显示器系列产品开发项目”、广西北海圣安时代科技有限公司的“‘一指键’遥控全自动智能家居防盗锁项目”、广西钦州天山微电子有限公司的“企业技术中心创新能力建设项目”、广西百色美联能源科技有限责任公司的“TVLF–煤矿探水雷达项目”、东方光通（广西）有限责任公司的“年产 10 万公里通信级塑料光纤产业化项目”、桂林大为通信技术公司的“大型建筑的应变传感系统项目”、梧州奥卡光学仪器有限公司的“远程智能显微工作站研发项目”、北海华澜微电子有限公司的“大容量存储控制 SOC 芯片开发项目”等。

信息基础设施建设

2012 年，广西信息基础设施建设力度不断加大，通信网络能力持续提高，信息网络覆盖全区，形成了以电信、网通、移动、联通、铁通、广电网络等运营商互为补充、覆盖全区的信息传输网络，基本实现了村村通电话和互联网。截至 2012 年底，广西全区电话用户总数为 3 483.4 万户，电话普及率为 75 部/百人，移动电话用户所占比重达到 82.8%；网民数为 1 586 万人，普及率 34.2%；无线网络信号覆盖全区 99.6%以上行政村，新增 859 个行政村通宽带，全区行政村通宽带率达到 90.6%。

按照国务院三网融合工作协调小组办公室有关文件要求，广西积极推进三网融合试点相关工作，成立了广西和南宁市三网融合工作协调小组及办公室，制订了《广西南宁市三网融合试点实施方案》及试点企业的专项子方案，于 2012 年 8 月上报国务院三网融合工作协调小组办公室备案。制订《推进解决广西田东县坡圩村网络通信问题实施方案》，促成广西田东县坡圩村网络通信问题得到解决。

2012 年 3 月，广西人民政府批复实施《广西壮族自治区国际区域性信息交流中心建设“十二五”规划》，推动了广西国际区域性信息交流中心建设。6 月，广西人民政府与中国联通集团共同举办“中国—东盟区域性信息交流中心暨中国联通南宁总部基地开工仪式”，标志着中国联通南宁总部基地正式开工建设。

信息产业基地建设

北海电子信息产业基地 该基地是按照一区多园模式，以中国电子北海产业园和台湾（北海）电子产业园为核心，“十二五”时期将打造成为千亿元产业的基地。成功引进建兴光电科技公司、冠德科技公司、惠科电子公司、朗科科技公司、三诺电子公司等一批知名电子信息企业落户北海，推动北海电子信息产业基地的快速发展。基地发展重点：一是以三诺电子公司和朗科科技公司等为龙头企业，生产计算机整机及零部件产品，切入计算机产业链，进而逐步向产业链中、上游延伸；二是以建兴光电公司、冠捷电子公司、惠科电子公司等为龙头企业，生产光电显示产品，加快引进先进投影仪制造商雅图视频，打造中西部地区最大的光电显示研发生产基地；三是以银河科技公司等为龙头企业，生产电力电子产品，培育发展 LED 新光源等电力电子产业，打造国内有影响力的北海电力电子特色产品基地；四是以永昶科技公司、景光电子公司、广西新未来公司等为龙头企业，生产电子元件及组件产品，做大以激光头、电容、压敏电阻为主的电子元器件产业；五是以北海石基信息技术有限公司等为龙头企业，发展壮大北海市软件与信息服务业。

南宁电子信息产业基地 该基地主要包括富士康科技产业园、南宁高新区电子信息产业基地和广西软件城。成功引进富士康集团、丰达电机公司、三原科技公司、领华数码公司等一批知名电子信息企业落户南宁，推动南宁电子信息产业基地的快速发展。基地发展重点：一是以富士康集团、南宁富桂精密公司、丰达电机（南宁）公司、广西金奔腾公司、广西领华数码公司等为龙头企业，生产通讯、数字家电、智能仪表、电子元器件、电机、汽车电子仪器等电子产品，推动南宁电子信息制造业快速发展；二是以广西博联信息通信技术有限责任公司、广西德意数码股份有限公司、广西三原高新科技有限公司、广西桂能软件有限公司、南宁超创信息工程有限公司等为龙头企业，发展软件与信息服务业，加快广西软件城建设，将南宁市打造成为广西软件与信息服务业的主要聚集区。

桂林电子信息产业基地 该基地主要包括桂林高新区、临桂县、灵川县、兴安县等工业园区。通过加快建设桂林兴安太阳能光伏产业园，对桂林高新区、临桂县等各园区资源整合，优化园区产业布局，打造优势的产业集群，逐步形成通信设备产业、太阳能光伏产业和软件与信息服务业等各有特色的基地。基地发展重点：一是以桂林大为通信技术公司、桂林市思奇通信设备有限公司、桂林 NEC 无线通信有限公司等为龙头企业，生产微波通信、光通信系列主机及部件产品、核心芯片开发，培育做强通信产业链；二是以桂林优利特电子集团有限公司、桂林市啄木鸟医疗器械有限公司为龙头企业，生产医疗器械、测量器具、机床电子等，提高产业化能力，形成特色的信息技术应用产业群；三是以桂林吉阳新能源有限公司、桂林尚鼎新能源股份有限公司、桂林鑫友光伏科技有限公司等为龙头企业，生产太阳能电池及组件、太阳能照明灯具、半导体照明等光电产业，壮大桂林市太阳能光伏产业；四是以广西金源信息产业股份有限公司、广西瀚特信息产业股份有限公司、桂林力港网络科技有限公司、桂林五星网络有限公司等为龙头企业，发展壮大桂林市软件与信息服务业。

贺州电子信息产业基地 该基地是利用东部地区铝电资源优势，以贺州市桂东电子科技有限责任公司、吉光电子科技有限责任公司、大锰银鹤电池工业有限公司等企业为龙头，生产铝电解电容器、电极箔等产品，促进铝电解电容器产业增长，同时带动电极箔产业发展，把贺州电子信息产业基地打造成为具有铝电结合、特色鲜明的高新技术循环经济铝电工业制造基地。

梧州电子信息产业基地 该基地是以梧州工业园区为核心，按照“园中园”方式建设，成功引进安富利集团、鑫华通科技有限公司、盛意达文化发展有限公司等一批知名电子信息企业落户梧州，推动梧州电子信息产业基地快速发展。基地重点生产手机主板、整机及笔记本电脑等产品，发展掌上多媒体产业及信息服务业，配套推进电子信息材料产业，建设电子信息产业研发和检测中心。2012 年基地建设已初具规模。

钦州电子信息产业基地 该基地以钦州高新技术产业开发区为核心，成功引进广西钦州同方数字技术有限公司、广西钦州宇欣电子科技有限公司、广西钦州福晟电子有限公司、钦州同方和宸电子科技有限公司、钦州盛和电子科技有限公司、广西钦州天山微电子有限公司等一批知名电子信息企业落户钦州，推动钦州电子信息产业基地快速发展。主要生产数字电视、液晶显示器、计算机整机及周边配件、微型机电、新型平板显示器、LED、电子元器件、汽车电子信息和数字音视频等产品，将基地打造成为面向东盟的数字电视生产基地。

信息技术应用

重点信息化项目 2012 年，广西柳工机械股份有限公司的“柳工国际营销平台项目”和广西糖网公司的“食糖产业第三方电子商务信息化服务平台升级改造项目”获国家首批两化深度融合专项资金扶持，扶持资金 250 万元。

2012 年，广西财政安排自治区两化融合投资项目专项资金 2 000 万元，扶持项目 45 项，拉动投资约 7 亿元，推动了广西两化融合向广度和深度发展。南宁、柳州、桂林 3 市也分别设立两化融合专项资金，全年对两化融合项目支持 2 200 万元。

年内，广西财政还安排信息服务业发展专项资金 1 500 万元，扶持项目 40 项，此批项目总投资 2.44 亿元，重点支持工业软件与行业解决方案、云计算、移动互联网、信息内容服务、服务外包等项目。

两化融合 2012 年，柳州市编制了《柳州市两化融合“十二五”发展规划》、《两化融合服务手册》，出台《柳州市两化融合评估评价体系方法》，并进行首次试验性评估评价，结果显示：全市企业研发周期平均提高 30%，产品一次检验合格率提高 3%，生产效率平均提高 11.2%，客户服务响应时间提升 20%。

桂林市搭建云计算公共服务平台，面向企业提供信息资源服务和信息技术推广应用服务；积极开展两化培训学习，提升全市企业信息化意识；编制印发了《桂林市两化融合工作指南》，分类推进企业信息化建设，提高企业生产经营水平，推动重点行业转变发展方式，提升核心竞争力。

其他城市两化融合工作也取得进展。南宁市着重完成国家电子商务示范城市和示范基地创建工作，启动了南宁市食品工业企业诚信信息公共服务平台、农产品网上超市、建材超市、开放式动漫游戏研发创作技术共享平台等，取得了成果。百色市组成两化融合课题调研组，深入企业实地调研，编制了《百色两化融合推进方案》。贵港市举办“动力 100”杯企业信息化应用大赛，促进本市企业提高对于两化融合的认识，加大本市两化融合推进工作的深度和广度。

2012 年，广西各市加快推进智慧城市、无线城市建设，加强应用，成效初显。柳州市制定出台《柳州市数字化城市管理实施办法》，并于 2012 年 10 月 1 日正式实施；完成了数字城管系统与“天网”三期的融合。桂林市编制了《“数字桂林”总体规划》，启动了“数字桂林”两大基础性工程建设——云计算中心和基础地理信息共享平台。梧州市三大运营商全力落实与政府签订的《信息化战略合作框架协议》，加快实施“光网城市，智慧梧州”、“无线城市”等建设工程。贵港市与中国电信广西公司签订了“智慧贵港，光网城市”合作框架协议，与中国移动广西公司签订了“无线城市”合作框架协议。贺州市以移动、电信、联通三家电信运营商为主力军，推广应用了“智能驾校无线监控项目”、“烟销通”、“天翼电子学生证”等建设项目。来宾市建成“智慧来宾”公众门户网站平台。崇左市与中国电信广西公司签订了“智慧城市”建设暨“十二五”信息化战略合作框架协议，重点推进该市智慧政务、智慧民生、智慧产业三大工程。

工业和信息化部于2012年6月在北京市举办信息化与工业化融合成果展览会。广西选定的制糖、汽车、机械、食品饮料等6个典型信息化示范应用企业项目参加该展览会，并获大会优秀组织奖。

2012年，广西继续开展创建千家企业信息化应用工程的工作，培育完成515家信息化应用企业。2011—2012年共完成信息化示范企业105家，信息化应用企业1 090家，超额完成全区创建企业信息化应用示范千百工程工作。

信息安全 2012年6月，广西成立了互联网工作领导小组，由自治区党委副书记任组长，自治区党委宣传部、公安厅、安全厅、工业和信息化委员会、通信管理局为成员单位。领导小组负责指导协调自治区各专业小组的工作，对全区重大信息安全建设管理工作重大问题、事项进行研究部署和统筹协调。

6月，对南宁市投资促进局政府机关办公用计算机安全配置试点工作进行了全面总结，并在工业和信息化部组织召开的“政府机关办公用计算机安全配置试点工作总结评估会”上作了汇报，顺利通过验收，完成了国家试点工作任务。

组织开展了全区重点领域网络与信息安全检查行动。制定了《2012年广西壮族自治区重点领域网络与安全检查行动工作实施方案》及《信息安全自查操作指南》、《信息安全抽查工作规范》，由自治区人民政府下发各市和区直单位实施。此次专项行动共涉及全区589家单位1 307个重要的信息系统。经检查，广西信息安全总体状况良好。

完成了《广西壮族自治区信息安全“十二五”规划》编制工作。《规划》全面总结了广西网络与信息安全现状，分析了所面临形势，提出了“十二五”广西网络与信息安全保障体系建设指导思想、发展目标和重点工作任务。

根据工业和信息化部《关于开展工业控制系统信息安全风险信息发布工作的通知》（工信厅协函[2012]629号）要求，自2012年11月起，广西工业和信息化委员会向全区重点企业开展《工业控制系统信息安全风险提示》发布工作。

组织实施了《广西政府门户网站安全监测平台》、《广西壮族自治区信息安全实验室》、《广西数字认证中心》等重点项目建设工作，第一期项目建设已基本完成，经投入试运行，达到预期目的。目前已具备为政府信息系统提供2 000个网站监测、预警和应急支援处理能力；在政府、社保、医疗、旅游、质监等部门提供4万余份CA证书在线认证服务。

电子认证服务 广西数字证书认证中心有限公司（以下简称广西CA）是广西唯一一家电子认证服务企业。2012年，广西CA为广西交通投资集团、广西党员干部远程教育管理办公室、广西高级人民法院、广西国土资源厅等单位提供电子认证服务。全年主营业务收入700万元，数字证书发证量16 417份。

2012年，广西CA积极申请国家《电子政务电子认证服务许可》资质及《电子认证服务许可》资质。广西CA电子认证服务系统和广西密钥管理系统已通过国家密码管理局安全性审查，“广西证书认证密钥管理系统”获国家密码管理局授名为“广西密钥管理系统”。

电子发展基金项目 2012年3月，广西工业和信息化委员会组织广西企业积极申报国家电子发展基金项目。广西德意数码股份有限公司的“基于神经网络的嵌入式智能交通系统研发及产业化”项目获工业和信息化部电子发展基金资助，资助资金200万元。该项目总投资2 800万元，主要研发基于人工神经网络算法的嵌入式智能交通指挥系统，以先进的视频采集和物联信息采集技术为基础，采用人工神经网络智能分析算法对交通流量实时数据进行计算分析，结合地理信息系统（GIS），实现智能控制交通枢纽、交通路口指示灯的指示信号，从而对交通进行智能指挥调度。

2012年，经工业和信息化部电子发展基金管理办公室授权，广西工业和信息化委员会组织有关专家对部分电子发展基金项目进行验收。这些项目是：广西德意数码股份有限公司承担的“面向电信运营商的外包核心数据管理平台研发”和“面向政府部门的运维协同平台研发及产业化”项目，南宁市平方软件新技术有限责任公司承担的“壮文软件产品开发及产业化”项目，广西瀚特信息产业股份有限公司承担的“RFID 技术的城乡邮政物流配送系统”项目，桂林海威科技有限公司承担的“HV-2008 恒流驱动芯片研发及产业化”项目，柳州市蓝海科技有限公司承担的“基于民族传统文化的动漫产品工具及资源库开发”项目。7 月，工业和信息化部电子发展基金管理办公室批准 6 个项目验收通过，同意备案。

其他

2 月，广西工业和信息化委员会制定了《2012 年广西电子信息和软件工作指导意见》，明确 2012 年推进电子信息和软件业发展的工作目标，确定 2012 年在加强经济运行监管、大力发展电子信息和软件与信息服务业、积极培育和建设产业基地、加快形成产业发展格局等方面的重点工作。

8 月，广西财政厅、工业和信息化委员会联合出台《广西信息服务业发展专项资金管理办法》（桂财企［2012］123 号）。

9 月，广西工业和信息化委员会印发实施《广西工业和信息化发展“十二五”规划重点建设项目》（桂工信规划［2012］692 号），规划中电子信息产业重点建设 111 个项目，总投资 1 178.36 亿元。

12 月，广西工业和信息化委员会、发展和改革委员会联合印发实施《广西壮族自治区新一代信息技术产业发展“十二五”规划》（桂工信科技［2012］955 号），规划的发展目标是：到 2015 年，广西新一代信息技术产业实现销售收入超过 200 亿元，增加值80 亿元。

主要问题

一是产业基础薄弱，规模偏小，自主创新产品较少，整体技术水平偏低，在全区 GDP 或工业增加值中的比重还比较低；二是受全球经济增速放缓、欧债危机、美国及欧盟“双反”调查的影响，广西光伏产业进入“寒冬”时期，多数企业处于停产或半停产状态，产业发展面临严峻挑战；三是产业缺乏龙头企业，地区发展不平衡，全区电子信息产业主要集中在北海、南宁、桂林 3 个市；四是自治区财政对产业的扶持力度不大，不利于推动产业的快速发展；五是产业高层次、高技能人才相对缺乏，影响了企业的技术创新和转型升级。

【统计数据】

表 1　2012 年广西壮族自治区电子信息制造业人员构成情况

企业类别	企业数（家）	年末从业人员总数（人）	人员构成					
			工程技术人员（人）	在总人数中所占比例（%）	管理人员（人）	在总人数中所占比例（%）	研发人员（人）	技术工人（人）
内资企业	93	55 339	12 945	23.4	8 552	15.5	5 682	28 160
国有企业	9	12 937	3 676	28.4	2 391	18.5	2 087	4 783
集体企业	1	336	126	37.5	89	26.5	38	83
有限责任公司	28	14 635	3 182	21.7	1 736	11.9	1 081	8 636
股份有限公司	10	3 986	992	24.9	483	12.1	265	2 246
私营企业	44	23 219	4 932	21.2	3 811	16.4	2 185	12 291
其他内资企业	1	226	37	16.4	42	18.6	26	121
港、澳、台商投资企业	27	15 348	4 987	32.5	1 893	12.3	392	8 076

表2 2010—2012年广西壮族自治区电子信息制造业基本情况

项目名称	单位	2010年	2011年	2012年
工业总产值（现行价）	万元	1 960 160	3 939 240	7 317 922
工业销售产值	万元	1 487 029	3 749 597	6 774 529
出口交货值	万元	382 364	537 652	1 073 142
流动资产平均余额	万元	388 546	1 265 208	1 139 455
固定资产净值平均余额	万元	428 028	1 359 772	362 147
资产总计	万元	1 186 808	2 676 995	2 839 337
负债合计	万元	386 642	1 006 070	1 634 910
主营业务收入	万元	1 570 092	3 944 489	6 252 185
税金总额	万元	12 132	62 300	42 800
利润总额	万元	106 995	171 423	160 632
应交所得税	万元	5 263	8 473	8 470
从业人员年末人数	人	53 343	48 624	70 687
从业人员工资总额	万元	160 029	137 809	154 074

表3 2010—2012年广西壮族自治区电子信息制造业主要经济效益指标完成情况

项目名称	单位	2010年	2011年	2012年
全员劳动生产率	元/人	91 315	90 682	92 682
流动资金周转率	次	1.45	1.72	2.36
产品销售率	%	96.2	91.8	92.6
总资产贡献率	%	8.3	9.1	11.5
资产保值增值率	%	119.0	116.0	127.2
资产负债率	%	53.5	48.9	42.4

表4 2010—2012年广西壮族自治区主要电子信息产品产销量情况

产品名称	单位	产量			销量		
		2010年	2011年	2012年	2010年	2011年	2012年
电子计算机（含显示器）	万台	1 389	1 612	3 163	1 376	1 598	2 983
微波/光通信设备	台	2 940	3 406	3 653	2 780	3 288	3 603
通信测试分析仪	台	2 180	3 600	3 650	2 100	3 512	3 630
数显量具	万件	136	188	236	123	186	230

续表

产品名称	单位	产量			销量		
		2010 年	2011 年	2012 年	2010 年	2011 年	2012 年
医疗电子设备	台	5 780	6 960	8 230	5 690	6 897	8 212
电视机	万台	100	110	117	96	109	116
电视显示器	万台	180	210	316	179	209	315
电子通用设备	台	65	123	130	60	120	125
电子铝箔	万平方米	620	869	1 980	610	796	1 975
电容器	万只	57 600	87 200	109 300	57 400	87 120	109 180
电子印刷电路板	平方米	8 760	12 692	12 890	8 420	12 632	12 832
太阳能电池	千伏安	2 860 000	2 685 000	2 500 000	285 900	2 680 000	2 450 000
汽车电子产品	万套	145	152	150	138	143	145
开关设备	台	12 900	13 600	14 890	12 892	13 580	14 790

表 5　2012 年广西壮族自治区软件产业人员构成情况

企业类别	企业数（家）	年末从业人员总数（人）	人员构成			
			管理人员（人）	在总人数中所占比例（%）	软件开发研究人员（人）	在总人数中所占比例（%）
内资企业	221	17 274	1 420	8.2	3 247	18.8
国有企业	10	1 319	72	5.5	279	21.2
有限责任公司	105	4 205	690	16.4	1 323	31.5
股份有限公司	19	7 503	126	1.7	367	4.9
私营企业	84	4 201	519	12.4	1 269	30.2
其他内资企业	3	46	13	28.3	9	19.6
港、澳、台商投资企业	2	81	13	16.0	68	84.0

表 6　2010—2012 年广西壮族自治区软件产业基本情况

项目名称	单位	2010 年	2011 年	2012 年
软件业务收入	万元	260 697	431 380	592 224
软件业务出口收入	万美元	335	405	206
软件产品销售收入	万元	119 609	252 837	306 152
增加值	万元	70 219	64 809	153 160
流动资产平均余额	万元	198 797	195 044	256 773

续表

项目名称	单位	2010 年	2011 年	2012 年
固定资产投资额	万元	25 905	9 005	8 755
资产合计	万元	273 559	359 213	526 890
负债合计	万元	124 493	176 271	221 681
税金总额	万元	4 601	17 282	32 788
利润总额	万元	33 333	66 657	117 272
应交所得税	万元	3 421	2 741	4 498
从业人员年末人数	人	5 463	5 647	17 355
从业人员工资总额	万元	36 326	45 920	86 241

表 7　2010—2012 年广西壮族自治区软件产业主要经济效益指标完成情况

项目名称	单位	2010 年	2011 年	2012 年
全员劳动生产率	元/人	121 825	110 683	132 132
流动资金周转率	次	2.85	3.12	3.96
产品销售率	%	98.2	98.8	98.5
总资产贡献率	%	18.4	19.2	21.6
资产保值增值率	%	109.0	113.0	117.8
资产负债率	%	43.6	41.9	42.1

注：表 1—表 7 数据为不完全统计，数据来源于广西壮族自治区工业和信息化委员会、广西壮族自治区统计局。其中各年统计企业数：2010 年，电子信息产品制造业为 139 家，软件和信息服务业为 97 家；2011 年，电子信息产品制造业为 136 家，软件和信息服务业为 133 家；2012 年，电子信息产品制造业为 120 家，软件和信息服务业为 223 家。

[撰稿：罗家泰　谢秀梅　审稿：杜文宏]

海　南　省

【综述】

2012 年，海南省信息产业实现主营业务收入 217.26 亿元，同比增长 35.7%。其中，电子信息产品制造业实现主营业务收入 13.10 亿元，同比增长 12.5%；规模以上软件服务业实现主营业务收入 109.77 亿元，同比增长 77.7%。

电子信息产品制造业

2012 年，海南省电子信息产品制造业实现主营业务收入 13.10 亿元，同比增长 12.5%；完成出口交货值 6.63 亿元，同比增长 8.3%。全年经济运行主要特点如下：

一是产业发展平稳。2012 年，电子信息产品制造企业产销衔接良好，产品销售率达 99.87%，产值比 2011

年略有增长。

二是投资增速减小。以液晶显示片、双面印制板、光纤光缆、IC 卡为主要产品的电子信息制造业固定资产投资和实际利用外资额不断减少。

三是节能降耗达标。企业在积极发展行业经济的同时认真贯彻落实节能目标责任制，确保能耗符合国家和海南省规定的节能降耗标准。

软件业

2012 年，海南省软件业继续保持高速发展。经济运行主要特点如下：

一是全行业发展迅速。全年软件服务业呈现较快增长态势，规模以上软件服务业实现主营业务收入 109.77 亿元，同比增长 77.7%。

二是软件产品、系统集成和支持服务、信息技术咨询服务等业务收入均大幅增长。随着海南生态软件园的发展，其产业集群效应逐渐扩大，2012 年，该软件园软件业务收入 52 亿元，同比增长 119.1%。

三是软件业务出口收入大幅提高。2012 年，全省软件业务出口收入 0.81 亿元，同比增长 68.8%。出口业务区域扩展到东南亚、北美、欧洲等区域。

信息产业基地建设

2012年，海南省继续以海南生态软件园和三亚创意产业园为依托集聚发展电子信息产业。

海南生态软件园由海南生态软件园投资发展有限公司主导建设，规划占地 3 000 亩，以软件研发、软件外包、IT 培训、呼叫中心、互联网媒体等为主要方向，吸引众多世界知名 IT 企业入驻。惠普、东软集团股份有限公司、中软国际有限公司、长城信息产业股份有限公司、北京久其软件股份有限公司、海南海航航空信息系统有限公司等 200 多家企业落户，初步形成数字医疗、地理信息、旅游信息化、物联网应用、高端电子制造、服务外包和动漫创意等特色产业格局。2012 年，园区实现产值 52 亿元。“十二五”期间，园区将达到 100 万平方米的综合建设规模。

三亚创意产业园由三亚市政府主导开发，规划面积 12 平方公里。园区重点发展太阳能光伏产业、集成电路产业、3G 芯片及软件研发制造和动漫游戏创意产业。2012 年，园区基础设施建设计划投资 5 亿元，实际完成投资 9.2 亿元，占全年投资计划的 184%。同时，园区不断加大招商引资力度，目前已与深圳中兴国际公司、海南海云天网络技术有限公司、清华大学研究生院、北京大学科技园等单位签订投资意向协议项目共 28 个，协议投资总额 286 亿元。

信息基础设施建设

全省已形成“三纵两横”覆盖各市县的骨干通信网络，城市正向小区、商住楼延伸，农村在通达乡镇的基础上向行政村延伸，初步形成大容量、高速率、覆盖全省城乡的信息通信网络，综合通信能力显著增强。2012 年，全省互联网用户数为 723.3 万户（含手机上网用户）。其中，宽带接入用户净增 8.88 万户，达到 95.53 万户，呈逐年增加态势；互联网拨号上网用户减少为 10 户，呈逐年减少态势。全省共有 204 个乡镇，2 509 个行政村，20 户以上的自然村 12 495 个。所有乡镇均通互联网，所有行政村均通电话，普遍服务连续六年保持“双百”：乡镇通互联网率 100%，行政村通电话率 100%。

【统计数据】

表 1　2012 年海南省电子信息产业人员构成情况

企业类别	企业数（家）	年末从业人员总数（人）	人员构成			
			工程技术人员（人）	在总人数中所占比例（%）	管理人员（人）	在总人数中所占比例（%）
国有企业	1	571	139	24.3	63	11.0
其他企业	1	54	17	31.5	16	29.6
三资企业	3	1 552	125	8.1	82	5.3

表 2　2010—2012 年海南省电子信息产业基本情况

项目名称	单位	2010 年	2011 年	2012 年
工业总产值（现行价）	万元	100 810	112 360	130 959
工业销售产值	万元	101 261	116 478	128 579
其中：出口交货值	万元	56 607	61 290	66 277
从业人员年末人数	人	2 143	1 885	2 177
从业人员工资总额	万元	9 672	9 581	11 934

表 3　2010—2012 年海南省电子信息产业三资企业基本情况

项目名称	单位	2010 年	2011 年	2012 年
工业总产值（现行价）	万元	67 799	74 157	86 627
工业销售产值	万元	69 350	73 735	85 270
其中：出口交货值	万元	56 607	61 290	66 277
从业人员年末人数	人	1 685	1 301	1 552
从业人员工资总额	万元	6 311	5 388	8 030

表 4　2010—2012 年海南省主要电子信息产品产销量情况

产品名称	单位	产量			销量		
		2010 年	2011 年	2012 年	2010 年	2011 年	2012 年
印制电路板	平方米	357 100	297 900	360 000	357 100	297 900	360 000
非接触智能卡	万个	950	936	1 503	950	936	1 479
单模光纤	千米	1 083 202	1 107 321	1 205 732	1 062 348	1 141 032	1 157 491
通信用光缆	芯千米	2 845 428	2 943 151	3 319 854	2 844 030	2 914 326	3 270 531
图形图像终端	万片	273	28 143	432	273	28 143	433

表 5　2010—2012 年海南省三资企业主要电子信息产品产销量情况

产品名称	单位	产量			销量		
		2010 年	2011 年	2012 年	2010 年	2011 年	2012 年
印制电路板	平方米	357 100	297 900	360 000	357 100	297 900	360 000
单模光纤	千米	1 083 202	1 107 321	1 107 321	1 062 348	1 141 032	1 157 491
通信用光缆	芯千米	2 845 428	2 943 151	2 943 151	2 844 030	2 914 326	3 270 531
图形图像终端	万片	273	28 143	432	273	28 143	433

注：表 1—表 5 数据来源于海南省软件行业协会。

[撰稿：袁泉　审稿：邓月琴]

重　庆　市①

【综述】

2012 年，重庆市电子信息产业在经济下行压力增大的形势下保持快速增长，全年实现产值 3 057 亿元，同比增长 53%。其中，规模以上电子制造业总产值 2 193 亿元，增长 60.4%；软件和信息服务业主营业务收入 864 亿元，增长 71%，其中，软件业务收入 552 亿元，首次进入全国前十位。电子信息产业成为重庆市经济高速发展的支柱行业之一。

电子制造业

随着重庆市笔记本电脑基地的投产上量、物流大通道的建成，电子制造业产业链逐渐完善，产业集群初显规模。2012 年，重庆市电子制造业实现总产值2 193 亿元，占全市工业比重为 16.7%，排名升至第 2 位，比年初上升 2 位；占全国电子制造业比重为 2.5%，排名第 12 位，比年初上升 1 位。拉动重庆市工业增长 6 个百分点，增速居重庆市第 1 位、全国第 3 位。全年生产计算机 4 160.9 万台，同比增长 63.3%。中冶赛迪集团有限公司和中国四联仪器仪表集团有限公司入围第 27 届中国电子信息百强，排名分别位居第 56 位、第 60 位。

重庆市规模以上电子制造业中，计算机行业全年实现产值 1 227.7 亿元，增长 94.2%，占全行业总产值的 56.0%；视听家电行业 341.1 亿元，增长 17%，占全行业总产值的 15.5%；机电产品行业 186 亿元，增长 18.7%，占全行业总产值的 8.5%；电子元器件行业 185 亿元，增长 59%，占全行业总产值的 8.4%；仪器仪表行业 134 亿元，增长 11.3%，占全行业总产值的 6.1%；通信设备行业 115 亿元，增长 39%，占全行业总产值的 5.2%；电子专用设备行业 4.3 亿元，增长 268%，占全行业总产值的 0.2%。

软件和信息服务业

2012 年，重庆市“国际离岸云计算试验区”和“国际电子商务结算中心”两大龙头项目建设取得重大进展，软件和信息服务业成为全市经济社会高速发展的重要支撑行业。

2012 年，重庆市软件和信息服务业实现主营业务收入 864 亿元，增长 71%，其中，软件业务收入 552 亿元，增长 31.6%，高出全国平均增幅 3.1 个百分点，增速排名居全国第 5 位、西部第 1 位，占主营业务收入比重为 63.8%；实现利润 38.9 亿元，增长 43.2%；上交税金 21.6 亿元，增长 42.8%，实现了增速和效益同步增长。

2012 年，随着软件产业服务化和网络化发展加速，重庆市咨询类服务和运营类服务收入增长突出。其中，信息技术咨询服务收入 115.9 亿元，同比增长 32.5%，占软件业务收入的 21.0%；数据处理和运营类服务收入 107.3 亿元，同比增长 36.4%，占软件业务收入的 19.4%。随着制造业形势企稳向好以及全市新型工业化的全面推进，嵌入式系统软件增速加快，全年实现收入 106.2 亿元，同比增长 31.3%，占软件业务收入的 19.2%。此外，信息系统集成服务收入 128.6 亿元，占软件业务收入的 23.3%；软件产品收入 92.3 亿元，占软件业务收入的 16.7%；IC 设计收入 2.0 亿元，占软件业务收入的 0.4%。产业结构更加均衡合理。

截至 2012 年底，重庆市累计认定软件企业 477 家，比上年增加 47 家，增长 10.9%；累计登记软件产品 1 654 个，比上年增加 363 个，增长 28.1%。2012 年，全市软件行业规模以上企业 176 家，比上年增加 38 家，其中，上亿元企业 34 家，比上年增加 6 家。规模以上企业实现主营业务收入 605 亿元，平均增速超过 40%，占全行业主营业务收入的 70.0%。重点企业保持稳定增长对全行业逆势增长发挥了重要支撑作用。

注①　本文数据如未注明，均来源于重庆市统计局。

2012年，国家出台支持农村水利建设等扩大内需政策，传统行业信息化建设提速，重庆新世纪电气有限公司、重庆博通水利信息网络有限公司、重庆瑞斯凯特科技有限责任公司、重庆新媒农信科技有限公司、重庆大唐测控技术有限公司、重庆天极信息发展有限公司等企业订单量均高于上年，实现40%以上增长。同时，有27家软件企业获得民营经济专项资金支持，平均增速超过50%。

2012年，重庆市产业园区和聚集区建设突出载体与产业布局融合，突出功能配套和完善，加快软件和信息服务外包、电子商务等产业链的完善和集聚。北部新区软件产业园聚集能力进一步增强，园区企业主营业务收入达到452亿元，占全市主营业务收入的52.3%。5月，西部首个“网商产业园”正式开建，目前已入驻网络企业及配套企业超过160家，总收入35.5亿元。

6月，国家外汇管理总局批复认可重庆市国际电子商务交易认证项目的认证结汇监管方案；8月，国家发展和改革委员会、海关总署等部门正式下文将重庆市列为国家首批跨境贸易电子商务试点城市，重庆市跨境电子商务基本扫清政策障碍。截至2012年底，全市累计完成国际电子商务交易认证结汇6 000万美元，电子商务交易总额超过1 500亿元，各类网商7万户，有影响力的网商7 000余户。

重点企业　重庆市软件和信息技术服务业布局集中，主要分布在主城区，以两江新区、北部新区、九龙坡区、沙坪坝区为主。软件产品涵盖管理、医疗、交通、能源、办公、安全、ERP、教育、勘测、物流等领域。以医疗电子、移动智能终端应用、电子商务、工业控制、企业管理、安全生产、交通能源等为重点的软件产品系列已经形成规模，并具有较强竞争优势。2012年，重庆市软件行业中具有较强竞争优势的企业快速增长，助推全行业发展。其中，中冶赛迪工程技术股份有限公司旗下信息技术公司继续稳居中国软件百强西部第一位置，拓展钢铁以外业务领域效果显著；重庆猪八戒网络有限公司继续领跑服务交易类电商平台；重庆市第一家上市软件企业——重庆梅安森科技股份有限公司开发的煤矿安全监控系统独具优势；重庆中联信息产业有限责任公司的医院信息系统市场占有率居全国前5位；重庆易极付科技有限公司第三方支付业绩快速增长。产业各领域龙头企业的稳定高速增长为全市软件产业发展起到良好的引领和支撑作用。

电子产品进出口贸易

2012年，重庆市电子信息产业出口额达200亿美元，同比增长129%。其中，电子制造业出口交货值198亿美元，同比增长129%，占全市工业出口交货值的71%，对全市工业出口增长贡献率达到90%；占全国电子制造业出口交货值的3.4%。软件行业全年出口1.3亿美元，同比增长22.6%。

全年笔记本电脑出口3 544万台，增长130%；出口额125.41亿美元，占出口总额近1/3，增长140%。

科技进步与应用

2012年，重庆市加强对行业新产品开发和技术改造的支持，指导技改项目46项，新产品项目90个，重点新产品14个，并推荐至相关部门；已申报1 000多项国内外专利，获专利授权800余件，其中，发明专利90余件，实用新型专利500余件，外观设计专利200余件。

全市电子信息类企业研发经费总支出44 619万元，企业研发投入强度为0.28%。企业新产品产值237.1亿元，产值率14.6%。共培育电子信息类市级新产品17项，重庆四联光电科技有限公司的“LED商业/道路照明系列”等产值超亿元。

年内，新培育重庆重邮信科通信技术有限公司技术中心、重庆君盾科技有限公司技术中心、重庆猪八戒网络有限公司技术中心、重庆爱思网安信息技术有限公司技术中心、重庆远衡科技发展有限公司技术中心、重庆港宇高科技开发有限公司技术中心、重庆同趣科技有限公司技术中心、东方中讯数字证书认证有限公司技术中心、重庆市旺成科技股份有限公司技术中心、重庆四联光电科技有限公司技术中心等10家市级企业技术中心。截至2012年底，全市电子信息类国家级企业技术中心2家，市级企业技术中心30家。

科技创新成果　山外山科技血液透析机及其关键控制技术获得国家信息产业重大技术发明奖。重庆四联光电科技有限公司的“LED商业/道路照明系列”被评为重庆市优秀新产品一等奖；中煤科工集团重庆研究院的“KJ30型瓦斯抽放监控系统”、重庆前卫仪表有限责任公司的“2 000KW双馈风电机组控制系统”、重庆山城燃气设备有限公司的“新型膜式/IC卡膜式燃气表”被评为重庆市优秀新产品二等奖；重庆徐港电子有限公司的“车载多媒体导航系统DVD102”、重庆国虹科技发展有限公司的“W19虹金纤薄智能手机”、重庆川仪自动化股份有限公司执行器分公司的“M型电动执行机构”、鸿富锦精密电子（重庆）有限公司的“A-14超级本”、重庆金美通信有限责任公司的“MESH+PMP宽带无线通信系统”、重庆金算盘软件有限公司的“金算盘医院经营管理信息平台软件”被评为重庆市优秀新产品三等奖。

具有自主知识产权的技术与产品 重庆海扶（HIFU）技术有限公司的“妇科良性肿瘤超声治疗设备产业化”、重庆山外山科技有限公司的“血液净化监测与控制系列关键技术转化及产业化”和重庆国虹科技发展有限公司的“TD-SCDMA多模终端产业化”等拥有自主知识产权的发明专利项目实现产业化，并获得国家重大科技成果转化项目补助700万元。

信息基础设施建设

2012年，重庆市电信业务总量246亿元，电信业务收入200亿元。固定电话用户580.6万户，其中，城市电话用户407.3万户，农村电话用户173.3万户；移动电话用户2 069.6万户，互联网用户2 099.9万户，固定电话普及率19.7部/百人，移动电话普及率70.9部/百人。100%的行政村通电话，100%的行政村通宽带。光纤到户覆盖家庭164万户，4M及以上用户占比从年初的12%上升到57.4%。互联网出口带宽达1.14T，宽带接入端口565.4万个。有线电视用户数501万户，有线电视入户率41.6%，其中数字电视用户272万户，“双化”改造数量235万户，双向化率为46.9%。

三网融合试点方面，重庆市已开展IPTV、手机电视、手持电视、有线电视网络宽带等三网融合业务。其中，IPTV用户数近30万户，手机电视用户数超过150万户，手持电视（CMMB）在网用户突破27万户，有线电视网络宽带业务用户数达到14万户。

信息产业基地建设

2012年，重庆市积极支持有条件的区县（园区）发展电子产业。重庆市经济和信息化委员会先后赴南岸区、高新区等10余个区县、园区调研指导，明确对接窗口，建立联动机制，帮助其招商引资。指导帮助相关区县、园区策划项目20余个，完成项目建议书10余份，洽谈项目18个，引进项目8个，协议资金约20亿元，建成达产后可实现产值约30亿元。

信息技术应用

电子政务 2012年，按照《国家电子政务“十二五”规划》，重庆市充分发挥信息化在促进经济、政治、文化、社会、生态文明等领域的重要支撑作用，大力推进电子政务发展，全面提升电子政务应用水平，提升政务部门履行职责能力和水平，取得了显著成绩。

一是加快推进电子政务外网建设，建设电子政务外网传输网络和基础信息安全，满足国家部委电子政务外网业务需求。

二是推进国家电子政务外网重庆节点运营维护工作，通过节点实现了国家有关部门与重庆市20多个市级部门的网络连接，接入终端1 306台，开展了国务院应急系统、监察部纠风系统、人力资源和社会保障部公务员报名系统、文化部文化共享工程、审计署金审工程、国家安监总局金安工程、卫生部纵向视频会议等中央到地方的纵向业务应用。配合将国家到重庆市的电子政务外网中央广域骨干网主干链路带宽由8M升速到155M，备份链路带宽由2M升速到4M。依托国家电子政务外网根CA建设重庆市电子政务外网RA系统，为连接在国家电子政务外网重庆节点的市级各部门电子政务业务系统提供安全、方便的数字证书认证服务。

三是行政审批电子监察系统全面覆盖。行政审批电子监察工程已覆盖具有行政审批事项的所有部门和所有区县，覆盖44个具有行政审批职能的市级部门和38个区县，安装摄像头1 440个，行业领域拓展到政府采购、工程建设招投标、土地交易等。市级部门纳入审批事项数508项，区县纳入审批事项数1.5万项，系统共受理业务63万件，办结61万件。

四是电子政务发展水平提升。重庆市100%的区县政府、98%的市级政府部门建立了政府门户网站，75%的主要行政许可事项可通过政府网站办理，79%的主要公共服务事项可通过网站实现在线办理。

五是加强工程建设领域项目信息公开和诚信体系建设。在重庆市政府门户网站设立了“工程建设领域项目信息和信用信息公开共享专栏”，实现与11个市级部门、38 个区县、北部新区管委会“工程建设领域项目信息和信用信息公开共享专栏”的链接，整合并相对集中公开了项目信息，开展“一站式”信息公开服务。

六是推进政府网站评估。成立“重庆市政务网站评测中心”，建立和完善政务网站评测体系，开展政府网站发展评估工作。在工业和信息化部《政府网站发展评估指标（试行）》基础上，结合重庆市实际，组织编制《重庆市政府网站发展评估办法（试行）》。围绕推动重庆市政府网站健康发展，以评估促建设，推动政府网站集约化建设；以评估促应用，提升政府网站服务能力；以评估促发展，促进政府网站信息公开、网上办事和政民互动水平进一步提高。

两化融合 按照“重点突破，示范先行，打造精品，务求实效”的原则，以智能工业为突破口，以示范项目为载体，以试点区县推进、支撑体系构建、CIO 制度建设为抓手，强力推进重庆市国家级两化融合试验区建设，成效显著。

一是参加工业和信息化部组织的全国两化深度融合成果展。重庆市与北京、上海、广东等省市作为地方展区第一梯队参加了展览。中国长安汽车集团股份有限公司、重庆市两化融合促进中心、重庆钢铁集团有限责任公司、重庆康如来科技有限公司、重庆市城投金卡信息产业股份有限公司、重庆金算盘软件有限公司和中国移动通信集团重庆有限公司 7 家单位代表参展，分别展示了在产业链协同、信息技术促进节能降耗、信息技术服务民生、物联网应用和现代服务业培育等方面所取得的成果。

二是组织重庆市企业参与全国首批两化深度融合专项资金申报。推荐的中国长安汽车集团股份有限公司、中冶赛迪集团有限公司、重庆小康工业集团股份有限公司、重庆大新药业股份有限公司和重庆海特克系统集成有限公司 5 家企业全部中标，获 550 万元资金资助，上榜个数和资助额度均名列全国前茅。

三是完善两化融合支撑服务体系建设。建立物联网技术应用中心、物流信息化技术应用中心、节能降耗信息化技术应用中心、电子商务技术应用中心 4 个两化融合技术应用中心，优化完善了两化融合支撑体系，培育了现代服务业体系。

四是发挥两化融合支撑机构的作用。出台了关于加快推进两化深度融合的实施意见，印发了《重庆市两化深度融合应用技术指南》，部署了推动两化深度融合的目标和路径。此外，重庆市还推荐 27 家企业参加全国两化深度融合示范企业评选，组织区县、企业负责人赴上海、浙江等地调研学习。

物联网 2012 年，重庆市按照国务院《关于加快培育和发展战略性新兴产业的决定》（国发 [2010] 32 号）和《重庆市人民政府关于加快推进物联网发展的意见》（渝府发 [2011] 15 号）的要求，大力推动物联网产业发展。

一是举办中英物联网发展研讨会。英国投资总署带来 APM、英国电信、索尼爱立信等 30 家企业，与南岸区进行深度合作洽谈，达成多项合作意向，确定在物联网领域开展产品研发、产品应用、市场拓展以及人员培训等合作，并就相关合作内容正式签署备忘录。

二是举办渝台物联网论坛暨产业对接会。来自中国台湾地区的 16 家物联网企业与重庆市相关企业进行了对接，商讨促进渝台两地物联网产业商机与技术等方面的合作，明确渝台联手打造重庆国家级物联网产业基地。

三是物联网项目获国家专项资金支持。根据工业和信息化部下发的《关于下达 2012 年物联网发展专项资金项目支持计划的通知》，重庆物联网产业 4 个项目获国家物联网发展专项支持资金 950 万元，支持资金额度居全国前列。其中，中国长安汽车集团股份有限公司获得 300 万元支持；重庆搏伦信息技术有限公司获得 250 万元支持；重庆钢铁集团电子有限责任公司和重庆中兴软件有限责任公司分别获得 200 万元支持。

四是重点应用项目推进顺利。“基于 RFID 的智能交通物联网应用示范工程（电子牌）”是重庆市正在实施的国家信息化试点项目和智能交通物联网应用示范工程。现已安装 RFID“电子牌”160 余万张，建成 213 个 RFID 智能交通物联网信息监测点；已完成 45 条机动车年检线的车辆身份远程查验系统建设，并正式投入运行；完成重庆高速公路基于 RFID“电子牌”技术的快速通行系统测试工作，准确率达到 99.59%；建设完成城区道路“黄标车”行驶情况统计分析系统和 10 个监管点；建设实施市委、市政府等机关基于 RFID“电子牌”技术的智能停车与进出安全管理系统。

五是中国移动物联网有限公司落户重庆市。该公司将在最短时间内对中国移动整个物联网产品和技术创新进行全新布局，在保持中国移动已有客户规模、运营经验、营销渠道等优势的同时，整合物联网产业链资源，构建基于云服务的开放平台，降低应用开发门槛，创新合作模式，实现产业链共赢发展。

六是物联网招商引资工作有所建树。成功引进重庆市国信通讯科技产业有限公司、重庆高讯电讯有限公司、方正移动传媒技术有限公司、重庆赛丰基业科技有限公司等40多家物联网知名企业入驻重庆市。预计全部达产后产值将超过500亿元。

信息安全 2012年，重庆市围绕“一套长效机制、两个核心能力、三个基础平台”为核心的信息安全保障体系建设目标，实现信息安全工作从夯实基础向发展突破的转变。

一是完善信息安全协调体系。完善《重庆市网络与信息安全协调组工作机制》，筛选部分区县开展“区县信息安全试点”工作。

二是提升信息安全关键能力。强化电子政务信息安全管理，修订完善《重庆市政府部门网站系统建设管理办法》等管理制度，强化政府网站系统的标准化管理；打造可靠电子商务交易环境，开展“可靠电子签名及数据电文应用试点”工作；探索用户在电子商务交易过程中主体可信和交易过程可信两方面问题，通过建设和运行电子缔约安全保障服务平台，实现数字证书和版式合同在电子缔约安全保障服务平台的接入和应用；建成920套工业控制系统信息安全基础数据库，制定工业控制系统信息安全管理规范；推进党政机关和涉密单位互联网接入安全管理工作，实施统一安全管理模式，建成重庆市各部门、区县2 600个互联网接入口的数据库，通过逐步缩减，搭建统一的安全保护、认证、审计、网络安全管理平台，提高政府信息系统防病毒、防攻击、防泄密和反窃密能力；对重庆市782个重要政府信息系统和36个城市轨道交通、供水供气等重要工业控制系统网络与信息安全进行自查，远端普查483个面向公众服务政府信息系统，现场检查5个市级部门、5个区县及3个市级企业，并全面整改28个高安全威胁和46个低防护能力系统。

三是推进信息安全“基础平台、监控及应急处置平台、服务平台”建设，完善信息安全技术保障体系。制定“互联网接入口保密监测平台”、“信息安全监控预警平台”、“电子政务数字认证互认平台”建设方案，以期实现重庆市重要涉密单位互联网接入口保密监测、电子政务网站监控预警及处置和电子政务数字认证互认；建成重庆市工业控制系统信息安全技术支撑中心、测评中心、技术服务中心、技术研发中心等6个信息安全支撑机构。

四是推动信息安全产业发展，改善信息安全基础环境。策划了“电子数据保全服务中心”、“中国汽摩质量信息综合服务平台”、“重庆市大数据分析服务中心”等核心项目，带动信息安全产业园区建设，以期形成信息安全产业集群、服务集群和研发集群；选择了10家效益好、创新强、技术高、潜力大的信息安全企业和20个市场前景较好、行业急需的企业信息安全项目进行重点扶持；鼓励支持企业技术中心、工程中心、开放实验室建设，重点开展大数据、云计算、物联网、移动互联网、下一代互联网等领域的技术和产品创新研究；成功引进“衡盾云主动防御项目”等20余个项目、企业和服务机构。

“倍增计划”项目 重庆市“倍增计划”项目有葛洲坝易普力股份有限公司“民爆行业移动生产动态监控信息系统推广应用”项目。内容为：开发用于民爆行业现场混装车的车载动态监控系统，实现现场混装车生产数据、地理坐标等关键信息的采集与发送，并示范应用。该项目预算投资总额1 500万元，其中企业自筹资金1 000万元，工业和信息化部电子信息发展基金500万元。

目前，该项目软硬件系统产品开发基本完成，已进入产品大量试用测试阶段。已获得授权专利1个，专利名称为现场混装炸药车监控装置，专利号ZL201120194642.1。发表专业论文《BCRH型乳化炸药车装药控制系统的开发与研究》1篇。该项目已在公司内部全面推广使用，嵌入式生产经营信息监控系统终端已累计安装40套，动态采集终端已累计安装25套。

电子基金项目 2012年，重庆市共有18个项目申报国家基金项目，有6个项目获得国家资金资助共计8 232万元，比2011年增长2.9%。其中，电子基金项目2个，获得1 000万元；“专项二”1个，获得761万元；“专项三”3个，获得6 471万元。在国家科技重大专项办公室开展的在研课题检查中，成功组织市内8个课题承担和参与单位、共计52项课题开展自查自纠工作，组织专家对被抽查的3个课题进行现场检查评估，并向专项办公室上报检查报告；组织专家对2个国家基金项目和19个市级信息产业资金项目进行了结题验收；在重庆市四批民营发展专项资金中，共有19个电子类企业获得总额达1 840万元的支持，比2011年增长67%。

热点

引进京东方集团“第8.5代新型半导体显示器件及系统项目” 经前期交流接触，2012年10月上旬，重庆市与京东方集团就该项目落地所有问题达成一致，并于12月21日正式签订合作协议。项目总投资328亿元，建成后将月产液晶面板12万片，年销售收入近400亿元；年产大尺寸液晶电视200万台，年销售收入60亿元，并同步建设重庆研发中心。项目计划于2013年上半年开工建设，2015年二季度投产。

推进中航（重庆）微电子8英寸芯片制造项目 该项目是2007年重庆市工业“一号工程”，2012年底中航工业集团正式入主后，仅用一年就成功购买德国L-Foundary 8英寸芯片生产线。在项目重组和发展过程中，重庆市一是协调购买设备过程中遇到的外汇付款、海关免税、物流运输、税费减免等工作；二是指导由纯代工模式向代工+IDM模式转变；三是搭建本地企业交流平台，扩大代工订单；四是帮助取得紧急购买及运输危化品的批文，协调电费补贴、个人所得税返还等。2012年10月，中航微电子实现3万片产能，跻身全国大型8英寸芯片企业阵营。

举办国际性大型活动 2012年，重庆市成功举办“中国（重庆）国际云计算博览会”和“中国IC设计业2012年会暨重庆集成电路创新发展高峰论坛”。其中，“中国（重庆）国际云计算博览会”有全球160多家IT企业参展，中央部委及跨国公司100多位高层参加，29个市级部门和区县（园区）参与。“中国IC设计业2012年会暨重庆集成电路创新发展高峰论坛”由中国半导体行业协会主办，重庆市承办。来自全球10多个国家和地区的近60家顶尖集成电路企业展示了各自最新的产品与技术。国家发展和改革委员会、工业和信息化部、科学技术部、中国半导体行业协会、“核高基”国家科技重大专项总体专家组成员、国内外有关专家、企业和媒体代表等近900人参加了会议。

主要问题

一是增速呈下降态势。受外部经济形势紧张、重庆市产业基数增大、缺乏新增长点等因素影响，重庆电子制造业2012年产值增速比2011年下降72.8个百分点。

二是行业效益不理想。2012年，全行业实现利润59亿元（不含结算中心），同比增长11%，销售利润率2.8%，同比下降1个百分点。全行业亏损额5亿元，同比下降29%；亏损企业33家，亏损面13%，比2011年增加2个百分点。

三是行业结构过于单一。计算机产业一枝独秀，占全行业比重为56%，增长贡献率达75%，处于行业支柱地位。电子制造业对计算机产业依赖度较高，抗风险能力不强。

四是区域分布不平衡。重庆市电子制造业主要集中在主城及周边区县，“一小时经济圈”内电子制造业占全市比重超过97%，“两翼”地区比重不到3%。

【统计数据】

表1　2012年重庆市电子信息制造业人员构成情况

企业类别	企业数（家）	年末从业人员总数（人）	企业类别	企业数（家）	年末从业人员总数（人）
内资企业	190	60 824	股份有限公司	9	7 906
国有企业	12	7 160	私营企业	113	22 962
集体企业	1	107	港、澳、台商投资企业	22	69 633
股份合作企业	2	123	三资企业	20	25 676
有限责任公司	53	22 566			

表2 2010—2012年重庆市电子信息制造业基本情况

项目名称	单位	2010年	2011年	2012年
工业总产值（现行价）	万元	6 933 533	15 112 836	21 937 413
工业销售产值	万元	6 683 443	14 892 153	21 221 377
出口交货值	万元	414 628	4 840 811	11 917 542
资产总计	万元	4 830 793	6 733 316	8 901 432
负债合计	万元	3 008 394	4 695 413	6 247 517
主营业务收入	万元	6 597 997	14 282 332	20 876 670
税金总额	万元		104 010	186 002
利润总额	万元	350 376	532 192	595 094
从业人员年末人数	人	66 168	114 724	157 895
从业人员工资总额	万元		424 739	695 901

表3 2010—2012年重庆市电子信息制造业三资企业基本情况

项目名称	单位	2010年	2011年	2012年
工业总产值（现行价）	万元	1 805 217	2 577 786	4 000 668
工业销售产值	万元	1 761 697	2 524 991	3 931 569
出口交货值	万元	79 735	446 181	2 587 728
资产总计	万元	1 130 707	1 144 476	1 343 021
负债合计	万元	699 006	855 920	1 055 337
主营业务收入	万元	1 716 647	2 439 007	3 812 005
税金总额	万元		675	1 334
利润总额	万元	106 472	86 245	70 762
从业人员年末人数	人	12 841	17 752	25 676
从业人员工资总额	万元		68 088	112 682

表4 2010—2012年重庆市电子信息制造业主要经济效益指标完成情况

项目名称	单位	2010年	2011年	2012年
全员劳动生产率	万元/人	104.8	131.7	138.9
产品销售率	%	96	98	96
资产负债率	%	62	68	69

表 5　2010—2012 年重庆市电子信息制造业三资企业主要经济效益指标完成情况

项目名称	单位	2010 年	2011 年	2012 年
全员劳动生产率	万元/人	140.6	145.2	155.8
产品销售率	%	97.6	98.0	98.3
资产负债率	%	61.8	74.8	78.6

表 6　2010—2012 年重庆市主要电子信息产品产量情况

产品名称	单位	2010 年	2011 年	2012 年
电子计算机整机	台	1 980 629	25 478 229	41 608 803
微型计算机设备	台	1 953 988	25 478 229	41 608 803
其中：笔记本计算机	台	910 262	24 073 940	40 305 683
电话单机	部	5 403	18 421	52 102
移动通信基站设备	信道	14 848	6 822	206 208
移动通信手持机（手机）	部	6 502 617	5 924 760	10 957 617
通信及电子网络用电缆	对千米	142 357	131 150	103 237
光缆	芯千米	350 963	274 777	331 742
电子元件	万只	4 653	55 314	70 819
印制电路板	平方米	2 546 790	3 165 732	5 440 181
集成电路	万块	7.1	9.5	4 350.9
多晶硅	千克	3 948 000	4 585 747	3 659 720
单晶硅	千克	519 616.1	737 269	745 583
显示器	台	963 712	2 206 570	8 076 296
其中：平板显示器	台	963 712	2 206 570	1 561 822
打印机	台			9 013 510
光电子器件	万只（片）	2 145	3 659	58 102
彩色电视机	台	658 682	850 516	1 258 155
液晶（LCD）电视机	台	658 682	850 516	1 258 155
锂离子电池	只（自然只）	104 998	134 777	160 328

注：表 1—表 6 数据来源于重庆市统计局，2012 年起统计口径略有调整。

表7 2012年重庆市软件产业人员构成情况

企业类别	企业数（家）	年末从业人员总数（人）	人员构成			
			管理人员（人）	在总人数中所占比例（%）	软件开发研究人员（人）	在总人数中所占比例（%）
内资企业	449	72 667	5 441	7.5	15 856	21.8
国有企业	15	7 935	378	4.8	896	11.3
集体企业	1	117	12	10.3	30	25.6
股份合作企业	3	1 254	6	0.5	7	0.6
联营企业	1	42	10	23.8	10	23.8
有限责任公司	282	42 341	3 452	8.2	9 477	22.4
股份有限公司	30	12 978	620	4.8	2 736	21.1
私营企业	115	7 813	952	12.2	2 666	34.1
其他内资企业	2	187	11	5.9	34	18.2
港、澳、台商投资企业	9	3 026	247	8.2	598	19.8
三资企业	13	7 349	350	4.8	1 070	14.6

注：数据来源于重庆市软件协会。

[撰稿：苏波　审稿：李忠云　张光亮]

四　川　省

【综述】

2012年，四川省电子信息产业总体规模位居全国第7位、中西部第1位，全行业实现营业收入4 028亿元，同比增长22.3%。其中，规模以上电子信息产品制造业实现主营业务收入2 711亿元，同比增长19.8%；软件业务收入1 316亿元，同比增长27.1%。

电子信息产品制造业

2012年，四川省电子信息产品制造业主要特点如下：

一是生产高位增长。四川省规模以上电子信息产品制造业完成现行价工业总产值2 941.3亿元，同比增长24.4%；完成销售产值2 866亿元，同比增长26.9%；工业增加值增速32.9%，高出全省工业增加值增速16.8个百分点。

二是利润税金双超百亿。四川省规模以上电子信息产品制造业实现主营业务收入2 711亿元，同比增长19.8%；实现利润146.7亿元，同比增长101.4%；税金总额127亿元，同比增长2.4倍。

三是三资企业贡献突出。四川省规模以上电子信息产品制造业三资企业完成现行价工业总产值1 508亿元，同比增长184%；完成销售产值1 528亿元，同比增长202.9%；实现主营业务收入1 288亿元，同比增长77.7%；实现利润61.3亿元，同比增长239.6%，增速分别超过规模以上电子信息产品制造业159.6、176.0、57.9、138.2个百分点，占比分别达到51.3%、53.3%、

47.5%、41.8%。

四是投资下降。2012年，四川省电子信息产品制造业500万元以上项目完成投资445.1亿元，同比下降1.9%，总量居全国第9位，增速居全国第19位。全年新增固定资产299亿元，同比下降33.4%。其中，技改投资162.8亿元，同比下降8.2%，占四川省技改投资的4.05%。

五是主要产品产销平稳。全年共生产微型计算机4 214.2万台，比上年增长92.1%，总量占全国的11.9%，销售微型计算机4 200.8万台，比上年增长111.1%，产销率99.7%；生产彩色电视机1 265.1万台，比上年下降3.1%，占全国总量的9.9%，销售彩色电视机1 160.3万台，比上年下降7.9%，产销率91.7%；生产手机986.2万部，销售912.1万部，产销率92.5%。

六是重大项目建设顺利推进。2012年，一批投资大、技术先进、带动作用强的信息产业重大项目顺利实施。其中，成都天马微电子有限公司TFT-LCD产品产能提升及产出品优化技改、华为软件研发基地、华日无线电接收设备研发和产业化基地、成都士兰半导体制造有限公司LED和半导体芯片制造、长虹3G智能手机等19个项目已建成投产；四川虹视主动式有机发光显示屏(AM-OLED)、万国数据政务数据存储与容灾系统、中光电液晶基板生产基地、成都卫士通安全云产业化、成都国腾电子“北斗二号”卫星导航应用产业化等36个项目加快建设；戴尔（成都）全球运营基地、四川普什醋酸纤维年产1.5万吨高性能电子薄膜塑料技术改造、志超电子科技（遂宁）液晶显示屏及笔记本PCB、乐至骏富电子科技产业建设等13个项目已开工建设。

软件产业

2012年，四川省软件产业主要特点如下：

一是软件业务收入占整个西部地区的52.8%。2012年，四川省完成软件业务收入1 316亿元，同比增长27.1%。软件业务收入在全国各省（市）排名居第8位、中西部第1位，占整个西部地区的52.8%。完成增加值618亿元，同比增长25.6%。截至2012年底，四川省工商登记从事软件研发、生产、销售及服务的企业超过1万家，从业人员近16万人。通过认证的软件企业1 203家，已登记软件产品4 831个，系统集成资质企业197家。其中，一级6家，二级28家，三级110家，四级53家。四川省通信产业服务有限公司、四川九洲电器集团有限责任公司、成都国腾实业集团有限公司共3家企业入选第12届全国软件百强行列；四川川大智胜软件股份有限公司等5家企业列入国家规划布局内重点软件企业。

二是布局逐步优化，集聚效应出现。全省软件产业凸显出以成都市为中心、成德绵共同发展的格局，以园区建设为重点形成集聚效应：以国家软件产业基地（成都）、国家集成电路设计成都产业化基地、国家信息安全成果产业化基地（四川）、国家数字娱乐产业示范基地和武侯科技工业园、青城山软件产业基地、绵阳科创软件园为主要聚集区的产业带初步显现。形成软件与服务外包、信息安全、嵌入式软件、动漫与数字娱乐、行业应用软件、IC设计等六大产业集群。成都市作为中国软件名城，是四川省软件产业发展的主要聚集地。2012年，成都市完成软件业务收入1 273.4亿元，占四川省总量的96.7%，在全国中心城市居第4位。

三是经济效益明显，行业盈利能力增强。2012年，四川省软件业完成利润总额210.7亿元，同比增长54.4%，利润率为12%，高出全国水平2.2个百分点。全行业销售利税率为14.2%，比上年高出0.9个百分点，企业盈利能力增强。

四是研发费用不断加大。2012年，四川省软件企业研发投入为68.3亿元，同比增长28.3%，占主营收入比重为3.8%。全行业创新能力增强，收入超10亿元的大企业创新能力较好。其中，四川九洲电器集团有限责任公司研发费用占主营收入比重为16.7%，四川省通信产业服务有限公司研发费用占主营收入比重为5.8%。

五是对工业经济增长的贡献有所增加。2012年，四川省软件业对全省工业经济增长的贡献率为6%，比上年增加0.3个百分点。

新一代信息技术产业

2012年，四川省新一代信息技术高速发展，一批重点企业在低迷的国际经济环境中逆势而上，形成四川省新一代信息技术产业的主要增长点；产业集约集群发展格局初步形成，产品规模初步显现，承接产业转移工作取得突破性进展，产业增长拉动作用明显。世界500强企业中有40余家IT企业来四川投资、设立研发中心和服务机构，英特尔公司、德州仪器公司、戴尔、通用电气公司、西门子、赛门铁克、富士康科技集团、仁宝电脑、纬创集团、联想集团、京东方科技集团股份有限公司、深圳天马微电子股份有限公司、成都中光电科技有限公司等世界500强、国内500强企业相继落户并投入生产；四川长虹电子集团有限公司、四川九洲电器集团有限责任公司等传统电子信息制造企业大力实施产业转型升级，新建战略性新兴产业项目陆续投产；传统军工企业相继提高军民结合产业投资比重，加快高新技术成果转化，调整优化产业结构。全省新一代信息技术产业驶入“跨越发展的快车道”。主要特点如下：

一是新一代信息技术产业高速增长。2012年，新一代信息技术产业成为四川省六大战略性新兴产业中第一个产值突破1 000亿元的产业，全年实现总产值1 684.6亿元，同比增长69.2%；销售产值1 659.2亿元，同比增长69.0%；利税总额208.5亿元，同比增长80.2%。

二是产业集约集群发展格局初步形成。2012年，四川省把握信息技术升级换代和产业融合发展的机遇，以承接产业转移为契机，依托国家在四川布局电子信息产业的历史基础，吸纳聚集了一大批研发、制造和信息服务企业入川发展，“一中心（成都）、两基地（成都、绵阳）、多园区（成都、绵阳、广元、乐山、遂宁等）”的产业格局进一步形成。集成电路产业形成了封装测试优先发展，带动集成电路设计、芯片制造聚集发展的产业特色；新型平板显示产业取得突破，薄膜晶体管液晶显示面板（TFT-LCD）、等离子体显示面板（PDP）以及有机发光二极管（OLED）显示面板项目已建成投产；军事电子全国领先，形成了集科研生产为一体的军事电子工业基地；信息安全产业优势突出；太阳能光伏、节能环保电子产业已形成较大规模；航空航天电子产业发展较快；计算机产业初具规模。产业集约集群发展格局初步形成。

三是支持力度加大。根据《四川省人民政府办公厅关于印发省级战略性新兴产业发展促进资金相关制度的通知》（川办函［2011］199号）、《四川省人民政府办公厅关于印发四川省战略性新兴产业发展专项资金使用和管理办法的通知》（川办发［2012］22号），2011年、2012年四川省连续两年安排财政预算资金，重点支持新一代信息技术、高端装备、新材料、节能环保、新能源、生物医药等战略性新兴产业重点项目。2012年，支持新一代信息技术产业项目55个，占当年项目总数的20.9%，计划总投资71亿元，计划安排专项资金5.495亿元。开工项目55个，开工率100%；完成投资36.3亿元，投资完成率51.1%；竣工项目4个，占同年新一代信息技术产业项目总数的7.3%。

电子产品进出口贸易

2012年，四川省出口以便携式计算机、集成电路为代表的机电产品253.7亿美元，增长49.1%，对全省外贸出口贡献率达88.5%，拉动全省整体外贸出口增长28.8个百分点，是推动出口增长的主要力量。其中，计算机产品出口129.6亿美元，增长72.1%，对全省机电产品出口增长的贡献率达65%，拉动全省机电产品出口增长31.9个百分点。

科技进步与应用

2012年，四川省电子信息产业获国家重大成果转化专项扶持2项，支持资金1 000万元，4个项目获国家物联网产业发展专项支持资金1 200万元。四川省产业研究与开发资金安排3 820万元，支持125项电子信息产业重点新产品和新技术研发，同比增长11.3%，项目数占比34.6%，资金占比33.2%，引导企业投入12.2亿元。形成专有技术96项、专利144项，一批产业关键技术取得进展和突破。据四川省知识产权局数据显示，全行业年申请各项专利6 838件，增长50.5%。截至2012年底，全省拥有电子信息产业国家级企业技术中心3家，省级企业中心47家，已形成较完善的技术创新体系，为后续发展提供了支持和保障。2012年，电子信息行业获省科技进步奖16项。其中，一等奖2项，二等奖3项，三等奖11项，获奖比例达7.8%。

信息基础设施建设

2012年，四川省加大信息基础设施建设力度，加快信息网络改造升级速度，中国西部通信枢纽地位进一步巩固。主要特点如下：

一是通信能力提升，用户增长。截至2012年底，全省长途光缆线路长度54 228千米，比年初新增699千米；本地网光缆线路长度78.1万千米，比年初新增13.86万千米；局用交换机容量（含接入网）1 879万门；移动电话交换机容量13 749万户，比年初增长5 069万户。全省电话用户累计6 845万户，比年初新增662万户。其中，移动电话用户 5 498 万户，比年初新增 698 万户；电话普及率 76.1%，比年初提高 7.3 个百分点；互联网宽带上网用户 823 万户，比年初新增 141 万户；移动互联网用户 3 974 万户，比年初新增 642 万户。

二是构建下一代信息基础设施，大力推进“宽带普及提速工程”。四川省大力实施“宽带中国”战略，认真贯彻落实国家八部委《关于实施宽带普及提速工程的意见》工作部署。2012 年，新增光纤到户（FTTH）覆盖家庭 237 万户，累计 439 万户；新增 3G 基站 10 210 个，累计 40 949 个；新增无线局域网公共运营接入点 2.67 万个，累计 16.56 万个；新增使用 4M 及以上宽带接入产品的用户 211 万户，累计 514 万户，占固定互联网宽带用户总数的 62%，宽带服务的单位带宽价格进一步下降；新增固定宽带接入互联网家庭 114 万户，累计 666 万户；新增光纤入户家庭用户 79 万户，累计 92 万户；完成 20 个特殊教育机构宽带接入能力试点建设。

信息产业基地和园区建设

成都高新技术产业开发区 2012 年，成都高新技术产业开发区完成产业增加值 878.9 亿元，增长 23.2%；固定资产投资 568.5 亿元，增长 16.1%；外贸出口 174.4 亿美元，增长 50.3%；到位外资 16.15 亿美元，增长 34.8%；完成工业总产值 2 230 亿元，成为四川省第一个过 2 000 亿元的工业园区。其中，实现电子信息产业总产值 1 729 亿元，增长 61.6%。

随着国际国内知名企业纷纷落户，基地电子信息产业链整体布局日趋完善，先后引进了英特尔公司、德州仪器公司、戴尔、联想集团、富士康科技集团、通用电气公司、西门子、荷兰皇家飞利浦公司等的重大项目，电子信息产业已形成集成电路、光电显示、软件及服务外包、电子终端制造四大产业集群。

集成电路产业方面：在英特尔公司、德州仪器公司等世界知名企业引领下，呈现出“双核驱动”发展态势，总投资超过 25 亿美元。目前，已拥有 2 条 8 英寸生产线，英特尔、中芯国际、友尼森、美国芯源等 6 座封装测试厂，以及飞思卡尔、联发科等近 100 家 IC 设计企业，形成了由 IC 设计、晶圆制造、封装测试及配套项目组成的、较为完整的集成电路产业链，产业规模和水平居全国前列、中西部第 1 位。英特尔成都公司的芯片组和微处理器产量已提升至其全球产量的 60%和 55%，全球每两台电脑所用 CPU 中就有一台“成都造”。

光电显示产业方面：京东方、深天马 2 条 4.5 代 TFT-LCD 生产线成功量产，聚集了代表下一代发展方向的虹视 OLED 项目，以及模组代工、LED 封装、液晶玻璃基板等上下游配套项目。总投资 220 亿元的第 6 代新型平板液晶显示器项目正在启动筹建过程中，预计项目建成后，将成为全球第 2 条、国内第 1 条低温多晶硅 6 代线。

软件及服务外包产业方面：拥有国家软件产业基地、国家软件出口基地等 12 个国家级基地授牌，已聚集软件企业 850 余家，从业人员近 10 万人，全球软件 20 强有 13 家落户，全球五大通信设备商摩托罗拉、诺基亚、爱立信、西门子、阿尔卡特，以及国内两大通信设备龙头企业华为技术有限公司、中兴通讯股份有限公司的研发中心均已落户。培育了卫士通信息产业股份有限公司、迈普通信技术股份有限公司等一批本土软件企业，引进了 IBM 公司、SAP 公司、赛门铁克、法国育碧娱乐软件公司、台湾昱泉国际股份有限公司、印度威普罗公司等国内外知名企业，是中国最大的信息安全产品研发生产基地、第三大游戏产品研发运营中心和中西部新一代通信技术企业聚集度最高、产业活力最强的区域。截至 2012 年底，已建成投入使用的软件产业载体超过 100 万平方米，软件及服务外包产业销售收入超过 600 亿元。以成都高新技术产业开发区为主要聚集区，成都市成功创建成为全国第 3 个、中西部首个“中国软件名城”。

电子终端制造方面：随着富士康、联想、戴尔等项目的落户，成都高新技术产业开发区 IT 产业链进一步延伸，产业规模和水平提高，产业影响力增强。2012 年，富士康成都工厂生产平板电脑 4 049.9 万台，出口总额 137.6 亿美元，占四川省出口总额的 30%；联想（西部）产业基地的生产工厂正式投产，生产电脑 102 万台，实现产值超过 25 亿元。

绵阳高新技术产业开发区 2012 年，绵阳高新技术产业开发区完成 GDP174.72 亿元，同比增长 16.7%。完成固定资产投资 58.3 亿元，同比增长 8.6%。其中，技术改造投资完成 31.4 亿元，同比增长 23.2%。外贸出口 6.13 亿美元，同比增长 32.4%。84 家规模以上工业企业完成产值 698.64 亿元，同比增长 16.0%。

招商引资取得新进展。全年共协议引进内资 105 亿元，实际到位82亿元，完成全年工作目标79亿元的104%；引入外资4 800万美元，完成全年工作目标4 500万美元的106%。主要项目有四川祥尔电气有限责任公司的电力设备、环保厕所及物联网信息终端项目，以及绵阳伟成电子科技有限公司的高分子固态电容器项目。

项目推进取得新突破。四川安和精密电子电器有限公司投资6 000万元的年产6 000万只SMD手机振动器生产线项目已部分投产；绵阳华正电子科技有限公司征地348亩的通信基站电源、UPS电源、三网合一产品生产线建设项目，一期厂房3万平方米已于2012年4月正式完工并投产，二期厂房13万平方米已于2012年5月正式启动建设。总投资5亿元的九洲军民融合产业园厂房招标工作已在11月完成，即将开始全面建设。

技术创新增强企业核心竞争力。2012年，四川省有各类企业技术中心30家。其中，国家认定企业技术中心3家，省认定企业技术中心13家，绵阳市认定企业技术中心14家。四川长虹新能源科技有限公司的智能型工业锂离子电池技术研究实验平台建设、四川凯路威电子有限公司的民爆行业安全监管追溯系统、绵阳同成智能装备股份有限公司的高速宽幅造纸机纸张在线质量控制系统（QCS）等近10个项目已作为2013年省级技术创新项目上报。

信息技术应用

电子政务　2012年，四川省电子政务工作取得明显成效。一是网络体系进一步完善。2012年底，电子政务外网二期工程初步验收。全省政务外网接入行政机关和单位12 117家，用户数量接近12万，基本实现了省、市、县三级政务部门“横向到边，纵向到底”的全覆盖。四川省政府网站日均访问量35.6万人次，每年向社会主动公开各类政府信息近10万条。电子政务大厅实现825项行政审批和公共服务事项在线办理。

二是创新“金字”工程为主导的电子政务应用。2012年，“金农”工程新增“12316”短信平台，构建了农情调度、农业经济运行监测、农业应急指挥、农产品质量安全追溯等重要信息系统；“金土”工程完成省国土资源非税收入收缴管理系统、项目区农用地质量及耕地占补平衡评价系统、省国土资源执法监察系统3个新增项目建设；“金税”三期建成全省统一的内外网一体化门户网站群，实现了“三个统一、四个平台、九大模块”；四川省林业厅完成全省森林防火指挥信息化建设、全省森林火险预警系统建设项目专业设备和软件建设、全省森林公安视频指挥调度系统省级中心建设；四川省人口和计划生育委员会建立了四川省人口信息平台、业务资源网、孕前优生数据分中心；四川省交通厅完成四川省公路水路交通应急指挥及抢险救助保障系统(一期)、四川省交通运输统计分析监测和投资计划管理信息系统、四川交通运输呼叫中心系统；四川省环境保护厅建成省级污染源监控中心；四川省商务厅协调建设了四川电子口岸平台。雅安、宜宾、绵阳、资阳、自贡、达州等市积极推进统一平台和业务协同建设。四川省国家税务局、四川省工商行政管理局、四川省电力公司、四川省公安厅等积极建设信息交换平台。2012年，四川省国家税务局共接收省工商局工商注册、变更、注销信息2 407万余条，向四川省工商行政管理局提供纳税人纳税记录10万余条，接收工商股权信息记录45万余条，接收四川省电力公司用电记录15万余条。通过对第三方信息的采集比对，促进了纳税评估工作的深入开展，提高了税收征管质量。

两化融合　四川省2012年度两化融合专项资金共支持92个项目，带动项目总投资额10.15亿元。泸州老窖股份有限公司、四川科伦药业股份有限公司等7家企业获2012年“国家级信息化和工业化融合示范企业”。四川省经济和信息化委员会发布《四川省园区信息化建设指南》和《四川省两化融合典型案例》。启动“2012聚焦营销新动力暨百度翔计划”，帮助全省中小企业利用搜索营销技术，大力发展电子商务等新兴服务业态。组织打造了宜宾罗龙工业集中区“数字园区”示范园区，“数字园区”信息系统包括“数字监控、数字管理、数字服务”三大模块以及“协同办公、政企互动、招商管理、资源管理、数字党建、信息专供、项目申报、人才信息、空间信息、电子商务、节能降耗、电子监控”12个子系统。系统运用提升了集中区的整体形象，提高了办事效率，方便了信息沟通。通过节能降耗监测系统，园区内宜宾蓝天纸业股份有限公司2012年上半年节约能耗约260万元；8家企业依托“淘南溪”开设了网店，上半年实现网上交易额400余万元。

农村信息化　持续推进农村信息化基础设施建设。截至2012年底，全省90%的乡镇、71%的行政村实现3G覆盖。100%的乡镇、65.7%的行政村具备有线宽带接入能力。60%的乡镇完成光纤改造。四川省经济和信息化委员会与中国电信四川公司持续深入推进“宽带信息百镇千村”工程建设，截至 2012 年 11 月，累计建成宽带信息镇 1 668 个、宽带信息村 6 750 个、3G 信息村 3 759 个。继续打造 3G 应用辅导“千站万员”体系，建成 2 538 个辅导站，培训及转训 6 003 名辅导员，辅导量累计超过 20 万人次。利用信息化手段推进农村经济发展。2012 年，四川省发布了《四川省农业信息化示范工程建设“十二五”规划》。构建了农情调度、农业经济运行监测、农业应急指挥、农产品质量安全追溯等重要信息系统。全省开通“12316”农业服务热线。涌现出四川商情网、四川生猪网、中川农商农产品交易网、现代农业投资网等电子商务综合信息应用平台，以及“农超对接”、“六方合作加保险”等农村经济发展新模式。据近 4 年的不完全统计，仅四川农村信息网年均发布各类信息 38.3 万条、浏览量 97.27 万人次、服务效益 18.72 亿元。资阳“六加一”综合信息管理系统已发展生猪养殖合作社 194 个，覆盖 309 个村、3.3 万规模养殖户，带动农户 15 万户。利用平台发放合作社专项贷款超过 7 000 万元。13 家合作社开通生猪远程视频监控，建成“中国·资阳生猪产业网”。全省共建农村综合信息服务站 4 万多个，打造出“信息田园”、“新农通”等综合信息服务平台。其中，“信息田园”建成乡村网站 3 059 个，月更新量 24 780 条，月访问量 103.73 万次。

电子基金项目 2012 年，四川省共获得国家电子发展基金支持项目 12 项。其中，一般项目 5 项，招标等项目 7 项。项目总投资 6.7 亿元，获得资助资金 6 700 万元。截至 2012 年底，四川省在执行的电子发展基金项目总计 39 项。其中，招标项目 17 项，重大项目 4 项，滚动项目 2 项，定向平板显示 1 项，一般项目 15 项。在执行的 39 个项目计划总投资 28.3 亿元，获得电子发展基金资助 20 300 万元。

热点

物联网 2012 年，四川省物联网产业通过科技创新、自主研发、引进吸收、产学研用联合，示范应用带动，政策、资金扶持，产业发展快速有序。全年销售收入 520 亿元，比上年增长 30%以上。成都泰格微波公司等 4 家物联网企业获得国家 2012 年物联网发展专项支持资金 1 200 万元。成立了“四川省物联网产业联盟”。成都物联网产业园年内引进 4 家世界 500 强企业项目，共计 14 个项目签约入驻物联网园区，协议总投资 249.5 亿元。绵阳市以四川长虹电子集团有限公司、四川九洲电器集团有限责任公司、四川凯路威电子有限公司为产业发展龙头，着力提升本土物联网企业传感器、应用软件、RFID 芯片的研发能力；电量隔离传感器、UHF 频段 RFID 读写器及系列产品具有国内领先水平。乐山市以四川研成通信科技有限公司为牵头单位，在乐山高新产业园区建立了“感知中国”物联网感知园和物联网产业园，园内汇集了多家物联网企业和研发机构，已成功研发煤矿井下人员双向呼叫定位、食品安全追溯、城市照明自动化监控、电梯卫士、景区三维传感解说、3G 手机视频导览等多个物联网技术应用系统。

云计算 2012 年，四川省云计算基础设施得到大幅提升。“成都云计算中心”已形成 200 万亿次/秒的峰值运算能力。思科视频云和全球网络运营中心在成都市落成。西部信息中心、万国数据、中立数据等新型数据中心已形成 100PB 级的数据存储能力。投资总额 100 亿元的“中国电信西部云计算基地”项目和“中国西部信息中心二期”项目、投资总额 60 亿元的中国移动（四川成都）数据中心项目、投资总额 40 亿元的中国联通 IDC（成都）基地等一批新的云计算基础设施已筹备开工。2012 年，近 30 个云计算试点示范项目得到政府资金支持，推动了云服务试点示范和推广应用。四川大学、电子科技大学、联合实验室等高校和科研机构把云计算作为重点研究方向；一批新兴互联网和软件服务企业已开始提供服务于产业的云计算平台；一些传统的软件企业推出面向行业的云计算解决方案；部分云计算平台开始向企业和社会提供服务，以电子政务云等为代表的云服务应用试点示范效果逐渐显现。成都正逐步成为继北京、上海、深圳之后中国第四大云计算产业重点区域，终端制造、系统集成、应用软件、服务外包等居全国领先地位。

“北斗”产业 2012 年，四川省针对卫星应用产业特别是“北斗”产业集中度高、支撑产业发展能力强的特点，积极争取国家支持，实施四川地区“北斗”综合应用示范工程。初步形成从核心技术、芯片设计制造、终端到产业支撑应用较为完整的产业链。“北斗”终端产品市场占有率达 40%以上。

数字家庭产业 2012 年，四川省积极申请创建国家数字家庭应用示范产业基地。绵阳市围绕数字家庭示范应用和产业发展两个主题，以产业发展带动示范应用，以应用示范促进产业发展，促进四川长虹电子集团有限公司、四川九洲电器集团有限责任公司等企业与广电、通信运营商合作，围绕数字家庭系统解决方案，开发新型智能终端和智能交互所需外部设备，构建家庭数字娱乐、信息服务、智能控制等服务系统，支撑智能化、人性化、个性化的数字家庭体验，开发数字视听与智能家电等产品。

三网融合 2012年，四川省在做好绵阳市三网融合试点工作的同时，成都市成功申报国家三网融合第二批试点城市。

一是建立全省统一的网络技术规范和体系，启动有线广播电视网络双向化改造。2012年，四川IPTV播控平台建成，并率先在全国成功实现与中央播控总分平台贯通对接测试，可为三网融合试点地区绵阳市IPTV用户提供68路电视直播、轮播频道，同时提供电视频道回放与时移功能。截至2012年底，试点城市绵阳全域数字电视用户总数超过60万户，有线电视网络双向化改造城市区域达到80%以上。试点地区成都市2012年新增光纤宽带接入能力超过170万户，全市光纤接入覆盖家庭总数达320余万户。启动1 000个TD-LTE试验基站建设，在中西部地区率先跨入4G时代。四川广电网络成都分公司年新增互联网宽带用户30万户。中国电信成都分公司IPTV业务用户达50余万户。中国移动成都分公司依托无线成都平台发展的手机电视用户达40余万户；联合广电网络推出的“爱家168”融合业务已发展1万多用户。

二是积极参与引进战略合作伙伴，在产业链上下游同步推进，形成集聚效应。共同研究制定三网融合终端标准，合作研发生产融合性家庭网关设备，建设三网融合终端研发和产业基地。

移动互联网 2012年，成都高新技术产业开发区出台了一系列助推移动互联网产业发展的计划，包括筹集10亿元资金用于产业培育、人才引进和企业扶持。成都恒图科技、成都百纳信息等企业将把各自的主打产品带入四川；品果科技Camera360长期占据安卓应用市场摄影类软件排行首位，全球用户累计超过2 500万；尼毕鲁科技“帝国三部曲”之一《银河帝国》手机游戏击败《愤怒的小鸟》等知名游戏登上苹果iOS美国区付费榜第一名；成都恒图英文图片处理软件进入苹果App store图像处理软件分类全球Top10；成都环游科技手机游戏《钢铁青蛙》连续一周进入中国地区App store Top10；一站式幼教内容图书馆“铁皮人”下载量超过500万；“记英语”是坐拥300万忠实用户的英语教育类领先品牌。

信息安全产业 2012年，四川省以提高信息安全保障能力为目标，以技术创新为着力点，以集中集群发展为关键点，推动信息安全产业取得新进展、新成效。全省信息安全产业实现主营收入104亿元，同比增长24%。

电子商务 2012年，四川省积极推进电子商务发展，电子商务网络支付体系、网络信任体系、物流配送系统、第三方电子商务平台等项目加快建设，成都摩宝网络科技有限公司、四川商通实业有限公司、成都中联信通科技有限公司等电子商务服务平台、支付相关产品和支付数据处理业务初具规模。加大推广实施电子口岸力度，建成覆盖涉外部门的大通关电子口岸平台，新入网企业450家、更新企业550家；积极投入“大通关”工程，优化四川对外开放环境，实现了英特尔公司无纸通关，开发了机场仓单数据自动传输系统，实现了仓单联网。对主要商品实施网上监测，建立监测点1 000多个，开发了生猪、白酒等监测系统，对155家企业动态监测，保障了流通和供给。积极实施万村千乡市场工程，开展信息化建设的农家店4 042个，改造配送中心26个。积极争取国家信息化工程试点，四川省安岳县、中江县列为商务部“信福工程”首批试点。出台了《四川省进出口企业利用电子商务开拓国际市场合作协议》、《四川省电子商务人才培养合作协议》，倡导成立四川省电子商务协会并积极支持开展活动，举办电子商务专题培训，与企业联合推动。推进中国电信四川公司、中国移动四川公司等电信运营商开展基于基础通信和互联网应用的增值服务；以四川建设网公司、成都利安信息科技有限公司、四川耀邦科技有限公司等为代表的一批新型企业积极开展基于互联网、面向社会的信息服务业；以成都盛大、成都金山等为代表的数字娱乐企业积极开展数字娱乐服务。

“智慧城市”建设 全省各地已开始“智慧城市”顶层设计规划。智能公交、手机银行、114挂号、短信群发、驾讯通、校讯通、新农通、手机订电影票、“烟草E通”等在城市生活中不断推广应用。雅安市、成都市温江区和郫县成为国家住房和城乡建设部确定的全国首批“智慧城市”试点地区。四川省经济和信息化委员会联合中国电信四川公司启动了“智慧小区”和“智慧社区”建设。截至 2012 年 8 月，全省已建成光网智慧小区 3 012 个，惠及 20 万户家庭。全省 21 个市州智慧城市 3G 门户“爱城市”全面上线。

【统计数据】

表 1 2012 年四川省电子信息制造业人员构成情况

企业类别	企业数（家）	年末从业人员总数（人）	人员构成	
			研发人员（人）	在总人数中所占比例（%）
内资企业	252	147 188	15 626	10.6
国有企业	10	14 884	3 606	24.2
集体企业	3	1 028	6	0.6
股份合作企业	3	664	138	20.8
有限责任公司	131	92 494	7 351	7.9
股份有限公司	34	20 951	3 627	17.3
私营企业	70	16 714	887	5.3
其他内资企业	1	453	11	2.4
港、澳、台商投资企业	12	156 457	114	0.07
外商投资企业	21	38 987	522	1.3
合计	285	342 632	16 262	4.7

表 2 2010—2012 年四川省电子信息制造业基本情况

项目名称	单位	2010 年	2011 年	2012 年
工业总产值（现行价）	万元	12 639 626	23 637 687	29 413 303
工业销售产值	万元	12 070 442	22 573 533	28 655 281
出口交货值	万元	1 306 409	9 447 675	15 013 498
资产总计	万元	12 337 333	16 768 011	21 497 127
负债合计	万元	7 524 276	10 840 827	13 698 227
主营业务收入	万元	12 360 000	22 629 122	27 106 372
税金总额	万元	287 586	374 039	1 272 956
利润总额	万元	549 688	728 505	1 467 385
应交所得税	万元	67 764	104 526	128 803
从业人员年末人数	人	144 508	223 550	342 632
从业人员工资总额	万元	645 896	912 071	1 390 566

表 3　2010—2012 年四川省电子信息制造业三资企业基本情况

项目名称	单位	2010 年	2011 年	2012 年
工业总产值（现行价）	万元	4 355 497	5 309 398	15 081 686
工业销售产值	万元	4 137 300	5 043 928	15 282 484
出口交货值	万元	528 541	3 824 947	13 505 771
资产总计	万元	1 241 280	1 633 544	6 586 418
负债合计	万元	606 553	588 112	4 795 648
主营业务收入	万元	1 587 258	7 248 321	12 879 751
税金总额	万元	7 476	642	11 206.7
利润总额	万元	135 702	180 385	612 644
应交所得税	万元	3 495	8 200	45 331
从业人员年末人数	人	19 128	22 176	195 444
从业人员工资总额	万元	105 194	94 711	594 540

表 4　2010—2012 年四川省电子信息制造业主要经济效益指标完成情况

项目名称	单位	2010 年	2011 年	2012 年
流动资产周转率	次	1.47	1.76	2.3
产品销售率	%	95.5	96.5	97.4
总资产贡献率	%	6.9	7.0	15.0
资产保值增值率	%	115.1	123.8	131.6
资产负债率	%	61.0	64.6	63.7

表 5　2010—2012 年四川省电子信息制造业三资企业主要经济效益指标完成情况

项目名称	单位	2010 年	2011 年	2012 年
流动资产周转率	次	2.17	2.25	5.43
产品销售率	%	95.0	95.0	101.3
总资产贡献率	%	11.7	12.1	15.6
资产保值增值率	%	129.2	164.7	171.3
资产负债率	%	48.9	36.0	72.8

表 6 2010—2012 年四川省主要电子信息产品产销量情况

产品名称	单位	产量			销量		
		2010 年	2011 年	2012 年	2010 年	2011 年	2012 年
彩色电视机	万台	1 196.9	1 305.6	1 265.1	1 135.4	1 259.2	1 160.3
笔记本计算机	万台		150	430			450
平板计算机	万台		2 043	3 784.2		1 989.7*	3 750.8
手机	万部		745.9	986.2		1 989.1	912.1
机顶盒	万台	962	1 560.4	1 625.2	956.6	1 548.6	1 698.1
集成电路	万块	260 496 779	337 081	104 092	260 492 435	340 360	102 556
电子元件	万只	861 171	485 818	631 303	430 712	453 106	623 948
电子器件	万只	9 347 724	8 002 010*	7 328 865	9 324 891	7 970 915	7 355 745

表 7 2010—2012 年四川省三资企业主要电子信息产品产销量情况

产品名称	单位	产量			销量		
		2010 年	2011 年	2012 年	2010 年	2011 年	2012 年
笔记本计算机	万台		150	430			450
平板计算机	万台		2 043	3 784.2		1 989.7	3 750.8
彩色电视机	万台	281.4	188.5	190.7	281.4	188.5	190.7
电子元件	万只	544 626	46 959	125 299	543 610*	46 956	134 575
电子器件	万只	5 880 507	3 433 810*	2 916 558	5 859 712	3 433 501	2 917 806
集成电路封装测试	万只	260 447 956	226 534	38 056	260 444 807	22 752	36 520

表 8 2012 年四川省软件产业人员构成情况

企业类别	企业数（家）	年末从业人员总数（人）	人员构成			
			管理人员（人）	在总人数中所占比例（%）	软件开发研究人员（人）	在总人数中所占比例（%）
内资企业	982	151 000	10 227	6.8	28 746	19.0
国有企业	199	29 635	1 454	4.9	3 152	10.6
集体企业	244	37 104	2 487	6.7	7 593	20.5
有限责任公司	492	78 729	6 019	7.6	16 833	21.4
股份有限公司	47	5 532	267	4.8	1 168	21.1
港、澳、台商投资企业	15	2 400	104	4.3	1 148	47.8
三资企业	40	5 826	2 282	39.2	816	14.0

表 9 2010—2012 年四川省软件产业基本情况

项目名称	单位	2010 年	2011 年	2012 年
软件业务收入	万元	6 356 714	10 362 433	13 164 807
软件业务出口收入	万美元	60 801	81 635	101 588
软件产品销售收入	万元	3 473 162	3 762 169	4 396 873
增加值	万元	3 460 086	4 923 914	6 177 949
流动资产平均余额	万元	3 329 159	4 023 373	9 675 247
固定资产投资额	万元	289 889	4 023 373	395 364
资产合计	万元	5 811 680	6 618 912	15 154 442
负债合计	万元	2 807 673	3 372 171	5 135 260
税金总额	万元	239 270	363 187	369 086
利润总额	万元	1 227 932	1 362 132	2 107 092
应交所得税	万元	74 488	64 801	86 526
从业人员年末人数	人	127 145	139 964	159 226
从业人员工资总额	万元	777 274	915 373	1 308 842

表 10 2010—2012 年四川省软件产业三资企业基本情况

项目名称	单位	2010 年	2011 年	2012 年
软件业务收入	万元	2 331 884	5 056 526	190 517
软件业务出口收入	万美元	40 914	58 704	1 212
软件产品销售收入	万元	1 289 313	1 061 563	70 613
增加值	万元	1 012 955	2 044 437	373 519
流动资产平均余额	万元	358 407	530 131	111 516
固定资产投资额	万元	209 418	97 171	5 677
资产合计	万元	613 308	831 095	178 664
负债合计	万元	261 077	305 487	72 071
税金总额	万元	30 101	41 090	16 413
利润总额	万元	159 817	280 742	42 885
应交所得税	万元	8 182	1 426	2 071
从业人员年末人数	人	15 101	16 735	5 826
从业人员工资总额	万元	185 667	191 876	267 657

表 11 2010—2012 年四川省软件产业主要经济效益指标完成情况

项目名称	单位	2010 年	2011 年	2012 年
全员劳动生产率	元/人	314 239	381 512	394 425
流动资产周转率	次	2.86	3.33	1.83
产品销售率	%	85	96	95
总资产贡献率	%	20.3	21.0	21.9
资产保值增值率	%	101.6	100.2	115.7
资产负债率	%	48.3	50.9	33.9

表 12 2010—2012 年四川省软件产业三资企业主要经济效益指标完成情况

项目名称	单位	2010 年	2011 年	2012 年
全员劳动生产率	元/人	670 800	1 122 000	641 100
流动资产周转率	次	1.95	1.28	1.54
产品销售率	%	90	92	94
总资产贡献率	%	22.6	24.1	25.3
资产保值增值率	%	105.9	112.6	126.4
资产负债率	%	42.6	36.8	40.3

注：表 1—表 12 数据来源于四川省经济和信息化委员会。标 * 数据为更正数据。

[撰稿：苏平 审稿：李建疆]

贵 州 省

【综述】

2012 年，贵州省信息产业累计实现规模产值 450.9 亿元，同比增长 11.7%。其中，电子信息产业主营业务收入 185 亿元，同比增长 19.4%。电子信息制造业主营业务收入、软件业务收入同比分别增长 20.7%、19.2%。

电子信息制造业

2012 年，贵州省规模以上电子信息制造业实现主营业务收入 124 亿元，同比增长 19.2%，增速较 2011 年降低 18.9 个百分点。

实现工业总产值 146 亿元，同比增长 19.9%，家电制造、电子元器件、电子信息机电产品、通信设备、电子测量仪器及装备、电子信息专用材料等主要行业分别占比 34.3%、26.2%、12.3%、4.4%、12.6%、10.2%，其中电子信息专用材料行业较 2011 年占比提高 8.6 个百分点，通信设备行业降低 7.1 个百分点。两重点地区贵阳市、遵义市分别占比 71.2%和 21.9%，下降 8.6 个和 6 个百分点，而铜仁市占比由2011年的不足2%提高到5.5%。

实现利润总额6.2亿元，同比下降0.9%。亏损企业15家，亏损面24.2%，亏损额7 623万元。从业人员2.9万人，比2011年新增0.6万人。

中国振华电子集团有限公司、贵阳海信电子有限公司、贵州海尔电器有限公司以及航天、航空电子等重点企业累计完成主营业务收入100亿元，占行业比重80.6%。主营业务收入亿元以上企业24家，比2011年增加10家。

主要产品产量 手机904.8万部，同比下降14.5%；液晶电视机90.6万台，同比增长35.9%；电冰箱152万台，同比下降6.5%；电子元器件120亿只，同比增长16%；微电机78万台，同比增长4.7%；锂蓄电池3 089万块，同比增长6%；电子信息专用材料3 983吨，同比增长113%；电子测量仪器、装备11万台（套），同比增长3.4%；集成电路1 591万块，同比增长46.5%。

主要特点 一是主导产业保持平稳较快增长。电子元器件、电子信息机电产品增速保持平稳，电子信息专用材料中锂离子电池材料行业快速成长，全年增速保持在90%以上。家电制造、电子仪器装备行业下半年回升明显，通信设备行业下降势头有所扭转。电子元器件、家电制造行业主营业务收入总量占比居前，分别为27.7%、26.6%。

二是区域产业协调发展。重点地区贵阳市、遵义市实现工业总产值分别占比71.2%、21.9%。铜仁市电子信息材料及锂离子电池产业快速发展，形成当地电子信息制造业的支柱产业；毕节市在金沙工业园聚集发展以奥斯科尔公司为代表的消费类电子产业，发展后劲进一步增强。

三是产业结构不断优化。2012年，贵州省电子信息制造业在新型电子元器件、电子信息材料、电子信息机电产品等领域形成一定优势和特色，具备快速发展的基础和潜力。新型电子元器件、电子信息机电产品等基础优势产业加快产品结构调整步伐，片式钽电解电容器、片式电感器、片式电阻器等片式元件技术先进、工艺精湛，市场竞争力较强。电子功能材料产业化取得快速进展，锂离子电池正极材料、电子浆料、半导体材料和稀土磁性材料等产业规模迅速扩张。微特电机、锂离子动力电池等电子信息机电产品技术优势明显，传统骨干企业具备快速发展的基础和潜力。

四是产业加速聚集发展。产业基地化、园区化聚集开始呈现加速态势，贵阳新天国家（贵阳）片式元件产业园，贵阳小河—孟关家用视听和电子仪器、设备及电子装备制造产业带，贵阳麦架—沙文电子信息材料和新能源电池产业基地，遵义汇川外高桥机电工业园等园区加速产业聚集，金沙县电子信息产业园、遵义桐梓楚米IT产业园、遵义软件产业园、铜仁大兴科技工业园区等立足打造特色电子信息产业，竞相加快产业吸引。同时，贵安新区电子信息产业园启动规划建设，将立足于国际化、生态化、产业高端化原则，按照“电子信息产业聚集区、生态新兴产业示范区、智慧IT产业引领区、高端创新成果孵化区”的建设目标，打造成全省最重要的产业聚集区、增长极。

五是新兴有效投资持续加快。2012年，贵州省电子信息制造业完成投资逾30亿元，同比增长超过20%。开工建设重点项目20余项，主要涵盖新型电子元器件、显示模组、锂离子电池材料、锂离子电池、半导体照明等领域。“年产10 000吨锂离子电池正极材料生产线建设”、“五大系列新型高可靠继电器生产线改扩建”、“LCD/LED模组产业化二期”、“高能量密度锂离子动力电池生产线改扩建”等一批重点项目启动建设。得益于贵州振华新材料有限公司锂离子电池正极材料项目投产，全省电子信息材料行业增速保持在90%以上，占电子信息制造业产值的比重提高至10.4%；同时，贵州振华新材料有限公司销售收入同比增长近3.5倍，已成长为中国振华电子集团的重点骨干企业。

软件和信息服务业

主要特点 一是产业发展稳步推进，产值较上年有所增加。截至2012年底，贵州省软件和信息技术服务业实现软件业务收入60.8亿元，同比增长19.6%。其中，软件产品收入25.6亿元，同比增长11.4%；信息系统集成服务收入33亿元，同比增长64.1%；信息技术咨询服务收入1.2亿元，同比下降83.1%；数据处理和运营服务、嵌入式系统软件和IC设计收入合计9 323万元，同比增长164.3%。

二是企业发展态势良好，规模不断扩大。贵州省软件和信息技术服务企业纳入统计181家；累计通过认定软件企业175家、系统集成资质企业33家。其中，二级资质2家，三级资质19家，四级资质12家；信息系统工程监理资质企业 6 家。软件和信息技术服务企业中，主营业务收入超亿元的企业 2 家。其中，贵阳朗玛信息技术股份有限公司于 2012 年 2 月在创业版上市。此外，筹备上市企业 5 家，贵州黔驰电力信息技术有限公司、贵州汇通华城股份有限公司、贵州精英天成科技股份有限公司、贵州卓讯软件股份有限公司正在做上市前准备工作，贵州万华科技有限公司计划 3—5 年内上市。

三是业务领域不断扩大，品牌效应逐渐凸显。省内累计登记软件产品 464 个，初步形成以嵌入式系统、行业应用软件开发、系统集成、互联网和电信增值服务、智能电网、节能系统、数字安防、数字内容及多媒体等为主的多个业务领域，产品涵盖电子政务、食品医药、公共卫生、装备制造等行业信息化。逐步形成一批具有自主知识产权的本土化企业产品和解决方案，如振兴铝镁公司铝镁嵌入式系统和控制软件、朗玛公司互联网和电信增值服务软件、万华公司数字化安防综合管理系统、大唐高鸿公司互联网信息服务和移动增值业务、艾玛特公司移动办公电信增值业务、黔驰电力公司智能电网管理软件、华城公司中央空调节能系统、精英公司公共卫生血液安全综合管理平台、科瑞信公司 RFID 数字管理系统软件、亿易通食品安全电子监管执法解决方案、江南航天信息、卓讯公司装备制造业企业过程控制软件和管理软件等。

四是建成行业管理公共平台。2012 年，在工业和信息化部支持下，贵州省"软件和信息技术服务业公共服务平台"项目开工建设并完成，实现了网上经济运行数据填报、双软认定、系统集成、监理资质等行政服务网上申报功能。该项目已顺利通过工业和信息化部组织的专家验收。

动漫产业 贵阳数字内容产业园是贵州省动漫企业的主要聚集园区，2007 年 7 月正式挂牌成立，是贵州省首家以动漫为主导，涵盖网络和手机游戏开发、动漫衍生产品设计、软件服务和动漫人才培训的特色产业园区，2012 年 12 月被贵州省文化体制改革办公室命名为文化产业示范基地。2012 年，园区实现产值 5.1 亿元，入驻企业 27 家，从业人员 400 余人。其中，动漫企业 13 家，网络游戏企业 4 家，数字集成与软件开发企业 8 家，衍生产品开发企业 1 家，动漫及软件培训机构 1 家，还引进贵州苍点动漫创意有限公司等 5 家新企业入驻。年内，第 6 届亚洲青年动漫大赛在贵阳市成功举办，借助"亚洲青年动漫大赛"平台，贵阳数字内容产业园积极实施"走出去、引进来"战略，促使园区企业开拓经营思路、提升创作理念、学习先进技术，多出精品，积极开拓市场，提升企业竞争力。2012 年 3 月，在东京动漫展会上，贵阳市睿游网络科技有限公司与日本知名动漫企业达成多项合作意向。

上市公司 大唐高鸿数据网络技术股份有限公司是由大唐电信科技产业集团组建的高新技术企业，于2003 年上市，公司注册地为贵阳市高新技术产业开发区，注册资本 3.329 亿元。该公司致力于从软件、硬件、服务等方面满足客户的多样化需求，推动面向企业客户的企业信息化业务、面向个人消费者和中小企业客户的 IT 销售与服务业务、面向个人消费者的信息服务业务等三个业务板块的稳健发展和持续增长。2012 年，该公司(含各分、子公司）营业收入为 46.16 亿元。

贵阳朗玛信息技术股份有限公司成立于 1998 年，注册资金 5 340 万元，拥有员工 800 多人，是一家以前沿软件开发为主的国家级高新技术企业，也是贵州省唯一的国家规划布局内重点软件企业，于 2012 年 2 月 16 日在创业板上市，成为贵州省第一家创业板上市的软件企业。该公司近年保持年均 40%左右的速度增长，2012 年软件业务收入 1.5 亿元。《福布斯》中文版发布的"最具潜力上市企业"榜单中，该公司居排行榜第 2 位。

电子产品进出口贸易

2012 年，贵州省电子信息产品出口交货值 5.5 亿元，同比下降 59.8%。出口产品主要包括微波天线、手机、电磁继电器、电感器，出口量分别为 7.7 万套、307.7 万部、111 万只、1.8 亿只。

科技进步与应用

2012年，国家、省级资金加大对全省信息产业项目建设引导资金投入力度，支持信息化、电子信息产品生产线技术改造、软件（动漫）等领域 64 个项目的建设，支持资金 1.09 亿元，带动投资近 20 亿元。预计项目建成后，可新增年销售收入 34 亿元，利润 7 亿元，税金 3.4 亿元，出口 1.2 亿美元。

年内，全省电子信息制造业建成和投产项目 16 个，实际完成投资 23.61 亿元，投资完成率为 63.4%，实现工业总产值 17.17 亿元。支持项目涵盖新型电子元器件、显示模组、锂离子电池材料、锂离子电池、LED材料及封装应用、汽车电子等领域，“年产10 000吨锂离子电池正极材料生产线建设”等一批重点项目加快启动建设。

信息基础设施建设

2012年，全省电话用户2 901.4万户，较2011年末增加322.2万户。其中，固定电话用户386.4万户，减少17.6万户；移动电话用户2 515万户，增加339.8万户。其中，3G电话用户386.6万户，增加200.5万户。固定互联网宽带接入用户（不含WLAN用户）243.9万户，增加39.1万户；移动互联网用户1 748.5万户，增加440.4万户。

按2011年末全省常住人口3 469万人初步测算，2012年，全省电话普及率为83.6部/百人，固定宽带互联网普及率为703.2户/万人，较2011年末分别提高9.5部/百人和84.78户/万人。

2012年，全省共新建通信光缆1.18万千米，新建移动电话基站8 317个，其中新建3G基站6 024个，新建农村通信基站2 504个；新建无线热点（WLAN）4 537个，新增互联网宽带接入端口30.6万个，新增互联网出省带宽220G；新增2 608个自然村通电话、2 001个行政村通宽带。

截至2012年底，全省通信光缆线路长度为26.98万千米，同比增长4.6%；移动电话基站5.11万个，同比增长19.4%。其中，3G基站1.56万个，同比增长63.1%；无线热点（WLAN）8 464个，同比增长115.5%；互联网宽带接入端口数量为435.79万个，同比增长7.6%；已开通互联网出省带宽达到765G，同比增长40.4%。全省96%以上的自然村（20户以上已通电自然村）实现通电话，63.6%的行政村实现通宽带，通电话自然村的比例和通宽带行政村的比例较2011年末分别提高近2个百分点和10个百分点。

信息产业基地建设

2012年，国家电子元器件高新技术产业化基地、国家（贵阳）片式元件产业园、贵阳软件园、贵阳市数字内容产业园等已布局园区基地加快建设，贵安新区电子信息产业园、金沙电子信息产业园等新建园区启动布局。

贵安新区电子信息产业园 该园是贵州省贯彻《中共贵州省委 贵州省人民政府关于加快信息产业跨越发展意见》，由贵安新区与贵州省经济和信息化委员会共同打造的产城一体化生态科技新城，初期规划占地27平方公里，先期启动区5.72平方公里规划、一期路网规划、标准厂房设计、重点项目招商引资等工作已经启动。

金沙电子信息产业园 该园是金沙县工业园区的“园中园”，规划建设面积3平方公里，于2011年7月开工建设，已建成一期标准厂房23栋、员工宿舍及综合办公楼5栋，建筑面积23万平方米；二期建设已开工。园区由深圳奥斯科尔电子有限公司牵头，联合深圳的10多家组装、电声、注塑、五金、贴片、电镀、包装、物流、电子商务等关联企业同步进入，依托深圳研发、市场、物流总部支持，形成以平板电脑、桌面HiFi为主打产品的配套生产，产品出口至欧洲、韩国等地。

贵阳高新区沙文新材料新能源产业园 贵阳国家高新区在锂离子电池的正、负极材料生产、锂电解液及锂电池总成方面具有较强技术实力，沙文产业园内聚集了贵州振华新材料有限公司、贵州安达磷化工有限公司、贵阳时代汇通膜科技有限公司等一批锂电池发展配套企业，年产7 500吨锂离子电池正极材料生产线建成并投产。

贵州遵义软件园 该园是2010年底由贵州省经济和信息化委员会和贵州省科技厅共同批复成立的省级重点软件园，采用一园两区的建设模式，引进江西泰豪集团承建，落地汇川区和红花岗区，其中汇川区软件园是国家规划布局高新产业园的园中园。软件园总体规划面积1万亩，一期规划2 000亩，规划建设青年家园、动漫学院、动漫游戏主题公园、软件研发与外包中心等，可供100余家企业入驻。截至2012年底，签约企业已有30余家，园区建设和招商引资正在有序推进。

信息技术应用

电子政务建设 贵州省电子政务外网及骨干传输网基本建成，初步形成一个横向覆盖省直各部门，纵向连接9个市（州）政府、88个县（区、市）政府及90%以上的乡（镇）政府，向上连接国家外网，对外按国家安全标准与互联网实现逻辑隔离的省电子政务外网体系，省、市、县三级人民政府均在互联网建立了政府网站。贵州省企业基础信息共享试点工程建设深入推进，一批国家级“金”字号电子政务工程相继建成投入使用，一批社会公共信息服务综合应用项目已投入使用。信息安全体系建设逐步加强，政府部门和涉密企业等级保护体系开始建立，CA 认证体系稳步推进。

两化深度融合 全省积极推进两化融合试验区试点建设，实施“设计制造一体化”和“经营管理信息化”示范推广工程。2012 年，六盘水市钟山区和遵义市汇川区被列为“省级信息化与工业化融合试验区”，认定省级第一批两化融合示范企业 2 家，省级信息化应用示范单位 5 家。截至 2012 年底，已培育制造业信息化工程示范企业 200 余家，实施示范项目 2 000 余项。企业电子商务应用逐步深入，全省已有 7 家电子商务企业列入商务部重点联系企业。一批信息技术公共服务平台、制造资源服务平台以及信息化培训基地加快建设，各类服务平台、制造业信息化培训机构分别具备了年均服务 500 家以上企业、年培训 8 000 人次的能力。

【统计数据】

表 1 2012 年贵州省电子信息制造业人员构成情况

企业类别	企业数（家）	年末从业人员总数（人）	其中：研发人员（人）
内资企业	52	28 667	3 553
国有企业	15	8 400	1 762
股份有限公司	28	16 308	1 259
私营企业	6	2 080	489
其他内资企业	3	1 879	43
港、澳、台商投资企业	1	219	
三资企业	1	155	31

表 2 2010—2012 年贵州省电子信息制造业基本情况

项目名称	单位	2010 年	2011 年	2012 年
工业总产值（现行价）	亿元	92.2	121.8	146
工业销售产值	亿元	90.6	113.9	137
出口交货值	亿元	4.7	13.7	5.5
资产总计	亿元	89.3	123.9	166.5
负债合计	亿元	34.4	59.4	87.2
主营业务收入	亿元	75.5	104.4	124
税金总额	亿元	2.4	2.8	3.2
利润总额	亿元	3.9	6.3	6.2
应交所得税	亿元	0.6	1.1	1.0
从业人员年末人数	人	15 113	23 681	29 041
从业人员工资总额	亿元	4.8	9.5	14.1

表 3　2011—2012 年贵州省电子信息制造业三资企业基本情况

项目名称	单位	2011 年	2012年
工业总产值（现行价）	亿元	7.2	0.96
工业销售产值	亿元	7.1	0.9
资产总计	亿元	2.5	1.2
负债合计	亿元	1	0.3
主营业务收入	亿元		0.9
税金总额	亿元	0.3	0.12
利润总额	亿元	0.8	0.15
应交所得税	亿元	0.1	0.04
从业人员年末人数	人	383	155
从业人员工资总额	亿元	0.4	0.09

表 4　2010—2012 年贵州省电子信息制造业主要经济效益指标完成情况

项目名称	单位	2010 年	2011 年	2012 年
全员劳动生产率	元/人	217 426	156 691	160 566
流动资产周转率	次	1.6	2.4	1.2
产品销售率	%	98.2	98.6	93.8
总资产贡献率	%	6.3	6.4	6.5
资产保值增值率	%	140.2	117.3	136.9
资产负债率	%	38.5	48.0	52.4

表 5　2011—2012 年贵州省电子信息制造业三资企业主要经济效益指标完成情况

项目名称	单位	2011 年	2012年
全员劳动生产率	元/人	303 955	243 786
流动资产周转率	%	2.5	2.6
产品销售率	%	98.6	98.7
总资产贡献率	%	6.7	7.8
资产保值增值率	%	150.3	141.7
资产负债率	%	38.1	16.1

表 6　2010—2012 年贵州省主要电子信息产品产销量情况

产品名称	单位	产量			销量		
		2010 年	2011 年	2012 年	2010 年	2011 年	2012 年
手机	万部	118	200	904.8	119	200	922.9
电子元器件	亿只	73.5	78	120	75.1	77	115
液晶电视机	万台	67	77.9	90.6	66	77.3	87.8
电冰箱	万台	193	162	152	193	162	147
电子信息专用材料	千克	203 783	202 375	3 983 000	108 472	196 452	3 896 000

表 7　2011—2012 年贵州省三资企业主要电子信息产品产销量情况

产品名称	单位	产量		销量	
		2011 年	2012 年	2011 年	2012 年
电子级三氯氧磷	千克	118 168	147 107	112 690	139 044

表 8　2012 年贵州省软件产业人员构成情况

企业类别	企业数（家）	年末从业人员总数（人）	人员构成			
			管理人员（人）	在总人数中所占比例（%）	软件开发研究人员（人）	在总人数中所占比例（%）
内资企业	181	11 780	1 790	15.2	4 104	34.8
国有企业	16	1 529	153	10.0	355	23.2
集体企业	5	253	52	20.6	124	49.0
有限责任公司	5	253	27	10.7	114	45.1
股份有限公司	4	1 049	127	12.1	427	40.7
私营企业	151	8 696	1 431	16.5	3 084	35.5

表 9　2010—2012 年贵州省软件产业基本情况

项目名称	单位	2010 年	2011 年	2012 年
软件业务收入	万元	360 348	508 600	608 302
软件业务出口收入	万美元			24
软件产品销售收入	万元	181 052	230 700	256 616
增加值	万元	49 595	107 258	120 264
流动资产平均余额	万元	85 030	195 384	235 072

续表

项目名称	单位	2010 年	2011 年	2012 年
固定资产投资额	万元		2 450	9 655
资产合计	万元	178 082	363 785	481 936
负债合计	万元	12 566	105 285	154 850
税金总额	万元	10 003	26 287	31 495
利润总额	万元	23 837	37 700	36 335
应交所得税	万元	2 011	3 656	6 672
从业人员年末人数	人	10 626	11 625	11 780
从业人员工资总额	万元	45 922	56 134	62 445

表 10　2010—2012 年贵州省软件产业主要经济效益指标完成情况

项目名称	单位	2010 年	2011 年	2012 年
全员劳动生产率	万元/人	4.6	9.6	10.8
流动资产周转率	次	4.2	2.6	2.6
总资产贡献率	%	19.0	17.6	14.3
资产保值增值率	%	127.8	125.0	125.8
资产负债率	%	7.1	28.9	32.1

注：表 1—表 10 数据来源于贵州省经济和信息化委员会，统计对象范围为贵州省规模以上电子信息产品制造生产企业、软件和信息技术服务企业。其中，表 6 中 2012 年手机、电子元器件、电子信息专用材料等主要产品新增统计企业，2010—2011 年统计数据不含新增企业数据。

[撰稿：龙美美　审稿：程三知]

云　南　省

【综述】

2012 年，云南省电子信息产业主营业务收入保持增长态势，但增速放缓，企业效益下滑，产业布局变化明显。制造业企业产业链向上下游延伸，基本形成完整的产业链；软件与信息服务业增速超过 15%，较好发挥了社会经济发展“助推器”的作用。行业结构不断调整，涌现一批发展势头良好的企业，领军企业带动作用突出。全省统计内软件企业 103 家，有 102 家在省会昆明市，在保山市、曲靖市、丽江市、大理市、文山市和普洱市也分布有部分软件和信息技术服务企业。

电子信息制造业

2012 年，全行业企业自主创新能力增强，产品研发能力提高。重点进行了产品结构优化，高端装备自主化有效推进，高端装备技术引进力度加大，部分关键部件产品研制保持领先，重点新产品研制成果显著。高档数控机床、自动化物流系统、大型铁路养护设备、柴油发动机、轨道交通设备等一批高端装备制造业产品发展势头强劲，如昆明昆船物流信息产业有限公司自动化物流系统和昆明中铁大型养路机械集团有限公司研制的铁路养护设备已成为国内该领域的领跑者；昆明云内动力股份有限公司研制的 D19 欧五版柴油发动机已开始批量出口英国，标志着企业在“创新驱动、转型升级、拓展市场”等方面迈出新的步伐；昆明昆机集团公司研制的大型数控落地铣镗床在国内保持领先优势，该公司还积极引进德国希斯公司的大型精密数控龙门铣镗床、数控立式车床及其功能部件，不断提升大型高档机床的制造能力。

2012 年，全省电子制造业重点产品中，打印机产量 8.91 万台，同比下降 23.8%。

重点项目 云南省政府确定的 20 项重大工业项目中，新开工项目有云南蓝晶科技股份有限公司 LED 衬底片产业化项目 1 项。昆明云锗高新技术有限公司高新锗产业建设项目已完成投资 2.1 亿元，完成年度投资计划的 98%；红外光学锗镜头生产线、太阳能用锗单晶及晶片项目土建主体工程已封顶，项目辅助设备已完成采购，正进行辅助设备进场安装准备及工艺设备前期安装准备。

云南省工业和信息化委员会重点联系的 100 个工业项目中，涉及电子设备制造的有云南新威电子有限公司年产 1.5 亿台（套）电子计算器、手机、手提电脑等电子产品生产线建设项目（一期）电子计算器生产线及标准厂房，累计完成投资 4.51 亿元，于 2012 年 3 月建成投产；新建二期年产 100 万台 TD-SCDMA 单芯片手机终端项目已完成备案，预计 2013 年建成投产。

软件和信息服务业

2012 年，云南省统计达标软件和信息服务业企业 103 家，实现主营业务收入 71.03 亿元，同比增长 20.6%；软件业务收入 54.69 亿元，同比增长 16.8%；实现利润 2.89 亿元，同比增长 32.6%；上缴税金 2.62 亿元，同比增长 19.6%；固定资产投资额 1.49 亿元，同比增长 52.0%；从业人员 10 823 人，同比增长 25.1%；劳动者从业报酬 9.62 亿元。软件业务年收入上 10 亿元的企业有云南南天电子信息产业股份有限公司和云南省通信产业服务有限公司；上亿元的企业有 8 家，上千万元的企业有 52 家。

2012 年，完成软件产品收入 7.03 亿元，同比增长 2.6%，占软件业务收入的 12.9%；完成信息系统集成服务收入 41.35 亿元，同比增长 18.4%，占软件业务收入的 75.6%；完成信息技术咨询服务收入 1 亿元，同比增长 23.5%，占软件业务收入的 1.8%；完成数据处理和存储服务收入 4.99 亿元，同比增长 29.3%，占软件业务收入的 9.1%。

截至 2012 年底，全省共有计算机系统集成资质企业 71 家，其中，一级 3 家，二级 8 家，三级 19 家，四级 41 家；信息系统工程监理资质企业 6 家，其中，乙级 5 家，丙级 1 家。

开展的相关工作包括：

一是行业运行监测和分析工作。2012 年，云南省工业和信息化委员会认真指导云南省电子工业协会做好行业运行监测和分析工作，督促重点企业按照工业和信息化部要求开展数据直报工作，及时上报数据。

二是国家规划布局内重点软件企业认定。理顺了国家规划布局内重点软件企业和集成电路设计企业认定管理办法相关工作流程。根据《国家规划布局内重点软件企业和集成电路设计企业认定管理试行办法》（发改高技 [2012] 2413 号，以下简称《管理办法》）和《关于落实<管理办法>的通知》（工信软简函 [2012] 41 号），云南省工业和信息化委员会及时会商云南省发展和改革委员会、财政厅、商务厅、国家税务局、地方税务局等相关部门，明确了具体负责人员、受理主体和渠道等关键环节工作要求，研拟了申报程序，理顺了工作渠道。

三是资质年度监督检查。根据工业和信息化部计算机信息系统集成资质认证工作办公室统一部署，云南省工业和信息化委员会于 2012 年 5 月至 8 月对 63 家各级资质企业进行了年度监督检查，并根据工业和信息化部要求，按照 20%比例进行了现场抽查。

四是软件企业认定和软件产品登记。2012 年度共召开四次双软认定会议，分三批上报新认定软件企业 30 家，新登记备案软件产品 221 项。共有 140 家软件企业参加了年度软件企业检审，其中 136 家通过年审。

五是软件能力建设和系统集成能力建设。部分企业在产品研发创新、国内国际市场开拓、运行维护和管理等能力建设上取得新进展。

六是行业支撑能力建设。协调和服务企业工作取得新进展。一方面，以云南省电子工业行业协会为载体，为解决企业融资难问题搭建平台。2012 年 7 月，民生银行同意为该协会授信 1 亿元以解决成员单位融资问题。另一方面，发挥桥梁纽带作用，大力推进校企合作。该协会与昆明理工大学、云南大学等院校建立联系，每年举行一次云南电子信息企业人才专场招聘会，以满足所属企业对人才的需求。此外，该协会作为协办单位参与组织了云南省首届大学生计算机大赛，昆明东讯科技有限公司参与筹办，云南省通信产业服务有限公司、盛云科技有限公司等企业作为嘉宾单位参加，取得良好社会反响。

信息技术应用

物联网技术应用与产业化 2012 年，云南省有 1 个物联网项目得到国家专项支持，自 2011 年以来累计有 6 个项目得到国家专项支持，总金额 1 000 余万元。其中，疫苗冷链管理中智能温度传感器及中间件的技术研发项目已通过验收，该项目主要研究在疫苗冷链环境中应用的电子标签（RFID）与智能温度传感器网络和节点等感知技术相结合的中间件研发及应用，建立疫苗冷链监管平台，实现疫苗在物流运输中全程温度数据采集、处理分析与温度监控；建立疫苗的物流全过程监管系统，对相关疫苗试点企业的物流运输周期内冷链疫苗温度进行监控，确保这些疫苗的生物活性，以保证用药安全。

【统计数据】

表 1 2010—2012 年云南省电子信息制造业基本情况

项目名称	单位	2010 年	2011 年	2012 年
工业总产值（现行价）	万元	485 560	547 536	279 437
工业销售产值	万元	469 638	495 352	257 917
出口交货值	万元	52 833	41 018	10 218
主营业务收入	万元	531 735	226 263*	294 636*
利润总额	万元	49 913	66 412	-177
从业人员年末人数	人	7 789	10 233	5 936

注：数据来源于云南省电子工业协会。标 * 数据来源于云南省统计局。

表 2 2012 年云南省软件产业人员构成情况

企业类别	企业数（家）	年末从业人员总数（人）	人员构成			
			管理人员（人）	在总人数中所占比例（%）	软件开发研究人员（人）	在总人数中所占比例（%）
内资企业	99	10 508	1 318	12.5	5 081	48.4
国有企业	6	964	141	14.6	647	67.1
有限责任公司	38	3 171	435	13.7	1 460	46.0
股份有限公司	5	4 195	382	9.1	2 092	49.9
私营企业	50	2 178	360	16.5	882	40.5
港、澳、台商投资企业	2	130	13	10.0	90	69.2
三资企业	2	185	20	10.8	133	71.9

表 3　2010—2012 年云南省软件产业基本情况

项目名称	单位	2010 年	2011 年	2012 年
软件业务收入	万元	420 282	468 289	546 873
软件业务出口收入	万美元	202	199	249
软件产品销售收入	万元	82 188	68 487	70 318
增加值	万元	89 531	5 536	163 504
流动资产平均余额	万元	398 908	583 614	548 459
固定资产投资额	万元	13 338	9 773	14 869
资产合计	万元	747 383	788 050	757 905
负债合计	万元	40 043	429 332	391 451
税金总额	万元	16 374	15 215	18 634
利润总额	万元	25 653	21 785	28 864
应交所得税	万元	4 244	4 351	4 603
从业人员年末人数	人	9 513	8 652	10 823
从业人员工资总额	万元	40 457	48 000	96 232

表 4　2010—2012 年云南省软件产业三资企业基本情况

项目名称	单位	2010 年	2011 年	2012 年
软件业务收入	万元	3 298	2 356	2 530
软件业务出口收入	万美元	199	199	249
软件产品销售收入	万元	1 908	1 502	1 592
增加值	万元	1 149	1 054	1 171
流动资产平均余额	万元	2 649	2 506	2 026
固定资产投资额	万元	45	38	6
资产合计	万元	3 207	2 110	2 249
负债合计	万元	1 650	837	740
税金总额	万元	115	41	42
利润总额	万元	336	39	-63
从业人员年末人数	人	149	161	185
从业人员工资总额	万元	413	867	1 194

注：表 2—表 4 数据来源于云南省工业和信息化委员会。

[供稿：云南省工业和信息化委员会]

西藏自治区

【综述】

2012 年，西藏自治区（以下简称西藏）进一步做好信息化统筹协调、政策法规制定、农村信息化建设、信息产业行业管理等工作，全面推进两化融合，开展党政部门信息化及网络与信息安全检查工作，并取得明显成效。

软件和信息服务业

2012 年，西藏工业和信息化厅向工业和信息化部计算机信息系统集成资质认证办公室提交两批监理工程师、一批项目经理和一个丙级信息系统监理单位的申报材料。其中，两批监理工程师和一个丙级信息系统监理单位已通过审批。截至 2012 年底，工业和信息化部已批准西藏三批共 8 名监理工程师和一个丙级信息系统监理单位的申报，填补了西藏信息系统监理没有国家级资质企业的空白。

典型企业 西藏珂尔信息技术有限公司：该公司是西藏第一家获得计算机信息系统集成四级资质企业，已在软件和信息服务领域取得重大进展。一是继续享有高新技术企业的优惠税率。二是在软件产品方面，获得《城镇居民软件》、《新农保管理系统》、《新农合管理系统》3 个软件产品著作权。三是在系统集成和支持服务方面，积极申报资质，扩大行业涵盖领域。其中，在社保领域，涉及西藏养老保险管理系统、医疗保险管理系统、工伤保险管理系统、生育保险管理系统、居民医疗保险管理系统以及西藏各地市人力资源和社会保障局数据中心机房设计、实施与维护等；在区域化医疗领域，涉及日喀则地区新农保项目的实施与维护以及日喀则地区人民医院、那曲地区人民医院及其他相关医院的信息化建设等；在建设领域，涉及西藏建设厅专家管理系统等；在环保领域，涉及西藏环境保护厅门户网站建设、视频会议系统建设、污染源监测系统建设等。此外，还承担一些国家项目，如西藏药监电子监管系统、西藏藏药品溯源系统、西藏信息安全与容灾备份系统、西藏高原数据通信实验室等。四是在信息安全与软件服务方面，积极申报信息系统安全资质，建设 IDC 机房。五是在信息技术咨询和服务方面，积极维护各领域客户并提供服务。

西藏洛藏数码科技公司：该公司成立于 2008 年 6 月，现注册资金 1 100 万元，已入驻拉萨经济技术开发区，占地面积 15 亩。2011 年通过 ISO9001 国际质量管理体系认证；2011 年 12 月被评为高新技术企业。主要从事藏文软件开发、藏文电子硬件产品的研发和生产，已研制生产 15 种自主品牌产品，拥有 10 项专利技术。该公司自主研发的《LUOZANG 藏汉英电子词典》是全球第一款藏汉英电子词典，此项目有 3 项技术发明专利和 1 项产品设计专利已获国家知识产权局审批通过；研发生产的第二款电子产品——藏汉英键盘和鼠标于 2009 年 4 月在拉萨正式上市，此系列产品有 4 项产品设计专利已获国家知识产权局受理；以法人作品著作权人身份向国家版权局申请了《LUOZANG 藏汉英智能手机系统的藏汉英对照词汇》著作权登记，并于 2012 年 4 月获得国家版权局颁发的著作权登记证书，对此享有独家版权。

信息技术应用

两化融合 开展信息化项目管理。组织申报了 2012 年两化融合专项资金项目，其中，西藏高争民爆物资有限责任公司的信息化平台建设项目获得国家专项资金支持，截至 2012 年底，项目已完成招投标工作。审查推荐了西藏华泰龙矿业开发有限公司、西藏高原之宝牦牛乳业股份有限公司、西藏远征纸业股份有限公司 3 家企业申报国家级信息化和工业化深度融合示范企业。

参加全国两化融合成果展。2012 年 6 月 28—30 日，工业和信息化部在北京市举办两化融合成果展览会暨两化融合高层研讨会。西藏工业和信息化厅确定由西藏华泰龙矿业开发有限公司、华新水泥（西藏）

有限公司、西藏高争民爆物资有限公司等 9 家企业作为参展单位。在展览上通过展板展示、两化融合成果宣传片、典型应用成果实时操作演示等方式，展示了西藏近年两化融合工作所取得成绩，在西部省份展区中特色凸显。

农业农村信息化建设　推动农村综合信息服务站建设。2012 年初，按照财政厅关于下达自治区工业和信息化厅农村综合信息服务站建设工程（二期）250 个服务站项目经费的通知要求，经层层把关，确定 250 个行政村作为（二期）农村综合信息服务站。4 月 3 日—5 月 27 日，举办农村综合信息服务站建设工程（二期）信息员培训，完成了 7 地（市）及 40 个县（区）工业和信息化局分管农村综合信息服务站工作人员以及 250 个行政村信息员的培训，共计培训 290 多人次。截至 2012 年底，300 个农村综合信息服务站已正式建成并顺利开展工作，在方便农牧民生产、生活方面发挥了显著作用。

在总结农村综合信息服务站（一、二期）300 个行政村建设工程的基础上，根据《西藏自治区“十二五”时期信息化规划》进度安排，组织开展农村综合信息服务站（三期）建设工程，选择 1 000 个具备条件的行政村作为（三期）农村综合信息服务站。目前，向自治区财政提交的相关材料已准备完毕，待审批后上报。

信息安全　推动成立自治区信息安全测评中心。根据国务院办公厅下发的《关于开展重点领域网络与信息安全检查的通知》（国办函 [2012] 102 号）要求，针对西藏尚无专门的技术支撑机构来进行重要信息系统安全评估、保障管理的现状，西藏工业和信息化厅筹备成立西藏自治区信息安全测评中心，以支撑西藏开展重要信息系统风险评估、安全检查、应急处理、灾难备份等基础性工作的需求。经大量调研和前期准备工作，已向西藏自治区编办提交了《关于成立西藏自治区信息安全测评中心的请示》。

开展全区重点领域网络与信息安全检查工作。根据《国务院办公厅关于开展重点领域网络与信息安全检查行动的通知》（国办函 [2012] 102 号）要求，西藏工业和信息化厅首次开展了全区重点领域网络与信息安全检查工作，对全区 88 家单位、20 个门户网站系统服务器下发了自查通知，完成了自治区级重点领域网络与信息安全检查自查报告，并及时上报国家网络与信息安全协调小组办公室。此项工作对完善西藏网络与信息安全管理措施、减少安全风险、提高应急处置能力起到积极的推动作用。

推动自治区信息安全协调小组调整工作。为加强网络与信息安全工作领导，统筹协调跨部门的网络与信息安全工作，西藏工业和信息化厅向自治区人民政府提交了《关于调整西藏自治区网络与信息安全协调小组的请示》。9 月 14 日，自治区政府办公厅下发《西藏自治区人民政府办公厅关于调整自治区网络与信息安全协调小组的通知》（藏政办发 [2012] 114 号），明确了协调小组领导及成员，并将西藏网络与信息安全协调小组办公室设在工业和信息化厅，进一步完善了网络与信息安全协调小组工作机制。

其他

起草关于贯彻落实《国务院关于大力推进信息化发展和切实保障信息安全的若干意见》的实施意见　2012 年 6 月 28 日，《国务院关于大力推进信息化发展和切实保障信息安全的若干意见》（国发 [2012] 23 号）发布。9 月，西藏工业和信息化厅根据国发 [2012] 23 号文件及相关文件要求，结合《西藏自治区 2006—2020 年信息化发展规划》、《西藏自治区“十二五”时期信息化规划》，撰写了《西藏自治区人民政府关于贯彻落实<国务院关于大力推进信息化发展和切实保障信息安全的若干意见>的实施意见》（以下简称《实施意见》）（初稿）；经对相关单位反馈意见的认真研究，已修改形成《实施意见》（第三稿）并提交自治区人民政府，待批准后下发。《实施意见》将对西藏信息化工作起到重要指导作用。

西藏自治区信息资源中心成立　为贯彻落实《关于自治区工业和信息化厅所属事业单位机构编制批复》（藏机编发 [2011] 9 号），2012 年 4 月 9 日，西藏自治区信息资源中心（以下简称信息资源中心）正式成立并开始承担工作，这将对西藏信息化发展，尤其是信息化“十二五”规划中重点信息化工程项目的推进和实施起到重要作用。

结合西藏信息化发展实际情况和西藏工业和信息化厅信息化推进工作内容，对信息化推进与信息安全处和信息资源中心的业务职能及工作人员进行了详细划分。确定了信息化推进与信息安全处主要负责全区信息化推进工作，以及信息化规划、政策法规、技术标准、项目管理和网络信息安全等宏观层面工作；信息资源中心负责具体项目实施、技术支持和运维服务等工作。

[供稿：西藏自治区工业和信息化厅]

陕 西 省

【综述】

2012 年是陕西省电子信息产业布局调整实现跨越发展的关键一年。全年行业整体运行平稳，产业规模逐步壮大，主要经济指标增速优于全国平均水平，重点企业经营情况良好，产品结构调整渐趋明朗，主要产品产销衔接正常。

经济效益 2012 年，陕西省电子信息产业实现收入 1 270.6 亿元，同比增长 23.6%。全省电子信息制造业规模以上企业实现销售产值 482.26 亿元，占全国同类型企业总产值的 0.57%，同比增长 18.1%，高于全国平均增速 5.4 个百分点；实现利润总额 2.89 亿元，同比下降 88.9%；实现出口交货值 51.97 亿元，同比增长 11.8%。软件和信息服务业实现总收入 788.3 亿元，同比增长 35.1%。其中，软件业务收入 498.4 亿元，同比增长 30%；软件外包服务收入 106.4 亿元，同比增长 34.8%；软件业务出口 3.81 亿美元，同比增长 34%。

主要产品 2012 年，全省雷达设备生产 559 台套，销售 581 台套，同比分别增长 24%和 27%；电子元件生产 34.1 亿只，销售 34.2 亿只，同比分别下降 32.7%和 40.6%；半导体电子器件生产 101.5 亿只，销售 64.9 亿只，同比分别增长 161.6%和 67.7%；集成电路生产 2.75 亿块，销售 2.73 亿块，同比分别增长 37.5%和 39.2%。

全年实现软件业务收入 498.4 亿元，同比增长 30%。其中，软件产品收入 140.1 亿元，同比增长 33.7%，占总业务收入的 28.1%；信息系统集成服务收入 146.8 亿元，同比增长 30%，占 29.5%；信息技术咨询服务收入 119 亿元，同比增长 28.2%，占 23.9%；数据处理和运营服务收入 20.1 亿元，同比增长 28%，占 4.0%；嵌入式系统软件收入 49.7 亿元，同比增长 27.1%，占 10.0%；IC 设计收入 22.7 亿元，同比增长 30.5%，占 4.6%。

电子信息制造业

陕西省现有电子信息制造企业 500 余家，从业人员约 10 万人，产品涉及雷达、通信、广播电视、电子计算机、家用视听、电子器件、电子元件、电子测量仪器、电子专用设备、电子信息机电设备、电子信息材料等 11 个行业，形成了以西安市、宝鸡市、咸阳市三个中心城市为聚集地的电子信息产业带，是西北地区电子信息产业的集聚区域。

雷达、通讯、元器件行业拉动产业增长 随着产业结构调整的逐步推进，陕西省电子信息制造业发展已进入强劲的上升通道。雷达、专用设备、元器件、通信设备等保持良好增长态势，主营业务收入同比增速均超过 10%。电子测量仪器实现较快增长，主营业务收入同比增速超过 20%。电子计算机、家电制造、广播电视设备持续低迷，主营业务收入同比为负增长。家电等终端产品企业的转型和振兴是陕西省产业结构调整的重点，也是优势行业发展企稳、进一步提高生产附加值的重要渠道和补充。

招商引资取得突破 韩国三星电子公司闪存芯片项目已进入建设阶段，首期投资 70 亿美元，研发生产 10 纳米级存储芯片，计划 2013 年底投产，届时可形成 660 亿元的年销售收入，聚集 160 余家配套企业入驻，吸引万人就业。多家世界 500 强企业也加快了在陕西省信息产业链布局的进度，IBM 全球研发中心、华新丽华的大功率 LED 芯片生产基地、通用电气（GE）全球研发中心、爱立信全球服务中心西安分部项目，以及微软、甲骨文、高通、施耐德、富士通、NEC、NTT 数据等均在西安市建立了全球研发中心或技术支持机构，华为技术有限公司、中兴通讯股份有限公司等企业均加大投资力度，将陕西省作为其总部之外最为核心的区域发展中心。外资及民营企业快速崛起，进一步优化了陕西省电子信息产业结构，促进了行业的多元化发展。

龙头企业发展势头良好 陕西电子信息集团有限公司拥有一级企业 17 家，是国内重要的军工电子装备科研、生产基地，也是陕西省发展电子信息、太阳能光伏和半导体照明产业的龙头企业。主营业务涉及雷达、通信、导航整机、电子专用设备、电子元器件和原材料等，同时积极发展太阳能光伏、半导体照明、电力电子功率件和物联网等战略性新兴产业。其中许多产品技术处于国际领先水平。2012 年，该公司实现营业收入 118.33 亿元，资产总额 201.6 亿元；在第 27 届全国电子信息百强综合排名居第 43 位；拥有国家级技术中心 1 个，省级工程技术研究中心 23 个、院士工作站 1 个、博士后工作站 1 个；拥有各类工程技术人员 4 029 人。其中，高级工程师 758 人，工程师 1 563 人；先后有 300 多项产品和研究成果获得省部级以上表彰奖励。

彩虹集团公司曾是国务院国有资产监督管理委员会管理的在京中央企业，拥有全资、控股公司二十多家，员工 2 万余人，是中国第一只彩色显像管的诞生地，也是中国生产量最大、配套能力最强的彩色显像管生产企业。主业定位是“显示器件及其零部件的研发制造、光电产品整机及相关零部件研发制造”。2012 年，该集团在 OLED 显示器研发方面加大投入和技术攻关，推进自身产业结构升级与调整，相关技术走在全国同行业前列。该集团还投入巨资建设了若干条高世代液晶玻璃基板生产线，2012 年销售收入达到 49.6 亿元。

软件和信息服务业

2012 年，陕西省软件和信息服务业实现营业收入 788.3 亿元，同比增长 35.1%；出口 3.81 亿美元，同比增长 34%。企业总数 1 260 家，从业人员近 12 万人。其中，5 000 人以上规模企业有 4 家，过千人规模企业有 11 家；年营业收入过千万元企业有 132 家，年收入过亿元企业有 21 家，已在基础软件、行业应用软件、嵌入式软件、信息服务外包等领域形成了特色鲜明的产业集群。

收入平稳增长，利润略有下降 2012 年，全省软件和信息服务业实现总收入 788.3 亿元，同比增长 35.1%，利税总额实现 58.7 亿元，同比增长 31.9%，其中利润增速较上年略有下降，其原因与人力资源成本上涨有关。

IC 设计收入增势明显 全年 IC 设计收入达 22.7 亿元，同比增速有较大提升，达 30.5%。全省现有集成电路企业 70 多家。其中，设计企业 40 多家，制造封装企业 8 家，设备制造企业 8 家，测试与分析中心 3 个，相关科研机构 18 个，形成了以西安高新区为核心的集成电路产业聚集区。其中，英特尔、闻泰、芯意半导体、华芯等一批研发设计能力较强的企业增长较快，加之三星项目落户西安及其所带动的上下游企业入驻，预计将在未来两年进一步拉升该项收入比重。

新一代信息技术产业发展迅速 陕西省于 2012 年 5 月 28 日发布陕西省云计算产业发展规划，明确了云计算产业发展重点。西安高新区成立了“西安云计算企业联盟”，西安经济开发区组建了“秦云联盟”，通过产业联盟合作的方式凝聚产业链上下游资源，推动云计算领域产学研用各类资源合作，建立需求、平台、应用、开发、制造、运营、创新研究的联动机制，凝聚 40 余家云计算相关企业团体，云计算产业初步实现规模化、集群式发展，全年相关收入已超过 10 亿元。陕西省西咸新区启动了大数据处理与服务产业园项目建设，吸引了中国联通、中国移动、中国电信等电信运营商投资建设数据中心与运营服务基础设施，并促成了全国人口信息处理和备份（西安）中心项目落户西咸新区。

主要问题

一是外部发展环境严峻，生产成本继续提高，电子制造企业盈利能力持续下降。2012 年，陕西省工业品生产平均价格上涨 8%左右，但工业品原材料价格平均上涨 11%左右，逆差近 3 个百分点，导致制造业企业盈利空间缩小。同时，从人力成本变化趋势看，工资成本已成为推动企业成本上涨的重要原因。此外，2012 年下半年欧洲主权债务危机加剧引起全球市场连锁反应，导致全省规模以上电子信息制造企业有一半企业的利润较 2011 年大幅下降。在陕西省工业和信息化厅重点监测的 62 家企业中，近三成出现不同程度亏损，部分传统的优势军工电子企业持续亏损使整个行业发展形势更为严峻，企业盈利能力受到考验。

二是产品结构不尽合理，消费类电子终端产品缺乏，产业升级压力大。全省电子信息行业中，传统基础电子信息产品居多，具有高技术含量、高附加值的产品较少；元器件产业占行业收入的 50%左右，但仍以传统产品为主，新型的核心产品较少；具有一定影响力的电子整机设备产品大都集中于军用产品领域，能形成规模的高端民用终端产品更少，而且绝大多数企业的市场区域性较强，市场开拓力度有限，产品竞争力弱。

【统计数据】

表 1　2012 年陕西省电子信息制造业人员构成情况

企业类别	企业数（家）	年末从业人员总数（人）	人员构成	
			工程技术人员（人）	在总人数中所占比例（%）
内资企业	58	86 344	15 816	18.3
国有企业	20	41 987	4 869	11.6
有限责任公司	26	39 301	10 497	26.7
股份有限公司	8	4 609	386	8.4
私营企业	4	447	64	14.3
港、澳、台商投资企业	5	2 308	330	14.3

表 2　2010—2012 年陕西省电子信息制造业基本情况

项目名称	单位	2010 年	2011 年	2012 年
工业总产值（现行价）	万元	4 185 111	4 230 208	4 781 500
工业销售产值	万元	2 811 537	4 064 493	4 822 642
出口交货值	万元	411 349	465 018	519 670
流动资产平均余额	万元			4 251 371
固定资产净值平均余额	万元			2 095 900
资产总计	万元	5 712 813	7 042 029	8 114 265
负债合计	万元	3 133 932	4 199 258	4 555 300
主营业务收入	万元	3 299 136	4 268 718	4 711 288
税金总额	万元	6 839	16 407	114 114
利润总额	万元	350 461	259 950	28 875
应交所得税	万元	36 347	31 445	38 272
从业人员年末人数	人	82 675	88 293	95 573
从业人员工资总额	万元	294 549	401 231	432 473

表 3　2010—2012 年陕西省主要电子信息产品产销量情况

产品名称	单位	产量			销量		
		2010 年	2011 年	2012 年	2010 年	2011 年	2012 年
彩色电视机	万台	123	2.2	43.0	123	2.2	42.7
广播发射设备	部	61	80	80	61	80	80
电子元件	亿只	59	50.7	34.1	58	57.6	34.2
半导体电子器件	亿只	21	38.8	101.5	20	38.7	64.9
中高压真空开关管	万只	80	90	45	80	90	46

注：表 1—表 3 数据来源于陕西省工业和信息化厅。

[供稿：陕西省工业和信息化厅]

甘 肃 省

【综述】

2012 年，甘肃省经济社会信息化进程加快，两化融合深入推进，信息产业平稳增长。全年电子信息产业实现主营业务收入 59.56 亿元，同比增长 16.2%。其中，电子信息制造业实现主营业务收入 31.89 亿元，同比增长 24.2%；软件业实现主营业务收入 27.66 亿元，同比增长 7.7%。

全省统计内电子信息企业共 105 家。其中，电子信息产品制造企业 11 家，软件和信息服务企业 94 家。软件和信息服务企业中，有软件企业 69 家（其中同时具备软件和计算机信息系统集成资质企业 27 家），计算机信息系统集成企业 48 家，计算机信息系统工程监理企业 4 家。全省电子信息产业 500 万元以上项目累计完成投资 34.1 亿元，同比增长 136.2%。

2012 年，全省电子信息产业软硬件比例日趋合理，软件业务收入占电子信息产业比重达到 46.4%。电子信息制造业转型提升，实力增强，集成电路封装测试、电子元器件、电子测量仪器及电子专用设备等行业销售产值比重达 80%以上，高于全国电子基础产业平均水平 40 个百分点；实现销售产值 34.4 亿元，同比增长 19.0%；出口交货值 6.8 亿元，同比增长 110%。软件和信息技术服务业发展平稳，数据处理和运营服务实现收入 1.89 亿元，同比增长 69.1%。

2012 年，全省电子信息产业实现利润总额 4.49 亿元，同比增长 3.4%。其中，电子信息制造业实现利润 2.52 亿元，同比增长 14.2%；软件业实现利润 1.98 亿元，同比下降 7.7%。从全年走势看，产业整体效益呈逐步向好态势，特别是电子信息制造业，1—4 季度利润同比增长率分别为 9.2%、-28.3%、-13.4%、41.3%。全年亏损企业亏损面同比减少 80%，亏损额同比减少 98.6%，从业人员劳动报酬同比增长 13.7%。全省电子信息产业从业人员年平均人数为 16 392 人，上缴税金 2.54 亿元。

2012 年，电子制造业重点骨干企业天水华天电子集团、甘肃长风信息集团、天水华洋电子科技股份有限公司 3 家企业实现主营业务收入 24.47 亿元，占全省制造业的 74.7%，同比增长均超过 25%。软件服务业的甘肃万维信息技术有限责任公司、甘肃紫光智能交通与控制技术有限公司等收入前 5 位企业发展迅速，主营业务收入占软件行业总收入的 40.8%。特别是甘肃紫光智能交通与控制技术有限公司首度突破 3

亿元，同比增长9.4%。

电子信息制造业

2012年，全省电子信息制造业以优化发展环境为抓手，以产业基地和园区建设为载体，以项目建设和招商引资为重点，促进产业集群化、规模化、外向型发展，产销增速逐月回升，经济效益明显好转。全年11家统计内企业实现主营业务收入31.09亿元，同比增长24.2%；完成工业总产值35.95亿元，同比增长21.3%；完成销售产值34.4亿元，同比增长19.0%；实现出口交货值6.8亿元，同比增长110%；实现利润总额2.52亿元，同比增长14.2%；从业人员年末人数10 455人。

主要产品产销量 集成电路产量720 984万块、销量723 301万块，同比分别增长10.5%、10.7%；电真空器件产量1.04万只、销量1.58万只，同比分别下降39%、34.7%；综合电缆产量11 435千米、销量11 345千米，同比分别下降7.2%、11%；波导元器件产量69 291套、销量56 626套，同比分别增长32%、33%；肖特基二极管产量69 262万只，集成电路引线框架产量75 000万块，电子专用设备产量59台（套），洗衣机产量6万台，无极灯产量6万只。

典型企业 天水华天电子集团的综合竞争能力和经济效益大幅提升，主要产品塑封集成电路、模拟集成电路、混合集成电路、半导体功率器件、DC/DC电源模块、集成压力传感器和变送器、集成电路包装材料、半导体封装设备和机械加工、MEMS及光电子器件共9大类600多个品种，广泛应用于航空航天、国防工程、存储器、消费类电子、工业控制、通讯等领域。2012年，实现主营业务收入20.51亿元，同比增长27.2%；完成工业总产值22.09亿元，同比增长24.9%；主要产品集成电路封装72.1亿块，同比增长10.5%，年封装能力达80亿块，测试能力达40亿块。该集团被评为中国最具成长性半导体企业十强，被工业和信息化部评为“2012年国家级信息化和工业化深度融合示范企业”及“2012年国家技术创新示范企业”，被甘肃省工业和信息化委员会、财政厅评为“甘肃省技术创新示范企业”，获得“甘肃省战略性新兴产业创新创业示范园”称号。

甘肃长风信息集团是省内大型电子工业企业集团，目前已建成洗衣机、电视机、电冰箱生产线，形成年生产80万台洗衣机、20万台电视机、20万台电冰箱生产能力。现有各类普通设备700余台、精密加工设备20余台，拥有由高精度卧式镗铣床、高精度电火花加工机床等组成的精密加工中心和比较先进的综合环境试验中心，科研生产能力比较完备，工艺门类齐全。2012年完成总产值2.7亿元，生产主要电子设备6万台。

兰州瑞德实业集团是中国生产电子专用设备14家骨干企业之一，铁道部通信产品定点生产企业。在晶体、玻璃、光学光电子、半导体等行业材料制备主要设备上已形成生产配套能力，在6英寸半导体材料加工上已具有成熟的设备规模生产能力，多数设备在国内外同领域处于领先地位。已开发研制、生产各类专用设备120余种、6 000余台，2012年实现产值1.71亿元，生产电子设备590台（套）。

天水天光半导体有限责任公司是国家重点工程的配套生产研制单位，现有4英寸3微米生产线一条、2–3英寸5微米生产线一条，开发的大功率三极管、固体放电管、发光二极管、肖特基整流二极管、功率集成电路等系列产品在用户中享有较高信誉。2012年，完成工业总产值11 607万元，增长28.4%；完成工业增加值3 020万元，增长26.0%；主要产品中小规模集成电路产量34.62万块，肖特基二极管产量69 262.54万只。

天水华洋电子科技股份有限公司2012年成功自主开发8排8线SOP系列引线框架、多基岛多排引线框架，使以冲制工艺生产的该系列产品由原始单排形式跨越提升8倍，仅此一项，推动公司年产值较快增长。VCM摄像头弹片实现量产，开发成功240线的CQFP型蚀刻引线框架系列新产品并实现量产。2012年，完成工业总产值9 672万元，增长15%；完成工业增加值1 551.4万元，增长13%；生产集成电路引线框架7.5亿只。

甘肃虹光电子有限责任公司是国内研制生产微波电真空器件的专业企业，有41种产品填补国内空白，54种产品达到国内先进水平，18种产品接近国际水平，4种产品获国家科技进步奖，18种产品获部级科技成果奖，40多种产品为国防工程提供配套。相继开展了3毫米磁控管、高放行波管系列产品、栅控行波管、多注速调管和无源微波气体放电管系列产品等新型器件的研发工作。2012 年，完成工业总产值 6 134.07 万元，增长 13.1%；实现主营业务收入 4 573 万元，增长 12.9%。

软件和信息服务业

2012 年，全省软件服务业呈稳中有落、增速放缓态势，实现主营业务收入 27.66 亿元，同比增长 7.7%；实现软件业务收入 20.45 亿元，同比增长 1.3%；从业人员年末人数 5 937 人。其中，数据处理和运营服务、IC 设计收入持续高速增长，信息技术咨询服务和软件出口继续呈波动和低迷态势，行业发展差异化明显。

典型企业 甘肃万维信息技术有限责任公司业务涉及电信、政府、能源、教育、交通、医疗卫生等多个领域，发展足迹遍布全国 20 多个省份，参与建设多个国家级重点工程。2012 年，实现主营业务收入 2.24 亿元，增长 30%；净资产 8 433 万元，实现利税 1 568 万元；拥有软件著作权 47 个，软件产品 22 个，实用新型专利 1 个。入选中国电信集团公司教育行业信息化应用基地，成为“教育行业信息化应用（兰州）基地”的运营单位。

甘肃紫光智能交通与控制技术有限公司是甘肃省首家从事智能交通建设与高等级公路机电系统开发、建设、经营和维护的专业高科技企业。2012 年，实现产值 3.14 亿元，中标合同额 5 亿元；实现利税 7 049 万元，其中利润 5 116 万元。在系统集成、软件开发及智能交通领域已形成系列软、硬件产品，并拥有自己的软、硬件研发基地及专业试验场所。累计承揽了国内上百个智能交通机电系统项目，所实施的系统集成、软件开发项目覆盖全国 18 个省、市、自治区，涉及政府、军队、智能交通领域，技术实力在西北省份稳居前列。

兰州北科维拓科技股份有限公司是社会管理、政务与公共信息软件产品开发和软件集成的高新技术企业。该公司自主研发了“三维数字社区集成管理系统”、“三维数字社会服务管理系统”，取得双软、ISO9001 质量管理体系等多项资质认证，拥有自主知识产权的核心技术和软件著作权，并荣获第 15 届、第 16 届北京国际软件博览会金奖、创新奖以及甘肃省科技进步二等奖、兰州市科技进步一等奖。2012 年 12 月顺利通过工业和信息化部专家评估鉴定，成为信息化社会服务管理标准规范制定单位。

兰州大成科技股份有限公司依托兰州交通大学的研发力量和团队优势，注重科技成果创新与应用，在铁路信号全电子计算机连锁系统、聚光太阳能与光热发电、绿色镀膜新能源（聚光太阳热能）等领域取得一系列成果，并在铁路等行业得到广泛应用。2012 年，实现主营业务收入 5 859 万元，同比增长 28%。累计获得授权专利 16 项，其中发明专利 8 项，软件著作权 6 项。

甘肃号百信息服务有限公司“以本地化信息服务助力全业务发展”，借助“会议云”等业务，拓展经营渠道，新开发爱网络、会议云、爱校园、天翼影迷俱乐部等 3G 手机客户端，以及“企业总机综合业务平台 V3.0”和“电子账单业务行业应用平台系统 V1.0”等应用软件。2012 年，实现主营收入 7 133 万元，外创净收入 3 624 万元，完成利润 440 万元。全省号百信息服务业务完成收入 1.63 亿元，同比增长 3.5%。

甘肃成兴信息科技有限公司是集软件开发、销售、服务于一体的专业性软件企业，具有自主知识产权的《成兴电子招投标系统软件》和《成兴评标专家库管理系统软件》已获软件著作权。

兰州天际环境保护有限公司是国内交通储运扬尘治理系列喷洒装备、扬尘治理成套设备全自动控制系统、扬尘治理系列抑尘剂的主要研究、开发及生产基地，是铁道部煤炭交通储运扬尘治理 2 大行业标准的制定者。2012 年，实现收入 7 653 万元，上缴税金 812 万元，实现净利润 1 400 万元，建成省级生态环保材料工程实验室 1 个。

动漫产业 截至 2012 年底，甘肃省在工商部门注册主营动漫的企业 52 家，兼营动漫的企业 46 家，全年动漫产业产值 1 600 万元。卡卡动漫创作培训中心、兰州创意文化产业园等均设有动漫创作室，从事动漫产品的基础设计与开发。甘肃艺百文化科技有限公司、兰州南特数码科技股份有限公司、甘肃蓝色天际影视传媒有限公司、甘肃上元甲子文化传媒有限公司、千乡万才科技（中国）有限公司兰州分公司、兰州讯和网络科技有限公司等企业依托甘肃丰富的历史文化、地域风情等资源优势，相继开发《敦煌传奇》

等动漫产品，并正在积极寻求合作伙伴和发展空间。在人才培养方面，西北师范大学、兰州理工大学、兰州交通大学、兰州工业学院等高校都开设了动漫相关专业，着力培养本土专业人才。

科技进步与应用

2012 年，甘肃省信息产业技术创新能力增强，行业在全国地位提升，一些企业和产品在全国占有一席之地，在西北地区处于优势地位。全省累计有 14 家企业建立省级企业技术中心和重点实验室，2 家企业创建国家级企业（工程）技术中心，3 家企业通过 CMMI3 级认证评估，拥有软件产品 310 项，著作权 422 项。全年获得省级以上科技奖励近 20 项、国家专利授权 120 多项，通过鉴定的新产品、新技术和新成果 100 余项，有 40 余种产品填补国内空白，50 多项技术和产品达到国内领先或接近国际先进水平。

天水华天电子集团加强科技创新团队建设，搭建了国家级企业技术中心、甘肃省微电子工程研究实验室、甘肃省微电子封装工程技术中心三个研发平台，与中国科学院在昆山市建有 TSV 硅通孔 3D 封装工程技术研究中心、中科华天西钛先进封装联合实验室，搭建了工程实验所需的试验和验证平台。截至 2012 年底，该集团总资产 42.3 亿元，员工 7 740 人，专业技术人员 1 600 多人。自 2010 年开始承担国家 02 专项等重大科研课题，其硅通孔封装（TSV）、晶圆级镜头（WLO）、晶圆级摄像头模组（WLC）、BGA、SiP 等技术达到国际领先水平。有 130 多项科技成果和新产品、新技术通过省级鉴定，14 项达到国际先进水平，获得国家授权专利 148 项。其中发明专利 14 项，软件著作权登记 16 项。

甘肃虹光电子有限责任公司 2012 年军民品在研新产品 42 项，新立项 15 项，工艺技术革新成果不断涌现，专利申请实现新突破。4 篇专业论文在《真空电子技术》期刊发表；“一种环状钡钨阴极发射体的制造方法”发明专利已被国家知识产权局授予专利权，一种人造蓝宝石薄片的表面处理方法发明专利已被国家知识产权局受理。HPC-630/3.6 型快插式交流真空接触器、ZK3-400/1.14-7.5 型交流真空断路器、CKJ-400/3.6 型交流真空接触器获得省级科技成果鉴定，达到国内领先水平。

兰州正远科技有限公司依托兰州交通大学的科技研发、项目设计开发和实施实力，已形成物流与运输装备信息化产学研平台。开发的具有自主知识产权的“大型国际机场货运物流信息系统”、“旅客飞机食品物流信息系统”等，已成功应用于北京首都国际机场和广州白云新国际机场，达到国际先进水平，并获得多项发明专利。2012 年“区域铁路物流服务平台研发与应用”课题获得科技部“十二五”国家科技支撑计划项目支持，并作为示范工程在新疆维吾尔自治区开始实施。

信息基础设施建设

截至 2012 年底，全省移动通信网络覆盖率 100%，宽带骨干网县（区）级以上覆盖率 90%，农村地区行政村光缆通达率 60%以上。全省光缆线路长度净增 4.56 万千米，达到 29.54 万千米；互联网宽带接入端口 384.1 万个，局用交换机容量 718.9 万门，移动电话交换机容量 2 502.8 万户；互联网宽带接入用户净增 17.7 万户，达到 163.3 万户；固定电话用户和移动电话用户净增 130.2 万户，达到 2 141.3 万户；电话普及率净增 4.92 部/百人，达到 83.5 部/百人，同比提高 6.3%。

截至 2012 年底，全省宽带端口达到 340 万个，骨干带宽突破 1 680G，省际出口带宽 600G；新建小区和商业楼宇全部通达光纤，县级以上城区接入带宽实现 4M 全覆盖，百兆光纤入户覆盖率提升。行政村宽带网络建设顺利推进，普遍形成农村高带宽接入能力，为农村信息化建设提供了保障。

信息产业基地建设

经过几年的发展，甘肃省信息产业集聚发展态势逐步形成。兰州市以兰州新区、兰州高新区、兰州经济技术开发区为依托，加快创建“国家软件和信息服务业示范基地”，四联光电高新技术西北产业基地、甘肃北斗卫星导航产业园及示范城市、信源软件产业园、联创智业园等软件和信息技术服务业重大项目签约落地、开工建设，带动兰州市软件和信息技术服务业加快发展。目前，全省经认定的软件企业 98%集中在兰州市，收入占软件服务业总收入的 99%以上。天水市以天水华天电子集团、天水天光半导体有限责任公司、天水华洋电子科技股份有限公司、天水6913电子科技有限责任公司等企业为龙头，重点发展集成电路封装、特种集成电路芯片制造、电子器件、半导体分立器件、移动终端设备及相关配套产品，逐步形成微电子、通信设备集聚发展态势，天水电子信息制造业主营业务收入占全省制造业的78%，带动上下游相关产业协同发展作用显著。敦煌依托丰富的历史文化资源优势，开工建设敦煌软件和动漫文化产业基地，一批大专院校、企业签约入驻，推进了敦煌乃至河西五市软件和信息技术服务业集聚发展。

天水华天电子科技产业园 由天水华天电子集团投资建设，总投资36亿元，占地500亩，建设年限2011—2015年。产业园计划实施集成电路封装测试扩大规模和产业升级、半导体功率器件扩大规模和产业升级、LED封装研发及产业化、MEMS传感器封装研发及产业化、集成电路封装设备模具扩大规模、集成电路包装材料扩大规模等六大类产业和产品项目。项目建设完成后，华天电子产业园将成为以微电子封装为核心，相关产业链为集群的国内外一流电子科技产业园。目前，项目已累计完成投资8亿元，一期工程集成电路封装生产线已建成投产。

天水明讯通讯产业基地 由上海戎讯电子科技有限公司和天水6913电子科技有限责任公司共同投资建设，主要从事移动通讯终端产品系统、基站、交换设备及数字集群系统设备的生产及软件开发。该项目占地58亩，总投资2.1亿元，建设年限2011—2014年。建成后将形成月生产77万片GSM手机模块的生产规模，可实现年销售收入12亿元，新增管理、技术、生产、销售及研发人员600余人，解决300名当地技术工人就业。目前，已完成固定资产投资5 000多万元，厂房已建成，设备已采购待安装。

四联高新技术西北产业基地 由中国四联仪器仪表集团组织实施，总投资10亿元，拟修建8万平方米的生产及辅助厂房，购置相关生产和加工设备，建设LED封装及LED照明产品、高清电视机顶盒、城市供热计量表、第三代聚光太阳能发电系统生产线，计划于2015年12月建成投产。现一期、二期同时开工建设，计划投资49 873万元，建筑面积24 923平方米，预计2013年一期主体完工。项目建成后可实现年产LED灯具320万盏、城市供热计量表50万台、高清电视机顶盒50万台的生产规模，年销售收入达到26.6亿元，可提供2 000个就业岗位。

甘肃北斗卫星导航产业园及示范城市项目 由甘肃众力厚德北斗卫星导航信息服务有限公司组织实施，建设年限为2012—2014年，主要建设卫星导航技术应用研发中心、城市智能化管理示范中心、应用监控指挥中心、应用终端生产中心（含配套芯片集成、终端生产）、培训中心和呼叫中心。2012年，北京众力星辰科技开发有限公司和北京众力厚德投资有限公司与兰州市政府签署《甘肃北斗卫星导航产业园及示范城市项目投资框架协议》，首期投资4亿元，建成后将形成年产值100亿元、吸纳社会就业人员500人的国内一流高科技产业园区和北斗卫星应用产业示范基地。目前，技术应用研发中心、城市智能化管理示范中心、应用监控指挥中心和呼叫中心已在兰州高新区开始建设，预计2013年4月投入使用。

敦煌软件和动漫文化产业基地 由敦煌动漫基地文化传播有限公司组织实施，预计总投资10亿元，规划占地1 309亩，主要建设动漫城总部大楼、主题动漫酒店及专家公寓、文化艺术创作中心、敦煌文化长廊等设施。该基地建成后，将以“文化创意”为核心，以动漫和软件企业为主，整合文化与科技、信息技术服务外包、休闲旅游等产业，形成一个兼具创业孵化功能、绿色环保的可循环产业链条。

信源软件产业园 由甘肃信源软件信息股份有限公司在兰州新区组织实施，预计总投资30亿元，包括新建27.5万平方米信源软件大厦、创业孵化区、兰州市地理信息大厦、研发中心及科研新天地，22.3万平方米软件外包组团（软件外包组团、科技新天地、苍穹数码大厦及科技广场），46.6万平方米创意产业组团（创意产业园、企业总部园及科技新天地），以及园区道路、绿化等工程。截至2012年底，已完成固定资产投资2.7亿元，3.5万平方米的地理信息大厦已封顶，20万平方米的软件大厦、科技大厦及配套设施已完成。

联创智业园 由兰州联创智业园管理有限公司出资在兰州新区建设，占地451亩，规划建筑面积40万平方米，预计总投资9.5亿元。主要建设创意产业、工艺美术设计、服装设计、建筑设计、动漫设计等中外高新技术企业研发、孵化基地。截至2012年底，已完成投资2.4亿元，3幢主体建筑已封顶，3幢建筑已完成基础。

信息技术应用

两化融合 一是指导兰州市开展国家级两化融合试验区工作。重点围绕石油化工、有色冶金和装备制造三大行业，实施关键技术攻关以及集成技术的开发与应用，致力于精细化工、流程控制、在线连续监测和监控、传感器技术及智能信息处理等技术的研究应用，同时实施五大工程，完善支撑体系建设，培育发展战略性新兴产业。二是组织省内有代表性的企业参加由工业和信息化部主办的“信息化与工业化融合成果展览会”。从创新、智能、绿色、协调发展四个方面突出展示甘肃省两化融合取得的成果。金川公司企业云服务系统、天水华天科技集成电路封装、甘肃电信数字企业、兰州天际环保扬尘抑制系统在展会上受到广泛关注。三是加快“数字企业”建设。联合中国电信甘肃省分公司实施千家“数字企业”建设活动，全省累计开展12场“数字企业”体验培训活动，培训800余家企业客户，完成800家“数字企业”建设任务。

信息安全 2012年，重点从加强领导、落实责任、完善措施、建立健全信息安全责任制和工作机制入手，建立了信息安全工作体系，并结合实际组织制定信息安全管理制度，完善技术防护措施，协调处理重大信息安全事件。成立了甘肃省网络与信息安全协调小组，制定工作方案和办事规则，组织开展全省重点领域工业控制系统信息安全基本情况调查，全省工业控制系统信息安全数据库初步建立。强化甘肃省武器装备科研生产单位周边环境安全，成立了工作领导小组，保障武器装备科研生产安全需要。建立国防科技工业安全保密专家库，制定了《甘肃省国防科技工业安全保密专家工作规则》，国防科技工业安全保密管理体系基本建成。

倍增计划 2012年，兰州北科维拓科技股份有限公司承担的三维数字社会管理系统在社会管理服务领域应用示范项目获“倍增计划”资金支持500万元。该项目重点工程——兰州市三维数字社会服务管理平台于2012年9月正式开始建设。兰州北科维拓科技股份有限公司承担系统研发的全部工作，先后开发了“12345”民情通呼叫服务系统、市民公众服务系统、三维实景数字城管系统、应急处置系统、党风廉政建设系统、舆情监测分析系统等多个独立的功能系统，同时积极与相关部门协调，最大限度整合全市信息资源，保留现有信息资源，节约了政府投入。

主要问题

一是产业规模小。甘肃省信息产业发展基础薄弱，企业规模普遍偏小，全行业企业数量在全国位次靠后，主营业务收入仅占全省国内生产总值的3.6%。二是信息基础设施建设滞后。全省城市宽带网平均接入速率为2.85M，农村平均为1.25M，距离“十二五”规划目标还有很大差距。三是本土软件企业融资困难，创新能力不强，研发能力不足，对传统产业两化融合的支撑未取得重大突破，在国内同行业缺乏竞争优势。四是人力资源缺乏。受地域、经济发展水平等因素制约，人才流失、流动现象严重，企业招工难、人才队伍不稳定、人才难留等问题突出。尤其是软件企业，仅2012年人员数量同比减少5.4%。其中硕士以上减少14.1%，严重制约企业发展。

【统计数据】

表1 2012年甘肃省电子信息制造业人员构成情况

企业类别	企业数（家）	年末从业人员总数（人）	其中：研发人员（人）
内资企业	11	10 455	1 680
有限责任公司	9	4 836	418
股份有限公司	2	5 619	1 262

表 2 2010—2012 年甘肃省电子信息制造业基本情况

项目名称	单位	2010 年	2011 年	2012 年
工业总产值（现行价）	万元	271 853	286 380	359 508
工业销售产值	万元	264 911	289 111	343 725
出口交货值	万元	30 289	32 456	68 194
流动资产平均余额	万元	483 159	280 626	329 166
固定资产净值平均余额	万元	258 963	172 484	356 940
资产总计	万元	847 344	625 462	803 044
负债合计	万元	443 806	330 269	330 826
主营业务收入	万元	240 295	256 773	318 929
税金总额	万元	21 863	10 298	12 696
利润总额	万元	16 150	22 031	25 158
应交所得税	万元	12 308	1 727	2 510
从业人员年末人数	人	12 191	11 042	10 455
从业人员工资总额	万元	27 197		27 017

表 3 2012 年甘肃省主要电子信息产品产销量情况

产品名称	单位	产量	销量
集成电路	万块	720 984	723 301
综合电缆	千米	11 435	11 345
电真空器件	万只	1.04	0.58
无线电专用设备	台（套）	360	282
波导元器件	件（套）	69 291	56 626

表 4 2012 年甘肃省软件产业人员构成情况

企业类别	企业数（家）	年末从业人员总数（人）	人员构成			
			管理人员（人）	在总人数中所占比例（%）	软件开发研究人员（人）	在总人数中所占比例（%）
内资企业	93	5 922	1 100	18.6	2 408	40.7
国有企业	3	797	70	8.8	280	35.1
集体企业	1	70	14	20.0	33	47.1
股份合作企业	1	67	9	13.4	22	32.8
有限责任公司	52	3 085	629	20.4	1 126	36.5

续表

企业类别	企业数（家）	年末从业人员总数（人）	人员构成			
			管理人员（人）	在总人数中所占比例（%）	软件开发研究人员（人）	在总人数中所占比例（%）
股份有限公司	4	398	84	21.1	183	46.0
私营企业	31	1 407	268	19	692	49.2
其他内资企业	1	98	26	26.5	72	73.5
三资企业	1	15	3	20.0	12	80.0

表 5　2010—2012 年甘肃省软件产业基本情况

项目名称	单位	2010 年	2011 年	2012 年
软件业务收入	万元	182 647	201 898	204 525
软件业务出口收入	万美元	20	27	21
软件产品销售收入	万元	52 639	69 584	65 907
固定资产投资额	万元	5 510	8 234	8 937
资产合计	万元	231 300	259 780	313 576
负债合计	万元	87 614	95 449	120 352
税金总额	万元	11 510	9 860	12 727
利润总额	万元	23 486	21 466	19 807
应交所得税	万元	3 476	2 904	3 181
从业人员年末人数	人	5 215	5 957	5 937
从业人员工资总额	万元	13 636	18 950	19 318

表 6　2010—2012 年甘肃省软件产业三资企业基本情况

项目名称	单位	2010 年	2011 年	2012 年
软件业务收入	万元	137	183	138
软件业务出口收入	万美元	20	27	21
软件产品销售收入	万元	137	183	138
固定资产投资额	万元	57	67	67
资产合计	万元	51	3	2
负债合计	万元	66	86	62
税金总额	万元	11	18	24
利润总额	万元	7	10	8

续表

项目名称	单位	2010 年	2011 年	2012 年
应交所得税	万元	-19	17	-34
从业人员年末人数	人	17	15	15
从业人员工资总额	万元	95	82	96

注：表 1—表 6 数据来源于甘肃省工业和信息化委员会。

[撰稿：冯昱 审稿：曹学义]

青 海 省

【综述】

2012 年，青海省信息化建设步伐加快，两化融合重点项目有序推进，网络基础设施建设力度加大，宽带提速工程和通信“村村通”工程实现预期目标，“宽带青海”、“无线城市”、“智慧青海”全面启动，信息技术在重点行业、重点领域得到快速应用和普及，工业化与信息化相互促进和带动作用日益显现。

电子信息制造业

青海省电子信息制造业以光电子器件及电子信息材料制造为主，现有企业 26 家，从业人员 1.2 万人。2012 年，全省规模以上电子信息制造业实现销售产值 166 357 万元。已形成年产 7 500 吨多晶硅、2 500 吨单晶硅、1.37 万吨碳酸锂、1 万吨铜箔、2 万吨高纯铝、1.2 万吨铝箔和 2 800 万平方米化成箔的生产能力。“十二五”期间将形成 1.45 万吨多晶硅、1 万吨单晶硅、5 万吨碳酸锂、4.5 万吨碳酸锶的产能规模。

主要产品产量 光电子器件（发光二极管 LED）17.62 万只，比上年 8.79 万只增长 100.5%；单晶硅 923 723 千克，比上年 314 701 千克增长 193.5%；多晶硅 5 090 440 千克，比上年 5 115 581 千克下降 0.5%；数控金属切削机床 408 台，同比下降 39.6%。

软件和信息服务业

2012 年，为鼓励软件和信息服务业发展，青海省政府办公厅下发《关于进一步鼓励软件产业和集成电路产业发展若干政策的实施细则》，这是青海省支持软件产业发展的首个优惠政策文件。发挥软件服务业在建设企业服务平台、推动企业管理信息化方面的技术支撑作用，培育和发展了一批面向中小微企业的信息化公共服务平台。

科技进步与应用

青海省不断加大投入、整合资源，着力推动电子信息产业技术创新，取得了一定进展。其中，多晶硅生产副产物综合利用、多晶硅提纯、单晶硅拉制、晶硅切片生产、盐湖提锂、锂离子电池材料生产等一批支撑循环经济发展的关键技术取得实质突破，形成较强的科技成果转化能力，为加快电子信息产业化进程提供了支撑。为研究和推动青海省电子基础材料产业链延伸发展，青海省经济委员会联合中国有色研究总院开展了《6–8 英寸硅单晶片项目研究与开发》课题项目。

认真组织实施“123”科技支撑工程，支持企业与省内外科研院所、高校联合攻关，完成了多晶硅系统技术优化及关键设备国产化等一批重大技术改造项目，余热发电、烟气粉尘回收等节能环保、综合利用新技术、新工艺、新设备得到推广应用，科技对工业发展的支撑力明显增强。

信息基础设施建设

2012 年，青海省互联网用户为 50.5 万户，增长 20.0%，固定互联网宽带接入用户 49.9 万户。年末，移动电话用户 537.2 万户，增长 16.3%。其中，3G 移动电话用户 90.7 万户，增长 1.1 倍；固定电话用户 102.5 万户，下降1.6%。电话普及率112.6部/百人，比上年提高12部/百人。

信息技术应用

2012年，青海省出台了一系列促进两化融合、物联网和三网融合发展的有关政策和调查研究报告。青海省经济委员会等五部门联合印发《关于加快推进信息化与工业化深度融合的意见》，明确了青海省推进两化深度融合的目标、重点和保障措施；制定了《青海省三网融合试点工作实施意见》，完成了《物联网技术在我省企业信息化发展中的应用及思考》、《加快我省信息化与工业化融合进程的思考》等调研报告。

组织开展了“两化深度融合水平提升行动”，征集了一批重点项目和示范企业，组织55家企业完成了区域两化融合发展水平评估工作，并向工业和信息化部推荐国家级两化深度融合示范企业12家。

以项目促进电子信息产业发展和信息技术应用水平提高，年内先后组织开展了两化融合、物联网项目的征集和汇总工作，共征集、储备两化融合、物联网等重点推进项目70多项，申报电子发展基金项目6项、两化融合专项资金项目4项、物联网发展专项资金项目10项，共申请资金630万元，促进了青海省信息化建设。

热点

2012年，青海省通过青洽会及各种招商活动，引进一批电子信息材料制造企业。西宁经济技术开发区东川工业园设立了电子材料产业基地，重点发展以多晶硅、单晶硅、铜箔、铝箔、化成箔和锂离子电池材料等为主的电子信息产业，产业规模和集聚效应初步显现，辐射和带动作用明显增强。园区已成为促进产业集聚、培育产业集群、扩大对外开放合作的重要载体。

主要问题

一是青海省经济基础薄弱，产业发展面临资金、技术、人才等多方面的制约；二是青海省电子信息产品主要集中在硅材料、箔材料和锂离子电池材料等领域，近年发展迅速的电子元器件、新型显示器件、电子专用设备、集成电路等相对较少，缺乏高附加值产品；三是青海省电子信息企业规模偏小，电子信息材料精深加工等下游配套产业尚未形成，技术研发、装备制造、运营管理、新技术推广应用等对外依存度较高，结构性矛盾突出，产业转型升级任务艰巨。

【统计数据】

表1　2012年青海省规模以上电子信息制造业基本情况

项目名称	单位	2012年	项目名称	单位	2012年
企业数	家	7	利润总额	万元	–36 878
销售产值	万元	166 357	税金总额	万元	3 926
主营业务收入	万元	180 886	全部从业人员平均人数	人	1 939

表2　2012年青海省软件产业基本情况

项目名称	单位	2012年	项目名称	单位	2012年
企业数	家	4	信息系统集成服务收入	万元	502
软件业务收入	万元	2 681	信息技术咨询服务收入	万元	107
其中：软件产品收入	万元	200	嵌入式系统软件收入	万元	1 872

注：表1—表2数据来源于青海省经济委员会。

[撰稿：李义奇　审稿：蒋青波]

宁夏回族自治区

【综述】

电子信息制造业

宁夏回族自治区（以下简称宁夏）电子信息制造业主导产品主要涉及半导体材料、电子元器件和仪器仪表3个门类，共有规模以上企业8家，分别是宁夏隆基硅材料有限公司、银川隆基硅材料有限公司、宁夏阳光硅业有限公司、中卫市银阳新能源有限公司、宁夏星日电子有限公司、宁夏隆基宁光仪表有限公司、宁夏宁电光伏材料有限公司、宁夏索特科新型器件股份有限公司，主要分布在银川市、石嘴山市、中卫市。多（单）晶硅企业占电子信息制造业的比重为85%左右。

2012年，全区多（单）晶硅企业遭遇国内外严峻销售形势，多晶硅、单晶硅价格一度下降至160—180元/公斤，跌破企业生产成本，产量上升和销量下滑的双重作用导致企业亏损经营。多（单）晶硅企业产值占比过大影响了宁夏电子信息制造业健康发展。

2012年，全区电子信息制造业实现工业总产值37.9亿元，同比增长23.2%；实现销售收入23亿元，同比下降15.1%，亏损2.8亿元。全年共生产多晶硅3 562吨，比上年增长133.3%，销售3 370吨，比上年增长151.1%；单晶硅生产6 156.5吨，比上年增长159.1%，销售6 003吨，比上年增长156.0%；电容器生产1.77亿只，销售2.2亿只，比上年分别下降51.8%和14.6%。

软件和信息服务业

2012年，宁夏软件产业累计完成软件业务收入64 244.6万元，同比增长21.2%，继续保持平稳快速发展。其中，软件产品收入22 659.8万元，同比增长1.4%；信息系统集成服务收入31 278.1万元，同比增长60.5%；信息技术咨询服务收入2 811.9万元，同比下降7.5%；数据处理和运营服务收入2 643.5万元，同比下降5%；嵌入式系统软件收入4 851.3万元，同比下降6.5%。截至2012年底，全区认定软件企业83家；登记软件产品423项；认证计算机信息系统集成企业21家。其中，二级1家，三级10家，四级10家。从业人员3 005人。其中，硕士以上107人，大学本科2 005人，专科以下893人。

在融资平台建设方面，由宁夏经济和信息化委员会、财政厅安排2011年和2012年软件产业发展专项扶持资金600万元，银川市人民政府安排2012年服务业专项资金600万元，银川经济技术开发区管委会安排资金600万元，首批12家软件动漫企业出资650万元，共计2 450万元，共同成立银川软件动漫资金互助社。资金互助社是互利互惠的民间金融组织，采取封闭运行、风险共担、不计息不分红的互助方式，有效解决了企业短期融资的困难。

在市场推广方面，2012年6月，在第10届中国国际软件和信息服务交易会上，宁夏经济和信息化委员会获得“十年产业发展推动奖”；宁夏软件园获得“2012年度最佳服务机构奖”；宁夏亚视电子科技有限公司获得“2012年度企业突出贡献奖”；宁夏新科动漫产业有限公司和宁夏网虫信息科技有限公司获得“2012年度企业最具潜力奖”；银川领航科技有限公司获得“2012年度企业创新影响力奖”；宁夏天佑信息科技有限公司的天佑省级公安人口信息系统获得“2012年度最具竞争力产品奖”。

信息基础设施建设

电信网实现质的飞跃。中国电信宁夏公司、中国移动宁夏公司、中国联通宁夏公司分别建成大容量、高带宽、广覆盖的骨干传输和宽带接入通信网络。光缆总长度超过7万千米，光纤铺设到全区各市、县（区）、乡镇和85%的行政村。政务网实现“全光化”改造，学校、院所、医疗卫生等公益性机构光纤宽带接入，园区、楼宇、酒店等商务场所光纤到楼，新建住宅小区光纤入户，已建区域推进“光进铜退”改造。移动通信网实现了2G网络逐步向第三代移动通信的过渡，全区3G网络覆盖到所有乡镇及风景区，在主要高速公路、铁路沿线，CDMA2000、WCDMA覆盖率达到90%，TD-SCDMA覆盖率达到80%。无线局域网（WLAN）热点规模超过2.6万个。全区电话用户总数710.40万户，移动电话用户605.44万户。

广播电视网日益完善。建成广播电视光缆干线2 000多千米，建成宁夏有线数字电视平台，具备播出109套数字电视节目的能力。完成全区85%有线电视用户的数字平移，在全国率先实现广播电视“户户通”，电视综合覆盖率99.8%。所有市、县开通了有线数字电视，有线电视户数461.1万。

互联网迅猛发展，自治区互联网端口超过609万个，出口带宽达到400G，实现了全区191个乡镇、466个社区、75%的行政村通3M以上宽带。全区互联网接入专线1 300多条，网站4 050个。全区固定有线宽带用户64万户，互联网用户60.91万。

信息产业基地建设

2012年，完成新软件园投资3.8亿元，完成已完工的1至6号、14号大楼的配套服务设施建设，以及7至13号楼的建设。已完成建筑面积约12万平方米，约占总工程量的70%，预计2013年6月企业可以入驻。依托银川综合保税区建设软件动漫外包基地，吸引国内外知名软件企业和动漫企业，培养宁夏软件企业和动漫企业，面向国际、国内两个市场，完善“保税仓储、出口加工、转口贸易”三大功能，实现宁夏软件产业和动漫产业的跨越式发展。支持银川经济技术开发区IBI孵化中心建设，即信息（information）产业孵化中心、生物技术（biotechnology）孵化中心、知识产权（intellectual property）培育孵化中心，使之成为实现开发区倍增计划和再造工程的重要载体。

信息技术应用

电子政务 自治区信息中心平台基本建成，形成了高速宽带的党政内网和政务专网（外网），为自治区各机关以及各市、县（区）互联互通、信息共享奠定基础。实现了与自治区党委各部门、政府各部门、人大、政协、检察院、法院，5市、22个县（区）和部分大型企业的网络连接。建成自治区全员人口数据中心、五级人口信息网络、全员人口信息资源库和全员人口宏观管理信息平台，部门间信息交换和共享得以实现，面向社会公众和有关方面的各项服务不断健全，信息安全体系、信息标准化体系和信息工作机制趋于完善。已拥有公文交换、信息资源传播、数字图书馆、视频会议、应急指挥等应用系统。开通了宁夏人民政府门户网站，实现了政府与公众的网上沟通。依托自治区政府专网平台，建设了全区政务服务网上审批、公共服务及电子监察系统，初步实现区、市、县、乡、村五级服务网络，形成了互为贯通、上下联动的政务服务体系。

领域信息化 区级各部门局域网建成率达95%。宁夏发展和改革委员会、人力资源与社会保障厅、公安厅、财政厅、审计厅、地税局、工商局、统计局和国税局等17个厅局，建设了上连对应中央部委、下连各市县区的纵向业务专网，开展了本行业部分业务工作的应用。应用系统的建设和运行使各部门积累了丰富的信息资源库，特别是“金字工程”系列的相关部门其数据库对主要业务的覆盖率达到75%。自治区各部门主要业务信息化总体覆盖率为47%。

区域信息化 银川市、石嘴山市、平罗县、盐池县、永宁县建设了区域性网络中心平台，实现了与所属60%以上党政部门的城域网连接。银川、石嘴山市属单位局域网建成率接近80%，其他市所属单位为40%左右。全区5市全部建设了政府公众网，门户网站拥有率为100%，县级政府门户网站拥有率为96%。各市、县不同程度开展了公文传输、政务信息公开、地区情况介绍、产业特色情况等信息化初级服务项目。

两化融合 经组织707家工业企业进行评估，初步判定处于两化融合卓越水平（创新突破阶段）的企业为0.57%；处于两化融合高级水平（集成提升阶段）的企业为13.58%；处于两化融合中级水平（单项覆盖阶段）的企业为39.18%；处于两化融合初级水平（起步建设阶段）的企业为46.68%。宁夏工业企业两化融合总体水平处于从单项覆盖阶段向集成提升过渡的阶段。其中，企业数字化研发设计工具使用率为51%，企业关键工序数控化率为23.5%，实现核心业务信息化全覆盖的企业为26%。

此外，还建设了宁夏中小企业信息服务平台，为全区中小企业提供信息服务。

【统计数据】

表1 2012年宁夏回族自治区电子信息制造业人员构成情况

企业类别	企业数（家）	年末从业人员总数（人）	人员构成					
			工程技术人员（人）	在总人数中所占比例（%）	管理人员（人）	在总人数中所占比例（%）	研发人员（人）	技术工人（人）
其他内资企业	8	5 809	720	12.4	570	9.8	150	2 333

表2 2010—2012年宁夏回族自治区电子信息制造业基本情况

项目名称	单位	2010年	2011年	2012年
工业总产值（现行价）	万元	220 778	313 990	379 000
工业销售产值	万元	192 575	219 683	230 000
出口交货值	万元	2 528	1 896	2 207
流动资产平均余额	万元	91 121	39 641	70 000
固定资产净值平均余额	万元	215 267	366 747	48 000
资产总计	万元	341 868	396 642	550 000
主营业务收入	万元		273 647	232 380
税金总额	万元	6 347	3 359	13 898
利润总额	万元	22 336	27 003	−28 048
应交所得税	万元	265	2 753	347
从业人员年末人数	人	4 394	5 524	5 809
从业人员工资总额	万元	10 543	15 648	23 607

表3 2010—2012年宁夏回族自治区主要电子信息产品产销量情况

产品名称	单位	产量			销量		
		2010年	2011年	2012年	2010年	2011年	2012年
单晶硅锭	公斤	2 067 000	2 376 000	6 156 505	2 132 000	2 345 000	6 003 047
多晶硅棒	公斤	828 474	1 527 000	3 561 581	821 034	1 342 000	3 369 657
钽电解电容器	万只	41 206	36 000	17 696	38 048	26 000	22 243

表 4　2012 年宁夏回族自治区软件产业人员构成情况

企业类别	企业数（家）	年末从业人员总数（人）	人员构成			
			管理人员（人）	在总人数中所占比例（%）	软件开发研究人员（人）	在总人数中所占比例（%）
国有企业	5	294	117	39.8	177	60.2
私营企业	88	2 711	493	18.2	2 217	81.8

表 5　2010—2012 年宁夏回族自治区软件产业基本情况

项目名称	单位	2010 年	2011 年	2012 年
软件业务收入	万元	43 856	53 021	64 245
软件业务出口收入	万美元	16	24	24
软件产品销售收入	万元	20 654	22 338	22 660
增加值	万元	17 104	21 208	26 340
流动资产平均余额	万元	27 440	39 641	40 473
固定资产投资额	万元	23 129	36 675	12 976
资产合计	万元	50 569	72 966	94 934
负债合计	万元	24 060	35 731	44 059
税金总额	万元	2 711	2 874	2 957
利润总额	万元	4 452	10 351	6 564
应交所得税	万元	265	675	817
从业人员年末人数	人	1 610	2 326	3 005
从业人员工资总额	万元	4 105	6 897	10 628

表 6　2010—2012 年宁夏回族自治区软件产业主要经济效益指标完成情况

项目名称	单位	2010 年	2011 年	2012 年
全员劳动生产率	元/人	106 236	91 178	87 655
流动资产周转率	次	1.6	1.3	1.6
产品销售率	%	100	100	100
总资产贡献率	%	15	18.7	10.5
资产保值增值率	%	120	130	150
资产负债率	%	47.6	49	46.4

注：表 1—表 6 数据来源于宁夏回族自治区经济和信息化委员会。

[撰稿：吴燕燕　审稿：文建国]

新疆维吾尔自治区

【综述】

2012 年，新疆维吾尔自治区（以下简称新疆）电子信息产业实现业务收入 118 亿元。其中，电子信息制造业实现主营业务收入 63 亿元，同比增长 20%，实现利润 2.26 亿元；软件和信息服务业实现主营业务收入 54 亿元，同比增长 15%，实现利润 3.3 亿元。全行业连续 10 年保持增长态势。

电子信息制造业

2012 年，新疆电子信息制造业紧紧抓住优势资源转换战略和加快推进新型工业化道路的契机，不断调整产业结构、改善产业环境、提升企业自主创新能力，取得较好的生产、经营业绩，主营业务收入和利润呈上升趋势。电子元件产量同比增长 487%，IC 卡芯片产量同比增长 106%，多晶硅产量同比增长 81%，光伏应用同比增长 20%。电子信息制造业进入稳定的发展期。

特变电工新疆新能源股份有限公司是中国最早从事太阳能系统集成工程设计和建设、集成技术研发和光伏产品制造的企业之一。经过十余年快速发展，已经形成以光、风、火等电力工程服务为核心的主营业务结构，专注于向客户提供各类电力项目开发、投融资、EPC（设计、建设、调试、运营维护）一体化的可靠、高效清洁能源解决方案。2012 年，实现销售收入 216 337 万元，利润总额 5 607 万元，上缴利税 2 323 万元，出口创汇 89.58 万美元，获得 EPC 等项目 24 个，实现装机容量 451MW。该公司所生产的光伏组件可保障输出功率在 12 年内不低于 92%、在 25 年内不低于 85%，达到行业产品质量保证的最高水平。

新特能源股份有限公司 2012 年实现销售收入 2.94 亿元。在全球光伏行业整体进入寒冬、大量企业及在建工程停产、转产的不利条件下，该公司克服重重困难，加快国家重点工程三期 1.2 万吨/年多晶硅、配套 2×350MW 热电联产项目建设。该项目采用冷氢化技术，在一、二期基础上，进一步加大全循环、全产业链、能源综合利用模式建设，能耗、物耗进一步降低，生产能耗和产品品质处于国内领先水平、国际先进水平。

新疆众和股份有限公司在全行业发展面临巨大压力情况下，抢抓市场，提升产品品质，推进管理创新，加快新产品研发量产，保持了生产经营平稳运行。2012 年，实现销售收入 22 亿元，产能利用率高于行业平均水平。该公司立足新疆区域和资源优势，实施双轮驱动战略，即在做精做强电子新材料产业基础上，积极发展其他铝基材料新产品。年内，其 9 万吨/年新型功能及结构件专用一次高纯铝项目投产，围绕交通轻量化、电力工业用铝合金材料的发展，开发了合金等产品并推向市场，实现了产业延伸。

软件和信息服务业

2012 年，新疆软件和信息服务业快速发展，110 家规模以上软件企业实现主营业务收入 54 亿元，同比增长 15%。其中，软件业务总收入 35.26 亿元，同比增长 21%。软件业务总收入中，软件产品收入 5.03 亿元，同比增长 27%；信息系统集成服务收入 26.13 亿元，同比增长 13%；信息技术咨询服务收入 2.69 亿元，同比增长 87%；数据处理和运营服务收入 1.28 亿元，同比增长 167%；嵌入式系统软件收入 0.13 亿元，同比增长 117%。

软件企业数量稳步增长，新认定软件企业 14 家，全区软件企业总数达到 88 家。新疆虹联信息技术有限公司、克拉玛依红有软件有限公司通过认定，成为国家规划布局内重点软件企业。按照《新疆维吾尔自治区计算机信息系统集成企业能力评估办法》，年内完成信息系统集成企业能力评估 56 家。其中，甲级 1 家，乙级 2 家，丙级和丁级 53 家，全区系统集成企业总数达到 369 家。

2012 年，新疆虹联信息技术有限公司经营收入 3.49

亿元，同比增长 2.1%；软件业务收入 1.5 亿元，占总收入的 43%，同比增长 8%。其中，软件产品收入13 417.88 万元，集成收入 1 582 万元。该公司攻克多语种、物联网、数据直报、云计算等多项核心关键技术，并形成部分相关产品，截至 2012 年底，登记软件产品 24 项，获得 13 项软件著作权证书。

2012 年，克拉玛依红有软件有限公司经营收入 1.7 亿元，同比增长 78.4%；软件业务收入 1.07 亿元，同比增长 63.7%，占总收入的 62.9%。其中，软件产品收入 4 360 万元，占软件业务收入的 40.7%；信息系统集成收入 4 580 万元，同比增长 64.5%。该公司以石油企业和政府信息化研究、设计、开发和运维等服务为主营业务，已申报计算机信息技术发明专利 13 项，其中获得 1 项授权证书，拥有软件著作权 26 项。

科技进步与应用

2012 年，新疆电子信息产业加强技术创新，大力引导和推动行业技术创新和技术改造，全年共投入研发资金 2.1 亿元，完成固定资产投资 22.2 亿元。主要做法如下：

一是加快高纯铝结构材料、LED 材料等电子新产品的研发。新疆紫晶光电技术有限公司成功研制生产出 35KG 和 50KG 蓝宝石晶体，填补了自治区 LED 产业空白。

二是加快研制高效率、大容量和适销对路的太阳能光伏发电产品。新能源股份公司成功研制 1 250KW 集中式光伏逆变器，标志着中国在光伏并网逆变器技术领域进入新的阶段；新疆大全新能源有限公司投资 22 亿元的 5 000 吨/年多晶硅项目进展顺利，8 月底点火试生产；中亚环地公司投资 5 000 万元的高效太阳能光伏产品、风光互补发电系统生产基地项目 8 月初试生产，已形成 25MW 光伏组件生产能力。

三是加快实施电子铝箔、电极箔、多晶硅等技术改造项目。新疆众和股份有限公司投资 50 亿元的电子新材料产业园提前一年完成一期目标，二期已进入厂房内部施工；特变电工新疆硅业有限公司投资 72 亿元的 12 000 吨/年多晶硅、2×350MW 热电联产项目全面开工建设。

2012 年，软件企业、高校和研究机构获得软件著作权 402 项，同比增长 42%；新登记备案软件产品 6 批 102 个，同比增长 40%。软件企业围绕多语种信息技术开展技术创新和产品创新。其中，多语种信息技术产品 12 项，约占 12%，产品涉及信息采集、信息检索、即时翻译、文字转换、内容安全管理等方面。各类信息管理系统产品 38 项，约占 37%。

信息基础设施建设

截至 2012年底，新疆电信业务总量达到 246.7 亿元，业务收入 190.3 亿元；电话用户 2 548.6 万户。其中，移动电话用户 2 008.5 万户，固定电话用户 540.1 万户；互联网宽带用户 255 万户，移动互联网用户 1 209.9 万户。全区固定电话普及率 24.5 部/百人，移动电话普及率 90.9 部/百人。全区光缆线路总长度达到 36.8 万千米。

2012 年初，正式启动了乌鲁木齐市三网融合试点工作，制定完成三网融合试点总体实施方案，各项试点工作稳步推进，重点完成了《新疆维吾尔自治区 IPTV、手机电视集成播控平台二期工程建设》及《新疆维吾尔自治区信息网络监管平台建设》两大试点核心工程的可行性研究报告。

信息技术应用

两化融合 2012 年，制定并下发《自治区 2012 年“两化”融合示范工程实施方案》，指导各地编制 2012 年工作计划和具体实施方案。两化融合试点示范工作稳步推进，确定 66 家、累计确定 180 家自治区级两化融合示范企业；确定 3 家、累计确定 6 家工业园区为自治区级两化融合试验区。企业两化融合评估进展顺利，制定了新疆企业两化融合评估指标体系，完成了两化融合评估综合服务网站建设，实现近百家企业的网上评估。“数字企业”试点工作已在全区 8 个地州展开，全区数字企业达 1 000 多家。据不完全统计，全区超过 86%的企业建立了外部网站，78%的企业应用了生产经营信息化系统。初步形成自治区、地州（市）和县市（区）三级经济和信息化系统共同推进的两化融合工作体系及一支由区内 21 家 IT 企业组成的两化融合支撑服务队伍。

电子政务 自治区电子政务专网网络中心完成建设并投入应用，电子政务内网（专网）可有效保障全区各项工作的高效运转，电子政务外网应用工作取得进展。自治区人口基础信息库、自然资源和空间地理基础信息库、宏观经济数据库等51个数据库基本建成。基于企业法人库的基础信息共享交换平台建设初见成效，基本实现了工商、质监、国税、地税等部门的基础信息数据交换和比对。基于“天山政务云”的自治区信息共享交换平台建设进入可行性研究阶段，一个涵盖法人、人口、自然资源和基础地理、宏观经济、文化、政府人员业务信息的实时共享交换平台正在积极筹建。此外，还积极利用信息化手段建设和打造创新社会管理平台。

社会领域信息化 “新疆教育网络信息工程”专网建设基本完成，文化信息资源共享工程取得较大进展，民政系统加快构建集社会组织、社会管理、慈善捐助、社区工作、社会救助等多项业务为一体的综合应用共享平台，人力资源和社会保障核心业务应用系统应用取得实效，粮油信息监测预警系统监测范围覆盖全区各地州市和规模以上粮油收储、加工企业和粮油批发市场，环境保护系统启动了主要污染物总量控制地理信息平台项目建设，质量监督系统在其政务外网完成或支撑了“12365”指挥中心、代码、标准文献、政务公开、电子标签和特设监管等应用，医疗卫生系统信息化项目建设全面展开，国土资源系统信息化全面推进“一张图”及核心数据库建设，水利系统防汛抗旱指挥系统二期工程及基础数据库建设加快实施，并完成了西北跨界河流水资源信息服务系统建设。

农业农村信息化 2012年，全区“乡乡能上网”、“村村通电话”和“村村通广播电视”的三大目标全部实现。全疆拥有100多家涉农网站，321个乡镇建立了综合信息服务站，拥有区、地、县、乡四级农业信息员队伍计4 000余人。农业农村信息化对促进全区现代农业发展的作用日渐显现。

电子商务 数字认证网上应用服务发展迅速，发放数字证书超过10万张。乌鲁木齐市高新区和伊犁州奎屯市获批为国家电子商务示范基地。面向中亚、俄罗斯市场的跨境电子商务平台和依托新疆特色优势资源的垂直型电子商务平台发展较快。一批支撑电子商务发展的重要系统正在建设或运行。

数字城市 新疆十多个城市已开展“数字城市”建设。“数字克拉玛依”建设成果已在数字强政、数字惠民和数字兴业三个方面取得实效，“数字奎屯”、“数字石河子”通过国家验收并正式开通运行，“数字巴州”、“数字伊宁”建设项目取得阶段性成果，“数字塔城”、“数字博乐”已列入建设计划。

物联网 积极开展新疆物联网产业发展规划、制度等方面研究，完成了《新疆重点领域重点行业物联网应用方案》和《新疆物联网发展规划（征求意见稿）》。组织企业申报国家物联网项目，2012年，争取到工业和信息化部4个项目、900万元支持，带动了7 000多万元投资。

热点

“天山云”计划 2012年，新疆云计算产业取得较大进展。已启动“天山”媒体云、“天山”政务云、“天山”石油云等一批云计算应用示范项目。建立健全了云计算产业发展领导组织机构，起草了《新疆维吾尔自治区关于促进云计算产业发展的若干政策》，提出了《关于以信息化加快新疆经济社会发展的建议》。克拉玛依、乌鲁木齐云计算产业园区规划设计取得突破，克拉玛依云计算产业基地的前期调研、规划、论证工作基本完成，一期工程设计已启动，并获自治区批准成为自治区级园区；乌鲁木齐云计算产业基地制定了较为全面的工作计划，初步确定了云计算产业基地选址，完成了园区规划纲要的编制。工业和信息化部将新疆云计算产业发展列为支持重点，并作为重点工作加以安排。招商引资工作也取得成效，国内外20多家著名云计算企业已来新疆考察发展环境，华为技术有限公司、中兴通讯股份有限公司、曙光信息产业股份有限公司、国家测绘局信息中心、IBM中国有限公司已与新疆签订了战略合作协议。

多语种软件研发及应用 多语种软件研发及应用取得新成果，工业和信息化部电子发展基金重大专项“维哈柯语言文字软件开发及产业化”全面完成，研发完成多语种操作系统、办公软件、电子词典、嵌入式软件、电子政务、农村信息化应用软件20余项，并在天山南北信息化建设中广泛应用，提高了新疆各民族信息技术应用水平。维哈柯专项产品已在部分地区广泛推广使用，累计有980多万人次使用维哈柯文多语种网站和系统；在168所中小学校的1 600多个班部署了双语教学软件；推广基于PC的维哈柯输入法26 980套、手写识别产品20 000套、维语手机10万部。

【统计数据】

表 1　2012 年新疆维吾尔自治区电子信息制造业人员构成情况

企业类别	企业数（家）	年末从业人员总数（人）	人员构成					
			工程技术人员（人）	在总人数中所占比例（%）	管理人员（人）	在总人数中所占比例（%）	研发人员（人）	技术工人（人）
内资企业	14	9 365	1 773	18.9	196	2.1	298	7 088
国有企业	1	95	55	57.9	5	5.3	25	10
有限责任公司	6	1 254	218	17.4	142	11.3	28	866
股份有限公司	3	5 696	1 199	21.0	22	0.4	237	4 238
私营企业	4	2 320	301	13.0	27	1.2	8	1 974

表 2　2010—2012 年新疆维吾尔自治区电子信息制造业基本情况

项目名称	单位	2010 年	2011 年	2012 年
工业总产值（现行价）	万元	408 788	551 121	675 445
工业销售产值	万元	372 634	533 567	634 696
出口交货值	万元	29 405	46 561	45 546
流动资产平均余额	万元	296 387	683 665	693 479
固定资产净值平均余额	万元	302 191	343 136	690 862
资产总计	万元	750 896	2 075 441	2 125 883
负债合计	万元	378 222	1 258 394	1 270 123
主营业务收入	万元	336 655	534 574	630 168
税金总额	万元	908	743	2 150
利润总额	万元	64 197	53 830	22 636
应交所得税	万元	1 829	6 589	2 193
从业人员年末人数	人	6 017	6 594	9 365
从业人员工资总额	万元	18 850	33 249	54 759

表 3 2010—2012 年新疆维吾尔自治区电子信息制造业主要经济效益指标完成情况

项目名称	单位	2010 年	2011 年	2012 年
流动资产周转率	次	1.13	1.09	0.92
产品销售率	%	91.2	96.8	94.0
总资产贡献率	%	9.3	3.4	0.6
资产保值增值率	%	109.5	142.1	109.8
资产负债率	%	50.4	60.6	59.8

表 4 2010—2012 年新疆维吾尔自治区主要电子信息产品产销量情况

产品名称	单位	产量			销量		
		2010 年	2011 年	2012 年	2010 年	2011 年	2012 年
热敏电阻	万只	324	476	205	269	309	502
晶圆片	万片	2 080	3 096	3 116	2 180	3 088	3 084
多晶硅	吨	938	1 698	3 075	938	1 698	3 075
电子铝箔	吨	22 805	26 418	20 827	23 006	25 671	19 432
电极箔	万平方米	84.9	169.4	143.4	84.9	168.3	117.7
碳化硅晶片	万片	1.2	0.8	1.0	1.2	0.8	0.96
碳化硅	吨	53 133	62 019	38 009	49 311	67 342	33 014
太阳能组件	千瓦	12 010	15 201	1 150	11 500	12 010	1 050

表 5 2012 年新疆维吾尔自治区软件产业人员构成情况

企业类别	企业数（家）	年末从业人员总数（人）	人员构成			
			管理人员（人）	在总人数中所占比例（%）	软件开发研究人员（人）	在总人数中所占比例（%）
内资企业	396	9 772	1 522	15.6	2 342	24.0
国有企业	2	379	39	10.3	141	37.2
有限责任公司	359	7 642	1 299	17.0	1 604	21.0
股份有限公司	4	1 531	115	7.5	523	34.2
私营企业	31	220	69	31.4	74	33.6

表 6　2010—2012 年新疆维吾尔自治区软件产业基本情况

项目名称	单位	2010 年	2011 年	2012 年
软件业务收入	万元	196 988	290 675	352 604
软件产品销售收入	万元	36 210	39 427	50 269
流动资产平均余额	万元	108 012	176 571	191 658
固定资产投资额	万元	3 895	11 193	7 183
资产合计	万元	263 896	361 719	438 069
负债合计	万元	104 699	177 727	206 445
税金总额	万元	162 311	19 059	23 098
利润总额	万元	21 122	35 787	32 533
应交所得税	万元	153 150	4 087	4 664
从业人员年末人数	人	7 219	9 119	9 642
从业人员工资总额	万元	27 093	42 283	48 961

表 7　2010—2012 年新疆维吾尔自治区软件产业主要经济效益指标完成情况

项目名称	单位	2010 年	2011 年	2012 年
流动资产周转率	次	3.1	2.7	2.8
总资产贡献率	%	67.4	84.7	10.9
资产保值增值率	%	139	142	158
资产负债率	%	39.7		47.1

注：表 1—表 7 数据来源于新疆维吾尔自治区经济和信息化委员会。

[撰稿：李义胜　审稿：哈丹·卡宾]

大 连 市

【综述】

电子信息产品制造业

大连市电子信息产品制造业包括数字视听、半导体集成电路、通信网络、工业应用电子、电子元器件、计算机外部设备、汽车电子等，主要产品有液晶电视机、集成电路、LED 芯片、汽车音响、蓝光视盘机、手机、打印机、半导体分立器件、程控交换机、移动通信基站等。大连辽无二电器有限公司、大连环宇阳光集团、中国华录集团有限公司在第 27 届全国电子百强中的排名分别位居第 52 位、第 53 位、第 62 位。

2012 年，大连市有规模以上电子信息产品制造业企业 202 家，职工人数 110 298 人。实现主营业务收入 805.6 亿元，同比增长 0.6%；利润总额 42.2 亿元，同比下降 7.5%。全年完成基本建设投资 4.03 亿元，技改项目投资 1.45 亿元。研发投入资金 1.3 亿元，同比增长 7.4%。

重点产品产量　汽车音响 879 万台，同比增长 28.1%；程控交换机 216 万线，同比增长 200%；手机 70.7 万部，同比下降 61.2%；激光视盘机 168 万台，同比下降 53.8%；液晶电视机 74 万台，同比下降 58.2%；打印机 65 万台，同比下降 12.5%；集成电路 18 903 万块，同比下降 24.8%；半导体分立器件 119 442 万只，同比下降 7.3%。

半导体行业　2012 年，大连市共有半导体企事业单位 90 余家，业务涵盖半导体集成电路制造、集成电路与器件设计、半导体光电子、半导体设备、半导体光伏和半导体应用材料等领域，全年完成工业总产值 126.4 亿元，出口交货值 7.9 亿元，从业人员 11 000 多人。

英特尔大连芯片厂受世界市场变化影响和英特尔全球生产计划调控，主导产品除芯片组外又增加了嵌入式芯片产品；大连宇宙电子有限公司 VDMOS 产品打入印度市场，全年销售收入 13 亿元，同比增长 30%；大连德豪光电科技有限公司 LED 芯片项目于 2011 年底投产，2012 年月产 4 英寸芯片 3 万片，成为大连市半导体照明的新领军企业之一。

软件和信息技术服务业

2012 年，大连市有软件和信息技术服务业企业 1 476 家，比上年增加 65%。其中，百人以上规模企业 200 多家，千人以上规模企业 24 家；从业人员 16.6 万人，当年实现业务收入 1 026 亿元，出口 34 亿美元。软件和信息技术服务业重点涵盖金融、电信、保险、电力、通信、工业等行业的应用软件开发与技术支持，电子产品、汽车、工业自动控制等嵌入式系统开发，企业管理、公共事业领域的信息化应用，互联网、电子商务、电子政务应用，数据处理、客户交互服务、后台办公等业务流程外包，工业及 IC 设计等业务领域，吸纳近 70 家世界 500 强企业和著名跨国公司在大连市设立分支机构。

产业集群发展　高新园区重点发展千亿产业集群，大连设计城投入运营，海事大学科技园、亿达信息谷、华信国际软件园、船舶设计港等重点工程正在建设中，航天软件研发产业园、大连电子商务产业园、中国再生资源交易所、中国电信北方中心项目启动建设。省市区共建的大连软件和信息技术公共服务平台建设完成并投入运营。集群中软件和服务外包企业总数达到1 105 家，从业人员 12.2 万人。

重点项目建设　引进德国阿迪达斯亚太区财务共享中心、美国辉瑞财务共享中心、印度英孚瑟斯研发中心和日本三井物产呼叫中心等外资项目，鞍钢工控软件公司、北良港集团总部、东北特钢软件研发中心、华电重工煤化工设计院等内资项目；东北亚现货商品交易所投入运营；航天科技集团航天软件研发产业园、中国电信北方中心项目建设启动。

产业园区建设　在原有大连软件园、大连腾飞软件园、大连天地软件园及各区软件产业园区基础上，陆续启动了大连华信软件园、亿达信息谷、大连生态科技创新城等产业园区建设。

新兴业态拓展　发展网络产业、数字内容、工业设计、云计算等新兴业态，截至 2012 年底，有网络电子商务类企业 338 家，动漫企业 159 家，工业设计企业 105 家。大连华信计算机股份有限公司、东软集团（大连）有限公司、大连文思海辉信息技术有限公司等企业涉足云计算技术，在“健康云”、“培训云”、“物联网监管云”、“软件测试云”和云数据中心等方面进行技术研发与项目构建。

自主创新能力建设　大连市软件企业通过创新产品提升竞争力。大连现代高技术有限公司在智能交通领域长期进行技术积累和产品研发，2012 年中标大连市地铁和轨道交通自动售检票清分系统一期工程以及出租车服务管理系统。大连四达高技术发展有限公司研发飞机数字化装配产品 25 种，用于沈飞 C919 大型客机制造。大连贝斯特电子有限公司研发的海岸电台系统进入国内市场，占有 10%市场份额。亿达信息技术有限公司依靠自主研发的手机无卡支付系统为招商银行提供手机移动支付解决方案，年内投入使用。孚诺科技大连有限公司研发的无线移动医疗产品进入北京市场，北京大学人民医院、北京燕化医院成为该产品第一批使用者。

公共服务平台建设　2012 年 11 月 30 日，大连软件和信息技术公共服务平台启动运营，将为大连市软件和信息技术服务企业提供软件产品登记测试、软件成果鉴定测试、软件项目验收测试、国内外测试外包、驻场第三方全程测试等服务，并开展信息系统安全等级测评、涉密信息系统安全保密测评、信息安全风险评估、信息系统安全检查等工作。

科技进步与应用

中国华录集团有限公司在数字视听领域自主研发数字家庭智能终端、多业务系统平台，形成 10 项自主知识产权产品，国内领先。关键技术有数字家庭机顶盒、网关设备、数字家庭终端软件、支持全媒体统一搜索和导航的多业务系统平台。

大连环宇阳光集团在新一代信息安全网络管控系统技术领域针对移动终端研发的信息管控技术取得重大突破。该技术广泛应用于涉密企事业单位，填补国内空白。主要产品有支持 2G/3G 现网 GSM、CDMA、TD-SCDMA、CDMA2000、WCDMA 等 5 种制式的终端设备。

大连聚龙金融安全装备有限公司首次运用物联网和云计算技术对纸币现金流通过程实现智能化管理，可提高效率并保障金融安全，技术国内领先。新产品有纸币现金冠字号码识别系统终端。

大连中盈电子有限公司自主研发 32 针高速打印机，可提高打印速度，增强多层复写能力，处于国内领先地位。

大连东方科脉电子有限公司自主研发大尺寸彩色电子纸，并在国内首家生产，处于领先水平。新产品有大尺寸黑白电子纸、彩色电子纸。

集成电路设计企业有 20 余家。其中，大连维德集成电路有限公司和大连精拓光电有限公司被国家新认定为集成电路设计企业。大连硅展科技有限公司的智能无线充电管理芯片和无线充电终端产品实现量产，拥有自主知识产权。

大连科利德化工科技开发有限公司的高纯三氯化硼项目获得“极大规模集成电路制造装备及成套工艺”国家科技重大专项立项，研制成功后将突破高纯三氯化硼纯化净化、分析检测、洁净充装等关键技术，提高产品纯度和洁净度，打破国外垄断。

大连融科储能技术发展有限公司的大容量全钒液流储能电池在新型离子膜、电解液、兆瓦级电池系统模块等技术上实现突破，可提高储能密度，降低产品成本。

信息化建设

“无线城市”示范建设 开展“无线城市”建设是 2012 年大连市政府工作报告中的重点工作，主要进行了无线网络基础设施建设和“两个示范区、两个示范行业”的重点工程建设，即：中山区和金州新区作为“无线城市”建设的两个先行示范区，开展无线网络覆盖和无线应用建设；医疗和旅游作为“无线城市”建设的两个重点应用示范行业，分别开展智慧旅游和无线医疗应用建设。2012 年，新建 AP 3.4 万个，其中包括大功率基站型 AP 1 534 个（用于广场、景区等大范围覆盖区域），全市共累计完成 7 万个 WLAN AP 建设，基本实现大连市城区、旅游景点、商业区、乡镇等区域的无线覆盖。此外，借助召开第 10 届中国国际软件和信息服务交易会契机，在会议展览现场搭建了 TD-LTE 4G 试验网络并进行现场示范，为 2013 年建设 4G 网络打下基础。

两化融合 结合国家新型工业化示范基地和辽宁省重点产业集群及工业园区建设，推进船舶产业链和互感器产业集群的信息化应用。针对大连船舶重工集团等重点船舶制造企业以及产业配套企业的信息化建设需求，推荐大连市 IT 企业提供服务。针对普兰店互感器产业集群，举办“互感器企业信息化应用与软件企业对接交流会”。促成大连船舶重工集团等 22 家骨干企业与大连市软件企业的项目合作。通过实施船舶产业链信息化应用推进，使重点造船企业从单项应用向综合集成应用发展，使大连船用柴油机有限公司等一批配套企业实现 ERP/PDM 应用，推动船舶生产的协同与创新发展。通过实施互感器产业的信息化应用与大连 IT 企业自主创新对接交流工作，推动互感器产业集群的信息化建设探索和实践，促进产业集群整体信息化水平的提高。

三网融合 大连天途有线已覆盖大连市内 4 区及 7 个县市区，覆盖人口 600 多万，服务用户总规模超过 190 万户。其中，本网数字电视用户 160 万户，接入社会投资建网用户 30 万户。2012 年 12 月 20 日，开通高清互动点播业务功能，对市内近 50 个小区（5 万用户）成功实施了双向网改，并与本地企业共同实施了“一根线”入户工程和“基于三网融合条件下的信息服务平台”建设推广项目。“一根线”入户工程规划试点用户 3 000 余户；“基于三网融合条件下的信息服务平台”建设推广项目实现年 60 万人次的访问量。

大连联通 IPTV 项目的业务平台和内容经过扩容后可支持 10 万用户需求，并发量支持 4 万户，目前开通直播频道 109 个，高清频道 7 个。点播库总时长约 4 万小时，支持 72 小时回看，60 分钟时移。截至 2012 年底，已有互动电视用户约 2 万户。大连移动视频类业务主要是开通手机视频和电视业务。目前活跃用户 9 万户，基本业务可收看两个频道，订购相应套餐可收看 CCTV1、CCTV5、精彩体育等更多频道。大连电信天翼视讯业务包括网站和客户端两个产品，已与 CCTV6、湖南卫视、浙江卫视、江苏卫视、辽宁卫视等开展合作，并与中央数字传媒等数字电视机构合作，目前拥有 30 个数字付费频道。

物联网应用　抓住国家发展物联网契机，结合大连市经济发展特点，在装备制造、电力、数字医疗、农业生产、智能家居等领域开展物联网应用示范，一批示范项目正在实施。

船舶海工建造人员识别定位及安全管理系统依托中远船务集团，专门针对船舶海工建造行业，利用 RFID 技术实现人员精确定位管理。研发的红外唤醒等自主知识产权技术已在中远船务集团南通分公司等 4 个公司应用。

大连益利亚工程机械有限公司在消化吸收国内外先进技术基础上，开发出起重机械安全监控物联网综合服务平台。该项目申请 5 项技术专利，填补了中国在基于物联网技术的起重机械安全监控管理方面的空白。大连市已有 2 000 多台塔式起重机安装了硬件终端并实现网络联网监控。

信息安全　一是编制大连市网络与信息安全应急预案。由大连市经济和信息化委员会牵头组织各有关单位制定《大连市网络与信息安全应急预案》，以市政府文件（大政办 [2012] 60 号）下发。该预案将网络与信息安全事件做了分类与分级，明确市委市政府各相关部门在网络与信息安全事件发生后的职责，要求各地区和相关部门做好网络与信息安全事件的预防、监测和预警，对应急处置、后期处置、应急保障和监督管理等制度体系也做了相关规定。

二是编制《信息系统安全检查规范》辽宁省地方标准。该标准已通过辽宁省质量技术监督局的审批。标准整体框架分为管理规范和技术规范两个部分，对检查形式、检查内容、过程管理等建立了相应规则，并结合信息系统相关各要素、要素之间的关联及与信息安全的关系，建立了相应的约束规则。

【统计数据】

表 1　2012 年大连市电子信息制造业人员构成情况

企业类别	企业数（家）	年末从业人员总数（人）	其中：研发人员（人）
内资企业	95	28 067	6 466
国有企业	4	7 790	1 453
集体企业	1	1 100	
有限责任公司	29	8 012	2 902
股份有限公司	11	3 305	381
私营企业	49	7 761	1 693
其他内资企业	1	99	37
港、澳、台商投资企业	18	8 783	226
三资企业	89	73 448	624

表 2 2010—2012 年大连市电子信息制造业基本情况

项目名称	单位	2010 年	2011 年	2012 年
工业总产值（现行价）	万元	7 009 563	8 029 606	8 095 653
工业销售产值	万元	6 950 654	7 979 164	7 885 098
出口交货值	万元	4 397 947	5 342 396	4 447 037
流动资产平均余额	万元	3 572 546	3 997 873	4 381 027
固定资产净值平均余额	万元	1 421 267	1 373 488	1 672 918
资产总计	万元	6 285 413	6 447 281	8 196 271
负债合计	万元	3 340 770	2 677 938	3 492 587
主营业务收入	万元	7 010 996	8 011 081	8 056 148
税金总额	万元	76 008	158 451	167 882
利润总额	万元	449 296	456 447	422 418
应交所得税	万元	83 840	77 988	849 862
从业人员年末人数	人	105 231	100 302	110 298
从业人员工资总额	万元	421 477	444 738	569 447

表 3 2010—2012 年大连市电子信息制造业三资企业基本情况

项目名称	单位	2010 年	2011 年	2012 年
工业总产值（现行价）	万元	4 253 305	4 279 577	4 319 319
工业销售产值	万元	4 269 739	4 268 192	4 160 499
出口交货值	万元	3 291 168	3 040 317	2 768 780
流动资产平均余额	万元	1 703 954	1 659 508	1 754 941
固定资产净值平均余额	万元	795 839	816 189	861 571
资产总计	万元	2 752 829	2 640 872	2 805 056
负债合计	万元	1 182 018	1 138 312	1 286 533
主营业务收入	万元	4 230 712	4 210 799	4 138 455
税金总额	万元	32 707	114 802	108 806
利润总额	万元	241 616	151 383	121 442
应交所得税	万元	37 973	32 573	39 078
从业人员年末人数	人	79 384	72 940	73 537
从业人员工资总额	万元	299 231	300 368	372 988

表 4　2010—2012 年大连市电子信息制造业主要经济效益指标完成情况

项目名称	单位	2010 年	2011 年	2012 年
全员劳动生产率	万元/人	14.0	17.1	16.2
流动资产周转率	次	1.96	2.0	1.84
产品销售率	%	99.2	99.4	97.4
总资产贡献率	%	10.2	10.1	9.1
资产保值增值率	%	94.6	130.9	100.1
资产负债率	%	53.2	41.7	49.4

表 5　2010—2012 年大连市电子信息制造业三资企业主要经济效益指标完成情况

项目名称	单位	2010 年	2011 年	2012 年
全员劳动生产率	万元/人	11.1	11.2	13.6
流动资产周转率	次	2.48	2.54	2.36
产品销售率	%	100.4	99.7	96.3
总资产贡献率	%	10.2	10.3	8.8
资产保值增值率	%	117.3	106.7	90.8
资产负债率	%	42.9	43.1	45.9

表 6　2010—2012 年大连市主要电子信息产品产销量情况

产品名称	单位	产量			销量		
		2010 年	2011 年	2012 年	2010 年	2011 年	2012 年
手机	万部	56.4	182.2	70.7	57.1	182.2	70.7
程控交换机	万线	64	72	216	64	72	216
移动通信基站	信道	1 088 880	103 350	99 570	108 880	103 350	99 570
液晶电视机	万台	472.4	177	74	476.5	182	74
激光视盘机	万台	298	364	168	290	366	171
打印机	万台	85.1	74.3	65	82.6	73.6	66
半导体分立器件	万只	104 271	128 884	119 442	92 734	138 501	122 930
集成电路	万块	26 974	25 153	18 903	30 821	25 403	19 404
汽车音响	万台	570	686	879	571	681	873

表 7　2010—2012 年大连市三资企业主要电子信息产品产销量情况

产品名称	单位	产量			销量		
		2010 年	2011 年	2012 年	2010 年	2011 年	2012 年
液晶电视机	万台	235.3	177	74	236.8	182	74
打印机	万台	85.1	74.3	65	82.6	73.6	66
集成电路	万块	271	3 639	3 458	271	3 639	3 458
汽车音响	万台	120	111	153	120	110	152

表 8　2012 年大连市软件产业人员构成情况

企业类别	企业数（家）	年末从业人员总数（人）	人员构成			
			管理人员（人）	在总人数中所占比例（%）	软件开发研究人员（人）	在总人数中所占比例（%）
内资企业	1 119	96 489	12 225	12.7	69 775	72.3
国有企业	28	4 880	1 037	21.3	3 581	73.4
集体企业	18	707	120	17.0	510	72.1
股份合作企业	9	1 119	172	15.4	838	74.9
联营企业	2	202	24	11.9	164	81.2
有限责任公司	323	28 335	3 697	13.0	20 690	73.0
股份有限公司	85	17 287	904	5.2	13 474	77.9
私营企业	634	42 747	6 100	14.3	29 779	69.7
其他内资企业	20	1 212	171	14.1	739	61.0
港、澳、台商投资企业	4	240	46	19.2	194	80.8
三资企业	353	69 434	5 699	8.2	63 103	90.9

表 9　2010—2012 年大连市软件产业基本情况

项目名称	单位	2010 年	2011 年	2012 年
软件业务收入	万元	4 281 341	7 053 571	10 260 891
软件业务出口收入	万美元	163 570	270 433	340 185
软件产品销售收入	万元	1 567 010	2 198 391	4 004 233
增加值	万元	795 471	1 940 185	1 781 330
流动资产平均余额	万元	941 675	1 754 661	4 097 819
固定资产投资额	万元	57 659	78 406	221 272

续表

项目名称	单位	2010年	2011年	2012年
资产合计	万元	1 910 331	4 381 358	12 963 672
负债合计	万元	971 990	2 447 382	7 320 192
税金总额	万元	128 445	138 431	431 308
利润总额	万元	398 781	571 161	918 500
应交所得税	万元	35 381	85 754	211 343
从业人员年末人数	人	79 877	131 769	159 800
从业人员工资总额	万元	478 899	849 502	1 435 978

表10 2010—2012年大连市软件产业三资企业基本情况

项目名称	单位	2010年	2011年	2012年
软件业务收入	万元	3 054 468	3 698 428	4 768 985
软件业务出口收入	万美元	161 251	238 716	258 345
软件产品销售收入	万元	1 146 857	1 033 002	1 276 794
增加值	万元	559 716	810 302	996 073
流动资产平均余额	万元	520 571	555 699	740 559
固定资产投资额	万元	10 634	21 586	42 941
资产合计	万元	480 230	1 642 183	3 592 516
负债合计	万元	443 373	1 120 190	2 118 512
税金总额	万元	79 223	41 068	157 347
利润总额	万元	256 978	191 224	392 383
应交所得税	万元	25 430	30 423	45 613
从业人员年末人数	人	56 193	54 303	74 575
从业人员工资总额	万元	326 512	813 178	558 722

注：表1—表10数据来源于大连市经济和信息化委员会。

[供稿：大连市经济和信息化委员会]

宁 波 市

【综述】

电子信息制造业

2012年，宁波市947家规模以上电子信息制造业企业实现工业总产值1 627.67亿元，同比下降0.2%；实现出口交货值677.31亿元，同比下降11.8%；实现利税总额101.9亿元、利润总额72.88亿元，同比分别下降5.6%和10.4%。新一代信息技术产业实现产值693.38亿元，同比增长9.7%。宁波市已经形成液晶平板、太阳能光伏、高亮度LED、电子元器件及材料、计算机及外设电子材料、应用电子产品等在国内占较大比重的特色产业集群。

行业规模不断壮大 2012年，宁波市电子信息制造业实现工业总产值1 627.67亿元，占全市工业比重为13.6%，占全省电子制造业比重为28.1%，经济总量在全省11个省辖市中继续保持第1位，全年生产销售情况好于年初预期。全市电子信息制造业出口占全省电子信息制造业出口的40.5%，连续6年在全省11个省辖市中排名第1位。

根据宁波市经济和信息化委员会重点监测的139家电子信息制造业企业数据显示，新一代信息技术产业引领全行业逐步健康发展，十大分行业中通信设备行业、广播电视行业、电子测量仪器行业、电子计算机行业生产销售实现较快增长。其中，电子测量仪器行业增长52.3%，通信设备行业增长17.7%，广播电视行业增长10.8%，电子计算机行业生产增长15.5%。

龙头企业贡献突出 2012年，宁波市电子信息制造业集聚了一批勇于创新、快速发展的优势企业。宁波奇美电子有限公司以年产值近300亿元跃居浙江省第一大电子信息制造业企业。宁波韵升股份有限公司等5家企业获得“2012年浙江省电子信息制造业30强企业”荣誉称号，宁波科宁达工业有限公司等3家企业获得“2012年浙江省电子信息产业外贸出口10强企业”荣誉称号。宁波韵升股份有限公司首次入围全国电子信息百强，位居“2012年(第26届)全国电子信息百强企业”第64位，是宁波市电子信息企业在全国电子信息百强评选中所获最高排名。

重点行业发展迅猛 2012年，宁波市已形成以保税区为聚集地的集成电路与计算机产业链，以慈溪市、余姚市、鄞州区为聚集地的数字、智能家电产业链，以奉化市、鄞州区为聚集地的通信技术和通讯产品产业链，以高新区、镇海区、余姚市为聚集地的电子元器件产业链和新材料产业链。这些优势产业的集聚，带动了全市电子信息制造业进一步发展，并在国内外形成了较大影响力。

2012年，全行业生产销售未受到出口增速较大幅度下滑的影响，得益于部分龙头企业的生产回升，以及企业主动实现转型升级，快速拓展内销市场的成果。

舜宇集团是一家从事手机摄像模组及相关产品研发设计和生产的国家级高新技术企业，2010—2012年销售产值分别为19.6亿元、26.78亿元和41.8亿元，已成为国内最大的手机摄像模组生产企业，2012年出货量稳居全球前八位。该集团重视研发队伍建设，加大研发投入，已获得各项专利40余项。

宁波一舟投资集团有限公司是一家成立于1991年的通讯线缆生产企业，通过资本积累、品牌创建、产业升级、全球化运营四个阶段的战略经营，实现了由“宁波制造”到“宁波智造”的转型升级，2011年海外收购德国上市公司威运高集团，已成为覆盖研发、生产到品牌销售的全价值链的全球性自主品牌集团公司。拥有10余家跨国子公司，在30多个国家建立了15 000家销售网点。

均胜投资集团主要从事汽车电子零部件制造、项目投资及管理等，是国家高新区重点骨干企业。近年来，该集团加快全球化步伐，通过海外并购德国著名汽车电子企业普瑞集团，实现产业转型升级，目前研发、生产、销售等业务拓展至欧洲、美洲、亚洲地区，已为国际知名品牌保时捷、宝马、奔驰、大众、北美通用和福特配套生产汽车电子零部件产品。获得国家商务部2012年度“最具创新力走出去企业50强”荣誉称号。

宁波均胜汽车电子股份有限公司是均胜集团控股的中外合资汽车电子企业，主要有发动机系统、洗涤器系统、空气循环管理系统、内饰系统四大系列的高科技汽车电子产品，被浙江省经济和信息化委员会认定为第二批省级重点企业汽车电子研究院，获得浙江省政府嘉奖。

宁波奇美电子有限公司总投资18亿元的“奇美电子液晶显示模组扩建项目”开工建设，2012年全年实际投入6.25亿元。2012年底，该公司注册资金由1.8亿美元增资为3.1亿美元。

企业创新投入呈积极态势 截至2012年底，宁波市电子信息制造业企业超过3 000家，规模以上企业947家。面对转型升级的工作任务，企业积极实施创新战略并取得积极成果，全年新一代信息技术入围高成长性企业共19家，占全市高成长性企业比重为15.2%。全市电子信息企业共有省级工程技术中心31家，市级140家，产业联盟1家；“3315”工程项目10项，其中，已落户5项。

软件和信息服务业

2012年，宁波市软件产业继续保持良好增长态势，规模不断扩大，收入、结构和盈利水平实现协同发展，软件服务化趋势明显加快，龙头骨干企业带动性突显，综合竞争力不断提升，全市软件园区、产业政策等各项要素进一步得到保障。

产业规模平稳发展，企业素质继续提升 2012年，宁波市软件业务收入达到178.8亿元，同比增长32.7%。其中，软件产品收入20.4亿元，同比增长27.7%；信息系统集成服务收入29.5亿元，同比增长21.7%；信息技术咨询服务收入8.1亿元，同比增长45.6%；数据处理和运营服务收入35.4亿元，同比增长39.2%；嵌入式系统软件收入79.2亿元，同比增长35.9%；IC设计收入5.5亿元，同比增长26%。

全市新认定软件企业41家，登记软件产品636件；宁波理工监测科技股份有限公司和宁波东蓝数码有限公司再次入选国家重点规划布局软件企业；系统集成资质企业34家，其中，二级资质2家，三级资质13家。37家企业取得CMMI三级以上认证。

销售、利税增长领先其它行业，龙头企业作用显现 2012年，宁波市软件业务收入增速高于全国、全省，占全国、全省的比重分别为0.7%和12.6%。在全市工业企业亏损严重的情况下，软件产业实现利润总额17.2亿元，同比增长13.9%；税金总额11.6亿元，同比增长23.2%，显示出软件行业抵御环境风险的能力高于一般传统产业。

与上年相比，企业规模明显扩大。列入统计的613家企业中，软件企业、信息服务企业、系统集成企业共有166家。在这166家企业中，收入超亿元企业13家(其中，软件和信息服务企业7家，系统集成企业4家，电子商务企业2家)，2家国家重点规划布局软件企业收入分别接近3亿元和2亿元；5 000万元至1亿元企业22家，1 000万元至5 000万元企业131家，实现业务收入62.8亿元，占全部软件收入的35.2%，行业龙头企业对全市软件产业发展贡献突出。

嵌入式系统仍是主导，软件服务化趋势凸显 2012年，宁波市嵌入式系统软件收入79.2亿元，同比增长35.9%，占全市软件产值的44.4%，增速超过全市软件产业增长速度，在全市软件产业中仍占主导地位。实现软件服务收入(含信息技术咨询服务收入、数据处理和运营服务收入) 43.5亿元，同比增长40.4%，高出软件全行业增速7.4个百分点。软件服务收入占软件业务收入的24.4%，比重不断提升。软件服务化趋势突出，成为全市软件产业快速增长的新力量。

软件园建设取得突破 按照“国家火炬计划软件产业基地”申报要求，2012年高新区代表宁波软件园成功申报“国家火炬计划软件产业基地”，有效促进了宁波市软件产业发展所需的信息、技术、资金、服务等各类资源的整合。

一是高新区和鄞州区继续强化软件产业发展，加快软件园建设。高新区IBM智慧物流产业园、占地面积225亩的宁波国际智慧物流软件与信息服务外包产业园项目和总建筑面积5万平方米的软件园二期项目取得新进展；鄞州区以区委区政府“八大产业基地”建设之一的“软件动漫基地”为支撑，重点打造“五个园区”建设，即“国家原创动漫游戏产业基地”、“科技信息孵化产业园”、“清华长三角研究院宁波科技园”、“软件动漫创意园”，“128创新园”。其中，“科技信息孵化产业园”于2011年2月开工建设，园区总建筑面积约12万平方米，将于2013年底建设完成。

二是海曙区、江东区通过不同模式推进特色产业集聚区建设。海曙区电子商务园2万平方米已经开园，中兴通讯股份有限公司、中国科学院等首批16家企业已落户园区，注册资金近亿元，各企业进行装修施工后将陆续入驻；江东区积极推进“淘宝·宁波网商园”建设，利用老工业厂房，引进“淘宝杭州网商园”平台运营商杭州东业网络技术有限公司，总体负责“淘宝·宁波网商园”的建设、招商、运行和服务。预计可以集聚规模以上电子商务营销公司20家，围绕电子商务产业的营运外包公司、信息软件公司30余家。

三是其他地区采取不同方式新建或扩大软件孵化器。余姚市和慈溪市把新建的科创中心和智慧谷纳入软件孵化器管理，提升了软件孵化器的发展空间；镇海区以宁波市大学科技园区为核心，整合利用周边企业闲置厂房，租用天地贸易大楼作为园区孵化发展用房，使园区新增1.8万平方米场地，整个园区面积达到5.3万平方米。各部门配合招商部门共引进信息服务和软件企业45家。宁海县和奉化市积极协调相关部门，已规划一定面积的场地作为本地软件集聚区。

动漫游戏业实现跨越式发展 一是动漫产业集聚区建设初具规模。近年来，宁波市动漫游戏产业主要在鄞州区、高新区和北仑区集聚发展。鄞州区建设了国家动漫游戏原创产业基地，建设面积4万平方米，已集聚动漫企业7家，投资500万元建成动漫创意产业的多功能展馆；北仑区利用职业技术学院的旧楼房建设了数字科技园，建筑面积5万平方米，已集聚动漫企业20多家；高新区积极推进影视文化创意产业基地建设，基地占地面积约170亩，总建筑面积约35万平方米，将培育研发、创作、制作、发行、衍生品设计、销售的一条龙创意产业链。

二是动漫游戏企业和作品迅速发展。截至2012年底，全市动漫游戏企业数量已达30多家，动画片备案产量位居全省第2位。一批重点企业和重点项目在市内外获得荣誉，如水木动画连续2年动画片产量居全国第8位，获得“国家文化出口重点企业”称号。宣逸游戏荣获中国游戏产业“金凤凰”奖之“民族游戏海外拓展奖”，并且荣登前三甲。稻草家族的真人与3D动画相结合的童话爱情电影《肩上蝶》入围第十四届上海国际电影节“金爵奖”。宁波市举办的“2012宁波（鄞州）国际动漫产业博览会”为宁波动漫行业集聚了人气，促进了本地动漫游戏企业与国际国内知名品牌同台合作交流。

推进软件产业发展的保障措施更加完善 2012年是各地机构调整后全面管理软件产业的第一年，各县市区积极推进机构调整，明确软件产业主管部门；新的机构和人员认真学习产业管理方法、工作内容和产业政策，软件产业管理业务已顺利完成交接，同时在推进软件产业发展方面涌现出一些亮点。

一是高新区和鄞州区把软件产业作为当地支柱产业或主要产业，为企业提供全方位的管理和服务。高新区机构设置完善，利用软件园、研发园、科技创业中心等分散的园区管理机构为企业服务，做到新发展一片软件园就有管理部门进行服务；鄞州区采取补贴措施鼓励企业在中心区范围内自行安排办公场所，并积极为企业开拓市场，在同等条件下鼓励区内企业承接区内项目，力争在云计算、物联网、应用软件等高端技术领域有所突破。

二是多地新出台多项产业政策鼓励发展软件产业。江北区出台《关于进一步推进企业信息化、加快电子商务建设的试行办法》；余姚市下达信息产业和文化产业政策资金1 078万元；慈溪市出台《关于印发2012年慈溪市鼓励工业转型升级若干政策意见的通知》，鼓励企业信息化改造，大力扶持软件企业，对软件企业落户、上规模、提升档次给予一定补助；海曙区和奉化市鼓励重点发展电子商务，制定出台工业企业发展电子商务的扶持政策；镇海、象山、宁海等地也都安排一定的资金鼓励发展软件和信息服务业。

三是多地从规划、考核等方面推进软件产业发展。北仑区编制区战略性新兴产业规划、工业强区建设实施方案和智能装备基地规划，出台《关于加快推进大港高新技术产业基地转型升级的若干政策》，重点鼓励电子信息和发展科技服务；江东区针对和丰创意广场和能士智能港实行“一企一策”，制定了智慧产业基地发展规划，对未来5年的招商引资、保障服务等做了详细设计。奉化市加快推进“两化”融合，继续出台对软件产业的扶持政策，首次把推进软件产业发展列入市级年度目标管理考核。慈溪市下发《关于印发<2012年镇（街

道）加快创建智慧城市建设工作目标管理考核办法>的通知》，就软件产业发展相关工作对各镇（街道）、各部门提出了量化指标，纳入了目标考核。

软件产业集聚效应明显 从软件产值统计情况分析，高新区和鄞州区 2012 年软件产值都已达到 40 亿元，两地占全市的比重进一步增加，已成为宁波市软件产业的主要地区；慈溪市、余姚市软件收入分别为 21.2 亿元和 20.1 亿元，保税区、江东区和海曙区超过 10 亿元，其他地区也取得了快速发展。从软件产值增长、软件企业认定和软件产品登记等综合情况来看，高新区、江东区、江北区、镇海区、鄞州区、慈溪市、余姚市等地三项指标发展均衡，象山县和奉化市“双软认定”取得突破。

电子产品进出口贸易

2012年，宁波市规模以上电子产品制造业实现出口交货值 677.31 亿元，继续保持全省第一。出口交货值占电子制造业工业总产值的比重为 41.6%，比上年下滑 4.5%。四季度出口增速分别比一、二、三季度回升 23.01 个、20.49 个和 11.46 个百分点。全市 139 家重点监测企业中，自二季度末开始，电子计算机等行业出口回升步伐加快，带动全行业出口增速回升，8 月份单月出口交货值占销售产值比重为 55.9%，创全年单月出口交货值比重新高。9 月份单月出口交货值 76.3 亿元，创全年单月出口额新高。

科技进步与应用

2012 年，宁波市已初步建立起以科技为先导、创新为核心、产业化为目的、多种合作方式的“产学研”相结合的区域创新体系。已建立省级高新技术工程研发中心 10 家，市级高新技术工程研发中心 164 家，多家企业获得“国家电子发展基金”等国家级项目支持。

全市有电子信息产业高新技术企业 185 家，占高新技术企业总数的 21.1%。新一代电子信息制造企业有 154 家（不含光伏产业、软件业），实现工业总产值 626.24 亿元，同比增长 6.3%，产业规模占全市电子信息制造业的 41.3%。

全市新一代电子信息产业企业科技活动经费支出 8.44 亿元，同比增长 27.4%，已形成液晶光电、集成电路、基础电子元器件、信息家电等优势产业。其中，液晶光电产业在全国占有较大市场份额；集成电路产业链较为完整，已成为国内主要的半导体封装和集成电路引线框架、外延片、靶材生产基地。

信息基础设施建设

2012 年，宁波市围绕“六个加快”战略部署和智慧城市建设决定，以提高信息化服务水平和保障能力为引导，充分发挥政府引导和运营商的主力军作用，加快推进“光网城市”、“无线城市”和“三网融合”等三大工程建设，信息网络基础设施覆盖能力显著增强。

“光网城市”工程全面启动 依据工业和信息化部等 7 部门发布的《关于推进光纤宽带网络建设的意见》（工信部联通 [2010] 105 号）和《宁波市加快创建智慧城市行动纲要（2011—2015）》，制定实施了《宁波市“光网城市”建设三年行动计划（2012—2014 年）》，重点推进城区家庭带宽提升、楼宇宽带拓展、乡村宽带扩面、驻地网通信设施共建共享和光纤网络应用及产业发展带动等五项建设工程。计划到 2014 年末，宁波市全面实现城市家庭光纤网络覆盖、农村行政村通光纤的目标。截至 2012 年底，全市互联网城域出口带宽达到 1 290G，同比增长 115%；互联网宽带接入用户 221 万户，光网覆盖家庭户数累计达 185 万户，新增光网覆盖家庭 84 万户，其中市六区新增覆盖 36 万户，实现城镇化地区光纤到户全覆盖；网络通信行业保持平稳发展势头，电信和广电业务总收入达到 127 亿元，增长 8.5%；固定电话用户呈饱和状态，用户数为 307 万户，同比下降 0.9%；移动电话用户稳步增长，用户数为 1 400 万户，增长 18.6%。

“无线城市”建设步伐加快 通过“政府主导，搭建平台，整合资源，服务社会”，为公众搭建随时随地接入并获取信息与服务的智慧基础设施平台。一是试点实施“市民免费上网”项目。通过政府财政扶持，在海曙区的公交站点、公园、医院、广场等公共区域实行用户免费接入和使用，着力打造无线城市门户。自 2012 年 9 月 5 日开通以来，已累计建设无线热点 86 个，AP 数 540 个，认证用户累计达 5 万人、20 万人次，总流量 50TB，天一广场、妇儿医院大厅等人流密集区域每天上线用户数 300 余人。二是加快两岸无线城市试点建设。重点加强政府机关、商业街区、机场、车站、宾馆饭店、商务楼宇、咖啡厅、博物馆、旅游景区等区域以

TD-SCDMA 为主、Wi-Fi 为辅的网络建设，积极推动试点工作。目前，智慧教育高新区实验学校试点项目已基本建成。三是启动实施 4G 试点城市建设。在 3G 无线宽带网络实现城区全覆盖基础上，以全国第二批 4G 试点城市为契机，启动以宁波老三区为核心的全新规划建设。2011 年 5 月，全市第一个 4G（TD-LTE）试验网已在国际会展中心片区建设完成，并于 9 月第二届智博会期间免费向市民开放。截至 2012 年底，已实现对整个江东核心区域的全覆盖，海曙、江北、鄞州、镇海等地也针对性地开通连片区域，基本实现对商贸中心、文化活动场所等重点场景的全覆盖。全市 4G 试点总规模达到 268 个站点。

小区驻地网共建共享初见成效 为进一步规范通信驻地网建设，提高基础通信设施利用率，美化小区居住环境，宁波市经济和信息化委员会通过健全工作机制、加强统筹协调、完善制度标准等举措，着力推进用户驻地网共建共享。一是健全市网络基础设施共建共享领导机制，形成各方齐抓共管的工作局面。适时调整扩大成员单位范畴，将宁波市规划局、宁波市通信管理局和宁波数字电视有限公司等 3 家单位纳入到领导小组，确保工作的有序推进。二是研究制定制度标准，规范共建共享行为。会同宁波市住房和城乡建设委员会、宁波市通信管理局和宁波市规划局下发了《关于进一步规范我市住宅小区及商住楼网络基础设施建设工作的通知》，在全市范围已建小区及商住楼规划用地红线内全面推进共建共享工作。同时，会同宁波市质量技术监督局着手起草制定《小区驻地网共建共享建设标准》，从根本上解决通信网络乱拉乱接、野蛮施工等问题。三是加强多方统筹协调，有效化解矛盾纠纷。初步探索建立一定区域内所有通信设施由一家企业统一建设和管理、相关企业租赁使用的模式。2012 年，全市共完成城区驻地网改造 10 万多户，除农村外主城区新增光网覆盖家庭 25 万户，共建共享家庭 22 万户，共建共享率达到 80%。

三网融合试点工程开局良好 自宁波市被列入全国第二批三网融合试点城市之后，宁波市经济和信息化委员会积极开展全市三网融合试点方案制定和整体推进工作。一是加强组织领导，强化体制保障。会同宁波市文化广电新闻出版局、通信管理局、四家试点企业等成员单位及时成立三网融合试点工作协调小组，认真履行市三网融合工作协调小组办公室职责。二是制定年度工作要点，推进试点工作有序开展。印发了《2012 年宁波市三网融合试点工作要点》，重点做好三网融合宽带网络基础设施建设、用户驻地网共建共享工程、杭州湾新区“三网融合”基础设施建设试点、两岸无线城市试点等九项工作，确保实现试点工作的良好开局。三是注重沟通协调，精心拟定实施方案。召开办公室成员单位工作会议，与试点企业和成员单位开展工作交流，学习国家政策和文件精神，制定了《宁波市三网融合试点实施总方案》和四家试点企业的实施方案。同时，适时召开阶段分析会议，总结前阶段试点工作开展情况和面临的主要困难，并安排部署下阶段试点工作任务。截至 2012 年底，宁波广电网络股份有限公司已基本完成组建工作，有线电视网络数字化和双向化升级改造全面推进，“全市一网”的格局已初步形成。

信息技术应用

2012 年，宁波市坚持以“六个加快”发展战略为指导，以创建智慧城市为工作主线，以推进智慧应用体系建设为主要抓手，按照“信息化便民、信息化惠农、信息化兴企、信息化强政”的工作思路，稳步推进信息化建设，并取得可喜成绩，获得“2012 中国城市信息化 50 强”和“2012 中国智慧城市推进十强城市”称号。

推进智慧应用体系建设 通过推进应用体系建设，提高政府社会管理能力。全市 85%的市级机关都根据自身职能建立了业务系统，社会管理综合管理系统、宁波征信系统、智慧城市管理系统、肉类蔬菜追溯系统、食品药品安全管理系统等业务系统的建成投入使用，提升了城市管理、社会治安管理和安全生产管理能力。一是加快推进城市管理信息化系统建设。宁波市智慧城管建设一期项目已基本完成五大支撑体系和四大应用系统软件开发建设。与市级机关相关部门建立了智慧城管联动机制，市、区两级的公安、城管、街道等部门 4 761 个街面视频监控资源已实现整合共享，同时还实现了 38 个智能管控视频监控、24 个车载视频和 10 个单兵装备的配置，形成多路、多点动态监控网络，中心城区主干道实现管理全覆盖。二是积极推进基层社会管理信息系统建设。积极探索运用信息化平台创新社会管理，完成宁波市社会管理综合信息平台建设。自开始试运行以来，系统已开通 4 000 多个用户帐号，录入各类人员信息 135 220 条与各类社会信息 432 100 条，办理各类事件处理 4 万余件；通过网格化管理，社会管理工作已延伸到村居，覆盖了全市所有乡镇（街道）和村（社区）。三是积极推进安全生产监管信息化平台建设。经前期调研，已完成宁波市安全生产监管系统可行性研究报告及建设方案的报批立项工作，组织招标工作已经展开。

推进应用体系建设，提升政府公共服务水平。一是完成 81890 工程三期建设。为保证老年人“一键通”市政府实事工程的圆满完成，投资 280 万元对 81 890 个分中心平台进行扩容和改造升级，由集中接入实现分区接入，进一步提升了平台的稳定性和可靠性，为老年“一键通”提供支撑。年底前按照“成熟一个切换一个”的原则，全部实现老年一键通“分区接入，属地服务”。二是智慧健康保障工程建设。智慧健康保障体系是 2011 年试点项目，2012 年在完成宁波市智慧健康基础设施建设一期项目方案编制、审核和立项工作的前提下，已完成骨干网络、数据平台和中心机房的立项和招标工作，正在组织建设之中。目前，宁波市智慧健康保障体系已建立了横向联通市级医疗卫生单位、纵向联接各县（市）区卫生局的千兆裸光纤骨干网络，并陆续开展市民公众健康信息服务平台、市公共卫生应急指挥系统、市远程医学诊断系统三个系统的建设工作。三是智慧交通列入试点。宁波市交通运输委员会起草下发了《关于推进智慧交通建设的实施意见》，明确“十二五”期间宁波市智慧交通建设的指导思想，目标任务。智慧交通体系建设方案的编制工作已经展开。

推进应用体系建设，为政府行政决策提供支撑。宁波市企业征信系统已形成覆盖全市 120 万家企业的信用记录，汇集了工商、质监、劳动保障等 18 个政府部门的企业信用信息记录，信息量达到 3 600 余万条。宁波市个人征信信息综合查询核心平台自开通运行以来，已成功采集到房地产抵押查封、银行卡风险、缴库及滞纳税、部分企业资信评级等 6 类信息，总记录数超过 30 万条。

推进应用体系建设，促进信息资源共建共享。一是宁波市人口基础数据库启动建设。建设方案已通过宁波市发展和改革委员会立项，并于 2012 年底开工建设。宁波市公安局成立宁波市人口数据管理中心，教育、民政、财政、人社、卫生等部门分别与宁波市人口数据管理中心签订了《宁波市人口基础数据库信息服务交换及保密协议书》，起草完成了《宁波市人口基础数据库管理办法》（征求意见稿），为人口基础数据信息的共建共享奠定了基础。二是法人单位基础数据库进展顺利。已完成法人基础信息数据库、数据桥接、法人基础信息管理等系统的开发工作。截至 2012 年底，已录入工商企业数据 47.6 万家。其中有效企业 17.5 万家、质监机构代码企业数据 35.6 万家，形成 18.2 万家有效企业法人数据。第一批 11 家单位已申请接入该系统，与宁波市统计局进行了 2 个月的实时数据交换测试，双向数据交换实时稳定。其二期方案正在组织编制过程中。三是自然资源和空间地理数据库共享交换平台建成使用。平台已建成 240 类空间专题数据，有 7 个政府部门通过互联网、政府内外网实现在线、共享等地理信息服务。

加大智慧应用体系建设投资力度　2012 年，智慧城市应用体系建设按照“推广应用一批、续建完善一批、开工新建一批”的工作思路和“统一规划、整合资源、促进共享和基础先行、民生优先、重点保障”的原则，加大推进力度。年内确定政府云计算中心、人口基础数据库、法人单位基础数据库、自然资源和空间地理基础数据库、信息安全监控平台、安生生产监管综合信息平台、智慧位置、智慧教育、智慧健康保障等重点建设项目 14 个，年度安排建设经费 13 250 万元。组织专家对人口基础数据库、智慧健康保障、公共资源交易等 7 个项目方案进行评审，已完成立项 6 个，共计投资 8 920 万元，拟支出 8 个项目共计 5 427 万元，另有 4 个项目在编制详细方案。

完成智慧城市建设成果展示厅建设　宁波市智慧城市建设工作领导小组办公室与中国联通宁波分公司合作建设的宁波市智慧城市应用成果常年展展厅，以智慧社会管理、智慧文化服务、智慧公共服务、智慧能源应用、智慧交通、智慧制造、智慧贸易、智慧物流、智慧健康保障、智慧安居服务等十大应用体系来进行展示内容设计，采用云计算、物联网及 DLP 屏接大屏等先进技术展示宁波市政府智慧城市建设的应用成果。自 2012 年 6 月建成开馆以来，已接待来自全国各省、市、区共计 55 批 1 012 人次参观，取得一定效果。

以试点示范引领企业信息化发展　2012 年，以智慧城市十大应用系统示范工程为重点，下发了《关于组织申报2012年宁波市智慧城市应用试点单位的通知》，印发了《关于智慧城市应用体系示范项目评定办法》的通知，采取企业申报、实地考察、专家评选确定试点示范企业。全年共上报试点单位120余家，经研究、考察确定61家单位52个项目为智慧应用试点。同时，确定示范项目29个，总计补助资金450万元。

加大本地IT企业服务力度 2012年，宁波市新增信息系统集成企业5家，换证2家，新增高级信息系统项目经理3人，项目经理新增15人，6人高级项目系统和41人项目经理换证或变更，信息系统工程监理工程师新增4人。5月21日，召开宁波市计算机系统集成和信息系统工程监理资质企业工作会议，各县（市、区）信息化主管部门，具有资质的计算机系统集成企业、信息系统工程监理企业，以及准备申报资质的企业代表共100多人参加会议，会上为宁波本地企业参与宁波智慧城市建设进行了对接。

主要问题

一是中小企业依然是宁波市电子信息产业的主力，大企业、大项目、高精尖产业落户仍然缺乏。二是内资企业普遍“散、小、弱”，多数以配套加工为主，缺乏核心关键技术，基于自主知识产权的标准和品牌较少，高端整机优势产品更少，部分主导产品产业链不完整，重要配套环节缺失，关键部件需进口或异地采购，对产品升级与产业效益造成影响。三是产业结构调整还需进一步深化，液晶光电、计算机、基础电子产品等行业所占比重较大，个别企业在行业中所占权重较大，产业发展不均衡；同时，产业对出口依赖度较高，企业国内市场开拓能力不强。四是管理体制机制与智慧城市建设所要求的大系统大整合还存在较大差距，科学的顶层设计、推进落实机制和项目评估管理监督机制尚有待完善；信息资源共享和开发利用有待进一步加强。

【统计数据】

表1 2010—2012年宁波市电子信息制造业基本情况

项目名称	单位	2010年	2011年	2012年
工业总产值（现行价）	万元	14 667 461	15 788 565	16 276 713
工业销售产值	万元	14 208 629	15 147 742	15 275 474
出口交货值	万元	7 689 577	7 281 017	6 773 128
资产总计	万元	13 142 451	14 339 047	15 110 834
负债合计	万元	7 767 242	8 871 387	9 123 359
主营业务收入	万元	13 796 780	15 148 045	15 300 192
税金总额	万元	232 017	236 024	290 208
利润总额	万元	789 735	778 150	728 848
应交所得税	万元	196 890	265 682	290 207
从业人员年末人数	人	231 196	268 370	260 128
从业人员工资总额	万元	796 721	939 529	1 045 566

表2　2010—2012年宁波市电子信息制造业三资企业基本情况

项目名称	单位	2010年	2011年	2012年
工业总产值（现行价）	万元	4 240 388	3 954 666	3 734 024
工业销售产值	万元	3 989 425	3 861 068	3 310 709
出口交货值	万元	3 723 647	3 550 745	3 131 542
流动资产平均余额	万元	1 526 897	2 023 792	1 845 073
固定资产净值平均余额	万元	404 692	508 572	457 969
资产总计	万元	2 396 101	2 787 004	2 499 285
负债合计	万元	1 220 326	1 785 271	1 545 581
主营业务收入	万元	3 990 619	3 860 658	3 338 977
税金总额	万元	5 161	12 874	5 054
利润总额	万元	127 381	60 915	56 638
应交所得税	万元	16 034	128 742	11 548
从业人员年末人数	人	30 813	32 516	29 941
从业人员工资总额	万元	149 811	135 086	147 421

表3　2010—2012年宁波市电子信息制造业主要经济效益指标完成情况

项目名称	单位	2010年	2011年	2012年
产品销售率	%	96.5	97.5	93.9
总资产贡献率	%	4.0	3.3	3.5

表4　2010—2012年宁波市电子信息制造业三资企业主要经济效益指标完成情况

项目名称	单位	2010年	2011年	2012年
产品销售率	%	94.1	97.6	88.7
总资产贡献率	%	3.5	2.7	2.5
资产负债率	%	50.9	64.1	61.8

表 5　2010—2012 年宁波市主要电子信息产品产销量情况

产品名称	单位	产量			销量		
		2010 年	2011 年	2012 年	2010 年	2011 年	2012 年
手机	万部	104	108	76	90	97	67
显示器	万台	7	7	4	7	7	4
其中：液晶显示器	万台	7	7	4	7	7	4
电子元件	万只	950 734	1 066 947	862 951	899 680	997 489	865 045
其中：片式元件	万只	169 516	256 090	160 344	123 159	198 051	161 174
半导体分立器件	万只	807 878	936 782	4 073 840	693 076	925 213	3 935 992
单晶硅	公斤	97 455	98 264	105 549	85 198	93 183	89 825
太阳能电池	千伏安	355 040	374 677	289 022	350 343	344 277	305 926
液晶显示模组	万套	5 068	5 898	5 994	5 040	5 820	6 062
半导体发光二极管（LED）	万只	78 968	92 520	105 987	77 337	88 430	107 640

表 6　2010—2012 宁波市三资企业主要电子信息产品产销量情况

产品名称	单位	产量			销量		
		2010 年	2011 年	2012 年	2010 年	2011 年	2012 年
显示器	万台	7	7	4	7	7	4
其中：液晶显示器	万台	7	7	4	7	7	4
太阳能电池	千伏安	950 734	1 066 947	268 941	899 680	997 489	282 815
液晶显示模组	万套	5 068	5 898	5 994	5 040	5 820	6 062

表 7　2012 年宁波市软件产业人员构成情况

企业类别	企业数（家）	年末从业人员总数（人）	人员构成			
			管理人员（人）	在总人数中所占比例（%）	软件开发研究人员（人）	在总人数中所占比例（%）
内资企业	434	41 041	5 447	13.3	6 559	16.0
国有企业	8	735	133	18.1	208	28.3
股份合作企业	1	21	4	19.0	12	57.1
联营企业	1	89	5	5.6		
有限责任公司	259	25 502	3 420	13.4	3 952	15.5
股份有限公司	28	4 963	648	13.1	633	12.8

续表

企业类别	企业数（家）	年末从业人员总数（人）	人员构成			
			管理人员（人）	在总人数中所占比例（%）	软件开发研究人员（人）	在总人数中所占比例（%）
私营企业	133	9 565	1 221	12.8	1 673	17.5
其他内资企业	4	166	16	9.6	81	48.8
港、澳、台商投资企业	36	4 710	467	9.9	895	19.0
三资企业	34	3 513	406	11.6	600	17.1

表 8 2010—2012 年宁波市软件产业基本情况

项目名称	单位	2010 年	2011 年	2012 年
软件业务收入	万元	1 048 211	1 347 606	1 787 686
软件业务出口收入	万美元	18 299	17 353	18 318
软件产品销售收入	万元	211 790	293 143	394 623
增加值	万元	331 164	405 517	594 284
流动资产平均余额	万元	922 917	1 003 275	1 022 494
固定资产投资额	万元	60 563	71 139	55 496
资产合计	万元	1 641 064	1 656 872	2 635 981
负债合计	万元	1 016 540	1 057 802	1 320 917
税金总额	万元	43 871	93 784	115 586
利润总额	万元	130 565	151 394	172 391
应交所得税	万元	18 400	36 196	28 916
从业人员年末人数	人	59 809	35 641	49 264
从业人员工资总额	万元	220 500	250 747	254 114

表 9 2010—2012 年宁波市软件产业三资企业基本情况

项目名称	单位	2010 年	2011 年	2012 年
软件业务收入	万元	181 056	180 205	174 795
软件业务出口收入	万美元	6 069	2 008	3 653
软件产品销售收入	万元	23 659	12 412	16 373
增加值	万元	106 929	74 937	45 265
流动资产平均余额	万元	370 545	235 495	76 693

续表

项目名称	单位	2010 年	2011 年	2012 年
固定资产投资额	万元	15 100	7 586	1 360
资产合计	万元	616 000	422 584	199 292
负债合计	万元	393 459	206 478	120 864
税金总额	万元	7 841	9 983	7 881
利润总额	万元	29 494	20 754	4 711
应交所得税	万元	6 360	4 633	1 011
从业人员年末人数	人	9 274	8 010	3 513
从业人员工资总额	万元	33 109	30 280	15 218

表 10　2010—2012 年宁波市软件产业主要经济效益指标完成情况

项目名称	单位	2010 年	2011 年	2012 年
全员劳动生产率	万元/人	5.5	11.4	12.1
流动资产周转率	次	2.05	2.49	3.73
产品销售率	%	27.0	27.0	46.9
总资产贡献率	%	11.8	17.2	12.1
资产保值增值率	%	124.5	156.7	140.0
资产负债率	%	61.9	63.8	50.1

表 11　2010—2012 年宁波市软件产业三资企业主要经济效益指标完成情况

项目名称	单位	2010 年	2011 年	2012 年
全员劳动生产率	万元/人	11.5	9.4	12.5
流动资产周转率	次	1.49	2.14	2.44
产品销售率	%	32.7	35.7	33.4
总资产贡献率	%	6.6	8.3	7.4
资产保值增值率	%	134.5	121.2	97.9
资产负债率	%	63.9	48.9	60.7

表 12　2011—2012 年宁波市网络与通信基础数据

项目名称	单位	2011 年	2012 年
电信和广电业务收入	亿元	117	127
固定电话交换总容量	万门	580	460
固定电话主干配线数	万对	1 224	1 215
固定电话用户总数	万户	310	307
其中：小灵通用户数	万户	19	17
移动电话交换容量	万门	1 360	1 358
移动电话用户数	万户	1 180	1 400
3G 用户数	万户	140	200
有线电视用户数	万户	218	227
其中：数字电视用户数	万户	156	191
互联网用户总数	万户	200	248
互联网宽带用户接入数	万户	190	221
互联网城域出口带宽	G	600	1 290

表 13　“光网城市”建设三年行动计划完成情况

“光网城市”推进项目	单位	三年目标	2012 年完成数
全市新增光网覆盖家庭户数	万户	250	84
全市光纤网络覆盖家庭用户	万户	330	185
城镇化地区光纤到户覆盖率	%	100	100
城域网出口带宽	G	1 500	1 290

注：表 1—表 13 数据来源于宁波市经济和信息化委员会、宁波市统计局。

[撰稿：董其岳　审稿：方巍]

厦 门 市

【综述】

电子信息制造业

2012年，厦门市规模以上电子信息制造业企业实现产值1 762亿元，同比增长15.7%，占全市规模以上工业总产值4 430亿元的39.8%，同比增加4个百分点；出口交货值1 087亿元，同比增长13%，出口依然是拉动全市电子行业较快发展的主导力量。

主要产品产量均大幅提升。其中，移动电话2 868.7万部，同比增长78%；微型计算机883.8万台，同比增长8.2%。其中，笔记本电脑345万台，平板电脑142.7万台；彩色电视机778万台，同比增长24%。

主要特点如下：

一是重点企业支撑拉动作用显著。2012年，厦门市有7家企业年产值超百亿元。其中电子行业5家，分别是宸鸿科技集团、联想移动通信科技有限公司、友达光电（厦门）有限公司、冠捷显示科技（厦门）有限公司、戴尔公司。其中，宸鸿科技集团成为厦门市首家产值超过400亿元的电子信息企业，全年产值413.9亿元，同比增加75.6亿元，增幅22.3%；联想移动通信科技有限公司全年产值168.8亿元，同比增加101亿元，增幅150%。达运精密工业（厦门）有限公司、冠捷显示科技（厦门）有限公司、戴尔（厦门）有限公司等重点企业均保持快速增长。达运精密工业（厦门）有限公司产值85.3亿元，同比增长122.9%；冠捷显示科技（厦门）有限公司产值108亿元，同比增长56%；戴尔（厦门）有限公司产值67.3亿元，同比增长16.4%；玉晶光电（厦门）有限公司、贝莱胜电子（厦门）有限公司等企业也保持较快增长。

二是行业集中度提高。通过实施以大企业为龙头建设产业链、产业集群的战略，集合力量发展了一批占据行业技术高端、具有国际竞争力的百亿以上产值产业链（群），成效显著。厦门市电子行业经历了大幅度结构调整，通信产品发展迅速，成为支撑行业的主要因素。全市确定重点培育的3个百亿以上产值产业链发展势头良好。其中，平板显示产业链产值1 042亿元，计算机与通讯设备产业链产值700亿元，现代照明和太阳能光伏产业集群产值116亿元。

三是投资保持较快增长。厦门市继续大力推进新开工和续建关键项目，不断完善电子制造业产业链。全年电子制造业完成投资98.98亿元，增长25.8%，比全市工业投资增速14.2%高出11.6个百分点；占全市工业投资比重为37.26%，比上年提高3.44个百分点。其中，厦门天马微电子有限公司的第5.5代（LTPS）TFT-LCD项目总投资70亿元，建成后玻璃基板月产能将达3万片，预计新增年产值54亿元；友达光电（厦门）有限公司投资25亿元用于液晶面板后段模组扩建，预计新增年销售收入50亿元；宸鸿科技（厦门）有限公司三、四、五期项目建设完成，总投资22亿元。

软件和信息服务业

2012年，厦门市软件和信息服务业保持稳定增长，产业规模不断扩大。全市软件和信息服务业实现软件业务收入461.3亿元，同比增长30.4%，占福建省软件业务收入的43.7%；规模以上企业682家，同比增长8.6%。其中，软件产品收入118.55亿元，同比增长20.2%；系统集成和支持服务收入92.60亿元，同比增长24.4%；信息技术咨询和管理服务收入103.16亿元，同比增长50.3%；数据处理和运营服务收入53.55亿元，同比增长57.6%；嵌入式系统软件收入76.38亿元，同比增长18.8%；IC设计开发收入17.06亿元，同比增长24.3%。

全年新增认定软件企业73家，累计认定数539家；新增登记软件产品665件，同比增长82.7%，累计登记数3 288件。厦门三五互联科技股份有限公司、厦门市美亚柏科信息股份有限公司、厦门吉比特网络技术股份有限公司、四三九九网络股份有限公司、厦门精图信息技术股份有限公司等5家企业被认定为2011—2012年度国家规划布局内重点软件企业。厦门市芯阳科技有限公司等6家集成电路设计企业通过工业和信息化部认定。美亚柏科厦门超级计算中心正式运营。厦门游家网络有限公司的“4399平台”获评2012年福建省优秀软件产品。厦门优迅高速芯片有限公司获评第6届“中国芯”最具潜力奖。厦门市美亚柏科信息股份有限公司等12家软件和信息技术企业的技术成果获厦门市2012年度科技进步奖，约占全市获奖总数的22%。厦门三五互联科技股份有限公司等4家企业的软件产品获评2012年“厦门市优质品牌”。雅马哈发动机（厦门）信息系统有限公司入选全国百家重点联系服务外包企业。成立了物联网产业联盟和服务外包产业联盟，分别有成员单位45家和26家。

电子产品进出口贸易

2012年，厦门市电子产品进出口总额189亿美元。全市进出口百强企业和62家出口超亿美元企业中，电子信息企业表现突出。其中，友达光电（厦门）有限公司以近40亿美元进出口总额位列百强榜首，并居出口企业榜次席；宸鸿科技集团以16.7亿美元出口额居出口企业榜第1位，并居进出口百强榜第3位；冠捷显示科技（厦门）有限公司、达运精密工业（厦门）有限公司和戴尔公司3家企业也同时进入这两项排名的前10位。此外，厦门火炬（翔安）保税物流中心进出口货值逆势增长，达79.79亿美元，同比增长26.6%，火炬（翔安）产业区已成为海西最大的光电产业聚集地。

科技进步与应用

2012年，厦门市电子信息产业围绕产业调整和振兴，通过组织实施一批产业振兴和技术改造专项，努力提高企业自主创新能力和行业技术水平；通过继续建设和完善企业技术创新体系，以行业关键技术和共性技术为重点，推动产业转型升级，产业竞争力和自主创新能力进一步提升；通过表彰优秀新产品，鼓励企业研发创新。

年内，实施了厦门天马微电子有限公司、开发晶照明（厦门）有限公司等一批重点项目，完成总投资近百亿元；全市有47个项目获得2012年度国家科技型中小企业技术创新基金项目立项，总支持额度2 692万元。联想移动通信科技有限公司、厦门弘信电子科技有限公司、锐骐（厦门）电子科技有限公司、厦门巨龙软件工程有限公司等4家企业入选2012年国家火炬计划重点高新技术企业。

厦门盛华电子科技有限公司的射频手机用户识别卡(2.4G RF-SIM)、厦门弘信电子科技有限公司的COF挠性印制电路板、厦门科华恒盛股份有限公司的大功率太阳能光伏并网逆变器、厦门光莆显示技术有限公司的高光效高均匀度LED面板灯等13个项目入选2012年国家重点新产品计划。联想移动通信科技有限公司的乐OS操作系统平板电脑获2012年厦门市优秀新产品奖特等奖，厦门弘信电子科技有限公司的高精度特性阻抗挠性印制电路板、厦门华侨电子股份有限公司的MK系列LED液晶数字高清电视获2012年厦门市优秀新产品奖一等奖。厦门雅迅网络股份有限公司的“3G行业信息化应用移动终端”、联想移动通信科技有限公司的“TD-CDMA/GSM双模数字移动电话机（Lenovo TD88t）”等获2012年福建省优秀新产品奖。

信息产业基地建设

厦门火炬高技术产业开发区 截至2012年底，厦门火炬高技术产业开发区（以下简称火炬高新区）各类企业数量达到2 400多家，从业人员超过10万人，拥有大专以上学历的各类人才超过2万人。火炬高新区不仅吸引了戴尔、松下、瑞士ABB集团、联想集团等20余家世界500强企业，还培育了厦门科华恒盛股份有限公司、三五互联科技股份有限公司、厦门三维丝环保股份有限公司、厦门乾照光电股份有限公司、美亚柏科信息股份有限公司、易联众信息技术股份有限公司等20多家本土上市企业，孵化出8家“全国百强高成长高科技企业”。其中，收入过百亿元企业3家，过亿元企业71家。形成了光电（平板显示、LED和光伏）、计算机及通讯设备、输配电及控制设备三大支柱产业的创新型产业集群。

2012年，火炬高新区依靠光电、计算机及通讯设备、输配电及控制设备、软件等4大主导产业，完成规模以上工业总产值1 775亿元，占厦门市工业总产值的

40%，同比增长27.3%；完成生产总值418.6亿元，占全市生产总值的39%，同比增长25%；完成固定资产投资97.4亿元，同比增长25.4%，占全市工业固定资产投资的40%以上。全年共引进外资新项目和增资项目50个，引进内资企业290家，新增2家百亿元企业，百亿元企业达到5家。麦克奥迪（厦门）电气股份有限公司上市交易，成为高新区第6家创业板上市公司；厦门天马微电子有限公司投产国内第1条、全球第2条第5.5代低温多晶硅晶体管液晶显示器生产线，进一步完善厦门市平板显示产业链。计算机及通讯设备产业欣欣向荣，联想移动通信科技有限公司手机产量突破2 000万台，戴尔公司在高新区制造的台式机首次出口欧美市场。

2012年，火炬高新区科技创新、科技型中小企业发展取得显著成效，在数量和质量上继续引领全市的自主创新事业。其中，国家高新技术企业数量占全市近四成；2012年度国家重点新产品项目占全市的61%；获国家创新基金扶持项目占全市的45%；2012年厦门市科学技术奖获奖项目占全市的三成。新入选国家"千人计划"1人，累计已有2人入选；16人和3个团队入选"福建省引进高层次创业创新人才及团队"；入选厦门"双百计划"的人才中，过半数落户在火炬高新区。全省入选全国首批最具成长潜力的4家留学人员创业企业，3家在火炬高新区。

软件园 2012年，厦门软件园二期实现销售收入263.77亿元，同比增长30.8%，销售收入占全市的57.2%；国地税实现总收入8.33亿元，同比增长24.9%。软件园获批"国家新型工业化产业示范基地（软件和信息服务）"。软件园三期起步区6栋研发楼按计划推进，至年底全面封顶。全年共核准入园企业84家。其中自建10家，购房74家。吸引4家央企、5家台资企业入园。

信息技术应用

电子基金项目 2011—2012年，厦门市共有6家企业7个项目获得2 900万元的基金支持。其中，重点项目5个共1 900万元，招标项目2个共1 000万元。基金支持的项目包括电子信息制造业、软件和信息技术服务、视听产品等的研发及产业化，带动企业投资约6亿元，经济效益和社会效益显著。典型案例包括：

厦门三安光电科技有限公司"用于TFT-LCD背光源的超高亮度LED芯片产业化"项目计划总投资3 057万元。2012年，该项目产品累计实现销售收入5 200万元，净利润832万元，上缴税收754万元，市场占有率9%。

冠捷显示科技（厦门）有限公司"基于自主研发LED芯片、驱动IC的LED背光液晶电视研发及产业化"项目总投资5 485.6万元。截至2012年底，该项目实现销售收入374 997万元，利润5 749万元，上缴税金1 301万元。

厦门市智业软件工程有限公司"高光效、高显色性、低色温功率型LED器件研发及产业化"项目投资总额1 500万元。2012年，该项目实现销售收入约600万元，净利润150万元，上缴税金20.16万元。

物联网 2012年，厦门市物联网产业总产值超过60亿元人民币。其中支持层、感知层、传输层、平台层和应用层分别贡献2.7%、22.0%、33.1%、37.5%和4.7%。主要应用领域包括智能工业、智能物流、智能交通、智能电网、智能医疗、智能农业和智能环保。全市已形成基本齐全的物联网产业体系，部分领域已形成一定市场规模，网络通信相关技术和产业支持能力与国外差距相对较小，但传感器、RFID等感知端制造产业、高端软件及集成服务与国外差距相对较大。

两化融合 2012年，厦门市共有16家企业的16个两化融合项目获得生产性服务业发展专项资金支持，支持资金共1 095万元，带动投资10 567万元，预计企业年增收2.8亿元，利税5 400万元。

其他

一是中国手机动漫基地集聚厦门。2012年，中国移动手机动漫基地、中国电信动漫运营中心销售收入分别超过3亿元和7 000万元，约为2011年的6倍和3倍。中国联通集团授权中国联通福建省分公司在厦门市筹办动漫支撑中心。中国动漫集团厦门基地正式开业。国际动画协会厦门分会挂牌成立。新增认定"厦门动漫企业"19家，全市动漫相关企业达113家；新增4家企业通过国家动漫企业认定，累计认定13家。全年动漫业销售收入超过33亿元，同比增长近一倍，有1家企业销售收入超过10亿元、5家超过1亿元。

二是成功举办第5届厦门国际动漫节，共有来自30个国家和地区的3 158部作品参赛，同比增长25.3%；

29家境外企业参展，占全部企业的26%，展位62个，占全部展位的20.6%，创历年之最。

三是工业和信息化部支持在厦门软件园建设“闽台云计算产业示范区”，并将政务、交通、医疗和教育四个云计算项目纳入全国试点。

四是发布了全国首个个人信息保护政府规章《厦门市软件和信息服务业个人信息保护管理办法》。

【统计数据】

表1 2012年厦门市电子信息制造业人员构成情况

企业类别	企业数（家）	年末从业人员总数（人）	其中：研发人员（人）
内资企业	51	20 862	2 710
港、澳、台商投资企业	111	96 397	3 335
三资企业	36	28 077	4 418

表2 2012年厦门市电子信息制造业基本情况

项目名称	单位	2012年	项目名称	单位	2012年
工业总产值（现行价）	万元	17 620 923	税金总额	万元	21 342
工业销售产值	万元	16 546 702	利润总额	万元	708 872
出口交货值	万元	10 865 515	应交所得税	万元	76 652
资产总计	万元	8 168 251	从业人员年末人数	人	145 336
负债合计	万元	5 383 246	从业人员工资总额	万元	616 066
主营业务收入	万元	16 518 997			

表3 2012年厦门市电子信息制造业三资企业基本情况

项目名称	单位	2012年	项目名称	单位	2012年
工业总产值（现行价）	万元	4 663 738	税金总额	万元	12 639
工业销售产值	万元	4 641 378	利润总额	万元	117 659
出口交货值	万元	1 465 504	应交所得税	万元	17 164
资产总计	万元	2 361 832	从业人员年末人数	人	28 077
负债合计	万元	1 722 525	从业人员工资总额	万元	236 850
主营业务收入	万元	4 627 611			

表 4 2012 年厦门市主要电子信息产品产销量情况

产品名称	单位	产量	销量
微型计算机	万台	883.8	871.7
其中：笔记本电脑	万台	345	339.5
平板电脑	万台	142.7	137.8
彩色电视机	万台	778	780.5
移动电话	万部	2 868.7	2 797
数码相机	万台	375.8	378.9

表 5 2012 年厦门市三资企业主要电子信息产品产销量情况

产品名称	单位	产量	销量
微型计算机	万台	739	731.8
其中：笔记本电脑	万台	345	339.5
数码相机	万台	375.8	378.9

注：表 1—表 5 数据来源于厦门市经济发展局。

[供稿：厦门市经济发展局 厦门市信息化局]

青 岛 市

【综述】

2012 年，青岛市坚持以项目建设为重点，不断加快转方式、调结构步伐，抓好产业优化布局，提高企业自主创新能力，加速推进新一代信息技术产业，全市电子信息产业保持快速发展。全年电子信息制造业按在地口径统计实现主营业务收入 2 008.4 亿元，同比增长 10.3%；软件业实现主营业务收入 530.2 亿元，同比增长 33.6%。

电子信息制造业

骨干企业带动作用突出，品牌化战略成效显著 海尔集团公司、海信集团有限公司、澳柯玛股份有限公司等大企业集团是青岛市电子信息产业发展的主力军，三大集团全年主营业务收入占全市电子信息制造业的 70% 左右。在第 27 届全国电子信息百强企业排序中，海尔集团公司、海信集团有限公司分列第 4 位和第 6 位。据欧睿国际数据显示，海尔集团公司是全国第一个白电产值规模超过千亿元的企业，2012 年大型家用电器全球市场占有率达 8.6%。其中冰箱、洗衣机、冷柜市场占有率居全球第 1 位。据中国行业企业信息发布中心数据显示，海信集团有限公司在国内黑色家电领域保持领先，2012 年海信液晶电视国内市场占有率达 16.4%，连续 9 年居全国第 1 位；澳柯玛冷柜全国同类产品持续 16 年销量居第 1 位。

企业产品升级换代加快，主要产品产销衔接良好　全市电子信息制造业企业加大高端产品的研发、生产和经销力度，特别是国家家电节能补贴等政策实施以来，企业更加关注技术和产品变化趋势，加大研发投入和产品调整步伐，产品结构升级换代加快，主要产品产销率达99.6%以上。海尔集团公司以移动互联、物联网智能家居、智能社区等为重点主攻方向，海信集团有限公司重视电视、空调等智能化高端产品的研发和推广，澳柯玛股份有限公司不断提高制冷产品的附加值等，产销率攀至新高。

产业布局进一步优化，全球化战略显现　全市电子信息制造业拥有1个国家级示范基地、2个国家级园区、2个省级基地（园区），形成了以崂山国家通信产业园、黄岛家电电子产业聚集区为主，胶州、平度、即墨、城阳家电电子产业聚集区为辅的“两翼集聚、环带展开”产业布局。除海尔集团公司、海信集团有限公司、澳柯玛股份有限公司、TCL家用电器（青岛）有限公司等知名整机企业以外，在LCM模组（海信、冠捷科技）、压缩机（海立电机、宝兰格制冷）、电机（阿斯科电机、尼德科电机）、电子元器件（安普泰科、三美电机、松下电子部品）等关键产业链环节也聚集了20多家知名企业。海尔集团公司、海信集团有限公司均在全球建立了研发和生产体系，并在国际市场获得较快增长。2012年，海尔集团公司海外营业额增长26%，近五年在欧洲市场的复合增长率达到27%。海信集团有限公司国际市场收入增长20%，自主品牌占比超过40%，在美国、欧洲、澳洲等高端市场取得突破性进展。

技术创新能力不断增强，企业核心竞争力提升　全市电子信息制造业拥有国家认定企业技术中心3个（海尔集团公司、海信集团有限公司、澳柯玛股份有限公司）；拥有中国电子科技集团22所青岛分所、41所青岛分所，以及中国家用电器研究院华北分院、航天半导体研究所、电子研究所等一批家电电子类科研院所；拥有国家863成果产业化基地、国家级数字多媒体技术重点实验室、光通信器件国家工程实验室、智能信息系统国家合作基地等多个国家级科研基地，在矢量变频、智能交通技术、数字多媒体技术标准、智能家电等诸多领域具备较强的创新优势。海尔、海信等大企业集团积极承担“核心电子器件、高端通用芯片及基础软件产品”、“新一代宽带无线移动通信网”国家科技重大专项，以及国家电子信息产业发展基金等电子信息专项，集中力量和资源突破了一批核心关键技术。

软件和信息服务业

产业发展环境全面优化　政策扶持力度加大，出台了《青岛市委、市政府关于推进青岛国家软件和信息服务业示范基地建设、促进软件产业跨越式发展的意见》，优化了软件产业政策发展环境。产业布局集群发展，结合“全域统筹、三城联动”的城市发展规划，提出了环胶州湾建设产业特色鲜明、比较优势明显的“东园西谷北城”区域统筹格局。园区载体建设加快步伐，启动“千万平米软件产业园区”建设工程，已开工在建面积107万平方米，竣工面积38万平方米，扩大了产业载体面积。香港招商局蓝湾网谷、清华启迪科技园、航天科工集团产业园、中国电信信息服务（青岛）基地、中国联通云计算中心等一批大项目落户青岛。

产业创新发展能力进一步增强　全市通过认定的软件与信息服务企业407家，通过CMMI认证企业12家，获得各级计算机信息系统集成资质企业52家。2012年新登记软件产品251件，比上年增长130.3%，累计登记产品1 523件；新登记软件著作权889个，比上年增长27%，累计登记著作权3 095项。企业加大技术研发投入，创新能力进一步增强，软控股份有限公司的橡胶轮胎生产管控一体化系统软件，青岛海信网络科技股份有限公司的智能交通系统产品，东软载波科技股份有限公司、青岛鼎信通讯股份有限公司、青岛乾程电子科技有限公司和青岛积成电子有限公司的电力载波系统及相关产品，青岛以太科技股份有限公司的网络安全产品软件，太阳软件股份有限公司的农村信息化软件等，均在国内市场占据了一定份额。

骨干企业带动作用突出　依托软件产业骨干企业和主导产品，大力实施品牌战略，积极培育骨干龙头企业，评选表彰了10家领军软件企业和30家高成长性软件企业。2012年，全市软件业务收入过亿元企业有16家，海尔集团公司、海信集团有限公司分别以378.5亿元和55.38亿元分列第12届中国软件业务收入百强企业第2位和第11位。软控股份有限公司、东软载波科技股份有限公司、青岛海信网络科技股份有限公司3家企业连续两届被认定为国家规划布局内重点软件企业。软控股份有限公司、东软载波科技股份有限公司等上市公司业务经营稳步发展。

首届青岛国际软博会成功举办 2012年8月，由工业和信息化部、中国科学院支持，青岛市人民政府主办的首届中国（青岛）国际软件融合创新博览会成功举办，总面积2万平方米，吸引了思科、微软、IBM、SAP、日立、富士通、韩国电信等国内外170余家知名软件与信息技术服务企业参展，东软嵌入式软件研发中心、高新区云计算中心、SAP培训中心等61个项目签约，总投资11.7亿元。

科技进步与应用

深入实施工业转型升级行动方案，进一步优化投资结构，积极抓龙头、引配套、补短板，推进产业链垂直整合，做强做大家电及电子信息产业链。坚持自主创新驱动，提升企业核心竞争力，实施企业技术创新工程，构建以企业为主体、市场为导向、产学研相结合的技术创新体系。

截至2012年底，全市电子信息产业共有市以上认定企业技术中心19家。其中国家认定企业技术中心4家，包括海尔集团公司、海信集团有限公司、澳柯玛股份有限公司、软控股份有限公司，已成为国内同行业技术创新的领军力量。2012年，全市电子信息产业共有49家企业的219个研究开发项目通过年度鉴定，申请享受加计扣除的研究开发费支出额比2011年增长38.9%。

信息基础设施建设

积极开展三网融合试点。一是全面完成小区试验任务，双向进入业务许可获批。2011年初，青岛市启动三网融合业务小区试验，2012年底已发展到20个居民小区，试验用户14 000多户。广电、联通等试点单位通过小区试验，为三网融合业务全面展开奠定了良好基础。2012年9月，青岛市三网融合试点获得工业和信息化部、国家广播电影电视总局同步签发的广电、电信企业双向进入业务许可的正式批复。二是顺利通过试点安全评估。根据国务院三网融合工作协调小组办公室《关于开展三网融合试点安全评估有关工作的通知》，国务院三网融合工作协调小组办公室安全评估小组对青岛市进行安全评估检查，青岛市顺利通过国家三网融合试点安全评估。

截至2012年底，全市建设光纤皮长12.15万千米，光缆总里程达411.2万芯千米；市话交换机容量300万门，固定电话用户212.38万户；移动电话交换机总容量3 020万门，移动电话用户1 267.88万户；城域网出口带宽700G，IDC出口带宽720G，宽带接入网端口279.3万个，互联网用户184.41万户；农村宽带接入到全市5 449个行政村，覆盖率100%。城市地区20M以上宽带接入覆盖比例约35%，农村地区4M及以上宽带接入覆盖比例约40%。2G移动通信基站7 062个，3G移动通信基站8 526个，WLAN热点9 705处，开通AP接入设备12.5万个，无线网络覆盖率99%。2012年10月，中国移动山东公司青岛分公司启动了TD-LTE网络建设。

信息技术应用

两化融合 青岛市2011年顺利通过首批国家级信息化和工业化融合试验区验收。长期坚持实行“规划引领+标准指导”的工作机制、“专家辅助+中介服务”的支撑机制、“CIO+推进小组”的重点企业运行机制，两化融合持续发展，带动企业信息化投入逐年增加，生产效率逐步提高。据调查显示，2012年企业信息化总投入增长21%，规模以上工业企业设计信息化普及率超过56%，ERP上线率超过53%。全市规模以上工业企业完成增加值增长11.6%。围绕“7+6”产业体系，着力推进设计、生产、营销、管理等领域信息化，推进产品、装备的数字化、网络化、智能化，逐年培育和推广示范，已培育两化融合示范项目110个、示范企业55个。2012年青岛市荣获中国城市信息化50强第8名。

物联网发展 按照《青岛市物联网应用与产业发展行动方案（2010—2015）》，加强产学研结合，开展物联网应用示范，以应用带动和促进物联网产业发展。根据“优化产业布局，加强集约发展”的思路，积极引导物联网产业在重点区域的集聚发展，青岛经济技术开发区被认定为省级物联网产业基地。成立了以青岛港口为龙头，公路、铁路、仓储、RFID制造、系统集成等相关企业共同参与的港航产业联盟，逐步推进纺织机械产业物联网应用联盟、智能交通产业联盟、品牌农产品种植加工物联网应用等产业联盟建设。成立了“青岛物联网应用技术研究院”，加强物联网行业技术型、服务型人才的培养和储备。制定了《青岛市物联网企业认定办法》，积极培育扶持本地物联网重点企业和核心技术。

【统计数据】

表 1　2012 年青岛市电子信息制造业人员构成情况

企业类别	企业数（家）	年末从业人员总数（人）	企业类别	企业数（家）	年末从业人员总数（人）
内资企业	49	70 348	私营企业	25	5 262
国有企业	3	15 140	其他内资企业	2	438
集体企业	3	43 322	港、澳、台商投资企业	10	1 955
有限责任公司	12	3 525	三资企业	88	35 951
股份有限公司	4	2 661			

表 2　2010—2012 年青岛市电子信息制造业基本情况

项目名称	单位	2010 年	2011 年	2012 年
工业总产值（现行价）	万元	13 948 106	15 426 019	17 498 808
工业销售产值	万元	13 880 253	15 302 102	17 406 498
出口交货值	万元	3 998 409	3 429 407	3 629 027
资产总计	万元	10 064 009	11 879 037	11 865 400
负债合计	万元	5 885 676	7 018 783	7 994 286
主营业务收入	万元	16 635 016	18 205 196	20 084 458
税金总额	万元	144	123	138
利润总额	万元	908 135	752 282	1 261 130
从业人员年末人数	人	107 318	99 036	108 254
从业人员工资总额	万元	416 584	878 173	984 468

表 3　2010—2012 年青岛市主要电子信息产品产销量情况

产品名称	单位	产量			销量		
		2010 年	2011 年	2012 年	2010 年	2011 年	2012 年
手机	万部	2 999	2 767	2 051	3 001	2 779	2 035
彩色电视机	万台	1 516	1 585	1 649	1 513	1 583	1 633
家用音响	万台	17	20	20	17	20	20
计算机	万台	106	171	182	105	171	181

表 4　2012 年青岛市软件产业人员构成情况

企业类别	企业数（家）	年末从业人员总数（人）	人员构成			
			管理人员（人）	在总人数中所占比例（%）	软件开发研究人员（人）	在总人数中所占比例（%）
内资企业	288	43 509	4 644	10.7	8 900	20.5
国有企业	10	11 808	1 528	12.9	439	3.7
集体企业	2	14 083	1 271	9.0	2 224	15.8
有限责任公司	99	5 163	617	12.0	2 042	39.6
股份有限公司	24	6 149	467	7.6	2 177	35.4
私营企业	152	4 586	761	16.6	2 018	44.0
其他内资企业	1	1 720	225	13.1	768	44.7
港、澳、台商投资企业	5	553	216	39.1	317	57.3
三资企业	12	2 226	421	18.9	634	28.5

表 5　2010—2012 年青岛市软件产业基本情况

项目名称	单位	2010 年	2011 年	2012 年
软件业务收入	万元	2 187 566	3 967 460	5 301 785
软件业务出口收入	万美元	26 205	38 564	72 488
软件产品销售收入	万元	122 309	232 118	607 885
增加值	万元	392 929	806 093	962 144
流动资产平均余额	万元	1 417 756	2 536 431	3 232 842
固定资产投资额	万元	8 525	18 085	80 789
资产合计	万元	6 720 528	3 762 427	14 759 117
负债合计	万元	1 428 607	2 342 280	9 998 329
税金总额	万元	14 536	25 795	71 639
利润总额	万元	151 966	315 391	645 845
应交所得税	万元	24 213	47 062	79 998
从业人员年末人数	人	17 656	25 012	46 288
从业人员工资总额	万元	100 289	112 729	120 717

注：表 1—表 5 数据来源于青岛市经济和信息化委员会。

[供稿：青岛市经济和信息化委员会]

深 圳 市

【综述】

电子信息制造业

2012 年，深圳市规模以上通信设备、计算机及其他电子设备制造业实现增加值 2 772.14 亿元，比上年增长 9.1%，占规模以上工业增加值比重为 54.5%，是推动深圳工业经济增长的主要力量。电子信息制造业产值 11 360.20 亿元，增长 8.7%，约占全国电子信息制造业的 1/7。

全年高新技术产品出口 1 412.2 亿美元，同比增长 13.2%。其中，电子技术产品出口 227 亿美元，同比增长 94.4%；光电技术产品出口 74.9 亿美元，同比增长 110.8%。

从具体品种看，自动数据处理设备及其部件出口 366.9 亿美元，同比增长 12.7%；集成电路出口 156.3 亿美元，同比增长 166.3%；便携式电脑出口 159.8 亿美元，同比增长 37.1%；液晶显示板出口 69.4 亿美元，同比增长 122.9%。

2012 年，深圳市通信设备、计算机及其他电子设备制造业技术进口合同金额 13.22 亿美元，占全市引进技术合同金额的 53.2%；计算机服务业技术进口合同金额 7.98 亿美元，占全市引进技术合同金额的 32.1%。

软件产业

2012 年，深圳市软件和信息服务业持续较快发展，并呈现如下运行特点：

一是产业规模扩大。全年软件企业 2 365 家，实现软件业务收入 2 748.6 亿元，同比增长 20.2%，占全国软件业务收入的 11%，位居全国大中城市第 2 位，总体规模继续保持全国前列。软件出口 161.3 亿美元，同比增长 14.2%，占全国软件出口的 38.1%，连续多年居全国第一。软件外包服务收入 58.1 亿元，同比增长 40%。

二是骨干企业群体壮大。深圳软件龙头企业华为技术有限公司 2012 年软件业务收入 1 017.7 亿元，成为中国首个软件业务突破千亿的软件企业。全年软件业务收入超百亿元企业 4 家，比上年新增 1 家；超十亿元企业 18 家，比上年新增 2 家；超亿元企业 175 家，比上年新增 28 家。产值超亿元企业 274 家；全国软件百强 6 家，收入占全国软件百强全部收入的 37.7%；国家规划布局内重点软件企业 29 家。

三是创新发展能力提升。2012 年，全市软件企业投入软件研发经费 646.4 亿元，同比增长 18.0%。软件著作权登记量 12 372 个，较 2010 年增长 57.8%。PCT 国际专利申请量 8 024 件，占全国总量的 40.3%，连续九年居全国首位。华为技术有限公司以 2 734 件发明专利授权量排名第一，中兴通讯股份有限公司以 2 727 件排名第二，深圳市以 13 139 件成为发明专利授权量最多的城市。深圳天源迪科信息技术股份有限公司在“中国软件创新企业评选”活动中，荣获“中国软件创新力 20 强”。

四是软件人才队伍扩大。2012 年，深圳软件产业从业人员 49.1 万人，比 2011 年增长 14.7%。其中，硕士以上学历人员 9.6 万人，本科学历人员 26 万人；软件研发人员 28.9 万人，占软件从业人员的 58.9%，高于全国平均水平。

五是双软认定成果丰硕。全年新认定软件企业 509 家，登记软件产品 3 530 项，其中，纯软件产品 2 771 项，嵌入式软件产品 758 项。累计认定软件企业 3 796 家，累计登记软件产品 18 126 项。软件企业和软件产品总体规模居全国前列。

六是软件园建设取得新进展。深圳软件园在国家火炬计划软件产业基地全国综合指标排名第二，并获得中国软件与信息服务外包产业联盟“杰出公共服务奖”。2012 年 3 月，深圳软件园与北京中关村科技园海淀园、广州天河软件园等 8 家园区成为工业和信息化部首批认定的软件和信息服务业国家新型工业化示范基地。11 月，在中国软件大会上，深圳软件园获得“2012 年中国软件和信息服务领军产业园区”称号。

科技进步与应用

加强创新载体建设。全年安排 20 850 万元用于重点实验室组建和提升项目，同比增长 23%。其中安排 4 500 万元对中兴通讯股份有限公司、深圳光启高等理工研究院等国家重点实验室续建项目进行资助。同时，还发挥企业内设重点实验室的纽带作用，提升对产业发展的支撑能力。

组织实施科技应用示范工作。深圳市科技创新委员会、深圳市住房和建设局、深圳市建筑科学研究院、国家数字家庭应用示范产业基地、香港创新科技署等单位与住宅小区合作，在云计算公共服务平台、数字家庭及三网融合的数字家庭多业务系统应用、无线射频识别追踪技术应用、前海保障性住房等项目中实施电子信息科技应用示范计划，组织实施示范项目 47 个，共计安排资金 7 455 万元。

开展公共领域 LED 照明产品改造工作。出台《深圳市推广应用 LED 照明产品实施方案》，召开深圳市工作联席会议，印发操作手册及工作考核办法，全面推进深圳市 LED 照明产品推广应用工作。

加强技改工作。发布《深圳市经济贸易和信息化委员会加快推进战略性新兴产业发展行动计划方案》，全年完成战略性新兴产业技术改造贴息项目 30 个、技术中心建设项目 13 个、品牌培育资助项目 53 个，下达 100 个项目共计 11 127.2 万元资金计划。

信息基础设施建设

2012年，深圳市实现电信业务总量 1 183.8 亿元，同比增长 9.4%；实现电信业务收入 322.8 亿元，同比增长 8.5%；宽带用户平均接入带宽 2.8M，同比增长 22.3%；城域网出口带宽 802.6G，同比增长 10.5%。电话用户 3 121.95 万户。其中，固定电话交换机总容量 650 万门，年末固定电话用户 551.35 万户；移动电话交换机容量2 812 万门，年末移动电话用户 2 570.60 万户。

积极推动 4G 网络建设。加快 TD-LTE 试验网建设，2012 年 5 月首次面向公众开展 4G 客户体验启动仪式，截至 2012 年底，完成 3 000 个基站建设，基本实现福田、罗湖、南山、盐田等 4 区网络全覆盖，宝安、龙岗等 2 区重点区域网络覆盖。

三网融合 2010 年 6 月 30 日，深圳市被国务院批准为首批国家三网融合试点城市。目前，深圳市已成立三网融合工作领导小组及办公室；广电集团与中国电信深圳分公司签订了战略合作框架协议，有效推进电信和广电试点企业取得业务双向进入和许可工作；深圳广电集团完成 IPTV 集成播控平台一期项目建设，与央视 IPTV 集成播控总平台对接成功，并通过国家广电总局验收；基础网络方面，中国电信集团公司的光纤宽带网已基本具备 12M 速率接入能力，基于 TD-LTE 的示范应用基本具备高速移动网络数据传输和共享的可行性，全市已基本完成有线电视双向化改造。

2012 年，全市三网融合相关产业规模约 3 000 亿元，宽带用户数突破 300 万，天威视讯数字电视用户终端数 230 万，互动家庭（含 IPTV）用户 113 万，基本实现深圳市三网融合试点工作的预定目标，在全国首批 12 个三网融合试点地区（城市）中处于领先地位。目前，已发展 IP 电视用户 30 万户，用户端已能收看深圳广电提供的 10 路高清、71 路标清直播频道，视频节目库超过 4 万小时，保持每周 500 小时的节目更新。

信息技术应用

社会领域信息化 社会管理和公共服务信息化水平不断提升，建成全市社会治安视频监控探头 48 万个，利用信息化的破案率达 82%；社会保险信息系统联网网点 2 200 多个，覆盖全市 1 300 多万参保居民和 30 多万家参保企业；800 万居民电子健康档案信息在 58 家公立医院共享，610 家社区健康服务中心实现网络化统一管理，75 家医院接入统一预约挂号信息系统；智能交通、数字环保和数字城管等信息化应用有效提高城市管理智能化和精细化水平。以“三库两系统一网站”为主要内容的社会建设“织网工程”已全面启动。

两化融合 积极创建首批国家级两化融合试验区，为全国深入促进两化融合探索经验。2009 年 3 月，深圳市被确定为首批 8 个国家级两化融合试验区成员城市之一，目前两化融合水平处于国内领先。根据赛迪研究院的《中国区域两化融合发展水平评估报告》，广东省的两化融合发展水平处于全国领先地位，而根据广东省经济和信息化委员会的《2012 年广东省区域两化融合发展评估及分析报告》，深圳市在全省两化融合区域评估中连续两年排名第一。

以试点示范为引领，带动两化融合技术普及推广。一是实施企业信息化项目资助计划，扶持 124 个市企业信息化重点试点项目，直接拉动企业信息化投入超过 10.5 亿元，间接带动了一批企业加大信息化投入力度。二是实施广东省两化融合“4 个 100”示范工程，深圳市有 5 家企业被评为“广东省信息化与工业化融合 4 个 100 示范工程行业标杆企业”，有 30 个项目被评为“广东省两化融合 4 个 100 示范工程”项目。三是组织企业申报国家两化深度融合项目，深圳市有 5 家企业被评为 2012 年度国家级两化深度融合示范企业，获得中央财政专项资金的资助。

以工业设计为抓手，提升工业产品数字化、智能化水平。2012 年，深圳出台《关于加快工业设计业发展的若干措施》，加快工业设计业高端化、国际化、品牌化发展。通过建设实用、高效的工业设计基础数据库、资源信息库等公共服务平台，加强资源共享，提升工业设计信息化水平。

电子政务 各职能部门均发布政务信息公开目录和指南，建成统一的网上政府信箱、新闻发布、意见征集、信访等系统。市、区两级均建成电子监察系统，对审批、执法、公共资源交易、重要资金管理等领域实现电子监察。电子政务绩效评估顺利推进，对推动信息资源共享、提高行政效率和服务水平起到重要促进作用。截至 2012 年底，深圳市行政审批事项网上申请、网上查询和在线处理实现率均超过 97%，行政许可和非行政许可审批项目 100%纳入电子监察范围，市政府门户网站连续五年在全国排名前两位。

电子商务 2009 年 9 月，国家发展和改革委员会、商务部正式批准深圳市创建首个“国家电子商务示范城市”。2012 年发布的《深圳市电子商务创新发展行动计划（2012–2013 年）》，成为深圳市建设国家电子商务示范城市的重要指导性文件。

2012 年，深圳市电子商务交易额 6 297.7 亿元，同比增长 57.6%，占全国电子商务交易额的 8.0%，占广东省电子商务交易额的 42.0%；其中，服务型企业电子商务交易额 1 447.5 亿元，应用型企业电子商务交易额 4 850.2 亿元。

截至 2012 年底，深圳市开展电子商务的企业有 10 万多家，从事电子商务的平台企业约 5 000 家。在物流、外贸服务、金融、旅游服务等行业涌现出一批国内领军企业，如“顺丰速运”是目前国内最专业的电子商务物流供应商，“中农网”制订了全国性农产品价格参考指数，“华强电子网”成为全国最大的电子元器件 B2B 网站，“芒果网”成为国内旅游电子商务服务龙头企业之一。此外，商旅服务领域的腾邦国际、高端消费领域的“走秀网”、艺术品交易领域的“雅昌艺术网”等均是各行业龙头企业。

信息安全 截至 2012 年底，深圳市已初步建成以监测预警体系、应急处置体系、联合检查机制和联合工作平台等为主要内容的党政机关信息安全保障体系。政府网络信任体系建设实现了多证书在电子公共服务中的“一证通用”，为政府部门利用互联网服务公众提供安全保障。在国内率先将信息安全纳入政府绩效考核指标，信息安全事件发生量缩减 30%。研究制定《深圳市互联网信息安全管理若干规定》，加强个人信息保护，营造信息安全环境。全市重要信息系统等级保护定级、备案量逐年增长，连续四年居全省第一。

热点

新一代信息技术产业 物联网、云计算、移动互联网等新一代信息技术产业快速发展。2012 年，深圳市新一代信息技术产业规模超过 7 000 亿元，同比增长 21.0%；互联网产业规模约 805 亿元，同比增长 46%。截至 2012 年底，深圳已建成高新区、福田国际电子商务产业园、南山互联网产业基地、罗湖互联网产业基地、蛇口网谷等 14 个互联网产业集聚区，总建筑面积 187.6 万平方米，超过 1 000 家互联网企业入驻，从业人员 80 万人，已初具集聚规模效应。以腾讯控股有限公司为核心的龙头企业快速发展，继续支撑和引领深圳互联网产业发展。2012 年，腾讯控股有限公司总收入 438.94 亿元，同比增长 54.0%；净利润 154.79 亿元，同比增长26.3%。

其他

2012 年 3 月 24—25 日，中国 IT 领袖峰会在深圳市召开。来自政府部门、企业和科研院所的 74 名嘉宾出席，逾百家媒体的 300 名记者采访报道，各主流平面媒体发布报道上千篇；峰会期间发布了深圳 IT 产业发展报告。

4 月，福田多丽国际电子商务产业园被商务部认定为“国家电子商务示范基地”，成为深圳市首个国家级电子商务示范基地。

5月，《智慧深圳规划纲要（2011-2020年）》印发，成为未来10年建设智慧深圳的指导性纲领文件。

11月17日，工业和信息化部正式授予深圳市“中国软件名城”称号。

【统计数据】

表1　2010—2012年深圳市主要电子信息产品产量情况

项目名称	单位	2010年	2011年	2012年
电话机	万部	5 559	3 230	3 383
微型计算机	万台	3 403	4 172	5 229
电视机	万台	2 044	2 203	3 238
集成电路	万块	1 240 820	1 589 988	1 424 912
程控交换机	万线	1 526	2 156	1 214
硬盘机	万部	6 866	7 150	8 219
电子元件	万只	21 862 763	21 382 825	17 486 985

注：数据来源于《2013深圳统计年鉴》。

表2　2010—2012年深圳市软件产业基本情况

项目名称	单位	2010年	2011年	2012年
软件产业产值	亿元	3 592	4 868	5 180
软件业务收入	亿元	1 891	2 286	2 749
软件出口	亿美元	122	141	161
主营业务税金及附加	亿元	39	63	60
应交所得税	亿元	82	58	54
增值税	亿元	172	177	155
利润总额	亿元	526	510	505

注：数据来源于深圳市经济贸易和信息化委员会《2012年度深圳市软件产业运行分析报告》。

[供稿：深圳市经济贸易和信息化委员会]

新疆生产建设兵团

【综述】

2012年，新疆生产建设兵团（以下简称兵团）电子信息制造业和软件信息服务业快速发展。碳化硅晶体、蓝宝石LED衬底、高压电极箔等基础原材料产业快速发展，节水滴灌自动控制装备、国产采棉机等智能化农机装备稳步推进，自主开发的软件产品市场份额逐步扩大。

信息基础设施建设

以光纤传输为主要特征的综合宽带传输网络基本形成，光纤网络和移动通信网络覆盖服务能力显著提高。建成兵团机关综合楼统一的中心机房和网络平台，统一了互联网出口，实现了兵团机关综合楼40余个部门网络、服务器等设备的集中统一管理。上联国家电子政务中央级骨干传输网，下联师、团的兵团电子政务骨干传输网络建设完成。兵团应急管理办公室、监察局、扶贫办公室、审计局、统计局等22个部门的业务系统基于兵团电子政务外网系统实现了与国家相关部委的联通。财务局等9部门正在依托外网开展兵团范围的部门应用。基于兵团—师—团场的电子政务内网骨干传输网络系统预计2013年全面建成。

截至2012年底，团场家庭平均每百户拥有固定电话52部、移动电话187部，城镇家庭平均每百户拥有固定电话78部、移动电话191部；城镇家用电脑普及率73台/百户，团场家用电脑普及率34台/百户；已形成相对完备的广播电视传输网络，广播、电视覆盖率分别达到97.0%和98.8%。部分边境和偏远团场、连队打电话、看电视难问题得到切实解决。12个师建成师—团广域网，承载了视频会议、办公自动化、IP电话等公共应用。145个团场建设了城域网。十三师积极探索三网融合的有效途径，整合利用各类网络资源，在一套骨干网络上实现了通讯、数据和有线电视的传输，大大降低了资金投入。

信息技术应用

农业领域 以信息技术为主导的现代农业技术在农业“三大基地”建设中发挥了显著作用，农业综合信息服务体系得到进一步完善，农产品营销网络和物流体系得到广泛应用，精量播种、自动滴灌、平衡施肥、视频田管、水情监测、自控采摘等精准农业技术已广泛应用到农业生产和管理各个环节，网络化微机平衡施肥、土壤水分监控、病虫害预测预报、农业气象服务等农业信息系统广泛应用，高新节水灌溉技术向林果业等作物扩展，面积超过1 100万亩。机采棉面积累计达到500万亩，较2011年增长150万亩。兵团农业局建设了农情上报系统，实现了对全兵团农情数据的汇总、分析，为农业生产提供了决策支持。兵团水利局在各主要灌区建立了农田水情自动测报系统，实现了对灌区防洪、引蓄、灌溉、配水、水资源的科学利用和水利工程的有效管理。南北疆现代农业示范区、现代农业示范团场和天山北坡现代农业示范带建设逐步深入。

工业领域 企业在生产装备、研发设计、过程控制、技术改造、业务流程、市场营销、信息管理、决策系统等环节的信息化改造力度不断加强，信息化水平进一步提升。新疆青松建化股份有限公司积极构建企业ERP系统，实现了全集团财务、资金、生产、库存、销售的无缝化管理。新疆华世丹药业有限公司对现有ERP系统进行完善，实现了企业成本的精细化控制。组织开展了“兵团信息化与工业化融合推进会议暨全国两化融合深度行——兵团行动”，组织各师开展了“两化融合深度行——走进各师”活动、“两化融合促进安全生产重点推进项目”、“两化融合促进节能减排重点推进项目”、“两化融合示范（试点）企业申报项目”、“两化深度融合专项申报工作”。新疆绿翔牧业有限责任公司基于物联网技术，建立跨区域、跨行业、跨部门的食品安全冷链物流公共服务平台，通过实时动态监管等手段，提高了产品质量。

服务业领域 交通物流、商贸流通、金融保险、信息服务、社区服务等行业信息化水平明显提高，企业网站、网上商务系统逐渐普及。二师中联客运有限责任公司建立了基于GPS、道路监控、无线数据传输为一体的车辆、物流实时监控平台，并在平台基础上与商超、农户开展全面合作，利用信息化物流配送体系建立了“库尔勒市空中商城”，使市民足不出户就能购买到各种商品。北屯额河草原食品有限责任公司建立了肉食品质量追溯信息管理系统，实现了动物养殖到屠宰前的追溯信息管理和从动物屠宰到产品销售环节的追溯。新疆博锐众信科技有限公司建立的中小企业公共服务平台，为企业提供了云管理及电子商务平台、两化融合知识库建设、科技创新及新产品转化、两化融合咨询与培训、两化融合知识宣传与评估、两化融合论坛等一系列服务。

社会管理领域 在团场、城镇和社区，覆盖公共场所重点部位的社会治安综合防控体系深入推进，平安创建活动全面展开，围绕住房、水电气暖等公用事业的城市信息化进程进一步加快。兵团环保局环境信息与综合分析系统为实现“十二五”节能减排和环境保护工作目标奠定了基础。兵团卫生局基于健康档案的区域卫生信息平台推进现代信息技术在卫生领域的广泛应用。兵团纪检监察局依托兵团政务门户网站建设了工程建设领域项目信息公开和诚信体系建设系统，把政务公开、项目信息公开、社会信用公开纳入工程建设项目信息公开和诚信体系建设，以及党风廉政建设责任制和惩防体系建设考核。截至2012年底，已有8个部门和14个师建立了工程项目信息公开和诚信体系建设专栏。八师石河子市建设的数字化城市管理系统，集成基础地理、单元网格、部件和事件、地理编码等多种数据资源，通过多部门信息共享、协同工作，实现对城市市政工程设施、市政公用设施、园林绿化、市容环境与环境秩序等多方面的网格化监督和管理，有效提升城市管理和科学决策的能力。社区综合管理系统将社区细划为网格，实施精细化管理。通过应用移动智能终端，结合移动互联网技术，实现各类数据的实时采集和基础数据的动态更新，做到“底数清、社情明”，目前已覆盖全市5个街道办事处、45个社区。

信息化基础工作

政策研究 2012年，兵团出台了《关于加快推进兵团信息化与工业化融合的指导意见》，编制完成《新疆生产建设兵团两化融合示范（试点）企业认定管理暂行办法》、《关于加强工业企业新产品开发和新技术推广应用工作的通知》等文件。

信息化培训 兵、师信息化培养体系基本建立，管理体制逐步健全，与国家职能部门关系全面理顺。两化融合培训工作逐步深入，各师分管领导参加了“兵团信息化与工业化融合推进会议暨全国两化融合深度行——兵团行动”，聆听了两化融合专家专题报告等。五师、八师分别举办了“两化融合深度行——走进各师”活动，邀请两化融合专家为所属企业授课。每年两次的全国计算机与软件资格考试和全国信息技术水平考试如期完成，石河子大学、塔里木大学为社会培养了一批实用信息技术人才。各类应试教育、职业教育和继续再教育工作广泛深入开展，促进了兵团全民信息能力的提升。

行业管理 全年开展了计算机信息系统集成资质的年检换证工作；积极开展两化融合试点示范企业申报工作，认定“新疆天业集团有限公司”等10家企业为兵团首批两化融合示范企业，“农一师电力公司”等10家企业为兵团首批两化融合试点企业。兵团软件行业协会被列入2012年全国“双软认定”机构，开展了软件产品登记工作。

【统计数据】

表 1 2010—2012 年新疆生产建设兵团信息基础设施建设情况

项目名称	单位	2010 年		2011 年		2012 年	
		城镇	农牧团场	城镇	农牧团场	城镇	农牧团场
固定电话	部/百户	79.0	71.0	76.6	66.0	78	52
移动电话	部/百户	161.2	147.0	180.8	161.0	191	187
广播覆盖率	%	96.0		96.5		97.0	
电视覆盖率	%	98.2		98.5		98.8	
家用电脑	台/百户	55.0	15.0	68.3	27.0	73	34

注：数据来源于新疆生产建设兵团统计局。

[撰稿：杨紫平 审稿：杨佳伟]

资料

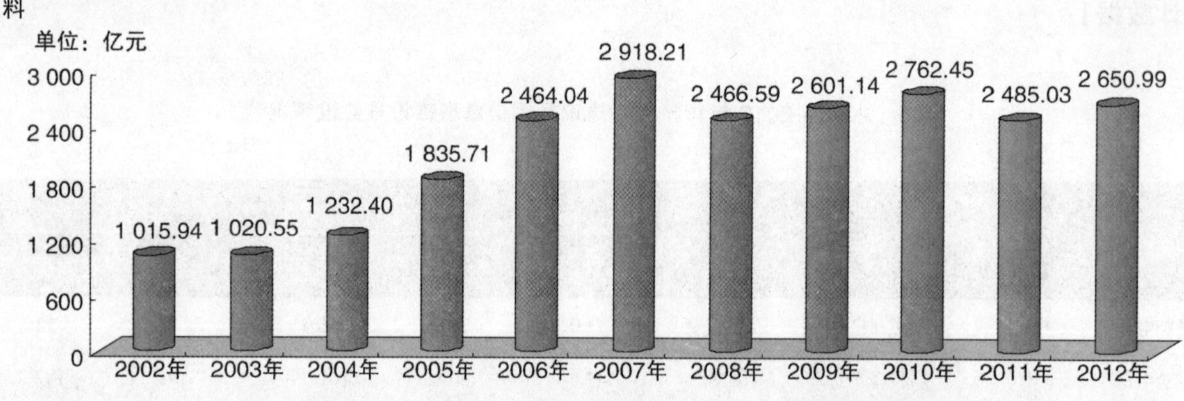

图1　2002—2012年北京市电子信息产品制造业实现主营业务收入情况

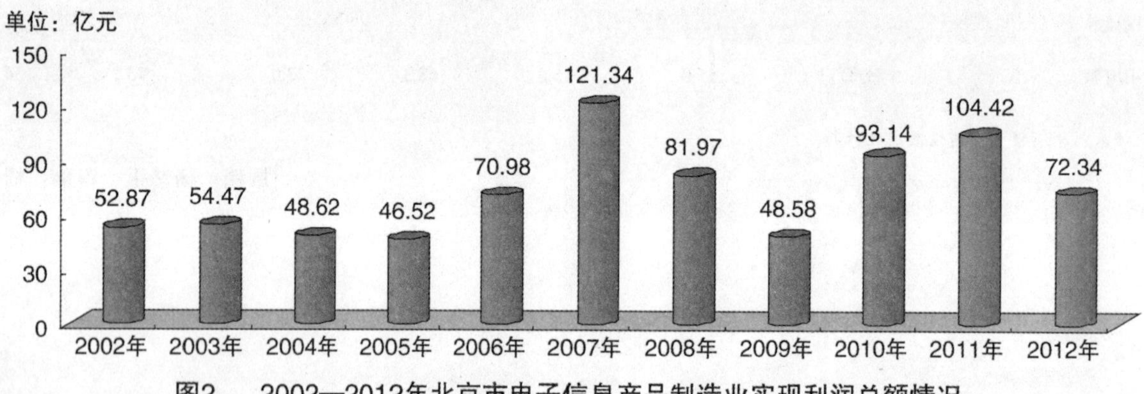

图2　2002—2012年北京市电子信息产品制造业实现利润总额情况

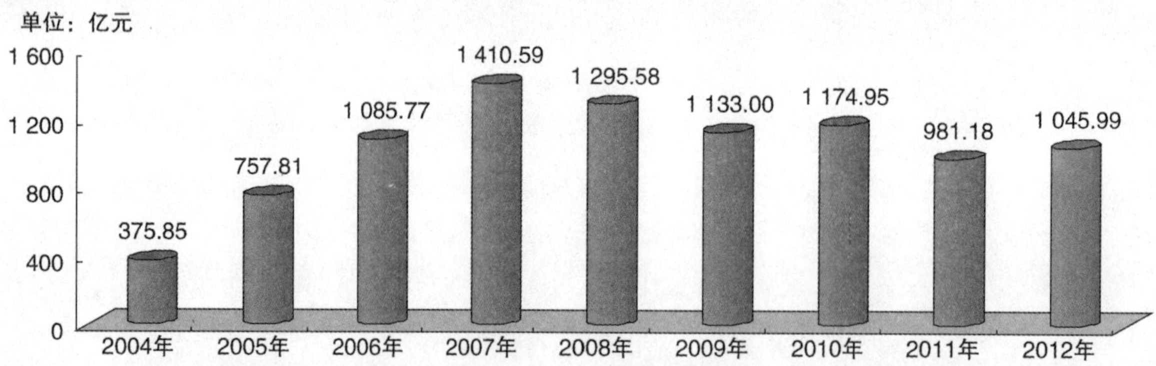

图3　2004—2012年北京市电子信息产品制造业完成出口交货值情况

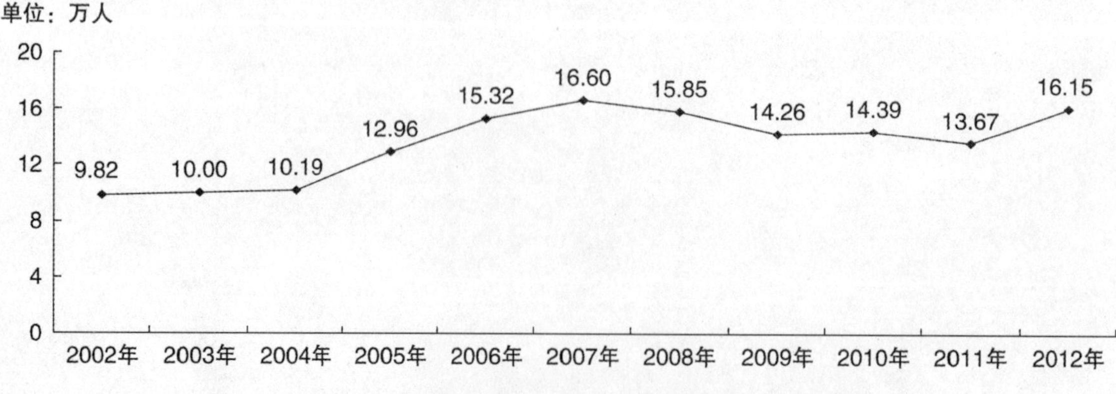

图4　2002—2012年北京市电子信息产品制造业从业人员情况

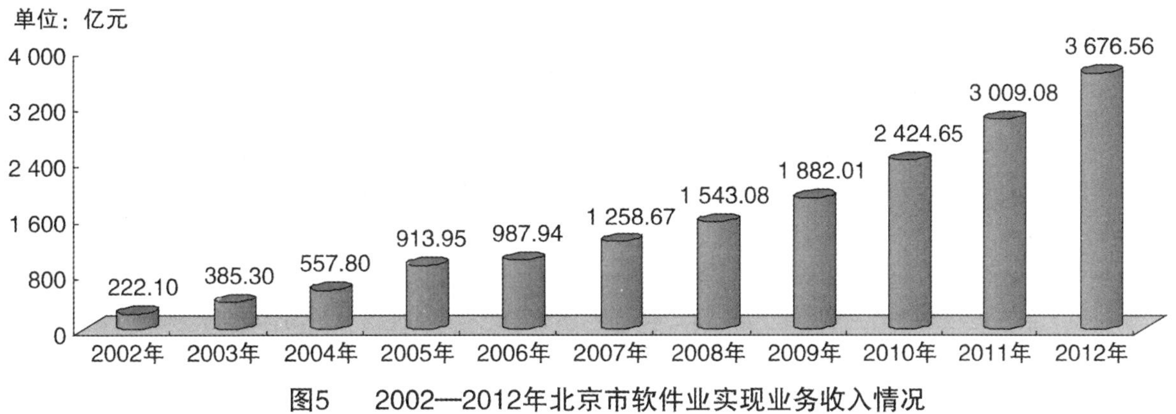

图5 2002—2012年北京市软件业实现业务收入情况

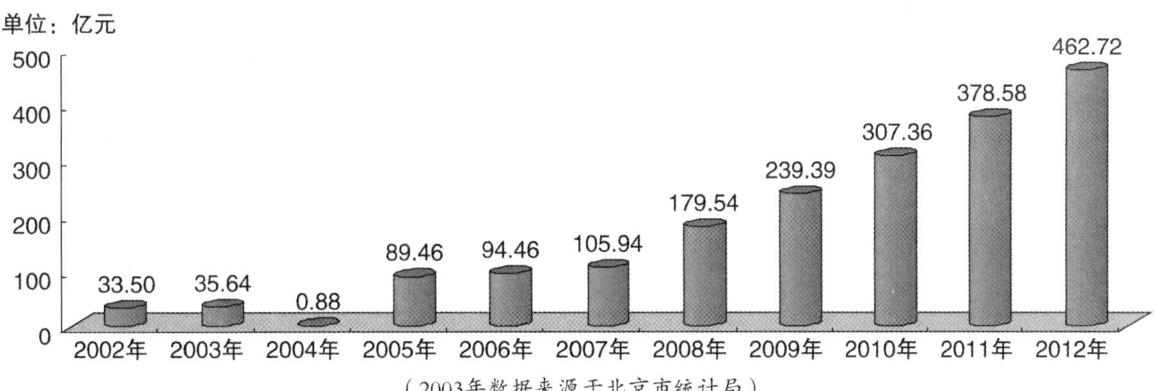

（2003年数据来源于北京市统计局）

图6 2002—2012年北京市软件业完成利润总额情况

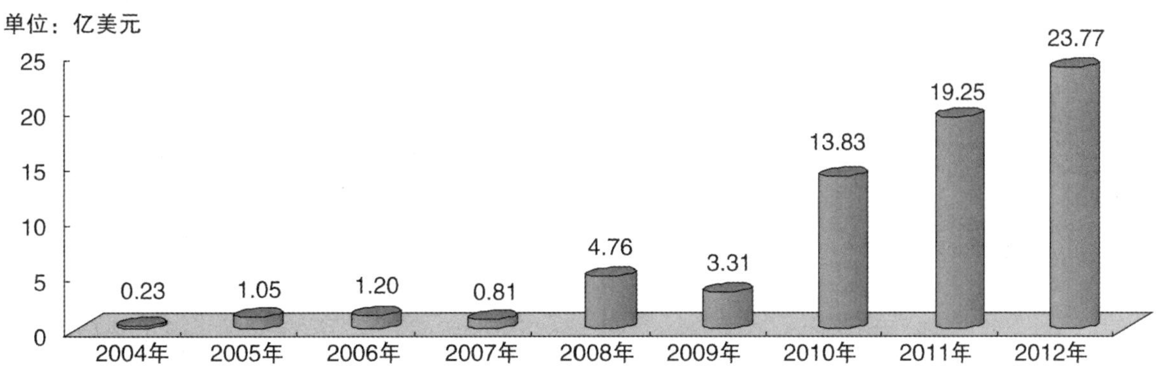

图7 2004—2012年北京市软件业完成软件业务出口收入情况

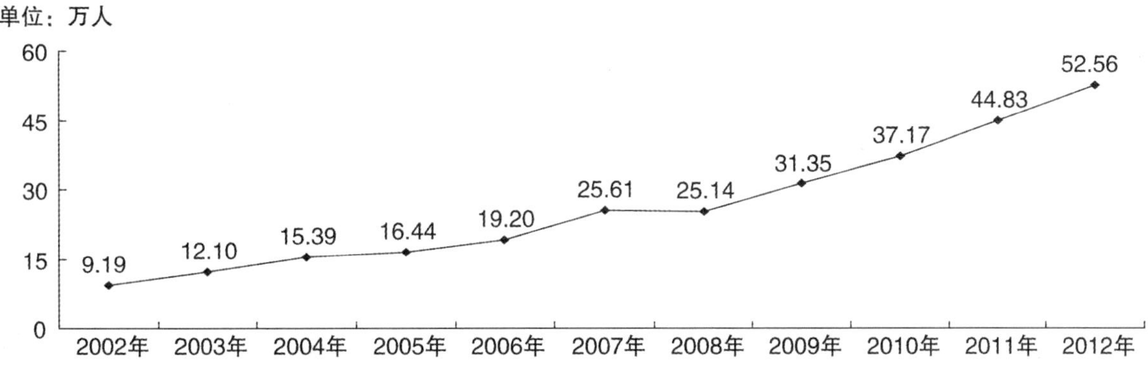

图8 2002—2012年北京市软件业从业人员情况

图9　2002—2012年天津市电子信息产品制造业实现主营业务收入情况

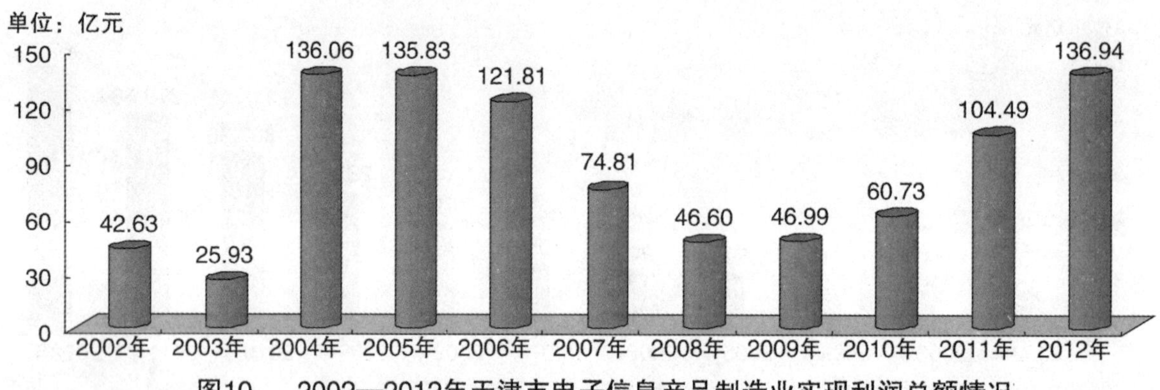

图10　2002—2012年天津市电子信息产品制造业实现利润总额情况

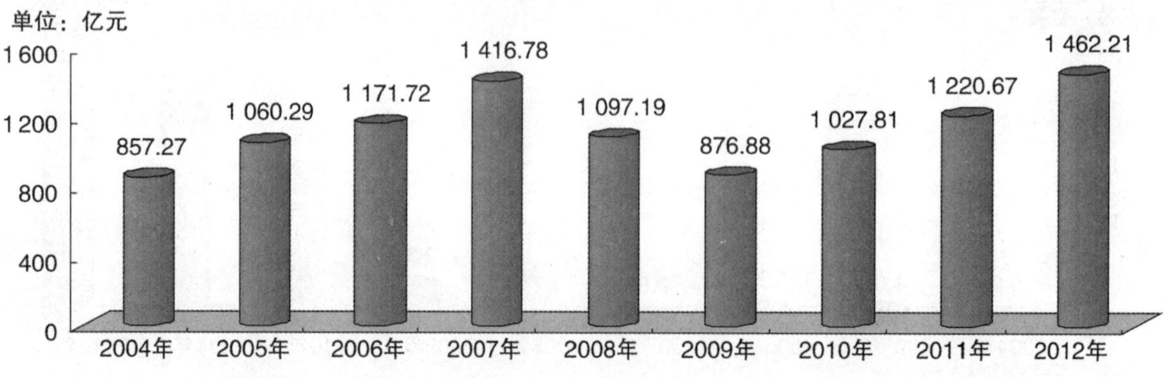

图11　2004—2012年天津市电子信息产品制造业完成出口交货值情况

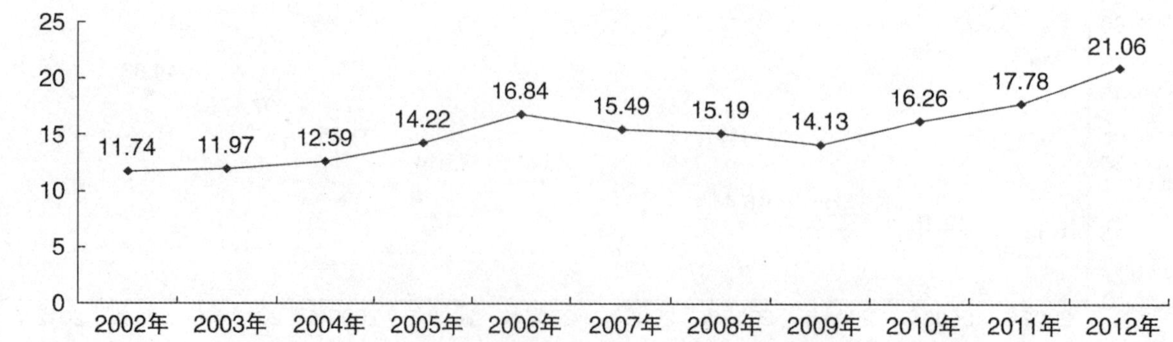

单位：万人
25
20
15
10
5
0
11.74
11.97
12.59
14.22
16.84
15.49
15.19
14.13
16.26
17.78
21.06
2002年 2003年 2004年 2005年 2006年 2007年 2008年 2009年 2010年 2011年 2012年

图12　2002—2012年天津市电子信息产品制造业从业人员情况

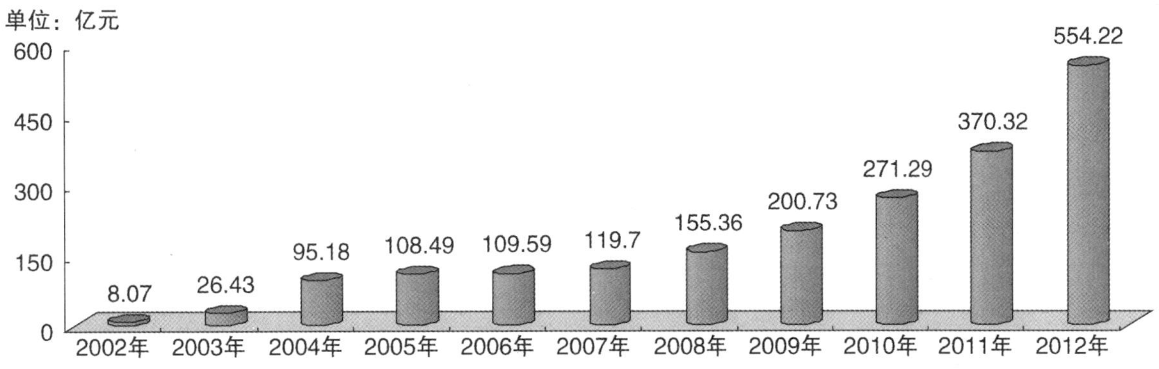

图13　2002—2012年天津市软件业完成业务收入情况

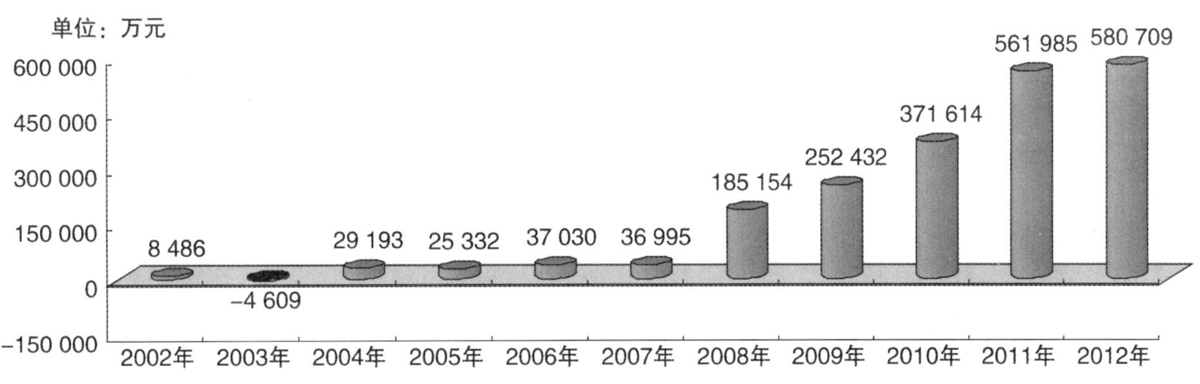

（2008年统计数据在原有统计范围内增加了腾讯业务数据）

图14　2002—2012年天津市软件业完成利润总额情况

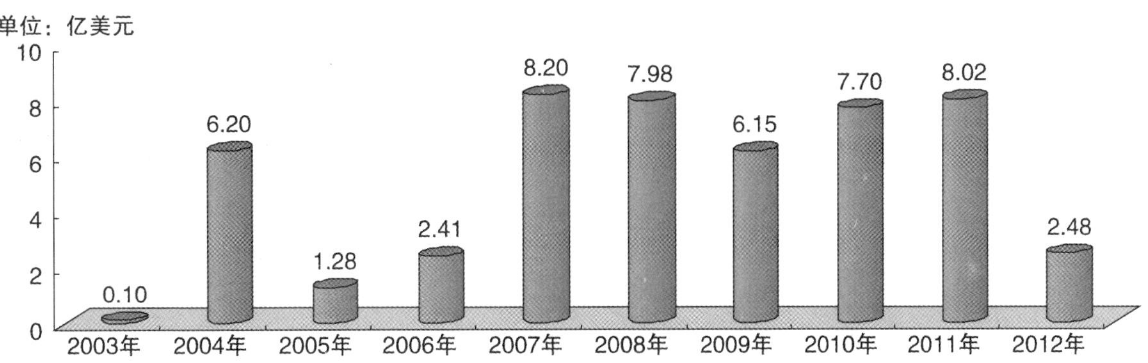

图15　2003—2012年天津市软件业完成软件业务出口收入情况

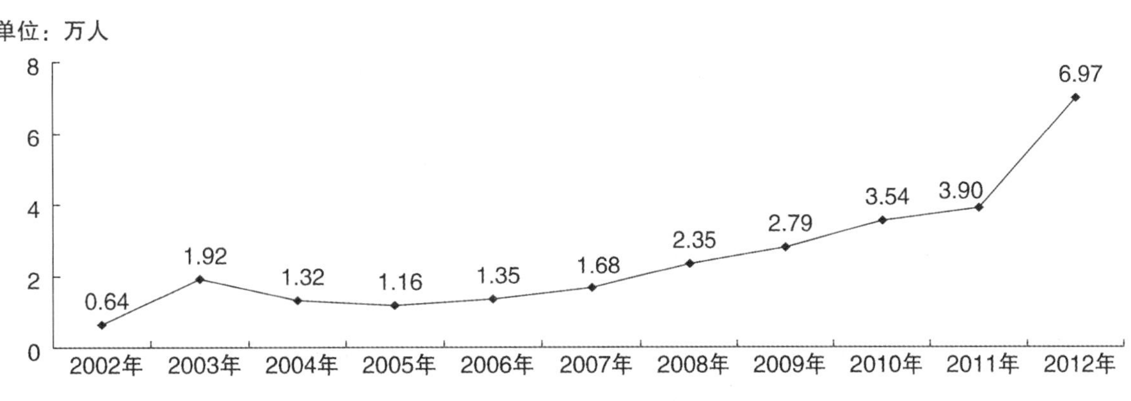

图16　2002—2012年天津市软件业从业人员情况

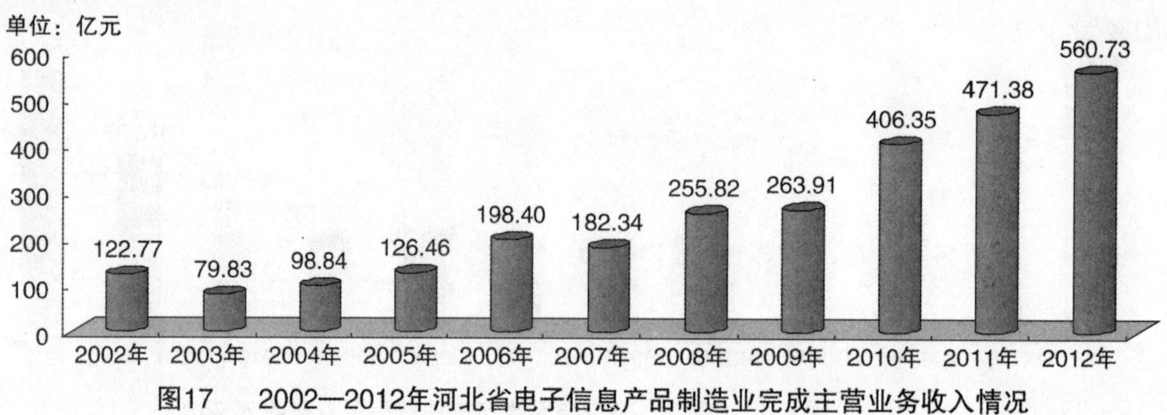

图17　2002—2012年河北省电子信息产品制造业完成主营业务收入情况

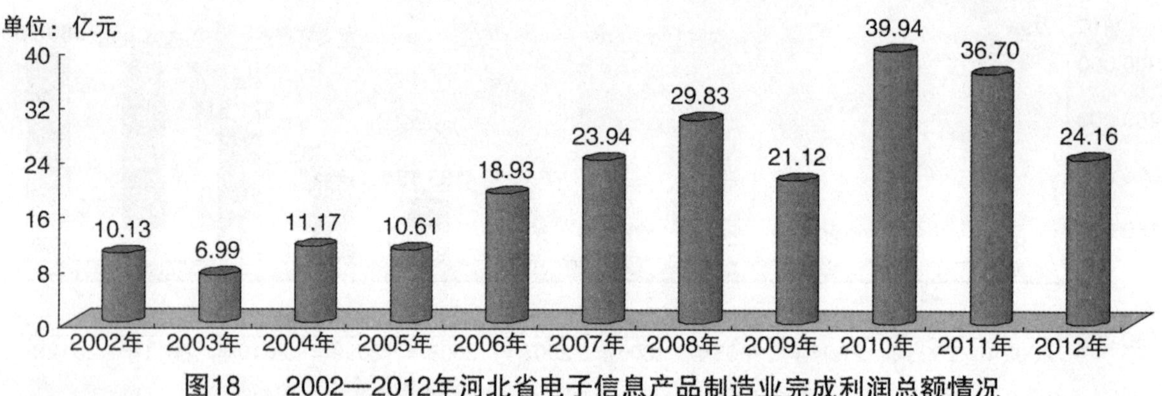

图18　2002—2012年河北省电子信息产品制造业完成利润总额情况

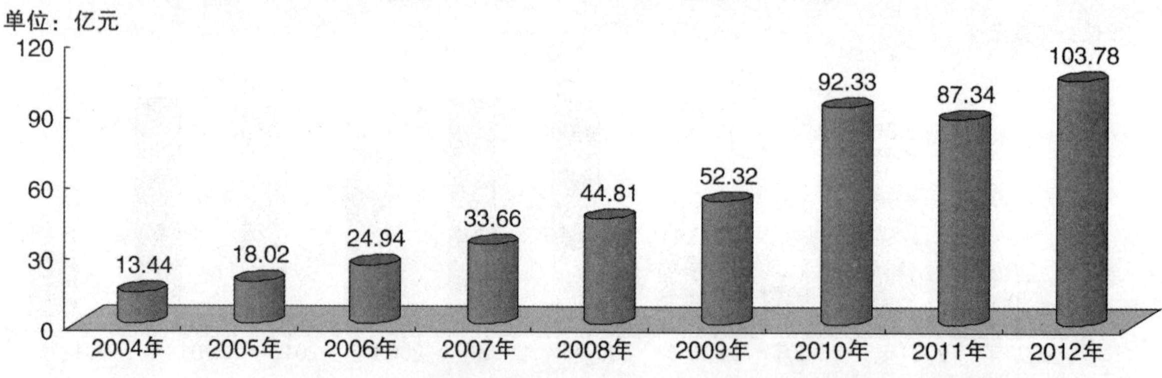

图19　2004—2012年河北省电子信息产品制造业完成出口交货值情况

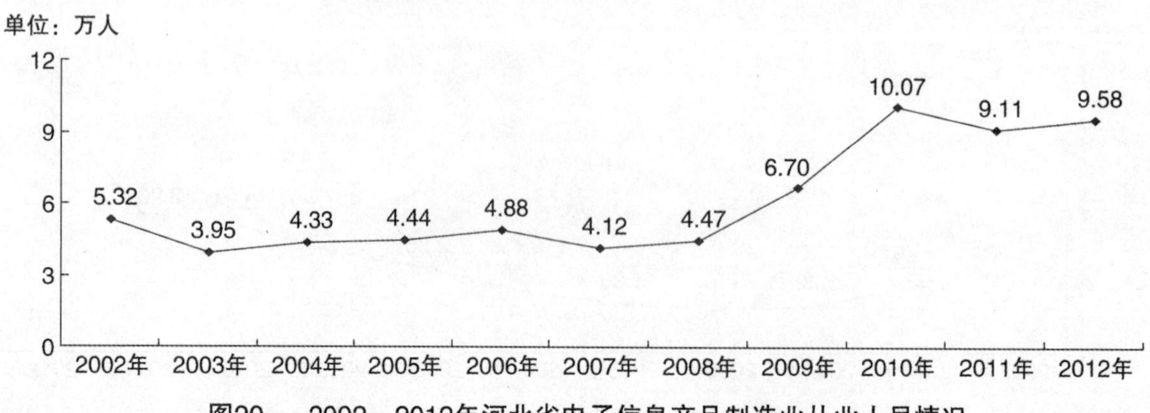

图20　2002—2012年河北省电子信息产品制造业从业人员情况

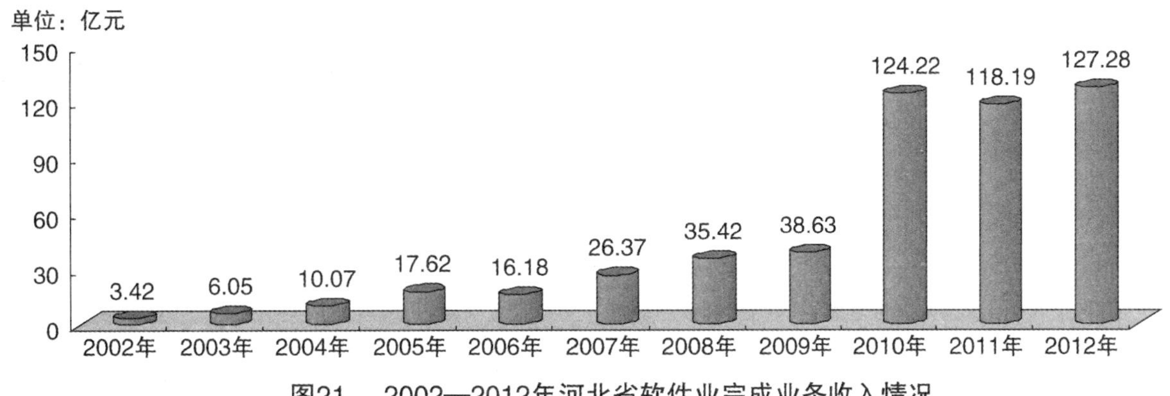

图21　2002—2012年河北省软件业完成业务收入情况

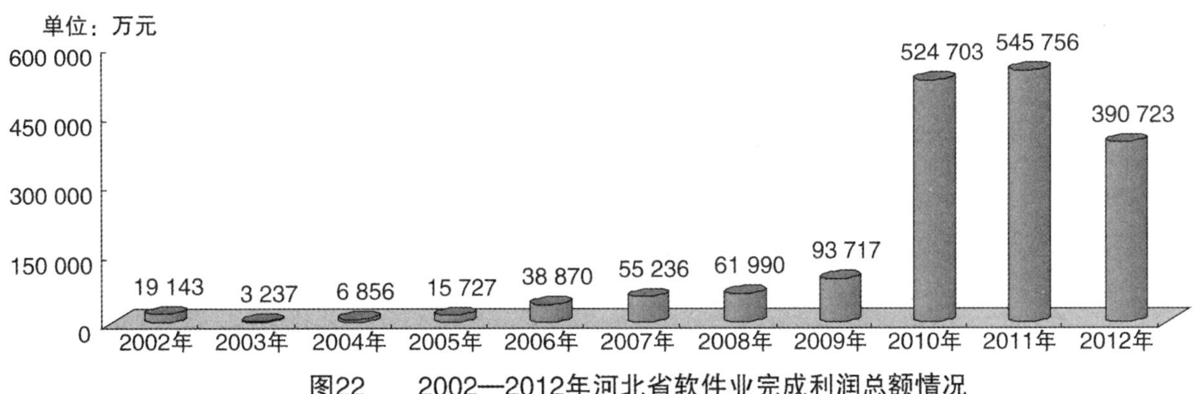

图22　2002—2012年河北省软件业完成利润总额情况

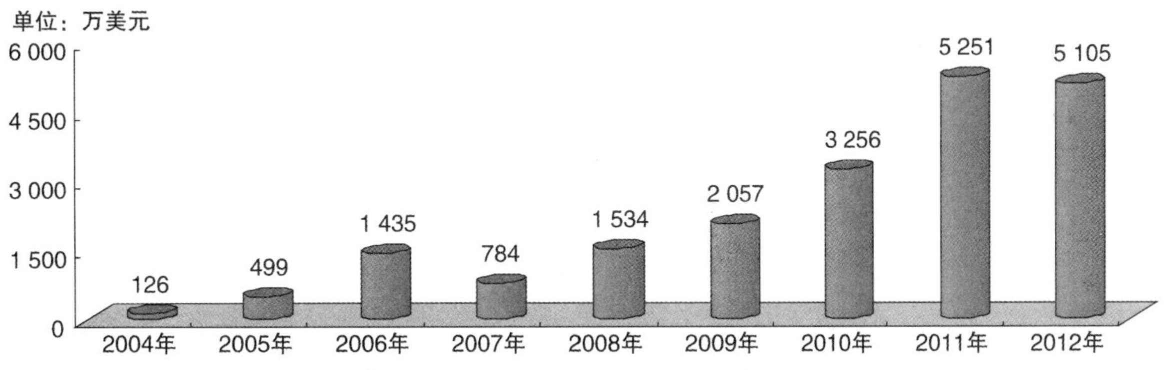

图23　2004—2012年河北省软件业完成软件业务出口收入情况

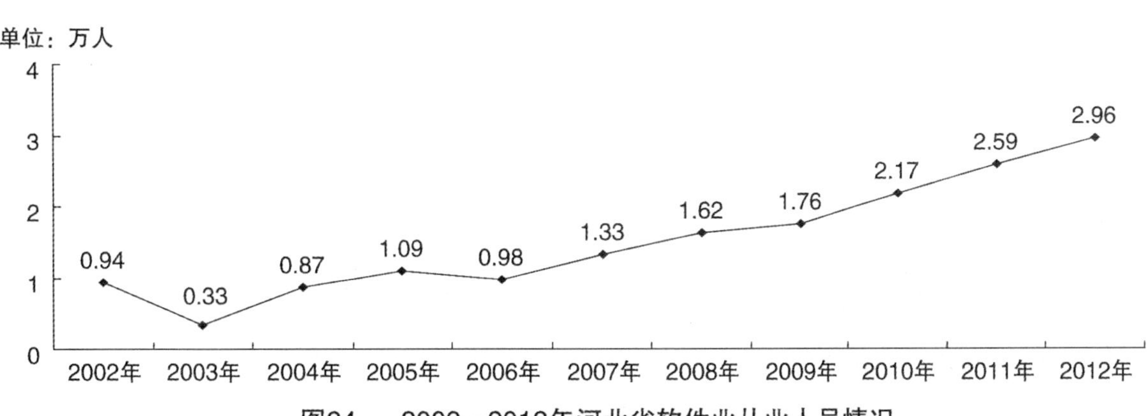

图24　2002—2012年河北省软件业从业人员情况

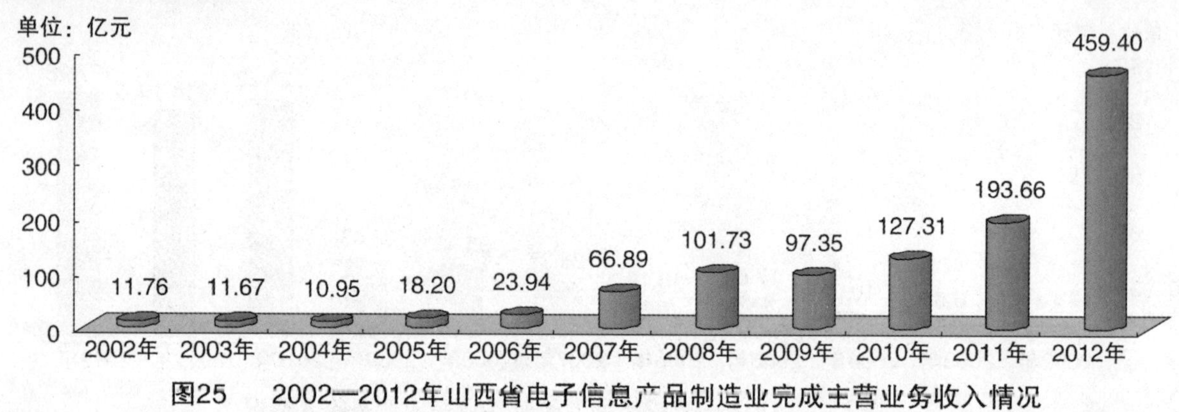

图25　2002—2012年山西省电子信息产品制造业完成主营业务收入情况

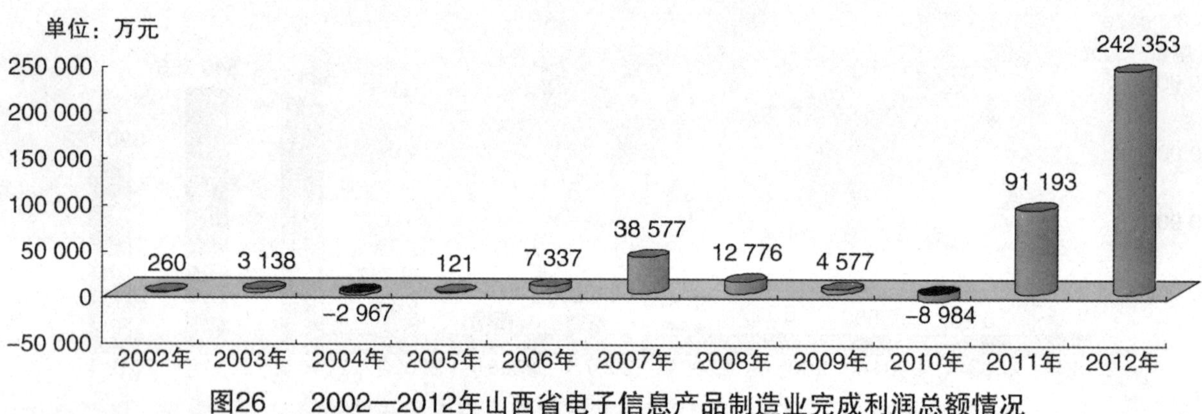

图26　2002—2012年山西省电子信息产品制造业完成利润总额情况

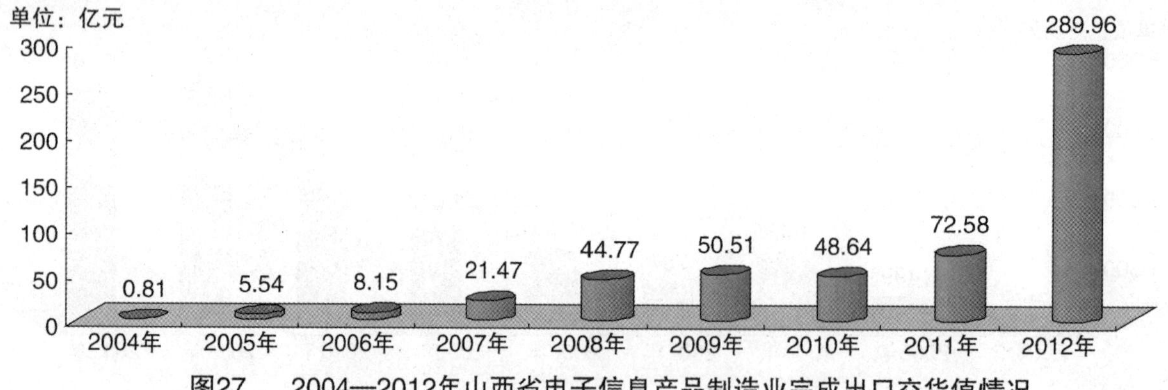

图27　2004—2012年山西省电子信息产品制造业完成出口交货值情况

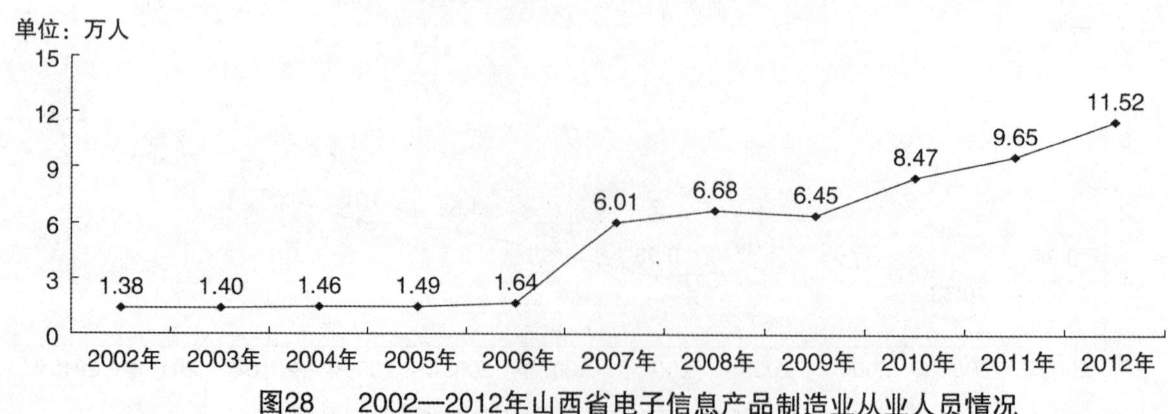

图28　2002—2012年山西省电子信息产品制造业从业人员情况

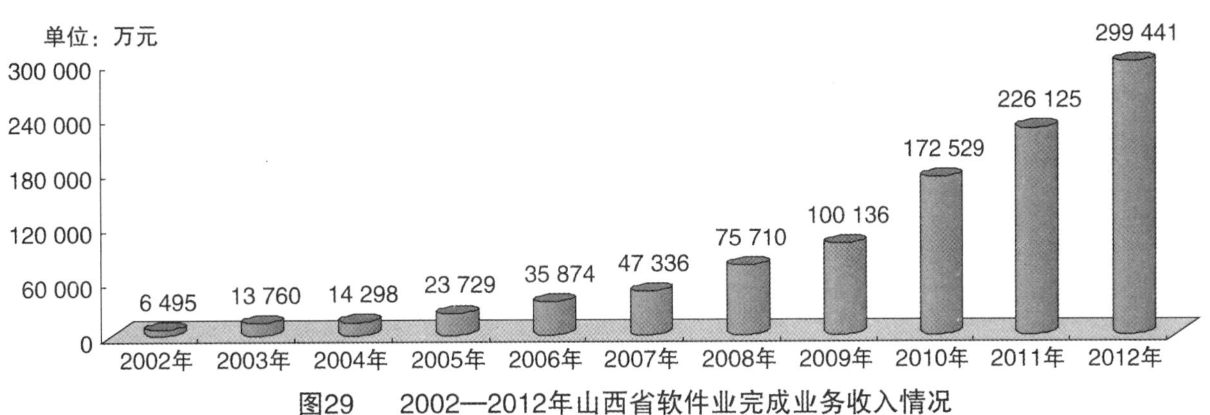

图29　2002—2012年山西省软件业完成业务收入情况

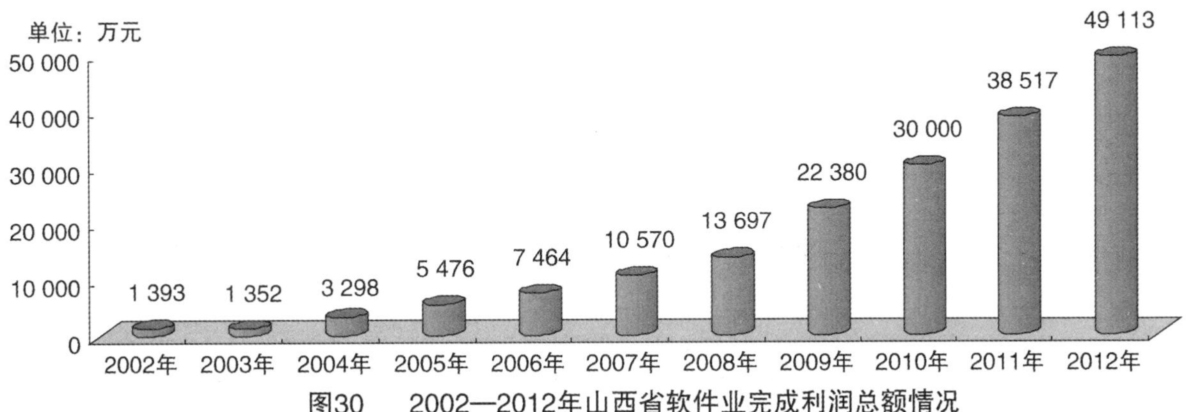

图30　2002—2012年山西省软件业完成利润总额情况

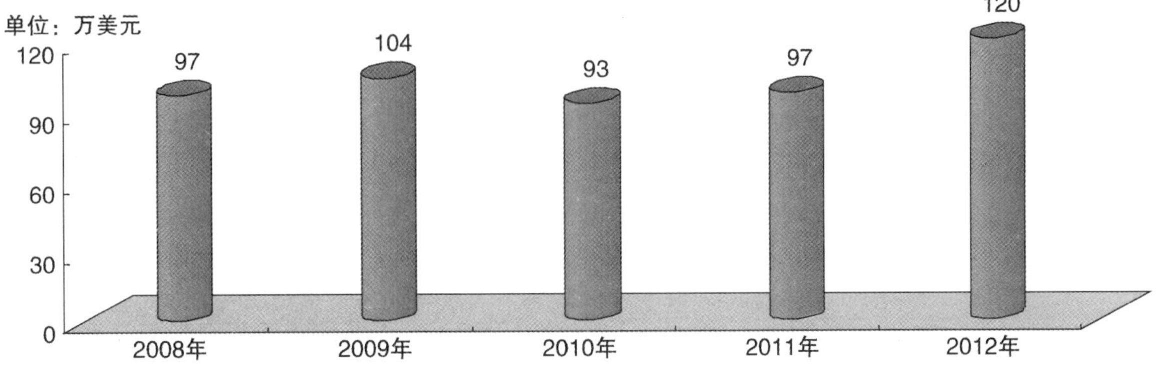

图31　2008—2012年山西省软件业完成软件业务出口收入情况

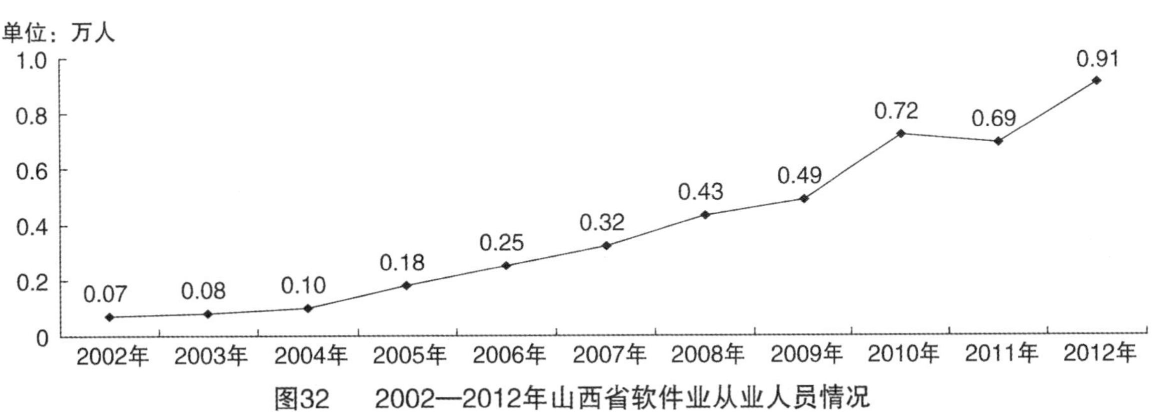

图32　2002—2012年山西省软件业从业人员情况

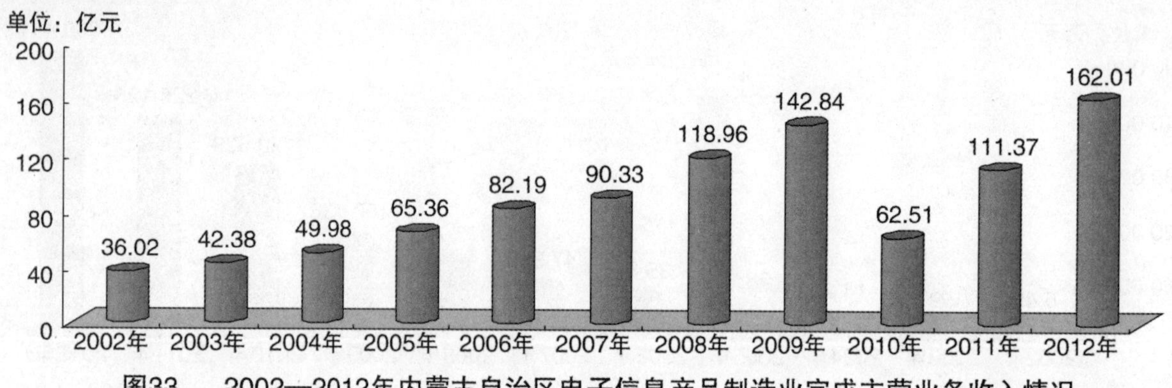

图33　2002—2012年内蒙古自治区电子信息产品制造业完成主营业务收入情况

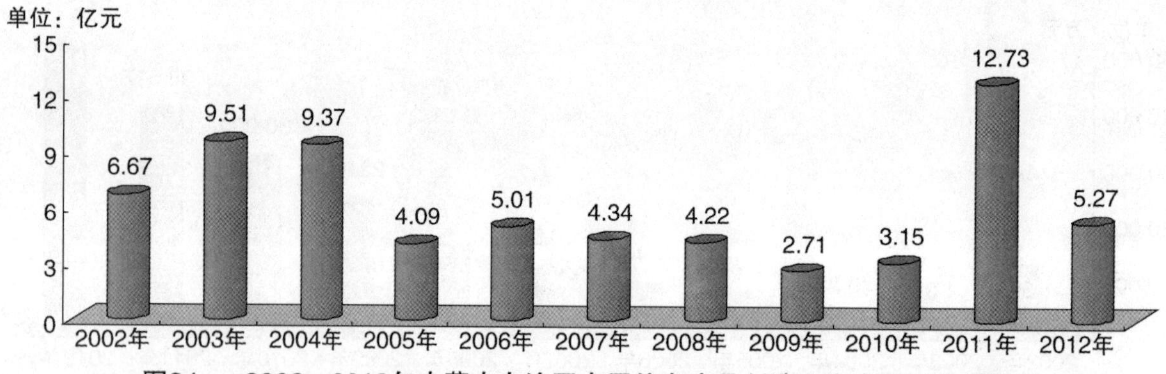

图34　2002—2012年内蒙古自治区电子信息产品制造业完成利润总额情况

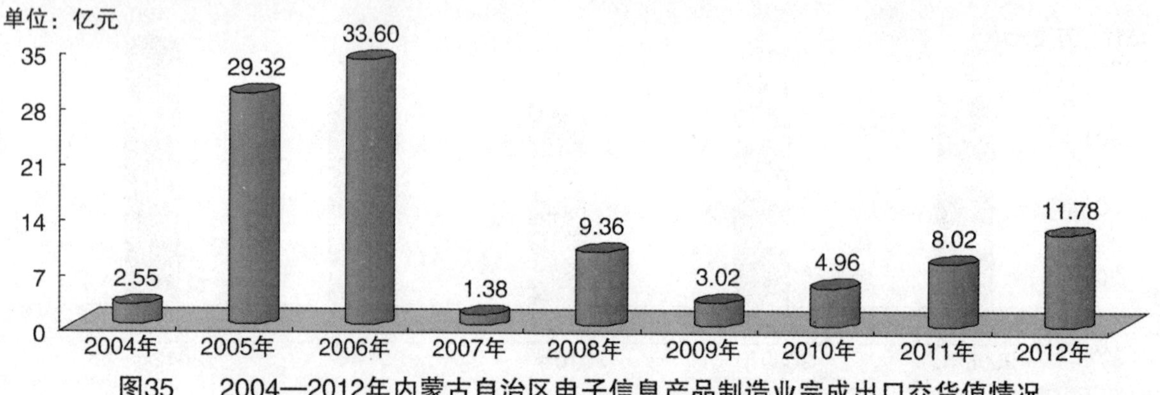

图35　2004—2012年内蒙古自治区电子信息产品制造业完成出口交货值情况

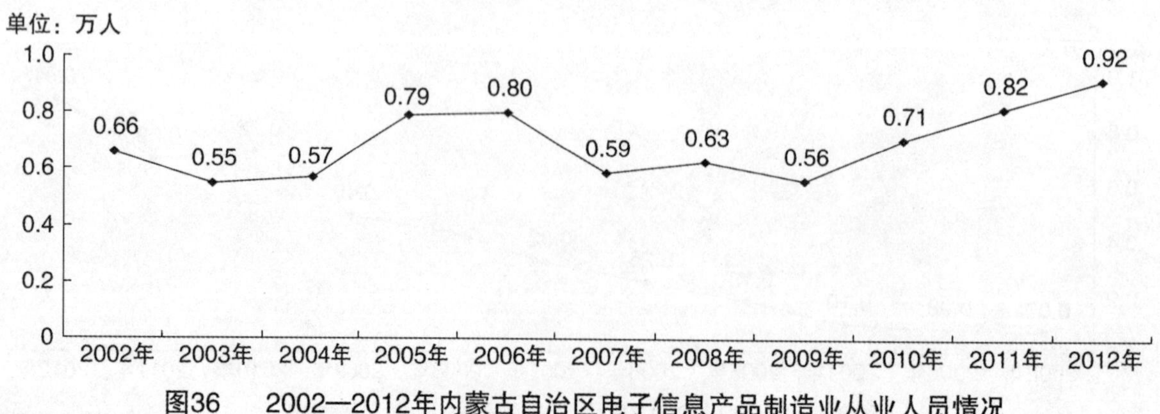

图36　2002—2012年内蒙古自治区电子信息产品制造业从业人员情况

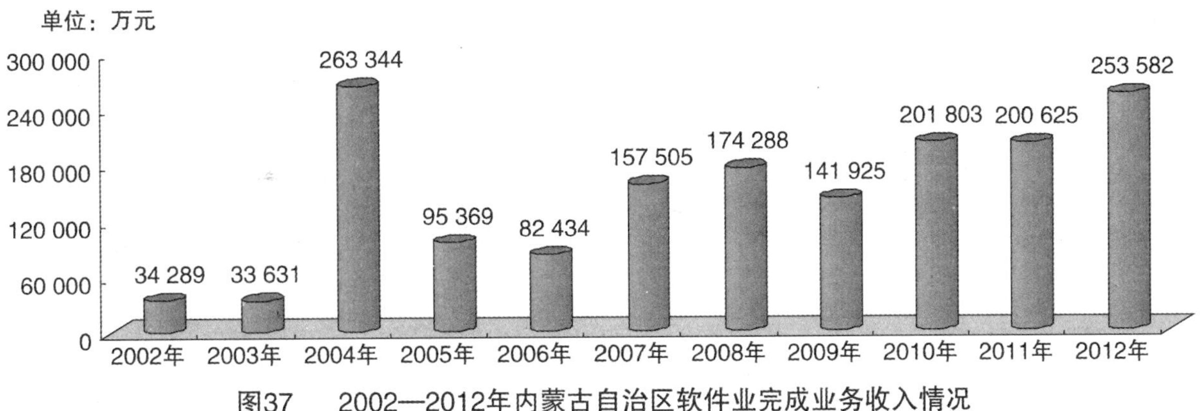

图37　2002—2012年内蒙古自治区软件业完成业务收入情况

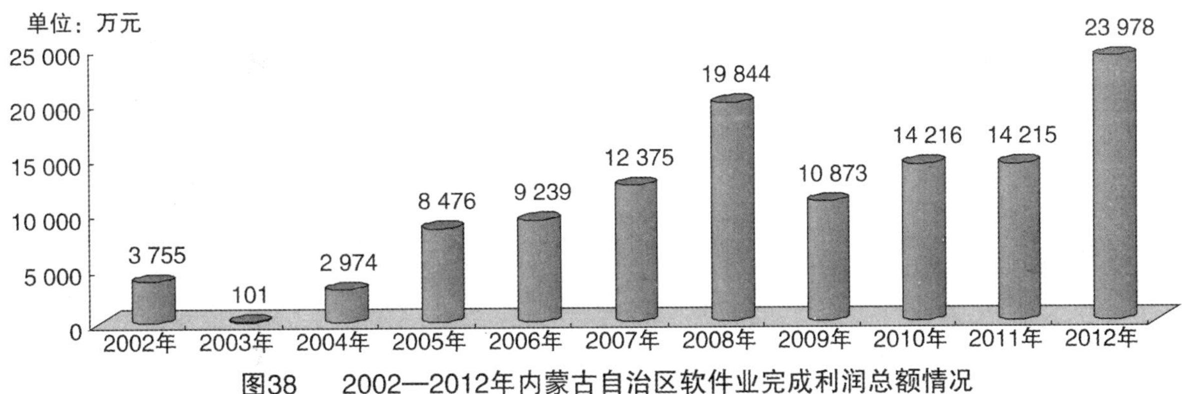

图38　2002—2012年内蒙古自治区软件业完成利润总额情况

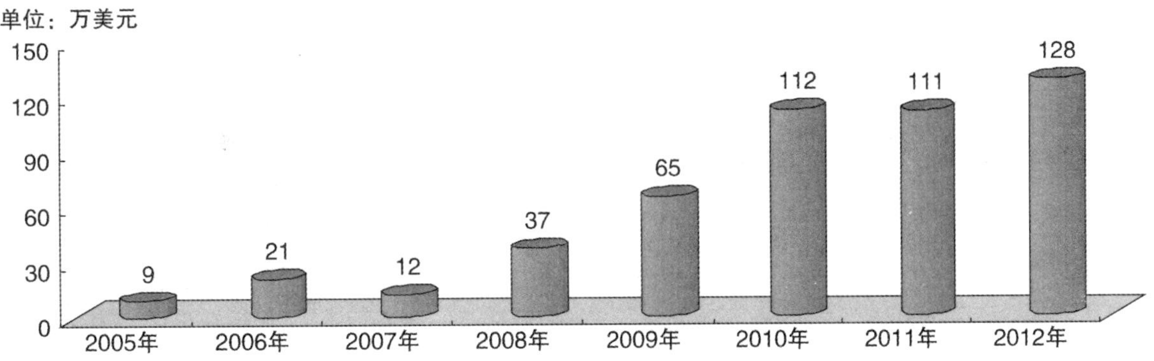

图39　2005—2012年内蒙古自治区软件业完成软件业务出口收入情况

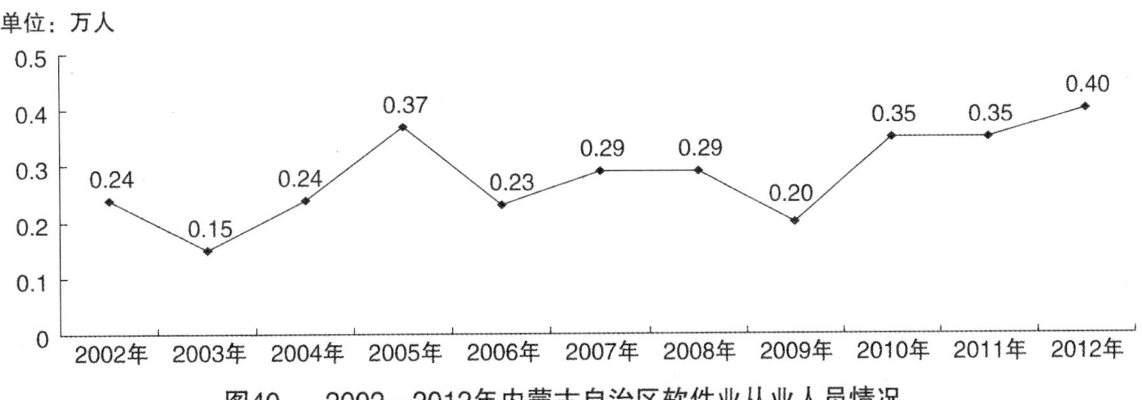

图40　2002—2012年内蒙古自治区软件业从业人员情况

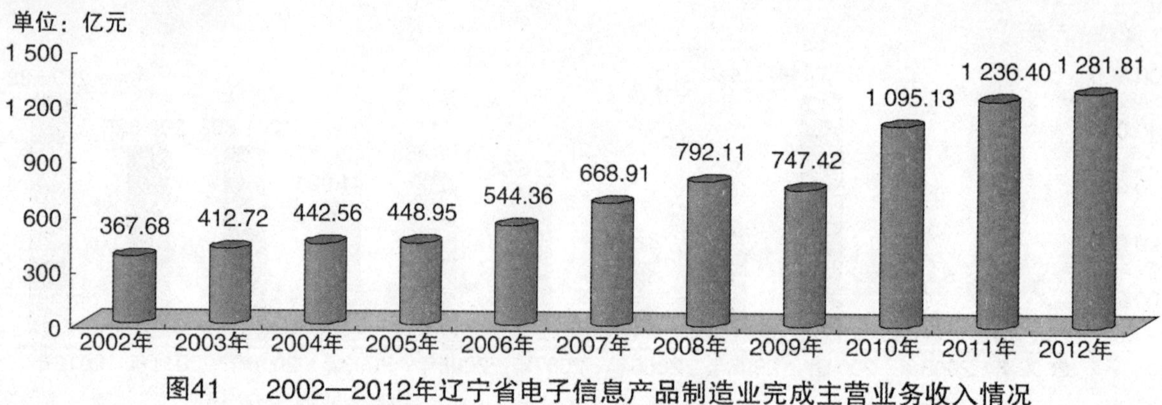

图41　2002—2012年辽宁省电子信息产品制造业完成主营业务收入情况

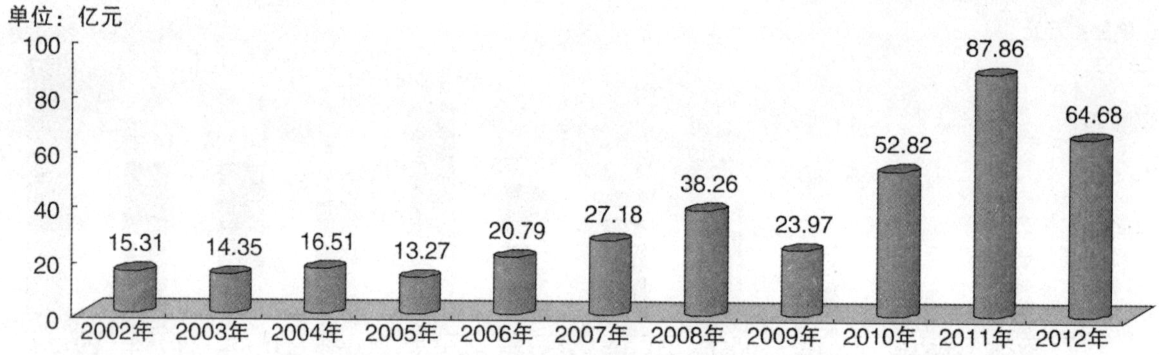

单位：亿元
100
80
60
40
20
0
15.31
14.35
16.51
13.27
20.79
27.18
38.26
23.97
52.82
87.86
64.68
2002年 2003年 2004年 2005年 2006年 2007年 2008年 2009年 2010年 2011年 2012年

图42　2002—2012年辽宁省电子信息产品制造业完成利润总额情况

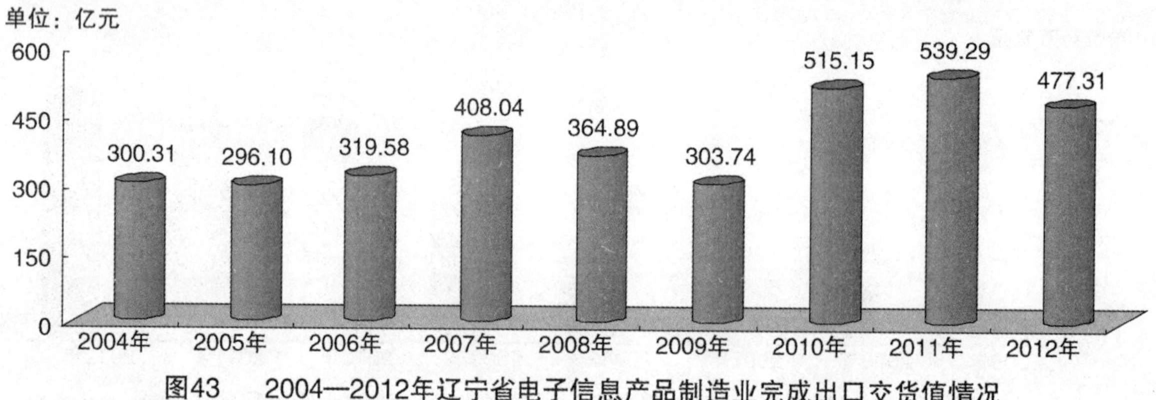

图43　2004—2012年辽宁省电子信息产品制造业完成出口交货值情况

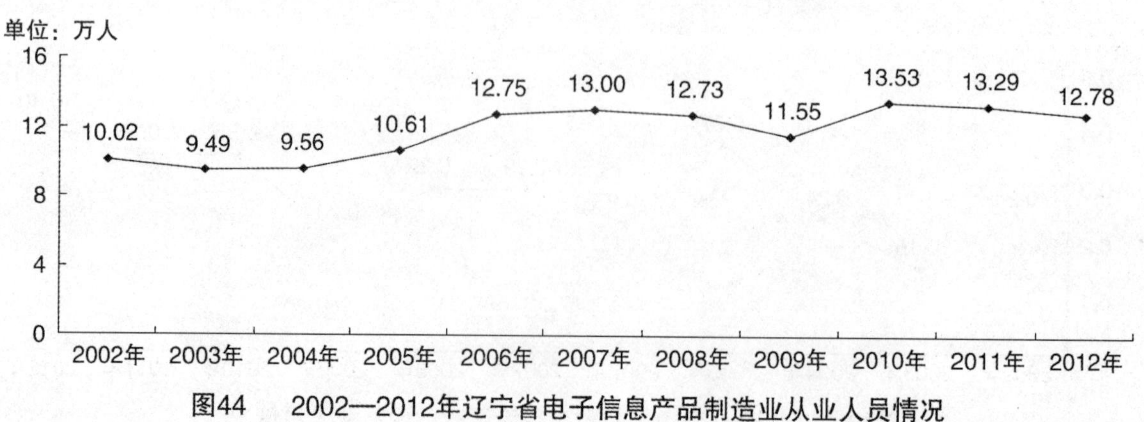

图44　2002—2012年辽宁省电子信息产品制造业从业人员情况

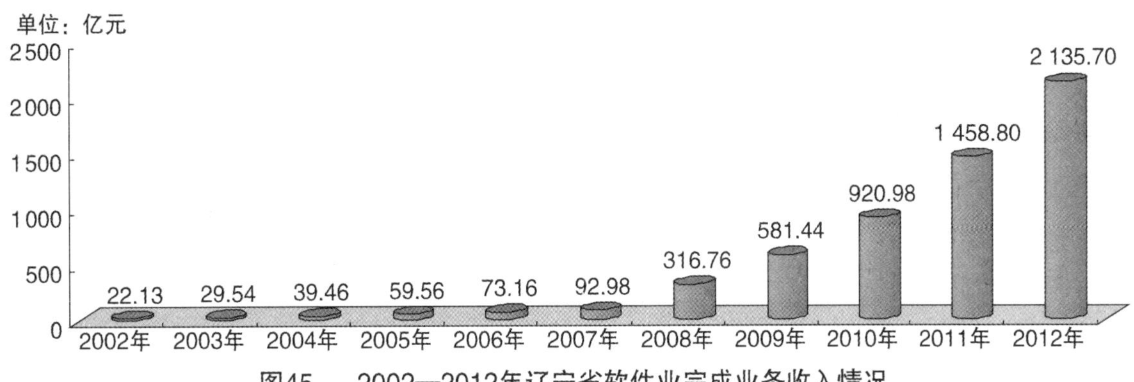

图45　2002—2012年辽宁省软件业完成业务收入情况

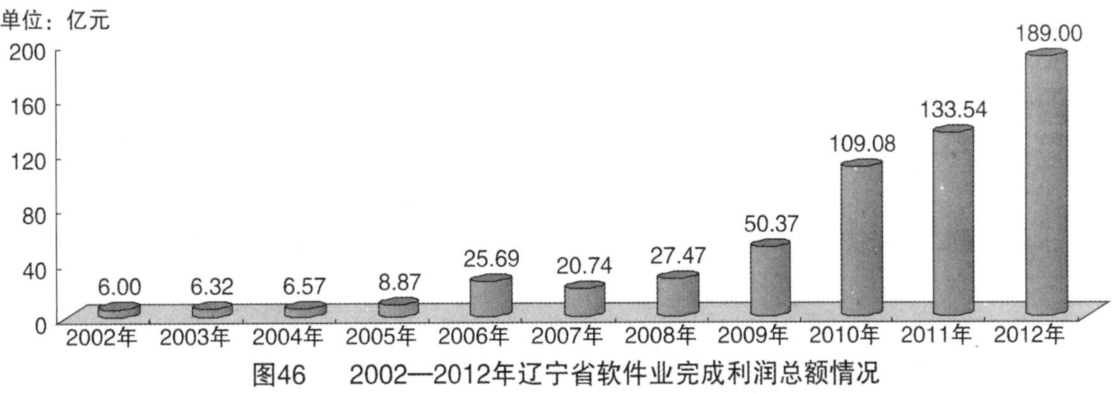

图46　2002—2012年辽宁省软件业完成利润总额情况

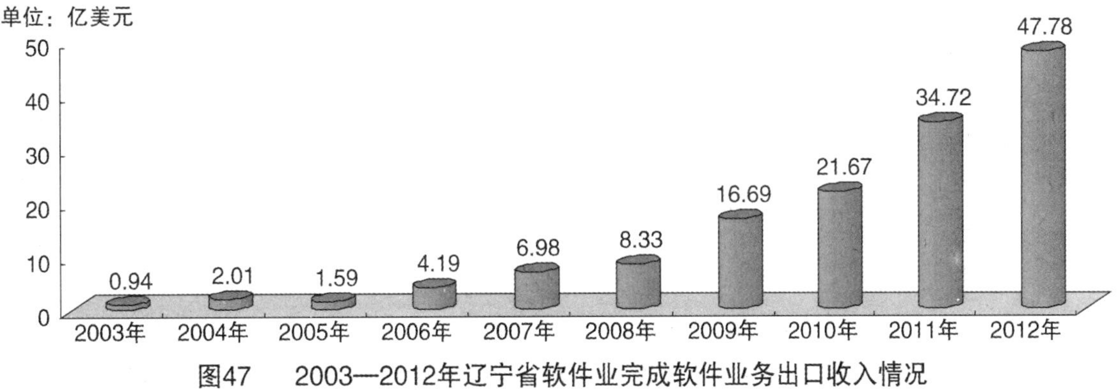

图47　2003—2012年辽宁省软件业完成软件业务出口收入情况

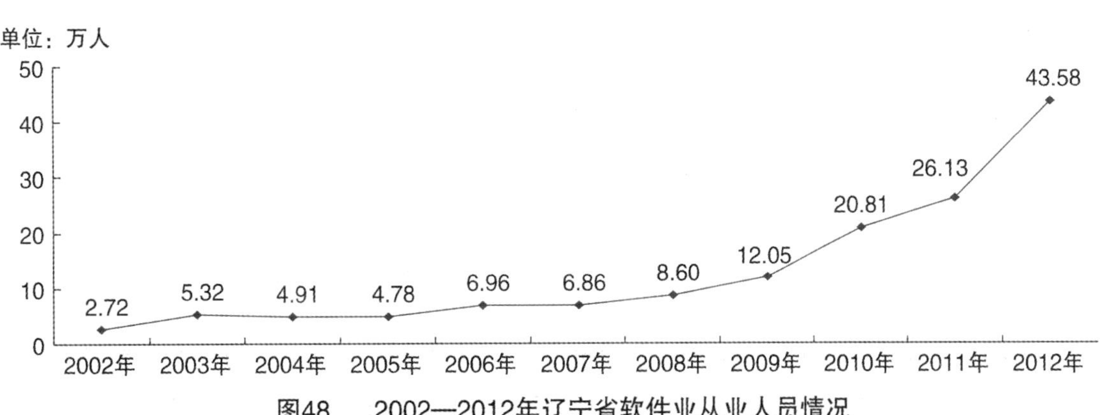

图48　2002—2012年辽宁省软件业从业人员情况

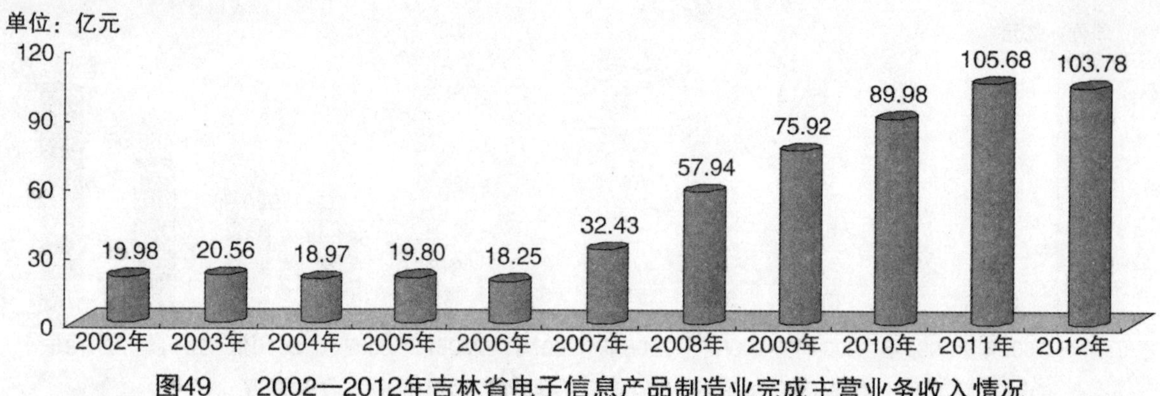

图49　2002—2012年吉林省电子信息产品制造业完成主营业务收入情况

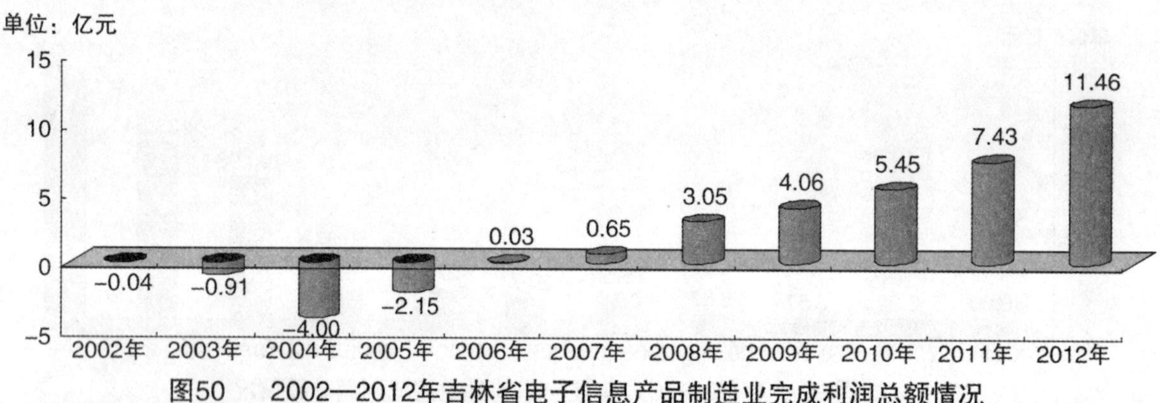

图50　2002—2012年吉林省电子信息产品制造业完成利润总额情况

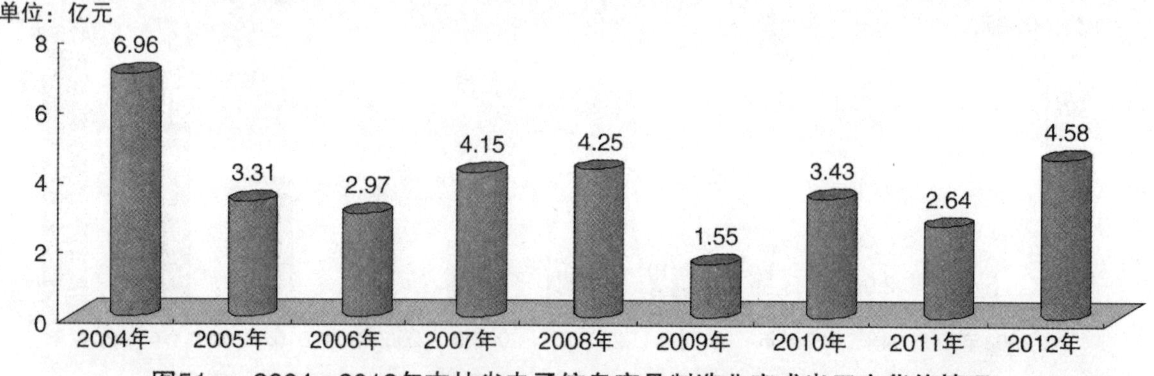

图51　2004—2012年吉林省电子信息产品制造业完成出口交货值情况

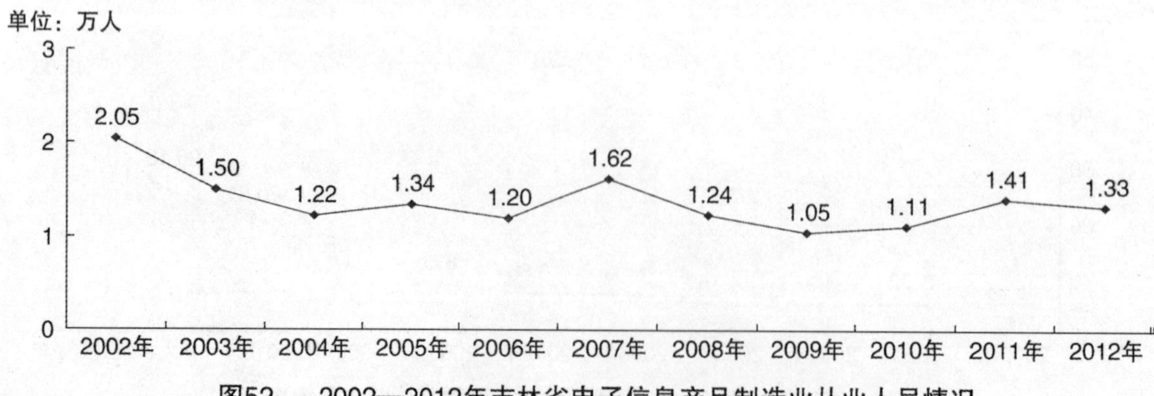

图52　2002—2012年吉林省电子信息产品制造业从业人员情况

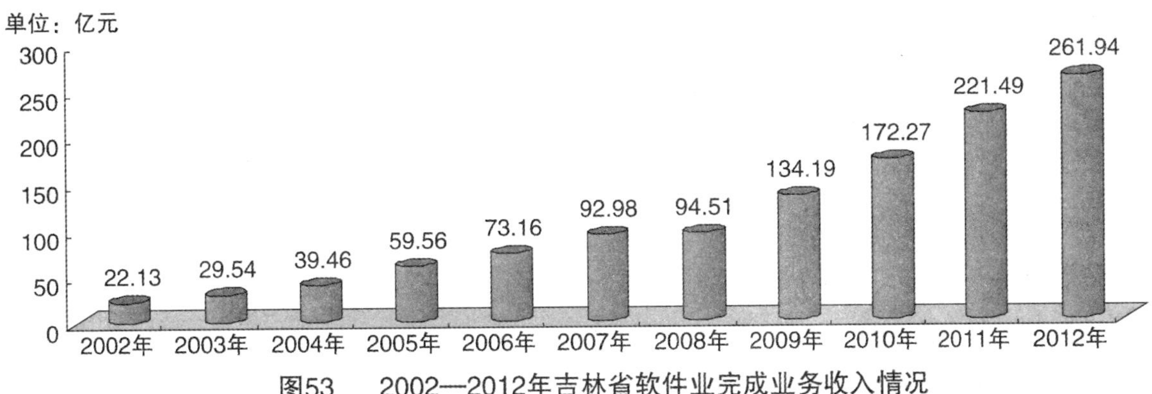

图53　2002—2012年吉林省软件业完成业务收入情况

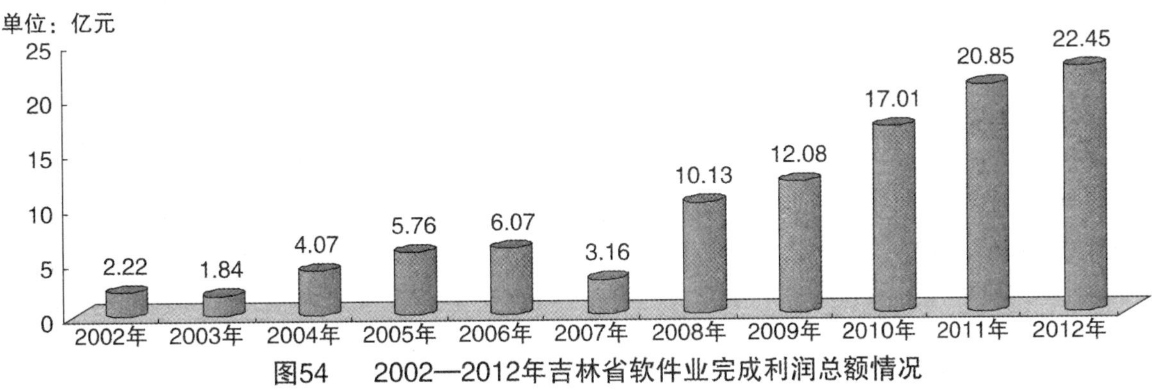

图54　2002—2012年吉林省软件业完成利润总额情况

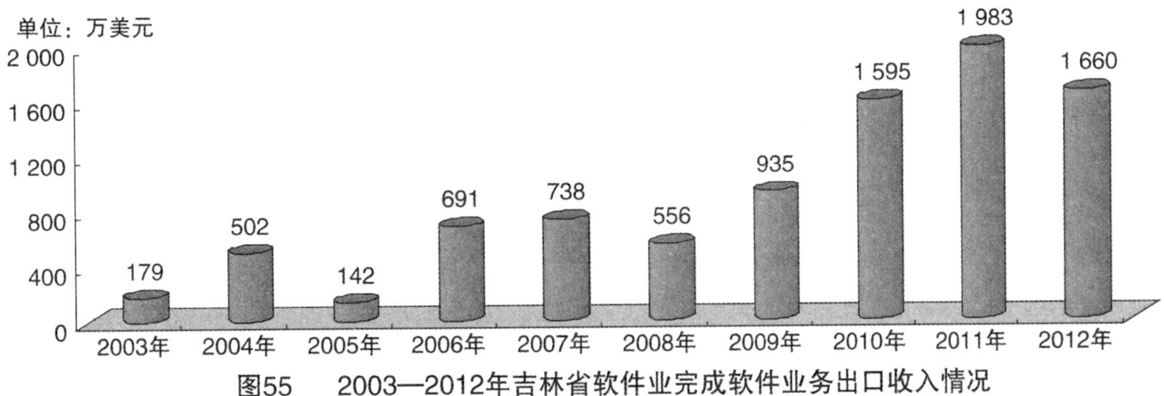

图55　2003—2012年吉林省软件业完成软件业务出口收入情况

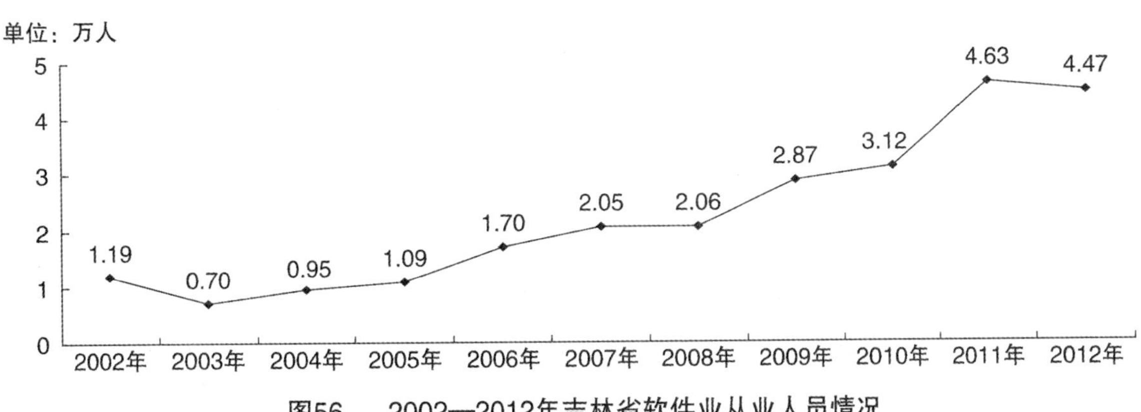

图56　2002—2012年吉林省软件业从业人员情况

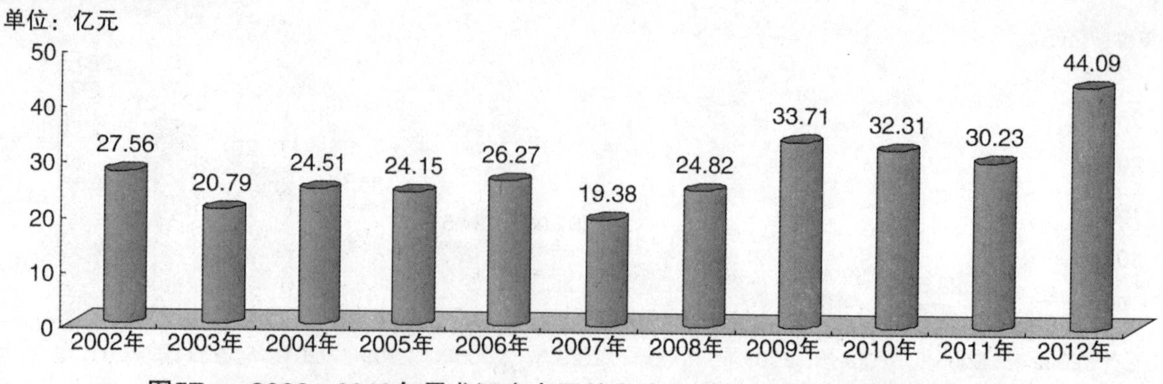

图57　2002—2012年黑龙江省电子信息产品制造业完成主营业务收入情况

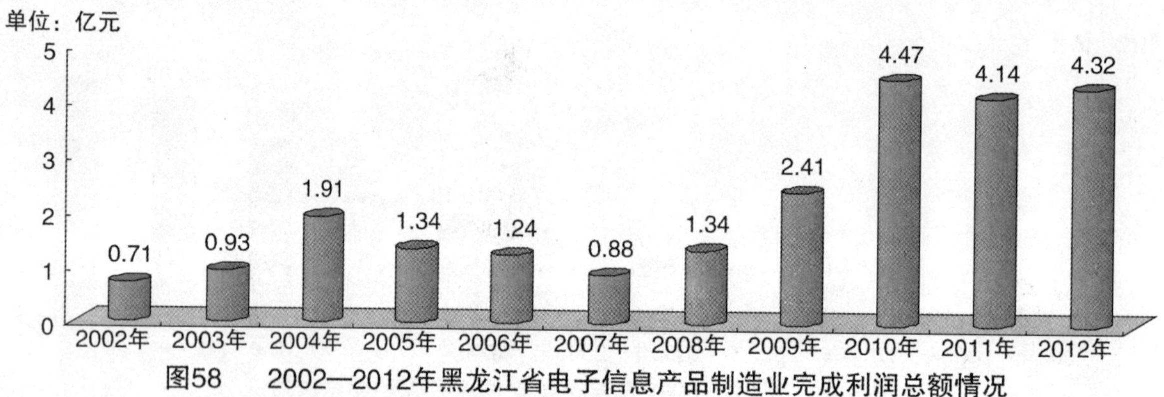

图58　2002—2012年黑龙江省电子信息产品制造业完成利润总额情况

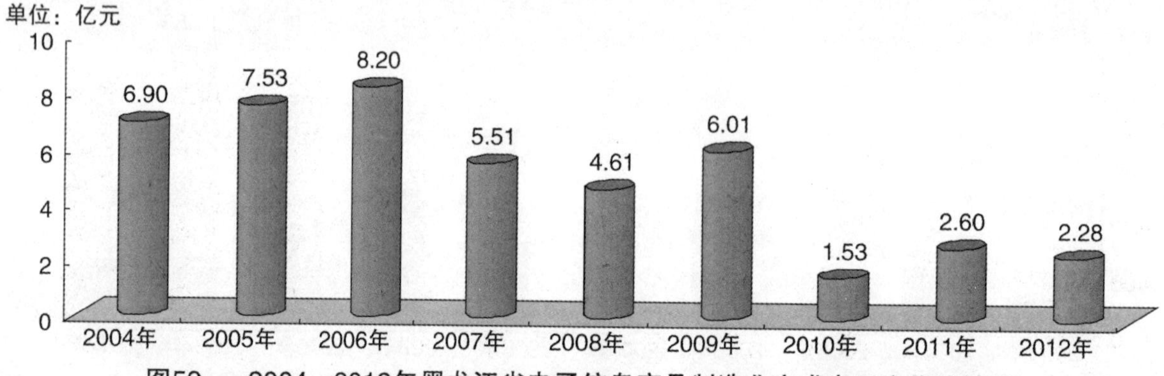

图59　2004—2012年黑龙江省电子信息产品制造业完成出口交货值情况

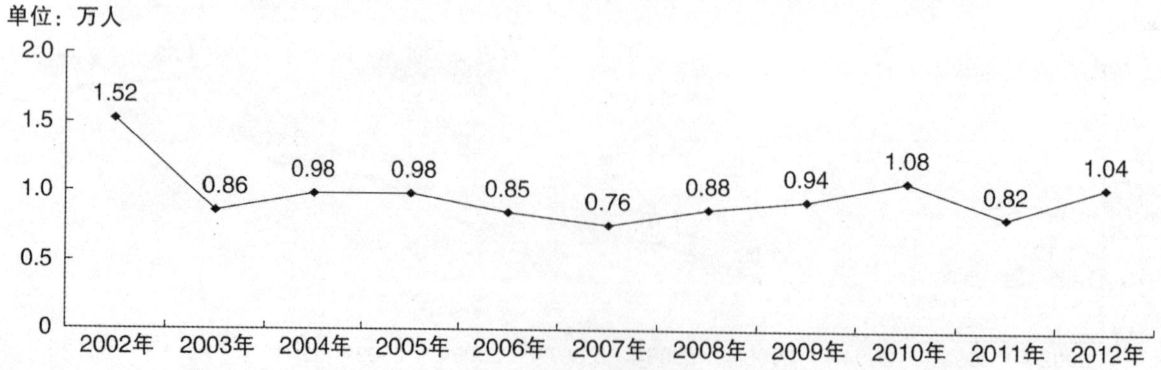

单位：万人
2.0
1.5
1.0
0.5
0
1.52
0.86
0.98
0.98
0.85
0.76
0.88
0.94
1.08
0.82
1.04
2002年
2003年
2004年
2005年
2006年
2007年
2008年
2009年
2010年
2011年
2012年

图60　2002—2012年黑龙江省电子信息产品制造业从业人员情况

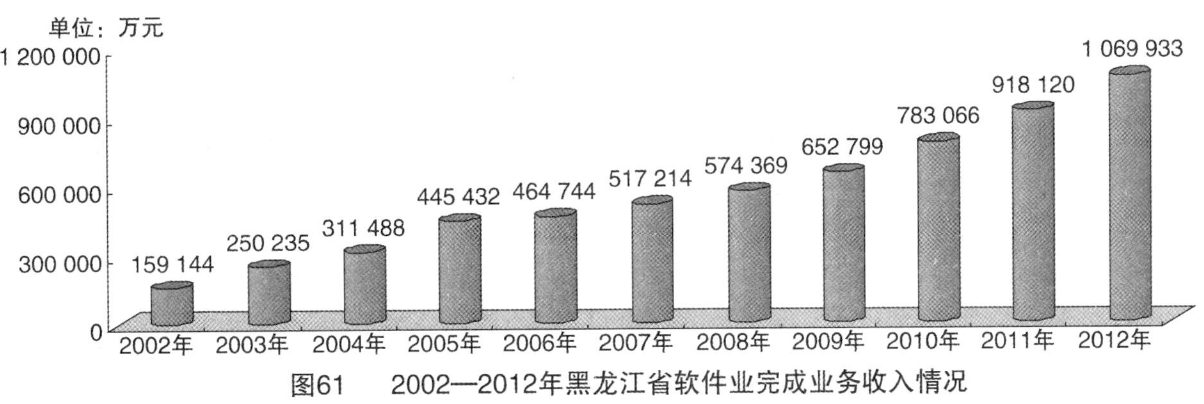

图61　2002—2012年黑龙江省软件业完成业务收入情况

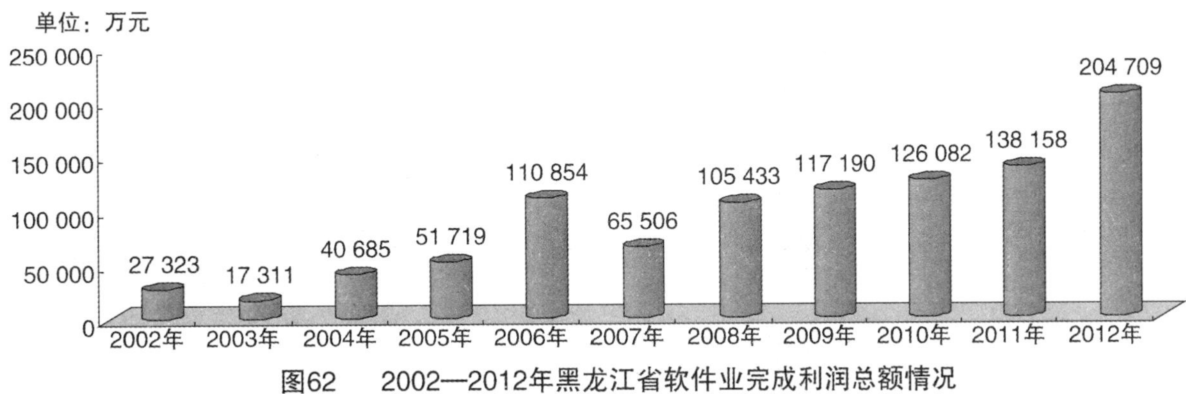

图62　2002—2012年黑龙江省软件业完成利润总额情况

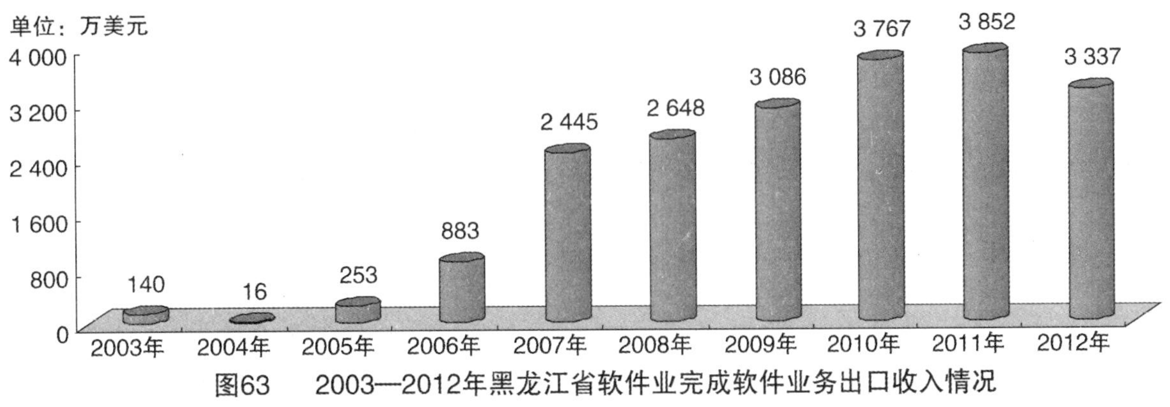

图63　2003—2012年黑龙江省软件业完成软件业务出口收入情况

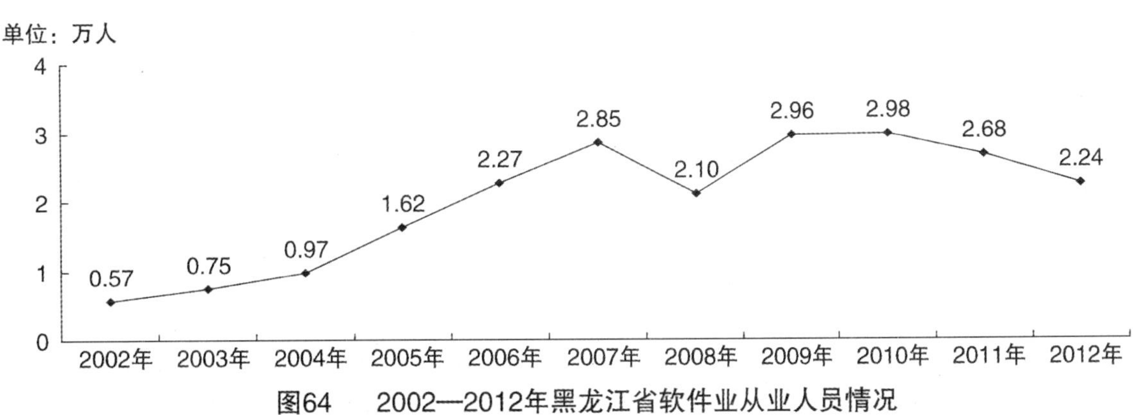

图64　2002—2012年黑龙江省软件业从业人员情况

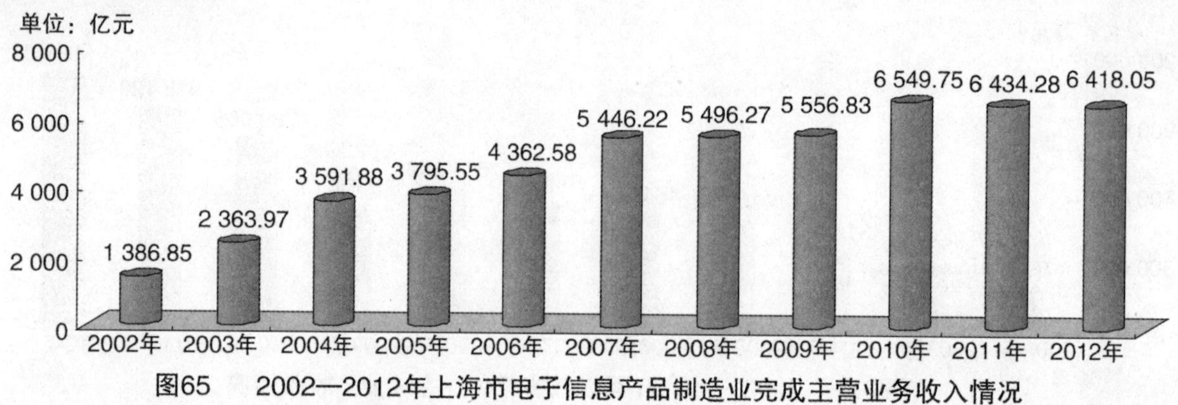

图65　2002—2012年上海市电子信息产品制造业完成主营业务收入情况

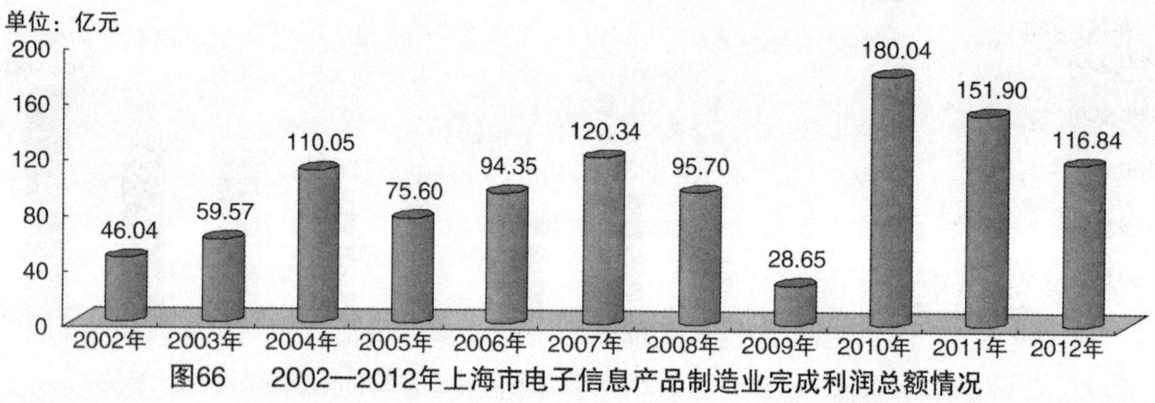

图66　2002—2012年上海市电子信息产品制造业完成利润总额情况

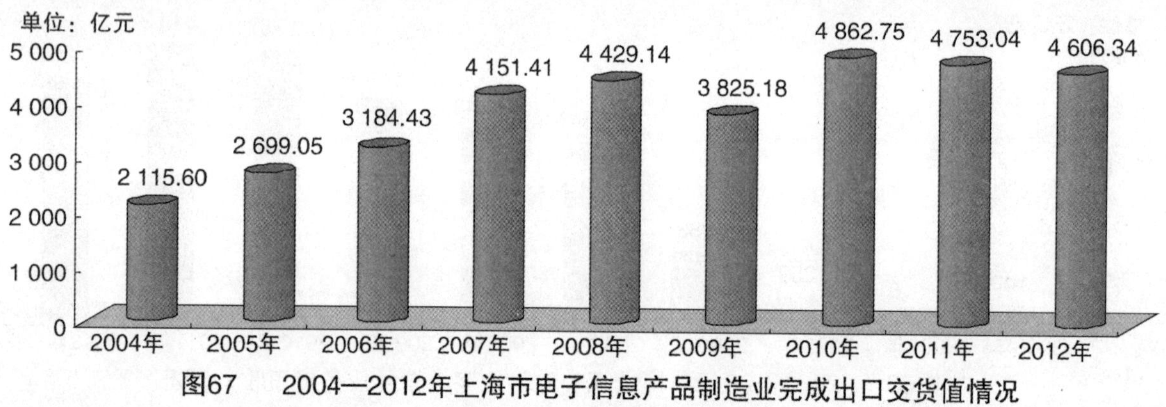

图67　2004—2012年上海市电子信息产品制造业完成出口交货值情况

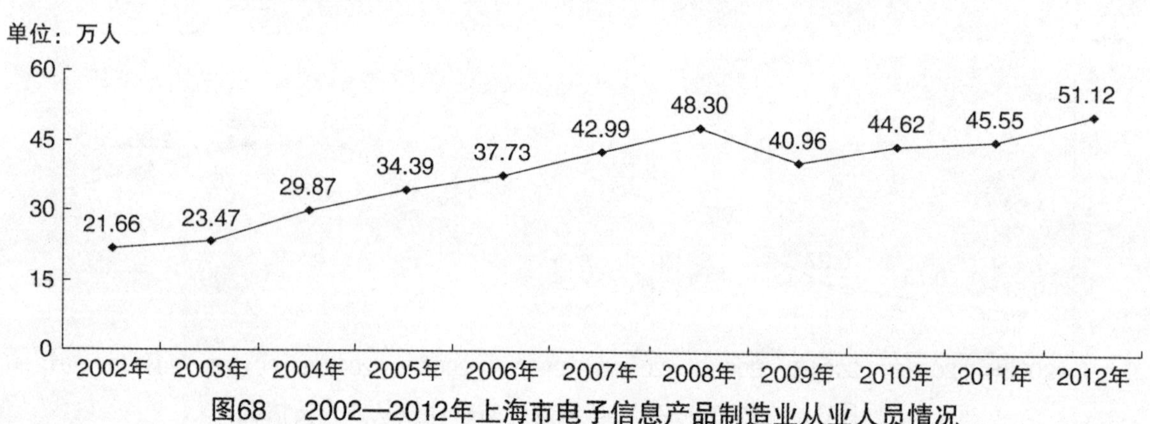

图68　2002—2012年上海市电子信息产品制造业从业人员情况

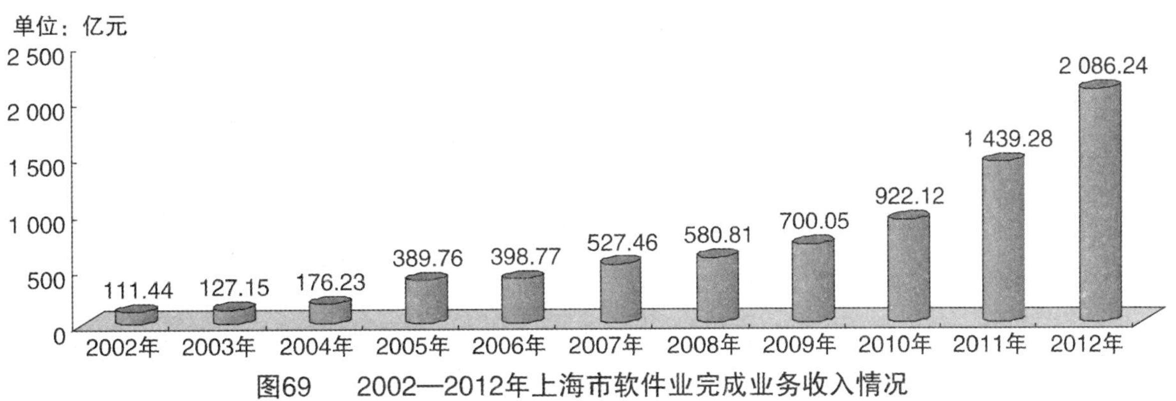

图69　2002—2012年上海市软件业完成业务收入情况

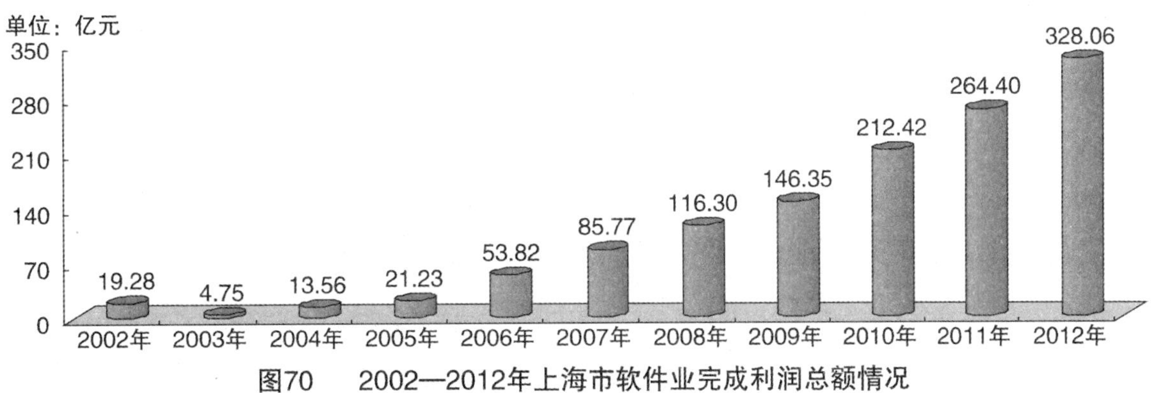

图70　2002—2012年上海市软件业完成利润总额情况

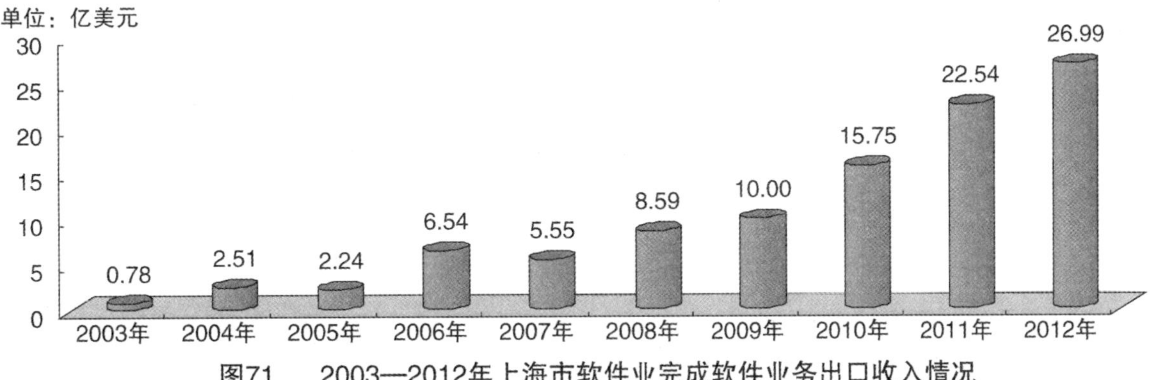

图71　2003—2012年上海市软件业完成软件业务出口收入情况

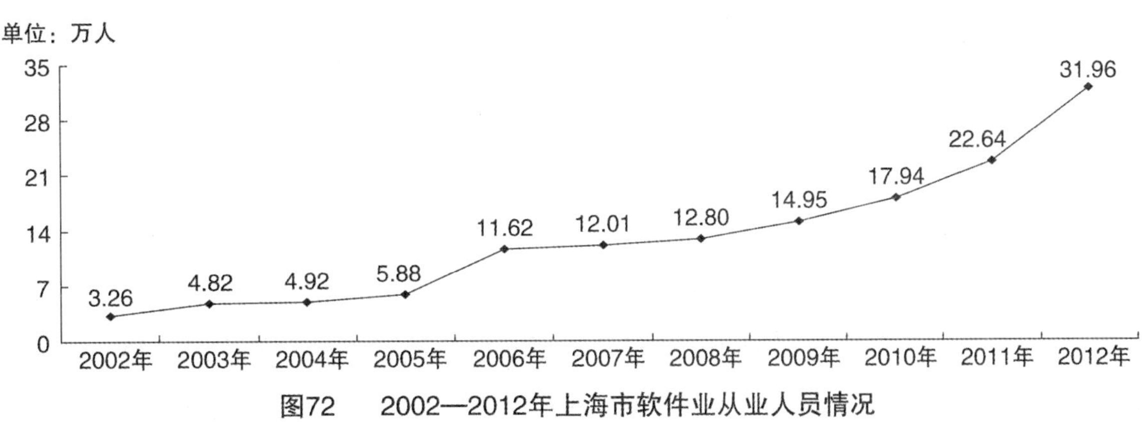

图72　2002—2012年上海市软件业从业人员情况

图73　2002—2012年江苏省电子信息产品制造业完成主营业务收入情况

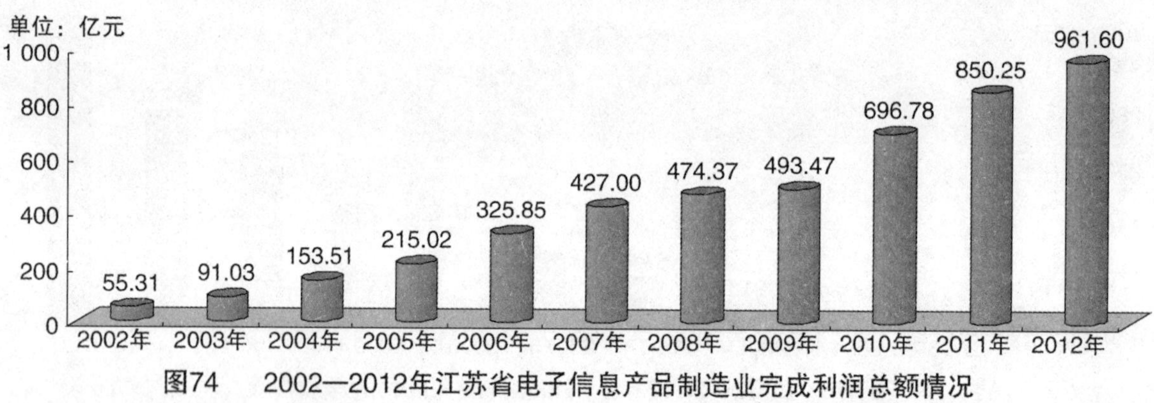

图74　2002—2012年江苏省电子信息产品制造业完成利润总额情况

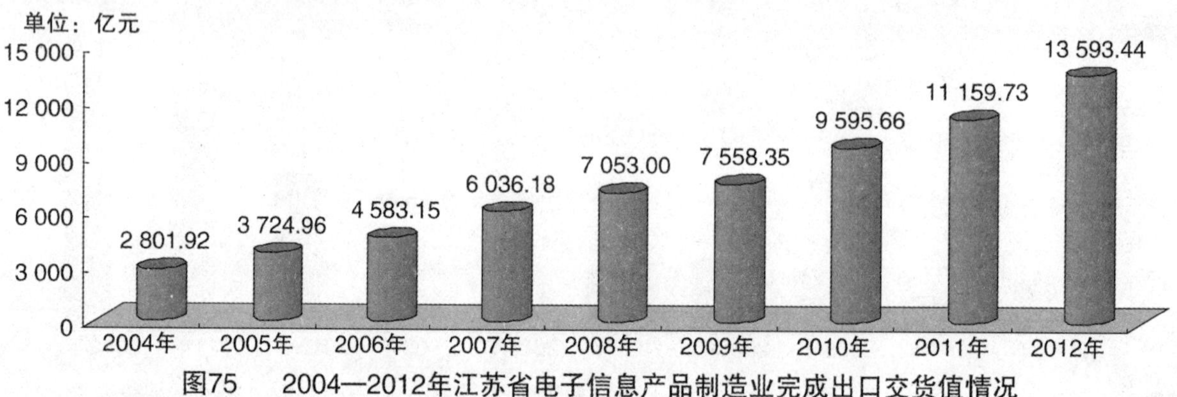

图75　2004—2012年江苏省电子信息产品制造业完成出口交货值情况

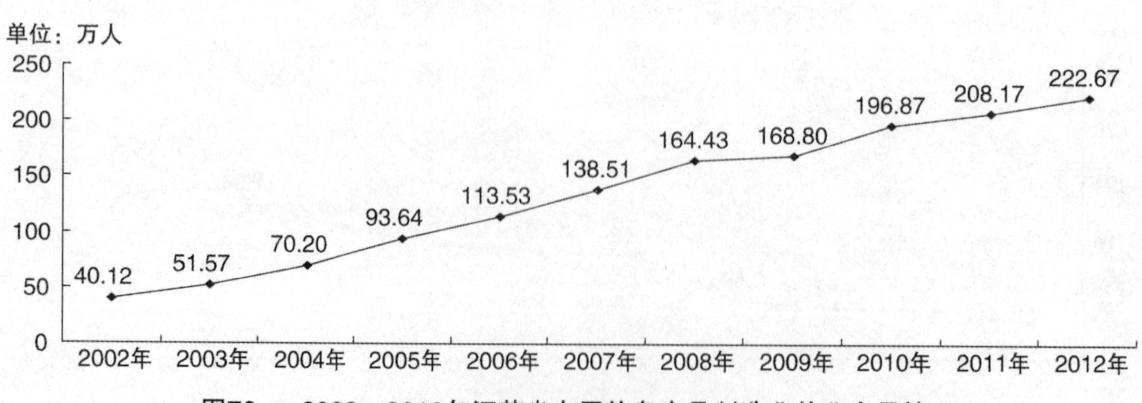

图76　2002—2012年江苏省电子信息产品制造业从业人员情况

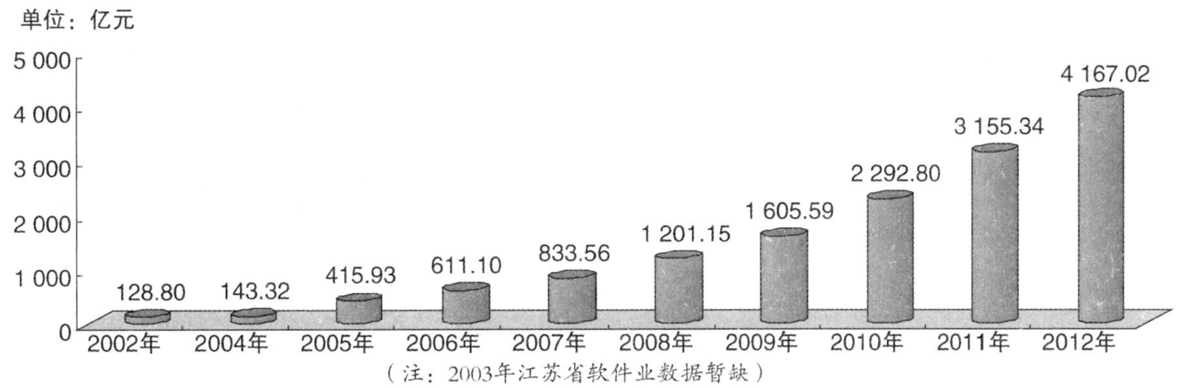

图77　2002—2012年江苏省软件业完成业务收入情况

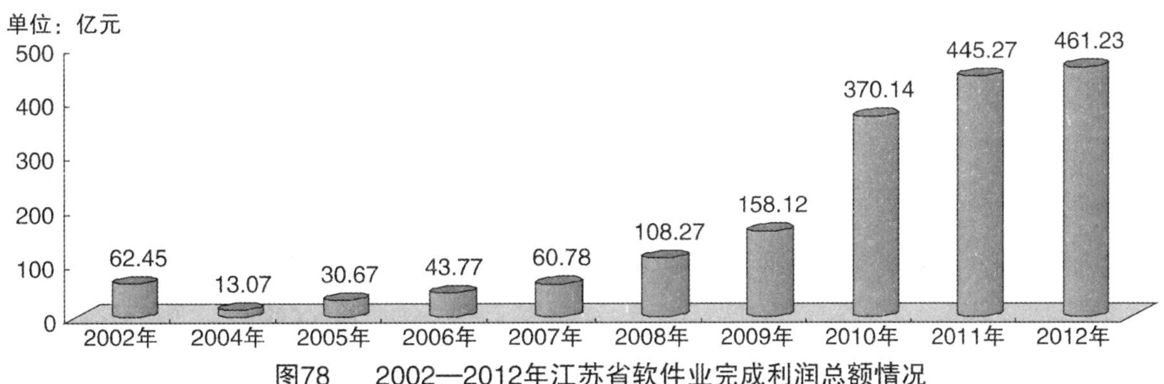

图78　2002—2012年江苏省软件业完成利润总额情况

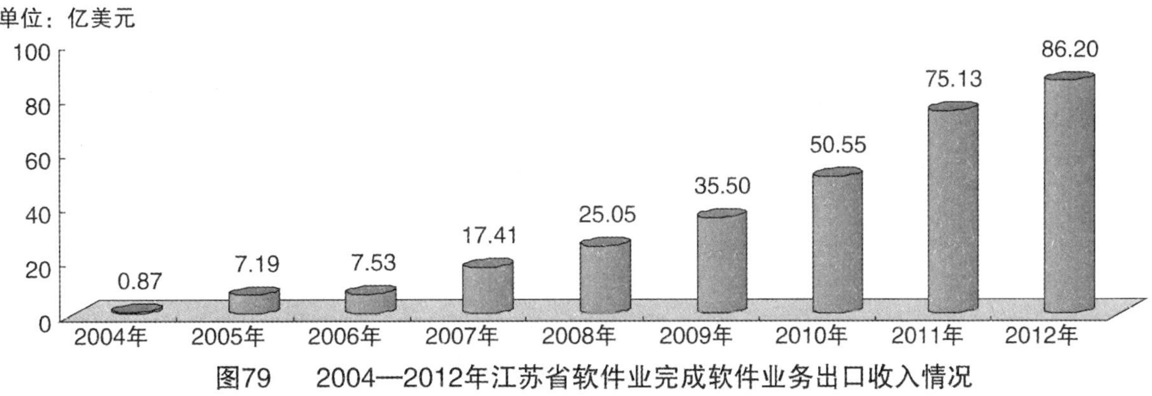

图79　2004—2012年江苏省软件业完成软件业务出口收入情况

图80　2002—2012年江苏省软件业从业人员情况

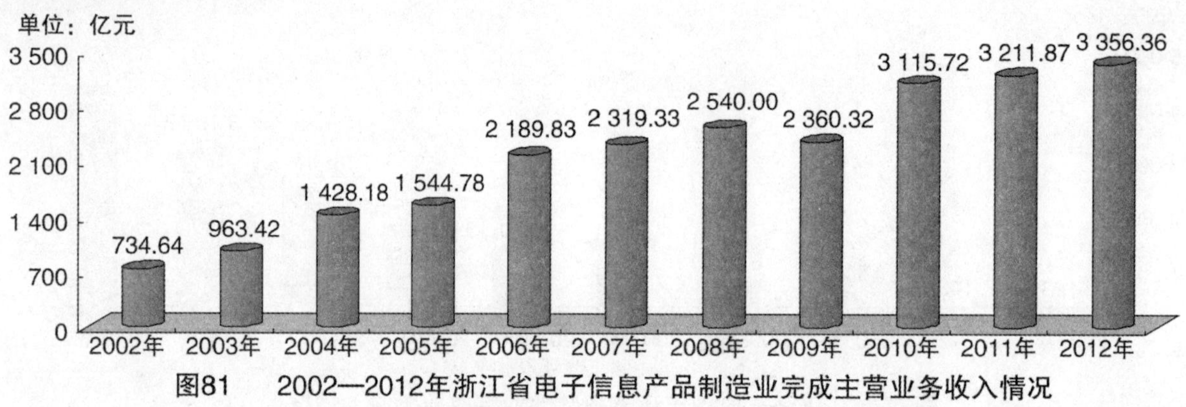

图81　2002—2012年浙江省电子信息产品制造业完成主营业务收入情况

图82　2002—2012年浙江省电子信息产品制造业完成利润总额情况

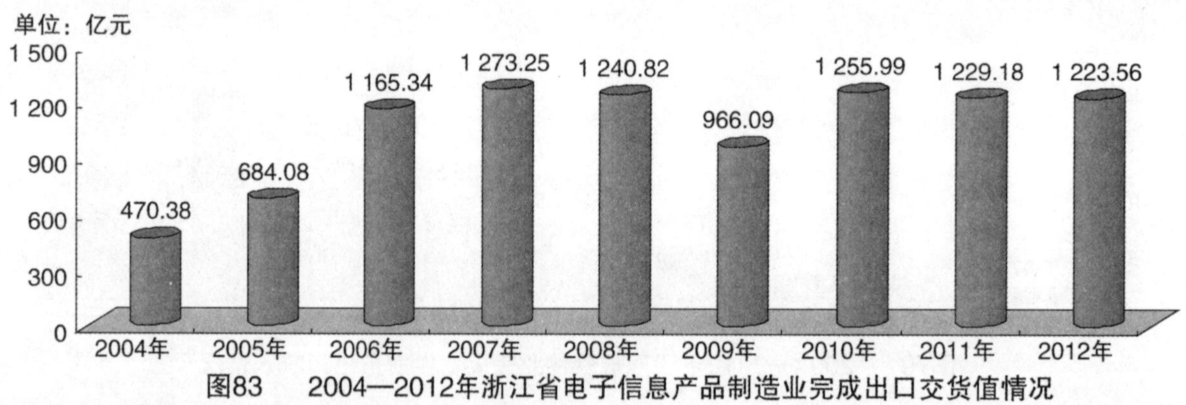

图83　2004—2012年浙江省电子信息产品制造业完成出口交货值情况

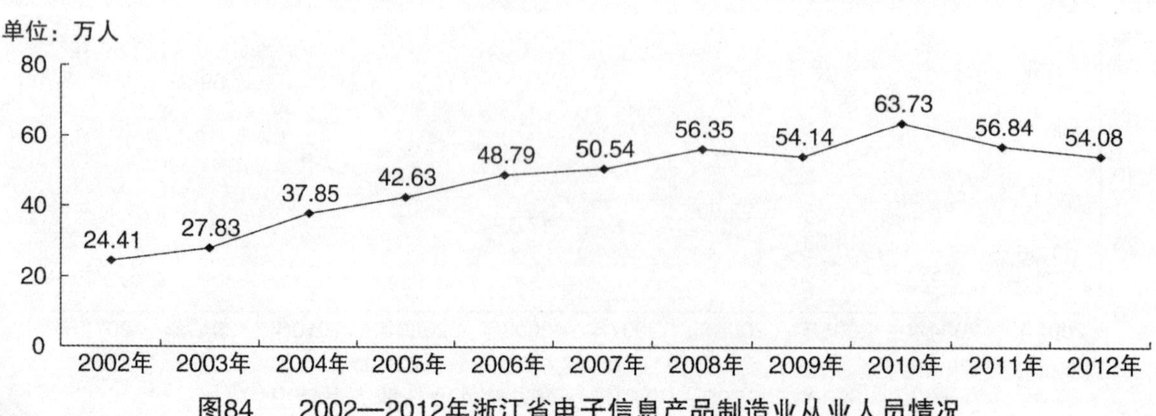

图84　2002—2012年浙江省电子信息产品制造业从业人员情况

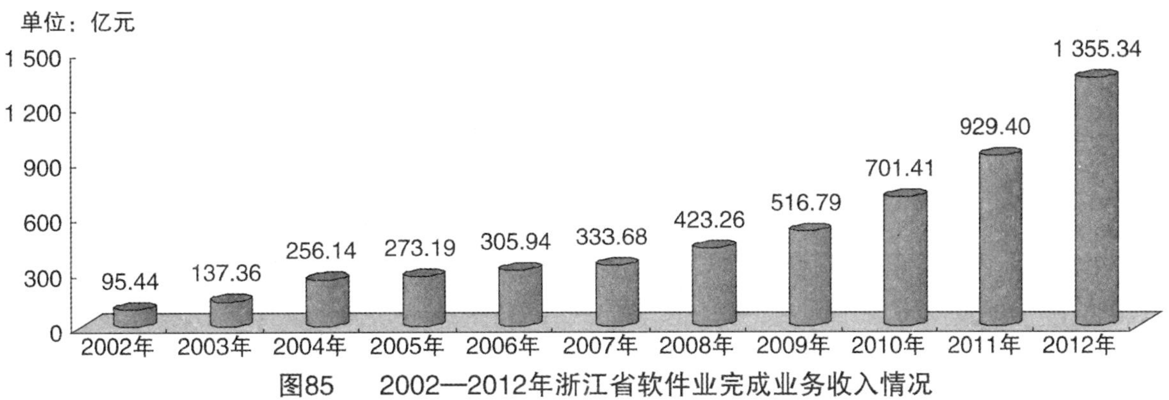

图85　2002—2012年浙江省软件业完成业务收入情况

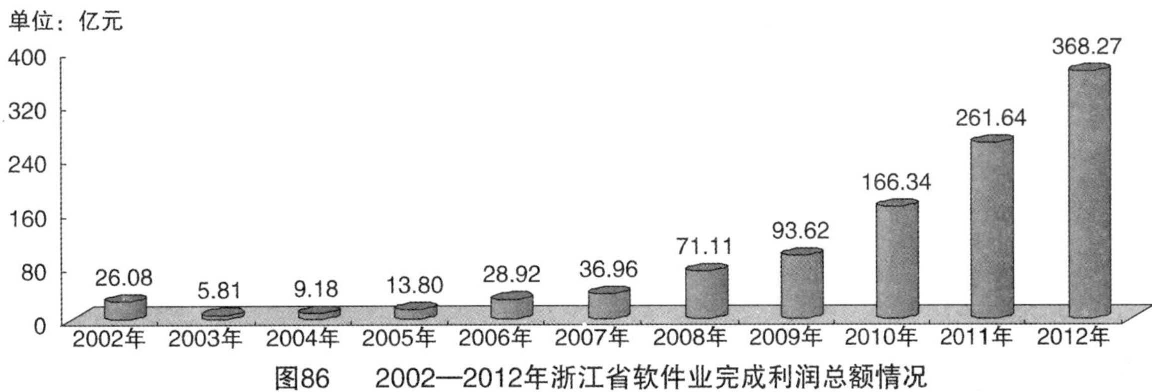

图86　2002—2012年浙江省软件业完成利润总额情况

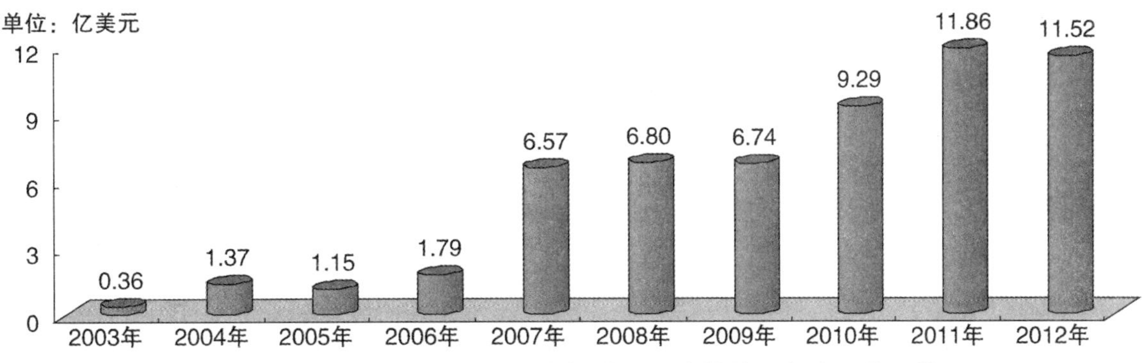

图87　2003—2012年浙江省软件业完成软件业务出口收入情况

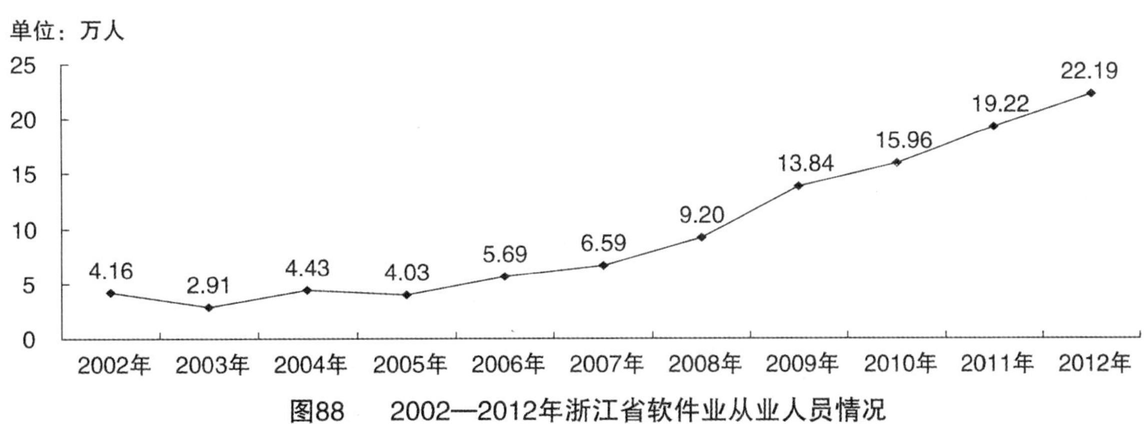

图88　2002—2012年浙江省软件业从业人员情况

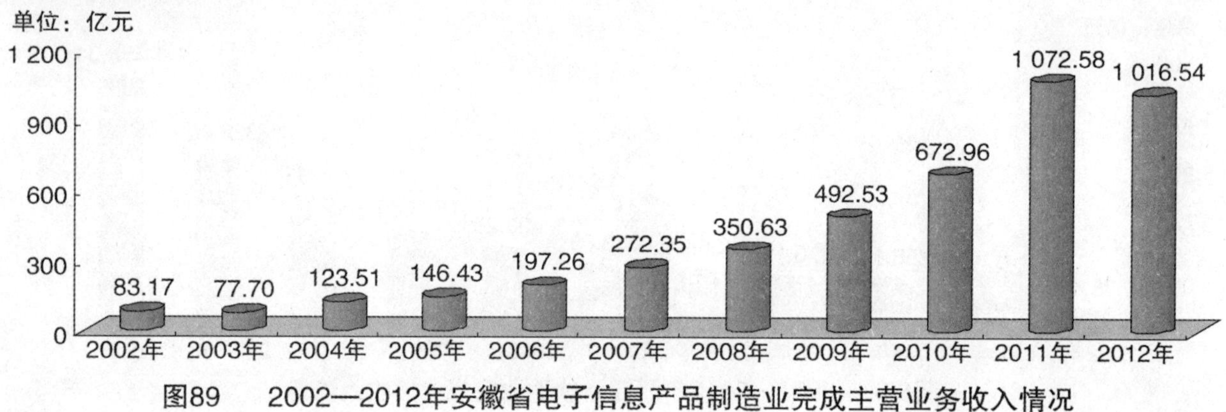

图89　2002—2012年安徽省电子信息产品制造业完成主营业务收入情况

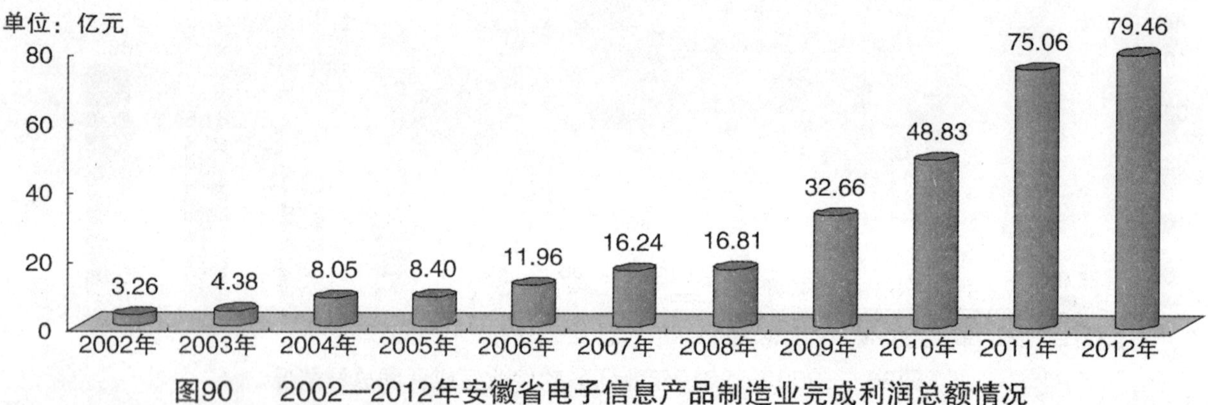

图90　2002—2012年安徽省电子信息产品制造业完成利润总额情况

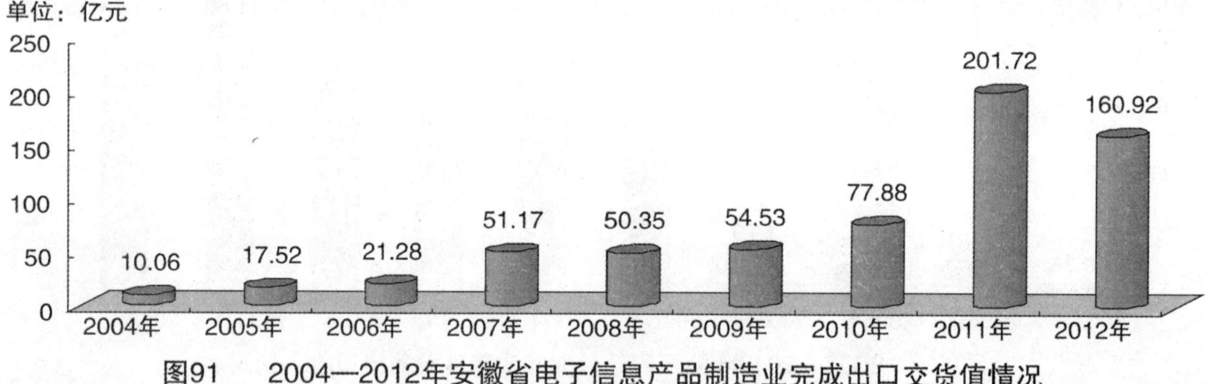

图91　2004—2012年安徽省电子信息产品制造业完成出口交货值情况

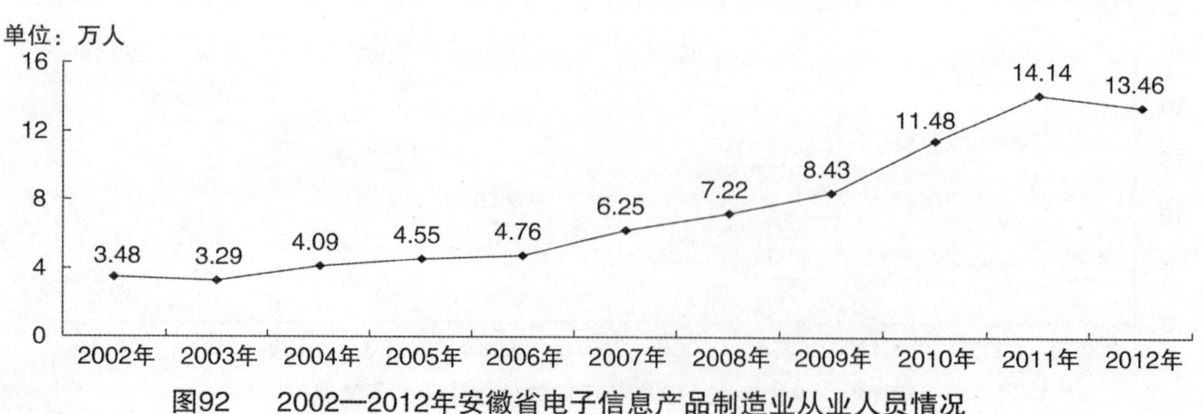

图92　2002—2012年安徽省电子信息产品制造业从业人员情况

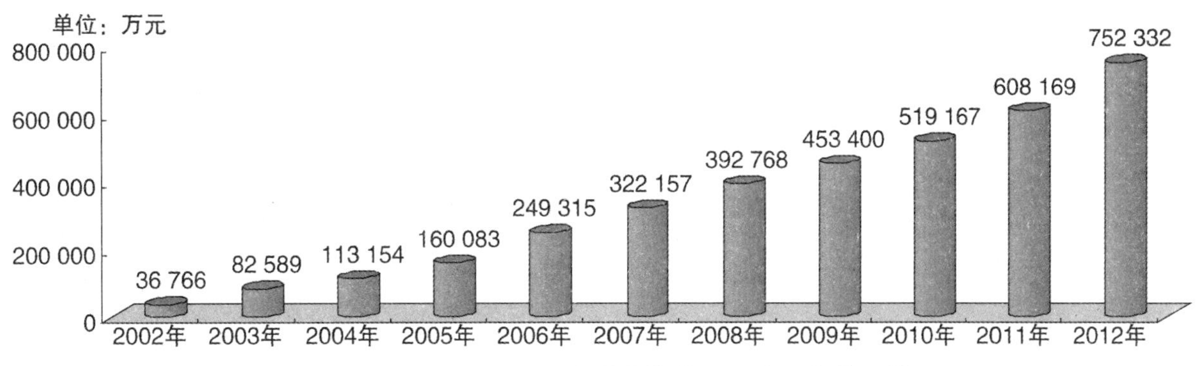

图93　2002—2012年安徽省软件业完成业务收入情况

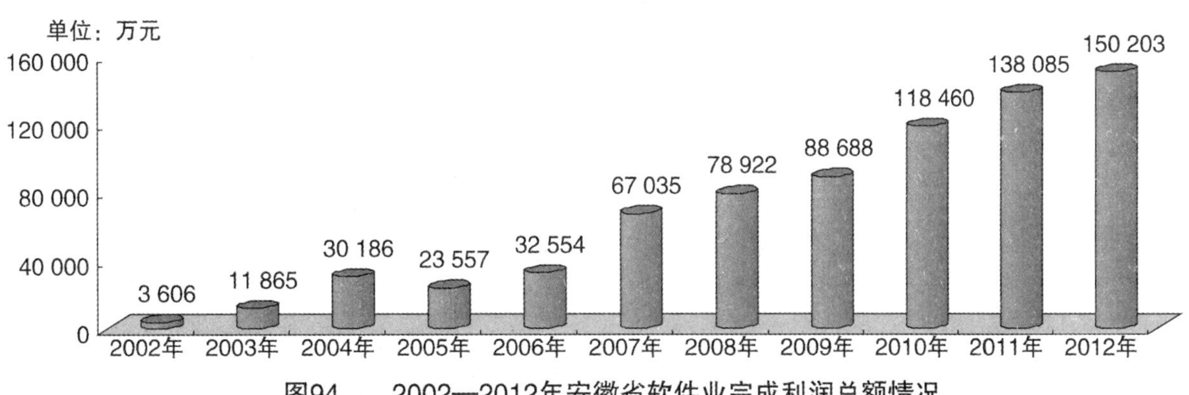

图94　2002—2012年安徽省软件业完成利润总额情况

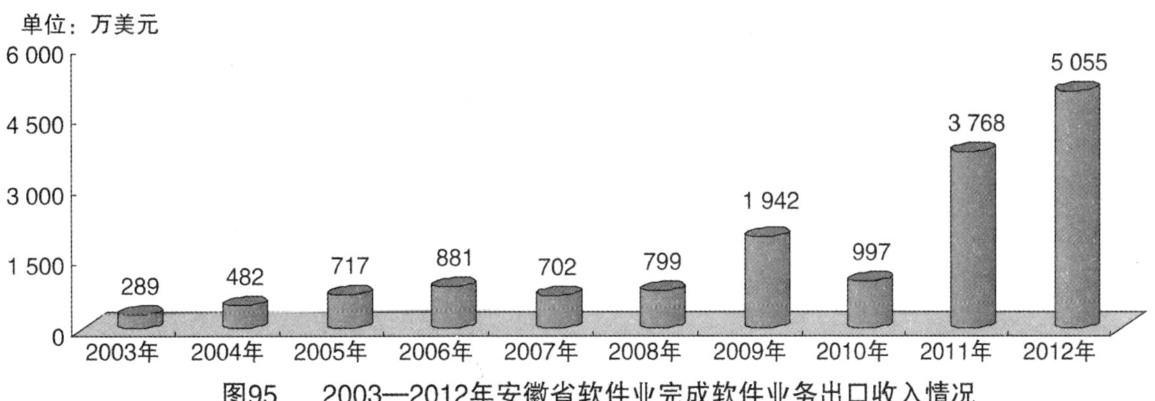

图95　2003—2012年安徽省软件业完成软件业务出口收入情况

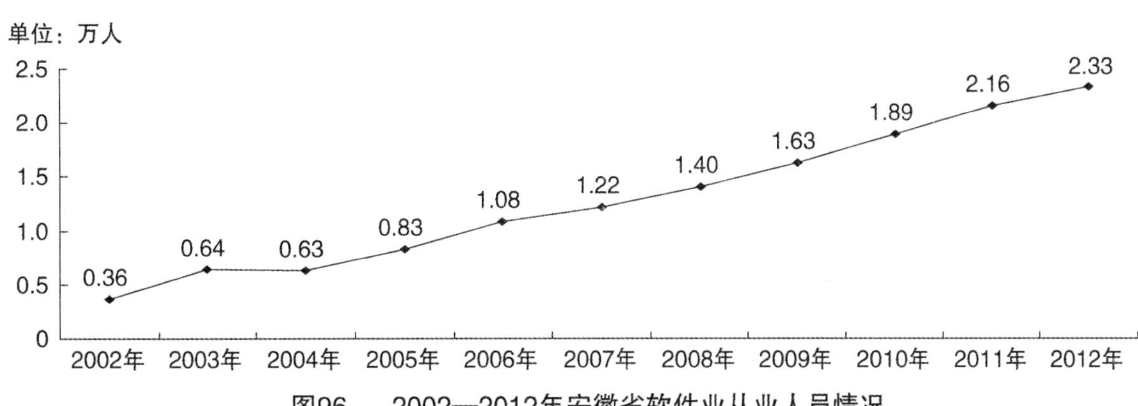

图96　2002—2012年安徽省软件业从业人员情况

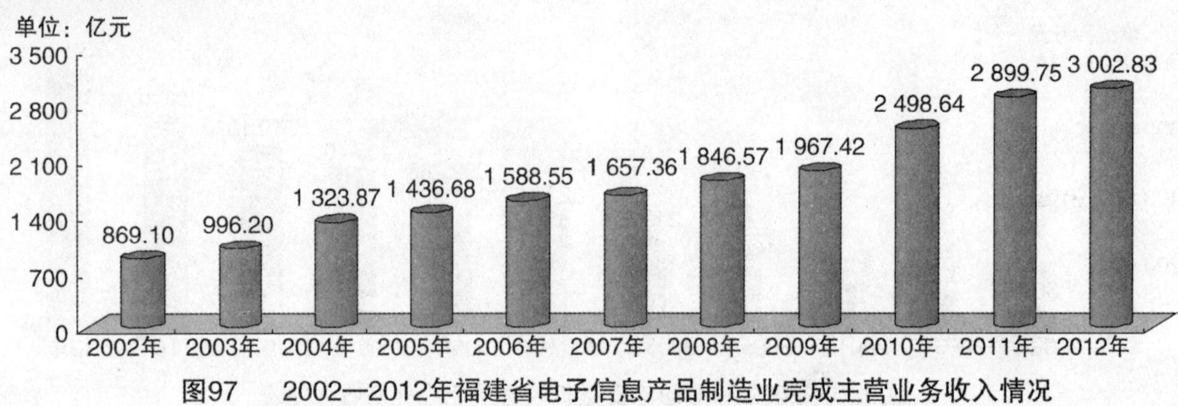

图97　2002—2012年福建省电子信息产品制造业完成主营业务收入情况

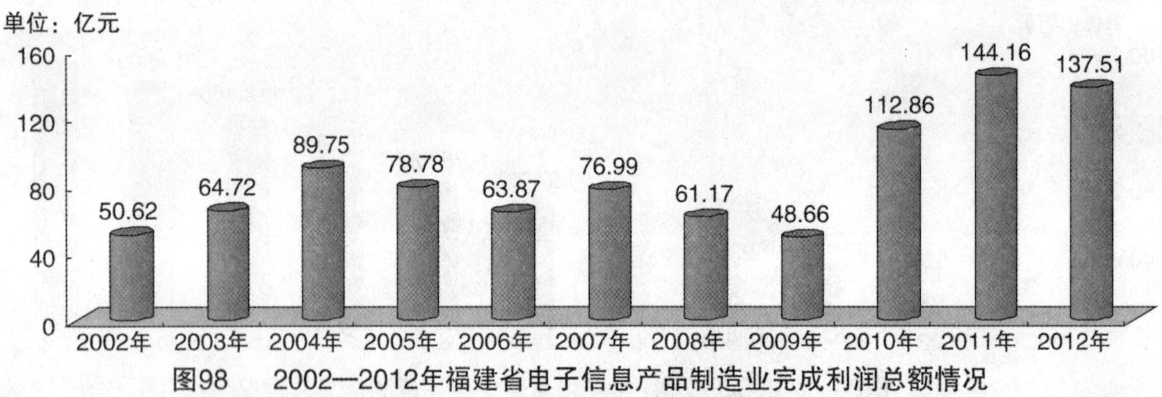

图98　2002—2012年福建省电子信息产品制造业完成利润总额情况

图99　2004—2012年福建省电子信息产品制造业完成出口交货值情况

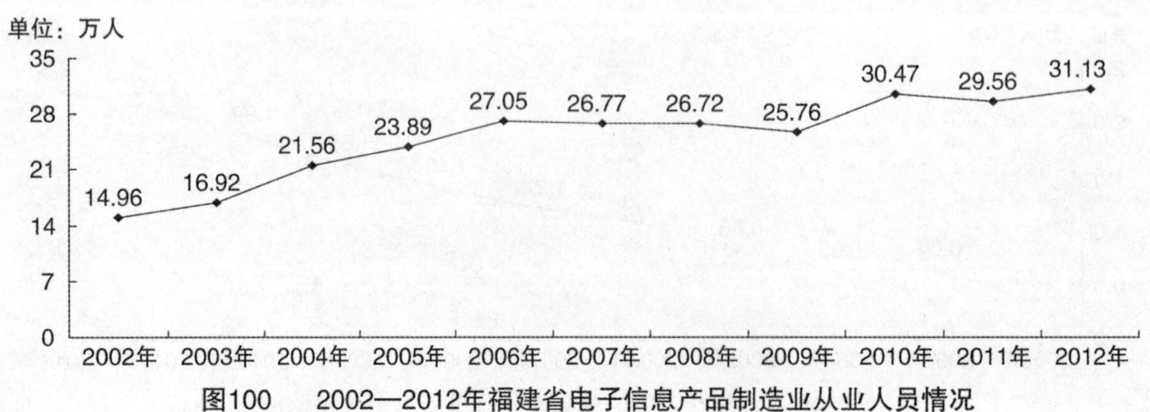

图100　2002—2012年福建省电子信息产品制造业从业人员情况

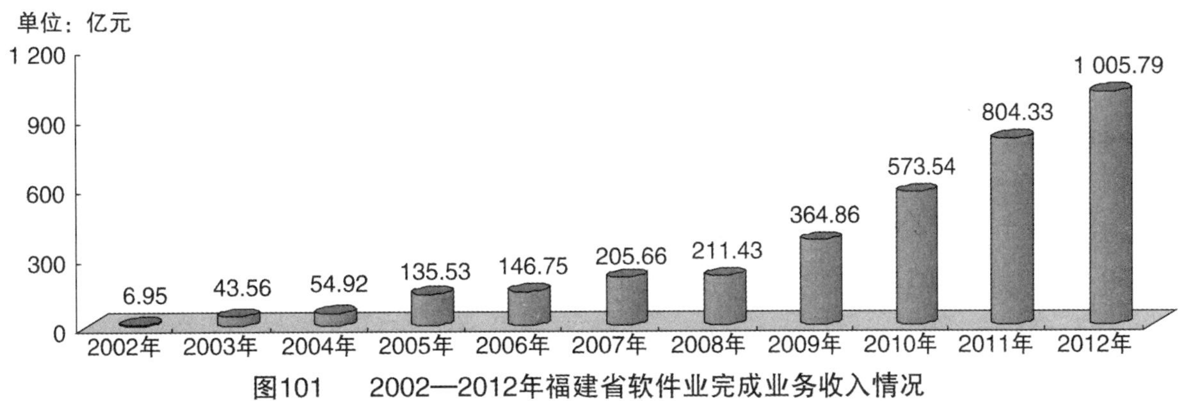

图101　2002—2012年福建省软件业完成业务收入情况

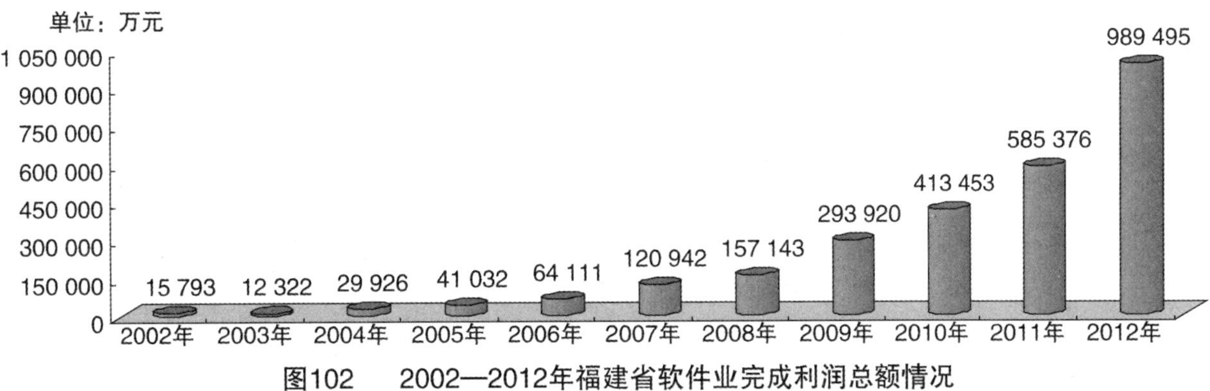

图102　2002—2012年福建省软件业完成利润总额情况

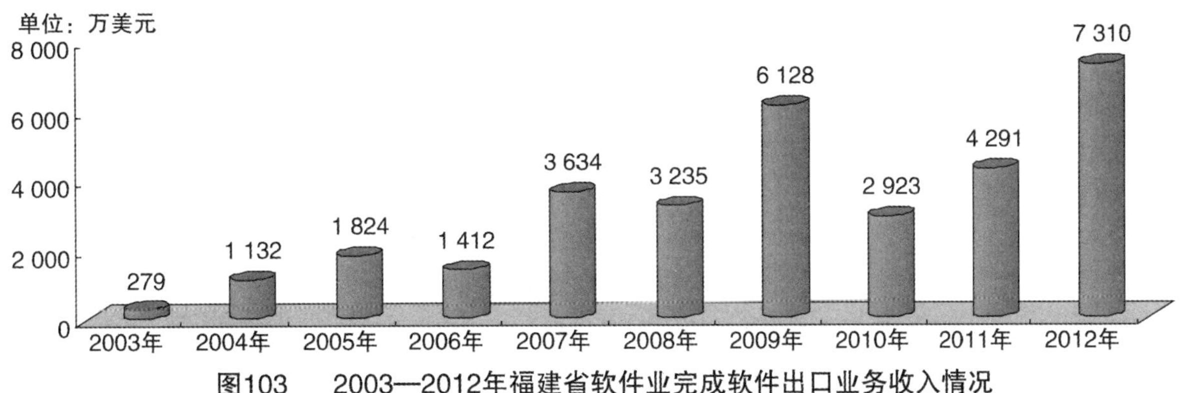

图103　2003—2012年福建省软件业完成软件出口业务收入情况

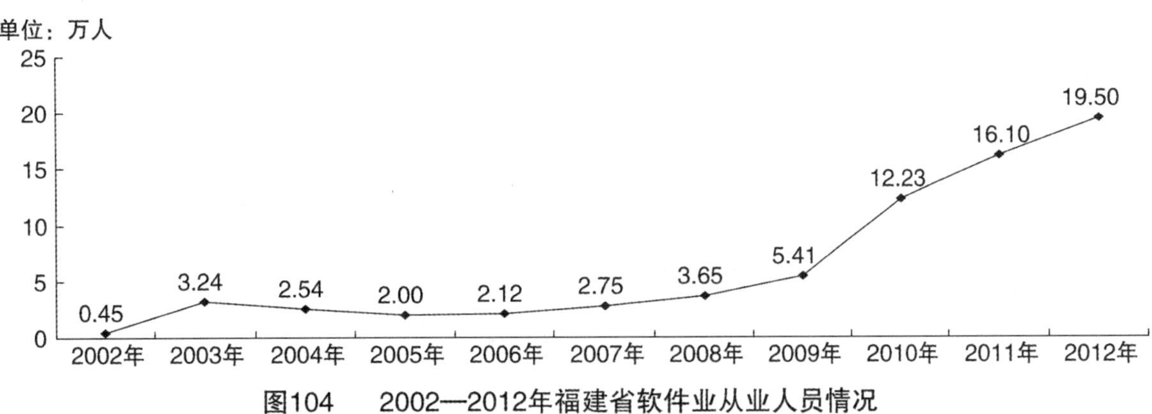

图104　2002—2012年福建省软件业从业人员情况

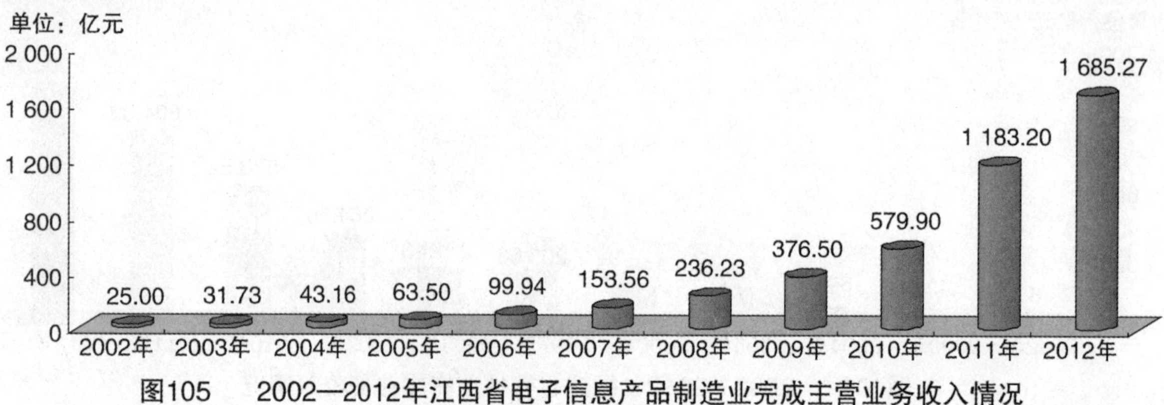

图105　2002—2012年江西省电子信息产品制造业完成主营业务收入情况

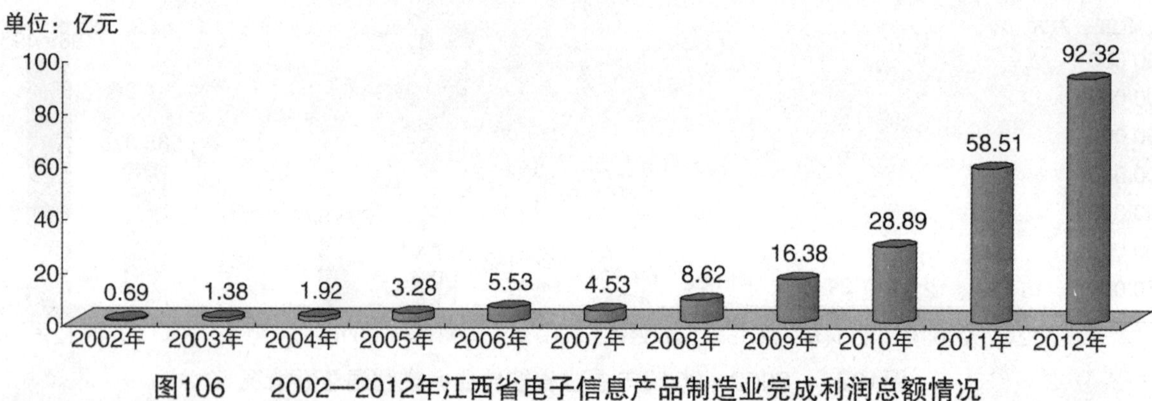

图106　2002—2012年江西省电子信息产品制造业完成利润总额情况

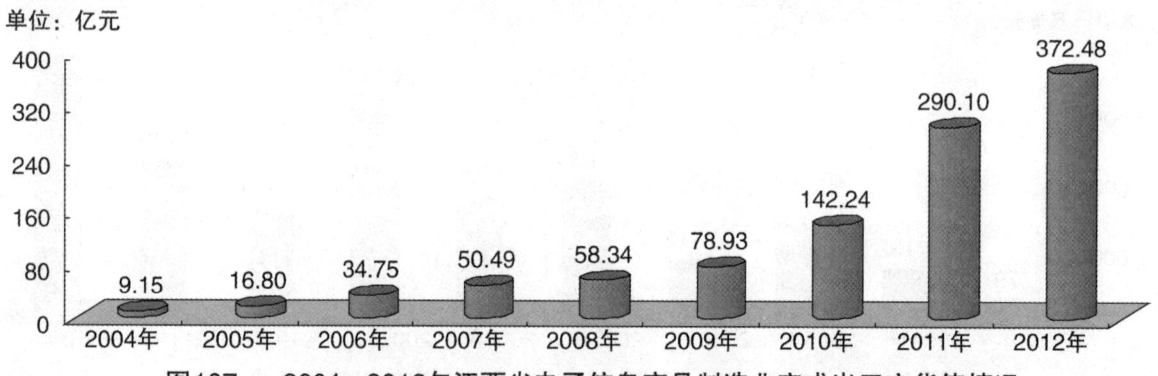

图107　2004—2012年江西省电子信息产品制造业完成出口交货值情况

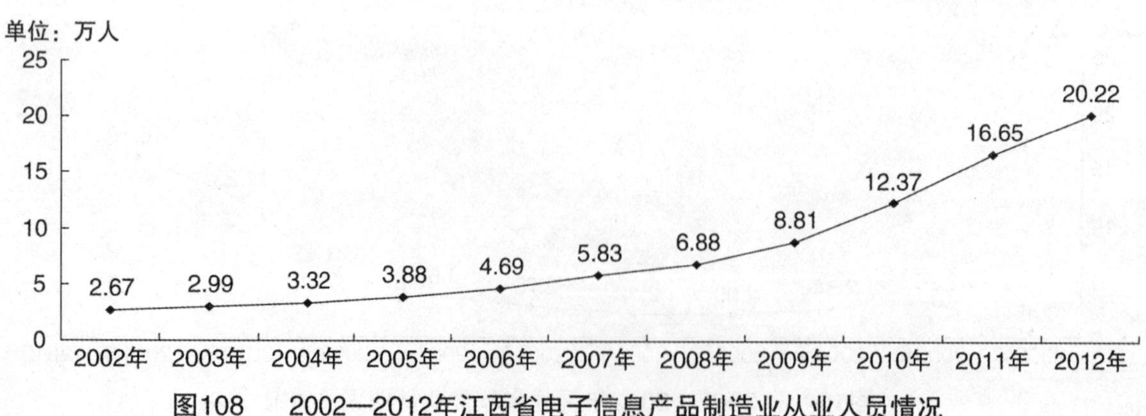

图108　2002—2012年江西省电子信息产品制造业从业人员情况

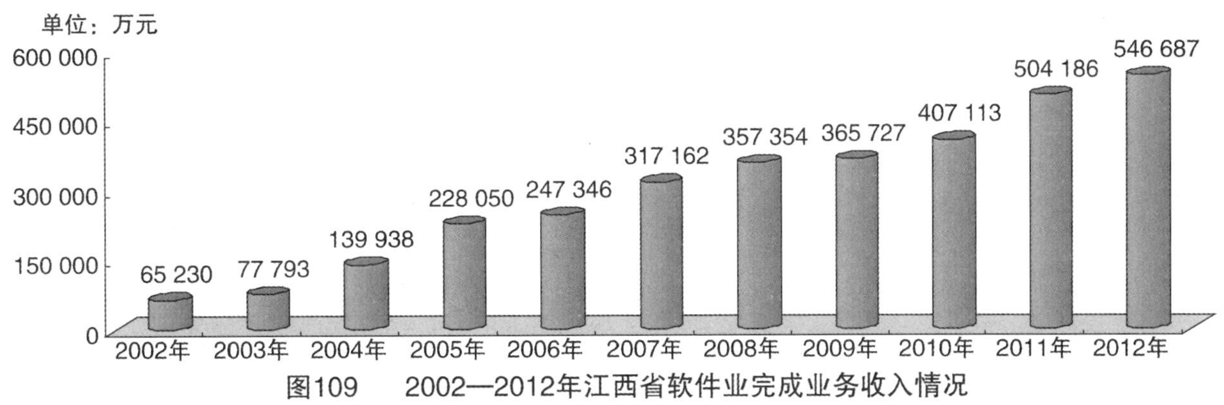

图109　2002—2012年江西省软件业完成业务收入情况

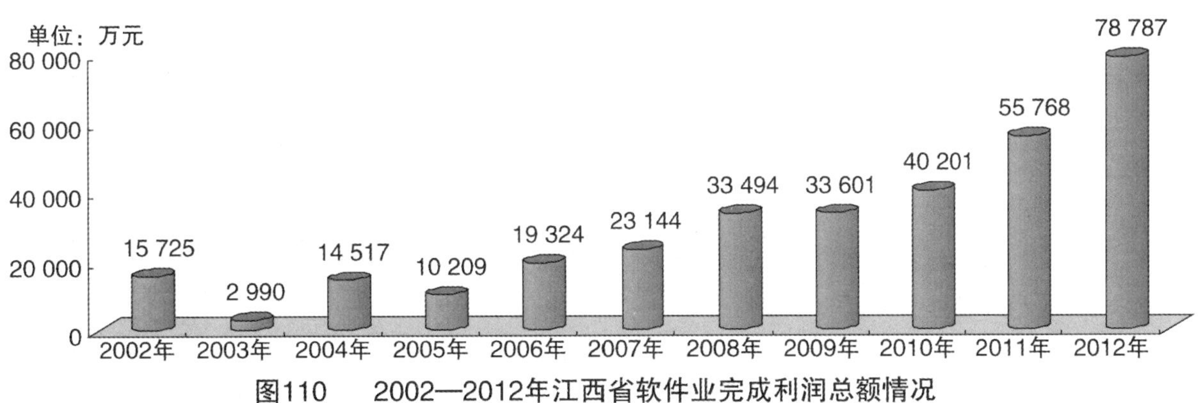

图110　2002—2012年江西省软件业完成利润总额情况

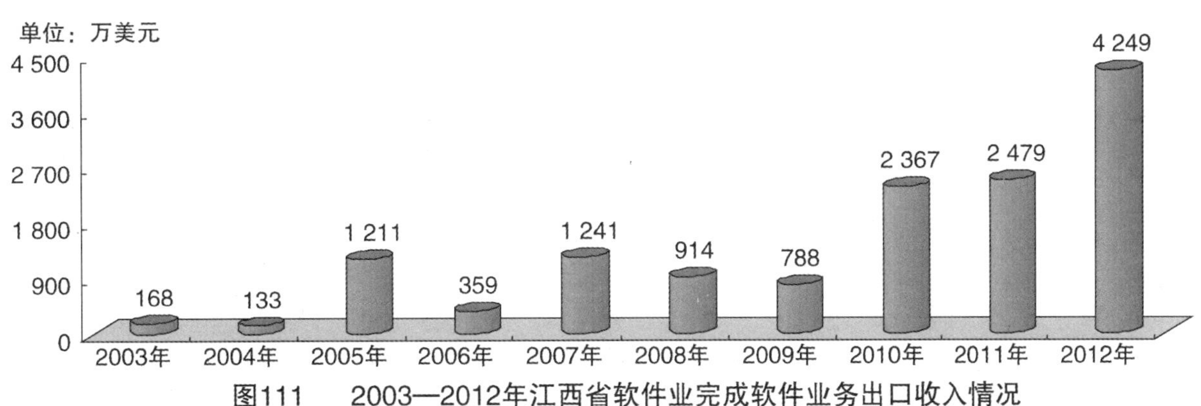

图111　2003—2012年江西省软件业完成软件业务出口收入情况

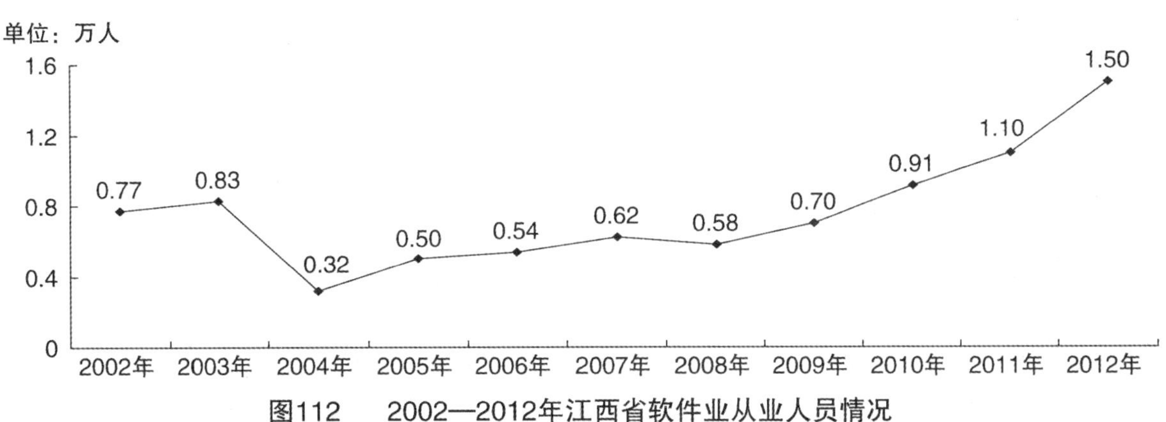

图112　2002—2012年江西省软件业从业人员情况

图113　2002—2012年山东省电子信息产品制造业完成主营业务收入情况

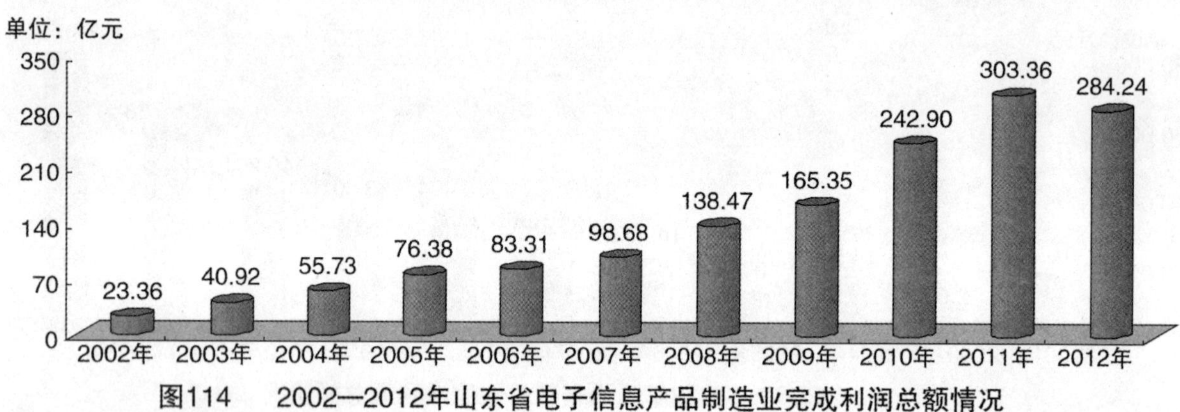

图114　2002—2012年山东省电子信息产品制造业完成利润总额情况

图115　2004—2012年山东省电子信息产品制造业完成出口交货值情况

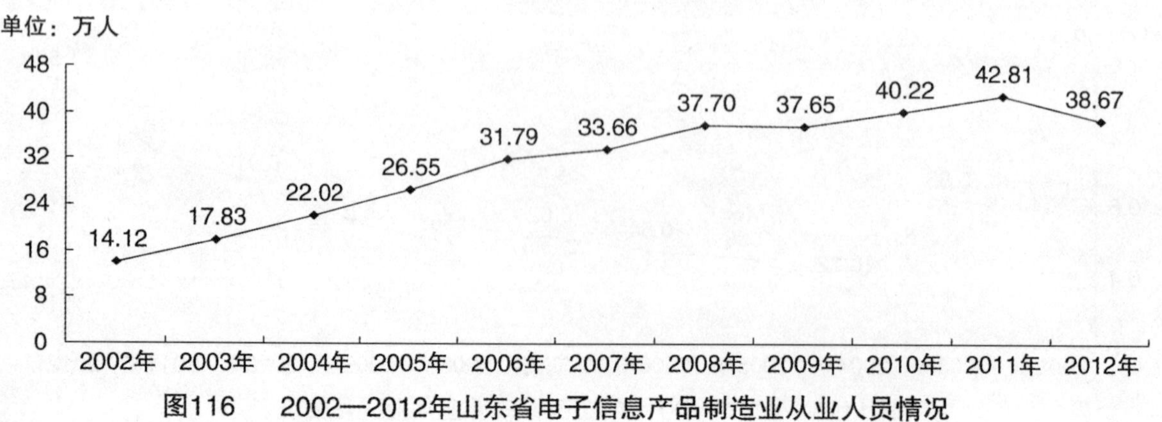

图116　2002—2012年山东省电子信息产品制造业从业人员情况

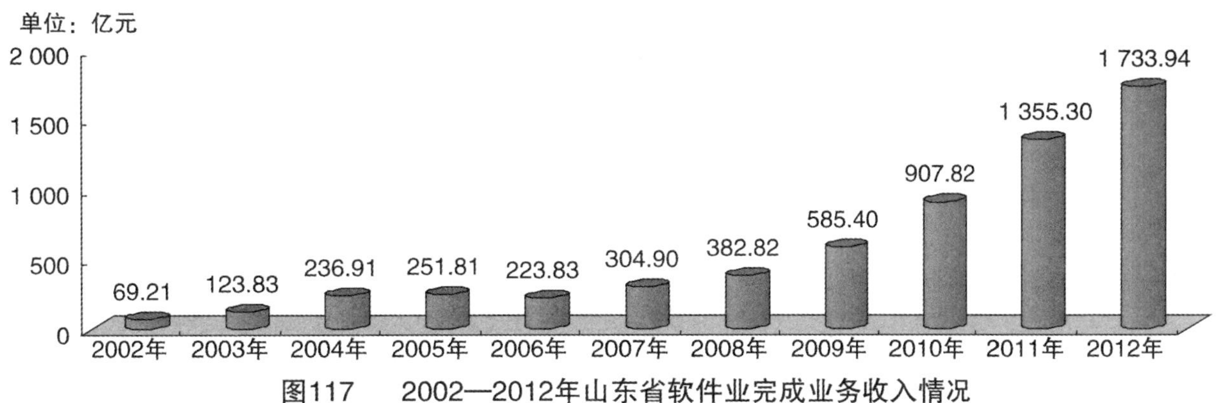

图117　2002—2012年山东省软件业完成业务收入情况

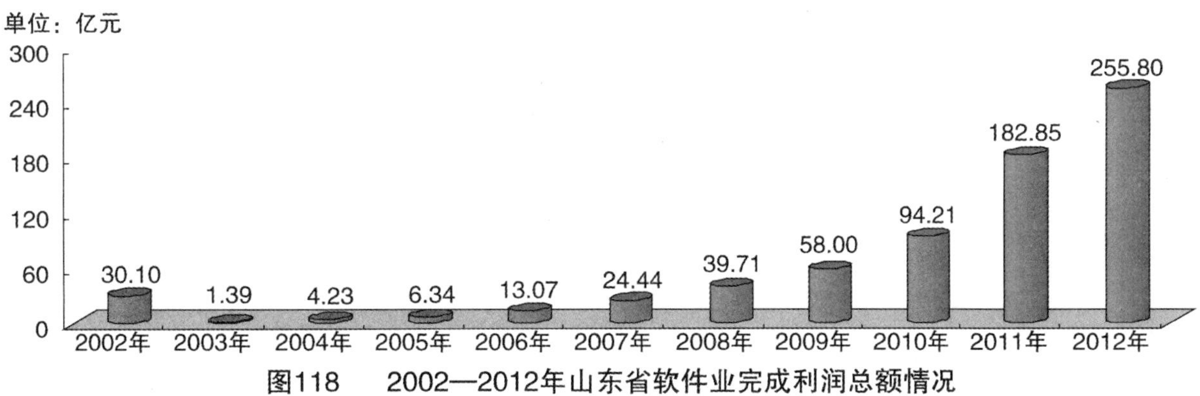

图118　2002—2012年山东省软件业完成利润总额情况

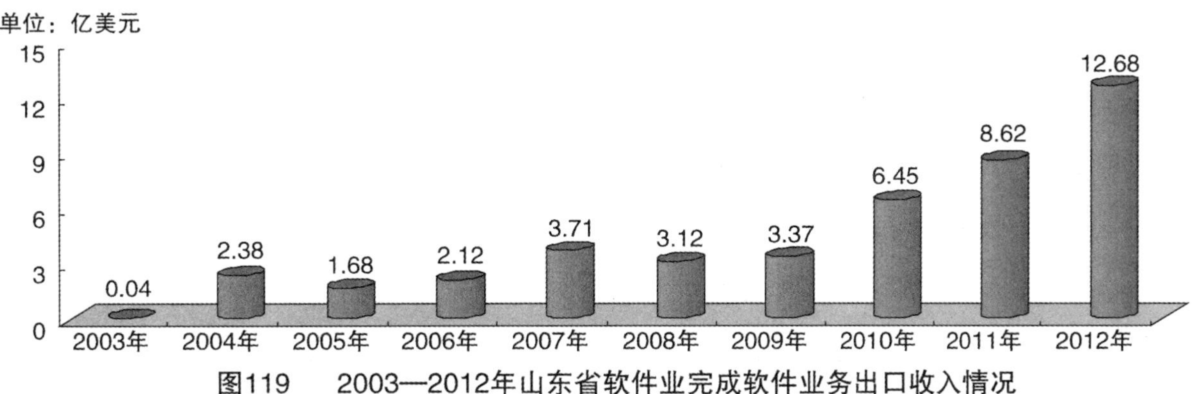

图119　2003—2012年山东省软件业完成软件业务出口收入情况

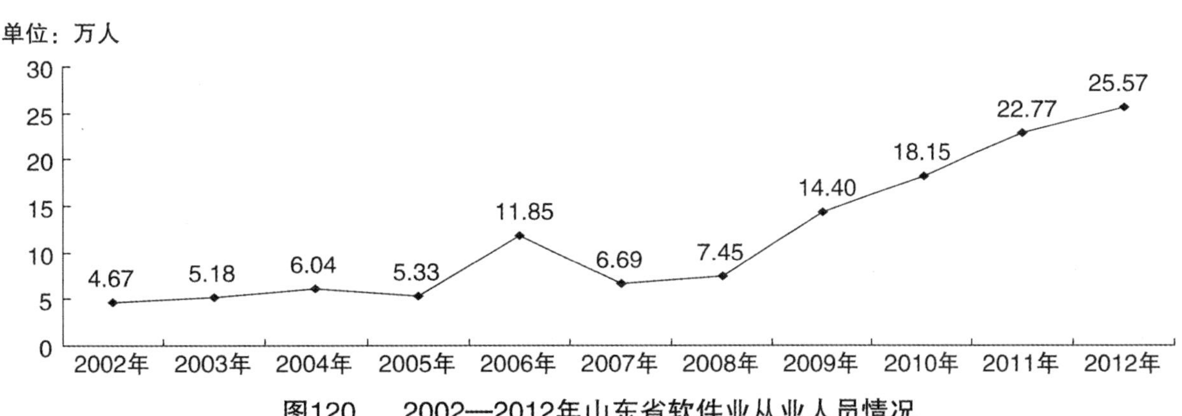

图120　2002—2012年山东省软件业从业人员情况

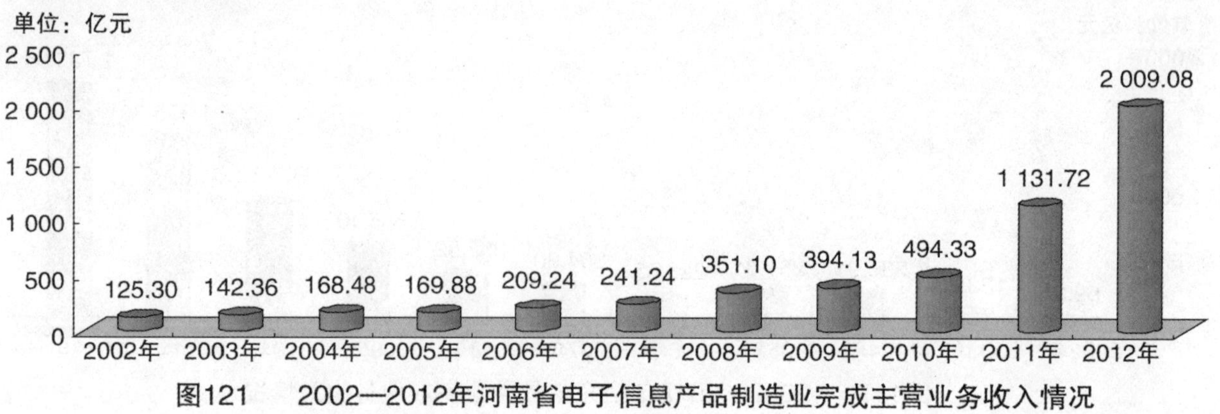

图121　2002—2012年河南省电子信息产品制造业完成主营业务收入情况

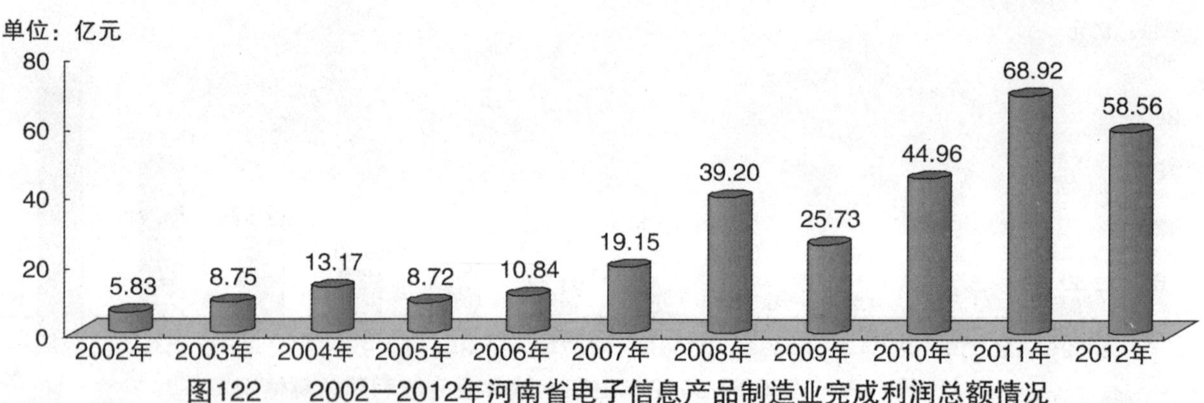

图122　2002—2012年河南省电子信息产品制造业完成利润总额情况

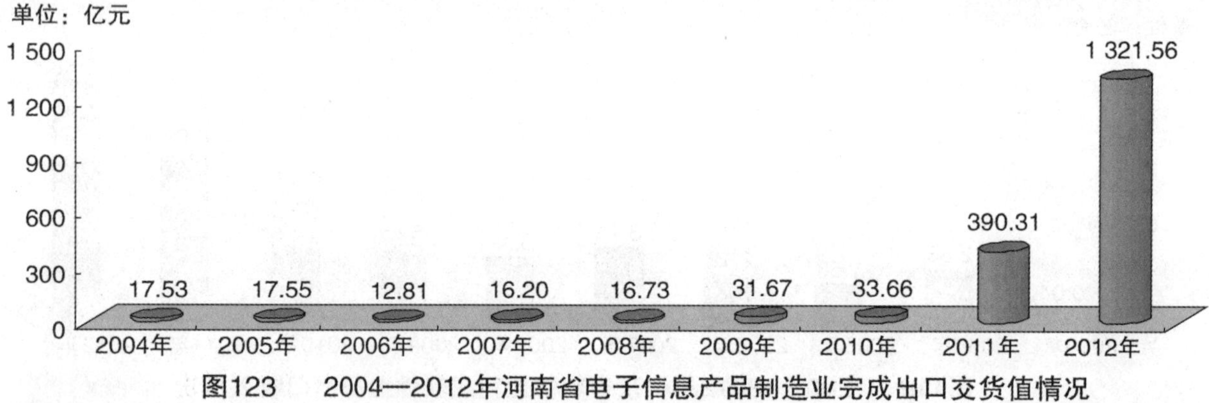

图123　2004—2012年河南省电子信息产品制造业完成出口交货值情况

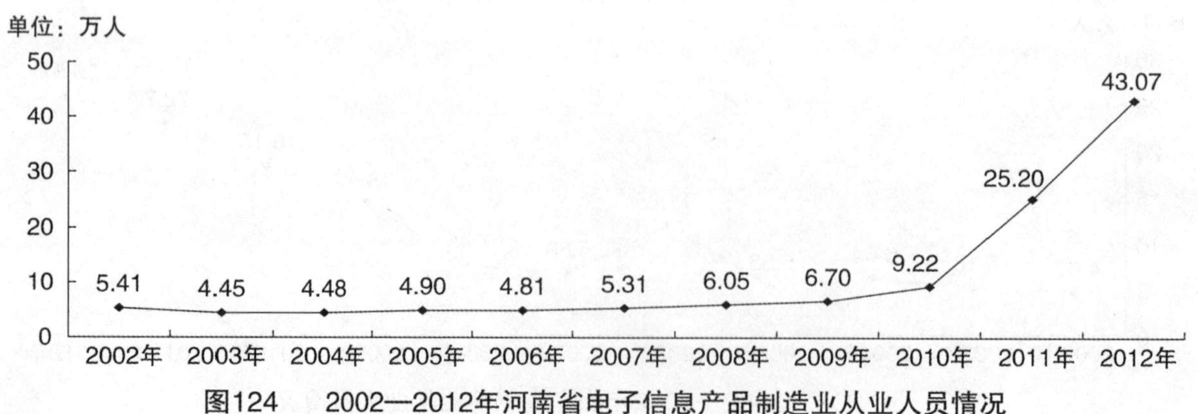

图124　2002—2012年河南省电子信息产品制造业从业人员情况

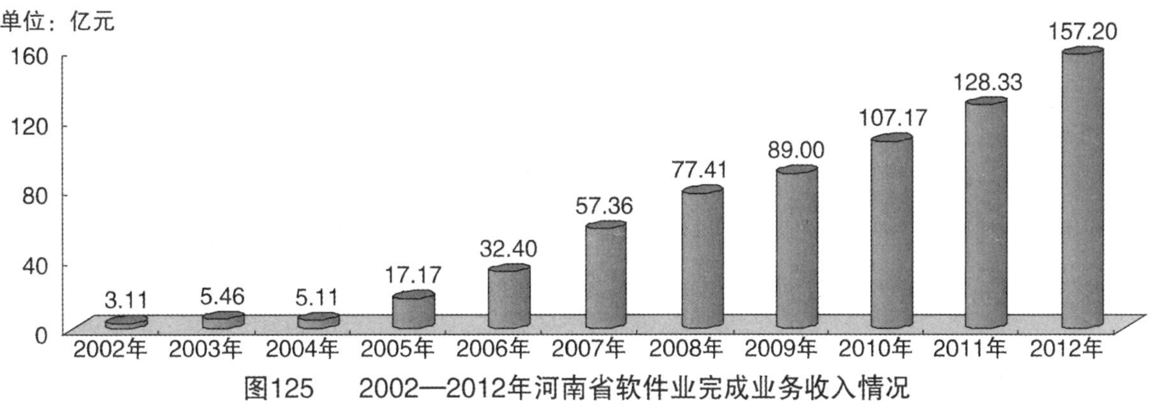

图125　2002—2012年河南省软件业完成业务收入情况

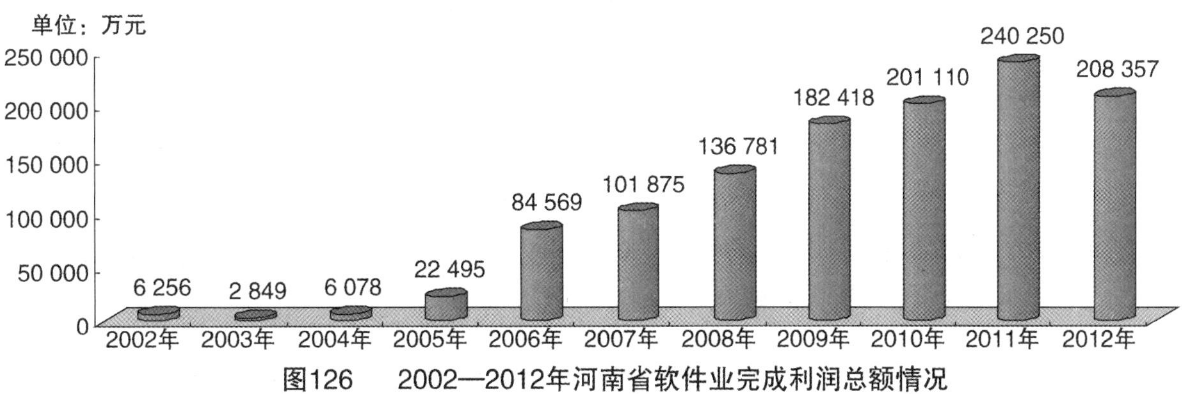

图126　2002—2012年河南省软件业完成利润总额情况

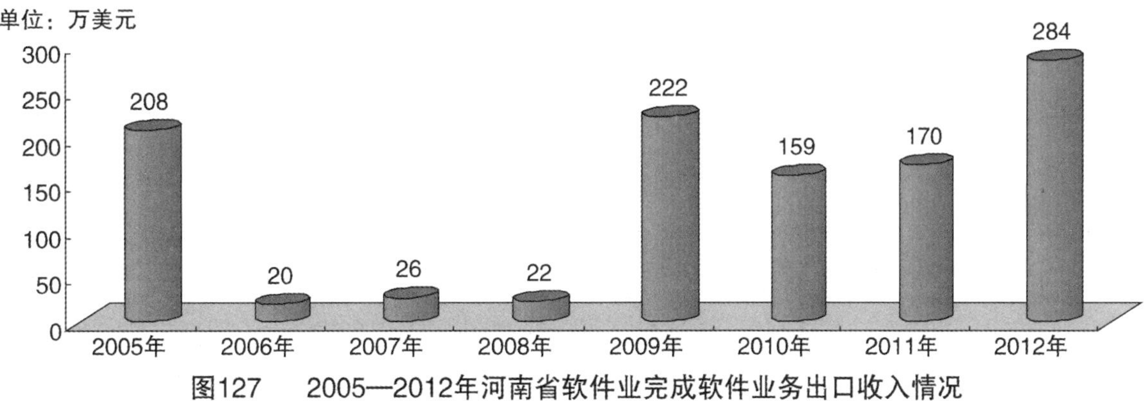

图127　2005—2012年河南省软件业完成软件业务出口收入情况

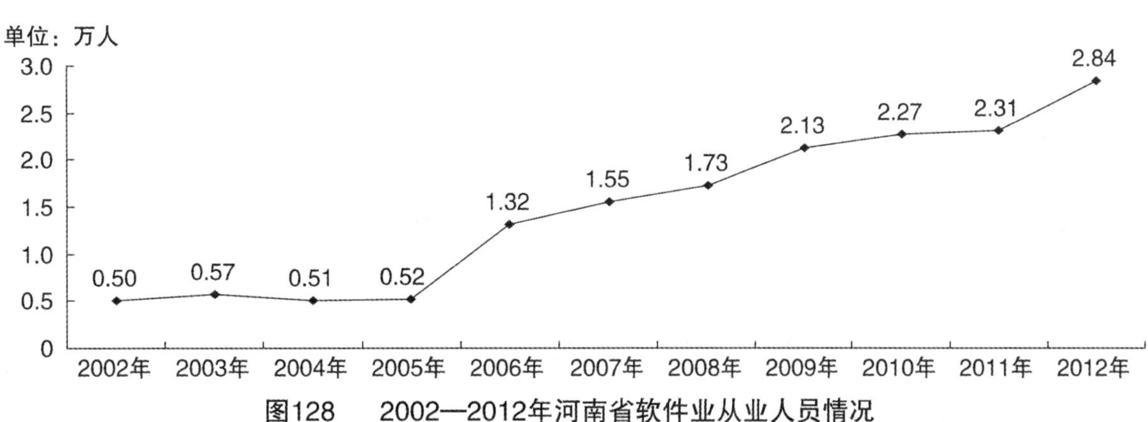

图128　2002—2012年河南省软件业从业人员情况

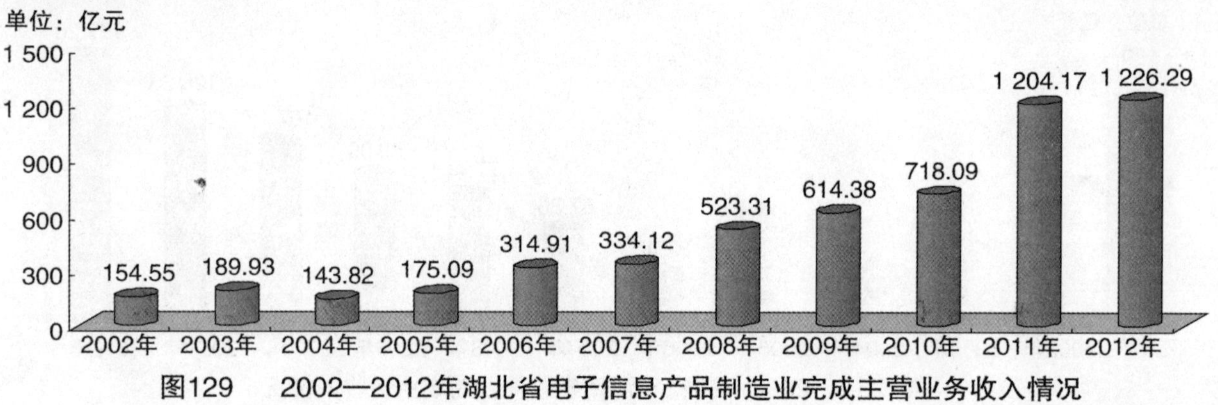

图129　2002—2012年湖北省电子信息产品制造业完成主营业务收入情况

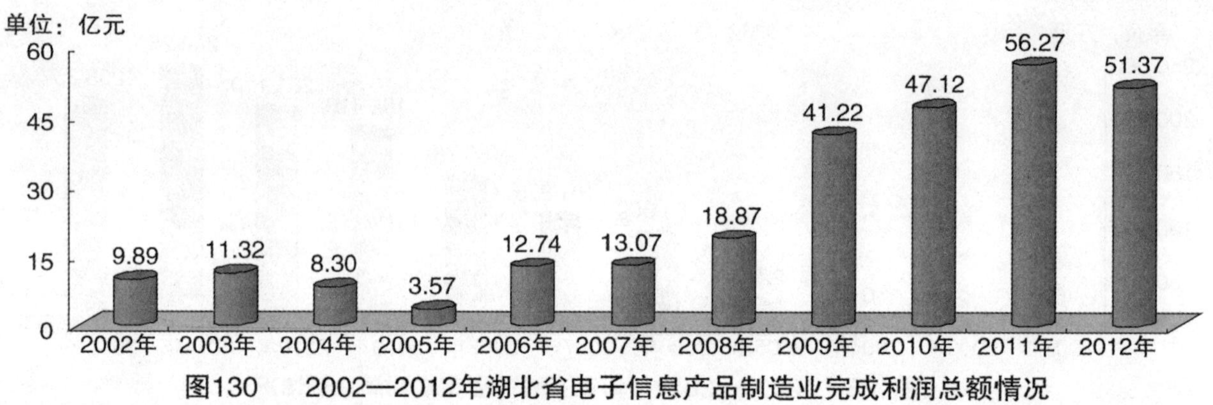

图130　2002—2012年湖北省电子信息产品制造业完成利润总额情况

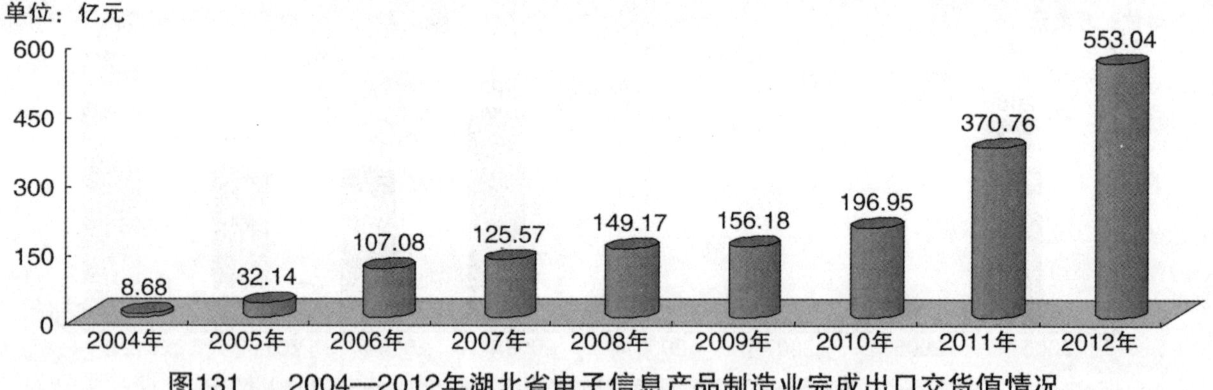

图131　2004—2012年湖北省电子信息产品制造业完成出口交货值情况

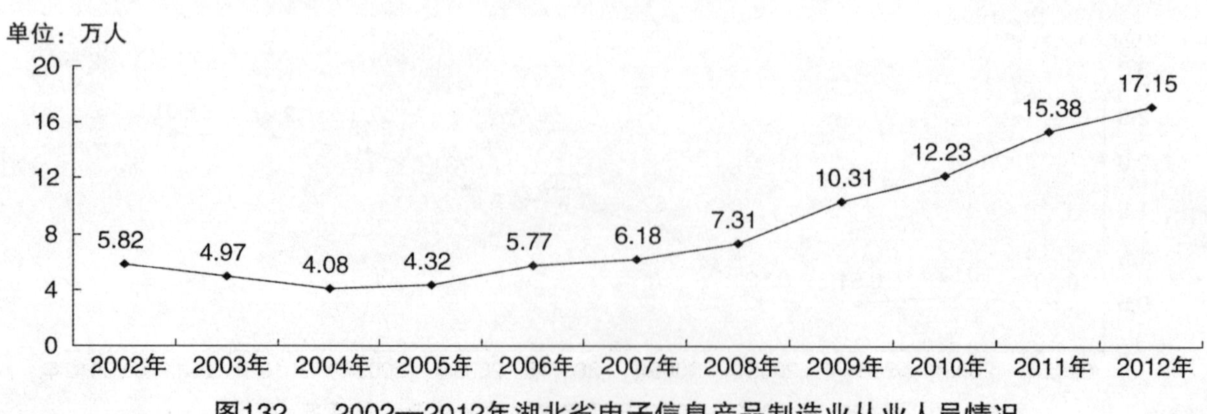

图132　2002—2012年湖北省电子信息产品制造业从业人员情况

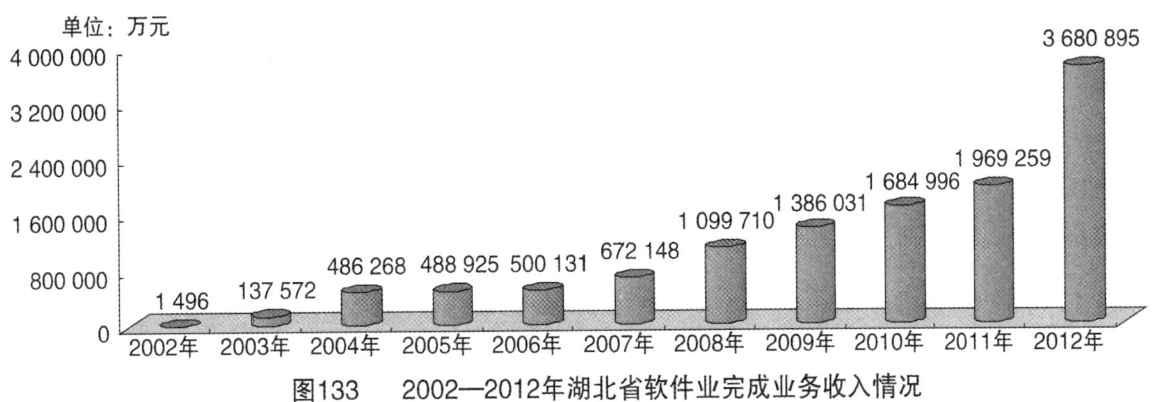

图133　2002—2012年湖北省软件业完成业务收入情况

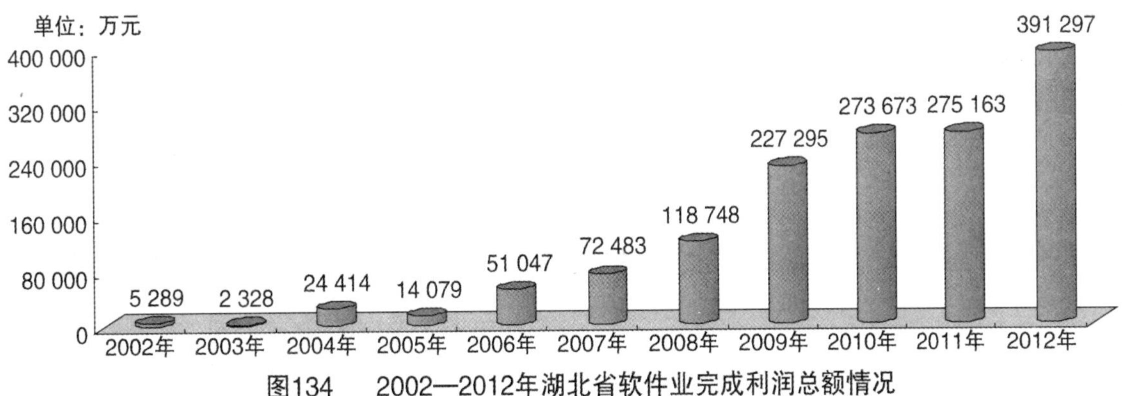

图134　2002—2012年湖北省软件业完成利润总额情况

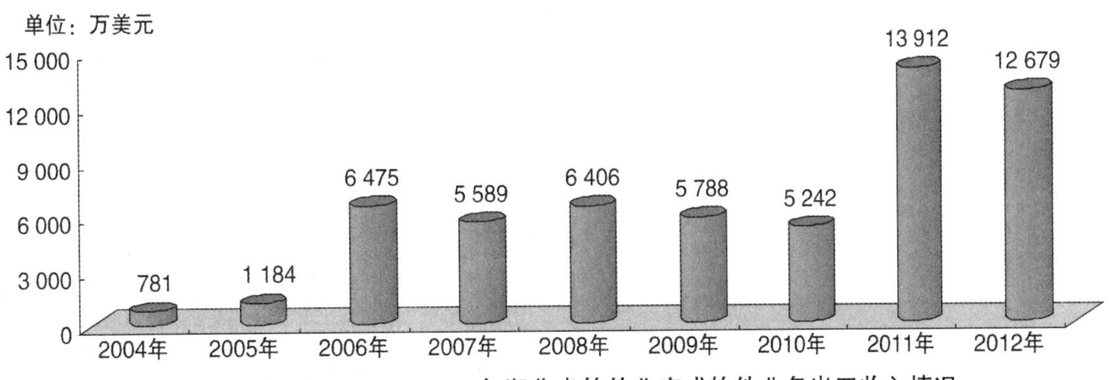

图135　2004—2012年湖北省软件业完成软件业务出口收入情况

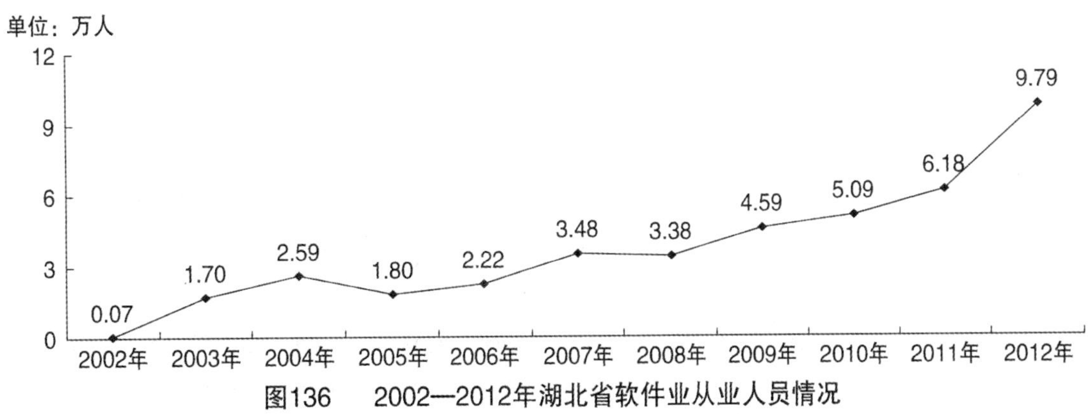

图136　2002—2012年湖北省软件业从业人员情况

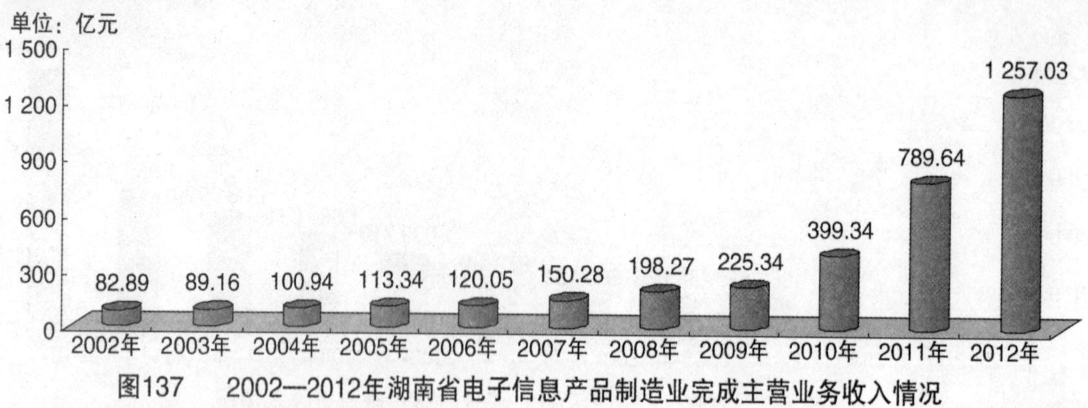

图137　2002—2012年湖南省电子信息产品制造业完成主营业务收入情况

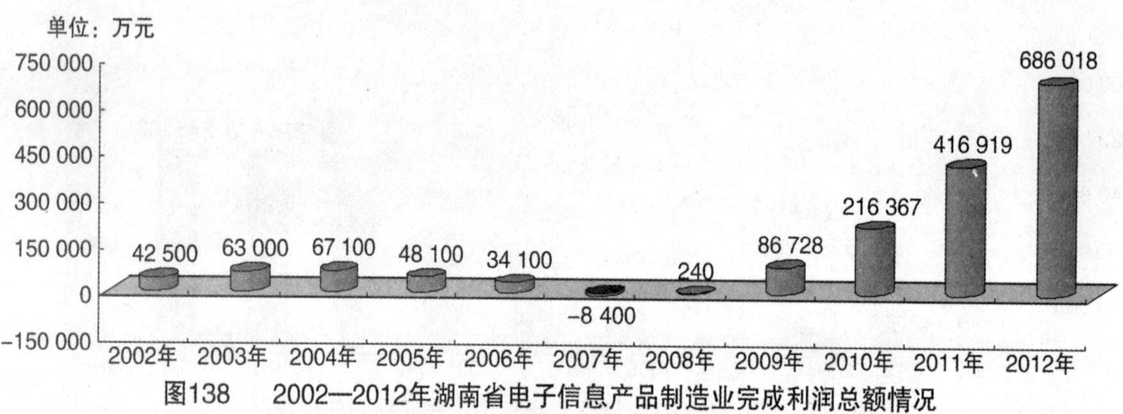

图138　2002—2012年湖南省电子信息产品制造业完成利润总额情况

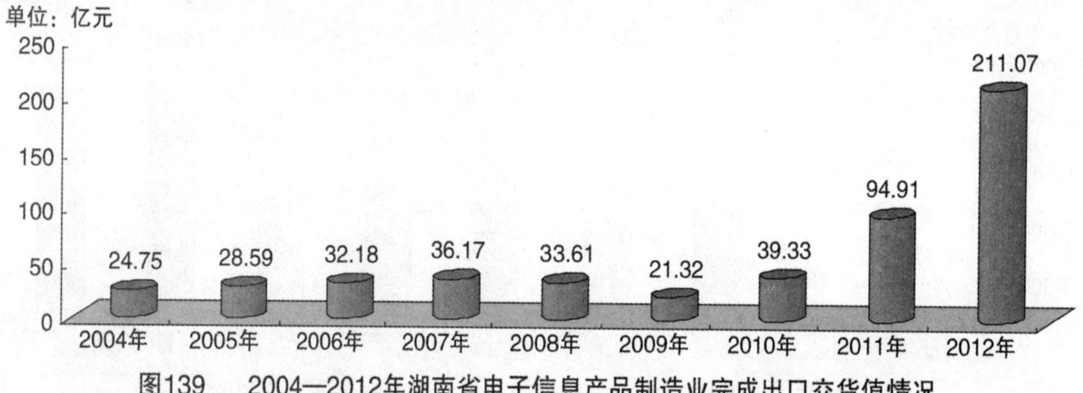

图139　2004—2012年湖南省电子信息产品制造业完成出口交货值情况

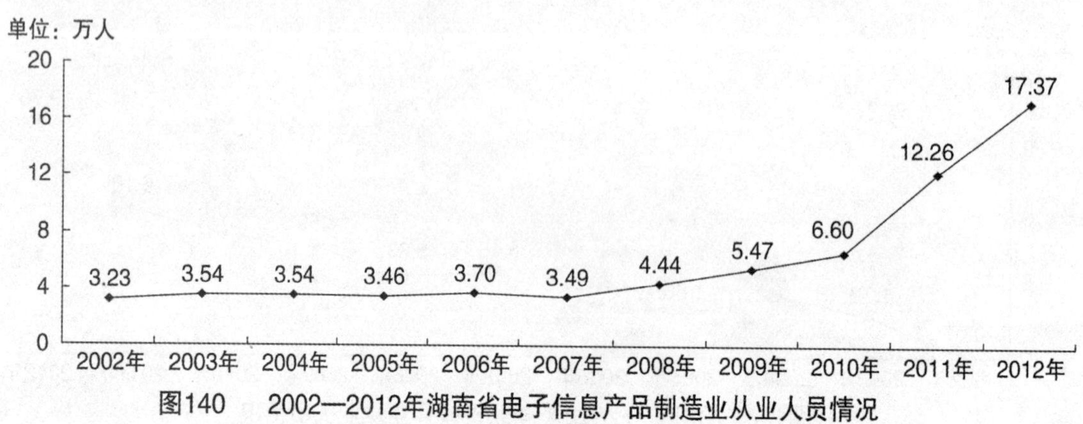

图140　2002—2012年湖南省电子信息产品制造业从业人员情况

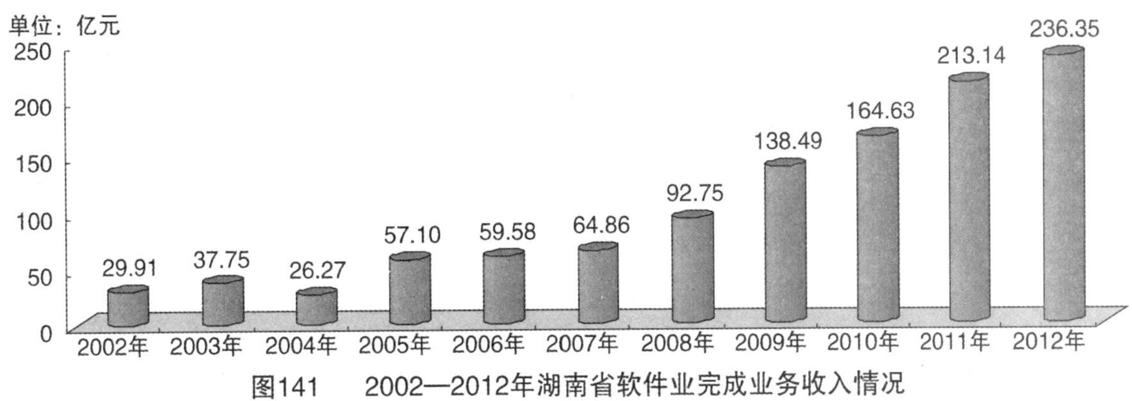

图141 2002—2012年湖南省软件业完成业务收入情况

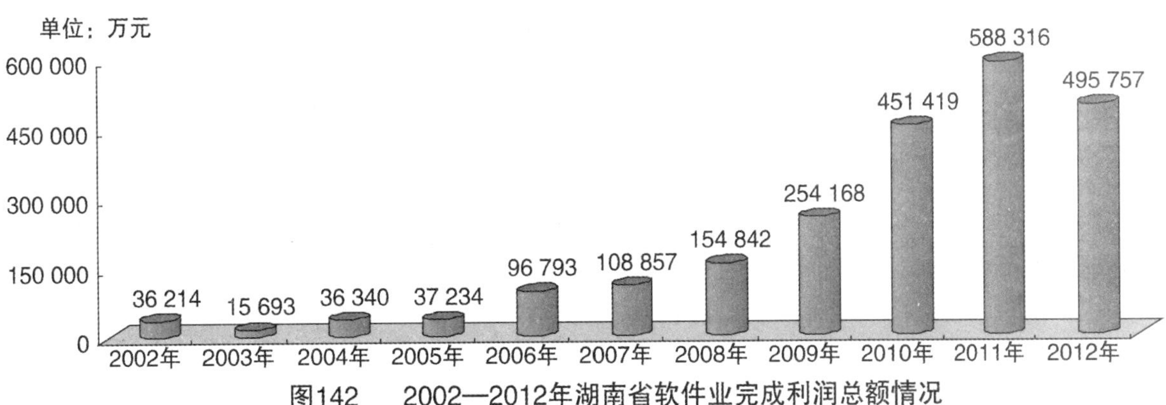

图142 2002—2012年湖南省软件业完成利润总额情况

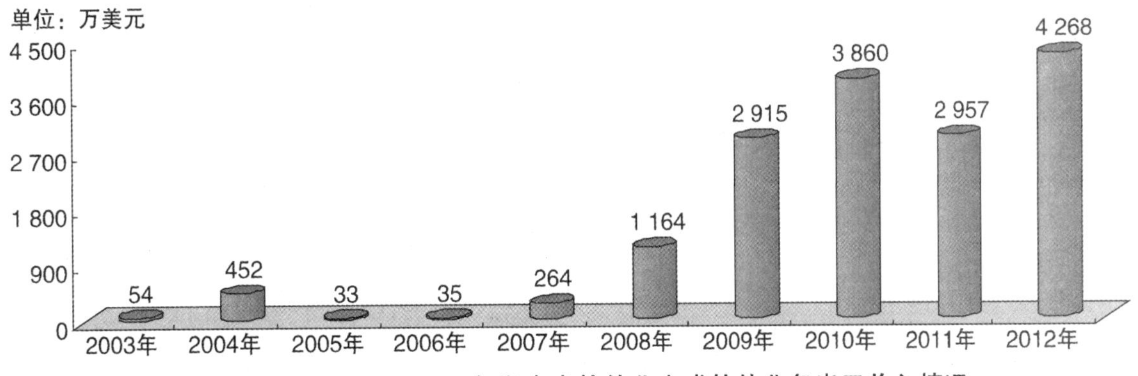

图143 2003—2012年湖南省软件业完成软件业务出口收入情况

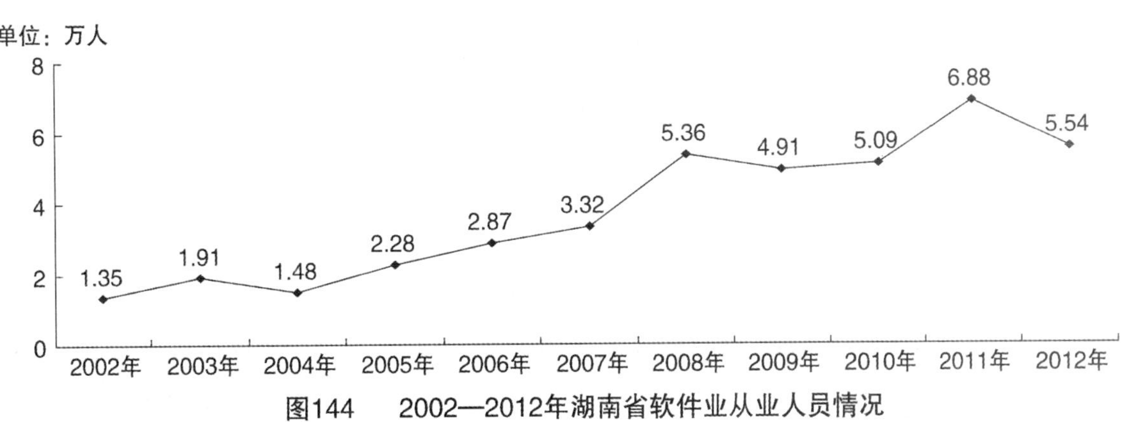

图144 2002—2012年湖南省软件业从业人员情况

图145　2002—2012年广东省电子信息产品制造业完成主营业务收入情况

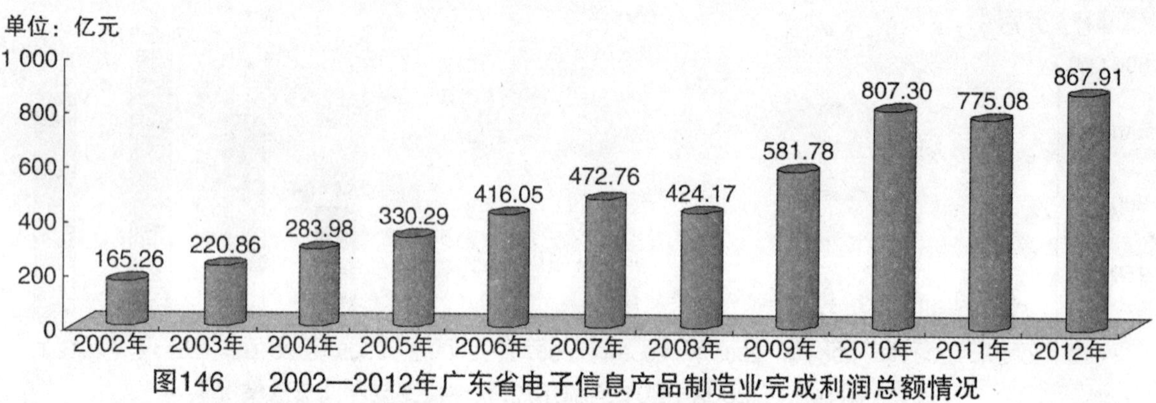

图146　2002—2012年广东省电子信息产品制造业完成利润总额情况

图147　2004—2012年广东省电子信息产品制造业完成出口交货值情况

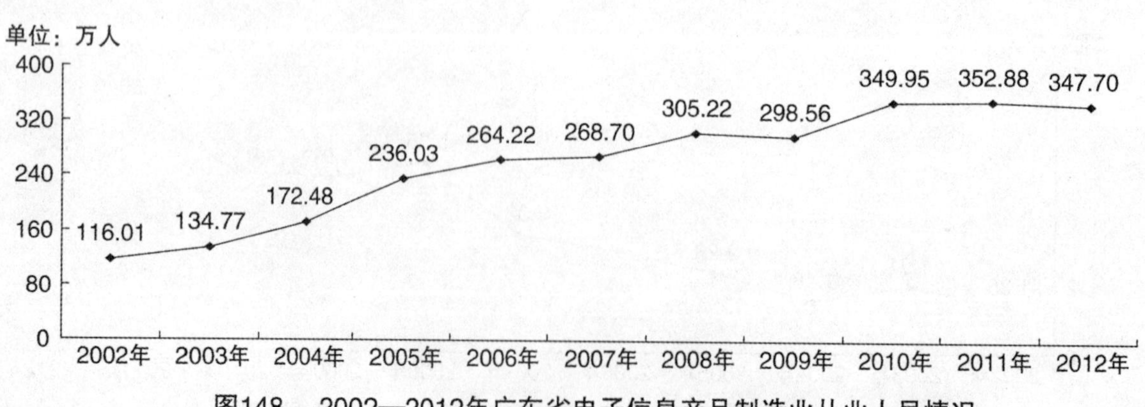

图148　2002—2012年广东省电子信息产品制造业从业人员情况

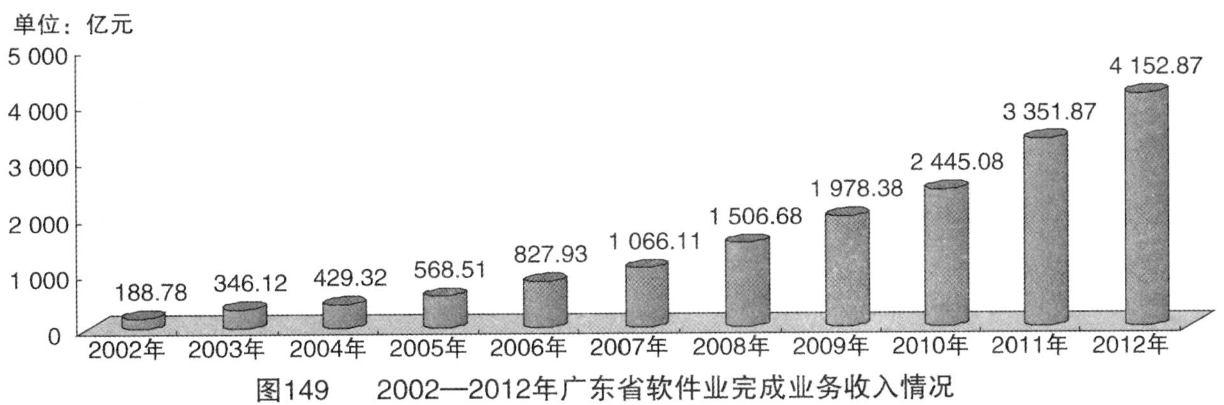

图149　2002—2012年广东省软件业完成业务收入情况

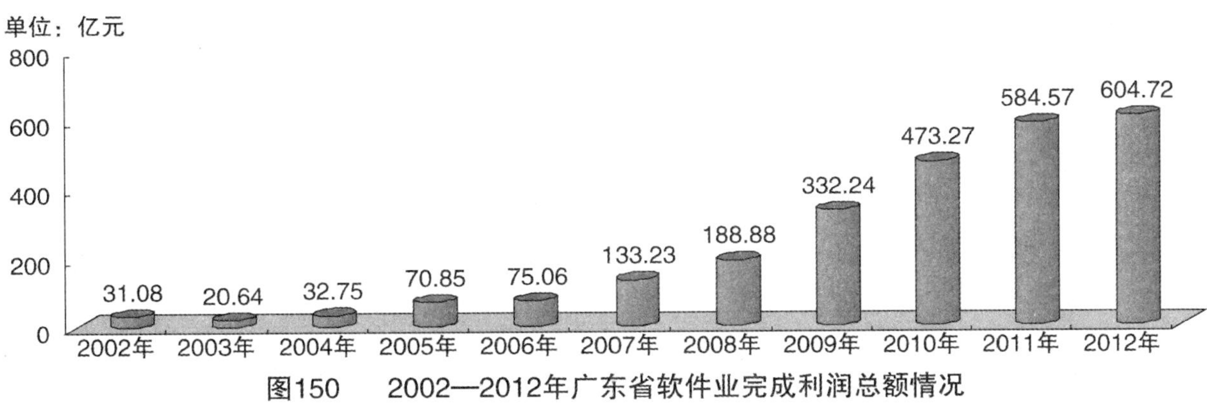

图150　2002—2012年广东省软件业完成利润总额情况

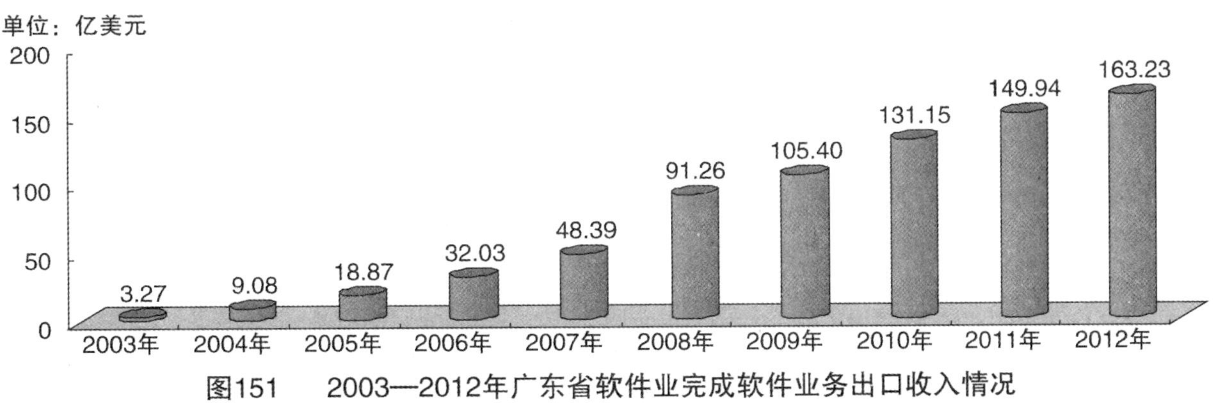

图151　2003—2012年广东省软件业完成软件业务出口收入情况

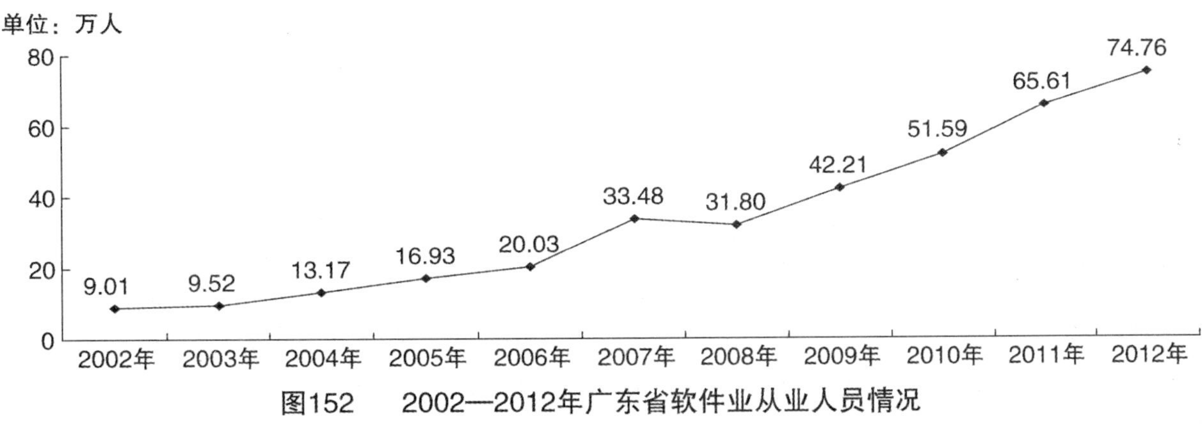

图152　2002—2012年广东省软件业从业人员情况

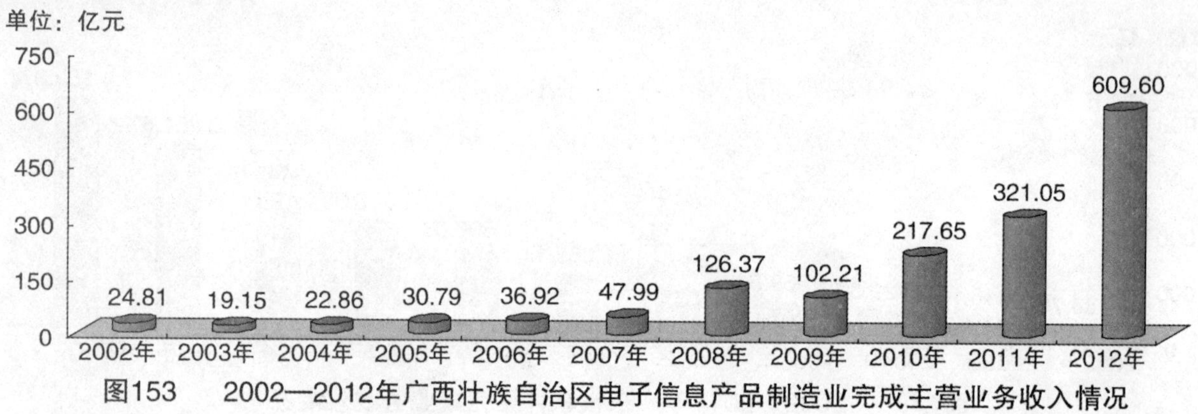

图153　2002—2012年广西壮族自治区电子信息产品制造业完成主营业务收入情况

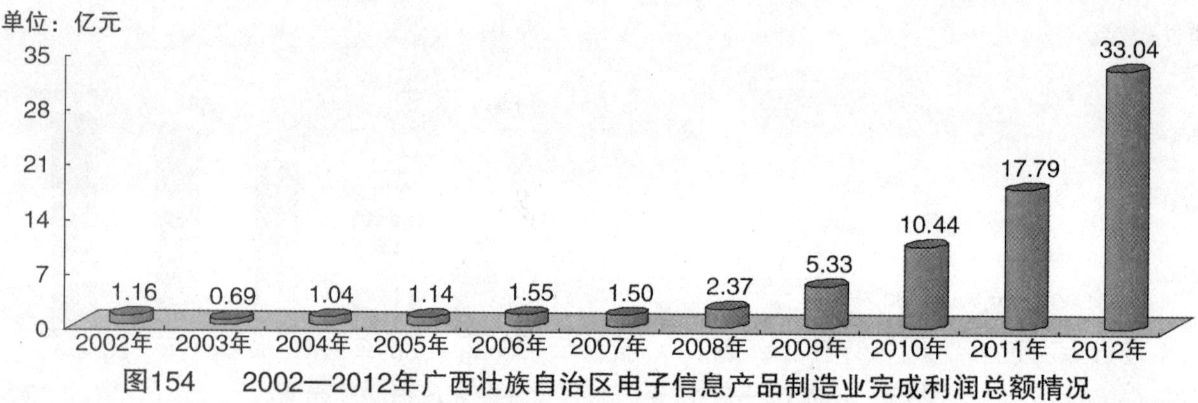

图154　2002—2012年广西壮族自治区电子信息产品制造业完成利润总额情况

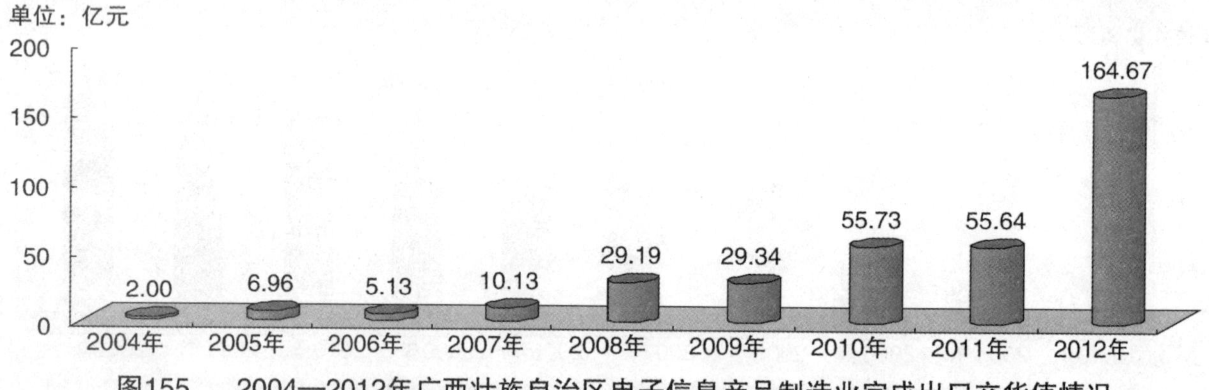

图155　2004—2012年广西壮族自治区电子信息产品制造业完成出口交货值情况

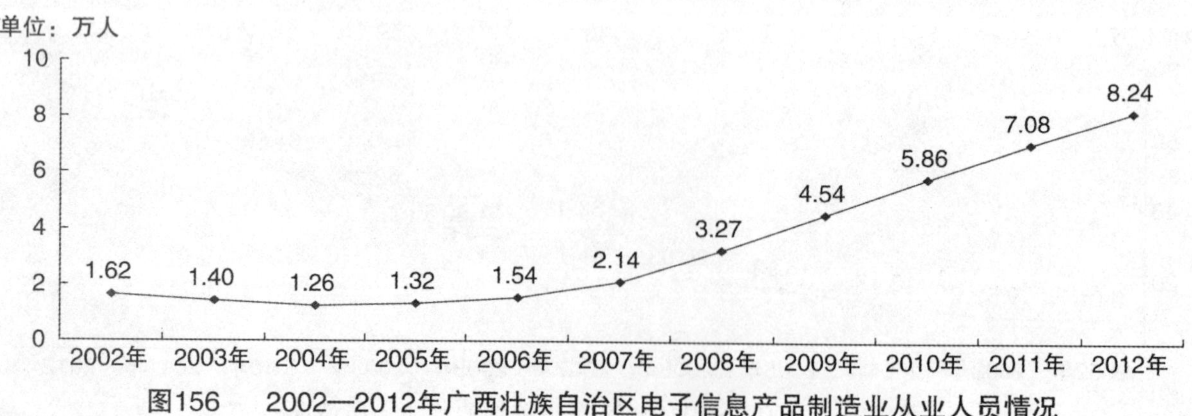

图156　2002—2012年广西壮族自治区电子信息产品制造业从业人员情况

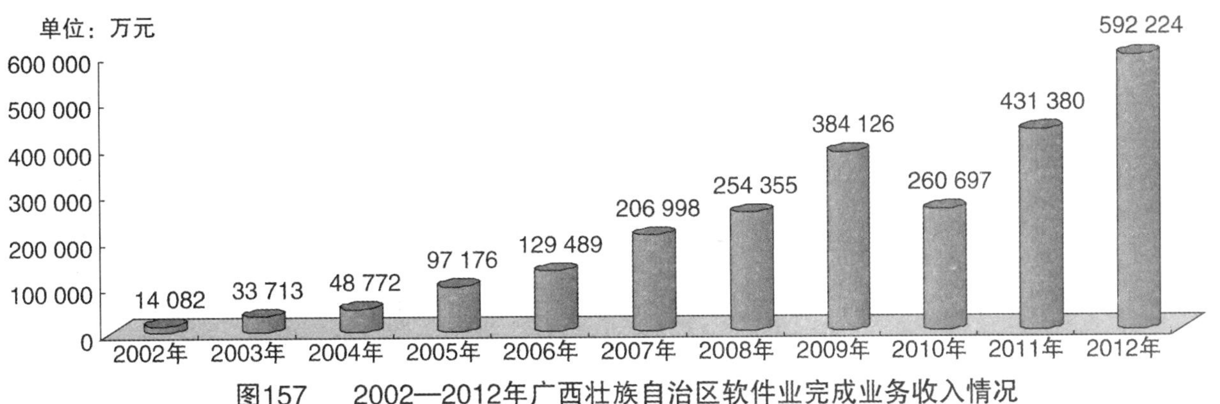

图157　2002—2012年广西壮族自治区软件业完成业务收入情况

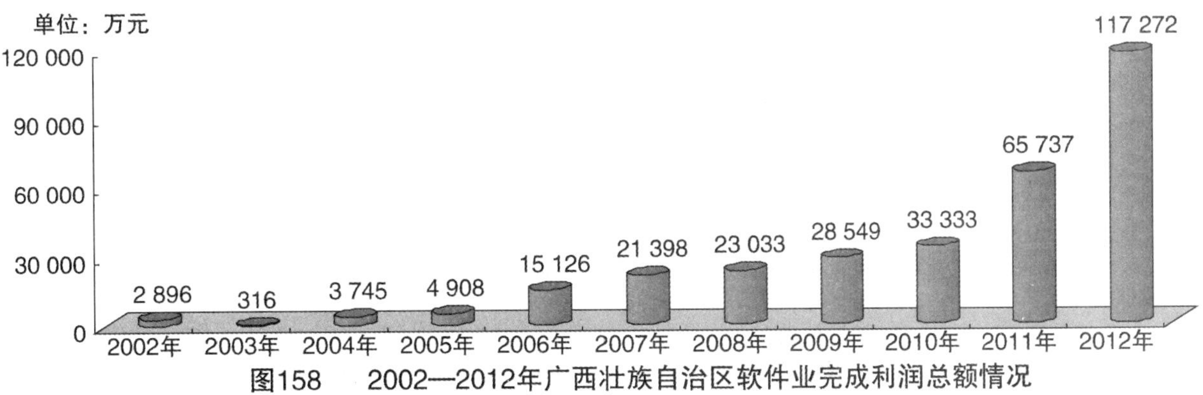

图158　2002—2012年广西壮族自治区软件业完成利润总额情况

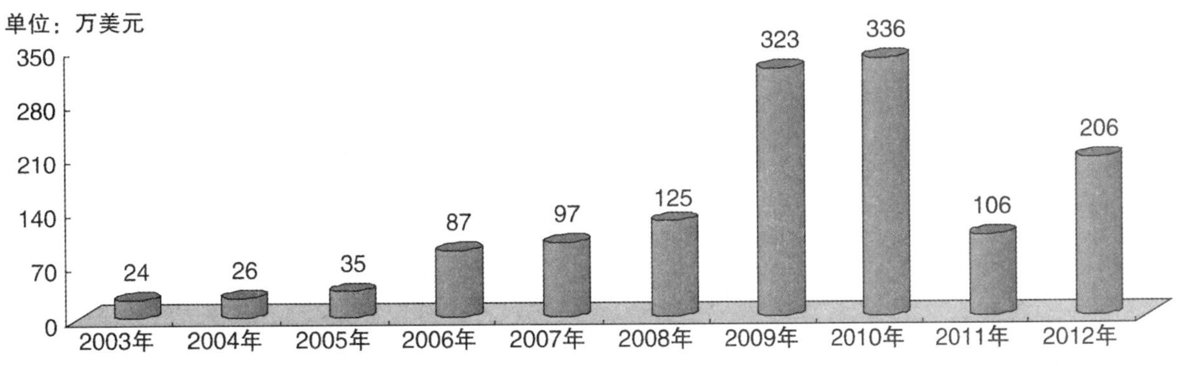

图159　2003—2012年广西壮族自治区软件业完成软件业务出口收入情况

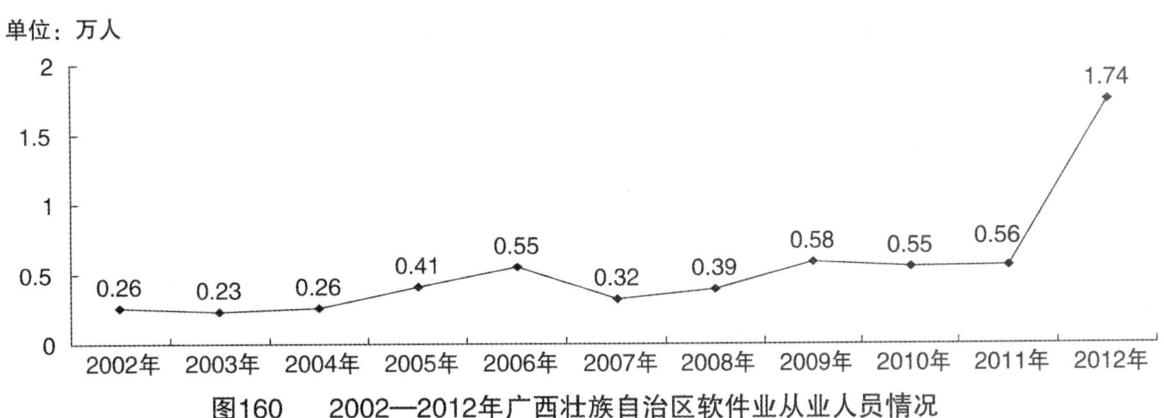

图160　2002—2012年广西壮族自治区软件业从业人员情况

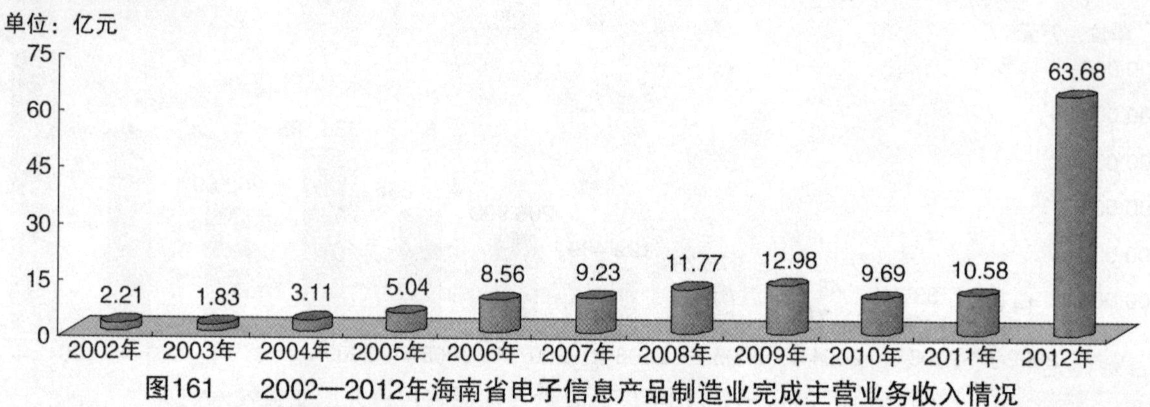

图161　2002—2012年海南省电子信息产品制造业完成主营业务收入情况

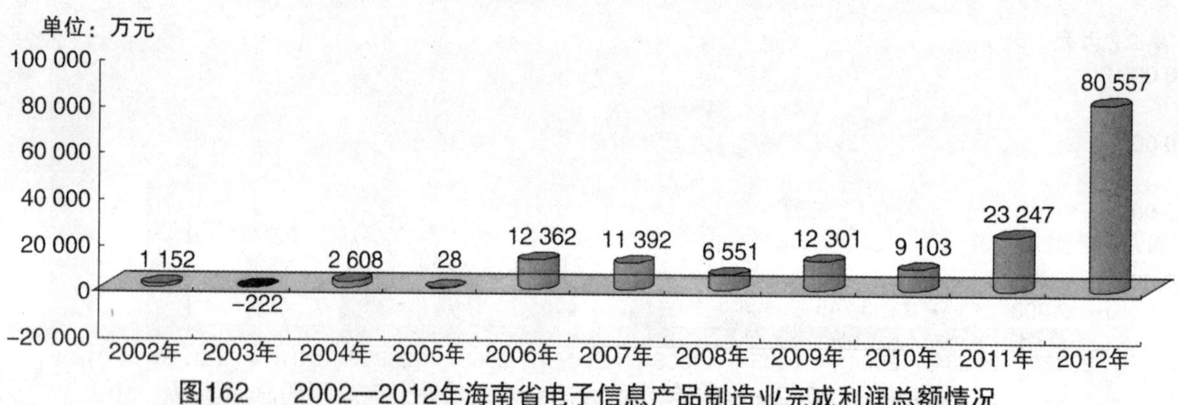

图162　2002—2012年海南省电子信息产品制造业完成利润总额情况

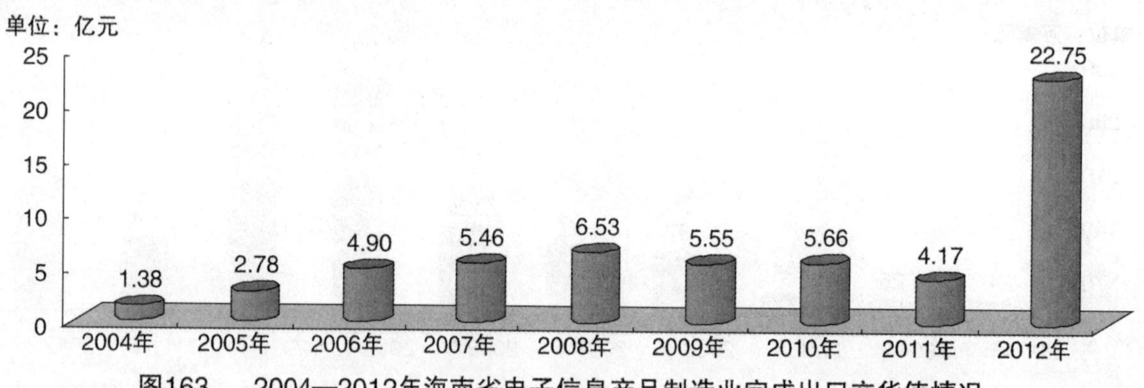

图163　2004—2012年海南省电子信息产品制造业完成出口交货值情况

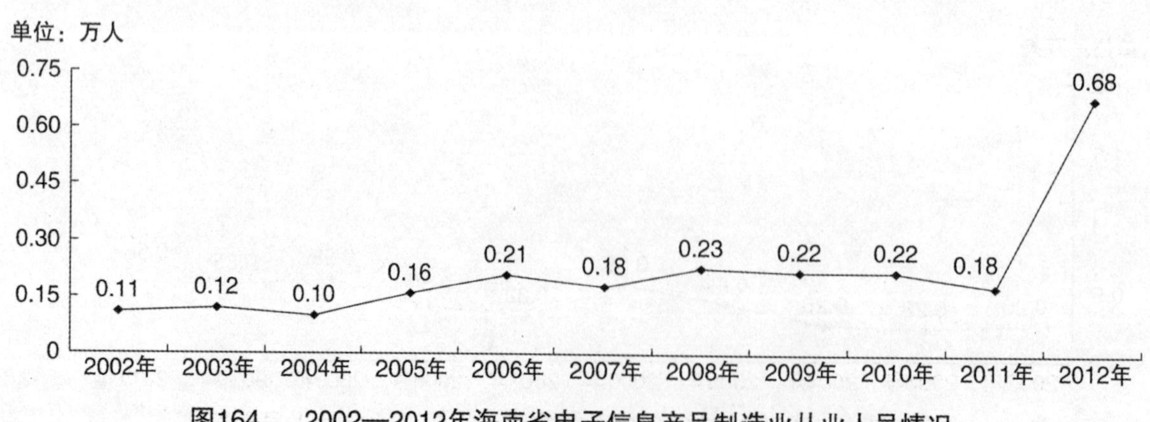

图164　2002—2012年海南省电子信息产品制造业从业人员情况

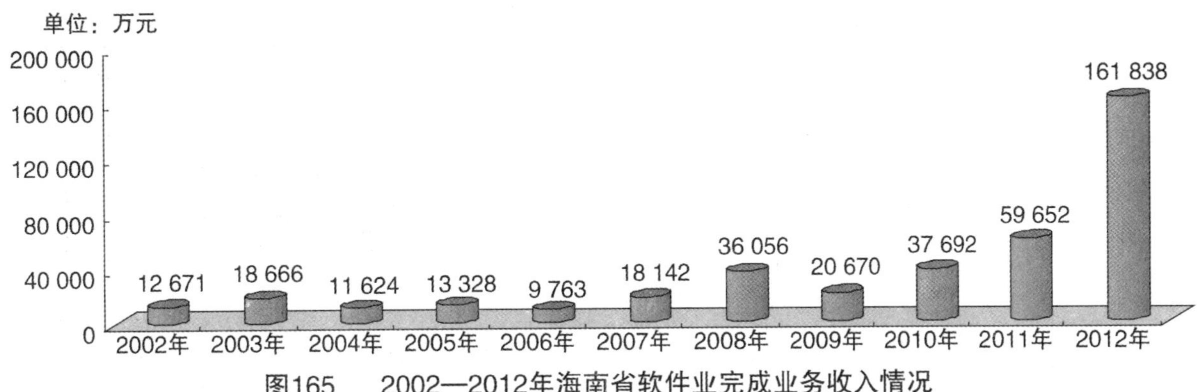

图165　2002—2012年海南省软件业完成业务收入情况

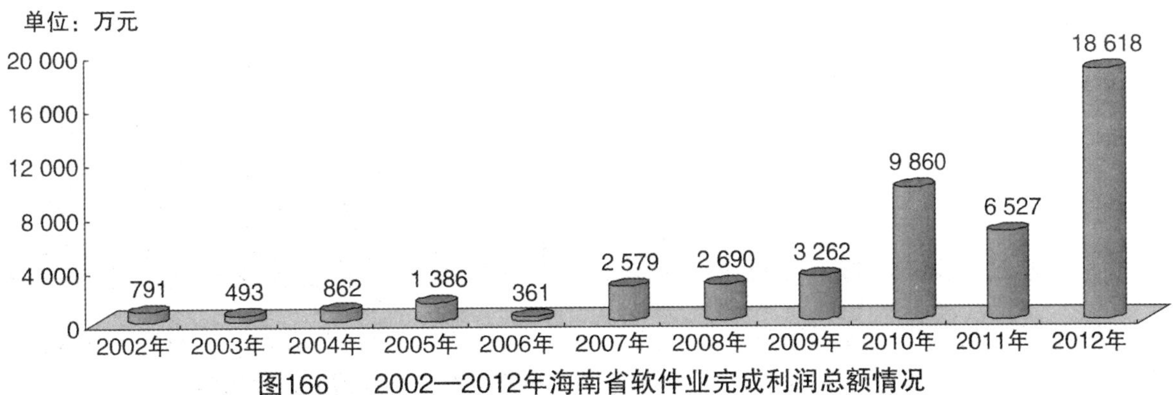

图166　2002—2012年海南省软件业完成利润总额情况

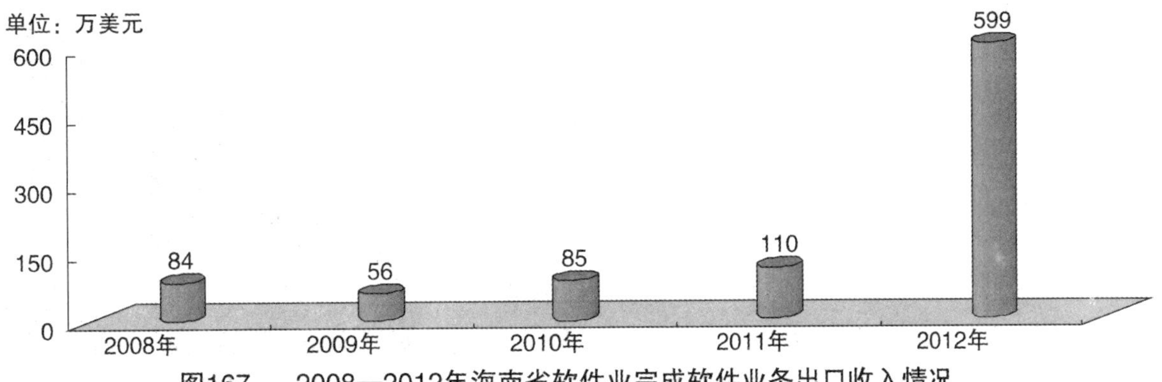

图167　2008—2012年海南省软件业完成软件业务出口收入情况

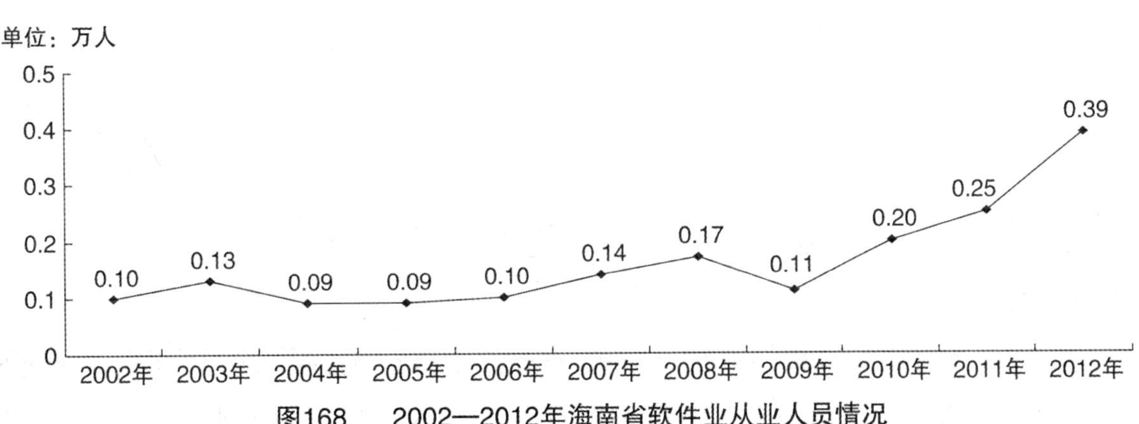

图168　2002—2012年海南省软件业从业人员情况

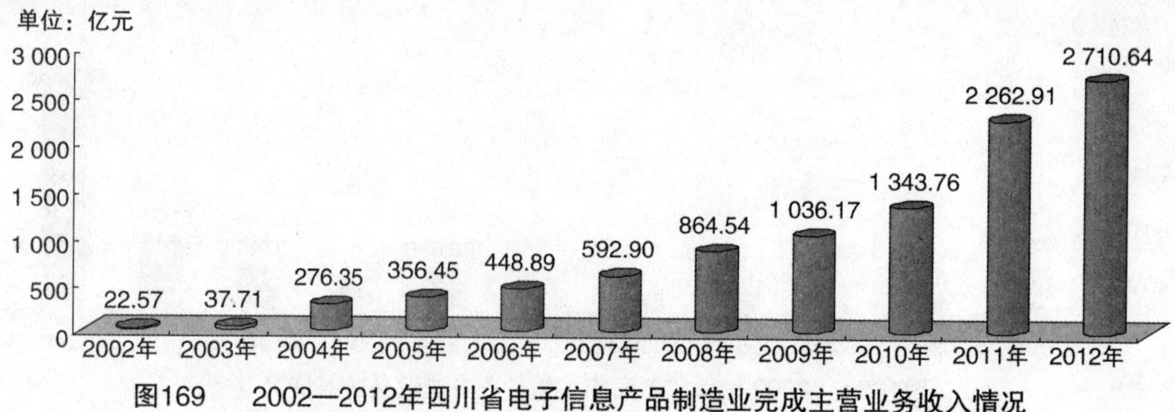

图169　2002—2012年四川省电子信息产品制造业完成主营业务收入情况

图170　2002—2012年四川省电子信息产品制造业完成利润总额情况

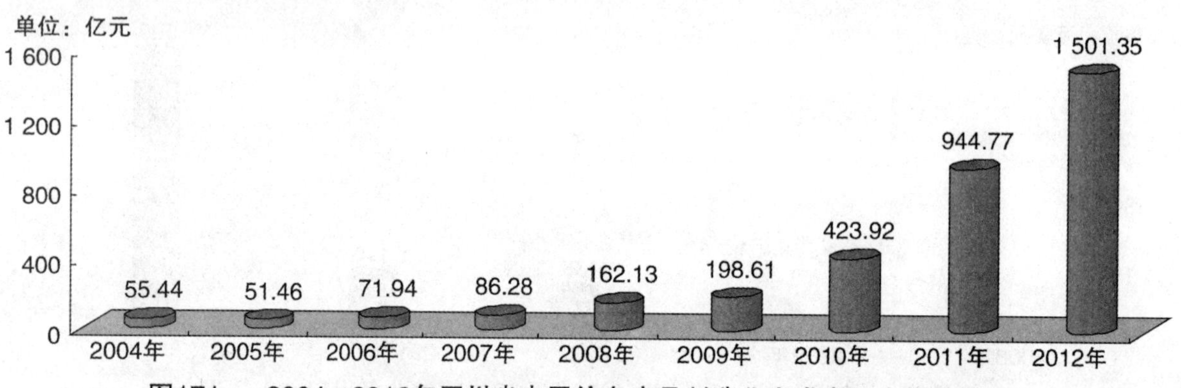

图171　2004—2012年四川省电子信息产品制造业完成出口交货值情况

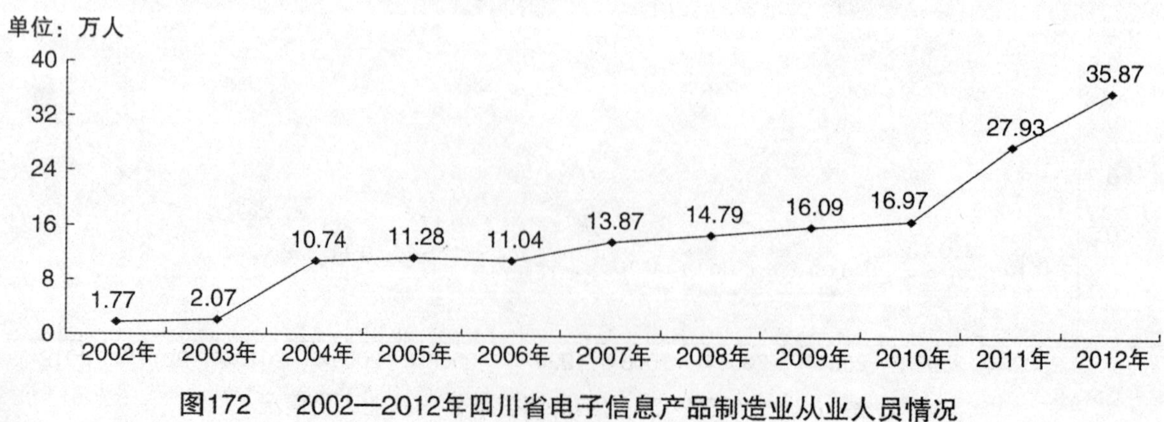

图172　2002—2012年四川省电子信息产品制造业从业人员情况

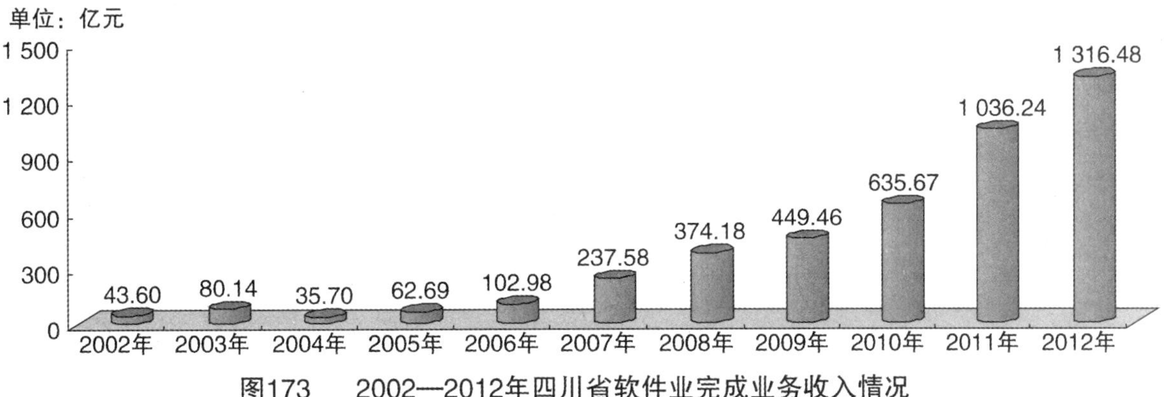

图173　2002—2012年四川省软件业完成业务收入情况

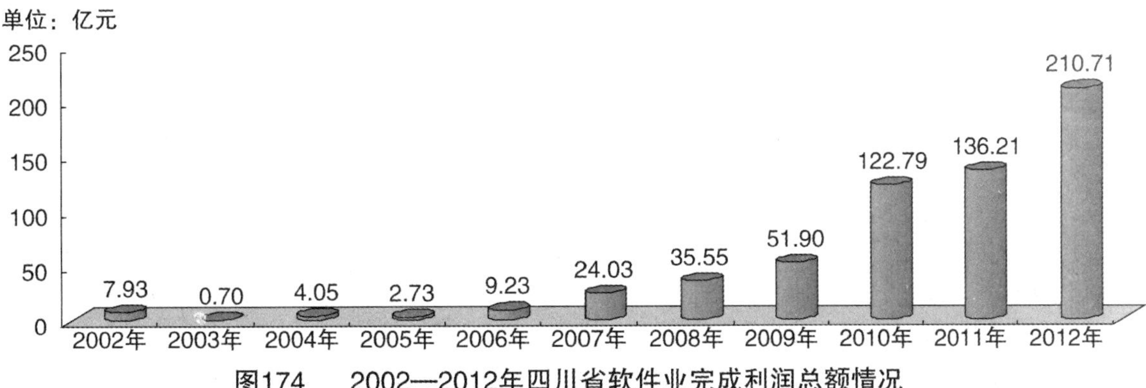

图174　2002—2012年四川省软件业完成利润总额情况

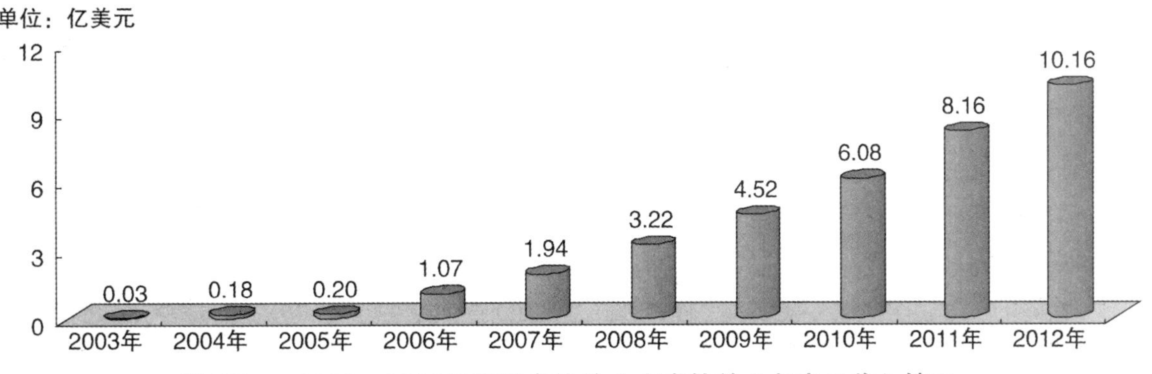

图175　2003—2012年四川省软件业完成软件业务出口收入情况

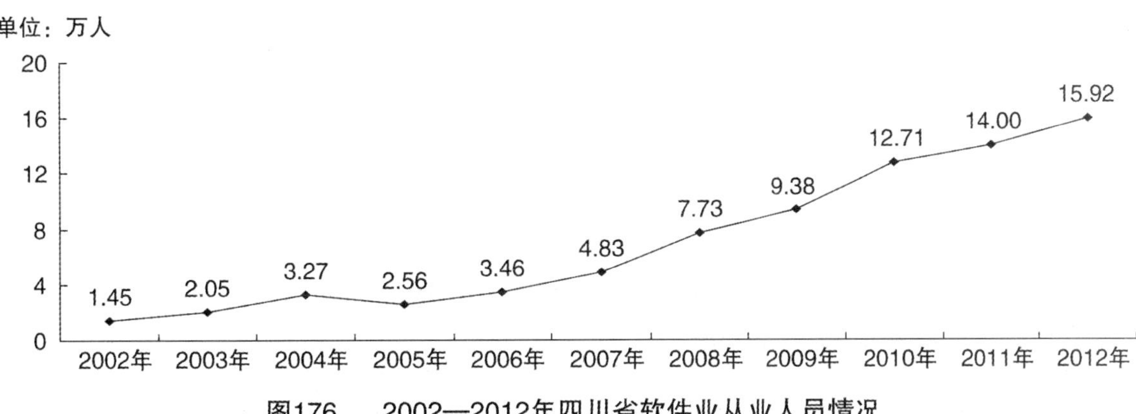

图176　2002—2012年四川省软件业从业人员情况

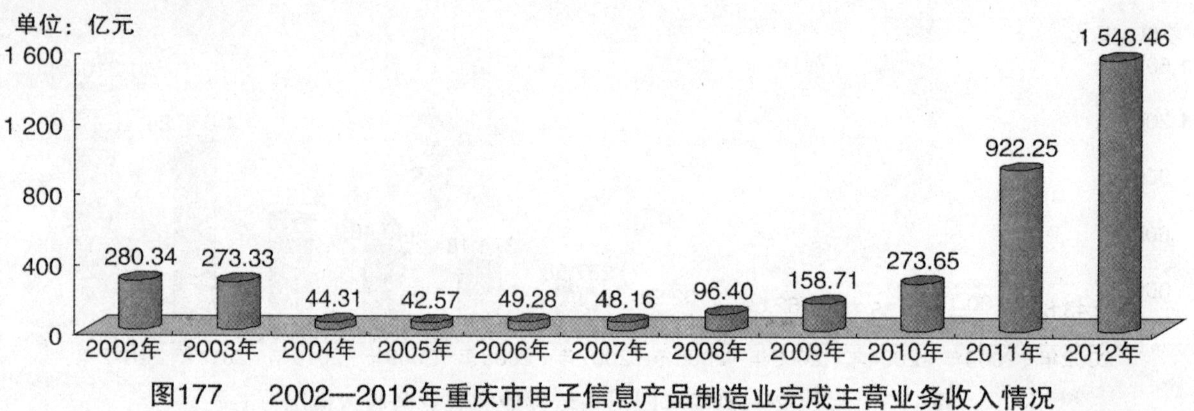

图177　2002—2012年重庆市电子信息产品制造业完成主营业务收入情况

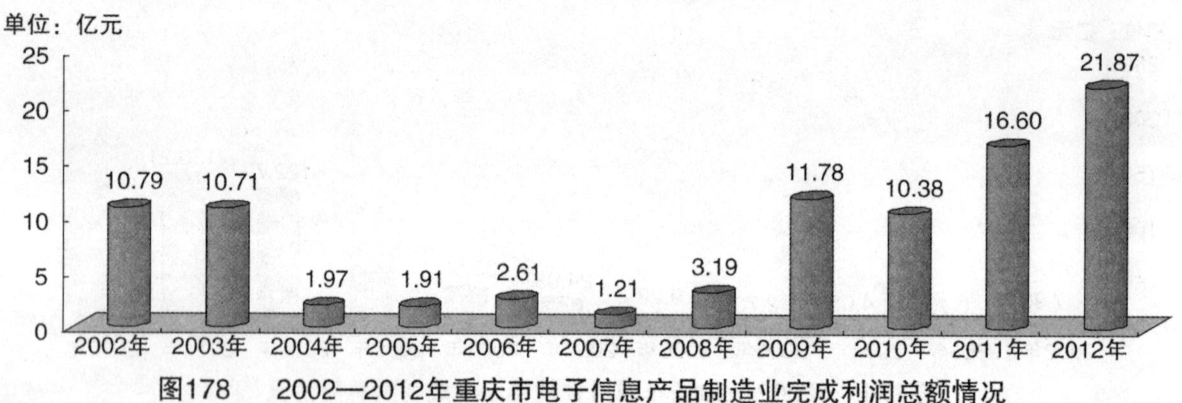

图178　2002—2012年重庆市电子信息产品制造业完成利润总额情况

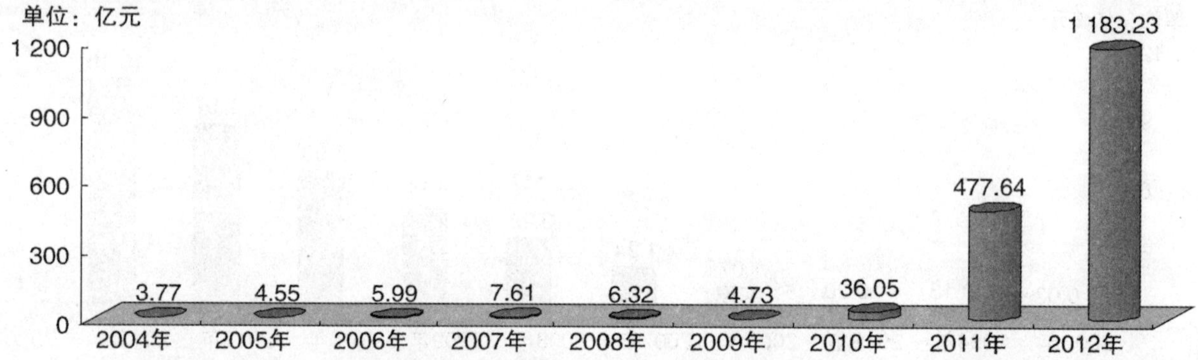

单位：亿元
1 200
900
600
300
0
3.77
4.55
5.99
7.61
6.32
4.73
36.05
477.64
1 183.23
2004年
2005年
2006年
2007年
2008年
2009年
2010年
2011年
2012年

图179　2004—2012年重庆市电子信息产品制造业完成出口交货值情况

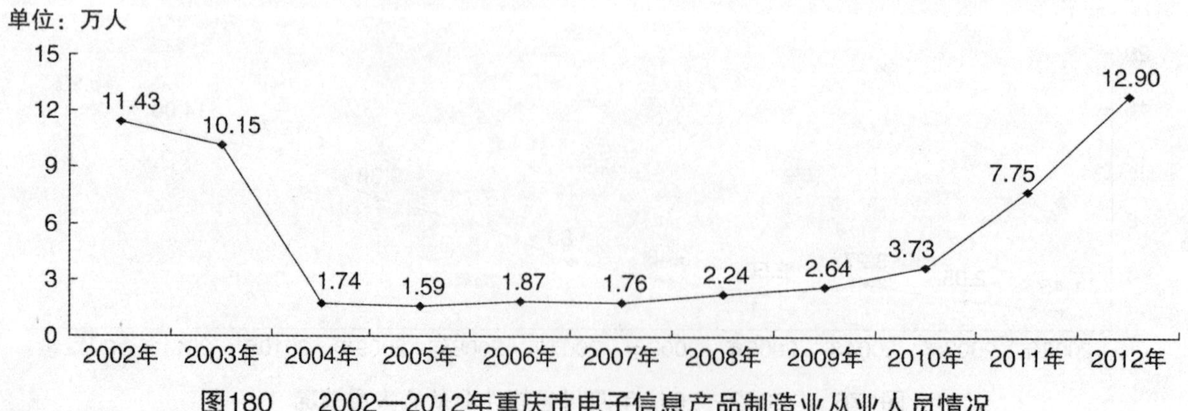

图180　2002—2012年重庆市电子信息产品制造业从业人员情况

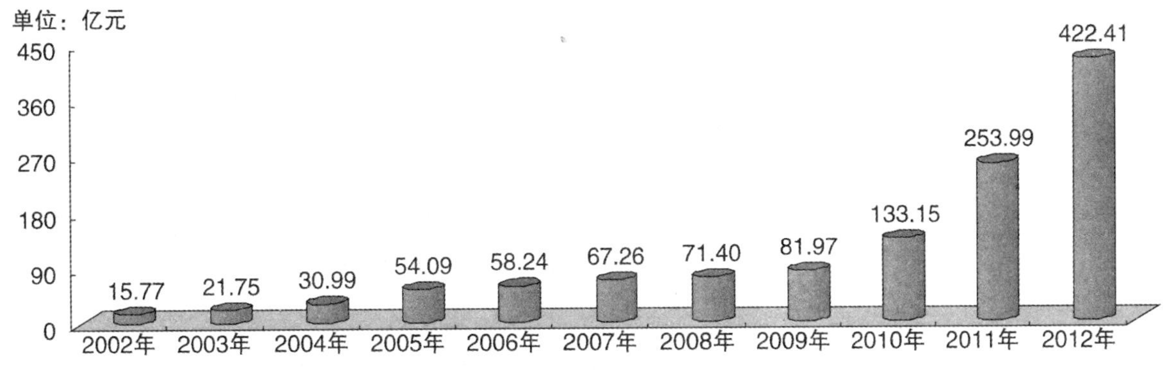

图181　2002—2012年重庆市软件业完成业务收入情况

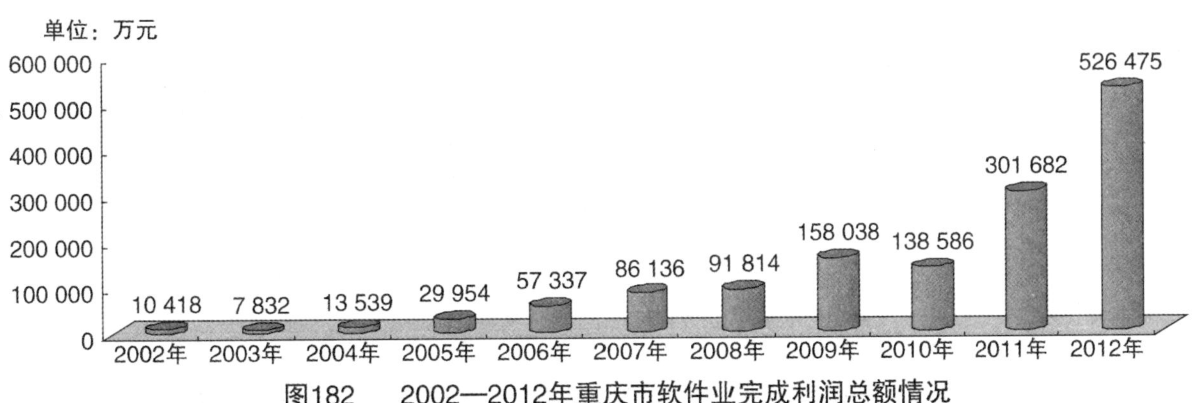

图182　2002—2012年重庆市软件业完成利润总额情况

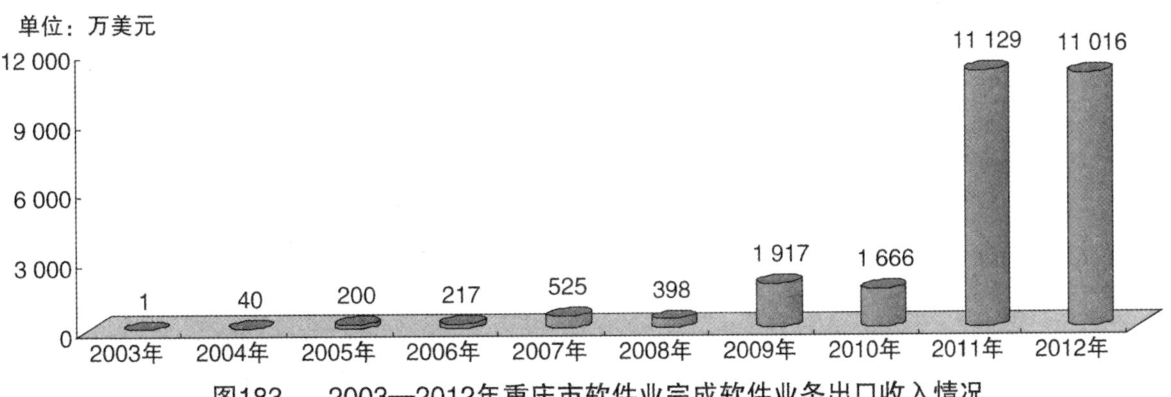

图183　2003—2012年重庆市软件业完成软件业务出口收入情况

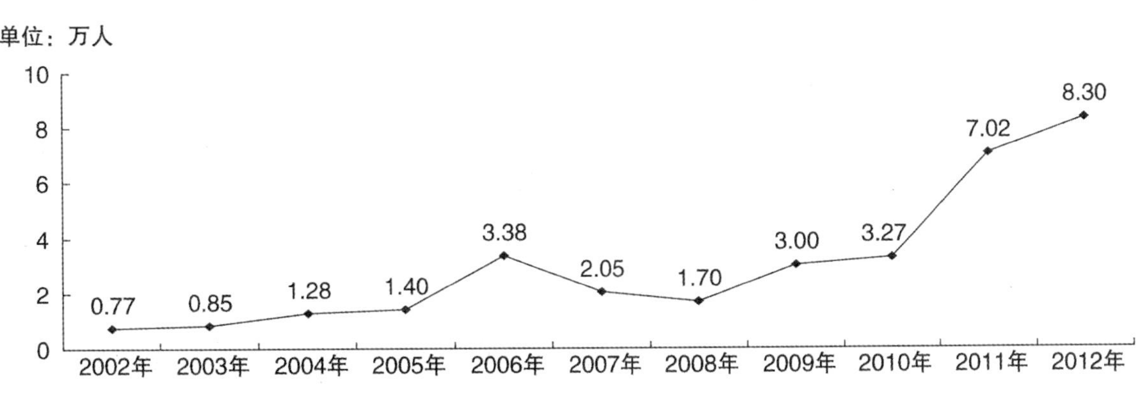

图184　2002—2012年重庆市软件业从业人员情况

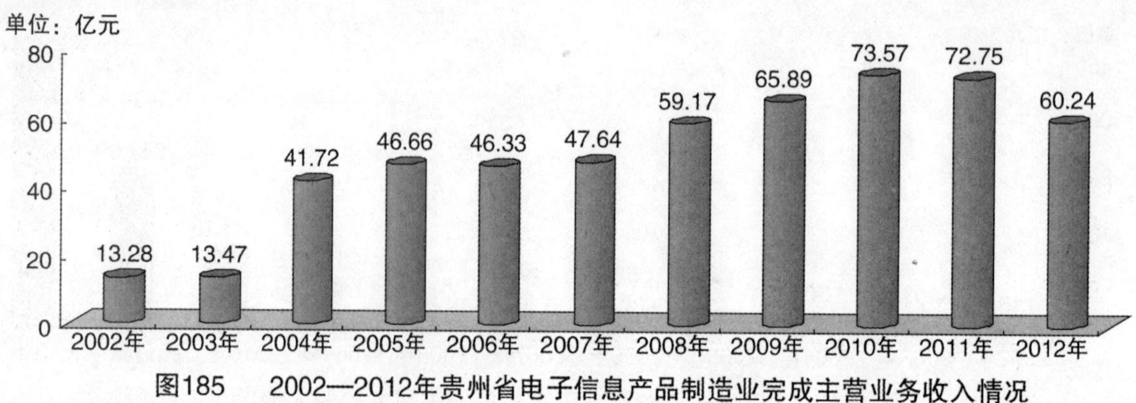

图185　2002—2012年贵州省电子信息产品制造业完成主营业务收入情况

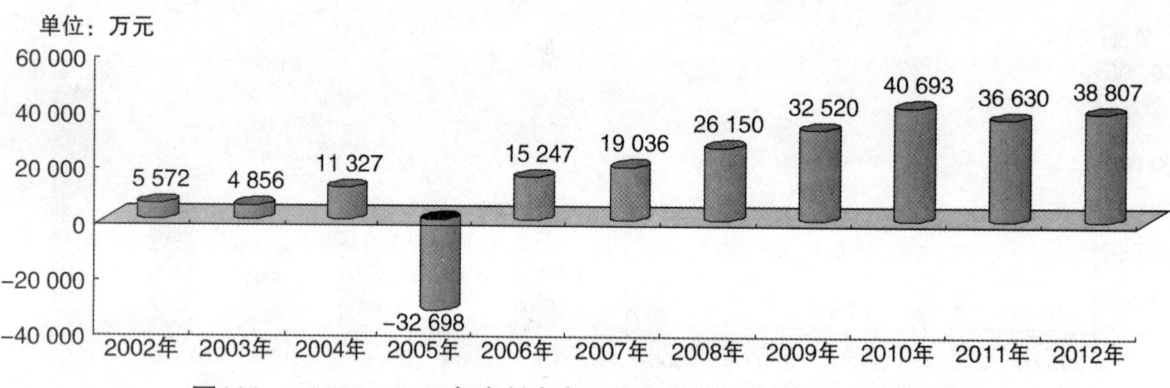

图186　2002—2012年贵州省电子信息产品制造业完成利润总额情况

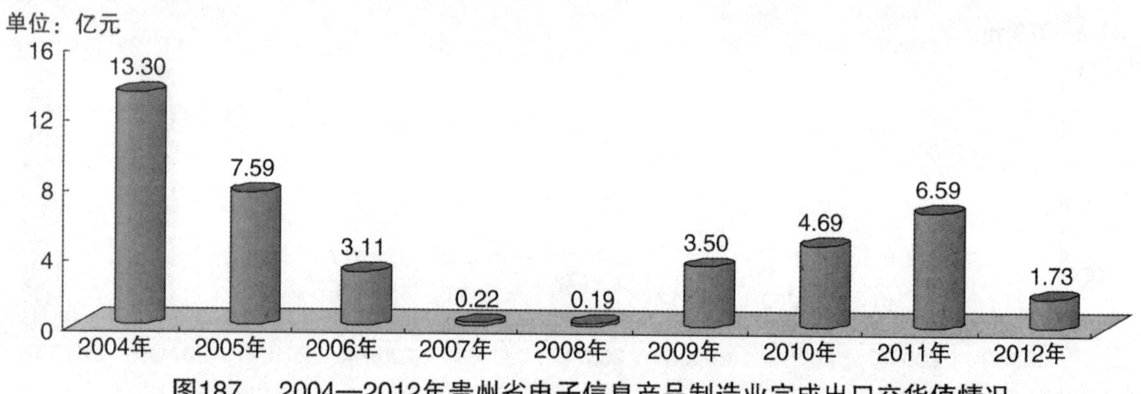

图187　2004—2012年贵州省电子信息产品制造业完成出口交货值情况

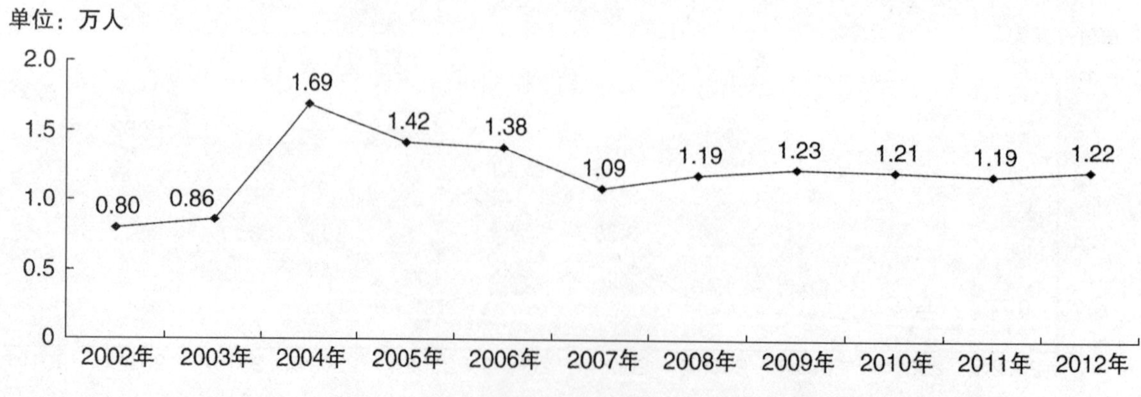

图188　2002—2012年贵州省电子信息产品制造业从业人员情况

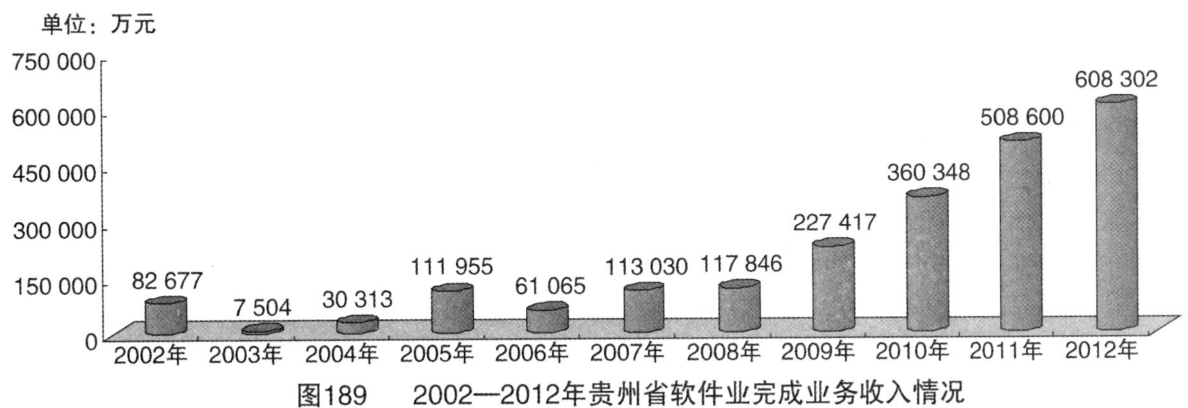

图189　2002—2012年贵州省软件业完成业务收入情况

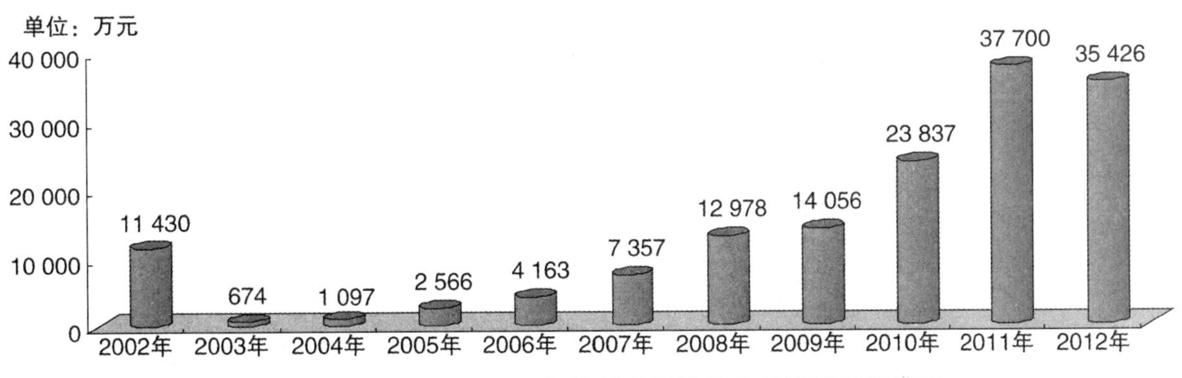

图190　2002—2012年贵州省软件业完成利润总额情况

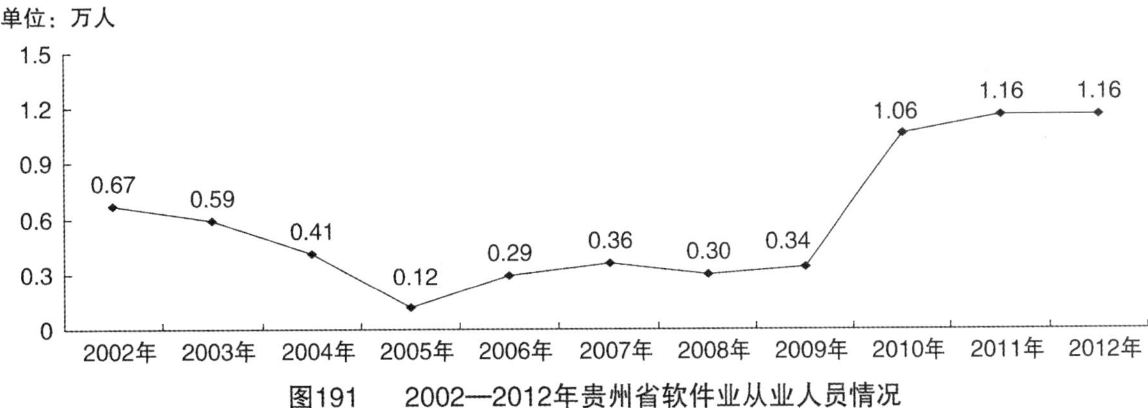

图191　2002—2012年贵州省软件业从业人员情况

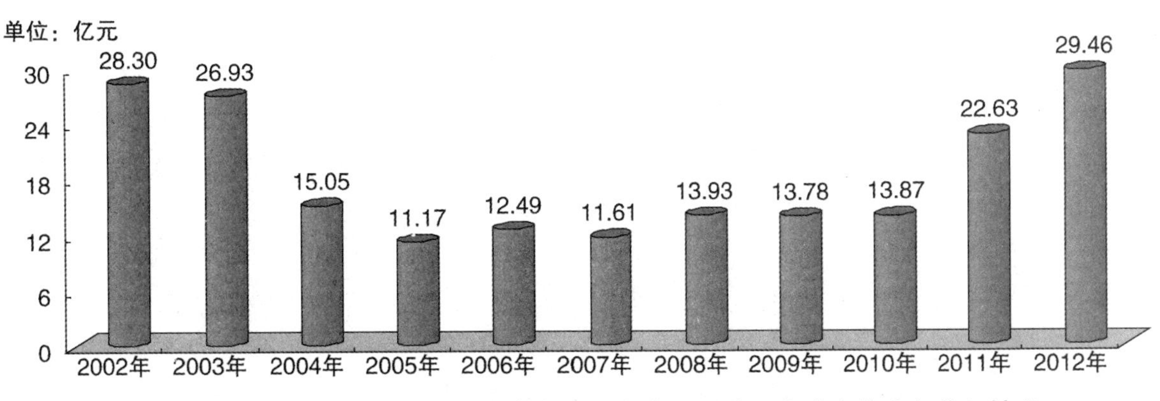

图192　2002—2012年云南省电子信息产品制造业完成主营业务收入情况

单位：万元
30 000
24 000
18 000
12 000
6 000
0
−6 000
10 471
12 739
4 415
2 915
6 245
9 334
9 559
11 993
11 041
26 635
−177
2002年
2003年
2004年
2005年
2006年
2007年
2008年
2009年
2010年
2011年
2012年

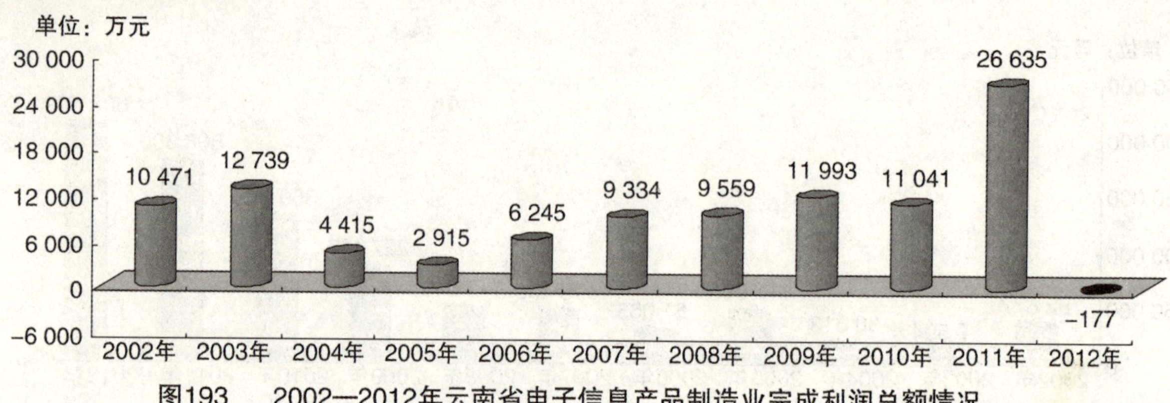

图193　2002—2012年云南省电子信息产品制造业完成利润总额情况

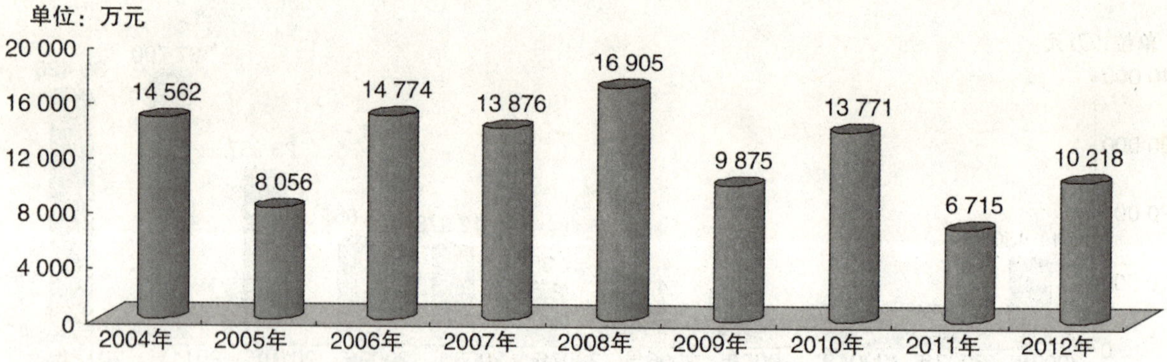

单位：万元
20 000
16 000
12 000
8 000
4 000
0
14 562
8 056
14 774
13 876
16 905
9 875
13 771
6 715
10 218
2004年
2005年
2006年
2007年
2008年
2009年
2010年
2011年
2012年

图194　2004—2012年云南省电子信息产品制造业完成出口交货值情况

单位：万人
2
1.5
1
0.5
0
1.82
1.47
0.76
0.31
0.26
0.23
0.22
0.28
0.24
0.24
0.59
2002年
2003年
2004年
2005年
2006年
2007年
2008年
2009年
2010年
2011年
2012年

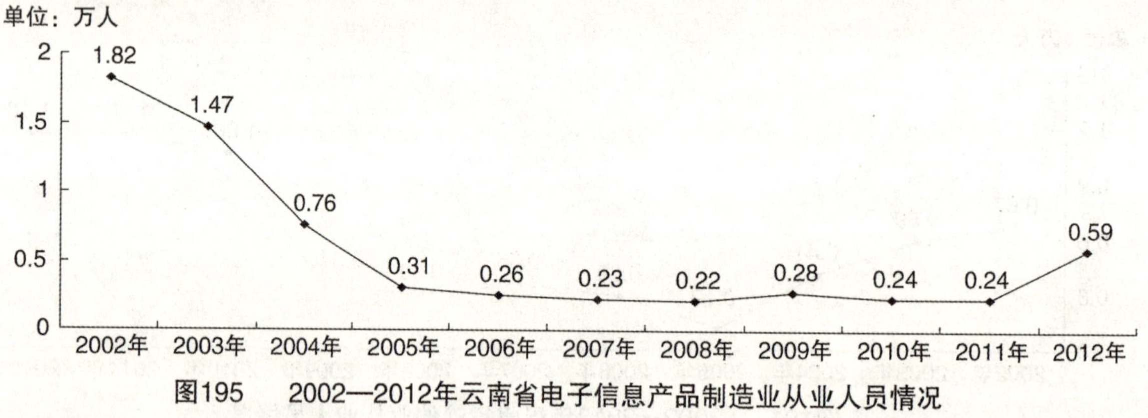

图195　2002—2012年云南省电子信息产品制造业从业人员情况

单位：万元
600 000
450 000
300 000
150 000
0
99 267
89 357
177 149
262 786
202 955
198 077
250 488
260 139
420 282
468 289
546 873
2002年
2003年
2004年
2005年
2006年
2007年
2008年
2009年
2010年
2011年
2012年

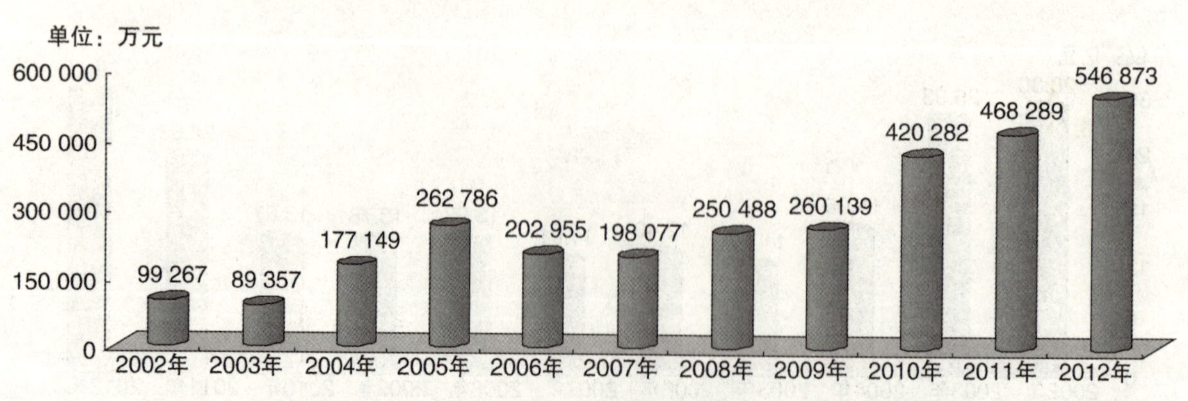

图196　2002—2012年云南省软件业完成业务收入情况

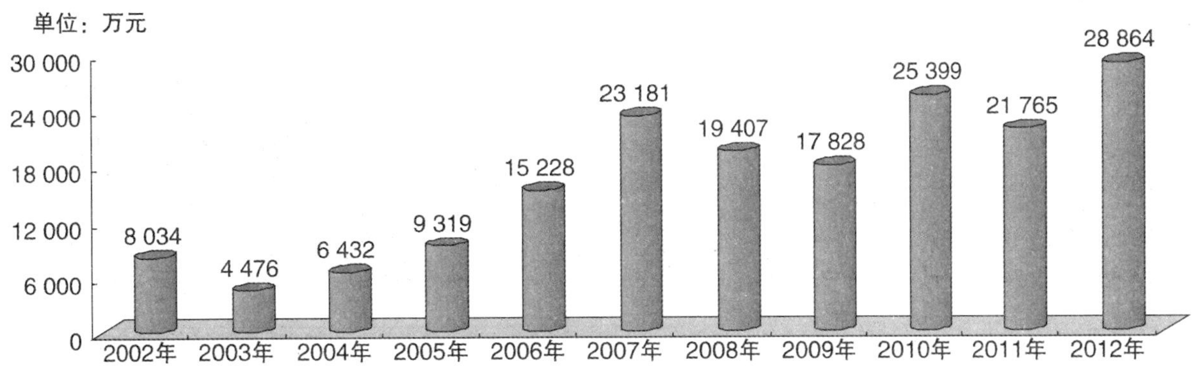

图197　2002—2012年云南省软件业完成利润总额情况

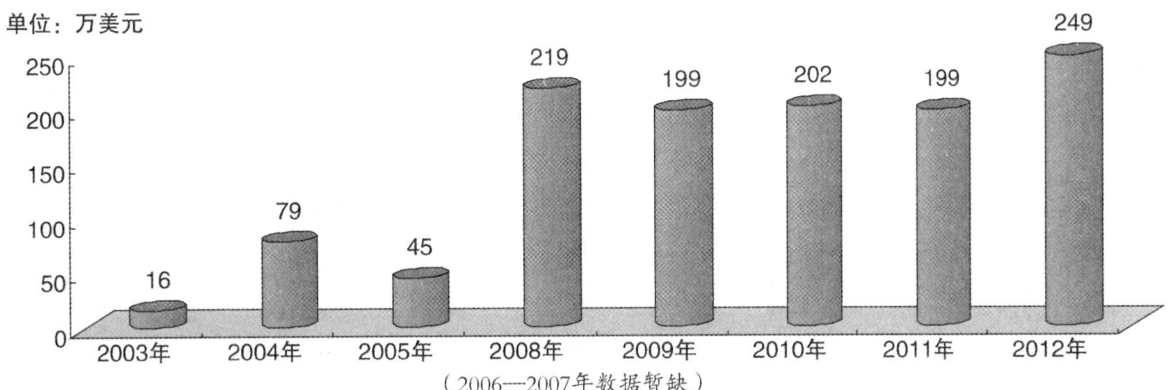

图198　2003—2012年云南省软件业完成软件业务出口收入情况

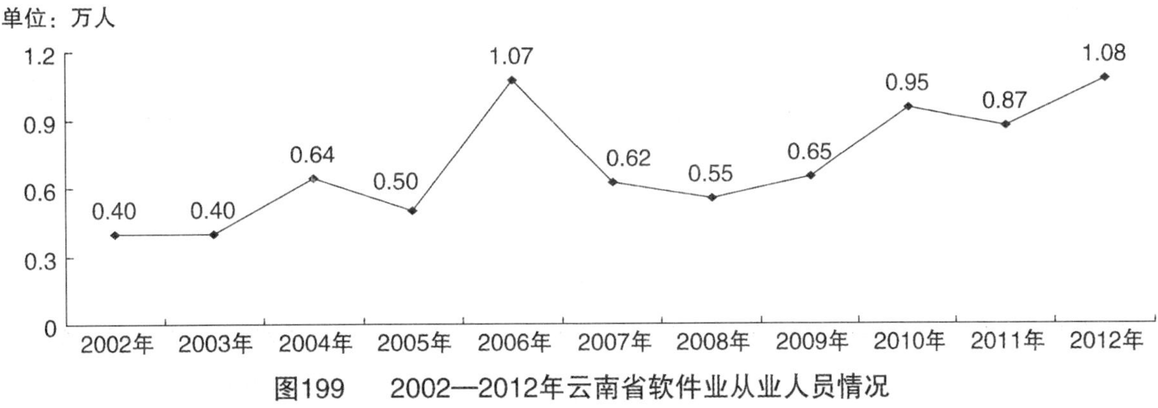

图199　2002—2012年云南省软件业从业人员情况

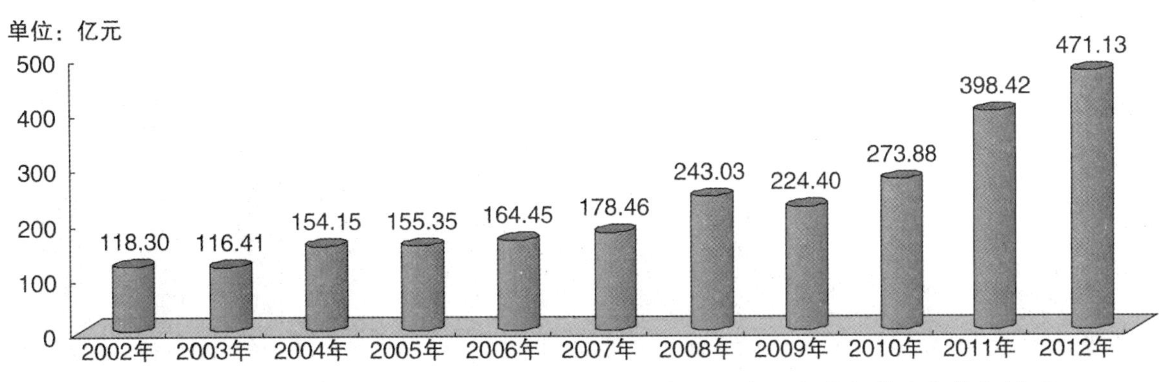

图200　2002—2012年陕西省电子信息产品制造业完成主营业务收入情况

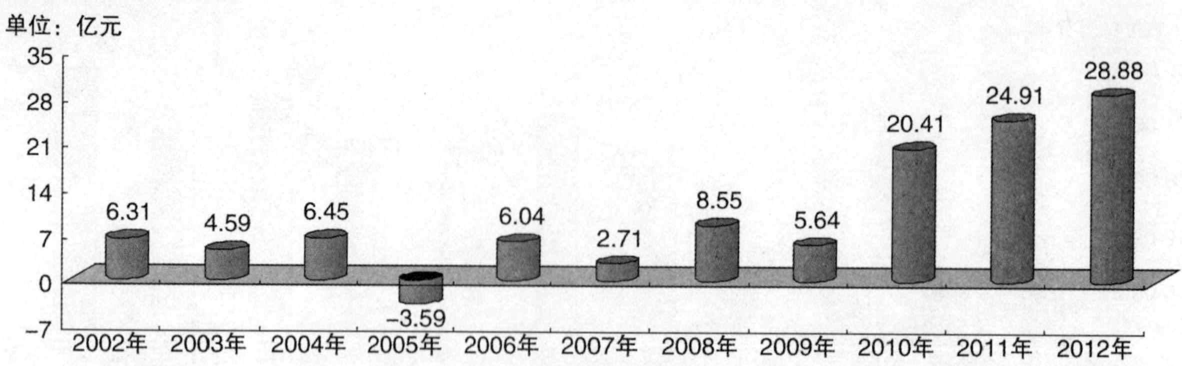

图201　2002—2012年陕西省电子信息产品制造业完成利润总额情况

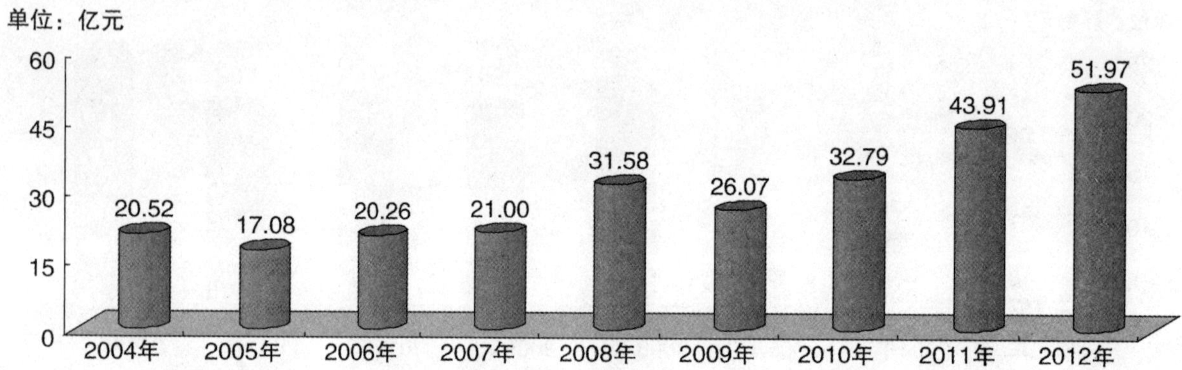

图202　2004—2012年陕西省电子信息产品制造业完成出口交货值情况

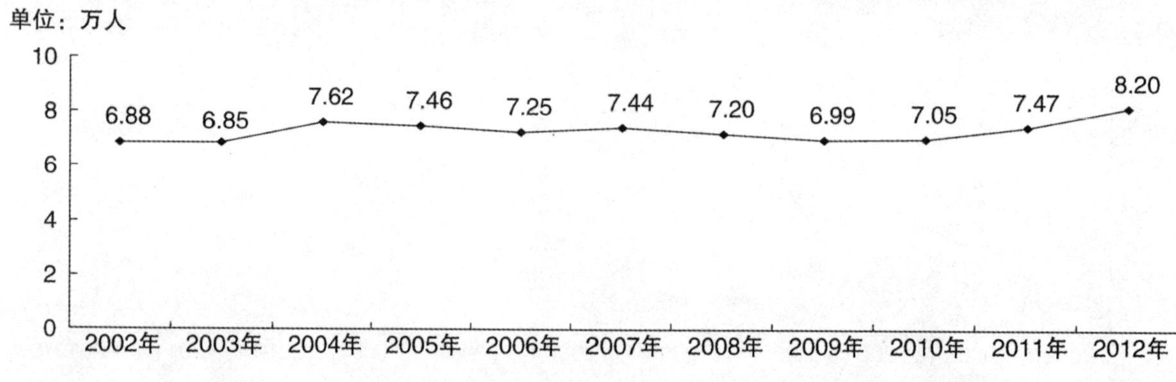

图203　2002—2012年陕西省电子信息产品制造业从业人员情况

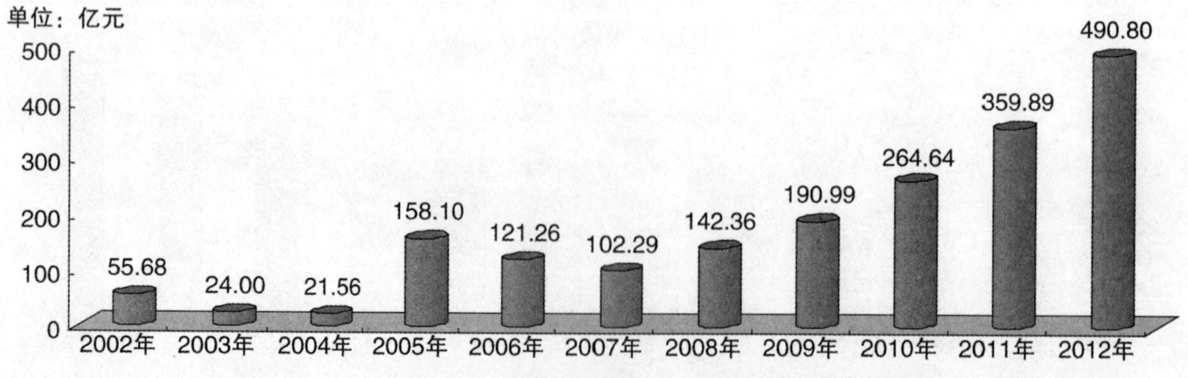

图204　2002—2012年陕西省软件业完成业务收入情况

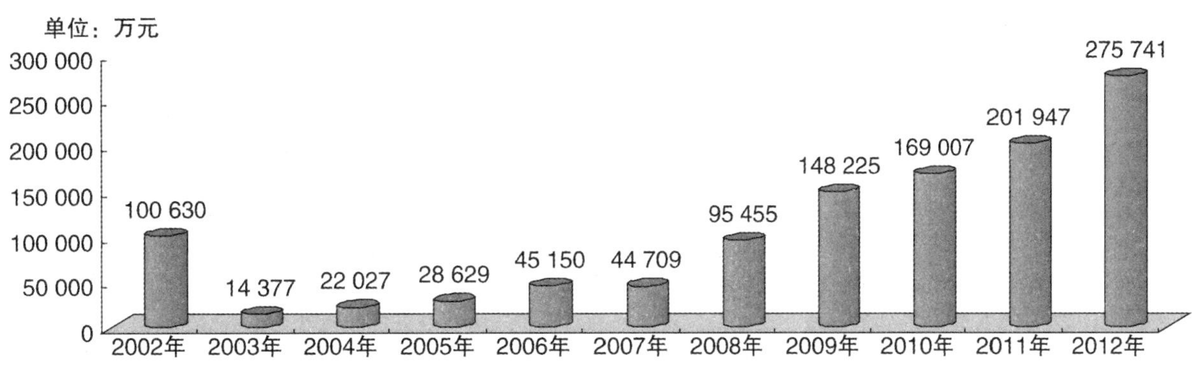

图205　2002—2012年陕西省软件业完成利润总额情况

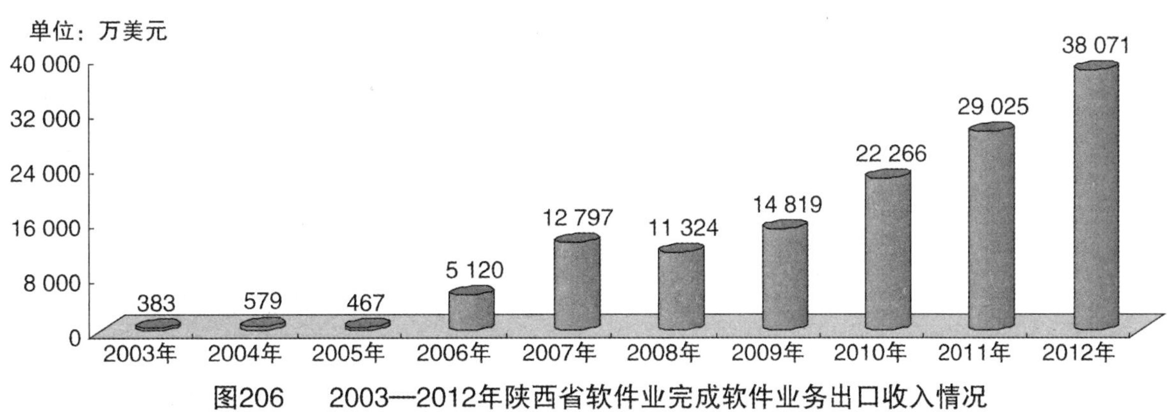

图206　2003—2012年陕西省软件业完成软件业务出口收入情况

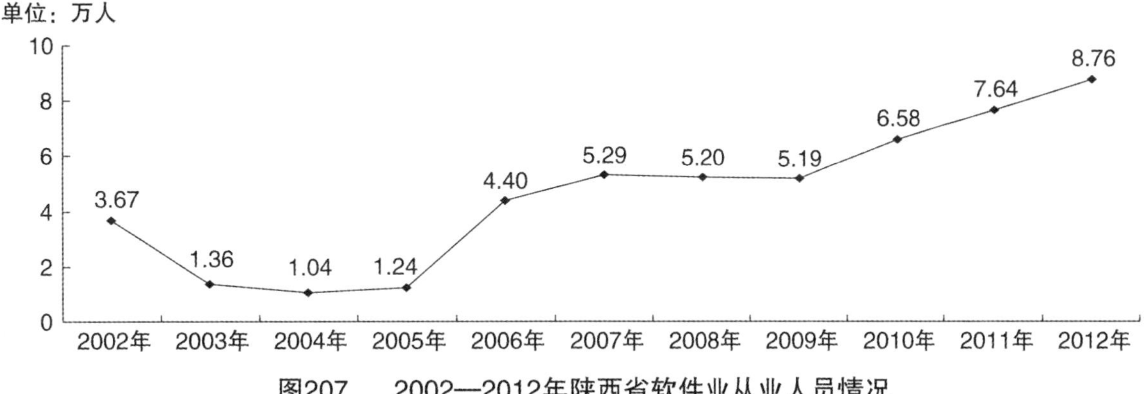

图207　2002—2012年陕西省软件业从业人员情况

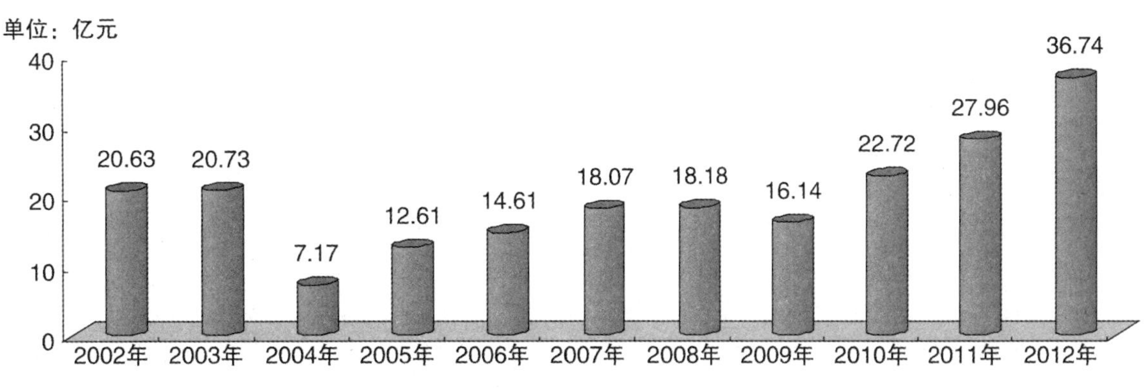

图208　2002—2012年甘肃省电子信息产品制造业完成主营业务收入情况

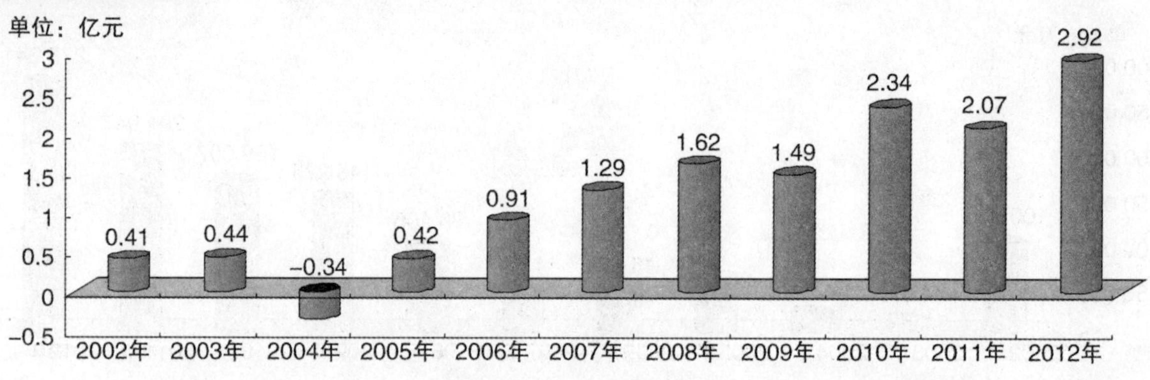

图209　2002—2012年甘肃省电子信息产品制造业完成利润总额情况

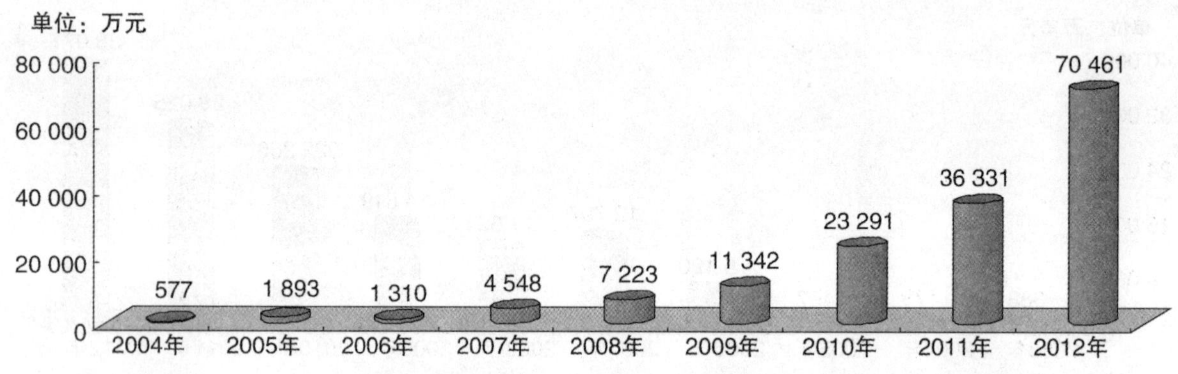

图210　2004—2012年甘肃省电子信息产品制造业完成出口交货值情况

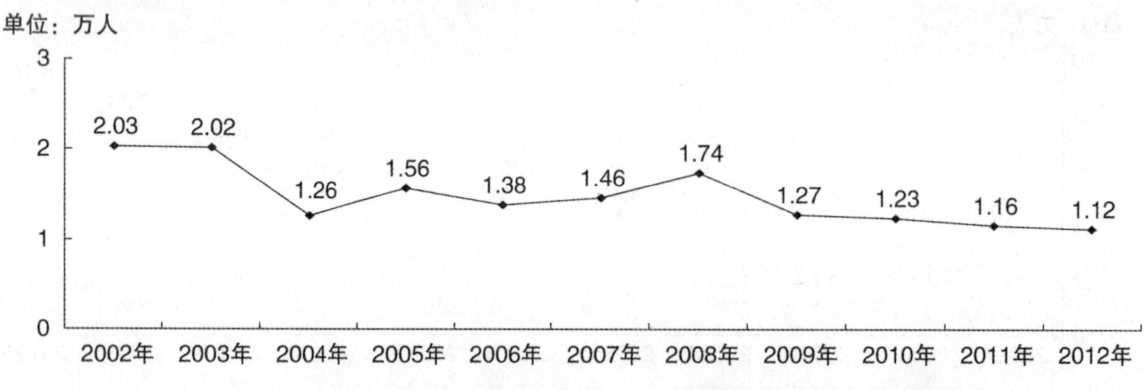

图211　2002—2012年甘肃省电子信息产品制造业从业人员情况

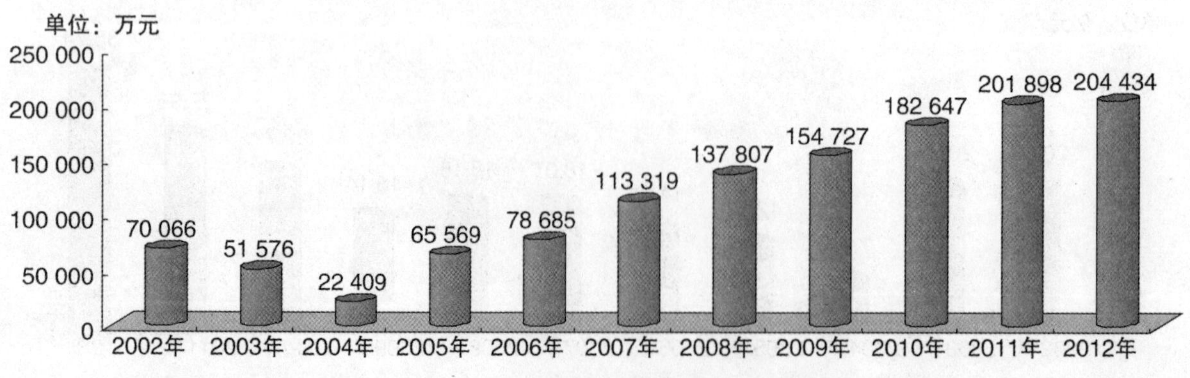

图212　2002—2012年甘肃省软件业完成业务收入情况

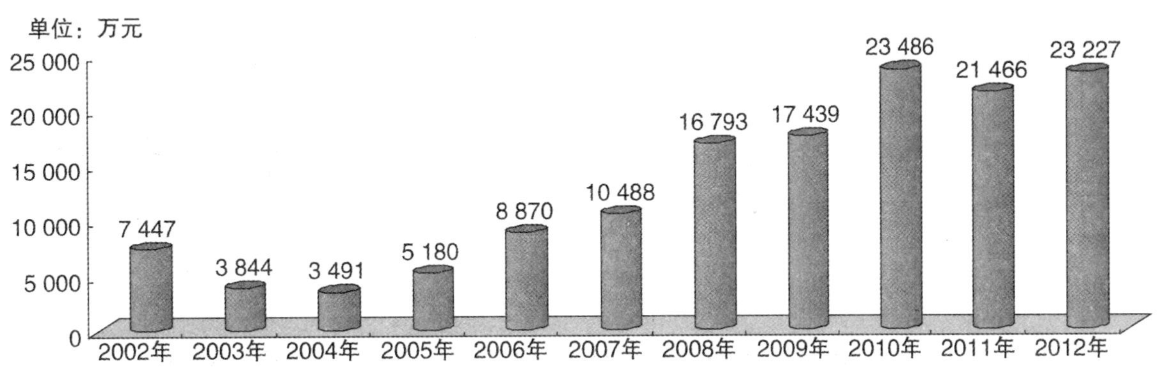

图213 2002—2012年甘肃省软件业完成利润总额情况

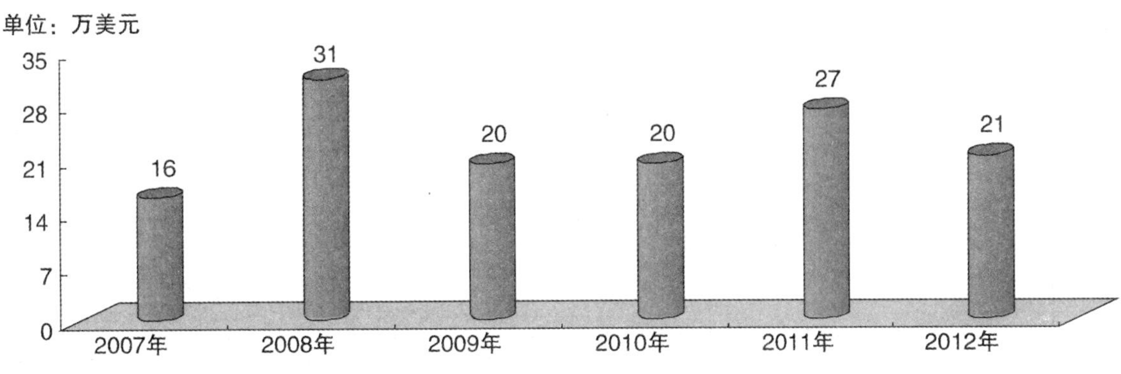

图214 2007—2012年甘肃省软件业完成软件业务出口收入情况

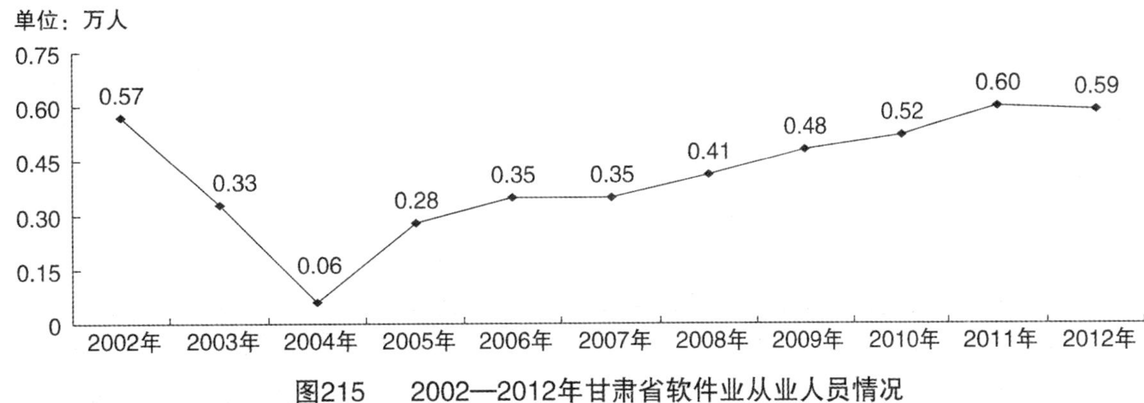

图215 2002—2012年甘肃省软件业从业人员情况

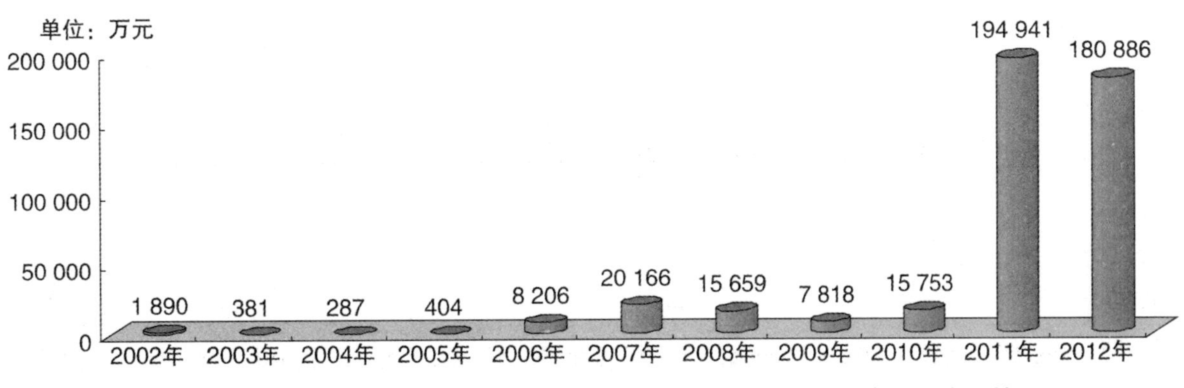

图216 2002—2012年青海省电子信息产品制造业完成主营业务收入情况

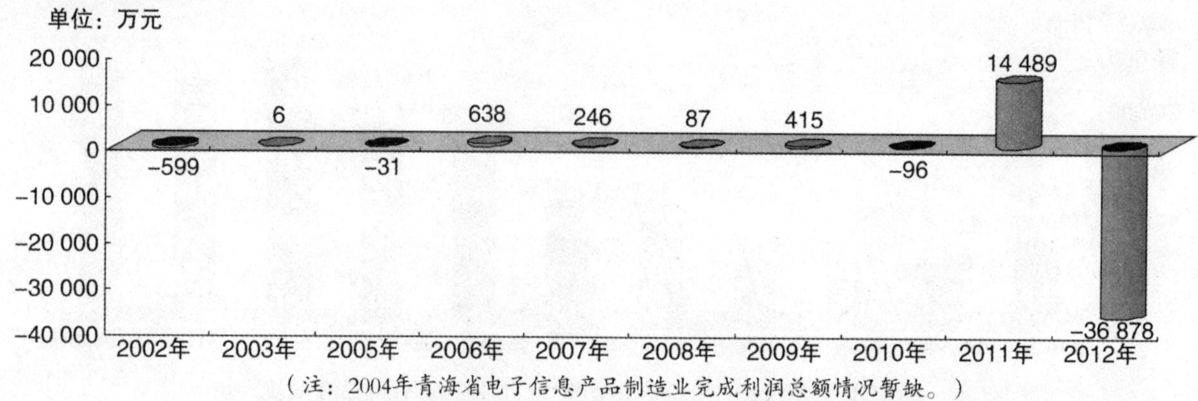

（注：2004年青海省电子信息产品制造业完成利润总额情况暂缺。）

图217　2002—2012年青海省电子信息产品制造业完成利润总额情况

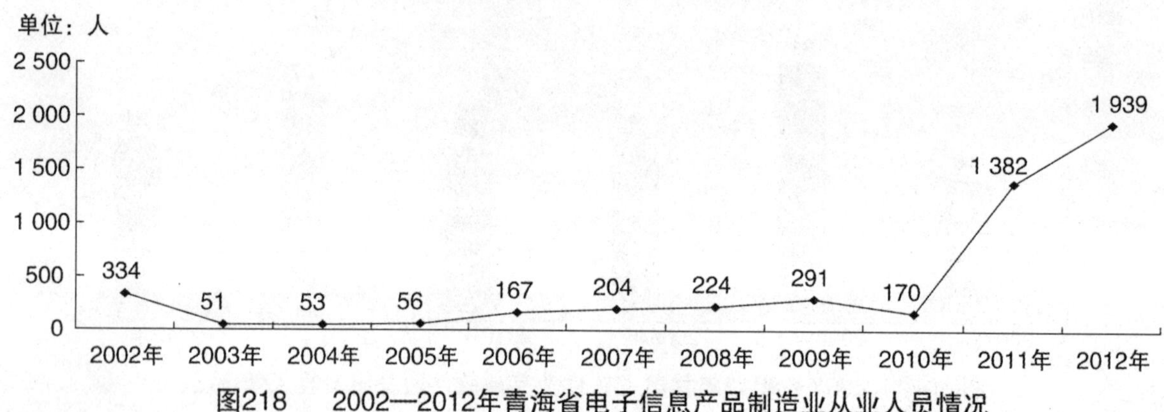

图218　2002—2012年青海省电子信息产品制造业从业人员情况

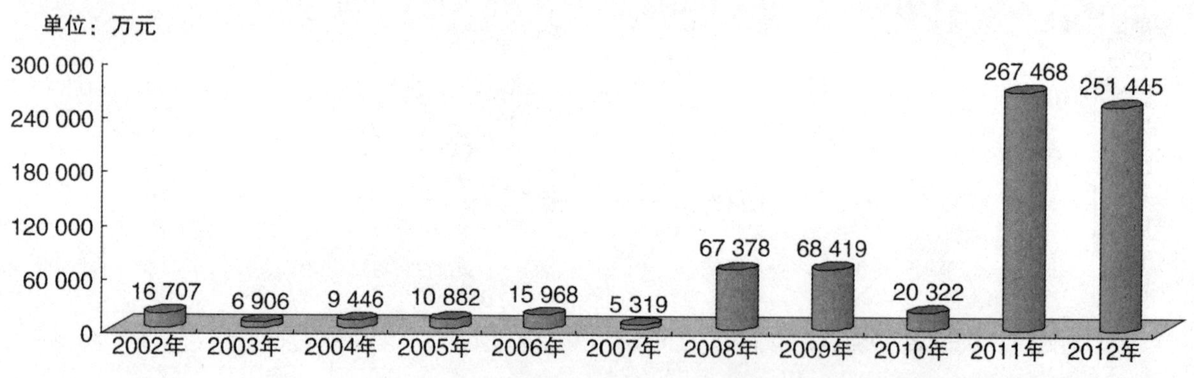

图219　2002—2012年宁夏回族自治区电子信息产品制造业完成主营业务收入情况

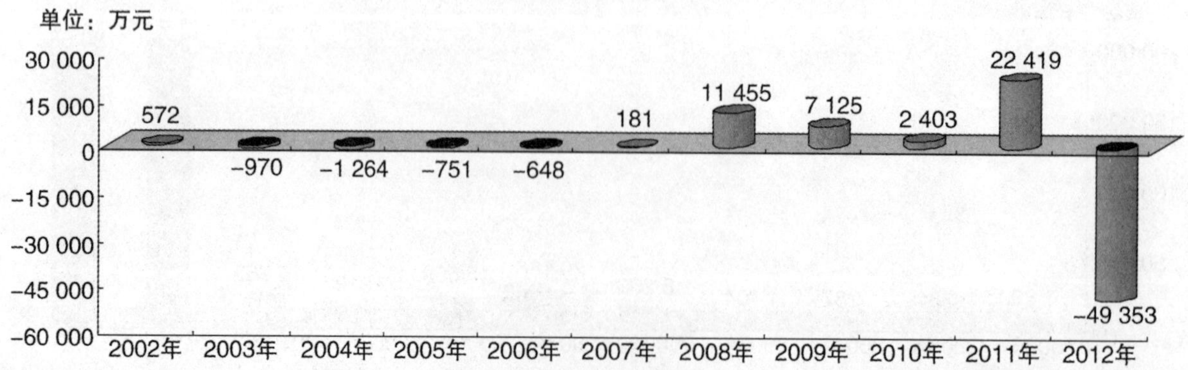

图220　2002—2012年宁夏回族自治区电子信息产品制造业完成利润总额情况

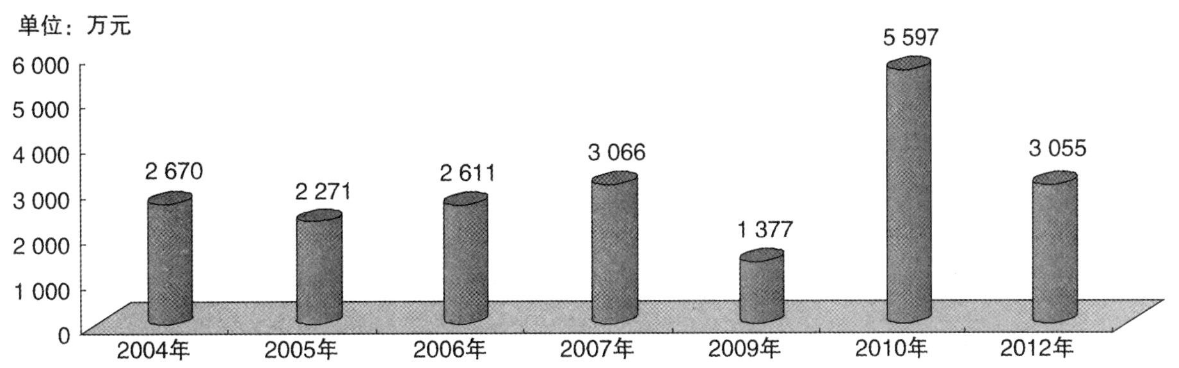

图221　2004—2012年宁夏回族自治区电子信息产品制造业完成出口交货值情况

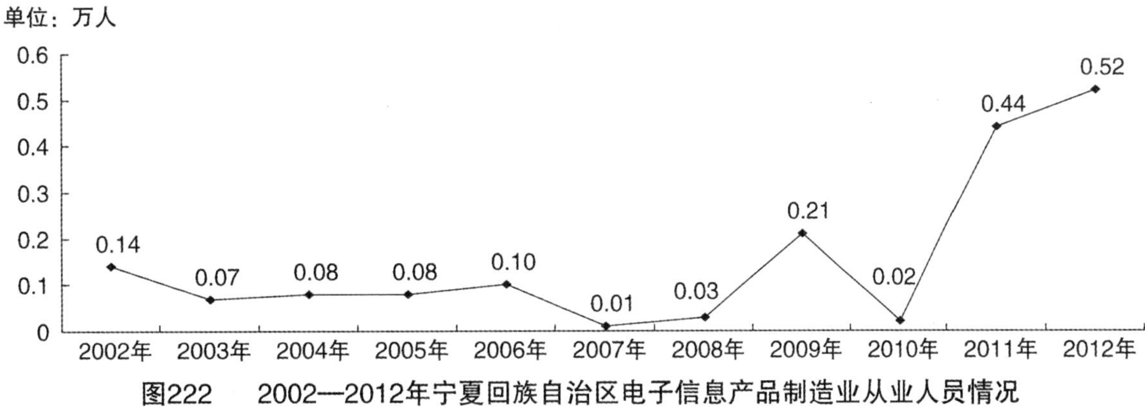

图222　2002—2012年宁夏回族自治区电子信息产品制造业从业人员情况

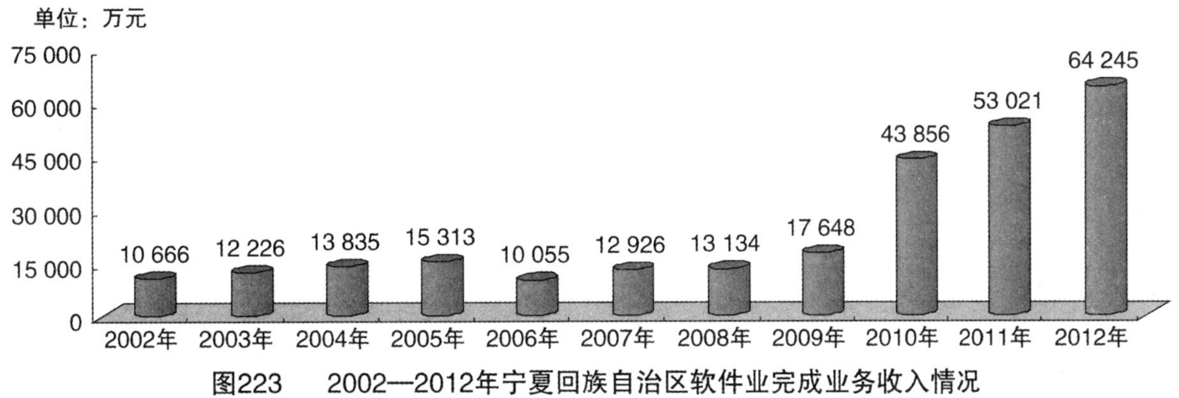

图223　2002—2012年宁夏回族自治区软件业完成业务收入情况

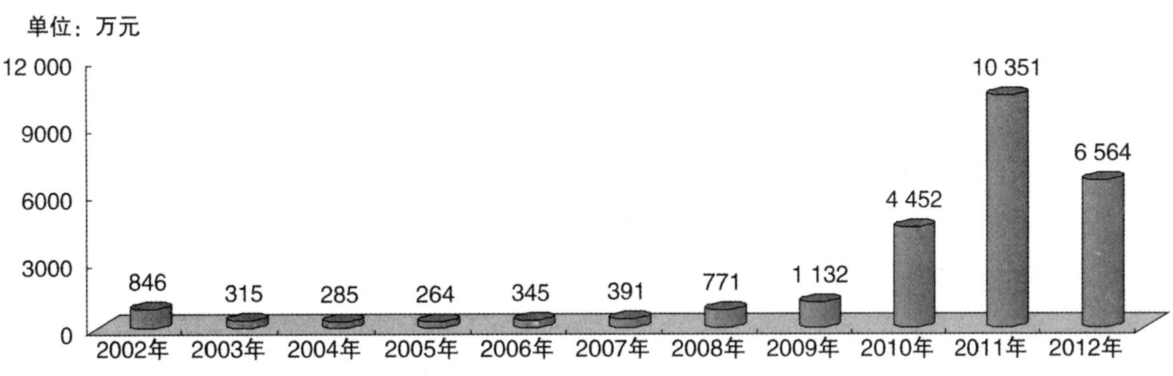

图224　2002—2012年宁夏回族自治区软件业完成利润总额情况

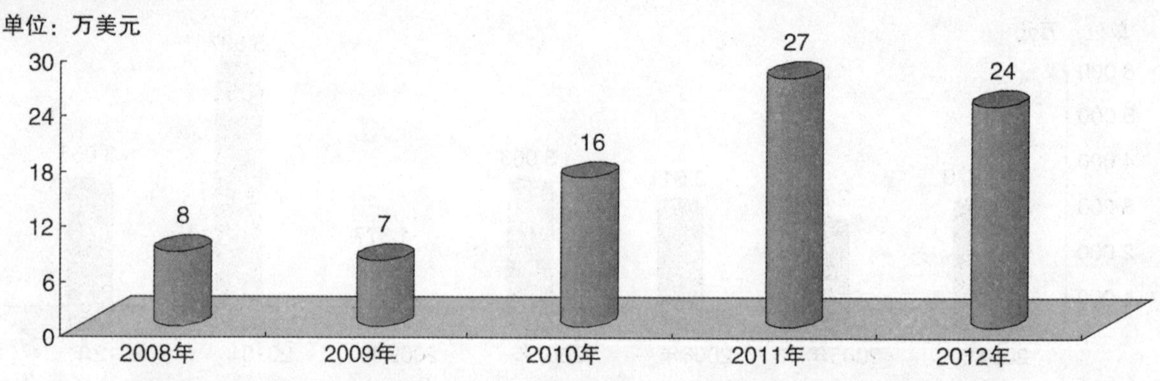

图225　2008—2012年宁夏回族自治区软件业完成软件业务出口收入情况

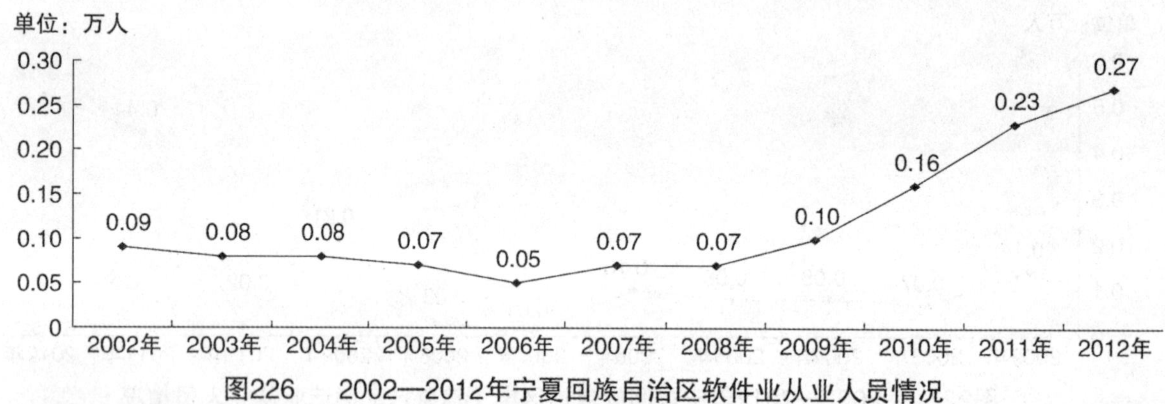

图226　2002—2012年宁夏回族自治区软件业从业人员情况

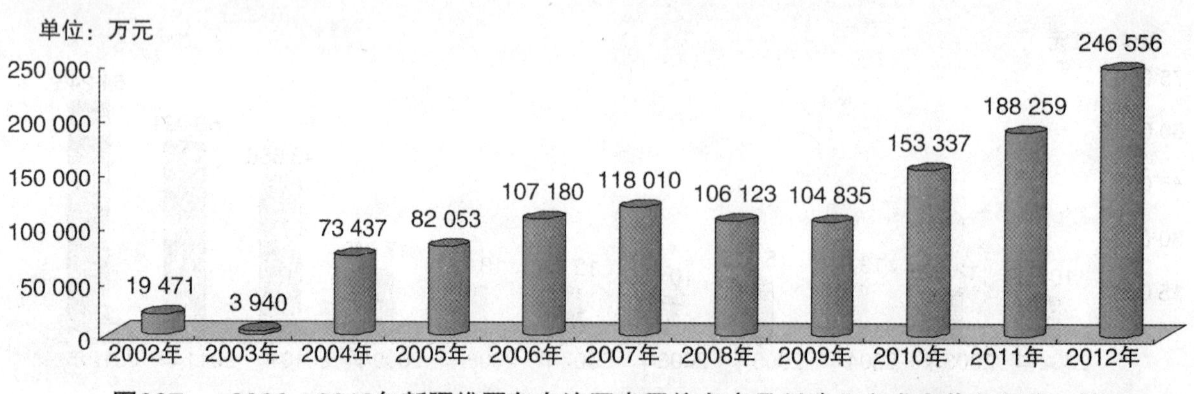

图227　2002—2012年新疆维吾尔自治区电子信息产品制造业完成主营业务收入情况

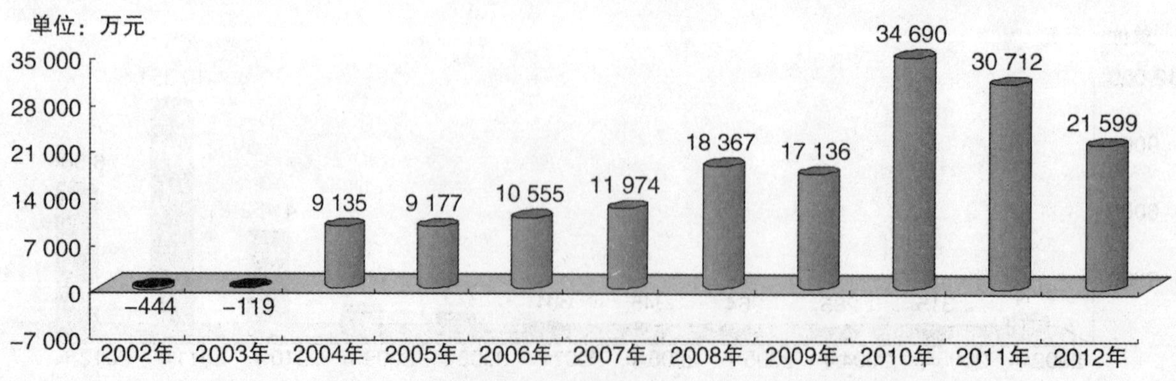

图228　2002—2012年新疆维吾尔自治区电子信息产品制造业完成利润总额情况

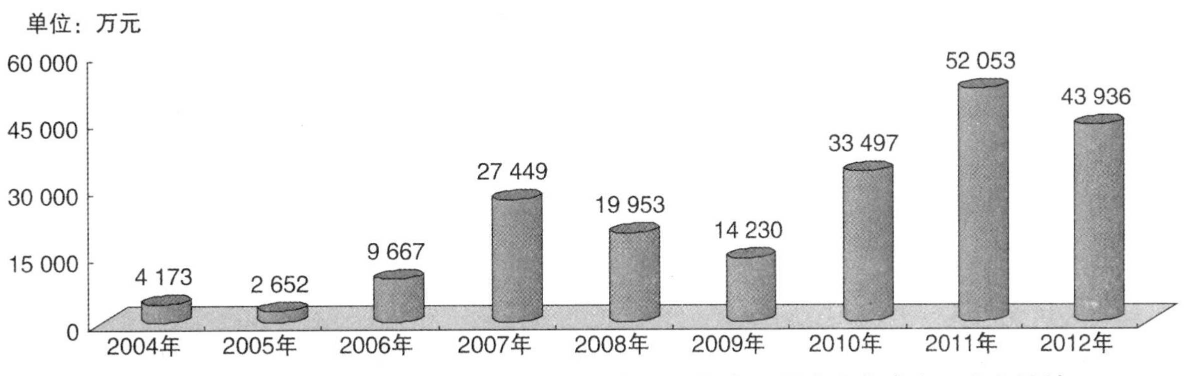

图229　2004—2012年新疆维吾尔自治区电子信息产品制造业完成出口交货值情况

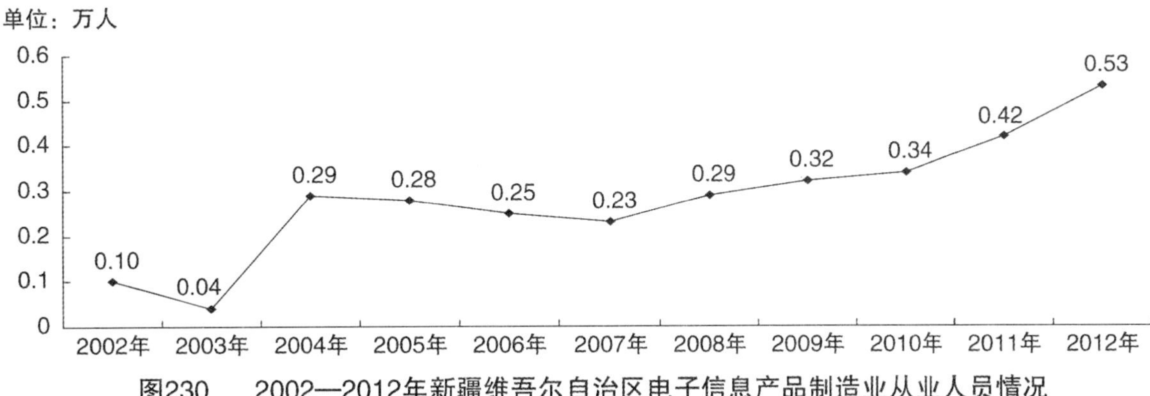

图230　2002—2012年新疆维吾尔自治区电子信息产品制造业从业人员情况

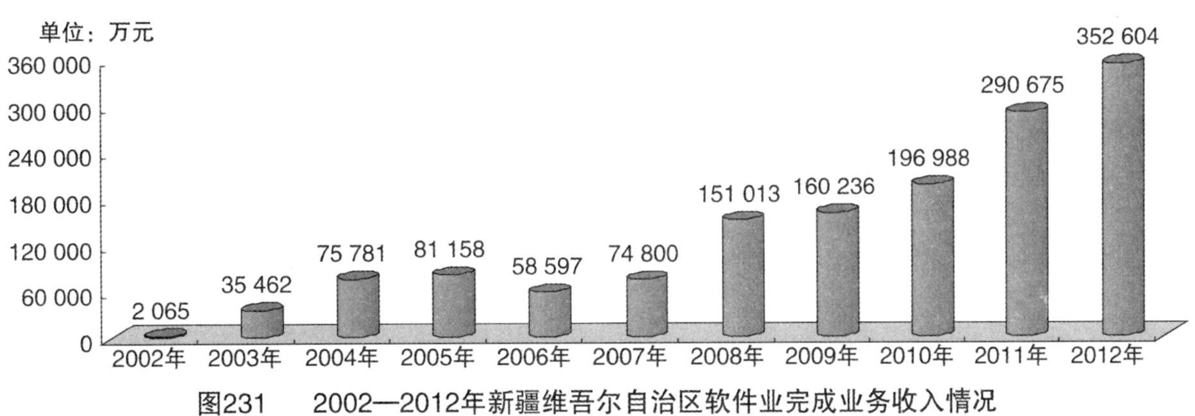

图231　2002—2012年新疆维吾尔自治区软件业完成业务收入情况

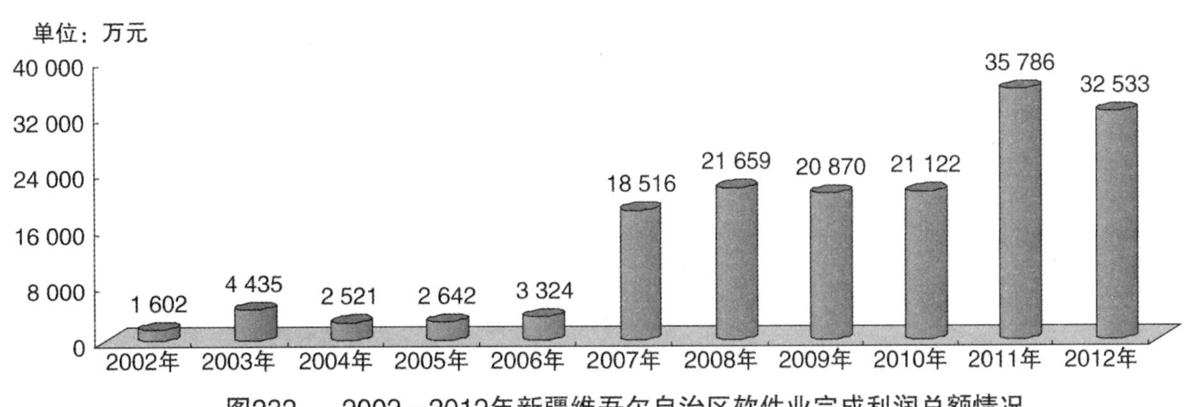

图232　2002—2012年新疆维吾尔自治区软件业完成利润总额情况

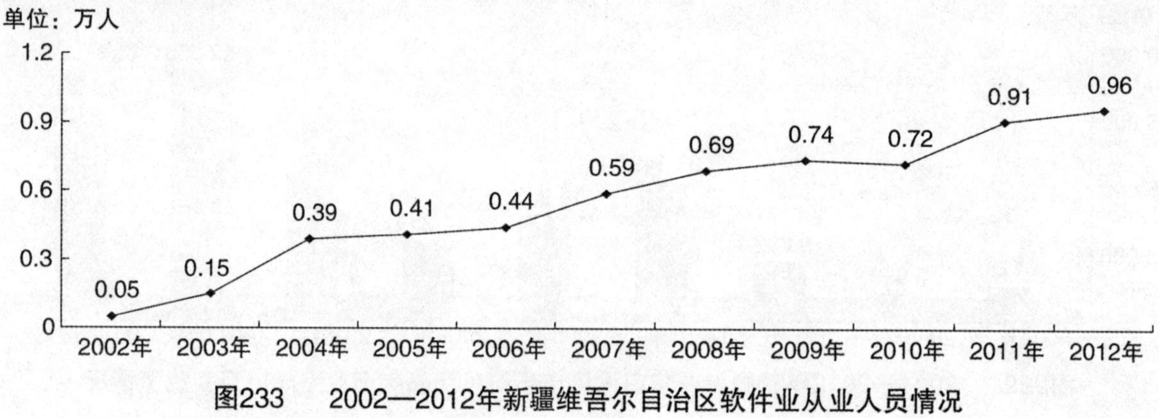

图233　2002—2012年新疆维吾尔自治区软件业从业人员情况

注：图 1—图 233 数据来源于《电子信息产业改革开放 30 年统计资料》（1978—2007）、工业和信息化部运行监测协调局。

第10部分 政策环境

2012年电子信息产业政策法规环境建设

2012年，党的十八大成功召开为电子信息产业发展指明了方向，一系列促进产业发展的政策相继出台，电子信息产业相关立法取得新进展，新一轮行政审批项目清理启动并实施，中国电子信息产业发展政策和法制环境得到进一步优化。

电子信息产业发展政策环境进一步完善

中央政治局以新型工业化为主题进行第33次集体学习 2012年5月28日，中央政治局就坚持走中国特色新型工业化道路和推进经济结构战略性调整进行第33次集体学习。中共中央总书记胡锦涛主持学习并强调，要着力推进工业发展制度环境建设，加强战略谋划和顶层设计，加强促进工业发展的制度建设，加强重大问题研究，完善政策体系，增强消费对工业发展的拉动作用，发挥工业产品在扩大内需中的积极作用，营造各方面关心、支持工业发展的良好氛围。要着力推进创新驱动，抓住新一轮世界科技革命带来的战略机遇，深入实施科教兴国战略和人才强国战略，加快建设创新型国家，大力增强科技创新能力，为坚持走中国特色新型工业化道路奠定坚实科技和人力资源基础。

胡锦涛指出，要着力推进改革开放，推进行政体制改革，转变政府职能，充分发挥市场在资源配置中的基础性作用，突破制约工业发展的体制机制障碍，营造有利于实体经济发展的财税政策体系，健全工业经济和金融良性互动发展机制，统筹国内产业发展和国际产业分工，促进中国发展和各国共同发展良性互动。

进一步完善支持小型微型企业发展政策 2012年4月19日，国务院发布《关于进一步支持小型微型企业健康发展的意见》（国发［2012］14号，以下简称国发14号文件）。8月2日，国务院办公厅印发《进一步支持小型微型企业健康发展重点工作部门分工方案》（国办函［2012］141号），国务院27个部门和单位对75项重点工作进行了细化，分解为200余项具体措施或配套政策，并拟定详细的工作计划，各省市相继出台了落实国发14号文件的实施意见。

国发14号文件的实施，将对广大小型微型企业健康发展发挥积极作用。

一是税收政策惠及面广。自2012年1月1日至2015年底，将减半征收企业所得税政策优惠范围扩大到年应纳税所得额低于6万元的小型微利企业。个体工商户增值税和营业税起征点由原来最高5 000元提高至月销售额（或营业额）5 000元至20 000元，各省（市）基本按20 000元最高限额执行，据测算，全国约924万户个体工商户受益，总计减轻税收约290亿元。实行营业税改征增值税试点，试点行业小规模纳税人整体税负下降约40%。自2012年起3年内对小型微型企业免收22项管理类、登记类、证照类行政事业性收费，年减轻企业负担约50亿元。取消253项各省（区、市）设立的涉企行政事业收费，年减轻企业负担约100亿元。

二是财政政策支持力度加大。2012年各类中小企业专项资金增加至141.7亿元，其中80%用于支持小型微型企业。中央财政设立国家中小企业发展基金，2012年基金规模30亿元，主要用于支持处于创业初期的小型微型企业。

三是金融政策着力缓解融资难。鼓励对小型微型企业放贷，将金融业对涉农贷款和小型微型企业贷款计提贷款损失准备金税前扣除政策延续至2013年底。银监会出台《关于鼓励和引导民间资本进入银行业的实施意见》，支持符合条件的民间资本参与农村信用社股份制改革、农村商业银行和村镇银行的增资扩股，以及发起设立村镇银行。对中小企业信用担保、再担保机构从事担保业务的收入3年内免征营业税等。

调整完善液晶面板进口税率 自2012年4月1日起，中国对液晶显示板等4个税目商品进口关税暂定税率进行调整。经过调整后，中国进口32英寸及以上不含背光模组的液晶面板将不再执行原先3%的暂定税率，而是恢复执行5%的最惠国进口关税税率。

扩大节能产品惠民工程实施产品范围 2012年6月1日起，国家确定将空调、平板电视、洗衣机、电冰箱、热水器5类节能家电产品纳入补贴。财政部、国家发展和改革委员会、工业和信息化部联合印发了节能产品惠民工程高效节能平板电视、电动洗衣机、房间空气调节器、家用热水器、家用电冰箱等五个产品的推广实施细则，在以上5个节能家电领域大力开展节能产品惠民工程，推广期限暂定为2012年6月1日至2013年5月31日，已享受“家电下乡”等其他财政补助政策的规格型号不在申请范围内。

《国家规划布局内重点软件企业和集成电路设计企业认定管理试行办法》发布 2012年8月9日，为贯彻落实《国务院关于印发进一步鼓励软件产业和集成电路产业发展若干政策的通知》（国发[2011]4号），规范国家规划布局内重点软件企业和集成电路设计企业认定工作，《国家规划布局内重点软件企业和集成电路设计企业认定管理试行办法》（以下简称“试行办法”）正式发布。

试行办法共有七章二十九条，由国家发展和改革委员会、工业和信息化部、财政部、商务部、国家税务总局负责规划布局重点软件企业认定工作。试行办法明确规定了国家规划布局内重点软件企业和集成电路设计企业认定工作的申报条件、申报所需提交材料、认定程序、工作要求等。

与旧的国家规划布局内重点软件企业认定办法对比，认定条件有较大改动。年限改为两年一认，认定资格有效期为两年。提高了认定企业的门槛，认定条件1中要求（营业）收入总额超过（含）1.5亿元人民币，比2010年的超1亿元营业收入要求提高了50%；条件3中要求年度软件出口收入总额超过（含）500万美元，比2010年的超400万美元出口要求提高了25%。

试行办法实施之日起，《国家规划布局内重点软件企业认定管理办法》（发改高技[2005]2669号）停止执行。

电子行业标准制修订管理实施细则颁布 为了进一步加强电子行业标准化管理，规范电子行业标准制修订工作程序，2012年4月9日，工业和信息化部正式颁布并实施了《电子行业标准制修订管理实施细则》，规定了电子行业标准的立项、起草、审查、报批、发布、备案与出版、复审等标准制修订主要程序及要求。

出台鼓励软件产业和集成电路产业发展的企业所得税政策 为进一步推动科技创新和产业结构升级，促进信息技术产业发展，2012年4月20日，财政部、国家税务总局发布了《关于进一步鼓励软件产业和集成电路产业发展企业所得税政策的通知》（财税[2012]27号），明确了相关企业所得税优惠政策。

根据通知，集成电路线宽小于0.8微米（含）的集成电路生产企业，经认定后，在2017年12月31日前自获利年度起计算优惠期，第一年至第二年免征企业所得税，第三年至第五年按照25%的法定税率减半征收企业所得税，并享受至期满为止。

集成电路线宽小于0.25微米或投资额超过80亿元

的集成电路生产企业，经认定后，减按15%的税率征收企业所得税，其中经营期在15年以上的，在2017年12月31日前自获利年度起计算优惠期，第一年至第五年免征企业所得税，第六年至第十年按照25%的法定税率减半征收企业所得税，并享受至期满为止。

中国境内新办的集成电路设计企业和符合条件的软件企业，经认定后，在2017年12月31日前自获利年度起计算优惠期，第一年至第二年免征企业所得税，第三年至第五年按照25%的法定税率减半征收企业所得税，并享受至期满为止。

国家规划布局内的重点软件企业和集成电路设计企业，如当年未享受免税优惠的，可减按10%的税率征收企业所得税。

此外，符合条件的软件企业按照规定取得的即征即退增值税款，由企业专项用于软件产品研发和扩大再生产并单独进行核算，可以作为不征税收入，在计算应纳税所得额时从收入总额中减除。集成电路设计企业和符合条件软件企业的职工培训费用，应单独进行核算并按实际发生额在计算应纳税所得额时扣除。

荧光灯等6个行业清洁生产技术推行方案印发 为贯彻落实《工业清洁生产推行“十二五”规划》，加快重点行业先进清洁生产技术的应用和推广，提高行业清洁生产水平，工业和信息化部组织编制了荧光灯、水泥、电镀、电石、ADC发泡剂、化学原料药（抗生素/维生素）等6个行业的清洁生产技术推行方案，并于2012年12月13日印发《工业和信息化部关于荧光灯等6个行业清洁生产技术推行方案的通知》（工信部节[2012] 586号）。

《中国电子信息行业社会责任指南》定稿 2012年，中国电子标准化协会社会责任工作委员会在工业和信息化部政策法规司指导下，组织力量深入研究《ISO 26000社会责任指南》和《中国纺织服装企业社会责任管理体系》等国内外企业社会责任标准和体系的基础上，结合电子信息行业特点，编制了《中国电子信息行业社会责任指南》（以下简称《指南》）。

《指南》旨在引导电子信息企业科学、持续、系统地履行社会责任。《指南》从组织管理、技术创新与应用、员工权益、安全健康、环境保护、诚信经营、供应链管理、消费者权益、社区参与和发展等方面，为电子信息行业的企业和其他组织履行社会责任提供原则和目标。

加强电子信息产业法制建设

全国人大常委会通过《关于加强网络信息保护的决定》 2012年12月28日，第十一届全国人民代表大会常务委员会第三十次会议通过了《关于加强网络信息保护的决定》（以下简称《决定》），并即日施行。《决定》从公民个人电子信息保护出发，对治理垃圾电子信息、网络身份管理以及网络服务提供者和网络用户的义务与责任、政府有关部门的监管职责等做出了明确规定。

《决定》规定，国家保护能够识别公民个人身份和涉及公民个人隐私的电子信息。网络服务提供者和其他企业事业单位在业务活动中收集、使用公民个人电子信息，应当明示收集、使用信息的目的、方式和范围，并经被收集者同意；对在业务活动中收集的公民个人电子信息必须严格保密，不得泄露、篡改、毁损，不得出售或者非法向他人提供。网络服务提供者应当加强对其用户发布的信息的管理，为用户办理网站接入服务，办理固定电话、移动电话等入网手续，或者为用户提供信息发布服务，应当在与用户签订协议或者确认提供服务时，要求用户提供真实身份信息。

《决定》还规定，任何组织和个人未经电子信息接收者同意或者请求，或者电子信息接收者明确表示拒绝的，不得向其固定电话、移动电话或者个人电子邮箱发送商业性电子信息。公民发现泄露个人身份、散布个人隐私等侵害其合法权益的网络信息，或者受到商业性电子信息侵扰的，有权要求网络服务提供者删除有关信息或者采取其他必要措施予以制止。任何组织和个人对窃取、出售或者非法向他人提供公民个人电子信息的违法犯罪行为，有权举报、控告，有关部门应当依法及时处理，被侵权人可以依法提起诉讼。

《业余无线电台管理办法》公布 2012年11月5日，工业和信息化部公布了《业余无线电台管理办法》（中华人民共和国工业和信息化部令第22号，以下简称《办法》）。

《办法》共七章四十三条，主要规定了如下内容：

一是业余无线电台的界定。《办法》规定业余无线电台是指开展《中华人民共和国无线电频率划分规定》确定的业余业务和卫星业余业务所需的发信机、收信机或者发信机与收信机的组合（包括附属设备）。

二是设台审批管理制度。根据《中华人民共和国无线电管理条例》的有关规定，明确了在省（区、市）范围内通信的业余无线电台由设台地地方无线电管理机构审批、通信范围涉及两个以上省（区、市）或者涉及境外的业余无线电台由国家无线电管理机构审批的设台审批制度。《办法》还规定了设台审批条件和程序。设置业余无线电台应当满足一定的条件，并按照《办法》规定向设台地地方无线电管理机构提交相关书面申请材料。无线电管理机构应当依法进行审查，在法定期限内核发业余无线电台执照。同时，为了便于业余无线电爱好者申请设置业余无线电台，《办法》设定了审批委托制度，规定国家无线电管理机构可以委托地方无线电管理机构负责部分跨省通信或者通信涉及境外的业余无线电台的审批。

三是业余无线电台的使用规范。《办法》主要确定了频率使用、通信对象及内容、操作规则、日志留存、接受监督等内容。《办法》禁止业余无线电台发送、接收与业余业务和卫星业余业务无关的信号，从事商业或者其他与营利有关的活动。业余无线电台的通信对象应当限于业余无线电台，但在突发重大自然灾害等紧急情况下，业余无线电台可以和非业余无线电台通信，应当及时向所在地地方无线电管理机构报告，其通信内容应当限于与抢险救灾直接相关的紧急事务或者应急救援相关部门交办的任务。业余中继台应当向其覆盖区域内的所有业余无线电台提供平等的服务，并将使用业余中继台所需的各项技术参数公开。

四是业余无线电台呼号管理制度。《办法》主要规定了呼号编制、分配和指配、呼号使用规则和禁止的呼号使用行为等内容。《办法》禁止盗用、转让、私自编制或者违法使用业余无线电台呼号。《办法》允许业余无线电爱好者在其电台执照被注销后一年内在其他省份设置业余无线电台时申请使用原呼号。

五是无线电管理机构监督检查制度。《办法》规定无线电管理机构应当对业余无线电台实施监督检查，业余无线电台设置人、使用人负有配合义务；对应当注销业余无线电台执照的情形做了规定；并依据《无线电管理条例》和《行政许可法》的规定，对违反业余无线电台管理要求的行为设定了相应的处罚措施。

推进行政审批制度改革　一是完成第六批行政审批项目清理工作。组织开展第六轮行政审批项目清理，完成第六批取消和调整行政审批项目确认工作。经本轮清理，工业和信息化部共取消审批项目7项，下放2项，保留57项（其中46项许可，11项非许可）。

二是组织落实取消和调整审批项目的后续工作。研究确定取消和调整审批项目涉及的法规和规章的清理、审批事项的交接、后续监管措施的落实等后续工作任务和分工。有关司局就取消的“税控收款机生产企业资质认定”与国家税务总局进行衔接；就下放的“电信设备抗震性能检测合格证颁发”、“通信建设监理企业乙、丙级资质认证”等与省级相关部门的交接做了衔接。

三是推进行政审批规范化建设。印发了《工业和信息化部依法行政工作领导小组办公室关于进一步做好行政审批制度改革工作的实施意见》（工信厅政[2012] 233号）。推进部网上行政审批服务大厅建设，加快建设在线申报、网上审批、结果查询、在线咨询和流程监控等。

[供稿：郭秀明　孙庆华　审稿：范　斌]

国务院关于进一步支持小型微型企业健康发展的意见

国发 [2012] 14号

各省、自治区、直辖市人民政府，国务院各部委、各直属机构：

小型微型企业在增加就业、促进经济增长、科技创新与社会和谐稳定等方面具有不可替代的作用，对国民经济和社会发展具有重要的战略意义。党中央、国务院高度重视小型微型企业的发展，出台了一系列财税金融扶持政策，取得了积极成效。但受国内外复杂多变的经济形势影响，当前，小型微型企业经营压力大、成本上升、融资困难和税费偏重等问题仍很突出，必须引起高度重视。为进一步支持小型微型企业健康发展，现提出以下意见。

一、充分认识进一步支持小型微型企业健康发展的重要意义

（一）增强做好小型微型企业工作的信心。各级政府和有关部门对当前小型微型企业发展面临的新情况、新问题要高度重视，增强信心，加大支持力度，把支持小型微型企业健康发展作为巩固和扩大应对国际金融危机冲击成果、保持经济平稳较快发展的重要举措，放在更加重要的位置上。要科学分析，正确把握，积极研究采取更有针对性的政策措施，帮助小型微型企业提振信心，稳健经营，提高盈利水平和发展后劲，增强企业的可持续发展能力。

二、进一步加大对小型微型企业的财税支持力度

（二）落实支持小型微型企业发展的各项税收优惠政策。提高增值税和营业税起征点；将小型微利企业减半征收企业所得税政策，延长到2015年底并扩大范围；将符合条件的国家中小企业公共服务示范平台中的技术类服务平台纳入现行科技开发用品进口税收优惠政策范围；自2011年11月1日至2014年10月31日，对金融机构与小型微型企业签订的借款合同免征印花税，将金融企业涉农贷款和中小企业贷款损失准备金税前扣除政策延长至2013年底，将符合条件的农村金融机构金融保险收入减按3%的税率征收营业税的政策延长至2015年底。加快推进营业税改征增值税试点，逐步解决服务业营业税重复征税问题。结合深化税收体制改革，完善结构性减税政策，研究进一步支持小型微型企业发展的税收制度。

（三）完善财政资金支持政策。充分发挥现有中小企业专项资金的支持引导作用，2012年将资金总规模由128.7亿元扩大至141.7亿元，以后逐年增加。专项资金要体现政策导向，增强针对性、连续性和可操作性，突出资金使用重点，向小型微型企业和中西部地区倾斜。

（四）依法设立国家中小企业发展基金。基金的资金来源包括中央财政预算安排、基金收益、捐赠等。中央财政安排资金150亿元，分5年到位，2012年安排30亿元。基金主要用于引导地方、创业投资机构及其他社会资金支持处于初创期的小型微型企业等。鼓励向基金捐赠资金。对企事业单位、社会团体和个人等向基金捐赠资金的，企业在年度利润总额12%以内的部分，个人在申报个人所得税应纳税所得额30%以内的部分，准予在计算缴纳所得税税前扣除。

（五）政府采购支持小型微型企业发展。负有编制部门预算职责的各部门，应当安排不低于年度政府采购项目预算总额18%的份额专门面向小型微型企业采购。在政府采购评审中，对小型微型企业产品可视不同行业情况给予6%—10%的价格扣除。鼓励大中型企业与小型微型企业组成联合体共同参加政府采购，小型微型企业占联合体份额达到30%以上的，可给予联合体2%—3%的价格扣除。推进政府采购信用担保试点，鼓励为小型微型企业参与政府采购提供投标担保、履约担保和融资担保等服务。

（六）继续减免部分涉企收费并清理取消各种不合规收费。落实中央和省级财政、价格主管部门已公布取消的行政事业性收费。自2012年1月1日至2014年12月31日三年内对小型微型企业免征部分管理类、登记

类和证照类行政事业性收费。清理取消一批各省（区、市）设立的涉企行政事业性收费。规范涉及行政许可和强制准入的经营服务性收费。继续做好收费公路专项清理工作，降低企业物流成本。加大对向企业乱收费、乱罚款和各种摊派行为监督检查的力度，严格执行收费公示制度，加强社会和舆论监督。完善涉企收费维权机制。

三、努力缓解小型微型企业融资困难

（七）落实支持小型微型企业发展的各项金融政策。银行业金融机构对小型微型企业贷款的增速不低于全部贷款平均增速，增量高于上年同期水平，对达到要求的小金融机构继续执行较低存款准备金率。商业银行应对符合国家产业政策和信贷政策的小型微型企业给予信贷支持。鼓励金融机构建立科学合理的小型微型企业贷款定价机制，在合法、合规和风险可控前提下，由商业银行自主确定贷款利率，对创新型和创业型小型微型企业可优先予以支持。建立小企业信贷奖励考核制度，落实已出台的小型微型企业金融服务的差异化监管政策，适当提高对小型微型企业贷款不良率的容忍度。进一步研究完善小企业贷款呆账核销有关规定，简化呆账核销程序，提高小型微型企业贷款呆账核销效率。优先支持符合条件的商业银行发行专项用于小型微型企业贷款的金融债。支持商业银行开发适合小型微型企业特点的各类金融产品和服务，积极发展商圈融资、供应链融资等融资方式。加强对小型微型企业贷款的统计监测。

（八）加快发展小金融机构。在加强监管和防范风险的前提下，适当放宽民间资本、外资、国际组织资金参股设立小金融机构的条件。适当放宽小额贷款公司单一投资者持股比例限制。支持和鼓励符合条件的银行业金融机构重点到中西部设立村镇银行。强化小金融机构主要为小型微型企业服务的市场定位，创新金融产品和服务方式，优化业务流程，提高服务效率。引导小金融机构增加服务网点，向县域和乡镇延伸。符合条件的小额贷款公司可根据有关规定改制为村镇银行。

（九）拓宽融资渠道。搭建方便快捷的融资平台，支持符合条件的小企业上市融资、发行债券。推进多层次债券市场建设，发挥债券市场对微观主体的资金支持作用。加快统一监管的场外交易市场建设步伐，为尚不符合上市条件的小型微型企业提供资本市场配置资源的服务。逐步扩大小型微型企业集合票据、集合债券、集合信托和短期融资券等发行规模。积极稳妥发展私募股权投资和创业投资等融资工具，完善创业投资扶持机制，支持初创型和创新型小型微型企业发展。支持小型微型企业采取知识产权质押、仓单质押、商铺经营权质押、商业信用保险保单质押、商业保理、典当等多种方式融资。鼓励为小型微型企业提供设备融资租赁服务。积极发展小型微型企业贷款保证保险和信用保险。加快小型微型企业融资服务体系建设。深入开展科技和金融结合试点，为创新型小型微型企业创造良好的投融资环境。

（十）加强对小型微型企业的信用担保服务。大力推进中小企业信用担保体系建设，继续执行对符合条件的信用担保机构免征营业税政策，加大中央财政资金的引导支持力度，鼓励担保机构提高小型微型企业担保业务规模，降低对小型微型企业的担保收费。引导外资设立面向小型微型企业的担保机构，加快推进利用外资设立担保公司试点工作。积极发展再担保机构，强化分散风险、增加信用功能。改善信用保险服务，定制符合小型微型企业需求的保险产品，扩大服务覆盖面。推动建立担保机构与银行业金融机构间的风险分担机制。加快推进企业信用体系建设，切实开展企业信用信息征集和信用等级评价工作。

（十一）规范对小型微型企业的融资服务。除银团贷款外，禁止金融机构对小型微型企业贷款收取承诺费、资金管理费。开展商业银行服务收费检查。严格限制金融机构向小型微型企业收取财务顾问费、咨询费等费用，清理纠正金融服务不合理收费。有效遏制民间借贷高利贷化倾向以及大型企业变相转贷现象，依法打击非法集资、金融传销等违法活动。严格禁止金融从业人员参与民间借贷。研究制定防止大企业长期拖欠小型微型企业资金的政策措施。

四、进一步推动小型微型企业创新发展和结构调整

（十二）支持小型微型企业技术改造。中央预算内投资扩大安排用于中小企业技术进步和技术改造资金规模，重点支持小型企业开发和应用新技术、新工艺、新材料、新装备，提高自主创新能力、促进节能减排、提高产品和服务质量、改善安全生产与经营条件等。各地也要加大对小型微型企业技术改造的支持力度。

（十三）提升小型微型企业创新能力。完善企业研

究开发费用所得税前加计扣除政策，支持企业技术创新。实施中小企业创新能力建设计划，鼓励有条件的小型微型企业建立研发机构，参与产业共性关键技术研发、国家和地方科技计划项目以及标准制定。鼓励产业技术创新战略联盟向小型微型企业转移扩散技术创新成果。支持在小型微型企业集聚的区域建立健全技术服务平台，集中优势科技资源，为小型微型企业技术创新提供支撑服务。鼓励大专院校、科研机构和大企业向小型微型企业开放研发试验设施。实施中小企业信息化推进工程，重点提高小型微型企业生产制造、运营管理和市场开拓的信息化应用水平，鼓励信息技术企业、通信运营商为小型微型企业提供信息化应用平台。加快新技术和先进适用技术在小型微型企业的推广应用，鼓励各类技术服务机构、技术市场和研究院所为小型微型企业提供优质服务。

（十四）提高小型微型企业知识产权创造、运用、保护和管理水平。中小企业知识产权战略推进工程以培育具有自主知识产权优势小型微型企业为重点，加强宣传和培训，普及知识产权知识，推进重点区域和重点企业试点，开展面向小型微型企业的专利辅导、专利代理、专利预警等服务。加大对侵犯知识产权和制售假冒伪劣产品的打击力度，维护市场秩序，保护创新积极性。

（十五）支持创新型、创业型和劳动密集型的小型微型企业发展。鼓励小型微型企业发展现代服务业、战略性新兴产业、现代农业和文化产业，走“专精特新”和与大企业协作配套发展的道路，加快从要素驱动向创新驱动的转变。充分利用国家科技资源支持小型微型企业技术创新，鼓励科技人员利用科技成果创办小型微型企业，促进科技成果转化。实施创办小企业计划，培育和支持3000家小企业创业基地，大力开展创业培训和辅导，鼓励创办小企业，努力扩大社会就业。积极发展各类科技孵化器，到2015年，在孵企业规模达到10万家以上。支持劳动密集型企业稳定就业岗位，推动产业升级，加快调整产品结构和服务方式。

（十六）切实拓宽民间投资领域。要尽快出台贯彻落实国家有关鼓励和引导民间投资健康发展政策的实施细则，促进民间投资便利化、规范化，鼓励和引导小型微型企业进入教育、社会福利、科技、文化、旅游、体育、商贸流通等领域。各类政府性资金要对包括民间投资在内的各类投资主体同等对待。

（十七）加快淘汰落后产能。严格控制高污染、高耗能和资源浪费严重的小型微型企业发展，防止落后产能异地转移。严格执行国家有关法律法规，综合运用财税、金融、环保、土地、产业政策等手段，支持小型微型企业加快淘汰落后技术、工艺和装备，通过收购、兼并、重组、联营和产业转移等获得新的发展机会。

五、加大支持小型微型企业开拓市场的力度

（十八）创新营销和商业模式。鼓励小型微型企业运用电子商务、信用销售和信用保险，大力拓展经营领域。研究创新中国国际中小企业博览会办展机制，促进在国际化、市场化、专业化等方面取得突破。支持小型微型企业参加国内外展览展销活动，加强工贸结合、农贸结合和内外贸结合。建设集中采购分销平台，支持小型微型企业通过联合采购、集中配送，降低采购成本。引导小型微型企业采取抱团方式“走出去”。培育商贸企业集聚区，发展专业市场和特色商业街，推广连锁经营、特许经营、物流配送等现代流通方式。加强对小型微型企业出口产品标准的培训。

（十九）改善通关服务。推进分类通关改革，积极研究为符合条件的小型微型企业提供担保验放、集中申报、24小时预约通关和不实行加工贸易保证金台账制度等便利通关措施。扩大“属地申报，口岸验放”通关模式适用范围。扩大进出口企业享受预归类、预审价、原产地预确定等措施的范围，提高企业通关效率，降低物流通关成本。

（二十）简化加工贸易内销手续。进一步落实好促进小型微型加工贸易企业内销便利化相关措施，允许联网企业“多次内销、一次申报”，并可在内销当月内集中办理内销申报手续，缩短企业办理时间。

（二十一）开展集成电路产业链保税监管模式试点。允许符合条件的小型微型集成电路设计企业作为加工贸易经营单位开展加工贸易业务，将集成电路产业链中的设计、芯片制造、封装测试企业等全部纳入保税监管范围。

六、切实帮助小型微型企业提高经营管理水平

（二十二）支持管理创新。实施中小企业管理提升计划，重点帮助和引导小型微型企业加强财务、安全、节能、环保、用工等管理。开展企业管理创新成果推广

和标杆示范活动。实施小企业会计准则，开展培训和会计代理服务。建立小型微型企业管理咨询服务制度，支持管理咨询机构和志愿者面向小型微型企业开展管理咨询服务。

（二十三）提高质量管理水平。落实小型微型企业产品质量主体责任，加强质量诚信体系建设，开展质量承诺活动。督促和指导小型微型企业建立健全质量管理体系，严格执行生产许可、经营许可、强制认证等准入管理，不断增强质量安全保障能力。大力推广先进的质量管理理念和方法，严格执行国家标准和进口国标准。加强品牌建设指导，引导小型微型企业创建自主品牌。鼓励制定先进企业联盟标准，带动小型微型企业提升质量保证能力和专业化协作配套水平。充分发挥国家质检机构和重点实验室的辐射支撑作用，加快质量检验检疫公共服务平台建设。

（二十四）加强人力资源开发。加强对小型微型企业劳动用工的指导与服务，拓宽企业用工渠道。实施国家中小企业银河培训工程和企业经营管理人才素质提升工程，以小型微型企业为重点，每年培训50万名经营管理人员和创业者。指导小型微型企业积极参与高技能人才振兴计划，加强技能人才队伍建设工作，国家专业技术人才知识更新工程等重大人才工程要向小型微型企业倾斜。围绕《国家中长期人才发展规划纲要（2010—2020年）》确定的重点领域，开展面向小型微型企业创新型专业技术人才的培训。完善小型微型企业职工社会保障政策。

（二十五）制定和完善鼓励高校毕业生到小型微型企业就业的政策。对小型微型企业新招用高校毕业生并组织开展岗前培训的，按规定给予培训费补贴，并适当提高培训费补贴标准，具体标准由省级财政、人力资源和社会保障部门确定。对小型微型企业新招用毕业年度高校毕业生，签订1年以上劳动合同并按时足额缴纳社会保险费的，给予1年的社会保险补贴，政策执行期限截至2014年底。改善企业人力资源结构，实施大学生创业引领计划，切实落实已出台的鼓励高校毕业生自主创业的税费减免、小额担保贷款等扶持政策，加大公共就业服务力度，提高高校毕业生创办小型微型企业成功率。

七、促进小型微型企业集聚发展

（二十六）统筹安排产业集群发展用地。规划建设小企业创业基地、科技孵化器、商贸企业集聚区等，地方各级政府要优先安排用地计划指标。经济技术开发区、高新技术开发区以及工业园区等各类园区要集中建设标准厂房，积极为小型微型企业提供生产经营场地。对创办三年内租用经营场地和店铺的小型微型企业，符合条件的，给予一定比例的租金补贴。

（二十七）改善小型微型企业集聚发展环境。建立完善产业集聚区技术、电子商务、物流、信息等服务平台。发挥龙头骨干企业的引领和带动作用，推动上下游企业分工协作、品牌建设和专业市场发展，促进产业集群转型升级。以培育农村二、三产业小型微型企业为重点，大力发展县域经济。开展创新型产业集群试点建设工作。支持能源供应、排污综合治理等基础设施建设，加强节能管理和“三废”集中治理。

八、加强对小型微型企业的公共服务

（二十八）大力推进服务体系建设。到2015年，支持建立和完善4 000个为小型微型企业服务的公共服务平台，重点培育认定500个国家中小企业公共服务示范平台，发挥示范带动作用。实施中小企业公共服务平台网络建设工程，支持各省（区、市）统筹建设资源共享、服务协同的公共服务平台网络，建立健全服务规范、服务评价和激励机制，调动和优化配置服务资源，增强政策咨询、创业创新、知识产权、投资融资、管理诊断、检验检测、人才培训、市场开拓、财务指导、信息化服务等各类服务功能，重点为小型微型企业提供质优价惠的服务。充分发挥行业协会（商会）的桥梁纽带作用，提高行业自律和组织水平。

（二十九）加强指导协调和统计监测。充分发挥国务院促进中小企业发展工作领导小组的统筹规划、组织领导和政策协调作用，明确部门分工和责任，加强监督检查和政策评估，将小型微型企业有关工作列入各地区、各有关部门年度考核范围。统计及有关部门要进一步加强对小型微型企业的调查统计工作，尽快建立和完善小型微型企业统计调查、监测分析和定期发布制度。

各地区、各部门要结合实际，研究制定本意见的具体贯彻落实办法，加大对小型微型企业的扶持力度，创造有利于小型微型企业发展的良好环境。

国务院

二〇一二年四月十九日

关于印发《国家规划布局内重点软件企业和集成电路设计企业认定管理试行办法》的通知

发改高技 [2012] 2413 号

各省、自治区、直辖市及计划单列市发展改革委、工业和信息化主管部门、财政厅（局）、商务厅（局）、国家税务局、地方税务局：

为贯彻落实《国务院关于印发进一步鼓励软件产业和集成电路产业发展若干政策的通知》（国发 [2011] 4 号），规范国家规划布局内重点软件企业和集成电路设计企业认定工作，特制定《国家规划布局内重点软件企业和集成电路设计企业认定管理试行办法》，现印发给你们，请按照执行，做好有关工作。

特此通知。

附件：国家规划布局内重点软件企业和集成电路设计企业认定管理试行办法

国家发展改革委员会

工业和信息化部

财政部

商务部

国家税务总局

2012 年 8 月 9 日

国家规划布局内重点软件企业和集成电路设计企业认定管理试行办法

第一章　总则

第一条　根据《国务院关于印发进一步鼓励软件产业和集成电路产业发展若干政策的通知》（国发 [2011] 4 号）及《财政部　国家税务总局关于进一步鼓励软件产业和集成电路产业发展企业所得税政策的通知》（财税 [2012] 27 号）的规定，为合理确定国家规划布局内重点软件企业和集成电路设计企业（以下简称“规划布局企业”），特制定本办法。

第二条　国家发展和改革委员会、工业和信息化部、财政部、商务部、国家税务总局（以下简称“认定主管部门”）负责规划布局企业认定工作。

第三条　规划布局企业每两年认定一次，认定资格有效期为两年。

第二章　申报条件

第四条　规划布局企业须同时符合财税 [2012] 27 号文件和本办法规定的条件。

第五条　规划布局企业须符合战略性新兴产业发展规划、信息产业发展规划等国家规划部署，在全国软件和集成电路行业中具有相对比较优势。

第六条　符合下列条件之一的软件企业可进行申报：

（一）年度软件产品开发销售（营业）收入总额超过（含）1.5 亿元人民币且当年不亏损；

（二）年度软件产品开发销售（营业）收入总额低于 1.5 亿元人民币，在认定主管部门发布的支持领域内综合评分位居申报企业前五位；

（三）年度软件出口收入总额超过（含）500 万美元，且年度软件出口收入总额占本企业年度收入总额比例超过（含）50%。

第七条 符合下列条件之一的集成电路设计企业可进行申报：

（一）年度集成电路设计销售（营业）收入总额超过（含）1.5 亿元人民币且当年不亏损；

（二）年度集成电路设计销售（营业）收入总额低于 1.5 亿元人民币，在认定主管部门发布的支持领域内综合评分位居申报企业前三位。

第八条 认定主管部门可根据产业发展情况对本办法第六条、第七条所规定的申报条件进行必要调整。

第三章 申报材料

第九条 申报国家规划布局内重点软件企业须提交下列材料：

（一）《国家规划布局内重点软件企业申请书》（可从国家发展和改革委员会、工业和信息化部网站下载）；

（二）企业营业执照副本、税务登记证以及按照《软件企业认定管理办法》取得的软件企业认定证书（以上均为复印件）；

（三）经具有国家法定资质的中介机构鉴证的企业认定年度（企业申请享受优惠政策的起始年度，下同）前两个会计年度（实际年限不足两年的按实际经营年限）财务报表（含资产负债表、损益表、现金流量表）以及企业软件产品开发销售（营业）收入、企业软件产品自主开发销售（营业）收入、研究开发费用、境内研究开发费用等情况表并附研究开发活动说明材料；

（四）企业职工人数、学历结构以及研发人员占企业职工比例的说明；

（五）企业主管税务机关受理签章的企业认定年度前两年所得税汇算清缴年度申报表；

（六）按本办法第六条第三类条件申报的，应提供商务主管部门核发的软件出口合同登记证书，以及有效出口合同和结汇证明等材料；

（七）认定主管部门要求提供的其他材料。

第十条 申报国家规划布局内集成电路设计企业须提交下列材料：

（一）《国家规划布局内集成电路设计企业申请书》（可从国家发展和改革委员会、工业和信息化部网站下载）；

（二）企业营业执照副本、税务登记证以及按照《集成电路设计企业认定管理办法》取得的集成电路设计企业认定证书（以上均为复印件）；

（三）经具有国家法定资质的中介机构鉴证的企业认定年度前两个会计年度（实际年限不足两年的按实际经营年限）财务报表（含资产负债表、损益表、现金流量表）以及集成电路设计销售（营业）收入、集成电路自主设计销售（营业）收入、研究开发费用、境内研究开发费用等情况表并附研究开发活动说明材料；

（四）企业职工人数、学历结构以及研发人员占企业职工比例的说明；

（五）企业主管税务机关受理签章的企业认定年度前两年所得税汇算清缴年度申报表；

（六）认定主管部门要求提供的其他材料。

第四章 认定程序

第十一条 认定主管部门根据相关国家规划研究确定支持领域和认定工作要求，并在申报年度（企业提出规划布局企业资格申请的年度，下同）4 月底前发布公告。

第十二条 企业对照公告、财税 [2012] 27 号文件和本办法的要求，进行自我评价。认为符合认定条件的，企业可提出认定申请。

第十三条 各省、自治区、直辖市和计划单列市发展改革委、工业和信息化、财政、商务、税务主管部门（以下简称“地方主管部门”）统一受理企业申请，并对企业申请材料进行汇总、核实。对申报材料不全的企业，地方主管部门应于申报年度 7 月 1 日前予以告之，并于申报年度 8 月底前将本地区所有申报企业情况联合报送认定主管部门。

第十四条 认定主管部门建立评审专家库，依据企业申请材料，随机抽取专家库内专家，在申报年度 9 月底前对申报企业研发水平、经营水平、支撑带动作用等指标进行综合评比（评价指标详见附表）。组织专家评审应符合以下规定：

（一）对国家规划布局内重点软件企业和国家规划布局内集成电路设计企业分别组织专家评审，两个专家组人数分别为 11 人以上和 7 人以上单数；

（二）专家组由技术和管理（财务）两方面专家组成，各占约50%比重。技术专家应具有高级职称，管理（财务）专家应具有高级职称或从事相关领域工作15年以上；

（三）与申报企业有直接利害关系的人员不得进入专家组；

（四）专家组成员名单应严格保密。

第十五条 认定主管部门依据国家规划和产业政策、专家评审意见，按部门职责进行综合审查研究后，以总量控制原则择优确定规划布局企业。对符合国家规划布局内重点软件企业条件的重点动漫企业，认定工作商文化部。

第十六条 认定主管部门对获认定的规划布局企业核发证书。

第十七条 获认定的规划布局企业应依照《中华人民共和国企业所得税法》及其实施条例、《中华人民共和国税收征收管理法》及其实施细则等有关规定，到主管税务机关办理减税手续。

第十八条 获认定的规划布局企业发生更名、分立、合并、重组以及经营业务重大变化等事项，应当自发生变化之日起15日内书面提请地方主管部门报认定主管部门。地方主管部门和企业主管税务机关在执行政策过程中，发现获认定的规划布局企业不符合申报要求的，应报认定主管部门复核。复核期间，可暂停企业享受规划布局企业税收优惠政策。认定主管部门适时作出保留认定资格、撤销认定资格等决定。

第十九条 中国软件行业协会、中国半导体行业协会及地方相应机构（以下简称“有关机构”）配合开展政策实施情况评估等工作，并将有关情况及时报送认定主管部门。

第五章 工作要求

第二十条 地方主管部门不得限制企业申报。

第二十一条 认定主管部门和地方主管部门工作人员不得作为专家参与评审。

第二十二条 认定主管部门、地方主管部门、有关机构工作人员和专家对所承担工作负有诚信以及合规义务，对申请认定企业的有关信息负有保密义务。

第二十三条 除国家法律法规规定的收费项目外，不得因认定工作以手续费、评审费等名目收取企业费用。

第六章 罚则

第二十四条 获认定的规划布局企业如有下述情况之一的，取消其认定资格，并在4年内不再受理其认定申请。未依法纳税的，主管税务机关应当予以追缴。

（一）在申请认定过程中提供虚假信息；

（二）有逃避缴纳税款或帮助他人逃避缴纳税款等行为，或因违反《中华人民共和国税收征收管理法》及其实施细则受到税务机关处罚；

（三）在安全、质量、市场竞争行为、公司管理等方面有重大违法违规行为，受到有关部门处罚；

（四）未及时报告使企业减税条件发生变化的更名、分立、合并、重组以及经营业务重大变化等情况。

第二十五条 认定主管部门须加强对地方主管部门和有关机构工作的监督。对违反本办法规定的地方给予通报批评。对违反认定工作规定的有关机构，视情节轻重给予通报批评、取消工作资格等处罚。

第二十六条 参与认定工作的认定主管部门、地方主管部门、有关机构工作人员和专家如有下列行为之一的，对有关责任人员给予处分；构成犯罪的，由司法机关依法追究刑事责任。

（一）违反认定工作程序和工作原则；

（二）滥用职权、玩忽职守、徇私舞弊、索贿受贿；

（三）违反企业信息保密、认定工作保密等要求；

（四）其他违反本办法规定的行为。

第七章 附则

第二十七条 原《国家规划布局内重点软件企业认定管理办法》（发改高技[2005]2669号），自本办法实施之日起停止执行。

第二十八条 本办法由国家发展和改革委员会、工业和信息化部、财政部、商务部、国家税务总局负责解释。

第二十九条 本办法自发布之日起施行。

关于进一步鼓励软件产业和集成电路产业发展企业所得税政策的通知

财税 [2012] 27 号

各省、自治区、直辖市、计划单列市财政厅（局）、国家税务局、地方税务局：

根据《中华人民共和国企业所得税法》及其实施条例和《国务院关于印发进一步鼓励软件产业和集成电路产业发展若干政策的通知》（国发 [2011] 4 号）精神，为进一步推动科技创新和产业结构升级，促进信息技术产业发展，现将鼓励软件产业和集成电路产业发展的企业所得税政策通知如下：

一、集成电路线宽小于 0.8 微米（含）的集成电路生产企业，经认定后，在 2017 年 12 月 31 日前自获利年度起计算优惠期，第一年至第二年免征企业所得税，第三年至第五年按照 25%的法定税率减半征收企业所得税，并享受至期满为止。

二、集成电路线宽小于 0.25 微米或投资额超过 80 亿元的集成电路生产企业，经认定后，减按 15%的税率征收企业所得税，其中经营期在 15 年以上的，在 2017 年 12 月 31 日前自获利年度起计算优惠期，第一年至第五年免征企业所得税，第六年至第十年按照 25%的法定税率减半征收企业所得税，并享受至期满为止。

三、我国境内新办的集成电路设计企业和符合条件的软件企业，经认定后，在 2017 年 12 月 31 日前自获利年度起计算优惠期，第一年至第二年免征企业所得税，第三年至第五年按照 25%的法定税率减半征收企业所得税，并享受至期满为止。

四、国家规划布局内的重点软件企业和集成电路设计企业，如当年未享受免税优惠的，可减按 10%的税率征收企业所得税。

五、符合条件的软件企业按照《财政部 国家税务总局关于软件产品增值税政策的通知》（财税 [2011] 100 号）规定取得的即征即退增值税款，由企业专项用于软件产品研发和扩大再生产并单独进行核算，可以作为不征税收入，在计算应纳税所得额时从收入总额中减除。

六、集成电路设计企业和符合条件软件企业的职工培训费用，应单独进行核算并按实际发生额在计算应纳税所得额时扣除。

七、企业外购的软件，凡符合固定资产或无形资产确认条件的，可以按照固定资产或无形资产进行核算，其折旧或摊销年限可以适当缩短，最短可为 2 年（含）。

八、集成电路生产企业的生产设备，其折旧年限可以适当缩短，最短可为 3 年（含）。

九、本通知所称集成电路生产企业，是指以单片集成电路、多芯片集成电路、混合集成电路制造为主营业务并同时符合下列条件的企业：

（一）依法在中国境内成立并经认定取得集成电路生产企业资质的法人企业；

（二）签订劳动合同关系且具有大学专科以上学历的职工人数占企业当年月平均职工总人数的比例不低于 40%，其中研究开发人员占企业当年月平均职工总数的比例不低于 20%；

（三）拥有核心关键技术，并以此为基础开展经营活动，且当年度的研究开发费用总额占企业销售（营业）收入（主营业务收入与其他业务收入之和，下同）总额的比例不低于 5%；其中，企业在中国境内发生的研究开发费用金额占研究开发费用总额的比例不低于 60%；

（四）集成电路制造销售（营业）收入占企业收入总额的比例不低于 60%；

（五）具有保证产品生产的手段和能力，并获得有关资质认证（包括 ISO 质量体系认证、人力资源能力认证等）；

（六）具有与集成电路生产相适应的经营场所、软硬件设施等基本条件。

《集成电路生产企业认定管理办法》由发展改革

委、工业和信息化部、财政部、税务总局会同有关部门另行制定。

十、本通知所称集成电路设计企业或符合条件的软件企业，是指以集成电路设计或软件产品开发为主营业务并同时符合下列条件的企业：

（一）2011 年 1 月 1 日后依法在中国境内成立并经认定取得集成电路设计企业资质或软件企业资质的法人企业；

（二）签订劳动合同关系且具有大学专科以上学历的职工人数占企业当年月平均职工总人数的比例不低于 40%，其中研究开发人员占企业当年月平均职工总数的比例不低于 20%；

（三）拥有核心关键技术，并以此为基础开展经营活动，且当年度的研究开发费用总额占企业销售（营业）收入总额的比例不低于 6%；其中，企业在中国境内发生的研究开发费用金额占研究开发费用总额的比例不低于 60%；

（四）集成电路设计企业的集成电路设计销售（营业）收入占企业收入总额的比例不低于 60%，其中集成电路自主设计销售（营业）收入占企业收入总额的比例不低于 50%；软件企业的软件产品开发销售（营业）收入占企业收入总额的比例一般不低于 50%（嵌入式软件产品和信息系统集成产品开发销售（营业）收入占企业收入总额的比例不低于 40%），其中软件产品自主开发销售（营业）收入占企业收入总额的比例一般不低于 40%（嵌入式软件产品和信息系统集成产品开发销售（营业）收入占企业收入总额的比例不低于 30%）；

（五）主营业务拥有自主知识产权，其中软件产品拥有省级软件产业主管部门认可的软件检测机构出具的检测证明材料和软件产业主管部门颁发的《软件产品登记证书》；

（六）具有保证设计产品质量的手段和能力，并建立符合集成电路或软件工程要求的质量管理体系并提供有效运行的过程文档记录；

（七）具有与集成电路设计或者软件开发相适应的生产经营场所、软硬件设施等开发环境（如 EDA 工具、合法的开发工具等），以及与所提供服务相关的技术支撑环境；

《集成电路设计企业认定管理办法》、《软件企业认定管理办法》由工业和信息化部、发展改革委、财政部、税务总局会同有关部门另行制定。

十一、国家规划布局内重点软件企业和集成电路设计企业在满足本通知第十条规定条件的基础上，由发展改革委、工业和信息化部、财政部、税务总局等部门根据国家规划布局支持领域的要求，结合企业年度集成电路设计销售（营业）收入或软件产品开发销售（营业）收入、盈利等情况进行综合评比，实行总量控制、择优认定。

《国家规划布局内重点软件企业和集成电路设计企业认定管理办法》由发展改革委、工业和信息化部、财政部、税务总局会同有关部门另行制定。

十二、本通知所称新办企业认定标准按照《财政部国家税务总局关于享受企业所得税优惠政策的新办企业认定标准的通知》（财税 [2006] 1 号）规定执行。

十三、本通知所称研究开发费用政策口径按照《国家税务总局关于印发<企业研究开发费用税前扣除管理办法（试行）>的通知》（国税发 [2008] 116 号）规定执行。

十四、本通知所称获利年度，是指该企业当年应纳税所得额大于零的纳税年度。

十五、本通知所称集成电路设计销售（营业）收入，是指集成电路企业从事集成电路（IC）功能研发、设计并销售的收入。

十六、本通知所称软件产品开发销售（营业）收入，是指软件企业从事计算机软件、信息系统或嵌入式软件等软件产品开发并销售的收入，以及信息系统集成服务、信息技术咨询服务、数据处理和存储服务等技术服务收入。

十七、符合本通知规定须经认定后享受税收优惠的企业，应在获利年度当年或次年的企业所得税汇算清缴之前取得相关认定资质。如果在获利年度次年的企业所得税汇算清缴之前取得相关认定资质，该企业可从获利年度起享受相应的定期减免税优惠；如果在获利年度次年的企业所得税汇算清缴之后取得相关认定资质，该企业应在取得相关认定资质起，就其从获利年度起计算的优惠期的剩余年限享受相应的定期减免优惠。

十八、符合本通知规定条件的企业，应在年度终了之日起 4 个月内，按照本通知及《国家税务总局关于企业所得税减免税管理问题的通知》（国税发 [2008] 111 号）的规定，向主管税务机关办理减免税手续。在办理减免税手续时，企业应提供具有法律效力的证明材料。

十九、享受上述税收优惠的企业有下述情况之一的，应取消其享受税收优惠的资格，并补缴已减免的企业所得税税款：

（一）在申请认定过程中提供虚假信息的；

（二）有偷、骗税等行为的；

（三）发生重大安全、质量事故的；

（四）有环境等违法、违规行为，受到有关部门处罚的。

二十、享受税收优惠的企业，其税收优惠条件发生变化的，应当自发生变化之日起15日内向主管税务机关报告；不再符合税收优惠条件的，应当依法履行纳税义务；未依法纳税的，主管税务机关应当予以追缴。同时，主管税务机关在执行税收优惠政策过程中，发现企业不符合享受税收优惠条件的，可暂停企业享受的相关税收优惠。

二十一、在2010年12月31日前，依照《财政部 国家税务总局关于企业所得税若干优惠政策的通知》（财税［2008］1号）第一条规定，经认定并可享受原定期减免税优惠的企业，可在本通知施行后继续享受到期满为止。

二十二、集成电路生产企业、集成电路设计企业、软件企业等依照本通知规定可以享受的企业所得税优惠政策与企业所得税其他相同方式优惠政策存在交叉的，由企业选择一项最优惠政策执行，不叠加享受。

二十三、本通知自2011年1月1日起执行。《财政部 国家税务总局关于企业所得税若干优惠政策的通知》（财税［2008］1号）第一条第（一）项至第（九）项自2011年1月1日起停止执行。

财政部 国家税务总局

二〇一二年四月二十日

国务院办公厅转发知识产权局等部门关于加强战略性新兴产业知识产权工作若干意见的通知

国办发［2012］28号

各省、自治区、直辖市人民政府，国务院各部委、各直属机构：

知识产权局、发展改革委、教育部、科技部、工业和信息化部、财政部、商务部、工商总局、版权局、中科院《关于加强战略性新兴产业知识产权工作的若干意见》已经国务院同意，现转发给你们，请认真贯彻执行。

国务院办公厅

二〇一二年四月二十八日

关于加强战略性新兴产业知识产权工作的若干意见

知识产权局 发展改革委 教育部 科技部 工业和信息化部
财政部 商务部 工商总局 版权局 中科院

为提高我国战略性新兴产业的知识产权创造、运用、保护和管理能力，推动战略性新兴产业的培育和发展，根据《国务院关于加快培育和发展战略性新兴产业的决定》（国发［2010］32号）、《国务院办公厅印发贯彻落实国务院关于加快培育和发展战略性新兴产业决定重点工作分工方案的通知》（国办函［2011］58号）等文件精神，现提出以下意见：

一、充分认识知识产权对培育和发展战略性新兴产

业的重要意义

战略性新兴产业是我国转变经济发展方式、调整产业结构的重要力量，引导着未来经济社会发展，体现了新兴科技与新兴产业的深度融合。战略性新兴产业创新要素密集，投资风险大，发展国际化，国际竞争激烈，对知识产权创造和运用依赖强，对知识产权管理和保护要求高。积极创造知识产权，是抢占新一轮经济和科技发展制高点、化解战略性新兴产业发展风险的基础；有效运用知识产权，是培育战略性新兴产业创新链和产业链、推动创新成果产业化和市场化的重要途径；依法保护知识产权，是激发创新活力、支撑战略性新兴产业可持续发展、形成健康有序市场环境的关键；科学管理知识产权，是充分运用国内国外资源、提升战略性新兴产业创新水平、发挥创新成果市场价值的保障。做好战略性新兴产业知识产权工作，关系培育战略性新兴产业的成效和战略性新兴产业未来发展。各地区、各有关部门要充分认识知识产权工作对培育和发展战略性新兴产业的重要意义，把握战略性新兴产业发展规律，立足当前、着眼长远，加大工作力度，切实做好战略性新兴产业知识产权工作，促进战略性新兴产业发展。

二、明确战略性新兴产业知识产权工作思路和目标

（一）总体思路。

以邓小平理论和“三个代表”重要思想为指导，深入贯彻落实科学发展观，坚持市场驱动与政府引导相结合、分类指导与重点突破相结合、先行先试与辐射带动相结合的原则，促进知识产权创造，推动知识产权转化运用，不断提高企业知识产权管理水平，着力优化知识产权保护环境，有效推动企业运用知识产权实现创新发展，稳步构筑知识产权比较优势，为战略性新兴产业快速健康发展提供有力支撑。

（二）主要目标。

到2015年：

——知识产权创造能力明显增强。战略性新兴产业领域发明专利拥有量和专利国际申请量分别比2010年增长二倍。积累一批布局合理、结构优化、能有力增强产业竞争力的核心技术专利，在部分产业形成局部优势。打造一批国际知名商标、软件和版权。在战略性新兴产业领域国际标准制定中的影响力明显增强。

——知识产权运用水平显著提高。形成以咨询、评估、金融、法律等为重点，全方位配套、一体化衔接的知识产权服务体系和以知识产权为纽带的产学研合作机制。战略性新兴产业知识产权融资和转移转化渠道更加顺畅，知识产权运用环境更加优化。企业运用知识产权参与国际市场竞争的能力明显增强。

——企业和研发机构知识产权管理能力普遍加强。初步形成符合战略性新兴产业发展特点的企业知识产权管理体系和知识产权战略实施机制。涌现出一批具备知识产权比较优势的领军企业和研发机构，形成一批多层次、多领域的战略性新兴产业知识产权联盟。

到2020年：

我国战略性新兴产业的知识产权创造、运用、保护和管理水平显著提高，知识产权有效支撑战略性新兴产业发展，涌现一批国际竞争力强、具有较强产业影响力和知识产权优势的企业，形成较为明显的战略性新兴产业知识产权比较优势。

三、促进知识产权创造，夯实战略性新兴产业创新发展基础

（一）引导战略性新兴产业知识产权科学布局。紧密追踪市场竞争和专利技术动向，定期发布战略性新兴产业行业知识产权动态信息，引导企业和研发机构有针对性地申请或引进知识产权，构筑知识产权比较优势。建立重大经济科技活动知识产权审议制度。推动重大科技项目围绕产业发展制定并实施知识产权战略，形成符合市场竞争需要的战略性知识产权组合。

（二）提升战略性新兴产业知识产权质量。建立科学有效的评价指标体系，引导企业和研发机构以市场竞争为导向不断提高知识产权质量、优化知识产权结构。逐步加大知识产权质量和市场价值在相关考核和评价中的权重。实施知识产权质量提升工程，不断提高代理机构、企业、研发机构知识产权质量管理意识和能力。

（三）促进战略性新兴产业领域获得知识产权。完善知识产权申请与审查制度，建立并完善专利审查绿色通道、商标审查绿色通道和软件著作权快速登记通道。优化专利审查方式，加强关键技术专利的审查质量管理，支持战略性新兴产业创新成果及时获得稳定性较强的知识产权。

四、促进知识产权市场应用，推动战略性新兴产业实现知识产权价值

（一）拓展知识产权投融资方式。完善知识产权投融资政策，支持知识产权质押、出资入股、融资担保。探索与知识产权相关的股权债权融资方式，支持社会资本通过市场化方式设立以知识产权投资基金、集合信托基金、融资担保基金等为基础的投融资平台和工具。鼓励开展与知识产权有关的金融产品创新，探索建立知识产权融资机构，支持中小企业快速成长。

（二）创新知识产权转移转化形式。发挥国家科技成果转化引导基金作用，鼓励社会资本出资促进知识产权转化，鼓励开展知识产权流转储备、转移转化风险补偿等活动。促进战略性新兴产业集聚区知识产权运营综合服务体系建设，培育一批在区域经济发展中发挥重要作用的知识产权运营机构。探索建立知识产权拍卖及相关制度。加快完善知识产权入股、股权和分红权等形式的激励机制和资产管理制度。完善知识产权交易政策，加快建立知识产权评估交易机制，支持设立以知识产权转移为重点的技术转移机构，推进知识产权交易市场体系建设，促进知识产权交易。加强专利技术组合与商标保护的衔接配套，鼓励运用商标保护专利技术组合产品。

（三）构建产学研合作新机制。积极探索以合作开展共性关键技术研发为手段、以知识产权利益分享为纽带、以创新成果有效转化应用为目的的产学研合作机制。推动相关行业建立知识产权联盟。进一步落实国家财政投入形成的知识产权的运用管理政策，推动知识产权在重大科技项目关联企业和研发机构间的许可使用。

五、加强企业知识产权管理运用能力和相关服务体系建设，支撑战略性新兴产业形成竞争优势

（一）实施产业集聚区知识产权集群管理。在战略性新兴产业集聚区探索建立以优势企业为龙头、技术关联企业为主体、知识产权布局与产业链相匹配的知识产权集群管理模式。加快推动产业集聚区的知识产权公共服务平台建设，加强知识产权数据库配套、技能培训、管理咨询、维权援助等服务。推动建立产业集聚区知识产权战略支持中心。

（二）提升企业知识产权管理能力。推行企业知识产权管理标准，鼓励创建知识产权优势企业、开发核心知识产权产品，引导和鼓励企业加大经费投入、建立企业知识产权管理体系和知识产权战略实施机制。实施企业知识产权高端人才培养计划。进一步推广专业服务机构为企业培养知识产权实务人才的模式，为企业加强知识产权管理提供人才支撑。

（三）提高企业知识产权信息运用水平。建立战略性新兴产业知识产权统计制度，促进知识产权信息的交流与共享，引导企业有效运用海内外知识产权制度信息和战略性新兴产业知识产权状况信息，支持企业实现创新发展。加强行业与企业知识产权预警能力建设，完善预警机制。结合战略性新兴产业发展需要，分领域开发公益性专利数据库。鼓励各类机构对专利数据进行深度加工和商业推广。

（四）加强知识产权服务体系建设。实施知识产权服务机构培育项目，开展知识产权分析研究机构和管理咨询机构的培育工作，培育一批能够支撑知识产权审议、满足企业实施知识产权战略需求的服务机构。根据知识产权服务的内容特点，分类制定服务标准和服务规范，加强知识产权服务机构的服务资质管理和分级分类管理。支持专业服务机构开发知识产权管理系统和工具，为创新型中小企业和小微企业提供全程服务。

六、完善知识产权保护政策措施，优化战略性新兴产业发展环境

（一）完善知识产权保护法律法规和政策。探索制定战略性新兴产业领域新产品、新技术等的专利保护政策，完善相关领域的专利审查标准。积极应对新一代信息技术发展带来的挑战，完善互联网知识产权保护法律法规。

（二）加强有针对性的知识产权保护措施。定期开展有针对性的专项行动，加强战略性新兴产业领域知识产权执法保护。强化战略性新兴产业领域展会知识产权保护，加大战略性新兴产业专业市场和重大技术标准中的知识产权保护力度。加强商品流通领域的知识产权监管，探索运用现代信息技术实施商品流转环节的全程保真监控。将战略性新兴产业领域的维权援助纳入全国维权援助机构的中心工作，建立由企业、行业组织、研发机构和服务机构共同参与的维权援助体系。

七、加强知识产权国际合作，支持战略性新兴产业企业走出去

（一）支持在国外部署知识产权。利用现有资金渠道加大对战略性新兴产业领域在国外申请专利的支持力度。支持我国企业和研发机构积极开展全球研发外包，在境外开展联合研发和设立研发机构，建立企业和研发机构与专利申请目的国专业服务机构的对接机制，促进我国企业和研发机构在国外申请专利。加强国际合作，进一步提高企业和研发机构国外获取知识产权的效率。

（二）鼓励到国外运营知识产权。支持战略性新兴产业企业在国外成立知识产权运营公司，开展知识产权运营。引导企业在境外注册商标，积极培育国际知名商标。支持战略性新兴产业领域的企业、研发机构、知识产权联盟等与国外研究机构、产业集群建立战略合作关系，联合开展知识产权运营。支持行业协会、非政府组织、企业、研发机构参与战略性新兴产业领域国际标准制定，积极推动相关技术标准在国外推广应用。

（三）加大国外知识产权维权援助力度。收集国外知识产权专业服务机构信息，发布国外知识产权专业服务机构指导目录，方便企业在国外获得当地专业化服务。在主要贸易目的地、对外投资目的地建立保护知识产权工作机制，进一步健全和完善相关知识产权预警应急机制、国外维权和争端解决机制，指导和帮助企业在当地及时有效得到知识产权保护。引导建立行业或知识产权联盟联合防御基金，提高企业应对国际知识产权纠纷的能力。

八、加强组织领导协调，确保各项政策措施贯彻落实

（一）加强组织领导。知识产权局会同发展改革委、教育部、科技部、工业和信息化部、财政部、商务部、工商总局、版权局、中科院等有关部门和单位建立战略性新兴产业知识产权工作长效推进机制，统筹协调并指导落实相关工作。各地要建立相应协调机制，将战略性新兴产业知识产权工作纳入本地区重要工作议程，列入年度工作要点，统筹调配资源，推动各项政策措施落实。

（二）创新工作模式。各地区和有关部门要结合战略性新兴产业发展需要和工作实际，积极探索、稳步推进知识产权管理模式创新。行业协会要充分发挥作用，开展知识产权服务模式创新。

（三）积极利用财税支持政策。充分利用《国务院关于加快培育和发展战略性新兴产业的决定》（国发 [2010] 32 号）和《国务院办公厅关于加快发展高技术服务业的指导意见》（国办发 [2011] 58 号）确定的各项财税支持政策，加强知识产权政策与有关财税政策的衔接配套。完善知识产权资助和费用减免政策，加大对战略性新兴产业的支持力度。发挥市场主体作用，支持、引导社会资金投入，逐步建立多渠道资金保障机制。加大地方资金保障力度，确保各项工作顺利开展。

国务院关于印发“十二五”国家战略性新兴产业发展规划的通知

国发 [2012] 28 号

各省、自治区、直辖市人民政府，国务院各部委、各直属机构：

现将《“十二五”国家战略性新兴产业发展规划》印发给你们，请认真贯彻执行。

国务院

2012 年 7 月 9 日

"十二五"国家战略性新兴产业发展规划

战略性新兴产业是以重大技术突破和重大发展需求为基础，对经济社会全局和长远发展具有重大引领带动作用，知识技术密集、物质资源消耗少、成长潜力大、综合效益好的产业。根据"十二五"规划纲要和《国务院关于加快培育和发展战略性新兴产业的决定》（国发[2010] 32号）的部署和要求，为加快培育和发展节能环保、新一代信息技术、生物、高端装备制造、新能源、新材料、新能源汽车等战略性新兴产业，特制定本规划。

一、背景

当今世界新技术、新产业迅猛发展，孕育着新一轮产业革命，新兴产业正在成为引领未来经济社会发展的重要力量，世界主要国家纷纷调整发展战略，大力培育新兴产业，抢占未来经济科技竞争的制高点。

当前，全国上下正按照科学发展观的要求，加快转变经济发展方式，推进中国特色新型工业化进程，推动节能减排，积极应对日趋激烈的国际竞争和气候变化等全球性挑战，促进经济长期平稳较快发展。在此过程中，必须站在战略和全局的高度，科学判断未来需求变化和技术发展趋势，大力培育发展战略性新兴产业，加快形成支撑经济社会可持续发展的支柱性和先导性产业，优化升级产业结构，提高发展质量和效益。

"十二五"时期是我国战略性新兴产业夯实发展基础、提升核心竞争力的关键时期，既面临难得的机遇，也存在严峻挑战。从有利条件看，我国工业化、城镇化快速推进，城乡居民消费结构加速升级，国内市场需求快速增长，为战略性新兴产业发展提供了广阔空间；我国综合国力大幅提升，科技创新能力明显增强，装备制造业、高技术产业和现代服务业迅速成长，为战略性新兴产业发展提供了良好基础；世界多极化、经济全球化不断深入，为战略性新兴产业发展提供了有利的国际环境。同时也要看到，我国战略性新兴产业自主创新发展能力与发达国家相比还存在较大差距，关键核心技术严重缺乏，标准体系不健全；投融资体系、市场环境、体制机制政策等还不能完全适应战略性新兴产业快速发展的要求。必须加强宏观引导和统筹规划，明确发展目标、重点方向和主要任务，采取有力措施，强化政策支持，完善体制机制，促进战略性新兴产业快速健康发展。

二、指导思想、基本原则和发展目标

（一）指导思想。

以邓小平理论和"三个代表"重要思想为指导，深入贯彻落实科学发展观，把握世界新科技革命和产业革命的历史机遇，面向经济社会发展的重大需求，以改革创新为动力，以营造良好的产业发展环境为重点，以企业为主体，以工程为依托，加强规划引导，加大政策扶持，着力提升自主创新能力，加速科技成果产业化，推动战略性新兴产业快速健康发展，抢占经济科技竞争制高点，促进产业结构升级、经济发展方式转变和经济社会可持续发展。

（二）基本原则。

市场主导、政府调控。充分发挥市场配置资源的基础性作用，以市场需求为导向，着力营造良好的市场竞争环境，激发各类市场主体的积极性。针对产业发展的薄弱环节和瓶颈制约，有效发挥政府的规划引导、政策激励和组织协调作用。

创新驱动、开放发展。坚持自主创新，加强原始创新、集成创新和引进消化吸收再创新；加强高素质人才队伍建设，掌握关键核心技术，健全标准体系，加速产业化，增强自主发展能力。充分利用全球创新资源，加强国际交流合作，探索国际合作发展新模式，走开放式创新和国际化发展道路。

重点突破、整体推进。坚持突出科技创新和新兴产业发展方向，选择最有基础、最有条件的重点方向作为切入点和突破口，明确阶段发展目标，集中优势资源，促进重点领域和优势区域率先发展。总体部署产业布局和相关领域发展，统筹规划，分类指导，适时动态调整，促进协调发展。

立足当前、着眼长远。围绕经济社会发展重大需求，着力发展市场潜力大、产业基础好、带动作用强的行业，加快形成支柱产业。着眼提升国民经济长远竞争力，促进可持续发展，对重要前沿性领域及早部署，培育先导产业。

（三）发展目标。

产业创新能力大幅提升。企业重大科技成果集成、转化能力大幅提高，掌握一批具有主导地位的关键核心技术，建成一批具有国际先进水平的创新平台，发明专利质量数量和技术标准水平大幅提升，战略性新兴产业重要骨干企业研发投入占销售收入的比重达到5%以上。一批关键核心技术达到国际先进水平。

创新创业环境更加完善。重点领域和关键环节的改革加快推进，有利于创新战略性新兴产业商业模式、发展新业态的市场准入条件，以及财税激励、投融资机制、技术标准、知识产权保护、人才队伍建设等政策环境显著改善。

国际分工地位稳步提高。涌现一批掌握核心关键技术、拥有自主品牌、开展高层次分工合作的国际化企业，具有自主知识产权的技术、产品和服务的国际市场份额大幅提高，在部分领域成为全球重要的研发制造基地。

引领带动作用显著增强。战略性新兴产业规模年均增长率保持在20%以上，形成一批具有较强自主创新能力和技术引领作用的骨干企业，一批特色鲜明的产业链和产业集聚区。到2015年，战略性新兴产业增加值占国内生产总值比重达到8%左右，对产业结构升级、节能减排、提高人民健康水平、增加就业等的带动作用明显提高。

到2020年，力争使战略性新兴产业成为国民经济和社会发展的重要推动力量，增加值占国内生产总值比重达到15%，部分产业和关键技术跻身国际先进水平，节能环保、新一代信息技术、生物、高端装备制造产业成为国民经济支柱产业，新能源、新材料、新能源汽车产业成为国民经济先导产业。

三、重点发展方向和主要任务

（一）节能环保产业。

强化政策和标准的驱动作用，充分运用现代技术成果，突破能源高效与梯次利用、污染物防治与安全处置、资源回收与循环利用等关键核心技术，大力发展高效节能、先进环保和资源循环利用的新装备和产品；完善约束和激励机制，创新服务模式，优化能源管理，大力推行清洁生产和低碳技术，鼓励绿色消费，加快形成支柱产业，提高资源利用率，促进资源节约型和环境友好型社会建设。

1. 高效节能产业。发展高效节能锅炉窑炉、电机及拖动设备、余热余压利用、高效储能、节能监测和能源计量等节能新技术和装备；鼓励开发和推广应用高效节能电器、高效照明等产品；提高新建建筑节能标准，开展既有建筑节能改造，大力发展绿色建筑，推广绿色建筑材料；加快发展节能交通工具；积极开发和推广用能系统优化技术，促进能源的梯次利用和高效利用；大力推行合同能源管理新业态。

专栏1　高效节能产业发展路线图

时间节点	2015年	2020年
发展目标	重大节能技术装备得到推广应用，主要终端用能产品能效接近国际先进水平，高效节能产品市场占有率大幅提升，采用合同能源管理机制的节能服务业销售额年均增长30%以上。	形成适合我国国情的节能技术装备和产品体系，主要节能装备、主要行业单位产出能耗指标达到国际先进水平。
重大行动	●关键技术开发：重点开发高效内燃机和混合动力汽车，高压变频调速、稀土永磁无铁芯电机等电机节能技术，蓄热式高温空气燃烧、等离子点火等高效锅炉窑炉技术，高效换热器及系统优化等能源梯次利用技术，中低品位余热余压回收利用技术，能源优化技术等。 ●产业化：大力推广重点节能技术和产品，开展重点节能技术示范、产品产业化及推广应用。实施节能产品惠民工程、重大节能技术与装备产业化工程，推进重点领域节能改造。 ●商业模式创新：推广合同能源管理，开展节能量交易。	
重大政策	●严格实施固定资产投资项目节能评估和审查制度。 ●制定重点用能产品能效标准和重点行业能耗限额标准，扩大能效标识实施范围，推行能效领跑者制度。 ●加大财政支持力度，完善能源价格机制。	

2. 先进环保产业。以解决危害人民群众身体健康的突出环境问题为重点，加大技术创新和集成应用力度，推动水污染防治、大气污染防治、土壤污染防治、重金属污染防治、有毒有害污染物防控、垃圾和危险废物处理处置、减震降噪设备、环境监测仪器设备的开发和产业化；推进高效膜材料及组件、生物环保技术工艺、控制温室气体排放技术及相关新材料和药剂的创新发展，提高环保产业整体技术装备水平和成套能力，提升污染防治水平；大力推进环保服务业发展，促进环境保护设施建设运营专业化、市场化、社会化，探索新型环保服务模式。

专栏2　先进环保产业发展路线图

时间节点	2015 年	2020 年
发展目标	突破一批环保产业技术瓶颈，形成一批拥有自主核心技术的骨干企业和一批比较优势明显、产业配套完善、有序集聚发展的先进环保产业基地，城镇污水、垃圾和脱硫、脱硝处理设施运营基本实现专业化、市场化。	重点领域环保技术及装备达到国际领先水平，环保装备标准化、系列化、成套化水平显著提高，建立统一开放、竞争有序的环保产业市场和环保服务体系；污染治理设施建设和运营基本实现专业化、社会化。
重大行动	●关键技术开发：加快实施水体污染控制与治理科技重大专项，重点开发膜技术、生物脱氮、重金属废水污染防治、污泥处理处置等污水处理关键技术，焚烧烟气控制系统、渗滤液处理等垃圾处理技术，高效除尘、烟气脱硫脱硝等大气污染控制技术，有毒有害污染物防治和安全处置技术，电子电气产品有毒有害物质替代与减量化技术，重金属污染治理与土壤修复等成套技术及装备，新型高效环保材料、药剂等。 ●产业化：大力推广应用国家鼓励发展的环保产业设备和产品，推进先进环保产品和技术装备产业化；全面推行污泥处理处置、垃圾焚烧、燃煤电厂脱硝与钢铁行业烧结脱硫等；实施重大环保技术装备及产品产业化示范工程等。 ●环保服务业：大力推进污染治理设施专业化、市场化、社会化运营服务，发展提供系统解决方案的综合环保服务业。	
重大政策	●完善污染物排放标准体系和环保产品标准体系。 ●推进环保税费、价格改革。	

3. 资源循环利用产业。大力发展源头减量、资源化、再制造、零排放和产业链接等新技术，推进产业化，提高资源产出率。重点发展共伴生矿产资源、大宗固体废物综合利用，汽车零部件及机电产品再制造、资源再生利用，以先进技术支撑的废旧商品回收体系，餐厨废弃物、农林废弃物、废旧纺织品和废旧塑料制品资源化利用。

专栏3　资源循环利用产业发展路线图

时间节点	2015 年	2020 年
发展目标	减量化、再利用、资源化的先进资源循环利用技术得到推广应用。工业固体废物综合利用率达到72%以上，初步建立起现代废旧商品回收体系，以先进技术支撑的废旧商品回收率达到70%，重要资源回收和再生利用能力明显提高。	形成再利用、资源化产业技术创新体系，形成一批具有核心竞争力的资源循环利用技术装备和产品制造企业，建成技术先进、覆盖城乡的资源回收和循环利用产业体系。
重大行动	●关键技术开发：重点开发低品位共伴生矿产资源高效选冶、稀贵金属分离提取技术，大宗固体废物大掺量高附加值利用、废弃电器电子产品资源化利用、废旧材料分离与改性、废旧车用动力电池及蓄电池回收处理和利用、汽车零部件及机电产品再制造技术，城市及产业废弃物的生产过程协同资源化处理、餐厨废弃物资源化利用、农林废物高效利用技术，循环利用产业链接技术等。 ●产业化：实施再制造产业化行动、废弃物资源化利用示范行动，加快“城市矿产”示范基地建设。促进区域循环经济体系建设。加快海水淡化产业发展。	

续表

时间节点	2015 年	2020 年
重大政策	●推进资源税费改革。 ●建立生产者责任延伸制，建立强制回收的产品和包装物名录和管理制度。发布《国家鼓励的循环经济技术工艺和设备名录》。 ●建立资源循环利用产品认证体系和再制造产品标识管理制度。	

（二）新一代信息技术产业。

把握信息技术升级换代和产业融合发展机遇，加快建设宽带、融合、安全、泛在的下一代信息网络，突破超高速光纤与无线通信、物联网、云计算、数字虚拟、先进半导体和新型显示等新一代信息技术，推进信息技术创新、新兴应用拓展和网络建设的互动结合，创新产业组织模式，提高新型装备保障水平，培育新兴服务业态，增强国际竞争能力，带动我国信息产业实现由大到强的转变。"十二五"期间，新一代信息技术产业销售收入年均增长 20%以上。

1. 下一代信息网络产业。实施宽带中国工程，加快构建下一代国家信息基础设施，统筹宽带接入、新一代移动通信、下一代互联网、数字电视网络建设；加快新一代信息网络技术开发和自主标准的推广应用，支持适应物联网、云计算和下一代网络架构的信息产品的研制和应用，带动新型网络设备、智能终端产业和新兴信息服务及其商业模式的创新发展；发展宽带无线城市、家庭信息网络，加快信息基础设施向农村和偏远地区延伸覆盖，普及信息应用；强化网络信息安全和应急通信能力建设。

专栏 4 下一代信息网络产业发展路线图

时间节点	2015 年	2020 年
发展目标	城市和农村家庭分别实现平均 20 兆和 4 兆以上宽带接入能力，部分发达城市网络接入能力达到 100 兆；基于国际互联网协议第 6 版（IPv6）的下一代互联网实现规模商用；三网融合全面推广，电视数字化转换基本完成。网络装备产业整体迈入国际前列，掌握关键核心技术；信息智能终端创新和产业化取得重大进展。	具有国际先进水平的宽带、融合、安全、泛在的信息基础设施覆盖城乡。系统掌握新一代移动通信、数字电视、下一代互联网、网络与信息安全及智能终端等领域的核心关键技术，形成卫星移动通信服务系统，产业发展能力达到国际领先水平。
重大行动	●信息网络升级：实施宽带中国工程，加快发展宽带光纤接入和无线移动通信，调整、优化频率规划，加快实施新一代宽带无线移动通信网科技重大专项，开展时分长期演进技术（TD-LTE）研发、产业化及商用示范，实施下一代互联网商用推广计划，推进农村宽带网络建设，统筹绿色数据中心布局，推进地面和有线数字电视网络建设。 ●关键技术开发和产业化：实施物联网与云计算创新发展工程；加快 IPv4/IPv6 网络互通设备，以及支持 IPv6 的高速、高性能网络和终端设备、支撑系统、网络安全设备、测试设备及相关芯片的研发和产业化，加强 TD-SCDMA、TD-LTE 及第四代移动通信（4G）设备和终端研发，加快高性能计算机、高端服务器、智能终端、网络存储、信息安全等信息化关键设备的研发和产业化。推进数字电视下一代传输演进技术、接收终端、核心芯片、光通信、高性能宽带网等研发和产业化，推进三网融合智能终端的产业化和应用，建立广播影视数字版权技术体系。 ●创新能力建设：完善云计算、移动互联网、信息安全等新兴领域工程实验室和工程（技术）研究中心建设，推动建立产业联盟和创新联盟，建设新兴信息技术领域的产品和技术可靠（控）验证实验室，提升数字电视、移动通信和下一代互联网等工程中心、实验室创新能力。	
重大政策	●建立信息基础设施建设组织领导协调机制，制定支持宽带光纤、移动通信和数字电视建设相关政策，建立和完善电信普遍服务制度。	

2. 电子核心基础产业。围绕重点整机和战略领域需求，大力提升高性能集成电路产品自主开发能力，突破先进和特色芯片制造工艺技术，先进封装、测试技术以及关键设备、仪器、材料核心技术，加强新一代半导体材料和器件工艺技术研发，培育集成电路产业竞争新优势。积极有序发展大尺寸薄膜晶体管液晶显示（TFT-LCD）、等离子显示（PDP）面板产业，完善产业链。加快推进有机发光二极管（OLED）、三维立体（3D）、激光显示等新一代显示技术研发和产业化。攻克发光二极管（LED）、OLED 产业共性关键技术和关键装备、材料，提高 LED、OLED 照明的经济性。掌握智能传感器和新型电力电子器件及系统的核心技术，提高新兴领域专用设备仪器保障和支撑能力，发展片式化、微型化、绿色化的新型元器件。

专栏 5　电子核心基础产业发展路线图

时间节点	2015 年	2020 年
发展目标	高性能集成电路设计技术达到 22 纳米、大生产技术达到 12 英寸 28 纳米，掌握先进封装测试技术，初步形成集成电路制造装备与材料配套能力；新型平板显示面板满足国内彩电整机需求量的 80%以上，新一代显示技术取得突破；关键电子元器件自主保障能力明显提升；关键专用设备、仪器和材料研发和产业化取得突破。	掌握新一代半导体材料及器件的制造技术，集成电路设计、制造、封装测试技术达到国际先进水平；实现下一代显示器件与国际先进水平同步发展；新型关键元器件满足国内市场需求并具有国际竞争力；电子专用仪器设备和材料基本满足国内配套需要，形成核心竞争力。
重大行动	●关键技术开发：加快实施核心电子器件、高端通用芯片及基础软件产品科技重大专项和极大规模集成电路制造装备及成套工艺科技重大专项，重点开发移动互联、数模混合、信息安全、数字电视、射频识别（RFID）、传感器等芯片，推动 32/28 纳米先进工艺产业化，支持射频工艺、模拟工艺等特色工艺开发，大力发展先进封装和测试技术，加强 8—12 英寸生产线关键设备、仪器、材料的研发。支持半导体与光电子器件新材料制备技术，高世代 TFT-LCD 生产线工艺、制造装备及关键配套材料制备技术，高清晰超薄 PDP 及 OLED 等新型显示技术，以及新型电力电子器件关键技术的开发。 ●产业化：实施集成电路、新型平板显示创新发展工程；推进 LED、微机电系统（MEMS）、智能传感器、新型电力电子器件以及金属有机源化学气相沉积（MOCVD）装备等产业化。 ●创新能力建设：建设集成电路装备及其生产系统集成开发等领域公共技术服务平台，建设微机电系统开发与应用实验室，建设完善 LED、电力电子、智能传感器、光电子等领域工程实验室，建设平板显示共性技术研发及公共服务平台。 ●骨干企业培育：实施创新企业扶持计划，鼓励产业链上下游强强联合和兼并重组，支持基础产品企业与整机和应用企业建立创新联盟、创新发展促进中心等。	
重大政策	●细化和落实支持集成电路和平板显示产业发展的优惠政策，研究提出支持整机和元器件产品、集成电路设计和芯片制造联动发展的优惠政策，制定推动 LED 产品推广应用的政策措施。	

3. 高端软件和新兴信息服务产业。加强以网络化操作系统、海量数据处理软件等为代表的基础软件、云计算软件、工业软件、智能终端软件、信息安全软件等关键软件的开发，推动大型信息资源库建设，积极培育云计算服务、电子商务服务等新兴服务业态，促进信息系统集成服务向产业链前后端延伸，推进网络信息服务体系变革转型和信息服务的普及，利用信息技术发展数字内容产业，提升文化创意产业，促进信息化与工业化的深度融合。充分统筹用好国内、国际两个市场，继续扩大软件信息服务出口，积极承接国际服务外包，依托新一代信息产业技术提升我国在国际产业链中的层次和水平。

专栏6 高端软件和新兴信息服务产业发展路线图

时间节点	2015年	2020年
发展目标	攻克系统软件核心关键技术，重要应用软件的技术水平和集成应用能力显著提升，自主知识产权的系统、工具、安全软件对产业的带动力和辐射力显著增强。掌握网络信息服务关键应用和基础平台技术，基本形成高端软件和信息技术服务标准体系，培育一批世界知名的软件和信息技术服务企业。	基本形成具有较强创新能力的软件和信息技术服务产业体系，自主品牌的操作系统和工具软件国际影响力和骨干企业国际竞争力显著增强。一批软件和信息服务企业进入国际前列，形成具有世界先进水平的电子商务信息服务体系、网络信息安全服务体系，实现信息服务对城乡和社会各群体的全面覆盖，信息化程度接近世界先进水平。
重大行动	●新兴业态发展：积极实施物联网、云计算、移动互联网、数字电视网等新兴服务业态推进计划，以重大应用工程带动相关产业发展；实施信息惠民重大应用示范工程，带动社保、医疗、教育、就业等领域的信息服务平台建设；推进国家电子商务示范城市创建工作，支持第三方电子商务交易与服务平台建设，健全电子商务支撑体系，完善电子商务基础设施。建立信息技术服务标准（ITSS）体系，并在重点城市示范应用。 ●关键技术开发：开展移动智能终端软件、网络化计算平台与支撑软件、智能海量数据处理相关软件研发和产业化。组织实施搜索引擎、虚拟现实、云计算平台、数字版权等系统研发。推进信息安全关键产品研发和产业化。加强计算机辅助设计与制造、智能化管理等工业软件研发。鼓励电子政务、金融、电信、保险、交通、广播电视等领域重大信息系统的自主研发。加强在信息系统咨询设计、集成实施、系统运维、测试评估等领域支撑技术研发。组织实施数字内容共性关键技术攻关和产业化。加强生物特征识别与身份认证技术的研发与应用。 ●创新能力建设：加快软件和信息技术服务产业共性技术、测试认证、软件评测、开发环境、内容资源、技术标准等公共技术支撑平台建设。加快电子商务创新体系建设，加强软件企业、电子商务企业创新能力建设，引导业务标准库、知识库和案例库建设。鼓励建立产学研用一体的技术研发机构和信息服务、整机生产和网络建设互动发展的创新联盟。加大行业领军人才和实用人才的培养和引进力度。 ●培育骨干企业：实施骨干软件和信息服务企业培育计划，培育20家左右软件和信息服务业务收入超过100亿元的骨干软件和信息服务企业。	
重大政策	●贯彻落实《国务院关于印发进一步鼓励软件产业和集成电路产业发展若干政策的通知》（国发〔2011〕4号），为产业发展营造良好环境。 ●制定和完善支持政府、企事业单位购买和使用第三方数据存储服务等相关采购政策。完善政府公共信息资源开发激励机制，促进行业应用服务的外部化。 ●支持高端软件和新兴信息服务研发，研发关键技术和产品。 ●实施高端软件产业的标准化和知识产权保护战略，提升产业竞争力。	

（三）生物产业。

面向人民健康、农业发展、资源环境保护等重大需求，强化生物资源利用、转基因、生物合成、抗体工程、生物反应器等共性关键技术和工艺装备开发；加强生物安全研究和管理，建设国家基因资源信息库。着力提升生物医药研发能力，开发医药新产品，加快发展生物医学工程技术和产品，大力发展生物育种，推进生物制造规模化发展，加速构建具有国际先进水平的现代生物产业体系，加快海洋生物技术及产品的研发和产业化。“十二五”期间，产业规模年均增速达到20%以上。

1. 生物医药产业。提高我国新药创制能力，开发生物技术药物、疫苗和特异性诊断试剂；推进化学创新药研发和产业化，提高通用名药物技术开发和规模化生产水平；继承和创新相结合，发展现代中药；开发先进制药工艺技术与装备，发展新药开发合同研究、健康管理等新业态，推动生物医药产业国际化。

专栏7　生物医药产业发展路线图

时间节点	2015年	2020年
发展目标	形成基因工程药物、新型疫苗、抗体药物、化学新药、现代中药等为代表的一批具有国际水平的新药开发平台，制药技术和装备研制水平大幅提升。30个以上自主知识产权新药投放市场，200个以上药品制剂进入国际主流市场。产业集中度大幅提升。	形成以现代科学技术为支撑、以企业为主导的新药创制和安全评价体系，掌握当代新药创制关键核心技术，基因工程、新型疫苗、抗体工程等新医药的产品技术水平达到世界领先水平，5个以上创新药物完成国际注册并上市销售，制剂产品在国际主流市场形成规模销售。
重大行动	●创新能力建设：建立国家基因资源库、蛋白质库和生物样本库；以化学药物制剂技术、动物细胞高效表达与大规模培养、基因重组治疗性抗体、多肽类药物合成、干细胞治疗、基因治疗、转化医学等为重点，依托优势企业建设完善医产学研紧密结合的新药研发平台。 ●新药创制：加快实施重大新药创制、艾滋病和病毒性肝炎等重大传染病防治科技重大专项，研发防治恶性肿瘤、心脑血管疾病、糖尿病等重大疾病的创新药物，开展新药安全评价和新药临床研究。 ●产业化：实施基因工程药物和疫苗创新发展工程；促进自主知识产权基因工程药物、疫苗、抗体药物、化学新药、天然药、现代中药新品种、新型中药饮片、中药材规范种植等产业化；提升大规模动物细胞培养、蛋白纯化等生产新工艺技术和新型制药装备的保障能力。 ●产业结构优化：全面推进药品生产质量管理体系和产品质量标准体系升级，推动制剂产品进入国际主流市场。优化产业布局，鼓励优势企业兼并重组，促进品种、技术等资源向优势企业集中。	
重大政策	●完善药品注册管理、价格管理、集中招标采购等政策。 ●完善生物伦理法律法规。	

2. 生物医学工程产业。整合医产学研优势资源，推进医学与信息、材料等领域新技术的交叉融合，构建生物医学工程技术创新体系，提升新型生物医学工程产品开发能力。研究开发预防、诊断、治疗、康复、卫生应急装备和新型生物医药材料的关键技术与核心部件，形成一批适合大中型医院使用、具有自主知识产权的高端诊疗产品；大力开发高性价比、高可靠性的临床诊断、治疗、康复产品，促进基层医疗卫生机构建设和服务能力提升；发展数字医疗系统、远程医疗系统和家庭监测、社区护理、个人健康维护相关产品等。

专栏8　生物医学工程产业发展路线图

时间节点	2015年	2020年
发展目标	以高性能影像诊断设备为主，形成具有国际水平的生物医学工程技术和产品研发平台，关键技术和核心部件发展取得突破；高性价比医疗设备产品基本满足基层医疗卫生机构需求。产业集中度大幅提升。	形成企业主导、医产学研相结合的生物医学工程产品创新体系和新产品开发能力。高性能诊断治疗设备关键技术自主发展能力大幅提升，产品质量和技术水平达到国际先进水平，规模化进入国际市场。
重大行动	●关键技术开发：支持生物医学研发，研究开发高性能临床诊疗设备的核心部件与关键技术，开发高集成度、高灵敏度、高特异性和高稳定性的临床诊断、治疗仪器设备及配套试剂，促进组织工程、介入及微创治疗、康复等产品开发，开发数字化、可移动医疗系统和适用于基层医疗卫生机构的高性价比诊疗设备。 ●产业化：实施高性能医学影像设备创新发展工程，带动生物医学工程新技术、新产品产业化发展。 ●创新能力建设：依托优势企业建设具有国际先进水平的高性能诊断和治疗设备、综合监护、组织工程、介入及微创治疗以及再生医学等产品创新与技术集成平台。 ●产业升级：推进生产工艺创新，完善技术标准体系，强化企业质量管理，鼓励优势企业实施兼并重组，扩大企业规模，提高产业集中度，形成一批具有国际竞争力的大型企业集团。 ●健康服务：推动覆盖城乡社区的数字化健康管理系统建设，加强城乡居民健康管理的日常化、实时化、动态化，带动家庭用健康监护设备、健康信息管理、远程医疗服务等相关产品发展，培育健康产业新业态。加强质量及使用安全评价与监督管理体系建设，完善产品市场准入审批程序、定价收费标准。	
重大政策	●加强质量及使用安全评价与监督管理体系建设，完善产品市场准入审批程序、定价收费标准。	

3. 生物农业产业。围绕保障粮食安全和促进现代农业发展，完善育种科学设施体系，加强生物育种技术研发和产业化，加快高产、优质、多抗、高效动植物新品种培育及应用，推动育繁推一体化的现代育种企业发展，着力提升种业竞争力。积极推进生物兽药及疫苗、生物农药、生物肥料、生物饲料等绿色农用产品研发及产业化，为我国农业发展提供重要支撑。

专栏 9　生物农业产业发展路线图

时间节点	2015 年	2020 年
发展目标	形成一批现代生物育种和农用生物产品创新平台。培育动物新品种（系）20 个，培育高产优质多抗高效农作物新品种 180 个，累计推广 5 亿亩；一批新型绿色农用生物产品实现产业化。	形成现代生物育种、农用生物产品创新及安全评价与监督体系。产品发展能力跻身国际先进水平，1—2 家种子企业进入全球种业 20 强，10—15 家农用生物制品企业具有国际竞争优势。
重大行动	●关键技术开发：加快实施转基因生物新品种培育科技重大专项；突破转基因育种、航天育种、分子标记育种、重离子辐照育种等生物育种和绿色农用生物制品关键技术，加快开发重要农业生物新品种，以及农业生产重大疫病防治新型疫苗、生物农药等绿色农用产品。 ●产业化：组织实施生物育种产业创新发展工程，加强新品种的研制，建设育种基地，加快推进重要农作物以及重要畜禽、水产等动植物新品种产业化。 ●创新能力建设：建设重要动植物基因资源信息库，完善国家转基因生物安全评价管理体系，建设区域性重要粮棉油作物和主要畜禽生物育种及产业化设施，强化生物育种工程化能力；建设和完善生物肥料、生物农药、生物饲料、生物兽药研究开发设施。	
重大政策	●完善有利于生物种业发展的知识产权、生物安全、市场推广和服务体系建设等政策。 ●完善现代种子企业扶持政策措施。 ●完善转基因安全评价管理。	

4. 生物制造产业。以培育生物基材料、发展生物化工产业和做强现代发酵产业为重点，大力推进酶工程、发酵工程技术和装备创新。突破非粮原料与纤维素转化关键技术，培育发展生物醇、酸、酯等生物基有机化工原材料，推进生物塑料、生物纤维等生物材料产业化。大力推动绿色生物工艺在化工、制浆、印染、制革等领域关键工艺环节的应用示范，积极推进工程微生物与清洁发酵技术应用，提升大宗发酵新产品的国际竞争力。

专栏 10　生物制造产业发展路线图

时间节点	2015 年	2020 年
发展目标	生物制造技术能力显著提升，生物基产品在工业化学品中的比重大幅提高。聚乳酸、聚丁二酸丁二醇酯等有机化工原料与工业生物材料等品种实现十万吨级规模化生产。生物新工艺在印染、制浆、漂白、脱胶等工艺过程中达到规模化应用，污染物排放和能耗总量明显降低。	形成生物化工产品、生物基材料和生物工艺的规模化发展能力，生物基产品在工业化学品中的比重提高到 12%。生物发酵产业产值和技术达到国际先进水平。化工、印染、制浆、制革等行业 30%的生产采用生物工艺，污染物排放和能耗总量大幅度降低。

续表

时间节点	2015 年	2020 年
重大行动	●关键技术开发：支持先进生物制造科技研发，完善微生物资源中心与基因信息库，突破生物基原材料规模化生产工艺、非粮原料转化、合成生物技术、工程菌开发等关键技术，开发适用于化工、轻工、纺织等行业的生物法生产工艺。 ●产业化：建设能源植物等生物质原料规模化生产基地，开展新型工程菌、新型酶制剂、氨基酸、寡糖和生物基材料、生物质纤维、非粮发酵、绿色生物工艺过程的产业化示范及应用。 ●创新能力建设：建设工业微生物菌种资源信息库，提升现代发酵工程技术、生物炼制、生物加工和人工菌种设计、开发与工程化能力，建设工程菌生态安全评价技术平台。促进发酵等领域产业技术创新联盟发展。	
重大政策	●制定生物基产品认定机制与财政补贴、税收优惠政策。	

（四）高端装备制造产业。

面向我国产业转型升级和战略性新兴产业发展的迫切需求，统筹经济建设和国防建设需要，大力发展现代航空装备、卫星及应用产业，提升先进轨道交通装备发展水平，加快发展海洋工程装备，做大做强智能制造装备，把高端装备制造业培育成为国民经济的支柱产业，促进制造业智能化、精密化、绿色化发展。

1. 航空装备产业。统筹航空技术研发、产品研制与产业化、市场开拓及服务提供，加快研制具有市场竞争力的大型客机，推进先进支线飞机系列化产业化发展，适时研发新型支线飞机；大力发展符合市场需求的新型通用飞机和直升机，构建通用航空产业体系；突破航空发动机核心关键技术，加快推进航空发动机产业化；促进航空设备及系统、航空维修和服务业发展；提升航空产业的核心竞争力和专业化发展能力。

专栏 11　航空装备产业发展路线图

时间节点	2015 年	2020 年
发展目标	大型客机实现首飞；ARJ21 支线飞机批量生产和交付；新型通用飞机、民用直升机发展和应用实现全面突破。初步形成具有国际水平的航空研发和生产体系，形成国产飞机整机集成和关键部件研制生产能力，航空产业融入世界航空产业链。	大型客机研制成功并批量进入市场；新型支线飞机完成研制，支线飞机实现系列化发展，通用航空实现产业化发展。完成大型商用航空发动机研制。航空产品、航空服务形成竞争优势，航空产业国际化发展水平显著提高。
重大行动	●关键技术开发：加快实施大型飞机科技重大专项，开展大型商用涡扇发动机研制。加强飞机和直升机总体设计和试验；加强航空新材料及其零部件制造、航空设备及系统、新型涡轴发动机、适航、空管系统等关键技术研发。 ●创新能力建设：建设完善民用航空创新体系，推进航空重点试验验证设施建设，提升飞机与直升机、发动机、机载系统设计、制造、试验验证和适航、安全保障等航空综合技术开发能力。 ●产业化：实施支线飞机与通用航空重大创新工程，推进 ARJ21、新舟支线飞机系列化发展，建成 ARJ21 系列支线飞机的批产能力，适时启动研制新型支线飞机。多谱系、成系列发展通用飞机和直升机。以设计研制、生产制造为主要环节，提升航空大部件和机载系统的国际化专业化发展水平；推进发动机、机载系统、空管系统、场站设备及航空新材料、元器件产业化。 ●市场培育：开展通用航空基础设施建设，发展通用航空服务。大力拓展包括市场开发、航空租赁、维修服务、通航运营等在内的航空服务业务，推进航空产业链的协调发展。	
重大政策	●加快制定民用航空工业法律法规，加速推进和落实低空空域管理政策，加大民用航空技术研发和产业化投入。 ●出台支持支线和通用航空发展具体政策。	

2. 卫星及应用产业。紧密围绕经济社会发展的重大需求，与国家科技重大专项相结合，以建立我国自主、安全可靠、长期连续稳定运行的空间基础设施及其信息应用服务体系为核心，加强航天运输系统、应用卫星系统、地面与应用天地一体化系统建设，推进临近空间资源开发，促进卫星在气象、海洋、国土、测绘、农业、林业、水利、交通、城乡建设、环境减灾、广播电视、导航定位等方面的应用，建立健全卫星制造、发射服务、地面设备制造、运营服务产业链。推进极地空间资源开发。

专栏 12 卫星及应用产业发展路线图

时间节点	2015 年	2020 年
发展目标	初步建成由对地观测、通信广播、导航定位等卫星系统和地面系统构成的空间基础设施，建立健全应用服务体系，形成卫星制造、发射服务、地面设备制造及卫星运营服务的完整产业链。促进民用航天全面实现向业务化的转变。	建成由全天时全天候全球对地观测、全球导航定位、多频段通信广播等卫星系统构成的国家空间基础设施，建成完善的空间信息服务平台以及应用服务网络，航天产业发展水平处于国际先进行列。
重大行动	●关键技术开发：突破卫星长寿命高可靠、先进卫星平台、新型卫星有效载荷、卫星遥感定量化应用、高精度卫星导航、宽带卫星通信、重型运载火箭、空间信息综合应用等关键技术，发展综合业务卫星系统；促进平流层飞艇、空间天气预报等关键技术攻关。 ●重大工程：结合高分辨率对地观测系统、北斗导航等科技重大专项，实施国家空间基础设施建设重大创新发展工程，构建天基卫星系统、地面标校系统和增强系统、数据接收和信息处理系统、运营服务系统在内的一体化运行设施。 ●产业化与推广应用：完善运载火箭系列型谱，提高国产地面设备市场竞争力，发展北斗兼容型导航终端以及数字化综合应用终端等产品；大力推进卫星遥感、通信广播、导航定位等空间信息资源产业化应用，提高国产卫星的应用范围与效益。促进航天技术在信息、新材料、新能源、节能环保和生物等领域的应用。	
重大政策	●制定卫星及应用国家标准、卫星数据共享、市场准入等政策法规。制定开展卫星直播业务的产业扶持政策。 ●制定鼓励民营资本进入卫星及应用领域的政策。	

3. 轨道交通装备产业。大力发展技术先进、安全可靠、经济适用、节能环保的轨道交通装备，建立健全研发设计、生产制造、试验验证、运用维护、监测维修和产品标准体系，完善认证认可体系等，提升牵引传动、列车控制、制动等关键系统及装备自主化能力。巩固和扩大国内市场，大力开展国际合作，推动我国轨道交通装备全面达到世界先进水平。

专栏 13 轨道交通装备产业发展路线图

时间节点	2015 年	2020 年
发展目标	掌握先进轨道交通核心技术，全面实现轨道交通装备产品自主设计制造，建成产品全寿命周期服务体系，满足我国轨道交通发展需要；主要产品具有国际竞争力。	标准体系及认证体系实现国际化，轨道交通装备技术水平国际领先，形成国际化发展的综合能力，打造拥有总承包商资质、具有全球配置资源能力的大型企业。
重大行动	●关键技术开发与产业化：实施先进轨道交通装备及关键部件创新发展工程；完成交流传动快速机车、大轴重长编组重载货运列车技术研究；推进综合检测列车、高寒动车组、城际列车、智能列车的研制工作，实现动车组及交流传动机车产品谱系化，逐步完善中低速磁悬浮自主创新技术，基本掌握高速磁悬浮导向和牵引控制、大型养护设备制造等关键技术；开发现代有轨电车；开发新型列控系统、安全综合检测等关键技术。 ●创新能力建设：加强牵引传动、走行、制动、通信信号、安全保障关键技术及系统集成等轨道交通装备研发平台建设；完善试验验证条件；推进轨道交通装备标准体系建设；加快培育第三方认证机构。	
重大政策	●制定鼓励企业积极参与国际竞争的相关政策。	

4. 海洋工程装备产业。面向海洋资源特别是海洋油气资源开发的重大需求，大力发展海洋油气开发装备，重点突破海洋深水勘探装备、钻井装备、生产装备、作业和辅助船舶的设计制造核心技术，全面提升自主研发设计、专业化制造、工程总包及设备配套能力，积极推动海洋风能利用工程建设装备、海水淡化和综合利用等装备产业化。促进产业体系化和规模化，增强国际竞争力。

专栏14　海洋工程装备产业发展线路图

时间节点	2015年	2020年
发展目标	初步实现深水海洋工程装备的自主设计建造和关键设备配套能力，基本形成自主的深水资源开发装备体系，提高国内市场占有率，产品具有国际竞争力。	全面具备深水海洋工程装备的自主设计建造和关键设备配套能力，形成海洋工程装备产业完整的科研开发、总装制造、设备供应、技术服务产业体系，进一步提高国内市场占有率，提高产品国际竞争力。
重大行动	●关键技术开发与产业化：实施海洋工程装备产业创新发展工程，基本掌握主要海洋油气开发装备自主设计建造技术，提高关键设备和系统配套能力。突破海洋风能利用工程建设装备、海洋观测监测仪器设备及系统、水面支持系统、水下作业与保障装备的关键技术。积极开展深海工作站、海上大型浮式结构物等海洋可再生能源利用、海底金属矿产资源开发装备等前瞻性技术的研发。 ●创新能力建设：在海洋深水勘探装备、钻井装备、生产装备、作业和辅助船舶的设计制造领域建设具有世界先进水平的工程中心、工程实验室、重点实验室；建设深海技术装备公共试验、检测平台，加强海洋工程装备企业技术中心能力建设，加大相关标准、规范研究制定力度，建立健全我国海洋工程装备的标准体系。	
重大政策	●研究制定深海资源勘探专项鼓励政策。	

5. 智能制造装备产业。重点发展具有感知、决策、执行等功能的智能专用装备，突破新型传感器与智能仪器仪表、自动控制系统、工业机器人等感知、控制装置及其伺服、执行、传动零部件等核心关键技术，提高成套系统集成能力，推进制造、使用过程的自动化、智能化和绿色化，支撑先进制造、国防、交通、能源、农业、环保与资源综合利用等国民经济重点领域发展和升级。

专栏15　智能制造装备产业发展路线图

时间节点	2015年	2020年
发展目标	传感器、自动控制系统、工业机器人、伺服执行部件为代表的智能装置实现突破并达到国际先进水平，重大成套装备及大型成套生产线系统集成水平大幅度提升。提高国内市场占有率。重点领域制造过程智能化水平显著提高。	建立健全具备系统感知和集成协调能力的智能制造装备产业体系，国内市场占有率达到50%，形成一批具有国际竞争力的产业集聚区和企业集团，整体水平进入国际先进行列。
重大行动	●关键技术开发：加快实施高档数控机床与基础制造装备科技重大专项。加强新型传感、高精度运动控制、优化控制、系统集成等关键技术研究及公共服务平台建设；提高新型传感器、智能化仪表、精密测试仪器、自动控制系统、高性能液压件、工业机器人等典型智能装置的自主创新能力。 ●产业化与应用示范：实施智能制造装备创新发展工程，推进智能仪器仪表、自动控制系统、传感器、工业机器人、中高档数控系统与功能部件、关键基础零部件产业化。提高重大成套智能装备集成创新水平，实现智能技术、智能测控装置和高性能基础零部件在石化、冶金、资源开采、汽车、电力、机械加工、环保与资源综合利用等重点领域的推广应用。	
重大政策	●在重大技术装备首台（套）示范应用中，支持智能制造装备首台（套）研发创新及产业化，探索首台（套）装备保险机制。	

（五）新能源产业。

加快发展技术成熟、市场竞争力强的核电、风电、太阳能光伏和热利用、页岩气、生物质发电、地热和地温能、沼气等新能源，积极推进技术基本成熟、开发潜力大的新型太阳能光伏和热发电、生物质气化、生物燃料、海洋能等可再生能源技术的产业化，实施新能源集成利用示范重大工程。到2015年，新能源占能源消费总量的比例提高到4.5%，减少二氧化碳年排放量4亿吨以上。

1. 核电技术产业。加强核电安全、核燃料后处理和废物处置等技术研究，在确保安全的前提下，开展二代在运核电安全运行技术及延寿技术开发，加快第三代核电技术的消化吸收和再创新，统筹开展第三代核电站建设。实施大型先进压水堆及高温气冷堆核电站科技重大专项，建设示范工程。研发快中子堆等第四代核反应堆和小型堆技术，适时启动示范工程。发展核电装备制造和核燃料产业链。到2015年，掌握先进核电技术，提高成套装备制造能力，实现核电发展自主化；核电运行装机达到4 000万千瓦，包括三代在内的核电装备制造能力稳定在1 000万千瓦以上。到2020年，形成具有国际竞争力的百万千瓦级核电先进技术开发、设计、装备制造能力。

2. 风能产业。加强风电装备研发，增强大型风电机组整机和控制系统设计能力，提高发电机、齿轮箱、叶片以及轴承、变流器等关键零部件开发能力，在风电运行控制、大规模并网、储能技术方面取得重大突破。建设东北、西北、华北北部和沿海地区的八大千万千瓦级风电基地。在内陆山地、河谷、湖泊等风能资源相对丰富的地区，发挥距离电力负荷中心近、电网接入条件好的优势，因地制宜开发中小型风电项目，积极推动海上风电项目建设。

专栏16 风能产业发展路线图

时间节点	2015年	2020年
发展目标	累计并网风电装机超过1亿千瓦，年发电量达到1 900亿千瓦时。基本建立完善的风电产业链，掌握先进风电机组整体设计能力，形成海上风电设备制造、工程施工能力。	累计并网风电装机2亿千瓦以上，年发电量超过3 800亿千瓦时。海上风电装备实现大规模商业化应用。风电装备具备国际竞争力，技术创新能力达到国际先进水平。
重大行动	●风能资源评价：开展风资源观测评价，建立风能资源评价模型、标准、检测、认证体系和数据库。 ●关键技术开发与产业化：建立风电技术研发机构，突破风电整机设计以及轴承、变流器和控制系统制造技术与装备瓶颈。开发与我国气候和地理特点相适应的风电技术和装备，3—5兆瓦大型整机、新型风电机组及其关键零部件实现产业化，满足陆地、海上风电场建设需要。 ●风电并网：建立风电场功率预测预报体系，显著提高风电集中开发区域电网运行消纳风电的比例；建成风电大型基地配套外输通道，解决风电远距离输送的消纳问题。	
重大政策	●实施可再生能源发电配额制，建成适应风电发展的电网运行及管理体系。 ●加快建设适应新能源发展的智能电网及运行体系。	

3. 太阳能产业。以提高太阳能电池转化效率、器件使用寿命和降低光伏发电系统成本为目标，大力发展太阳能光伏电池的生产制造新工艺和新装备；积极推动多元化太阳能光伏光热发电技术新设备、新材料的产业化及其商业化发电示范；建立大型并网光伏发电站，推进建筑一体化光伏发电应用，建立具有国际先进水平的太阳能发电产业体系。大规模推广应用高效、多功能太阳能热水器，推动太阳能在供暖、制冷和中高温工业领域的应用。建立促进光伏发电分布式应用的市场环境，推进以太阳能应用为主、综合利用各种可再生能源的新能源城市建设。

专栏17　太阳能产业发展路线图

时间节点	2015年	2020年
发展目标	太阳能发电装机容量达到2 100万千瓦以上，光伏发电系统在用户侧实现平价上网。太阳能热利用安装面积达到4亿平方米。掌握太阳能发电、热利用关键技术，太阳能利用设备及其新材料的研发制造能力大幅提高。开展太阳能热发电试验示范。	太阳能发电装机容量达到5 000万千瓦以上，光伏发电系统在发电侧实现平价上网。太阳能热利用安装面积达到8亿平方米；太阳能光伏装备研发和制造技术达到世界先进水平，太阳能热发电实现产业化和规模化发展。
重大行动	●关键技术开发与产业化：重点开发太阳能利用装备生产新工艺和新设备、提高太阳能光伏电池转换效率、降低电池组件成本关键技术；发展以太阳能光伏发电为主的分布式能源系统；开发太阳能光伏发电新材料、新一代太阳能电池、太阳能热发电和储热技术，太阳能热多元化利用技术、制冷和工业应用技术，风光储互补技术等。开发储能技术和装备。 ●市场培育：建设大型光伏电站，组织实施金太阳工程，开展微电网供用电示范，建设太阳能示范城市。开展太阳能热发电工程示范。适时大规模推广太阳能光伏光热发电及太阳能在供暖、制冷和中高温工业领域的应用。加强适应光伏发电发展的电网及运行体系建设。	
重大政策	●制定普及太阳能光热利用的法规、标准等。 ●建立适应太阳能光伏分布式发电的电网运行和管理机制，完善光伏上网电价形成机制。	

4. 生物质能产业。统筹生物质能源发展，有序发展生物质直燃发电，积极推进生物质气化及发电、生物质成型燃料、沼气等分布式生物质能应用。加强下一代生物燃料技术开发，推进纤维素制乙醇、微藻生物柴油产业化。开展重点地区生物质资源详查评价，鼓励利用边际性土地和近海海洋种植能源作物和能源植物。

专栏18　生物质能产业发展路线图

时间节点	2015年	2020年
发展目标	生物质能发电装机达到1 300万千瓦。生物燃气年利用量达到300亿立方米。固体成型生物质燃料年利用量达到1 000万吨。生物液体燃料年利用量达到500万吨。突破下一代生物液体燃料技术，纤维素制乙醇技术取得重大进展。	生物质能发电装机达到3 000万千瓦。生物燃气年利用量达到500亿立方米。固体成型燃料年利用量达到2 000万吨。生物液体燃料年利用量达到1 200万吨。实现新一代生物液体燃料的商业化推广。
重大行动	●关键技术开发与产业化：推进大型自动化秸秆收集机械、以有机废弃物为原料的小型可移动沼气提纯罐装设备研发与推广；支持高效生物质成型燃料加工设备和生物质气化设备研发及产业化；完成兆瓦级低热值燃气内燃发电机组和兆瓦级沼气发电机组的产业化；建成10万吨级甜高粱乙醇示范工程；加强生物能源植物原料的育种与产业化；实现低成本纤维素酶、微藻生物柴油技术突破。 ●市场应用：实施绿色能源示范县建设，推动生物质能源规模化、专业化、市场化开发建设，促进生物质能加快应用。	
重大政策	●制定完善生物质能利用技术标准和工程规范，健全检测认证体系。 ●完善生物燃料、能源化利用农林废弃物的激励政策及市场流通机制。	

（六）新材料产业。

大力发展新型功能材料、先进结构材料和复合材料，开展纳米、超导、智能等共性基础材料研究和产业化，提高新材料工艺装备的保障能力；建设产学研结合紧密、具备较强自主创新能力和可持续发展能力的高性能、轻量化、绿色化的新材料产业创新体系和标准体系，发布国家新材料重点产品发展指导目录，建立新材料产业认定和统计体系，引导材料工业结构调整。到2015年，突破一批国家建设急需、引领未来发展的关键共性技术；到2020年，关键新材料自给率明显提高。

1. 新型功能材料产业。大力发展稀土永磁、发光、催化、储氢等高性能稀土功能材料和稀土资源高效综合利用技术。积极发展高纯稀有金属及靶材、原子能级锆材、高端钨钼材料及制品等，加快推进高纯硅材料、新型半导体材料、磁敏材料、高性能膜材料等产业化。着力扩大丁基橡胶、丁腈橡胶、异戊橡胶、氟硅橡胶、乙丙橡胶等特种橡胶及高端热塑性弹性体生产规模，加快开发高端品种和专用助剂。大力发展低辐射镀膜玻璃、光伏超白玻璃、平板显示玻璃、新型陶瓷功能材料、压电材料等无机非金属功能材料。积极发展高纯石墨、人工晶体、超硬材料及制品。

2. 先进结构材料产业。以轻质、高强、大规格为重点，大力发展高强轻型合金，积极开发高性能铝合金，加快镁合金制备及深加工，发展高性能钛合金、大型钛板、带材和焊管等。以保障高端装备制造和重大工程建设为重点，加快发展高品质特殊钢和高温合金材料。加强工程塑料改性及加工应用技术开发，大力发展聚碳酸酯、聚酰胺、聚甲醛和特种环氧树脂等。

3. 高性能复合材料产业。以树脂基复合材料和碳碳复合材料为重点，积极开发新型超大规格、特殊结构材料的一体化制备工艺，推进高性能复合材料低成本化、高端品种产业化和应用技术装备自主化。加快发展高性能纤维并提高规模化制备水平，重点围绕聚丙烯腈基碳纤维及其配套原丝开展技术提升，着力实现千吨级装备稳定运转，积极开展高强、高模等系列碳纤维以及芳纶开发和产业化。着力提高专用助剂和树脂性能，大力开发高比模量、高稳定性和热塑性复合材料品种。积极开发新型陶瓷基、金属基复合材料。加快推广高性能复合材料在航空航天、风电设备、汽车制造、轨道交通等领域的应用。

专栏 19 新材料产业发展路线图

时间节点	2015 年	2020 年
发展目标	在中高端新型功能材料、先进结构材料、高性能复合材料领域突破一批关键的专利核心技术，形成一批具有自主知识产权的产品，其中核心技术和先进零件加工制造技术达到国际先进水平。培育拥有自主品牌和较大市场影响力的骨干龙头企业 20 家，成为中高端新材料及产品的生产大国，提高国产高端新材料的自给率。	以我国高端装备制造和国家重大工程建设对新材料的需求为目标，掌握新材料领域尖端技术和应用器件的规模化生产技术，其中核心技术和先进器件加工制造技术达到国际领先水平。构筑产业链、提高高端功能材料及产品的市场竞争力，打破国外垄断，进一步提高国产高端新材料的自给率。
重大行动	●关键材料开发及产业化：加快突破新材料先进加工制造技术和装备，推进高性能复合材料、先进结构材料、新型功能材料开发和产业化。开发关键新材料制备加工成套技术与工艺，建设一批关键材料产业化示范生产线，培育和发展一批新材料产业基地。 ●关键材料推广应用：统筹考虑新材料设计、生产、应用等环节，着力推广一批科技含量高、市场前景广的重点新材料品种，打造一批龙头骨干企业。 ●新材料产业创新能力建设：在重点领域建设一批新材料技术创新、产品开发、分析检测、推广应用和信息咨询的公共服务平台。	
重大政策	●制定并发布新材料产业重点产品指导目录。 ●建立健全新材料产业统计体系、认定体系和标准体系。 ●制定新材料推广应用风险补偿机制。 ●推动军民共用新材料产业化、规模化发展。	

（七）新能源汽车产业。

以纯电驱动为新能源汽车发展和汽车工业转型的主要战略取向，当前重点推进纯电动汽车和插电式混合动力汽车产业化，推进新能源汽车及零部件研究试验基地建设，研究开发新能源汽车专用平台，构建产业技术创新联盟，推进相关基础设施建设。重点突破高性能动力电池、电机、电控等关键零部件和材料核心技术，大幅度提高动力电池和电机安全性与可靠性，降低成本；加强电制动等电动功能部件的研发，提高车身结构和材料轻量化技术水平；推进燃料电池汽车的研究开发和示范应用；初步形成较为完善的产业化体系。建立完整的新能源汽车政策框架体系，强化财税、技术、管理、金融政策的引导和支持力度，促进新能源汽车产业快速发展。

专栏20　新能源汽车产业发展路线图

时间节点	2015年	2020年
发展目标	新能源汽车动力电池、电机和电控技术取得重大进展，动力电池模块比能量达到150瓦时/千克以上，电驱动系统功率密度达到2.5千瓦/千克以上。纯电动汽车和插电式混合动力汽车累计产销量力争达到50万辆。初步形成与市场规模相适应的充电设施体系和新能源汽车商业运行模式。	形成新能源汽车动力电池、电机和电控技术创新发展能力，动力电池模块比能量达到300瓦时/千克以上。纯电动汽车和插电式混合动力汽车累计产销量超过500万辆。充电设施网络满足城际间和区域内纯电动汽车运行需要，实现规模化商业运营。整体水平达到国际先进水平。
重大行动	●创新能力建设：推进新能源汽车及零部件研究试验基地建设，建立全行业共享的测试平台、数据库和专利数据库等。 ●关键技术研发：实施新能源汽车重大创新工程，突破产业化过程中的车身材料及结构轻量化等共性技术和工艺技术，研发新能源汽车全新底盘、动力总成、汽车电子等产品，加大力度联合研制动力电池及其关键材料，以及生产、控制与检测装备等，构建全行业共享的共性技术平台。建立健全新能源汽车、充电技术及设施标准体系。 ●产业化推广：稳步推进公共服务领域新能源汽车示范，开展私人购买新能源汽车补贴试点，加强综合评价，积极推进充电基础设施建设，探索新能源汽车整车租赁、电池租赁以及充换电服务等多种商业模式，形成完善的市场推广体系。	
重大政策	●完善财税激励政策，鼓励新能源汽车消费和使用。 ●建立动力电池回收和梯级利用管理制度。	

四、重大工程

（一）重大节能技术与装备产业化工程。

围绕应用面广、节能潜力大的高效锅炉窑炉、余热余压利用、热电联产、电机系统和大容量低成本蓄能等领域，实施重大技术装备产业化示范工程；推进高效风机、水泵、变压器、空调机组、内燃机、节能家电等技术装备和产品的发展。到2015年，形成一批以高效燃烧、能源梯级利用、高效蓄能、绿色节能建材、节能监测和能源计量等为重点的节能技术装备与产品制造骨干企业和产业化示范基地，高效节能技术与装备市场占有率提高到30%左右，创新能力和装备开发能力接近国际先进水平。

（二）重大环保技术装备及产品产业化示范工程。

以烟气脱硫脱硝、机动车尾气高效净化等大气污染治理装备，城镇生活污水脱氮除磷深度处理、新型反硝化反应器等水污染治理成套装备，高效垃圾焚烧和烟气处理、污泥处理处置等固体废物处理装备，重金属、氨氮在线监测等环境监测专用仪器仪表，环境应急监测车、阻截式油水分离及回收设备等环境应急装备为重点，实施一批产业化示范工程。推进重金属污染防治、土壤污染防治技术开发与示范应用，加快高性能膜、脱硝催化剂纳米级二氧化钛载体、高效滤料等污染控制材料的产业化。到2015年，培育一批在行业具有领军作用的环保企业集团及一批“专、精、特、新”的环保配套生产企业，创建10—15个区位优势突出、集中度高的环保技术及装备产业化基地。

（三）重要资源循环利用工程。

实施“城市矿产”示范工程，建设一批“城市矿产”示范基地，提升废钢铁、废有色金属（稀贵金属）、废橡胶、废轮胎、废电池等再生资源利用技术和成套装备产业化水平。实施再制造产业化示范工程，建立一批再制造工程（技术）研究中心，形成若干再制造产业集聚区。实施产业废弃物资源化利用示范工程，推进大宗固体废物、共伴生矿、建筑废弃物的循环利用。加快建立先进技术支撑的废旧商品回收利用体系，建设一批示范城市。加快海水淡化产业发展。到2015年，建成我国重要资源循环利用技术体系，再制造产业初具规模，资源再生加工利用能力达每年2 500万吨，煤矸石等大宗固体废弃物综合利用能力达每年4亿吨。

（四）宽带中国工程。

加快推进宽带光纤接入网络建设，推进第三代移动通信（3G）网络全面、深度覆盖，开展TD-LTE规模商用示范；实施下一代互联网商用推广，建立新型网络体系架构及配套技术试验床，形成完备的互联网技术标准，完善网络安全防护体系；全面实施广播电视数字化改造，积极推进三网融合；组织关键技术、装备、智能终端的研发及产业化。到2015年，宽带接入能力显著提高，95%的行政村具备宽带接入能力，相关装备和智能终端达到国际先进水平，全国县级（含）以上城市有线电视实现数字化，80%实现双向化，并基本完成数字地面电视覆盖。

（五）高性能集成电路工程。

围绕重点整机系统应用需求，突破高端通用芯片核心技术，大力支持移动互联、模数混合、信息安全、数字电视、射频识别、传感器等芯片的设计，形成系统方案解决能力。加快先进生产线和特色生产线工艺技术升级和产能扩充，提高先进封装工艺和测试水平。进一步完善产业链，增强关键设备、仪器和材料的开发能力，支持大生产线规模应用。强化国产芯片和软件的集成应用。加快提升国家级集成电路研发公共服务平台的水平和能力。到2015年，集成电路设计业产值国内市场比重由5%提高到15%。

（六）新型平板显示工程。

开展TFT-LCD显示面板关键技术和新工艺开发，实施玻璃基板等关键配套材料和核心生产设备产业化项目。突破PDP高光效技术、高清晰度技术以及超薄技术，完善配套产业链。开展高迁移率TFT驱动基板技术开发，攻克OLED有机成膜、器件封装等关键工艺技术，加强关键材料及设备的国产化配套。开展3D显示、电子纸、激光显示等新技术研发和产业化。到2015年，新型平板显示面板满足国内彩电整机需求量的80%以上，提高关键材料和核心生产设备本地化配套率。

（七）物联网和云计算工程。

构建物联网基础和共性标准体系，突破低成本、低功耗、高可靠性传感器技术，组织新型RFID、智能仪表、微纳器件、核心芯片、软件和智能信息处理等关键技术研发和产业链建设。在典型领域开展基于创新产品和解决方案的物联网示范应用，培育和壮大物联网新兴服务业，加强物联网安全保障能力建设。开展云计算服务创新发展试点示范。整合现有各类计算资源，推动各领域信息共享和业务协同，突破虚拟化、云计算应用支撑平台、云安全、云存储等核心技术，大力加强高性能计算等领域应用软件的开发，推进高性能服务器、海量数据存储、智能终端等设备产业化，加强对云计算基础设施的统筹部署和创新发展，构建云计算标准体系，支持建设一批绿色云计算服务中心、公共云计算服务平台，促进软件即服务（SaaS）、平台即服务（PaaS）、基础设施即服务（IaaS）等业务模式的创新发展。到2015年，初步形成符合国情的应用模式、标准规范和安全可靠的产业体系。

（八）信息惠民工程。

推进普遍服务，完善信息惠民基础条件；建立多层次的国家优质教育资源库和共享服务平台，完善现代远程教育传输网络和服务体系；加强公共安全信息化支撑体系建设，提升公共安全实时监控、预警预报和应急处理能力，提高社会管理信息化水平。推进远程医疗，推广医疗信息管理和居民电子健康档案管理系统；推进标准统一、功能兼容的社会保障卡应用，逐步实现“人手一卡”和“一卡通”；支持一批城市开展电子商务示范城市创建工作，支持应用新信息技术和服务模式，在海铁公水联运、智能电网、安全生产监管、林业生态监测、环境污染监控、食品安全监管、药品药械监管、智能交通、货物快递追踪、危险品管理、城市公共管理等领域开展新型信息服务。加快研发适应三网融合业务要求的数字家庭智能终端和新型消费电子产品，开展数字家庭多业务应用示范。扩大信息服务在城乡及各领域的覆盖和应用。

（九）蛋白类等生物药物和疫苗工程。

建立国家人类基因资源信息库、蛋白质库和生物样本库，重点突破新产品研发和产业化过程中的高效筛选、评价、纯化、大规模细胞培养、制剂技术、质量控制方法等环节的技术瓶颈，加强新型佐剂研究，建设若干研发和产业化技术平台，推进单克隆抗体药物、基因工程蛋白质及多肽药物、多联多价疫苗、治疗型疫苗、人畜共患病疫苗等新产品的研发及产业化，加强疫苗供应体系建设。到2015年，实现30个以上生物医药新品种投放市场，基因工程药物和疫苗创新能力大幅提升，我国防控重大疾病和传染病的能力明显提高。

（十）高性能医学诊疗设备工程。

建设具有国际先进水平的高性能医学影像诊断治疗设备研发与技术集成平台，突破数字化探测器、高频高压发生器、超声探头、超导磁体等核心部件和关键技术，加快发展数字化X射线机、多层螺旋计算机断层扫描（CT）机、超导磁共振成像系统（MRI）、核医学影像设备正电子放射断层造影术（PET）/CT、数字化彩色超声诊断系统等高性能医学影像设备，加快推进高强度聚焦超声（HIFU）等高性能医学治疗设备开发，加速产业化和推进临床应用。到2015年，掌握一批拥有自主知识产权的高性能医学影像诊断和治疗设备的核心技术，提高创新产品国内市场占有率。

（十一）生物育种工程。

围绕国家粮食生产核心区，构建重要动植物基因信息库，重点研发转基因、分子设计、航天育种、胚胎工程等生物育种技术，建设国家级生物育种基地、区域性良繁基地，建立转基因生物安全管理体系，加快培育水稻、玉米、小麦、大豆、棉花、油菜等主要作物以及猪、牛、羊、鸡、鱼等重要畜禽水产新品种并实现产业化。到2015年，突破一批分子育种关键技术和装备，具有自主知识产权的主要农作物和畜禽新品种市场占有率明显提高。

（十二）生物基材料工程。

建设工业微生物菌种与基因信息库，突破微生物菌种设计、生物炼制工艺等关键技术，建立非粮生物质原料种植加工基地，加快工业微生物、生物基工业原料、生物基塑料、生物质纤维、生物溶剂等生物基产品的产业化，加强生物基产品应用示范，构建生物基原材料生产加工与应用产业链，利用生物技术提升传统产业发展水平。到2015年，突破一批生物基材料开发和产业化技术，与化石原料相比具有竞争力的一批生物基材料实现规模化生产。

（十三）航空装备工程。

按照安全、经济、舒适和环保的要求，研制具有国际竞争力的150座级C919单通道干线飞机。加快科技攻关，发展高可靠性、低成本、数字化支线飞机和通用飞机（含直升机）设计与制造技术。推进ARJ21支线飞机的规模化生产和系列化发展，支持新舟系列支线飞机改进改型，研制新型支线飞机，发展大中型喷气公务机和新型通用飞机（含直升机）；拓展支线飞机市场应用，扎实推进通勤航空试点。推动航空发动机、航空设备产业发展及航空维修、支援、租赁等产业配套体系建设。到2015年，我国航空装备发展能力大幅提升。

（十四）空间基础设施工程。

建设时空协调、全天候、全天时的对地观测卫星系统和天地一体的地面配套设施，发展空间环境监测卫星系统；完善我国全球导航定位系统；启动由大容量宽带多媒体卫星、全球移动通信卫星、数据中继卫星等系统组成的空间信息高速公路建设；建设相关地面配套设施。开展先进卫星平台、新型卫星有效载荷、核心部组件、卫星遥感定量化应用等关键技术研发，推进重点行业和领域的卫星系统应用示范，进一步提升卫星对地观测、卫星通信和卫星导航定位应用产业化水平。到2015年，形成长期连续稳定运行、系统功能优化的国家空间基础设施骨干架构，大幅提升我国卫星提供经济社会发展需求空间信息的能力。

（十五）先进轨道交通装备及关键部件工程。

建立现代轨道交通装备核心技术、关键零部件及系统的研发、试验验证、标准及知识产权保护体系。开发高寒及城际动车组、交流传动快速机车、30吨轴重机车与货车、新型城轨车辆、大型施工装备、多功能高效率工程及养路机械。研发永磁电传动、磁悬浮、列车制动、牵引控制、安全监测、通信信号等关键技术，研制轮轴轴承、传动齿轮箱、转向架等关键零部件，加强产业化，提升核心部件及系统创新能力。到2015年，形成具有世界先进水平的轨道交通装备发展能力。

（十六）海洋工程装备工程。

突破深水浮式结构物水动力性能、结构设计和强度分析等共性技术，加快发展深海高性能物探船和钻井船、浮式生产储油卸油装置、半潜式平台、水下生产系统、环境探测、观测与监测、深海运载及应急作业等装备及其关键配套设备和系统，建设液化天然气浮式生产储卸装置等新型装备总装制造平台，完善设计建造标准体系。到2015年，国产深海资源探采装备国内市场占有率明显提高，关键设备和系统实现配套，国际市场竞争力得到提升。

（十七）智能制造装备工程。

突破新型传感、高精度运动控制、故障智能诊断等关键技术，大力推进泛在感知自动控制系统、工业机器人、关键零部件等装置的开发和产业化，开展基于机器人的自动化成形与加工装备生产线、自动化仓储与分拣系统以及数字化车间等典型智能装备与系统的集成创新，推进智能制造技术和装备在石油加工、煤炭开采、发电、环保、纺织、冶金、建材、机械加工、食品加工等典型领域中的示范应用。到2015年，具有自主知识产权的智能测控装置及零部件国内市场占有率达到30%，掌握智能制造系统关键核心技术，以传感器、自动控制系统、工业机器人、伺服和执行部件为代表的智能装置实现突破并达到国际先进水平，重大成套装备及生产线系统集成水平大幅提升，基本满足国民经济重点领域和国防建设的需要。

（十八）新能源集成应用工程。

在风电、太阳能、海洋能发电等可再生能源电力开发集中区域，示范建设以智能电网为载体、发输用一体化、可再生能源为主的电力系统；选择可再生能源资源丰富、经济条件较好的城市，在公共建筑、商业设施和工业园区推进太阳能、页岩气、生物质能、地热和地温能等新能源技术的综合应用示范；开展绿色能源和新能源区域应用示范建设，建成完善的县域绿色能源利用体系；在可再生能源丰富和具备多元化利用条件的中小城市及偏远农牧区、海岛等，示范建设分布式光伏发电、风力发电、沼气发电、小水电“多能互补”的新能源微电网系统。推进新能源装备产业化。到2015年，建成世界领先的新能源技术研发和制造基地。

（十九）关键材料升级换代工程。

加快突破气相沉积、等静压、先进熔炼、高效合成等材料先进技术和装备，支持高强铝合金等轻型合金材料、稀有金属材料、装备制造和重大工程需要的高品质特殊钢开发；推进高强高模碳纤维等高性能纤维及其复合材料、全氟离子膜等功能性膜材料、医用材料、先进电池材料、高纯硅等新型半导体材料、纳米绿色印刷材料和技术的产业化；开展高磁感取向硅钢、铁基非晶带材、高饱和磁感铁基纳米晶材料等金属合金材料、无机改性高分子材料、高性能复合材料以及新型绿色节能建材等在电力、交通运输、建筑等领域的应用示范；完善新材料认定及标准体系，建设一批新材料开发、检测、应用、信息等公共服务平台。到2015年，形成新材料持续发展的创新能力，一大批关键新材料的国内保障能力基本满足需求。

（二十）新能源汽车工程。

建设新能源汽车公共测试平台、试验验证和应用综合评价体系，建立产品开发和专利数据库，重点研发动力电池、电机及控制系统等关键核心技术和新产品，加速纯电动、插电式混合动力汽车系列产品产业化，加大公共服务领域示范推广力度，扩大私人购买新能源汽车补贴试点城市范围和规模。推进充电网络体系和设施建设，探索新型商业化运行模式。

五、政策措施

（一）加大财税金融政策扶持。

1. 加大财税政策扶持。在整合现有政策资源、充分利用现有资金渠道的基础上，建立稳定的财政投入增长机制，设立战略性新兴产业发展专项资金，着力支持重大关键技术研发、重大产业创新发展工程、重大创新成果产业化、重大应用示范工程及创新能力建设等。结合税制改革方向和税种特征，针对战略性新兴产业特点，加快研究完善和落实鼓励创新、引导投资和消费的税收支持政策。

2. 强化金融支持。加强金融政策和财政政策的结合，运用风险补偿等措施，鼓励金融机构加大对战略性新兴产业的信贷支持。发展多层次资本市场，拓宽多元化直接融资渠道。大力发展债券市场，扩大公司债、企业债、短期融资券、中期票据、中小企业集合票据等发行规模。进一步完善创业板市场制度，支持符合条件的企业上市融资。推进场外证券交易市场建设，满足处于不同发展阶段创业企业的需求。完善不同层次市场之间的转板机制，逐步实现各层次市场有机衔接。扶持发展创业投资企业，发挥政府新兴产业创业投资资金的引导作用，扩大资金规模，推动设立战略性新兴产业创业投资引导基金，充分运用市场机制，带动社会资金投向处于创业早中期阶段的战略性新兴产业创新型企业。健全投融资担保体系。引导民营企业和民间资本投资战略性新兴产业。

（二）完善技术创新和人才政策。

1. 加强企业技术创新能力建设。构建新兴产业技术创新和支撑服务体系，加大企业技术创新的投入力度，对面向应用、具有明确市场前景的政府科技计划项目，建立由企业牵头组织、高等院校和科研机构共同参与实施的有效机制。依托骨干企业，围绕关键核心技术的研发、系统集成和成果中试转化，支持建设若干具有世界先进水平的工程化平台，发展一批企业主导、产学研用紧密结合的产业技术创新联盟，支持联盟成员构建专利池、制定技术标准等。进一步加强财税政策的引导，激励企业增加研发投入。

2. 加强知识产权体系建设。加强重大发明专利、商标等知识产权的申请、注册和保护，鼓励国内企业申请国外专利。健全知识产权保护相关法律法规，制定适合战略性新兴产业发展的知识产权政策。建立公共专利信息查询和服务平台，为全社会提供知识产权信息服务。针对我国企业在对外贸易投资中遇到的知识产权问题，尽快建立健全预警应急机制、海外维权和争端解决机制。大力推进知识产权的运用，完善知识产权转移交易体系，规范知识产权资产评估，推进知识产权投融资机制建设。

3. 加强技术标准体系建设。制定并实施战略性新兴产业标准发展规划，加快基础通用、强制性、关键共性技术、重要产品标准研制的速度，健全标准体系。建立标准化与科技创新和产业发展协同跟进机制，在重点产品和关键共性技术领域同步实施标准化，支持产学研联合研制重要技术标准并优先采用，加快创新成果转化和产业化步伐。

4. 建设高素质人才队伍。支持企业人才队伍建设。加快完善高校和科研机构科技人员职务发明创造的激励机制。加大力度吸引海外优秀人才来华创新创业，依托“千人计划”和海外高层次创新创业人才基地建设，加快吸引海外高层次人才。加强高校和中等职业学校战略性新兴产业相关学科专业建设，改革创新人才培养模式，建立企校联合培养人才的新机制，促进创新型、应用型和复合型人才的培养。

（三）营造良好的市场环境。

1. 完善市场培育、应用与准入政策。鼓励绿色消费、信息消费、健康消费，促进消费结构升级。加大节能环保、新能源、新能源汽车等市场培育与引导力度，培育发展新业态。加快建立有利于战略性新兴产业发展的相关标准和重要产品技术标准体系，优化市场准入的审批管理程序。

2. 深化国际合作。引导外资投向战略性新兴产业，丰富外商投资方式，拓宽外资投资渠道，不断完善外商投资软环境。继续支持引进先进的核心关键技术和设备。鼓励我国企业和研发机构在境外设立研发机构，参与国际标准制定。扩大企业境外投资自主权，支持有条件的企业开展境外投融资。完善相关出口信贷、保险等政策，支持拥有自主知识产权的技术标准在国外推广应用。支持企业通过境外注册商标、境外收购等方式，培育国际化品牌，开展国际化经营，参与高层次国际合作。国家支持战略性新兴产业发展的政策同等适用于符合条件的外商投资企业。

（四）加快推进重点领域和关键环节改革。

完善相关市场开放机制，深化民间投资准入改革，鼓励各类企业投资战略性新兴产业。推行能效“领跑者”制度，建立健全排污权、节能量和碳排放交易制度，推进环保和资源税费、价格改革；建立生产者责任延伸制，建立资源循环利用产品认证体系和再制造产品标识管理制度；大力推进环境标志产品认证和政府绿色采购制度，积极倡导绿色消费。建立健全推进三网融合的政策和机制，深化电信体制改革，推进有线电视网络整合和运营机构转企改制，按照分业管理的原则探索建立适应三网融合要求的电信、广电监管体制和协调高效的运行机制，完善相关法规标准，推动三网融合高效有序开展。加强生物安全管理，完善药品、医疗器械注册管理、价格管理、集中招标采购、安全评价与监督管理等机制，制定实施有利于绿色生物基产品发展的激励政策。加快制定民用航空工业法律法规，加快推进空域管理体制改革，建立空域灵活使用机制，优化航路航线和飞行繁忙地区空域结构，推进低空空域开放；完善卫星应用数据共享、市场准入等政策法规；支持智能制造装备首台（套）研发创新和产业化，探索首台（套）装备保险机制。实施可再生能源发电配额制，落实可再生能源发电全额保障性收购制度，深化电力体制改革，完善新能源发电补贴机制，建立适应风电、太阳能光伏发电发展的电网运行管理体系；完善生物燃料、能源化利用农林废弃物的激励政策及市场流通机制等。

六、组织实施

（一）加强统筹协调。

有效统筹协调中央、地方和其他社会资源，促进军民融合，突出重点，集中支持本规划明确的重大产业创新发展工程、重大关键技术研发与创新成果产业化、重大应用示范工程、创新能力建设等。加强与科技重大专项的衔接，发挥科技重大专项的引领带动作用。营造公平竞争环境，激发和调动各类市场主体的积极性，引导加大对战略性新兴产业的投入，加快推进战略性新兴产业发展。

（二）加强宏观引导。

优化产业布局，加强对地方发展战略性新兴产业的信息引导和宏观指导，明确不同区域总体功能定位和重点发展方向。各地要结合国家战略性新兴产业发展重点，从当地实际出发，重点发展具有竞争优势的特色新兴产业，避免盲目发展和重复建设。强化行业和企业自律，发挥行业协会在企业投资、经营决策方面的指导、协调和监督作用。加强市场信息预警与引导，定期向社会发布战略性新兴行业产能规模、产能利用率及生产、技术、市场发展动向等信息。

（三）培育发展产业示范基地。

依托现有优势产业集聚区，充分利用现有资源，促进技术、人才、资金等要素向具有技术创新优势的企业和产业集聚，建设一批体制机制健全、市场活力大、产业链完善、辐射带动强、具有国际竞争力的战略性新兴产业示范基地，培育战略性新兴产业增长极。发挥创新资源密集、创新环境良好区域的比较优势，完善创新创业体系，推进先行先试，培育若干全国战略性新兴产业的策源地。

（四）完善规划体系。

根据本规划提出的重点方向和任务，研究制定战略性新兴产业分类及重点产品和服务指导目录，健全统计监测体系。制定实施节能环保、新一代信息技术、生物、高端装备制造、新能源、新材料、新能源汽车产业等专项规划，明确实施内容和实施机制。鼓励相关省（区、市）联合编制区域性发展规划，推进战略性新兴产业差别化、特色化协同发展。各专项规划和地方规划要加强与本规划的衔接。

（五）加强组织实施。

成立由发展改革委、科技部、工业和信息化部、财政部等有关部门参加的战略性新兴产业发展部际协调小组，加强统筹协调和督促落实。协调小组办公室设在发展改革委，承担协调小组的日常工作。根据规划实施的需要，组建由相关部门组成的政策工作组，加强沟通协调，及时制定出台有关政策措施。

有关部门要加强相关战略性新兴产业的统计和监测，加强形势分析，及时发布产业发展信息。发展改革委要会同有关部门加强对规划实施情况的跟踪分析和监督检查，及时开展后评估；要针对规划实施中出现的新情况新问题，适时提出解决办法，重大问题及时向国务院报告。

国务院关于大力推进信息化发展和切实保障信息安全的若干意见

国发 [2012] 23号

各省、自治区、直辖市人民政府，国务院各部委、各直属机构：

大力推进信息化发展和切实保障信息安全，对调整经济结构、转变发展方式、保障和改善民生、维护国家安全具有重大意义。近年来，各地区、各部门认真贯彻落实党中央、国务院决策部署，加快推进信息化建设，建立健全信息安全保障体系，有力地促进了经济社会发展。当前，世界各国信息化快速发展，信息技术的应用促进了全球资源的优化配置和发展模式创新，互联网对政治、经济、社会和文化的影响更加深刻，围绕信息获取、利用和控制的国际竞争日趋激烈，保障信息安全成为各国重要议题。但是，我国信息化建设和信息安全保障仍存在一些亟待解决的问题，宽带信息基础设施发展水平与发达国家的差距有所拉大，政务信息共享和业务协同水平不高，核心技术受制于人；信息安全工作的战略统筹和综合协调不够，重要信息系统和基础信息网络防护能力不强，移动互联网等技术应用给信息安全带来严峻挑战。必须进一步增强紧迫感，采取更加有力的政策措施，大力推进信息化发展，切实保障信息安全。为此，提出以下意见。

一、指导思想和主要目标

（一）指导思想。

以邓小平理论和“三个代表”重要思想为指导，深入贯彻落实科学发展观，以促进资源优化配置为着力点，加快建设下一代信息基础设施，推动信息化和工业化深度融合，构建现代信息技术产业体系，全面提高经济社会信息化发展水平。坚持积极利用、科学发展、依法管理、确保安全，加强统筹协调和顶层设计，健全信息安全保障体系，切实增强信息安全保障能力，维护国家信息安全，促进经济平稳较快发展和社会和谐稳定。

（二）主要目标。

重点领域信息化水平明显提高。信息化和工业化融合不断深入，农业农村信息化有力支撑现代农业发展，文化、教育、医疗卫生、社会保障等重点领域信息化水平明显提高；电子政务和电子商务快速发展，到“十二五”末，国家电子政务网络基本建成，信息共享和业务协同框架基本建立；全国电子商务交易额超过18万亿元，网络零售额占社会消费品零售总额的比重超过9%。

下一代信息基础设施初步建成。到“十二五”末，全国固定宽带接入用户超过2.5亿户，互联网国际出口带宽达到每秒6 500吉比特（Gbit），第三代移动通信技术（3G）网络覆盖城乡，国际互联网协议第6版（IPv6）实现规模商用。

信息产业转型升级取得突破。集成电路、系统软件、关键元器件等领域取得一批重大创新成果，软件业占信息产业收入比重进一步提高。

国家信息安全保障体系基本形成。重要信息系统和基础信息网络安全防护能力明显增强，信息化装备的安全可控水平明显提高，信息安全等级保护等基础性工作明显加强。

二、实施“宽带中国”工程，构建下一代信息基础设施

（一）加快发展宽带网络。实施“宽带中国”工程，以光纤宽带和宽带无线移动通信为重点，加快信息网络宽带化升级。推进城镇光纤到户和行政村宽带普遍服务，提高接入带宽、网络速率和宽带普及率。加强3G网络纵深覆盖，支持具有自主知识产权的3G技术TD-SCDMA及其后续演进技术TD-LTE产业链发展，科学统筹3G及其长期演进技术协调发展。加快下一代广播电视网络建设，推进广播电视网络数字化、双向化和

互联互通改造。

（二）推进下一代互联网规模商用和前沿性布局。加快部署下一代互联网，抓紧开展IPv6商用试点，适时推动IPv6大规模部署和商用，推进国际互联网协议第4版（IPv4）向IPv6的网络演进、业务迁移与商业运营。完善互联网国家顶层网络架构，升级骨干网络，实现高速度高质量互联互通。重点研发下一代互联网关键芯片、设备、软件和系统，推动产业化步伐。加快未来网络体系架构关键理论和核心技术的研发，加强战略布局，建设面向未来互联网创新发展的示范平台。

（三）加快推进三网融合。总结试点经验，在确保信息和文化安全的前提下，大力推进三网融合，推动广电、电信业务双向进入，加快网络升级改造和资源共享，加强资源开发、信息技术和业务创新，大力发展融合型业务，培育壮大三网融合相关产业和市场。加快相关法律法规和标准体系建设，健全适应三网融合的体制机制，完善可管、可控的网络信息和文化安全保障体系。

三、推动信息化和工业化深度融合，提高经济发展信息化水平

（一）全面提高企业信息化水平。推广使用数字化研发设计工具，加快重点行业生产装备数字化和生产过程智能化进程，全面普及企业资源计划、供应链、客户关系等管理信息系统。实施重大信息化示范项目，引导企业业务应用向综合集成和产业链协同创新转变。继续实施中小企业信息化推进工程和制造业信息化科技工程，提高中小企业和制造业企业信息化水平。完善企业信息化和工业化融合水平评估认定体系，支持面向具体行业的信息化公共服务平台发展。

（二）推广节能减排信息技术。推动工业、建筑、交通运输等领域节能减排信息技术的普及和深入应用，加大主要耗能、耗材设备和工艺流程的信息化改造。建立健全资源能源综合利用效率监测和评价体系，提升资源能源供需双向调节水平。建立健全主要污染物排放监测和固体废弃物综合利用信息管理系统，完善污染治理监督管理体系。

（三）增强信息产业核心竞争力。加大国家科技重大专项对信息产业核心基础产品、网络共性关键技术开发的支持力度，加快推动新一代移动通信、基础软件、嵌入式软件以及制造执行系统、工业控制系统、大型管理软件等技术的研发和应用。加强统筹规划，积极有序促进物联网、云计算的研发和应用。实施工业电子产品提升工程，推进信息技术与工业技术融合创新，提高汽车、船舶、机械等产品智能化水平。推动电子信息产品制造企业由单纯提供产品向提供综合解决方案和信息服务转变。

（四）引导电子商务健康发展。健全安全、信用、金融、物流和标准等支撑体系，探索有效监管模式，建立规范有序的电子商务市场秩序。引导电子商务平台向提供涵盖信息流、物流、资金流的全流程服务发展。鼓励大中型企业开展网络采购和销售，加强供应链协同运作，重点推动小型微型企业普及电子商务应用。实施移动电子商务试点示范工程，创建电子商务试点示范城市，创新电子商务发展模式，改善电子商务发展环境。

（五）推进服务业信息化进程。推动银行业、证券业和保险业信息共享，支持金融产品和服务创新，促进消费金融发展，提高面向小型微型企业和农业农村的金融服务水平。加快推进交通、旅游、休闲娱乐等服务业信息化。培育和发展地理信息产业，大力发展信息系统集成、互联网增值业务和信息安全服务。提高工业设计信息化水平。

四、加快社会领域信息化，推进先进网络文化建设

（一）提升电子政务服务能力。围绕提升服务和监管能力，促进政府管理创新，加强电子政务顶层设计。以互联互通为重点，形成统一的国家电子政务网络，完善项目建设管理、绩效评估和运行维护机制。扎实推进药品、食品、住房、能源、金融、价格等重要监管信息系统建设。推动重点领域信息共享和业务协同，加快电子政务服务向街道、社区和农村延伸，支持基层政府和社区开展管理和服务模式创新试点示范。加强地理空间和自然资源、人口、法人、金融、税收、统计等基础信息资源的开发利用，促进共享。全面提升电子政务技术服务能力，鼓励业务应用向云计算模式迁移。加强电子文件管理与应用。

（二）提高社会管理和城市运行信息化水平。建立

全面覆盖的社会管理综合信息系统。完善人口信息共享机制，实现实有人口动态管理，提高人口信息动态监测和分析预测能力。建设公众诉求信息管理平台，改进信访工作方式。加强网络舆情分析，健全网上舆论动态引导管理机制。推动城市管理信息共享，推广网格化管理模式，加快实施智能电网、智能交通等试点示范，引导智慧城市建设健康发展。

（三）加快推进民生领域信息化。加快学校宽带网络建设，推动优质数字教育资源开发和共享，完善教育管理信息系统，构建面向全民的终身学习网络和服务平台，大力发展远程教育，形成教育综合信息服务体系。完善医疗服务与管理信息系统，加快建立居民电子健康档案和电子病历，加强国家和区域医药卫生信息共享，夯实远程医疗发展的基础。构建覆盖城乡居民的劳动就业和社会保障信息服务体系，全面推行社会保障卡应用，推动就业信息共享。推进减灾救灾、社会救助、社会福利和慈善事业等社会服务信息化。提高面向残疾人等特殊人群的信息服务能力。

（四）发展先进网络文化。鼓励开发具有中国特色和自主知识产权的数字文化产品，加强知识产权保护，壮大数字内容产业，培育数字内容与网络文化产业骨干企业，扩展数字内容产业链。加强重点新闻网站建设，规范管理综合性商业网站，构建积极健康的网络传播新秩序和网络氛围。积极推进数字图书馆等公益性文化信息基础设施建设，开发精品网络科普资源，完善公共文化信息服务体系。

五、推进农业农村信息化，实现信息强农惠农

（一）提高农业生产经营信息化水平。推动农业适用信息技术的研发应用，加快推进农业生产基础设施、装备与信息技术的融合。提高种植业、养殖业生产信息化和农村专业合作社、农产品批发市场经营信息化水平。加强农业生产环境监控、生产过程监测、行业发展监管，建立和完善农产品质量安全追溯体系。积极培育、示范、推广适用的农业信息化应用模式。

（二）完善农业农村综合信息服务体系。规范各类农业信息服务系统，建立全国农业综合信息服务平台，鼓励发展专业信息服务，加快推进涉农信息资源开发、整合和综合利用。继续推进农村基层信息服务站和信息员队伍建设，形成村为节点、县为基础、省为平台、全国统筹的农村综合信息服务体系。

六、健全安全防护和管理，保障重点领域信息安全

（一）确保重要信息系统和基础信息网络安全。能源、交通、金融等领域涉及国计民生的重要信息系统和电信网、广播电视网、互联网等基础信息网络，要同步规划、同步建设、同步运行安全防护设施，强化技术防范，严格安全管理，切实提高防攻击、防篡改、防病毒、防瘫痪、防窃密能力。加大无线电安全管理和重要信息系统无线电频率保障力度。加强互联网网站、地址、域名和接入服务单位的管理，完善信息共享机制，规范互联网服务市场秩序。

（二）加强政府和涉密信息系统安全管理。严格政府信息技术服务外包的安全管理，为政府机关提供服务的数据中心、云计算服务平台等要设在境内，禁止办公用计算机安装使用与工作无关的软件。建立政府网站开办审核、统一标识、监测和举报制度。减少政府机关的互联网连接点数量，加强安全和保密防护监测。落实涉密信息系统分级保护制度，强化涉密信息系统审查机制。

（三）保障工业控制系统安全。加强核设施、航空航天、先进制造、石油石化、油气管网、电力系统、交通运输、水利枢纽、城市设施等重要领域工业控制系统，以及物联网应用、数字城市建设中的安全防护和管理，定期开展安全检查和风险评估。重点对可能危及生命和公共财产安全的工业控制系统加强监管。对重点领域使用的关键产品开展安全测评，实行安全风险和漏洞通报制度。

（四）强化信息资源和个人信息保护。加强地理、人口、法人、统计等基础信息资源的保护和管理，保障信息系统互联互通和部门间信息资源共享安全。明确敏感信息保护要求，强化企业、机构在网络经济活动中保护用户数据和国家基础数据的责任，严格规范企业、机构在我国境内收集数据的行为。在软件服务外包、信息技术服务和电子商务等领域开展个人信息保护试点，加强个人信息保护工作。

七、加快能力建设，提升网络与信息安全保障水平

（一）夯实网络与信息安全基础。研究制定国家信

息安全战略和规划，强化顶层设计。落实信息安全等级保护制度，开展相应等级的安全建设和管理，做好信息系统定级备案、整改和监督检查。强化网络与信息安全应急处置工作，完善应急预案，加强对网络与信息安全灾备设施建设的指导和协调。完善信息安全认证认可体系，加强信息安全产品认证工作，减少重复检测和重复收费。

（二）加强网络信任体系建设和密码保障。健全电子认证服务体系，推动电子签名在金融等重点领域和电子商务中的应用。制定电子商务信用评价规范，建立互联网网站、电子商务交易平台诚信评价机制，支持符合条件的第三方机构开展信用评价服务。大力推动密码技术在涉密信息系统和重要信息系统保护中的应用，强化密码在保障电子政务、电子商务安全和保护公民个人信息等方面的支撑作用。

（三）提升网络与信息安全监管能力。完善国家网络与信息安全基础设施，加强网络与信息安全专业骨干队伍和应急技术支撑队伍建设，提高风险隐患发现、监测预警和突发事件处置能力。加强信息共享和交流平台建设，健全网络与信息安全信息通报机制。加大对网络违法犯罪活动的打击力度。进一步完善监管体制，充实监管力量，加强对基础信息网络安全工作的指导和监督管理。倡导行业自律，发挥社会组织和广大网民的监督作用。

（四）加快技术攻关和产业发展。统筹规划，整合力量，进一步加大网络与信息安全技术研发力度，加强对云计算、物联网、移动互联网、下一代互联网等方面的信息安全技术研究。继续组织实施信息安全产业化专项，完善有关信息安全政府采购政策措施和管理制度，支持信息安全产业发展。

八、完善政策措施

（一）加强组织领导。在国家信息化领导小组和国家网络与信息安全协调小组的领导下，各有关部门要按照职责分工，认真落实各项工作任务，加强协调配合，形成合力，共同推进信息化发展和网络信息安全保障工作。各地区要将保障网络与信息安全列入重要议事日程，逐级建立并认真落实网络与信息安全责任制，明确主管领导，确定工作机构，负责督促落实网络与信息安全规章制度，组织制定应急预案，处理重大网络与信息安全事件等，并根据本地实际情况，建立省（区、市）、地（市）两级网络与信息安全协调机制。

（二）加强财税政策扶持。发挥财税政策的杠杆作用，加大对信息化和工业化深度融合关键共性技术研发与推广、公共服务平台、重大示范工程建设等的支持力度。完善农村通信普遍服务补偿机制，优先支持农村、欠发达地区综合信息基础设施建设和改造。整合利用现有资金渠道，中央财政加大投入，重点支持信息安全重要基础性工作。各地区、各部门要将基础性公益性网络与信息安全设施运行维护、安全服务和检查等费用纳入财政预算。

（三）加快法规制度和标准建设。完善信息化发展和网络与信息安全法律法规，研究制定政府信息安全管理、个人信息保护等管理办法。健全相关法规制度，明确并落实企事业单位和社会组织维护信息安全的责任。制定完善新一代信息技术在重点领域的应用标准，注重发挥标准对产业发展的技术支撑作用。培育国家信息安全标准化专业力量，加快制定三网融合、云计算、物联网等领域安全标准。积极参与制定信息安全国际行为准则、互联网治理等国际规则和标准。

（四）加强宣传教育和人才培养。开展面向全社会的信息化应用和信息安全宣传教育培训。支持信息安全与保密学科师资队伍、专业院系、学科体系、重点实验室建设。加强大中小学信息技术、信息安全和网络道德教育，在政府机关和涉密单位定期开展信息安全教育培训。各级财政要加大对信息安全宣传教育和培训等公益性活动的支持。加快培养创新型、应用型信息化人才。

国务院

二〇一二年六月二十八日

国务院关于印发服务业发展“十二五”规划的通知

国发 [2012] 62号

各省、自治区、直辖市人民政府，国务院各部委、各直属机构：

现将《服务业发展“十二五”规划》印发给你们，请认真贯彻执行。

国务院

2012年12月1日

服务业发展“十二五”规划

2012年12月

前 言

“十二五”时期是我国全面建设小康社会的关键时期，是深化改革开放、加快转变经济发展方式的攻坚时期，也是推动服务业大发展的重要时期。加快发展服务业是推进经济结构调整、产业结构优化升级的重大任务，是适应对外开放新形势、提升综合国力的有效途径，也是扩大就业、满足人民群众日益增长的物质文化生活需要的内在要求。

《服务业发展“十二五”规划》是落实《中华人民共和国国民经济和社会发展第十二个五年规划纲要》要求、指导我国服务业发展的总体部署，是编制服务业各领域专项规划（指导意见）和地方服务业发展规划的重要依据。

《服务业发展“十二五”规划》的范围是服务产业和可以市场化发展的服务领域。

第一章 服务业发展面临的形势

第一节 发展基础

“十一五”时期，我国社会生产力快速发展，综合国力大幅提升，人民生活明显改善，国际地位和影响力显著提高，经济建设和社会建设取得重大进展。我国服务业实现较快发展，对经济社会发展的支撑和拉动作用日益突出。

——规模不断扩大。“十一五”时期，服务业增加值年均增长11.9%，高于国内生产总值年均增速0.7个百分点，比“十五”时期加快1.4个百分点。2010年服务业实现增加值17.4万亿元，比2005年增加9.9万亿元，增长1.3倍。

——主要服务业行业较快发展。“十一五”时期，服务业各主要行业均实现了较快发展。金融业、批发和零售业、房地产业、住宿和餐饮业、交通运输仓储和邮政业等5个门类的增加值年均增速分别为18.7%、16.5%、11.3%、9.5%和8.3%。

——新兴服务产业快速发展。“十一五”时期，旅游、文化等产业实现了高速增长，对经济发展的带动作用明显增强；高新技术的广泛应用和管理理念的不断创新，推动了电子商务、增值电信、新一代信息技术服务、地理信息、动漫游戏、检验检测、气象服务等新型服务业态加速发展；认证认可、合同能源管理、环境服务、人力资源服务、家政服务等一批适应市场需求的新兴服务产业蓬勃发展。

——固定资产投资占比提高。“十一五”时期，服务业全社会固定资产投资累计完成49.6万亿元，年均增长25.5%，增速比“十五”时期提高8.5个百分点。2010年服务业全社会固定资产投资占全部投资比重为54.7%，比2005年提高1.1个百分点。

——企业不断发展壮大。“十一五”时期，服务业企业规模不断扩大，创新能力不断增强，形成了一批知名企业和著名品牌，竞争力不断提高。

——改革开放进一步深化。“十一五”时期，金融机构、资本市场、铁路投融资体制、文化体制、医药卫生体制、邮政体制等领域改革取得积极进展。服务业税收、价格、收费等改革深入推进。对外开放领域不断拓展，服务业外商投资占全部外商投资的比重明显提高。服务贸易规模迅速扩大，结构逐步优化，国际地位不断提升。

——吸纳就业能力进一步增强。2010年服务业就业人数达到26 332万人，比2005年增加了2 893万人，年均增加578.6万人；占全社会就业人数比重达到34.6%，比2005年提高3.2个百分点。在应对国际金融危机扩大就业方面，服务业发挥了重要作用。

党中央、国务院高度重视服务业发展。党的十七大报告提出，要发展现代服务业，提高服务业比重和水平。《国务院关于加快发展服务业的若干意见》（国发[2007] 7号）明确了服务业发展的方向、目标、主要任务和政策措施。国家“十二五”规划纲要强调，要把推动服务业大发展作为产业结构优化升级的战略重点，营造有利于服务业发展的政策和体制环境。这些都为“十二五”时期服务业大发展奠定了良好基础。

第二节 发展机遇

“十二五”时期，我国服务业面临难得的发展机遇。从国际环境看，经济全球化深入发展，世界经济增长格局和市场需求形势发生新变化，科技创新和产业升级面临新突破，国际经济秩序出现新调整。我国与世界经济的相互联系和影响日益加深，服务业国际化发展的机遇增多，有利于在更广领域、更高层次参与国际合作与竞争。

从国内环境看，我国具备服务业大发展的有利条件。2010年我国人均国内生产总值超过4 000美元，“十二五”时期将向更高水平迈进，必然进一步带动产业结构和消费结构升级，服务业市场需求潜力巨大。随着工业化、信息化、城镇化、市场化、国际化深入发展，服务业的发展基础和发展条件将进一步改善。改革攻坚步伐加快、社会主义市场经济体制趋向完善，将为服务业发展创造更加完善的体制环境，进一步激发服务业发展的活力和动力。转变经济发展方式、调整产业结构的加快推进，将对发展生产性服务业提出新的要求；保障和改善民生，不断满足广大人民群众日益增长的物质文化生活需要，将对发展生活性服务业提出更高的标准。党的十八大报告提出了推动服务业特别是现代服务业发展壮大的任务要求，为服务业发展指明了方向。

第三节 面临挑战

“十二五”时期，我国服务业发展还存在不少困难和问题，面临一些新的挑战。我国服务业发展长期滞后，结构不合理，生产性服务业水平不高，尚未形成对产业结构优化升级的有力支撑；生活性服务业有效供给不足，不能满足人民群众日益增长的服务需求。国际竞争力不强，缺少大企业大集团和知名品牌，服务贸易逆差短期内难以扭转。服务业人才不足，标准化水平不高，科技含量和服务水平有待进一步提升。服务业深化改革任务仍然艰巨，加快发展服务业的思想认识需要进一步提高，制约发展的一些长期性深层次矛盾依然存在，影响发展的体制机制障碍亟待解决。国家“十一五”规划纲要提出的服务业增加值占国内生产总值比重、服务业就业人数占全社会就业人数比重两个预期性指标均未完成，服务业不能适应经济社会发展需求的问题更加凸显。国际环境复杂多变，不确定因素增多，贸易保护主义加剧，发达国家的生产性服务业占有明显优势，围绕市场、资源、人才、技术、标准的竞争更加激烈，这些对提升我国服务业质量和水平，缩小与发达国家差距都提出了新的挑战。我们必须立足现有基础，充分利用各种有利条件，加快解决突出矛盾和问题，全力推动服务业大发展。

第二章 总体要求

第一节 指导思想

以邓小平理论、“三个代表”重要思想、科学发展观为指导，紧紧围绕科学发展主题和加快转变经济发展方式主线，适应中国特色新型工业化、信息化、城镇化、农业现代化同步发展的要求，进一步解放思想，深化改革，扩大开放，将推动服务业大发展作为调整经济结构的重要突破口，以市场化、产业化、社会化、国际化为方向，加快发展生产性服务业，大力发展生活性服务业，营造有利于服务业发展的良好环境，全力推动服务业发展提速、比重提高、水平提升，为增强我国产业核心竞争力和提高人民群众生活质量奠定坚实基础。

第二节　基本原则

“十二五”时期，推动服务业大发展需要把握以下原则：

（一）发展服务业与促进经济结构调整、产业结构优化升级相结合。推动服务业与工业、农业深度融合，催生新技术、新工艺、新产品，促进企业组织结构完善和生产经营模式创新，不断增强我国产业发展综合优势，推进产业结构优化升级。

（二）发展服务业与扩大国内需求、改善人民群众生活相结合。进一步发挥服务业对拉动消费和投资的积极作用，培育新的经济增长点，满足人民群众日益增长的物质文化生活需要。

（三）发展服务业与扩大就业、提高劳动者素质相结合。发挥服务业吸纳就业的主渠道作用，加强人才培养开发和就业服务体系建设，将我国人口多的压力转化为人力资源丰富的优势。

（四）发展服务业与推进城镇化相结合。适应城镇化发展的趋势和要求，强化服务产业支撑，增强服务功能，在城镇化进程中完善服务体系，提升城镇宜居宜业水平。

（五）推动服务业全面发展与重点突破相结合。坚持生产性服务业与生活性服务业并重、现代服务业与传统服务业并举，大力推动涉及面广、辐射作用大的服务业重点行业和领域加快发展，带动服务业全面发展。

（六）深化服务业改革与扩大服务业开放相结合。推进服务业改革，完善体制机制，为服务业大发展营造良好的政策环境。进一步扩大服务业开放，以开放促改革，以竞争促发展。

第三节　发展目标

根据推动服务业大发展的总体要求，“十二五”时期，要努力实现以下目标：

（一）提高服务业比重。服务业增加值年均增速超过国内生产总值年均增速，服务业固定资产投资年均增速超过全社会固定资产投资和第二产业固定资产投资年均增速。到2015年，服务业增加值占国内生产总值的比重较2010年提高4个百分点，成为三个产业中比重最高的产业。推动特大城市形成以服务经济为主的产业结构。

（二）提升服务业水平。服务业新兴领域不断拓展，新型业态和新兴产业不断涌现，规模化、品牌化和网络化水平不断提升，生产性服务业对产业结构优化升级的支撑作用明显提高，生活性服务业满足人民群众多样化需求的能力明显增强，农村服务业水平明显提升。培育一批具有核心竞争力的大企业大集团，创建一批具有国际影响力的著名品牌，建设一批主体功能突出、辐射范围广、带动作用强的服务业发展示范区。

（三）推进服务业改革开放。垄断行业改革不断深化，投资主体多元化机制进一步完善。公共服务领域改革不断深入，市场机制作用得到充分发挥。社会领域和事业单位改革加快推进，服务质量和效率不断提高。适应新型服务业态和新兴服务产业发展的市场管理办法逐步完善。国家服务业综合改革试点取得明显成效。服务业发展环境进一步改善，对外开放领域和范围进一步扩大，国际化水平不断提高。

（四）提高服务业吸纳就业能力。到2015年，服务业就业人数占全社会就业人数的比重较2010年提高4个百分点，服务业从业人员素质明显提高。

第三章　服务业发展重点

立足我国产业基础，发挥比较优势，以市场需求为导向，突出重点，引导资源要素合理集聚，构建结构优化、水平先进、开放共赢、优势互补的服务业发展格局。

第一节　加快发展生产性服务业

围绕促进工业转型升级和加快农业现代化进程，推动生产性服务业向中、高端发展，深化产业融合，细化专业分工，增强服务功能，提高创新能力，不断提高我国产业综合竞争力。

（一）金融服务业。

加强金融市场体系建设，有序发展和创新金融组织、金融产品和服务，优化社会融资结构。发挥大型金融机构的综合性服务功能，积极发展为小型微型企业服务的中小金融机构，推进政策性银行、大型商业银行、股份制商业银行、中小银行业金融机构、资产管理公司实施差异化发展战略。推进金融服务专业化、特色化、精细化、品牌化，大力改善对“三农”和小型微型企业的金融服务。发挥信用融资、证券、保险、信托、理财、担保等服务的资产配置和融资服务功能。大力发展资本市场，完善多层次资本市场体系，推进建立全国性场外交易市场。加快发展债券市场，完善大宗商品期货和金融期货的品种体系。充分发挥保险业的功能作用，积极发展责任保险、信用保险，探索建立国家政策支持的巨灾保险体系。创新保险营销服务方式，推进中小保险公司差异化发展，规范发展保险中介市场，推进再保险市场建设。完善现代金融企业制度，强化内部治理和风险管理。提高监管方法的科学性、适用性和前瞻性，维护金融业安全稳健运行。加强金融法律、支付清算、征信、反洗钱等金融服务业基础能力建设。建立健全系统性金融风险防范预警体系、评估体系和处置机制，加强对系统重要性金融机构的监管。“十二五”时期，全面提升金融服务水平，有效防范和应对系统性风险，健全金融宏观审慎政策框架，构建功能健全、服务高效、分工合理、竞争有序、效益良好、安全稳健的现代金融服务体系，更好地服务实体经济。

（二）交通运输业。

加快完善铁路网络，建设国家快速铁路网，强化重载货运网，提升服务能力和水平。加快国家高速公路网剩余路段、“瓶颈”路段建设，加强路网运行监测和交通出行信息服务；继续推进农村公路建设，提高城乡客运能力，推进城乡客运一体化。加快发展内河水运，推进重庆长江上游和武汉长江中游航运中心建设，发展专业化、规模化、现代化内河港区，加快推进内河运输船舶标准化，形成干支直达、江海联运的服务网络。推进沿海港口协调有序发展，加快推进上海国际航运中心、天津北方国际航运中心和大连东北亚国际航运中心建设。完善港口集疏运体系和专业化运输系统，拓展现代航运服务功能，形成具有国际竞争力的海运服务体系。建立通达通畅的国内国际航线网络，加强机场和空管保障能力建设，加快发展通用航空。实施公共交通优先发展战略，提高城市公共交通服务能力，建立多层次、差别化的公共交通服务网络，大力发展农村客运和农村物流。推进综合运输大通道和综合交通枢纽建设，提高基础设施养护水平。鼓励运输企业优化货物运输组织，大力发展铁水联运、江海直达、道路货物甩挂运输，加快发展冷链运输、零担快运和各种专用运输，鼓励道路运输企业向多式联运经营企业转型。加快邮政服务业发展，提高服务能力和水平。“十二五”时期，交通运输基础设施网络更趋完善，创新能力不断增强，管理能力不断提高，服务质量和效率不断提升，构建网络设施配套衔接、技术装备先进适用、运输服务安全高效的综合交通运输服务体系。

（三）现代物流业。

大力发展第三方物流，优先整合利用现有物流资源，拓展服务功能，完善服务网络。加快综合交通运输网络配套物流设施建设，促进各种运输方式的无缝衔接和高效联运，建设覆盖全国的物流通道网络。加快推进城市配送体系建设，提高统一配送水平。鼓励物流业与制造业联动发展，提高一体化运作水平和规模化程度。加快农业生产资料、农产品、大宗矿产品、重要工业品、生活必需品、药品等领域物流发展。拓展邮政物流，支持快递能力建设，推动快递与电子商务、制造业协同发展。强化核心技术开发，加快物联网等新技术在物流领域的应用和推广，鼓励物流信息化和智能化技术的研发和应用，健全各类物流信息共享平台，推广条码等自动识别技术。提高物流行业标准化设施、设备和器具应用水平，推进标准化托盘等物流包装的循环共用，推广货运车辆标准化车型。鼓励生产资料流通企业强化物流服务功能，向仓储、交易、加工、配送等多功能、多业态拓展，形成一批集多功能于一体的专业化、综合性生产资料物流配送中心，引导生产资料流通集聚式发展。支持物流企业做强做大，培育一批具有国际竞争力的现代物流企业。完善物流基础设施和网络，统筹规划仓储设施发展，促进传统仓储企业向现代配送中心转变。支持物流园区等物流功能集聚区有序发展，规划建设一批重点物流园区。加强进出口口岸、国际商品交易中心物流基础设施和国际通道建设，增强进出口货物集散能力，重点布局建设一批口岸商贸物流中心，促进货运枢纽向物流园区转型，促进保税物流中心向分拨中心、配送中心和采购中心发展。“十二五”时期，物流业信息化、智能化和标准化水平明显提高，重点行业物流服务能力显著增强，初步建立社会化、专业化、信息化的现代物流体系。

（四）高技术服务业。

重点发展高技术的延伸服务和相关科技支撑服务，突出研发设计对提升产业创新能力和企业核心竞争力的关键作用，加快支撑产业结构调整的研发设计服务体系建设。培育知识产权服务市场，构建服务主体多元化的知识产权服务体系。促进检验检测认证机构市场化运营，加大检验检测认证基础能力建设，加强战略性新兴产业等重点行业产品质量检验检测体系建设，鼓励检验检测认证服务机构由提供单一类型合格评定服务向复合型合格评定服务延伸，向规模化、品牌化、专业化发展。完善科技中介体系，大力发展专业化、市场化的科技成果转化服务。发展新一代信息技术和信息基础设施，开展云计算服务创新发展试点示范，加强云计算服务平台建设。加强物联网应用示范和推广，打造物联网应用平台。加快培育新兴网络信息技术服务，加强软件工具研发和知识库建设。推进各类面向行业应用的信息技术咨询、系统集成、系统运行维护和信息安全服务。加强数字文化教育产品开发和公共信息资源深化利用，构建便捷、安全、低成本的数字内容服务体系。推进地理、人口、法人、金融、税收、医疗、社保、农业、交通、统计等信息资源深度开发和社会化服务。完善生物技术服务体系，重点在医药创制、生物信息、生物环保、生物农业等领域培育新兴生物技术服务。“十二五”时期，高技术服务业营业收入年均增长18%以上，建设若干产业特色鲜明、比较优势突出的产业基地和创新集聚区，培育一批创新能力较强、服务水平较高、具有一定国际影响力的骨干企业，基本形成高技术服务产业体系、标准体系、统计体系和政策体系，推动研发设计服务、知识产权服务、检验检测认证服务、科技成果转化服务、信息技术服务、数字内容服务、生物技术服务等高技术服务业做大做强，发展成为国民经济的重要增长点。

（五）设计咨询。

以促进产业结构升级、提升生活品质为重点，鼓励创新，促进设计咨询产业规模化、品牌化、国际化发展。整合现有资源，加强资源共享，建立实用、高效的设计和咨询基础数据库、资源信息库等公共服务平台。提高设计和咨询的信息化水平，支持相关软件等信息技术产品研发和推广应用。重点支持设计创新成果产业化，鼓励研发体现中华民族传统工艺和文化特色的设计项目和产品。引导设计企业和咨询企业加强品牌建设，提高专业化、规模化水平。充分发挥工业设计在丰富产品品种、提高附加值、创建自主品牌、提高企业核心竞争力等方面的作用。鼓励设计和咨询企业积极参与国际竞争与合作。“十二五”时期，设计咨询服务能力明显增强，专业人才素质明显提高，拥有自主知识产权和知名品牌的设计咨询机构数量大幅上升，培养一批综合素质高、创新能力强的领军人才，培育一批具有国际竞争力的设计咨询企业。

（六）科技服务业。

大力发展研发服务外包、合同研发组织、检测、气象等服务，培育专业化第三方研发机构，促进研发服务集群发展。加快发展科技成果转移转化服务，提升技术转移机构的市场化运作和增值服务能力，强化产学研合作过程中的技术成果中试和熟化服务，推进技术市场交易模式和机制创新，提升技术市场网络化、信息化、国际化水平。积极发展创新创业服务，培育创业服务业态，大力推广“孵化加创投”模式。扩大科技企业加速器试点，为高成长企业做大做强提供资本、人才、市场等服务，优化创新创业环境。积极发展科技金融服务，推动设立科技金融专营机构，鼓励科技金融业务创新，探索科技贷款担保、科技保险、产权交易与股权交易等新模式；建设科技金融综合服务平台，为企业提供差异化金融服务；加强科技金融风险评估，防范和化解科技金融业风险。积极发展科技咨询服务，开展知识产权、产业研究和科技动态等服务，提升科技咨询服务水平。“十二五”时期，科技服务业社会化、专业化水平明显提高，产业实力明显增强，培育一批创新能力强、服务水平高、带动作用大的科技服务企业，形成一批特色鲜明、优势突出的科技服务产业基地和集聚区，科技在促进经济发展和创新型国家建设中的支撑能力明显增强。

（七）商务服务业。

鼓励商务服务业专业化、规模化、网络化发展，加大品牌培育力度，积极开拓国内外市场。大力发展广告业，提高广告业集约化、专业化和国际化发展水平。加快发展资产管理、兼并重组、财务顾问、后勤管理等企业管理服务，积极发展会计、审计、税务、资产评估、矿业权评估、认证认可、信用评估、经纪代理、市场调查等专业服务，加快发展融资租赁、经营性租赁，推动拍卖、典当服务业发展，促进信用服务业发展。培育一批著名商务服务企业和机构；建设一批影响力大的商务服务集聚区。合理规划展馆布局，发展会展业。“十二五”时期，商务服务业发展水平明显提升，竞争力明显增强，结构明显优化，国内外市场份额明显提高，市场秩序、诚信体系、标准体系和法律法规进一步完善。

（八）电子商务。

积极培育电子商务服务，支持第三方电子商务与交易服务平台建设，推动网络交易与电子认证、在线支付、物流配送、报关结汇、检验检疫、信用评价等环节的集成应用。发挥行业组织等社会中介机构作用，提高电子商务纠纷处理、争议调解、法律咨询、技术研究、成果转化等服务能力。推进交易保障设施建设，强化对电子商务交易主体、客体及交易行为的在线监测，完善交易保障服务体系。健全电子商务支撑体系，促进数字证书在电子商务全过程、各环节的深化应用，规范网上银行、网上支付平台等在线支付服务，发展与电子认证、网络交易、在线支付协同运作的物流配送体系，鼓励电子商务服务企业建立交易诚信档案，为改善电子商务环境提供有力支撑。深化电子商务应用，支持大型骨干企业以供应链协同为重点发展电子商务，引导中小企业利用第三方电子商务服务平台拓展国内外市场，推动政府采购电子商务平台建设。加快发展移动电子商务等互联网产业，大力培育远程维护、数据托管等技术服务，积极推进医药卫生、文化旅游等领域的信息化建设，不断拓展和深化电子商务应用领域。规范电子商务发展，保障网络交易安全。“十二五”时期，基本健全电子商务制度体系，初步形成大型企业供应链网络化协同能力和重要行业龙头企业全球化商务协同能力，营造安全可信、规范有序的网络商务环境。

（九）工程咨询服务业。

完善市场机制，鼓励工程咨询单位深化体制机制创新，形成以企业为主体的工程咨询服务体系。规范市场准入，建立统一规范的职业资格制度和行业管理体系，鼓励和引导民间资本进入工程咨询领域，支持工程咨询机构为民间投资提供服务。加快工程咨询业务结构调整，促进工程咨询全过程协调发展。加强投资建设项目策划、准备、实施、运营、评价各阶段咨询服务能力建设，提高咨询服务科学水平，推进工程项目全过程管理，充分发挥工程咨询服务业在投资建设中的关键作用。在全行业倡导诚信为本、廉洁高效的工程咨询理念，坚持独立、公正、客观、科学原则，加强行业自律。扩大工程咨询在统筹城乡发展、新兴产业、资源能源综合利用以及环境保护与生态建设等领域的服务范围。培育一批具有国际竞争力的企业，培养一批具有国际视野、熟悉国际惯例的人才。“十二五”时期，工程咨询服务业产业化、市场化步伐明显加快，行业规模显著扩大，服务质量和水平稳步提升，行业立法逐步完善，基本形成具有中国特色、符合国际惯例、拥有较高水平自主知识产权的理论、方法和技术创新体系，建立健全统一开放、竞争有序、监管有效的工程咨询市场。

（十）人力资源服务业。

以产业引导、政策扶持和环境营造为重点，推进人力资源服务创新，鼓励差异化发展，大力开发能够满足不同层次、不同群体需求的各类人力资源服务产品。规范发展人事代理、人才推荐、人员培训、劳务派遣等人力资源服务，鼓励发展人力资源服务外包、人力资源管理咨询、高级人才寻访、网络招聘等新型服务业态。鼓励社会资本投资人力资源服务领域，发展行业性、专业性人力资源服务机构，建设产业人才信息平台。构建多层次、多元化的人力资源服务机构集群，探索建立人力资源服务产业园区，推进行业集聚发展。实施人力资源服务品牌推进战略。建立健全人力资源服务标准体系，规范服务流程。鼓励人力资源服务机构“走出去”，为我国企业开拓国际市场提供人力资源服务。加快发展服务业职业教育，加强从业人员培训，培育形成功能完善、规范有序、较为成熟的培训市场，不断满足多样化、个性化的学习需要。支持社会资本投资发展培训业，鼓励高等学校、职业学校、企业、行业协会和其他社会组织开展培训，推动培训主体多元化。规范和丰富培训内容，扩展和创新培训形式，健全质量评价机制，规范培训市场秩序。“十二五”时期，建立专业化、信息化、产业化、国际化的人力资源服务体系，实现公共服务充分保障、市场经营性服务逐步壮大、高端服务业务快速发展，人力资源开发配置和服务就业的能力明显提升，在实施人才强国战略和就业优先战略中的作用进一步凸显。

（十一）节能环保服务业。

大力推行合同能源管理，以做精、做专、做强为方向，扶持壮大一批专业化节能公司，引导技术研发、投融资等机构利用合同能源管理机制开展节能服务。创新丰富节能服务形式和内容，推动节能技术成果转化和应用。规范节能市场秩序，建立完善职业资格制度和失信惩戒机制。积极培育提供资源节约、废物管理、资源化利用等一体化服务的循环经济专业化服务公司，重点培育再制造专业技术服务公司，鼓励发展循环经济咨询服务业，促进资源循环再生利用。以大宗工业固体废物综合利用、烟气脱硫脱硝、城镇污水垃圾处理、危险废物处理处置为重点，大力推行特许经营制度，推进污染防治设施建设和运营的专业化、市场化、社会化进程，提高工业污染治理设施专业化、社会化运营服务比例，完善监管制度。健全有利于资源循环利用的回收体系，完善废旧商品回收网络，提高回收企业的组织化和规模化程度，建设分拣技术先进、环保处理设施完备、劳动保护措施健全的废旧商品回收分拣体系。建设废旧商品回收体系示范城市，完善再制造旧件和垃圾分类回收体系。重点发展集研发、设计、制造、工程总承包、运营及投融资于一体的综合环境服务，着力培育综合环境服务龙头企业。推进环境咨询、环境污染责任保险、环境投融资、环境培训、清洁生产审核咨询评估、环保产品认证评估等环保服务业发展。加快培育环境顾问、监理、监测与检测、风险与损害评价、环境审计、排放权交易等新兴环保服务业。推动环保技术成果的转化和应用，开展关键技术工程示范，加快环境科技创新平台建设，完善环保服务业标准体系。“十二五”时期，采用合同能源管理机制的节能服务业销售额年均增长30%。到2015年，节能服务业总产值突破3 000亿元，环保服务业产值超过5 000亿元。

（十二）新型业态和新兴产业。

适应产业结构和消费结构升级趋势，鼓励技术创新、商业模式创新和服务产品创新，培育壮大服务业新型业态和新兴产业。适时研究制定促进服务业新型业态和新兴产业发展的指导意见，以及适合服务业新型业态、新兴产业发展的行业准入标准和市场管理办法。支持设立服务业新型业态和新兴产业发展投资基金。加强公共服务平台、示范基地建设，加强专业人才培训，研究建立配套政策措施和统计体系。“十二五”时期，新型业态和新兴产业发展环境明显改善，创新能力明显提高，产业规模明显扩大，壮大一批示范带动作用强的龙头企业，创建一批优质品牌，不断形成推动经济发展的新增长点。

第二节　大力发展生活性服务业

围绕满足人民群众多层次多样化需求，大力发展生活性服务业，丰富服务供给，完善服务标准，提高服务质量，不断满足广大人民群众日益增长的物质文化生活需要。

（一）商贸服务业。

加强市场流通体系建设，发展新型流通业态，改善流通设施条件，优化消费环境。推动现代流通方式和循环经济理念在商贸流通领域的广泛应用，发展特许经营、电子商务、网络营销、总代理等现代经营方式。优化城市大型百货店、综合超市、购物中心、批发市场等商业网点结构和布局，积极发展连锁经营和统一配送，鼓励发展专业店、专卖店、会员店，大力发展便利店、中小超市、社区菜店等社区商业。通过开展社区商业民生促进工程，构建社区商业便利消费体系，促进居民服务便利化发展。统筹城乡贸易发展，支持城市商业企业向农村延伸开设商业网点，发展农资和日用工业品配送下乡服务，引导农产品进城直销。鼓励商贸企业兼并重组，支持发展具有国际竞争力的大型商贸流通企业。加快商贸服务业信息化建设，进一步完善商贸服务行业统计和城乡市场监测体系。建立健全中小商贸流通企业服务体系，建设一批中小商贸流通企业服务平台和服务机构。引导住宿和餐饮业健康规范发展。“十二五”时期，传统商贸服务业改造升级步伐加快，商贸流通业多业态、多形式发展，商业设施管理体制进一步完善，城市商业网点结构和布局进一步优化，农村商业设施建设取得重大进展，农村商贸流通现代化水平显著提高，初步建立现代化商贸服务体系。

（二）文化产业。

实施重大项目带动战略，加快组织实施一批成熟度高、成长性好、先导性强的重大工程和重点项目。支持文化产业公共服务平台建设，建设一批产业特色鲜明、创新能力强、产业链完整、规模效应明显的特色文化产业基地，加快特色文化城市建设。培育骨干企业，扶持中小企业，鼓励文化企业跨地域、跨行业、跨所有制经营和重组。完善文化市场准入制度，在国家许可范围内鼓励非公有制资本进入文化产业领域。加快发展各类文化产品和产权、信息、技术、版权等要素市场，推进文化产业投融资体系建设。健全文化技术创新体系，研究制定文化产业技术标准。大力发展文化创意、移动多媒

专栏1 文化产业发展重点

1. 文化艺术产业和网络文化产品发展重点。

鼓励演艺节目在内容与形式上的创新，推动发展全国性文艺演出院线，加快剧院、剧场、电子票务等演艺基础设施建设，形成1—2个国际知名的演艺产业集聚区，形成10家左右全国性或跨区域的文艺演出院线。开展动漫相关技术标准研制工作。发展网络游戏、电子游戏等游戏产业，推动国产游戏产品走出去。积极开发具有民族特色、健康向上和技术先进的新兴娱乐方式。繁荣美术创作，规范市场秩序，推动艺术品产业健康发展。发掘民族文化元素，突出地域特色，促进传统手工艺产品发展。大力发展艺术创意设计产业。加强文化内容与高新数字技术结合，培育和发展数字文化产业。鼓励研发具有自主知识产权及中华民族特色的网络文化产品，提高网络文化产品原创能力和文化品味，形成一批有影响力的网络文化品牌。

2. 广播影视产业发展重点。

推进下一代广播电视网建设、卫星直播广播电视、地面数字电视推广应用、广播覆盖传输数字化、高清晰度电视、城镇数字影院、国产影视剧及影视动画、纪录片等重大产业项目。基本建成全国城市数字影院覆盖网络。大力发展移动多媒体、网络广播电视等新媒体新业态，加快移动多媒体广播电视的全国运营。加快影视产业、影视动画产业、影视纪录片产业、影视制作业和网络视听产业发展。

3. 新闻出版产业发展重点。

加快实施新闻出版精品工程，构建重点出版物出版规划网络体系，引导出版精品创作生产，扶持动漫游戏出版产品、民族原创网络出版产品的创作和研发。加快建设新闻出版产业带和基地。提高新闻出版企业装备水平和新闻出版产品的科技含量，大力实施新闻出版科技创新工程。加快新闻出版领域基础性标准、新业态核心标准的制（修）订，加大标准宣传贯彻力度。鼓励海量数字内容资源平台建设。完善出版物发行流通网络，加快全国性出版物物流体系建设，提高网点覆盖面，努力实现“市市有书城、县县有书店、乡乡有网点、村村有书屋”。提高印刷复制产业发展质量，实施绿色印刷和数字化印刷工程。大力推进海峡两岸交流合作。实施“经典中国”国际出版工程，加快国际交易平台建设，拓展出版物国际营销渠道，打造国际知名出版传媒企业品牌。

体、数字出版、动漫游戏等新型业态。大力发展演艺业，加强演艺基础设施建设，推动发展全国性文艺演出院线和电子票务系统。加强广播影视基础设施和服务体系建设，培育一批广播影视骨干企业，打造一批广播影视知名品牌，实施一批广播影视精品工程，推动广播影视产品和服务出口。整合提升图书、报刊等纸介质传统出版产业，发展数字出版等新兴出版产业，加快推广数字环保技术，创新出版传播手段和渠道，打造一批大型出版传媒、印刷复制和发行企业集团。加强文化市场监管，加快数字版权保护技术研发，推进国家版权监管平台建设，提高版权服务与保护水平。积极开拓国际文化市场，创新文化“走出去”模式，增强中华文化国际竞争力和影响力。“十二五”时期，推动文化产业跨越式发展，整体实力和国际竞争力显著增强，为将其培育成为国民经济支柱性产业奠定坚实基础。

（三）旅游业。

大力发展国内旅游，积极发展入境旅游，有序发展出境旅游，走内涵式发展道路，实现速度、结构、质

专栏2 旅游业发展重点

1. 乡村旅游发展。

推进实施《全国乡村旅游业发展纲要》，建设一批乡村旅游及休闲农业示范村和示范县，加大对乡村旅游基础设施建设扶持。

2. 旅游精品建设。

推进实施《“十二五”全国旅游基础设施建设规划》，加强旅游公共服务设施建设，提升打造一批国家级城市旅游目的地、国家级精品景区，推出一批文化旅游演艺精品和精品旅游线路及文物、森林、海洋、温泉、草原、工业、科技、会展、修学等专项精品旅游景区。

3. 红色旅游发展。

推进实施《2011—2015年全国红色旅游发展规划纲要》，继续加大红色旅游基础设施投入，深化红色旅游经典景区、精品线路、重点旅游区建设，加强红色旅游与其他旅游产品的结合，完善配套服务，提高红色旅游经典景区和精品线路的吸引力和影响力。

4. 海南国际旅游岛建设。

推进实施《国务院关于推进海南国际旅游岛建设发展的若干意见》（国发[2009]44号），加快体制机制创新，推进旅游要素转型升级，完善旅游基础设施和服务设施，开发特色旅游产品，规范旅游市场秩序，全面提升海南旅游业管理、营销、服务和产品开发的市场化、国际化水平。

量、效益相统一。科学利用资源，坚持旅游资源保护与开发并重，加强旅游基础设施建设。提高观光旅游质量，大力发展休闲度假旅游和生态、文化、红色、乡村、森林、湿地、草原、海洋等专项旅游，提升旅游业发展的科技化、信息化水平。加快建设一批国家级旅游目的地和精品旅游线路，推进全国特色名镇（村）建设，规范发展主题公园。加快旅游公共服务体系建设，鼓励旅游公共服务主体多元化。培育一批有竞争力的大型旅游企业集团，支持民营和中小旅游企业发展。加快中西部地区和民族地区旅游业发展。实施人才兴旅工程，推进实施国民旅游休闲纲要。加快旅游立法和标准化体系建设，加强旅游诚信体系建设，规范旅游市场秩序，提高旅游服务质量。“十二五”时期，旅游业服务质量明显提高，市场秩序明显好转，可持续发展能力明显增强，初步发展成为国民经济的战略性支柱产业。

（四）健康服务业。

统筹基本医疗卫生服务和非基本医疗卫生服务，提升人民群众健康保障能力。加快建立和完善以基本医疗保障为主体，商业健康保险为补充，覆盖城乡居民的多层次医疗保障体系。依托深化医药卫生体制改革，建立完善有利于健康服务业发展的体制和政策，促进非基本医疗服务的发展。合理规划医疗资源，优化医疗卫生资源配置，进一步完善城乡医疗服务体系。加强对社会资本举办各类医疗机构的监管和技术指导，鼓励有条件的非公立医疗机构做大做强。积极促进医疗护理、健康检测、卫生保健、康复护理等健康服务业发展。充分发挥中医预防保健特色优势，大力发展中医医疗保健服务业。加强健康管理教育与培训，鼓励技术产品研发，制定标准与规范，加快健康体检行业的规模化与产业化进程。支持发展健康服务机构，鼓励健身活动，推动健康咨询、健康保险与健康服务融合发展。健全康复医疗服务网络，提高康复医学服务能力。“十二五”时期，基本形成以公立医疗机构为主导、各类医疗机构共同发展的多元化办医格局，构建集医疗服务、健康管理与健康促进、健康保险等服务内容为一体的健康服务产业体系。

（五）法律服务业。

大力发展以律师和公证为主体的法律服务业，稳步扩大从业人员数量，全面提高从业人员素质，着力培养一批具有国际眼光、精通涉外法律业务的高素质律师人才。拓宽服务领域和服务方式，提高法律服务水平，实现法律服务在经济社会发展各领域的广泛、有效参与。稳步扩大法律服务规模，完善组织形式，推动业务转型和升级，促进专业化分工，扶持、培育一批规模较大、实力较强的法律服务机构。完善管理体制机制和行业规范，建立健全法律服务人员诚信执业制度，完善执业状况评价、监督机制和失信惩戒机制，规范服务秩序和服务行为。提升法律服务业开放水平，打造一批具有国际竞争力的法律服务机构。加大对法律服务业政策扶持和保障力度，改善法律服务业发展环境，健全体制机制和政策保障，扩大服务规模和服务领域，提升服务层次和服务质量，提高国际化水平和国际竞争力。“十二五”时期，建立起符合我国国情、适应我国经济社会发展和民主法治建设要求、较为成熟的法律服务制度体系。

（六）家庭服务业。

健全家庭服务业相关法规、政策体系和监管措施，

专栏3　家庭服务业重点工程

1. 家庭服务业公益性信息服务平台建设工程。

设立区域性家庭服务电话呼叫号码，整合资源，增加投入，实施家庭服务业公益性信息服务平台建设工程。依托该平台，健全供需对接、信息咨询、服务监督等功能，形成便利、规范的家庭服务体系，为家庭、社区、家庭服务机构提供公益性服务。

2. 家庭服务业从业人员培训工程。

以家政服务、养老护理和病患陪护服务等从业人员为重点，开展订单式培训、定向培训和在职培训。“十二五”时期，每年培训100万人。加强培训基础能力建设，依托现有培训资源，在地级城市以及经济较为发达的中心城市建设家庭服务从业人员实训基地，同时对有创业愿望的人员提供相应的创业培训。

3. 家庭服务业千户百强创建工程。

推动一批中小企业（单位）做专做精，扶持一批有实力的企业（单位）做大做强，培育一批知名家庭服务品牌，形成一批市场开拓能力强、辐射带动作用大、服务水平高的企业（单位）群体，加大对员工制家政服务企业（单位）的扶持力度，提升我国家庭服务业的规范化、产业化、品牌化水平。

完善家庭服务业促进体系。研究制（修）订家庭服务业服务标准（规范），扩大标准（规范）覆盖范围，研究制订家庭服务业发展指导目录。加快推进家庭服务业公益信息服务平台建设。发挥市场机制，加强政府引导，鼓励各类市场主体进入家庭服务业，重点培育一批连锁经营的大型家庭服务企业，积极扶持中小家庭服务企业，促进家庭服务企业规模化、品牌化和网络化发展。鼓励各类人员到家庭服务业就业、创业，加强从业人员培训，提高职业素质、专业技能和服务水平。加快构建便利惠民的家庭服务体系，优化城市服务网点布局结构，积极推动家庭服务网点进社区。规范家庭服务市场秩序，促进企业诚信经营，维护从业人员合法权益。以家庭为服务对象，以社区为重要依托，以家政、养老、社区照料和病患陪护服务等业态为重点，创新家庭服务业发展模式，整合家庭服务资源，实现人力资源、信息资源、公共服务资源的优化配置。“十二五”时期，家庭服务业吸纳就业人数明显增加，形成多层次、多形式共同发展的家庭服务市场和经营机构，初步建立与我国经济发展水平和人民群众生活需求相适应的家庭服务体系。

（七）体育产业。

以体育健身休闲业、体育竞赛表演业为先导，带动体育用品、体育中介等行业的联动发展。推动体育服务运营管理模式多样化。积极提供适应中低收入群体需求的体育服务，合理引导高收入群体体育消费。坚持重点体育项目带动战略，加快培育特色体育产品，着力培育体育产业骨干企业。合理规划体育产业基地布局，鼓励社会力量以多种方式参与体育场馆运营管理。推动体育产业与相关产业的互动发展，延长体育产业链。加强对体育组织、体育赛事、体育活动的名称、标志、版权等无形资产的开发和保护。推动体育服务贸易发展，积极拓展海外市场。“十二五”时期，体育产业整体实力明显增强，创建一批充满活力的体育产业基地，培育一批有竞争力的骨干企业，逐步打造一批有中国特色与国际影响力的体育产品和重大赛事品牌。

（八）养老服务业。

引入多种形式的市场主体，培育发展专业化的养老服务机构，鼓励民间资本和境外资本开发养老服务项目，参与养老服务设施建设和运营，积极扶持非营利性社会组织和中小型养老服务企业创新发展。大力拓展养老服务领域，逐步实现从基本生活照料向健康服务、辅具配置、康复护理、精神慰藉、法律服务、紧急救援等方面延伸。大力发展社区照料服务，推进日间照料中心、托老所、老年之家、互助式养老服务中心等社区养老设施建设。发挥养老服务产业链长、涉及领域广的特点，推动养老服务与餐饮、服装、营养保健、休闲旅游、文化传媒、金融和房地产开发等相关产业互动发展。加强老年护理人员培养培训，推行养老护理员职业资格考试认证制度，提高其职业素养和服务水平。培育形成一批具有知名品牌和较强竞争力的养老机构，促进养老服务企业规模化、品牌化和网络化发展。健全养老服务市场准入、退出和监管制度。“十二五”时期，养老服务业规模显著扩大，社会化养老覆盖率明显提高，基本建立以居家为基础、社区为依托、机构为支撑的社会养老服务体系，推动实现老有所养。到2015年，每千名老年人拥有养老床位数量达30张。

（九）房地产业。

加强和改善房地产市场调控，加强市场监管，规范房地产市场秩序，促进房地产市场健康发展。培育和规范住房租赁市场，引导住房合理消费。引导房地产估价、房地产经纪、土地评估和登记代理机构规模化、专业化发展，加强和完善房地产估价师执业资格制度，大力推行房地产经纪人、土地登记代理人执业资格制度，加强中介行业自律管理。建立房地产企业信用档案，发挥社会监督作用。加强土地登记代理制度建设，健全行业资信体系。加强农村建筑技术队伍建设。大力推广建筑节能服务，培育节能技术服务市场。进一步明确物业管理行业的责任边界，健全符合行业特征和市场规律的价格机制，规范物业管理行业市场秩序。建立和完善旧住宅区推行物业管理的长效机制，探索建立物业管理保障机制。鼓励物业服务企业开展多种经营，积极开展以物业保值增值为核心的资产管理。继续推进物业管理师制度建设，提升服务规范化、专业化水平。提高旧住宅区物业服务覆盖率，城镇新建居住物业全部实施市场化、专业化的物业管理模式。建立完善住房公积金管理绩效考核、人员准入、信息披露、责任追究制度，加快服务设施建设，优化服务流程，提高服务水平。“十二五”时期，房地产和土地中介服务机构服务功能明显增强，社会公信力明显提高，建筑节能服务标准规范进一步完善，培育一批骨干企业及第三方服务机构。

第三节 提升农村服务业水平

以繁荣农村经济、促进农业现代化、增加农民收入和提高农民生活质量为重点，贯彻统筹城乡发展的基本方略，协同推进城镇化和农村发展，积极引导各类市场主体进入，推动农村服务业水平尽快上一个新台阶。

加快发展农村生产性服务业。构建以公共服务机构为依托、合作经济组织为基础、龙头企业为骨干、其他社会力量为补充、公益性服务和经营性服务相结合、专项服务和综合服务相协调的新型农业社会化服务体系。加强农业科技创新，推进现代农业产业技术体系与基层农技推广体系的有效对接。强化基层农技推广服务，引导科研教育机构积极开展农技服务。搭建乡村测土配方施肥服务平台，提升科学施肥水平。培育新型农业社会化服务组织。提升农机社会化水平，加快农机流通服务体系建设，支持开展农机跨区作业、承包作业、机具租赁和维修服务，推进农机服务市场化、专业化、产业化。加强土地流转管理服务机构建设，培育壮大承包经营权流转中介服务组织，健全农村土地承包经营权流转市场服务体系。完善农副产品流通体系，加大农产品批发市场和农贸市场升级改造力度，加强产销衔接，扩大农超对接规模，积极打造“南菜北运”和“西果东送”产销链条。加强信息体系建设，推广先进交易方式，发展各类流通中介组织。强化农业生产资料市场准入和监管，实施经营台账和可追溯管理，提升经营单位技术服务能力，鼓励发展连锁配送等现代经营方式。支持发展农业信息服务，以农业生产经营为重点，逐步形成连接国内外市场、覆盖生产和消费的信息网络。改善农村金融服务，深化农村信用社改革，鼓励商业金融机构加大对“三农”的支持力度，鼓励有条件的地区培育村镇银行、贷款公司、农村资金互助社等新型农村金融机构，发展农村邮政金融业务，建立农村信贷担保体系，扩大农村金融抵押品范围。扩大涉农保险覆盖面，探索发展渔业保险，建立多形式经营、多渠道支持的农业保险体系。积极推动农村小额人身保险发展，健全农村保险服务体系。完善动物疫病诊疗等兽医服务体系，积极发展农作物和林业有害生物、草原鼠虫害防治专业化服务。提高农产品质量安全检验检测能力和水平。提高农产品流通组织化程度，培育大型流通主体。完善扶持政策，加大扶持力度，支持农民专业合作社发展，增强集体经济组织服务能力，提升农业、林业组织化水平。

积极发展农村生活性服务业。完善农村消费品销售网络，推动现代流通方式向农村延伸。加快物流配送体系建设，深入实施万村千乡市场工程，提升农村商品统一配送能力，发展一网多用，开展信息化改造，提高农村商业的组织化、标准化、现代化水平。推动机动车维修网点向农村延伸。积极发展园艺业、休闲农业、生态农业、休闲渔业、乡村旅游等特色产业，大力扶持农民和农民专业合作组织兴办农家乐、采摘、垂钓等休闲旅游项目，增加农民收入。与集体林权制度改革相配合，积极引导森林景观的开发利用，大力扶持农民兴办森林人家、林业观光园、森林氧吧、森林疗养等休闲旅游项目，提高兴林富民效益。搞好农民培训，提高农民素质，加强输出地与输入地劳务对接，完善农民创业就业服务体系。大力发展劳务经济，鼓励农民就地就近就业，支持农民工返乡创业。抓好农民创业促进工程试点工作，引导农村富余劳动力转移就业。广泛开辟农民就业创业渠道，逐步发展面向农村尤其是中心镇的家庭服务。加快发展农村客运。继续推进村庄整治，以农村环境连片综合整治区域为重点，大力发展农村生活污水、垃圾等污染治理设施的专业化运营，全面改善农村生活环境。

第四节 拓展海洋服务业领域

紧扣海洋经济发展战略部署和要求，加强陆海统筹，不断拓展服务领域，提升服务层次和水平。

大力发展海洋运输业，壮大海运船队，增强国际海运竞争力，提升能源、原材料等战略物资运输保障能力。完善港口布局，拓展港口服务功能，加快港口物流发展，发展内陆无水港。加强渔港建设，依托渔港积极发展水产品冷藏、加工、交易以及休闲渔业、渔民作业补给等服务业。整顿、维护航行秩序，完善海上交通管理和应急救助系统，不断提高航海保障、海上救生和救助服务水平。

积极发展海洋旅游，进一步突出海洋生态和海洋文化特色，开拓国内国际旅游客源市场，发展海滨度假旅游、海上观光旅游、涉海专项旅游、海岛度假旅游和海岛生态旅游。加强旅游基础设施与生态环境建设，科学确定旅游环境容量，促进海洋旅游可持续发展。推进电子客票系统建设和联网售票，提升海上客运服务质量。加强客运码头、游艇码头及停泊区的规划建设和管理，

专栏4 中国与东盟自由贸易区

履行我国在中国-东盟自由贸易区《服务贸易协议》中的承诺（包括建筑、环保、运输、体育和商贸等5个服务部门的26个分部门），鼓励我国企业在金融、电信、教育、旅游、建筑、医疗等行业开展国际化经营，深入推进与东盟服务业领域的交流与合作。

发展海峡、岛屿间客滚运输和海上旅游、游艇经济。在有条件的港口发展集娱乐、休闲、餐饮、购物于一体的邮轮经济。

建立海洋、海岛空间基础地理信息系统，积极开展海洋生物资源及矿产资源勘查定位、海洋工程维护、海洋综合调查与测绘、海洋教育、海洋科普与文化传播等服务。科学评价海洋环境质量，开展大范围、长时效、高精度海洋预报服务，重点建设面向海上监视、海上运输、海上搜救、海洋油气开采、大洋和极地勘探、渔业生产、滨海旅游、国际合作等活动的海洋专题服务体系。积极开展海洋灾害风险评估和区划工作，建设海洋灾害监测预警体系，建立海洋立体监测观测预报网络系统，形成有效的监测、评估和预警能力。

第四章　扩大服务业开放

统筹国内服务业发展和对外开放，加快转变对外贸易发展方式，大力发展服务贸易，积极合理有效利用外资，推动有条件的服务业企业“走出去”，完善更加适应发展开放型经济要求的体制机制，有效防范风险，充分利用好国际国内两个市场、两种资源，积极参与服务贸易规则制定，深入推进与港澳台地区服务业合作，在更大范围、更广领域、更高层次上参与服务业国际合作与竞争。

第一节　大力发展服务贸易

推动重点行业的服务出口，促进出口结构转型升级。进一步巩固运输、旅游、建筑等行业在服务贸易中的优势，积极推进中医药、文化艺术、动漫游戏、广播影视、新闻出版、教育、体育等有我国特色的服务出口，重点培育通信、金融、会计、资产评估、计算机和信息服务、传媒、咨询、会展等现代服务贸易，加快培育一批拥有自主知识产权和知名品牌的服务贸易重点企业。提高国内服务外包企业承接能力，加强人才队伍建设，增强产业集聚效应，逐步形成一批具有国际竞争力的服务外包产业基地。促进服务外包离岸业务与在岸业务协调发展。建立健全服务贸易促进体系，完善服务贸易法律法规、标准体系和统计体系，推进服务贸易便利化。稳步扩大服务进口，发挥进口在促进我国服务贸易发展中的积极作用。

第二节　提高服务业利用外资水平

进一步扩大服务业利用外资领域，优化结构，丰富方式，不断提高利用外资质量和水平。鼓励引进设计、研发和营销等方面先进技术和管理经验，鼓励设立外商投资研发中心。引导外商投资发展农业技术服务、交通运输、现代物流、银行、证券、保险、信息、软件设计开发、商务服务、工程咨询服务、节能环保服务等生产性服务业，积极稳妥推进教育、医疗、体育、文化、旅游、电信等领域对外开放，吸引外商投资发展家庭服务业，鼓励外商投资职业技能培训。合理引导房地产领域的外资投向，鼓励外资投资参与保障性安居工程、绿色节能环保建筑的建设。创新服务业利用外资方式，引进海外高层次人才，有效利用国外优惠贷款和国际商业贷款促进服务业发展。鼓励外商投资设立创业投资企业，完善创业投资规定，合理引导外商投资发展融资担保等金融服务关联产业，支持符合条件的外商投资服务业企业境内公开发行股票、发行企业（公司）债券和中期票据，拓宽融资渠道。优化服务业利用外资的政策环境，增强政策透明度，保护投资者合法权利，做好外资并购安全审查。鼓励跨国公司在华设立地区性总部和功能性机构。积极推进服务业在部分区域和领域试点先行开放，提高服务业开放水平。改善服务业利用外资的区域结构，推动中西部地区利用外资发展服务业，支持东部地区尤其是东部特大城市利用外资提升服务经济水平。

第三节　稳步实施“走出去”战略

按照市场导向和企业自主决策原则，引导各类所有制服务业企业有序开展境外投资合作，支持在境外开展技术研发投资合作，创建国际化营销网络和知名品牌。充分利用中华老字号企业已形成的品牌效应，带动中医药、中餐等产业开拓国际市场。将重点国别（地区）与重点领域相结合，分类指导，积极引导运输、建筑、旅游等有比较优势，以及分销、通信、快递、金融、计算机和信息服务、文化艺术、广播影视、新闻出版等有发展潜力行业的企业对外投资。支持发展对外翻译与传播，支持文化企业拓展国际营销渠道，加快建设国际版权交易平台，增强中华文化传播力和影响力。发展出口信用保险，促进对外贸易和投资。着力培育我国服务业大型跨国公司和跨国金融机构，提高国际化经营水平。完善支持国内企业“走出去”的服务平台，做好海外投资环境研究，强化投资项目的科学评估，增强境外投资法律、会计、信息、金融、管理和环境技术等服务。提高综合统筹能力，加强实施“走出去”战略的宏观指导和服务，提高服务业企业对外投资便利化程度，加大知识产权境外登记注册和海外维权力度，维护企业海外权益，有效防范和应对各类风险。进一步扩大与有关国家和地区的服务业交流与合作，充分利用自由贸易区框架，加强对服务业企业“走出去”的制度保障。

第四节　深化内地与港澳地区服务业合作

继续实施内地与香港、澳门《关于建立更紧密经贸关系的安排》（CEPA），进一步扩大对港澳服务业开放，大幅提升服务贸易开放程度。采取更加积极的措施，扩大对港澳传统服务业和新兴服务业的开放，充实贸易投资便利化的内容。到“十二五”末期，通过CEPA基本实现内地与香港、澳门服务贸易的自由化。

支持建设以香港金融体系为龙头、珠三角地区城市金融资源和服务为支撑的金融合作区域。支持香港发展成为离岸人民币业务中心，拓展香港与内地人民币资金循环流通渠道。支持香港企业使用人民币到境内直接投资。在内地推出港股组合交易所交易基金，支持符合条件的内地企业赴香港上市。不断提高内地对港资银行开放的层次和水平，支持港资银行在广东省内以异地支行形式合理布点，均衡布局。支持符合条件的香港证券机构稳步推进深港资本市场创新合作。支持香港保险公司设立营业机构或通过参股方式进入内地市场，加强内地与香港在保险产品研发、业务经营和运作管理等方面合作。积极支持保险创新发展试验区建设。增加在香港发行人民币债券的境内金融机构主体。

完善珠三角地区与港澳跨界交通运输体系，建立跨界交通监管合作机制，加强口岸综合配套服务功能和区域物流信息平台建设，提升通关和物流便利化水平，鼓励发展电子商务，积极支持电子认证、在线支付、网络信用、现代物流等电子商务支撑体系建设。打造区域航运衍生服务基地、生产组织中枢和国际供应链管理中心，构建现代流通经济圈。积极引导内地和香港服务业企业合作建立商品国际营销网络。继续推动职业资格互认、专业人士执业工作和职业技能鉴定合作，促进专业

专栏5　粤港澳服务业合作重大项目

1. 港珠澳大桥。

建设海中桥隧工程、三地口岸和连接线，实现香港、珠海、澳门三地高速公路连通。

2. 广深港客运专线。

建设客运专线并与武广客运专线、沪深客运专线接驳。

3. 港深西部快速轨道线。

研究建设途经深圳前海地区、连接香港国际机场和深圳宝安国际机场的香港第三条过境直通铁路。

4. 莲塘/香园围口岸。

缩短香港至深圳东部之间车程，提高粤港东部地区出入境通行效率。

5. 深圳前海开发。

发挥香港国际金融、贸易和航运中心优势，充分利用前海地区的地缘和交通便利优势，打造区域综合交通枢纽，以发展现代服务业为重点，创新行业管理制度，建设粤港现代服务业创新合作示范区，2020年建成亚太地区重要的生产性服务业中心。

6. 广州南沙新区开发。

打造服务内地、连结港澳的商业服务中心、技术创新中心和教育培训基地，推动发展物联网等新兴产业，积极探索依托南沙保税港区建设大宗商品交易中心和华南重要物流基地，打造世界邮轮旅游航线著名节点。

7. 珠海横琴新区开发。

重点发展商务服务、休闲旅游、教育研发和高技术服务业，促进成为珠江口西岸地区产业升级的新平台，建设连通港澳、区域共建的“开放岛”，经济繁荣、宜居宜业的“活力岛”，知识密集、信息发达的“智能岛”，以及资源节约、环境友好的“生态岛”。

人才流动。

加强内地与港澳高等教育合作，积极探索多种形式的合作办学模式。加强职业教育培训合作，建立师资交流合作制度。加强文化交流，促进文化创意、影视、动漫、游戏、演艺、出版等方面合作。扩大开放医疗服务市场，合作发展医疗服务和中医药医疗保健服务，逐步扩大港澳资本独立举办医疗机构试点范围。完善动植物卫生检疫和食品、农产品质量安全信息通报制度，建立食品安全技术标准和地理标志保护合作沟通机制。加强内地与港澳中华老字号品牌的交流合作。拓宽内地与港澳旅游合作范围，共同完善旅游服务体系。采取积极措施引入港澳专业化社会服务，支持港澳家庭服务机构在内地设立高端专业服务机构，推进内地与港澳合作开展服务业从业人员培训及信息交流，支持港澳服务提供者到内地兴办养老服务机构，发展养老等服务。依托内地与港澳环境服务业现有基础，广泛开展环境金融、环境咨询、环境技术研发、人才培养、环保宣传教育、资源回收再利用等领域合作。打造环境服务业交流合作平台，鼓励港澳环境服务企业入驻，推动港澳环保企业在内地开展环保设施运营服务，在广东率先开展环境服务业合作模式创新。

深化粤港澳合作，落实粤港、粤澳合作框架协议，促进区域经济共同发展，打造更具综合竞争力的世界级城市群。鼓励广东在对港澳服务业开放中先行先试，逐步将先行先试有效措施拓展到内地其他地区。加快落实相关政策，把深圳前海深港现代服务业合作区打造成现代服务业体制机制创新区、现代服务业发展集聚区、香港与内地紧密合作的先导区、珠三角地区产业升级的引领区。全面推进内地与港澳服务业合作，建设内地重点地区与港澳服务业重大合作项目，形成优势互补、协作配套的现代服务业体系。

以珠三角地区需求为导向，重点在服装、灯饰、家具、五金、皮革等产业，依托有集聚规模的专业镇，统筹规划建设生产性服务业集聚区，引进港澳咨询、广告、设计、营销等服务。推进珠三角加工贸易转型升级示范区建设。鼓励信息服务基础设施和公共服务平台资源的合作与共享。支持依法开展跨境检验检测、认证认可、知识产权、安全监管和应急救援等方面服务，加快内地与港澳检验检测报告互认和电子签名证书互认，支持内地与港澳检验鉴定、认证、检测机构加大交流合作。

第五节 推进海峡两岸服务业合作

以两岸经济合作委员会为平台，积极落实《海峡两岸经济合作框架协议》服务贸易早期收获计划，遵循平等互惠、循序渐进的原则，推进两岸商签服务贸易协议，逐步减少或消除两岸间涵盖众多部门的服务贸易限制性措施，推动两岸进一步互相开放服务业市场，促进两岸服务贸易自由化，继续扩展服务贸易的广度和深度，增进两岸间的服务业合作。推动两岸互补性生产要素资源的整合与流动，以具有两岸特色的新技术、新业态和新服务方式改造和提升传统服务业，促进两岸产业转型升级。

深化两岸金融合作，维护和促进两岸金融市场的稳定与发展，不断完善两岸金融监管合作机制，积极稳妥推进两岸金融市场相互开放。支持符合条件的两岸金融机构互设分支机构、扩大业务领域，为两岸同胞提供更好的金融服务。鼓励和支持更多符合条件的台资企业在大陆上市，推进两岸资本市场创新合作。推动建立两岸货币清算机制，为两岸经贸交流和人员往来提供更多便利。

积极落实两岸已签署的涉及相关服务业的协议。合理调控运力，加强管理，维护两岸海运市场健康有序发展。根据市场需求，适时增加直航航点及定期航班班次，为两岸客货往来提供更多便利。拓展两岸邮政合作领域，提高邮政服务质量。深化两岸标准、计量、检验、认证认可及消费品安全等领域合作。加强农产品（含饲料）贸易中的检疫检验交流合作，确保农产品质量安全。加强专利、商标、著作权等两岸知识产权保护合作。加强两岸信息服务业合作，推进两岸无线城市试点项目建设，为两岸电子信息制造业提供优质服务。加快两岸物流合作，推进两岸冷链物流产业合作试点项目建设，共同提升两岸物流业的国际竞争力。促进两岸电信企业交流合作。加强两岸会展产业合作，搭建两岸企业经贸交流平台。

鼓励两岸文化创意、动漫游戏、影视、出版、演出领域广泛深入合作，繁荣两岸文化市场。推动两岸中华老字号品牌建设、交流与合作。加强两岸在检验检疫、中药材品质安全管理、医药品研发管理等方面交流合作。符合条件的台湾业者可在大陆设立医疗机构。促进两岸旅游交流与合作健康有序发展，积极稳妥扩大赴台个人旅游试点城市范围，为大陆居民赴台旅游提供便利。加强旅游沟通机制建设。加强两岸高等教育、职业教育交流合作，积极探索多种形式的合作办学模式，鼓励两岸相关机构开展教学、科研、人才培养、教材编写等方面合作。

积极发挥海峡西岸经济区、平潭综合实验区在推进两岸服务业合作中的作用。在两岸经济合作框架下，允许海峡西岸经济区在对台经贸、航运、旅游、邮政、文化、教育等方面交流与合作中，采取更加灵活开放的政策，先行先试，积累经验。充分发挥平潭综合实验区优势，加快发展现代物流、商贸流通、金融、文化创意、会展、旅游等服务业，促进产业结构优化升级，将平潭建成依托海西、服务两岸的现代服务业集聚区。推进厦门市深化两岸交流合作综合配套改革试验，加强厦门与台湾的服务业合作，推进厦门两岸区域性金融服务中心建设。

第五章　改革完善服务业发展体制机制

大力推进服务业各项改革，着力破除制约服务业发展的体制机制障碍，争取在重点领域和关键环节取得突破，创新政策支持，进一步研究制定促进服务业加快发展的政策措施，完善服务业市场监管体系，营造有利于服务业发展的体制机制和政策环境。

第一节　深化服务业改革

扩大服务业开放领域，完善服务业外资准入和经营的法律法规，积极探索外商投资管理体制改革。凡是法律法规及国家规定没有明令禁入的服务领域，都要向社会资本开放。进一步放宽服务领域市场准入，建立平等规范、公开透明的市场准入标准。鼓励和引导各类资本投向服务业，在投资核准、融资服务、财税政策、土地使用、对外贸易和经济技术合作等方面，对各类投资主体同等对待。大力发展多种所有制服务业企业，提高非公有制经济在服务业中的比重。各地区凡是对本地企业开放的服务领域，应全部向外地企业开放，切实打破市场分割和地区封锁，建立全国统一、开放、竞争、有序的服务业市场。依托产业园区、城市功能区和特色区域，建设一批服务业发展示范区。

深化电信、铁路等服务行业改革，进一步放宽市场准入，实现投资主体多元化，形成有效竞争的市场格局。逐步建立适应三网融合要求的政策体系和监管体制。推进虚拟运营服务对民间资本开放，加强对增值电信业务的规范和引导。按照政企分开、政资分开的要求，加快推进铁路体制改革。加快推动现行空域管理和使用方式的转变，推进低空空域开放，优化繁忙地区航路航线结构，提高空域资源配置使用效率。完善邮政普遍服务和竞争性业务分业经营制度。开展城市市政公用事业改革试点。

对文化艺术、广播影视、新闻出版、教育、医疗卫生、社会保障、体育、知识产权、检验检测等行业和领域中能够实行市场化经营的服务，要引导社会力量增加市场供给。推进经营性文化单位转企改制，全面推进非时政类报刊出版单位体制改革，积极稳妥推进电台电视台制播分离改革和重点新闻网站转企改制。积极推进文化投融资体制改革和市场体系建设。大力支持民办教育发展，推动形成以政府办学为主体、全社会积极参与、公办和民办教育共同发展的新格局。放宽社会资本举办各类医疗机构准入范围，大力改善社会资本举办各类医疗机构执业环境。推动注册医师多点执业，促进医务人员合理流动。鼓励有资质人员依法开办个体诊所。推进竞技体育制度改革，有条件的竞技体育项目逐步实现市场化，探索适合我国国情的职业化道路。按照营利性与非营利性机构分开的原则，引导和推进知识产权、检验检测等高技术服务领域体制机制改革。

加快国有服务业企业改革，推动国有资本向关系国家安全和国民经济命脉的重要服务行业和关键服务领域集中，在一般竞争性行业和领域为民间资本营造更为广阔的市场空间。推动具备条件的国有大型服务业企业实现整体上市，不具备整体上市条件的国有大型服务业企业要加快股权多元化改革，有必要保持国有独资的国有大型服务业企业要加快公司制改革，完善国有大型企业公司治理结构，建立现代企业制度。鼓励和引导民间资本进入金融、商贸流通、交通运输、电信、医疗卫生、教育、文化、体育、市政等行业，为民间投资创造良好环境。改善发展环境，大力发展中小服务业企业。鼓励企业分离非核心业务，提高服务业专业化、社会化水平。

加快推进事业单位改革，按照政事分开、事企分开、管办分离的要求，积极稳妥推进科技、教育、文化、卫生、体育等事业单位分类改革。将从事生产经营活动的事业单位逐步转为企业，规范转制程序，完善过渡政策，建立健全法人治理结构。加快推进非基本公共服务市场化改革，开展改革试点，大力发展经营性社会服务业。

推进社会组织社会化、行业协会市场化改革，加快社会组织、行业协会法律法规和政策体系建设，改革和完善现行管理体制，健全社会组织内部治理结构，开展社会组织和行业协会改革试点，完善政府向社会组织转移职能、资金支持和人才队伍建设等培育扶持政策，向社会组织开放更多的公共资源和领域。继续推进国家机关、事业单位后勤服务社会化和国有企业后勤服务社会化、市场化改革，分类制定改革指导意见，推动由内部自我服务为主向主要由社会提供服务转变。进一步发挥市场配置资源的基础性作用，加快发展服务外包，推进营利性后勤事业单位转企改制，实现后勤服务提供主体、提供方式多元化。

着眼于体制突破和机制完善，着眼于推动经济发展方式转变、结构调整和扩大内需，着眼于培育新的经济增长点，深入开展国家服务业综合改革试点，将其作为破解制约服务业发展难题的重要举措。有关部门要加强协作配合，鼓励试点区域积极探索、先行先试。通过试点，不断提高对服务业发展规律的认识，创新发展模式，完善体制机制和政策措施，为全国服务业发展提供经验。鼓励各地区结合实际，开展本地服务业综合改革试点。

第二节　创新政策支持

完善有利于服务业发展的税收政策，结合营业税改征增值税试点，逐步扩大增值税征收范围。合理调整消费税征收范围、税率结构和征收环节。研究扩大物流企业营业税差额征税范围，完善征税办法。

健全适应服务业发展的金融服务体系。拓宽服务业发展融资渠道，鼓励符合条件的服务业企业上市融资和发行债券。扶持发展创业投资企业，规范发展股权投资企业。拓宽金融机构对服务业企业贷款抵押、质押及担保的种类和范围。引导投融资机构扩大对中小服务业企业业务规模，创新金融产品和服务方式。加大对服务贸易的外汇管理支持力度，促进海关通关便利化。

在土地利用总体规划和城乡规划中统筹安排服务业发展用地规模、布局和时序，扩大服务业用地供给。调整城市用地结构，提高服务业用地比例。积极推进服务业企业节约集约利用土地，盘活存量用地，提高土地利用率，支持利用工业、仓储等用房、用地兴办符合规划的服务业，涉及原划拨土地使用权转让或改变用途的，经批准可采取协议出让方式供应。坚持分类指导、有保有压的原则，按照淘汰落后产能工作的总体要求，安排好新增建设用地计划，优先安排国家鼓励发展的高技

专栏6　重要支撑体系主要任务

1. 服务业创新体系。

支持一批服务业综合研究机构整合发展，建设服务业区域创新中心，提升服务业技术创新能力和战略研究能力。支持建设一批服务业领域国家重点实验室、国家工程（技术）研究中心，开展服务业共性关键技术研究，提高服务业创新能力。支持服务业企业建立企业技术中心、技术创新平台和技术创新联盟，开展模式创新和技术集成应用。完善产业园区创新体系，支持服务业领域的大学科技园、专业孵化器建设，提升园区创新支撑能力。

2. 服务业标准体系。

围绕服务业新领域、新业态，健全服务业标准体系。加快制（修）订一批服务业重点行业和领域服务标准，鼓励在标准制（修）订过程中借鉴采用国际标准。推进国家级服务业标准化试点，及时总结推广经验。强化服务业标准宣传贯彻，健全标准实施反馈评价体系。加强服务业标准研究，密切跟踪国际发展趋势，推动我国服务业标准的国际化。

3. 知识产权服务体系。

完善知识产权服务政策体系，推进体制机制创新。加强知识产权基础信息资源建设与开发利用，逐步建立分类科学、资源共享、高效优质的产业知识产权信息服务平台体系。拓展服务范围，促进知识产权转化运用。培育知识产权服务企业，壮大知识产权服务人才队伍。加强知识产权保护，建立健全预警、维权和争端解决机制。

4. 服务业统计体系。

发挥服务业统计部际联席会议制度作用，不断提高统计工作质量和水平。适应服务业发展新形势，进一步完善服务业统计调查方法和指标体系。加强数据质量控制与评估，不断提高统计数据的准确性和及时性。加强服务业统计机构和人员队伍建设，提升服务业统计调查能力。建立健全服务业统计信息对外提供共享机制，研究建立服务业门类季度统计调查制度。

术、高附加值、低消耗、低排放的新兴服务业项目用地。对列入国家鼓励类的服务行业依照海洋功能区划，在用海和用岛需求方面，给予优先支持。

逐步完善宏观经济调控下以市场形成价格为主、政府制定价格为辅的服务业价格形成机制，规范服务价格行为。实行鼓励类服务业用电、用水、用气与工业同价。纠正各地在服务业领域自行出台的歧视性收费项目，对合理合法的收费项目及标准要按照规定公示，接受社会监督。

国家财政预算安排资金，重点支持服务业关键领域和薄弱环节发展。扩大服务业发展引导资金规模，引导社会资金加大投入。创新财政资金使用方式，通过财政支持融资性担保、创业投资等经济手段，支持服务业发展。加大服务业综合性研究经费和人才培训投入。建立健全政府购买服务机制，增加政府采购服务产品的类别和数量。

推进服务业质量体系建设。加快交通运输、金融、信息、商务、旅游、体育、节能环保等领域认证认可制度的建立和实施。开展服务质量满意度评价试点，引导企业提升服务质量。大力支持服务业品牌创建，积极推进营销和管理创新，加强对商标、名称、版权等无形资产的开发和保护。建立具有我国特色的品牌价值评价制度，形成有利于促进品牌建设的咨询和技术服务体系。

加快社会信用体系建设。建立信用信息共享制度，建立完善以组织机构代码和身份证号码等为基础的实名制信用信息共享平台体系。建立国家商品条码信息服务平台，形成产品质量追溯体系。不断完善企业和个人征信系统，扩大征信系统服务范围和服务水平。

第六章　规划实施保障

适应服务业大发展新要求，健全法律法规，强化政府服务功能，增强服务能力，创新工作方法，夯实工作基础，为落实规划提供切实保障。

第一节　加强组织协调

进一步加强服务业统筹规划、综合协调，及时研究解决服务业发展和改革中的重大问题。探索建立推动服务业重点行业和重点领域加快发展的工作机制。加强服务业工作体系和人员队伍建设，加大培训力度。有关部门要尽快研究制定服务业发展评价体系，定期公布全国和各地区服务业发展水平、结构等主要指标。各省（区、市）要将服务业重要指标纳入本地经济社会发展的考核体系，针对不同地区、不同类别服务业发展的具体要求，实行分类考核，确保责任到位，任务落实。

第二节　夯实发展基础

紧紧围绕服务业发展需求，加强关键领域、薄弱环节工作，建立健全重要支撑体系。支持高等院校和职业学校开设服务业发展相关学科专业，强化服务业特别是现代服务业人才和复合型人才培养。加强服务业综合性研究机构建设，积极发展服务业协会、学会等社会组织。

建立和完善服务业创新体系，开展服务业理论、商业模式、关键技术等方面研究，提高服务业创新能力。以规范服务行为、提高服务质量和提升服务水平为核心，建立健全服务业标准体系，推进服务业标准贯彻实施，扩大服务业标准化覆盖范围，不断提高服务业标准化整体水平。推动知识产权服务与经济社会发展有机结合，提升知识产权创造、运用、保护和管理水平，构建基本公共服务与市场化服务协同发展的知识产权服务体系。坚持整体设计、规范透明、统筹兼顾、突出重点、分步推进的原则，全面提升统计能力，不断提高数据质量，建立科学、统一、全面、协调的服务业统计调查制度和信息管理制度。

第三节　健全规划实施机制

本规划提出的服务业发展总体要求和主要任务，是对市场主体的导向，主要依靠市场主体的自主行为实施。政府部门要加强宏观调控和政策引导，保障规划顺利实施。

本规划提出的加快服务业改革、扩大对外开放和规划实施保障，是政府的重要职责，必须放在政府工作的重要位置。各省（区、市）及计划单列市人民政府要编制本地区服务业发展规划，并抓紧制定出台相关配套措施。国务院有关部门要按照职能分工，编制服务业各主要行业和主要领域的配套规划（指导意见），制定财税、金融、土地、价格、工商管理、质检等方面相应的落实意见或工作措施，并分解落实到年度。

发展改革委要会同有关部门加强对规划实施情况的跟踪分析，组织有关方面对规划实施情况进行中期评估，及时向国务院报告。

全国人民代表大会常务委员会关于加强网络信息保护的决定

（2012年12月28日第十一届全国人民代表大会常务委员会第三十次会议通过）

为了保护网络信息安全，保障公民、法人和其他组织的合法权益，维护国家安全和社会公共利益，特作如下决定：

一、国家保护能够识别公民个人身份和涉及公民个人隐私的电子信息。

任何组织和个人不得窃取或者以其他非法方式获取公民个人电子信息，不得出售或者非法向他人提供公民个人电子信息。

二、网络服务提供者和其他企业事业单位在业务活动中收集、使用公民个人电子信息，应当遵循合法、正当、必要的原则，明示收集、使用信息的目的、方式和范围，并经被收集者同意，不得违反法律、法规的规定和双方的约定收集、使用信息。

网络服务提供者和其他企业事业单位收集、使用公民个人电子信息，应当公开其收集、使用规则。

三、网络服务提供者和其他企业事业单位及其工作人员对在业务活动中收集的公民个人电子信息必须严格保密，不得泄露、篡改、毁损，不得出售或者非法向他人提供。

四、网络服务提供者和其他企业事业单位应当采取技术措施和其他必要措施，确保信息安全，防止在业务活动中收集的公民个人电子信息泄露、毁损、丢失。在发生或者可能发生信息泄露、毁损、丢失的情况时，应当立即采取补救措施。

五、网络服务提供者应当加强对其用户发布的信息的管理，发现法律、法规禁止发布或者传输的信息的，应当立即停止传输该信息，采取消除等处置措施，保存有关记录，并向有关主管部门报告。

六、网络服务提供者为用户办理网站接入服务，办理固定电话、移动电话等入网手续，或者为用户提供信息发布服务，应当在与用户签订协议或者确认提供服务时，要求用户提供真实身份信息。

七、任何组织和个人未经电子信息接收者同意或者请求，或者电子信息接收者明确表示拒绝的，不得向其固定电话、移动电话或者个人电子邮箱发送商业性电子信息。

八、公民发现泄露个人身份、散布个人隐私等侵害其合法权益的网络信息，或者受到商业性电子信息侵扰的，有权要求网络服务提供者删除有关信息或者采取其他必要措施予以制止。

九、任何组织和个人对窃取或者以其他非法方式获取、出售或者非法向他人提供公民个人电子信息的违法犯罪行为以及其他网络信息违法犯罪行为，有权向有关主管部门举报、控告；接到举报、控告的部门应当依法及时处理。被侵权人可以依法提起诉讼。

十、有关主管部门应当在各自职权范围内依法履行职责，采取技术措施和其他必要措施，防范、制止和查处窃取或者以其他非法方式获取、出售或者非法向他人提供公民个人电子信息的违法犯罪行为以及其他网络信息违法犯罪行为。有关主管部门依法履行职责时，网络服务提供者应当予以配合，提供技术支持。

国家机关及其工作人员对在履行职责中知悉的公民个人电子信息应当予以保密，不得泄露、篡改、毁损，不得出售或者非法向他人提供。

十一、对有违反本决定行为的，依法给予警告、罚款、没收违法所得、吊销许可证或者取消备案、关闭网站、禁止有关责任人员从事网络服务业务等处罚，记入社会信用档案并予以公布；构成违反治安管理行为的，依法给予治安管理处罚。构成犯罪的，依法追究刑事责任。侵害他人民事权益的，依法承担民事责任。

十二、本决定自公布之日起施行。

第11部分 大 事 记

2012年电子信息产业大事记

1月

4日 工业和信息化部公布《再生资源综合利用先进适用技术目录（第一批）》，涵盖废弃电器电子产品等6大类产品综合利用产业领域。

5日 工业和信息化部牵头组织的《战略性新兴产业分类目录》课题结题评审会举行。工业和信息化部总经济师周子学出席会议。会议由工业和信息化部运行监测协调局副局长高素梅主持。

6日 中国半导体照明/LED产业与应用联盟成立大会在北京市召开。该联盟是由国内150多家LED企业、照明企业以及行业协会、标准化组织、检测机构等单位共同发起成立。工业和信息化部副部长、联盟名誉主席杨学山出席会议并讲话。会议由工业和信息化部电子信息司司长丁文武主持。

10日 由中国国际贸易促进委员会电子信息行业分会主办的"消费类产品市场的新机会"论坛在美国拉斯维加斯开幕的国际消费电子展（CES）期间首次召开。工业和信息化部总经济师周子学出席论坛并讲话，科技司司长闻库作主题演讲。

2月

2日 工业和信息化部与福建省人民政府在福建省福州市签订《关于支持推进福建省工业和信息化发展战略合作协议》。此次部省战略合作协议的签署，是贯彻落实《国务院关于支持海峡西岸经济区发展的意见》、《海峡西岸经济区发展规划》和《平潭综合实验区总体发展规划》的举措。工业和信息化部部长苗圩，福建省省委书记孙春兰、省长苏树林，工业和信息化部总经济师周子学等出席签字仪式。苗圩和苏树林代表双方在合作协议上签字。

7日 由中国互联网协会主办的2012年中国互联网企业领袖高层峰会在北京市召开。工业和信息化部副部长尚冰出席会议并讲话。中国互联网协会理事长胡启恒出席并致辞。

9日 工业和信息化部运行监测协调局与中国电子商会联合召开2012年中国电子信息产业运行趋势及市场分析报告会。工业和信息化部总经济师周子学出席报告会并讲话。会议由工业和信息化部运行监测协调局副局长高素梅主持。

13日 工业和信息化部公布首批工业产品质量控制和技术评价实验室名单，共54个实验室。其中，电子信息和软件行业共有11个实验室。

13日 工业和信息化部正式下发《关于公布第三批"国家新型工业化产业示范基地"名单的通知》，批准57个产业基地为第三批"国家新型工业化产业示范基地"，其中，电子信息、软件和信息服务行业产业基地共有14个。自2009年起，已有三批共185家工业园区（集聚区）成为国家级示范基地。

14日 2011年度国家科学技术奖励大会在北京市召开，共授奖374个项目和10名科技专家。东南大学的"宽带移动通信容量逼近传输技术及产业化应用"项目，因成功解决了新一代宽带移动通信容量逼近传输这一世界性难题而获得国家技术发明奖一等奖。党和国家领导人胡锦涛、温家宝、李长春、李克强出席大会并为获奖代表颁奖。

16日 广东物联天下物联网信息产业园在广东省佛山市顺德区开园。该园是中国首个以产业化应用为目标的物联网基地。工业和信息化部副部长杨学山出席开园仪式。国家级"装备工业两化深度融合暨智能制造试点"授牌仪式同期举行，顺德区成为中国首个智能制造试点。

17日 国际电信联盟（ITU-T）第13研究组会议审议通过了"物联网概述"（Y.IoT-overview）标准草案，标准编号为Y.2060。这是全球第一个物联网总体性标准，由工业和信息化部电信研究院于2011年5月发起立项，涵盖物联网的概念、术语、技术视图、特征、需求、参考模型、商业模式等基本内容。

21—22日 第十届中国国际软件合作洽谈会在四川省成都市举行。工业和信息化部副部长杨学山出席开幕式，并为成都市"中国软件名城"授牌。工业和信息化部软件服务业司司长陈伟宣读了工业和信息化部授予成都市"中国软件名城"称号的文件。成都市成为全国继南京市和济南市之后第三个、西部首个被授予"中国软件名城"称号的城市。

25日 由中国软件与信息服务外包产业联盟、黑龙江省经济和信息化委员会、哈尔滨市人民政府主办的ChinaSourcing第三届中国软件与信息服务外包产业年会在黑龙江省哈尔滨市召开。本次大会的主题为"做强信息技术服务、促进产业转型升级"。大会还发布了《2012中国软件与信息服务外包产业报告》。工业和信息化部软件服务业司司长陈伟、副司长郭建兵等出席。

27日 由工业和信息化部、江苏省人民政府、南京市人民政府联合主办的部省市共同推动南京市软件产业发展第七次工作会商会在江苏省南京市召开。工业和信息化部副部长杨学山、江苏省副省长史和平、南京市市长季建业等出席会议。

27—28日 由工业和信息化部电子信息司、软件服务业司联合主办的2012年全国电子信息产业工作会议在江苏省南京市召开。工业和信息化部副部长杨学山出席会议并作工作报告。工业和信息化部电子信息司司长丁文武、软件服务业司司长陈伟分别通报全年重点工作并分别对电子信息制造业、软件和信息技术服务业"十二五"发展规划进行解读。会议由工业和信息化部办公厅副主任陶少华主持。

28日 由中国电子信息产业发展研究院主办的2012年中国IT市场年会暨新一代信息技术产业大会在北京市召开。本届年会的主题为"聚焦新一代信息技术，助推发展转型升级"。工业和信息化部副部长苏波出席年会并致辞。中国工程院院士邬贺铨等出席年会。

3月

5日 十一届全国人大五次会议在北京人民大会堂开幕。国务院总理温家宝向大会作政府工作报告。报告

强调要加快转变经济发展方式，促进产业结构优化升级。

8日 中国电子信息产业集团有限公司（以下简称中国电子）与成都市人民政府在北京市签署《战略合作协议》及《成都锦江电器制造有限公司股权划转协议》。双方将以重组成都锦江电器制造有限公司为契机，打造成都天府新区电子制造业和信息服务业千亿元级产业集群。成都市委副书记、市长葛红林，中国电子董事长、党组书记芮晓武，中国电子总经理刘烈宏出席签约仪式。中国电子副总经理王绍祥与成都市副市长白刚分别代表双方签署战略合作协议。

8日 工业和信息化部与甘肃省人民政府在北京市签署《全面加快“三维数字社会管理系统”建设，大力推广“民情流水线”工程合作协议》，并举行“三维数字社会管理系统”标准应用联盟和研发基地揭牌仪式。工业和信息化部副部长杨学山、甘肃省副省长虞海燕分别代表部省双方签字。

12日 工业和信息化部电子工业标准化研究院、中国电子技术标准化研究院揭牌仪式在北京市举行。工业和信息化部副部长杨学山为该院揭牌并致辞。工业和信息化部人事教育司副司长尹卫军宣读工业和信息化部《关于工业和信息化部电子工业标准化研究所、工业和信息化部电子第四研究所（对外名称为中国电子技术标准化研究所）分别更名为工业和信息化部电子工业标准化研究院、工业和信息化部电子第四研究院（对外名称为中国电子技术标准化研究院）的通知》。

13日 工业和信息化部与浙江省人民政府、杭州市人民政府在北京市举行《部省市协同开展中国软件名城创建工作合作备忘录》签约仪式。工业和信息化部副部长杨学山、浙江省副省长毛光烈、杭州市市长邵占维签署合作备忘录。

14日 工业和信息化部与山东省人民政府在北京市签订《关于共同推进山东半岛蓝色经济区、黄河三角洲高效生态经济区发展战略合作框架协议》。工业和信息化部部长苗圩、副部长苏波，山东省省委书记姜异康、省长姜大明、副省长孙伟，工业和信息化部办公厅主任莫玮等出席签字仪式。苏波和孙伟代表部省双方在合作协议上签字。

15日 由中国电子信息产业发展研究院、中国软件评测中心主办的2012年中国个人信息保护大会在北京市召开。本次大会的主题为“保护个人信息、增强行业自律”。工业和信息化部副部长杨学山出席大会并致辞。

16日 农业部与中国电信集团公司在北京市签署《共同推进农业农村信息化战略合作框架协议》。双方就落实中央一号文件精神，将3G、物联网、云计算等新兴技术应用于三农领域，推动中国农业信息化发展达成一致意见。农业部部长韩长赋、中国电信集团公司董事长王晓初等出席签字仪式。

17日 国务院发展研究中心在北京市召开数字家庭产业的应用与规划发展专题座谈会。会议重点探讨了由工业和信息化部授牌建设的“部省共建广州国家数字家庭应用示范产业基地”的发展模式以及数字家庭应用在社会管理中的作用等议题。工业和信息化部电子信息司副司长刁石京出席会议并讲话。

18日 AVS标准与产业化应用峰会暨十周年庆典在北京市举行。工业和信息化部电子信息司与国家广播电影电视总局科技司联合发布《关于成立“AVS技术应用联合推进工作组”的通知》，举行成立联合推进工作组的签字仪式，共同推进AVS标准在高清电视和3D电视业务中的应用。工业和信息化部副部长杨学山出席会议并讲话。

20日 全球首款支持三大国际工业无线标准的物联网核心芯片——渝“芯”一号在重庆市发布。该芯片由重庆邮电大学与中国台湾达盛电子股份有限公司联合研发，可广泛应用于智能工业、智能电网、智能交通等领域。

22—24日 由重庆市人民政府主办的2012年中国（重庆）国际云计算博览会（以下简称云博会）在重庆市举行。本次云博会的主题为“云联世界、感知未来”，

这是国内首次以云计算为主题举办的专业性展会。工业和信息化部副部长尚冰出席开幕式并致辞。

23日 工业和信息化部新一届电子科学技术委员会成立大会在北京市召开。工业和信息化部副部长杨学山出席大会并讲话，工业和信息化部总经济师周子学宣读《关于工业和信息化部电子科学技术委员会组成人员的通知》。新一届电子科学技术委员会由102名专家组成，杨学山担任主任，俞忠钰担任常务副主任，王小谟担任秘书长，另聘请10名顾问。

23—24日 工业和信息化部在北京市召开“十二五”工业转型升级规划宣传贯彻工作会议，并举行第三批“国家新型工业化产业示范基地”授牌仪式。工业和信息化部部长苗圩、副部长苏波出席会议并讲话。

29日 中国电子工业标准化技术协会与中国台湾华聚产业共同标准推动基金会在北京市共同召开了海峡两岸共通标准制定专家技术委员会第二次工作会议。工业和信息化部电子信息司巡视员、中国电子工业标准化技术协会理事长胡燕，中国台湾华聚产业共同标准推动基金会董事长陈瑞隆出席会议并致辞。工业和信息化部国际合作司副巡视员文勇出席会议。

30日 工业和信息化部组织召开宽带普及提速工程动员部署电视电话会议，全面部署推进宽带普及提速工程。宽带普及提速工程领导小组组长、工业和信息化部部长苗圩出席会议并作动员讲话。会议由工业和信息化部副部长尚冰主持。

4月

6日 北京理工大学两化融合发展研究院正式挂牌成立。工业和信息化部部长苗圩、副部长尚冰出席揭牌仪式并为研究院揭牌。苗圩在揭牌仪式上发表讲话。

6—7日 全国工业质量品牌工作座谈会在四川省成都市召开。会议宣读“关于公布首批工业产品质量控制和技术评价实验室名单的通告”，并为这些单位授牌。工业和信息化部副部长杨学山出席会议并讲话，工业和信息化部科技司司长闻库、副司长沙南生等出席会议。

9—10日 由工业和信息化部电子信息司、消费品工业司和科技司联合主办的半导体照明/LED标准宣传贯彻会在广东省深圳市召开。工业和信息化部电子信息司副司长刁石京、科技司副司长韩俊，中国半导体照明/LED产业与应用联盟秘书长关白玉等出席会议。

10日 韩国三星电子公司与陕西省和西安市签订合作框架协议，其在中国大陆建设的闪存芯片项目正式落户西安高新技术产业开发区。三星公司计划一期投资70亿美元，将于2013年底投产。这是三星公司在海外半导体生产线的单项投资中规模最大的一笔，也是改革开放以来西部地区引进的最大的外商投资高新技术产业项目。陕西省委书记赵乐际、省长赵正永，商务部副部长王超，陕西省委常委、常务副省长娄勤俭，陕西省委常委、西安市委书记孙清云等出席签约仪式。

12—13日 工业和信息化部在安徽省合肥市召开国家级两化融合试验区工作会议。工业和信息化部副部长杨学山出席会议并讲话。会议由工业和信息化部信息化推进司副司长董宝青主持。

13日 工业和信息化部电信研究院在北京市举行《移动终端白皮书（2012）》、《云计算白皮书（2012）》的发布仪式。工业和信息化部总工程师王秀军出席并致辞。工业和信息化部通信发展司司长张峰、软件服务业司副司长陈英等出席仪式。

13日 工业和通信业标准化工作座谈会在安徽省合肥市召开。工业和信息化部副部长杨学山、国家标准化管理委员会副主任方向出席会议并讲话。

18日 中国电子学会在北京市举行成立50周年庆祝大会。全国政协原副主席胡启立，工业和信息化部部长苗圩，中国电子学会名誉理事长吴基传，中国科学技术协会党组书记陈希，原信息产业部部长王旭东，中国电子学会理事长、陕西省常务副省长娄勤俭，工业和信息化部副部长杨学山、刘利华，原信息产业部副部长吕新奎，工业和信息化部总经济师周子学等出席会议。庆祝会当天，中国电子学会召开了第九次全国会员代表大会，选举产生了第九届理事会、常务理事会及监事会。吴基传为名誉理事长，娄勤俭为理事会理事长，徐晓兰为秘书长。

20日 财政部、国家税务总局出台《关于进一步鼓励软件产业和集成电路产业发展企业所得税政策的通知》。

20日 由北京航空航天大学、宽带资本、百度等11家单位共同发起的中国云产业联盟在北京市宣告成立。工业和信息化部副部长杨学山出席成立仪式并讲话。成立仪式由北京航空航天大学校长怀进鹏主持。

24日 中国闪联工作组发布消息，国际标准化组织/国际电工委员会（ISO/IEC）已经通过其官方网站向全球正式发布了闪联《应用框架》、《基础应用》、《服务类型》和《设备类型》4项标准，加上2010年发布的《基础规范》、《文件交互框架》和《设备验证》3项国际标准，闪联1.0全部7项标准成为中国3C（计算机、通信和消费类电子产品）协同领域首个完整ISO国际标准体系，并通过ISO在其官方网站发布。

25—26日 由中国电子学会主办的2012年（第三届）中国物联网大会在北京市召开。中国电子学会名誉理事长、原信息产业部部长吴基传，工业和信息化部副部长杨学山出席会议并致辞。

27—29日 第六届中国（济南）国际信息技术博览会（以下简称信博会）暨第七届中国（济南）高校、科研院所科技成果与专利技术展示交易会在山东省济南市召开。本届信博会由联合国亚洲及太平洋经济社会委员会、工业和信息化部、科学技术部、国家广播电影电视总局、中国工程院和山东省人民政府共同主办，主题为“信息引领未来”。信博会是联合国亚洲及太平洋经济社会委员会与中国合作举办的唯一一个国际区域性信息技术博览会，也是部（院）省合作共建的大型专业展会。

28日 山东省青岛市召开加快先进制造业和信息产业发展动员大会。工业和信息化部副部长杨学山出席会议，并与山东省委常委、青岛市委书记李群共同为青岛“国家软件和信息服务业示范基地”揭牌。青岛市委副书记、市长张新起代表市委、市政府对加快全市先进制造业和信息产业发展进行了部署和安排。工业和信息化部软件服务业司司长陈伟出席会议。

5月

5日 中国软件园区发展联盟在上海市正式成立。来自全国各地75家软件园区的参会代表作为联盟成员单位代表，共同审议并通过了《中国软件园区发展联盟章程（草案）》，联盟首次活动——2012年中国软件园区发展高峰论坛同期举行。工业和信息化部软件服务业司司长陈伟出席并致辞。

7日 工业和信息化部在北京市举办中小企业信息化服务信息发布会，主题为“携手同行，合作共赢”。工业和信息化部党组成员、总工程师朱宏任出席会议并讲话。

9日 国务院总理温家宝主持召开国务院常务会议，研究部署推进信息化发展、保障信息安全工作。

10日 中国·内蒙古呼和浩特云计算产业基地暨重点项目开工奠基仪式在呼和浩特市举行。工业和信息化部信息化推进司副司长董宝青，中国电信集团公司董事长王晓初，中国移动通信集团公司总裁李跃，中国联合网络通信集团有限公司副总经理张钧安等出席奠基仪式。同日，中国电信云计算内蒙古信息园、中国移动（呼和浩特）数据中心、中国联通西北（呼和浩特）基地在呼和浩特市分别举行奠基仪式。

11—12日 工业和信息化部在江苏省常州市召开全国两化融合服务产业园建设现场会。工业和信息化部副部长杨学山出席会议并讲话。会议由工业和信息化部信息化推进司司长徐愈主持。

15日 中芯国际集成电路制造公司北京公司二期项目合作框架签字仪式在北京市举行。中芯国际集成电路制造公司将与北京相关机构联合投资72亿美元，在北京经济技术开发区建设两条40-28纳米12英寸集成电路生产线。该项目是北京市继京东方8.5代TFT-LCD生产线之后又一个总投资超过300亿元人民币的项目。

15—16日 由中国电子工业标准化技术协会主办的中电标协知识产权工作委员会成立大会暨首届会员大会在北京市召开。工业和信息化部科技司副司长韩俊、电子信息司巡视员兼中电标协理事长胡燕等出席成立仪式，并为中电标协知识产权工作委员会揭牌。该委员会是经民政部、工业和信息化部、国家知识产权局批准设立的非营利性社团组织，是工业和信息化部在电子信息行业标准化领域从事知识产权相关工作的机构。

17日 工业和信息化部与天津市人民政府在天津市举行《共同推进战略性新兴产业发展，促进天津工业转型升级战略合作框架协议》签约仪式，工业和信息化部部长苗圩、天津市市长黄兴国代表双方签字。

21日 财政部、环境保护部、国家发展和改革委员会、工业和信息化部、海关总署、国家税务总局联合印发《废弃电器电子产品处理基金征收使用管理办法》。

23—25日 由中国电子学会主办的第四届中国云计算大会在北京市举行。十一届全国人大常委会副委员长严隽琪，中国电子学会名誉理事长、原信息产业部部长吴基传，中国电子学会理事长、陕西省常务副省长娄勤俭，工业和信息化部副部长刘利华出席会议。

23—25日 工业和信息化部信息化推进司、中小企业司在广东省深圳市召开全国电子商务和物流信息化推进大会暨全国中小企业信息化和产业集群两化融合推进大会。工业和信息化部党组成员、总工程师朱宏任出席会议并讲话。

24日 两化融合深度行北京行动启动。工业和信息化部部长苗圩，北京市委副书记、市长郭金龙出席启动仪式并致辞，并参观了以“推动两化深度融合、促进产业转型升级”为主题的北京市两化融合成果展。

25日 由工业和信息化部、广东省人民政府、广州市人民政府联合主办的国家数字家庭应用示范产业基地建设经验交流会在广东基地（广州市番禺区）召开。工业和信息化部副部长杨学山出席会议并讲话，会议由工业和信息化部电子信息司司长丁文武主持。

30日 第十届中国信息港论坛在陕西省西安市召开。原信息产业部部长吴基传、陕西省常务副省长娄勤俭、工业和信息化部副部长刘利华出席论坛并讲话。

31日—6月2日 由工业和信息化部、国家发展和改革委员会、科学技术部、国家外国专家局、北京市人民政府共同主办的第十六届中国国际软件博览会（以下简称软博会）在北京市召开。本届软博会的主题为“做大做强软件产业、服务经济转型升级”。软博会期间举行了2012年中国软件和信息技术服务业发展高峰论坛和7场专题论坛。工业和信息化部副部长杨学山、科学技术部副部长王志刚、国家外国专家局副局长陆明、北京市副市长苟仲文出席开幕式并致辞。

6月

6日 由中国下一代互联网示范工程(CNGI) 专家委员会主办的下一代互联网发展建设峰会在北京市召开。工业和信息化部副部长杨学山、国家发展和改革委员会副主任张晓强、教育部副部长杜占元等出席会议并致辞。

10日 工业和信息化部与青海省人民政府在青海省西宁市签订《工业和信息化部、青海省人民政府关于加快推进青海省工业和信息化发展战略合作框架协议》。此次部省战略合作协议的签署，是贯彻落实《中共中央、国务院关于深入实施西部大开发战略的若干意见》和《中共中央、国务院关于加快四川云南甘肃青海省藏区经济社会发展的意见》的举措。工业和信息化部部长苗圩，青海省委副书记、省长骆惠宁出席签字仪式并致辞。苗圩和骆惠宁代表部省双方在协议上签字。

15—18日 由商务部、工业和信息化部、教育部、科学技术部、中国国际贸易促进委员会和辽宁省人民政府共同主办的第十届中国国际软件和信息服务交易会在辽宁省大连市举行。本届展会的主题为“创新驱动增长，融合深化应用——腾‘云’驾‘物’，智能互联”，着重展示国内外在云计算、物联网、移动互联技术等方面的最新创新成果和应用。

19 日 由台北世界贸易中心主办的海峡两岸高新产业合作研讨会在中国台北市举行。工业和信息化部副部长杨学山率团出席并致辞。台北世界贸易中心董事长王志刚出席并致辞。研讨会上，大陆 8 家骨干彩电企业分别与友达光电股份有限公司、奇美电子股份有限公司签署了战略合作书，达成了总额约 45 亿美元的液晶电视面板采购意向。研讨会期间还举办了半导体照明、云计算、物联网、汽车电子、平板显示 5 个分论坛。工业和信息化部电子信息司司长丁文武等在各分论坛作专题演讲。

26 日 由工业和信息化部运行监测协调局、电子信息司，中国电子元件行业协会共同主办的 2012 年中国电子元件产业峰会在浙江省杭州市召开。工业和信息化部总经济师周子学、运行监测协调局副局长高素梅等出席会议并讲话。

27 日 中国电子技术标准化研究院在北京市举办新一代信息技术产业标准化论坛。工业和信息化部副部长杨学山、国家标准化管理委员会副主任方向出席论坛并讲话。会上，中国电子技术标准化研究院发布了云计算、绿色发展和智能终端白皮书。工业和信息化部科技司副司长韩俊、电子信息司副司长刁石京、软件服务业司副司长郭建兵就电子信息领域国际标准化发展趋势等发表主题演讲。

28 日 《国务院关于大力推进信息化发展和切实保障信息安全的若干意见》发布。

28—30 日 工业和信息化部在北京市举行信息化与工业化融合成果展览会。本次成果展的主题是“大力推进信息化与工业化融合，坚持走中国特色新型工业化道路”，展览规模为 22 000 平方米，分为综合展区、专题展区、地方展区、未来展望区四部分。工业和信息化部部长苗圩、副部长苏波，北京市副市长苟仲文，科学技术部副部长曹健林等出席开幕式并一同剪彩。苗圩在开幕式上致辞。工业和信息化部副部长杨学山主持开幕式。中共中央政治局常委、全国人大常委会委员长吴邦国，中共中央政治局常委、全国政协主席贾庆林，中共中央政治局常委李长春，中共中央政治局常委、国务院副总理李克强分别参观了成果展。

29 日 工业和信息化部在北京市召开信息化与工业化融合高层研讨会。工业和信息化部部长苗圩出席研讨会并讲话。中央财经领导小组办公室副主任杨伟民，全国政协经济委员会副主任、中国工业经济学会会长郑新立等出席论坛并发表主题演讲。工业和信息化部副部长杨学山、苏波分别主持会议。

7 月

1—6 日 中国电子质量管理协会在福建省武夷山市组织召开中国电子信息行业第 32 次质量管理小组暨质量信得过班组代表会议。本次会议评选出电子信息行业质量管理小组一等奖 189 个、二等奖 25 个，优秀质量信得过班组 17 个，优秀六西格玛项目 19 个，质量管理小组活动先进单位 34 个，优秀领导者 39 名，优秀推进者 51 名。中国电子质量管理协会理事长程光辉出席会议并讲话。

10 日 由工业和信息化部运行监测协调局、软件服务业司，江苏省经济和信息化委员会共同主办的 2012 年（第十一届）中国软件业务收入前百家企业发布会暨龙头企业培育工作座谈会在江苏省南京市召开。会议发布了第十一届中国软件业务收入前百家企业名单及中国自主品牌软件产品前 10 家企业名单。工业和信息化部副部长杨学山出席会议并讲话。工业和信息化部软件服务业司司长陈伟、副司长郭建兵等出席会议。

17 日 由工业和信息化部、科学技术部、中央政府驻香港联络办公室、香港特区政府商务及经济发展局、中国科学技术协会共同主办的内地与香港信息科技及通信产业创新创业高峰论坛在香港特别行政区举行。工业和信息化部副部长杨学山率团出席论坛并致辞。

18日 中国质量认证中心在北京市组织召开国推RoHS认证研讨会暨首批获证企业颁证仪式。国推RoHS认证第一批产品目录包括手机、电话、打印机、电视机、计算机和显示器的整机、组件、部件及元器件以及材料。本次首批获证企业均为行业的领军企业。

25日 由工业和信息化部、国家认证认可监督管理委员会联合主办的国家统一推行的电子信息产品污染控制自愿性认证实施启动暨宣传贯彻会议在广东省深圳市召开。此次会议的召开，标志着中国电子信息产品污染控制认证工作已进入实质性实施阶段。工业和信息化部节能与综合利用司副司长杨铁生等出席会议并致辞。

26日 由中国计算机行业协会主办的2012年中国云计算最佳应用实践巡展首站暨启动仪式在北京市举行。中国计算机行业协会云计算专业委员会正式发布了《中国云计算数据中心基础设施建设指导规范（草案）》。这是中国首个由行业协会制定发布的云数据中心建设规范。

31日 工业和信息化部在河北省石家庄市召开2012年（第26届）电子信息百强企业发布暨工作座谈会。工业和信息化部副部长杨学山出席会议并讲话。国家统计局统计设计管理司副司长贾楠发布第26届电子信息百强企业名单，华为技术有限公司位居榜首，联想控股有限公司、海尔集团分列第2、第3名。工业和信息化部运行监测协调局副局长高素梅作电子信息百强企业发展评述报告。工业和信息化部电子信息司司长丁文武主持会议并作总结讲话。

8月

1日 中国语音产业联盟成立大会暨工业和信息化部与安徽省人民政府《关于共同推进安徽省语音产业发展合作备忘录》签署仪式在北京市举行。中国语音产业联盟由工业和信息化部指导，安徽科大讯飞信息科技股份有限公司、华为技术有限公司等19家单位联合发起成立，安徽科大讯飞信息科技股份有限公司当选为中国语音产业联盟理事长单位。工业和信息化部副部长杨学山、安徽省副省长黄海嵩出席大会并讲话，并分别代表部省签署了《关于共同推进安徽省语音产业发展合作备忘录》。

2日 无锡国家传感网创新示范区部际建设协调领导小组第二次会议在江苏省无锡市召开。部际建设协调领导小组组长、工业和信息化部部长苗圩和江苏省省长李学勇出席会议并讲话。会议由工业和信息化部副部长杨学山主持。

16日 部省市共同推进广州市、深圳市中国软件名城创建工作会商会在广东省广州市召开。工业和信息化部副部长杨学山出席会议并讲话。工业和信息化部软件服务业司司长陈伟作工作报告。

21日 由中国移动通信集团公司主办的2012年（第六届）移动互联网国际研讨会在北京市召开。该研讨会是国内业界针对移动互联网产业组织的大型综合研讨会。工业和信息化部副部长刘利华出席会议并讲话。中国移动通信集团公司董事长奚国华、中国电子学会名誉理事长吴基传等出席会议。

24日 工业和信息化部电子信息司与国家广播电影电视总局科技司联合举行《广播电视先进音视频编解码 第1部分：视频》（AVS+）标准发布暨宣贯会。AVS+标准是AVS技术应用联合推进工作组组织制定的面向高清电视、3D电视等广播电视业务的AVS优化标准。工业和信息化部电子信息司司长丁文武、国家广播电影电视总局科技司副司长孙苏川等出席会议并讲话。

26—27日 工业和信息化部与海南省人民政府签订《关于推进海南省工业和信息化发展的战略合作框架协议》。此次部省达成战略合作是工业和信息化部落实国务院《关于推进海南国际旅游岛建设发展的若干意见》的举措。工业和信息化部部长苗圩出席签字仪式并致辞。

26—28日 由工业和信息化部、教育部、江苏省人民政府联合主办的第一届“中国软件杯”大学生软件设计大赛决赛及颁奖典礼在江苏省南京市举行。工业和信息化部副部长杨学山为颁奖典礼发来寄语。工业和信息化部软件服务业司司长陈伟出席典礼并讲话。

28日 广西壮族自治区人民政府与工业和信息化部所属7所高校战略合作协议签署仪式在南宁市举行。此次战略合作协议确定了产业合作与开发、科技合作与交流、教育合作交流与人才培养引进、战略咨询合作等四方面的合作重点。工业和信息化部部长苗圩出席签署仪式并致辞。

9月

6日 工业和信息化部与黑龙江省人民政府在黑龙江省哈尔滨市举行2012年部省合作会商会议。双方就支持黑龙江省建设国家级“云计算”产业基地等9项议题达成共识。工业和信息化部副部长苏波、黑龙江省副省长张建星出席会议。会议由工业和信息化部规划司司长肖华主持。

7—8日 由中国电子工业标准化技术协会、中国通信标准化协会和华聚产业共同标准推动基金会共同主办的第九届海峡两岸信息产业和技术标准论坛在湖南省长沙市举行。中国电子工业标准化技术协会与华聚产业共同标准推动基金会共同发布9项共通标准。海峡两岸的专家学者及企业代表围绕8个专业技术领域达成27项共识。国务院台湾事务办公室常务副主任郑立中，工业和信息化部副部长杨学山等出席论坛。工业和信息化部副部长杨学山作主题演讲。

7—9日 由工业和信息化部、国家广播电影电视总局、中国科学院、中国工程院、浙江省人民政府和国内三大电信运营商联合主办的第二届中国（宁波）智慧城市技术与应用产品博览会（以下简称智博会）在浙江省宁波市召开。本届智博会的主题为“荟萃智慧应用，建设智慧城市”。全国政协副主席张榕明宣布开幕，中央纪委驻工业和信息化部纪检组组长郭炎炎等出席开幕式。

11日 由中国互联网协会主办的2012年（第十一届）中国互联网大会在北京市开幕。工业和信息化部部长苗圩出席大会并致辞。工业和信息化部副部长尚冰、国家互联网信息办公室副主任钱小芊在开幕式上作主旨报告。

12日 三星（中国）半导体有限公司高端存储芯片项目开工奠基仪式在陕西省西安市高新区举行。项目计划分三期建设完成，一期项目投资70亿美元，将采用世界领先的10纳米级技术生产NAND FLASH（闪存）。陕西省委书记、省人大常委会主任赵乐际，省委副书记、省长赵正永，省政协主席马中平，工业和信息化部副部长尚冰，陕西省委常委、常务副省长娄勤俭等出席奠基仪式。娄勤俭宣读了国务院副总理李克强的批示。

17日 工业和信息化部在拉萨市召开全国工业和信息化系统援藏工作会议。西藏自治区书记陈全国、主席白玛赤林参加会议，工业和信息化部部长苗圩出席并讲话。会议期间，还举行了工业和信息化部向西藏自治区工业和信息化系统捐赠物资仪式。

17日 上海市中国软件名城创建暨软件产业工作会在上海市召开。工业和信息化部副部长杨学山，上海市委常委、副市长艾宝俊出席会议并讲话。

20日 全国信息技术标准化技术委员会云计算标准工作组成立大会暨第一次工作会议在北京市召开。国家标准化管理委员会副主任方向，工业和信息化部规划司司长肖华、电子信息司司长丁文武，中国电子技术标准化研究院院长赵波、书记林宁，北京航空航天大学计算机学院副院长胡春明，中国电子学会副理事长兼秘书长刘汝林等出席会议并发言。

24日 由工业和信息化部、河南省人民政府共同主办的2012年中国（郑州）产业转移系列对接活动在河南省郑州市举行。河南省委书记、省人大常委会主任卢展工，河南省省长郭庚茂，工业和信息化部副部长杨学山，工业和信息化部党组成员、总工程师朱宏任等共同启动开幕装置。

25日 由国家质量监督检验检疫总局、发展和改革委员会、教育部、工业和信息化部等15个部门联合主办的首届中国质量发展论坛在北京市举行。本次论坛的主题为“贯彻质量发展纲要，推进质量强国建设”。中共中央政治局委员、国务院副总理王岐山出席论坛并致辞。工业和信息化部副部长杨学山出席论坛并发言。

26日 工业企业知识产权运用能力培育工程启动会议在北京市召开。工业和信息化部副部长杨学山作动员讲话。

28日 国家计算机网络应急技术处理协调中心与北京航空航天大学在北京市举行协同创新合作协议签约仪式。工业和信息化部部长苗圩、副部长尚冰出席签约仪式并为双方共建的“网络计算与信息处理技术协同创新中心”揭牌。北京航空航天大学党委书记胡凌云、校长怀进鹏，国家计算机网络应急技术处理协调中心主任黄澄清等出席仪式。

28日 由工业和信息化部运行监测协调局、电信管理局指导，工业和信息化部电信研究院、信息中心在北京市联合发布2012年互联网信息服务收入前百家企业及增值电信业务发展白皮书。会上，工业和信息化部运行监测协调局正式将发布的前百家企业确定为互联网信息服务业运行监测重点调度联系企业并授牌。工业和信息化部总经济师周子学出席会议并讲话。

10月

13日 深圳市华星光电技术有限公司宣布8.5代液晶面板项目提前3个月超越10万片的设计满载产能，良品率达到95%，标志着该项目取得阶段性成功。中共中央政治局委员、中共广东省委书记汪洋发来贺信。工业和信息化部副部长杨学山，广东省委常委、深圳市委书记王荣，广东省委常委、常务副省长徐少华，广东省副省长刘志庚，工业和信息化部电子信息司司长丁文武等出席满产仪式。

18—21日 由商务部、工业和信息化部、国务院台湾事务办公室和江苏省人民政府共同主办的第十一届中国苏州电子信息博览会（以下简称电博会）在江苏省苏州市召开。本届电博会以新技术、新理念和新的发展趋势为导向，以绿色环保节能、智慧城市生活为主线，继续引领电子产业发展方向。国务院台湾事务办公室主任王毅，江苏省委副书记、省长李学勇，工业和信息化部副部长杨学山，商务部副部长蒋耀平等出席开幕式。

20日 东方通信股份有限公司自主创新研制的国内首套具备自主知识产权的TETRA数字集群通信系统在杭州市数字集群无线政务专网中率先进行商用，杭州市人民政府举行杭州市数字集群无线政务专网开通仪式。工业和信息化部副部长杨学山发来贺信。

23—25日 第十届中国国际半导体博览会暨高峰论坛（IC China 2012）在上海市召开。本届展会国内外参展企业超过200家，覆盖集成电路设计、芯片制造、封装测试、专用设备与材料等产业链各个环节。工业和信息化部电子信息司副司长彭红兵出席开幕式并致辞。

25—27日 由工业和信息化部、国家发展和改革委员会、科学技术部、中国科学院、新华社和江苏省人民政府共同主办的第三届中国国际物联网（传感网）博览会在江苏省无锡市召开。本届博览会的主题为“应用带来商机，示范创造市场”。工业和信息化部副部长杨学山出席博览会并致辞。

11月

2—5日 由工业和信息化部、科学技术部、国家发展和改革委员会、教育部等10个单位共同主办的第九届“中国光谷”国际光电子博览会暨论坛在湖北省武汉市召开。工业和信息化部副部长杨学山出席开幕式并致辞。开幕式由工业和信息化部电子信息司司长丁文武主持。

5日 中国首个个人信息保护国家标准——《信息安全技术公共及商用服务信息系统个人信息保护指南》正式发布，将于2013年2月1日起实施。这项标准是由全国信息安全标准化技术委员会提出并归口组织，中国软件评测中心牵头，联合多家单位制定。

5日 工业和信息化部、国家外国专家局在北京市签署《关于引进国外智力加快推进工业转型升级合作框架协议书》。工业和信息化部部长苗圩、国家外国专家局局长张建国出席签字仪式并讲话。

6日 由工业和信息化部、浙江省人民政府共同主办的第二届数字家庭技术创新与产业应用年会在浙江省杭州市召开。本届年会以“应用驱动、融合发展”为主题，就数字家庭技术路线、产业发展、应用推广等问题进行交流和研讨。会上，还举行浙江国家数字家庭应用示范产业基地创建启动仪式。工业和信息化部电子信息司副司长刁石京出席会议并作主题发言。

6—7日 工业和信息化部运行监测协调局在山东省威海市召开2012年全国电子信息产业统计工作会。工业和信息化部运行监测协调局副局长高素梅作主题报告。

13日 由工业和信息化部、科学技术部、北京市人民政府指导，北京市经济和信息化委员会主办的2012年北京微电子国际研讨会暨第十届中国半导体封装测试技术市场年会在北京市召开。工业和信息化部副部长杨学山、北京市副市长苟仲文出席开幕式并致辞。

14日 工业和信息化部与广东省人民政府在北京市签署《加快推进广东省工业绿色发展战略合作框架协议》。广东省委书记汪洋出席签约仪式，工业和信息化部部长苗圩和广东省省长朱小丹代表双方签字。

16—21日 由商务部、科学技术部、工业和信息化部、国家发展和改革委员会等11个单位共同主办的第十四届中国国际高新技术成果交易会（以下简称高交会）在广东省深圳市召开。本届高交会的主题为“推进科技创新、提升发展质量”。全国人大常委会副委员长路甬祥，全国政协副主席、科学技术部部长万钢出席开幕式。工业和信息化部副部长尚冰出席开幕式，并在由工业和信息化部主办的TD-LTE产业发展论坛上致辞。工业和信息化部在本届高交会主办了TD-LTE专题馆，主题为“推动TD-LTE创新发展，开创移动宽带新时代”。工业和信息化部副部长杨学山参观了专题馆。

17日 广州市和深圳市中国软件名城授牌仪式在广东省深圳市举行。工业和信息化部副部长杨学山出席授牌仪式并讲话。工业和信息化部软件服务业司司长陈伟宣读了工业和信息化部关于授予两市“中国软件名城”称号的文件。

21—23日 中国电子商会第五届会员代表大会暨全体理事会议在北京市召开。第五届理事大会选举产生了中国电子商会新一届领导班子。国务院参事曲维枝为中国电子商会会长。工业和信息化部总经济师周子学等27人为副会长。工业和信息化部副部长杨学山、民政部副部长顾朝曦等出席会议。

29—30日 2012中国IT财富（CEO）年会和中国信息主管（CIO）年会在四川省成都市举行。本届大会由成都市人民政府、工业和信息化部电子科学技术情报研究所、计算机传媒集团《计算机世界》报社共同主办；主题为“融合·创新 凝聚中国经济发展的科技驱动力”，解读信息产业结构调整政策和产业布局，聚焦IT企业技术、业务和管理创新的新模式，展望物联网、云计算、三网融合等多元融合的行业发展趋势。工业和信息化部软件服务业司司长陈伟，工业和信息化部电子科学技术情报研究所所长、计世传媒董事长洪京一，美国IDG集团全球常务副总裁熊晓鸽等出席会议。

30日 工业和信息化部在福建省厦门市举行2012年中国优秀工业设计奖颁奖典礼。工业设计广泛应用于轻工、纺织、机械、电子信息等行业。2012年中国优秀工业设计奖是中国工业设计领域首个国家政府奖项，共产生10个金奖。其中，产品设计奖9个，概念作品奖1个。工业和信息化部部长苗圩，工业和信息化部党组成员、总工程师朱宏任等出席颁奖典礼。

30日 由国家信息化专家咨询委员会主办的第九届国家信息化专家论坛在北京市举行。本届论坛的主题为“信息化促进我国区域均衡发展”。国家信息化专家咨询委员会主任奚国华、工业和信息化部信息化推进司司长徐愈出席论坛并致辞。

12月

2日 工业和信息化部与江西省人民政府在江西省南昌市签署《关于推进江西省工业和信息化发展的战略合作框架协议》。此次建立部省合作机制，是贯彻落实《国务院关于大力实施促进中部地区崛起战略的若干意见》的举措。工业和信息化部部长苗圩，江西省委书记苏荣、省长鹿心社等出席签约仪式。苗圩和鹿心社代表双方在协议上签字并分别致辞。

7日 由中国电子信息产业发展研究院主办的2012年中国信息产业经济年会在北京市召开。本届年会的主题为“创新融合驱动经济发展”。工业和信息化部副部长杨学山出席中国信息产业经济年会“成功企业家之夜”活动并致辞。

15—16日 由中国电子企业协会主办的第三届中国电子高峰论坛暨2012年“牡丹杯”全国电子信息行业优秀企业家颁奖典礼在河南省洛阳市召开。本届高峰论坛的主题为“建设自主可控产业体系”。工业和信息化部总经济师周子学出席会议并讲话。

19日 国务院总理温家宝主持召开国务院常务会议，研究确定促进光伏产业健康发展的政策措施。

19日 工业和信息化部公布2012年第十二届信息产业重大技术发明评选结果，《硅衬底氮化镓基LED材料及大功率芯片技术》等7个项目入选。

26日 工业和信息化部公布第二批工业产品质量控制和技术评价实验室名单，共65个实验室。其中，电子信息和软件行业共有12个实验室。

27日 全国工业和信息化工作会议在北京市召开。工业和信息化部部长苗圩在会上作题为“全面贯彻落实党的十八大精神，努力开创中国特色新型工业化信息化发展新局面”的工作报告。工业和信息化部党组成员、总师及来自机关各司局、国家国防科技工业局和国家烟草专卖局综合管理部门、地方工业和信息化主管部门、各地通信管理局、部直属事业单位、部属高校、有关行业协会的负责同志参加会议。

28日 第十一届全国人民代表大会常务委员会第三十次会议审议通过《关于加强网络信息保护的决定》。决定共12条，自发布之日起实施。

第12部分　附　录

附录A

世界电子信息产业发展综述

【综述】

2012年，世界经济仍处于危机之后的缓慢复苏阶段，全球GDP增速从2011年的4%放缓至3.2%。发达经济体2012年实际GDP增速为1.2%。其中，美国实际GDP增长较2011年有所好转，达到2.2%；日本由2011年的下滑恢复至增长，增幅为2%；欧元区则下降约0.6%。欧元区主权债务危机的不断升级成为影响全球经济增长的主要因素。2012年，发展中国家经济增长速度出现下滑，中国GDP增速由2011年的9.3%下降至7.8%，印度由6.4%下降至3.3%，巴西由2.7%下降至0.9%。

2013年，全球经济前景将有所改善。预计2013年全球GDP增速为3.3%，2014年将进一步好转至4%。整体宽松的货币环境，市场信心的恢复，以及经济活动的重新活跃，将带动美国和欧元区国家的经济走出低迷。预计美国GDP增长2013年将达到1.9%，2014年为2.6%。日本2013年GDP将增长1.4%。财政支出大幅扩张，货币政策进一步宽松，以及日元汇率持续走低，将拉动日本出口进一步增长，预计2013年下半年增长将更加明显。同时，2014年，日本计划中的消费税上调将会抑制经济增长，其影响将在2014年二季度后初步显现。综上，预计2014年日本GDP增速为1.6%。

在新兴市场和发展中经济体，GDP将普遍呈现出稳步增长态势。2013年上半年，新兴市场和发展中经济体的GDP增速为5%，预计2014年将加速至接近6%。宽松的宏观经济环境和发达经济体需求的复苏是拉动新兴市场和发展中经济体增长的主要动力。

电子产品产值情况

2011年，世界电子产品总产值为1 788 965百万美元。其中，电子元器件位居首位，为525 498百万美元，占世界电子产品总产值的29.4%；电子数据处理设备居第二，产值为477 761百万美元，占26.7%；第三为无线通信与雷达设备，产值为322 323百万美元，占18.0%。2011年，世界电子产品产值排名前五位的国家为中国、美国、日本、韩国和德国，其占世界电子产品总产值份额情况见图1。

2012年，世界电子产品总产值为1 758 266百万美元，同比下降1.7%。其中，电子元器件居首位，为498 767百万美元，占世界电子产品总产值的28.4%；电

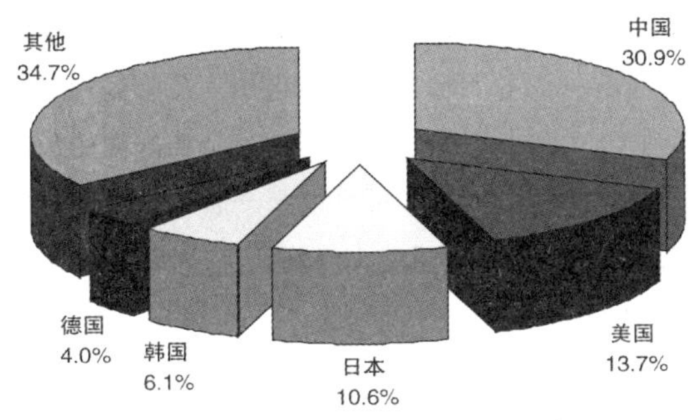

图 1 2011 年世界电子产品产值排名前五的国家市场份额情况

子数据处理设备位居第二，产值为 478 895 百万美元，占 27.2%；第三为无线通信与雷达设备，产值为 337 549 百万美元，占 19.2%。2012 年世界各类电子产品产值占电子产品总产值的比重见图 2。2012 年电子产品产值排名前五位的国家和地区占世界电子产品总产值份额情况见图 3。2010—2013 年世界电子产品总产值的变化情况见图 4 和表 1。

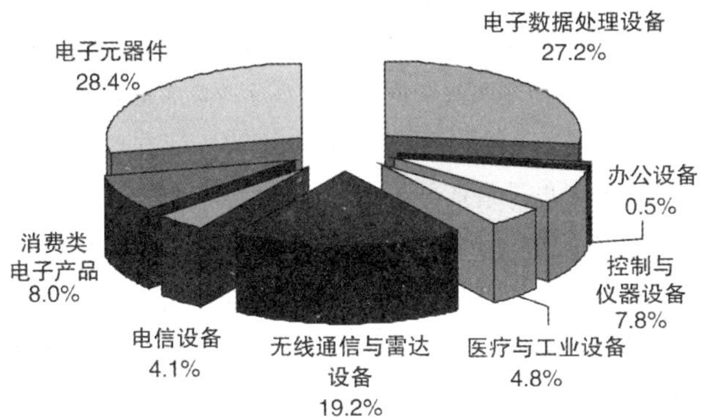

图 2 2012 年世界各类电子产品产值所占份额情况

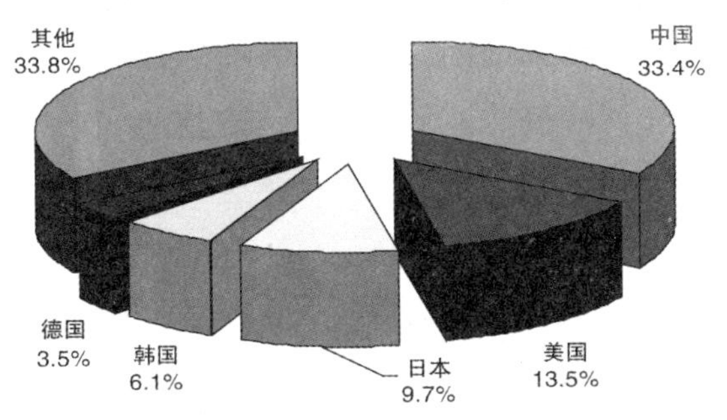

图 3 2012 年电子产品产值排名前五的国家所占份额情况

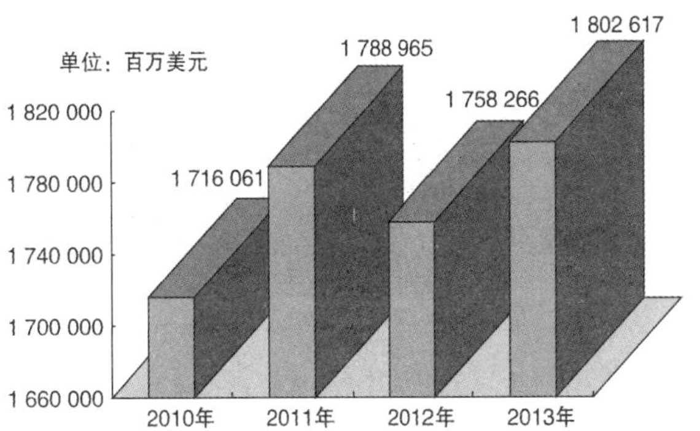

图 4 2010—2013 年世界电子产品总产值情况

注：2013 年为预测值。

电子产品市场情况

2011 年，世界电子产品市场规模为 1 816 424 百万美元，同比 2010 年增长 5.4%。其中，电子元器件市场规模位居第一，总额为 559 905 百万美元，占世界电子产品市场规模的 30.82%；第二是电子数据处理设备，市场规模为 496 931 百万美元，占 27.35%；第三是无线通信与雷达设备，市场规模为 291 201 百万美元，占 16.03%。2011 年，电子产品市场规模排名前五位的国家和地区为美国、中国、日本、德国和巴西，其占世界电子产品市场规模的份额情况见图 5。

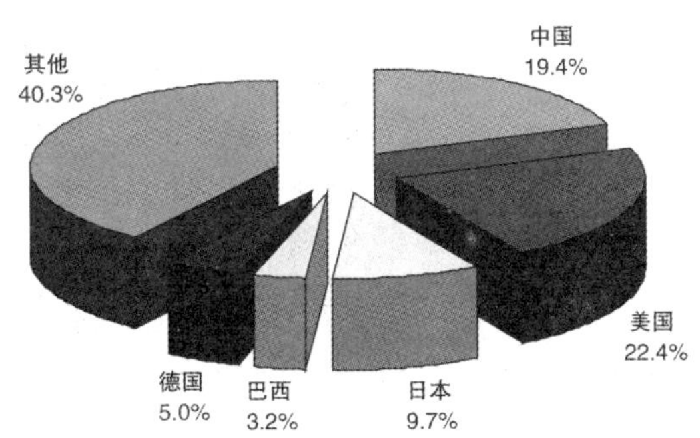

图 5 2011 年电子产品市场规模排名前五的国家所占份额情况

2012 年，世界电子产品市场规模为 1 785 685 百万美元，同比 2011 年下降 1.7%。其中，电子元器件市场规模位居第一，总额为 537 428 百万美元，占世界电子产品市场规模的 30.1%；第二是电子数据处理设备，市场规模为 492 629 百万美元，占 27.6%；第三是无线通信与雷达设备，市场规模为 300 921 百万美元，占

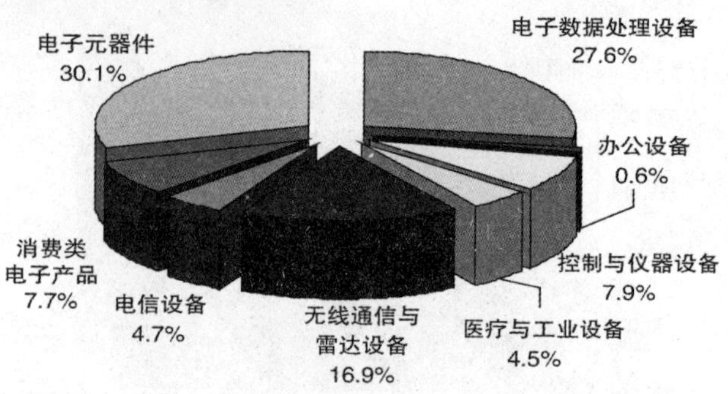

图 6　2012 年各类电子产品在世界电子产品市场中所占份额情况

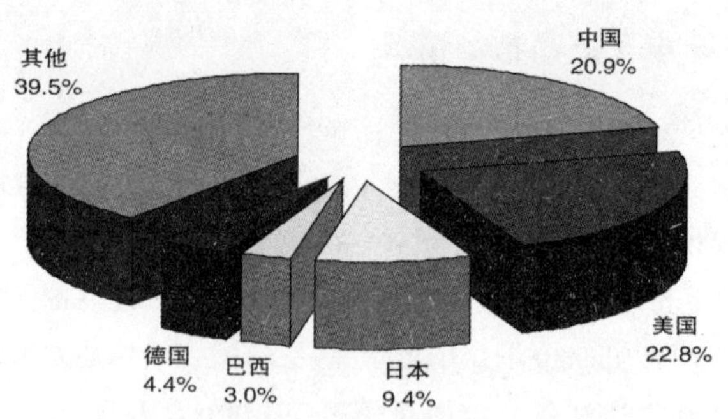

图 7　2012 年电子产品市场规模排名前五的国家和地区所占份额情况

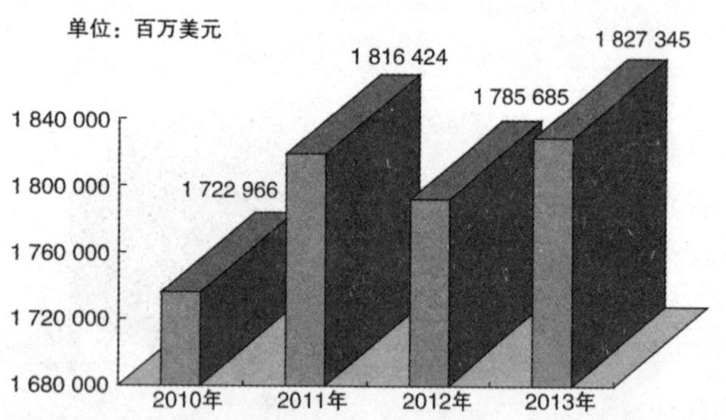

图 8　2010—2013 年世界电子产品市场规模情况

注：2013 年为预测值。

16.9%。2012 年各类电子产品在世界电子产品市场中所占份额情况如图 6 所示。2012 年电子产品市场规模排名前五位的国家和地区占世界电子产品市场规模的份额情况见图 7。2010—2013 年世界电子产品市场规模情况见图 8 和表2。2012 年世界各国和地区“网络化准备度指数”（NRI）排名见表 3。

发展趋势

未来三年，随着欧债危机影响的减弱和美国经济的复苏，世界经济整体发展将趋暖，由此拉动电子信息产业消费的持续增长，预计增速将维持在 3.8%—5%，2013 年市场规模将达到 1 827 345 百万美元。

世界电子产品市场格局将进行局部调整。从国家层面看，美国、中国和日本仍将占据世界电子产品市场的主导地位。在产值方面，中国将继续居于首位，其次是美国、日本。在市场规模上，美国和日本所占比重小幅下降，中国所占份额持续上升，总体上仍保持美、中、日前三位的格局。包括印度、韩国、中国台湾地区在内的亚太其他国家和地区以及巴西、俄罗斯等新兴国家的电子产品市场发展前景良好，在全球产业布局进一步调整的大背景下，开始逐步向产业价值链的高端环节升级，未来对电子信息产业的影响将逐步扩大。

在产品结构方面，电子元器件、电子数据处理设备、无线通信设备和消费类电子产品仍将占据世界电子产品份额的前四位。2012 年，这四种电子产品所占比例分别为 30.1%、27.6%、19.6%、7.9%，其中，电子元器件和电子数据处理设备所占份额增长最快。预计未来三年，市场规模处于前五位的电子产品增长率在 2%—6% 之间，电子元器件及消费类电子产品市场规模增长率较高。其中，电子元器件市场将维持 3%左右的增速。

【统计数据】

表 1　2010—2013 年世界电子产品产值情况

单位：百万美元

产品名称	2010 年	2011 年	2012 年	2013 年
电子数据处理设备	461 191	477 761	478 895	486 283
办公设备	9 837	9 694	8 977	8 582
控制与仪器设备	123 821	138 233	138 002	142 828
医疗与工业设备	80 686	84 573	83 718	85 752
无线通信与雷达设备	293 662	322 323	337 549	355 947
电信设备	69 341	72 751	72 330	72 994
消费类电子产品	165 931	158 132	140 028	134 959
电子元器件	511 592	525 498	498 767	515 272
总计	1 716 061	1 788 965	1 758 266	1 802 617

注：数据来源于《The Yearbook of World Electronics Data 2013》。2013 年数据为预测值；由于四舍五入，各项值累加与总计值有可能存在误差。

表 2　2010—2013 年世界电子产品市场情况

单位：百万美元

产品名称	2010 年	2011 年	2012 年	2013 年
电子数据处理设备	469 082	496 931	492 629	501 626
办公设备	13 391	13 302	12 401	12 176
控制与仪器设备	125 784	140 004	141 506	146 638
医疗与工业设备	75 080	79 499	80 276	82 269
无线通信与雷达设备	269 130	291 201	300 921	315 374
电信设备	81 233	85 228	83 892	84 837
消费类电子产品	152 478	150 354	136 632	134 530
电子元器件	536 786	559 905	537 428	549 891
总计	1 722 966	1 816 424	1 785 685	1 827 345

注：数据来源于《The Yearbook of World Electronics Data 2013》。2013 年为预测值；由于四舍五入，各项值累加与总计值有可能存在误差。

表3 2012年世界各国和地区“网络化准备度指数”（NRI）排名前50名

排名	国家和地区	排名	国家和地区
1	芬兰	26	法国
2	新加坡	27	爱尔兰
3	瑞典	28	马耳他
4	荷兰	29	巴林
5	挪威	30	马来西亚
6	瑞士	31	沙特阿拉伯
7	英国	32	立陶宛
8	丹麦	33	葡萄牙
9	美国	34	智利
10	中国台湾地区	35	塞浦路斯
11	韩国	36	波多黎各
12	加拿大	37	斯洛文尼亚
13	德国	38	西班牙
14	中国香港特别行政区	39	巴巴多斯
15	以色列	40	阿曼
16	卢森堡	41	拉脱维亚
17	冰岛	42	捷克
18	澳大利亚	43	哈萨克斯坦
19	奥地利	44	匈牙利
20	新西兰	45	土耳其
21	日本	46	巴拿马
22	爱沙尼亚	47	约旦
23	卡塔尔	48	黑山
24	比利时	49	波兰
25	阿拉伯联合酋长国	50	意大利

注：数据来源于世界经济论坛2012-2013年度《全球信息技术报告》。

美 国

【综述】

2012年，美国经济稳步回升，全年GDP增长2.2%，高于2011年的1.8%。总体来看，美国经济在2012年前三季度保持较稳定的增长态势，而在第四季度下滑0.1%。这是自2009年中期以来的首次下滑，主要是国防开支、资金库存以及出口的大幅下降所致。

预计2013年和2014年，美国实际GDP增长率分别为1.9%和2.6%。其中，商业和住宅房地产投资预期会快速增长，对实际GDP增长的贡献率将超过50%。同时，美国2013年将通过增税和削减财政支出等方式实行从紧的财政政策，对经济增长具有一定影响。2008—2014年美国GDP增长情况见图1。

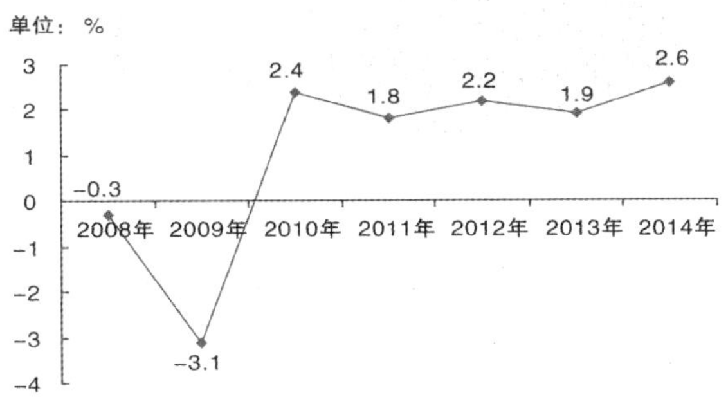

图1　2008—2014年美国GDP增长情况

注:2013年、2014年为预测值。

电子产品进出口情况

2010年，美国电子产品进出口总额为439 193百万美元，2011年为477 379百万美元，同比增长8.7%。2010年和2011年，美国电子产品进出口贸易均呈逆差，逆差额分别为145 579百万美元和161 247百万美元。

1. 进口情况

2010年，美国电子产品进口额为292 386百万美元。其中，电子数据处理设备居于首位，进口额为100 013百万美元，占进口总额的34.2%；其次是无线通信与雷达设备，进口额为47 657百万美元，占进口总额的16.3%。

2011年，美国电子产品进口额为319 313百万美元，同比增长9.2%。其中，电子数据处理设备居于首位，进口额为110 727百万美元，占进口总额的34.7%；其次是无线通信与雷达设备，进口额为53 180百万美元，占进口总额的16.7%。2010年和2011年美国各类电子产品进口额情况见表1，2011年美国各类电子产品进口份额情况见图2。

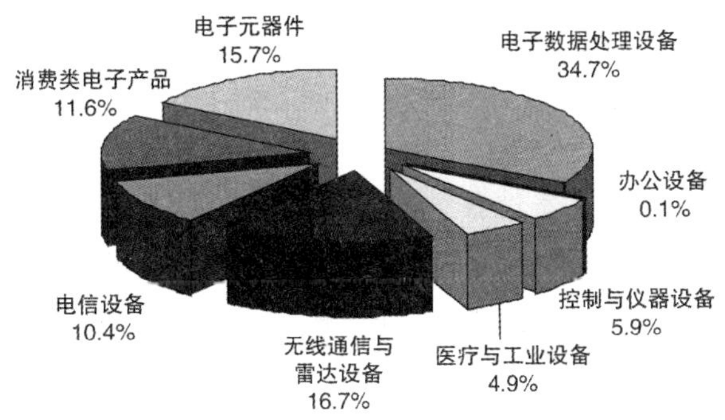

图2　2011年美国各类电子产品进口份额情况

2. 出口情况

2010年，美国电子产品出口额为146 807百万美元。其中，电子数据处理设备居于首位，出口额为36 404百万美元，占出口总额的24.8%；其次是电子元器件，出口额为35 954百万美元，占出口总额的24.5%。

2011年，美国电子产品出口额为158 066百万美元，同比增长7.7%。其中，电子数据处理设备居于首位，出口额为40 304百万美元，占出口总额的25.5%；其次是电子元器件，出口额为36 303百万美元，占出口总额的23.0%。2010年和2011年美国各类电子产品出口额情况见表2，2011年美国各类电子产品出口份额情况见图3。

电子产品产值情况

2011年，美国电子产品产值为245 851百万美元。

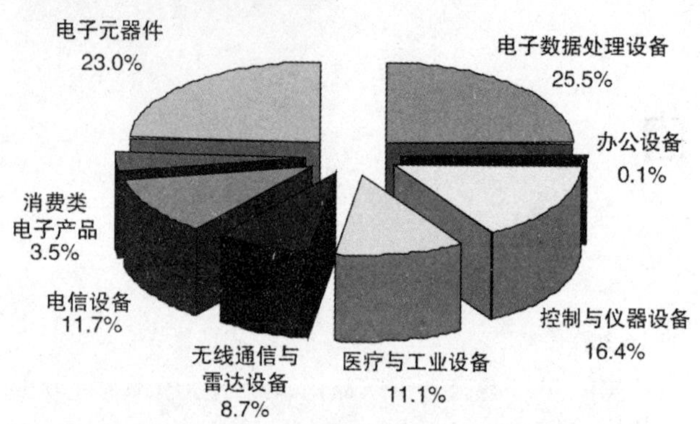

图 3　2011 年美国各类电子产品出口份额情况

其中，无线通信与雷达设备位居首位，产值为 70 975 百万美元，占产值总额的 28.9%；其次是电子元器件，产值为 59 487 百万美元，占 24.2%；第三是控制与仪器设备，产值为 39 752 百万美元，占 16.2%。

2012 年，美国电子产品产值为 237 662 百万美元，同比下降 3.3%。其中，无线通信与雷达设备居于首位，产值为 71 380 百万美元，占产值总额的 30.0%；其次是电子元器件，产值为 55 878 百万美元，占 23.5%；第三是控制与仪器设备，产值为 40 320 百万美元，占 17.0%。2012 年美国各类电子产品产值份额情况见图 4。2010—2013 年美国电子产品产值情况见表 3 和图 5。

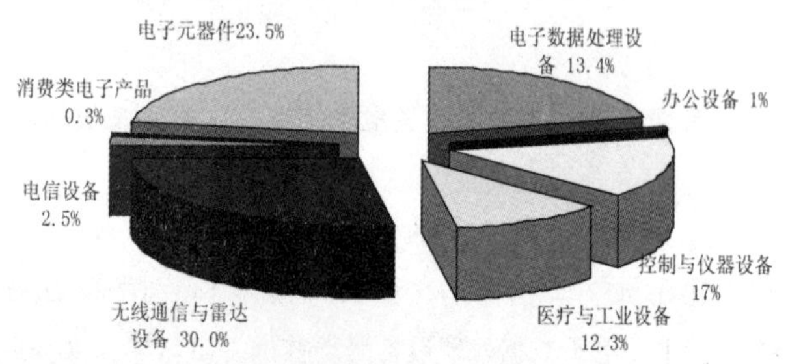

图 4　2012 年美国各类电子产品产值份额情况

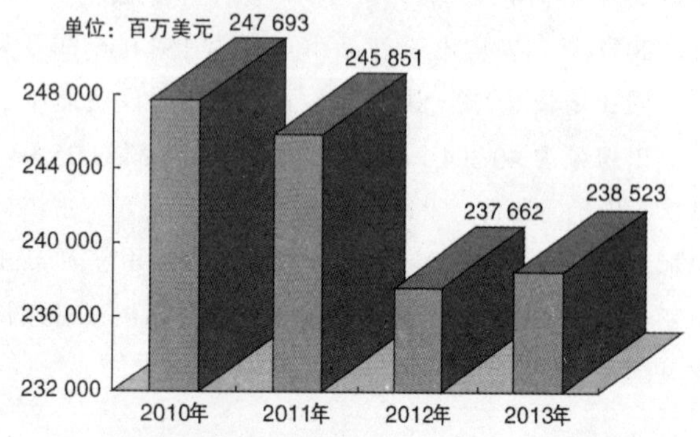

图 5　2010—2013 年美国电子产品产值情况

注：2013 年为预测值。

电子产品市场情况

2011 年，美国电子产品市场额为 407 098 百万美元。其中，无线通信与雷达设备位居首位，市场额为 110 358 百万美元，占市场总额的 27.1%；其次是电子数据处理设备，市场额为 107 023 百万美元，占 26.3%；第三是电子元器件，市场额为 73 376 百万美元，占 18.0%。

2012 年，美国电子产品市场额为 407 458 百万美元，同比上升 0.1%。其中，无线通信与雷达设备居于首位，市场额为 113 307 百万美元，占市场总额的 27.8%；其次是电子数据处理设备，市场额为 106 418 百万美元，占 26.1%；第三是电子元器件，市场额为 71 029 百万美元，占 17.4%。2012 年美国各类电子产品市场份额情况见图 6。2010—2013 年美国电子产品市场情况见表 4 和图 7。

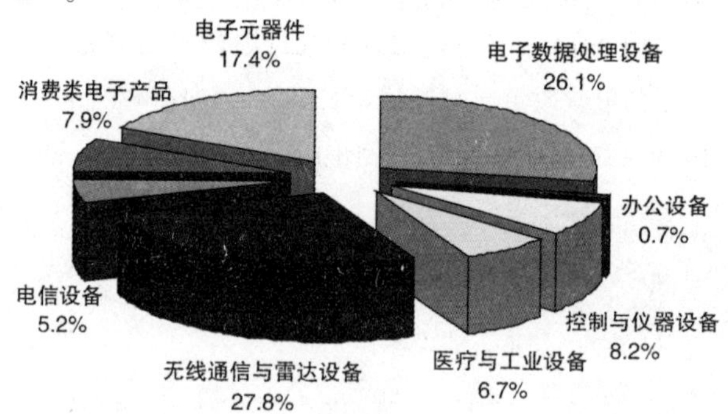

图 6　2012 年美国各类电子产品市场份额情况

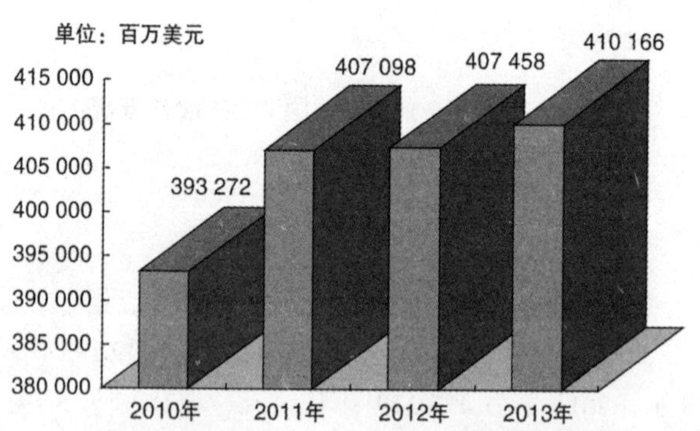

图 7　2010—2013 年美国电子产品市场情况

注：2013 年为预测值。

信息化发展情况

据世界经济论坛发布的 2013 年度《全球信息技术报告》统计，美国的“网络化准备度指数”（NRI）为

5.57，世界排名第 9 位，比 2012 年下降 1 位，主要是立法、税收、监管和知识产权保护政策的不到位等原因造成的。但在技术使用和创新方面，美国仍稳居世界领导者地位。

据《2013 年信息经济报告》显示，2012 年美国手机普及率为 92.7%，较 2011 年提高 2.8 个百分点。互联网普及率为 71.6%，较 2011 年下降 2.4 个百分点。宽带普及率为 27.4%，比 2011 年下降 0.2 个百分点。2009—2012 年美国互联网、宽带和移动电话用户普及率见表 5。

【统计数据】

表 1　2010—2011 年美国电子产品进口情况

单位：百万美元

项目名称	2010 年	2011 年
电子数据处理设备	100 013	110 727
办公设备	439	435
控制与仪器设备	16 043	18 823
医疗与工业设备	14 509	15 690
无线通信与雷达设备	47 657	53 180
通信设备	30 773	33 088
消费类电子产品	37 578	37 178
电子元器件	45 374	50 192
总计	292 386	319 313

注：数据来源于《The Yearbook of World Electronics Data 2013》。由于四舍五入，各项值累加与总计值有可能存在误差。

表 2　2010—2011 年美国电子产品出口情况

单位：百万美元

项目名称	2010 年	2011 年
电子数据处理设备	36 404	40 304
办公设备	100	90
控制与仪器设备	23 735	25 907
医疗与工业设备	16 453	17 536
无线通信与雷达设备	11 574	13 797
通信设备	17 410	18 524
消费类电子产品	5 177	5 605
电子元器件	35 954	36 303
总计	146 807	158 066

注：数据来源于《The Yearbook of World Electronics Data 2013》。由于四舍五入，各项值累加与总计值有可能存在误差。

表 3 2010—2013 年美国电子产品产值情况

单位：百万美元

项目名称	2010 年	2011 年	2012 年	2013 年
电子数据处理设备	39 209	36 600	31 900	29 986
办公设备	2 770	2 665	2 250	2 025
控制与仪器设备	38 953	39 752	40 320	41 207
医疗与工业设备	28 530	29 222	29 162	29 453
无线通信与雷达设备	70 721	70 975	71 380	72 451
通信设备	7 061	6 391	6 041	5 799
消费类电子产品	803	759	731	721
电子元器件	59 646	59 487	55 878	56 880
总计	247 693	245 851	237 662	238 523

注：数据来源于《The Yearbook of World Electronics Data 2013》。2013 年数据为预测值；由于四舍五入，各项值累加与总计值有可能存在误差。

表 4 2010—2013 年美国电子产品市场情况

单位：百万美元

项目名称	2010 年	2011 年	2012 年	2013 年
电子数据处理设备	102 818	107 023	106 418	104 290
办公设备	3 109	3 010	2 782	2 726
控制与仪器设备	31 261	32 668	33 465	34 201
医疗与工业设备	26 586	27 376	27 243	27 229
无线通信与雷达设备	106 804	110 358	113 307	116 593
通信设备	20 424	20 955	21 169	21 338
消费类电子产品	33 204	32 332	32 045	31 040
电子元器件	69 066	73 376	71 029	72 750
总计	393 272	407 098	407 458	410 166

注：数据来源于《The Yearbook of World Electronics Data 2013》。2013 年数据为预测值；由于四舍五入，各项值累加与总计值有可能存在误差。

表5 2009—2012年美国互联网、宽带和移动电话用户普及率

项目名称	2009年	2010年	2011年	2012年
互联网（%）	76.2	79.0	74.0	71.6
宽带（%）	27.1	26.3	27.6	27.4
移动电话（%）	94.8	89.9	89.9	92.7

注：数据来源于联合国贸易和发展会议《2013年信息经济报告》。

加 拿 大

【综述】

2012年，加拿大的GDP增速为1.8%，第三和第四季度环比增长0.2%。受最大的贸易伙伴美国收紧财政支出的影响，预计2013年增速微降至1.6%。在美联储量化宽松政策的刺激下，预计2014年加拿大经济增长率会达到2.3%。

2012年，加拿人连续第四年出现财政赤字，赤字规模扩大至GDP的3.7%；对外贸易在2012年出现逆差。随着加拿大主要贸易伙伴经济的回暖，预期贸易逆差将会逐渐向盈亏平衡转变。2008—2014年加拿大GDP增长情况见图1。

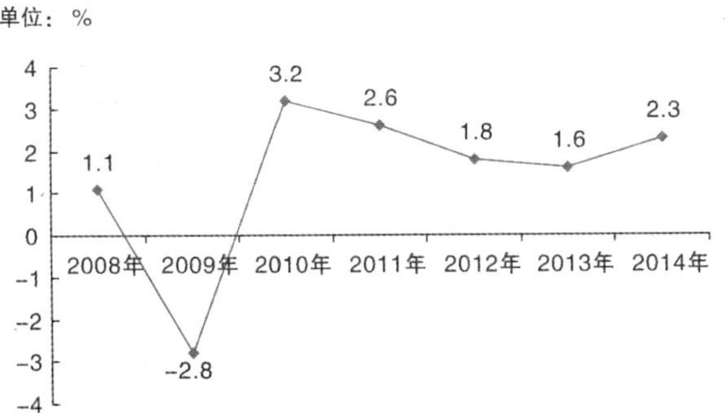

图1 2008—2014年加拿大GDP增长情况

注:2013年、2014年为预测值。

电子产品进出口情况

2010年，加拿大电子产品进出口总额为54 602百万美元；2011年为58 426百万美元，同比上升7.0%。2010年和2011年，加拿大电子产品进出口贸易均呈逆差，逆差额分别为23 394百万美元和26 196百万美元。

1. 进口情况

2010年，加拿大电子产品进口额为38 998百万美元。其中，电子数据处理设备居于首位，进口额为11 543百万美元，占进口总额的29.6%；其次是电子元器件，进口额为6 884百万美元，占进口总额的17.65%。

2011年，加拿大电子产品进口额为42 311百万美元，同比上升8.5%。其中，电子数据处理设备居于首位，进口额为12 639百万美元，占进口总额的29.9%；其次是电子元器件，进口额为7 274百万美元，占进口总额的17.2%。2010年和2011年加拿大各类电子产品进口额情况见表1，2011年加拿大各类电子产品进口份额情况见图2。

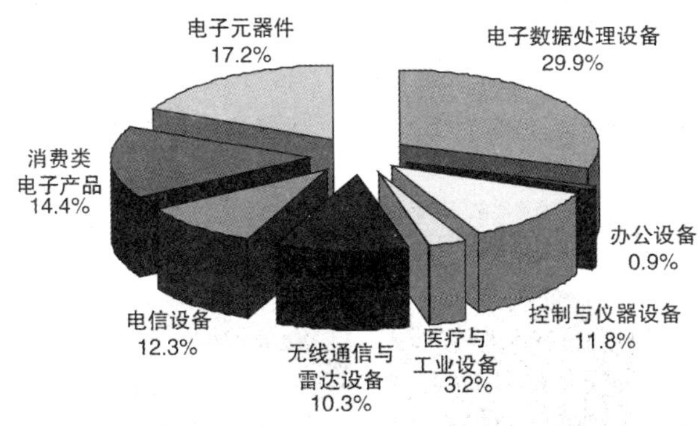

图2 2011年加拿大各类电子产品进口份额情况

2. 出口情况

2010年，加拿大电子产品出口额为15 604百万美元，同比降低14.4%。其中，无线通信与雷达设备居于

首位，出口额为3 316百万美元，占出口总额的21.3%；其次是电子元器件，出口额为3 160百万美元，占出口总额的20.3%。

2011年，加拿大电子产品出口额为16 115百万美元，同比上升3.3%。其中，控制与仪器设备居于首位，出口额为3 230百万美元，占出口总额的20%；其次是无线通信与雷达设备，出口额为3 196百万美元，占出口总额的19.8%。2010年和2011年加拿大各类电子产品出口额情况见表2，2011年加拿大各类电子产品出口份额情况见图3。

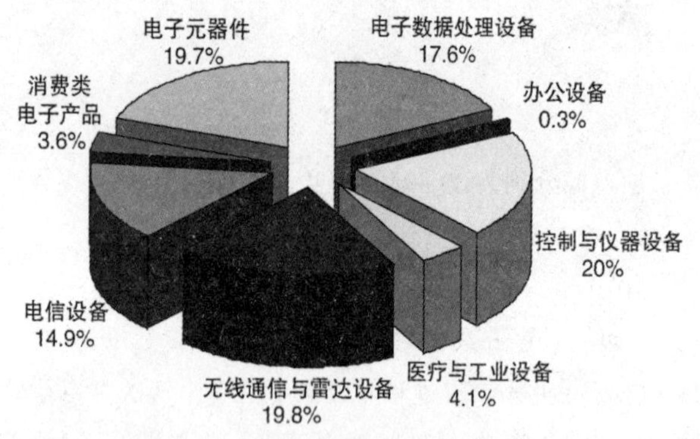

图3 2011年加拿大各类电子产品出口份额情况

电子产品产值情况

2011年，加拿大电子产品产值为10 952百万美元，同比2010年下降0.5%。其中，无线通信与雷达设备位居首位，产值为4 040百万美元，占产值总额的36.9%；其次是电子数据处理设备，产值为2 374百万美元，占21.7%；第三是控制与仪器设备，产值为2 323百万美元，占21.2%。

2012年，加拿大电子产品产值为10 681百万美元，同比2010年下降2.5%。其中，无线通信与雷达设备居于首位，产值为4 050百万美元，占产值总额的37.9%；其次是控制与仪器设备，产值为2 320百万美元，占21.7%；第三是电子数据处理设备，产值为2 200百万美元，占20.6%。2012年加拿大各类电子产品产值份额情况见图4。2010—2013年加拿大电子产品产值情况见表3和图5。

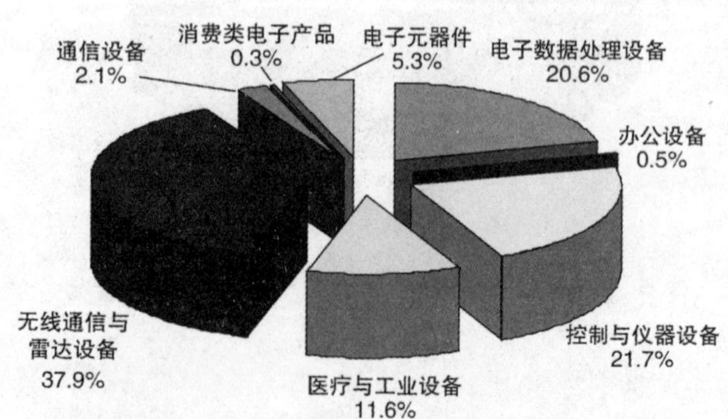

图4 2012年加拿大各类电子产品产值份额情况

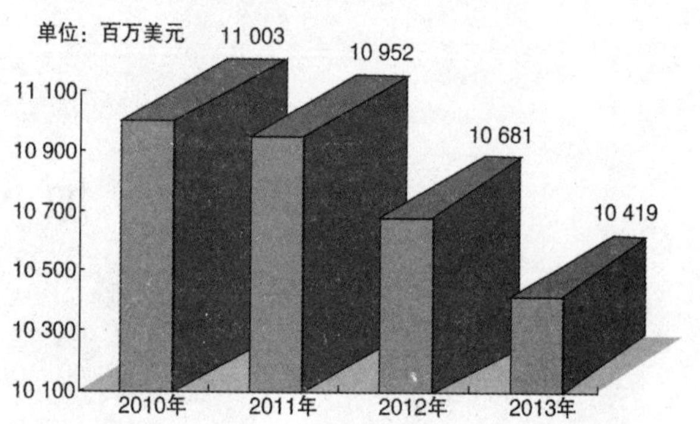

图5 2010—2013年加拿大电子产品产值情况

注：2013年为预测值。

电子产品市场情况

2011年，加拿大电子产品市场额为37 147百万美元，同比增长8.2%。其中，电子数据处理设备居于首位，市场份额为12 182百万美元，占市场总额的32.8%；其次是消费类电子产品，市场额为5 574百万美元，占15%；第三是无线通信与雷达设备，市场额为5 186百万美元，占14%。

2012年，加拿大电子产品市场额为36 460百万美元，同比下降1.9%。其中，电子数据处理设备居于首位，市场额为11 807百万美元，占市场总额的32.4%；其次是消费类电子产品，市场额为5 410百万美元，占14.8%；第三是无线通信与雷达设备，市场额为5 319百

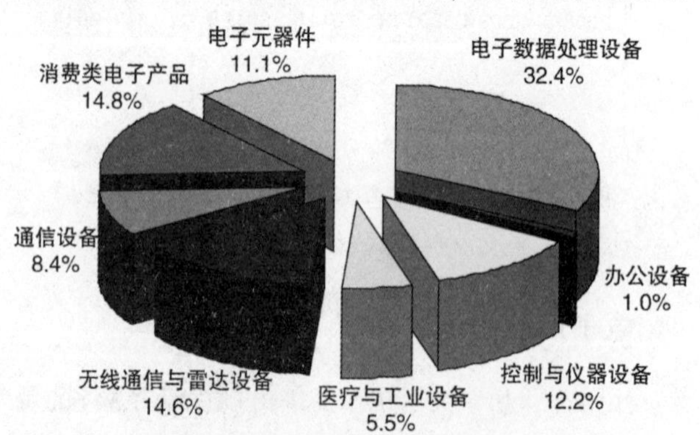

图6 2012年加拿大各类电子产品市场份额情况

万美元，占14.6%。2012年加拿大各类电子产品市场份额情况见图6。2010—2013年加拿大电子产品市场情况见表4和图7。

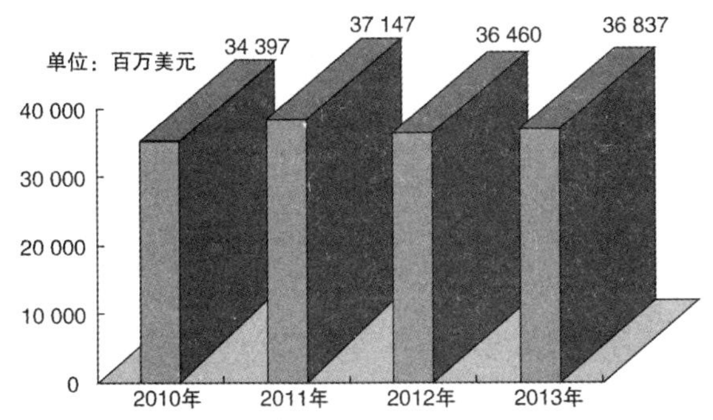

图7 2010—2013年加拿大电子产品市场情况

注：2013年为预测值。

信息化发展情况

据世界经济论坛发布的2013年度《全球信息技术报告》统计，加拿大的“网络化准备度指数”（NRI）为5.44，世界排名位居第12位。

加拿大一直将信息网络技术作为经济和社会发展的重要推动力量，大力推进信息网络技术在政府行政管理和公共服务中的应用。据《2013年信息经济报告》显示，2012年加拿大互联网普及率为78.9%，比上年降低2.7个百分点。手机普及率为79.7%，比上年增长9个百分点。宽带普及率为31.8%，比上年增长2个百分点。

【统计数据】

表1 2010—2011年加拿大电子产品进口情况

单位：百万美元

项目名称	2010年	2011年
电子数据处理设备	11 543	12 639
办公设备	357	368
控制与仪器设备	4 429	5 015
医疗与工业设备	1 190	1 351
无线通信与雷达设备	4 126	4 341
通信设备	4 549	5 222
消费类电子产品	5 919	6 102
电子元器件	6 884	7 274
总计	38 998	42 311

注：数据来源于《The Yearbook of World Electronics Data 2013》。由于四舍五入，各项值累加与总计值有可能存在误差。

表2 2010—2011年加拿大电子产品出口情况

单位：百万美元

项目名称	2010年	2011年
电子数据处理设备	2 783	2 831
办公设备	44	45
控制与仪器设备	2 864	3 230
医疗与工业设备	632	658
无线通信与雷达设备	3 316	3 196

续表

项目名称	2010年	2011年
通信设备	2 250	2 406
消费类电子产品	575	573
电子元器件	3 160	3 175
总计	15 604	16 115

注：数据来源于《The Yearbook of World Electronics Data 2013》。由于四舍五入，各项值累加与总计值有可能存在误差。

表3　2010—2013年加拿大电子产品产值情况

单位：百万美元

项目名称	2010年	2011年	2012年	2013年
电子数据处理设备	2 386	2 374	2 200	2 090
办公设备	63	63	51	45
控制与仪器设备	2 136	2 323	2 320	2 355
医疗与工业设备	1 214	1 242	1 235	1 240
无线通信与雷达设备	3 981	4 040	4 050	3 892
通信设备	583	253	225	221
消费类电子产品	50	44	37	33
电子元器件	591	612	563	545
总计	11 003	10 952	10 681	10 419

注：数据来源于《The Yearbook of World Electronics Data 2013》。2013年数据为预测值；由于四舍五入，各项值累加与总计值有可能存在误差。

表4　2010—2013年加拿大电子产品市场情况

单位：百万美元

项目名称	2010年	2011年	2012年	2013年
电子数据处理设备	11 147	12 182	11 807	11 925
办公设备	377	385	360	349
控制与仪器设备	3 701	4 108	4 434	4 576
医疗与工业设备	1 772	1 935	2 020	2 096
无线通信与雷达设备	4 791	5 186	5 319	5 447
通信设备	2 881	3 069	3 070	3 095
消费类电子产品	5 394	5 574	5 410	5 304
电子元器件	4 335	4 709	4 040	4 045
总计	34 397	37 147	36 460	36 837

注：数据来源于《The Yearbook of World Electronics Data 2013》。2013年数据为预测值；由于四舍五入，各项值累加与总计值有可能存在误差。

表5 2009—2012年加拿大互联网、宽带和移动电话用户普及率

项目名称	2009年	2010年	2011年	2012年
互联网（%）	78.1	81.6	81.6	78.9
宽带（%）	29.7	29.8	29.8	31.8
移动电话（%）	68.8	70.7	70.7	79.7

注：数据来源于联合国贸易和发展会议《2013年信息经济报告》。

英 国

【综述】

2012年，英国经济增长迟缓，全年GDP零增长。第一、第二季度GDP出现下降，第三季度反弹0.9%，第四季度负增长0.3%，主要原因是英国最大的北海油田继续维护，影响到采掘业；服务业增长持平，建筑业微增长。2013年上半年，英国GDP前景仍显疲弱，不会出现快速增长。但鉴于投资和消费逐渐好转，预计2013年GDP增长0.9%，2014年为1.9%。

英国的通货膨胀率自2011年9月达到峰值5.2%之后开始回落，在2012年最后3个月和2013年1月均保持在2.7%，但也连续3年高于英国央行2%的目标。预计2013年通货膨胀率为2.6%，2014年为2.3%。失业率自2011年第四季度出现峰值8.4%之后开始连续下降。2012年第三季度，失业率为7.8%。2010—2013年英国GDP增长情况见图1。

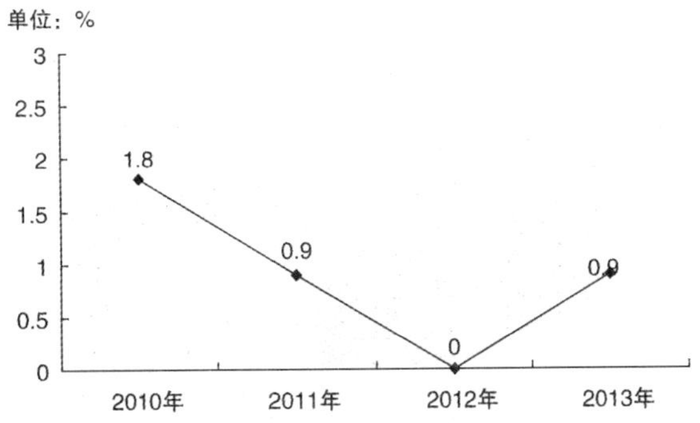

图1 2010—2013年英国GDP增长情况

注：2013年为预测值。

电子产品进出口情况

2010年，英国电子产品进出口总额为94 407百万美元，2011年为93 363百万美元，同比下降1.1%。2010年和2011年，英国电子产品进出口贸易仍保持逆差态势，逆差额分别为20 875百万美元和22 495百万美元。

1. 进口情况

2010年，英国电子产品进口额为57 641百万美元。其中，电子数据处理设备居于首位，进口额为21 011百万美元，占进口总额的36.5%；其次是无线通信与雷达设备，进口总额为8 645百万美元，占进口总额的15.1%。

2011年，英国电子产品进口额为57 929百万美元，比2010年上升0.5%。其中，电子数据处理设备居于首位，进口额为21 235百万美元，占进口总额的36.7%；其次是电子元器件，进口额为9 492百万美元，占进口

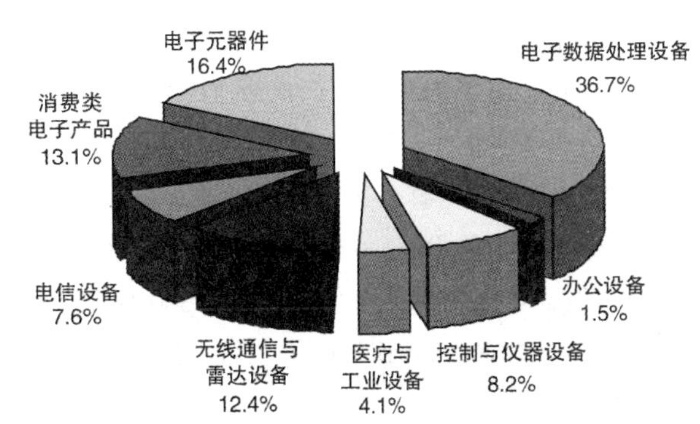

图2 2011年英国各类电子产品进口份额情况

总额的16.4%。2010年和2011年英国各类电子产品进口额情况见表1，2011年英国各类电子产品进口份额情况见图2。

2. 出口情况

2010年，英国电子产品出口额为36 766百万美元。其中，电子数据处理设备居于首位，出口额为8 600百万美元，占出口总额的23.4%；其次是无线通信与雷达设备，出口额为7 451百万美元，占出口总额的20.1%。

2011年，英国电子产品出口额为35 434百万美元，比2010年下降3.6%。其中，电子数据处理设备居于首位，出口额为8 237百万美元，占出口总额的23.2%；其次是电子元器件，出口额为7 479百万美元，占出口总额的21.1%。2010年和2011年英国各类电子产品出口额情况见表2，2011年英国各类电子产品出口份额情况见图3。

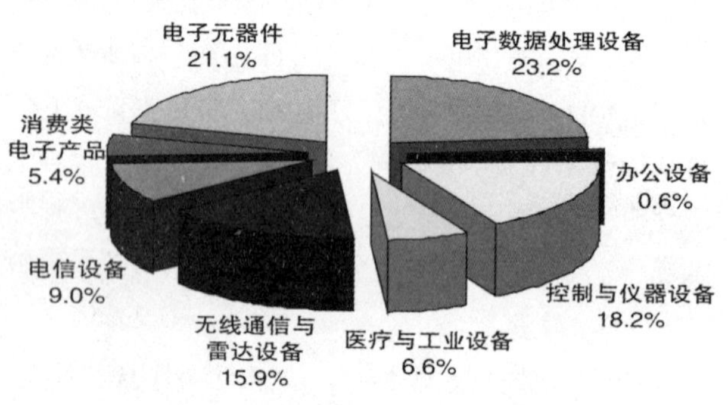

图3 2011年英国各类电子产品出口份额情况

电子产品产值情况

2011年，英国电子产品产值为24 145百万美元。其中，无线通信与雷达设备居于首位，产值为8 469百万美元，占产值总额的35.1%；其次是控制与仪器设备，产值为5 461百万美元，占22.6%；第三是电子元器件，产值为5 250百万美元，占21.7%。

2012年，英国电子产品产值为22 951百万美元，比2011年减少4.9%。其中，无线通信与雷达设备居于首位，产值为8 168百万美元，占产值总额的35.6%；其次是控制与仪器设备，产值为5 509百万美元，占24.0%；第三是电子元器件，产值为4 560百万美元，占19.9%。2012年英国各类电子产品产值份额情况见图4。2010—2013年英国电子产品产值情况见表3和图5。

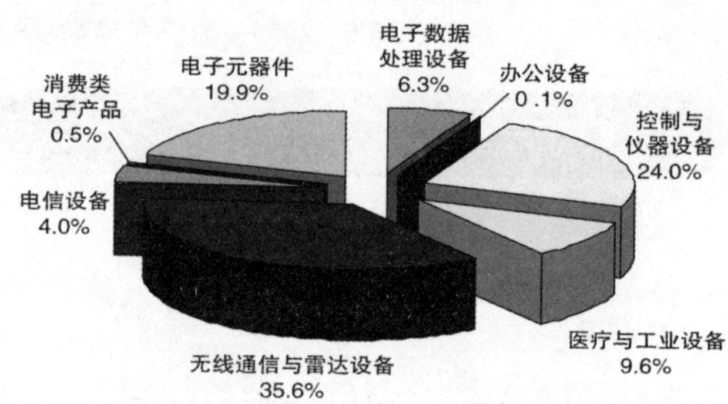

图4 2012年英国各类电子产品产值份额情况

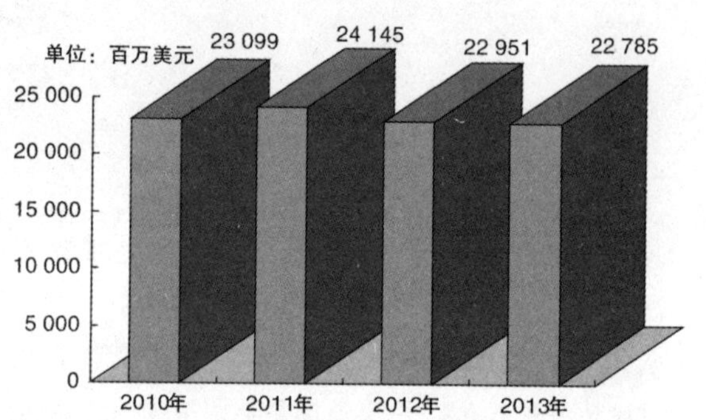

图5 2010—2013年英国电子产品产值情况

注：2013年为预测值。

电子产品市场情况

2011年，英国电子产品市场额为46 605百万美元。其中，电子数据处理设备居于首位，市场额为14 598百万美元，占市场总额的31.3%；其次是无线通信与雷达设备，市场额为10 056百万美元，占21.6%；第三是电子元器件，市场额为7 263百万美元，占15.6%。

2012年，英国电子产品市场额为44 029百万美元，比2011年减少5.5%。其中，电子数据处理设备居于首

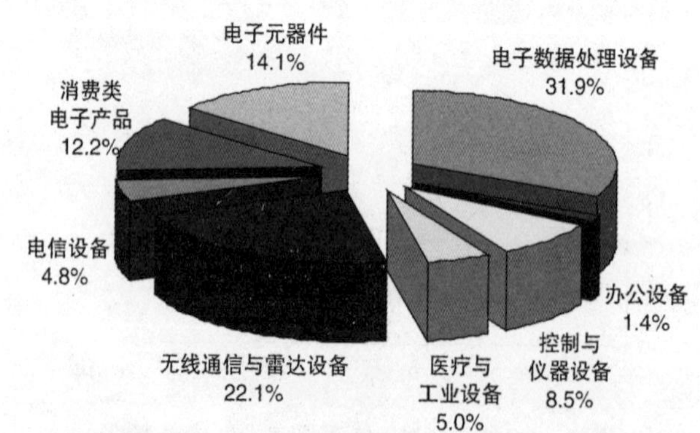

图6 2012年英国各类电子产品市场份额情况

位，市场额为14 051百万美元，占市场总额的31.9%；其次是无线通信与雷达设备，市场额为9 748百万美元，占22.1%；第三是电子元器件，市场额为6 222百万美元，占14.1%。2012年英国各类电子产品市场份额情况见图6。2010—2013年英国电子产品市场情况见表4和图7。

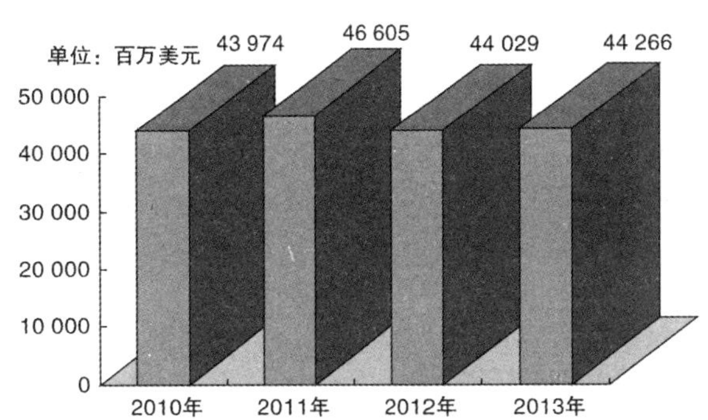

图7 2010—2013年英国电子产品市场情况

注：2013年为预测值。

信息化发展情况

据世界经济论坛发布的2012—2013年度《全球信息技术报告》统计，英国的"网络化准备度指数"(NRI)为5.64，在世界排名第7位，与上年度相同。

2012年，英国的信息化发展进度放缓，各项数据基本与上年持平。据《2013年信息经济报告》显示，至2012年底，英国互联网普及率为82.00%，与上年相同；宽带普及率为32.70%，与上年持平；移动电话普及率为130.80%，与上年基本持平。2009—2012年英国互联网、宽带和移动电话普及率情况见表5。

【统计数据】

表1 2010—2011年英国电子产品进口情况

单位：百万美元

项目名称	2010年	2011年
电子数据处理设备	21 011	21 235
办公设备	955	855
控制与仪器设备	4 206	4 734
医疗与工业设备	2 180	2 400
无线通信与雷达设备	8 645	7 210
电信设备	4 300	4 390
消费类电子产品	7 958	7 613
电子元器件	8 386	9 492
总计	57 641	57 929

注：数据来源于《The Yearbook of World Electronics Data 2013》。由于四舍五入，各项值累加与总计值有可能存在误差。

表 2　2010—2011 年英国电子产品出口情况

单位：百万美元

项目名称	2010 年	2011 年
电子数据处理设备	8 600	8 237
办公设备	342	229
控制与仪器设备	5 578	6 445
医疗与工业设备	1 997	2 332
无线通信与雷达设备	7 451	5 623
电信设备	3 318	3 192
消费类电子产品	2 031	1 897
电子元器件	7 449	7 479
总计	36 766	35 434

注：数据来源于《The Yearbook of World Electronics Data 2013》。由于四舍五入，各项值累加与总计值有可能存在误差。

表 3　2010—2013 年英国电子产品产值情况

单位：百万美元

项目名称	2010 年	2011 年	2012 年	2013 年
电子数据处理设备	1 748	1 635	1 453	1 337
办公设备	54	37	30	27
控制与仪器设备	4 871	5 461	5 509	5 652
医疗与工业设备	1 932	2 174	2 199	2 250
无线通信与雷达设备	8 065	8 469	8 168	8 021
电信设备	1 163	1 010	924	887
消费类电子产品	132	108	107	78
电子元器件	5 134	5 250	4 560	4 531
总计	23 099	24 145	22 951	22 785

注：数据来源于《The Yearbook of World Electronics Data 2013》。2013 年数据为预测值；由于四舍五入，各项值累加与总计值有可能存在误差。

表 4 2010—2013 年英国电子产品市场情况

单位：百万美元

项目名称	2010 年	2011 年	2012 年	2013 年
电子数据处理设备	14 158	14 598	14 051	14 163
办公设备	668	663	620	595
控制与仪器设备	3 498	3 750	3 724	3 780
医疗与工业设备	2 115	2 242	2 203	2 258
无线通信与雷达设备	9 258	10 056	9 748	9 992
电信设备	2 145	2 208	2 090	2 049
消费类电子产品	6 060	5 824	5 370	5 187
电子元器件	6 071	7 263	6 222	6 242
总计	43 974	46 605	44 029	44 266

注：数据来源于《The Yearbook of World Electronics Data 2013》。2013 年数据为预测值；由于四舍五入，各项值累加与总计值有可能存在误差。

表 5 2009-2012 年英国互联网、宽带和移动电话用户普及率

项目名称	2009 年	2010 年	2011 年	2012 年
互联网（%）	78.00	78.00	82.00	82.00
宽带（%）	29.56	30.84	32.74	32.70
移动电话（%）	130.17	130.76	130.75	130.80

注：数据来源于联合国贸易和发展会议《2013 年信息经济报告》。

法 国

【综述】

在收入减少、失业率上升、商业信心不足等因素影响下，2012 年法国经济停滞不前，全年 GDP 与 2011 年持平。由于对外贸易微弱反弹，预计 2013 年下半年经济有望回暖，全年 GDP 增加 0.1%。随着对外贸易预期的进一步改善，2014 年 GDP 将出现较强增长，预计达到 1.2%。

2012 年，法国失业率呈现上升趋势，第四季度由上年同期的 9.8%上升至 10.5%。预计未来两年失业率仍会继续上升，2013 年为 10.7%，2014 年为 11.0%。能源价格较高导致 2012 年出现高通胀。预计在能源价格稳定的背景下，2013 年通货膨胀率下降至 1.6%，2014 年为 1.5%。2010—2013 法国 GDP 增长情况见图 1。

电子产品进出口情况

2010 年，法国电子产品进出口总额为 95 027 百万

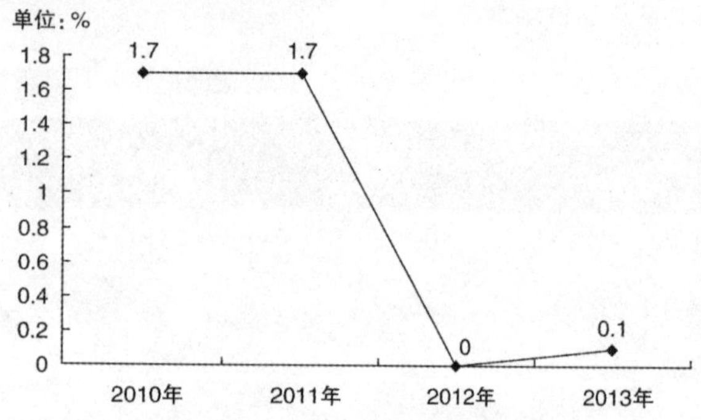

图 1　2010—2013 年法国 GDP 增长情况

注：2013 年为预测值。

美元，2011 年为 97 570 百万美元，同比增长 3.2%。2010 年和 2011 年，法国电子产品进出口贸易均呈逆差，逆差额分别为 13 345 百万美元和 14 280 百万美元。

1. 进口情况

2010 年，法国电子产品进口额为 54 186 百万美元。其中，电子数据处理设备居于首位，进口额为 15 293 百万美元，占进口总额的 28.2%；其次是电子元器件，进口额为 13 135 百万美元，占进口总额的 24.2%。

2011 年，法国电子产品进口额为 55 925 百万美元，同比增加 2.7%。其中，电子数据处理设备居于首位，进口额为 15 754 百万美元，占进口总额的 28.2%；其次是电子元器件，进口额为 13 474 百万美元，占进口总额的 24.1%。2010 年和 2011 年法国各类电子产品进口额情况见表 1，2011 年法国各类电子产品进口份额情况见图 2。

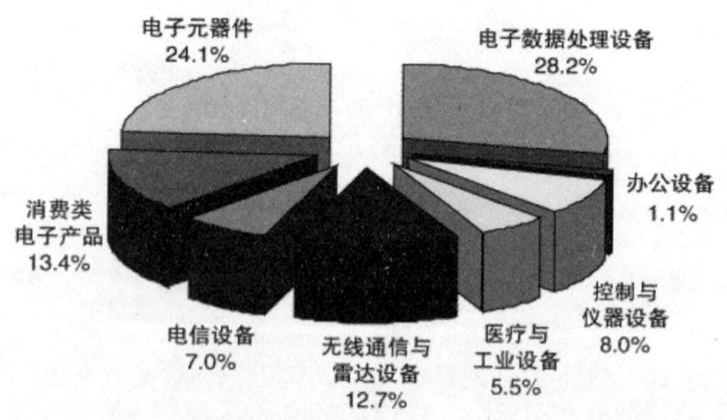

图 2　2011 年法国各类电子产品进口份额情况

2. 出口情况

2010 年，法国电子产品出口额为 40 841 百万美元。其中，电子元器件居于首位，出口额为 12 348 百万美元，占出口总额的 30.2%；其次是无线通信与雷达设备，出口额为 10 744 百万美元，占出口总额的 26.3%。

2011 年，法国电子产品出口额为 41 645 百万美元，同比增加 2.0%。其中，电子元器件居于首位，出口额为 12 284 百万美元，占出口总额的 29.5%；其次是无线通信与雷达设备，出口额为 11 094 百万美元，占出口总额的 26.6%。2010 年和 2011 年法国各类电子产品出口额情况见表 2，2011 年法国各类电子产品出口份额情况见图 3。

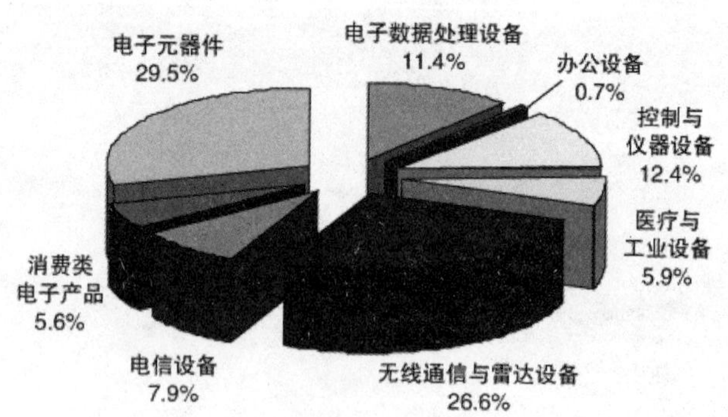

图 3　2011 年法国各类电子产品出口份额情况

电子产品产值情况

2011 年，法国电子产品产值为 30 502 百万美元，同比增加 2.4%。其中，无线通信与雷达设备居于首位，产值为 11 806 百万美元，占产值总额的 38.7%；其次是电子元器件，产值为 8 503 百万美元，占 27.9%；第三是控制与仪器设备，产值为 4 051 百万美元，占 13.3%。

2012 年，法国电子产品产值为 27 448 百万美元，同比减少 10.0%。其中，无线通信与雷达设备居于首位，产值为 10 952 百万美元，占产值总额的 39.9%；其次是电子元器件，产值为 7 307 百万美元，占 26.6%；第三是控制与仪器设备，产值为 3 852 百万美元，占 14.0%。2012 年法国各类电子产品产值份额情况见图 4。2010—

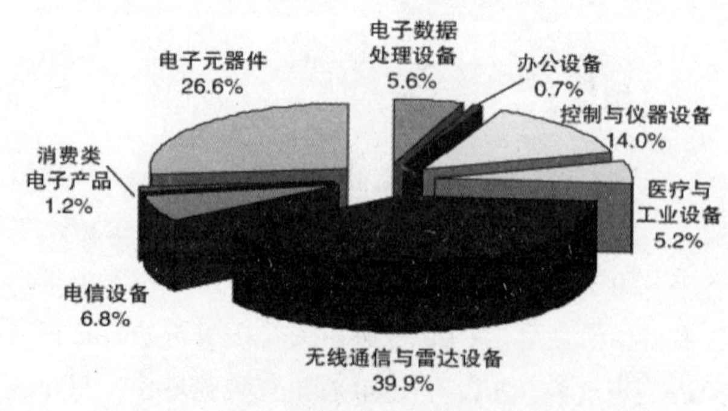

图 4　2012 年法国各类电子产品产值份额情况

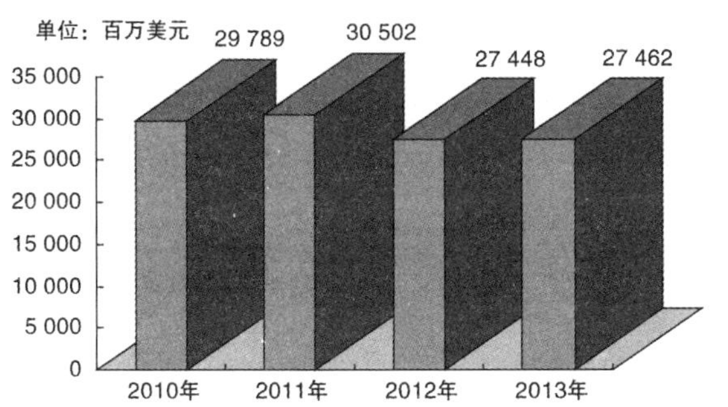

图5 2010—2013年法国电子产品产值情况

注：2013年为预测值。

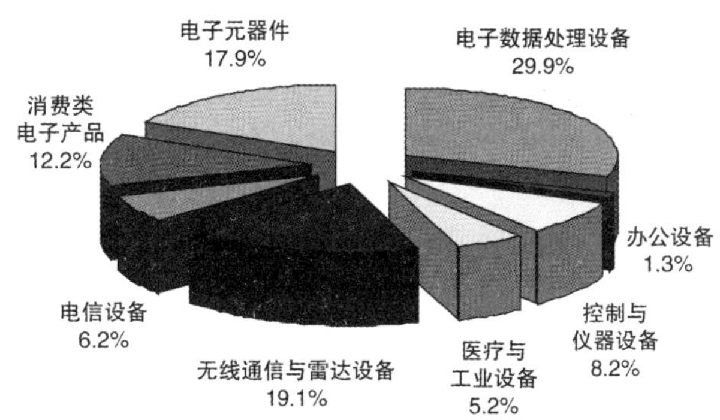

图6 2012年法国各类电子产品市场份额情况

2013年法国电子产品产值情况见表3和图5。

电子产品市场情况

2011年，法国电子产品市场额为44 779百万美元，同比增长3.8%。其中，电子数据处理设备居于首位，市场额为12 883百万美元，占市场总额的28.8%；其次是电子元器件，市场额为9 692百万美元，占21.6%；第三是无线通信与雷达设备，市场额为7 799百万美元，占17.4%。

2012年，法国电子产品市场额为38 905百万美元，同比下降13.1%。其中，电子数据处理设备居于首位，市场额为11 643百万美元，占市场总额的29.9%；其次是无线通信与雷达设备，市场额为7 415百万美元，占19.1%；第三是电子元器件，市场额为6 973百万美元，占17.9%。2012年法国各类电子产品市场份额情况见图6。2010—2013年法国电子产品市场情况见表4和图7。

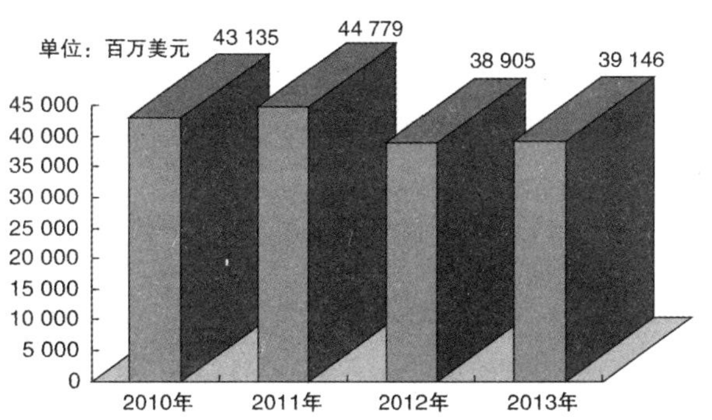

图7 2010—2013年法国电子产品市场情况

注：2013年为预测值。

信息化发展情况

据世界经济论坛发布的2012—2013年度《全球信息技术报告》统计，法国的“网络化准备度指数”(NRI)为5.06，世界排名第26位，与上年度相同。

据联合国《2013年信息经济报告》显示，截至2012年底，法国互联网普及率为75.90%，同比下降3.68个百分点；宽带普及率为36.00%，同比下降0.12个百分点；移动电话普及率为94.80%，同比下降10.23个百分点。2009—2012年法国互联网、宽带和移动电话用户数量情况见表5。

【统计数据】

表1 2010—2011年法国电子产品进口情况

单位：百万美元

项目名称	2010年	2011年
电子数据处理设备	15 293	15 754
办公设备	921	622
控制与仪器设备	4 023	4 494
医疗与工业设备	3 228	3 082

续表

项目名称	2010 年	2011 年
无线通信与雷达设备	6 832	7 088
电信设备	3 357	3 889
消费类电子产品	7 397	7 522
电子元器件	13 135	13 474
总计	54 186	55 925

注：数据来源于《The Yearbook of World Electronics Data 2013》。由于四舍五入，各项值累加与总计值有可能存在误差。

表 2　2010—2011 年法国电子产品出口情况

单位：百万美元

项目名称	2010 年	2011 年
电子数据处理设备	4 848	4 765
办公设备	621	294
控制与仪器设备	4 585	5 146
医疗与工业设备	2 755	2 457
无线通信与雷达设备	10 744	11 094
电信设备	2 683	3 276
消费类电子产品	2 257	2 329
电子元器件	12 348	12 284
总计	40 841	41 645

注：数据来源于《The Yearbook of World Electronics Data 2013》。由于四舍五入，各项值累加与总计值有可能存在误差。

表 3　2010—2013 年法国电子产品产值情况

单位：百万美元

项目名称	2010 年	2011 年	2012 年	2013 年
电子数据处理设备	2 087	1 894	1 539	1 400
办公设备	284	236	201	189
控制与仪器设备	3 712	4 051	3 852	3 971
医疗与工业设备	1 632	1 550	1 418	1 427
无线通信与雷达设备	11 333	11 806	10 952	11 149
电信设备	1 960	2 072	1 855	1 818
消费类电子产品	507	389	325	301
电子元器件	8 275	8 503	7 307	7 206
总计	29 789	30 502	27 448	27 462

注：数据来源于《The Yearbook of World Electronics Data 2013》。2013 年数据为预测值；由于四舍五入，各项值累加与总计值有可能存在误差。

表4 2010—2013年法国电子产品市场情况

单位：百万美元

项目名称	2010年	2011年	2012年	2013年
电子数据处理设备	12 532	12 883	11 643	11 817
办公设备	584	564	500	485
控制与仪器设备	3 149	3 400	3 201	3 265
医疗与工业设备	2 105	2 175	2 002	2 018
无线通信与雷达设备	7 421	7 799	7 415	7 622
电信设备	2 635	2 685	2 416	2 368
消费类电子产品	5 647	5 582	4 755	4 534
电子元器件	9 061	9 692	6 973	7 037
总计	43 135	44 779	38 905	39 146

注：数据来源于《The Yearbook of World Electronics Data 2013》。2013年数据为预测值；由于四舍五入，各项值累加与总计值有可能存在误差。

表5 2009—2012年法国互联网、宽带和移动电话用户普及率情况

项目名称	2009年	2010年	2011年	2012年
互联网（%）	71.58	80.10	79.58	75.90
宽带（%）	31.87	33.92	36.12	36.00
移动电话（%）	95.44	100.66	105.03	94.80

注：数据来源于联合国贸易和发展会议《2013年信息经济报告》。

德 国

【综述】

2012年，德国GDP增长0.7%。受经济基本面良好、劳动力市场稳健、外部环境改善等因素影响，预计2013年经济活动将重获动力。但2012年下半年低于预期的GDP将影响到2013年整体增长，预计2013年GDP增长0.5%，2014年回升至2.0%。

预计德国通货膨胀率将进一步下降，2013年为1.8%，2014年为1.7%。2010—2013德国GDP增长情况见图1。

电子产品进出口情况

2010年，德国电子产品进出口总额为228 408百万美元，2011年为236051百万美元，同比增长3.3%。2010年和2011年，德国电子产品进出口贸易均呈逆差，逆差额分别为20 936百万美元和18 659百万美元。

1. 进口情况

2010年，德国电子产品进口额为124 672百万美元。其中，电子元器件居于首位，进口额为43 999百万美元，占进口总额的35.3%；其次是电子数据处理设

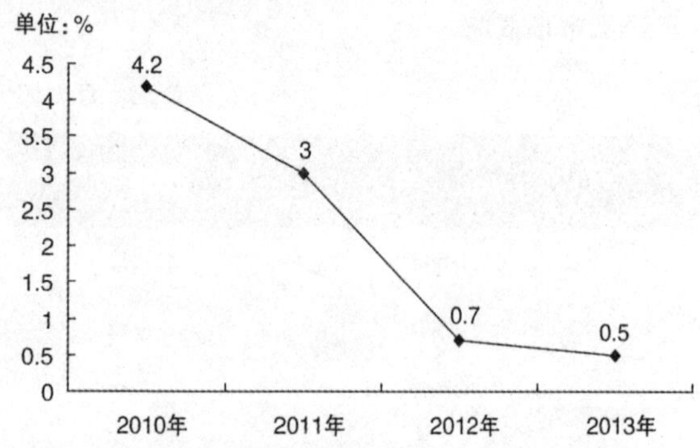

图 1 2010—2013 年德国 GDP 增长情况

注:2013 年为预测值。

备，进口额为 37 177 百万美元，占进口总额的 29.8%。

2011 年，德国电子产品进口额为 127 355 百万美元，同比增长 2.2%。其中，电子元器件居于首位，进口额为 43 076 百万美元，占进口总额的 33.8%；其次是电子数据处理设备，进口额为 37 154 百万美元，占进口总额的 29.2%。2010 年和 2011 年德国各类电子产品进口额情况见表 1，2011 年德国进口各类电子产品份额情况见图 2。

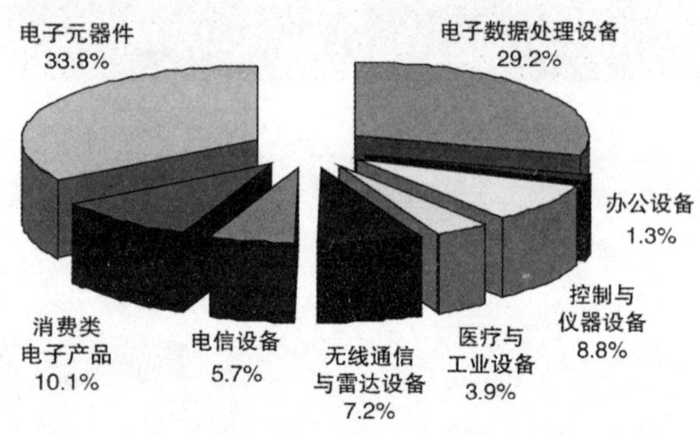

图 2 2011 年德国各类电子产品进口份额情况

2. 出口情况

2010 年，德国电子产品出口额为 103 736 百万美元。其中，电子元器件居于首位，出口额为 36 514 百万美元，占出口总额的 35.2%；其次是电子数据处理设备，出口额为 20 364 百万美元，占出口总额的 19.6%。

2011 年，德国电子产品出口额为 108 696 百万美元，同比增长 4.5%。其中，电子元器件居于首位，出口额为 35 996 百万美元，占出口总额的 33.1%；其次是控制与仪器设备，出口额为 24 014 百万美元，占出口总额的 22.1%。2010 年和 2011 年德国各类电子产品出口额情况见表 2，2011 年德国各类电子产品出口份额情况见图 3。

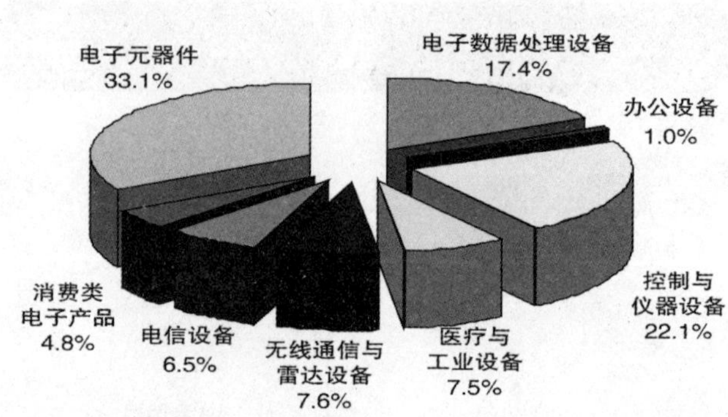

图 3 2011 年德国各类电子产品出口份额情况

电子产品产值情况

2011 年，德国电子产品产值为 71 383 百万美元。其中，控制仪器与设备居于首位，产值为 24 242 百万美元，占产值总额的 34.0%；其次是电子元器件，产值为 22 632 百万美元，占 31.7%；第三是医疗与工业设备，产值为 8 164 百万美元，占 11.4%。

2012 年，德国电子产品产值为 62 116 百万美元，同比下降 13.0%。其中，控制与仪器设备居于首位，产值为 22 645 百万美元，占产值总额的 36.4%；其次是电子元器件，产值为 18 120 百万美元，占 29.2%；第三是医疗与工业设备，产值为 7 615 百万美元，占 12.3%。2012 年德国各类电子产品产值份额情况如图 4。2010—2013 年德国电子产品产值情况见表 3 和图5。

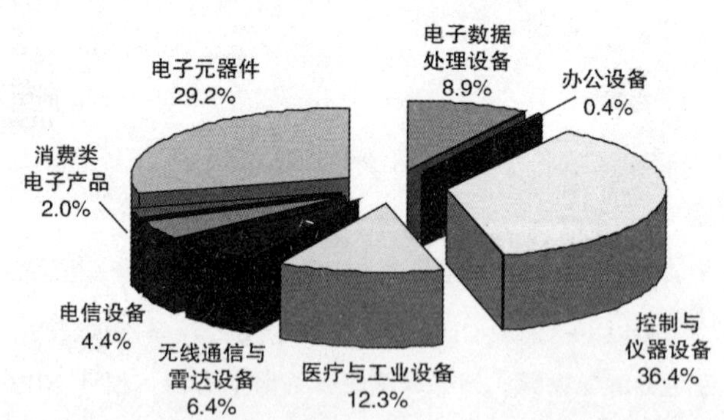

图 4 2012 年德国各类电子产品产值份额情况

电子产品市场情况

2011 年，德国电子产品市场额为 90 042 百万美元，同比增长 3.7%。其中，电子元器件居于首位，市场额为

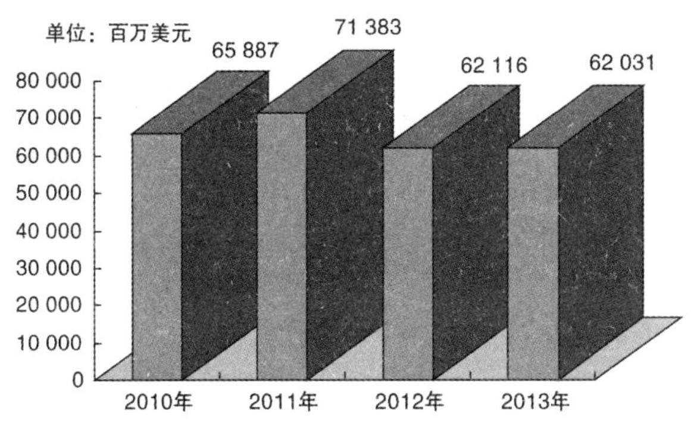

图 5　2010—2013 年德国电子产品产值情况

注：2013 年为预测值。

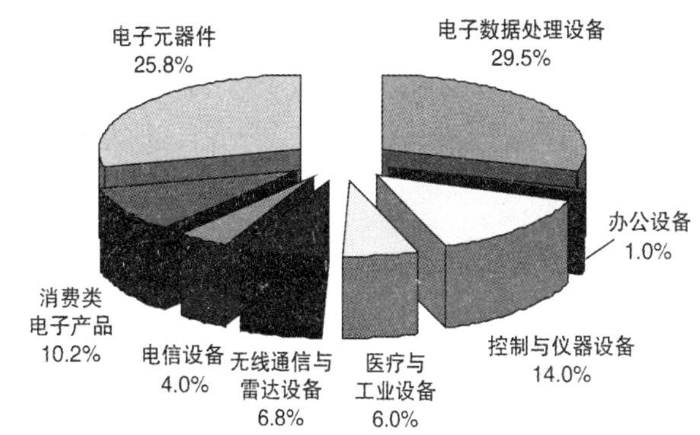

图 6　2012 年德国各类电子产品市场份额情况

29 713 百万美元，占市场总额的 33.0%；其次是电子数据处理设备，市场额为 25 007 百万美元，占 27.8%；第三是控制与仪器设备，市场额为 11 508 百万美元，占 12.8%。

2012 年，德国电子产品市场额为 77 396 百万美元，同比下降 14.0%。其中，电子数据处理设备居于首位，市场额为 22 853 百万美元，占市场总额的 29.5%；其次是电子元器件，市场额为 22 027 百万美元，占 28.5%；第三是控制与仪器设备，市场额为 10 846 百万美元，占 14.0%。2012 年德国各类电子产品市场份额情况见图 6。2010—2013 年德国电子产品市场情况见表 4 和图 7。

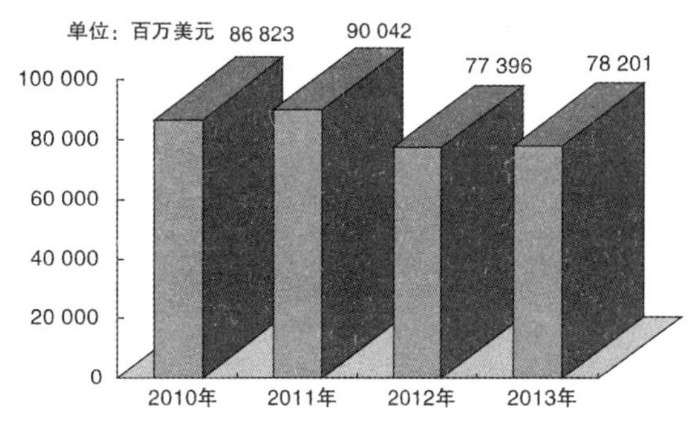

图 7　2010—2013 年德国电子产品市场情况

注：2013 年为预测值。

信息化发展情况

据世界经济论坛发布的 2012—2013 年度《全球信息技术报告》，德国的“网络化准备度指数”（NRI）为 5.43，世界排名第 13 位，与上年度相同。

据《2013 年信息经济报告》显示，截至 2012 年底，德国手机用户普及率为 132.30%，与上年持平。互联网普及率为 83.30%，同比增长 0.3 个百分点。宽带普及率为 33.10%，同比增长 0.63 个百分点。2009—2012 年德国互联网、宽带和移动电话用户普及率见表 5。

【统计数据】

表 1　2010—2011 年德国电子产品进口情况

单位：百万美元

项目名称	2010 年	2011 年
电子数据处理设备	37 177	37 154
办公设备	2 209	1 628
控制与仪器设备	9 897	11 281
医疗与工业设备	4 599	4 985
无线通信与雷达设备	7 771	9 140
电信设备	6 532	7 238

续表

项目名称	2010 年	2011 年
消费类电子产品	12 488	12 853
电子元器件	43 999	43 076
总计	124 672	127 355

注：数据来源于《The Yearbook of World Electronics Data 2013》。由于四舍五入，各项值累加与总计值有可能存在误差。

表 2　2010—2011 年德国电子产品出口情况

单位：百万美元

项目名称	2010 年	2011 年
电子数据处理设备	20 364	18 971
办公设备	1 636	1 064
控制与仪器设备	19 953	24 014
医疗与工业设备	7 211	8 160
无线通信与雷达设备	6 780	8 283
电信设备	6 377	7 015
消费类电子产品	4 901	5 193
电子元器件	36 514	35 996
总计	103 736	108 696

注：数据来源于《The Yearbook of World Electronics Data 2013》。由于四舍五入，各项值累加与总计值有可能存在误差。

表 3　2010—2013 年德国电子产品产值情况

单位：百万美元

项目名称	2010 年	2011 年	2012 年	2013 年
电子数据处理设备	7 224	6 824	5 543	5 266
办公设备	291	271	228	207
控制与仪器设备	20 439	24 242	22 645	23 053
医疗与工业设备	7 309	8 164	7 615	7 784
无线通信与雷达设备	4 305	4 721	4 000	4 032
电信设备	3 153	3 167	2 748	2 665
消费类电子产品	1 285	1 364	1 218	1 164
电子元器件	21 880	22 632	18 120	17 859
总计	65 887	71 383	62 116	62 031

注：数据来源于《The Yearbook of World Electronics Data 2013》。2013 年数据为预测值；由于四舍五入，各项值累加与总计值有可能存在误差。

表4 2010—2013年德国电子产品市场情况

单位：百万美元

项目名称	2010年	2011年	2012年	2013年
电子数据处理设备	24 037	25 007	22 853	23 264
办公设备	864	835	747	725
控制与仪器设备	10 383	11 508	10 846	11 085
医疗与工业设备	4 697	4 989	4 624	4 695
无线通信与雷达设备	5 296	5 578	5 308	5 462
电信设备	3 308	3 389	3 066	3 121
消费类电子产品	8 872	9 024	7 925	7 612
电子元器件	29 365	29 713	22 027	22 237
总计	86 823	90 042	77 396	78 201

注：数据来源于《The Yearbook of World Electronics Data 2013》。2013年数据为预测值；由于四舍五入，各项值累加与总计值有可能存在误差。

表5 2009—2012年德国互联网、宽带和移动电话用户普及率

项目名称	2009年	2010年	2011年	2012年
互联网（%）	79.00	82.00	83.00	83.30
宽带（%）	30.21	31.70	32.47	33.10
移动电话（%）	127.42	127.04	132.30	132.30

注：数据来源于联合国贸易和发展会议《2013年信息经济报告》。

澳大利亚

【综述】

2012年，澳大利亚经济增长3.6%，是2007年国际金融危机以来发展最好的一年。2013年，采矿业将进一步发展，固定资产投资将对经济增长做出贡献；受消费者削减债务以及近一轮利息削减政策即将退出的影响，私人消费增长将低于3%。预计2013年GDP增速为2.9%，2014年为3.3%。

预期通货膨胀率将从2012年的1.8%上涨至2013年的3.6%，主要原因是2012年7月开始征收的碳排放税推高了下半年的物价。预计2014年、2015年通货膨胀率为2.7%。2008—2014年澳大利亚GDP增长情况见图1。

电子产品进出口情况

2010年，澳大利亚电子产品进出口总额为26 679

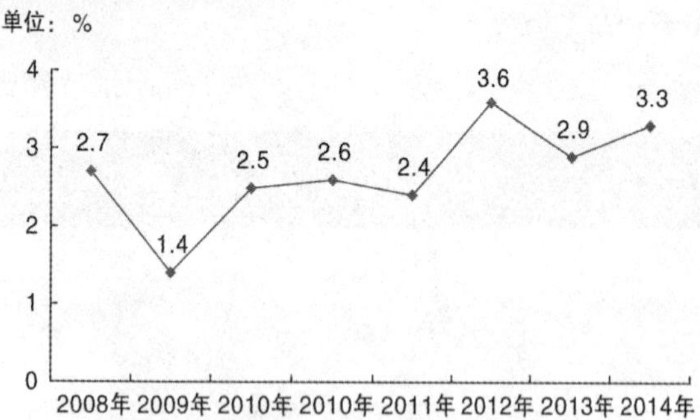

图 1　2008—2014 年澳大利亚 GDP 增长情况

注:2013 年、2014 年为预测值。

百万美元，2011 年为 30 858 百万美元，同比上升 15.7%。2009 年和 2010 年，澳大利亚电子产品进出口贸易均呈逆差，逆差额分别为 20 081 百万美元和 23 754 百万美元。

1. 进口情况

2010 年，澳大利亚电子产品进口额为 23 380 百万美元，同比上升 24.9%。其中，电子数据处理设备居于首位，进口额为 8 345 百万美元，占进口总额的 35.7%；其次是无线通信与雷达设备，进口额为 4 034 百万美元，占进口总额的 17.3%。

2011 年，澳大利亚电子产品进口额为 27 306 百万美元，同比上升 16.8%。其中，电子数据处理设备居于首位，进口额为 9 315 百万美元，占进口总额的 34.1%；其次是无线通信与雷达设备，进口额为 5 245 百万美元，占进口总额的 19.2%。2010 年和 2011 年澳大利亚各类电子产品进口额情况见表 1，2011 年澳大利亚各类电子产品进口份额情况见图 2。

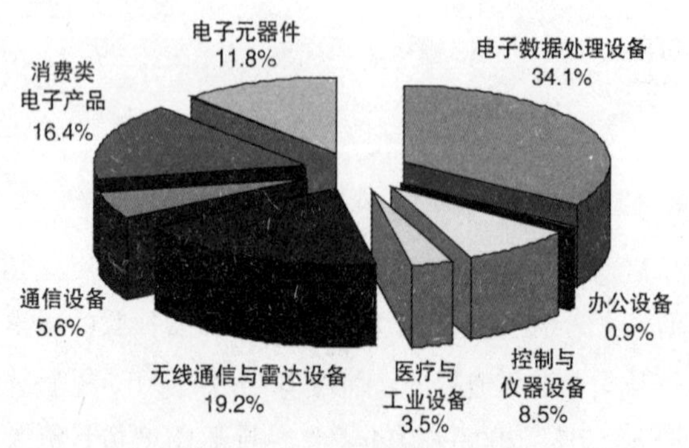

图 2　2011 年澳大利亚各类电子产品进口份额情况

2. 出口情况

2010 年，澳大利亚电子产品出口额为 3 299 百万美元，同比上升 20.2%。其中，电子数据处理设备居于首位，出口额为 1 019 百万美元，占出口总额的 30.9%；其次是控制与仪器设备，出口额为 661 百万美元，占出口总额的 20%。

2011 年，澳大利亚电子产品出口额为 3 552 百万美元，同比上升 7.7%。其中，电子数据处理设备居于首位，出口额为 1 021 百万美元，占出口总额的 28.7%；其次是控制与仪器设备，出口额为 749 百万美元，占出口总额的 21.1%。2010 年和 2011 年澳大利亚各类电子产品出口额情况见表 2，2011 年澳大利亚各类电子产品出口份额情况见图 3。

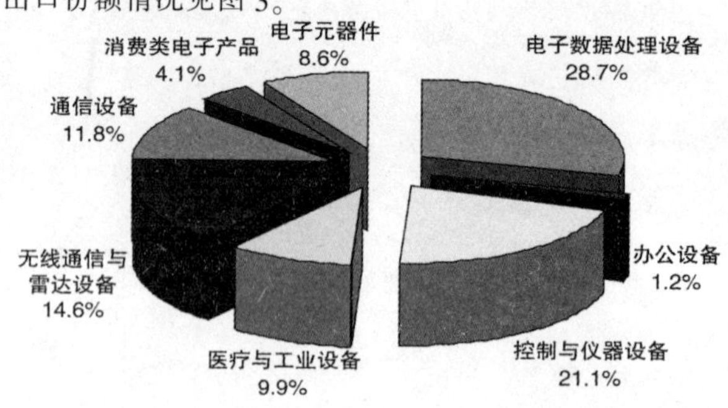

图 3　2011 年澳大利亚各类电子产品出口份额情况

电子产品产值情况

2011 年，澳大利亚电子产品产值为 5 429 百万美元，同比 2010 年增长 10.6%。其中，无线通信与雷达设备居于首位，产值为 1 258 百万美元，占产值总额的 23.2%；其次是电子数据处理设备，产值为 1 186 百万美元，占 21.9%；第三是控制与仪器设备，产值为 1 165 百万美元，占 21.5%。

2012 年，澳大利亚电子产品产值为 5 386 百万美元，同比下降 0.8%。其中，无线通信与雷达设备居于首位，产值为 1 289 百万美元，占产值总额的 23.9%；其次是电子数据处理设备，产值为 1 186 百万美元，占 22%；第三是控制与仪器设备，产值为 1 082 百万美元，占 20.1%。2012 年澳大利亚各类电子产品产值份额情况见图 4。2010—2013 年澳大利亚电子产品产值情况见表 3 和图 5。

电子产品市场情况

2011 年，澳大利亚电子产品市场额为 29 184 百万美元，同比增长 16.8%。其中，电子数据处理设备居于

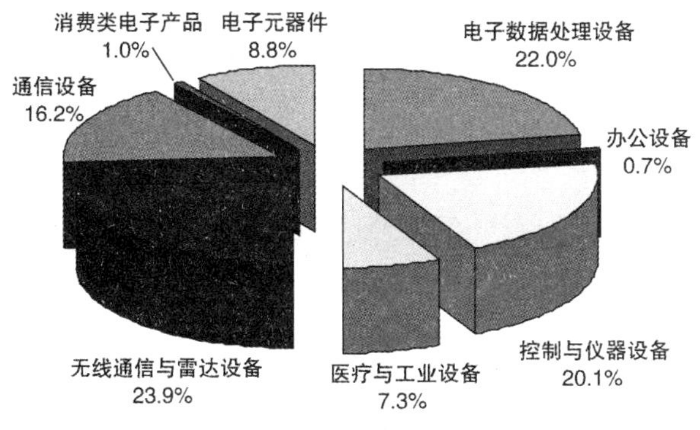

图4 2012年澳大利亚各类电子产品产值份额情况

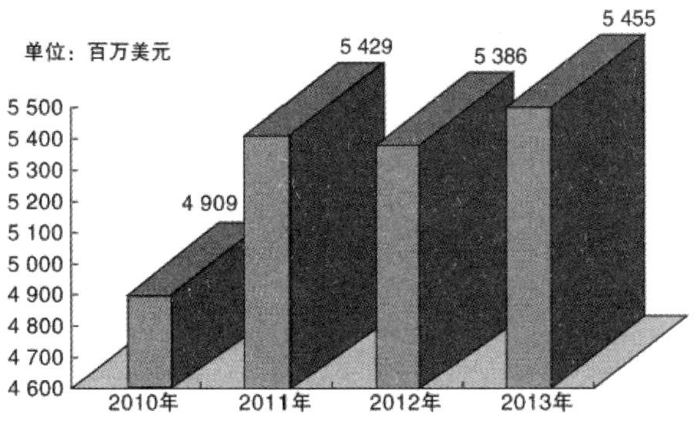

图5 2010—2013年澳大利亚电子产品产值情况

注：2013年为预测值。

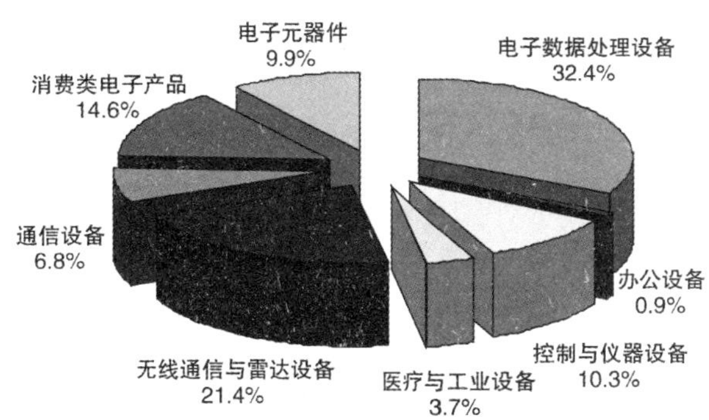

图6 2012年澳大利亚各类电子产品市场份额情况

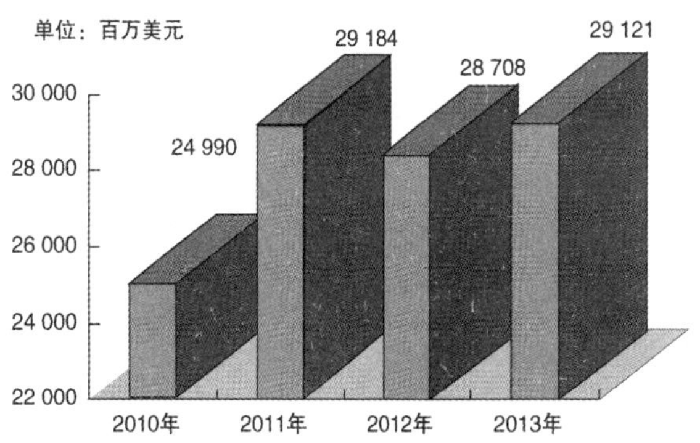

图7 2010—2013年澳大利亚电子产品市场情况

注:2013年为预测值。

首位，市场额为9 480百万美元，占市场总额的32.5%；其次是无线通信与雷达设备，市场额为5 984百万美元，占20.5%；第三是消费类电子产品，市场额为4 395百万美元，占15.1%。

2012年，澳大利亚电子产品市场额为28 708百万美元，同比下降1.6%。其中，电子数据处理设备居于首位，市场额为9 312百万美元，占市场总额的32.4%；其次是无线通信与雷达设备，市场额为6 141百万美元，占21.4%；第三是消费类电子产品，市场额为4 188百万美元，占14.6%。2012年澳大利亚各类电子产品市场份额情况见图6。2010—2013年澳大利亚电子产品市场情况见表4和图7。

信息化发展情况

据世界经济论坛发布的2012—2013年度《全球信息技术报告》统计，澳大利亚的“网络化准备度指数”(NRI）为5.26，世界排名比上年下降1位，居第18位。

澳大利亚一直将信息网络技术作为经济和社会发展的重要推动力量，大力推进信息网络技术在政府行政管理和公共服务中的应用。据《2013年信息经济报告》显示，2012年，澳大利亚互联网普及率为78.9%，比上年上升2.9个百分点。手机普及率为108.3%，上升7.3个百分点。宽带普及率为24.3%，上升0.1个百分点。具体可参见表5。

【统计数据】

表1 2010—2011年澳大利亚电子产品进口情况

单位：百万美元

项目名称	2010年	2011年
电子数据处理设备	8 345	9 315
办公设备	223	254
控制与仪器设备	1 992	2 304
医疗与工业设备	851	939
无线通信与雷达设备	4 034	5 245
通信设备	1 294	1 533
消费类电子产品	4 023	4 487
电子元器件	2 618	3 229
总计	23 380	27 306

注：数据来源于《The Yearbook of World Electronics Data 2013》。由于四舍五入，各项值累加与总计值有可能存在误差。

表2 2010—2011年澳大利亚电子产品出口情况

单位：百万美元

项目名称	2010年	2011年
电子数据处理设备	1 019	1 021
办公设备	34	41
控制与仪器设备	661	749
医疗与工业设备	293	353
无线通信与雷达设备	473	520
通信设备	376	418
消费类电子产品	140	145
电子元器件	303	306
总计	3 299	3 552

注：数据来源于《The Yearbook of World Electronics Data 2013》。由于四舍五入，各项值累加与总计值有可能存在误差。

表3 2010—2013年澳大利亚电子产品产值情况

单位：百万美元

项目名称	2010年	2011年	2012年	2013年
电子数据处理设备	1 055	1 186	1 186	1 209
办公设备	41	40	36	35
控制与仪器设备	1 028	1 165	1 082	1 104
医疗与工业设备	335	392	392	397
无线通信与雷达设备	1 119	1 258	1 289	1 314
通信设备	780	866	876	859
消费类电子产品	57	54	53	49
电子元器件	494	469	472	487
总计	4 909	5 429	5 386	5 455

注：数据来源于《The Yearbook of World Electronics Data 2013》。2013年数据为预测值；由于四舍五入，各项值累加与总计值有可能存在误差。

表4 2010—2013年澳大利亚电子产品市场情况

单位：百万美元

项目名称	2010年	2011年	2012年	2013年
电子数据处理设备	8 381	9 480	9 312	9 480
办公设备	221	253	249	244
控制与仪器设备	2 359	2 720	2 949	3 038
医疗与工业设备	894	978	1 060	1 092
无线通信与雷达设备	4 680	5 984	6 141	6 319
通信设备	1 689	1 981	1 964	1 944
消费类电子产品	3 949	4 395	4 188	4 056
电子元器件	2 809	3 393	2 844	2 947
总计	24 990	29 184	28 708	29 121

注：数据来源于《The Yearbook of World Electronics Data 2013》。2013年数据为预测值；由于四舍五入，各项值累加与总计值有可能存在误差。

表5 2009—2012年澳大利亚互联网、宽带和移动电话用户普及率

项目名称	2009年	2010年	2011年	2012年
互联网（%）	74.0	76.0	76.0	78.9
宽带（%）	25.4	23.2	24.2	24.3
移动电话（%）	113.8	101.0	101.0	108.3

注：数据来源于联合国贸易和发展会议《2013年信息经济报告》。

日　本

【综述】

2012年，日本经济增长2.0%，主要原因是受到强劲的个人消费（2.4%）、政府支出（2.7%）和公共投资(12.5%）增长的支持。

由于财政扩张政策的实施，日本2013年实际GDP预计增长1.4%。受金融环境进一步宽松和预期出口额增长的影响，预计2013年下半年经济将继续保持增长。但2014年计划中的消费税上调或将对2014年第二季度开始的经济增长起到抑制作用。2010—2013年日本GDP增长情况见图1。

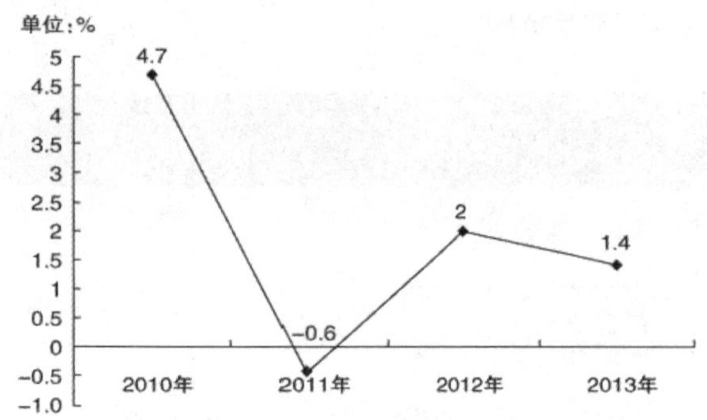

图1　2010—2013年日本GDP增长情况

注:2013年为预测值。

电子产品进出口情况

2010年，日本电子产品进出口总额为227 761百万美元，2011年为237 504百万美元，同比增长4.3%。2010年和2011年，日本电子产品进出口贸易均呈顺差，顺差额分别为22 989百万美元和13 990百万美元。

1. 进口情况

2010年，日本电子产品进口额为102 386百万美元，同比增长26.8%。其中，电子元器件居于首位，进口额为37 818百万美元，占进口总额的36.9%；其次是电子数据处理设备，进口额为26 364百万美元，占进口总额的25.7%。

2011年，日本电子产品进口额为111 757百万美元，同比增长9.2%。其中，电子元器件居于首位，进口额为36 461百万美元，占进口总额的32.7%；其次是电子数据处理设备，进口额为28 946百万美元，占进口总额的25.9%。2010年和2011年日本各类电子产品进口额情况见表1，2011年日本各类电子产品进口份额情况见图2。

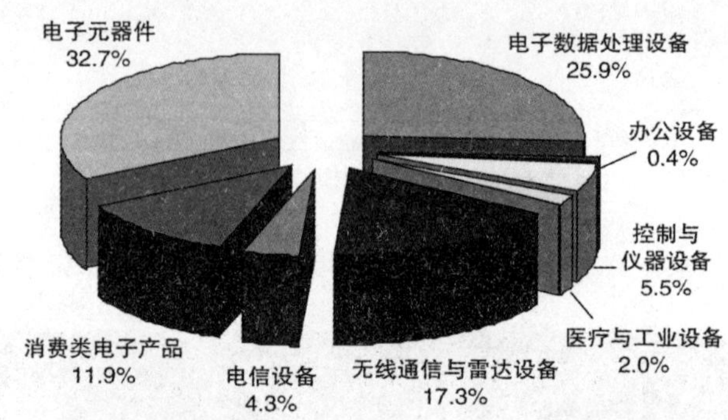

图2　2011年日本各类电子产品进口份额情况

2. 出口情况

2010年，日本电子产品出口额为125 375百万美元，同比增长21.3%。其中，电子元器件居于首位，出口额为63 171百万美元，占出口总额的49.8%；其次是电子数据处理设备，出口额为17 193百万美元，占出口总额的13.5%。

2011年，日本电子产品出口额为125 747百万美元，同比增长0.3%。其中，电子元器件居于首位，出口额为64 881百万美元，占出口总额的51.6%；其次是电子数据处理设备，出口额为15 609百万美元，占出口总额的12.4%。2010年和2011年日本各类电子产品出口额情况见表2，2011年日本各类电子产品出口份额情况见图3。

电子产品产值情况

2011年，日本电子产品产值为189 849百万美元。其中，电子元器件位居首位，产值为91 104百万美元，占产值总额的48%；其次是电子数据处理设备，产值为

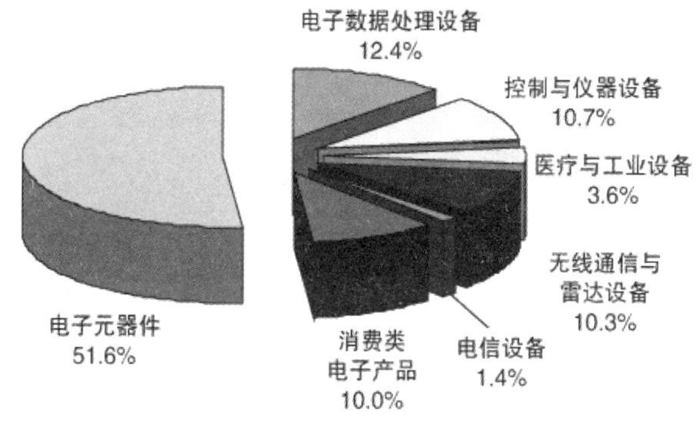

图 3　2011 年日本各类电子产品出口份额情况

28 055 百万美元，占 14.8%；第三是无线电通信与雷达设备，产值为 22 673 百万美元，占 11.9%。

2012 年，日本电子产品产值为 169 875 百万美元，比 2011 年减少 10.5%。其中，电子元器件位居首位，产值为 81 153 百万美元，占产值总额的 47.8%；其次是电子数据处理设备，产值为 26 541 百万美元，占 15.6%；第三是无线电通信与雷达设备，产值为 22 744 百万美元，占 13.4%。2012 年日本各类电子产品产值份额情况见图 4。2010—2013 年日本电子产品产值情况见表 3 和图 5。

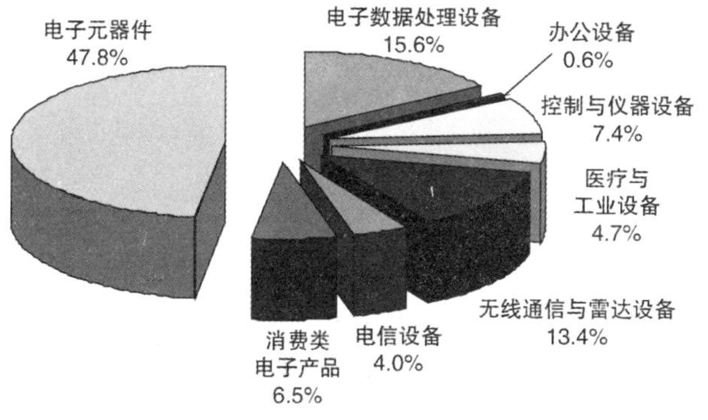

图 4　2012 年日本各类电子产品产值份额情况

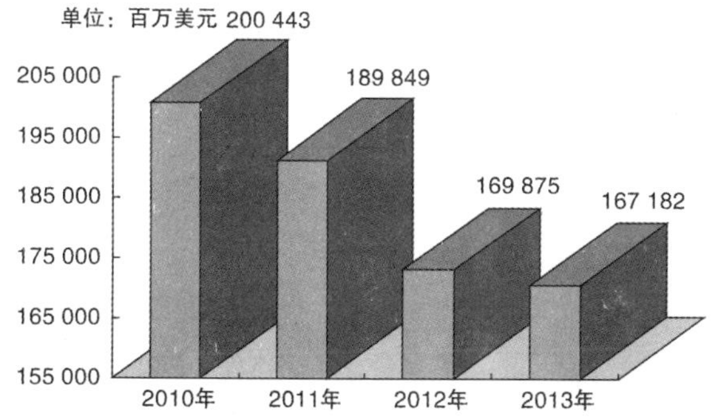

图 5　2010—2013 年日本电子产品产值情况

注:2013 年为预测值。

电子产品市场情况

2011 年，日本电子产品市场额为 177 455 百万美元。其中，电子元器件居于首位，市场额为 69 443 百万美元，占市场总额的 39.1%；其次是电子数据处理设备，市场额为 39 398 百万美元，占 22.2%；第三是无线通信与雷达设备，市场额为 25 500 百万美元，占 14.4%。

2012 年，日本电子产品市场额为 175 859 百万美元，同比下降 0.9%。其中，电子元器件居于首位，市场额为 62 685 百万美元，占市场总额的 35.7%；其次是电子数据处理设备，市场额为 41 393 百万美元，占 23.5%；第三是无线通信与雷达设备，市场额为 29 109 百万美元，占 16.6%。2012 年日本各类电子产品市场份额情况见图 6。2010—2013 年日本电子产品市场情况见表 4 和图 7。

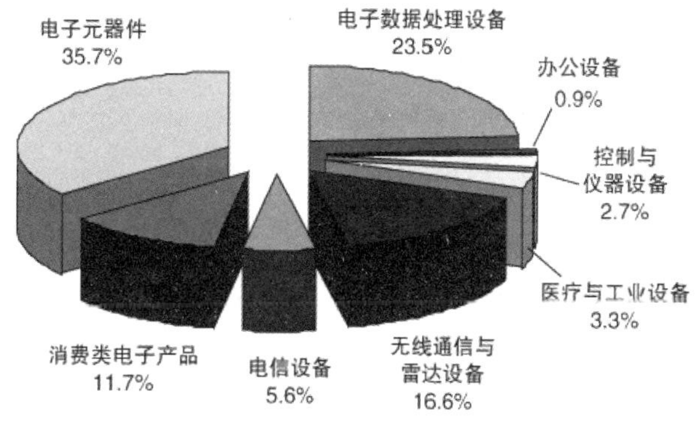

图 6　2012 年日本各类电子产品市场份额情况

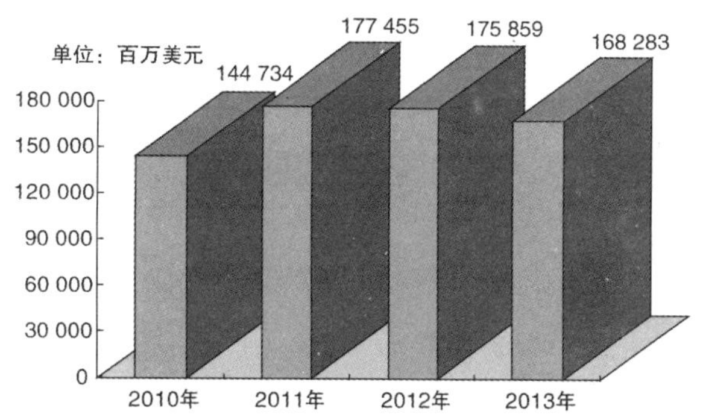

图 7　2010—2013 年日本电子产品市场情况

注：2013 年为预测值。

信息化发展情况

据世界经济论坛发布的 2012—2013 年度《全球信息技术报告》统计，日本的“网络化准备度指数”(NRI) 为 5.24，世界排名与上年相比未发生变化，位居第 21 位。

日本一直将信息网络技术作为经济和社会发展的重要推动力量，大力推进信息网络技术应用。据《2013 年信息经济报告》显示，2012 年日本互联网普及率为 79.5%，与 2011 年相比上升 1.3 个百分点。手机普及率为 105%，比上年上升 9.6 个百分点。宽带普及率为 27.6%，比上年上升 0.7 个百分点。具体可参见表 5。

【统计数据】

表 1 2010—2011 年日本电子产品进口情况

单位：百万美元

项目名称	2010 年	2011 年
电子数据处理设备	26 364	28 946
办公设备	466	464
控制与仪器设备	5 341	6 173
医疗与工业设备	2 102	2 258
无线通信与雷达设备	13 091	19 335
电信设备	4 375	4 793
消费类电子产品	12 830	13 325
电子元器件	37 818	36 461
总计	102 386	111 757

注：数据来源于《The Yearbook of World Electronics Data 2013》。由于四舍五入，各项值累加与总计值有可能存在误差。

表 2 2010—2011 年日本电子产品出口情况

单位：百万美元

项目名称	2010 年	2011 年
电子数据处理设备	17 193	15 609
办公设备	34	38
控制与仪器设备	11 455	13 513
医疗与工业设备	4 307	4 504
无线通信与雷达设备	12 705	12 898
电信设备	1 716	1 757
消费类电子产品	14 795	12 547
电子元器件	63 171	64 881
总计	125 375	125 747

注：数据来源于《The Yearbook of World Electronics Data 2013》。由于四舍五入，各项值累加与总计值有可能存在误差。

表 3　2010—2013 年日本电子产品产值情况

单位：百万美元

项目名称	2010 年	2011 年	2012 年	2013 年
电子数据处理设备	30 227	28 055	26 541	25 480
办公设备	1 091	1 104	1 003	882
控制与仪器设备	10 409	12 146	12 581	12 896
医疗与工业设备	7 614	8 055	8 070	8 254
无线通信与雷达设备	25 114	22 673	22 744	23 654
电信设备	6 068	6 876	6 767	6 835
消费类电子产品	25 125	19 837	11 015	9 538
电子元器件	94 795	91 104	81 153	79 643
总计	200 443	189 849	169 875	167 182

注：数据来源于《The Yearbook of World Electronics Data 2013》。2013 年数据为预测值；由于四舍五入，各项值累加与总计值有可能存在误差。

表 4　2010—2013 年日本电子产品市场情况

单位：百万美元

项目名称	2010 年	2011 年	2012 年	2013 年
电子数据处理设备	34 266	39 398	41 393	40 664
办公设备	1 511	1 523	1 531	1 429
控制与仪器设备	3 649	4 295	4 806	4 975
医疗与工业设备	4 628	5 409	5 809	6 115
无线通信与雷达设备	23 032	25 500	29 109	33 571
电信设备	7 606	8 727	9 912	9 987
消费类电子产品	14 936	23 159	20 615	12 318
电子元器件	55 106	69 443	62 685	59 223
总计	144 734	177 455	175 859	168 283

注：数据来源于《The Yearbook of World Electronics Data 2013》。2013 年数据为预测值；由于四舍五入，各项值累加与总计值有可能存在误差。

表 5　2009—2012 年日本互联网、宽带和移动电话用户普及率

项目名称	2009 年	2010 年	2011 年	2012 年
互联网（%）	76.8	80.0	78.2	79.5
宽带（%）	24.9	26.9	26.9	27.6
移动电话（%）	90.4	95.4	95.4	105.0

注：数据来源于联合国贸易和发展会议《2013 年信息经济报告》。

韩　国

【综述】

2012年，韩国GDP增长2%，预计2013年增长2.2%，主要原因是低利率措施带动了私人消费增长。消费物价通货膨胀预计从2012年的2.2%变为2013年的2.3%。

韩国依靠其在半导体领域的领先水平，取得了移动通信和消费电子产品生产第四的地位，全球产值达到107.8亿美元。继2010年电子产值同比增长16%之后，2011年增长1.2%，2012年基本持平，但2013年有望实现4.7%的增长。2010—2013年韩国GDP增长情况见图1。

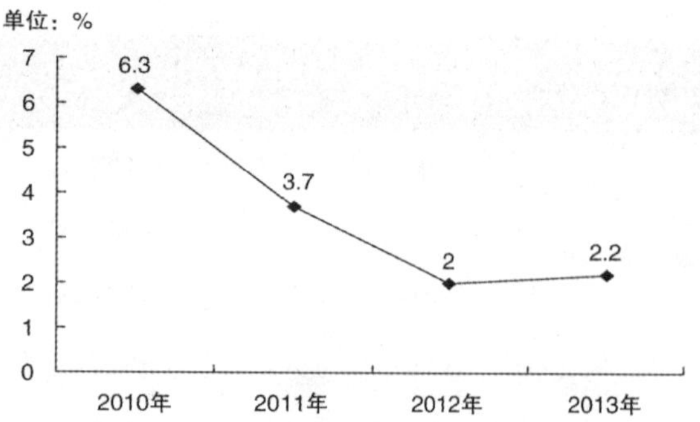

图1　2010—2013年韩国GDP发展态势

注：2013年为预测值。

电子产品进出口情况

2010年，韩国电子产品进出口总额为142 495百万美元，2011年为155 609百万美元，同比增长9.2%。2010年和2011年，韩国电子产品进出口贸易均呈顺差，顺差额分别为56 345百万美元和57 153百万美元。

1. 进口情况

2010年，韩国电子产品进口额为43 075百万美元。其中，电子元器件居于首位，进口额为18 751百万美元，占进口总额的43.5%；其次是电子数据处理设备，进口额为7 890百万美元，占进口总额的18.3%。

2011年，韩国电子产品进口额为49 228百万美元，同比增长14.3%。其中，电子元器件居于首位，进口额为21 668百万美元，占进口总额的44%；其次是电子数据处理设备，进口额为8 504百万美元，占进口总额的17.3%。2010年和2011年韩国各类电子产品进口额情况见表1，2011年韩国各类电子产品进口份额情况见图2。

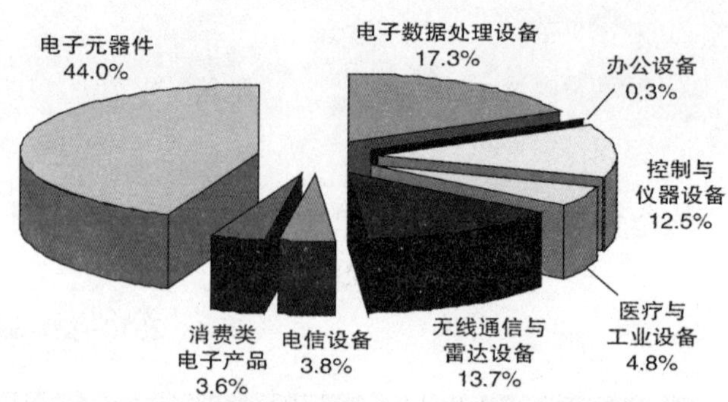

图2　2011年韩国各类电子产品进口份额情况

2. 出口情况

2010年，韩国电子产品出口额为99 420百万美元。其中，电子元器件居于首位，出口额为49 902百万美元，占出口总额的50.1%；其次是无线通信与雷达设备，出口额为24 776百万美元，占出口总额的24.9%。

2011年，韩国电子产品出口额为106 381百万美元，同比增长7%。其中，电子元器件居于首位，出口额为52 511百万美元，占出口总额的49.4%；无线通信与雷达设备继续保持第二位，为28 582百万美元，占出口总额的26.9%。2010年和2011年韩国各类电子产品出口额情况见表2，2011年韩国各类电子产品出口份额情况见图3。

电子产品产值情况

2011年，韩国电子产品产值为108 731百万美元。其中，电子元器件位居首位，产值为59 096百万美元，占产值总额的55.4%；其次是无线通信与雷达设备，产值为27 670百万美元，占25.4%；第三是电子数据处理设备，产值为14 450百万美元，占13.3%。

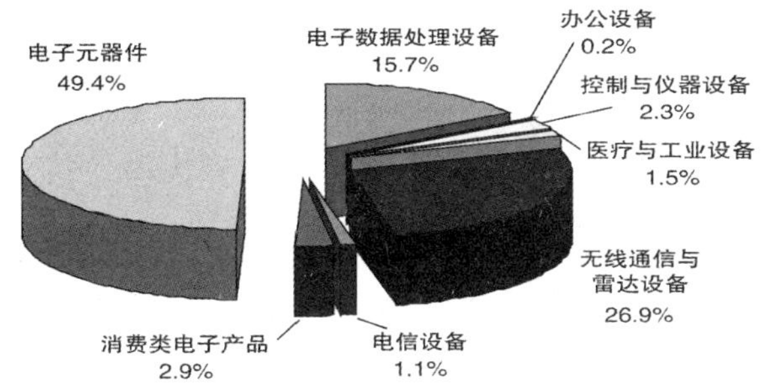

图 3 2011 年韩国各类电子产品出口份额情况

2012 年，韩国电子产品产值 107 794 百万美元，同比下降 0.8%。其中，电子元器件居于首位，产值为 57 798 百万美元，占产值总额的 53.6%；其次是无线通信与雷达设备，产值为 28 777 百万美元，占 26.7%；第三是电子数据处理设备，产值为 13 728 百万美元，占 12.7%。2012 年韩国各类电子产品产值份额情况见图 4。2010—2013 年韩国电子产品产值情况见表 3 和图 5。

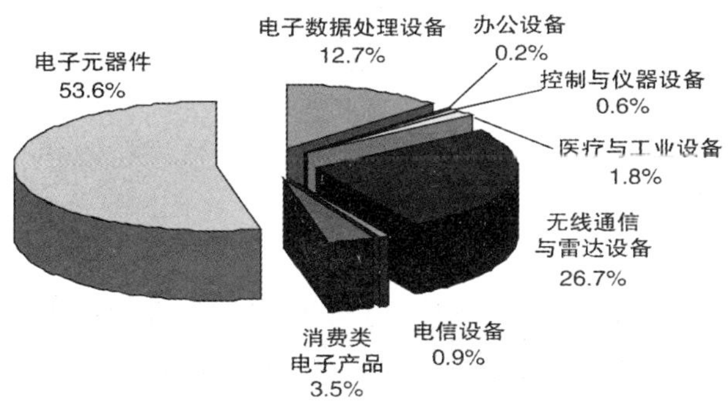

图 4 2012 年韩国各类电子产品产值份额情况

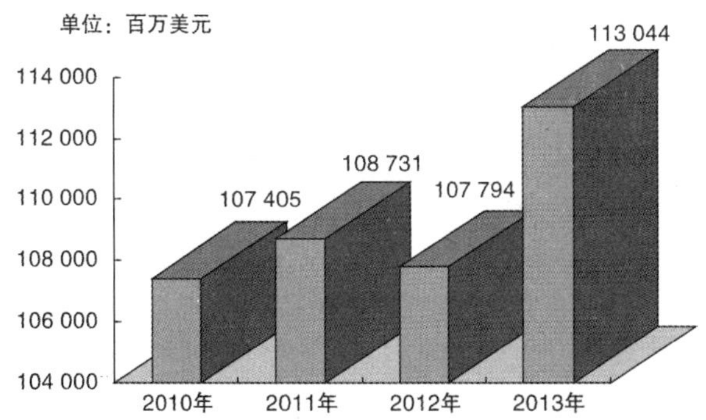

图 5 2010—2013 年韩国电子产品产值情况

注：2013 年为预测值。

电子产品市场情况

2011 年，韩国电子产品市场额为 51 578 百万美元。其中，电子元器件位居首位，市场额为 28 253 美元，占市场总额的 54.8%；其次是电子数据处理设备，市场额为 6 267 百万美元，占 12.2%；第三是无线通信与雷达设备，市场额为 5 812 百万美元，占 11.3%。

2012 年，韩国电子产品市场额为 51 576 百万美元，与 2011 年持平。其中，电子元器件居于首位，市场额为 27 903 百万美元，占市场总额的 54.1%；其次是电子数据处理设备，市场额为 6 355 百万美元，占 12.3%；第三是无线通信与雷达设备，市场额为 6 039 百万美元，占 11.7%。2012 年韩国各类电子产品市场份额情况见图 6。2010—2013 年韩国电子产品市场情况见表 4 和图 7。

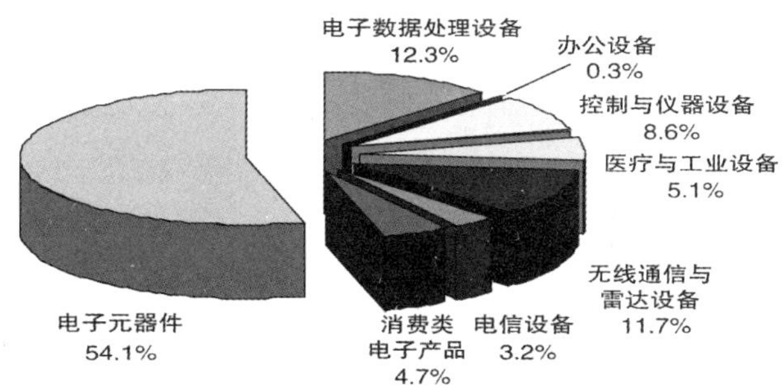

图 6 2012 年韩国各类电子产品市场份额情况

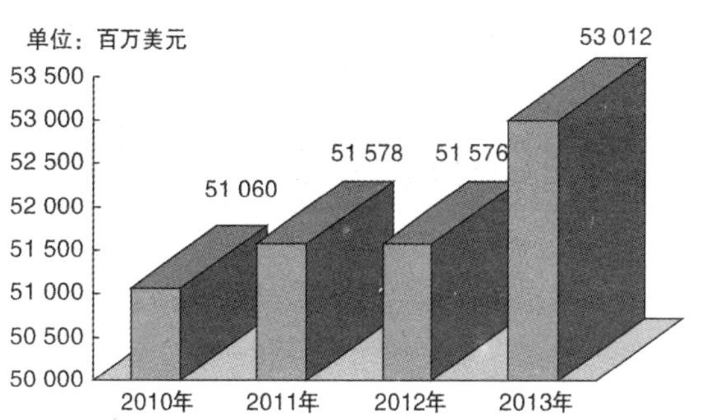

图 7 2010—2013 年韩国电子产品市场情况

注：2013 年为预测值。

信息化发展情况

据世界经济论坛发布的 2012—2013 年度《全球信息技术报告》统计，韩国的“网络化准备度指数”（NRI）世界排名第 11 位，与 2012 年持平。

据《2013 年信息经济报告》显示，截至 2012 年底，韩国互联网用户普及率为 83.80%，宽带普及率为 36.91%，移动电话普及率为 108.50%，与 2011 年数据持平。具体可参见表 5。

【统计数据】

表 1　2010—2011 年韩国电子产品进口情况

单位：百万美元

项目名称	2010 年	2011 年
电子数据处理设备	7 890	8 504
办公设备	120	133
控制与仪器设备	5 589	6 169
医疗与工业设备	2 760	2 367
无线通信与雷达设备	4 614	6 724
电信设备	1 626	1 880
消费类电子产品	1 725	1 783
电子元器件	18 751	21 668
总计	43 075	49 228

注：数据来源于《The yearbook of world electronics data 2013》。由于四舍五入，各项值累加与总计值有可能存在误差。

表 2　2010—2011 年韩国电子产品出口情况

单位：百万美元

项目名称	2010 年	2011 年
电子数据处理设备	16 877	16 687
办公设备	188	208
控制与仪器设备	1 716	2 420
医疗与工业设备	1 910	1 630
无线通信与雷达设备	24 776	28 582
电信设备	971	1 200
消费类电子产品	3 080	3 134
电子元器件	49 902	52 511
总计	99 420	106 381

注：数据来源于《The yearbook of world electronics data 2013》。由于四舍五入，各项值累加与总计值有可能存在误差。

表 3 2010—2013 年韩国电子产品产值情况

单位：百万美元

项目名称	2010 年	2011 年	2012 年	2013 年
电子数据处理设备	15 175	14 450	13 728	13 316
办公设备	237	240	228	217
控制与仪器设备	470	600	630	680
医疗与工业设备	1 780	1 870	1 945	2 037
无线通信与雷达设备	25 700	27 670	28 777	30 503
电信设备	968	962	943	924
消费类电子产品	3 943	3 843	3 746	3 610
电子元器件	59 132	59 096	57 798	61 757
总计	107 405	108 731	107 794	113 044

注：数据来源于《The Yearbook of World Electronics Data 2013》。2013 年数据为预测值；由于四舍五入，各项值累加与总计值有可能存在误差。

表 4 2010—2013 年韩国电子产品市场情况

单位：百万美元

项目名称	2010 年	2011 年	2012 年	2013 年
电子数据处理设备	6 188	6 267	6 355	6 482
办公设备	169	165	162	158
控制与仪器设备	4 343	4 349	4 401	4 489
医疗与工业设备	2 630	2 598	2 630	2 676
无线通信与雷达设备	5 538	5 812	6 039	6 280
电信设备	1 623	1 642	1 649	1 662
消费类电子产品	2 588	2 492	2 438	2 417
电子元器件	27 981	28 253	27 903	28 848
总计	51 060	51 578	51 576	53 012

注：数据来源于《The Yearbook of World Electronics Data 2013》。2013 年数据为预测值；由于四舍五入，各项值累加与总计值有可能存在误差。

表 5 2009—2012 年韩国互联网、宽带和移动电话用户普及率

项目名称	2009 年	2010 年	2011 年	2012 年
互联网（%）	81.60	83.70	83.80	83.80
宽带（%）	34.08	35.68	36.91	36.91
移动电话（%）	99.96	105.36	108.50	108.50

注：数据来源于联合国贸易和发展会议《2013 年信息经济报告》。

印　度

【综述】

2012 年，印度 GDP 增长 3.3%，连续两年出现下降。随着世界经济的复苏，预计 2013 年印度 GDP 增长 6.4%。

2012—2013 年，印度私人消费增长放缓，预计增长 4.1%，这是 2004—2005 年以来增长最慢的一年。目前印度经济遭遇瓶颈，主要经济供给不足，尤其是基础设施发展相对落后严重影响外国投资者在当地的投资信心。

受金融危机及全球经济不景气影响，加之国内通货膨胀率居高不下，近两年印度经济增速持续放缓。过去三个财年印度经济增长率分别为 8.5%、6.2%和 5%。2010—2013 年印度 GDP 增长情况见图 1。

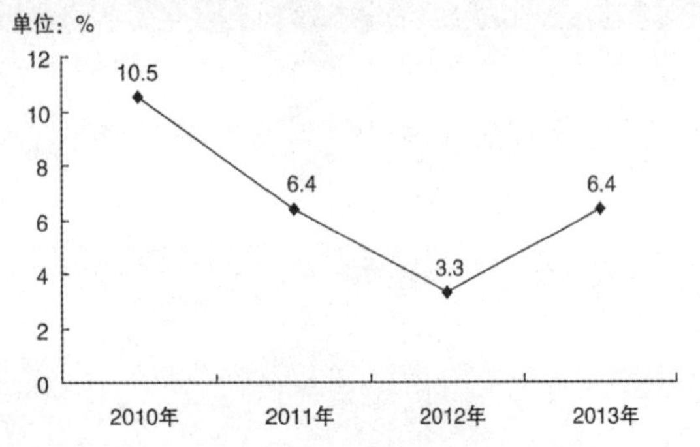

图 1　2010—2013 年印度 GDP 增长情况

注：2013 年为预测值。

电子产品进出口情况

2010 年，印度电子产品进出口总额为 23 341 百万美元，2011 年为 32 194 百万美元，同比增长 38%。2010 年和 2011 年，印度电子产品进出口贸易均呈逆差，逆差额分别为 14 227 百万美元和 17 686 百万美元。

1. 进口情况

2010 年，印度电子产品进口额为 18 784 百万美元。其中，无线通信与雷达设备居于首位，进口额为 5 009 百万美元，占进口总额的 26.7%；其次是电子数据处理设备，进口额为 4 734 百万美元，占进口总额的 25.2%。

2011 年，印度电子产品进口额为 24 940 百万美元，同比增长 32.8%。其中，无线通信与雷达设备居于首位，进口额为 8 353 百万美元，占进口总额的 33.5%；其次是电子元器件，进口额为 5 402 百万美元，占进口总额的 21.7%。2010 年和 2011 年印度各类电子产品进口额情况见表 1，2011 年印度各类电子产品进口份额情况见图2。

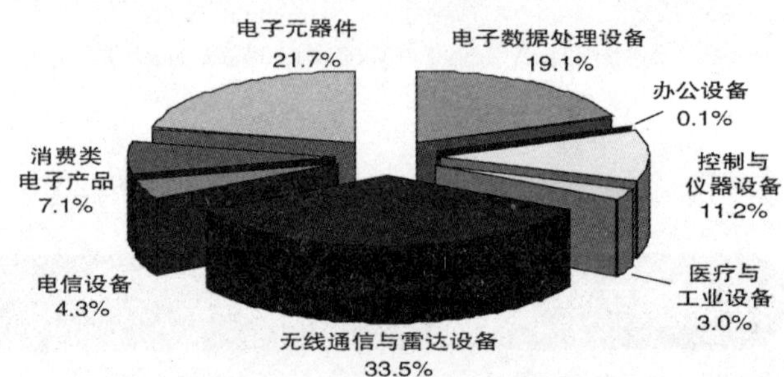

图 2　2011 年印度各类电子产品进口份额情况

2. 出口情况

2010 年，印度电子产品出口额为 4 557 百万美元。其中，无线通信与雷达设备居于首位，出口额为 1 834 百万美元，占出口总额的 40.2%；其次是电子元器件，出口额为 1 001 百万美元，占出口总额的 22%。

2011 年，印度电子产品出口额为 7 254 百万美元，同比增长 59.2%。其中，无线通信与雷达设备居于首位，出口额为 4 296 百万美元，占出口总额的 59.2%；其次是电子元器件，出口额为 957 百万美元，占出口总额的 13.2%。2010 年和 2011 年印度各类电子产品出口额情况见表 2，2011 年印度各类电子产品出口份额情况见图3。

电子产品产值情况

2011 年，印度电子产品产值为 20 597 百万美元。其中，无线通信与雷达设备位居首位，产值为 7 246 百万美元，占产值总额的 35.2%；其次是消费类电子产品，产值为 3 563 百万美元，占 17.3%；第三是电子数据处

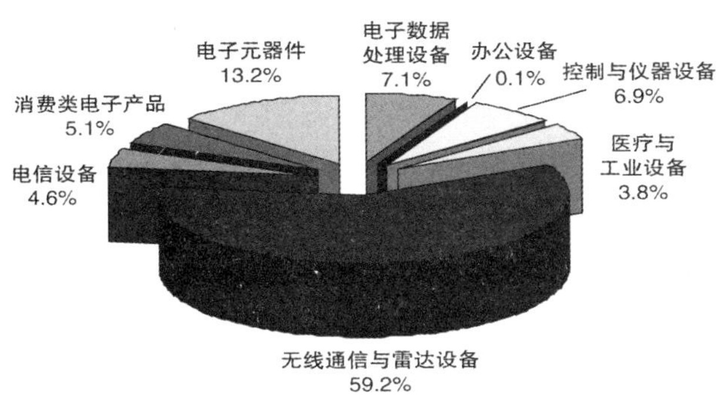

图3 2011年印度各类电子产品出口份额情况

理设备，产值为3 411百万美元，占16.6%。

2012年，印度电子产品产值为20 661百万美元，同比增长0.3%。其中，无线通信与雷达设备位居首位，产值为7 900百万美元，占产值总额的38.2%；其次是电子数据处理设备，产值为3 890百万美元，占18.8%；第三是消费类电子产品，产值为3 086百万美元，占14.9%。2012年印度各类电子产品产值份额情况见图4，2010—2013年印度电子产品产值情况见表3和图5。

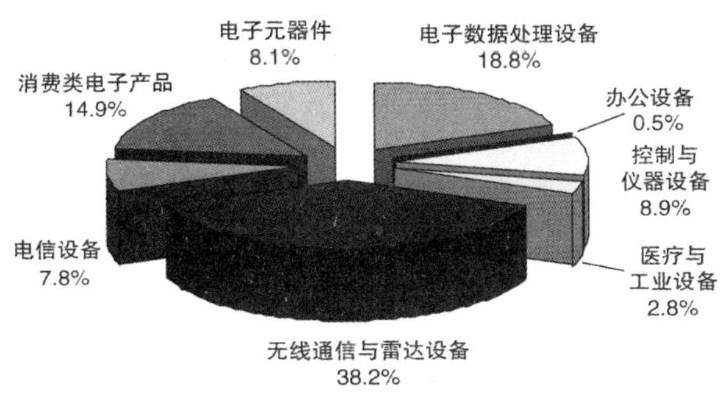

图4 2012年印度各类电子产品产值份额情况

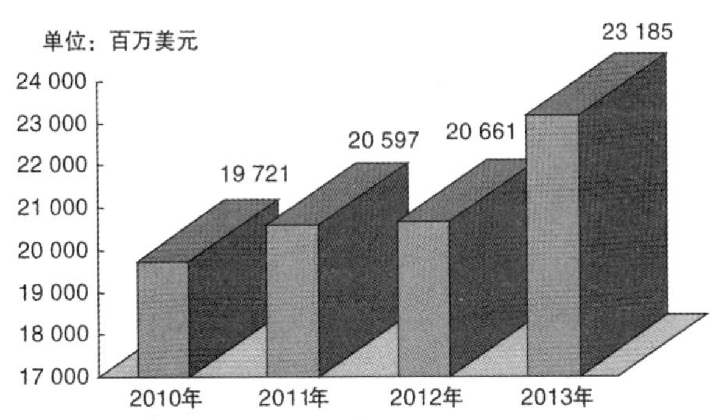

图5 2010—2013年印度电子产品产值情况

注:2013年为预测值。

电子产品市场情况

2011年，印度电子产品市场额为38 284百万美元。其中，无线通信与雷达设备位居首位，市场额为11 302百万美元，占市场总额的30%；其次是电子数据处理设备，市场份额为7 665百万美元，占20%；第三是电子元器件，市场额为6 454百万美元，占16.9%。

2012年，印度电子产品市场额为37 339百万美元，同比降低2.5%。其中，无线通信与雷达设备位居首位，市场额为11 389百万美元，占市场总额的30.5%；其次是电子数据处理设备，市场额为7 064百万美元，占18.9%；第三是电子元器件，市场额为6 270百万美元，占16.8%。2012年印度各类电子产品市场份额情况见图6。2010—2013年印度电子产品市场情况见表4和图7。

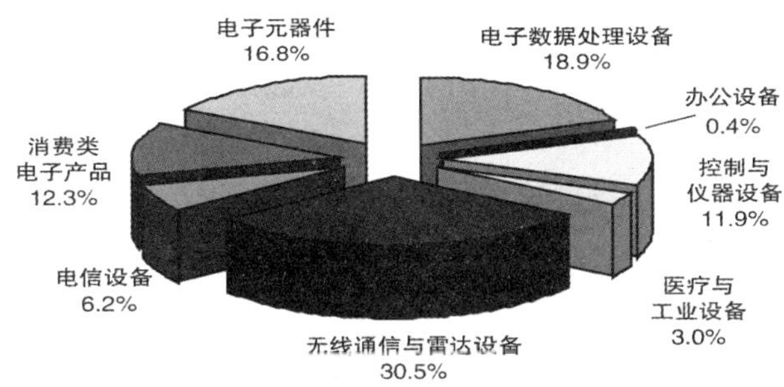

图6 2012年印度各类电子产品市场份额情况

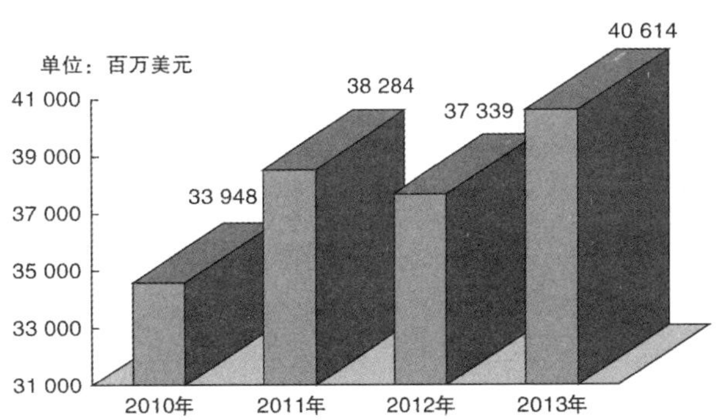

图7 2010—2013年印度电子产品市场情况

注：2013年为预测值。

信息化发展情况

据世界经济论坛发布的2012—2013年度《全球信息技术报告》统计，印度的“网络化准备度指数”(NRI)世界排名第69位，与2011年持平。

目前，印度已成为世界上电话用户最多的国家之一，位列亚洲第二。据《2013年信息经济报告》显示，截至2012年底，印度移动电话覆盖率为72.00%，与2011年基本持平。宽带普及率为1.1%，同比增长0.07个百分点。互联网普及率为10.1%，同比增长0.03个百分点。具体可参见表5。

【统计数据】

表1　2010—2011年印度电子产品进口情况

单位：百万美元

项目名称	2010年	2011年
电子数据处理设备	4 734	4 772
办公设备	27	37
控制与仪器设备	1 940	2 794
医疗与工业设备	635	739
无线通信与雷达设备	5 009	8 353
电信设备	1 060	1 076
消费类电子产品	1 368	1 767
电子元器件	4 012	5 402
总计	18 784	24 940

注：数据来源于《The Yearbook of World Electronics Data 2013》。由于四舍五入，各项值累加与总计值有可能存在误差。

表2　2010—2011年印度电子产品出口情况

单位：百万美元

项目名称	2010年	2011年
电子数据处理设备	471	518
办公设备	6	5
控制与仪器设备	379	502
医疗与工业设备	293	273
无线通信与雷达设备	1 834	4 296
电信设备	305	330
消费类电子产品	268	371
电子元器件	1 001	957
总计	4 557	7 254

注：数据来源于《The Yearbook of World Electronics Data 2013》。由于四舍五入，各项值累加与总计值有可能存在误差。

表 3 2010—2013 年印度电子产品产值情况

单位：百万美元

项目名称	2010 年	2011 年	2012 年	2013 年
电子数据处理设备	3 268	3 411	3 890	4 357
办公设备	118	115	97	95
控制与仪器设备	1 739	1 860	1 827	2 102
医疗与工业设备	599	614	581	632
无线通信与雷达设备	6 536	7 246	7 900	9 322
电信设备	1 721	1 780	1 617	1 682
消费类电子产品	3 734	3 563	3 086	3 288
电子元器件	2 007	2 010	1 663	1 709
总计	19 721	20 597	20 661	23 185

注：数据来源于《The Yearbook of World Electronics Data 2013》。2013 年数据为预测值；由于四舍五入，各项值累加与总计值有可能存在误差。

表 4 2010—2013 年印度电子产品市场情况

单位：百万美元

项目名称	2010 年	2011 年	2012 年	2013 年
电子数据处理设备	7 531	7 665	7 064	7 417
办公设备	139	147	134	137
控制与仪器设备	3 299	4 152	4 465	5 001
医疗与工业设备	940	1 081	1 119	1 267
无线通信与雷达设备	9 711	11 302	11 389	12 756
电信设备	2 476	2 525	2 315	2 407
消费类电子产品	4 834	4 958	4 583	4 805
电子元器件	5 018	6 454	6 270	6 823
总计	33 948	38 284	37 339	40 614

注：数据来源于《The Yearbook of World Electronics Data 2013》。2013 年数据为预测值；由于四舍五入，各项值累加与总计值有可能存在误差。

表 5 2009—2012 年印度互联网、宽带和移动电话用户普及率

项目名称	2009 年	2010 年	2011 年	2012 年
互联网（%）	5.12	7.50	10.07	10.10
宽带（%）	0.64	0.90	1.030	1.10
移动电话（%）	43.48	61.42	72.00	72.00

注：数据来源于联合国贸易和发展会议《2013 年信息经济报告》。

新加坡

【综述】

2012 年，新加坡 GDP 增长 1.3%，预计 2013 年增长 2.3%，增长主要由私人消费和固定资产投资带动。欧元区持续的经济衰退将继续影响新加坡的产品出口，预计 2013 年新加坡出口增长 1%。

新加坡的平均通货膨胀率由 2011 年的 4.6%降低至 2012 年的 3.8%。全球大宗商品价格下降和新加坡元持续升值将有助于通货膨胀率在预测期内进一步趋于缓和。

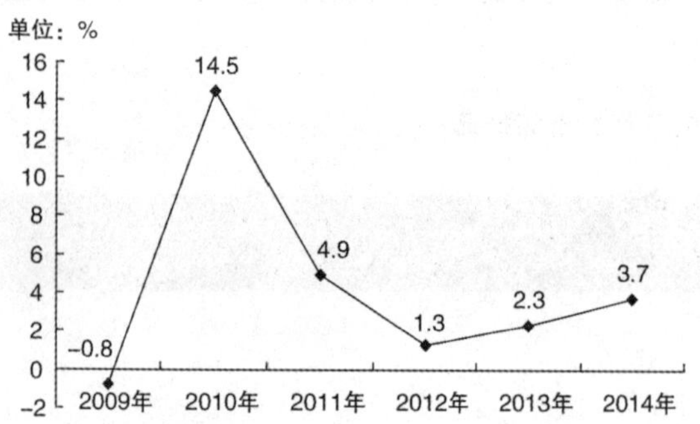

图 1 2009—2014 年新加坡 GDP 增长情况

注:2013 年、2014 年为预测值。

电子产品进出口情况

2010 年，新加坡电子产品进出口总额为 216 691 百万美元，2011 年为 215 877 百万美元，同比降低 0.4%。2010 年和 2011 年，新加坡电子产品进出口贸易均呈顺差，顺差额分别为 32 181 百万美元和 29 681 百万美元。

1. 进口情况

2010 年，新加坡电子产品进口额为 92 255 百万美元。其中，电子元器件居于首位，进口额为 58 345 百万美元，占进口总额的 63.2%；其次是电子数据处理设备，进口额为 17 038 百万美元，占进口总额的 18.5%。

2011 年，新加坡电子产品进口额为 93 098 百万美元，同比增长 0.9%。其中，电子元器件居于首位，进口额为 57 146 百万美元，占进口总额的 61.4%；其次是电子数据处理设备，进口额为 16 891 百万美元，占进口总额的 18.1%。2010 年和 2011 年新加坡各类电子产品进口额情况见表 1，2011 年新加坡各类电子产品进口份额情况见图 2。

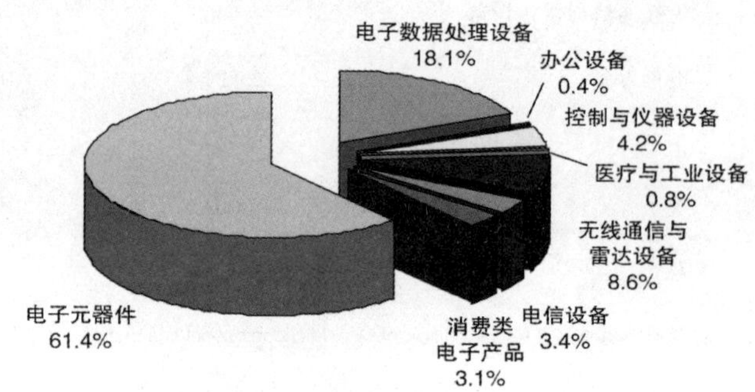

图 2 2011 年新加坡各类电子产品进口份额情况

2. 出口情况

2010 年，新加坡电子产品出口额为 124 436 百万美元。其中，电子元器件居于首位，出口额为 85 611 百万美元，占出口总额的 68.8%；其次是电子数据处理设备，出口额为 20 848 百万美元，占出口总额的 16.8%。

2011 年，新加坡电子产品出口额为 122 779 百万美元，同比降低 1.3%。其中，电子元器件居于首位，出口额为 83 163 百万美元，占出口总额的 67.7%；其次是电子数据处理设备，出口额为 19 040 百万美元，占出口总额的 15.5%。2010 年和 2011 年新加坡各类电子产品出口额情况见表 2，2011 年新加坡各类电子产品出口份额情况见图 3。

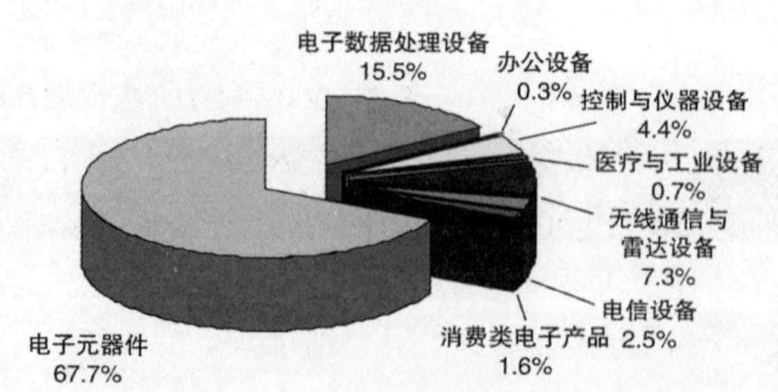

图 3 2011 年新加坡各类电子产品出口份额情况

电子产品产值情况

2011 年，新加坡电子产品产值为 60 987 百万美元。其中，电子元器件位居首位，产值为 39 190 百万美元，占产值总额的 64.3%；其次是电子数据处理设备，产值为 12 778 百万美元，占 21%；第三是无线通信与雷达设备，产值为 3 968 百万美元，占 6.5%。

2012 年，新加坡电子产品产值为 58 353 百万美元，比 2011 年降低 4.3%。其中，电子元器件居于首位，产值为 35 791 百万美元，占产值总额的 61.3%；其次是电子数据处理设备，产值为 12 760 百万美元，占 21.9%；第三是无线通信与雷达设备，产值为 4 400 百万美元，占 7.5%。2012 年新加坡各类电子产品产值份额情况见图 4。2010—2013 年新加坡电子产品产值情况见表 3 和图 5。

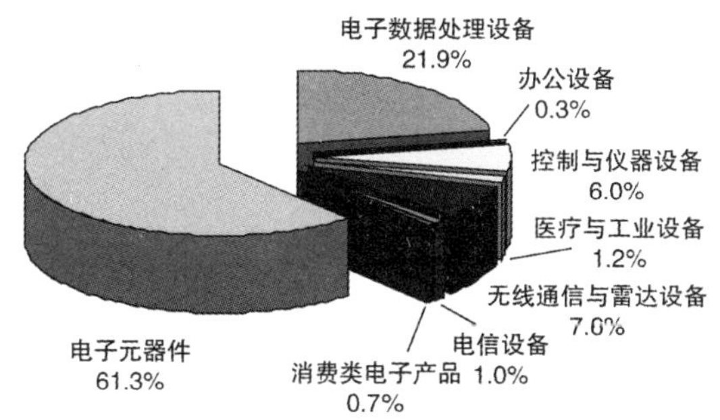

图 4 2012 年新加坡各类电子产品产值份额情况

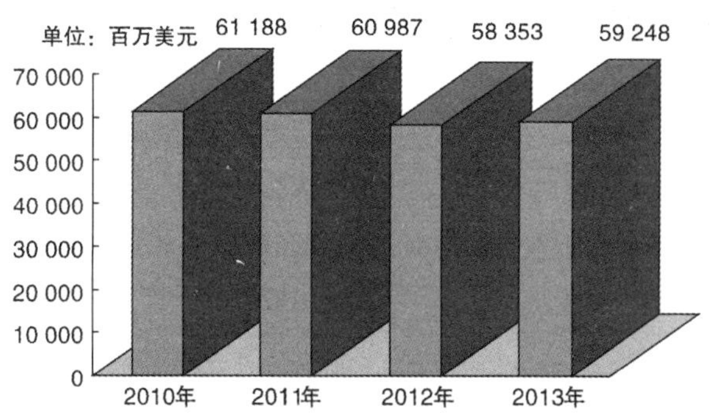

图 5 2010—2013 年新加坡电子产品产值情况

注：2013 年为预测值。

电子产品市场情况

2011 年，新加坡电子产品市场额为 31 306 百万美元。其中，电子元器件位居首位，市场额为 13 173 百万美元，占市场总额的 42.1%；其次是电子数据处理设备，市场额为 10 629 百万美元，占 34%；第三是无线通信与雷达设备，市场额为 3 075 百万美元，占 9.8%。

2012 年，新加坡电子产品市场额为 31 510 百万美元，同比上升 0.7%。其中，电子元器件居于首位，市场额为 12 891 百万美元，占市场总额的 40.9%；其次是电子数据处理设备，市场额为 10 939 百万美元，占 34.7%；第三是无线通信与雷达设备，市场额为 3 165 百万美元，占 10.1%。2012 年新加坡各类电子产品市场份额情况见图 6。2010—2013 年新加坡电子产品市场情况见表 4 和图 7。

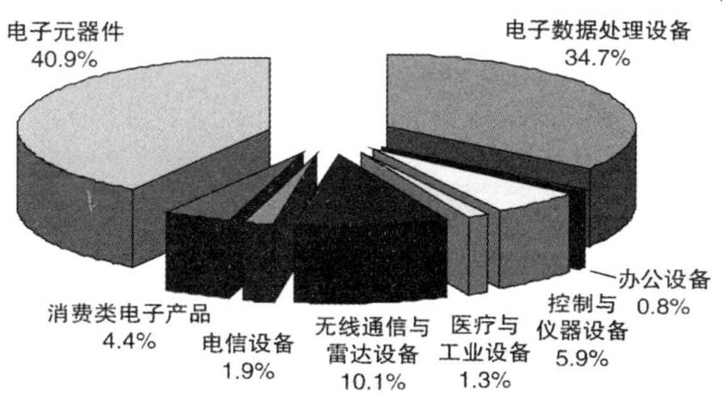

图 6 2012 年新加坡各类电子产品市场份额情况

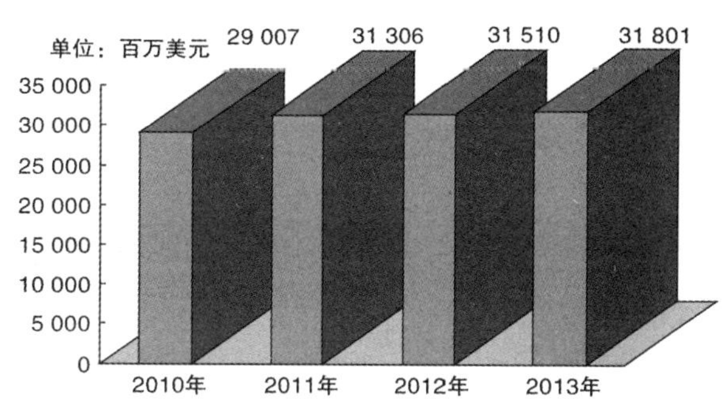

图 7 2010—2013 年新加坡电子产品市场情况

注：2013 年为预测值。

信息化发展情况

据世界经济论坛发布的 2012—2013 年度《全球信息技术报告》统计，新加坡的“网络化准备度指数”(NRI) 为 5.96，世界排名第 2 位，与 2011 年持平。

据《2013 年信息经济报告》显示，2012 年，新加坡手机普及率为 150.2%，较 2011 年提高 5 个百分点。互联网普及率为 71%，较 2011 年下降 11 个百分点。宽带普及率为 25.6%，比 2011 年的 24.9%提高 0.7 个百分点。2009—2012 年新加坡互联网、宽带和移动电话用户普及率见表 5。

【统计数据】

表 1　2010—2011 年新加坡电子产品进口情况

单位：百万美元

项目名称	2010 年	2011 年
电子数据处理设备	17 038	16 891
办公设备	379	364
控制与仪器设备	3 702	3 918
医疗与工业设备	770	724
无线通信与雷达设备	6 524	8 038
通信设备	2 688	3 117
消费类电子产品	2 810	2 898
电子元器件	58 345	57 146
总计	92 255	93 098

注：数据来源于《The Yearbook of World Electronics Data 2013》。由于四舍五入，各项值累加与总计值有可能存在误差。

表 2　2010—2011 年新加坡电子产品出口情况

单位：百万美元

项目名称	2010 年	2011 年
电子数据处理设备	20 848	19 040
办公设备	340	305
控制与仪器设备	4 298	5 395
医疗与工业设备	1 215	905
无线通信与雷达设备	7 586	8 931
通信设备	2 596	3 118
消费类电子产品	1 942	1 921
电子元器件	85 611	83 163
总计	124 436	122 779

注：数据来源于《The Yearbook of World Electronics Data 2013》。由于四舍五入，各项值累加与总计值有可能存在误差。

表 3 2010—2013 年新加坡电子产品产值情况

单位：百万美元

项目名称	2010 年	2011 年	2012 年	2013 年
电子数据处理设备	13 346	12 778	12 760	12 250
办公设备	206	198	180	167
控制与仪器设备	2 206	3 254	3 520	3 872
医疗与工业设备	815	587	716	740
无线通信与雷达设备	3 676	3 968	4 400	4 620
通信设备	471	583	586	574
消费类电子产品	447	430	400	365
电子元器件	40 021	39 190	35 791	36 661
总计	61 188	60 987	58 353	59 248

注：数据来源于《The Yearbook of World Electronics Data 2013》。2013 年数据为预测值；由于四舍五入，各项值累加与总计值有可能存在误差。

表 4 2010—2013 年新加坡电子产品市场情况

单位：百万美元

项目名称	2010 年	2011 年	2012 年	2013 年
电子数据处理设备	9 536	10 629	10 939	11 245
办公设备	244	258	252	249
控制与仪器设备	1 610	1 777	1 850	1 912
医疗与工业设备	369	406	419	429
无线通信与雷达设备	2 614	3 075	3 165	3 272
通信设备	563	582	597	606
消费类电子产品	1 315	1 407	1 398	1 366
电子元器件	12 756	13 173	12 891	12 720
总计	29 007	31 306	31 510	31 801

注：数据来源于《The Yearbook of World Electronics Data 2013》。2013 年数据为预测值；由于四舍五入，各项值累加与总计值有可能存在误差。

表 5 2009—2012 年新加坡互联网、宽带和移动电话用户普及率

项目名称	2009 年	2010 年	2011 年	2012 年
互联网（%）	77.23	70.00	82.0	71.0
宽带（%）	23.71	24.72	24.9	25.6
移动电话（%）	140.43	143.66	145.2	150.2

注：数据来源于联合国贸易和发展会议《2013 年信息经济报告》。

附录 B

中国香港特别行政区

【综述】

2012 年，由于受到欧盟需求收缩以及对美国和中国大陆出口减少的影响，中国香港特别行政区的 GDP 增长 1.4%，连续两年下降。2013 年下半年，中国大陆和亚洲其他市场强劲的贸易需求将推动中国香港特别行政区 GDP 实现增长，预计 2013 年 GDP 增长 3.1%，2014 年将加速至 4.1%。

此外，2012 年住房成本增加使中国香港特别行政区居民消费价格平均上涨 4.1%。预计 2013 年通货膨胀率将保持在 4%左右，原因之一是从中国大陆进口商品（特别是食品）的价格居高不下。2009—2014 年中国香港特别行政区 GDP 增长情况见图 1。

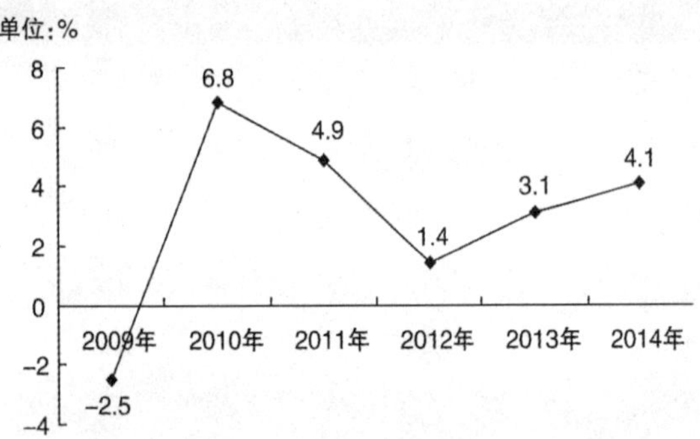

图 1　2009—2014 年中国香港特别行政区 GDP 增长情况

注:2013、2014 年为预测值。

电子产品进出口情况

2010 年，中国香港特别行政区电子产品进出口总额为 244 564 万美元，2011 年为 259 088 百万美元，同比上升 5.9%。2010 年和 2011 年，中国香港特别行政区电子产品进出口贸易均呈逆差，逆差额分别为 6 150 百万美元和 6 442 百万美元。

1. 进口情况

2010 年，中国香港特别行政区电子产品进口额为 125 357 百万美元。其中，电子元器件居于首位，进口额为 45 736 百万美元，占进口总额的 36.5%；其次是电子数据处理设备，进口额为 40 079 百万美元，占进口总额的 32%。

2011 年，中国香港特别行政区电子产品进口额为 132 765 百万美元，同比上升 5.9%。其中，电子元器件居于首位，进口额为 47 823 百万美元，占进口总额的 36%；其次是电子数据处理设备，进口额为 44 219 百万美元，占进口总额的 33.3%。2010 年和 2011 年中国香港特别行政区各类电子产品进口额情况见表 1，2011 年中国香港特别行政区各类电子产品进口份额情况见图 2。

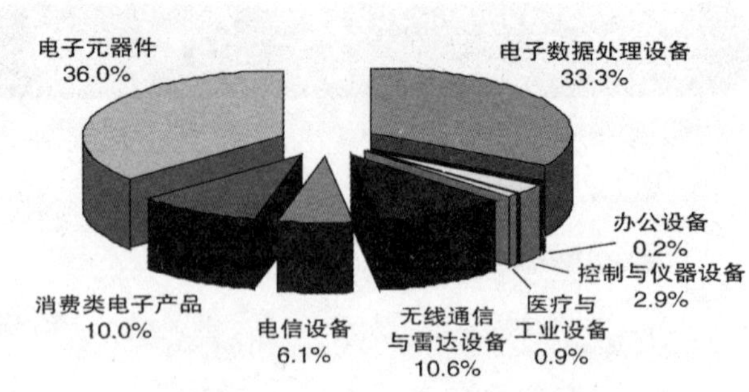

图 2　2011 年中国香港特别行政区各类电子产品进口份额情况

2. 出口情况

2010 年，中国香港特别行政区电子产品出口额为 119 207 百万美元。其中，电子元器件居于首位，出口额为 45 409 百万美元，占出口总额的 38.1%；其次是电子数据处理设备，出口额为 35 702 百万美元，占出口总额的 29.9%。

2011 年，中国香港特别行政区电子产品出口额为 126 323 百万美元，同比增长 6%。其中，电子元器件居于首位，出口额为 47 519 百万美元，占出口总额的 37.6%；其次是电子数据处理设备，出口额为 39 673 百万美元，占出口总额的 31.4%。2010 年和 2011 年中国香港特别行政区各类电子产品出口额情况见表 2，2011 年中国香港特别行政区各类电子产品出口份额情况见图 3。

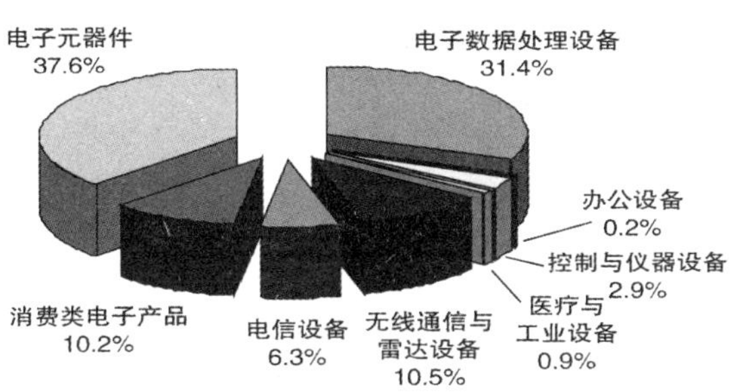

图 3　2011 年中国香港特别行政区各类电子产品出口份额情况

电子产品产值情况

2011 年，中国香港特别行政区电子产品产值为 1 864 百万美元。其中，电子元器件位居首位，产值为 594 百万美元，占产值总额的 31.9%；其次是消费类电子产品，产值为 461 百万美元，占 24.7%；第三是电子数据处理设备，产值为 205 百万美元，占 11%。

2012 年，中国香港特别行政区电子产品产值为 1 677 百万美元，比 2011 年下降 10%。其中，电子元器件居于首位，产值为 530 百万美元，占产值总额的 31.6%；其次是消费类电子产品，产值为 394 百万美元，占 23.5%；第三是电子数据处理设备，产值为 181 百万美元，占 10.8%。2012 年中国香港特别行政区各类电子产品产值份额情况见图 4。2010—2013 年中国香港特别行政区电子产品产值情况见表 3 和图 5。

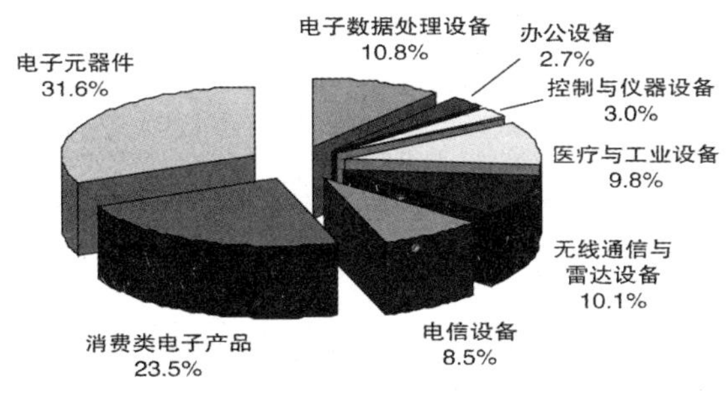

图 4　2012 年中国香港特别行政区各类电子产品产值份额情况

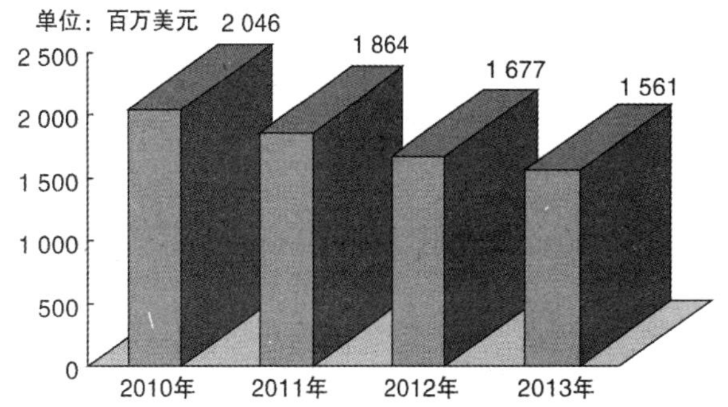

图 5　2010—2013 年中国香港特别行政区电子产品产值情况

注：2013 年为预测值。

电子产品市场情况

2011 年，中国香港特别行政区电子产品市场额为 8 306 百万美元。其中，电子数据处理设备位居首位，市场额为 4 752 百万美元，占市场总额的 57.2%；其次是无线通信与雷达设备，市场额为 971 百万美元，占 11.7%；第三是电子元器件，市场额为 898 百万美元，占 10.8%。

2012 年，中国香港特别行政区电子产品市场额为 8 406 百万美元，同比上升 1.2%。其中，电子数据处理设备居于首位，市场额为 4 875 百万美元，占市场总额的 58%；其次是无线通信与雷达设备，市场额为 1 013 百万美元，占 12.0%；第三是消费类电子产品，市场额为 831 百万美元，占 9.9%。2012 年中国香港特别行政区各类电子产品市场份额情况见图 6。2010—2013 年中国香港特别行政区电子产品市场情况见表 4 和图 7。

信息化发展情况

据世界经济论坛发布的 2012—2013 年度《全球信

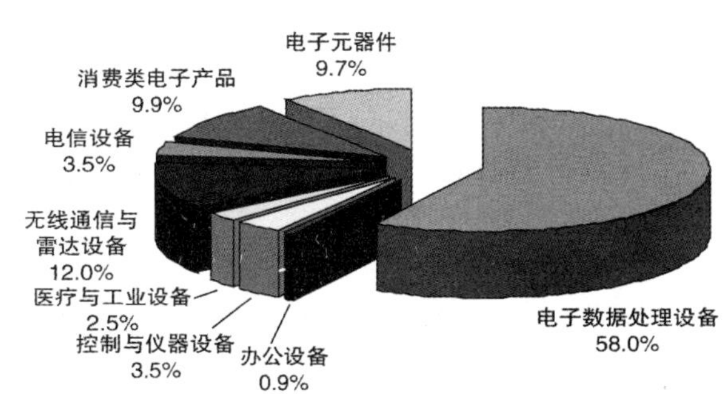

图 6　2012 年中国香港特别行政区各类电子产品市场份额情况

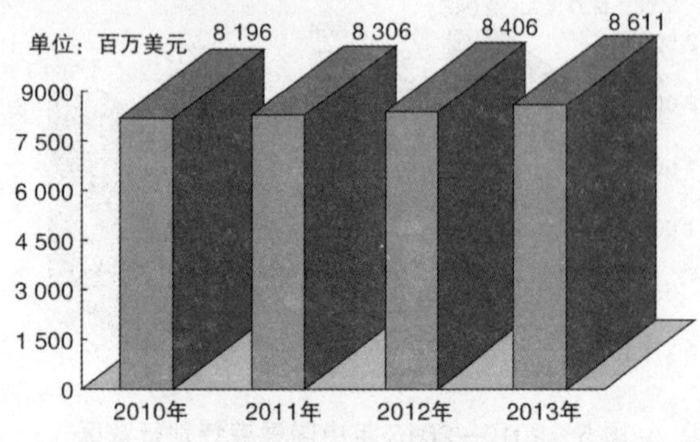

图7 2010—2013年中国香港特别行政区电子产品市场情况

注：2013年为预测值。

息技术报告》统计，中国香港特别行政区的“网络化准备度指数”（NRI）为5.40，世界排名第14位，比2011年下降1位。

据《2013年信息经济报告》显示，2012年，中国香港特别行政区手机普及率为214.7%，较2011年提高19.1个百分点。互联网普及率为74.5%，较2011年下降1.9个百分点。宽带普及率为31.6%，比2011年上升1.7个百分点。2009—2012年中国香港特别行政区互联网、宽带和移动电话用户普及率见表5。

【统计数据】

表1 2010—2011年中国香港特别行政区电子产品进口情况

单位：百万美元

项目名称	2010年	2011年
电子数据处理设备	40 079	44 219
办公设备	316	289
控制与仪器设备	2 813	3 883
医疗与工业设备	1 078	1 234
无线通信与雷达设备	14 519	14 016
通信设备	6 886	8 101
消费类电子产品	13 930	13 200
电子元器件	45 736	47 823
总计	125 357	132 765

注：数据来源于《The Yearbook of World Electronics Data 2013》。由于四舍五入，各项值累加与总计值有可能存在误差。

表2 2010—2011年中国香港特别行政区电子产品出口情况

单位：百万美元

项目名称	2010年	2011年
电子数据处理设备	35 702	39 673
办公设备	299	263
控制与仪器设备	2 587	3 648
医疗与工业设备	1 053	1 202
无线通信与雷达设备	13 779	13 225

续表

项目名称	2010 年	2011 年
通信设备	6 769	7 966
消费类电子产品	13 607	12 827
电子元器件	45 409	47 519
总计	119 207	126 323

注：数据来源于《The Yearbook of World Electronics Data 2013》。由于四舍五入，各项值累加与总计值有可能存在误差。

表 3 2010—2013 年中国香港特别行政区电子产品产值情况

单位：百万美元

项目名称	2010 年	2011 年	2012 年	2013 年
电子数据处理设备	232	205	181	172
办公设备	60	47	46	44
控制与仪器设备	51	51	50	49
医疗与工业设备	174	171	165	162
无线通信与雷达设备	187	180	170	166
通信设备	167	154	142	137
消费类电子产品	517	461	394	356
电子元器件	659	594	530	475
总计	2 046	1 864	1 677	1 561

注：数据来源于《The Yearbook of World Electronics Data 2013》。2013 年数据为预测值；由于四舍五入，各项值累加与总计值有可能存在误差。

表 4 2010—2013 年中国香港特别行政区电子产品市场情况

单位：百万美元

项目名称	2010 年	2011 年	2012 年	2013 年
电子数据处理设备	4 608	4 752	4 875	5 056
办公设备	77	73	72	70
控制与仪器设备	277	286	295	304
医疗与工业设备	199	203	208	215
无线通信与雷达设备	927	971	1 013	1 062
通信设备	284	289	293	299
消费类电子产品	839	835	831	830
电子元器件	985	898	818	775
总计	8 196	8 306	8 406	8 611

注：数据来源于《The Yearbook of World Electronics Data 2013》。2013 年数据为预测值；由于四舍五入，各项值累加与总计值有可能存在误差。

表 5　2009—2012 年中国香港特别行政区互联网、宽带和移动电话用户普及率

项目名称	2009 年	2010 年	2011 年	2012 年
互联网（%）	61.2	69.4	76.4	74.5
宽带（%）	29.3	30.2	29.9	31.6
移动电话（%）	173.8	190.2	195.6	214.7

注：数据来源于联合国贸易和发展会议《2013 年信息经济报告》。

中国台湾地区

【综述】

2012 年，中国台湾地区 GDP 增长 1.3%。2013 年，随着资本支出的增加和出口额的增大，GDP 增速预计将达到 2.5%。

2012 年，中国台湾地区的平均消费物价通货膨胀率低于政府 2%的目标上限，预计 2013 年进一步降低至 1.5%。政府计划于 2013 年下半年提高部分电价，此举有望推动消费物价通货膨胀率在 2014 年达到 2.1%。私人消费预计在 2013 年表现疲弱，同比增长 1.6%。2009—2014 年中国台湾地区 GDP 增长情况见图 1。

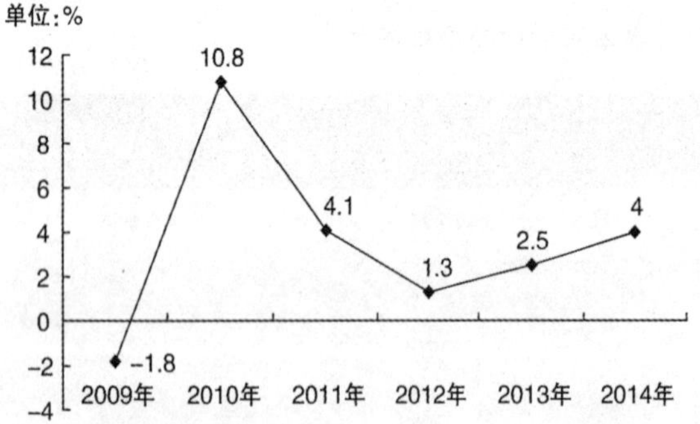

图 1　2009—2014 年中国台湾地区 GDP 增长情况

注：2013、2014 年为预测值。

电子产品进出口情况

2010 年，中国台湾地区电子产品进出口总额为 137 609 百万美元，2011 年为 149 373 百万美元，同比上升 8.5%。2010 年和 2011 年，中国台湾地区电子产品进出口贸易均呈顺差，顺差额分别为 34 021 百万美元和 37 875 百万美元。

1. 进口情况

2010 年，中国台湾地区电子产品进口额为 51 794 百万美元。其中，电子元器件居于首位，进口额为 39 478 百万美元，占进口总额的 76.2%；其次是电子数据处理设备，进口额为 4 464 百万美元，占进口总额的 8.6%。

2011 年，中国台湾地区电子产品进口额为 55 749 百万美元，同比增长 7.6%。其中，电子元器件居于首位，进口额为 42 052 百万美元，占进口总额的 75.4%；其次是电子数据处理设备，进口额为 4 329 百万美元，占进口总额的 7.8%。2010 年和 2011 年中国台湾地区各类电子产品进口额情况见表 1，2011 年中国台湾地区各类电子产品进口份额情况见图 2。

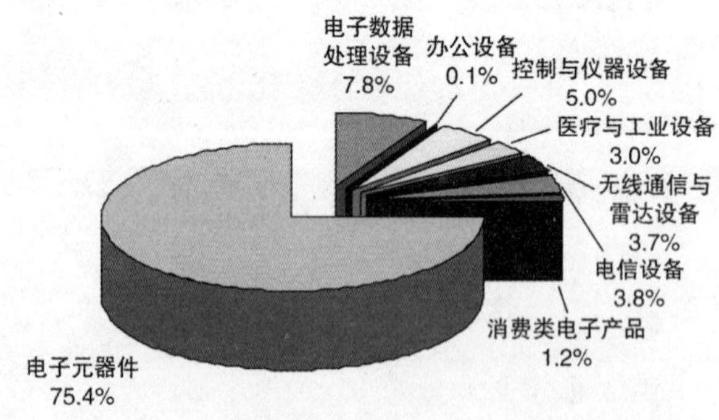

图 2　2011 年中国台湾地区各类电子产品进口份额情况

2. 出口情况

2010 年，中国台湾地区电子产品出口额为 85 815

百万美元。其中，电子元器件居于首位，出口额为61 559百万美元，占出口总额的71.7%；其次是无线通信与雷达设备，出口额为9 998百万美元，占出口总额的11.7%。

2011年，中国台湾地区电子产品出口额为93 624百万美元，同比增长9.1%。其中，电子元器件居于首位，出口额为65 665百万美元，占出口总额的70.1%；其次是无线通信与雷达设备，出口额为13 142百万美元，占出口总额的14%。2010年和2011年中国台湾地区各类电子产品出口额情况见表2，2011年中国台湾地区各类电子产品出口份额情况见图3。

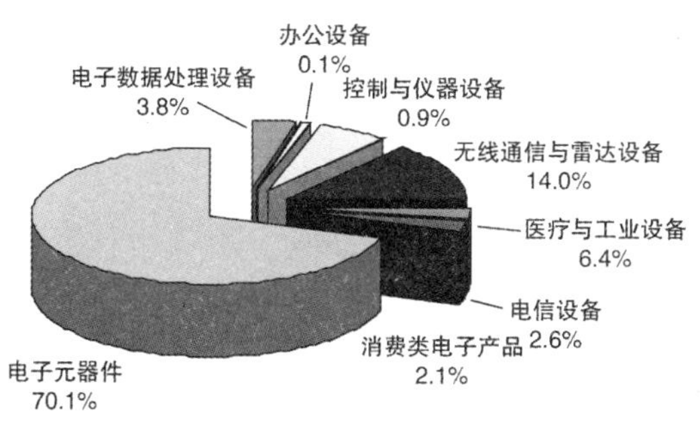

图3 2011年中国台湾地区各类电子产品出口份额情况

电子产品产值情况

2011年，中国台湾地区电子产品产值为67 030百万美元。其中，电子元器件位居首位，产值为41 257百万美元，占产值总额的61.6%；其次是无线通信与雷达设备，产值为13 339百万美元，占19.9%；第三是医疗与工业设备，产值为4 864百万美元，占7.3%。

2012年，中国台湾地区电子产品产值为66 675百万美元，同比下降0.5%。其中，电子元器件位居首位，产值为44 800百万美元，占产值总额的67.2%；其次是无线通信与雷达设备，产值为10 101百万美元，占15.1%；第三是医疗与工业设备，产值为4 498百万美元，占6.8%。2012年中国台湾地区各类电子产品产值份额情况见图4。2010—2013年中国台湾地区电子产品产值情况见表3和图5。

电子产品市场情况

2011年，中国台湾地区电子产品市场额为29 156百万美元。其中，电子元器件位居首位，市场额为

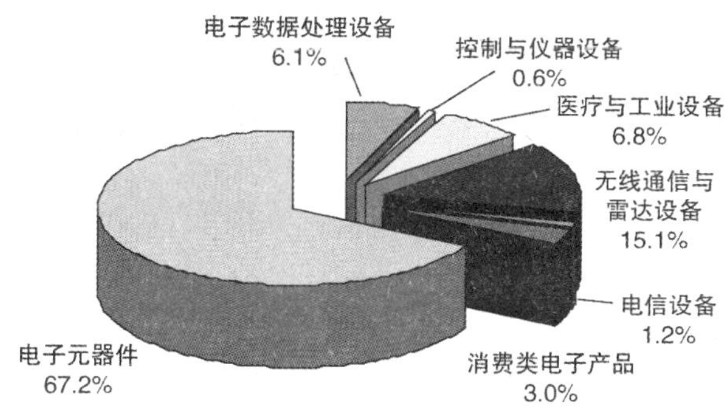

图4 2012年中国台湾地区各类电子产品产值份额情况

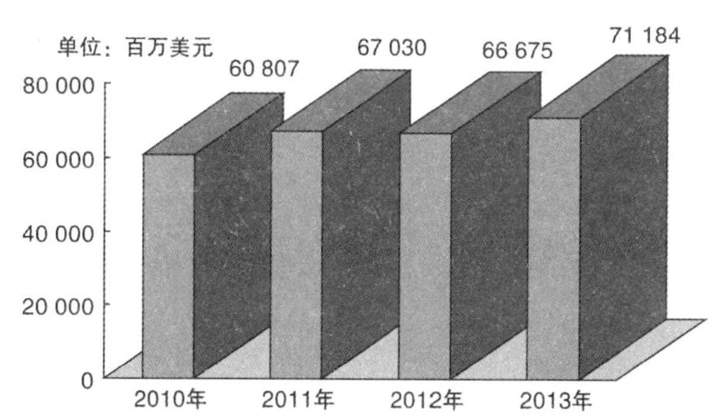

图5 2010—2013年中国台湾地区电子产品产值情况

注：2013年为预测值。

17 643百万美元，占市场总额的60.5%；其次是电子数据处理设备，市场额为5 074百万美元，占17.4%；第三是控制与仪器设备，市场额为2 379百万美元，占8.2%。

2012年，中国台湾地区电子产品市场额为27 348百万美元，同比下降6.2%。其中，电子元器件居于首位，市场额为15 696百万美元，占市场总额的57.4%；其次是电子数据处理设备，市场额为5 087百万美元，

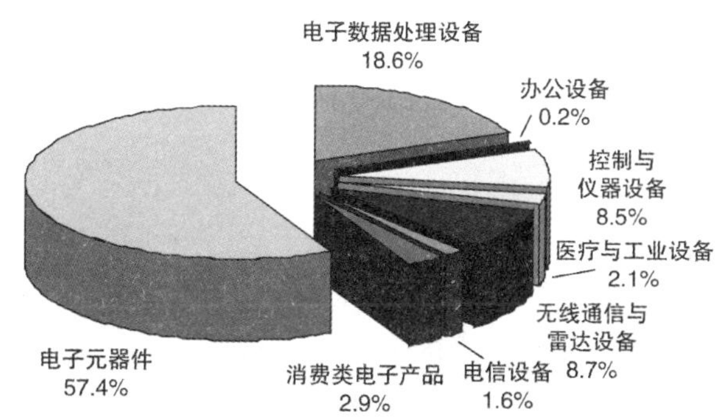

图6 2012年中国台湾地区各类电子产品市场份额情况

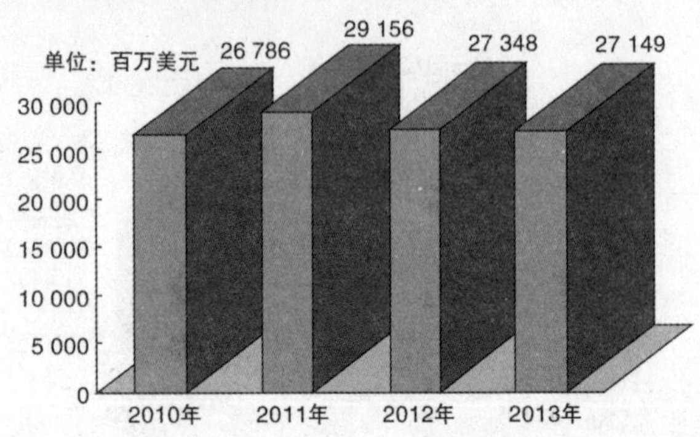

图7　2010—2013年中国台湾地区电子产品市场情况

注：2013年为预测值。

占18.6%；第三是无线通信与雷达设备，市场额为2 383百万美元，占8.7%。2012年中国台湾地区各类电子产品市场份额情况见图6。2010—2013年中国台湾地区电子产品市场情况见表4和图7。

信息化发展情况

据世界经济论坛发布的2012—2013年度《全球信息技术报告》统计，中国台湾地区的"网络化准备度指数"（NRI）为5.47，世界排名第10位，比2011年上升1位，信息化程度在亚洲处于新加坡之后。

据《2013年信息经济报告》显示，2012年，中国台湾地区手机普及率为124.1%，较2011年上升4.2个百分点。互联网普及率为72%，较2011年上升0.5个百分点。宽带普及率为23.7%，较2011年的22.7%增长1个百分点。2009—2012年中国台湾地区互联网、宽带和移动电话用户普及率见表5。

【统计数据】

表1　2010—2011年中国台湾地区电子产品进口情况

单位：百万美元

项目名称	2010年	2011年
电子数据处理设备	4 464	4 329
办公设备	60	65
控制与仪器设备	2 606	2 804
医疗与工业设备	1 477	1 668
无线通信与雷达设备	1 689	2 031
电信设备	1 360	2 119
消费类电子产品	659	681
电子元器件	39 478	42 052
总计	51 794	55 749

注：数据来源于《The Yearbook of World Electronics Data 2013》。由于四舍五入，各项值累加与总计值有可能存在误差。

表2 2010—2011年中国台湾地区电子产品出口情况

单位：百万美元

项目名称	2010年	2011年
电子数据处理设备	3 763	3 560
办公设备	8	7
控制与仪器设备	756	849
医疗与工业设备	6 110	6 019
无线通信与雷达设备	9 998	13 142
电信设备	1 645	2 439
消费类电子产品	1 976	1 942
电子元器件	61 559	65 665
总计	85 815	93 624

注：数据来源于《The Yearbook of World Electronics Data 2013》。由于四舍五入，各项值累加与总计值有可能存在误差。

表3 2010—2013年中国台湾地区电子产品产值情况

单位：百万美元

项目名称	2010年	2011年	2012年	2013年
电子数据处理设备	3 956	4 305	4 040	3 899
办公设备	11	12	12	12
控制与仪器设备	316	424	402	402
医疗与工业设备	5 174	4 864	4 498	4 327
无线通信与雷达设备	10 301	13 339	10 101	9 495
电信设备	687	763	808	824
消费类电子产品	2 066	2 067	2 012	1 916
电子元器件	38 296	41 257	44 800	50 309
总计	60 807	67 030	66 675	71 184

注：数据来源于《The Yearbook of World Electronics Data 2013》。2013年数据为预测值；由于四舍五入，各项值累加与总计值有可能存在误差。

表 4　2010—2013 年中国台湾地区电子产品市场情况

单位：百万美元

项目名称	2010 年	2011 年	2012 年	2013 年
电子数据处理设备	4 656	5 074	5 087	5 184
办公设备	64	69	67	65
控制与仪器设备	2 166	2 379	2 319	2 368
医疗与工业设备	541	514	569	592
无线通信与雷达设备	1 992	2 228	2 383	2 526
电信设备	402	442	445	453
消费类电子产品	749	806	781	773
电子元器件	16 215	17 643	15 696	15 187
总计	26 786	29 156	27 348	27 149

注：数据来源于《The Yearbook of World Electronics Data 2013》。2013 年数据为预测值；由于四舍五入，各项值累加与总计值有可能存在误差。

表 5　2009—2012 年中国台湾地区互联网、宽带和移动电话用户普及率

项目名称	2009 年	2010 年	2011 年	2012 年
互联网（%）	69.8	71.5	71.5	72.0
宽带（%）	21.6	22.7	22.7	23.7
移动电话（%）	116.7	119.9	119.9	124.1

注：数据来源于联合国贸易和发展会议《2013 年信息经济报告》。

[供稿：工业和信息化部电子科学技术情报研究所]